Simonetta Damele, Tiziano Franzi

LA REALTÀ E IL SUO DOPPIO

Secondo i nuovi programmi

A LA NARRAZIONE

LOESCHER EDITORE

© Loescher Editore - Torino - 2012
http://www.loescher.it

I diritti di elaborazione in qualsiasi forma o opera, di memorizzazione anche digitale su supporti di qualsiasi tipo (inclusi magnetici e ottici), di riproduzione e di adattamento totale o parziale con qualsiasi mezzo (compresi i microfilm e le copie fotostatiche), i diritti di noleggio, di prestito e di traduzione sono riservati per tutti i paesi. L'acquisto della presente copia dell'opera non implica il trasferimento dei suddetti diritti né li esaurisce.

Le fotocopie per uso personale del lettore possono essere effettuate nei limiti del 15% di ciascun volume dietro pagamento alla SIAE del compenso previsto dall'art. 68, commi 4 e 5, della legge 22 aprile 1941 n. 633.

Le fotocopie effettuate per finalità di carattere professionale, economico o commerciale o comunque per uso diverso da quello personale possono essere effettuate a seguito di specifica autorizzazione rilasciata da CLEARedi, Centro Licenze e Autorizzazioni per le Riproduzioni Editoriali, Corso di Porta Romana 108, 20122 Milano, e-mail *autorizzazioni@clearedi.org* e sito web *www.clearedi.org*.

L'editore, per quanto di propria spettanza, considera rare le opere fuori dal proprio catalogo editoriale. La fotocopia dei soli esemplari esistenti nelle biblioteche di tali opere è consentita, non essendo concorrenziale all'opera Non possono considerarsi rare le opere di cui esiste, nel catalogo dell'editore, una successiva edizione, le opere presenti in cataloghi di altri editori o le opere antologiche.

Nel contratto di cessione è esclusa, per biblioteche, istituti di istruzione, musei ed archivi, la facoltà di cui all'art. 71 - ter legge diritto d'autore.

Maggiori informazioni sul nostro sito: http://www.loescher.it

Ristampe
6
2017

ISBN 9788858301104

Nonostante la passione e la competenza delle persone coinvolte nella realizzazione di quest'opera, è possibile che in essa siano riscontrabili errori o imprecisioni. Ce ne scusiamo fin d'ora con i lettori e ringraziamo coloro che, contribuendo al miglioramento dell'opera stessa, vorranno segnalarceli al seguente indirizzo:

Loescher Editore s.r.l.
Via Vittorio Amedeo II, 18
10121 Torino
Fax 011 5654200
clienti@loescher.it

Loescher Editore S.r.l. opera con sistema qualità
certificato CERMET n. 1679-A
secondo la norma UNI EN ISO 9001-2008

Progettazione e coordinamento editoriale: Milena Lant

Realizzazione editoriale e tecnica:
- redazione: Marco Della Greca (Libra - Bologna)
- rilettura: Johnny Felice (Libra - Bologna)
- progetto grafico: (Studio Ampa - Bologna)
- impaginazione: (Studio Ampa - Bologna)

Ricerca iconografica: Cristina Aimone Giggio e Liliana Maiorano, con Emanuela Mazzucchetti

Cartografia: LS International Cartography – Milano

Fotolito: Tecnolito - Caprino Bergamasco (BG), Graphic Center - Torino

Copertina: Visualgrafika – Torino

Stampa: L.E.G.O. S.p.A. Stabilimento di Lavis (TN)

Contributi
ALICE ACCARDI ha curato la stesura di schede biografiche riferite alle unità 6, 7, 8, 9, 10, 13, e il trattamento didattico dei testi di I. Asimov e F. W. Brown per l'unità 11. MATTEO BOERO ha curato la selezione e il trattamento didattico del testo di C. Thompson per l'unità 13. ENRICO GALIMBERTI ha curato la selezione e il trattamento didattico dei testi di N. Ammaniti, J. D. Salinger, K. Mansfield, R. Musil, H. Hesse per l'unità 13 e del testo di C. Pavese per l'unità 18; ha steso le schede *Cinema*, curando la selezione delle scene, e la parte *Strumenti di analisi* dell'unità 5. ENRICO GRISERI ha curato la selezione e il trattamento didattico dei testi di P. Calamandrei, M. Zola, R. Saviano, AA.VV. *Noi, vittime del bullismo*, G. Zagrebelsky per l'unità 22, dei testi di F. Gatti, M. A. Valperga Roggero, F. Guccini per l'unità 23; ha inoltre steso tutti gli *Approfondimenti* e gli inserimenti *Costituzione*, *Codice penale*, *Dichiarazione universale dei diritti umani* delle unità 22 e 23. BENEDETTA LIVI ha curato la selezione e il trattamento didattico dei testi di A. Bennet, D. Foster Wallace, S. Benni, N. Ammaniti, R. Lewis, J. Fante, A. Campanile per l'unità 7, dei testi di F. Kafka, D. Buzzati, G. Orwell per l'unità 12. PAOLA MASTELLARO ha curato la selezione e il trattamento didattico dei testi di M. Shelley, B. Stocker, S. King per l'unità 10. CLAUDIA MIZZOTTI ha steso l'introduzione dell'unità *Reale, troppo reale* e ha curato la selezione e il trattamento didattico dei testi di T. Capote, G. Parise, W. Siti, R. Saviano, Wu Ming. VALENTINA PROVERA ha curato la selezione e il trattamento didattico dei testi di J. London, D. Grossmann, E. Salgari, H. Melville, G. Garcia Marquez per l'unità 6, del testo di K. Follet per l'unità 8, dei testi di E. A. Poe, S. Meyer e R. L. Stevenson per l'unità 10, del testo di E. Morante per l'unità 13. DENIS SMANIOTTO ha curato la selezione e il trattamento didattico del testo di C. McCarthy per l'unità 12 e di C. E. Gadda per l'unità 17. GIOVANNA SOFFICI ha curato la selezione e il trattamento didattico dei testi di J. Conrad e C. McCarthy per l'unità 6, del testo di J. R. R. Tolkien per l'unità *Il fantasy*.

Revisione della struttura delle sezioni di genere e di letteratura a cura di Matteo Boero.
Rilettura critica a cura di Mario Gineprini.

Presentazione

LA REALTÀ E IL SUO DOPPIO, ovvero la realtà interpretata attraverso la lettura, le letteratura, la scrittura.

L'opera si pone l'obiettivo di insegnare all'alunno a leggere in modo esperto, senza trascurare il piacere della lettura, e di fornire all'insegnante tutti gli strumenti necessari per un efficace percorso didattico.

Il volume A si apre con una **sezione di metodo**, una *palestra di lettura* in cui l'alunno, accostandosi a significativi modelli letterari, impara a conoscere le caratteristiche del testo narrativo e a esercitarsi nella scrittura applicando le tecniche apprese.

Segue una **speciale sezione dedicata al cinema** che si propone come "lettura" di un testo filmico (*La vita è bella*), per comprendere le principali tecniche cinematografiche, i tipi di inquadratura e il messaggio. L'intento è quello di scoprire il *doppio registro comico e drammatico* che fanno del film un capolavoro riconosciuto.

Nell'ampia **sezione dedicata ai generi** sono raccolti testi rappresentativi della categoria, scelti nel repertorio dei **classici** e in quello della **produzione letteraria contemporanea**. L'alunno scopre, così, le caratteristiche comuni al genere (*l'avventura, il giallo, il noir, la narrazione di formazione ...*), apprezzando anche i cambiamenti che nel corso del tempo hanno portato certi generi a emanciparsi dal *cliché* di lettura di svago, come per esempio il *giallo* e il *noir*, che oggi *doppiano* una cruda realtà sociale, spesso ignorata.

Una **nuova e importante sezione è dedicata alla letteratura**. Le più recenti Indicazioni nazionali invitano infatti a costruire un percorso di lettura che promuova *la coscienza della storicità della lingua italiana, maturata attraverso la lettura fin dal biennio di alcuni testi letterari distanti nel tempo*, e faccia acquisire *familiarità con la letteratura, con i suoi strumenti espressivi e con il metodo che essa richiede*. **LA REALTÀ E IL SUO DOPPIO** ha recepito tali Indicazioni e ha organizzato un **curricolo di letteratura adatto agli alunni del biennio**, ai quali è offerta un'ampia varietà di testi che vanno dalle origini della letteratura fino alla contemporaneità, in una prospettiva non solo italiana, ma anche internazionale.

Le **modalità di lavoro sul testo** sono particolarmente innovative ed efficaci perché mirano allo sviluppo delle competenze linguistiche così come richiesto dalla ***Certificazione delle Competenze*** e dai ***modelli di indagine INVALSI***: in tutti i **laboratori** che chiudono l'analisi del testo, l'alunno si esercita a *comprendere*, a *interpretare* ma anche a *padroneggiare la lingua*; le verifiche relative al *Saper fare* agevolano il compito di certificare le competenze acquisite.

LA REALTÀ E IL SUO DOPPIO ha dunque un *doppio aspetto*: è un manuale *integrale*, perché nulla manca alle esigenze di lettura nel biennio, e *integrato*, perché completato dalle aggiunte necessarie a conciliare **l'educazione linguistica e l'educazione letteraria**.

L'opera intende dunque essere specchio del mondo in cui viviamo, riflesso nelle più belle pagine di lettura e letteratura che si è riusciti a selezionare per questa antologia, muovere alla ricerca del messaggio nascosto fra le righe del testo, rendere complementare e speculare il percorso di lettura e di scrittura, promuovere infine il senso critico guidando a cogliere *la molteplicità nell'uno*.

Indice

PARTE 1 — Il metodo

Unità 1 — La struttura del testo narrativo — 3

LEZIONE *lim*

Strumenti di analisi — 4

1 Il testo narrativo 4 - **2** La *fabula* e l'intreccio 4 - **3** Le fasi tipiche della *fabula* 5 - **4** *Flashback* e *flashforward* 7 - **5** L'inizio *in medias res* 8 - **6** La suddivisione in sequenze 8 - **7** La tipologia delle sequenze 10

Lessico da conoscere • Vero o falso? — 12

Modelli narrativi — 13

- **T1** **Emilio Salgari**, *La tigre admikanevalla* — 13
- **T2** **Giovanni Arpino**, *La dama dei coltelli* — 16
- **T3** **Edward D. Hoch**, *Zoo* — 21

Verifica unità 1 — 26
  Sapere — 26
PalestraInterattiva
VERIFICA *lim*
  Saper fare **T4** **Timothée de Fombelle**, *Tobia* — 27

Unità 2 — Il tempo e lo spazio — 29

LEZIONE *lim*

Strumenti di analisi — 30

1 L'epoca 30 - **2** La durata 31 - **3** Il ritmo 33 - **4** L'ambientazione e la funzione della descrizione 33 - **5** L'uso dei sensi nella descrizione 35 - **6** Descrizione soggettiva e oggettiva 36

Lessico da conoscere • Vero o falso? — 37

Modelli narrativi — 38

- **T1** **Fredric Brown**, *Errore fatale* — 38
- **T2** **Leonardo Sciascia**, *Il lungo viaggio* — 40

Verifica unità 2 — 46
  Sapere — 46
PalestraInterattiva
VERIFICA *lim*
  Saper fare **T3** **Giovanni Guareschi**, *Oscuramento* — 47

Unità 3 — I personaggi — 49

LEZIONE *lim*

Strumenti di analisi — 50

1 I ruoli principali 50 - **2** La gerarchia 51 - **3** La caratterizzazione 51 - **4** Tipi e individui 53 - **5** I luoghi e i personaggi 54 - **6** Parole e pensieri dei personaggi 55

Lessico da conoscere • Vero o falso? — 57

Modelli narrativi — 58

- **T1** **Ludwig Bechstein**, *I tre cani* — 58

INDICE

| | T2 | **Thomas Mann**, *Il signor Knaak* (da *Tonio Kröger*) | 64 |
| *Eugenio* Tutor di Italiano | T3 | **Reiner Kunze**, *Quindici* | 68 |

Verifica unità 3 — 70

PalestraInterattiva
VERIFICA *lim*

> Sapere — 70
> Saper fare | T4 | **Gustave Flaubert**, *Bouvard e Pécuchet* — 71

Unità 4 — Il narratore, il punto di vista, lo stile — 73

LEZIONE *lim*

Strumenti di analisi — 74

1 Autore e narratore 74 - **2** Narratore interno ed esterno 74 - **3** Io narrante e io narrato 75 - **4** Narratore palese e nascosto 76 - **5** Il narratore di secondo grado 77 - **6** Punto di vista o focalizzazione 77 - **7** Lo stile 80 - **8** Il registro linguistico 80 - **9** Il linguaggio figurato 82 - **10** La struttura del periodo 83

Lessico da conoscere • Vero o falso? — 84

Modelli narrativi — 85

T1	**Ernest Hemingway**, *Colline come elefanti bianchi*	
	(da *I quarantanove racconti*)	85
T2	**Guy de Maupassant**, *I gioielli*	90
T3	**Alphonse Allais**, *La barba*	96
T4	**Andrea Camilleri**, *Guardie e ladri* (da *Un mese con Montalbano*)	99

Eugenio Tutor di Italiano

Verifica unità 4 — 104

PalestraInterattiva
VERIFICA *lim*

> Sapere — 104
> Saper fare | T5 | **Antonio Tabucchi**, *Una scelta difficile* — 105

Unità 5 — Come racconta il cinema — 107

Strumenti di analisi — 108

1 Che cos'è un film 108 - **2** I personaggi 108   **3** L'ambientazione. lo spazio e il tempo 109 - **4** Come si fa un film 111 - **5** Chi fa un film 115 - **6** Perché un film può essere considerato "racconto" 116

Un modello di film - *La vita è bella* — 117

La parola al regista e protagonista — 117

Un inizio tragico, comico, fiabesco — 119

Scene 1-2. Si sono rotti i freni! 119 - *Scena 3. Come in una favola* 121

Ondate di razzismo — 123

Scena 36. Un cavallo ebreo 123 - *Scena 37. Un problema da risolvere* 124 - *Scena 41. Un cartello fascista* 124

Un innocente da proteggere — 126

Scena 53. Uno stratagemma 126 - *Scena 67. Cose da non credere!* 127

Sogno o incubo? — 130

Scene 71-73. Nella nebbia 130

V

PARTE 2 I generi

Unità 6 — L'avventura — 135

Le caratteristiche del genere — 136

1 La narrazione d'avventura 136 - **2** Gli ingredienti del racconto d'avventura 136 - **3** Gli inizi e l'evoluzione del genere 137

Eugenio Tutor di Italiano

T1 **Joseph Conrad**, *Risalire il Congo* (da *Cuore di tenebra*) — 139

T2 **Jack London**, *Il silenzio bianco* — 146

T3 **David Grossman**, *Due incontri pericolosi* (da *Qualcuno con cui correre*) — 154

T4 **Hugo Pratt**, *Corto Maltese e la città perduta* (da *Mu: la città perduta*) — 162

L'avventura al cinema — 169

Verifica unità 6 — 170

Sapere — 170

Saper fare **T5** **Mark Twain**, *Fuga da casa* (da *Le avventure di Tom Sawyer*) 171

PalestraInterattiva

VERIFICAlim

ONLINE

W1 Daniel Defoe, da *Robinson Crusoe*
W2 Emilio Salgari, *La statua di Visnù*
W3 Herman Melville, da *Moby Dick*
W4 Robert Louis Stevenson, *da L'isola del tesoro*

W5 Gabriel García Márquez, da *Racconto di un naufrago*
W6 Cormac McCarthy, da *La strada*
W7 Valerio Massimo Manfredi, da *Lo scudo di Talos*

Unità 7 — L'umorismo — 175

Le caratteristiche del genere — 176

1 La narrazione umoristica 176 - **2** Le tecniche narrative 177 - **3** Altre forme di umorismo 177

Eugenio Tutor di Italiano

T1 **Alan Bennett**, *Furto in appartamento* (da *Nudi e crudi*) — 179

T2 **David Foster Wallace**, *Una cabina troppo pulita* (da *Una cosa divertente che non farò mai più*) — 186

T3 **Stefano Benni**, *L'ultrà beneducato* — 192

T4 **Niccolò Ammaniti**, *Il banchetto del boss* (da *Fango*) — 198

Il comico al cinema — 205

Verifica unità 7 — 206

Sapere — 206

Saper fare **T5** **Roy Lewis**, *Abbasso il progresso!* (da *Il più grande uomo scimmia del Pleistocene*) — 207

PalestraInterattiva

VERIFICAlim

ONLINE

W1 John Fante, *Rapimento in famiglia*
W2 Daniel Pennac, da *La prosivendola*
W3 Achille Campanile, *Il bicchiere infrangibile*

W4 Anton Cechov, *Un'opera d'arte*
W5 Jerome Klapka Jerome, da *Tre uomini a zonzo*

INDICE

| Unità 8 | Il giallo | 211 |

Le caratteristiche del genere
212

1 Il giallo e la *detective story* 212 - **2** Gli ingredienti del giallo 212 - **3** Gli iniziatori del "giallo a enigma" 213 - **4** Giallisti moderni 213 - **5** Gialli storici e gialli d'autore 214

T1 **Agatha Christie**, *Assassinio al Crown Hotel* (da *In tre contro il delitto*) — 215

T2 **Georges Simenon**, *La finestra aperta* — 222

Lingua e lessico Detective e biodetective — 232

T3 **Fred Vargas**, *La notte efferata* (da *Scorre la Senna*) — 234

■ APPROFONDIMENTO Un *cold case* dell'antichità: l'assassinio di Giulio Cesare — 249

T4 **Friedrich Dürrenmatt**, *Verdetto di morte* (da *La panne*) — 251

T5 **Umberto Eco**, *Un messaggio in codice* (da *Il nome della rosa*) — 258

Il giallo al cinema — 265

Verifica unità 8 — 266

Sapere — 266

Saper fare **T6** **Arthur Conan Doyle**, *Il segno dei Quattro* (da *L'infallibile Sherlock Holmes*) — 267

ONLINE

W1 Andrea Camilleri, da *Il topo assassinato*
W2 Ellery Queen, *Il sosia*
W3 Leonardo Sciascia, da *Il giorno della civetta*

W4 John Le Carré, da *La talpa*
W5 Ken Follett, da *La cruna dell'ago*

| Unità 9 | Il *noir* e il *thriller* | 271 |

Le caratteristiche del genere
272

1 Il giallo d'azione 272 - **2** Il *noir* 272 - **3** Un nuovo romanzo sociale 273

T1 **Raymond Chandler**, *Una lezione per Marlowe* (da *La signora del lago*) — 274

T2 **Giorgio Scerbanenco**, *Stazione Centrale ammazzare subito* (da *Milano calibro 9*) — 281

T3 **Edward Bunker**, *Cane mangia cane* — 290

T4 **Carlo Lucarelli**, *Choc* (da *Il terzo sparo*) — 298

■ APPROFONDIMENTO La scienza è un passo più avanti del crimine — 300

T5 **Gianrico e Francesco Carofiglio**, *Cacciatori nelle tenebre* — 303

Il crimine al cinema — 309

Verifica unità 9 — 310

Sapere — 310

Saper fare **T6** **Gianrico Carofiglio**, *Arresto di uno scippatore* (da *Testimone inconsapevole*) — 311

ONLINE

W1 Patricia Highsmith, da *Il talento di Mr. Ripley*
W2 Giancarlo De Cataldo, da *Romanzo criminale*

W3 Jean-Claude Izzo, da *Chourmo*
W4 Stieg Larsson, da *La regina dei castelli di carta*
W5 James Ellroy, da *Dalia nera*

VII

Unità 10 L'horror — 313

Le caratteristiche del genere — 314
1 Gli ingredienti dell'*horror* 314 - **2** Le tecniche narrative 314 - **3** La nascita e l'evoluzione del genere 315

Eugenio Tutor di Italiano

T1 **Edgar Allan Poe**, *Il ritratto ovale* — 316
T2 **Mary Shelley**, *La creatura* (da *Frankenstein, o il moderno Prometeo*) — 322
T3 **Stephenie Meyer**, *La lotta contro il vampiro* (da *Twilight*) — 328
T4 **Tiziano Sclavi**, *Il ritorno di Killex* — 335

L'*horror* al cinema — 341

Verifica unità 10 — 342
Sapere — 342
Saper fare **T5** **Tommaso Landolfi**, *Il bacio* (da *Racconti impossibili*) — 343

PalestraInterattiva
VERIFICA*lim*

ONLINE

W1 Stephen King, da *It*
W2 Robert Louis Stevenson, da *Lo strano caso del dottor Jekyll e del signor Hyde*
W3 Bram Stoker, da *Il conte Dracula*
W4 Howard Phillips Lovecraft, *L'orrore di Dunwich*

Unità 11 La fantascienza — 347

Le caratteristiche del genere — 348
1 La narrazione fantastico-scientifica 348 - **2** Gli inizi e l'evoluzione del genere 349

Eugenio Tutor di Italiano

T1 **Isaac Asimov**, *Zucchero filato* — 350
T2 **Ray Bradbury**, *Il sorriso* (da *Era una gioia appiccare il fuoco*) — 359
T3 **Philip K. Dick**, *Squadra di ricognizione* (da *Le formiche elettriche*) — 367

La fantascienza al cinema — 382

Verifica unità 11 — 383
Sapere — 383
Saper fare **T4** **Valerio Evangelisti**, *Lilith* (da *Rex tremendae maiestatis*) — 384

PalestraInterattiva
VERIFICA*lim*

ONLINE

W1 Fredric Brown, *Armageddon*
W2 Jules Verne, da *Dalla Terra alla Luna*
W3 Frank Herbert, da *Dune*
W4 Michele Medda, Antonio Serra, Bepi Vigna, da *Nathan Never. La bambina scomparsa*

ONLINE

Unità
Il *fantasy*
W1 John Ronald Reuel Tolkien, *L'anello* (da *Il Signore degli Anelli*)
W2 Michael Ende, da *La storia infinita*
W3 J. K. Rowling, da *Harry Potter e il calice di fuoco*

Verifica unità
Sapere
Saper fare

W4 Clive Staples Lewis, da *Cronache di Narnia*

VIII

Unità 12 — Il fantastico-allegorico — 387

Le caratteristiche del genere — 388
1 L'allegoria nel fantastico 388 - **2** La narrazione fantastico-allegorica 388

T1 **Franz Kafka**, *Infelicità* — 390
T2 **Dino Buzzati**, *Il mantello* — 396
■ APPROFONDIMENTO Chagall delle meraviglie — 403
T3 **George Orwell**, *Il Grande Fratello* (da *1984*) — 404
T4 **Antonio Scurati**, *La seconda mezzanotte* — 410

Il fantastico-allegorico al cinema — 419

Verifica unità 12 — 420
Sapere — 420
Saper fare **T5** **Cormac McCarthy**, *Il vecchio* (da *La strada*) — 421

ONLINE
W1 William Golding, da *Il signore delle mosche*
W2 Isaac Bashevis Singer, *Ole e Trufa*
W3 Jonathan Swift, da *I viaggi di Gulliver*
W4 Boris Vian, da *La schiuma dei giorni*
W5 Raymond Queneau, da *I fiori blu*

Unità 13 — La narrazione di formazione — 425

Le caratteristiche del genere — 426
1 I contenuti del romanzo di formazione 426 - **2** Le tecniche narrative 427 - **3** Autori e opere 427

T1 **Charlotte Brontë**, *Jane Eyre* — 429
T2 **Jerome David Salinger**, *Il giovane Holden* — 435
T3 **Elsa Morante**, *Il piroscafo* (da *L'isola di Arturo*) — 442
T4 **Niccolò Ammaniti**, *Io non ho paura* — 450
T5 **Fabio Geda**, *Per il resto del viaggio ho sparato agli indiani* — 455
T6 **Craig Thompson**, *Salmo per Raina* (da *Blankets*) — 463

La narrazione di formazione al cinema — 467

Verifica unità 13 — 468
Sapere — 468
Saper fare **T7** **Irène Némirovsky**, *Antoinette* (da *Il ballo*) — 469

ONLINE
W1 Ian McEwan, da *Espiazione*
W2 Isabel Allende, da *Il quaderno di Maya*
W3 Khaled Hosseini, da *Il cacciatore di aquiloni*
W4 Natalia Ginzburg, da *Lessico famigliare*
W5 Yashar Kemal, *I calzoni bianchi*
W6 Katherine Mansfield, *Lezione di canto*
W7 Robert Musil, *Gli assetati*
W8 Herman Hesse, da *Narciso e Boccadoro*

IX

PARTE 3 Percorso di letteratura

Unità 14 — La molteplicità del reale: il *Decameron* — 473

I contesti — 474

1 Gli scenari dell'epoca 474 - **2** Giovanni Boccaccio 478 - **3** Un capolavoro della letteratura italiana: il *Decameron* 479

T1 *Andreuccio da Perugia* — 481

■ APPROFONDIMENTO Lessico e stile nel *Decameron* — 494

Verifica unità 14 — 495

Sapere — 495

Saper fare **T2** *Cisti fornaio* — 496

PalestraInterattiva
VERIFICAlim

ONLINE **W1** *Simona e Pasquino*   **W2** *Chichibio e la gru*

ONLINE

Unità
Tra sogno e realtà: *Don Chisciotte*
W1 *I mulini a vento*

Verifica unità
Sapere
Saper fare **W2** *La lotta contro gli otri di vino*

Unità 15 — La realtà come storia — 499

I contesti — 500

1 Gli scenari dell'epoca 500 - **2** Il Romanticismo 502 - **3** Il romanzo storico 504

Walter Scott — 506
T1 *Il torneo di Ashby* (da *Ivanhoe*) — 507

Alessandro Manzoni — 513
T2 *Il matrimonio a sorpresa* (da *I Promessi Sposi*) — 516

Lev Tolstoj — 522
T3 *Il ferimento del principe Andrej* (da *Guerra e pace*) — 524

Verifica unità 15 — 529

Sapere — 529

Saper fare **T4** **Alessandro Manzoni**, *Don Rodrigo tradito* — 530

PalestraInterattiva
VERIFICAlim

ONLINE
W1 Alexandre Dumas, da *I tre moschettieri*
W2 Aleksandr Sergeevič Puškin, da *La figlia del capitano*
W3 Boris Leonidovič Pasternak, da *Il dottor Živago*
W4 Giuseppe Tomasi di Lampedusa, da *Il Gattopardo*
W5 Ippolito Nievo, da *Confessioni d'un italiano*

X

INDICE

Unità 16 — La realtà come oggetto — 533

I contesti — 534
1 Gli scenari dell'epoca 534 - **2** Il Positivismo 535 - **3** Il Realismo letterario 535

Charles Dickens — 538
T1 *La desolazione di Jacob's Island* (da *Oliver Twist*) — 539
Gustave Flaubert — 543
T2 *Emma: insoddisfazione e tormento* (da *Madame Bovary*) — 545
Giovanni Verga — 551
T3 *Rosso Malpelo* (da *Le novelle*) — 553
T4 *In mare aperto* (da *I Malavoglia*) — 567

Verifica unità 16 — 571
Sapere — 571
Saper fare — T5 **Fëdor Dostoevskij**, *Delitto* (da *Delitto e castigo*) — 572

PalestraInterattiva
VERIFICA*lim*

ONLINE
W1 Honoré de Balzac, da *Papà Goriot*
W2 Émile Zola, da *La bestia umana*
W3 Stendhal, da *Il rosso e il nero*
W4 Victor Hugo, da *I miserabili*
W5 Ivan Sergeevič Turgenev, da *Terra vergine*

Unità 17 — La crisi della realtà — 575

I contesti — 576
1 Gli scenari dell'epoca 576 - **2** Il contesto culturale 576 - **3** La narrativa dell'epoca 577

Virginia Woolf — 579
T1 *Il primo giorno delle vacanze estive* (da *Le onde*) — 580
Luigi Pirandello — 585
T2 *Adriano Meis* (da *Il fu Mattia Pascal*) — 587
Robert Walser — 591
T3 *Un magnifico zero* (da *Jakob von Gunten*) — 592
Italo Svevo — 598
T4 *Lo schiaffo* (da *La coscienza di Zeno*) — 600

Verifica unità 17 — 605
Sapere — 605
Saper fare — T5 **Luigi Pirandello**, *Io non ero mai esistito* (da *Uno, nessuno e centomila*) — 606

PalestraInterattiva
VERIFICA*lim*

ONLINE
W1 Oscar Wilde, da *Il ritratto di Dorian Gray*
W2 Marcel Proust, da *Dalla parte di Swann*
W3 Thomas Mann, da *La montagna incantata*
W4 James Joyce, da *Ulisse*
W5 Carlo Emilio Gadda, da *Quer pasticciaccio brutto de via Merulana*

XI

Unità 18   Il Neorealismo   609

I contesti   610

1 Gli scenari dell'epoca 610 – **2** Lo scenario culturale 611 - **3** La poetica del Neorealismo 612 - **4** Gli scrittori e le opere 612

Cesare Pavese   614
- **T1** *Lavorare è un piacere* (da *Lavorare è un piacere*)   615
Beppe Fenoglio   620
- **T2** *Vita grama* (da *La malora*)   621
Elio Vittorini   625
- **T3** *I morti di Largo Augusto* (da *Uomini e no*)   626

Verifica unità 18   631
- **Sapere**   631
- **Saper fare**   **T4**   Ignazio Silone, *Il forestiero* (da *Fontamara*)   632

PalestraInterattiva
VERIFICA*lim*

ONLINE

W1 Alberto Moravia, da *Gli indifferenti*
W2 Vasco Pratolini, da *Cronache di poveri amanti*
W3 Renata Viganò, da *L'Agnese va a morire*
W4 Pier Paolo Pasolini, da *Ragazzi di vita*
W5 Elsa Morante, da *La storia*
W6 APPROFONDIMENTO Il cinema neorealista

Unità 19   Primo Levi: l'interrogazione della realtà   635

I contesti   636

1 Una lucida razionalità di fronte alla tragedia 636 - **2** La vita e le opere 638 - **3** Gli scritti di testimonianza e di ispirazione tecnico-scientifica 639

- ■ APPROFONDIMENTO L'antisemitismo   637

Eugenio Tutor di Italiano
Eugenio Tutor di Italiano

- **T1** *Il lager* (da *Se questo è un uomo*)   641
- **T2** *La coppia conica* (da *La chiave a stella*)   651

Verifica unità 19   658
- **Sapere**   658
- **Saper fare**   **T3** *Zolfo* (da *Il sistema periodico*)   659

PalestraInterattiva
VERIFICA*lim*

ONLINE

W1 da *I sommersi e i salvati*
W2 da *La tregua*
W3 da *Il sistema periodico*

Unità 20   Italo Calvino: la realtà del molteplice   663

I contesti   664

1 La letteratura, mezzo per conoscere il mondo 664 - **2** La vita e le opere 665 - **3** Tante fasi creative 667

- ■ APPROFONDIMENTO Il pensiero postmoderno   665
- ■ APPROFONDIMENTO Il *boom* economico   666

XII

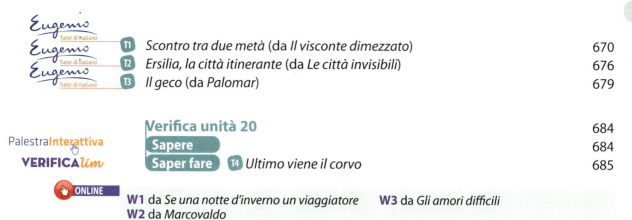

T1	*Scontro tra due metà* (da *Il visconte dimezzato*)	670
T2	*Ersilia, la città itinerante* (da *Le città invisibili*)	676
T3	*Il geco* (da *Palomar*)	679

Verifica unità 20 — 684
Sapere — 684
Saper fare — T4 *Ultimo viene il corvo* — 685

ONLINE
W1 da *Se una notte d'inverno un viaggiatore* W3 da *Gli amori difficili*
W2 da *Marcovaldo*

Unità 21 — Il realismo magico — 689

I contesti — 690
1 Le origini e gli sviluppi 690 - 2 I temi e i caratteri stilistici 690 - 3 Gli autori e le opere 691

Günter Grass — 693
T1 *La Cantina delle Cipolle* (da *Il tamburo di latta*) — 694

José Saramago — 700
T2 *L'isola sconosciuta* (da *Il racconto dell'isola sconosciuta*) — 701

Gabriel García Márquez — 706
T3 *Un signore molto vecchio con certe ali enormi* (da *La incredibile e triste storia della candida Eréndira e della sua nonna snaturata*) — 707

Verifica unità 21 — 714
Sapere — 714
Saper fare — T4 **Massimo Bontempelli**, *Il buon vento* — 715

ONLINE
W1 Antonio Tabucchi, *Una finestra sull'ignoto*   W2 Jorge Luis Borges, *La casa di Asterione*

ONLINE
Unità
Reale, troppo reale
Truman Capote
W1 *Gli occhi degli assassini* (da *A sangue freddo*)
Goffredo Parise
W2 *I profughi, la fame, i morti* (da *Biafra*)
Walter Siti
W3 *La casa di via Vermeer* (da *Il contagio*)

Roberto Saviano
W4 *Io so e ho le prove* (da *Gomorra*)

Verifica unità
Sapere
Saper fare W5 Wu Ming, *Gap99*

XIII

PARTE 4 Voci della realtà
I testi non letterari

I testi non letterari
720

1 Le principali tipologie 720 - **2** Il testo descrittivo 721 - **3** Il testo narrativo 723 - **4** Il testo espositivo 725 - **5** Il testo argomentativo 727 - **6** Il testo regolativo 730

Unità 22 Cittadinanza consapevole
731

Il tema
732

1 Una scuola per diventare cittadini 732 - **2** La cittadinanza responsabile 732

T1 **Piero Calamandrei**, *Discorso agli studenti sulla Costituzione*   734
T2 **Matteo Zola**, *Quando un signor Rossi qualunque…*   741
T3 **Roberto Saviano**, *I soldatini della camorra* (da *Gomorra*)   745
T4 **AA. VV.** *Noi, vittime del bullismo*   751
■ APPROFONDIMENTO Le vittime del bullismo   754

Verifica unità 22
758

VERIFICAlim   **Saper fare** **T5** **Gherardo Colombo**, *Legge e giustizia*   758

ONLINE
W1 Gustavo Zagrebelsky, *I servi volontari*
W2 Gianrico Carofiglio, *Giustizia*
W3 Riccardo Venturi, *I perché del volontariato*
W4 Giuseppe Galasso, *Unità degli italiani, unità degli europei*
W5 APPROFONDIMENTO Mafia e antimafia

Unità 23 Integralismi e integrazione
761

Il tema
762

1 La vera integrazione 762 - **2** Il confronto delle identità 762

T1 **Fabrizio Gatti**, *Io schiavo in Puglia*   764
T2 **Maria Adele Valperga Roggero**, *Musulmani in Italia o musulmani d'Italia?*   771
■ APPROFONDIMENTO L'Islam   777
T3 **Francesco Guccini**, *Amerigo*   779

Verifica unità 23
782

VERIFICAlim   **Saper fare** **T4** **Licia Lanza**, *La lotta dei braccianti di Nardò*   782

ONLINE
W1 Amos Luzzatto, *Integrazione e integralismo*
W2 Maria Laura Giovagnini, *Allenarsi alla pace*
W3 Francesco Piazzi, *Capire l'"altro" con i classici*

XIV

Parte 1
Il metodo

La prima parte dell'antologia insegna ad **analizzare i testi narrativi letterari.**

Si tratta di una competenza basilare che permette al lettore di capire a fondo gli elementi che caratterizzano un racconto o un romanzo: l'architettura della **trama**, la caratterizzazione dell'**ambientazione** e dei **personaggi**, le **scelte stilistiche**, il **messaggio** dell'autore.

Le nozioni teoriche sono sempre accompagnate da **modelli letterari** che esemplificano esaustivamente tutte le tecniche e le tipologie del racconto e che garantiscono la piacevolezza della lettura.

Unità 1
La struttura del testo narrativo

T1 Emilio Salgari,
La tigre admikanevalla

T2 Giovanni Arpino
La dama dei coltelli

T3 Edward Hoch
Zoo

Saper fare

T4 Timotheé de Fombelle
Tobia

PARTE 1 · Il metodo

LEZIONE *lim*

Strumenti di analisi

1 Il testo narrativo

Caratteristica fondamentale di un **testo narrativo** è quella di raccontare una **storia**, cioè un insieme di **eventi** di cui sono protagonisti uno o più **personaggi** collocati nello **spazio** e nel **tempo**. Tali eventi, che si evolvono nel corso della vicenda, sono riferiti da un **narratore** o **voce narrante**.

I **testi narrativi letterari** dipendono dalle innumerevoli scelte che l'autore ha a disposizione per raccontare gli eventi (che siano realmente accaduti o inventati) e suscitare interesse nel lettore. In questa categoria di testi anche lo **stile** diventa importante; dalla scelta dei vocaboli alla costruzione della frase, infatti, tutti gli aspetti della scrittura contribuiscono a caratterizzare la narrazione e a differenziare un autore dall'altro.

Tra i testi narrativi più diffusi ricordiamo: la **favola**, la **fiaba**, il **racconto** e il **romanzo**, in sostanza tutti quei modelli di testo in cui l'autore ha scelto una scrittura in **prosa** per sviluppare la **trama**, ossia lo svolgimento degli eventi che formano la storia.

Bisogna tenere presente, comunque, che esistono anche testi narrativi scritti in **poesia**, come per esempio l'*Iliade* e l'*Odissea*, poemi epici dell'antica Grecia; la *Divina Commedia*, scritta da Dante Alighieri agli inizi del Trecento; l'*Orlando Furioso*, scritto e pubblicato nel 1532 da Ludovico Ariosto. In epoca contemporanea, tuttavia, il genere letterario della narrazione in versi è quasi del tutto caduto in disuso.

2 La *fabula* e l'intreccio

La sequenza degli eventi della storia disposti nell'ordine cronologico in cui si sono svolti è detta *fabula*. Essa è il risultato di quell'astrazione che compiamo quando ricostruiamo la struttura logico-temporale del racconto, ossia la successione degli eventi della storia nell'ordine in cui si sono svolti e non necessariamente nell'ordine in cui sono raccontati.

L'**intreccio**, invece, è la narrazione di questi eventi nell'ordine scelto dall'autore in base alle sue scelte espressive.

Ogni testo narrativo è dunque riconducibile a due situazioni: l'intreccio può coincidere con la *fabula*, oppure no. Nel primo caso, l'autore sceglie di raccontare gli eventi nell'ordine stesso in cui si sono svolti; nel secondo, l'autore sceglie per la sua narrazione un ordine diverso.

3 Le fasi tipiche della *fabula*

Nella struttura della *fabula* è possibile riconoscere delle **fasi tipiche**. Ecco le principali:

Situazione iniziale
È l'**inizio della storia**, in cui l'autore di solito presenta i personaggi e la **condizione** in cui si trovano, che può essere **serena** o **problematica**.

Esordio
È il **cambiamento della situazione iniziale** a causa dell'intervento di un personaggio o di un avvenimento inatteso.

Peripezie
Sono le **vicissitudini** attraverso cui si sviluppa la vicenda vera e propria, tali da rendere mossa la trama della narrazione; nella *Spannung* o **momento culminante** è presentato l'avvenimento che porta la vicenda alla massima tensione.

Conclusione
È il **termine della vicenda**, in cui un equilibrio finale viene raggiunto; la storia può concludersi bene (**lieto fine**), male (**finale amaro**), in maniera inaspettata (**finale a sorpresa**) o definitivamente incerta (**finale aperto**).

Occorre tuttavia ricordare che lo schema presentato non è rigidamente applicabile a tutti i testi narrativi: può accadere, per esempio, che non sia presente la situazione iniziale, che ci siano più momenti di *Spannung* o che la *Spannung* non sia rintracciabile; ma **esordio**, **peripezie** e **conclusione** caratterizzano la maggior parte delle storie.

Rintracciamo le fasi descritte nella seguente favola, in cui *fabula* e intreccio coincidono:

Leonardo da Vinci
L'ostrica e il topo

Situazione iniziale	Un'ostrica si ritrovò, insieme a tanti altri pesci, dentro la casa di un pescatore, poco distante dal mare. «Qui si muore tutti», pensò l'ostrica guardando i suoi compagni che boccheggiavano sparpagliati per terra.
Esordio	Passò un topo.
Peripezie	– Topo, ascolta! – disse l'ostrica. – Mi porteresti, per favore, fino al mare? Il topo la guardò: era un'ostrica bella e grande, e doveva avere una polpa sostanziosa. – Certo, – rispose il topo, che aveva ormai deciso di mangiarsela, – però ti devi aprire perché non posso trasportarti così chiusa. L'ostrica si schiuse con cautela e il topo, subito, ci ficcò dentro il muso per addentarla. Ma, nella fretta, il topo la mosse un po' troppo e l'ostrica si richiuse di scatto imprigionando la testa del roditore. Il topo strillò.
Conclusione	La gatta lo udì. Accorse con un balzo e lo mangiò.

Leonardo Da Vinci, *Favole e leggende*, Firenze, Giunti, 1972

- Nella **situazione iniziale** vengono presentati i personaggi (l'ostrica, i pesci, il pescatore), i luoghi (la casa del pescatore) e la difficile condizione in cui si trova l'ostrica (sta per essere mangiata).
- Nell'**esordio** accade un fatto imprevisto: compare un nuovo personaggio, il topo, chiamato in aiuto dall'ostrica.
- Nelle **peripezie** vengono narrati i subdoli tentativi del topo di salvare l'ostrica; la tensione (**Spannung**) cresce nel momento in cui la testa del topo rimane incastrata tra le valve del mollusco.
- La **conclusione** è felice per l'ostrica, ma triste per il topo che per la sua falsità si è meritato il castigo.

Proviamo adesso a modificare l'ordine della narrazione nella favola di Leonardo, in modo che *fabula* e intreccio non coincidano:

Riscrittura di L'ostrica e il topo

A Un'ostrica chiese aiuto a un topo che passava lì vicino: – Topo, ascolta! Mi porteresti, per favore, fino al mare?.
B L'ostrica, in effetti, si era ritrovata, insieme a tanti altri pesci, dentro la casa di un pescatore, poco distante dal mare. «Qui si muore tutti», aveva pensato l'ostrica guardando i suoi compagni che boccheggiavano sparpagliati per terra.
C Il topo guardò l'ostrica bella e grande, che doveva avere una polpa sostanziosa.
– Certo, – rispose il topo, che aveva ormai deciso di mangiarsela, – però ti devi aprire perché non posso trasportarti così chiusa.
D L'ostrica si schiuse con cautela e il topo, subito, ci ficcò dentro il muso per addentarla. Ma, nella fretta, il topo la mosse un po' troppo e l'ostrica si richiuse di scatto imprigionando la testa del roditore. Il topo strillò.
La gatta lo udì. Accorse con un balzo e lo mangiò.

La riscrittura della favola mostra alcune variazioni:

- il nuovo testo prende avvio dalla **richiesta di aiuto** dell'ostrica (A), **anticipata** rispetto alla posizione che aveva nell'originale;
- i **tempi verbali** sono **modificati** affinché la narrazione sia cronologicamente coerente (es.: «*Qui si muore tutti*», *pensò l'ostrica* diventa «*Qui si muore tutti*», *aveva pensato l'ostrica*);
- vengono introdotti alcuni **connettivi** per rafforzare la coerenza logica della narrazione (es.: *L'ostrica, in effetti, si era ritrovata...*).

Jean Baptiste Simeon Chardin, *Natura morta con pesci, ostriche, brocca*, 1727, Parigi, Museo del Louvre.

La struttura del testo narrativo • UNITÀ 1

Se schematizziamo gli eventi, i due testi narrativi potrebbero essere così rappresentati:

4 Flashback e flashforward

Le tecniche narrative più efficaci per ottenere un intreccio più articolato sono il *flashback* e il *flashforward*.

■ Il *flashback* ("improvviso ritorno al passato") o **analessi** (dal greco *anà*, "di nuovo", e *lepsis*, "il prendere") o **retrospezione** ("sguardo all'indietro") è il procedimento narrativo mediante il quale lo scrittore interrompe la narrazione ordinata degli eventi per dare spazio ad avvenimenti accaduti in precedenza. Tale retrospezione si rende necessaria, per esempio, per far conoscere al lettore fatti indispensabili alla comprensione della vicenda (come avviene nel punto B della riscrittura di *L'ostrica e il topo*) o per presentare i trascorsi di un personaggio.
Ecco un altro breve esempio:

James Joyce
La borsetta di Maria

> Maria non pensava ad altro che alla sua serata di libertà. [...] Prese la sua borsetta con la fibbia d'argento e lesse ancora le parole: "Un ricordo da Belfast". Le era molto cara quella borsetta, **perché gliel'aveva comperata Joe cinque anni prima, quando aveva fatto una gita a Belfast con Alphy, il lunedì di Pentecoste.**
>
> James Joyce, *Gente di Dublino*, Firenze, La Nuova Italia, 1989

L'espressione evidenziata segnala una **retrospezione**: la rievocazione da parte della protagonista di un suo ricordo. Affinché la narrazione sia coerente, il narratore deve introdurre un cambiamento nel tempo verbale: dal passato remoto (*Prese... lesse*) si passa al trapassato prossimo (*aveva comperata... aveva fatto*), per far comprendere che si tratta di una situazione anteriore.

7

PARTE 1 · Il metodo

■ Il *flashforward* o **prolessi** o **anticipazione** ha luogo quando il narratore anticipa, anche solo con un accenno, un evento che si verificherà in futuro rispetto al punto della storia cui si è giunti. Per esempio:

Stig Dagerman
Previsioni

> È una giornata mite e il sole splende obliquamente sulla pianura. È domenica, **tra poco suoneranno le campane**. Fra i campi di segale due bambini hanno scoperto un sentiero che non avevano mai percorso e nei tre villaggi della piana luccicano i vetri delle finestre. Gli uomini si radono davanti allo specchio appoggiati su tavoli da cucina, le donne canterellano affettando il pane per il caffè, e i bambini si abbottonano le camicette. **È la mattina felice di un giorno infausto perché in questo giorno nel terzo villaggio un bambino sarà ucciso da un uomo felice**.
>
> Stig Dagerman, *Il viaggiatore*, Milano, Iperborea, 1991

Le espressioni evidenziate segnalano una **prolessi**, in quanto il narratore vi anticipa fatti che devono ancora accadere.

5 L'inizio *in medias res*

Il ricorso al **flashback** permette di costruire uno degli ***incipit*** o **inizi** più diffusi in narrativa, ovvero quello ***in medias res*** (dal latino, "nel mezzo delle cose"): il lettore si ritrova immediatamente nel bel mezzo della storia, senza notizie preliminari; solo in seguito verrà informato sugli avvenimenti anteriori, magari attraverso il racconto del protagonista o di un altro personaggio. È il modo di procedere tipico di molti racconti e romanzi polizieschi. Per esempio:

Cornell Woolrich
Se i morti potessero parlare

> Si trovava in una stanzetta dietro l'arena. La giacca coi lustrini gli conferiva un'aria allegra, e la calzamaglia metteva in risalto i muscoli delle cosce. Sembrava tranquillo e spensierato, specie se lo si guardava dalla parte della faccia dove il cerone era ancora intatto. Ma in realtà era morto.
>
> Cornell Woolrich, *Se i morti potessero parlare*, Milano, Mondadori, 1996

La trama prende avvio dal ritrovamento di un cadavere (di cui non si sa nulla) e, solo dopo un accurato e razionale lavoro di ricostruzione dei fatti già avvenuti, il detective giungerà in conclusione alla scoperta dell'assassino.

6 La suddivisione in sequenze

Un'altra fase importante del processo di analisi del testo è l'individuazione delle sequenze che lo compongono.
Nella narrazione letteraria, una **sequenza** è un blocco di testo che presenta omogeneità di contenuto. Una sequenza può essere caratterizzata, per esempio, dalla **presenza degli stessi personaggi**, dall'**unità di tempo** (nessun salto temporale) e **di luogo** (nessun cambiamento di luogo), dalla **continuità dell'azione**. Pertanto, i passaggi da una sequenza all'altra sono segnalati da:

- cambiamento dell'azione;
- entrata in scena di un nuovo personaggio;

- uscita di scena di un personaggio;
- salti temporali;
- cambiamenti di luogo.

Ogni sequenza, inoltre, può essere riassunta con una breve frase o un **titolo**. I titoli, letti nella successione in cui si presentano, riassumono l'intreccio del racconto. Nella fiaba seguente, i titoli delle sequenze riassumono la narrazione della storia, che l'autore ha deciso di organizzare facendo coincidere l'intreccio con la *fabula*.

Italo Calvino
La scienza della fiacca

Situazione iniziale Un vecchio Turco desidera che il figlio impari a battere la fiacca.	C'era una volta un vecchio Turco, che aveva un solo figliolo e gli voleva più bene che alla luce degli occhi. Si sa che per i Turchi, il più gran castigo che Dio abbia messo al mondo è il lavoro; perciò quando suo figlio compì i quattordici anni, pensò di metterlo a scuola, perché imparasse il miglior sistema per battere la fiacca.
Personaggio nuovo e cambiamento di scena Il Turco si reca da un "professore specializzato".	Nella stessa contrada del vecchio Turco, stava di casa un professore, da tutti conosciuto e rispettato perché in vita sua non aveva fatto che quello che non poteva farne a meno. Il vecchio Turco andò a fargli visita, e lo trovò in giardino, sdraiato all'ombra d'un albero di fico, con un cuscino sotto la testa, uno sotto la schiena, e uno sotto il sedere.
Fatto nuovo Il Turco spia il professore il quale pigramente mangia i fichi che cadono dall'albero.	Il vecchio Turco si disse: «Prima di parlargli voglio un po' vedere come si comporta», e si nascose dietro una siepe a spiarlo. Il professore se ne stava fermo come un morto, a occhi chiusi, e solo quando sentiva: «Ciacc!», un fico maturo che cascava lì a portata di mano, allungava il braccio piano piano, lo portava alla bocca e lo ingoiava. Poi, di nuovo fermo come un ciocco, ad aspettare che ne caschi un altro.
Fatto nuovo e dialogo Il Turco si accorda con il professore.	«Questo qui è proprio il professore che ci vuole per mio figlio», si disse il Turco e, uscito dal nascondiglio, lo salutò e gli domandò se era disposto a insegnare a suo figlio la scienza della fiacca. – Omo, – gli disse il professore con un fil di voce, – non stare a parlare tanto, che io mi stanco ad ascoltarti. Se vuoi educare tuo figlio e farlo diventare un vero Turco, mandalo qua, e basta.
Cambiamento di scena e fatto nuovo Il Turco va a prendere il figlio e lo porta dal professore.	Il vecchio Turco tornò a casa, prese per mano il figlio, gli ficcò sottobraccio un cuscino di piume e lo portò in quel giardino. – Ti raccomando, – gli disse, – devi fare tutto quel che vedi fare al professore di dolce-far-niente.
Personaggio nuovo e *Spannung* Il ragazzo si sdraia di fianco al professore e aspetta che i fichi gli cadano dritti in bocca.	Il ragazzo, che per quella scienza aveva già inclinazione, si sdraiò anche lui sotto il fico, e vide che il professore ogni volta che cascava un fico allungava un braccio per raccoglierlo e mangiarlo. «Perché quella fatica dell'allungare il braccio?», si disse, e se ne stette sdraiato a bocca aperta. Un fico gli cascò in bocca e lui, lentamente, lo mandò giù, e poi riaprì la bocca. Un altro fico cascò un po' più in là; lui non si mosse, ma disse, pian pianino: – Perché così lontano? Fico, cascami in bocca!
Conclusione Il ragazzo viene rimandato a casa.	Il professore, vedendo quanto la sapeva lunga lo scolaro, disse: – Torna a casa, ché non hai niente da imparare, anzi, ho io da imparare qualcosa da te. E il figlio tornò dal padre, che ringraziò il cielo d'avergli dato un figlio così d'ingegno.

Italo Calvino, *Fiabe italiane*, Milano, Mondadori, 2002

È bene ricordare che è molto complicato stabilire dei criteri rigidi per la suddivisione in sequenze di un testo narrativo: a seconda di quanto in profondità si sceglie di analizzare il testo, infatti, alcune sequenze possono essere a loro volta suddivise in **microsequenze** o raggruppate insieme a formare **macrosequenze**.

7 La tipologia delle sequenze

A seconda del contenuto predominante al loro interno, è possibile riconoscere differenti tipi di sequenze.

▪ Nelle **sequenze narrative** prevale il racconto degli avvenimenti e la vicenda procede solitamente secondo l'ordine cronologico:

Elsa Morante
Arturo trova l'orologio

> Mentre, aggrappato allo scoglio, mi bilanciavo tristemente sull'acqua, a un movimento che feci intravidi uno scintillio metallico al sole! Puntando le due mani saltai sullo scoglio, e scopersi l'orologio smarrito, che scintillava in una cavità asciutta della roccia. Era intatto, e accostandomelo all'orecchio udii il suo ticchettio. Lo rinchiusi nel pugno, e, con la maschera appesa al collo, in pochi secondi raggiunsi la spiaggia.
>
> Elsa Morante, *L'isola di Arturo*, Torino, Einaudi, 1957

John Singer Sargent, *Robert Louis Stevenson e sua moglie*, 1885, collezione privata.

La struttura del testo narrativo · UNITÀ 1

● Nelle **sequenze descrittive** la narrazione è sospesa e l'autore si sofferma sulla descrizione di paesaggi, persone, animali, luoghi, situazioni:

Robert
L. Stevenson
Una stanza
squallida

Il fuoco ardeva allegramente, mostrandomi la stanza più squallida che io abbia mai visto in vita mia. Sulle scansie era una mezza dozzina di piatti; la tavola era apparecchiata per la cena con una scodella di *porridge*, un cucchiaio di corno e un piccolo boccale di birra. Oltre a ciò non c'era in quella vasta camera col soffitto a volta altro che cassepanche chiuse con lucchetti disposte lungo la parete.

Robert L. Stevenson, *Il ragazzo rapito*, Torino, Loescher, 1980

● Le **sequenze riflessive** contengono opinioni, riflessioni, pensieri, giudizi dei personaggi o dell'autore stesso, oppure vi è analizzata la psicologia dei personaggi:

Luigi
Pirandello
I dubbi
di Mattia

Ma una casa, una casa mia, tutta mia, avrei potuto più averla? I miei denari erano pochini... Ma una casettina modesta, di poche stanze? Piano: bisognava vedere, considerar bene prima, tante cose. Certo, libero, liberissimo, io potevo essere soltanto così, con la valigia in mano: oggi qua, domani là. Fermo in un luogo, proprietario d'una casa, eh, allora: registri e tasse subito! E non mi avrebbero iscritto all'anagrafe? Ma sicuramente! E come? con un nome falso? E allora, chi sa?, forse indagini segrete intorno a me da parte della polizia... Insomma, impicci, imbrogli!... No, via: prevedevo di non poter più avere una casa mia, oggetti miei.

Luigi Pirandello, *Il fu Mattia Pascal*, Milano, Mondadori, 1988

● Nelle **sequenze dialogate** sono riportati i dialoghi dei personaggi, espressi in forma diretta e racchiusi tra virgolette ("...", «...») o altri segni grafici (– ... –):

Leonardo
Sciascia
Don Mariano
e il capitano
Bellodi

- Lei, è uomo da sentire rimorso?
- Né rimorso né paura; mai.
- Certi suoi amici dicono che lei è religiosissimo.
- Vado in chiesa, mando denaro agli orfanotrofi...
- Crede che basti?
- Certo che basta: la Chiesa è grande perché ognuno ci sta dentro a modo proprio.
- Non ha mai letto il Vangelo?
- Lo sento leggere ogni domenica.
- Che gliene pare?
- Belle parole: la Chiesa è tutta una bellezza.
- Per lei, vedo, la bellezza non ha niente a che fare con la verità.
- La verità è nel fondo di un pozzo: lei guarda in un pozzo e vede il sole o la luna; ma se si butta giù non c'è più né sole né luna, c'è la verità.

Leonardo Sciascia, *Il giorno della civetta*, Torino, Einaudi, 1990

Oltre a queste **sequenze omogenee**, in cui è presente una sola modalità testuale, vi sono **sequenze di tipo misto**, in cui sono compresenti due o più modalità testuali. Questi casi sono molto frequenti nella narrazione; si parlerà allora di sequenza **narrativo-descrittiva** (azione + descrizione), **narrativo-riflessiva** (azione + considerazioni di o sul personaggio), **narrativo-dialogata** (narrazione + dialogo) ecc.

11

PARTE 1 · Il metodo

Lessico da conoscere

Scrivi accanto a ogni termine la corretta definizione, quindi verifica la correttezza del lavoro insieme ai compagni e all'insegnante. Tutte le definizioni dovranno essere memorizzate.

Termini del lessico specifico	Definizione
Flashback	
Conclusione	
Esordio	
Fabula	
In medias res	Così è detto uno dei modi di iniziare una storia: il lettore viene immesso nel mezzo dei fatti senza avere informazioni preliminari sul contesto.
Incipit	
Intreccio	
Peripezie	
Flashforward	
Sequenza	
Situazione iniziale	
Spannung	

Vero o falso?

_____ 1. I termini prolessi e *flashback* sono sinonimi.
_____ 2. I termini anticipazione e prolessi sono sinonimi.
_____ 3. L'inizio *in medias res* è tipico dei racconti in cui l'intreccio coincide con la *fabula*.
_____ 4. L'esordio è una delle fasi in cui si articola il racconto.
_____ 5. L'intreccio è l'ordine in cui gli eventi sono raccontati.
_____ 6. Una sequenza può contenere più fatti rilevanti.
_____ 7. La *Spannung* è una sequenza descrittivo-riflessiva.
_____ 8. Le sequenze possono essere miste, cioè comprendere più modalità testuali.

12

MODELLI NARRATIVI

T1
Emilio Salgari
La tigre admikanevalla

MODELLI NARRATIVI
- Le fasi narrative

Nel racconto che stai per leggere ci sono tutti gli ingredienti che contribuiscono a fare degli scritti di Emilio Salgari dei classici dell'avventura: ambienti esotici, semplicità della storia, personaggi e situazioni delineati in modo netto. Il protagonista, in questo caso, è Salgari stesso che si presenta come capitano, navigatore e avventuriero.

Inizio del racconto

Alcuni anni or sono, cinque o sei per lo meno, mentre stavo percorrendo per diporto[1] le Sunderbunds[2] meridionali, cacciando i grandi trampolieri[3], sbarcavo a Raimatla, piccola isola che si trova non molto lontana dalla foce del Mangal, che, come sapete, è uno dei canali del Gange.

Una terribile notizia sconvolge la tranquillità iniziale.

5 Mi ero appena accampato col mio fedele Baladagiri, un giovane bengalese che mi accompagnava sempre nelle mie escursioni, quando giunsero alcuni *molanghi* a dirmi che una tigre *admikanevalla*[4] aveva attraversato il fiume Jor, prendendo e divorando una povera donna che stava raccogliendo la frutta dei manghi.

Una tigre *admikanevalla* è quella che ormai ha assaggiato la carne dell'uomo, 10 che d'ora innanzi non cercherà che vittime umane. Ordinariamente è una tigre vecchia che, non possedendo più l'agilità necessaria per assalire di slancio gli altri animali, s'imbosca su di un sentiero, aspettando l'uomo e la donna. È la più pericolosa di tutte, forse, poiché spinge la sua audacia fino a entrare di notte nei villaggi per rapire gli uomini che dormono all'aperto.

15 Avevo cacciato più volte la tigre, anzi mi ero convinto che simile caccia non è poi tanto pericolosa, come generalmente si crede, per un cacciatore che possieda un certo sangue freddo e che è sicuro del suo colpo. […] Non attaccano che di rado, si difendono solamente quando vengono incalzate o ferite.

Accettai la proposta di sbarazzare quei poveri indigeni dal pericoloso vicino, e 20 feci tosto i miei preparativi per la caccia.

Attraversai il fiume e sbarcai di fronte all'isola nella fitta e spinosa *jungla* delle Sunderbunds.

Si susseguono descrizioni che evocano un'atmosfera minacciosa.

Non tardai a trovare le tracce della tigre, le quali si addentravano in un fitto macchione di *bambù tulda*[5]; queste tracce consistevano in un gran numero di os-25 sami, fra i quali ne distinsi non pochi appartenenti a persone.

---

1. per diporto: per svago, per sport.
2. Sunderbunds: con tale nome l'autore indica un gruppo di isole e isolotti situati presso la foce del Gange: le descrizioni di ambienti e paesaggi esotici presenti nei racconti di Salgari sono nate da una vasta consultazione di saggi, diari, libri e carte geografiche. Lo scrittore in realtà non ha mai visitato di persona i luoghi da lui descritti.
3. trampolieri: grossi uccelli dalle lunghe zampe, quali fenicotteri e cicogne.
4. molanghi... admikanevalla: Salgari usa spesso termini appartenenti alla lingua locale. I *molanghi* sono gli indigeni, la tigre *admikanevalla* è una mangiatrice di uomini.
5. macchione di *bambù tulda*: si tratta di una foresta costituita da una tipologia di bambù tipica delle foreste pluviali del Sud-Est asiatico.

13

PARTE 1 · Il metodo

Un puzzo nauseante come di carne corrotta e di selvatico veniva dal macchione, segno evidente che là in mezzo si trovava il covo della fiera[6].

30 Ispezionato il terreno, rimandai all'isola i *molanghi* che mi avevano seguito, ché mi sarebbero stati più d'impaccio che di utilità, e mi nascosi assieme al mio bengalese dietro il tronco di un *latania*,

35 specie di palmizio. Volevo attendere la tigre al passo, poiché sarebbe stata una follia volerla snidare fra quei bambù intricati e spinosi.

La notte non tardò a calare, una not-
40 te oscura come la culatta[7] d'un cannone da ventiquattro, essendo il cielo coperto. Dai fetenti canali delle Sunderbunds, dove imputridivano i cadaveri degli indiani, trascinativi dalle acque del Gange, si
45 innalzava una nebbia pesante, carica di esalazioni pestifere. Non si udiva altro rumore che il sordo gracchiare dei *marabù*, grossi uccelli armati d'un becco robusto che banchettavano sulle rive dei ca-
50 nali, rimpinzandosi della carne dei morti.

Le situazioni narrate sono avventurose e rischiose.

Cominciavo a trovare la mia posizione assai incomoda e a provare i primi brividi della febbre, quando il mio bengalese, che stava sdraiato presso di me, mi sussurrò agli orecchi: «La *bāg* (tigre) si avvicina.»

55 Il mio uomo era stato per lungo tempo un *scikari* ossia un battitore dei boschi nelle cacce delle tigri: quindi non poteva essersi ingannato. Mi alzai lentamente sulle ginocchia e colla carabina in mano, sperando di vedere la tigre uscire dal macchione; ma nulla vidi, né nulla udii.

«Rimanete qui, che io vado a scovarla», mi disse il bengalese.

60 Prese il suo fucile e si allontanò strisciando come un serpente. In pochi istanti non lo vidi più. SE AVESSI SAPUTO COSA SAREBBE ACCADUTO POICHÈ

Passarono alcuni minuti di angosciosa aspettativa. Tutto d'un tratto il silenzio della notte fu rotto da una fragorosa detonazione.

Lo sparo del fucile e le grida del bengalese accrescono la tensione.

Era il fucile del mio *scikari.* Lo avrei distinto fra cento altri. Stavo per alzarmi,
65 quando udii un grido acuto, un grido straziante, che non scorderò se dovessi vivere mille anni.

*DOPO, NON LO AVREI LASCIATO SOLO.

---

6. Un puzzo... fiera: le descrizioni orrorifiche e raccapriccianti contribuiscono a creare un'atmosfera di tensione e pericolo.

7. culatta: parte posteriore del cannone.

La struttura del testo narrativo • UNITÀ 1

A parte due brevi flashback (cercali nel testo e sottolineali), la narrazione non presenta sfasature temporali: l'intreccio coincide dunque sostanzialmente con la fabula.

5 Mi alzai come un pazzo, pallido, coi capelli irti, il cuore serrato come da una mano di ferro, e mi precipitai verso il luogo donde era partita la detonazione.

Giunto sul limite d'una piccola spianata, vidi uno spettacolo orribile. Il mio bengalese giaceva a terra, e sopra di lui stava la tigre, che lo aveva afferrato pel capo, stritolandoglielo tra i formidabili denti.

10 Mirai la fiera e le scaricai contro i due colpi della mia carabina. La vidi spiccare un salto immenso e ricadere a terra senza vita.

Quando raggiunsi il mio bengalese, questi non dava quasi più segno di vita.

Sentendomi vicino, il poveretto aprì gli occhi ed ebbe ancora la forza di chiedermi con voce appena distinta: «*Bāg mahrgaya?*» (La tigre è morta?).

15 Gli risposi che l'aveva uccisa.

Un lampo di gioia balenò negli occhi del disgraziato, ma si spense subito: era morto!

Emilio Salgari, *I racconti del capitano*, Milano, Magenes Editoriale, 2003

Laboratorio sul testo

Comprendere il testo

La storia

1. In quali luoghi si ambienta la vicenda?
2. Per quali scopi il protagonista dice di trovarsi in quei luoghi?
3. Perché il protagonista accetta di uccidere la tigre?
4. Quale strategia adotta per snidare la belva?
5. Quale tragico imprevisto turba la caccia?

Analizzare le tecniche

La struttura della storia

6. Come abbiamo visto, l'intreccio segue sostanzialmente la struttura logico-temporale della storia; è dunque possibile riconoscere all'interno del testo la sua struttura tipica. Individuane le diverse fasi, suddividendo il testo, e spiega brevemente il contenuto di ciascuna.

Situazione iniziale	SALGARI VA AD AIUTARE GLI INDIGENI
Esordio	UNA DONNA MUORE
Peripezie	VANNO A CERCARE LA TIGRE
Spannung	CERCANO LA TIGRE
Conclusione	IL BENGALESE MUORE

Le peripezie

7. Gli avvenimenti raccontati nelle peripezie sono qui riassunti e disposti secondo un ordine casuale. Ridisponili nel corretto ordine cronologico in cui si sono svolti.

a) La tigre muore.
b) Cala la notte e l'atmosfera diventa inquietante.
c) I due attendono la tigre al passo.
d) Il bengalese avverte la vicinanza della tigre.
e) Il bengalese muore per le ferite riportate.
f) Il bengalese penetra nella giungla per snidare la tigre.
g) Il bengalese viene aggredito dalla belva.
h) Il protagonista colpisce la tigre con un colpo di fucile.
i) Il protagonista si addentra nella giungla accompagnato da un bengalese.

Applicare le tecniche

Comporre un finale lieto

8. Nella conclusione il generoso bengalese muore, ma tu puoi cambiare la sua sorte in modo che il finale si ricomponga felicemente. Riscrivi la conclusione dal punto indicato.

Quando raggiunsi il mio bengalese, questi RESPIRAVA LENTAMENTE. RIUSCII A CHIAMARE I SOCCORSI E LO SALVARONO IN TEMPO. UN ALTRO MINUTO E SAREBBE MORTO

15

PARTE 1 · Il metodo

T2 Giovanni Arpino
La dama dei coltelli

MODELLI NARRATIVI
- **La costruzione dell'intreccio**

Giovanni Arpino è stato narratore e giornalista. Nei suoi racconti e romanzi ha sempre dato ampio spazio all'indagine profonda dei personaggi, analizzando i conflitti fra individuo e società. In questo racconto un'anziana signora acquista ripetutamente coltelli, mannaie e cesoie presso una coltelleria: il negoziante si insospettisce.

Il narratore immette il lettore nel pieno svolgimento dei fatti.

La vide entrare e rimase un attimo nell'angolo buio del negozio per scrutarla, con ironia e curiosità. La vedeva per la terza volta in quella settimana, così ordinata nelle vesti, con un antiquato cappellino, i guanti.

La signora aveva già estratto un foglietto di carta. Salutò, per subito compitare,
5 sillabando e tenendo il foglietto a notevole distanza dagli occhi: «Cerco un coltello da mezzo colpo, numero 2193 P sul catalogo. E vorrei anche vedere la mannaietta di centimetri 14-16, numero 3204 P sul catalogo. E magari, se vuol essere gentile, il coltello da cuoco forgiato[1], numero 5806 FP, sempre dal catalogo. Do disturbo?»

Il negoziante si aprì in un sorriso ambiguo, accennando un inchino, e prese a
10 sfogliare nella sua grossa cartella colorata. Ricordava perfettamente che durante le precedenti visite la signora aveva acquistato una cesoia da sarto verniciata nera di 12 centimetri, una forbice per potare di 25 centimetri e due coltelli, uno per disossare «stretto-rigido» e uno «costa tonda» per scannare.

«Bene bene» ruotò sui tacchi e cominciò ad aprire i cassetti, con mano sicura.
15 «Ecco la mannaietta. Vorrei dirle che ne ho una più piccola, altrettanto utile in cucina. Questa è propriamente da macellaio, da cuoco di ristorante, l'altra mi sembra più casalinga, se posso permettermelo» spiegò l'uomo.

La signora stava soppesando lo strumento. Sporgeva appena le labbra, criticamente. Alcune rughe le si approfondirono agli angoli della bocca.
20 «Questa» decise. Toccò poi al coltello, che venne rapidamente sollevato nel palmo della mano e approvato.

«Ottima qualità, come lei sa bene, dato che ormai è una mia cliente» si sentì in dovere di dire l'uomo, anche perché punto da certe sue curiosità. «Coltelleria professionale, manici in faggio evaporato nero, straordinario carico di rottura, sa
25 cosa dico vero? Lame in acciaio inossidabile svedese, il migliore del mondo. Il solito pacchettino o una borsa?»

La signora annuiva, come improvvisamente rattristata però, e aveva già allungato il denaro, uscì dopo un saluto che si lasciò udire solo per il perfetto silenzio della bottega.

---

1. coltello da mezzo colpo... mannaietta... coltello da cuoco forgiato: sono tutti tipi diversi di coltello da cucina. Durante tutta la conversazione il ferramenta, rivolgendosi alla sua cliente, utilizzerà un linguaggio molto tecnico e professionale.

16

Henri Rousseau, *Passeggiata nel bosco*, 1886, Zurigo, Kunsthaus.

Il commerciante e la moglie, all'oscuro degli antefatti, si interrogano sullo strano comportamento della donna. Così fa il lettore.

«E se fosse una matta? E se fosse una a cui manca un venerdì[2]? Al posto tuo mi fiderei mica tanto» mise fuori la testa dal retrobottega la moglie. Lo scrutava avendo abbassato sul naso gli occhiali da cucito.

«E già» ghignò lui in risposta. «Così io per vendere coltelli da macellaio dovrei chiedere la patente ai clienti? Sarà la moglie di un trattore, la madre di un macellaio, che ne so. Conosce i cataloghi a memoria».

«Una collezionista» dubitò la moglie prima di rientrare nel suo anfratto invisibile.

«E perché no? Col mondo come va oggi. Con la gente che dà i numeri e colleziona anche le bambole rotte. Cosa vuoi che si sappia noi due dell'umanità, a questo punto, in questa città». [...]

Nel testo si coglie un salto temporale. La seconda parte ci ripropone la situazione di ambiguità, ma la tensione sale perché la donna è più eccitata e turbata.

Era un sabato pomeriggio, sul tardi, con il cielo ormai grigio a pareggiare dall'alto i colori cinerei della strada. I rumori del mercato andavano diradando, il tram fece stridere tutte le sue giunture rugginose proprio davanti alla bottega del ferramenta.

La vide entrare, gli sembrò eccitata.

«Mi serve subito un acciaino punta tonda[3], numero 4402 E sul catalogo. Ma presto» disse senza consultare nessun pezzo di carta annotata. E rimase lì a torcersi le mani inguantate.

«Pronti» fece l'uomo posandole l'arnese. Pareva un pugnale. Nella luce rada del negozio non suscitò alcun brillio.

«Tutto bene? Il resto, dico» provò l'uomo. «A lei, poi, mi sono sempre dimen-

---

2. una a cui manca un venerdì: persona stravagante, bizzarra, un po' matta.
3. acciaino punta tonda: arnese utilizzato per affilare i coltelli.

17

PARTE 1 · Il metodo

ticato di far vedere le nostre serie complete. Roba di scelta superiore, tra coltelli
e forchette e cucchiai. Se vuole...»

La donna andava provando la punta dell'acciaino contro il palmo inguantato,
55 assurdamente.

«Eh? Come?» si risvegliò corrugando la fronte. Ma poi, quasi mangiandosi le
parole, di furia. «Basta con mannaiette e coltelli da disossare. Sono pesanti. Ma che
diavolo. Quanto debbo?» Sbatté i soldi infilando l'acciaino nella borsetta. Fuggì
con il cappellino tremulo[4] tra l'una e l'altra orecchia.

60 «Quella: o la fa o la sta per fare» si allungò dal retrobottega la moglie. Aveva
un pezzetto di filo per cucire tra i denti. «A meno che non sia una che vuole ammazzare il gatto».

L'uomo non ebbe voglia di rispondere. Rimise un paio di arnesi nei cassetti,
guardò il grigio che andava incupendo sull'asfalto, diede un'occhiata superflua
65 all'orologio.

«Puah, mondo assassino» sentenziò. «Chi non beve si vanta, chi ha vino non
canta[5]. Vado al bar».

«Non più di uno» litaniò la moglie.

Di nuovo un salto temporale. Cambia il luogo dove si svolge la vicenda, che si avvia verso una conclusione inaspettata.

Fu uscendo dal bar che la vide, nella penombra ormai dilatatasi in chiazze lun-
70 go la strada.

Camminava con passo stranamente svelto, la signora, ed un po' curva. Era
senza borsetta, e teneva un involto ben serrato al petto con le due mani. La vide
svoltare verso i giardini con rapide accelerazioni dei piedi ma anche delle spalle,
sempre più spinte in avanti.

75 L'ora era umida, con quella pesantezza autunnale che sa dissociare i corpi in
trepide carni e quasi isolate ossa. Oltre la piazza del mercato ingombra di carte, i
giardini apparvero come un solitario occhio buio[6]. La signora scartò con decisione, senza guardarsi attorno prese verso gli alberi che circondavano le aiuole ma
ombreggiavano anche il grande viale, in quel momento percorso da scarso traffico.
80 Erano ippocastani cupi, dal tronco diritto e dalle chiome profonde.

Sicura di sé, la signora scelse il terzo della fila. Sfoderò dal pacchetto l'acciaino
e con furia prese a ferire quel tronco poderoso. A fatica estraeva la punta del ferro,
con rabbia la ricacciava nella corteccia, ansimando, e tutta tremava dalle spalle ai
piccoli tacchi male apposti sul terreno.

85 «Prendi» ma la voce era appena un guaito. «Prendi anche questo. E domani
ti scortico con qualcos'altro. E non avrò pace finché non ti vedrò seccare. Non
morirò finché non sarai secco, bastardo. Prendi questo, e ancora, Dio mio dammi
fiato...»

Si arrestò e l'uomo, occultatosi nell'ombra, udiva e non capiva, stupefatto ma
90 incapace di reprimere un improvviso dolore interno, che gli batteva nel costato.

---

4. cappellino tremulo: lo stato di forte agitazione della signora viene trasmesso anche al suo co-pricapo, che si muove nervosa-mente.
5. Chi non beve si vanta, chi ha vino non canta: espressione proverbiale attraverso cui il per-sonaggio esprime la sua amara visione del mondo, in cui ognu-no fa ciò che non dovrebbe e non fa ciò che potrebbe.
6. penombra dilatatasi in chiazze... un solitario occhio buio: l'autore descrive l'atmo-sfera di questa sera d'autunno utilizzando espressioni molto vi-vide e poetiche.

La struttura del testo narrativo · UNITÀ 1

«Creperai. A poco a poco. Agonia ti darò. Anni di agonia» infieriva la signora accanendosi con l'acciaino pur smarrendo visibilmente le forze. «Prendi, assassino».

Finì stremata. Lasciò cadere il braccio destro. Aveva quel suo cappellino in bi-
95 lico, l'acciaino tornò a fatica nell'involto. Ne uscì una forbice da giardiniere, che la donna fece sbattere più volte tra le due lame, aggirandosi attorno all'albero, ma tutti i rami erano troppo alti. O forse no, avvertì l'uomo dal suo angolo nascosto. Erano già stati tagliati, in maniera perfida e irregolare rispetto alle chiome degli altri ippocastani, e le punte residue apparivano non più raggiungibili per le
100 braccia e la forbice della signora. Che infatti scaraventò l'aggeggio lontano, rabbiosamente, pestando un tacco. Si calmò di colpo, però, appoggiandosi a quello stesso tronco ferito, e estrasse il fazzoletto per asciugarsi le lacrime. Poi fece per muoversi, vi riuscì con pena, il passo che la portò via apparve vecchissimo, e rotto come le mosse di un consunto burattino.

La spiegazione 105
dei fatti accaduti
in precedenza viene
ricostruita solo
alla fine (nota l'uso
del trapassato
prossimo).

Fu il salumiere, al bar, a spiegare il fatto.

Sì, la signora era un'insegnante in pensione, vedova, con un unico figlio «tutto prosciutto di prima scelta, il burro più caro per costui[7]» precisò il salumiere, e si era schiantato col motore contro quell'albero, più o meno un anno prima.

«Gli alberi sono un pericolo» commentò qualcuno. «Non c'è strada con alberi
110 dove non vi siano incidenti».

«Ma sta' zitto tu» gli fu risposto. «La colpa è di chi non sa guidare. E poi: un albero ci mette cento anni a crescere, e ci vuole un minuto per buttarlo giù. Non facciamo discorsi fessi».

Il ferramenta non volle metter bocca. Pensava alla vendetta della signora, ai
115 suoi coltelli, mannaiette e cesoie. Le augurò di poter continuare. Quanto può resistere un albero offeso? Pensò ad un magnifico esemplare di lama per bistecca, numero 2115 E sul catalogo: centimetri 30, impugnatura che «rende facile il lavoro» e risulta «inattaccabile dagli acidi». In omaggio. Vi sono clienti che non perdi mai se sai capirli.

Giovanni Arpino, *Raccontami una storia*, Milano, Rizzoli, 1982

---

7. tutto prosciutto di prima scelta, il burro più caro per **costui**: espressione attraverso cui il personaggio descrive l'atteg- giamento molto premuroso della signora nei confronti del figlio.

IL TEMA DEL RACCONTO

Giovanni Arpino ha la capacità di rappresentare con nettezza i drammi o le gioie della vita umana. In questo caso, un assurdo comportamento è scatenato da un dolore insuperabile: la tragica morte del figlio sconvolge la madre che non riesce a trovare pace; solo lo sfogo contro l'albero "assassino" lenisce in parte lo strazio e la rabbia. Ma il dolore riprende sempre il sopravvento e induce la donna a tornare più volte nel negozio di fer- ramenta dove acquista i coltelli per infierire sul tronco. La donna è sfinita dalla fatica ma soprattutto dal dolore, che l'ha condotta sull'orlo di una follia disperata. Alla disperazione della donna si contrappone il cinismo del ferramenta che sfrutta a suo vantaggio la disperazione della donna (*Vi sono clienti che non perdi mai se sai capirli*).

Laboratorio sul testo

Comprendere il testo

La storia

1. Spiega in che cosa consiste l'equivoco che genera *suspense* nella narrazione, cioè quel sentimento di attesa e incertezza sciolto soltanto nella conclusione del racconto.
2. Quali comportamenti, gesti, atteggiamenti della donna rivelano il suo dolore e il suo estremo turbamento?
3. *Il ferramenta non volle mettere bocca. Pensava alla vendetta della signora, ai suoi coltelli… Le augurò di poter continuare… Pensò ad un magnifico esemplare di lama… Vi sono clienti che non perdi mai se sai capirli.* Che cosa ci insospettisce nel comportamento del ferramenta? Quale giudizio emerge nei suoi confronti? Che cosa vuol suggerire il narratore con questa amara conclusione?

Analizzare le tecniche

La *fabula* e l'intreccio

4. È corretto affermare che il racconto inizia *in medias res*? Motiva la risposta.
5. In questo racconto la storia presenta un intreccio che non coincide con la *fabula*. In quale punto cogliamo un *flashback*? È importante? Motiva la risposta.
6. Le frasi elencate sintetizzano i nuclei della vicenda ma sono disposte in ordine confuso. Rimetti in ordine gli eventi secondo la loro successione cronologica, cioè secondo la *fabula*.
   a) ☐ Il ferramenta pedina la signora e la sorprende mentre si accanisce contro un albero.
   b) ☐ Il ferramenta si insospettisce.
   c) ☐ Il figlio di un'anziana signora muore schiantandosi con la macchina contro un albero.
   d) ☐ Il salumiere spiega i fatti e così il comportamento dell'anziana signora.
   e) ☐ La signora acquista ripetutamente coltelli, mannaie e forbici presso un ferramenta.

Applicare le tecniche

Costruire un nuovo intreccio

7. Leggi la prima favola, poi riscrivila adattando l'intreccio al nuovo inizio. Fai attenzione all'uso dei tempi verbali.

Il contadino e il serpe
Un contadino, nella stagione invernale, trovò un serpe intirizzito dal freddo; impietosito, lo raccolse e se lo pose in seno. Ma quello, non appena il calore ebbe risvegliato il suo istinto, uccise con un morso il suo benefattore. Il quale morendo diceva: «Me lo merito, perché ho avuto compassione di un malvagio».

Esopo, *Favole*, Milano, BUR, 2001

Il contadino e la serpe
Un vecchio contadino, ferito dal morso di una serpe, morendo disse: "Ho quello che mi merito, poiché ho avuto compassione di quella malvagia".
Poco prima, infatti, aveva trovato UNA SERPE INTIRIZZITA PER VIA DEL FREDDO INVERNALE. AVENDO COMPASSIONE DEL POVERO ANIMALE, LO RACCOLSE E LO RISCALDÒ E LA SERPE LO AVEVA MORSO E UCCISO.

T3 Edward Hoch
Zoo

La reazione degli umani di fronte a creature provenienti da altri pianeti, o addirittura da altre galassie, è a volte di paura e di ostilità e dà luogo a situazioni ed eventi drammatici; altre volte, invece, come nel racconto che segue, la reazione è di incuriosito divertimento.

MODELLI NARRATIVI
- La suddivisione in sequenze
- I tipi di sequenze

1. I bambini erano sempre buonissimi, durante il mese d'agosto, specialmente all'avvicinarsi del ventitreesimo giorno: era appunto quello il giorno in cui la grande astronave d'argento che trasportava lo Zoo Interplanetario del professor Hugo atterrava per la sua annuale visita di sei ore nell'area di Chicago.
   L'avvenimento richiamava grandi folle, e fin dall'alba si formavano lunghe file di adulti e bambini, ciascuno col suo bravo dollaro in mano (il prezzo del biglietto), ad aspettare con impazienza l'arrivo dell'astronave.

2. Ogni anno, puntualmente, il professor Hugo esibiva nuove creature, delle razze più strane e imprevedibili: che cosa avrebbe portato, quest'anno? La curiosità era alle stelle.
   Già s'erano viste, in passato, le creature a tre zampe provenienti da Venere, o gli altissimi, filiformi uomini di Marte, o altri esseri ancora più straordinari, come certi mostri a foggia di serpente[1] che arrivavano da punti remoti della galassia.

3. L'astronave comparve, rotonda e scintillante, nel cielo di Chicago, e lentamente calò sull'immenso parcheggio tri-metropolitano alla periferia della città, e lentamente, nel silenzio rispettoso e quasi sgomento che s'era creato, si sollevarono gli enormi portelloni laterali, a mostrare la consueta fila di gabbie.

4. Dietro le sbarre s'intravedevano dei bizzarri esseri d'una razza selvaggia, incredibile, da potersi immaginare solo negli incubi: piccoli animali simili a cavalli, che si muovevano a scatti e continuavano incessantemente a cicalare con vocine acute.

5. I cittadini della Terra si assieparono intorno alla cassa, dove l'equipaggio del professor Hugo provvide celermente a raccogliere i soldi dei biglietti.

1. **a foggia di serpente**: dalla forma simile a serpenti.

6.

Poco dopo apparve il buon professor Hugo in persona, col suo ampio mantello multicolore e il cappello a cilindro.
– Signori Terrestri! – esclamò nel microfono.
Il ronzio della folla si spense, ed egli poté continuare:
– Signori Terrestri, quest'anno, per il consueto, misero dollaro, potrete ammirare uno spettacolo davvero eccezionale: i rarissimi, semi-sconosciuti ragni-cavalli di Kaan, portati fino a voi, a prezzo di grandi spese, per milioni di miglia attraverso lo spazio. Avvicinatevi alle gabbie, guardateli, studiateli, ascoltateli, parlatene ai vostri amici. Ma fate in fretta! La mia nave può trattenersi in quest'area soltanto sei ore!

7.

E lentamente, ordinatamente la folla prese a sfilare davanti alle gabbie: il pubblico era al tempo stesso inorridito e affascinato da queste straordinarie creature che assomigliavano a cavalli, ma s'inerpicavano e correvano lungo le sbarre come ragni.
– È una cosa che lo vale tutto, quel dollaro! – osservò un uomo, allontanandosi di corsa. – Vado a casa a prendere mia moglie.
Andò avanti così per tutta la giornata, finché ben diecimila persone riuscirono a sfilare davanti alle gabbie che s'affacciavano lungo le fiancate dell'astronave.

8.

Poi, scoccato il limite delle sei ore, di nuovo il professor Hugo uscì col suo microfono in mano: – Ora dobbiamo andare, ma torneremo fra un anno esatto. E se lo zoo di quest'anno vi è piaciuto, telefonate ai vostri amici nelle altre città: domani saremo a New York, e la settimana prossima atterreremo a Londra, e poi Parigi, Roma, Hong Kong e Tokyo. E poi salperemo per altri mondi ancora!
Li salutò con un cordiale arrivederci, e mentre lentamente l'astronave decollava, i cittadini di Chicago convennero che quell'anno lo zoo interplanetario era stato il migliore in assoluto.

Maurits Cornelis Escher, *Un altro mondo*, 1947.

La struttura del testo narrativo . UNITÀ 1

9. Circa due mesi e tre pianeti più tardi, l'argentea astronave del professor Hugo calò infine tra le familiari, frastagliate rocce di Kaan: e a uno ad uno i curiosi ragni-cavalli sgusciarono rapidamente dalle gabbie, col professore fermo davanti all'uscita per pronunciare brevi parole di congedo. Poi tutti schizzarono in cento direzioni diverse, a raggiungere le loro case tra le rocce.

N
De
R
Di

10. In una di queste, la *creatura-lei* fu ben felice di vedere il ritorno del suo compagno e del figlioletto. Farfugliando un festoso saluto in uno strano linguaggio, corse ad abbracciarli.

– Quanto tempo! – esclamò. – Allora, è stato bello?

E la *creatura-lui* annuì: – Magnifico! Specialmente il piccolino si è divertito un sacco! Abbiamo visitato otto mondi, e visto molte cose.

N
De
R
Di

11. Il piccolo galoppò tutto allegro nella caverna, inerpicandosi sulle pareti: – Nel posto chiamato Terra è stato meglio di tutti! Le creature che ci abitano portano degli indumenti sulla pelle, e camminano su due zampe.

N
De
R
Di

12. – Ma non era pericoloso? – chiese la *creatura-lei*.

– No – rispose il compagno. – Ci sono delle sbarre robuste, per proteggerci da loro. E poi rimaniamo sempre all'interno dell'astronave. La prossima volta devi venire anche tu, cara! È un viaggio che li vale proprio tutti, i diciannove *commoc*[2] che ci costa!

– Oh sì! – annuì il piccolo, – È stato il migliore zoo in assoluto...

N
De
R
Di

Edward D. Hoch, *Storie di giovani alieni*, Milano, Mondadori, 1989

2. commoc: è la moneta in uso sul pianeta Kaan.

IL TEMA DEL RACCONTO

La realtà può essere diversa da quella che appare e deve perciò essere valutata non in modo assoluto, ma tenendo conto delle diverse prospettive e dei diversi punti di vista: questo ci fa comprendere il racconto di Hoch.

Nonostante lo "spazioporto" e le strane creature extraterrestri, nella Chicago del futuro la vita non è molto diversa da quella dei nostri tempi: vedendo il fantastico zoo del professor Hugo, infatti, i bambini e gli adulti si comportano esattamente come farebbero dei visitatori contemporanei di fronte a un'attrazione speciale. Ma, nel finale del racconto, la situazione si ribalta: i "fenomeni da baraccone" esposti nelle gabbie si trasformano a sorpresa in turisti interplanetari e si palesano i diversi punti di vista dei terrestri e degli extraterrestri. Gli umani, infatti, considerano gli abitanti di Kaan come "esseri da incubo"; gli alieni raccontano di uno "zoo terrestre" in cui gli indigeni "camminavano su due zampe". Chi ha ragione? Forse Hugo, che sa approfittare della ristretta prospettiva degli altri...

23

PARTE 1 · Il metodo

Laboratorio sul testo

Comprendere il testo

La storia e i personaggi

1. Quale attività svolge il professor Hugo?
2. Individua e sottolinea nel testo – in modo diverso – le parole o le espressioni in cui si manifestano il punto di vista degli abitanti della Terra e quello degli abitanti di Kaan.
3. Da quali particolari fisici degli abitanti della terra è rimasto colpito il piccolo abitante di Kaan?
   VESTITI E BIPEDI

Analizzare le tecniche

Le sequenze

4. Il testo è stato suddiviso in sequenze. In ogni spazio trascrivi il corretto titolo-sintesi scegliendolo tra quelli qui elencati alla rinfusa. Poi indica con una crocetta di che tipo è la sequenza (N = narrativa; De = descrittiva; R = riflessiva; Di = dialogata).

   a) Hugo si congeda dai terrestri e riparte con la sua astronave.
   b) I terrestri pagano il biglietto.
   c) I terrestri scorgono dietro le sbarre molti esseri bizzarri.
   d) Il bambino riferisce che gli abitanti dello "zoo-Terra" sono i più strani in assoluto.
   e) Il professor Hugo presenta i ragni-cavalli di Kaan.
   f) L'astronave di Hugo riporta i ragni-cavalli alle loro case, su Kaan.
   g) La *creatura-lei* riabbraccia il marito e il figlio entusiasti del viaggio.
   h) La navicella atterra.
   i) Il padre osserva che non hanno corso nessun pericolo, in quanto erano "protetti" da gabbie di acciaio.
   l) Per tutto il giorno i terrestri entusiasti sfilano davanti alle gabbie.
   m) Tutti sono curiosi di vedere le nuove e straordinarie creature di Hugo.
   n) Grandi folle di terrestri attendono l'arrivo dell'astronave del professor Hugo.

Applicare le tecniche

Classificare e completare sequenze

5. Leggi il testo sotto riportato e poi rispondi alle domande elencate nella colonna.

Di che tipo è la sequenza? **N** De R Di	**I giorni perduti** Qualche giorno dopo aver preso possesso della sontuosa villa, Ernst Kazirra, rincasando, avvistò da lontano un uomo che con una cassa sulle spalle usciva da una porticina secondaria del muro di cinta, e caricava la cassa su di un camion.
Scrivi un titolo-sintesi: _L'INSEGUIMENTO IN CAMION_ ★ _SEQUENZA "NOMINALE"_ _TITOLO DOVE NON SONO PRESENTI VERBI_	Non fece in tempo a raggiungerlo prima che fosse partito. Allora lo inseguì in auto. E il camion fece una lunga strada, fino all'estrema periferia della città, fermandosi sul ciglio di un vallone. Kazirra scese dall'auto e andò a vedere. Lo sconosciuto scaricò la cassa dal camion e, fatti pochi passi, la scaraventò nel botro[17]; che era ingombro di migliaia e migliaia di altre casse uguali.

Mario Sironi, *Paesaggio con camion*, 1920, Milano, Pinacoteca di Brera.

17. botro: baratro, fossa, voragine.

La struttura del testo narrativo · UNITÀ 1

Di che tipo è la sequenza?

N De R Di

Si avvicinò all'uomo e gli chiese: – Ti ho visto portar fuori quella cassa dal mio parco. Cosa c'era dentro? E cosa sono tutte queste casse? Quello lo guardò e sorrise: – Ne ho ancora sul camion, da buttare. Non sa? Sono i giorni.

– Che giorni?

– I giorni tuoi.

– I miei giorni?

– I tuoi giorni perduti. I giorni che hai perso. Li aspettavi vero? Sono venuti. Che ne hai fatto? Guardali, intatti, ancora gonfi. E adesso?

Completa la sequenza: che cosa c'è dentro il terzo "giorno"? Prova tu a immaginare un possibile contenuto e inseriscilo nel testo. Al fondo della pagina potrai leggere, capovolto, il testo originale.

Kazirra guardò. Formavano un mucchio immenso. Scese giù per la scarpata e ne aprì uno.

C'era dentro una strada d'autunno e in fondo Graziella, la sua fidanzata, che se n'andava per sempre. E lui neppure la chiamava.

Ne aprì un secondo. C'era una camera d'ospedale, e sul letto suo fratello Giosuè che stava male e lo aspettava. Ma lui era in giro per affari. Ne aprì un terzo.

E RITROVO I SUOI GENITORI
PASSEGGIARE PER UNA VIETTA
CON TANTI FIOR LUNGO I
LATI I DUE SI TENIVANO
MANO NELLA MANO COSA
CHE EMOZIONO KAZIRRA

La sequenza è mista. Quali tipologie vi trovi?

N De R Di

Si sentì prendere da una certa cosa qui, alla bocca dello stomaco. Lo scaricatore stava diritto sul ciglio del vallone, immobile come un giustiziere.

Di che tipo è la sequenza?

N De R Di

– Signore! – gridò Kazirra. – Mi ascolti. Lasci che mi porti via almeno questi tre giorni. La supplico. Almeno tre. Io sono ricco. Le darò tutto quello che vuole.

Scrivi un titolo-sintesi:

LO SCARICATORE
SCOMPARSO

Lo scaricatore fece un gesto con la destra, come per indicare un punto irraggiungibile, come per dire che era troppo tardi e che nessun rimedio era più possibile. Poi svanì nell'aria, e all'istante scomparve anche il gigantesco cumulo delle casse misteriose.

Di che tipo è la sequenza?

N De R Di

E l'ombra della notte scendeva.

Dino Buzzati, *Sessanta racconti*, Milano, Mondadori, 1991

Al cancelletto della misera vecchia casa stava Duk, il fedele mastino, che lo attendeva da due anni, ridotto pelle e ossa. E lui non si sognava di tornare.

25

VERIFICA UNITÀ 1 La struttura del testo narrativo

Sapere e Saper fare

PalestraInterattiva

1. Che cosa si intende con il termine "sequenza"?
- a) ☐ La sequenza rappresenta la successione logica dei fatti che si succedono nella vicenda.
- b) ☒ La sequenza è una parte del testo che presenta una propria unità di contenuto e di significato.
- c) ☐ La sequenza è costituita dal tema del racconto, cioè dall'argomento principale sviluppato.

2. Quali tipi di sequenze si possono riconoscere in un testo narrativo?

3. Leggi la sequenza e poi indica di che tipo è.

> Nel ricordo della mia infanzia, i libri che mi piacevano di più erano quelli che celebravano, con esempi reali o fantastici, il mio ideale di grandezza umana, di cui riconoscevo in mio padre l'incarnazione vivente. S'io fossi stato un pittore, e avessi dovuto illustrare i poemi epici, i libri di storia ecc., credo che, nelle vesti dei loro eroi principali, avrei sempre dipinto il ritratto di mio padre, mille volte.
>
> Elsa Morante, *L'isola di Arturo*, Torino, Einaudi, 1957

4. Scegli tra le seguenti espressioni quella che definisce correttamente il termine "intreccio".
- a) ☐ La successione dei fatti narrata con un ricorso molto frequente all'ellissi.
- b) ☐ La successione dei fatti che segue l'ordine logico e cronologico.
- c) ☒ L'ordine particolare con cui il narratore dispone i fatti.

5. Come si chiama l'espediente narrativo per ricostruire avvenimenti passati?

ANALESSI

6. Nel testo seguente sottolinea la parte che costituisce una prolessi.

> Accorrendo nel luogo vi ritrovai quel giovinetto pallido. Pareva più piccolo, lì in mezzo al viale: stava composto, come se si fosse messo a giacere prima; un braccio era aderente al corpo; l'altro, un po' sospeso, con la mano raggrinchiata e un dito, l'indice, ancora nell'atto di tirare. Era presso questa mano la rivoltella; più in là il cappello. Il sangue gli era sgorgato in gran copia dal forellino sulla tempia destra. Scappai via; ritornai a Nizza per partirne quel giorno stesso. Avevo con me circa ottantaduemila lire.
> Tutto potevo immaginare, tranne che, nella sera di quello stesso giorno, dovesse accadere anche a me qualcosa di simile.
>
> Luigi Pirandello, *Il fu Mattia Pascal,* Milano, Mondadori, 1988

7. Come si definisce in un testo narrativo la rottura dell'equilibrio presentato nella situazione iniziale?
- a) ☐ *Spannung*.
- b) ☐ Peripezia.
- c) ☒ Esordio.
- d) ☐ Scioglimento.

8. Come si definisce in un testo il momento di massima tensione?
- a) ☒ *Spannung*.
- b) ☐ Peripezia.
- c) ☐ Esordio.
- d) ☐ Scioglimento.

VERIFICA UNITÀ 1

Sapere e Saper fare

Comprendere e interpretare un testo

Focus: la struttura

Leggi il racconto e poi rispondi ai quesiti.

VERIFICAlim

T4 Timothée de Fombelle
Tobia

Tobia Lolness fugge, inseguito dalla sua gente: si nasconde nei crepacci della corteccia, corre lungo i rami, sfinito, con i piedi insanguinati. Tobia è alto solo un millimetro e mezzo. Appartiene al popolo che abita sulla grande quercia dalla notte dei tempi. Nel suo mondo in miniatura egli sta per intraprendere una straordinaria avventura.

Tobia era alto un millimetro e mezzo. Non molto per la sua età. Soltanto la punta dei piedi spuntava dal buco nella corteccia. Il ragazzino era immobile. La notte lo copriva come un mantello.
5 Tobia guardava il cielo punteggiato di stelle. Non aveva mai visto una notte più nera né più scintillante di quella che si stendeva a macchie fra le enormi foglie rosse.
«Via la luna, le stelle ballano». Così si diceva il
10 ragazzo. E poi ripeteva fra sé: «Se in paradiso c'è un cielo, è di sicuro meno profondo, meno commovente, sì, meno commovente...»
Era un modo per calmarsi. Il ragazzino era sdraiato, la testa posata sul muschio. Sentiva il freddo
15 delle lacrime all'attaccatura dei capelli, vicino alle orecchie.
Tobia era rannicchiato in una fenditura della corteccia, una gamba malconcia, entrambe le spalle ferite e tagliate, i capelli intrisi di sangue. Le mani
20 gli bruciavano per via delle spine e non sentiva più il resto del minuscolo corpo, intorpidito dal dolore e dalla fatica.
La sua vita si era fermata qualche ora prima e lui si stava chiedendo cosa ci facesse ancora lì. Ricordava
25 che glielo dicevano sempre, quando lo pescavano a frugarsi nel naso: «Sei ancora lì, Tobia?» E quel giorno cominciò a dirselo da solo, con un filo di voce: «Sei ancora lì?»
Non gli pareva vero, eppure era vivo, consapevo-
30 le fino in fondo della sua infelicità, più smisurata del cielo.
Il ragazzino fissava quel cielo con la stessa forza con cui un bambino stringe la mano dei genitori, alla festa dei fiori. E per non distrarsi si ripeteva:

35 «Se chiudo gli occhi, muoio».
Ma i suoi occhi restavano spalancati in fondo a due laghi di lacrime dense.
In quel momento esatto li sentì arrivare. E la paura ripiombò su di lui, all'istante. Erano in quattro. Tre
40 adulti e un bambino. Il bambino teneva la torcia che rischiarava il cammino.
«Non è lontano, lo so che non è lontano».
«Bisogna prenderlo. Deve pagare anche lui. Come i suoi genitori». Gli occhi del terzo uomo emette-
45 vano un bagliore giallo nella notte. L'uomo sputò e disse: «Lo prendiamo, stai tranquillo. Vedrai che gliela facciamo pagare». Tobia avrebbe tanto voluto svegliarsi e uscire da quell'orribile incubo, correre verso il letto dei suoi genitori e piangere,
50 piangere... Tobia avrebbe voluto che uno di loro lo accompagnasse in pigiama nella cucina illuminata, e che gli preparasse un bicchiere di acqua e miele ben caldo, con qualche biscottino, e gli dicesse: «È tutto finito, Tobia, è finito...»
55 Invece era lì, in quel buco, che tremava come una foglia, che cercava di ritrarre il più possibile le gambe troppo lunghe, per nasconderle. Tobia, tredici anni, inseguito da un intero popolo... il suo popolo. Ciò che sentì a quel punto fu anche peggio di quella
60 notte di freddo e di paura.
Sentì una voce che amava, la voce del suo amico di sempre, Leo Blue. Leo gli si era avvicinato per la prima volta quando avevano quattro anni e mezzo, per rubargli la merenda, e da quel giorno
65 loro due avevano diviso ogni cosa. Le cose belle e quelle tristi.
Leo viveva con sua zia. Aveva perduto entrambi i genitori. Di suo padre, El Blue, celebre avventu-

VERIFICA UNITÀ 1

riero, gli restava soltanto un boomerang di legno chiaro. Come conseguenza delle sue disgrazie, Leo Blue aveva sviluppato dentro di sé una grande forza. Sembrava capace del meglio e del peggio. Tobia preferiva il meglio, cioè l'intelligenza e il coraggio dell'amico. Tobia e Leo divennero presto inseparabili. A un certo punto, la gente cominciò a chiamarli addirittura Tobleo, come se avessero un nome solo. Il giorno in cui Tobia e i suoi genitori dovettero trasferirsi verso i Rami Bassi, i due Tobleo si erano nascosti in un germoglio secco, per non essere separati. Erano stati ritrovati dopo due giorni e tre notti. Tobia ricordava quel giorno, perché era stata una delle rare volte in cui aveva visto suo padre piangere.

Ma quella notte, mentre Tobia se ne stava rannicchiato tutto solo nel suo buco di corteccia, non poteva essere lo stesso Leo Blue che si trovava a qualche metro di distanza da lui e brandiva una torcia nel buio. Tobia si sentì scoppiare il cuore quando sentì il suo migliore amico urlare: «Ti prenderemo! Ti prenderemo, Tobia!»

La voce riecheggiò di ramo in ramo.

Allora nella mente di Tobia riprese vita un ricordo preciso.

Quando era ancora molto piccolo, lui aveva un pidocchio addomesticato che si chiamava Lima. Tobia gli montava in groppa prima di saper camminare. Ma un giorno il pidocchio aveva smesso di colpo di giocare, aveva dato un profondo morso al bambino e l'aveva sbatacchiato come uno straccio. In quel momento Tobia ricordò l'attacco di follia che aveva costretto i suoi genitori a separarsi dall'animale. Rivedeva ancora nella memoria gli occhi di Lima quando era impazzito: la pupilla, al centro, si era allargata come una piccola pozza sotto la pioggia battente. Quella volta, sua madre gli aveva detto: «Oggi è successo a Lima, ma chiunque può impazzire, prima o poi».

«Ti prenderemo, Tobia!»

Quando sentì di nuovo quell'urlo selvaggio, Tobia immaginò che gli occhi di Leo fossero terrificanti come quelli di un animale impazzito, in quell'istante... simili a piccole pozze inondate dalla pioggia.

Timothée de Fombelle, *Tobia,* Torino, San Paolo, 2007

Competenza testuale

Individuare informazioni

1. Chi è Tobia?
2. Quali caratteristiche fisiche ha?
3. Perché sta scappando?
4. Chi è Tobleo?

Comprendere strutture e caratteristiche dei testi

5. Suddividi il racconto in cinque o sei sequenze e attribuisci a ciascuna un titolo-sintesi.
6. In quale punto trovi una sequenza riflessiva? Spiega i motivi della tua scelta.
7. Quale tipo di inizio caratterizza il brano?
8. L'intreccio procede seguendo la *fabula*, ossia l'ordine cronologico degli eventi, oppure no?
9. Nel testo è inserito il ricordo di un episodio di cui sono stati protagonisti Tobia e Lima. Di quale episodio si tratta? Con quale procedimento narrativo è rievocato l'episodio?
10. Il racconto del rapporto fra Tobia e Leo viene sviluppato dall'autore secondo il procedimento narrativo della *prolessi* o della *analessi*?
11. Qual è lo scopo di questa parte nell'economia generale del brano?
    a) ☐ Dare informazioni.
    b) ☐ Fornire spiegazioni.
    c) ☐ Invitare a una riflessione.
    d) ☐ Suggerire un approfondimento.

Competenza lessicale

12. Alle righe 86-88 si legge: *Leo Blue... brandiva una torcia nel buio.* Che cosa vuol dire *brandiva*? ....
....

Competenza grammaticale

13. Cerca e sottolinea nel testo la congiunzione temporale che segnala la fine del ricordo e il ritorno della narrazione agli avvenimenti presenti.

Unità 2

Il tempo e lo spazio

T1 **Fredric Brown**
Errore fatale

T2 **Leonardo Sciascia**
Il lungo viaggio

Saper fare

T3 **Giovanni Guareschi**
Oscuramento

PARTE 1 · Il metodo

LEZIONE *lim*

Strumenti di analisi

1 L'epoca

Tutte le storie hanno una **collocazione cronologica**, sono cioè situate nel **tempo**: alcune storie si svolgono nel passato, altre in epoca contemporanea, altre ancora nel futuro, come accade nei romanzi di fantascienza. L'autore ha davanti a sé differenti alternative riguardo al modo in cui comunicare al lettore la collocazione cronologica della storia narrata.

■ Essa può essere **chiaramente espressa**, quando nel racconto sono fornite datazioni esplicite:

Elsa Morante
La storia

> Un giorno di gennaio dell'anno 1941, un soldato tedesco di passaggio, godendo di un pomeriggio di libertà, si trovava, solo, a girovagare nel quartiere di San Lorenzo, a Roma. Erano circa le due del dopopranzo, e a quell'ora, come d'uso, poca gente circolava per le strade. Nessuno dei passanti, poi, guardava il soldato, perché i Tedeschi, pure se camerati degli Italiani nella seconda guerra mondiale, non erano popolari in certe periferie proletarie.
>
> Elsa Morante, *La storia*, Torino, Einaudi, 1974

La scrittrice non solo specifica la data e l'ora, ma precisa anche la situazione storica in cui si trovava l'Italia, alleata della Germania all'inizio della seconda guerra mondiale.

■ Oppure, la collocazione cronologica può essere **ricostruibile tramite indizi interni al testo**, come per esempio riferimenti a personaggi realmente esistiti, descrizione di abitudini, modi di vivere propri di una certa epoca ecc.:

Sebastiano Vassalli
Un infinito numero

> Iniziò così la mia vita adulta. Il mio nuovo padrone, l'uomo che aveva pagato quattromila sesterzi per un «grammatico» […] era un poeta, uno dei più grandi che siano esistiti nel mondo. È il caso di spiegare chi fosse? Virgilio (il suo nome per intero è Publio Virgilio Marone) era nato nell'Italia settentrionale, in questa pianura nebbiosa e ricca di acque dove ci troviamo adesso; ma viveva a Napoli già da molti anni, e diceva di avere due patrie: una patria, Mantova, che gli era stata data dal destino, e un'altra patria, Napoli, che si era scelta lui stesso...
> […] Arrivai in casa sua impaurito e avvilito, come avrebbe potuto esserlo qualunque ragazzo di quell'età che fosse passato attraverso le mie stesse esperienze. Conoscevo soltanto gli aspetti peggiori della vita e degli uomini; e pensavo che la mia condizione di schiavo mi avrebbe condannato, comunque fossero andate le cose, a un'esistenza misera e triste.
>
> Sebastiano Vassalli, *Un infinito numero*, Torino, Einaudi, 1999

Nel testo non compaiono date, ma tanti indizi: il narratore parla di *sesterzi* (moneta in uso nell'antica Roma); dice di essere uno "schiavo comprato" come "grammatico" dal poeta Virgilio (vissuto tra il 70 a.C. e il 19 d.C.); infine, precisa che in quel periodo Virgilio "viveva a Napoli" (dove si trasferì intorno al 44 a.C.). Tutti questi dettagli ci permettono di identificare l'epoca.

■ Infine, la collocazione cronologica può essere **imprecisata e generica**, come avviene in favole, fiabe o in certi racconti fantastici:

Molti anni fa viveva un imperatore, il quale amava tanto possedere abiti nuovi e belli, che spendeva tutti i suoi soldi per abbigliarsi con la massima eleganza. Non si curava dei suoi soldati, non si curava di sentire le commedie, o di far passeggiate nel bosco, se non per sfoggiare i suoi vestiti nuovi.

Hans Christian Andersen, *Fiabe*, Torino, Einaudi, 1954

Hans Christian Andersen
I vestiti nuovi dell'imperatore

L'espressione "Molti anni fa" (che, come "C'era una volta", è un *incipit* classico di favole e fiabe) introduce in un mondo che, più che al passato, appartiene piuttosto a una dimensione temporale del tutto alternativa a quella della vita reale.

2 La durata

Ogni avvenimento che si produce nella realtà occupa un periodo di tempo più o meno lungo, misurabile in secoli, anni, settimane, giorni, ore ecc. (**tempo della storia**). Per esempio, lo sviluppo di un'epoca storica occupa secoli, una guerra può durare molti anni, una vacanza giorni, e così via.
Tuttavia, quando un autore intende raccontare una storia che nel tempo reale ha avuto una certa estensione, non deve obbligatoriamente far corrispondere a questa anche la durata della sua narrazione (sarebbe impossibile farlo nel caso di romanzi che trattano di vicende durate anni), ma può condensare o estendere l'azione in uno spazio narrativo più o meno ristretto (**tempo della narrazione** o **tempo del racconto**). A tale scopo, l'autore ha a sua disposizione numerose opzioni per scegliere quale rilievo dare ai fatti e regolare la loro **durata**, cioè la loro estensione nel tempo all'interno del racconto.

■ Egli può riassumere i fatti in modo più o meno sintetico (**sommario**). Con questo artificio il tempo del racconto si contrae, perché in poche righe sono narrati eventi sui quali l'autore non intende dilungarsi:

Cominciai a far collezione di farfalle all'età di otto o nove anni e, all'inizio mi ci dedicai con scarso zelo, come ad altri giochi e passatempi. Ma la seconda estate, dovevo avere circa dieci anni, quell'attività mi assorbì completamente e mi appassionò a tal punto che pensarono diverse volte di dovermela proibire, perché per colpa sua dimenticavo e trascuravo ogni altra cosa.

Hermann Hesse, *Racconti brevi*, Roma, Newton Compton, 1991

Hermann Hesse
La Pavonia

Nell'esempio proposto, il narratore riassume in poche righe fatti durati almeno un paio di anni.

● L'autore può scegliere di descrivere l'evento in tempo reale (**scena**). Di solito, una **scena** presenta un **dialogo** fra due o più personaggi, i discorsi di una folla o il monologo recitato da un personaggio:

Dino Buzzati
Le mura di Anagoor

Io dissi: «Che città è questa che sulle carte geografiche non è segnata?»
Egli rispose: «È una città grande, ricchissima e potente ma sulle carte geografiche non è segnata perché il nostro Governo la ignora, o finge di ignorarla. Essa fa da sé e non obbedisce. [...]»
«Le carte», io insistetti, «non registrano nessuna città di nome Anagoor, ciò fa supporre che sia una delle tante leggende di questo paese; tutto dipende probabilmente dai miraggi che il riverbero del deserto crea, nulla di più».
«Ci conviene partire due ore prima dell'alba» disse la guida indigena che si chiamava Magalon, come se non avesse udito. «Con la tua macchina, signore, arriveremo in vista di Anagoor verso mezzodì. Verrò a prenderti alle tre del mattino, mio signore».

Dino Buzzati, *Sessanta racconti*, Milano, Mondadori, 1991

Dino Buzzati, *La parete*, 1958, collezione privata.

Nel dialogo tra il signore e Magalon, la guida, il tempo reale coincide con quello del racconto.

● Oppure, l'autore può sopprimere alcuni fatti dei quali non vuole parlare (**ellissi**). Ciò accade quando egli ritiene inutile riferire gli eventi, perché insignificanti, oppure non vuole svelare particolari che costituiranno il **colpo di scena** finale. Così prosegue il brano contenuto nell'esempio precedente:

Dino Buzzati,
Le mura di Anagoor

«Una città come quella che tu dici sarebbe registrata sulle carte con un doppio cerchio e il nome in tutto stampatello. Invece non trovo alcun riferimento a una città di nome Anagoor, la quale evidentemente non esiste. Alle tre sarò pronto, Magalon».
Coi fari accesi alle tre del mattino si partì in direzione pressappoco sud sulle piste del deserto e mentre fumavo una sigaretta dopo l'altra con la speranza di scaldarmi vidi alla mia sinistra illuminarsi l'orizzonte e subito venne fuori il sole.

Dino Buzzati, *Sessanta racconti*, Milano, Mondadori, 1991

Nell'esempio, il punto fermo e il testo a capo segnalano lo scarto di tempo tra il momento della separazione dei due e il momento del successivo incontro: quello che accade nel frattempo non viene narrato.

Infine, l'autore può decidere di fermare la narrazione (**pausa**) per descrivere un luogo, esplorare la psicologia di un personaggio, esprimerne riflessioni, sensazioni, stati d'animo ecc.; come nell'esempio di seguito proposto, in cui il narratore descrive il senso di malessere che il personaggio prova nel vedere per la prima volta il vicolo degradato in cui abita:

Anna Maria Ortese

Un paio di occhiali

Eugenia, sempre tenendosi gli occhiali con le mani, andò fino al portone, per guardare fuori, nel vicolo della Cupa. Le gambe le tremavano, le girava la testa, e non provava più nessuna gioia. Con le labbra bianche voleva sorridere, ma quel sorriso si mutava in una smorfia ebete. Improvvisamente i balconi cominciarono a diventare tanti, diecimila, centomila; i carretti con la verdura le precipitavano addosso; le voci che riempivano l'aria, i richiami, le frustate, le colpivano la testa come se fosse malata; si volse barcollando verso il cortile, e quella terribile impressione aumentò. Come un imbuto viscido il cortile, con la punta verso il cielo e i muri lebbrosi fitti di miserabili balconi; gli archi dei terranei neri, coi lumi brillanti a cerchio intorno alla Addolorata; il selciato bianco di acqua saponata, le foglie di cavolo, i pezzi di carta, i rifiuti, e, in mezzo al cortile, quel gruppo di cristiani cenciosi e deformi, coi visi butterati dalla miseria e dalla rassegnazione, che la guardavano amorosamente. Cominciarono a torcersi, a confondersi, a ingigantire. Le venivano tutti addosso…

Anna Maria Ortese, *Il mare non bagna Napoli*, Milano, Adelphi, 1994

3 Il ritmo

Le scelte relative alla durata determinano il **ritmo**, ovvero la progressione più o meno veloce della narrazione: esso non è mai costante, ma presenta **rallentamenti** o **accelerazioni** che sottolineano le situazioni e caratterizzano lo stile dello scrittore. Nei momenti di **scena** il tempo della storia coincide con il tempo del racconto (**TS = TR**); nei momenti di **pausa**, il ritmo rallenta (**TS < TR**); quando sono presenti **sommari** il ritmo accelera (**TS > TR**); in maniera ancora maggiore quando è presente un'**ellissi**, situazione in cui il tempo del racconto è nullo (**TR = 0**).

4 L'ambientazione e la funzione della descrizione

L'ambiente oggetto di una descrizione può essere assai vario: **aperto** o **chiuso**, **limitato a uno spazio ristretto** oppure **amplissimo**. Può trattarsi di un luogo **reale**, indicato con riferimenti geografici e rappresentato a immagine della realtà, oppure inesistente e **frutto della fantasia** dell'autore. La vicenda può inoltre svolgersi in **un solo luogo** o in **più luoghi diversi**. In ogni caso, i luoghi nei quali l'autore ambienta la storia non sono scelti casualmente, ma **la descrizione dello spazio è funzionale alla narrazione**, cioè assume un valore particolare a seconda dello scopo che l'autore vuole raggiungere.

La **funzione** più elementare di una descrizione è quella di **creare uno sfondo** (sia esso reale o inesistente) **per la narrazione**, permettendo al lettore di calarsi nell'ambiente o di trovarsi di fronte al luogo descritto. Nel caso di una descrizione realistica, l'**effetto di realtà** provato dal lettore sarà molto forte. Così, per esempio, la descrizione di un quartiere, un mercato, un locale pubblico consentirà di rappresentare **le caratteristiche sociali dell'ambiente**:

Émile Zola
Un mercato

Il primo mattino, quando Florent giunse al lavoro, alle sette, si sentì subito sperso. Rimaneva lì, gli occhi imbambolati e la testa completamente nel pallone. Intorno ai nove banchi dell'asta ronzavano già le rivenditrici; gli impiegati arrivavano coi loro registri; gli agenti spedizionieri con le loro borse di cuoio a tracolla, seduti a cavalcioni sulle sedie accanto agli uffici di vendita, aspettavano di riscuotere il denaro.

Si sballava, si scaricava il pesce nel recinto dei banchi e perfino sul marciapiede. Per terra, lungo la carreggiata erano ammassate ceste, casse, panieri, sacchi di cozze che lasciavano colare rivoli d'acqua. Gli uomini del banco, a loro volta, scavalcando i mucchi tutti indaffarati, strappavano via la paglia dai cesti, li vuotavano e li scaraventavano lontano; poi, con un rapido movimento della mano distribuivano i vari capi nei canestri in bella mostra. Quando tutti i canestri furono riempiti, a Florent sembrò che un intero banco di pesci, ancora boccheggianti, fosse venuto ad arenarsi lì, sul marciapiede con le sue madreperle, i coralli sanguinanti, le perle lattescenti e tutte le marezzature e i pallori azzurri dell'Oceano.

Émile Zola, *Il ventre di Parigi*, Milano, Garzanti, 1982

Nel brano l'autore descrive il mercato del pesce di Les Halles in cui lavora Florent, il personaggio principale del romanzo *Il ventre di Parigi*. L'accurata descrizione fa sì che il quartiere parigino diventi il vero protagonista del testo; l'accumularsi di tutta una serie di dettagli particolari comunica al lettore le caratteristiche sociali della piccola borghesia mercantile arrivista e avida di guadagno che vi abita.

● I luoghi possono avere un ruolo determinante nel **creare la particolare atmosfera** che caratterizza la narrazione della storia. Nell'esempio seguente, lo scrittore Edgar Allan Poe descrive le sponde di un fiume, ma anziché darne una descrizione oggettiva e realistica insiste sugli aspetti del paesaggio che appaiono più strani e inquietanti:

Edgar Allan Poe
Un fiume

Le acque del fiume sono di un malsano color croceo, e non scorrono verso il mare, ma palpitano sempre con un movimento tumultuoso e convulso sotto il rosso occhio del sole. Per molte miglia intorno, sulle sponde del melmoso fiume si stende un pallido deserto di gigantesche ninfee. Esse sospirano una verso l'altra in quella solitudine, e tendono verso il cielo gli steli lunghi e spettrali, dondolando le loro eterne teste.

Edgar Allan Poe, *Racconti*, Torino, UTET, 1982

Claude Monet, *Stagno con ninfee*, 1904, collezione privata.

Il tempo e lo spazio • U N I T À 2

Il fiume, il sole, le ninfee potrebbero costituire un quadro affascinante e romantico, ma la connotazione di ogni particolare è negativa: le acque sono di *un malsano color croceo* (cioè giallastro, color del croco), le ninfee formano un *pallido deserto*; la loro gigantesca statura, la lunghezza dei loro steli *spettrali* costituiscono altri elementi anomali e inquietanti: si tratta di uno sfondo ideale per un racconto dell'orrore.

🔸 La descrizione dello spazio, inoltre, può **rispecchiare lo stato d'animo dei personaggi** o **metterne a fuoco il carattere, il comportamento** e le **abitudini**:

Maria Messina
La casa nel vicolo

Nicolina cuciva sul balcone, affrettandosi a dar gli ultimi punti nella smorta luce del crepuscolo. La vista che offriva l'alto balcone era chiusa, quasi soffocata, fra il vicoletto, che a quell'ora pareva fondo e cupo come un pozzo vuoto, e la grande distesa di tetti rossicci sui quali gravava un cielo basso e colorato. Nicolina cuciva in fretta, senza alzare gli occhi: sentiva come se la respirasse con l'aria, la monotonia del limitato paesaggio.

Maria Messina, *La casa nel vicolo*, Palermo, Sellerio, 2009

Nell'esempio appena proposto la descrizione dello spazio ha la funzione di mettere in risalto la malinconia e la solitudine del personaggio.

5 L'uso dei sensi nella descrizione

Lo spazio viene percepito attraverso i cinque sensi: la vista, l'udito, il tatto, l'olfatto, il gusto. Nella narrazione, il senso prevalente è quasi sempre la vista, per mezzo della quale l'autore osserva e rappresenta gli oggetti, le loro forme, i colori, le luci, la loro disposizione nello spazio. Tuttavia, per descrizioni più complete si ricorre anche agli altri sensi: l'olfatto, per percepire odori, profumi, aromi; l'udito, per cogliere suoni acuti o profondi, melodie o rumori fastidiosi; il tatto per avvertire le sensazioni che il contatto con le cose trasmette alla pelle (la freschezza del vento, il calore del sole, la levigatezza della pelle...); il gusto, infine, per descrivere il sapore degli oggetti.
Sono piuttosto rare le descrizioni in cui l'autore impiega tutta la gamma delle percezioni sensoriali; più spesso, egli focalizza la sua attenzione sull'impiego solo di uno o due sensi, che gli permettono di ritrarre quegli elementi che egli ritiene più funzionali alla narrazione. Nella seguente descrizione, tuttavia, il narratore è riuscito a valorizzare una gamma sensoriale pressoché completa: oltre alla vista, anche l'udito, l'olfatto e persino il gusto e il tatto.

John Maxwell Coetzee
Aspettando i barbari

Al mattino l'aria è piena di palpiti di ali, gli uccelli arrivano dal sud, volteggiano a grandi cerchi sul lago e poi si posano sulle salate lingue di terra palustre. Quando il vento s'acquieta la cacofonia dei loro rauchi versi, gridi, strida e schiamazzi ci arriva come il brusio di una città rivale sull'acqua [...].
L'arrivo dei primi uccelli acquatici migratori conferma i segni precedenti, quell'accenno di calore nuovo nel vento, la trasparenza vitrea del lago ghiacciato. La primavera è alle porte, uno di questi giorni sarà tempo di seminare.

John Maxwell Coetzee, *Aspettando i barbari*, Torino, Einaudi, 2000

35

6 Descrizione soggettiva e oggettiva

Nella narrazione, la descrizione dell'ambiente, ma anche di una persona o di un oggetto, può essere fatta in modo **oggettivo** o **soggettivo**.

Nel primo caso l'autore fornisce dati precisi e oggettivi e usa un tono espressivo neutro e impersonale, in modo che il lettore ricavi dal testo un'immagine fedele del luogo.

Nel secondo caso la descrizione dello spazio avviene dal punto di vista del personaggio, o comunque è funzionale alla presentazione del suo stato d'animo, come se il mondo esterno fosse una proiezione del suo mondo interiore.

Le descrizioni letterarie sono spesso fortemente connotate dal punto di vista retorico. È dunque possibile notare l'uso di un **linguaggio figurato**: per esempio, l'uso della **similitudine** (▶ p. 82), attraverso cui un'entità descritta viene associata a qualcosa con cui ha un rapporto di somiglianza (nel brano appena letto: *rauchi versi... come il brusio di una città rivale sull'acqua*); o della **sinestesia**, procedimento che consiste nell'associare all'interno di un'unica immagine sostantivi e aggettivi appartenenti a sfere sensoriali diverse (es.: "un colore salato").

In tal modo è possibile trasmettere le sensazioni e le emozioni suscitate dall'ambiente in cui la vicenda si svolge. Così accade anche nella seguente descrizione, in cui lo scrittore russo Boris Pasternak attraverso la descrizione dell'atmosfera serena del luogo comunica al lettore anche lo stato d'animo del personaggio:

Boris Pasternak
Beatitudine

Un silenzio beato, colmo di felicità, che alitava dolcemente di vita, circondava Jurij Andrèevič. La luce della lampada cadeva con un giallo pacato sul biancore dei fogli e con un riflesso dorato galleggiava sulla superficie dell'inchiostro, all'interno del calamaio. Fuori della finestra stava l'azzurra notte invernale, di gelo. Jurij Andrèevič passò nella stanza accanto, fredda e non illuminata, da cui si vedeva meglio l'esterno, e guardò dalla finestra. La luce della luna piena fasciava la radura nevosa con una vischiosità tattile d'albume o di biacca. La sontuosità della notte di gelo era indescrivibile. La pace era scesa nel suo animo. Tornò nella stanza illuminata e calda, e si mise a scrivere.

Boris Pasternak, *Il dottor Zivago*, Milano, Feltrinelli, 1963

Pavel Kondratiev, *Paesaggio*, 1935.

Lessico da conoscere

 Scrivi accanto a ogni termine la corretta definizione, quindi verifica la correttezza del lavoro insieme ai compagni e all'insegnante. Tutte le definizioni dovranno essere memorizzate.

Termini del lessico specifico	Definizione
Descrizione oggettiva	
Descrizione soggettiva	
Durata	
Ellissi	
Epoca	
Funzione della descrizione	
Pausa	
Ritmo	Il ritmo del testo è dato dall'insieme delle variazioni di velocità ed è determinato dalla studiata alternanza di sommari, pause, scene, ellissi ecc.
Scena	
Sommario	

Vero o falso?

V __ 1. L'epoca di una storia è la sua collocazione cronologica.
F __ 2. La durata del racconto è uguale alla durata degli avvenimenti narrati.
V/F __ 3. Il ritmo della narrazione accelera se nella narrazione vi sono diversi sommari.
F __ 4. Nella pausa il tempo del racconto e il tempo della storia coincidono.
F __ 5. Si ha un'ellissi temporale quando il narratore tace alcuni fatti.
F __ 6. Il numero di pagine di un romanzo è direttamente proporzionale alla quantità di eventi narrati.
V __ 7. La descrizione in un testo narrativo ha la funzione di rappresentare la realtà dell'ambiente.
__ 8. Una descrizione d'ambiente è oggettiva quando lo spazio viene presentato per caratterizzare un personaggio che si trova in quell'ambiente.

MODELLI NARRATIVI

T1 # Fredric Brown
Errore fatale

MODELLI NARRATIVI
- L'epoca
- La durata
- Il ritmo

Lo scrittore statunitense riesce, nel brevissimo spazio dei suoi racconti (a volte non più lunghi di un paio di pagine), a sviluppare intrecci avvincenti attraverso una scrittura carica di umorismo; come nel racconto che stai per leggere, in cui una tipica trama da letteratura poliziesca genera un finale del tutto inatteso.

L'autore narra brevemente gli antefatti.

Il signor Walter Baxter era da lungo tempo un avido lettore di romanzi polizieschi, così quando decise di uccidere lo zio sapeva di non potersi concedere nessun errore.

L'autore riferisce i pensieri di Baxter.

Per evitare di commetterne, tutto doveva essere all'insegna della semplicità: della più completa semplicità. Niente alibi zoppicanti[1]. Niente *modus operandi*[2] complicati. Niente false tracce.

Be', almeno una piccola falsa traccia, molto molto semplice, avrebbe dovuto concedersela. Avrebbe dovuto portar via tutto il denaro contante dalla casa dello zio, in modo che l'assassinio sembrasse un corollario[3] del furto. Se non avesse preso questa precauzione, sarebbe stato un sospettato ideale, in quanto era il solo erede.

L'autore riassume le azioni di Baxter.

Acquistò con mille cautele un piccolo piede di porco[4], in modo che non si potesse risalire a lui: gli sarebbe servito sia da attrezzo sia da arma. Prese in esame con cura anche i minimi dettagli, nella consapevolezza e nella certezza di non potere e di non volere commettere alcun errore. Scelse meticolosamente la notte e l'ora.

Il piede di porco aprì la finestra con facilità e senza far rumore. Entrò nel salotto. La porta che dava sulla camera da letto era socchiusa, ma poiché non si sentiva alcun rumore decise che per prima cosa avrebbe provveduto al furto.

L'autore riferisce i pensieri di Baxter.

Sapeva dove suo zio teneva il contante, ma doveva dare l'impressione che per trovarlo avessero messo tutto a soqquadro.

Rapidissima descrizione della notte.

Il chiaro di luna era sufficiente a vedere.

Non si sa che cosa sia successo...

Si mosse in silenzio...

C'è un salto temporale; poi le azioni del personaggio sono riassunte brevemente.

Dopo due ore, tornato a casa, si svestì in fretta e andò a letto.

---

1. **zoppicanti**: poco credibili.
2. ***modus operandi***: modo di agire, piano.
3. **corollario**: una conseguenza, un incidente.
4. **piede di porco**: attrezzo da scasso.

38

Il tempo e lo spazio • UNITÀ 2

L'autore riferisce i pensieri di Baxter.

25 Non era possibile che la polizia venisse a sapere del delitto prima del mattino seguente, ma nel caso che fossero venuti prima, lui era pronto. Si era liberato del denaro e del piede di porco: gli aveva fatto male al cuore dover distruggere parecchie centinaia di dollari, ma non aveva scelta, e poi non erano niente di fronte ai cinquantamila e più dollari che avrebbe ereditato.

Qualcuno bussò. Di già? Si costrinse alla calma, andò alla porta e aprì.

Dialogo tra Baxter e lo sceriffo.

30 Lo sceriffo e un vicesceriffo entrarono d'autorità.

«Walter Baxter? Abbiamo un mandato d'arresto. Vestitevi e venite con noi.»

«Un mandato d'arresto? Per cosa?»

«Furto con scasso. Vostro zio vi ha riconosciuto dalla porta della camera da letto, se ne è stato buono finché non ve ne siete andato, poi è venuto alla centrale

35 e ci ha rilasciato una dichiarazione giurata.»

Walter Baxter spalancò la bocca.

L'autore riferisce i pensieri di Baxter, dai quali si ricava ciò che era stato taciuto.

Dopo tutto, un errore l'aveva poi commesso! Aveva studiato il delitto perfetto ma, preso com'era dal furto, aveva dimenticato di commetterlo.

Fredric Brown, *Tutti i racconti*, Milano, Mondadori, 1991

Laboratorio sul testo

Comprendere il testo

La storia

1. Perché Baxter decide di uccidere lo zio? PER L'EREDITÀ
2. Quali espedienti escogita per non essere sospettato?
METTERE A SOQQUADRO LA STANZA

Analizzare le tecniche

Il tempo

3. In quale epoca avvengono i fatti?
   a) ☐ Molto lontana.
   b) ☒ Contemporanea.
   c) ☐ Futura.
   d) ☐ Imprecisabile.

La durata

4. Il racconto è stato suddiviso in dieci sequenze. In base ai suggerimenti della guida alla lettura stabilisci se esse contengono un sommario (So), una pausa (P), un'ellissi temporale (E) o una scena (Sc).

a) ☒ So ☐ P ☐ E ☐ Sc
b) ☐ So ☒ P ☐ E ☐ Sc
c) ☒ So ☐ P ☐ E ☐ Sc
d) ☐ So ☒ P ☐ E ☐ Sc
e) ☐ So ☒ P ☐ E ☐ Sc
f) ☐ So ☒ P ☐ E ☐ Sc
g) ☐ So ☐ P ☒ E ☐ Sc
h) ☐ So ☒ P ☐ E ☐ Sc
i) ☐ So ☐ P ☐ E ☒ Sc
l) ☐ So ☒ P ☐ E ☐ Sc

Il ritmo

5. Quale ritmo ha il racconto nel suo complesso? Motiva la risposta in base alle diverse forme della durata.
6. Indica una sequenza che determina un rallentamento.

Applicare le tecniche

Modificare il ritmo

7. Amplia la quinta sequenza (descrittiva), inserendo particolari coerenti con il racconto e determinando un rallentamento del ritmo.

SO=SOMMARIO
P=PAUSA

39

PARTE 1 · Il metodo

T2 Leonardo Sciascia
Il lungo viaggio

MODELLI NARRATIVI

- La descrizione nella narrazione

Il racconto di Leonardo Sciascia affronta il tema del flusso migratorio degli italiani verso le Americhe, considerate luogo di prosperità economica e benessere cittadino. In particolare negli anni che precedono e seguono le due guerre mondiali, tale mito attrae irresistibilmente soprattutto le popolazioni dell'Italia meridionale. Ecco perché la vicenda è ambientata in Sicilia, luogo di nascita dell'autore.

Il racconto inizia con un'inquietante ambientazione: la profonda e opprimente oscurità, il suono del mare, respiro di quella belva che era il mondo.

Era una notte che pareva fatta apposta, un'oscurità cagliata[1] che a muoversi quasi se ne sentiva il peso. E faceva spavento, respiro di quella belva che era il mondo, il suono del mare: un respiro che veniva a spegnersi ai loro piedi.

5 Stavano, con le loro valige di cartone e i loro fagotti, su un tratto di spiaggia pietrosa, riparata da colline, tra Gela e Licata[2]: vi erano arrivati all'imbrunire, ed erano partiti all'alba dai loro paesi; paesi interni, lontani dal mare, aggrumati nell'arida piaga del feudo[3]. Qualcuno di loro, era la prima volta che vedeva il mare: e sgomentava il pensiero di dover attraversarlo tutto, da quella deserta spiaggia della Sicilia, di notte, ad un'altra deserta spiaggia dell'America, pure di notte. Per-

10 ché i patti erano questi. «Io di notte vi imbarco – aveva detto l'uomo: una specie di commesso viaggiatore per la parlantina, ma serio e onesto nel volto – e di notte vi sbarco: sulla spiaggia del Nugioirsi, vi sbarco; a due passi da Nuovaiorche[4]. E chi ha parenti in America, può scrivergli che aspettino alla stazione di Trenton[5], dodici giorni dopo l'imbarco... Fatevi il conto da voi... Certo, il giorno preciso

15 non posso assicurarvelo: mettiamo che c'è mare grosso, mettiamo che la guardia costiera stia a vigilare... Un giorno più o un giorno meno, non vi fa niente: l'importante è sbarcare in America».

L'importante era davvero sbarcare in America: come e quando non aveva poi importanza. Se ai loro parenti arrivavano le lettere, con quegli indirizzi confusi e

20 sgorbi che riuscivano a tracciare sulle buste, sarebbero arrivati anche loro; «chi ha lingua passa il mare», giustamente diceva il proverbio. E avrebbero passato il mare, quel grande mare oscuro; e sarebbero approdati agli stori e alle farme[6] dell'America, all'affetto dei loro fratelli zii nipoti cugini, alle calde ricche abbondanti case, alle automobili grandi come case.

Ritorna la descrizione dell'oscurità, come simbolo di mistero e paura.

25 Duecentocinquantamila lire: metà alla partenza, metà all'arrivo. Le tenevano, a modo di scapolari[7], tra la pelle e la camicia. Avevano venduto tutto quello che

---

1. cagliata: densa come il latte rappreso (cagliato).
2. Gela e Licata: località sulla costa meridionale della Sicilia.
3. aggrumati nell'arida piaga del feudo: raggruppati nell'ari-

da terra delle grandi proprietà terriere.
4. Nugioirsi... Nuovaiorche: pronuncia storpiata dei toponimi New Jersey (Stato sulla costa atlantica degli Usa) e New York.

5. Trenton: capitale del New Jersey.
6. stori... farme: *store* = negozio; *farm* = fattoria.
7. scapolari: sacchetti di stoffa con laccetti per appenderli al collo.

40

avevano da vendere, per racimolarle: la casa terragna[8] il mulo l'asino le provviste dell'annata il canterano[9] le coltri. I più furbi avevano fatto ricorso agli usurai, con la segreta intenzione di fregarli; una volta almeno, dopo anni che ne subivano angaria[10]: e ne avevano soddisfazione, al pensiero della faccia che avrebbero fatta nell'apprendere la notizia. «Vieni a cercarmi in America, sanguisuga: magari ti ridò i tuoi soldi, ma senza interesse, se ti riesce di trovarmi». Il sogno dell'America traboccava di dollari: non più, il denaro, custodito nel logoro portafogli o nascosto tra la camicia e la pelle, ma cacciato con noncuranza nelle tasche dei pantaloni, tirato fuori a manciate: come avevano visto fare ai loro parenti, che erano partiti morti di fame, magri e cotti dal sole; e dopo venti o trent'anni tornavano, ma per una breve vacanza, con la faccia piena e rosea che faceva bel contrasto coi capelli candidi.

Erano già le undici. Uno di loro accese la lampadina tascabile: il segnale che potevano venire a prenderli per portarli sul piroscafo. Quando la spense, l'oscurità sembrò più spessa e paurosa. Ma qualche minuto dopo, dal respiro ossessivo del mare affiorò un più umano, domestico suono d'acqua: quasi che vi si riempissero e vuotassero, con ritmo, dei secchi. Poi venne un brusio, un parlottare sommesso. Si trovarono davanti il signor Melfa, ché con questo nome conoscevano l'impresario della loro avventura, prima ancora di aver capito che la barca aveva toccato terra.

«Ci siamo tutti?» domandò il signor Melfa. Accese la lampadina, fece la conta. Ne mancavano due. «Forse ci hanno ripensato, forse arriveranno più tardi... Peggio per loro, in ogni caso. E che ci mettiamo ad aspettarli, col rischio che corriamo?»

Tutti dissero che non era il caso di aspettarli.

«Se qualcuno di voi non ha il contante pronto – ammonì il signor Melfa – è meglio si metta la strada tra le gambe[11] e se ne torni a casa: ché se pensa di farmi a bordo la sorpresa, sbaglia di grosso; io vi riporto a terra com'è vero dio, tutti quanti siete. E che per uno debbano pagare tutti, non è cosa giusta: e dunque chi ne avrà colpa la pagherà per mano mia e per mano dei compagni, una pestata che se ne ricorderà mentre campa; se gli va bene...»

Tutti assicurarono e giurarono che il contante c'era, fino all'ultimo soldo.

«In barca» disse il signor Melfa. E di colpo ciascuno dei partenti diventò una informe massa, un confuso grappolo di bagagli.

«Cristo! E che vi siete portata la casa appresso?» cominciò a sgranare bestemmie[12], e finì quando tutto il carico, uomini e bagagli, si ammucchiò nella barca: col rischio che un uomo o un fagotto ne traboccasse fuori. E la differenza tra un uomo e un fagotto era per il signor Melfa nel fatto che l'uomo si portava appresso le duecentocinquantamila lire; addosso, cucite nella giacca o tra la camicia e la pelle. Li conosceva, lui, li conosceva bene: questi contadini zaurri[13], questi villani.

Il viaggio durò meno del previsto: undici notti, quella della partenza compre-

---

Ancora un'annotazione visiva, che evoca sensazioni ed emozioni (la lampadina tascabile che, una volta spenta, genera per contrasto un'oscurità ancora maggiore). L'oscurità "spessa" è una sinestesia che associa alla vista anche una sensazione tattile.

---

8. casa terragna: povera casa di contadini, costruita senza fondamenta, sulla nuda terra.
9. canterano: cassettone.
10. angaria: prepotenza.

11. si metta la strada tra le gambe: cominci a camminare (espressione popolare).
12. sgranare bestemmie: proferire una dietro l'altra tutta una

serie di imprecazioni.
13. zaurri: rozzi, zotici (espressione dialettale siciliana).

PARTE 1 · Il metodo

sa. E contavano le notti invece che i giorni, poiché le notti erano di atroce promiscuità[14], soffocanti. Si sentivano immersi nell'odore di pesce di nafta e di vomito come in un liquido caldo nero bitume. Ne grondavano all'alba, stremati, quando salivano ad abbeverarsi di luce e di vento. Ma come l'idea del mare era per loro il piano verdeggiante di messe[15] quando il vento lo sommuove, il mare vero li atterriva: e le viscere gli si strizzavano, gli occhi dolorosamente verminavano di luce[16] se appena indugiavano a guardare.

Ma all'undicesima notte il signor Melfa li chiamò in coperta: e credettero dapprima che fitte costellazioni fossero scese al mare come greggi; ed erano invece paesi, paesi della ricca America che come gioielli brillavano nella notte. E la notte stessa era un incanto: serena e dolce, una mezza luna che trascorreva tra una trasparente fauna di nuvole, una brezza che dislagava[17] i polmoni.

«Ecco l'America» disse il signor Melfa.

«Non c'è pericolo che sia un altro posto?» domandò uno: poiché per tutto il viaggio aveva pensato che nel mare non ci sono né strade né trazzere[18], ed era da dio fare la via giusta, senza sgarrare, conducendo una nave tra cielo ed acqua.

Il signor Melfa lo guardò con compassione, domandò a tutti «E lo avete mai visto, dalle vostre parti, un orizzonte come questo? E non lo sentite che l'aria è diversa? Non vedete come splendono questi paesi?»

Tutti convennero, con compassione e risentimento guardarono quel loro compagno che aveva osato una così stupida domanda.

«Liquidiamo il conto» disse il signor Melfa.

Si frugarono sotto la camicia, tirarono fuori i soldi.

«Preparate le vostre cose» disse il signor Melfa dopo avere incassato.

Gli ci vollero pochi minuti: avendo quasi consumato le provviste di viaggio, che per patto avevano dovuto portarsi, non restava loro che un po' di biancheria e i regali per i parenti d'America: qualche forma di pecorino qualche bottiglia di vino vecchio qualche ricamo da mettere in centro alla tavola o alle spalliere dei sofà. Scesero nella barca leggeri leggeri, ridendo e canticchiando; e uno si mise a cantare a gola aperta, appena la barca si mosse.

«E dunque non avete capito niente?» si arrabbiò il signor Melfa. «E dunque mi volete fare passare il guaio?... Appena vi avrò lasciati a terra potete correre dal primo sbirro che incontrate, e farvi rimpatriare con la prima corsa: io me ne fotto, ognuno è libero di ammazzarsi come vuole... E poi, sono stato ai patti: qui c'è l'America, il dover mio di buttarvici l'ho assolto... Ma datemi il tempo di tornare a bordo, Cristo di Dio!»

Gli diedero più del tempo di tornare a bordo: ché rimasero seduti sulla fresca sabbia, indecisi, senza saper che fare, benedicendo e maledicendo la notte: la cui protezione, mentre stavano fermi sulla spiaggia, si sarebbe mutata in terribile agguato se avessero osato allontanarsene.

La notte è descritta attraverso sensazioni visive e olfattive.

Il signor Melfa si serve dei riferimenti al paesaggio per eliminare ogni incertezza e dubbio.

Ancora la notte: materna, perché li nasconde da occhi indiscreti, ma anche malevola, perché impedisce loro di muoversi con sicurezza.

---

14. atroce promiscuità: convivenza forzata di più persone in un ambiente ristretto.
15. piano verdeggiante di

messe: il campo rigoglioso prima del raccolto.
16. verminavano di luce: erano abbagliati dalla luce.

17. dislagava: allargava.
18. trazzere: sentieri di campagna (vocabolo dialettale siciliano).

42

In questa incisione di Achille Beltrame, pubblicata nella "Domenica del Corriere" dell'8 dicembre 1901, è illustrato l'imbarco di emigranti italiani per l'America.

Il signor Melfa aveva raccomandato «sparpagliatevi» ma nessuno se la sentiva di dividersi dagli altri. E Trenton chi sa quant'era lontana, chi sa quanto ci voleva per arrivarci.

110 Sentirono, lontano e irreale, un canto. «Sembra un carrettiere nostro», pensarono: e che il mondo è ovunque lo stesso, ovunque l'uomo spreme in canto[19] la stessa malinconia, la stessa pena. Ma erano in America, le città che baluginavano dietro l'orizzonte di sabbia e d'alberi erano città dell'America.

Due di loro decisero di andare in avanscoperta. Camminarono in direzione 115 della luce che il paese più vicino riverberava nel cielo. Trovarono quasi subito la strada: «asfaltata, ben tenuta: qui è diverso che da noi», ma per la verità se l'aspettavano più ampia, più dritta. Se ne tennero fuori, ad evitare incontri: la seguivano camminando tra gli alberi.

---

19. spreme in canto: esprime attraverso il canto.

PARTE 1 · Il metodo

Passò un'automobile: «pare una seicento»; e poi un'altra che pareva una millecento[20], e un'altra ancora: «le nostre macchine loro le tengono per capriccio, le
comprano ai ragazzi come da noi le biciclette». Poi passarono, assordanti, due
motociclette, una dietro l'altra. Era la polizia, non c'era da sbagliare: meno male
che si erano tenuti fuori della strada.

Ed ecco che finalmente c'erano le frecce. Guardarono avanti e indietro, entrarono nella strada, si avvicinarono a leggere: Santa Croce Camarina – Scoglitti.

«Santa Croce Camarina: non mi è nuovo, questo nome».

«Pare anche a me; e nemmeno Scoglitti mi è nuovo».

«Forse qualcuno dei nostri parenti ci abitava, forse mio zio prima di trasferirsi
a Filadelfia: ché io ricordo stava in un'altra città, prima di passare a Filadelfia».

«Anche mio fratello: stava in un altro posto, prima di andarsene a Brucchilin...[21]

Ma come si chiamasse, proprio non lo ricordo: e poi, noi leggiamo Santa Croce
Camarina, leggiamo Scoglitti; ma come leggono loro non lo sappiamo, l'americano
non si legge come è scritto».

«Già, il bello dell'italiano è questo: che tu come è scritto lo leggi... Ma non è
che possiamo passare qui la nottata, bisogna farsi coraggio... Io la prima macchina
che passa, la fermo: domanderò solo "Trenton?"... Qui la gente è più educata...
Anche a non capire quello che dice, gli scapperà un gesto, un segnale: e almeno
capiremo da che parte è, questa maledetta Trenton».

Dalla curva, a venti metri, sbucò una cinquecento: l'automobilista se li vide
guizzare davanti, le mani alzate a fermarlo. Frenò bestemmiando: non pensò a
una rapina, ché la zona era tra le più calme; credette volessero un passaggio, aprì
lo sportello.

«Trenton?» domandò uno dei due.

«Che?» fece l'automobilista.

«Trenton?»

«Che trenton della madonna» imprecò l'uomo dell'automobile.

«Parla italiano» si dissero i due, guardandosi per consultarsi: se non era il caso
di rivelare a un compatriota la loro condizione.

L'automobilista chiuse lo sportello, rimise in moto. L'automobile balzò in avanti: e solo allora gridò ai due che rimanevano sulla strada come statue «ubriaconi,
cornuti ubriaconi, cornuti e figli di...» il resto si perse nella corsa.

Il silenzio dilagò.

«Mi sto ricordando – disse dopo un momento quello cui il nome di Santa Croce non suonava nuovo – a Santa Croce Camarina, un'annata che dalle nostre parti
andò male, mio padre ci venne per la mietitura».

Si buttarono come schiantati sull'orlo della cunetta: ché non c'era fretta di portare agli altri la notizia che erano sbarcati in Sicilia.

Leonardo Sciascia, *Il mare colore del vino*, Torino, Einaudi, 1973

Pur di fronte alla realtà delle indicazioni stradali, la speranza e l'ingenuità animano ancora l'illusione.

---

20. seicento... millecento: modelli di automobili della Fiat, in produzione tra gli anni Cinquanta
e Sessanta.

21. Brucchilin: Brooklyn.

44

Il tempo e lo spazio • UNITÀ 2

IL TEMA DEL RACCONTO

Nel racconto è evidente la centralità del tema dell'emigrazione, collegato a quello dell'inganno perpetrato ai danni degli ingenui migranti. Il narratore riserva una scrupolosa attenzione alla descrizione dell'ambiente e del paesaggio. Il paesaggio non è soltanto lo sfondo entro cui si sviluppa la vicenda, ma assume la funzione di co-protagonista dell'azione. Esso, infatti, attraverso le annotazioni dell'autore, accompagna i personaggi del racconto lungo le tappe della loro disavventura. Le puntuali descrizioni della studiata ambientazione del racconto manifestano gli stati d'animo dei personaggi. Dall'ambiente gli sprovveduti emigranti sono dapprima impauriti e quasi oppressi; al termine del viaggio, invece, si sentono accolti benevolmente da ciò che osservano dalla nave. Anche l'inganno è svelato dal paesaggio: il riconoscimento finale dei luoghi natii schianta gli animi e le illusioni dei viaggiatori.

Laboratorio sul testo

Comprendere il testo

La storia

1. Dove si svolge la vicenda?
2. Ci sono riferimenti a luoghi reali?
3. In quale momento della giornata ha inizio l'avventura dei protagonisti?
4. Verso quale destinazione sono diretti?
5. Quanto dura il loro viaggio?
6. Chi è il signor Melfa?
7. Quale accordo hanno stretto con lui i passeggeri dell'imbarcazione?
8. Quali sono le condizioni di vita a bordo?
9. Quando inizia a insinuarsi in uno dei passeggeri il primo sospetto dell'inganno?
10. Come viene zittito dal signor Melfa?
11. Come lo giudicano gli altri compagni di viaggio?
12. In quale momento quel sospetto torna a insinuarsi nelle menti di chi è andato in avanscoperta?
13. Quando essi hanno la certezza di essere stati ingannati?
14. Come reagiscono?

Analizzare le tecniche

La descrizione dell'ambiente

15. Ritrova nel testo e sottolinea con colori diversi i passi del racconto in cui:
    – il mare rappresenta la speranza, ma anche una minaccia;
    – il cielo incute timore, ma anche conforto;
    – la notte suscita oppressione, ma anche incanto;
    – la terra è simbolo di miseria, ma anche di speranza.
16. Insistendo durante tutto il racconto su questo duplice rapporto fra l'ambiente e i personaggi, Sciascia fa un uso attento del lessico. Sottolinea i verbi che esprimono le sensazioni provate dai protagonisti prima e durante il viaggio.

Applicare le tecniche

Descrivere un'atmosfera *horror*

17. Completa la descrizione inserendo aggettivi e sostantivi mancanti, in modo che il luogo abbia un'atmosfera spettrale. Alla fine potrai leggere le scelte lessicali originali, stampate capovolte.

Il castello misterioso

Non so dove sono nato: so soltanto che il castello era infinitamente 1 ANTICO. e infinitamente 2 ORRIBILE pieno di corridoi 3 OSCURI. e di alti soffitti ove l'occhio null'altro incontrava che 4 OMBRE e ragnatele. Le pietre dei corridoi in sfacelo parevano sempre odiosamente 5 VISCIDE e ovunque stagnava un lezzo esecrabile, come di 6 CADAVERI ammucchiati nell'avvicendarsi delle morte generazioni. Non vi era mai luce, sicché solevo talvolta accendere qualche 7 CANDELA e contemplare la fiamma per trovar conforto. Né mai risplendeva il 8 SOLE al di fuori, ché gli alberi 9 GIGANTESCHI crescevano più alti della torre più elevata che fosse accessibile. Una sola torre, 10 NERA si innalzava al di sopra degli alberi, riuscendo a penetrare il cielo sconosciuto: ma era 11 DIROCCATA all'interno e non si poteva ascendere se non arrischiando una scalata pressoché impossibile lungo la parete 12 NUDA pietra dopo pietra.

Howard Philips Lovecraft, *Tutti i Racconti 1897-1922*, Milano, Mondadori, 1993

1. antico, 2. orribile, 3. oscuri, 4. ombre, 5. viscide, 6. cadaveri, 7. candela, 8. sole, 9. giganteschi, 10. nera, 11. diroccata, 12. nuda.

45

VERIFICA UNITÀ 2 — Il tempo e lo spazio

Sapere e Saper fare

PalestraInterattiva

1. Abbina correttamente le diverse modalità del tempo del racconto alla loro spiegazione.

- 1. Durata
- 2. Tempo della storia
- 3. Collocazione cronologica
- 4. Tempo del racconto

a. Lo spazio temporale che l'autore riserva ai diversi episodi della storia ricorrendo a particolari artifici narrativi.

b. L'epoca in cui le vicende raccontate nella storia si situano.

c. Le modalità della distribuzione del tempo nella strutturazione dell'intreccio voluta dall'autore.

d. L'estensione temporale reale degli eventi raccontati nel testo.

1 = ... 2 = ... 3 = ... 4 = ...

2. Completa lo schema nelle parti mancanti (TR = tempo del racconto; TS = tempo della storia).

Tecniche narrative	Spiegazione	Effetti sul ritmo del racconto
Scena TR ..=.. TS	Il tempo in cui si svolgono le vicende ..COINCIDE.. approssimativamente alla durata del racconto.	Il ritmo del racconto ..È PIATTO..
Sommario TR ..<.. TS	Si tratta di una narrazione ..VELOCE.. (eventi che nella realtà occupano un lungo arco di tempo, ma che nel racconto sono sintetizzati).	Il ritmo del racconto ..È RAPIDO..
Pausa e analessi TR ..>.. TS	Quando a tempi molto ..LENTI.. è dedicato uno spazio narrativo ..PIÙ VASTO..	Il ritmo del racconto ..È LENTO..
Ellissi TR = 0	Nel racconto viene soppressa una parte della narrazione. Il tempo del racconto viene ..FERMATO..	Il ritmo del racconto ..È NULLO..

3. Spiega quali funzioni può avere una descrizione all'interno di un testo narrativo.

....
....
....
....

VERIFICA UNITÀ 2

Sapere e Saper fare

Comprendere e interpretare un testo

Focus: la durata e la descrizione

Leggi il racconto e poi rispondi ai quesiti.

T3 Giovanni Guareschi
Oscuramento

Talvolta la nebbia di Milano è talmente fitta da rendere impossibile ritrovare la via di casa, anche per chi ci vive da molti anni. Soltanto i tassisti hanno un senso dell'orientamento davvero invidiabile…

Sono andato a teatro e, quando sono uscito, la nebbia, che il buon Dio ha creato per nascondere agli occhi dei mortali la nuova architettura, era scesa copiosa a rendere impenetrabile il buio antiaereo.
5 Sono riuscito a infilarmi in un taxi e ho comunicato all'autista il nome della mia strada e il numero della mia casa. Poi ho cominciato a stupirmi.
Quando in questa straordinaria città c'è nebbia, c'è nebbia sul serio e i veicoli, per incunearvisi, hanno
10 bisogno dello spartineve. Aggiungendo alla nebbia un buio assoluto, si può facilmente comprendere come un uomo si meravigli vedendo la sicurezza con la quale un guidatore di macchine proceda lungo le strade completamente invisibili.
15 «Voi, più che uomini, siete dei fenomeni», ho osservato a un certo punto, pieno di ammirazione.
«Non c'è niente di straordinario», ha risposto con semplicità l'autista. «È la enorme pratica che abbiamo delle strade. Voi vi stupite forse se una dattilo-
20 grafa vi batte una lettera tenendo gli occhi bendati?»
«No», ho convenuto io, «però fra una macchina per scrivere e una macchina automobile c'è una notevole differenza.»
«Non mi pare», ha dichiarato l'autista. «Se la mac-
25 china per scrivere avesse quattro ruote, e al posto dei tasti un volante, che cosa ci trovereste di diverso da un'automobile?»
Ho ammesso che il ragionamento filava in modo singolare, ma non ho potuto trattenermi dal rin-
30 novare la mia meraviglia. «Noi conosciamo Milano come voi conoscete le vostre tasche», ha concluso l'autista.

«La vostra mano ha forse bisogno di illuminazione per trovare qualche oggetto nella vostra tasca?
35 Mettete al posto della mano l'autista, al posto della tasca Milano e al posto degli oggetti, strade, vicoli, piazze, e vedrete che tutto va a posto con grande facilità. Siamo arrivati, signore.»
Sono sceso, ho pagato la corsa e ho aggiunto una
40 generosa mancia. La macchina si è rituffata nella nebbia e io, accostandomi al portone, ho infilato la chiave nella toppa.
Poi mi sono seduto sullo scalino di un negozio, ho alzato il bavero e ho atteso la luce del giorno.
45 Perché, voi capite: quando uno abita a Lambrate e invece si trova in piena notte nei paraggi di Porta Ticinese dove non passa un taxi neppure a pagare la corsa una lira al centimetro, è perfettamente inutile tentare di ribellarsi al destino.

Giovanni Guareschi, *Oscuramento*,
in *Umoristi del Novecento*, Milano, Garzanti, 1967

47

VERIFICA UNITÀ 2

Competenza testuale

Individuare e ricavare informazioni

_____ 1. Individua un giudizio implicito del narratore sulla moderna architettura delle città, in particolare di Milano. Che cosa ne pensa?

_____ 2. Sintetizza in tre righe l'argomento del dialogo tra il protagonista e il taxista.

_____ 3. Perché il protagonista, pur avendo *infilato la chiave nella toppa*, non entra in casa?

Comprendere strutture e caratteristiche dei testi

_____ 4. Suddividi il racconto in cinque o sei sequenze e attribuisci a ciascuna un titolo-sintesi.

_____ 5. L'intreccio procede seguendo la *fabula*, ossia l'ordine cronologico degli eventi, oppure no? si

_____ 6. In quale punto trovi un sommario? Spiega i motivi della tua scelta. si, perché-

_____ 7. Quale ampia parte del testo è occupata da una scena? la dialogico

_____ 8. Come è descritta la nebbia? Quali caratteristiche ha? nasconde tutte le caratteristica

_____ 9. Quale funzione hanno le descrizioni della nebbia all'interno del racconto?
   a) ☐ Rispecchiano lo stato d'animo del personaggio.
   b) ☒ Rappresentano realisticamente le condizioni dell'ambiente.
   c) ☐ Hanno solo una funzione ornamentale.
   d) ☒ Evocano un'atmosfera di angoscia.

_____ 10. Nel corso della narrazione l'autore tace volutamente un fatto. Quale?

_____ 11. Che effetto finale provoca?

Interpretare e valutare

_____ 12. A tuo parere, il protagonista prova rancore o rabbia verso il taxista? Motiva la tua risposta.

_____ 13. Quali significati può avere il titolo del racconto? Di che cosa può essere metafora la nebbia? Rileggi le prime righe dalle quali si ricava (*nuova architettura*, *buio antiaereo*) che il contesto è quello bellico fascista.

Competenza lessicale

_____ 14. Trascrivi almeno due frasi, tratte dal testo, che contengano espressioni dal tono comico o ironico:

....

....

....

_____ 15. L'aggettivo *copiosa* riferito alla nebbia può essere sostituito da:
   a) ☐ rada
   b) ☐ fitta
   c) ☐ oscura
   d) ☐ opaca

Competenza grammaticale

_____ 16. *«Non c'è niente di straordinario», ha risposto con semplicità l'autista.* A che cosa si riferisce l'aggettivo *straordinario*?

_____ 17. A chi è riferito il pronome *voi* che il narratore usa nella riga 45?

Unità 3

I personaggi

T1 Ludwig Bechstein
I tre cani

T2 Thomas Mann
Il signor Knaak

T3 Reiner Kunze
Quindici

Saper fare

T4 Gustave Flaubert
Bouvard e Pécuchet

PARTE 1 · Il metodo

LEZIONE *lim*

Strumenti di analisi

1 I ruoli principali

I **personaggi** sono elementi fondamentali di un testo narrativo: senza di loro non ci sarebbe molto da raccontare. In tutti i testi narrativi, infatti, gli eventi raccontati sono determinati dalle azioni e dalla psicologia dei personaggi, e a loro volta ne determinano le evoluzioni, le varie peripezie e il destino finale. Si potrebbe quasi affermare, dunque, che non esiste un testo narrativo senza un personaggio di qualsiasi sorta; di solito **umano** o **animale**, a volte anche un essere inanimato (un **oggetto**, per esempio), o addirittura un'**entità impersonale** (gli elementi naturali, per esempio): abbiamo visto come lo spazio descritto possa diventare, in alcuni momenti, uno dei personaggi principali del racconto.

Nelle narrazioni dalla struttura più semplice, come per esempio la **fiaba**, è possibile individuare nei personaggi delle caratteristiche elementari. Può dunque risultare utile analizzare come il sistema dei personaggi si organizza in funzione della storia raccontata. In questo senso, è possibile individuare i diversi **ruoli** occupati dai personaggi all'interno della narrazione:

Protagonista (eroe o eroina)

È il personaggio principale del racconto, l'individuo le cui azioni e pensieri assumono un'importanza centrale all'interno della storia.

Antagonista

È il personaggio che ha il ruolo di contrastare il protagonista; spesso essi sono in competizione perché entrambi desiderano raggiungere il medesimo obiettivo, il cosiddetto **oggetto del desiderio**. Non è detto che si tratti sempre di un bene materiale (per esempio, un tesoro nascosto); l'oggetto ambito può essere rappresentato anche dall'amore di una persona, dalla conquista del potere, dal raggiungimento della libertà, dalla scoperta di una verità importante ecc.

Aiutanti

Sono personaggi che hanno il ruolo di assistere il protagonista o l'antagonista. Chi si allea con il protagonista è un **aiutante positivo**, mentre colui che appoggia l'antagonista è detto **aiutante negativo** o **oppositore**. Riguardo a questi tipi di personaggio sono possibili delle inversioni: l'aiutante positivo può cioè trasformarsi, nel corso della vicenda, in oppositore o addirittura nell'antagonista, e viceversa.

50

I personaggi • UNITÀ 3

Se questo è lo schema tipico dei personaggi della fiaba, occorre però precisare come in altre tipologie di testi narrativi spesso la situazione diventi molto più complessa: non sempre è possibile individuare un solo protagonista, frontalmente opposto a un antagonista, con tutti gli altri personaggi che sono loro subordinati e hanno l'unico compito di aiutarli nel raggiungimento del loro obiettivo finale. Soprattutto nel Novecento, gli autori di testi narrativi hanno abbandonato questo schema molto semplice che vede **i personaggi divisi in due campi rigidamente contrapposti**, scegliendo invece di organizzare trame più complesse, oppure spostando l'attenzione dalle **azioni** del personaggio, il suo rapporto col **mondo esterno**, a elementi diversi, come, per esempio, il suo **mondo interiore**, la sua **psicologia**.

2 La gerarchia

In base alla **gerarchia**, cioè il diverso grado di importanza che essi assumono all'interno della narrazione, i personaggi possono essere classificati in:

Personaggi principali	Sono quelli su cui maggiormente si incentra l'azione o l'attenzione dello scrittore; tra essi emerge il **protagonista**, il personaggio più importante. In molti casi, il protagonista è anche il personaggio al quale l'autore affida il compito di comunicare, esplicitamente o implicitamente, le proprie opinioni.
Personaggi secondari	Hanno un'importanza minore rispetto a quelli principali. Essi affiancano i protagonisti nelle vicende della narrazione, svolgendo ruoli più o meno significativi, che sono comunque analizzati e descritti dall'autore con un certo interesse.
Comparse	Hanno un ruolo marginale; la loro presenza serve a caratterizzare un ambiente o una situazione oppure a fare da "cornice" alla narrazione.

3 La caratterizzazione

Caratterizzare un personaggio significa delinearne la fisionomia, il carattere, l'atteggiamento e il modo di comportarsi. Attraverso la caratterizzazione, l'autore pone immediatamente in luce la figura del personaggio, il suo aspetto fisico e morale, i suoi vizi e le sue qualità; introducendo in questo modo le sue caratteristiche principali, egli può anticipare il ruolo che avrà nel racconto.

L'insieme dei tratti distintivi che caratterizzano un personaggio possono essere così suddivisi:

51

PARTE 1 · Il metodo

Caratterizzazione fisica	Mette in rilievo le caratteristiche esteriori (genere, età, aspetto, lineamenti del viso, espressione, corporatura, modo di vestire ecc.). Di solito, tale descrizione è condotta in modo da fornire già al lettore anche **indizi significativi sul carattere del personaggio**.
Caratterizzazione psicologica	Rappresenta il mondo interiore del personaggio: le emozioni, gli affetti, i bisogni, la sensibilità, i gesti, le abitudini ecc. Alcune volte tale caratterizzazione viene fornita esplicitamente dall'autore, altre volte si rivela dalle azioni che il personaggio compie.
Caratterizzazione sociale	Ci fornisce delle informazioni sulla relazione tra il personaggio e l'ambiente in cui agisce: la sua posizione socio-economica, il suo lavoro, le sue amicizie e le sue inimicizie, i rapporti con gli altri personaggi ecc.
Caratterizzazione culturale e ideologica	Descrive il personaggio sotto il profilo dell'attività che conduce, delle conoscenze che possiede, degli interessi che dimostra, dei valori morali che esprime, della visione della vita ecc.

Non sempre l'autore costruisce un **ritratto completo** del personaggio; spesso, egli sceglie di privilegiare un solo tipo di caratterizzazione, per esempio quella **psicologica**, così frequente nella narrativa del Novecento.

Inoltre, i personaggi non sono sempre delineati in modo esplicito: spesso l'autore li **caratterizza indirettamente**, disseminando lungo tutto il corso del racconto indizi utili a ricostruire le loro caratteristiche fisiche, psicologiche, sociali e culturali. In tal modo, spetta al lettore ricostruire globalmente la figura del personaggio, attraverso tutto ciò che manifestano le sue azioni, i suoi comportamenti, i suoi pensieri.

Leggi come Tomasi di Lampedusa caratterizza il Principe Don Fabrizio, un uomo dotato di una forza straordinaria e di una statura intellettuale superiore a quella dei suoi pari e che per tale motivo non riesce a integrarsi nella società a lui contemporanea, cui guarda con disprezzo.

Giuseppe Tomasi di Lampedusa

Il Gattopardo

Il narratore presenta direttamente le caratteristiche fisiche del personaggio; ma sin dall'inizio compaiono indicazioni anche sulla sua caratterizzazione sociale.

Lui, il Principe, intanto si alzava: l'urto del suo peso da gigante faceva tremare l'impiantito, e nei suoi occhi chiarissimi si riflesse, un attimo, l'orgoglio di questa effimera conferma del proprio signoreggiare su uomini e fabbricati. […] Non che fosse grasso: era soltanto immenso e fortissimo; la sua testa sfiorava (nelle case abitate dai comuni mortali) il rosone inferiore dei lampadari; le sue dita sapevano accartocciare come carta velina le monete da un ducato; e fra villa Salina e la bottega di un orefice era un frequente andirivieni per la riparazione di forchette e cucchiai che la sua contenuta ira, a tavola, gli faceva spesso piegare in cerchio. […]

52

Le osservazioni sull'orgoglio e sull'irascibilità del principe danno inizio alla caratterizzazione psicologica, che nel seguito del brano prende sempre più piede.	I raggi del sole calante ma ancora alto di quel pomeriggio di maggio accendevano il colorito roseo, il pelame color di miele del Principe; denunziavano essi l'origine tedesca di sua madre, di quella principessa Carolina la cui alterigia aveva congelato, trent'anni prima, la Corte sciattona delle Due Sicilie. Ma nel sangue di lui fermentavano altre essenze germaniche ben più incomode per quell'aristocratico siciliano nell'anno 1860, di quanto potessero essere attraenti la pelle bianchissima ed i capelli biondi nell'ambiente di olivastri e di corvini: un temperamento autoritario, una certa rigidità morale, una propensione alle idee astratte che nell'*habitat* morale molliccio della società palermitana si erano mutati rispettivamente in prepotenza capricciosa, perpetui scrupoli morali e disprezzo per i suoi parenti e amici. […]
Si aggiungono indicazioni circa i suoi interessi e attitudini, ovvero la caratterizzazione culturale e ideologica.	Primo (ed ultimo) di un casato che per secoli non aveva mai saputo fare neppure l'addizione delle proprie spese e la sottrazione dei propri debiti, possedeva forti e reali inclinazioni alle matematiche; aveva applicato queste all'astronomia e ne aveva tratto sufficienti riconoscimenti pubblici e gustosissime gioie private.
La notazione rivela indirettamente lo smisurato orgoglio del principe.	Basti dire che in lui orgoglio e analisi matematica si erano a tal punto associati da dargli l'illusione che gli astri obbedissero ai suoi calcoli (come, di fatto, sembravano fare) e che i due pianetini che aveva scoperto (Salina e Svelto li aveva chiamati, come il suo feudo e un suo bracco indimenticato) propagassero la fama della sua casa […]. Sollecitato da una parte dall'orgoglio e dall'intellettualismo materno, dall'altra dalla sensualità e facioneria del padre, il povero principe Fabrizio viveva in perpetuo scontento […] e stava a contemplare la rovina del proprio ceto e del proprio patrimonio senza avere nessuna attività ed ancora minor voglia di porvi riparo.

Giuseppe Tomasi di Lampedusa, *Il Gattopardo*, Milano, Feltrinelli, 2001

Tipi e individui

I personaggi possono essere distinti anche a seconda della loro **complessità psicologica**: sono definiti **tipi** o **personaggi statici** quelli che, pur provando sentimenti ed emozioni, sono caratterizzati attraverso pochi tratti psicologici e non subiscono alcuna evoluzione nel corso della vicenda. Di solito, l'autore privilegia solo un aspetto della loro personalità, quello che risulta più funzionale alla vicenda narrata e ai rapporti con gli altri personaggi (per esempio Cenerentola è un personaggio-tipo che incarna la bontà e l'umiltà).

Sono definiti invece **individui** o **personaggi dinamici** quelli dotati di una complessità psicologica ben sviluppata (come don Fabrizio nel ritratto che ne fa Tomasi di Lampedusa). Nel corso della vicenda la loro personalità evolve, fino a ritrovarsi infine, in molti casi, del tutto trasformata.

Si può affermare che nella maggior parte dei casi protagonisti e personaggi di fiabe e favole sono **tipi**, mentre protagonisti e personaggi di romanzi, racconti e novelle sono **individui**. Bisogna evitare, tuttavia, eccessive semplificazioni: non dobbiamo pensare che favole e fiabe, a causa della loro brevità e della semplicità della loro struttura, presentino sempre e solo personaggi statici mentre il romanzo, per la maggiore ampiezza che lo caratterizza, sia sempre abitato da personaggi caratterialmente complessi e dinamici.

PARTE 1 · Il metodo

5 I luoghi e i personaggi

Esiste una stretta relazione tra un individuo e il luogo in cui egli vive. Per tale motivo, spesso l'autore valorizza il rapporto che esiste tra il personaggio e l'ambiente che lo circonda, in modo tale che lo spazio possa **rispecchiare la personalità, mettere a fuoco la psicologia del personaggio**.

Nei *Promessi Sposi,* per esempio, l'unico personaggio a non essere descritto direttamente dall'autore è don Rodrigo, il prepotente nobile che vuole impossessarsi di Lucia; invece di farlo con una caratterizzazione diretta, Manzoni sceglie piuttosto di inquadrarne la figura e la personalità attraverso la descrizione del suo palazzotto:

Alessandro Manzoni

Il palazzotto di Don Rodrigo

Le **espressioni** danno l'impressione della mediocrità del personaggio e rivelano l'antipatia che il narratore prova per lui.

Il **palazzotto** di don Rodrigo sorgeva isolato, a somiglianza d'una **bicocca**, sulla cima d'uno de' poggi ond'è sparsa e rilevata quella costiera. [...] Appié del poggio, dalla parte che guarda a mezzogiorno, e verso il lago, giaceva un **mucchietto di casupole**, abitate da contadini di don Rodrigo; ed era come la piccola capitale del suo **piccol regno**. Bastava passarvi, per esser chiarito della condizione e de' costumi del paese.

La **descrizione** della *piccola capitale* di don Rodrigo svela in pochi tratti gli effetti di una condotta di vita fondata sul crimine e sulla violenza.

Dando un'occhiata nelle stanze terrene, dove qualche uscio fosse aperto, si vedevano attaccati al muro schioppi, tromboni, zappe, rastrelli, cappelli di paglia, reticelle e fiaschetti da polvere, alla rinfusa. La gente che vi s'incontrava erano omacci tarchiati e arcigni, con un gran ciuffo arrovesciato sul capo, e chiuso in una reticella; vecchi che, perdute le zanne, parevan sempre pronti, chi nulla nulla gli aizzasse, a digrignar le gengive; donne con certe facce maschie, e con certe braccia nerborute, buone da venire in aiuto della lingua, quando questa non bastasse: ne' sembianti e nelle mosse de' fanciulli stessi, che giocavan per la strada, si vedeva un non so che di petulante e di provocativo. [...]

I **particolari** danno l'impressione della tetraggine e indicano come il proprietario del palazzotto sia malvagio, presuntuoso, violento, ma anche pauroso e mediocre.

La porta era chiusa, segno che il padrone stava desinando, e non voleva esser frastornato. Le **rade e piccole finestre** che davan sulla strada, **chiuse da imposte sconnesse e consunte dagli anni**, eran però **difese da grosse inferriate**, e quelle del pian terreno tant'alte che appena vi sarebbe arrivato un uomo sulle spalle d'un altro. Regnava quivi un **gran silenzio**; e un passeggiero avrebbe potuto credere che fosse una **casa abbandonata**, se quattro creature, due vive e due morte, collocate in simmetria, di fuori, non avesser dato un indizio d'abitanti. **Due grand'avoltoi**, con l'ali spalancate, e co' **teschi penzoloni, l'uno spennacchiato e mezzo roso dal tempo**, l'altro ancor saldo e pennuto, erano inchiodati, ciascuno sur un battente del portone; e **due bravi**, sdraiati, ciascuno su una delle panche poste a destra e a sinistra, **facevan la guardia**, aspettando d'esser chiamati a goder gli avanzi della tavola del signore.

Alessandro Manzoni, *I Promessi Sposi*, Bologna, Zanichelli, 2004

6 Parole e pensieri dei personaggi

Per esprimere le parole o i pensieri dei personaggi, il narratore può adottare tecniche diverse.

● Nel **dialogo**, un **discorso diretto** che consiste in uno scambio di battute tra due o più personaggi, il narratore riproduce fedelmente le loro parole, segnalando il cambiamento di voce con l'uso delle virgolette ("…", «…») o dei trattini (–…–) e introducendo il discorso con verbi dichiarativi quali *disse, affermò, rispose* (che, in verità, non sempre è necessario esplicitare). Tale tipo di tecnica narrativa permette all'autore di restituire al lettore una rappresentazione molto diretta e realistica della scena che si sta svolgendo:

Italo Calvino
Il barone rampante

L'altalena andava sempre più in su.
«Hai paura?»
«Io no. Come ti chiami?»
«Io Cosimo... E tu?»
«Violante, ma mi dicono Viola».
«A me mi chiamano Mino, anche, perché Cosimo è un nome da vecchi».
«Non mi piace».
«Cosimo?»
«No, Mino».
«Ah... Puoi chiamarmi Cosimo».

Italo Calvino, *Il barone rampante*, Milano, Mondadori, 1993

Illustrazione per l'edizione Einaudi per ragazzi del *Barone rampante*.

● Nel **discorso indiretto** le parole del personaggio sono introdotte da verbi **dichiarativi** (affermare, pensare, chiedere, rispondere ecc.) e da **connettivi** (che, come, se ecc.); il brano precedente, secondo tale tecnica, potrebbe essere riscritto così: "L'altalena andava sempre più in su. Il bambino **chiese** alla bambina se avesse paura. Costei **rispose** di no e **domandò** al ragazzino quale fosse il suo nome. Egli **disse** di chiamarsi Cosimo e a sua volta **chiese** alla bambina quale fosse il nome che lei portava; lei **affermò** di chiamarsi Violante…"
Ecco, invece, un esempio d'autore:

Cesare Pavese
La luna e i falò

Entrai nell'aia (di nuovo il cane si avventò), **dissi ch**'io su quell'aia c'ero stato bambino. **Chiesi se** il pozzo era sempre là dietro. La vecchia, seduta adesso sulla soglia, **borbottò** inquieta; l'altra si chinò e raccolse il rastrello caduto davanti all'uscio, poi **gridò** al ragazzo **di** guardare dalla riva **se** vedeva il Pa. Allora **dissi che** non ce n'era bisogno, passavo là sotto e mi era venuta voglia di rivedere la casa dov'ero cresciuto, ma conoscevo tutti i beni, la riva fino al noce, e potevo girarli da solo, trovarci uno.

Cesare Pavese, *La luna e i falò*, Torino, Einaudi, 2002

Nel **discorso indiretto libero** l'autore elimina i verbi dichiarativi e sembra fare propria la voce o il pensiero del personaggio:

Giovanni Verga
Mastro-don Gesualdo

Egli invece non aveva sonno. Si sentiva allargare il cuore. Gli venivano tanti ricordi piacevoli. Ne aveva portate delle pietre sulle spalle, prima di fabbricare quel magazzino! E ne aveva passati dei giorni senza pane, prima di possedere tutta quella roba! Ragazzetto... gli sembrava di tornarci ancora, quando portava il gesso dalla fornace di suo padre, a Donferrante! Quante volte l'aveva fatta quella strada di Licodia, dietro gli asinelli che cascavano per via e morivano alle volte sotto il carico! Quanto piangere e chiamar santi e cristiani in aiuto!

Giovanni Verga, *Mastro-don Gesualdo*, Milano, Principato, 1987

Nel **monologo interiore** o **soliloquio** il personaggio parla tra sé e sé o con un interlocutore immaginario. Egli può esprimersi a voce alta o mentalmente, in ogni caso nessuno lo ascolta. Un esempio celebre sono **i soliloqui di don Abbondio** nei *Promessi Sposi*:

Alessandro Manzoni
I Promessi Sposi

Don Abbondio lo sogguardava, avrebbe voluto attaccare un discorso amichevole; ma, «cosa devo dirgli? – pensava: – devo dirgli ancora: mi rallegro? Mi rallegro di che? che essendo stato finora un demonio, vi siate finalmente risoluto di diventare un galantuomo come gli altri? Bel complimento! Eh eh eh! in qualunque maniera io le rigiri, le congratulazioni non vorrebbero dir altro che questo. E se sarà poi vero che sia diventato galantuomo: così a un tratto!»

Alessandro Manzoni, *I Promessi Sposi*, Bologna, Zanichelli, 2004

Nel **flusso di coscienza** il personaggio esprime in forma libera e immediata i propri pensieri, che fluiscono senza apparente collegamento logico. È come se l'autore si limitasse a registrare ciò che avviene nella mente del personaggio: le frasi che riportano i suoi pensieri sono perciò prive di segni di interpunzione e si susseguono irregolarmente l'una dietro l'altra:

James Joyce
Ulisse

Si fermarono davanti alla porta della cappella mortuaria: Mr. Bloom ritto dietro il ragazzo della corona, guardava i suoi capelli pettinati lisci e l'esile collo incavato dietro il colletto nuovo di zecca. Povero ragazzo! C'era quando il padre? Tutti e due privi di sensi. Ravvivarsi all'ultimo momento e riconoscere per l'ultima volta. Tutto quello che avrebbe potuto fare. Devo tre scellini a O'Grady. Avrebbe capito? I becchini portarono la bara nella cappella. Da che parte è la testa?

James Joyce, *Ulisse*, Milano, Mondadori, 2000

Lessico da conoscere

Scrivi accanto a ogni termine la corretta definizione, quindi verifica la correttezza del lavoro insieme ai compagni e all'insegnante. Tutte le definizioni dovranno essere memorizzate.

Termini del lessico specifico	Definizione
Aiutante	È un personaggio che aiuta il protagonista o l'antagonista
Antagonista	Ha il ruolo di contrastare il protagonista
Caratterizzazione	È la descrizione di un personaggio: mentale o fisica
Discorso diretto	Personaggio a personaggio anticipato da verbi dichiarativi
Discorso indiretto	connettivi
Discorso indiretto libero	
Monologo interiore	È un modo di esprimersi del personaggio: egli parla tra sé e sé o con un interlocutore immaginario. Può esprimersi a voce alta o mentalmente, in ogni caso nessuno lo ascolta.
Oppositore	Colui che appoggia l'antagonista
Personaggio-tipo	È un personaggio all'interno del quale non vengono fornite informazioni
Protagonista	Personaggio principale della storia

Vero o falso?

1. Il protagonista e l'antagonista sono spesso in competizione perché entrambi desiderano lo stesso oggetto.
2. Le comparse sono tra i personaggi principali del racconto.
3. Soltanto i personaggi-individuo possono essere protagonisti di un racconto.
4. La caratterizzazione psicologica può emergere da come un personaggio si comporta.
5. La caratterizzazione ideologica presenta le condizioni economiche del personaggio.
6. Il luogo in cui il personaggio agisce può rispecchiare il suo stato d'animo.
7. Il flusso di coscienza riporta direttamente le parole dette dal personaggio.

MODELLI NARRATIVI

MODELLI NARRATIVI
- I ruoli
- La gerarchia
- Tipi e individui

T1 Ludwig Bechstein
I tre cani

Ludwig Bechstein fu un compositore di fiabe tedesco di inizio Ottocento. Come molti altri scrittori di quel periodo, egli si ispirò per le sue opere alla storia, a vecchie fonti e a cronache popolari, com'è visibile non solo nelle sue raccolte di favole e leggende sulle fate, ma anche nei racconti storici da lui composti. Nella fiaba che leggerai gli elementi magici si fondono con quelli di un umile ambiente popolare.

La morte del padre dà avvio a una catena di eventi.

Un vecchio pecoraio aveva due figli, un maschio e una femmina. Quando sentì che stava per morire, li chiamò e disse loro:

– Vi lascio tutto quel che posseggo: la casa e le tre pecore. Dividetevi l'eredità d'amore e d'accordo.

5   E spirò.

Qualche giorno più tardi, dopo che gli ebbero dato onorevole sepoltura, il fratello disse alla sorella:

– Che cosa scegli? La casa o le pecore?

– Scelgo la casa.

10   – Bene; io prenderò le pecore: voglio andare in giro per il mondo. Sono nato di domenica, e si dice che i nati di domenica sono fortunati. Chissà che non riesca a far fortuna anch'io.

Prese le pecore, salutò la sorella e partì.

Passò del tempo, ma della fortuna, neanche l'ombra.

Il protagonista-eroe si allontana.

15   Un giorno il ragazzo se ne stava seduto sul ciglio della strada, a un crocevia, incerto sulla direzione da prendere, quando d'improvviso si trovò accanto a un uomo che teneva al guinzaglio tre cani: uno non molto grande, uno abbastanza grande e uno grandissimo.

Lo sconosciuto lo salutò.

20   – Buongiorno, giovanotto.

– Buongiorno a voi, signore.

– Che belle pecore avete! Vogliamo fare un cambio? Voi mi date le pecore e io vi cedo i cani.

Nonostante le sue preoccupazioni, il pecoraio scoppiò a ridere.

25   – E che me ne farei, di tre cani? Le mie pecore si procurano il cibo da sole, si contentano di qualche filo d'erba, ma i cani bisogna nutrirli, accudirli…

– Questi sono di una razza speciale – ribatte lo sconosciuto – e saranno loro a mantenere voi. Il più piccolo si chiama "Porta da mangiare", quello medio si chiama "Strappalo", e quello grosso "Rompi ferro e acciaio". Se li prendete, fa-

30   ranno la vostra fortuna.

Il pecoraio si lasciò convincere, e barattò le pecore con i cani; ma subito dopo, siccome non era sicuro delle loro qualità magiche, volle fare una prova. Si rivolse al più piccolo e disse:

Uno sconosciuto fornisce all'eroe un mezzo magico: i tre cani.

58

J. Jacobsen, *Cacciatore*, disegno, 1650 ca., Sacramento (California), E. B. Crocker Art Gallery.

– Porta da mangiare – gli comandò sottovoce.

35 Il cane partì con la velocità di un fulmine, e poco dopo era di ritorno con un paniere colmo di pietanze squisite e di manicaretti mai visti.

Non c'era bisogno di altre prove; felice come una pasqua, il pecoraio riprese la strada con i tre cani al guinzaglio.

Ora che aveva cibo e protezione assicurati, era più che mai deciso a girare il 40 mondo.

Un giorno, mentre percorreva una strada secondaria, si imbatté in una carrozza tirata da due cavalli.

La carrozza era tutta parata a lutto e dentro c'era una bellissima fanciulla dai capelli d'oro che piangeva disperatamente.

L'eroe si trasferisce sul luogo in cui scoprirà l'oggetto del suo desiderio. 45 I cavalli procedevano a testa china, piano piano, come per un funerale.

– Ehi, cocchiere, che significa tutto questo?

Il cocchiere scosse il capo e borbottò qualcosa di incomprensibile, ma il giovane insisté, e alla fine riuscì a ottenere una risposta.

L'uomo raccontò:

50 – Non lontano da qui abita un drago terribile, ferocissimo. Per impedirgli di devastare il paese e uccidere tutti gli abitanti, bisogna portargli ogni anno una fanciulla, il cui nome viene estratto a sorte. Quest'anno è toccato alla figlia del re. Tutto il reame è in lutto, il re si dispera, ma non si può far niente per salvare la povera principessa: il drago esige la sua preda.

55 Il giovane provò una profonda compassione per la bella fanciulla votata a un destino tanto crudele, e decise di seguire la carrozza.

Dopo qualche ora di cammino, i cavalli si fermarono ai piedi di una montagna; la principessa scese per andare incontro alla sua triste sorte, e il pecoraio, senza esitazione, la seguì.

Il cocchiere lo richiamò:

– Siete pazzo? Tornate indietro, non potete far niente! È tutto inutile!

Parole al vento. Sulle orme della principessa, il pecoraio e i suoi tre cani salivano su per la montagna.

A metà strada, apparve il mostro.

L'eroe deve affrontare un compito difficile: la prima prova.

Era davvero orribile. Aveva il corpo ricoperto di scaglie, artigli lunghi e affilatissimi e una bocca enorme da cui uscivano fiamme.

Stava per precipitarsi sulla principessa quando il pecoraio ordinò al secondo dei suoi cani:

– Strappalo!

L'eroe lotta e vince contro il drago (oppositore).

Il cane si precipitò sul mostro e cominciò a morderlo con tanta furia da ucciderlo in pochi istanti. E non solo lo uccise, ma lo divorò anche. Lasciò solo i denti, che il pecoraio raccolse e si mise in tasca. ✵

La principessa, che aveva seguito il combattimento col cuore in gola, era al colmo della gioia.

– Mio prode salvatore, ti devo la vita. Vieni con me alla reggia e mio padre ti ricompenserà come meriti.

Il pecoraio rifiutò.

L'eroe si allontana di nuovo.

– Voglio girare ancora il mondo. Ma ti prometto che fra tre anni ritornerò.

Alla principessa non restò allora che risalire in carrozza e prender la via del ritorno.

Si svela l'antagonista, che tende un tranello: tenta di ingannare l'eroe per impadronirsi di ciò che gli spetta.

Nel frattempo, il cocchiere, che era un uomo interessato e malvagio, aveva fatto un piano: aspettò che la carrozza si trovasse su un ponticello gettato su un torrente impetuoso, poi disse alla principessa:

– Il vostro salvatore se n'è andato senza reclamare compensi. E allora perché non fare la mia fortuna? Dovreste dire a vostro padre che sono stato io a uccidere il drago.

– No, mai! – rispose la principessa indignata.

– Ah, è così? Allora vi getterò nel torrente e per voi sarà finita. Nessuno chiederà di voi, nessuno verrà a cercarvi, perché tutti credono che il drago vi abbia divorata.

La povera fanciulla pianse, implorò, si disperò. Ma inutilmente. Alla fine dovette giurare che avrebbe fatto passare il cocchiere per il suo salvatore; e solo allora la carrozza riprese la strada per la reggia.

La notizia del ritorno della principessa, sana e salva, si sparse in un attimo per la capitale. Le bandiere e i drappi neri scomparvero e al loro posto sventolarono al vento allegri festoni multicolori. Il re, poi, era al settimo cielo, e non sapeva come manifestare al cocchiere la sua gratitudine.

– Non solo hai salvato la vita a mia figlia, ma hai anche liberato il paese da un terribile flagello. Ti concedo la mano della principessa. Dato però che è ancora troppo giovane, le nozze verranno celebrate tra un anno.

Il cocchiere si dichiarò ugualmente soddisfatto, venne coperto di doni preziosi

I personaggi • UNITÀ 3

e di titoli nobiliari, e da quel giorno visse a corte riverito da tutti.

La principessa, invece, era disperata, ma non osava mancare al giuramento.

Passò un anno, e la data delle nozze era ormai prossima. La povera fanciulla
implorò il padre di rimandare di un anno ancora, e, scaduto quel termine, raddoppiò le implorazioni per avere un altro anno di proroga. Ricordava la promessa
fattale dal suo vero salvatore, e sperava che giungesse in tempo per aiutarla ancora
una volta.

Il re non seppe resistere alle implorazioni della figlia.

– E sia, ti concedo di rimandare le nozze di un terzo anno. Ma che sia l'ultima
volta. Non posso mancare alla mia parola di re!

Come trascorsero veloci i mesi per la povera principessa! Alla fine scoccò l'anno di proroga e subito venne fissata la data delle nozze. Su ogni casa, su ogni torre, sventolavano le bandiere, le strade erano adorne di fiori, il popolo era in festa.
Solo la principessa piangeva tutte le sue lacrime.

Proprio la mattina della cerimonia giunse in città un giovane straniero con tre
cani al guinzaglio. Fermò un passante e gli chiese la ragione di quei festeggiamenti.

– Oggi si celebrano le nozze della principessa con il suo salvatore, colui che
ha ucciso il drago.

A queste parole, lo sconosciuto ebbe un furioso accesso di collera.

– Chi è quell'imbroglione che afferma di aver ucciso il drago e salvato la principessa? Chi ha osato…

Ma non poté continuare perché accorsero le guardie reali e lo trascinarono in
prigione, sotto accusa di grave calunnia nei confronti del futuro principe consorte.

Chiuso in una cella scura e angusta, sbarrata da una porta di ferro, con delle
pesanti sbarre alla finestra, il giovane rifletteva sulla sua sorte quando gli sembrò
di udire un guaito.

Erano i tre cani, che lo avevano seguito fin là.

Allora, senza por tempo in mezzo, gridò con quanto fiato aveva in gola:

– Rompi ferro e acciaio!

Un momento dopo le sbarre della finestra cadevano con gran fragore. Il terzo
cane irruppe nella cella, con un sol morso spezzò le catene del padrone, poi balzò
fuori dalla finestra.

Il giovane non esitò a seguirlo.

Adesso che era di nuovo libero, doveva pensare a quell'imbroglione che entro
qualche ora avrebbe sposato la principessa.

"Qui bisogna escogitare qualcosa. Ma prima sarà meglio mettere un po' di cibo nello stomaco!"

Chiamò il cane più piccolo e gli ordinò: – Porta da mangiare.

Poco dopo il cane era di ritorno: legato al collo aveva un tovagliolo che conteneva pietanze prelibate. E sul tovagliolo era ricamato lo stemma reale.

Era accaduto infatti che, mentre il re era a tavola con la famiglia e i cortigia-
ni, era apparso il cane nero che, avvicinatosi alla principessa, aveva cominciato a
leccarle affettuosamente le mani. E la principessa, con immensa gioia, aveva riconosciuto il cane del suo vero salvatore! Allora gli legò al collo il tovagliolo pieno
di cibo, poi pregò il padre di concedergli un'udienza a quattr'occhi. Rimasta sola

105

110

115

120

125

130

135

140

145

Vittima
dell'inganno
è anche la
principessa, che
deve acconsentire
alle nozze e perciò
favorire, contro
la sua volontà,
l'antagonista.

61

PARTE 1 · Il metodo

Grazie al magico aiuto dei suoi cani il vero eroe smaschera il falso eroe.

con lui, gli confidò il suo segreto, dicendogli del giuramento strappatole a forza dal malvagio cocchiere.

Il re chiamò subito due guardie.

150 – Seguite il cane nero che è appena uscito dalla reggia con un tovagliolo legato al collo. Rintracciate il suo padrone e conducetelo in mia presenza.

Le guardie obbedirono, e poco dopo il giovane si inchinava davanti al re.

– È lui che ha ucciso il drago, è lui il mio vero salvatore! – gridò la principessa.

Il cocchiere, vistosi smascherato, tremava di paura e di rabbia, ma non voleva

155 cedere.

– Non è vero, non è vero! Costui mente! Io solo ho salvato la principessa!

Allora il giovane estrasse dalla tasca i denti del drago, che aveva conservati per tutti quegli anni, e non ci furono più dubbi.

Il cocchiere implorò grazia, ed ebbe salva la vita, ma fu gettato in prigione.

L'eroe viene riconosciuto e, sposando la principessa, ottiene l'oggetto del suo desiderio. L'antagonista, sconfitto, viene duramente punito.

160 Il re ordinò di dare inizio ai preparativi per le nozze tra la principessa e il suo vero salvatore, e qualche giorno più tardi venne celebrata una sfarzosa cerimonia.

Una sera il giovane disse alla moglie:

– Ho lasciato nel villaggio natio, povera e sola, la mia unica sorella. Vorrei che venisse a vivere con noi.

165 La principessa fu ben contenta di quella dimostrazione di amore fraterno, e ordinò che una carrozza partisse subito per andare a prendere la cognata.

Ed ecco, d'improvviso, si presentarono i tre cani, che avevano seguito il padrone alla reggia.

Il più grosso si alzò sulle zampe e disse:

170 – Caro amico, il nostro compito finisce qui. Non hai più bisogno di noi, ormai; siamo rimasti con te fino a oggi solo per vedere se, nella tua felicità, ti saresti ricordato di tua sorella. Ora che lo hai fatto, possiamo andarcene.

Detto questo, i cani si trasformarono in uccelli, e volarono fuori dalla finestra. E, da quel giorno, nessuno mai più li rivide.

Ludwig Bechstein, *I sette corvi e le più belle fiabe di Bechstein*, Milano, Fabbri, 1978

IL TEMA DELLA FIABA

Come tante fiabe, anche questa affronta il tema del contrasto tra il bene e il male.

Il bene (rappresentato dal pastorello) e il male (rappresentato dal drago e dal cocchiere traditore) sono due necessarie dimensioni della vita. Dalla parte del male stanno i potenti malvagi, gli usurpatori che occupano il posto che spetterebbe di diritto all'eroe. Ma la morale è che, di fatto, "il crimine non paga": in questa fiaba, infatti, chi rappresenta il male ne esce sconfitto.

Di conseguenza, questa fiaba esorta al coraggio e alla fiducia in se stessi. Essa racchiude l'idea che la vita, in realtà, è più semplice di quanto non si immagini se si è capaci di trovare dentro se stessi tutti gli strumenti utili per affrontarla, anche quando si presentano delle

difficoltà (così come succede al figlio del contadino). Crescere è un compito che richiede impegno e tante risorse; in questa difficile situazione, la fiaba insegna a non cadere nella disperazione, a ricordare che ci sono sempre opportunità e risorse impreviste che entrano in gioco proprio nei momenti in cui l'eroe (in cui il lettore è spinto a identificarsi) si sente sul punto di essere sconfitto.

Le conseguenze che derivano da tale concezione si rivelano molto significative: la via del bene risulta preferibile non soltanto perché l'eroe alla fine trionfa, ma perché è tutto il percorso di vita che egli ha scelto a rivelarsi, infine, molto più attraente di quello del suo antagonista.

I personaggi · UNITÀ 3

Laboratorio sul testo

Comprendere il testo

La storia

1. In questa fiaba l'intreccio coincide sostanzialmente con la *fabula*. Scrivi nella tabella il titolo delle principali sequenze che compongono le diverse fasi della storia, secondo l'esempio indicato.

Situazione iniziale	Il padre muore e i figli ereditano la casa (lei) e tre pecore (lui).
Esordio	L'incontro con lo sconosciuto e lo scambio tra pecore e cani.
Peripezie	....
Conclusione	....

Analizzare le tecniche

I ruoli dei personaggi

2. Completa il testo inserendo opportunamente le seguenti espressioni elencate alla rinfusa: *l'antagonista/ l'oggetto del desiderio/ l'oppositore/ l'eroe-protagonista / gli aiutanti.*

.... è il figlio del contadino. ....
a cui egli aspira è il conseguimento della fortuna e della felicità, rappresentato concretamente dal matrimonio con la principessa; ....
.... sono sia i tre cani sia lo sconosciuto che offre all'eroe questo strumento magico per conseguire i suoi obiettivi; ....
.... è il drago, che si configura come un ostacolo al conseguimento della felicità, mentre il cocchiere è investito del ruolo di .... in quanto vuole ottenere il medesimo oggetto del desiderio ricercato dall'eroe, e perciò lo contrasta.

La gerarchia

3. Classifica i personaggi in base alla loro gerarchia.
   - Personaggi principali:

     ....
     ....

   - Personaggi secondari:

     ....
     ....

   - Comparse:

     ....
     ....

Tipi e individui

4. Spiega perché i personaggi di questa favola sono classificabili come *tipi* e non come *individui*.

Applicare le tecniche

Inserire un oppositore

5. Nel punto contrassegnato con ☀ inserisci una breve sequenza in cui il pastorello-eroe deve affrontare un nuovo oppositore (o anche più di un oppositore), che viene sconfitto sempre grazie all'intervento dei cani. Prosegui l'inizio dato:

Ma appena li mise in tasca, i denti del drago si trasformarono in ....
....
....

63

PARTE 1 · Il metodo

T2 # Thomas Mann
Il signor Knaak

MODELLI
NARRATIVI

• La caratteriz-
zazione

Tonio Kröger è un racconto (o romanzo breve) scritto da Thomas
Mann, nel quale l'autore narra la tormentata vita dell'omonimo
protagonista. Tonio appartiene all'agiata borghesia di Lubecca,
frequenta il ginnasio, ma è un ragazzo "diverso" dai compagni per
indole e mentalità. In questo brano incontriamo Tonio mentre
partecipa a una lezione di ballo.

Che Tonio Kröger s'innamorasse della gaia Inge Holm accadde nel salone
della moglie del console Husteede, sgomberato di tutti i mobili, perché
toccava a lei quella sera ospitare la lezione di ballo: era infatti un corso privato
al quale partecipavano solo gli appartenenti alle migliori famiglie, che si radu-
5   navano a turno nelle case dei genitori per farsi dare lezione di ballo e di belle
maniere. A questo scopo il maestro di ballo Knaak veniva da Amburgo una volta la settimana.

*Il modo di parlare e
di presentarsi*

Si chiamava François Knaak, e che tipo era! «*J'ai l'honneur de me vous représenter* – diceva – *mon nom est Knaak*[1]. Questo non va detto mentre si fa l'inchino,
10   ma quando si è ripresa la posizione eretta, in tono sommesso e tuttavia ben chiaro. Non capita tutti i giorni di doversi presentare in francese, ma se si sa farlo in
modo corretto e impeccabile in questa lingua, non si sbaglierà certo neppure in

*L'abbigliamento e
la fisionomia*

tedesco». Come si tendeva stupendamente sui suoi fianchi grassocci la finanziera
di un nero segoso[2]! I calzoni cadevano in morbide pieghe sulle scarpe di vernice
15   ornate di larghi nodi di raso, e i suoi occhi scuri si guardavano intorno godendo
con stanca soddisfazione della propria bellezza... ✿

*L'atteggiamento
esteriore*

Tutti erano sopraffatti da quel suo eccesso di sicurezza e di signorilità. Egli camminava – e nessuno camminava come lui, con quell'incedere elastico, ondeggiante,
dondolante, regale – verso la padrona di casa, s'inchinava e attendeva ch'ella gli
20   porgesse la mano. Avutala, ringraziava a bassa voce, arretrava con passo molleg-
giato, si girava sul piede sinistro, sollevava di scatto il destro premendone giù la
punta, e si allontanava ancheggiando...

Nell'andarsene da un ricevimento bisognava camminare all'indietro verso la
porta facendo riverenze; non si doveva avvicinare a sé una sedia tirandola per la
25   gamba o facendola strisciare sul pavimento, ma la si doveva prendere leggermente
per la spalliera e posarla per terra senza rumore. Non era permesso starsene con

**1. *J'ai l'honneur de me vous
représenter... mon nom est
Knaak*:** "Ho l'onore di presen-
tarmi... il mio nome è Knaak".
L'ostentazione della sua confidenza con la lingua francese è il

primo segno della caratterizzazione caricaturale che l'autore
fornisce di questo personaggio.
**2. finanziera di un nero sego-
so:** la finanziera è una giacca maschile a doppio petto e con fal-

de molto lunghe, molto in voga
all'epoca in cui si svolge il racconto. Il sego è un grasso animale; l'espressione *nero segoso* ci
dà l'idea della torbidezza del colore della giacca di Knaak.

Erich Heckel, *La danza del villaggio*, 1908, Berlino, Nuova Galleria Nazionale.

le mani incrociate sulla pancia e la lingua infilata in un angolo della bocca; e se qualcuno lo faceva, il signor Knaak aveva un modo di rifargli il verso che chiunque ne sarebbe stato disgustato per tutto il resto della propria vita...

30 Queste erano le buone maniere. Quanto al ballo, il signor Knaak ne era maestro, se possibile, in un grado ancora più eccelso. Nel salotto sgombro ardevano le fiammelle a gas del lampadario e le candele sul caminetto. Il pavimento era cosparso di talco e gli allievi stavano muti in semicerchio. Ma al di là delle portiere, nella stanza attigua, le madri e le zie sedute in poltrone di peluche, contemplavano 35 attraverso i loro occhialini il signor Knaak che, curvo in avanti, tenendo sollevate con due dita le falde della finanziera, con le gambe scattanti mostrava le figure della mazurca.

Il gusto per l'esibizionismo

Quando però il signor Knaak voleva addirittura sbalordire il suo pubblico, spiccava all'improvviso e senza motivo impellente un gran salto, movendo in aria 40 le gambe con incredibile velocità e compiendo con esse una specie di trillo dopo di che tornava su questa terra con un tonfo soffocato, che però faceva vacillare tutto dalle fondamenta...

I pensieri di Tonio

Che inconcepibile scimmia, pensava Tonio Kröger. Ma vedeva bene che Inge Holm, l'allegra Inge, sovente seguiva con un sorriso estatico le evoluzioni del si-
45 gnor Knaak, e non era soltanto per queste che il meraviglioso dominio del proprio corpo gli conquistava in fondo qualcosa di simile all'ammirazione. Com'era sereno e imperturbabile lo sguardo del signor Knaak! I suoi occhi non guardavano all'interno delle cose, dov'esse diventano tristi e complicate; non sapevano nulla, tranne che di essere neri e belli. Ma appunto per questo il suo portamento era così 50 impettito! Sì, bisognava essere sciocchi per potersi muovere come lui; e allora si

65

Chaim Soutine, *Il ragazzo in nero*, 1924, collezione privata.

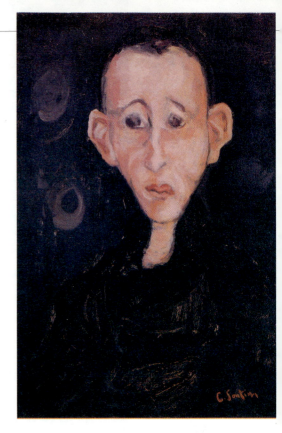

era amati perché si era amabili. Tonio capiva benissimo che Inge, la bionda e dolce Inge guardasse in quel modo il signor Knaak. Ma sarebbe mai accaduto che una ragazza
55 guardasse così anche lui, Tonio? [...]

«*Prima coppia en avant*[3]!» disse il signor Knaak e non ci sono parole per descrivere con quanta perfezione emettesse il suono nasale. Si provava la quadriglia, e con
60 profondo sgomento di Tonio Kröger egli si trovò incluso nello stesso quadrato[4] di Inge Holm[...].

Ella si moveva davanti a Tonio su e giù, avanti e indietro, camminando e girando,
65 un profumo che emanava dai suoi capelli o dalla sottile stoffa bianca del suo vestito lo sfiorava ogni tanto, e gli occhi gli si offuscavano sempre più. Ti amo, cara, dolce Inge, egli diceva dentro di sé, ed esprimeva con
70 quelle parole tutta la sofferenza che provava nel vederla danzare così allegra e infervorata, senza badare a lui. [...]

«*Prima coppia en avant*!» disse il signor Knaak, perché un nuovo giro incominciava! «*Compliment! Moulinet des dames! Tour de main!*». E nessuno saprebbe descrivere con quanta grazia egli inghiottisse l'«e» muta del *de*.

75 «*Seconda coppia en avant*!» Toccava a Tonio Kröger e alla sua dama. «*Compliment!*» E Tonio Kröger s'inchinò. «*Moulinet des dames*!» e Tonio Kröger, a capo basso e con la fronte aggrottata, mise la sua mano sulle mani riunite delle quattro dame, su quella di Inge Holm, e ballò il *moulinet*.

Tutt'intorno sorsero sussurri e risatine; il signor Knaak assunse una posa da
80 balletto che esprimeva un raccapriccio stilizzato.

«Ohimè» gemette. «Fermi, fermi! Kröger è andato a finire fra le dame! *En arrière*, signorina Kröger, indietro, *fi donc*[5]! Tutti hanno capito, tranne lei. Via, svelto, si faccia in là!» E tirato fuori il fazzoletto di seta gialla, scacciò Tonio Kröger e lo fece tornare al suo posto.

85 Tutti ridevano, i ragazzi, le ragazze e le signore al di là delle portiere, perché il signor Knaak aveva trasformato l'incidente in qualcosa di molto comico, e si divertivano come a teatro. Solo il signor Heinzelmann aspettava con la sua asciutta aria professionale il segno di rimettersi a suonare, perché era ormai indifferente alle trovate del signor Knaak.

Thomas Mann, *Tonio Kröger*, Torino, Einaudi 1972

L'incidente di Tonio

3. «*Prima coppia en avant... Moulinet des dames... Tour de main*»: sono gli ordini impartiti da Knaak alle coppie che danzano; essi rappresentano le diverse posizioni previste dalla quadriglia (che è un ballo "figurato", cioè con dei movimenti stabiliti da rispettare).
4. **si trovò incluso nello stesso quadrato**: la quadriglia prevede che due coppie di danzatori si dispongano inizialmente a formare un quadrato (da cui il nome del ballo, dal francese *quadriller*).
5. ***En arrière... fi donc***: "indietro... vergogna".

I personaggi · UNITÀ 3

IL TEMA DEL RACCONTO

Tonio è un ragazzo diverso dagli altri: sensibile, riservato, poco abituato alle relazioni sociali, amante della poesia e dell'arte; è animato dall'amore per Inge, che incarna con la sua vitalità e spensieratezza la normalità della gente comune. Egli vorrebbe essere uguale agli altri, condividerne gli interessi, la beata mediocrità (come dirà più avanti), e in questo modo essere rispettato e stimato. Nello stesso tempo, il comportamento altrui gli appare sciocco e banale e intimamente disprezza quello che gli altri invece apprezzano. Per Tonio, lo sguardo sereno e imperturbabile di Knaak è indizio di superficialità (*I suoi occhi non guardavano all'interno delle cose*). Il maestro, tuttavia, ritratto con accenti caricaturali secondo il punto di vista di Tonio, è desiderato e accettato in società perché ha fascino e le sue caratteristiche sono comunemente apprezzate. Inge apprezza quelle banalità che per Tonio sono detestabili, ma Tonio, rifiutandole, rimane estraneo ed escluso dal mondo della sua amata.

Fa da sfondo alla vicenda un preciso ambiente sociale, con i suoi riti e i suoi costumi. Il salone del console è l'emblema della società borghese del tempo, della quale Mann ritrae alcune peculiarità, soprattutto il culto delle buone maniere e delle regole formali che Knaak ama e Tonio detesta.

Laboratorio sul testo

Comprendere il testo

La storia

1. In quale luogo si svolge l'episodio narrato? Perché tanti giovani vi sono radunati?
2. Chi è Inge? Quale sentimento prova Tonio per lei?
3. Quali compiti sono affidati al signor Knaak?
4. Tonio non stima Knaak. Perché?
5. Perché gli altri, invece, lo ammirano?
6. Quali reazioni genera l'incidente di Tonio in Knaak e negli altri personaggi?

Analizzare le tecniche

La caratterizzazione del personaggio

7. La descrizione del personaggio di Knaak è oggettiva o soggettiva? Spiega i motivi della tua risposta.
8. Knaak si configura come una "inconcepibile scimmia" (r. 43). Quali sono gli aspetti della caratterizzazione che lo rendono tale? Osserva e sintetizza, in particolare, le notazioni sui seguenti aspetti.

   - Fisionomia:
   ....

   - Abbigliamento:
   ....

   - Atteggiamento:
   ....

   - Modo di parlare:
   ....

9. La caratterizzazione di Knaak è completa? Perché?
....
....
....

10. Tonio considera il signor Knaak un uomo superficiale, incapace di guardare il mondo in profondità. Quale frase tratta dal testo lo rivela esplicitamente? Trascrivila.
....
....
....

I ruoli

11. All'interno della storia è possibile individuare un oggetto del desiderio di Tonio e un oppositore che in qualche modo ostacola il ragazzo. Chi sono?

   - Oggetto del desiderio: ....
   - Oppositore: ....

Applicare le tecniche

Caratterizzare fisicamente

12. Nel punto contrassegnato con ☀ inserisci una descrizione fisica un po' più particolareggiata di Knaak, in modo che il suo personaggio sia ulteriormente caratterizzato. Tracciane un ritratto coerente con le informazioni che già possiedi (*fianchi grassocci, occhi neri, con stanca soddisfazione*…) e con il suo comportamento.

67

PARTE 1 • Il metodo

T3 Reiner Kunze
Quindici

MODELLI NARRATIVI

• L'ambiente e i personaggi

Spesso lo spazio rispecchia lo stato d'animo o mette a fuoco la psicologia dei protagonisti.
In questo brevissimo racconto, il narratore è il padre di una ragazza di quindici anni; egli la presenta ricorrendo a diversi procedimenti diretti e indiretti per caratterizzarne la figura.

Il narratore descrive lo stile dei vestiti della figlia e la maniera in cui li indossa.

Lei porta una gonna che non si può descrivere, perché anche una sola parola sarebbe troppo lunga. Il suo scialle invece somiglia a un doppio strascico: gettato con noncuranza intorno al collo, cade per tutta la lunghezza sulla tibia e sul polpaccio. (Le sarebbe piaciuto avere uno scialle cui avessero lavorato almeno tre donne per due anni e mezzo – una specie di Niagara di lana. Di uno scialle simile, penso direbbe che corrisponde in tutto e per tutto al suo sentimento della vita. Ma due anni e mezzo fa chi poteva sapere che scialli simili oggi sarebbero stati di moda?).

Con lo scialle porta scarpe da tennis, su cui uno ad uno amici e amiche hanno messo la firma. Ha quindici anni e non fa nessun conto delle idee della gente oltre i trenta. Riuscirebbe uno di questi a capirla, anche se ce la mettesse tutta? Io sono oltre i trenta.

Quando ascolta musica, i pannelli delle porte vibrano a due camere di distanza. Io so che tale intensità vuol dire per lei maggiore piacere. Soddisfacimento parziale del suo bisogno di protesta. Rimozione ultrasonica di deduzioni logiche spiacevoli[1]. Trance.

E tuttavia sorprendo sempre in me una reazione da corto circuito; avverto improvvisa la spinta a pregarla perché metta la radio più bassa. Come potrei capirla, con questo sistema nervoso?

Particolarmente efficace appare la descrizione dello spazio: la stanza della ragazza è uno specchio perfetto della sua personalità.

E un ostacolo ancora peggiore è la mia tendenza a farle mettere il cavo-terra a pensieri[2] che tendono troppo in alto. Sui mobili della sua camera c'è polvere a fiocchi. Ondeggia sotto il suo letto. In mezzo, mollette, uno specchio tascabile, brandelli screpolati di pelle laccata, cartelle, gambi di mela, una borsa di plastica con la dicitura: «Il profumo del vasto mondo», libri cominciati e ammucchiati gli uni sugli altri (Hesse, Karl May, Hölderlin), jeans con la gamba rovesciata, pullover rivoltati a metà e per tre quarti, calzemaglie, nylon e fazzoletti usati. (I contrafforti di questo paesaggio collinoso si protendono fino in bagno e in cucina[3]). Lo so: lei non vuole darsi alle meschinità della vita. Teme il restringimento della vista, dello spirito. Teme che la ripetizione le ottunda l'anima! Soppesa inoltre un'attività con

---

1. Rimozione... spiacevoli: il narratore vuol dire che la musica ad alto volume distrae la figlia da spiacevoli pensieri.

2. farle mettere il cavo-terra a pensieri: a farla scendere "con i piedi per terra" perché si occupi di cose concrete.

3. I contrafforti... cucina: accumuli di abiti, sparpagliati per terra, arrivano fino in cucina.

I personaggi • UNITÀ 3

30 l'altra, secondo il grado di noia che potrebbe inerirvi, considerando espressione di libertà personale l'ignoranza delle più noiose. Non basta tuttavia ch'io di tanto in tanto mi introduca di nascosto nella sua stanza per risparmiare a sua madre crisi cardiache – debbo anche resistere alla tentazione di portare alla luce quelle meschinità e di contribuire allo sviluppo di costrizioni interiori.

35 Una volta cedetti a quella tentazione.

Lei ha schifo dei ragni. Dico: «Sotto il tuo letto c'erano due nidi di ragno».

Le sue palpebre scurite con ombretto lilla scomparvero dietro i globi degli occhi che fuoriuscivano, e cominciò a gridare: «Iix! Eex! Uh!» in modo tale che se la sua insegnante d'inglese fosse stata presente, sarebbe svenuta nell'udire tanti

40 suoni gutturali – in inglese "*glottal-stops*".

«E perché fanno i loro nidi proprio sotto il mio letto?».

«È un posto dove non li disturbano spesso». Non volli essere più esplicito, e lei è intelligente.

La sera aveva ritrovato il suo equilibrio interiore. Allungata sul letto, dava quasi

45 un'impressione di superiorità.

Le sue pantofole stavano sopra il piano. «Ora le metterò sempre lì» disse. «Perché non possano infilarcisi i ragni».

Reiner Kunze, *Gli anni meravigliosi*, Milano, Adelphi, 1978

IL TEMA DEL RACCONTO

Il rapporto tra genitori e figli è il tema centrale del brano: il narratore-padre non capisce il comportamento della figlia, di cui critica le abitudini.
Cerca di farla ragionare, di farle mettere *il cavo-terra ai pensieri* (la madre ha rinunciato), ma si sente inadeguato, superato, e lo dichiara esplicitamente (*Ha* *quindici anni e non fa nessun conto delle idee della gente oltre i trenta. Riuscirebbe uno di questi a capirla, anche se ce la mettesse tutta? Io sono oltre i trenta*). Contemporaneamente, però, ci appare un padre comprensivo e molto soddisfatto della vivace intelligenza della ragazza.

Laboratorio sul testo

Comprendere il testo

La storia

1. Che significato ha il titolo del brano? GLI ANNI
2. Quali sono le passioni e gli interessi della ragazza? MUSICA
3. Che cosa i genitori criticano di più? IL DISORDINE

Analizzare le tecniche

La descrizione della stanza

4. L'aspetto, l'abbigliamento, il comportamento, l'età della ragazza sono in stretta relazione con la descrizione dell'ambiente in cui essa vive. Elenca almeno cinque aggettivi che accomunano l'ambiente e la ragazza (es.: caotici, giovani…). SUPERFICIALE

I ragni sotto il letto

5. L'episodio dei ragni rafforza la descrizione dello spazio e conferma i tratti del carattere della ragazza. In che modo? SPAVENTANDO LA RAGAZZA

Applicare le tecniche

Presentare una persona

6. Descrivi il luogo in cui abita una persona che conosci in maniera che da tale descrizione emergano alcune caratteristiche della sua personalità che vuoi mettere in luce (es.: ordinata, disordinata, amante degli animali, collezionista di oggetti, maniaca della pulizia, amante della buona cucina, della musica rock ecc.).

69

VERIFICA UNITÀ 3 I personaggi

Sapere e Saper fare

PalestraInterattiva

_____ 1. In base al loro ruolo, in quali categorie si suddividono i personaggi?

_____ 2. In base alla gerarchia, in quali categorie si suddividono i personaggi?

_____ 3. Quali aspetti del personaggio presenta la sua caratterizzazione psicologica?

_____ 4. La descrizione del ceto cui appartiene un personaggio, del lavoro da lui svolto, dell'ambiente in cui vive e dei suoi rapporti con gli altri, si definisce:
- a) ☐ Caratterizzazione fisica.
- b) ☐ Caratterizzazione sociale.
- c) ☐ Caratterizzazione culturale.
- d) ☐ Caratterizzazione ideologica.

_____ 5. Se la rappresentazione del personaggio avviene attraverso informazioni implicite, che il lettore deve saper interpretare per conoscerne la personalità, si parla di:
- a) ☐ Caratterizzazione diretta.
- b) ☐ Caratterizzazione indiretta.

_____ 6. Un personaggio viene definito dinamico se:
- a) ☐ È caratterizzato da pochi tratti psicologici e non subisce alcuna evoluzione nel corso della vicenda.
- b) ☐ È il personaggio principale che dà impulso alla vicenda e condiziona le azioni degli altri personaggi.
- c) ☐ È dotato di una complessità psicologica che si evolve nel corso della vicenda.
- d) ☐ Vive molte peripezie.

_____ 7. In che modo una descrizione d'ambiente può contribuire a caratterizzare un personaggio?

_____ 8. Che differenza c'è tra discorso indiretto e discorso indiretto libero?

_____ 9. Leggi la seguente descrizione e stabilisci se si tratta di una caratterizzazione diretta o indiretta, motivando la tua risposta.

> La sua eleganza mi colpì più di ogni altra cosa, più del portamento sicuro di sé, più dell'aria aristocratica e del leggero sorriso vagamente arrogante. Tutto l'abito aveva un aspetto costoso: era grigio chiaro, di uno spigato quasi certamente «garantito inglese». Questi, immobile e composto, stava ritto senza dare segno di nervosismo o di timidezza. Sembrava in qualche modo più vecchio di noi, più maturo; era difficile credere che fosse soltanto un nuovo compagno.
>
> Fred Uhlman, _L'amico ritrovato_, Milano, Feltrinelli, 2001

VERIFICA UNITÀ 3

Sapere e **Saper fare**

Comprendere e interpretare un testo
Focus: i personaggi

Leggi il racconto e poi rispondi ai quesiti.

VERIFICAlim

T4 Gustave Flaubert
Bouvard e Pécuchet

In una torrida estate parigina, descritta in tutti i suoi colori e i suoi odori, due bizzarri personaggi s'incontrano e scoprono immediatamente le loro affinità.

Con il caldo che faceva, trentatré gradi, boulevard Bourdon era completamente deserto.
Più in basso, il canale Saint-Martin, stretto fra le due chiuse, spandeva in linea retta la sua acqua color inchiostro. C'era in mezzo un barcone carico di legname, e sull'argine due file di botti.
Oltre il canale, tra le case che dividono i cantieri, il gran cielo terso si stagliava in placche oltremare[1], e, sotto il riverbero del sole, le facciate bianche, i tetti d'ardesia, le banchine di granito, erano abbaglianti. Un brusio confuso saliva di lontano nell'aria tiepida; e tutto sembrava intorpidito dall'inerzia della domenica e dalla tristezza dei giorni d'estate.
Apparvero due uomini.
Uno veniva dalla Bastiglia, l'altro dal Jardin des Plantes. Il più alto, vestito di tela, camminava con il cappello all'indietro, gilè sbottonato e cravatta in mano. Il più basso, con il corpo che spariva in una finanziera marrone, teneva la testa china sotto un berretto con la visiera a punta.
Arrivati che furono al centro del boulevard, si sedettero nello stesso istante sulla stessa panchina. Per asciugarsi la fronte, si tolsero i cappelli, che ognuno posò accanto a sé; e l'ometto vide scritto nel cappello del vicino: Bouvard; mentre l'altro distingueva facilmente nel berretto del tizio in finanziera la parola: Pécuchet.
«Dio mio, sì! Potrebbero prendersi il mio, in ufficio!»
«Lo stesso per me, sono impiegato.»
Allora si osservarono.
L'aria gentile di Bouvard incantò subito Pécuchet.

Gli occhi azzurrognoli, sempre socchiusi, sorridevano nel viso colorito. Dei pantaloni tutti risvolti, che ricadevano malamente su scarpe di castoro, gli modellavano il ventre, gli facevano gonfiare la camicia in vita; e i capelli biondi, naturalmente increspati in ricci leggeri, gli davano un che d'infantile. Mandava a fior di labbra una specie di fischio continuo.
L'aria seria di Pécuchet colpì Bouvard.
Si sarebbe detto che portasse una parrucca, tanto le ciocche che gli guarnivano il cranio prominente erano piatte e nere. La faccia sembrava sempre di profilo, per via di un naso che non finiva mai di scendere. Le gambe, strette in due tubi di *lasting*[2], non erano proporzionate alla lunghezza del busto; e aveva una voce forte, cavernosa.
Gli scappò questa esclamazione: «Come si starebbe bene in campagna!».
Ma la periferia, secondo Bouvard, era fastidiosa per il baccano delle balere. Pécuchet pensava la stessa cosa. Cominciava però a sentirsi stanco della capitale, e anche Bouvard.
E i loro occhi vagavano sui mucchi delle pietre da costruzione, sull'acqua disgustosa dove galleggiava un mucchio di paglia, sulla ciminiera d'una fabbrica che s'alzava all'orizzonte; salivano miasmi di fogna. Si girarono dall'altra parte. Così si ritrovarono davanti le mura del Grenier d'abondance.
Davvero (e Pécuchet se ne stupiva) faceva ancora più caldo in strada che a casa.

Gustave Flaubert, *Bouvard et Pécuchet*,
Milano, Garzanti, 1991

---

1. oltremare: di colore blu profondo.

2. lasting: tipo di tessuto molto resistente e durevole.

VERIFICA UNITÀ 3

Competenza testuale

Individuare e ricavare informazioni
_____ **1.** Quale coincidenza favorisce l'incontro dei due personaggi?
_____ **2.** Quale fatto permette ai due di aprire il dialogo?

Comprendere strutture e caratteristiche dei testi
_____ **3.** Quale frase segnala l'ingresso dei personaggi sulla scena del racconto?
_____ **4.** Quale frase introduce il ritratto di Bouvard?
_____ **5.** Quale frase introduce quello di Pécuchet?
_____ **6.** Ritrovi nel racconto lo schema tipico del sistema dei personaggi? Motiva la tua risposta.
_____ **7.** Quale descrizione dell'ambiente (presente nel testo) riflette lo stato d'animo dei personaggi? Spiega il motivo della tua risposta.
_____ **8.** Quale tipo di caratterizzazione prevale?
_____ **9.** È possibile trarre indicazioni anche sulla caratterizzazione sociale dei personaggi? Motiva la tua risposta.

Interpretare e valutare
_____ **10.** Nei ritratti dei due personaggi prevalgono le somiglianze o le differenze? Motiva la risposta.
_____ **11.** Quale informazione su loro stessi rivelano le parole dette da ciascuno dei personaggi?

Competenza lessicale

_____ **12.** Alla riga 33 si legge: _Gli occhi azzurrognoli, sempre socchiusi, sorridevano_. Il verbo _sorridevano_ ha valore figurato: che cosa intende dire il narratore del personaggio? Quale caratteristiche intende mettere in risalto? Spiega.

Competenza grammaticale

_____ **13.** L'espressione _Arrivati che furono_ (r. 21) corrisponde a
  a) ☐ quelli che erano arrivati.
  b) ☐ quando furono arrivati.
  c) ☐ loro che furono arrivati.
  d) ☐ pur essendo arrivati.

Unità 4

Il narratore, il punto di vista, lo stile

- **T1** Ernest Hemingway — Colline come elefanti bianchi
- **T2** Guy de Maupassant — I gioielli
- **T3** Alphonse Allais — La barba
- **T4** Andrea Camilleri — Guardie e ladri

Saper fare
- **T5** Antonio Tabucchi — Una scelta difficile

PARTE 1 · Il metodo

Strumenti di analisi

LEZIONE *lim*

1 Autore e narratore

Nel linguaggio comune le parole "autore" e "narratore" sono usate erroneamente come sinonimi, cioè come se avessero lo stesso significato. Nell'analisi del testo narrativo, invece, occorre imparare a distinguere il significato specifico di ciascuno dei due termini: l'**autore** è la persona che elabora e scrive il testo narrativo; il **narratore** (o **voce narrante**) è colui che racconta ciò che accade nel testo.
Prendiamo come esempio un noto romanzo del Novecento europeo, *L'amico ritrovato* di Fred Uhlman, in cui lo scrittore narra l'esperienza di vita di un ragazzo ebreo. L'**autore** del romanzo è Fred Uhlman, cioè la persona fisica che ha scritto il testo e di cui possiamo ricostruire la biografia e la personalità attraverso un'opportuna documentazione. Il **narratore**, invece, è Hans Schwarz, il ragazzo ebreo, protagonista della vicenda, che **in prima persona** racconta la sua storia, descrive l'ambiente che lo circonda, esprime giudizi.
Per individuare l'autore, pertanto, dobbiamo domandarci: "chi ha scritto il libro?"
Per individuare il narratore dobbiamo invece chiederci: "chi narra la vicenda?"

2 Narratore interno ed esterno

A seconda delle scelte dell'autore, possono esserci diversi tipi di **narratore**.

■ Il narratore è **interno** se coincide con uno dei personaggi; in questo caso, egli racconta i fatti ai quali prende parte o come **protagonista**, o come **testimone**, narrando in prima persona (singolare o plurale) i fatti, le emozioni e le sensazioni vissute:

Sandro Veronesi
Caos calmo

> Abbiamo appena fatto surf, io e Carlo. *Surf*: come vent'anni fa. Ci siamo fatti prestare le tavole da due pischelli e ci siamo buttati tra le onde alte, lunghe, così insolite nel Tirreno che ha bagnato tutta la nostra vita. Carlo più aggressivo e spericolato, ululante, tatuato, col capello lungo al vento e l'orecchino che sbrilluccicava al sole; io più prudente e stilista, più diligente e controllato, come sempre.
>
> Sandro Veronesi, *Caos calmo*, Milano, Bompiani, 2007

In questo caso, Sandro Veronesi è l'**autore** del romanzo da cui è tratto il brano, mentre il **narratore** e **protagonista** della storia è Pietro Paladini, personaggio creato dalla fantasia dell'autore.

Il narratore, il punto di vista, lo stile · UNITÀ 4

- Il narratore è **esterno** se riferisce la vicenda senza parteciparvi come personaggio. La sua è solo una voce che narra i fatti in terza persona rimanendo al di fuori della storia:

Antonio Tabucchi

Sostiene Pereira

> Quando arrivò in taxi davanti alla cattedrale faceva un caldo spaventoso. Pereira si tolse la cravatta e se la mise in tasca. Salì faticosamente la rampa di strada che lo conduceva a casa sua, aprì il portone e si sedette su uno scalino. Aveva il fiatone.
>
> Antonio Tabucchi, *Sostiene Pereira*, Milano, Feltrinelli, 1994

In questo caso, Antonio Tabucchi è l'autore del romanzo da cui è tratto il brano, mentre il narratore non è identificabile in un personaggio: si tratta di una voce narrante che si esprime alla terza persona singolare.

3 Io narrante e io narrato

Spesso il **narratore interno** racconta in prima persona (**io narrante**) avvenimenti di cui lui stesso è stato protagonista (**io narrato**), a volte anche molto tempo prima (come accade, per esempio, nei romanzi autobiografici o di introspezione psicologica).

Prendiamo come esempio il romanzo *La coscienza di Zeno* di Italo Svevo. Il protagonista, Zeno Cosini, decide di andare dall'analista per riuscire a smettere di fumare. L'analista, un certo dottor S., gli consiglia come terapia di scrivere la storia della sua vita.

Nel passo proposto, l'**io narrante** si manifesta nel testo commentando i fatti passati che gli vengono alla memoria (quelli che appartengono alla sua vita da ragazzo, l'**io narrato**) e alternandoli alla descrizione delle circostanze presenti, quelle che lo hanno spinto a raccontare la sua storia:

Italo Svevo

La coscienza di Zeno

> Credo che del fumo posso scrivere qui al mio tavolo senz'andar a sognare su quella poltrona. Non so come cominciare [...] Oggi scopro subito qualche cosa che più non ricordavo. Le prime sigarette ch'io fumai non esistono più in commercio. Intorno al '70 se ne avevano in Austria di quelle che venivano vendute in scatoline di cartone munite del marchio dell'aquila bicipite. Ecco: attorno a una di quelle scatole s'aggruppano subito varie persone con qualche loro tratto, sufficiente per suggerirmene il nome [...]. Tento di ottenere di più e vado alla poltrona: le persone sbiadiscono e al loro posto si mettono dei buffoni che mi deridono. Ritorno sconfortato al tavolo.
>
> Una delle figure, dalla voce un po' roca, era Giuseppe, un giovinetto della stessa mia età, e l'altra, mio fratello giovine e morto tanti anni or sono. Pare che Giuseppe ricevesse molto denaro dal padre suo e ci regalasse quelle sigarette. Ma sono certo che ne offriva di più a mio fratello che a me. Donde la necessità in cui mi trovai di procurarmene da me delle altre. Così avvenne che rubai. D'estate mio padre abbandonava su una sedia nel tinello il suo panciotto nel cui taschino si trovavano sempre degli spiccioli: mi procuravo i dieci soldi occorrenti per acquistare la preziosa scatoletta e fumavo una dopo l'altra le dieci sigarette che conteneva, per non conservare a lungo il comprometente frutto del furto.
>
> Tutto ciò giaceva nella mia coscienza a portata di mano. Risorge solo ora perché non sapevo prima che potesse avere importanza.
>
> Italo Svevo, *La coscienza di Zeno*, Torino, Edisco, 1995

75

PARTE 1 · Il metodo

4 Narratore palese e nascosto

Il narratore esterno, a sua volta, può essere di due tipi: **palese** o **nascosto**.

● Se nel racconto egli manifesta in modo esplicito la sua presenza attraverso commenti, valutazioni sulle azioni o sui pensieri dei personaggi, fornendo informazioni aggiuntive sulla vicenda, allora si tratta di un **narratore palese**. Per esempio:

Alessandro Manzoni
I Promessi Sposi

> La signora, che, alla presenza d'un provetto cappuccino, aveva studiati gli atti e le parole, rimasta poi sola con una giovine contadina inesperta, non pensava più tanto a contenersi; e i suoi discorsi divennero a poco a poco così strani, che, in vece di riferirli, *noi crediam più opportuno di raccontar brevemente la storia antecedente di questa infelice; quel tanto cioè che basti a render ragione dell'insolito e del misterioso che abbiam veduto in lei, e a far comprendere i motivi della sua condotta, in quello che avvenne dopo.*
>
> Alessandro Manzoni, *I Promessi Sposi*, Bologna, Zanichelli, 2004

La narrazione è in terza persona; il narratore manifesta la propria presenza usando un *noi* (riferito a se stesso) e precisando che intende raccontare la storia della *signora* (la Monaca di Monza) per far capire al lettore i *motivi della condotta* di quella monaca che egli definisce *infelice*, con aggettivo valutativo che esprime un giudizio personale.

● Se, al contrario, il narratore rimane rigorosamente estraneo, astenendosi dal formulare qualsiasi giudizio e limitandosi a registrare azioni, gesti, atti o pensieri dei personaggi, senza valutarli, allora si tratta di un **narratore nascosto**:

Giovanni Verga
Mastro-don Gesualdo

> Mentre i muratori si riparavano ancora dall'acquazzone dentro il frantoio di Giolio vasto quanto una chiesa facendo alle piastrelle, entrò il ragazzo che stava a guardia sull'uscio, addentando un pezzo di pane, colla bocca piena, vociando:
> «Il padrone!... ecco il padrone!...».
> Dietro di lui comparve mastro-don Gesualdo, bagnato fradicio, tirandosi dietro la mula che scuoteva le orecchie.
> «Bravi!... Mi piace!... Divertitevi! Tanto, la paga vi corre lo stesso!... Corpo di!... Sangue di!...».
>
> Giovanni Verga, *Mastro-don Gesualdo*, Milano, Principato, 1987

Nel brano riportato, il narratore usa la terza persona singolare e narra l'episodio senza esprimere giudizi su quanto sta raccontando. Per rendersi ancora più "invisibile", egli utilizza uno stile molto realistico, utilizzando per la sua narrazione espressioni di quel linguaggio popolare che i personaggi stessi parlano (*fare alle piastrelle* significa "giocare a piastrelle"), oppure facendo intervenire i personaggi stessi nel racconto con la loro viva voce (*la paga vi corre lo stesso* significa "la paga vi arriva ugualmente").

5 Il narratore di secondo grado

Si definisce **narratore di secondo grado** il personaggio che il **narratore di primo grado** (ovvero il primo narratore, il narratore principale) introduce in un preciso punto del suo racconto affinché a sua volta continui la narrazione. Tale tipo di tecnica si definisce **narrazione a incastro**.

Prendiamo come esempio, *Le mille e una notte*, celebre raccolta di novelle orientali. La storia inizia col racconto delle vicende del re persiano Shahryar, che, in seguito al tradimento di una delle sue mogli sviluppa un odio incontrollabile nei confronti delle donne, tant'è che decide di uccidere ognuna delle sue spose al termine della prima notte di nozze. Come si può notare nel brano successivo, il narratore di primo grado è **esterno** e **in terza persona**:

L'inizio di *Le mille e una notte*

> Si racconta che c'era nel tempo dei tempi e negli anni passati un re della stirpe dei Sassanidi, che regnava nelle isole dell'India e della Cina. Costui aveva eserciti, ausiliari, servi e una numerosa corte. E aveva anche due figli, entrambi valenti cavalieri; ma il maggiore era più abile del minore. Il maggiore regnò sul paese e governò con giustizia gli uomini, così che gli abitanti del paese e del regno lo amarono.
>
> www.arab.it

La bella Sherazade, novella sposa del re Shahryar, escogita un piano per avere salva la vita e lo mette in pratica notte dopo notte: ogni sera comincerà (**in prima persona**) a narrare una storia per il re, rimandando però al giorno dopo il racconto del finale. Vediamo, nel brano seguente, l'inizio di una delle sue storie:

L'inizio di una delle storie di *Sherazade*

> Ho sentito narrare, o re fortunato, che c'era una volta in Egitto un venerabile mercante rispettato da tutti per la sua onestà, per la sua cortesia e serietà, per le sue ricchezze e perché possedeva schiavi e schiave in quantità. Un giorno ....
>
> www.arab.it

Lo stratagemma di Sherazade le permette di salvarsi per mille e una notte; alla fine il re, innamoratosi, le renderà salva la vita. Ciascuna delle storie principali di *Le Mille e una notte* è quindi narrata da Sherazade, **narratrice di secondo grado** all'interno di una **storia a cornice** (cioè di una storia inserita dentro un'altra storia).

6 Punto di vista o focalizzazione

Il narratore, inoltre, deve adottare un **punto di vista,** cioè una prospettiva secondo la quale narrare le vicende, che può essere la sua o quella di un altro personaggio. Per individuare il punto di vista dobbiamo porci la domanda: "chi vede ciò che viene narrato?"

A seconda della scelta dell'autore, sono possibili tre **punti di vista**, detti anche **focalizzazioni**.

PARTE 1 · Il metodo

 ● La **focalizzazione esterna** si verifica quando il narratore vede e racconta i personaggi dall'esterno, come se fosse un testimone di fronte alle loro azioni. I personaggi agiscono dunque davanti al lettore allo stesso modo che davanti al narratore, che nulla sa della loro interiorità, dei loro pensieri e delle loro emozioni.

Nel brano proposto, due clienti entrano in una trattoria e il narratore esterno descrive la scena rimanendo rigorosamente estraneo e nascosto:

Ernest Hemingway
Gli uccisori

La porta della Trattoria Enrico si aprì ed entrarono due uomini. Si sedettero al banco.
«Cosa desiderate?» chiese George.
«Non saprei» uno dei due disse. «Cosa vuoi mangiare, Al?»
«Per me è lo stesso» disse Al, «non lo so proprio cos'è che voglio».
Fuori stava facendosi buio. La luce di un lampione brillò attraverso la finestra. I due uomini si misero a leggere il menù mentre all'altra estremità del banco Nick Adams li stava a guardare.
Parlava con George quando erano entrati.
«Voglio una braciola di maiale arrosto con salsa di mele e purè di patate» disse il primo.
«Non è pronto».
«E allora perché diavolo sta scritto sul menu?».
«Ma è per il pranzo» spiegò George, «sarà pronto alle sei».
George dette un'occhiata all'orologio appeso al muro che stava dietro al banco.
«Sono solo le cinque».

Ernest Hemingway, *I quarantanove racconti*, Torino, Einaudi, 1967

Il narratore si astiene dal riportare i pensieri e gli stati d'animo dei personaggi o dal formulare qualsiasi giudizio sulla loro interiorità; si limita a riferire oggettivamente le parole, gli atti e gesti che egli vede compiersi di fronte a lui.

 ● **La focalizzazione interna** si verifica quando il narratore assume il punto di vista di un personaggio (non necessariamente il protagonista), in modo che i fatti vengano presentati secondo questa prospettiva, personale e ristretta. Mettendosi dal punto di vista di un personaggio, egli conosce la vicenda tanto quanto lui e la narrazione procede di conseguenza; anche quando il personaggio, come nell'esempio seguente, è un… animale:

Italo Svevo
Argo e il suo padrone

Un giorno io e il padrone, dopo pranzato, si stava quieti nella nostra tana quando venne Anna ad avvisare che c'erano delle visite. Il padrone urlò non so se dal piacere o dispiacere. Lo seppi o credetti di saperlo presto. Nel dubbio m'ero messo a scodinzolargli d'intorno ed egli mi diede un calcio. Ciò mi parve ragionevolissimo perché così potevo sapere quale umore fosse il suo, e mi trassi in disparte.

Italo Svevo, *Racconti e scritti autobiografici*, Milano, Mondadori, 2004

Nel caso della focalizzazione interna, non necessariamente anche il narratore deve essere interno. Egli può essere esterno ma riferire i fatti secondo il punto di vista di un personaggio.

78

Katherine Mansfield
Il suo primo ballo

Per Leila sarebbe stato difficile dire quando esattamente il ballo era cominciato. Forse il suo primo vero cavaliere era stata la carrozza. Non importava che ci fossero anche le ragazze Sheridan e il loro fratello, lei se ne stava nel suo angolino e il bracciolo sul quale appoggiava la mano le pareva la manica di un giovanotto sconosciuto, e i lampioni e le case e i cancelli e gli alberi le sfrecciavano davanti a tempo di valzer.
– Davvero non sei mai stata a un ballo, Leila? Ma cara, che strano… – gridarono le ragazze Sheridan.
– La casa più vicina era a venticinque chilometri – disse Leila tranquilla, aprendo e chiudendo piano il ventaglio.
Mio Dio, com'era difficile sembrare indifferente come le altre! Cercava di non sorridere troppo; cercava di pensare ad altro. Ma era tutto così nuovo, emozionante…

Katherine Mansfield, *Tutti i racconti*, Milano, Adelphi, 1978

Il narratore esterno introduce nel suo racconto la descrizione della realtà vista dagli occhi sognanti della ragazza (*il bracciolo… le pareva la manica di un giovanotto sconosciuto, gli alberi le sfrecciavano davanti a tempo di valzer* ecc.). I pensieri della ragazza sono riportati in forma indiretta.

🟠 La **focalizzazione zero** si verifica quando il narratore è esterno e **onnisciente**, cioè **vede e sa tutto**: è in grado di riferire qualsiasi aspetto della storia, sia le vicende esterne sia le reazioni interne di ogni singolo personaggio; penetra nei loro pensieri, ne conosce passato, presente e futuro; può trovarsi in posti diversi contemporaneamente e dunque può seguire ogni personaggio nel proprio rispettivo percorso. In questi casi, il narratore mette il lettore nelle condizioni di poter dominare tutta la materia della vicenda, di essere informato su qualsiasi suo aspetto:

Ignazio Silone
Un pezzo di pane

Caterina non era affatto una contadina selvatica, né stupida, né grossolana, anche se di difficile comunicativa. Ma le pene che si erano accumulate per anni e anni nella sua anima, avevano finito con l'acquistare la solidità la cupezza il peso d'un macigno. Nessuno avrebbe potuto rimuoverlo. Legata alla catena della quotidiana ricerca di alimenti per sé e i suoi la donna era arrivata sulle soglie della vecchiaia ignorando le complicazioni più comuni di altre esistenze. Era rimasta semplice scontrosa sottomessa come una povera ragazza.
Nell'ultimo terremoto Caterina aveva perduto il marito la casa e tre figli (oltre all'asino). Era rimasta con un figlio e un fratello vedovo. Non era la prima scossa che sconvolgesse la valle. Infatti sulla montagna si possono vedere, ancora adesso, ruderi di case crollate per terremoti d'altri tempi.[…]
Assieme al figlio e al fratello Cosimo, in due anni, Caterina si rifece la casa. Il fratello aveva una terra vicino al torrente, quella che poi gli fu rubata, ma conosceva anche un po' la muratura. Durante il giorno Cosimo lavorava la sua terra, oppure la terra degli altri. La sera e nei giorni festivi, invece di riposare, con l'aiuto di Caterina e del figlio alzava la casa. La casa era piccola, con la stalla per l'asino al pianterreno, la cucina e due stanzette al primo piano. Oltre a ciò, a Caterina rimaneva un pezzetto di orto, nel vallone tra la Fornace e Sant'Andrea. Scorreva in fondo al vallone un filo d'acqua che serviva a dissetare la terra.

Ignazio Silone, *Una manciata di more*, Milano, Mondadori, 1984

PARTE 1 · Il metodo

Il narratore esterno e onnisciente racconta i fatti in terza persona e presenta la protagonista in modo diretto. Egli conosce ogni particolare della vita di Caterina: sa con chi vive, dove si trova la sua casa, che cosa fa, quali beni ha; ed è a conoscenza anche di ciò che riguarda il fratello (riferisce infatti che aveva una terra che in seguito gli fu rubata).

7 Lo stile

In un testo narrativo, l'aspetto linguistico costituisce un elemento essenziale. Il valore e il significato di un'opera non dipendono solo dalla storia, dalla caratterizzazione dei personaggi o dall'ambientazione, ma anche da fattori di tipo espressivo, cioè dal modo in cui l'autore sceglie di trattare tutti questi elementi.
Risulta perciò evidente che ogni scrittore, oltre che studiare la vicenda e stabilire in che modo organizzare l'intreccio, deve anche elaborare una forma che:
• sia coerente con l'argomento trattato;
• sia funzionale agli effetti espressivi che intende ottenere;
• sia funzionale ai valori che intende comunicare;
• presenti caratteristiche proprie, cioè rappresenti lo **stile** personale dell'autore.

8 Il registro linguistico

Uno degli aspetti più importanti dello stile è il **registro linguistico**, che riguarda le scelte concernenti il tipo di lessico da adoperare e la maniera di costruire le frasi. In un testo narrativo, il registro può essere di differenti tipi.

■ Il registro è **alto**, **letterario**, quando la costruzione delle frasi è molto elaborata (**sintassi complessa**) e il **lessico** è **ricercato**, cioè le parole usate sono raffinate, auliche. Si tratta di un registro molto utilizzato nella letteratura del passato:

Gabriele D'Annunzio
Il piacere

> Elena sedette. Posò su l'orlo della tavola da tè il guanto destro e il portabiglietti ch'era una sottile guaina d'argento liscio con sopra incise due giarrettiere allacciate, recanti un motto. Quindi si tolse il velo, sollevando le braccia per disciogliere il nodo dietro la testa; e l'atto elegante destò qualche onda lucida nel velluto: alle ascelle, lungo le maniche, lungo il busto. Poiché il calore del camino era soverchio, ella si fece schermo con la mano nuda che s'illuminò come un alabastro rosato: gli anelli nel gesto scintillarono.
>
> Gabriele D'Annunzio, *Il piacere*, Milano, Mondadori, 1990

Il testo è ricco di parole ricercate e solenni. Lo stile adottato rende l'idea di raffinata eleganza che caratterizza l'ambientazione e i personaggi, nonché trasmette la visione estetica dell'autore stesso.

■ Il registro è **formale**, **medio**, quando la costruzione delle frasi è fluente, chiara, elegante, ma senza costruzioni particolarmente complesse. Il lessico è preciso ed efficace, ma privo di esagerate ricercatezze.

Sebastiano Vassalli

Un infinito numero

Mi chiamo Timodemo e sono nato in Grecia, in una piccola città di nome Nauplia, a poche miglia da Argo. Nauplia è il nome di un borgo in riva al mare; e io, quando vado indietro con la memoria fino ai giorni della mia infanzia, rivedo una strada che scende verso una spiaggia piena di scogli, e un grappolo di case imbiancate a calce, con le porte e le finestre verniciate nei colori dell'arcobaleno: il rosso, il giallo, l'azzurro, il viola, il verde smeraldo.

Sebastiano Vassalli, *Un infinito numero*, Torino, Einaudi, 1999

La lingua è più semplice, sobria e lineare, rispetto all'esempio precedente, anche se non rinuncia a espressioni più ricercate (*un grappolo di case*).

🔴 Il registro è **informale** quando il tono linguistico è colloquiale, familiare, caratterizzato da spontaneità espressiva. L'autore può permettersi una minore attenzione nei confronti delle regole sintattiche, proprio perché questo stile è usato in situazioni che non richiedono una correttezza grammaticale assoluta.

Luciana Littizzetto

Sola come un gambo di sedano

La mia amica Molly (si chiama Maria Adelaide, ma si fa chiamare Molly per via del nome uguale all'ospedale di Torino) ha voluto a tutti i costi che uscissi a cena con Rubens, un tipo di Gressoney. Alto, moro e sempre vestito di bianco. Un incrocio tra Little Tony e uno spacciatore di coca di Miami Vice. Dico solo che all'antipasto già aveva estratto la foto della sua ex fidanzata, l'unica donna mai amata in vita sua. Una specie di gatto delle nevi con il naso a patata americana. Ma si può?

Luciana Littizzetto, *Sola come un gambo di sedano*, Milano, Mondadori, 2003

Nel brano appena letto prevalgono i periodi brevi, la voce narrante si esprime in modo spontaneo, usando un lessico quotidiano e informale, anche colorito, in modo da suscitare il riso nel lettore.

🔴 Il registro è **realistico**, **gergale**, quando l'autore fa uso di parole ed espressioni proprie di un gruppo sociale particolare, di un linguaggio popolare, del dialetto; è uno stile molto efficace per rendere con immediatezza e realismo la realtà raccontata.

Pier Paolo Pasolini

Una vita violenta

Immelmandosi come un maiale, diguazzando in quella ciufega, a denti stretti, con gli occhi fuori per la fatica, arrivò davanti alla bicocca della donna, dall'altra parte. La donna, scarmigliata, fracida, con le mani giunte strette sulla pancia, l'aspettava: come fu lì le venne un attacco di petto, tutto a una volta. Cominciò a smaniare e a rigirarsi: «Famme pijà quarcosa» gridava «armeno un materasso, un vestito...»
«A signò, ma mica so' un facchino, io!... 'Namo, 'namo, signò, che qui la faccenda s'aggrava!»

Pier Paolo Pasolini, *Una vita violenta*, Milano, Mondadori, 2003

Nel brano appena riportato il mondo del proletariato romano viene reso in maniera molto espressiva, attraverso l'uso di un linguaggio diretto e popolare e di espressioni in dialetto romanesco.

PARTE 1 · Il metodo

9 Il linguaggio figurato

Uno dei mezzi per dare maggiore efficacia a quello che si dice o si scrive è l'utilizzo delle parole non secondo il loro significato proprio e letterale, ma secondo il loro significato **figurato**.

L'uso del linguaggio figurato rende più originale ed efficace l'espressione di ciò che si vuole comunicare: è perciò molto frequente in poesia, ma anche nella narrativa. Il linguaggio figurato si avvale di **figure retoriche**. Ne esistono molte: ne indichiamo solo tre, tra le più diffuse nella scrittura in prosa.

● La **similitudine** (dal latino *similitudo*, "somiglianza") consiste in un paragone tra due elementi ottenuto mettendo in evidenza ciò che li rende simili. La similitudine si riconosce perché introdotta da "come", "a somiglianza di", "tale" ecc.:

> **Elsa Morante**
> *L'isola di Arturo*

A Procida, le case, da quelle numerose e fitte giù al porto, a quelle più rade su per le colline, fino ai casali isolati della campagna, appaiono, da lontano, proprio **simili a un gregge sparso ai piedi del castello**. Questo si leva sulla collina più alta, (la quale fra le altre collinette, **sembra una montagna**); e, allargato da costruzioni sovrapposte e aggiunte attraverso i secoli, ha acquistato la mole d'una cittadella gigantesca. Alle navi che passano al largo, soprattutto la notte, non appare, di Procida, che questa mole oscura, per cui la nostra isola **sembra una fortezza in mezzo al mare**.

Elsa Morante, *L'isola di Arturo*, Torino, Einaudi, 2005

● La **metafora** (dal greco *metaphorá*, "trasposizione") consiste nella sostituzione di una parola con un'altra con la quale essa ha un rapporto di somiglianza, non spiegato esplicitamente ma presentato in forma immediata:

> **Giovanni Verga**
> *La roba*

Don Mazzarò [...] era un omiciattolo, diceva il lettighiere, che non gli avreste dato un baiocco, a vederlo; e di grasso non aveva altro che la pancia, e non si sapeva come facesse a riempirla, perché non mangiava altro che due soldi di pane; e sì ch'era ricco come un maiale; ma aveva la testa **ch'era un brillante**, quell'uomo.

Giovanni Verga, *Tutte le novelle*, Milano, Mondadori, 2003

Con questa metafora, diventata celebre, l'autore intende dire che la testa di Mazzarò ha un cervello capace di ragionamenti lucidi e preziosi come un brillante.

● La **personificazione** consiste nell'attribuzione di fattezze, comportamenti, pensieri, caratteri anche psicologici e comportamentali tipici degli esseri umani a qualcosa che umano non è (un animale, un oggetto, un elemento naturale ecc.):

> **Giuseppe Marotta**
> *Napoli*

È un panorama per modo di dire, incompleto, la striscia che va da Mergellina a Castel dell'Ovo con una curva in cui **il mare si rifugia e dorme**. Riconosco il viale Elena e via Caracciolo, mezza collina di Pizzofalcone, la Villa Comunale, il cielo bianco e adulto del primo pomeriggio. Qui, in agosto, l'aria odora di alberi e di carne giovane, non so, come se le foglie crescessero sul capo di un bambino; dall'altro lato **le acque vi sgridano** se cedete al piacere della terra, non esiste un colore più salato e ironico del loro.

Giuseppe Marotta, *L'oro di Napoli*, Milano, BUR, 2006

L'acqua del mare, nel brano appena letto, si comporta proprio come un essere umano: *si rifugia*, *dorme*, *sgrida*. Il risultato che si ottiene, in questo modo, è che la descrizione dell'ambiente risulta per il lettore ancora più vivida e intensa.

10 La struttura del periodo

A seconda dello stile e delle sue scelte personali, nell'organizzazione sintattica del periodo l'autore può utilizzare la **paratassi** (struttura che accosta **per coordinazione** frasi indipendenti) o l'**ipotassi** (struttura che organizza **per subordinazione** una frase reggente e una o più frasi da essa dipendenti), ottenendo in ciascuno dei due casi effetti stilistici differenti.

■ La presenza di frasi indipendenti e l'uso della coordinazione (**paratassi**) sono gli ingredienti di uno stile semplice e lineare, vicino a quello della lingua parlata. In questo modo il ritmo narrativo risulta più dinamico e veloce. Osserva, in tal senso, il brano che segue:

Natalia Ginzburg
Lessico famigliare

> Di solito in quelle villeggiature in montagna, ci veniva mia nonna, la madre di mio padre. Non abitava con noi ma in un albergo in paese. Andavamo a trovarla, ed era là seduta sul piazzaletto dell'albergo, sotto l'ombrellone; era piccola, con minuscoli piedi calzati di stivaletti neri a piccolissimi bottoncini; ed era fiera di quei piccoli piedi che spuntavano sotto la gonna, ed era fiera della sua testa dai capelli candidi crespi, pettinati in un alto casco rigonfio.
>
> Natalia Ginzburg, *Lessico famigliare*, Torino, Einaudi, 2010

■ Se la struttura del periodo presenta invece molte frasi subordinate (**ipotassi**), la struttura del periodo diventa più complessa e, perciò, il ritmo della narrazione risulta più lento e pacato. Di conseguenza, anche la lettura e la comprensione del testo diventano più difficili, soprattutto se il registro linguistico usato dall'autore è letterario, come spesso accade, in questi casi:

Virginia Woolf
Gita al faro

> Nancy sguazzò fino ai suoi scogli e cercò le sue pozze d'acqua [...]. Poi, lasciando impercettibilmente scivolare lo sguardo più in alto della pozza d'acqua e posandolo sulla linea ondeggiante del mare e del cielo, sui tronchi degli alberi che il fumo dei piroscafi faceva ondeggiare all'orizzonte, si lasciò ipnotizzare da tutta quella forza che irrompeva fieramente e inevitabilmente si ritraeva, e per la sensazione combinata di quella vastità e di questa piccolezza che fioriva in lei le parve di avere le mani e i piedi legati, di non potersi muovere per l'intensità di sentimenti che annichilivano il suo corpo, la sua vita, e la vita di tutti gli abitanti della terra, per sempre. Ascoltando le onde, accovacciata sulla pozza d'acqua, fantasticava.
>
> Virginia Woolf, *Gita al faro*, Milano, Garzanti, 2007

Giosetta Fioroni, *La ragazza della TV*, 1964, Torino, Galleria d'Arte moderna.

PARTE 1 • Il metodo

Lessico da conoscere

Scrivi accanto a ogni termine la corretta definizione, quindi verifica la correttezza del lavoro insieme ai compagni e all'insegnante. Tutte le definizioni dovranno essere memorizzate.

Termini del lessico specifico	Definizione
Focalizzazione	Il punto di vista che l'autore assume all'interno del testo. Può essere interna, esterna o zero
Io narrante	Quando il narratore interno narra in prima persona ciò che accade nel testo
Ipotassi	Presenza di molte subordinate e periodi compressi
Narratore	Colui che racconta ciò che accade nel testo
Paratassi	Testo formato da frasi semplici e con poche subordinate
Registro linguistico	Riguarda il tipo di lessico che si adopera e la maniera di costruire le frasi all'interno di un testo
Stile	Insieme delle caratteristiche formali di un'opera artistica o, in generale, di un autore.

Vero o falso?

1. L'autore è la persona che ha scritto il testo. VERO
2. Soltanto il narratore interno può essere nascosto. FALSO
3. Il narratore esterno non si esprime in prima persona. VERO
4. Il narratore di secondo grado è meno importante di quello di primo. FALSO
5. Se il narratore è esterno la focalizzazione è sempre esterna. FALSO
6. Il narratore onnisciente conosce tutti i dettagli della storia. VERO
7. La focalizzazione dipende dal punto di vista con il quale si guardano i fatti. VERO
8. Le scelte lessicali non influiscono sullo stile di uno scrittore. FALSO
9. L'uso della punteggiatura influisce sullo stile. VERO
10. Nella narrativa letteraria non si adotta mai uno stile paratattico. FALSO

MODELLI NARRATIVI

MODELLI NARRATIVI
- La focalizzazione esterna

T1 Ernest Hemingway
Colline come elefanti bianchi

> L'autore, con una scrittura scarna e impassibile, modello esemplare di oggettività, rappresenta un episodio di vita vissuta, un confronto-scontro tra un uomo e una donna che stanno vivendo un momento di crisi.

Il racconto inizia in medias res e il narratore assume il punto di vista di uno spettatore qualsiasi che, seduto al tavolo del piccolo bar della stazione, ascolta la conversazione tra due forestieri: anch'essi attendono il treno seduti al tavolino, sorseggiano bibite e discorrono dei loro problemi.

Le colline che attraversano la valle dell'Ebro erano estese e bianche. Da questo lato non c'era ombra né alberi e la stazione sorgeva tra due linee di binari nel sole. Al lato della stazione c'era la calda ombra dell'edificio e una tenda fatta di file di grani di bambù pendeva attraverso la porta aperta del bar per

5 non far entrare le mosche. L'americano e la ragazza che era con lui sedettero a un tavolino all'ombra, fuori dall'edificio. Faceva molto caldo e l'espresso di Barcellona sarebbe arrivato dopo quaranta minuti. Si fermava a quella stazione per due minuti e proseguiva per Madrid.

«Cosa prendiamo?» domandò la ragazza. Si era tolta il cappello e l'aveva mes-
10 so sul tavolo.

«Fa molto caldo» disse l'uomo. «Prendiamo una birra».

«*Dos cervezas*» ordinò l'uomo attraverso la tenda.

«Grandi?» chiese una donna dalla soglia.

«Sì. Due grandi».

15 La donna portò due bicchieri di birra e due sottocoppe di panno.

Pose le sottocoppe e i bicchieri di birra sul tavolino e guardò l'uomo e la ragazza. Questa stava guardando lontano, attraverso le colline. Erano bianche nel sole e la campagna era arsa e bruciata.

«Sembrano degli elefanti bianchi» essa disse.

20 «Non ne ho mai visti». L'uomo bevve la sua birra.

«No. Non avresti potuto».

«Sì che avrei potuto» disse l'uomo. «Il fatto che tu dica che non avrei potuto non significa niente».

La ragazza guardò la tenda di grani di bambù.

25 «Ci hanno scritto sopra qualcosa» disse «che vuol dire?»

«*Anis del Toro*. È una bibita».

«La proviamo?»

L'uomo gridò: «Senta, per favore» attraverso la tenda. La donna uscì dal bar.

«Quattro reales».

30 «Desideriamo due *Anis del Toro*».

«Con acqua?».

«Li vuoi con l'acqua?»

85

«Non so» rispose la ragazza. «Sono buoni con l'acqua?»

«Buonissimi».

35 «Allora, li volete con l'acqua?» chiese la donna.

«Sì, con l'acqua».

«Sa di liquirizia» disse la ragazza e posò il bicchiere.

«Tutto ha questo sapore».

«Sì» disse la ragazza «tutto sa di liquirizia. Specialmente tutto ciò che si è atteso
40 a lungo, come l'assenzio[1]».

«Oh, piantala».

«Hai cominciato tu» disse la ragazza. «Io mi divertivo. Era bellissimo».

«Bene, cerchiamo di trovarlo bellissimo».

«È quello che stavo facendo. Dicevo che quei monti sembrano elefanti bian-
45 chi. Non è brillante?»

«Oh, molto».

«Desideravo provare questa nuova bibita. Non è forse questo tutto ciò che
facciamo: guardare le cose e assaggiare nuove bibite!»

«Credo di sì».

50 La ragazza guardò verso le colline.

«Sono belle colline. In realtà non sembrano elefanti bianchi. Mi fanno solo
pensare al colore della loro pelle attraverso gli alberi».

«Prendiamo un'altra bibita?»

«Benissimo».

55 Il vento caldo sbatté la tenda di bambù contro il tavolo.

«La birra è buona e fresca» disse l'uomo.

«È buonissima» disse la ragazza.

«È davvero un'operazione semplicissima, Jig» disse l'uomo. «In verità non si
può neanche chiamare un'operazione».

60 La ragazza guardò per terra le gambe del tavolino.

«So che non ci penseresti neanche, Jig. Non è proprio niente. Si tratta solo di
lasciare entrare un po' d'aria».

La ragazza non disse niente.

«Verrò con te e ti starò vicino fino alla fine. Faranno entrare un po' d'aria e
65 dopo sarà tutto perfettamente naturale».

«E dopo cosa faremo?»

«Staremo bene, dopo. Come stavamo prima».

«Cosa ti fa pensare così?»

«Il fatto che è la sola cosa che ci preoccupa. E la sola cosa che ci rende infelici».

70 La ragazza guardò la tenda di bambù, allungò la mano e ne afferrò due strisce.

«E tu pensi che dopo andrà tutto bene e saremo felici».

«So che lo saremo. Non devi aver paura. Ho conosciuto tante persone che lo
hanno fatto».

«Anch'io», disse la ragazza «e dopo erano tutte così felici!»

Il narratore mantiene una totale impassibilità: non commenta, non interviene, non spiega. È come se stesse registrando con una telecamera quello che sta accadendo, senza alcun tentativo di interpretare i comportamenti dei personaggi.

---

1. assenzio: si tratta di un liquore, ottenuto con la macerazione delle foglie di una pianta, che in senso figurato allude all'amarezza e al dolore. La bevanda era usata anche come sedativo o droga.

Edward Reginald Frampton, *Sussex, il monte Caburn dalla collina Itford*, Bournemouth (Regno Unito), fine '800-inizio '900, The Russell-Cotes Art Gallery & Museum.

75 «Bene» disse l'uomo «se tu non lo desideri, non farlo. Non vorrei fartelo fare se non lo desideri. Ma so che è semplicissimo».

«E tu lo vuoi veramente?»

«Penso che sia la miglior cosa da farsi. Ma non voglio che tu la faccia se non la desideri veramente».

80 «E se la facessi sarai felice e le cose andranno come andavano un tempo e mi amerai?»

«Ti amo anche ora. Lo sai che ti amo».

«Lo so. Ma se lo facessi, dopo sarà di nuovo carino che io dica che le cose sembrano elefanti bianchi, e a te farà piacere?»

85 «Mi farà piacere. Mi fa piacere anche ora ma non ho la testa da pensarci, sai come divento quando sono preoccupato».

«Ma se lo faccio non sarai preoccupato?»

«Non potrei: è una cosa semplicissima».

«Allora lo farò. Tanto non m'importa niente di me».

90 «Cosa vuoi dire?»

«Non m'importa niente di me».

«Ma importa a me».

«Oh sì, ma a me no. Lo farò e, dopo, tutto sarà bello».

«Non voglio che tu lo faccia se la pensi così».

95 La ragazza si alzò e camminò fino in fondo alla stazione. Dall'altra parte c'erano i campi di grano e degli alberi lungo le rive dell'Ebro. Più lontano, di là dal fiume, si levavano montagne. L'ombra di una nuvola si muoveva sul campo di grano ed essa guardò il fiume attraverso gli alberi.

«E si potrebbe avere tutto ciò» disse «e si potrebbe avere tutto, e ogni giorno

PARTE 1 · Il metodo

100 ce lo rendiamo sempre più impossibile».
«Cosa stai dicendo?»
«Dicevo che si potrebbe avere tutto».
«Si può avere tutto».
«No, non si può».
105 «Si può avere il mondo intero».
«No, non si può».
«Si può andare ovunque».
«No, non si può. Non è più in nostro potere».
«Lo è ancora».
110 «No, non lo è. E una volta che ce l'hanno portato via non si può più riaverlo».
«Ma non ce l'hanno portato via».
«Aspetteremo e vedremo».
«Torna all'ombra» egli disse. «Non devi sentirti così».
«Non sento niente» disse la ragazza. «Ora so».
115 «Non voglio che tu faccia niente che tu non desideri fare...»
«Né che non sia un bene per me» lo interruppe lei. «Lo so. Si prende un'altra birra?»
«Prendiamola. Ma ora devi capire...»
«Capisco» disse la ragazza. «Possiamo stare un poco senza parlare?»
120 Sedettero di nuovo al tavolino e la ragazza guardava le colline dalla parte arsa della vallata e l'uomo guardava lei e il tavolino.
«Devi capire» egli disse «che non voglio che tu lo faccia se non lo desideri. Sono pronto a venire fino in fondo se la cosa interessa te».
«E a te non interessa? Potremmo continuare così».
125 «Naturalmente, interessa. Ma non desidero altro che te. Non desidero nessun altro. E so che la cosa è semplicissima».
«Sì. Sai che è semplicissima».
«Tu lo dici senza convinzione ma io lo so».
«Vuoi fare qualcosa per me, ora?»
130 «Qualunque cosa».
«E allora ti prego, ti prego, vuoi smetterla di parlare?»
Egli non disse niente ma guardò le valigie contro il muro della stazione. C'erano attaccate sopra le etichette di tutti gli alberghi dove avevano passato le notti.
«Non desidero che te» egli disse «non me ne importa niente».
135 «Ora grido» disse la ragazza.
La donna uscì dalla tenda con due bicchieri di birra e li posò sulle due sottocoppe umide.
«Il treno arriva tra cinque minuti» disse.
«Che cosa ha detto?»
140 «Che il treno arriva tra cinque minuti».
La ragazza sorrise gaiamente alla donna per ringraziarla.

Il racconto appare enigmatico sino alla fine; la focalizzazione

«Farei meglio a prendere le valigie e portarle dall'altra parte della stazione» disse l'uomo. La ragazza gli sorrise.
«Bene. Dopo torna e finiremo la birra».

Il narratore, il punto di vista, lo stile · UNITÀ 4

esterna contribuisce a creare questo effetto, perché il narratore non fornisce alcuna spiegazione o commento sui pensieri e le intenzioni dei personaggi.

145 Egli sollevò le due pesanti valigie e, girando intorno alla stazione, le portò sui binari dall'altra parte. Guardò in fondo ai binari ma non poté scorgere il treno. Tornando indietro passò attraverso il bar dove la gente che aspettava stava bevendo. Bevve un *Anis* al bar e guardò la gente. Stavano tutti aspettando il treno tranquillamente. Uscì attraverso la tenda di bambù. Essa era seduta al tavolino e 150 gli sorrise.

«Ti senti meglio?» chiese.

«Mi sento benissimo» rispose «tutto va bene per me. Mi sento benissimo».

Ernest Hemingway, *I quarantanove racconti*, Torino, Einaudi, 1954

IL TEMA DEL RACCONTO

Tutto il racconto, costituito dal dialogo tra i due fidanzati, è basato sull'omissione di una parola: aborto. La ragazza è incinta e lui vuole convincerla ad abortire con considerazioni utilitaristiche che irritano la donna. Ma le resistenze di lei sono deboli, emotive: alla fine esce sconfitta e rassegnata. Probabilmente la conclusione del dialogo segna anche la fine del loro legame. Il racconto è tutto qui: due personaggi, due amanti, in primo piano. Nessun testimone: solo, intorno, l'assoluto bianco paesaggio della valle dell'Ebro a testimoniare l'aridità della vita e di certe persone vuote di sentimenti, come l'americano.

Laboratorio sul testo

Comprendere il testo

La storia
1. In quale paese si trovano i protagonisti?
2. Quale tipo di ambiente naturale è descritto?
3. Quali sono gli elementi dominanti del paesaggio?
4. Quale atmosfera regna nel luogo?
5. La scena rimane fissa o cambia nel corso del racconto?
6. Che cosa sappiamo dell'uomo e della donna seduti al tavolo del bar? Sappiamo come si chiamano?
7. Che rapporto c'è tra di loro?
8. In che cosa consiste l'*operazione semplicissima* di cui parla l'uomo, durante la quale *faranno entrare un po' d'aria e dopo sarà tutto perfettamente naturale*?

Analizzare le tecniche

La focalizzazione
9. La focalizzazione è rigidamente esterna. Il narratore è esterno o interno? Motiva la tua risposta.
10. Il narratore è palese o nascosto? Motiva la tua risposta.

11. Hemingway ha adottato questa tecnica narrativa per ottenere determinati effetti espressivi. Quali, secondo te? Prova a fare delle ipotesi (ottenere un effetto di realtà, generare un senso di aridità ecc.).

Applicare le tecniche

Un finale a focalizzazione esterna
12. Il racconto sembra apparentemente incMotivaso, perché il narratore non ci dice con precisione quale destino avrà la relazione tra i due. Scrivi tu il finale che ti sembra adatto (decidi se i due rimangono insieme o si separano), mantenendo la focalizzazione e lo stile espositivo adottati dal narratore, soprattutto il dialogo. Per esempio:

«Ti senti meglio?» chiese.
«Mi sento benissimo» rispose «tutto va bene per me. Mi sento benissimo».
«Allora, andiamo. Il treno arriva».
«Non vengo».
«Non dire sciocchezze».
«Vuoi fare qualcosa per me?»
«Qualunque cosa».
«E allora ti prego, ti prego, ...?».

89

PARTE 1 • Il metodo

 Guy de Maupassant
I gioielli

> MODELLI NARRATIVI
>
> • La focalizzazione interna

> Lo scrittore francese Guy de Maupassant (1850-1893) trattò temi quali la crudeltà della guerra, l'indifferenza degli uomini, la mediocrità della vita borghese. In questo racconto un modesto impiegato, per un caso quanto mai singolare, diventa improvvisamente ricco. Ma anche la fortuna ha il suo rovescio.

Il narratore è esterno e racconta in terza persona. Nella prima parte del racconto il narratore appare onnisciente (focalizzazione zero) perché in un sommario racconta tutti gli antefatti che riguardano la moglie di Lantin, della quale conosce ogni particolare.

Il signor Lantin, dopo che ebbe incontrato una giovane donna a una festa in casa del suo capufficio, fu avvolto dall'amore come in una rete.

Era la figlia d'un esattore di provincia, morto da parecchi anni. In seguito, era venuta a Parigi con sua madre, la quale cominciò a frequentare alcune famiglie
5 borghesi, con la speranza di trovar marito alla giovane. Erano persone povere e onorate, tranquille e dolci. La ragazza sembrava il prototipo della donna onesta alla quale il giovane ammodo sogna di affidar la sua vita. La sua modesta bellezza aveva il fascino d'un angelico pudore, e il lievissimo sorriso che non lasciava mai le sue labbra sembrava un riflesso del cuore.
10 Tutti cantavano le sue lodi; coloro che la conoscevano non facevano altro che dire: «Beato chi se la piglierà. Non si potrebbe fare una scelta migliore».

Lantin, il quale era allora archivista capo al ministero dell'Interno con lo stipendio annuale di tremilacinquecento franchi, la chiese in moglie e la sposò.

Con lei fu straordinariamente felice. Ella governò la casa con una economia
15 tanto accorta che sembravano vivere nel lusso. Non esistevano premure, delicatezze, moine, ch'ella non prodigasse a suo marito; e tanta era la forza della sua seduzione che a sei anni dal loro incontro, egli l'amava ancor più dei primi giorni.

Le rimproverava soltanto due abitudini, quella del teatro e quella dei gioielli falsi.
20 Le sue amiche (conosceva alcune mogli di modesti funzionari) le procuravano continuamente dei palchi per le commedie in voga, perfino per le prime rappresentazioni; e di buona o di malavoglia si portava dietro il marito, che dopo una giornata di lavoro si stancava tremendamente a simili passatempi. La supplicò di andarci con qualche signora di sua conoscenza che dopo la riaccompagnasse a
25 casa. Ella aspettò molto tempo prima di cedere, perché riteneva che far così fosse sconveniente. Infine si decise, per fargli piacere, ed egli le fu assai grato.

Ben presto il gusto del teatro fece nascere in lei il bisogno di adornarsi. I suoi abiti rimasero sempre semplici, di buon gusto, sì, ma modesti; e la sua grazia dolce e irresistibile, umile e sorridente, pareva acquistar nuovo sapore dalla semplicità
30 dei suoi abiti; però prese l'abitudine di mettersi alle orecchie due grosse pietre del Reno, che parevano diamanti, e di portare collane di perle false, braccialetti di similoro[1], pettini adorni di vari vetruzzi, che volevano imitare le pietre di valore.

Suo marito, un po' seccato per quell'amore dei lustrini, ripeteva spesso: «Ca-

---

1. similoro: metallo (lega di rame, stagno e zinco) che si usa per fabbricare gioielli di imitazione.

90

Il punto di vista cambia: anche se il narratore rimane esterno, il giudizio sugli abiti, sulla grazia della signora, sui vetruzzi falsi appartengono a Lantin: la focalizzazione è interna.

ra, quando non si ha la possibilità di comprarsi i gioielli veri, ci si adorna soltanto
35   della propria bellezza e della propria grazia, che son sempre i gioielli più rari».

Ella sorrideva con dolcezza rispondendo:

«Che vuoi farci? Mi piace. È il mio vizio. Lo so che hai ragione, ma non mi
posso mica riformare. Mi sarebbe tanto piaciuto avere dei gioielli!»

E si faceva scorrere fra le dita le collane di perle, faceva scintillare le faccette
40   dei cristalli tagliati, dicendo: «Ma guarda, guarda com'è fatto bene. Si potrebbe
giurare che è vero».

Il marito sorridendo le rispondeva: «Hai dei gusti da zingara».

Qualche volta, la sera, quando stavano seduti tutti e due accanto al fuoco, la
donna portava sul tavolino dove prendevano il tè la scatola di marocchino nella
45   quale teneva chiusa la "paccottiglia[2]" come la chiamava Lantin; e si metteva a contemplare i gioielli finti con tanta appassionata attenzione che si sarebbe detto che
ne traesse un godimento segreto e profondo; per forza voleva mettere una collana
attorno al collo del marito, e poi rideva di cuore, esclamando: «Come sei buffo!»
e gli si gettava fra le braccia baciandolo con passione.

50   Una notte d'inverno rientrò dall'Opéra tutta piena di brividi. L'indomani aveva
la tosse. Otto giorni dopo morì d'una flussione[3] al petto.

Per poco Lantin non la seguì nella tomba. La sua disperazione fu così tremenda che in un mese gli vennero i capelli bianchi. Piangeva dalla mattina alla sera,
con l'anima straziata da un dolore insopportabile, perseguitato dal ricordo, dal
55   sorriso, dalla voce, da tutte le attrattive della morta.

Il tempo non placò il suo dolore. Spesso, in ufficio, mentre i suoi colleghi facevano quattro chiacchiere sui fatti del giorno, all'improvviso gli si vedevano le
gote gonfiarsi, il naso raggrinzirsi, gli occhi empirsi di lacrime; faceva una smorfia
orrenda e cominciava a singhiozzare.

60   Aveva lasciato intatta la camera della sua compagna, e vi si chiudeva tutti i
giorni per pensare a lei; e tutti i mobili, i vestiti perfino, erano rimasti dove si trovavano l'ultimo giorno.

Però la vita cominciava a farsi dura per lui. Il suo stipendio, che in mano alla
moglie bastava a tutti i bisogni della casa, ora non era sufficiente più neanche per
65   lui solo. Con stupore si chiedeva come lei aveva potuto destreggiarsi per riuscire a
fargli bere sempre vini squisiti e mangiare cibi delicati, che ora con le sue modeste
risorse non riusciva più a procurarsi.

Fece qualche debito, e corse dietro al denaro come tutta la gente ridotta a vivere
d'espedienti. Finalmente, una mattina, siccome era senza un soldo, e mancava una
70   settimana intera alla fine del mese, pensò di vendere qualcosa; e gli venne subito
in mente di disfarsi della paccottiglia di sua moglie, perché in fondo al cuore gli
era rimasto come un rancore verso quelle illusioni che prima lo irritavano. Perfino
vederli, tutti i giorni, gli sciupava un poco il ricordo della sua diletta.

L'autore assume in maniera ancora più evidente il punto di vista di Lantin.

Cercò a lungo nel luccicante mucchietto che ella aveva lasciato, perché fino
75   agli ultimi giorni di vita aveva seguitato ostinatamente a comprare, portando una
cosa nuova quasi ogni sera; e si decise per la grande collana, che ella preferiva,

---

2. paccottiglia: oggetti privi di
valore, scadenti.

3. flussione: afflusso eccessivo
di liquido in una parte del corpo.

PARTE 1 · Il metodo

pensando che potesse valere sette o otto franchi perché, per essere falso, era un lavoro fatto con molta cura.

Se la mise in tasca e si diresse verso il ministero passando dai boulevards[4] e cercando una gioielleria che gl'ispirasse fiducia.

Alla fine ne vide una ed entrò, vergognandosi un poco di mettere in mostra la sua miseria nel cercare di vendere un oggetto di così scarso valore.

«Signore – disse al negoziante, – vorrei sapere quanto stimate quest'oggetto».

L'uomo lo prese, lo esaminò, lo rigirò, lo soppesò, prese una lente, chiamò il commesso e sottovoce gli fece osservare qualcosa, rimise la collana sul banco, e la guardò da lontano per giudicarne meglio l'effetto.

Lantin era imbarazzato per tutte quelle cerimonie, e stava per dire: «Oh! Ma lo so che non ha nessun valore» quando il gioielliere disse:

«Questa collana, signore, vale da dodici a quindicimila franchi; però non posso comprarla se prima non mi direte la sua esatta provenienza».

Il vedovo spalancò gli occhi e restò a bocca aperta, senza capire. Alla fine balbettò: «Dite che...? Siete sicuro?» L'altro interpretò male il suo stupore e disse con tono asciutto: «Potete andare da un altro a sentire se vi danno di più. Per me vale al massimo quindicimila franchi. Tornate, se non trovate di meglio».

Lantin, completamente istupidito, si riprese la collana e uscì, obbedendo a un confuso bisogno di restare solo, e di pensare.

Ma appena fu per la strada gli venne voglia di ridere e pensò: «Che imbecille, oh, che imbecille! Se però l'avessi preso in parola! Ecco un gioielliere che non è neanche capace di distinguere la roba vera da quella falsa!»

Entrò in un'altra bottega, al principio di via della Pace. L'orefice, appena ebbe visto il gioiello, esclamò:

«Perbacco, la conosco bene questa collana: proviene di qui».

Assai sconvolto Lantin chiese:

«Quanto vale?»

«L'ho venduta per venticinquemila franchi, signore. Son disposto a riprenderla per diciottomila se mi direte, in obbedienza alle disposizioni legali, in quale modo ne siete venuto in possesso».

Lantin questa volta dovette sedersi, annientato dallo stupore.

«Ma guardatela bene – disse, – io fino a oggi avevo creduto che fosse... falsa».

Il gioielliere: «Volete dirmi come vi chiamate?»

«Certo. Mi chiamo Lantin, sono impiegato al ministero dell'Interno, sto in via dei Martiri, 16».

Il negoziante aprì il registro, cercò e poi disse: «Questa collana difatti è stata mandata all'indirizzo della signora Lantin, in via dei Martiri 16, il 20 luglio 1876».

I due uomini si guardarono negli occhi, l'impiegato smarrito per la sorpresa, l'orefice credendo di aver di fronte un ladro.

«Volete lasciarmi la collana soltanto per ventiquattr'ore?» riprese quest'ultimo. «Vi faccio una ricevuta».

Lantin balbettò: «Sì, sì; certo».

Alla sorpresa del personaggio (convinto che la collana e gli altri gioielli fossero "paccottiglia") corrisponde quella del lettore: questo perché il narratore non ha sinora fornito elementi che avrebbero potuto far dubitare il lettore del reale valore dei gioielli. Il narratore, dunque, ha assunto il punto di vista del personaggio di Lantin, descrivendo i gioielli non obiettivamente, ma nel modo in cui apparivano al personaggio. Egli ha però mantenuto la posizione di narratore esterno, raccontando i fatti in terza persona.

---

4. boulevards: viali. La progettazione dei grandi *boulevards* di Parigi ha luogo nella seconda metà dell'Ottocento, proprio negli anni in cui Maupassant scrive e ambienta questo racconto.

120 E uscì piegando il foglietto e infilandoselo in tasca.

Attraversò la strada, la risalì, s'accorse che andava in una direzione sbagliata, riscese alle Tuileries, varcò la Senna, s'accorse un'altra volta che sbagliava, tornò ai Champs Elysées, senza avere in testa un'idea chiara. Cercava di ragionare, di capire. Sua moglie non aveva potuto comprare un oggetto di tanto valore. No, di
125 certo. Allora si trattava d'un regalo! Un regalo! Un regalo di chi? Perché?

S'era fermato, immobile in mezzo al viale. L'orrendo dubbio lo sfiorò. Lei? Allora anche tutti gli altri gioielli erano dei regali! Gli parve che la terra ondeggiasse; che un albero davanti a lui crollasse; stese le braccia e cadde, privo di sensi.

Riprese conoscenza in una farmacia dove l'avevano portato a braccia alcuni
130 passanti. Si fece condurre a casa, e si rinchiuse dentro. Pianse disperatamente fino a notte, mordendo un fazzoletto per non urlare. Poi si coricò, affranto dalla fatica e dal dispiacere, e s'addormentò.

Lo svegliò un raggio di sole; lentamente s'alzò per andare al ministero. Dopo un simile colpo era duro mettersi a lavorare. Pensò che avrebbe potuto scusarsi
135 col capufficio, e gli scrisse. Poi gli venne in mente che doveva tornare dal gioielliere, e arrossì per la vergogna. Rimase parecchio tempo a pensare: in ogni caso non poteva lasciare la collana a quell'uomo, sicché si vestì e uscì.

Era bel tempo. Un cielo azzurro si stendeva sulla città che pareva sorridere. Alcune persone bighellonavano⁵ davanti a lui con le mani in tasca.
140 Vedendole passare Lantin si disse: «Com'è felice chi ha soldi! Col denaro ci si può liberare perfino dei dispiaceri, si va dove ci pare, si viaggia, ci si distrae. Oh! Se fossi ricco!»

S'accorse d'aver fame, perché era a digiuno dalla sera prima. Ma aveva le tasche vuote, e allora pensò alla collana. Diciottomila franchi. Diciottomila franchi
145 erano una somma!

Raggiunse la via della Pace, e cominciò a passeggiare su e giù sul marciapiede, di fronte al negozio. Diciottomila franchi! Per venti volte fu sul punto d'entrare, trattenuto sempre dalla vergogna.

Però aveva fame e tanta, e non un centesimo in tasca. Si decise all'improvviso,
150 di corsa; attraversò la strada per non darsi tempo di riflettere, e si precipitò nella gioielleria.

Il negoziante appena lo vide accorse sollecito, e gli offrì una sedia, sorridendo con gentilezza. Anche i commessi vennero, e guardavano in tralice⁶ Lantin, con gli occhi e le labbra scoppiettanti dall'allegria.
155 Il gioielliere disse: «Mi sono informato, e se non avete cambiato idea son pronto a pagarvi la somma che ho proposto».

«Certo» balbettò l'impiegato.

L'orefice tirò fuori da un cassetto diciotto grandi biglietti, li contò, li porse a Lantin, il quale firmò una ricevuta e con mano fremente si mise il denaro in tasca.
160 Poi, mentre stava per uscire, si voltò verso il negoziante, il quale continuava a sorridere, e disse chinando lo sguardo: «Ne avrei, ne avrei degli altri, di gioielli... che mi vengono dalla stessa eredità. Sareste disposto a prenderli?»

---

5. bighellonavano: si muoveva- za uno scopo preciso. quamente, di traverso.
no, passeggiavano, giravano sen- **6. in tralice**: di sottecchi, obli-

Il negoziante s'inchinò: «Certo, signore».

Uno dei commessi uscì, per ridere con comodo; un altro si soffiava fragorosamente il naso.

Lantin, impassibile, rosso e serio, disse: «Ora ve li porto».

E prese una carrozza per andare a prendere i gioielli.

Quando, un'ora dopo, tornò al negozio, non aveva ancora mangiato. Cominciarono a esaminare i gioielli a uno a uno, stimandoli. Provenivano quasi tutti da quella gioielleria.

Ora Lantin discuteva le valutazioni del negoziante, s'incolleriva, esigeva che gli fossero mostrati i libri delle vendite, e via via che la somma aumentava, parlava con voce sempre più alta.

I grandi orecchini valevano ventimila franchi; i braccialetti trentacinquemila; gli spilli, gli anelli, e i medaglioni sedicimila; un finimento[7] di smeraldi e zaffiri quattordicimila; un solitario[8] che, sospeso a una catena d'oro, formava una collana, quarantamila; in tutto s'arrivava a centonovantaseimila franchi.

Il negoziante disse, con scherzosa bonomia[9]:

«Questa era una persona che spendeva in gioielli tutti i suoi risparmi».

«È un modo come un altro di collocare il proprio denaro» rispose gravemente Lantin.

E se ne andò, dopo aver concordato col negoziante, per il giorno dopo, una controperizia[10].

Appena fu in strada, guardò la Colonna Vendôme con la voglia d'arrampicarcisi, come se fosse stato l'albero della cuccagna. Si sentiva così leggero che avrebbe saltato a piè pari la statua dell'Imperatore arrampicata lassù in cielo.

Andò a mangiare da Voisin e bevve vino da venti franchi la bottiglia.

Dopo prese una carrozza e fece un giretto nel parco.

Guardava le altre vetrine con un certo disprezzo, bramoso di gridare ai passanti: «Anch'io son ricco. Possiedo duecentomila franchi».

Gli venne a mente il ministero. Vi si fece portare, entrò decisamente dal capufficio e annunciò:

«Signore, vengo a dimettermi. Ho ereditato trecentomila franchi».

Andò a salutare i suoi ex colleghi, facendoli partecipi dei suoi progetti di nuova vita; poi andò a mangiare al Caffè Inglese.

Siccome accanto a lui c'era un signore di aspetto perbene, non poté resistere alla smania di raccontargli, con una certa qual civetteria, che proprio allora aveva ereditato quattrocentomila franchi.

Per la prima volta in vita sua non s'annoiò, al teatro, e passò la notte con alcune ragazze allegre.

Si risposò dopo sei mesi. La sua seconda moglie era onestissima, ma con un brutto carattere. Lo fece soffrire molto.

Guy de Maupassant, *Racconti e novelle*, Milano, Garzanti, 1988

L'umore di Lantin è decisamente cambiato. E così anche il suo comportamento.

---

7. finimento: insieme di gioielli che serve per completare l'ornamento di una persona.
8. solitario: brillante unico, di solito montato su un anello.
9. bonomia: atteggiamento bonario, cordiale.
10. controperizia: perizia eseguita per verificare la correttezza di una perizia precedente.

Il narratore, il punto di vista, lo stile · UNITÀ 4

IL TEMA DEL RACCONTO

Guy de Maupassant rappresenta la realtà, sociale e psicologica, della classe borghese della sua epoca, la Francia della seconda metà dell'Ottocento. Il giudizio che l'autore implicitamente ne dà è molto critico: l'ipocrisia regna sovrana, generando una forte separazione tra il modo di essere e quello di apparire di un individuo; inoltre, i valori che prevalgono inevitabilmente sono quelli legati al desiderio di ricchezza. Tale giudizio è valido non solo per la donna, amante dei gioielli a ogni costo, ma anche per il vedovo: la soddisfazione per il denaro acquisito annienta in Lantin non solo l'onestà, ma anche il pudore; l'originaria riservatezza è spazzata via dal gusto superficiale per l'apparire e per lo sfarzo, condito da una buona dose di falsità.

Laboratorio sul testo

Comprendere il testo

La storia

1. In quale città è ambientata la vicenda?

2. Come si incontrano per la prima volta Lantin e la moglie?

3. Quale immagine dà di sé la donna ad amici e conoscenti?

4. Che cosa le rimprovera Lantin?

5. Che cosa capita improvvisamente alla moglie?

6. Come reagisce il marito?

7. Perché Lantin decide di portare una collana in gioielleria?

8. Che cosa apprende Lantin in quella circostanza?

9. Secondo le supposizioni del marito, come si era procurata quei gioielli la signora Lantin?

10. Come reagisce il marito, appena appresa la notizia?

11. Come si comporta Lantin dopo essere diventato ricco?

Analizzare le tecniche

La focalizzazione

12. Ecco un passo dal testo: …*prese l'abitudine di mettersi alle orecchie due grosse pietre del Reno, che parevano diamanti, e di portare collane di perle false, braccialetti di similoro…* Cerca nel testo e sottolinea altre descrizioni dei gioielli secondo il punto di vista di Lantin.

13. In un altro punto si legge: *«Che vuoi farci? Mi piace. È il mio vizio…»* […] *E si faceva scorrere fra le dita le collane di perle, faceva scintillare le faccette dei cristalli tagliati, dicendo: «Ma guarda, guarda com'è fatto bene. Si potrebbe giurare che è vero».* Ti sembra che il punto di vista di Lantin prevalga anche quando il narratore ci parla del comportamento della donna?

14. Il narratore, come abbiamo detto, si mantiene rigorosamente esterno; inoltre, con uno sforzo di obiettività, non introduce suoi giudizi morali nella narrazione. Con quali effetti, secondo te?

I personaggi

15. Attraverso quali graduali passaggi si determina il cambiamento del protagonista da persona onesta e morigerata a spregiudicato opportunista?

16. Il narratore dice che la ragazza *sembrava il prototipo della donna onesta…* Perché il narratore ha usato quel verbo? Intendeva dire qualcosa? E qual è il significato del *lievissimo sorriso che non lasciava mai le sue labbra*? Era davvero *un riflesso del cuore*?

Il tempo

17. Trova all'interno del brano un esempio per ciascuna delle seguenti tecniche narrative: sommario, scena, ellissi, pausa.

18. Il racconto è in alcuni punti estremamente sintetico, in altri più dettagliato. Su quali aspetti della storia si sofferma maggiormente l'attenzione del narratore? Per quale motivo, secondo te?

Applicare le tecniche

L'io narrante

19. Riscrivi la sequenza che ha inizio con *Attraversò la strada…* (r. 121) fino a …*con le mani in tasca* (r. 139) adottando la tecnica dell'io narrante: l'io è quello di Lantin che racconta in prima persona.

95

PARTE 1 · Il metodo

13 **Alphonse Allais**
La barba

MODELLI
NARRATIVI

- La focalizzazione zero
- Lo stile

Alphonse Allais (1854-1905) è stato uno scrittore e umorista francese. Questo suo racconto, scanzonato e anticonformista, è tutto improntato alla giocosità e al divertimento; il desiderio di far ridere il lettore è lo scopo principale del testo.

Già dalle prime righe il narratore cerca di attirare su di sé l'attenzione del lettore, mettendolo al corrente del contenuto narrativo del testo, attraverso un tipico espediente da narratore palese.

Nota i giochi di parole.

Diciamo che era tra le cinque o sei più belle barbe di Parigi, e non ne parliamo più. O, piuttosto, parliamone, giacché il mio racconto s'incentrerà tutto su questa barba, una barba quale al mondo non ve n'è (o se ve n'è, non ve n'è a iosa).

5 Lunga, fluente, serica (mai non aveva subito affronto di rasoio), di colore oro antico, era la classica barba che fa girare i passanti, quali ne siano il sesso, l'età, la nazione, spingendoli a dire: Che bella barba!

Barba siffatta non suscitava d'altronde nel suo portatore alcuna di quelle vanità così frequenti nei portatori di belle barbe.

10 Era un ragazzo semplice, nel doppio senso del termine.

Beninteso, non si disinteressava della sua barba, anzi le era molto attaccato, tuttavia non al punto di schiacciare l'umanità sotto il disprezzo di vederla in generale così malpeluta[1]. Un giorno, il nostro amico si trovava in allegra compagnia.

Le dame erano scelte tra quel tipo di signorine impudiche che abbordano si-

15 gnori mai visti né conosciuti e intavolano con loro, senza il minimo imbarazzo, argomenti di tutta intimità.

La più sfacciata, e anche la più carina, di tali amicizie passeggere, fece, scorgendo la bella barba del giovanotto, i gesti di chi stia per soffocare.

«Acciderba, signore, che bella barba avete!»

20 Egli s'inchinò, visibilmente lusingato.

«Ci andate anche a letto?»

«Ma... sì, signorina!»

«E non avete paura di sciuparla?»

Non trovando una risposta spiritosa, il giovane ridacchiò con aria ebete.

25 Seguirono altre facezie oscene di pessimo gusto sull'economia dei vari sistemi piliferi dell'umanità[2].

Mi si sarà grati di passar sotto silenzio siffatte detestabili licenze.

Ridivenendo quasi decente, la gentile cortigiana s'informò con voce ieratica:

«Ditemi, signore, come dormite con la vostra barba?»

30 «Come... come dormo con la mia barba? ...Non capisco cosa intendiate dire».

---

1. malpeluta: ironica e bizzarra espressione: scarsamente provvista o del tutto priva di barba.

2. economia dei vari sistemi piliferi dell'umanità: altra bizzarra espressione per intendere i diversi modi di portare e curare la propria barba.

96

Caricatura di uomo con barba, 1833.

«Ma sì! ...In qual maniera disponete la vostra barba quando dormite? ...La sciorinate sopra le coltri? o la nascondete sotto i lenzuoli?»

«Vi confesso, signorina, che non ho mai badato al particolare. Mi corico... come viene viene.»

35 In tutta l'allegra compagnia fu un sol grido di stupore.

«Ma come! Vuoi dire che non sai dove tieni la barba dormendo?»

Il povero ragazzo (ho già detto qual anima semplice fosse) fu turbato nel più profondo dell'essere.

In effetti, non aveva mai fatto caso a dove tenesse la barba, dormendo! Fuori? 40 Dentro?

Rincasò assai interdetto, e si coricò.

Cercò di fare come il solito, di far finta di niente.

Invano!

Quando si fa finta di qualcosa, dice un proverbio arabo, non si può far finta 45 di niente.

Dapprima, si mise supino, dispose la barba accuratamente sul lenzuolo, che rialzò sino al mento.

Il sonno non veniva.

Allora, prese la barba e la seppellì tutt'intera sotto le coltri.

50 Il sonno non veniva.

Si coricò sul ventre.

Il sonno non veniva.

Si coricò sul fianco, spartendo la barba metà fuori e metà dentro.

Il sonno non veniva.

97

PARTE 1 • Il metodo

Un disegno di Marc Chagall del 1920.

55 Si girò sull'altro fianco.
Il sonno non veniva.
Fu una delle notti più atroci della fine del secolo.
Le notti che seguirono furono
60 anch'esse delle orribili notti senza sonno.
E l'indomani mattina d'una di quelle notti, il nostro amico andò dal barbiere e si fece radere a zero la bar-
65 ba, la sua bellissima barba, che mai più non farà rivoltare i passanti, quali ne siano il sesso, l'età, la nazione!

Alphonse Allais, *Un dramma davvero parigino e altri racconti*, Roma, Editori Riuniti, 1987

Il narratore onnisciente si ritaglia ampi spazi: commenta e valuta pensieri e parole dei personaggi, informa il lettore, offre dettagli narrativi.

Laboratorio sul testo

Comprendere il testo

La storia
1. Perché le *signorine impudiche* prendono in giro il giovane? [PER LA LUNGA BARBA]
2. Perché il giovane decide infine di tagliarsi la barba? [PERCHÉ NON RIUSCIVA A DORMIRE]

Analizzare le tecniche

La focalizzazione
3. Il narratore esterno è **onnisciente**: spazia infatti da un ambiente all'altro, altera il tempo narrativo a suo piacimento, conosce i personaggi in ogni loro caratteristica. Cerca e sottolinea esempi di quanto detto.

Lo stile
4. Il narratore continua a coinvolgere il lettore con frasi ironiche e giochi di parole. Quali doppi sensi cogli nella frase: *Era un ragazzo semplice, nel doppio senso del termine. Beninteso, non si disinteressava della sua barba, anzi le era molto attaccato?* [MOLTO AFFEZ.]
5. Con quale maliziosa perifrasi il narratore definisce le dame della compagnia? Trascrivila. [vv.14-16 "LE DAME ERANO SCELTE TRA QUEL TIPO DI SIGNORINE IMPUDICHE CHE ABBORDANO SIGNORI MAI VISTI NÉ CONOSCIUTI..."]

6. Qual è, secondo te, il significato del proverbio arabo: *Quando si fa finta di qualcosa [...] non si può far finta di niente*? E qual è il suo senso, riferito alla particolare situazione del personaggio?

Applicare le tecniche

Cambiare narratore e punto di vista
7. Riscrivi la parte finale del racconto (dalla r. 41 alla r. 67), adottando il punto di vista del giovane e narrando in prima persona. Se vuoi, puoi proseguire dall'inizio dato:

> Rincasai assai interdetto e mi coricai.
> Cercai di fare come al solito, di fare finta di niente.
> Invano!
> Quando si fa finta di qualcosa, dice un proverbio arabo, non si può far finta di niente.
> Dapprima mi misi supino, ...
> ....
> ....
> ....
> ....
> ....
> ....
> ....
> ....

98

Il narratore, il punto di vista, lo stile • UNITÀ 4

T4 # Andrea Camilleri
Guardie e ladri

MODELLI NARRATIVI
• Lo stile

Il commissario Salvo Montalbano ha deciso di concedersi un intero giorno di svago e di riposo, accettando l'invito in campagna rivoltogli da alcuni amici per festeggiare l'inizio della bella stagione. Tutto fa presagire una giornata serena, da trascorrere in piacevole compagnia. Affrontando per la prima volta un'opera dello scrittore siciliano, il lettore si trova dapprima sconcertato di fronte a vocaboli ed espressioni dialettali riportate nel testo senza alcuna differenziazione grafica o annotazione specifica. In prima battuta si sente quasi la necessità di consultare un dizionario siciliano-italiano; ma ben presto la straordinaria efficacia di quelle parole non ha più bisogno di traduzione, perché sa parlare direttamente alla mente e al cuore del lettore che, pur non avendo alcuna dimestichezza con la Sicilia, apprezza la capacità evocativa di espressioni che sono portatrici di profumi, atmosfere, sensazioni che nessun vocabolo italiano saprebbe trasmettere con uguale godimento.

Camilleri costruisce un originale "impasto" fra lingua nazionale e dialetto siciliano.

Taninè, la mogliere[1] del giornalista televisivo Nicolò Zito, uno dei pochi amici del commissario Montalbano, era una fìmmina che cucinava a vento[2], vale a dire che i piatti che approntava davanti ai fornelli non obbedivano a precise regole di cucina, ma erano il risultato più improvvisato del suo mutevole
5 carattere. [...]

Era una bella fìmmina trentina[3], di carni sode e piene che ispiravano agli omini pensieri volgarmente terrestri: ebbene, un giorno che Taninè l'aveva invitato a tenerle compagnia in cucina, dove mai ammetteva strànei[4], Montalbano aveva visto, strammato[5], la donna che preparava il condimento per la pasta 'ncasciata[6]
10 perdere peso, cangiarsi in una specie di ballerina che assorta si librava con gesti aerei da un fornello all'altro. Per la prima e ultima volta, taliàndola[7], aveva pinsato agli angeli.

L'autore rallenta il ritmo narrativo di tutta la prima parte del racconto, seguendo con la scrittura il "dolce far niente" della giornata di vacanza di Montalbano.

«Speriamo che Taninè non mi guasti questa giornata» si augurò il commissario mentre guidava verso Cannatello. Perché in quanto a salti d'umore manco lui
15 scherzava. La prima cosa che la matina faceva, appena susùto[8], era di andare alla finestra a taliàre il cielo e il mare che aveva a due passi da casa: se i colori erano vividi e chiari, tale e quale il suo comportamento di quel giorno; in caso contrario le cose si sarebbero messe male per lui e per tutti quelli che gli fossero venuti a tiro.

Ogni seconda domenica d'aprile Nicolò, Taninè e il loro figlio màscolo Francesco, che aveva sette anni, raprivano[9] ufficialmente la casa di campagna a Canna-
20

---

1. mogliere: moglie.
2. a vento: improvvisando.
3. trentina: di trent'anni.
4. strànei: estranei.
5. strammato: meravigliato, stupito.
6. pasta 'ncasciata: primo piatto a base di maccheroncelli, pomodori, uova, carne di manzo macinata, salame, melanzane e caciocavallo.
7. taliàndola: osservandola.
8. susùto: alzato da letto.
9. raprivano: riaprivano (dopo la chiusura invernale).

99

tello ereditata dal patre di Nicolò. Ed era diventata tradizione che il primo ospite fosse Salvo Montalbano. [...]

Arrivò che era quasi ora di mangiare, il profumo dei dodici cannoli[10] giganti che aveva accattato[11] inondava l'abitacolo e gli faceva smorcare[12] l'appetito.

Ad aspettarlo sulla porta erano al completo: Nicolò sorridente, Francesco impaziente e Taninè con gli occhi sparluccicanti di contentezza. Montalbano si rasserenò, forse la giornata sarebbe stata cosa degna d'essere vissuta, così come era principiata.

Francesco manco gli diede tempo di scendere dalla macchina, gli si mise a saltellare torno torno:

«Giochiamo a guardie e ladri?»

Suo patre lo rimproverò.

«Non l'assillare! Giocherai doppo mangiato!»

Quel giorno Taninè aveva deciso d'esibirsi in un piatto strepitoso che, chissà perché, si chiamava "malalìa d'amuri[13]". Chissà perché: infatti non c'era possibilità che quella zuppa di maiale (polmone, fegato, milza e carne magra), da mangiarsi con fette di pan tostato, avesse attinenza col mal d'amore, semmai col mal di panza.

Se la scialarono[14] in assoluto silenzio; persino Francesco, ch'era tantijcchia squieto[15] di natura, questa volta non si cataminò[16], perso nel paradiso dei sapori che sua matre aveva strumentiato[17].

«Giochiamo a guardie e ladri?»

La domanda arrivò, inevitabile e pressante, appena che i tre grandi ebbero terminato di bere il caffè.

Montalbano taliò l'amico Nicolò e con gli occhi gli spiò[18] soccorso, ora come ora non ce l'avrebbe fatta a mettersi a correre appresso al picciliddro[19].

«Zio Salvo va a farsi una dormitina. Doppo giocate.» «Guarda» fece Montalbano vedendo che il piccolo si era ammussato[20] «facciamo così: tra un'ora precisa mi vieni a svegliare; tu stesso e ci resta tutto il tempo per giocare.»

Nicolò Zito ricevette una telefonata che lo costringeva a ritornare a Montelusa per un servizio televisivo urgente, Montalbano, prima di ritirarsi nella càmmara degli ospiti, assicurò all'amico che avrebbe riportato lui in paese Taninè e il figlio.

Fece appena in tempo a spogliarsi, gli occhi a pampineddra[21], e a distendersi che crollò in un sonno piombigno[22].

Gli parse che aveva allùra allùra[23] chiuso gli occhi quando venne arrissbigliato[24] da Francesco che gli scuoteva un braccio dicendogli: «Zio Salvo, un'ora precisa passò. Il caffè ti portai.»

---

10. cannoli: dolci tipici siciliani, a forma di cannoncini, ripieni di un impasto di ricotta, zucchero e miele.
11. accattato: comperato.
12. gli faceva smorcare: gli stuzzicava.
13. malalìa d'amuri: malattia d'amore.
14. Se la scialarono: la divo-

rarono.
15. tantijcchia squieto: piuttosto irrequieto.
16. si cataminò: si mosse, si agitò.
17. strumentiato: preparato.
18. spiò: domandò, chiese.
19. picciliddro: piccolo, ragazzino.
20. ammussato: imbronciato.

21. gli occhi a pampineddra: con le palpebre tanto pesanti che si chiudevano da sole, come una piccola foglia (*pampineddra*) su se stessa.
22. piombigno: pesante, come di piombo.
23. allùra allùra: proprio in quell'istante.
24. arrissbigliato: risvegliato.

    Nicolò era partito, Taninè aveva rimesso la casa in ordine e ora stava a leggere una rivista assittata[25] su una seggia a dondolo. Francesco era sparito, corso già a nascondersi campagna campagna.

60   Montalbano raprì la macchina, pigliò un vecchio impermeabile che teneva per ogni evenienza nel vano posteriore, l'indossò, strinse la cintura, alzò il bavero nel tentativo d'assomigliare a un investigatore dei film americani, e si avviò alla ricerca del picciliddro. Francesco, abilissimo nel nascondersi, se la godeva a fingere d'essere un ladro ricercato da un "vero" commissario.

65   La casa di Nicolò sorgeva in mezzo a due ettari di terreno incolto che a Montalbano faceva malinconia anche perché, al limite della proprietà, c'era una casuzza sdirrupata[26], con mezzo tetto sfondato, che sottolineava lo stato d'abbandono della terra. Si vede che le lontane origini contadine del commissario si ribellavano a quella trascuratezza.

70   Montalbano cercò Francesco per mezz'ora, poi cominciò a sentirsi stanco, la zuppa di maiale e due cannoli giganti lasciavano ancora il segno, era sicuro che il

---

25. assittata: seduta.   **26. casuzza sdirrupata**: casetta malandata, cadente.

PARTE 1 · Il metodo

piccolo stava disteso a pancia in giù darrè una troffia di saggina[27] e lo spiava, emozionato e attento. La diabolica capacità di nascondersi del ragazzino gli avrebbe fatto fare notte.

All'improvviso il racconto subisce una netta sterzata e viene introdotto – drammatico e inaspettato – il "colpo di scena" che riporta Montalbano a contatto diretto con il mondo del crimine. Il gioco si è trasformato in realtà.

75 Mentre stava per dichiararsi sconfitto, gli venne un pinsèro improvviso: vuoi vedere che il piccolo era andato ad ammucciarsi[28] dentro la casuzza sdirrupata malgrado i severissimi ordini che aveva avuto da Taninè e da Nicolò di non entrarci mai da solo?

Si mise a correre, arrivò col fiatone davanti alla casuzza, la porticina sganghe-
80 rata era solo accostata. Il commissario la spalancò con un calcio, fece un balzo indietro e, infilata la mano destra in tasca con l'indice minacciosamente puntato, disse con voce bassa e rauca, terribilmente minacciosa (quella voce faceva nitrire di gioia Francesco): «Il commissario Montalbano sono. Conto sino a tre. Se non vieni fuori, sparo. Uno...»

85 Un'ombra si mosse all'interno della casuzza e, sotto gli occhi sbarracati[29] del commissario, spuntò un omo, le mani in alto. «Non sparare, sbirro.»

«Sei armato?» spiò Montalbano dominando la sorpresa.

«Sì» rispose l'omo e fece d'abbassare una mano per pigliare l'arma che teneva nella sacchetta destra della giacca. Il commissario s'addunò[30] ch'era pericolosa-
90 mente sformata.

«Non ti muovere o ti brucio» intimò Montalbano tendendo minacciosamente l'indice. L'omo rialzò il braccio.

Aveva occhi di cane arraggiato[31], un'ariata[32] di disperazione pronta a tutto, la barba lunga, il vestito stazzonato[33] e lordo. Un omo pericoloso, certo, ma chi ca-
95 volo era?

«Vai avanti, verso quella casa.»

L'omo si mosse con Montalbano darrè. Arrivato allo spiazzo dove c'era posteggiata la sua macchina, il commissario vide sbucare da dietro l'auto Francesco che taliò la scena eccitatissimo. «Mamà! Mamà!» si mise a chiamare.

Sullo sfondo, armata di una carabina resa inoffensiva dal disuso, c'è Taninè, quella fimmina di una bellezza prorompente che ora, agli occhi di Salvo Montalbano – ritornato per un istante soltanto uomo e non più commissario – sembra un'eroina di un film western.

100 Taninè, affacciatasi alla porta spaventata dalla voce stracangiata[34] del figlio, con una sola taliàta[35] s'intese col commissario. Rientrò e subito riapparve puntando un fucile da caccia sullo sconosciuto. Era una doppietta appartenuta al patre di Nicolò che il giornalista teneva appesa, scarica, vicino all'ingresso; mai Nìcolò aveva coscientemente ammazzato un essere vivente, la mogliere diceva che non si
105 curava l'influenza per non uccidere i bacilli.

Tutto sudato, il commissario rapì l'auto e dal cruscotto tirò fora pistola e manette. Respirò profondamente e taliò la scena. L'omo stava immobile sotto la ferma punteria[36] di Taninè che, bruna, bella, capelli al vento, pareva precisa precisa[37] un'eroina da film western.

Andrea Camilleri, *Un mese con Montalbano*, Milano, Mondadori, 2001

---

27. darrè una troffia di saggina: dietro un cespuglio di erica.
28. ammucciarsi: acquattarsi, nascondersi.
29. sbarracati: sbarrati, dilatati dalla sorpresa.

30. s'addunò: si accorse.
31. arraggiato: rabbioso.
32. ariata: aria, espressione.
33. stazzonato e lordo: sformato e sporco.
34. stracangiata: strana, ecci-

tata.
35. taliàta: sguardo.
36. punteria: mira, l'atto del puntare un'arma da fuoco.
37. pareva precisa precisa: sembrava proprio.

Il narratore, il punto di vista, lo stile · UNITÀ 4

IL TEMA DEL RACCONTO

Il crimine (e le sue ombre) sembrano essere una compagnia destinata a condividere ogni momento della vita del commissario Montalbano. Mentre, infatti, si gode la pace della campagna e si rilassa giocando con il figlio dell'amico, qualcuno (ma chi?) irrompe sulla scena, portandovi all'improvviso un clima di paura e di tensione. Anche in questo racconto Andrea Camilleri dimostra l'abilità di "costruttore di trame" che lo contraddistingue e che è frutto anche della sua lunga esperienza lavorativa nel mondo della televisione.

Laboratorio sul testo

Comprendere il testo

La storia

1. È la prima volta che Montalbano accetta l'invito di Nicolò Zito? Trova nel testo la frase che lo dimostra e scrivila qui sotto.

   ....

2. Il commissario dimostra di apprezzare l'ospitalità dei coniugi Zito? Come?

3. Ti sembra che egli sappia anche rapportarsi con il loro piccolo figlio?

4. In quale inattesa maniera si trasforma il pomeriggio di vacanza di Montalbano?

Analizzare le tecniche

La struttura

5. Il testo può essere diviso in almeno quattro sequenze. Segna nel testo i limiti di ogni sequenza e riassumine il contenuto con un breve titolo.

I personaggi

6. Descrivi con parole tue il personaggio del commissario Salvo Montalbano, basandoti sulla caratterizzazione indiretta con cui lo rappresenta Camilleri in queste pagine (le relazioni con gli amici, il piacere della buona cucina ecc.).

7. Riassumi nello schema seguente come reagiscono i personaggi nel momento del colpo di scena:

Il commissario	L'intruso
....	....
....	....
....	....
....	....
....	....

Francesco	Taniné
....	....
....	....
....	....
....	....
....	....

Lo stile

8. Rintraccia nel testo i termini dialettali e chiariscine il significato con l'aiuto delle note, poi spiega quale effetto suscita nel lettore questo intreccio stilistico tra dialetto e lingua letteraria.

Applicare le tecniche

Lingua e dialetto

9. Narra un breve episodio usando uno stile simile a quello di Camilleri, cioè mescola alla lingua italiana parole tratte dal tuo dialetto (o da uno che conosci) in modo che l'effetto sia divertente e godibile. Ti proponiamo un esempio con termini tratti dal dialetto genovese. Cerca di capire il significato delle parole dal contesto.

> Quando arriva Natale, la tradizione vuole che si mangi il bibìn, ma a me la carne non piace, soprattutto quella che aveva le piume: mi sembra che mi faccia il bulitigo in gola. Preferisco un bulacco di minestrone – col pesto, s'intende. Mia nonna dice che sono stundaio, però mi accontenta: si sistema sulla sua carega preferita e prepara tutte le verdure, poi le fa cuocere a lungo e alla fine aggiunge le piccagge. Quando la fiamenghilla profumata arriva in tavola... che ribotta! Mia nonna mi raccomanda: «Lasciamene una stissa... almeno».

103

VERIFICA UNITÀ 4 — Il narratore e il punto di vista

Sapere e Saper fare

PalestraInterattiva

1. Spiega quali caratteristiche differenziano un narratore esterno da uno interno.
2. Esprimi una tua definizione del concetto di "focalizzazione", quindi indica quali sono i tipi di focalizzazione.
3. Leggi il seguente brano, rispondi alle domande e motiva le risposte.

> A mio giudizio, i miei genitori erano esemplari fisicamente ottimi. Mio padre, con la fronte spaziosa, i capelli grigi e i baffetti corti, aveva un'aria molto distinta ed era tanto poco «ebreo» d'aspetto che una volta in treno un SA lo aveva invitato a iscriversi al partito nazista. E anch'io, che ero suo figlio, non potevo fare a meno di accorgermi che mia madre, non molto elegante nel vestire, era una bella donna. Non ho mai dimenticato la sera in cui entrò in camera mia per darmi il bacio della buonanotte, agghindata per un ballo. Ero un bambino di sei o sette anni. La guardai fisso, come un'estranea. Le afferrai il braccio, mi rifiutai di lasciarla andare e mi misi a piangere, cosa che la sconvolse molto. Era possibile che in quel momento capisse che non ero infelice o ammalato, che mi tormentavo al vederla, per la prima volta nella vita, come una creatura splendente di luce propria?
>
> Fred Uhlman, *L'amico ritrovato*, Torino, Loescher, 2006

- Il narratore è: interno ☒   esterno ☐
Motivazione: perché il narratore racconta in I persona

- La focalizzazione è: zero ☐   interna ☒   esterna ☐
Motivazione: perché ci sono molte espressioni che indicano l'opinione del protagonista. Poi perché il narratore è interno, quindi anche la *

4. Leggi la seguente affermazione; quindi, in base a quello che hai appreso, indica se essa ti sembra vera o falsa e spiega il perché.
Ci sono racconti nei quali prevalgono parole semplici, quotidiane, e altri in cui il linguaggio è ricercato, aulico, o contorto, ricco di termini che raramente usiamo nel linguaggio parlato. La ragione di queste differenze di registro è da ricercare nella cultura più o meno alta di chi scrive.
V ☐   F ☐
Motivazione: ....

5. Leggi il passo seguente e spiega quale tipo di registro linguistico ha usato l'autore. Motiva brevemente la tua risposta.

> Vidi una volta una lumaca fare strisciando il suo cammino in forma di spirale, dall'esterno al punto terminale senza uscita, come a ripeter sul terreno, più ingrandita, la traccia segnata sopra la sua corazza, il cunicolo curvo della sua conchiglia. E sedendo e mirando mi sovvenni allor con raccapriccio di tutti i punti morti, i vizi, l'ossessioni, le manie, le coartazioni, i destini, le putrefazioni, le tombe, le prigioni... Delle negazioni insomma d'ogni vita, fuga, libertà e fantasia, d'ogni creazion perenne, senza fine...
>
> Vincenzo Consolo, *Il sorriso dell'ignoto marinaio*, Milano, Mondadori, 1987

6. Leggi il periodo seguente e spiega se la struttura è prevalentemente paratattica o ipotattica. Motiva la risposta.

> Man mano che la familiarità cresceva per la considerazione e la benevolenza che mi dimostrava il padron di casa, cresceva anche per me la difficoltà del trattare, il segreto impaccio che già avevo provato e che spesso ora diventava acuto come un rimorso, nel vedermi lì, intruso in quella famiglia, con un nome falso, coi lineamenti alterati, con una esistenza fittizia e quasi inconsistente.
>
> Luigi Pirandello, *Il fu Mattia Pascal*, Milano, Mondadori, 1988

* focalizzazione deve essere

VERIFICA UNITÀ 4

Sapere e **Saper fare**

Comprendere e interpretare un testo

Focus: voce narrante e stile

Leggi il racconto e poi rispondi ai quesiti.

VERIFICAlim

T5 Antonio Tabucchi
Una scelta difficile

Un'anziana e malconcia signora si reca dal dottore per ricevere notizie sulla sua salute; attraverso le sue parole, conosceremo i dettagli della sua vita e intuiremo qualcosa d'insolito sulla sua identità.

La signora Multipla Seicento stava sdraiata sul dorso e guardava interrogativamente il medico che la osservava. Teneva la bocca aperta e respirava con affanno. Non era neppure un respiro, era un rantolo intermittente, un gorgoglio che le faceva scuotere il corpo con dei fremiti. Cercò di raccogliere le forze che le rimanevano e mormorò: «Sono ridotta a un ferro vecchio, dottore?».

Il dottore sorrise e non rispose subito. Assunse un'aria pensosa e grave, per dare peso alle sue parole. «Se non fa sforzi eccessivi, signora, se si accontenta di un vita molto sedentaria può andare avanti ancora un po' di tempo», disse.

La signora Multipla allargò la bocca aperta in un sorrisone forzato e chiuse gli occhi. Pensò alle curiose parole dei medici, ai loro eufemismi. Una vita molto sedentaria. Tradusse mentalmente l'espressione in: infermità permanente. Questo voleva dire il giovane dottore dall'aria da tecnico che le stava esplorando le viscere con i suoi diabolici strumenti. Infermità permanente. Una vita da invalida. Lei, che aveva sempre trasportato la famiglia dappertutto; lei, così energica, paziente, laboriosa – ridotta all'immobilità, a qualche passettino penoso in giardino la domenica. E pensò ai bei tempi, al suo defunto marito, ai pic-nic domenicali in campagna, con i bambini che facevano confusione e lei che cantava Only You. Le venne in mente il viaggio che avevano fatto fino a Barcellona. Che tempi!

E come erano cambiati, i tempi. Bastava guardarsi intorno, vedere le altre signore del suo quartiere. Un vecchio e tradizionale quartiere che era diventato irriconoscibile.

Prima di tutto quella Madame Deuxchevaux che convocava assemblee di quartiere tutte le settimane, e che faceva la proletaria come se fosse una regina. E poi la Diane (la poteva chiamare così perché l'aveva conosciuta bambina), sempre insieme alla prima a fare chiasso, sempre con dei rossetti stravaganti o autocollanti sui vestiti. E poi Fraulein Golf, ancora peggio. O in décolleté o sportivissima, mai una via di mezzo: come se il mondo si dividesse in queste due categorie. Oppure Dona Ibiza, quella spagnola tutta salerò che veniva da qualche sobborgo sperduto della Mancha e faceva credere di avere una villa alle Baleari. Per non parlare delle ricche, che erano ancora peggio. Per esempio Lady Mercedes, sempre vestita di scuro, con un eterno cavaliere in uniforme che la accompagnava dappertutto aspettandola di fronte alle boutiques mentre lei faceva shopping. E la signora Ferrari, così vistosa e con la voce così alta. E la signora Thema, con quei pettorali poderosi. E, dulcis in fundo, l'alta società: la contessa Giulietta-Romeo, per esempio, così superba perché un drammaturgo inglese, qualche secolo fa, pare avesse parlato di lei. La signora Multipla sospirò di nuovo. Fu un sospiro profondo, rugginoso e volitivo. «Voglio l'eutanasia, dottore», disse con convinzione. Sentiva che il mondo era volgare, prepotente, rumoroso ed aggressivo. «Che si possano sfracellare tutte quante sulle loro orribili autostrade», pensò, «che si spingano, che si tamponino ai semafori nell'ora di punta!». Non le importava di morire.

Il dottore, con decisione, staccò le valvole. La signora Multipla ebbe un fremito, la sua gola emise il suono di una vecchia trombetta e il suo cuore cessò di battere.

Antonio Tabucchi, *Racconti con figure*, Palermo, Sellerio, 2011

105

VERIFICA UNITÀ 4

Competenza testuale

Individuare e ricavare informazioni

1. Chi sono, o meglio, che cosa sono le signore Diane e Deuxchevaux?
2. Di che cosa soffre la signora Multipla? *INGEDITA*
3. Chi è, in realtà, il dottore che la cura? *UN MECCANICO*

Comprendere strutture e caratteristiche dei testi

4. Il narratore è interno o esterno?
5. Ti sembra palese o nascosto?
6. A chi appartiene il punto di vista del racconto? Perché?
7. Di che tipo è la focalizzazione, quindi?
   a) ☒ Interna.
   b) ☐ Esterna.
   c) ☐ Zero.
8. Lo stile è fortemente influenzato dall'uso della personificazione. In che cosa consiste, in questo caso?
9. Esprimi alcune considerazioni sullo stile. Quale tipo di registro prevale? Ci sono variazioni di registro? È corretto sostenere che il personaggio si esprime attraverso un monologo interiore? Motiva le tue risposte.

Interpretare e valutare

10. Perché la signora Multipla rinuncia alla vita? Motiva bene la risposta.
11. In base a ciò che hai compreso del testo, prova a immaginare chi potrebbe essere il *defunto marito* della signora Multipla.

Competenza lessicale

12. *Il giovane dottore… le stava esplorando le viscere con i suoi diabolici strumenti*: in senso non figurato, che cosa sono le viscere e i diabolici strumenti?
13. Trascrivi le espressioni e i termini presenti nel testo che appartengono al campo semantico della sofferenza (cioè le frasi che riguardano la sofferenza e il modo di esprimerla).

Competenza grammaticale

14. *Che si possano sfracellare tutte quante sulle loro orribili autostrade*. A chi si riferisce *tutte quante*?

8) L'ESPERIENZA PERSONALE PUÒ ESSERE USATA PER PERSONALIZZARE UN TESTO

12) LE VISCERE -D LE PARTI INTERNE
GLI STRUMENTI DIABOLICI -D PROVOCA DOLORE INTERNO

Unità 5
Come racconta il cinema

Un modello di film
La vita è bella
- Un inizio tragico, comico, fiabesco
- Ondate di razzismo
- Un innocente da proteggere
- Sogno o incubo?

PARTE 1 • Il metodo

Strumenti di analisi

1 Che cos'è un film

Parole, immagini e suoni Anche il cinema racconta; non solo con le parole, infatti, è possibile raccontare, ma anche con le immagini e i suoni, come succede in un film. Il cinema unisce in un'unica forma di comunicazione forme espressive differenti realizzando in tal modo una particolare forma di "testo": un film può essere considerato come un **testo per parole, immagini e suoni**; un testo basato su una **sceneggiatura**, cioè la sequenza di scene che devono essere interpretate dagli **attori** che prestano ai vari personaggi il proprio volto e la propria voce. Molte delle caratteristiche di un testo narrativo si possono dunque ritrovare anche all'interno di un racconto filmico; altre, invece, sono specifiche di questo tipo di testo. Analizziamole più nel dettaglio.

2 I personaggi

Personaggio e attore Con il termine **personaggio** si intende ogni figura che riveste un ruolo in una vicenda. Esso svolge una parte molto significativa all'interno della narrazione di una storia: ciò vale tanto nel racconto in forma letteraria quanto nel racconto filmico. Come abbiamo visto (▶ p. 50), esso è per certi versi l'elemento su cui maggiormente si concentra l'attenzione, a seconda dei casi, del lettore o dello spettatore.

Nel racconto filmico il personaggio è interpretato da un **attore**. Mentre la parola personaggio rimanda a "persona", che nell'equivalente greco *pròsopon* indicava la maschera indossata dagli attori in teatro, il termine "attore" deriva dal verbo latino *ago*, che significa "fare". Attore è pertanto **colui che fa, che agisce sulla scena**, assumendo totalmente sulla propria persona le caratteristiche fisiche e psicologiche del personaggio così come il suo modo di agire e di comportarsi.

Se il personaggio di un racconto in forma letteraria, pur introdotto e descritto dallo scrittore, assume una propria fisionomia solo nell'immaginazione del lettore, il personaggio di un film prende, davanti agli occhi dello spettatore, le sembianze di un attore; a quest'ultimo, dunque, è affidato il delicato ruolo di essere l'"incarnazione" del personaggio all'interno di un film.

L'attore Robert Englund nei panni di Freddy Krueger, il mostro protagonista di *Nightmare*, una serie cinematografica di nove film (1984-2010).

3 L'ambientazione: lo spazio e il tempo

La rappresentazione filmica tra realtà e finzione Nel cinema, come in letteratura, la dimensione della narrazione coincide con un universo **finzionale**; in altri termini, gli eventi raccontati hanno luogo in una dimensione alternativa rispetto a quella della vita reale.

Per ricostruire tale mondo possono essere usati elementi ripresi dalla realtà oppure del tutto inesistenti, frutto della fantasia dell'autore. In ogni caso, che si voglia dare l'**illusione di un mondo reale** oppure proiettare lo spettatore in un **universo fantastico**, la rappresentazione cinematografica deve organizzare un'ambientazione ben precisa per il suo racconto.

Quello del cinema non è il mondo reale, ma un **mondo rappresentato**, un mondo di finzione; ciò non significa, tuttavia, che l'universo in cui si ambienta la storia non abbia delle "regole" ben precise, le sue leggi e le sue coordinate spazio-temporali.

Il cinema può anche rappresentare se stesso, come in *Nuovo Cinema Paradiso* (regia di Giuseppe Tornatore, 1988).

Rispetto alla narrazione letteraria, anzi, tali caratteristiche sono ancora più evidenti, in quanto sono immediatamente percepibili allo spettatore e non solo visualizzabili nella sua immaginazione.

Rispetto alla letteratura, dunque, i mezzi specifici del cinema permettono di mettere in scena una realtà molto più vicina a quella che è la nostra quotidiana percezione del mondo reale: essi non rappresentano un quadro fisso, immobile della realtà, bensì una dimensione spazio-temporale in continua evoluzione. Il film, infatti, altro non è che **immagine in movimento** (lo stesso termine "cinema" deriva dal greco *kinèsis*, "movimento").

Lo spazio Nel racconto filmico lo spazio è di fatto circoscritto dai margini dell'immagine proiettata sullo schermo. In esso prende forma un particolare **ambiente**, caratterizzato dall'insieme degli elementi che ospitano la vicenda e le fanno da sfondo: esso è, per così dire, ciò che riempie la scena in cui agiscono i personaggi. Nella narrazione cinematografica, l'ambiente assolve a due precise e differenti funzioni: **"arredare"** la scena e **"situarla"**. In altri termini, un film dipende dalla scelta soggettiva degli elementi che permettono di ambientare la scena dell'azione (il paesaggio, l'arredamento degli interni, i costumi ecc.), e di definirla in modo preciso, di stabilire cioè il contesto della storia raccontata. Si può dunque parlare di un **ambiente ricco** (dettagliato, minuzioso, fortemente caratterizzato) o **povero** (spoglio, semplice, generico) per quanto riguarda l'"arredo" della scena, ma anche di **ambiente storico**, **fantastico** o **generico**, per quanto riguarda invece la "situazione" dell'azione rappresentata (a seconda che la storia si situi in un preciso contesto storico, che si svolga in un universo di fantasia o che volutamente non si diano indicazioni sul tempo e lo spazio in cui essa si svolge).

Ma lo spazio che lo spettatore può effettivamente figurarsi contiene anche elementi assenti dall'ambiente inquadrato: il cosiddetto **fuori campo**, costituito da ciò che è escluso dalla vista, ma che viene comunque intuito dallo spettatore. Per i fini della narrazione cinematografica, ciò che si sceglie di escludere dall'inquadratura è dunque altrettanto importante di ciò che effettivamente viene mostrato. Nello spazio **fuori campo**, per esempio, può iniziare o concludersi un'azione parzialmente avvenuta **in campo**. In questi casi, molto frequenti nei film, lo spazio si dilata oltre i limiti di ciò che è rappresentato visivamente, e così la narrazione.

Il tempo Anche il **tempo** costituisce un elemento fondamentale di un film. Così come lo spazio, esso può essere inteso in due modi differenti: innanzitutto, come la coordinata che individua, insieme allo spazio, l'ambientazione del racconto filmico; esso corrisponde, in questo senso, all'**epoca** storica nella quale si svolge la vicenda (**tempo-collocazione**). In secondo luogo, il fattore-tempo riguarda tutte le scelte riguardanti la **disposizione** delle diverse scene e la loro **durata** (**tempo-divenire**).

Così come in un testo narrativo, infatti, il racconto filmico non deve necessariamente seguire l'ordine cronologico degli eventi che compongono la storia; si può scegliere un qualsiasi altro **ordine delle scene** che sia più funzionale alle scelte stilistiche dell'autore riguardanti la modalità di rappresentazione della vicenda.

Per ciò che riguarda invece la durata della scena, occorre distinguere innanzitutto tra **durata reale**, cioè la sua effettiva estensione nel tempo, e **durata apparente**, corrispondente invece alla percezione che lo spettatore ha di tale estensione temporale. Accade infatti nei film quanto abbiamo già considerato per i testi narrativi: lo scorrere del tempo assume un valore relativo a seconda del **ritmo** del racconto. Per esempio, all'interno di una scena dinamica e concitata la durata di una descrizione particolareggiata sembrerà maggiore della durata di questa stessa descrizione inserita in una scena dal ritmo meno intenso.

Occorre inoltre distinguere la cosiddetta **durata normale** dalla **durata particolare**: la prima si ha quando l'estensione nel tempo della rappresentazione di un'azione coincide approssimativamente con la sua durata reale; la seconda, invece, quando esse non coincidono. In quest'ultimo caso, possiamo riconoscere due differenti modalità di trattamento cinematografico del tempo: la **contrazione** e la **dilatazione**. Si ha una contrazione del tempo in tutti i casi in cui la durata di un'azione viene rappresentata sullo schermo in tempi più brevi del reale; per esempio, nella rappresentazione di un lungo viaggio, di un'epoca storica, dell'intera vita di un personaggio o di una parte significativa di essa. Si ha, viceversa, una dilatazione del tempo quando la scena si sofferma a lungo su fatti che hanno una durata reale inferiore; per esempio, nella rappresentazione di un sogno (che dura in realtà solo frazioni di secondo) o nelle scene in cui si usa la tecnica del **rallentatore** (detto anche ***slow-motion***, in inglese o ***ralenti***, in francese).

In *2001: Odissea nello spazio* l'ominide della foto scaglierà l'osso, che si vedrà roteare in *slow-motion* (regia di Stanley Kubrick, 1968).

Come racconta il cinema • UNITÀ 5

4 Come si fa un film

La struttura di un film Il film si presenta come un racconto continuo e lineare; in realtà, il prodotto finito è il risultato di un lavoro in cui le parti del racconto vengono realizzate singolarmente, per poi essere "ricucite" insieme solo in una fase successiva. L'unità fondamentale del racconto filmico è la **sequenza**. Essa è una parte di film che presenta una certa omogeneità e autonomia a livello narrativo. A sua volta, essa è formata da un insieme di unità più piccole, che sono dette **scene**, e costituiscono porzioni di racconto aventi unità di spazio e di tempo. Le scene, a loro volta, sono una successione di **inquadrature**, ovvero segmenti di pellicola girati in continuità e delimitati dalle indicazioni di inizio e fine ripresa (*Ciak!* e *Stop!*).

Durante le **riprese**, l'inizio e la fine di un'inquadratura vengono segnalati da un colpo di **ciak**, un particolare strumento in legno o metallo con un'asticella mobile e una lavagnetta su cui vengono riportati, nell'ordine, il numero progressivo della scena e dell'inquadratura, nonché quello della ripresa, nel caso in cui questa venga ripetuta più di una volta: ogni singola inquadratura, in effetti, spesso viene girata più volte fino al raggiungimento di un risultato soddisfacente.

I piani e i campi La macchina da presa può inquadrare una porzione di spazio più o meno estesa. A seconda della loro estensione, le inquadrature si distinguono in **piani** e **campi**. I piani sono inquadrature incentrate sulla figura umana, in cui questa occupa l'intero fotogramma o una gran parte di esso; i campi, viceversa, sono inquadrature in cui prevale la raffigurazione dell'ambiente.

I più importanti tipi di inquadratura sono i seguenti:

- **primissimo piano**: inquadratura centrale del viso ripreso per intero.

- **primo piano**: inquadratura ravvicinata, con taglio all'altezza delle spalle (▶ *La vita è bella*, scene 71-73, fotogramma 3, p. 131).

- **mezzo busto**: inquadra la figura umana tagliata all'altezza del petto.

111

PARTE 1 • Il metodo

■ **piano medio**: inquadratura della persona tagliata all'altezza della vita (▶ *La vita è bella*, scene 1-2, fotogramma 4, p. 120).

■ **piano americano**: così definito perché introdotto inizialmente nel cinema americano, inquadra la figura dalle ginocchia in su.

■ **piano totale** (o **figura intera**): comprende tutta la figura, dai piedi al viso.

■ **campo medio**: inquadratura di un gruppo di persone, di un vicolo, di una parte di una piazza ecc.

■ **campo lungo**: si distinguono strade, ponti, paesi, gruppi di case e eventualmente, ma in piccolo, persone. (▶ *La vita è bella*, scene 1-2, fotogramma 1, p. 119).

■ **campo lunghissimo**: inquadratura da lontano di paesaggi o panorami, dove si distinguono solo montagne, fiumi, città ecc.

A queste inquadrature si aggiungono il **particolare** e il **dettaglio**, che costituiscono i "tagli" più stretti rispettivamente per la figura umana e un oggetto.
Ogni tipo d'inquadratura determina un diverso effetto visivo, rispondendo così a esigenze diverse. Com'è facilmente intuibile, i piani più stretti concentrano l'attenzione sul personaggio, tanto da farne cogliere allo spettatore anche l'espressione (▶ *La vita è bella*, scena 67, p. 129); al contrario, i campi lunghi privilegiano la raffigurazione degli ambienti, dando origine a suggestioni di vario tipo. Una parte importante delle scelte narrative di chi realizza un film riguarda dunque la valutazione, scena per scena, delle inquadrature più adeguate da adottare per ogni situazione narrativa. Tale scelta, che assume un'importanza fondamentale per la forma che assumerà il racconto filmico, si concretizza nella stesura del **piano delle inquadrature**.

I movimenti di macchina La macchina da presa può essere utilizzata e mossa in vari modi. Si parla di **camera a mano** quando la macchina da presa è impugnata direttamente dal tecnico di ripresa; una variante di questa è la **camera a spalla**, appoggiata cioè sulla spalla di chi effettua la ripresa, il quale può così seguire i movimenti in scena come potrebbe farlo un personaggio e fornire così allo spettatore un forte "senso di realtà". Una recente evoluzione di quest'ultima è la **steadycam** (o **camera stabile**), una macchina da presa fissata a un apposito corpetto che dà al tecnico una maggiore libertà di movimento e la possibilità di effettuare inquadrature stabili e senza sobbalzi.

Vi sono poi macchine da presa collocate su **supporto fisso** (o su **cavalletto**), o ancora su un **carrello** inserito su binari. Nel primo caso si avranno **riprese fisse** o **panoramiche** (mediante movimento rotatorio sull'asse di ripresa). Nel secondo caso, si parla di **carrellate**, che possono essere di diversi tipi: in particolare, la carrellata **laterale**, che segue i personaggi procedendo parallela a essi, e la carrellata **a seguire** o **a precedere**, che li segue di spalle o di fronte. Altri particolari tipi di movimento sono consentiti dal **dolly**, un braccio metallico mobile simile a una piccola gru, e dalla **camera-car**, macchina da presa montata sopra un'automobile (▶ *La vita è bella*. Scene 1-2, fotogramma 5, p. 120).

Tutti questi diversi **movimenti di macchina** permettono non soltanto di inquadrare i personaggi da diverse posizioni, ma anche di seguirne dinamicamente le azioni adottando vari punti d'osservazione.

A sinistra: un momento delle riprese di *Midnight in Paris* (regia di Woody Allen, 2011); a destra una scena del film.

Il montaggio Una delle fasi più importanti nella produzione di un film è il **montaggio**, il momento in cui dalla **pellicola** impressionata in fase di ripresa si estraggono le inquadrature e si dispongono in un ordine che sarà quello definitivo. Nella maggior parte dei casi, quando il suono non viene registrato in **presa diretta** (cioè nel momento stesso della ripresa), è solo in questa fase che alle immagini viene unito il **sonoro** del film, ovvero la registrazione delle voci dei personaggi e di tutti i rumori d'ambiente.

Il compito dei tecnici addetti al montaggio è di unire le inquadrature sequenza per sequenza e scena per scena, seguendo attentamente tutta una serie di indicazioni che sono state stabilite sin dal principio, allo scopo di dare quella specifica forma al racconto filmico. L'abilità del montatore consisterà nel rendere il più possibile invisibile il proprio lavoro, dando il massimo di fluidità alle **transizioni** tra le inquadrature.

La transizione tra due inquadrature può avvenire in due modi:

- attraverso uno **stacco**, cioè con il semplice accostamento delle inquadrature; tra le principali tecniche di raccordo atte a dare un senso di continuità, vi è quella denominata "**campo-controcampo**", in cui vengono alternate due inquadrature tra loro speculari. È una tecnica spesso utilizzata nelle scene in cui è rappresentato un dialogo tra due personaggi (▶ *La vita è bella*, scena 67, fotogrammi 2-3, pp. 128-129);
- per **dissolvenza**, quando (a differenza di ciò che avviene nello stacco) l'immagine inquadrata compare o scompare in maniera graduale. Quando l'inquadratura compare lentamente dal **campo nero** (ossia dallo schermo nero) si parla di dissolvenza **d'apertura**; quando al contrario essa si spegne lentamente nel nero, si parla di dissolvenza **di chiusura**, o dissolvenza **in nero**. La **dissolvenza incrociata**, invece, consiste nella lenta sovrapposizione di due inquadrature: mentre la prima scompare, la seconda prende il suo posto.

In corrispondenza delle transizioni viene frequentemente inserito un **commento musicale** – spesso una musica composta specificamente per il film, oppure un brano di una canzone, di un'opera ecc. – che, insieme al sonoro registrato in fase di ripresa e quello inserito in fase di doppiaggio, va a costituire la **colonna sonora** del film.

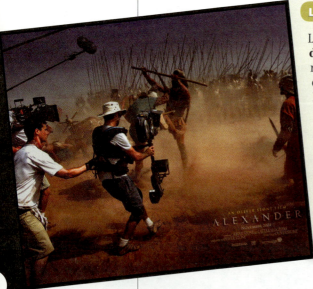

L'utilizzo di una *steadycam* nel corso della lavorazione di *Alexander* (regia di Oliver Stone, 2004).

LA MACCHINA DA PRESA E IL PROIETTORE

Le inquadrature vengono effettuate mediante una **macchina da presa**, ovvero un dispositivo che attraverso apposite lenti riceve la luce esterna e, con essa, l'immagine del luogo inquadrato. In tale dispositivo è presente un supporto su cui scorre la pellicola; mediante un congegno denominato **otturatore**, la pellicola viene impressionata a intervalli regolari, così da registrare l'immagine (**fotogramma**) ripetutamente, in tutte le sue più impercettibili variazioni. La successione dei singoli fotogrammi, riprodotta a una certa velocità, restituisce il movimento dei soggetti inquadrati.

Un analogo apparecchio, denominato **proiettore**, provvederà poi a illuminare uno dopo l'altro tali fotogrammi con lampi in rapidissima successione, proiettandoli sullo schermo della sala cinematografica.

5 Chi fa un film

Chi è l'**autore** di un film? Verrebbe spontaneo rispondere: il **regista**. Si tratta di una risposta corretta, anche se non del tutto completa. Un film, infatti, è il risultato dell'interazione tra più soggetti, di cui il regista è il coordinatore, il supervisore, il responsabile finale.

Il lavoro preliminare Il lavoro del regista è preceduto cronologicamente da quello del **soggettista**, cioè colui che ha elaborato il progetto (o **soggetto**) del film nelle sue linee generali. Il soggetto può essere originale, oppure tratto da un romanzo o da un testo letterario d'altro genere (teatrale, epico ecc.). Il lavoro del soggettista è seguito da quello dello **sceneggiatore**, cioè da colui che realizza la **sceneggiatura**, ossia il copione del film con tutte le indicazioni di scena da seguire. Queste figure professionali, poste a diretto contatto con il **produttore** (ovvero il finanziatore e l'organizzatore dell'intera produzione del film), esauriscono il loro compito spesso ancor prima della chiamata in causa del regista stesso.

Dal momento in cui viene coinvolto, il **regista** dà inizio alla preparazione del **set** (il luogo in cui si svolgono le riprese), avvalendosi della competenza tecnica e delle scelte estetiche dello **scenografo**, che predispone le varie ambientazioni, e del **direttore della fotografia**, che è responsabile della scelta della luce, del tipo di pellicola e di colore da impiegare per le riprese, e pertanto della resa qualitativa finale delle immagini girate.

Infine, nella fase di realizzazione vera e propria del film (che ha una durata variabile, a seconda del tipo di opera e dei mezzi della produzione), vengono coinvolte altre numerose figure, la cosiddetta *troupe* che lavora per la buona riuscita delle riprese.

La *troupe* Il gruppo che partecipa attivamente alle riprese è formato da professionisti con competenze tecniche (**tecnici di ripresa**, **delle luci**, **fonici**, **microfonisti**, **costumisti**, **attrezzisti**, **truccatori** ecc.) e organizzative: l'**aiuto-regista**, incaricato principalmente di organizzare le riprese; il **segretario di edizione**, che registra puntualmente i dati relativi alle riprese effettuate; l'**ispettore di produzione**, incaricato dal produttore di controllare puntualmente l'andamento delle riprese.

Resta infine di stretta competenza del regista il lavoro con il **cast** degli attori e con le **comparse**, ossia le persone (spesso non professionisti) che coprono i ruoli di contorno nel film (per esempio, nelle scene di massa).

Sotto, il regista James Cameron sul set di *Avatar*; in basso, il regista Tim Burton sul set di *Alice in Wonderland* (2010).

6. Perché un film può essere considerato "racconto"

Stili e generi di un racconto di tipo particolare La "macchina del cinema" mette a disposizione del regista molti più mezzi di quelli usati da uno scrittore di romanzi o racconti, il quale si serve unicamente della parola scritta. Tali mezzi risultano tutti dotati di alta capacità di comunicazione: **immagine**, **suono**, **luci**, **colori**, **parole** agiscono contemporaneamente nella proiezione filmica e permettono una comunicazione molto più complessa e articolata di un "semplice" testo narrativo. Così come nell'opera narrativa lo **stile** è costituito dall'insieme delle modalità espressive utilizzate dallo scrittore, nel film esso si collega al *modus narrandi* del regista; lo stile di un regista è dunque il frutto di precise scelte che riguardano il soggetto del film, gli attori, la tecnica di ripresa e di montaggio e moltissimi altri elementi che determinano il significato complessivo del racconto filmico.

Ma lo stile è fortemente condizionato anche dal **genere** della narrazione, dai contenuti e dalle caratteristiche della storia che deve essere rappresentata. Nel corso della storia del cinema, infatti, si sono codificati alcuni generi ben riconoscibili, ciascuno con le proprie peculiarità. Tali **convenzioni** condizionano fortemente le caratteristiche del prodotto finale, molto più di quanto accade in campo letterario.

Due grandi registi: a sinistra, Federico Fellini (1920-1993); a destra, con il braccio alzato, il regista Alfred Hitchcock (1899-1980).

La firma apposta in calce al racconto I più grandi registi sono riusciti a inventarsi uno stile originale e inimitabile all'interno di particolari generi cinematografici: basti pensare ai **gialli** di **Hitchcock**, ai *western* di **Sergio Leone**, agli *horror* di **Dario Argento**, ai **cartoni animati** di **Walt Disney**, al **mondo surreale** di **Federico Fellini** o al **realismo** di certi film di **Stanley Kubrick**. In tal senso, lo stesso si può dire dei migliori scrittori di narrativa di genere (come, per esempio, Agatha Christie, Conan Doyle o Andrea Camilleri, tre maestri del giallo), il cui stile ci appare inconfondibile.

Insomma, al di là delle differenze formali e tecniche tra racconto filmico e racconto in forma letteraria, ciò che caratterizza un'opera e contraddistingue un artista è lo **stile**, che rivela la presenza e l'importanza del creatore, anche ove questi voglia mantenersi invisibile.

Un modello di film
La vita è bella

TITOLO: *La vita è bella*
NAZIONE: Italia
ANNO: 1997
GENERE: Commedia/Drammatico
DURATA: 128'
REGIA: Roberto Benigni
SCENEGGIATURA: Roberto Benigni e Vincenzo Cerami
FOTOGRAFIA: Tonino Delli Colli
MONTAGGIO: Simona Paggi
MUSICHE: Nicola Piovani
ATTORI PROTAGONISTI: Roberto Benigni
CAST: Nicoletta Braschi, Giorgio Cantarini, Giustino Durano, Sergio Bini Bustric, Giuliana Lojodice
PRODUZIONE: Gianluigi Braschi e Elda Ferri (Melampo Cinematografica)
DISTRIBUZIONE Cecchi Gori

Il film ha vinto 3 premi Oscar: miglior film straniero, miglior attore protagonista, migliore colonna sonora.

LA TRAMA

Toscana, fine degli anni Trenta. Guido, ragazzo simpatico e scapestrato, incontra Dora, maestra elementare. Guido prova in ogni modo a far innamorare di sé la giovane e timida maestrina; alla fine, grazie alla sua incontenibile passione e forza di volontà, riuscirà nella sua impresa. I due innamorati si sposano e hanno un bambino, Giosué. La seconda parte del film si apre su una situazione drammatica: Guido e la sua famiglia vengono arrestati e rinchiusi in un campo di concentramento, in quanto ebrei. Allo scopo di proteggere il figlio dall'insostenibile verità della vita all'interno del campo, Guido convince Giosué che i duri momenti della loro esistenza quotidiana sono in realtà le prove di un grande gioco a premi, il cui premio finale è un carro armato. Lo sguardo innocente di Giosué verrà così preservato dall'orrore della violenza e della morte.

La parola al regista e protagonista

Permettetemi di aprire con un effluvio di soddisfazione, che spargo su di voi con tutta la gioia possibile, perché è la prima volta che parlo di questa storia e per me è un'emozione che mi allarga il polmone, mi spacca il costato, mi sventra la costola e mi riempie il cuore tutto di un dolce sentire. È come essere incinta, la carne diventa più bella; l'orecchio si allunga, il polpaccio fiorisce, la campanula si diverte, il malleolo si allarga, e tutto l'intrinseco del corpo va nella gioia della vita stessa, perché fare un film per un uomo è come la parte puerperale. Una storia in bilico tra la lacrima e il riso. Benigni in un campo di concentramento non è un po' come Totò all'inferno? Ma questo è il film che mi catapulta più di tutti quelli che ho fatto nel mondo intero, nella soddisfazione di tutte le cose create che hanno al loro interno il nostro cuore. Perché, come dicono le sacre scritture, quando la risata sgorga dalle lacrime si spalanca il cielo. [...]

Come cornice storica, *La vita è bella* si svolge tra il 1938 – ma niente a che vedere col sogno italiano

della conquista di un impero - e il 1945, quando finisce la seconda guerra mondiale, con l'arrivo degli americani sui loro carri armati. Ma il film non è la storia del fascismo, o del nazismo e della loro caduta. È l'umana vicenda di Guido, di Dora e del loro figlio Giosuè. La prima parte è una classica grande storia d'amore. [...]

Passano cinque anni, in Italia sono in vigore le sciagurate leggi razziali. Si scopre che Guido è di origine ebraica, direi proprio ebreo. Non è uno che si presenta e dice: «Buongiorno, sono ebreo». Si scopre dopo. Così all'improvviso mia moglie torna a casa e non trova più né me né nostro figlio; siamo stati portati via da un camion, siamo finiti in un campo di concentramento. Dora, per amore, pur non essendo ebrea sale di sua spontanea volontà nel treno che trasporta lontano suo marito e suo figlio. Sono realmente accaduti casi del genere, l'ho saputo dopo, di donne a cui avevano portato via i propri cari e che dicevano: vado anch'io, ed era una cosa spaventosa. La deportazione era come un'ascia che spaccava in due tante famiglie, solo perché uno era ebreo. Ecco quindi la follia: la famiglia di Guido, senza nessuna ragione, viene presa e portata nel luogo più orrendo, nell'inferno più terribile di tutti i tempi, con io che cerco di proteggere un bambino di cinque anni, come istintivamente fa ognuno di noi quando vede un orrore e dice: no, non guardare, non è vero, stanno scherzando, stanno giocando. [...]

Dora finisce in un altro settore del lager. Un lager che non è un campo di concentramento preciso: che importa sapere se è in Italia, in Germania, o dove? In questa storia è il luogo dove sono portati gli ebrei, ma non è ricostruito filologicamente: è «il» lager. Rappresenta tutti i campi di concentramento del mondo, di qualunque epoca. Noi ricostruiamo perfettamente cosa succedeva in quei luoghi spaventosi. Il campo, i costumi, gli oggetti, tutto nel film è reinventato. Gli orrori non sono descritti nei particolari, ma evocati, suggeriti per sentirne il dolore al di là del raccapriccio.

Guido tiene nascosto il piccolo Giosuè e gli fa credere che tutto quello che vedono fa parte di un gran gioco collettivo, che loro due sono i giocatori più bravi, che affrontano le prove più tremende per arrivare a prendere il primo premio, uno straordinario primo premio. Il padre fa una fatica immensa, deve costruire una cattedrale gotica per convincere il figlio che il campo dove si trovano è un posto da ridere mentre intorno ci sono camere a gas, forni crematori e cumuli di cadaveri e si fanno bottoni, saponi e fermacarte con le persone. L'orrore del lager è così grande da sembrare finto; del resto il paradosso, l'incredibile sono nella realtà. La storia è esattamente quella che si vede: una famiglia spezzata che cerca disperatamente di sopravvivere in mezzo allo sterminio. E questo l'importante: il contrasto fra la loro voglia di essere comunque felici e le mostruosità che li circondano.

Roberto Benigni e Vincenzo Cerami, *La vita è bella*, Torino, Einaudi, 1998

Applichiamo gli strumenti

1. Secondo Roberto Benigni, qual è il tema principale di *La vita è bella*?
2. Perché Benigni non ha realizzato un film storico che mostrasse in maniera dettagliata e documen-

tata le atrocità dei lager nazisti?
3. Ti sembra che la prospettiva proposta rispecchi il messaggio che Benigni ha voluto trasmettere nel film? Perché?

Un inizio tragico, comico, fiabesco

Scene 1-2. Si sono rotti i freni!

Nella prima scena, Guido e l'amico Ferruccio, a bordo di un'automobile Balilla, stanno percorrendo le placide colline della Toscana…

La scena si apre con un'inquadratura a **campo lungo.**

- *La Balilla fila liscia e allegra.*

- *Ma la macchina va giù sempre più veloce. Ferruccio urla: «Si sono rotti i freni!».*

PARTE 1 • Il metodo

- *Oltre una curva, un gruppo di paesani sta aspettando il passaggio della macchina del re. Appena vedono spuntare l'auto di Guido, la banda attacca la marcia reale...*

Il protagonista è inquadrato con un **piano medio**.

- *Guido grida: «Via, via... via! Largo, fate largo... attenzione...».*

- *Ma quel gesto di Guido genera un risultato per lui del tutto inatteso... Tutto il paese risponde sollevando il braccio e urlando: «Viva il Re!»*

Il movimento di macchina avviene con una **camera-car**.

■ *La macchina guasta attraversa a velocità sfrenata la strada del paese. Guido resta col braccio alzato, stupito e incredulo.*

Scena 3. Come in una favola

Guido e Ferruccio si fermano presso una fattoria per riparare i freni della macchina. Mentre Ferruccio armeggia con gli attrezzi da meccanico, Guido gironzola nell'aia e incontra... il suo futuro grande amore.

Si sente un grido.

VOCE DI DORA: AH!

Proprio sulla testa di Guido, nella piccionaia, una ragazza è stata punta da una vespa. Perde l'equilibrio e cade giù, tra le braccia di Guido, mentre tutti i piccioni scappano fragorosamente. I due ruzzolano a terra, sulla paglia. Lei è sopra di lui, sul volto una mascherina velata.

GUIDO (SORRIDENDO): Buongiorno principessa!
DORA: Oddio, volevo bruciare quel nido di vespe... ma mi hanno punto.

Intanto si gira su un fianco. Il velo le cade dal viso.

DORA: ...Meno male che c'era lei! Ahi!

Si strofina la coscia subito sopra il ginocchio. Guido è sdraiato accanto a lei.

GUIDO: L'ha punta una vespa? Lì? Con permesso!

Le toglie la mano dalla coscia e si getta con la bocca sulla puntura. Succhia e sputa.

GUIDO: Bisogna levare il veleno put... subito! È pericolosissimo! Put... Si stenda principessa put... ci vorrà put almeno mezz'oretta... put!

121

PARTE 1 • Il metodo

7

La fotografia adotta qui toni caldi, dando un'immagine idilliaca e solare dell'ambientazione campestre in cui si svolge la scena.

Lei, sorridendo, si ritrae e si alza in piedi. Si alza anche lui.

DORA: Ecco, grazie, è passato!
GUIDO: L'ha punta da qualche altra parte?

Lei raccoglie da terra la maschera antipungiglione.

DORA: No, grazie.

Guido ride guardando il cielo.

GUIDO: Ma che posto è questo? Ma è un posto bellissimo: volano i piccioni, le donne ti cadono dal cielo! Io mi stabilisco qua! […]

Dora è timida e imbarazzata, ma fortemente incuriosita da quel tipo allegro.

GUIDO: […] Principe Guido al suo servizio, principessa!

Così dicendo si piega nel più galante degli inchini. Dora sorride mentre, sulla strada, suona il clacson della Balilla.

GUIDO: Ora vengo!

La Balilla riprende il suo viaggio.

Roberto Benigni e Vincenzo Cerami, *La vita è bella*, Torino, Einaudi, 1998

Applichiamo gli strumenti

1. Nel fotogramma 4 il gesto di Guido assume un doppio significato. Perché Guido fa quel gesto? Come viene interpretato dalla folla?

2. Perché nel fotogramma 6 Guido ha una faccia stupita e attonita? Che cosa ha compreso?

3. Perché i fotogrammi delle scene 1 e 2 possono essere considerati premonitori della catastrofe umana che avverrà nel prosieguo del film?

4. All'inizio del film una voce fuori campo dice: «*Questa è una storia semplice, eppure non è facile raccontarla. Come in una favola c'è dolore, e come una favola è piena di meraviglia e felicità*». Quali elementi delle scene proposte giustificano l'affermazione? Spiega.

5. Nella scena 3, ti sembra che ci sia un legame tra il tipo di fotografia (calda, solare) scelta per rappresentare la campagna toscana e ciò che avviene nella scena tra i due personaggi?

Ondate di razzismo

Scena 36. Un cavallo ebreo

Guido ha trovato lavoro come cameriere al Grand Hotel, grazie all'aiuto dello zio (ebreo) che è il maître dello stesso albergo. Una sera, Guido viene chiamato con urgenza da un collega di lavoro perché corra fuori ad aiutare lo zio al quale è stato fatto un ignobile "scherzo".

Nella scena notturna, le luci puntate sul cavallo mettono in particolare evidenza il suo manto verniciato di verde.

Robin Hood, il cavallo dello zio di Guido, sganciato dal calesse, è tenuto per le briglie dal vecchio proprietario. È tutto dipinto di verde, il rossetto sui labbroni, gli occhi truccati... e la criniera e la coda pieni di fiocchetti leziosi. Sulle cosce e sui fianchi una folgore[1] e un teschio dipinti di nero e una scritta: «Achtung[2] cavallo ebreo».

GUIDO: Zio!

Vede il cavallo e subito cerca di sdrammatizzare, di non prenderla troppo sul serio. Aiuta lo zio a legare il cavallo.

GUIDO: Robin Hood... Che t'hanno fatto! Guarda che roba... l'hanno truccato. Bello però... che c'hanno scritto?... (Legge) «Achtung cavallo ebreo».

ZIO: I soliti barbari, vandali... è proprio triste! Che stupidaggine... «cavallo ebreo»... ma guarda qua!

Guido ride un po', per alleggerire la tensione.

GUIDO: Dai zio, non te la prendere, l'hanno fatto per...

Vorrebbe dire: «per gioco», ma lo zio lo interrompe.

ZIO: ...No, no... questi non l'hanno fatto per... (sorride) ...l'hanno fatto per... (si fa serio). Ti ci dovrai abituare Guido, cominceranno pure con te.

GUIDO: Con me! Che mi potranno fare! Al massimo mi spogliano, mi dipingono tutto di giallo, e ci scrivono: «Achtung cameriere ebreo»! Andiamo, andiamo zio...

---

1. folgore: fulmine. La folgore e il teschio neri sono simboli fascisti.
2. Achtung: in tedesco, "attenzione".

PARTE 1 • Il metodo

Scena 37. Un problema da risolvere

Durante una cena al Grand Hotel, la direttrice della scuola elementare in cui insegna Dora presenta ai commensali un problema di matematica che lei stessa ha sentito proporre ai ragazzini di una scuola della Germania nazista.

DIRETTRICE: E non dico a Berlino... ma addirittura in provincia, a Grafeneck, terza elementare. Sentite che problema, me lo ricordo perché mi ha colpito. Un pazzo costa allo Stato 4 marchi al giorno. Uno storpio 4,50, un epilettico 3,50. Visto che la quota media è 4 marchi al giorno e i ricoverati sono 300 000 quanto si risparmierebbe complessivamente se questi individui venissero eliminati?

La platea trasale sorpresa dal contenuto del problema. Dora è orripilata.

DORA: Dio mio, non è possibile!

DIRETTRICE: La stessa reazione che ho avuto io, Dora! «Dio mio, non è possibile!» Non è possibile che un bambino di sette anni risolva un problema di questo genere! Il calcolo è complesso, le proporzioni, le percentuali... un minimo di infarinatura algebrica. Un problema da scuola superiore per noi.

Il cavaliere Galardini ha fatto un calcolo mentale e finalmente interviene.

GALARDINI: No, basta una moltiplicazione! Tutti questi storpi sono 300 000, hai detto?

DIRETTRICE: Sì!

GALARDINI: 300 000 per 4: se li ammazzano tutti risparmiano 1 200 000 marchi al giorno. Facile!

DIRETTRICE: Esatto, bravo... ma tu hai 50 anni, Galardini. In Germania lo propongono ai bambini di sette anni, veramente un'altra razza!

Scena 41. Un cartello fascista

Padre e figlioletto procedono a piedi. Guido spinge la bicicletta per il manubrio. Li sorpassa un piccolo drappello di soldati tedeschi. I due si fermano davanti a una pasticceria; Giosuè si ferma a osservare una torta al cioccolato. Nella vetrina, pochi dolci, ma un grande cartello su cui è scritto: «Vietato l'ingresso agli ebrei e ai cani».

Come racconta il cinema · UNITÀ 5

10

Si noti la particolare inquadratura, con il grande cartello posto sulla vetrina che sovrasta Giosuè.

GIOSUÈ: La compriamo per la mamma?
GUIDO: Quanto costa?
GIOSUÈ: Venti lire.
GUIDO: Ma no, lascia fare, lascia fare… quella è finta, è come il tuo carro armato!

Guido va avanti mentre il bambino legge il cartello. Raggiunge poi il padre.

GIOSUÈ: Perché gli ebrei e i cani non possono entrare, babbo?
GUIDO: Eh, gli ebrei e i cani non ce li vogliono. Ognuno fa quello che gli pare! C'è un negozio, là, un ferramenta… loro non fanno entrare gli spagnoli e i cavalli. E coso… il farmacista, proprio ieri io stavo con un mio amico… un cinese che c'ha un canguro: "No, qui cinesi e canguri non possono entrare". Gli sono antipatici.
GIOSUÈ: Ma noi facciamo entrare tutti.
GUIDO: No, da domani ce lo scriviamo pure noi! Chi ti è antipatico a te?
GIOSUÈ: I ragni. E a te?
GUIDO: A me… i visigoti! E da domani ce lo scriviamo: "Vietato l'ingresso ai ragni e ai visigoti". E basta! M'hanno rotto le scatole 'sti visigoti.

Roberto Benigni e Vincenzo Cerami, *La vita è bella*, Torino, Einaudi, 1998

Applichiamo gli strumenti

1. Nella scena 36, che cosa è accaduto al cavallo dello zio di Guido?
2. Leggi con attenzione le parole dette dallo zio: quali battute sono dette con ironia? Quali, invece, con preoccupazione?
3. Che cosa risponde Guido alle argomentazioni dello zio?
4. Nella scena 37, la direttrice della scuola racconta il contenuto di un problema di matematica, in cui è però implicitamente difesa un'inquietante teoria razzista. Quale?
5. Quale equivoco nasce dalla reazione di Dora? Che valore ha la frase *Dio mio, non è possibile!* pronunciata sia da Dora sia dalla direttrice?
6. Che cosa intende dire la direttrice quando afferma: *…veramente un'altra razza!* E quale giudizio emerge invece sul personaggio, da questa e altre sue affermazioni?
7. Nella scena 41, perché, a tuo avviso, il regista ha messo così in evidenza il cartello fascista? Quale effetto ottiene con la presenza del bambino in primo piano?
8. In che modo il padre cerca di spiegare al bambino, senza turbarlo, gli assurdi episodi razzisti che stanno prendendo piede con l'ascesa del nazifascismo?
9. Spiega in che modo il registro comico e quello tragico si mescolano, all'interno del film, per trasmettere un messaggio antirazzista. Questo tipo di registro misto, secondo te, è efficace per affrontare un tema così delicato?

Un innocente da proteggere

Scena 53. Uno stratagemma

Guido, Giosuè e lo zio sono stati arrestati e condotti, dopo un lungo viaggio in treno, all'interno di un lager nazista.

Gli uomini sono tutti confusamente allineati e procedono lenti strusciando con le spalle un lungo muro grigio contro il quale si aprono le porte delle camerate. Quasi tutti portano con sé una valigia, un fagotto o una borsa che devono però lasciare fuori della porta prima di entrare. Soldati tedeschi controllano che tutto si svolga in ordine. È uno squallido casamento pieno di piccole finestre protette dalle inferriate oltre le quali si indovinano visi bianchi e disfatti, dai grandi occhi allucinati.

GUIDO: Allora Giosuè, come va? Sei contento, no? Guarda che posto. Come va? Sei un po' stanco?

GIOSUÈ: Sì, non mi è piaciuto il treno.

GUIDO: Non ti è piaciuto? Beh, allora al ritorno si piglia un autobus... (Urla forte a quelli della fila) Oh! Al ritorno noi in autobus, eh! Con le sedie! (A Giosuè) Gliel'ho detto!

GIOSUÈ: (tra sé) Sì, è meglio.

GUIDO: Anche secondo me.

Alla prima porta i tedeschi fanno entrare alcuni prigionieri dopo aver tolto loro di mano il bagaglio. Fatto il pieno, si prosegue.

GUIDO: Guarda che organizzazione. Hai visto i soldati? Qui c'è la fila per entrare, gente che s'imbuca, che cerca di entrare in tutte le maniere. C'è la fila fuori. Guarda come controllano... quei due non li fanno entrare, vedi?

Infatti due prigionieri vengono misteriosamente portati via.

GUIDO: Noi ci fanno entrare, noi siamo prenotati! Vedrai Giosuè... noi ci si diverte!

GIOSUÈ: Me lo dici babbo che gioco è?

GUIDO: Se uno sbaglia lo rimandano subito a casa. E chi vince prende il primo premio.

GIOSUÈ: Che si vince babbo?

GUIDO: (esita) Si vince... il primo premio, te l'ho detto!

GIOSUÈ: Si, ma che è?

Guido è in difficoltà.

GUIDO: È... è...

Lo salva lo zio.

ZIO: ...Un carro armato!

GIOSUÈ: Ce l'ho di già il carro armato!

GUIDO: Un carro armato vero, nuovo nuovo!

Giosuè si ferma con la bocca aperta.

GIOSUÈ: Vero? (Estasiato) No!

GUIDO: Sì, non te lo volevo dire!

GIOSUÈ: Come si fa ad arrivare primi?

GUIDO: Te lo dico dopo.

GIOSUÈ: Un carro armato...

GUIDO: ...Vero!

Scena 67. Cose da non credere!

Giosuè deve rimanere tutto il giorno nascosto nella baracca e vede il padre soltanto quando questi ritorna dopo la giornata di lavori forzati. Una sera...

GUIDO: Giosuè!

Il ragazzino è sotto il letto con due occhioni spauriti.

GUIDO: Vicni fuori!

Ma il piccolo non si muove. Allora gli spolvera la giacca.

GUIDO: Guarda qua, ti sei sporcato tutto! Ora quando...

GIOSUÈ: (cupo) ...Dove sei stato?

GUIDO: Eh? Sono... te l'ho detto, dovevo finire quella partita a briscola.

GIOSUÈ: Ci fanno i bottoni, il sapone...

GUIDO: Giosuè, cosa dici?

GIOSUÈ: Ci bruciano tutti nel forno.

GUIDO: Ma chi te l'ha detto?

GIOSUÈ: Un uomo s'è messo a piangere e ha detto che con noi ci fanno i bottoni e il sapone.

Guido scoppia a ridere.

13 — Il fotogramma ritrae l'impaurito Giosuè di spalle e Guido di fronte, sorridente e intento a rassicurarlo.

GUIDO: Giosuè! Ci sei cascato un'altra volta. Eppure ti facevo un ragazzino vispo, furbo! Con noi... con le persone... ci fanno i bottoni sì... coi russi le cinghie e con i polacchi le bretelle! (Sorride) I bottoni e il sapone... Eh, domattina mi lavo le mani con Bartolomeo, mi abbottono la giacca con Francesco e mi pettino con Claudio...

Ride e intanto si stacca un bottone dalla giacca e lo lascia cadere per terra.

GUIDO: Oh, m'è cascato Giorgio!

Raccoglie il bottone e lo mette in tasca.

GUIDO: I bottoni ci fanno con le persone[1]? E poi?

GIOSUÈ: Ci bruciano nel forno!

---

1. I bottoni ci fanno con le persone: "Con le persone ci fanno i bottoni"; questo tipo d'inversione nella costruzione della frase è tipico della parlata toscana.

14

Unita alla precedente per **controcampo**, la nuova inquadratura ne ribalta il punto di vista; di Guido si vedono solo il fianco e la mano che stringe il bottone, di Giosuè, invece, l'espressione sorpresa e rapita.

Guido lo fissa e ride.

GUIDO: (ride) Ci bruciano nel forno? Il forno a legna l'avevo sentito ma il forno a uomo mai eh! Oh, è finita la legna, passami l'avvocato! Oh, non brucia quest'avvocato, è proprio verde[2] eh! Ma dico... Giosuè, lascia perdere va... Va a finire che un giorno ti dicono che con noi ci fanno i paralumi, i fermacarte... e te ci credi veramente. Parliamo di cose serie. Domani mattina io ho una corsa coi sacchi con quelli cattivi cattivi... te...

Roberto Benigni e Vincenzo Cerami, *La vita è bella*, Torino, Einaudi, 1998

---

2. verde: legno giovane, non ancora secco e per questo difficile da bruciare.

Applichiamo gli strumenti

1. Guido dice a Giosuè: *Noi ci fanno entrare, noi siamo prenotati! Vedrai Giosuè... noi ci si diverte!* Pensa veramente quello che sta dicendo? Perché lo dice?

2. In che modo Guido riesce a convincere suo figlio dell'assurdità della parole che ha sentito (il forno, il sapone, i bottoni…). Perché questo dialogo è tragicomico?

3. In che cosa consiste e quale effetto determina il raccordo di montaggio "campo-controcampo" impiegato nella scena 67?

4. Guido vuole proteggere il suo bambino dall'orrore, salvaguardare la sua innocenza. Il metodo che egli adotta, secondo te, è giusto? Spiega la tua opinione.

PARTE 1 • Il metodo

Sogno o incubo?

Scene 71-73. Nella nebbia

Guido serve come cameriere presso la sala degli ufficiali tedeschi. Una sera, sfidando ogni sorta di pericolo, trova un sistema per ricordare a Dora, rinchiusa in un'altra baracca del lager, tutto il suo amore…

- *Quando il grammofono si ferma, Guido cambia il disco. Ne vede uno interessante, lo mette. È la* Barcarola *di Offenbach.*

LA *BARCAROLA* DI JACOB OFFENBACH

Jacob Offenbach (Colonia, 1819 - Parigi, 1880) è stato un violoncellista e uno dei più importanti compositori di musica popolare del XIX secolo in Europa. Di origine ebrea tedesca (il vero cognome, Eberst, viene cambiato dal padre, che decide di adottare quello della sua città di origine), si trasferisce nel 1833 con la famiglia a Parigi, dove trascorrerà gran parte della sua vita esercitando con enorme successo la sua arte. Ha composto più di cento operette.
Il famoso brano utilizzato in *La vita è bella*, il cui titolo in lingua originale è *La Barcarole*, è tratto da *I racconti di Hoffman*, la sua opera più famosa.

Ecco il testo originale del brano musicale, che puoi ascoltare:

Belle nuit,
Oh nuit d'amour,
Souris à nos ivresses,
Nuit plus douce que le jour,
Oh belle nuit d'amour!
Le temps fuit et sans retour
Emporte nos tendresses!
Loin de cet heureux séjour,
Le temps fuit sans retour.
Zéphyrs embrasés,
bercez-nous de vos caresses;
Zéphyrs embrasés,

Bercez-nous vos baisers.
Belle nuit, ô nuit d'amour,
Souris à nos ivresses,
Nuit plus douce que le jour,
Oh belle nuit d'amour!
Oh belle nuit d'amour!
Souris à nos ivresses,
Souris à nos ivresses,
Nuit d'amour!
Oh belle nuit
Oh belle nuit d'amour!

Come racconta il cinema • UNITÀ 5

16

- Quando la voce inizia il canto, Guido apre di più la finestra e gira un poco la tromba del grammofono verso l'esterno.

17

Il primo piano su Dora mette in evidenza il suo sguardo malinconico e commosso.

- Il canto struggente della Barcarola si perde nella fitta e bassa nebbia del campo. È la musica che ha fatto da cornice all'incontro d'amore tra Guido e Dora. Dora, avvicinatasi alla finestrella, capisce che la serenata è per lei…

- La musica è come attutita dalla nebbia. Guido è fuori nel piazzale. Sbuca dalla nebbia anche Giosuè. Insieme si allontanano in fretta.

18

131

- *Guido, immerso nella nebbia, è per un momento disorientato. Giosuè dorme in braccio al padre.*

- *Guido si ferma all'improvviso, dove la nebbia è meno fitta. Resta impietrito: una montagna di cadaveri. Guido indietreggia ingoiato dal bianco.*

Applichiamo gli strumenti

1. Secondo te, che cosa simboleggia e quale effetto ottiene la nebbia nelle immagini delle scene 71-73?
2. Il tutto si svolge in un'atmosfera sognante. Ma, a un certo punto, Guido passa dal sogno all'incubo. In quale momento?
3. Il testo della canzone afferma che è l'amore che ci spinge a vivere in maniera intensa. Secondo te, questo messaggio è in sintonia con ciò che accade in questa scena e, in generale, in tutto il film?
4. Quale importante premio ha vinto il film per la colonna sonora?
5. In questa scena, l'associazione di musica e immagini risulta particolarmente commovente per lo spettatore. Secondo te, la musica è capace di comunicare allo stesso modo delle parole, o esprime il suo messaggio in maniera diversa?
6. Quale giudizio generale dai del film? In che modo il lavoro del regista, del cast e di tutti coloro che hanno partecipato alla realizzazione del film è riuscito a raccontare la storia e fatto emergere dei contenuti di riflessione? Scrivi un breve testo esprimendo la tua opinione, soffermandoti particolarmente sui punti del film in cui le tecniche cinematografiche sono meglio riuscite a trasmettere allo spettatore emozioni e spunti di riflessione.

Parte 2
I generi

Il testo narrativo letterario comprende **vari generi**, cioè gruppi di opere caratterizzate da un preciso rapporto tra argomento trattato e forma espressiva. Per esempio, il genere giallo è tale perché sviluppa un tipico schema narrativo: la scoperta del delitto commesso, la ricerca del movente, l'individuazione del colpevole. Inoltre, dal punto di vista formale, presenta tecniche narrative peculiari quali: la *suspense*, il coinvolgimento, il colpo di scena ecc.

È importante che il lettore sappia identificare i vari generi letterari per poter **riconoscere gli elementi costitutivi di un testo**, **classificarlo** e **valutarlo** criticamente in modo adeguato.

I testi di narrativa (novella, racconto o romanzo) si suddividono in numerosi generi: narrazione d'avventura, a sfondo storico, cavalleresco, poliziesco, nero, umoristico, realistico, psicologico ecc. Soprattutto in questo secolo, poi, e in particolare negli ultimi decenni, si è registrata una vera e propria proliferazione di generi e, all'interno di essi, di un gran numero di **sottogeneri** (per esempio il romanzo giallo può essere d'azione, psicologico, sociale, politico, di spionaggio ecc.).

In questa parte sono presentati i generi più diffusi e più interessanti ai fini dell'analisi letteraria e per le tematiche affrontate.

Unità 6
L'avventura

T1 Joseph Conrad
Risalire il Congo

T2 Jack London
Il silenzio bianco

T3 David Grossman
Due incontri pericolosi

T4 Hugo Pratt
Corto Maltese e la città perduta

Saper fare

T5 Mark Twain
Fuga da casa

ONLINE

W1 Daniel Defoe, da *Robinson Crusoe*
W2 Emilio Salgari, *La statua di Visnù*
W3 Herman Melville, da *Moby Dick*
W4 Robert Louis Stevenson, da *L'isola del tesoro*
W5 Gabriel García Márquez, da *Racconto di un naufrago*
W6 Cormac McCarthy, da *La strada*
W7 Valerio Massimo Manfredi, da *Lo scudo di Talos*

Le caratteristiche del genere

1. La narrazione d'avventura

Pericoli, imprevisti, colpi di scena Il **racconto d'avventura** è una narrazione di fatti eccezionali, fuori dall'ordinario, che contengono in sé una buona dose di pericolo e di mistero. Secondo lo svolgimento tradizionale di questo genere di racconto, all'origine della vicenda si trova **un evento imprevisto** che complica la situazione iniziale e dà avvio a una serie di **peripezie**, che costituiscono il vero centro d'interesse della storia. Tali avvenimenti sono ricchi di **colpi di scena**, eventi inattesi e imprevedibili che rendono la narrazione avvincente sino al momento della sua conclusione; in questo modo, il lettore viene coinvolto emotivamente nelle vicende e nelle azioni dei personaggi, vivendo accanto a loro tutte le sensazioni da essi vissute. È soltanto nel momento dello **scioglimento finale** che la tensione, cresciuta gradualmente nel corso della narrazione (*suspense*) e giunta al massimo livello poco prima del finale, finalmente si distende.

2. Gli ingredienti del racconto d'avventura

I personaggi I protagonisti di un racconto d'avventura, siano essi persone comuni o figure eccezionali, si trovano coinvolti in situazioni pericolose o tali da non potere essere risolte in maniera semplice. Le loro **qualità fisiche** e **psicologiche**, la capacità di analizzare e controllare la situazione, l'istinto di sopravvivenza – spesso in ambienti sconosciuti e ostili – sono messi a dura prova dagli eventi. Di solito le straordinarie esperienze vissute dai personaggi lasciano su di loro un segno indelebile: la loro personalità ne risulta arricchita, così come la loro capacità di rapportarsi con la realtà esterna e con le altre persone. Atteggiamenti tipici dell'eroe d'avventura sono il **dinamismo**, il **gusto del pericolo**, talvolta anche l'**aggressività**, il **desiderio di esplorare**, lo spirito d'**intraprendenza**; spesso – ma non sempre – tutte queste sue caratteristiche sono poste al servizio della difesa di **alti ideali** (giustizia, amore, onore, libertà).

Nei racconti d'avventura tradizionali, il protagonista è caratterizzato secondo un certo *cliché* (parola francese, sinonimo di "stereotipo", che indica tutta una serie di caratteri fissi e convenzionali): esso è sempre forte e coraggioso, ama il rischio e non si lascia mai intimorire dagli eventi; tali doti gli consentono di affrontare antagonisti malvagi e senza scrupoli, o imponenti forze della natura, in una competizione dalla quale esce quasi sempre salvo e vincitore. Nel corso del tempo, tuttavia, i più importanti scrittori d'avventura hanno saputo uscire da questi stereotipi e costruire i loro personaggi con maggiore equilibrio e verosimiglianza, rendendone più "umani" e credibili il carattere, la personalità e le motivazioni dell'azione.

I luoghi Il racconto di avventura si ambienta solitamente in **luoghi aperti**, reali o del tutto immaginari, nella maggior parte dei casi lontani ed esotici; la vicenda può portare i personaggi addirittura su un altro pianeta (questo accade, in particolare, nei racconti di **fantascienza**). Paesaggi mai visti, con vegetazione e animali sconosciuti, a volte dominati da forze della natura di straordinaria potenza, oppure luoghi in cui si entra in contatto con popolazioni ignote e misteriose: queste sono le ambientazioni classiche delle vicende avventurose. Tale tipo di scelta dei luoghi del racconto serve a creare una contrapposizione tra gli spazi familiari e conosciuti al lettore – oltre che, in buona parte dei casi, al protagonista – e le situazioni estranee e ostili in cui le avventure sono ambientate. L'esaltazione di questo **senso dell'ignoto** rende particolarmente piacevole e intrigante la lettura dei racconti d'avventura.

3 Gli inizi e l'evoluzione del genere

L'avventura in luoghi lontani Il tema dell'avventura segna la nascita del romanzo moderno. Uno dei primi esemplari di tale genere, infatti, *Robinson Crusoe* (1719) dell'inglese **Daniel Defoe**, presenta tutte le caratteristiche del racconto d'avventura: il naufragio, la forzata permanenza del protagonista su un'isola sperduta, la solitudine e le difficoltà che lo costringono ad "aguzzare l'ingegno", l'incontro con l'"altro" (un giovane indigeno che, grazie a Robinson, riesce a evitare la morte), l'**ambientazione in paesaggi esotici**, misteriosi e carichi di grande fascino. Tutti questi ingredienti diventeranno fondamentali nelle opere incentrate sul tema del viaggio e della scoperta. Ne è un fortunato esempio l'opera di **Hugo Pratt**, i cui fumetti incentrati sulla figura di Corto Maltese hanno appassionato, a partire dagli anni Sessanta del Novecento, moltissimi lettori (▶ *Corto Maltese e la città perduta*, p. 162).

È proprio a tale filone che appartengono i romanzi dell'italiano **Emilio Salgari**, scritti tra la fine del XIX e l'inizio del XX secolo, molto popolari e letti da numerose generazioni di ragazzi e adolescenti del nostro paese. Nonostante non si sia mai recato nei luoghi descritti nelle sue opere, le sue storie riescono a ricreare con vivida immaginazione i paesaggi dell'India misteriosa (▶ *La tigre admikanevalla*, p. 13), della Malesia o dei Caraibi, dove personaggi come Sandokan o il Corsaro Nero affrontano una straordinaria serie di peripezie.

L'avventura in luoghi fantastici e in tempi remoti A volte, come nelle opere del francese **Jules Verne**, il viaggio e l'avventura si ambientano in luoghi impossibili o fantastici: gli inesplorati abissi marini di *Ventimila leghe sotto i mari* (1870), le viscere del nostro pianeta nel *Viaggio al centro della Terra* (1864), o addirittura il suolo della luna in *Dalla Terra alla Luna* (1865). In tal modo, lo scrittore francese è stato un vero e proprio precursore della letteratura di fantascienza: la sua immaginazione è spesso riuscita ad anticipare le più recenti conquiste della moderna tecnologia.

Altre vicende cariche d'azione e di avventura sono state collocate in **epoche passate**, facendo vivere al lettore il fascino della rievocazione storica; come accade, per esempio, nei romanzi cavallereschi (i cosiddetti "romanzi di cappa e spada") ambientati nel XVII secolo. Un celebre esempio di questo genere di letteratura è *I tre moschettieri* (1844) del francese **Alexandre Dumas** padre, autore anche di un altro classico dell'avventura, *Il conte di Montecristo* (1844), storia di un'audace evasione, di un favoloso tesoro nascosto e di un'implacabile vendetta che lentamente si consuma.

L'Ottocento Il "secolo d'oro" della narrativa d'avventura, ha visto la creazione di numerosi capolavori di questo genere: *L'isola del tesoro* (1883) dell'inglese **Robert Louis Stevenson**, le cui vicende si svolgono tra pirati alla ricerca di un tesoro nascosto; i racconti che costituiscono *Il libro della giungla* (1893-1894) e *Il secondo libro della giungla* (1894-1895) dell'inglese **Joseph Rudyard Kipling**, il cui protagonista è

Mowgli, "cucciolo d'uomo" allevato da un branco di lupi; *Il richiamo della foresta* (1903) e *Zanna bianca* (1906) dello statunitense **Jack London**, entrambi ambientati nei deserti ghiacciati dell'America del Nord all'epoca della ricerca dell'oro (▶ *Il silenzio bianco*, p. 146). Il fascino dell'avventura sul mare, simbolo estremo della sfida all'ignoto e alle forze della natura, è presente in celebri romanzi d'azione come, per esempio, *Moby Dick* (1851) dello statunitense **Herman Melville**. In *Cuore di tenebra* (1902), romanzo breve dello scrittore inglese di origine polacca **Joseph Conrad**, lo stesso tema e lo stesso sentimento quasi sovrumano del mistero sono invece generati dal racconto di un viaggio nel cuore dell'Africa nera che, grazie alla sua natura selvaggia e quasi impenetrabile, si rivela un luogo carico di suggestioni e perciò un'ambientazione perfetta per tale genere di letteratura (▶ *Risalire il Congo*, p. 139).

Di genere molto diverso, caratterizzate da un tono ironico, allegro e scanzonato sono *Le avventure di Tom Sawyer*, pubblicate da **Mark Twain** nel 1876: Tom, il protagonista del romanzo, è un ragazzo ribelle e anticonformista che, proprio a causa del suo carattere incontrollabile, vive un'incredibile serie di avventure rischiose e avvincenti, compresa la fuga da casa alla ricerca di una libertà da condividere con i suoi amici (▶ *Fuga da casa*, p. 171).

Il Novecento Nel XX secolo, il racconto d'avventura si è arricchito di nuovi elementi che hanno reso più articolate le caratteristiche iniziali del genere; per esempio, intrecciandolo con altri generi letterari, quali l'horror, il giallo, il *noir*. Uno degli elementi tipici della moderna narrativa d'avventura è l'interesse per le **scoperte scientifiche** e per le tecnologie avanzate, testimoniato, per esempio, dai romanzi dello statunitense **Michael Crichton**, tra i quali *Congo* (1981) e *Jurassic Park* (1990).

L'incontro tra il tema dell'avventura e numerosi altri generi letterari ha dunque prodotto, negli ultimi anni, opere caratterizzate dallo stile, dalle ambientazioni e dal contenuto più disparati. In molti casi, l'avventura si è trasformata da caratteristica principale dell'opera a uno dei tanti ingredienti da mescolare insieme agli altri per ottenere un risultato interessante e originale. Lo scrittore israeliano **David Grossman**, per esempio, con il suo romanzo *Qualcuno con cui correre* (2000) è riuscito a unire insieme i temi dell'avventura e dell'**adolescenza**, costruendo un intreccio avventuroso di notevole fattura e inserendolo in una cornice molto particolare: la storia di due adolescenti problematici, per motivi diversi, che grazie all'avventura vissuta insieme riusciranno a superare anche le loro rispettive difficoltà e ad affrontare la difficile realtà che li circonda (▶ *Due incontri pericolosi*, p. 154).

Una bussola per la navigazione.

T1 # Joseph Conrad
Risalire il Congo

- **PUBBLICAZIONE**
  Cuore di tenebra, 1902
- **LUOGO E TEMPO**
  fiume Congo, fine XIX secolo
- **PERSONAGGI**
  Marlow; l'equipaggio del suo battello; la Natura selvaggia e misteriosa

Joseph Conrad scrisse che *Cuore di tenebra* fu, insieme a un altro racconto, tutto il "bottino" da lui riportato indietro dal viaggio effettuato nel centro dell'Africa nel 1890. La trama del romanzo, scritto alcuni anni dopo e pubblicato nel 1902, è apparentemente lineare: Marlow, marinaio consumato nel fisico e nello spirito dalla fatica dei suoi viaggi, aspetta su un'imbarcazione il riflusso del Tamigi per poter prendere il largo. Nell'attesa, egli racconta ai suoi compagni l'avventura più strana ed esaltante della sua vita: la risalita del fiume Congo, alla ricerca di un enigmatico quanto misterioso agente Kurtz. Il brano qui riportato è tratto dalla seconda parte del romanzo: Marlow sta risalendo il fiume Congo dalla Stazione Centrale alla Stazione Interna, dove incontrerà Kurtz e concluderà il suo viaggio di andata.

Risalire quel fiume era come viaggiare all'indietro nel corso del tempo, ritornare ai primordi, quando la vegetazione cresceva sfrenata sulla terra e i grandi alberi ne erano i sovrani. Un fiume deserto, un silenzio solenne, una foresta impenetrabile. L'aria era calda, spessa, greve, immota. E non v'era alcuna gio-
5 ia nello splendore del sole. Le lunghe distese dell'acqua si susseguivano, deserte, nella luce persa delle distanze cariche d'ombra. Sulle spiagge argentee ippopotami e alligatori prendevano pigramente il sole fianco a fianco. Le acque, allargandosi, fluivano attraverso branchi di isole coperte di alberi; finivate con lo smarrire la strada in quel fiume come se foste in un deserto e, per tutto il giorno, v'imbatte-
10 vate in qualche bassofondo mentre cercavate il canale[1], finché credevate di essere stregato e tagliato fuori da tutto ciò che una volta avevate conosciuto, in qualche luogo molto molto lontano... forse in un'esistenza anteriore. C'erano momenti, in cui il passato vi ritornava alla mente, come succede alle volte quando non si ha un momento da dedicare a se stesso; ma il passato tornava sotto forma di un so-
15 gno inquieto e rumoroso e vi stupiva in mezzo alla realtà sopraffacente[2] di questo mondo strano di piante e acque e silenzio. E questa pace immensa, questa quiete sovrumana non somigliava per nulla alla pace. Era la quiete di una forza implacabile che covava una intenzione inscrutabile. Essa vi guardava con un'aria carica di vendetta. Dopo finii con l'abituarmici; non la vidi più; non ne avevo il tempo.
20 Dovevo continuare a cercare, a intuire il canale; dovevo scoprire, principalmente con l'ispirazione, i segni dei bassifondi nascosti; e stavo attento ai massi affondati; andavo imparando a stringere bravamente i denti prima che il cuore mi volasse via, quando radevo per un vero miracolo qualche infernale vecchio tronco celato sornione[3] sott'acqua, vecchio tronco che avrebbe sventrato mortalmente la mia

---

1. canale: è la parte più profonda del fiume, dove si può navigare.

2. sopraffacente: prorompente, quasi soffocante.

3. sornione: subdolo, poco visibile.

Una barca sul fiume Congo agli inizi del Novecento.

25 nave di latta[4] e fatto annegare tutti i pellegrini[5]; dovevo cercare con l'occhio ogni tronco morto che avremmo tagliato durante la notte per fornire il combustibile alla caldaia l'indomani. Ora, quando uno deve badare a tutte queste cose, quando deve tener aperti gli occhi, all'esterno, la realtà – la realtà, torno a dirvi, si dissolve. La verità interna è nascosta, – fortunatamente, fortunatamente. Ma io la sentivo
30 egualmente; la sentivo spesso nella sua misteriosa immobilità, che mi sorvegliava mentre ero intento ai miei trucchi così come essa vi sorveglia mentre voi, amici, eseguite il vostro numero di funamboli per... qual è il compenso? per mezza corona[6] al capitombolo...

– Cercate di avere un certo riguardo, Marlow, – brontolò una voce e io seppi
35 che c'era almeno uno degli uditori sveglio, oltre a me stesso.

– Vi chiedo scusa. Dimenticavo le angosce che compensano il resto del prezzo. E, in verità, che cosa conta il prezzo se il giuoco è ben eseguito? Voi li eseguite bene i vostri giuochi. E neanche io me la cavai male, visto che riuscii a non far naufragare il piroscafo, al mio primo viaggio. Tuttora non capisco come ci sia riu-
40 scito. Immaginate un uomo bendato che debba guidare un furgone in una strada pessima. So che sudai e rabbrividii spesso durante l'impresa, ve lo garantisco. Tutto considerato, per un uomo di mare sfregare la chiglia[7] della cosa, che dovrebbe stare a galla, contro il fondo è un peccato imperdonabile. Può darsi che nessuno ne venga a conoscenza ma uno non dimentica mai il colpo sordo, no? Un colpo
45 che si riceve qui, nel cuore. E uno se ne ricorda, se lo sogna, si sveglia ad un tratto tutto sudato e tremante... anche dopo che son passati diversi anni. Del resto non voglio dirvi che il piroscafo galleggiasse sempre durante quel viaggio. Più di

---

4. nave di latta: è l'imbarcazione malandata che Marlow ha rimesso in funzione per realizzare la sua missione.
5. pellegrini: gruppo di coloni che si trovavano a bordo dell'imbarcazione di Marlow.
6. mezza corona: moneta britannica usata in passato, di modestissimo valore.
7. chiglia: parte centrale del fondo dell'imbarcazione.

una volta fu costretto a guadare a fatica qualche tratto, con venti cannibali che guardavano intorno e spingevano. Avevamo arruolato alcuni di quei tipi, al posto
50 dell'equipaggio. Gente simpatica – i cannibali – nel loro ambiente. Uomini con cui si poteva lavorare e io sono tuttora grato a loro. E, tutto considerato, essi non si mangiavano l'un altro davanti a me: si erano muniti di una buona quantità di carne d'ippopotamo, che poi andò a male e che aggiunse al mistero della boscaglia selvaggia un tanfo odioso. Puah! Lo sento ancora adesso. Avevo a bordo il direttore
55 e tre o quattro pellegrini coi loro bastoni – al completo. Talvolta facevamo scalo accanto ad una stazione posta proprio sulla riva, aggrappata all'orlo del mondo sconosciuto e i bianchi che saltavano fuori da qualche tugurio[8] malconcio, gesticolando ampiamente per la gioia, la sorpresa e per darci il benvenuto, sembravano ben strani, avevano tutta l'aria di essere tenuti prigionieri là da un incantesimo. La
60 parola avorio suonava nell'aria per un poco[9] e quindi eccoci di nuovo avanzare nel silenzio lungo le ampie distese vuote, girare nelle curve del fiume sempre nell'alto silenzio, procedere fra le alte muraglie della nostra via sinuosa che riecheggiava con colpi sordi, cavi, il forte pulsare della ruota a poppa[10]. Alberi, alberi, milioni di alberi massicci, immensi, giganteschi; e ai loro piedi, costeggiando la riva, stri-
65 sciava il piccolo piroscafo sporco, simile ad uno scarafaggio pigro che striscia sul pavimento di un portico grandioso. Ciò vi faceva sentire ben piccolo, sperduto; eppure tale sensazione non riusciva poi troppo deprimente. Dopo tutto, eravamo piccoli sì, ma lo scarafaggio sporco procedeva egualmente e questo era appunto ciò che si voleva. Dove poi esso volesse giungere così strisciando, secondo i pel-
70 legrini, io non lo so. In qualche posto dove essi s'aspettavano di trovare qualcosa, ci scommetto! Per me strisciava verso Kurtz – esclusivamente; ma quando i tubi del vapore cominciarono a perdere, noi procedemmo più lentamente.

Le distese d'acqua s'aprivano dinnanzi a noi e si chiudevano dietro come se la foresta tranquillamente avesse attraversato l'acqua per sbarrarvi la strada del
75 ritorno. Intanto penetravamo sempre più profondamente nel cuore delle tenebre. Regnava una gran quiete là. Di notte, talvolta, il pulsare dei tamburi dietro la cortina degli alberi correva sul fiume e rimaneva debolmente sospeso, quasi che aleggiasse nell'aria, proprio sulle nostre teste, fino alle prime luci del giorno. Se significasse guerra, pace o preghiera, noi non sapevamo. Le albe venivano annun-
80 ciate dalla discesa di una quiete fredda; i taglialegna dormivano coi loro fuochi bassi; la rottura di un rametto vi avrebbe fatto trasalire. Eravamo come i visitatori di una terra preistorica su una terra che aveva gli aspetti di un pianeta sconosciuto. Avremmo potuto immaginare di essere i primi uomini che prendevano possesso di una eredità che bisognava sottomettere a costo di grandi dolori e di fatiche
85 eccessive. Ma repentinamente, mentre superavamo a fatica una curva del fiume, ecco comparire alcuni muri di giunchi, i tetti conici coperti di erba secca e poi l'esplosione di gridi, un turbinio di membra nerissime, un brulichio di mani che battevano, di piedi che correvano, di corpi che oscillavano, di occhi che roteavano

---

8. tugurio: baracca.
9. La parola... un poco: è il commercio dell'avorio ad attrarre in queste zone gli europei.
10. ruota a poppa: una grande ruota a pale posta nella parte
posteriore dell'imbarcazione che fa muovere il battello a vapore.

PARTE 2 · I generi

sotto la cascata del fogliame greve e immobile. Il piroscafo arrancava lentamente
90 sfiorando quella frenesia[11] nera e incomprensibile. L'uomo preistorico imprecava
contro di noi, oppure ci implorava, ci dava il benvenuto?... E chi poteva saperlo.
Noi eravamo isolati, non comprendevamo l'ambiente che ci circondava; scivola-
vamo oltre, simili a fantasmi stupiti e segretamente sgomenti, come rimarrebbero
degli uomini sani di mente davanti a un'esplosione di entusiasmo in un manicomio.
95 Non potevamo capire perché, eravamo troppo lontani e non potevamo ricordare,
perché stavamo viaggiando nella notte primeva[12], nella notte di quelle età scomparse lasciando appena un segno e niente ricordi.

La terra sembrava irreale. Noi siamo abituati a vedere la forma di qualche mostro vinto e incatenato, ma laggiù... laggiù si potevano vedere cose mostruose e
100 libere. La terra non aveva nulla di terrestre e gli uomini erano... No, essi non erano inumani. Ebbene, sapete? Era questo il peggio, questo sospetto che essi non
fossero inumani. Lentamente affiorava in voi, tale dubbio. Perché essi urlavano
e saltavano e giravano e facevano certi visi orribili; ma ciò che faceva fremere era
proprio il pensiero della loro umanità – simile alla vostra – il pensiero della remota
105 parentela con questa esplosione selvaggia e appassionata. Brutta. Sì, era abbastanza brutta; ma, se voi eravate abbastanza uomo, dovevate ammettere dentro di voi
che conservavate una traccia di risposta, la più lieve traccia appena, alla tremenda
sincerità di quel fracasso, un profondo sospetto che in quella manifestazione vi
fosse un significato che voi – voi così lontano dalla notte primeva potevate com-
110 prendere. E perché no? La mente dell'uomo è capace di qualunque cosa – perché
in essa c'è tutto, tutto il passato, come pure tutto il futuro. Che cosa c'era là, dopo
tutto? C'era gioia, timore, tristezza, devozione, valore, rabbia... chi può dirlo? Ma
c'era la verità... la verità liberata dalle vesti del tempo.

Joseph Conrad, *Cuore di tenebra*, Milano, Feltrinelli, 1976

---

11. frenesia: pazzia, agitazione irragionevole.   **12. notte primeva:** la notte dei tempi.

VITA E OPERE

Joseph Conrad Vero nome Teodor Jó-
zef Konrad Korzeniowski, nato nel 1857
nella città ucraina di Berdicev da una
famiglia di nobili proprietari terrieri. Nel
1867, dopo la morte del padre, viene avviato agli studi secondari a Cracovia, ma a
soli diciassette anni, spinto da un'innata passione per
il mare, parte per Marsiglia e si imbarca come mozzo
su una nave mercantile. Resta alle dipendenze della
marina mercantile francese fino al 1878, poi passa a
quella britannica, diventando capitano di lungo corso. Nel 1886 acquisisce la cittadinanza inglese e pochi
anni dopo comincia a scrivere i suoi primi racconti. Nel
1890, come capitano di vascello, si reca per sei mesi in
Congo: ne ritorna ammalato, disilluso, con un bagaglio
di ricordi e di «disgustosa conoscenza», da cui nasce-

rà il suo romanzo più famoso e complesso, *Cuore
di tenebra*, pubblicato a puntate per una rivista
nel 1899 e solo tre anni dopo in volume. Nel 1894
lascia la marina e, stabilitosi nel sud dell'Inghilterra, si dedica completamente alla letteratura. Frequenta altri scrittori come H.G. Wells e Henry James. Si sposa e vive una vita economicamente modesta
fino al 1924, anno in cui muore per un attacco di cuore.
Ha scritto numerosi romanzi e racconti, molti dei quali
d'avventura; tra le sue opere, scritte in inglese – sua
terza lingua, dopo il polacco e il francese – possiamo
ricordare, oltre al già citato *Cuore di tenebra*, *Il negro del "Narciso"* (1898), *Lord Jim* (1900), *Nostro-
mo* (1904), *L'agente segreto* (1907), *Con gli occhi
dell'occidente* (1911), *La linea d'ombra* (1917).

SCHEDA DI ANALISI

Il tema e il messaggio

🔴 Il viaggio di Marlow si svolge lungo il fiume Congo, cuore dell'Africa Nera, terra di colonizzazione europea, alla ricerca dell'avorio e dell'agente Kurtz. Questi rappresenta la sua meta finale, il punto estremo della sua navigazione e della sua esperienza umana. Kurtz si è "perso" nella parte più interna della foresta – nel *cuore delle tenebre* – e di lui non si hanno più notizie, se non strane voci riguardanti il suo comportamento. Gradualmente, esse fanno comprendere come quegli indigeni che Kurtz avrebbe dovuto educare e civilizzare l'hanno a sua volta "conquistato", reso avvezzo ai loro usi, alle loro abitudini; essi hanno fatto di lui una specie di divinità e in suo onore compiono riti innominabili.

🔴 Il percorso di Marlow non è solo uno spostamento nello spazio, bensì anche un viaggio a ritroso nel tempo: man mano che il battello procede per centinaia di miglia sulle acque del fiume Congo, penetrando in una foresta in cui sempre più scompaiono le tracce dell'uomo, il protagonista retrocede in un **passato primordiale**, alle radici stesse dell'umanità, per raggiungere una *verità liberata dalle vesti del tempo*. L'inizio del brano evidenzia subito tale valore simbolico: *Risalire quel fiume era come viaggiare all'indietro nel corso del tempo, ritornare ai primordi*. L'atmosfera minacciosa di quiete e immobilità – *questa pace immensa, questa quiete sovrumana... una forza implacabile che covava una intenzione inscrutabile* – sembra indicare, più che un luogo fisico, una dimensione spirituale. Quello di Marlow è dunque un **viaggio all'interno di se stesso**, di una dimensione ignota o dimenticata della sua coscienza, nel cuore di tenebra dell'anima in cui pulsano oscure forze vitali (*Eravamo come i visitatori di una terra preistorica su una terra che aveva gli aspetti di un pianeta sconosciuto...*).

🔴 Marlow avverte con chiarezza la forza d'attrazione prodotta da questa **natura primordiale** (*credevate di essere stregato e tagliato fuori da tutto ciò che una volta avevate conosciuto, in qualche luogo molto molto lontano... forse in un'esistenza anteriore*). Tale ambiguo sentimento di paura e attrazione è un carattere tipico della storia del colonialismo di fine Ottocento ed è il protagonista stesso a prenderne coscienza, durante il suo viaggio in bilico tra Natura e civiltà: la civiltà occidentale può distruggere la Natura, può illudersi di sottometterla; allo stesso tempo addentrarvisi significa correre il rischio di perdere tutti quei vincoli che tengono legati al mondo occidentale e soccombere a essa, come è accaduto a Kurtz.

🔴 Nel brano appena letto, sembra dunque che il pensiero della "società civile", attiva e operosa, diventi per Marlow quasi un pensiero inquietante, confrontato con il silenzio ancestrale in cui è immerso. Anche se quella del fiume e della foresta è una quiete sinistra, minacciosa; egli infatti sa benissimo che la forza vitale della natura si oppone all'azione dell'uomo che cerca di domarla e controllarla.

🔴 Nel corso del suo viaggio Marlow si libera dalla presunzione, tipica della sua cultura, di poter capire, di poter conoscere, di poter dominare l'Africa. **Le sue certezze di occidentale vacillano**: pensava che i cannibali passassero il loro tempo a mangiarsi tra di loro e scopre invece che si tratta di uomini con cui si può lavorare. Pensava che i "selvaggi" fossero ostili, e scopre che essi sono solo spaventati, che le loro grida fossero di rabbia e invece sono solo di dolore (*L'uomo preistorico imprecava contro di noi, oppure ci implorava, ci dava il benvenuto?... E chi poteva saperlo...*). Pensava che nulla lo legasse a quel mondo, e scopre invece che lì è la sua origine più profonda (*ciò che faceva fremere era proprio il pensiero della loro umanità – simile alla vostra – il pensiero della remota parentela con questa esplosione selvaggia e appassionata*).

Il narratore e il ritmo del racconto

🔴 L'**io narrante** di Marlow rievoca il viaggio lungo il fiume Congo rivolgendosi con un generico "voi" ai suoi ascoltatori, che rimangono in silenzio, eccetto una breve interruzione da parte di uno di essi. Marlow non si limita a esporre i fatti avvenuti, ma alterna al suo racconto riflessioni e commenti di carattere più generale sull'uomo, la sua parte più profonda e sconosciuta, il suo rapporto con la natura primordiale ecc. Pertanto il ritmo del racconto, caratterizzato da **analessi** e **prolessi**, non corrisponde allo schema lineare della vicenda, ma si svolge piuttosto seguendo il corso del pensiero del suo protagonista.

I personaggi

🔴 Marlow è il protagonista del romanzo, è colui che parla, che governa e ripara il battello, che compie con esso il viaggio alla ricerca di Kurtz.

🔴 Il suo ritratto si delinea attraverso una **caratterizzazione indiretta**, ottenuta attraverso indizi disseminati lungo il corso del racconto. Di lui conosciamo la cultura di provenienza, la sua iniziale visione del mondo; ben presto notiamo però un mutamento nel suo modo di pensare e nel suo rapporto con se stesso e con la natura circostante.

🔴 Ma nel corso del romanzo – e il brano qui riportato ne è un chiaro esempio – si afferma un altro personaggio: la **Natura**, ostile e vitale, buia e solare, di-

PARTE 2 · I generi

pinta nella sua ambiguità di nemica dell'uomo (*Essa vi guardava con un'aria carica di vendetta*) e al contempo espressione di una dimensione a cui esso è intimamente legato (*se voi eravate abbastanza uomo, dovevate ammettere dentro di voi che conservavate una traccia di risposta, la più lieve traccia appena, alla tremenda sincerità di quel fracasso*).

La lingua e lo stile

● La scrittura di Conrad è realistica, concreta, ricca di dettagli; i particolari e le circostanze della risalita del fiume sono raccontati in maniera tale da far sì che l'ascoltatore di Marlow (così come il lettore del libro) sia del tutto conquistato, che si senta alla fine quasi

partecipe di questo lungo viaggio nel cuore della natura più profonda. Le descrizioni e le immagini evocative che si susseguono sono dunque linguisticamente efficaci, suggestive e simboliche. Dal punto di vista retorico, l'autore insiste particolarmente sulla contrapposizione di **campi semantici**, ossia di elementi linguistici dotati di significato opposto: luce/tenebra, bianco/nero, civiltà/natura, interiorità/esteriorità ecc. Per quanto riguarda invece le scelte lessicali, esse sono funzionali all'espressione di quella realtà misteriosa e non del tutto comprensibile all'interno della quale il protagonista affronta il suo viaggio. In tal senso si spiega, per esempio, l'abbondante uso di aggettivi come *solenne, impenetrabile, sovrumana, implacabile, inscrutabile, sconosciuto* ecc.

Laboratorio sul testo

● Comprendere

Informazioni esplicite

1. Dove si svolge il viaggio di Marlow? Mentre racconta le sue vicende, si trova nello stesso luogo?
2. Qual è la destinazione da raggiungere?
3. Quali sono le condizioni del battello con cui egli affronta il suo viaggio?
4. Chi costituisce l'equipaggio del suo battello?
5. Che cosa pensa Marlow della sua ciurma?
6. Durante il viaggio incontra dei *bianchi*? Dove? Come vengono descritti?
7. A quale tipo di commercio si dedicano i bianchi?
8. Durante il viaggio incontra uomini dalle *membra nerissime*. Dove? Come vengono descritti?

Informazioni implicite

9. Marlow è un marinaio dalla lunga esperienza o è al suo primo viaggio? Da quali indizi puoi ricavare l'informazione?

Significati

10. Che cosa intende Marlow quando afferma: *Risalire quel fiume era come viaggiare all'indietro nel corso del tempo, ritornare ai primordi* (rr. 1-2)?
11. *Credevate di essere stregato e tagliato fuori da tutto ciò che una volta avevate conosciuto, in qualche luogo molto molto lontano... forse in un'esistenza anteriore.* L'espressione *essere stregato* può sembrare strana in questo contesto (rr. 10-12). Che cosa intende affermare il narratore, secondo te?
12. Individua, fra quelli proposti, il significato che ritieni più opportuno per definire il pensiero di Marlow nel brano che hai appena letto:
    a) ☐ L'uomo bianco ha civilizzato l'Africa e i suoi abitanti.
    b) ☐ L'uomo bianco ha portato soltanto distruzione.
    c) ☐ La cultura occidentale deve abbandonare la presunzione di poter conoscere e dominare totalmente il diverso da sé.
    d) ☐ È impossibile raggiungere il *cuore di tenebra* insito nell'uomo senza le acquisizioni culturali della società civile.

L'avventura · U N I T À 6

Analizzare

Narratore e ritmo del racconto
13. Il narratore è interno o esterno? Da che cosa lo si comprende?
14. Quale elemento grammaticale ti permette di individuare il "pubblico" a cui Marlow si riferisce? Trovalo all'interno del brano e portane qualche esempio.
15. Cerca e sottolinea nel brano i punti in cui Marlow arresta il suo racconto per far spazio a commenti e riflessioni.

Personaggi
16. Marlow è un personaggio dinamico. Perché?
17. Cerca e sottolinea nel testo le espressioni in cui la Natura viene caratterizzata come un personaggio-antagonista.

Padroneggiare la lingua

Lessico
18. Una delle caratteristiche del brano è la contrapposizione di elementi semanticamente opposti. Individua nel brano le espressioni relative a ciascuno dei due campi semantici e compila la tabella.

Luce	Tenebra
Splendore;	*Ombra;* ....
....	....
....	....
....	....

19. Fai lo stesso per i campi semantici opposti: civiltà/Natura primordiale.
20. Elenca le espressioni che il narratore utilizza per accrescere il senso di mistero di ciò che sta raccontando.
21. Individua nel testo le espressioni che si riferiscono a una dimensione temporale primordiale, preistorica.
22. *Quando la vegetazione cresceva sfrenata sulla terra e i grandi alberi ne erano i sovrani…* Tenendo presente il contesto della frase, scegli i termini con cui è possibile sostituire l'aggettivo *sfrenata* e l'espressione *ne erano i sovrani*.

Sfrenata: ☐ tumultuosa; ☐ senza limiti; ☐ implacabile; ☐ indomabile.

Ne erano i sovrani: ☐ ne erano i proprietari; ☐ spadroneggiavano; ☐ imperavano; ☐ regnavano.

Grammatica
23. Trasforma la seguente battuta di discorso diretto in prima persona in un discorso indiretto in terza persona: *Vi chiedo scusa. Dimenticavo le angosce che compensano il resto del prezzo. E, in verità, che cosa conta il prezzo se il giuoco è ben eseguito? Voi li eseguite bene i vostri giuochi. E neanche io me la cavai male, visto che riuscii a non far naufragare il piroscafo, al mio primo viaggio. Tuttora non capisco come ci sia riuscito.*

Interpretare e produrre

24. Costruisci un testo di circa una pagina, attribuiscigli un titolo, analizzando e commentando l'osservazione finale di Marlow: *La mente dell'uomo è capace di qualunque cosa – perché in essa c'è tutto, tutto il passato, come pure tutto il futuro. Che cosa c'era là, dopo tutto? C'era gioia, timore, tristezza, devozione, valore, rabbia… chi può dirlo? Ma c'era la verità… la verità liberata dalle vesti del tempo.*
25. Ispirandosi al libro di Conrad, il regista Francis Ford Coppola ha ricavato il film *Apocalypse Now*, trasferendo l'azione dall'Africa di fine Ottocento al Vietnam durante il conflitto con gli Stati Uniti. Dopo aver guardato il film, discuti con i tuoi compagni sulle analogie e le differenze tra la pellicola e il romanzo.

PARTE 2 · I generi

T2 **Jack London**
Il silenzio bianco

PUBBLICAZIONE	*Il silenzio bianco*, 1899
LUOGO E TEMPO	Alaska, fine del XIX secolo
PERSONAGGI	Mason; Malemute Kid; Ruth

Le immense pianure ghiacciate delle terre artiche fanno da sfondo alla vita avventurosa, spesso tragica, dei cacciatori di pelli. I tre protagonisti del racconto viaggiano ormai da giorni in mezzo al gelo e alla neve; hanno quasi finito le provviste e i cani che trainano le slitte sono spossati. La situazione, già particolarmente dura, si aggrava ulteriormente quando un incidente mette a repentaglio la vita dell'intero gruppo e la fame genera nei cani accessi di violenza, che si traducono nell'applicazione, da parte dell'uomo, della spietata legge del più forte.

Egli si chinò per legarsi un laccio del mocassino. Le slitte si fermarono e i cani si lasciarono andare nella neve senza un fremito[1]. La quiete immobile sembrava quasi soprannaturale; non un respiro percorreva la foresta incrostata di ghiaccio: il freddo e il silenzio dello spazio esterno avevano gelato il cuore e percosso le tremule labbra della natura. Un sospiro vibrò nell'aria; più che udirlo essi lo percepirono, come premonizione[2] di movimento in un vuoto immobile. Poi il grande albero, affaticato dal suo peso di anni e di neve, recitò la sua ultima parte nella tragedia della vita. Mason udì l'avvisaglia dello scricchiolio, tentò di porsi in salvo fuggendo, ma ancora non si era rimesso in piedi che fu colpito in pieno, su una spalla.

Il pericolo imprevisto, la morte repentina[3], quante volte Malemute Kid aveva dovuto affrontarli! Gli aghi di pino non avevano ancora finito di vibrare che già era entrato in azione e dava ordini. Né dal canto suo la giovane indiana svenne o cominciò a lamentarsi, come avrebbero fatto molte sue sorelle bianche. Al suo ordine, si appoggiò con tutte le forze all'estremità di una leva improvvisata, alleggerendo la pressione dell'albero; poteva udire i gemiti del marito, mentre Malemute Kid attaccava l'albero con l'accetta. L'acciaio cantava gaio penetrando nel tronco gelato; ogni colpo era accompagnato da un profondo respiro e dallo "Huh!", "Huh!" del boscaiolo.

Alla fine Kid adagiò sulla neve il penoso oggetto che una volta era stato un uomo. Ma più penosa della sofferenza del suo compagno era la muta angoscia dipinta sul volto della donna, l'espressione incredula, in cui si mescolavano speranza e disperazione. Si scambiarono poche parole: quelli del Nord imparano presto la futilità[4] delle parole, l'inestimabile valore dei fatti. A 50° sotto zero un uomo non può giacere per molti minuti nella neve e sopravvivere. Furono quindi tagliati i finimenti della slitta, e il ferito, avvolto nelle pelli, venne adagiato su un giaciglio

---

1. fremito: brivido, stato di agitazione.

2. premonizione: sensazione che anticipa un evento.

3. repentina: improvvisa.
4. futilità: inutilità.

146

di rami. Davanti a lui crepitava un fuoco, fatto con lo stesso legno che aveva provocato l'incidente. Dietro e in parte al di sopra gli venne steso un riparo primitivo – un pezzo di tela, che tratteneva e gli rimandava il calore radiante – un trucco che imparano a conoscere coloro che studiano la fisica alla sorgente.

E gli uomini che hanno condiviso il letto con la morte sanno quando l'ora è suonata. Mason era fracassato: bastava un'occhiata a capirlo. Rotti il braccio e la gamba destra e la schiena; la parte inferiore del corpo paralizzata dalla vita in giù: e con ogni probabilità anche gravi lesioni interne. Qualche raro lamento era il suo unico segno di vita.

Nessuna speranza. Niente da fare. La notte impietosa avanzava furtiva e lenta su Ruth, chiusa nel disperato stoicismo[5] della sua razza e su Malemute, che aggiungeva nuove rughe sulla sua faccia di bronzo. In effetti, Mason era quello che soffriva meno di tutti, perché si trovava nel Tennessee orientale, sulle Great Smoky Mountains[6], intento a rivivere scene della sua fanciullezza. E più patetica di tutto era la melodia del dialetto del Sud, da lungo tempo dimenticato, mentre delirava di nuotate nelle marrane[7] e cacce al racoon[8] e furti di meloni. Era arabo per Ruth, ma Kid capiva e sentiva rimescolarsi dentro, provava ciò che può provare soltanto chi è stato tagliato fuori, per anni, da tutto ciò che significa civiltà.

Al mattino l'uomo colpito riprese conoscenza, e Malemute Kid si chinò più vicino per afferrare i suoi bisbigli.

«Ti ricordi quando ci incontrammo sul Tanana[9] quattro anni fa per la corsa sul ghiaccio? Non mi importava tanto di lei allora. Era carina, certo, e la cosa era emozionante. Ma sai, ci ho pensato molto. È stata una buona moglie, sempre al mio fianco nei momenti difficili. E, nel commercio, nessuno la batte! Ti ricordi quando affrontò le rapide di Moosehorn[10] per tirarci giù da quella roccia, mentre le pallottole frustavano l'acqua come grandine? E il periodo della carestia Nuklukyeto[11]? O quando correva sul ghiaccio per portare le notizie? Sì, è stata una buona moglie per me. [...] Non la rimandare dai suoi, Kid. È bestiale per una donna tornare indietro. Pensa! Quasi quattro anni a bacon[12], fagioli, farina e frutta secca, e poi tornare al suo pesce e caribù[13]. Non saprebbe riabituarsi alla sua gente, dopo aver vissuto a modo nostro, che è migliore del suo [...]. E il bambino, ci ha uniti molto, Kid. Spero solo che sia un maschio. Pensa! Carne della mia carne, Kid. Non deve fermarsi in questo paese. Vendi le mie pelli[14], renderanno almeno cinquemila dollari, e ne ho altrettanti investiti con la compagnia. E tieni uniti i miei interessi ai tuoi. Fagli ricevere una buona istruzione; e, Kid, soprattutto, non lasciarlo tornare quaggiù. Questo paese non è fatto per i bianchi. Sono un uomo finito, Kid. Tre o quattro sonni al massimo. Tu devi proseguire. Devi proseguire!

---

5. disperato stoicismo: estrema capacità di sopportare la sofferenza.
6. Great Smoky Mountains: catena montuosa degli USA. Mason sta evidentemente delirando come si intuisce anche dalle successive immagini tratte dalla sua

vita avventurosa.
7. marrane: fossati.
8. racoon: procione.
9. Tanana: fiume dell'Alaska.
10. Moosehorn: fiume degli Stati Uniti.
11. Nuklukyeto: cittadina dell'Alaska.

12. bacon: pancetta affumicata.
13. caribù: altro termine per denominare la renna.
14. Vendi le mie pelli: è un riferimento esplicito all'attività di cacciatori di pelli svolta dai due uomini.

Ricordati, è mia moglie, è mio figlio, oh Dio! Speriamo che sia un maschio! Non puoi restarmi vicino; e io ti supplico, come ultimo desiderio, di andare avanti».

«Dammi tre giorni», implorò Malemute Kid. «Forse migliori; può succedere qualcosa».

«No».

«Solo tre giorni».

«Devi proseguire. Devi proseguire. Sono mia moglie e mio figlio, Kid! Tu non lo chiederesti?»

«Un giorno».

«No, no! Ti ordino...»

«Solo un giorno. Con il cibo ce la possiamo fare, e poi potrei imbattermi in un alce[15]».

«No... va bene; un giorno, ma non un minuto di più. E, Kid, non... non lasciarmi affrontarla da solo. Basterà un colpo, premere una volta il grilletto. Mi capisci. Pensaci! Pensaci! Carne della mia carne, e non vivrò abbastanza per vederlo! Mandami Ruth. Voglio salutarla e dirle che deve pensare al bambino, e non aspettare la mia morte. Potrebbe rifiutarsi di seguirti se non glielo dico io. Arrivederci, vecchio mio; arrivederci, Kid! Senti: scava un buco vicino alla frana. In una sola palata di terra ho trovato oro per quaranta cents. E, Kid...»

Egli si piegò più basso per capire le ultime fioche parole, la resa dell'orgoglio del moribondo. «Mi dispiace per... sai, per... Carmen[16]».

Lasciando la giovane donna in lacrime gemere accanto al suo uomo, Malemute Kid s'infilò il parka[17] e le racchette, mise il fucile sotto il braccio e si inoltrò nella foresta. Non era un pivello[18] della dura vita del Nord, ma non gli era mai capitato di affrontare un dilemma così arduo. In astratto, era una questione semplice, matematica: tre vite contro una condannata. Ma ora esitava. Per cinque anni, fianco a fianco, su fiumi e su piste, in accampamenti e miniere, affrontando la morte in combattimenti, inondazioni e carestie, avevano tessuto i vincoli della loro amicizia. Così stretto era il loro legame, che egli aveva spesso provato quasi un vago sentimento di gelosia nei confronti di Ruth, fin dalle prime volte che era comparsa tra loro. E ora questo legame doveva essere spezzato dalle sue proprie mani.

Aveva pregato che comparisse un alce, soltanto un alce: ma tutta la selvaggina sembrava aver abbandonato la foresta, e la sera l'uomo esausto tornò abbattuto al campo, le mani vuote, il cuore pesante. Affrettò il passo, udendo il ringhio dei cani e le grida di Ruth.

Arrivò di corsa, e trovò la giovane donna che, al centro del branco di cani ammucchiati uno sull'altro, si dava da fare con l'accetta. I cani avevano violato[19] la ferrea regola dei padroni, e si erano catapultati sulle provviste. Egli si tuffò nella mischia col fucile rovesciato, e l'antico gioco della selezione naturale fu giocato con tutta la spietatezza di questo ambiente primordiale. Fucile e accetta andava-

---

15. potrei... alce: la cattura dell'alce avrebbe procurato nuovo cibo.
16. Carmen: è un cane da slitta

che Mason ha colpito in un momento di rabbia e che ora giace ferito.
17. parka: giaccone di pelliccia.

18. pivello: principiante inesperto.
19. violato: trasgredito.

Stampa del 1875: cacciatori artici e cani si preparano a una spedizione.

no su e giù, colpivano o mancavano il colpo con monotona regolarità, agili corpi
105 balzavano, con occhi selvaggi e fauci[20] spalancate, e l'uomo e la bestia lottarono
per la supremazia fino alla più aspra conclusione. Poi gli animali battuti strisciarono verso il bordo del fuoco, leccandosi le ferite, ululando il loro dolore alle stelle.

Tutta la riserva di salmone affumicato era stata divorata, e restavano forse un paio di chili di farina per aiutarli ad affrontare i trecento chilometri di deserto.
110 Ruth tornò dal marito, mentre Malemute Kid tagliava a pezzi il corpo ancora caldo di uno dei cani, il cui cranio era stato sfracellato dall'accetta. Ogni porzione fu accuratamente messa via, salvo la pelle e le interiora, che vennero gettate a quelli che fino a un momento prima erano stati i suoi compagni.

Col mattino sopravvennero nuove difficoltà. Gli animali cominciarono ad aggredirsi l'un l'altro. Carmen, che ancora restava legata al suo esile filo di vita, fu
115 abbattuta dal branco. La frusta non aveva il minimo effetto. Essi si accucciavano e guaivano sotto i colpi, ma rifiutarono di disperdersi finché l'ultimo pezzetto del disgraziato animale non fu scomparso; ossa, pelle, peli, tutto.

Malemute Kid faceva il suo lavoro, prestando orecchio a Mason, che, di nuovo
120 in Tennessee, teneva complicati discorsi e dava energici consigli ai suoi amici di un tempo. Con l'aiuto dei pini che si ergevano lì vicino, lavorava in fretta, e Ruth lo osservava mentre faceva un nascondiglio simile a quelli usati talvolta dai cacciatori per preservare la carne dai ghiottoni e dai cani. Piegò le cime di due pini piccoli una verso l'altra fino a portarle vicino al suolo, e le legò strette con legac-

20. fauci: bocca dei cani e in generale degli animali feroci.

125 ci di pelle d'alce. Poi a forza di percosse riportò i cani all'obbedienza e li legò a due slitte, che caricò di tutti i loro averi, a eccezione delle pelli che avvolgevano Mason. Serrò queste strettamente intorno al corpo dell'amico, fissandone le due estremità ai pini piegati. Un solo colpo del suo coltello da cacciatore, e il corpo sarebbe stato proiettato in aria[21].

130 Ruth aveva ricevuto le ultime volontà del marito senza discutere. Povera ragazza, aveva imparato bene la lezione dell'obbedienza. Fin da piccola si era sottomessa, e aveva visto tutte le donne sottomettersi, ai signori della creazione, e non le era sembrato nella natura delle cose che una donna potesse resistere. Kid le concesse un'ultima esplosione di dolore, quando baciò il marito – abitudine sconosciuta al
135 suo popolo – poi la condusse verso la prima slitta e l'aiutò a infilarsi le racchette. Ciecamente, istintivamente, ella prese il timone e la frusta e ordinò ai cani di riprendere la pista. Poi Kid tornò da Mason, che era caduto in coma, e per molto tempo dopo che lei fu sparita restò accovacciato vicino al fuoco, aspettando, sperando, pregando, che il compagno morisse.

140 Non è piacevole essere solo con pensieri lugubri nel Silenzio Bianco. Il silenzio del dolore è pietoso, avvolge come in un manto protettivo, e respira innumerevoli, tangibili simpatie, ma il luminoso Silenzio Bianco, chiaro e freddo, sotto cieli d'acciaio, è spietato.

Passarono una, due ore, e l'uomo non moriva. A mezzogiorno il sole, senza al-
145 zare il suo cerchio al di sopra dell'orizzonte, lanciò come un obliquo bagliore di fuoco nel cielo, e si ritirò. Malemute Kid si alzò e si avvicinò al compagno. Dette un'occhiata intorno. Il Silenzio Bianco sembrava ghignare ed egli fu invaso da una grande paura. Ci fu un colpo secco: Mason fu proiettato nel suo sepolcro aereo e Malemute Kid lanciò i cani al galoppo sfrenato attraverso la neve.

Jack London, *Racconti dello Yukon e dei mari del Sud*, Milano, Mondadori, 1989

---

21. Piegò... in aria: Malemute intende mettere il cadavere di Mason al riparo dagli assalti di animali predatori. Si tratta dello stesso sistema usato dai cacciatori per difendere le prede catturate: con un sistema di lacci il corpo di Mason verrà catapultato sulla cima dei pini e le spoglie saranno protette dalle fauci dei lupi.

VITA E OPERE

● **Jack London** Nato a San Francisco nel 1876; negli anni di gioventù mantiene uno stile di vita molto movimentato, frequentando malviventi, ladri e contrabbandieri, per poi partire in cerca di avventure e di oro nel Klondike e in Alaska. Dopo una vita caratterizzata da eccessi e dall'abuso di alcool e droghe, muore a soli 40 anni a San Francisco, nel 1916, a causa di un'overdose. Nelle sue opere London affronta tematiche sociali, filosofiche, politiche, mostrando una particolare sensibilità nei confronti dei temi dell'ambiente e della natura. Diventa ben presto uno degli scrittori di maggior successo della sua epoca, a partire dalla pubblicazione del suo romanzo più famoso, *Il richiamo della foresta* (1903), ambientato nel Klondike negli anni della "corsa all'oro". Altre sue opere di grande successo e qualità letteraria sono *Zanna bianca* (1906), anch'essa ambientata nelle nevi dell'estremo nord dell'America; *Il tallone di ferro* (1908) romanzo fantapolitico in cui l'autore, immaginando l'affermarsi negli Stati Uniti di una dittatura, esprime le sue concezioni politiche e le sue idee sulla società dell'epoca; *Martin Eden* (1909), romanzo che narra le vicende di un marinaio che cerca disperatamente di affermarsi come scrittore, e che ci offre pertanto una descrizione molto interessante e dettagliata dell'ambiente culturale statunitense della fine del XIX secolo.

SCHEDA DI ANALISI

Il tema e il messaggio

● Mason e Malemute, accompagnati da Ruth, si inoltrano nello sconfinato territorio del Grande Nord illudendosi di scoprirvi ricchezze (oro o pelli pregiate); si imbatteranno invece in una **realtà dura**, ostile e desolata, in cui il loro sogno di riscatto svanisce tragicamente.

● Un imprevisto, la caduta di un pino carico di neve su Mason, aggrava una situazione già difficile: alla fatica del cammino, alla stanchezza dei cani, alla mancanza di cibo si aggiungono le gravissime conseguenze dell'incidente sull'uomo. La violenza della caduta e il peso dell'albero hanno infatti provocato in lui lesioni irreversibili.

● Malemute e Ruth sono costretti a prendere dolorosamente atto della necessità di abbandonare il ferito e di proseguire il proprio cammino, per poter preservare la loro stessa vita. Le provviste sono quasi terminate, i cani hanno infranto la legge dei padroni e hanno tentato di avventarsi sul poco cibo rimasto, per poi scannarsi l'uno con l'altro.

● L'unica **legge** rimasta in vigore è quella **del più forte**. Ecco allora che, in questa prospettiva, le gelide distese dell'Alaska assumono anche un significato simbolico: il vero antagonista di Mason e Malemute non è il freddo né il ghiaccio, ma la loro stessa esistenza. Essa impone tremende fatiche, presenta rischi inaspettati, compreso l'avvento di una morte improvvisa e tragica.

● L'unico antidoto che i personaggi possiedono contro l'ostilità dell'ambiente artico, la crudeltà del destino che incombe su di essi e l'istinto della violenza a cui rischiano di ricorrere (tematiche care a London, al centro dei suoi celebri romanzi *Il richiamo della foresta* e *Zanna Bianca*) è rappresentato dai **sentimenti**: Ruth è disperata per l'atroce morte del marito e versa calde lacrime sul suo corpo; Malemute, per quanto non sia un *pivello della dura vita del Nord*, affronta ora il momento più difficile della sua vita, nella tragica necessità di dover compiere una scelta crudele nei confronti dell'amico morente.

Il titolo

● Il titolo del racconto è molto significativo. Esso è costruito su un'efficace **sinestesia**: il bianco pertiene infatti alla sfera sensoriale della vista, il silenzio a quella dell'udito. *Silenzio Bianco* è un'espressione che compare più volte nella parte finale del racconto:

risulta chiaro perciò come essa non sia solo un titolo efficace e suggestivo, ma esprima piuttosto un'idea che è un elemento importante della narrazione. Il *Silenzio Bianco* rappresenta la presenza ostile della Natura che, avvolta in un bianco mantello di neve e ghiaccio, costringe l'uomo in una dimensione muta e inquietante.

● Nel testo, la Natura ostile gioca dunque un ruolo di primo piano: dotata di una potenza sovrumana e impietosa, essa si contrappone all'uomo che invano tenta di conquistarla e dominarla.

I tempi della narrazione

● Nel racconto si intersecano tutti e tre i segmenti della linea del tempo: passato, presente e futuro.

● Il **passato** emerge nei momenti in cui Mason, incosciente, rievoca – per mezzo di *flashback* – la propria giovinezza nel Tennessee orientale, e quando, ripresosi, ricorda all'amico le origini di Ruth (*mentre delirava di nuotate nelle marrane e cacce al racoon*).

● Il piano del **presente** è rappresentato dalla narrazione dei tragici fatti.

● Il **futuro**, infine, è affidato all'angoscioso dialogo tra i due protagonisti maschili, in cui l'amico moribondo lascia a Malemute Kid il proprio testamento spirituale, dandogli precise indicazioni sull'educazione del figlio che deve ancora nascere (*Fagli ricevere una buona istruzione; e, Kid, soprattutto, non lasciarlo tornare quaggiù. Questo paese non è fatto per i bianchi*) e sull'avvenire della moglie.

La lingua e lo stile

● Lo stile di London si articola in periodi caratterizzati da un'abbondante **aggettivazione** (*più penosa della sofferenza del suo compagno era la muta angoscia dipinta sul volto della donna, l'espressione incredula...*), da un frequente ricorso alle figure retoriche della **metafora** (*il grande albero... recitò la sua ultima parte nella tragedia della vita*) e della **personificazione** (*il freddo e il silenzio dello spazio esterno avevano gelato il cuore e percosso le tremule labbra della natura*) che, usate soprattutto per descrivere elementi naturali, mirano a fare della Natura stessa un vero e proprio personaggio del racconto.

● Sul piano della sintassi, nelle sequenze descrittive e narrative paratassi e ipotassi si alternano in maniera omogenea; nelle parti dialogate, invece, prevale la paratassi, che imprime un ritmo accelerato al discorso.

PARTE 2 · I generi

Laboratorio sul testo

Comprendere

Informazioni esplicite
1. Quale incidente mette in moto l'azione del racconto?
2. Come reagisce Ruth all'incidente capitato al marito?
3. Quali sentimenti prova Mason per Ruth? In quale punto del racconto sono espressi?
4. Mentre Malemute è a caccia, che cosa succede al campo in cui si trova Ruth?
5. Da quanto tempo si conoscono e sono compagni di viaggio Mason e Malemute?

Informazioni implicite
6. Malemute ha grande lealtà e nobiltà d'animo. Quali indizi lo rivelano?

Significati
7. *Un trucco che imparano a conoscere coloro che studiano la fisica alla sorgente* (rr. 29-30): spiega il significato di questa espressione alla luce del contesto in cui London l'ha usata.
8. A che cosa si riferisce l'autore con l'espressione *l'antico gioco della selezione naturale*?
9. Quale valore simbolico ha l'ambiente del Grande Nord?

Analizzare

Personaggi
10. In che modo vengono caratterizzati i tre personaggi umani?
11. Quale rappresentazione della natura emerge dal testo?

Tempi della narrazione
12. In quali punti del testo si colgono dei *flashback*? Cercali e sottolineali.
13. In quali punti il ritmo della narrazione accelera? Motiva la tua scelta.
14. In quali punti, invece, sono presenti delle digressioni che rallentano il ritmo della narrazione? Cercali e trascrivili.

Padroneggiare la lingua

Lessico
15. Lo stile dell'autore è contraddistinto dall'uso di un gran numero di aggettivi. Cerca all'interno del brano un periodo in cui tale caratteristica è particolarmente evidente.
16. Rileggi con attenzione la sequenza iniziale, in cui l'autore descrive la foresta *incrostata di ghiaccio*. In tale descrizione compaiono diverse espressioni figurate. Elencale, indicando quale, secondo te, è la più efficace.
17. *Venne adagiato su un giaciglio di rami*: scrivi almeno tre sinonimi per la parola sottolineata.
18. *Ciecamente […] ella prese il timone e la frusta e ordinò ai cani di riprendere la pista.* Quale espressione può sostituire nella frase l'avverbio *ciecamente*?
    a) ☐ Senza vedere.
    b) ☐ Impulsivamente.
    c) ☐ Alla rinfusa.
    d) ☐ A caso.

152

L'avventura · UNITÀ 6

19. Cerca nel testo e riporta almeno un esempio per ciascuna delle figure retoriche indicate nella tabella, esplicitandone il significato. Segui l'esempio proposto per la metafora.

Figura retorica	Esempio	Significato
Metafora	*Avevano tessuto i vincoli della loro amicizia.*	La solidità dell'amicizia tra i due uomini è descritta per mezzo dell'immagine di un tessuto fitto, in cui i singoli fili sono intrecciati l'uno all'altro.
Sinestesia	....	....
Personificazione	....	....
Similitudine	....	....
Climax	....	....

Grammatica

20. *Col mattino sopravvennero nuove difficoltà. Gli animali cominciarono ad aggredirsi l'un l'altro. Carmen, che ancora restava legata al suo esile filo di vita, fu abbattuta dal branco.* Riscrivi questi tre periodi unendoli in uno solo e creando adeguati rapporti di coordinazione e subordinazione.

Interpretare e produrre

21. Quali sono, a tuo avviso, le tematiche presenti nel testo? Quale messaggio l'autore intende affidare al lettore? Rispondi, scrivendo un testo di massimo 20 righe, facendo adeguato riferimento al testo.

22. Mason e Malemute rappresentano due tipi umani contrapposti: il primo sogna il ritorno alla civiltà ed esprime il desiderio di avere una casa, una famiglia, un figlio; il secondo è un uomo senza legami, che insegue orizzonti aperti e sconosciuti, in un eterno viaggio verso l'ignoto. Quale dei due personaggi preferisci? Perché? Discutine coi tuoi compagni.

23. Ripensa a un episodio che ti è accaduto, durante il quale hai corso un pericolo più o meno grave. Quindi racconta il fatto corredandolo delle necessarie spiegazioni, descrizioni e riflessioni, con un testo non più lungo di una pagina.

153

PARTE 2 · I generi

T3 **David Grossman**
Due incontri pericolosi

PUBBLICAZIONE	*Qualcuno con cui correre*, 2000
LUOGO E TEMPO	Gerusalemme, primi anni Duemila
PERSONAGGI	Assaf; il cane Dinka; Leah; Shay; Tamar

Il protagonista di *Qualcuno con cui correre* è Assaf, un sedicenne introverso e impacciato che passa le sue noiose giornate lavorando per il municipio, di fronte a un computer. Ma un giorno la sua vita subisce una svolta, quando gli viene affidato lo strano compito di ritrovare il proprietario di un cane smarrito, Dinka, portandolo a zonzo per le strade di Gerusalemme. Appena sceso in strada, il cane comincia a correre, trascinandolo con sé in zone sconosciute della città, di fronte a personaggi strani e inquietanti. Man mano che la ricerca procede, Assaf scopre che il proprietario di Dinka è Tamar, una sedicenne coraggiosa e ribelle, fuggita di casa alla ricerca del fratello Shay, un giovane con problemi di droga caduto nelle grinfie di una banda di criminali.
Il brano che ti proponiamo è tratto dalla seconda metà del romanzo, quando i fili paralleli delle due vicende s'intrecciano. Grazie ai diari di Tamar di cui è riuscito a entrare in possesso, Assaf incontra una giovane donna amica di Tamar, Leah, che la sta aiutando nel tentativo di salvare Shay. Sarà Leah a permettere ad Assaf di concludere la sua lunga peregrinazione e incontrare finalmente la padrona di Dinka.

Assaf e Dinka attraversarono il cortile, salirono tre scalini ed entrarono in un ampio locale. Anche lì c'erano dei tavoli apparecchiati e diversa gente che pranzava. Assaf tremò, non sapeva cosa fare, a chi rivolgersi. Lo stavano tutti guardando. Si sentì sporco, trasandato[1], importuno, ma Dinka lo condusse tra i tavoli, si infilò in una porta a battenti e lui si ritrovò in cucina.

I suoi sensi captarono in modo confuso troppe cose – un cuoco, una grossa pentola che ribolliva, l'odore di una pietanza sconosciuta, una padella sfrigolante, qualcuno che chiamava da una finestrella «una porzione di cicoria e Roquefort[2]!», un ragazzo intento a tagliare un mucchio di pomodori, un omino piccolo paffuto[3] in un angolo che pareva fuori luogo e una donna alta, dall'aria severa, con lunghe cicatrici mal rimarginate sul viso, che si girò di scatto verso di lui, parandoglisi di fronte a braccia conserte e borbottando cosa diavolo ci faceva nella sua cucina. […]

La donna si alzò e si mise ritta davanti a lui. «Chi sei?».

I suoi occhi erano così duri che per un attimo Assaf rimase ammutolito. […] Sentì qualcosa che gli pungeva la schiena, al di sotto dello zaino di Tamar. Avrebbe voluto voltarsi ma la pressione aumentò. Sembrava che gli stessero puntando contro un tubo di ferro.

«Rispondi alla signora per favore» disse un uomo anziano dietro di lui, se non

---

1. trasandato: disordinato, trascurato.

2. Roquefort: formaggio francese a pasta semimolle, simile al gorgonzola, ma più stagionato.

3. paffuto: grassottello.

vuoi che ti sforacchi con pallottole dum-dum che ti ridurranno un colabrodo.»

20 «Moshe!» esclamò la donna infuriata. «non è necessario essere così espliciti. C'è gente che sta mangiando qui!»

Mi sembra di impazzire, pensò Assaf, un fucile? Mi minacciano con un fucile? Ma che gli prende a questi? Cos'ha fatto Tamar che tutti perdono la testa a causa sua?

25 «Conterò fino a tre» disse l'uomo, «dopodiché comincerò a premere lentamente il grilletto.»

«Tu non premerai proprio un bel niente» mormorò Leah, «e abbassa subito quel fucile. Samir, prepara un tavolo per due nella stanzetta interna e dài da mangiare a Dinka. Tu, come ti chiami?»

30 «Assaf.»

«Vieni con me.»

[…]

Assaf si fece serio e teso. Leah alzò le mani e congiunse le dita a triangolo davanti alla bocca, strizzò gli occhi, all'improvviso lucidi, e glieli puntò addosso: «Sappi che se tu dovessi far del male a quella ragazza ti inseguirò in capo al mondo e ti 35 strangolerò con le mie mani. Hai capito quello che ho detto?».

Assaf, per tutta risposta, emise un singulto. Si ricordò che anche Teodora[4] lo aveva minacciato in quel modo, ma aveva la sensazione che a Leah fosse già capitato di mettere in pratica simili minacce.

«Forse non sono la persona più in gamba del mondo» esclamò lei con una 40 certa solennità, come se si accingesse a pronunciare un discorso, «e Dio solo sa quante idiozie ho fatto in vita mia...» Senza rendersene conto si toccò le lunghe cicatrici, ricordo di tre malviventi di una banda rivale che l'avevano sfregiata con una lametta conficcata in una patata, «... e non possiedo esattamente una laurea universitaria. Sono arrivata solo fino alla seconda liceo, alle serali[5]. Però ho un 45 certo intuito per gli esseri umani. Ti sto osservando da un'ora e ormai so quello che dovevo sapere».

Assaf non capì cosa intendesse dire ma non voleva interromperla.

«Le cose stanno così» disse Leah posando le mani sul tavolo. «Tamar si è ficcata in un guaio.»

50 Droga, pensò Assaf.

«Un brutto guaio. Se la deve vedere con gente poco raccomandabile. Criminali, per intenderci.»

Lui l'ascoltava. Finora niente di quello che aveva detto lo aveva sorpreso (era stato qualcos'altro a sbalordirlo: il fatto di poter rimanere seduto a parlare senza 55 sforzo con qualcuno che aveva appena incontrato. Malgrado la tensione e l'ansia, si sentiva come se avesse imparato a eseguire un ballo per lui complicatissimo).

«Forse ti hanno seguito quando sei venuto qui» proseguì Leah, «allora supponiamo – supponiamo soltanto – che io ti dica dove si trova Tamar, e supponiamo che tu vada da lei. Non farai in tempo a girare gli occhi che quelli già ti saranno

---

4. Teodora: è una suora di clausura incontrata da Assaf all'inizio della sua ricerca e che conosce la vicenda di Tamar per intero.

5. serali: scuole serali.

PARTE 2 · I generi

60 addosso. E per quanto tu sia furbo non riuscirai a fuggire. In questo loro sono più bravi. Adesso capisci di cosa mi preoccupo?»

Assaf tacque.

«Ecco perché propongo che tu lasci qui la cagna.»

«Perché?»

65 «Perché secondo me stanno cercando un ragazzo con una cagna e se uscirai di qui senza di lei scommetto che nessuno ti noterà. Conosco il loro modo di ragionare.»

Assaf rifletté.

«Che ne dici?»

70 «Continuerò a cercare Tamar con Dinka.»

Leah sospirò e guardò il viso tumefatto[6] del ragazzo.

«Dimmi» gli fece la domanda che un tempo, quindici anni prima, facevano sempre a lei, «non hai paura di niente?»

«Certo che ho paura» rise Assaf, e pensò: avresti dovuto vedermi quando me 75 ne stavo davanti a quei tre, nella piscina[7]. E come tremavo nel venire qui. «Però la troverò» concluse. Non sapeva da dove gli venisse quella sicurezza. Sentiva che anche lui, come il vecchio con il fucile, parlava come l'eroe di un film. «Anzi, ne sono sicuro» mormorò, perdendosi in quel pensiero, dimentico per un attimo di se stesso[8], «alla fine la troverò…» […]

80 «Vieni» disse Leah alzandosi, «usciamo a fare un giro.»

«Dove?»

«Vedremo». E mentre si voltava disse fra sé: «Noi ragazze dobbiamo aiutarci l'una con l'altra».

Diede istruzioni in cucina, preparò un biberon d'acqua per Noah[9], scrisse qual-85 cosa su un biglietto e lo infilò in una busta. Assaf non fece domande. Quando uscirono dal cortile del ristorante guardò a destra e a sinistra: il vicolo era deserto. Notò che anche Leah si guardava intorno, e perfino Dinka ispezionò la zona. Nel parcheggio raggiunsero un Maggiolino giallo e decrepito e Leah sistemò Noah su un sedile per neonati ultimo modello, che, rifletté Assaf, doveva costare quanto 90 la macchina. Per un po' girarono in viuzze strette. Di tanto in tanto Leah si fermava sul ciglio della strada, aspettava qualche minuto e poi riprendeva a guidare. All'improvviso frenò bruscamente. Malgrado la via fosse completamente libera si infilò in un piccolo parcheggio e rimase in attesa. Un attimo dopo passarono due uomini e Assaf ne riconobbe uno, quello che l'aveva inseguito. Guardò Leah, 95 stupito. Non capiva come avesse intuito la loro presenza ancora prima di vederli. «I cani si riconoscono al fiuto» ridacchiò lei, lanciandosi nella direzione opposta e guidando contromano. Girarono senza meta ancora per un po', fidandosi dell'istinto di Leah. Assaf notò che guardava nello specchietto retrovisore più di quanto osservasse la strada davanti a sé, ma non fece domande. «Senti…» disse

---

6. tumefatto: pieno di lividi e ferite.
7. avresti dovuto… piscina: Assaf fa riferimento a un episodio precedente, in cui aveva fatto

a botte a bordo di una piscina per liberare Dinka, presa in ostaggio da tre teppisti.
8. dimentico… di se stesso: svagato, distratto, perso nella

vaghezza dei suoi pensieri.
9. Noah: è la piccola figlia di Leah. Più avanti nel testo viene chiamata col soprannome di Noìku.

156

lei, «non te la prendere ma dovresti chiudere gli occhi. È meglio che tu non veda dove ci stiamo dirigendo.»

Lui capì e fece ciò che chiedeva. La sentì esclamare: «In questo modo anche se dovessero prenderti... non potrai rivelare il percorso».

«Vuoi che mi bendi gli occhi?» «No» rise Leah, «mi fido di te.»

Assaf provava piacere a viaggiare così, gli permetteva di rilassarsi dopo la corsa di quel giorno e prima di ciò che l'attendeva. Noah si era addormentata sul sedile posteriore e anche lui avrebbe schiacciato volentieri un pisolino.

«Vuoi ascoltare della musica?»

«No.»

«Allora ti va di sentire una storia? Non aprire gli occhi!»

«Sì.»

Leah gli raccontò del ristorante, degli anni di apprendistato in Francia e fece qualche accenno anche al suo passato. Sbirciò per vedere se si era spaventato, ma vide che era tranquillo. Fece un respiro profondo e continuò a parlare sottovoce, come faceva talvolta con Tamar, senza cercare di contrastare lo strano impulso che l'aveva assalita. Al contrario, si lasciò andare, conquistata dalla sensazione piacevole, rilassante, che Assaf le trasmetteva. Per un secondo rimase indecisa se raccontargli di Shay ma poi si disse di avere già parlato troppo. Anche così si sarebbe presa una lavata di capo da Tamar ed era preferibile che Assaf scoprisse il resto da solo. Di tanto in tanto lo guardava di soppiatto e pensò che avrebbe potuto indovinare con esattezza che aspetto avrebbe avuto tra dieci, venti o trent'anni. A tratti le pareva che si fosse addormentato e allora taceva, ma lui si lasciava sfuggire un lieve grugnito[10] e lei proseguiva. Raccontò di Noiku, che era il dono più bello che le avesse fatto la vita, ed era in gran parte dovuto a Tamar, che l'aveva incoraggiata a compiere tale passo. Di punto in bianco rise: «Non so perché ti sto raccontando queste cose. Di certo stai pensando che racconto la mia vita a tutti quelli che incontro».

---

10. grugnito: verso tipico del maiale; qui la parola indica che Assaf risponde soltanto con un verso disarticolato, privo di significato, ma che dimostra la sua attenzione.

VITA E OPERE

■ **David Grossman** Nato a Gerusalemme nel 1954, è considerato uno tra i più importanti scrittori contemporanei. Ha scritto saggi relativi al conflitto israelo-palestinese, racconti e romanzi per bambini, ragazzi e adulti. In alcune sue opere, come per esempio *Qualcuno con cui correre* (2000) e *Ci sono bambini a zigzag* (1994), Grossman affronta temi profondi ma con uno stile avvincente e semplice, particolarmente adatto a un pubblico giovane. Altri romanzi presentano invece uno stile più sperimentale e una struttura complessa, come *Che tu sia per me il coltello* (2002) e *Vedi alla voce: amore* (1986). Quest'ultimo, ritenuto da molti il suo capolavoro, ha come oggetto la Shoah, raccontata attraverso gli occhi pieni di fantasia di un bambino, figlio di ebrei deportati e sopravvissuti. Durante la guerra tra Israele e Libano del 2006, insieme ad altre personalità della cultura israeliana ha manifestato la sua opposizione alla continuazione del conflitto, chiedendo al governo del suo paese di siglare al più presto un armistizio con il Libano. Pochi giorni dopo suo figlio Uri, soldato di appena vent'anni, muore in uno degli ultimi scontri militari di questo conflitto. Questa tragica scomparsa ispirerà a Grossman uno dei suoi romanzi più belli e tormentati, *A un cerbiatto somiglia il mio amore* (2008).

«È ovvio. Va' avanti.»

La strada correva veloce. Noah sospirò nel sonno. Leah parlava. Ma a un certo
130 punto si interruppe. Anche senza aprire gli occhi Assaf poteva percepire la sua
ansia. Ora viaggiavano lungo un pendio dissestato[11]. La luce arancione del sole
pomeridiano gli accarezzava le palpebre. Leah guidava molto adagio. «Se tu me
lo chiedessi» disse all'improvviso con voce diversa, «te lo direi senz'altro.»

«Cosa?» domandò Assaf.

135 «Che è qui che ho lasciato Tamar l'altro ieri.»

Aprì gli occhi. Si trovavano a una fermata d'autobus deserta. Su un vicino palo
della luce dondolava un cartello: "Al matrimonio di Sighi e Moti". Leah si tolse
gli occhiali, volse uno sguardo intorno e osservò con attenzione nello specchietto
retrovisore. Noah si svegliò e si mise a piangere. Poi vide Assaf e gli sorrise. Lui
140 le sfiorò la guancia, lei gli afferrò un dito e lo chiamò per nome.

Assaf scese dalla macchina e Dinka lo seguì. Aveva dormito per tutto il tragitto e si diede una bella scrollata. Leah estrasse una busta. «Da' questa a Tamar da
parte mia. È una lettera di spiegazione. Perché non mi odi. E stai attento.» Gli
lanciò un bacio. «Auguri, Assaf. Abbi cura di lei.»

145 Fece inversione e sparì.

Lui scese verso la valle. Si acquattò[12] dietro una roccia e rimase qualche istante
in attesa, per sentire se stesse arrivando una macchina. Silenzio assoluto. Non un
motore né suono di passi. Era solo, nessuno lo seguiva. Eppure si sentiva a disagio, non aveva idea di dove si trovasse.

150 Tra le rocce si snodava un sentiero e Assaf lo seguì. Dinka era agitata, nervosa.
Dovette chiamarla più volte perché lo seguisse. Accanto a una quercia contorta si
fermò, si inginocchiò davanti a lei e le sussurrò: «Dobbiamo avvicinarci in silenzio. Non abbaiare adesso, ok? Nemmeno un suono finché non scopriamo quello
che succede laggiù. Prometti?».

155 Proseguirono la discesa, la valle era molto più profonda di quanto sembrasse
dall'alto. Attraversarono una stretta spaccatura. Camminavano adagio, in silenzio
assoluto. Giunti tra due piccole alture, sentirono delle voci.

Assaf non capì da dove provenivano. Rumori di lotta, urla, gemiti. Un giovane,
forse un ragazzo, gridava isterico:

160 «Non puoi farci nulla, non riuscirai a tenermi qui, non sono tuo prigioniero»,
e una ragazza piangeva, o supplicava qualcosa.

Dinka si liberò della stretta e solo poco prima di arrivare in cima all'altura Assaf riuscì a raggiungerla e a lanciarsi su di lei. Erano entrambi senza fiato. Lui le
sussurrò implorante: silenzio, silenzio, Dinka, non ancora. Non sapeva cosa fare.
165 Era confuso e spaventato, e forse per questo si tolse la cintura e legò la cagna a un
ramo. Lei lo fissò con aria tanto offesa che quasi non riuscì a completare l'operazione. Poi si arrampicò quatto quatto in cima all'altura. Sotto di lui, dietro un
albero rigoglioso[13], vide una macchia scura che pareva una bocca spalancata e che
si rivelò l'ingresso di una grotta. Lì stava un ragazzo giovane, sudato, ansimante.

---

11. dissestato: malridotto, rovinato, pieno di buche.

12. si acquattò: si rannicchiò,
si accovacciò.

13. rigoglioso: folto, ricco di rami e fogliame, verdeggiante.

L'avventura · UNITÀ 6

170 Gli tremavano le mani. Era alto, magrissimo e si dondolava. Un attimo dopo Assaf
notò qualcun altro disteso immobile ai piedi del giovane. Pensò che si trattasse di
un ragazzino, aveva i capelli cortissimi Era sconcertato. Chi erano? Dov'era Tamar? Il ragazzo lo vide in cima all'altura, gli occhi gli si riempirono di terrore e si
mise a scappare in direzione opposta. Assaf lo rincorse, confuso. L'inseguimento
175 durò pochi secondi. Il giovane era debole e correva adagio, ma ogni volta che Assaf
stava per raggiungerlo la paura lo faceva progredire di qualche metro. Accanto a
un groviglio di siepi Assaf lo gettò a terra, lo sormontò, gli torse il braccio dietro
la schiena, come avevano fatto con lui più di una volta negli ultimi giorni. Il ragazzo piangeva, supplicandolo di non ucciderlo, e Assaf pensò stupito che c'era
180 qualcosa di strano e illogico: non era possibile che una persona così spaventata e
debole potesse minacciare Tamar. Il giovane cercò di liberarsi, ma Assaf lo spinse
a terra e gli intimò di non muoversi. In quel momento sentì dei passi veloci alle
sue spalle. Si voltò, troppo lentamente. Vide qualcosa venire verso di lui e poi il
cielo si frantumò, gli crollò addosso. Un attimo dopo si rese conto di aver ricevuto
185 un forte colpo alla tempia. Poi il nulla.

David Grossman, *Qualcuno con cui correre*, Milano, Mondadori, 2002

SCHEDA DI ANALISI

Il tema e il messaggio

🔴 Assaf è ormai da alcuni giorni in balia delle decisioni di Dinka, che, dopo averlo fatto vagare per tutti i vicoli e le strade di Gerusalemme, lo trascina nel ristorante di Leah. Questa è una donna dalla vita intensa, che tiene a Tamar come a una sorella (*Noi ragazze dobbiamo aiutarci l'una con l'altra*), tanto che ha deciso di sostenerla nel realizzare il suo rischioso piano per salvare Shay dalla droga e dalla banda che lo tiene prigioniero. Il suo atteggiamento brusco, dovuto alle esperienze dolorose e alle cicatrici del passato, inizialmente intimorisce Assaf; ma poi tra i due nascono una tacita complicità e una **reciproca fiducia**. La donna, infatti, conoscendo la gravità della situazione e comprendendo che Assaf potrebbe essere d'aiuto e supporto per Tamar, stabilisce un nuovo ordine di priorità: decide di rompere il patto stretto con quest'ultima, rivelando al giovane dove ella si trovi. Assaf, a sua volta, dimostra di essere capace di affrontare le proprie paure, di mettersi in gioco e di anteporre alle proprie debolezze la decisa volontà di aiutare Tamar.

🔴 È tramite Leah, quindi, che il protagonista riesce finalmente a incontrare la ragazza che da giorni sta inseguendo, scortato – o meglio, trascinato – da Dinka per tutta la città. Ma l'incontro si rivela una nuova fonte di rischio per Assaf, a causa di un **malinteso** che complica decisamente la situazione: il ragazzo non ri-

conosce Tamar (che ha i capelli cortissimi) e si avventa su Shay che, spaventato da quell'inaspettata presenza, scappa; a sua volta, Tamar riconosce in Assaf un potenziale nemico e lo colpisce alla testa, privandolo dei sensi. Solo Dinka, unico anello di congiungimento tra i tre ragazzi, avrebbe potuto aiutarli nel riconoscimento reciproco. Ma Assaf, non pensando a questo particolare, spaventato dall'idea che, ormai prossimo al suo obiettivo, il cane potesse sfuggirgli, l'ha legato a un albero. Anche se il lieto fine sembrava dietro l'angolo, il tutto torna di nuovo in gioco…

I personaggi dinamici

🔴 Sia Leah sia Assaf sono due personaggi dinamici; nel corso della vicenda, entrambi sono interessati da una **decisiva evoluzione psicologica**. La donna è inizialmente molto diffidente e particolarmente dura col ragazzo, tanto da spaventarlo; poi, però, rimane *conquistata dalla sensazione piacevole, rilassante* che Assaf le trasmette. Il ragazzo, a sua volta, dapprima terrorizzato dalla situazione in cui si trova, acquista gradualmente fiducia in se stesso (*Non sapeva da dove gli venisse quella sicurezza. Sentiva che anche lui, come il vecchio con il fucile, parlava come l'eroe di un film*) e in Leah (*Girarono senza meta ancora per un po', fidandosi dell'istinto di Leah. Assaf notò che guardava nello specchietto retrovisore più di quanto osservasse la strada davanti a*

159

PARTE 2 · I generi

sé, ma non fece domande), stupendosi di sentirsi tanto a suo agio con un adulto, lui che è sempre stato un ragazzo così timido e impacciato.

La presentazione dei pensieri dei personaggi

● Il **narratore onnisciente** più volte esplicita al lettore i pensieri dei personaggi, ricorrendo a due diverse tecniche: il **discorso indiretto**, attraverso il quale introduce le riflessioni dei protagonisti, utilizzando un verbo dichiarativo e la congiunzione "che" (*Pensò che si trattasse di un ragazzino… Pensò stupito che c'era qualcosa di strano e illogico*); e il **discorso indiretto libero**, grazie al quale riporta le medesime parole dei personaggi, eliminando il verbo dichiarativo e la punteggiatura che generalmente contraddistingue il discorso diretto (*Avresti dovuto vedermi quando me ne stavo davanti a quei tre, nella piscina; Chi erano? Dov'era Tamar?*). L'autore ricorre a questa seconda tecnica narrativa soprattutto per dare voce all'interiorità di Assaf: è lui il protagonista del testo ed è in relazione a questo personaggio che il narratore passa a una **focalizzazione interna**.

La lingua e lo stile

● Lo stile di Grossman si configura in una serie di **periodi brevi**, asciutti, dominati dalla coordinazione, spesso per asindeto, e ritmati dalla fitta presenza della punteggiatura, che sembra scandire la cadenza del racconto (*Diede istruzioni in cucina, preparò un biberon d'acqua per Noah, scrisse qualcosa su un biglietto e lo infilò in una busta*). Le parole, per quanto appartenenti al lessico quotidiano, sono scelte con precisione e grande capacità mimetica, e rivelano l'**amore per il dettaglio** che caratterizza la prosa di Grossman (*Proseguirono la discesa. La valle era molto più profonda di quanto sembrasse dall'alto. Attraversarono una stretta spaccatura. Camminavano adagio, in silenzio assoluto. Giunti tra due piccole alture, sentirono delle voci*). Il ritmo della narrazione è continuamente variato dall'alternanza di parti dialogate e parti descrittive, di sequenze narrative e sequenze riflessive.

Laboratorio sul testo

● Comprendere

Informazioni esplicite

1. Come si sente Assaf quando entra nel ristorante di Leah? Perché?
2. Quale ruolo ha Leah nella vicenda?
3. In quale "guaio" si è ficcata Tamar?
4. Leah ha fatto una promessa a Tamar: quale? Perché decide di infrangerla?
5. In che modo Leah aiuta Assaf?
6. Ricostruisci sinteticamente gli avvenimenti della seconda parte del brano, da quando Assaf arriva *a una fermata d'autobus deserta* (rr. 137-186).
7. Perché Assaf lega Dinka? Come reagisce quest'ultima?

Informazioni implicite

8. *Al contrario, si lasciò andare, conquistata dalla sensazione piacevole, rilassante, che Assaf le trasmetteva* (rr. 117-118). Da quale sensazione è conquistata Leah? Motiva la tua risposta, a partire dal testo.

Significati

9. Nel finale del brano viene detto: *Vide qualcosa venire verso di lui e poi il cielo si frantumò, gli crollò addosso*. A che cosa allude questa espressione metaforica?
10. Secondo te, che cosa permette ad Assaf e Leah di abbandonare le proprie paure e di fidarsi infine l'uno dell'altra?

● Analizzare

Personaggi dinamici

11. In che modo e per quali ragioni il comportamento di Leah si trasforma nel corso della narrazione? Rispondi alla domanda cercando nel testo i punti in cui tali cambiamenti risultano più evidenti.

160

L'avventura · UNITÀ 6

12. A tuo avviso, in Leah a cambiare è il suo carattere o esclusivamente il suo atteggiamento nei confronti di Assaf? Motiva la tua risposta.

13. Ricostruisci i cambiamenti che avvengono nell'animo di Assaf, facendo riferimento ai passi del brano in cui essi si concretizzano. A tuo avviso, essi possono essere considerati i segni di un percorso di crescita? Motiva la tua risposta.

Presentazione dei pensieri dei personaggi
14. Rileggi il brano e, servendoti di due colori diversi, rintraccia i passaggi in cui l'autore ricorre al discorso indiretto e quelli in cui si serve del discorso indiretto libero.

15. Quale delle due tecniche prevale? Secondo te, quale effetto stilistico si ottiene, in questo modo?

Padroneggiare la lingua

Lessico
16. Nel brano ricorrono alcune espressioni tipiche di un linguaggio informale, familiare. Dopo averle rintracciate, spiega quale coloritura conferiscono al lessico.

17. Nel brano si alternano due campi semantici opposti, quello della paura e quello della serenità; servendoti della tabella sottostante, rintraccia nel testo le parole e le espressioni che appartengono all'uno e all'altro.

Paura	Serenità
Tremò;	*Rise;* ....
....	....
....	....
....	....

18. Più volte nel testo ricorre il termine *adagio* per qualificare i movimenti dei personaggi: scrivine tre sinonimi.

19. *Non è necessario essere così espliciti*. Quale tra i seguenti aggettivi è sinonimo di quello sottolineato?
a) ☐ Ermetici.   c) ☐ Aggressivi.
b) ☐ Diretti.   d) ☐ Allusivi.

Grammatica
20. Quale costruzione sintattica prevale nello stile di Grossman? Dopo aver risposto alla domanda, rintraccia almeno due passaggi del testo che confermino la tua risposta.
a) ☐ La subordinazione.
b) ☐ La costruzione nominale del periodo.
c) ☐ La coordinazione per polisindeto.
d) ☐ La coordinazione per asindeto.

21. *Mi sembra di impazzire, pensò Assaf, un fucile? Mi minacciano con un fucile? Ma che gli prende a questi? Cos'ha fatto Tamar che tutti perdono la testa a causa sua?* Trasforma il testo in discorso indiretto.

22. *Non capiva come avesse intuito la loro presenza ancora prima di vederli*. Trasforma il periodo in discorso diretto.

Interpretare e produrre

23. Il romanzo da cui il brano è tratto si intitola *Qualcuno con cui correre*: alla luce di quello che hai letto, come spieghi questo titolo? Quale messaggio si cela dietro la metafora attorno a cui è costruito? Esponi le tue personali riflessioni in un testo di circa 10-15 righe.

24. Il narratore onnisciente, per quanto rimanga esterno rispetto alla vicenda, predilige il punto di vista di Assaf. Prova ora a raccontare la vicenda dal punto di vista di Leah, dall'arrivo di Assaf e Dinka nel ristorante fino al momento in cui li lascia alla fermata dell'autobus. Quindi, adotta il punto di vista di Shay e narra il finale del racconto. Infine, ripercorri tutta la vicenda adottando il punto di vista di Dinka.

161

PARTE 2 • I generi

T4 Hugo Pratt
Corto Maltese e la città perduta

• **PUBBLICAZIONE**
Mu: la città perduta, 1992

• **LUOGO E TEMPO**
Caraibi, 1925

• **PERSONAGGI**
Corto Maltese; Rasputin; un guerriero Aztlan; il caimano

Corto Maltese, marinaio dallo spirito libero e avventuriero, è stato ideato dalla fantasia di Hugo Pratt, eccezionale maestro del fumetto. Caratteristiche inconfondibili del personaggio sono la sua divisa da capitano, l'orecchino sinistro e gli occhi dallo sguardo penetrante. Il personaggio è il protagonista di una serie di avventure che hanno appassionato migliaia di lettori, conquistati dai romanzi a fumetti (*graphic novel*) di Pratt, degni di autori classici quali Conrad, Salgari o Dumas.

Mu: la città perduta è l'ultima creazione di Hugo Pratt. I Caraibi fanno da sfondo a questa avventura, nella quale Corto è alla ricerca di Mu, un continente perduto che ha le caratteristiche della mitica Atlantide. Insieme a lui ci sono altri personaggi, che spesso compaiono nelle sue storie, tra cui Rasputin, al contempo compagno e rivale di Corto Maltese, un uomo cinico che crede a modo suo nel valore dell'amicizia. I due, sbarcati sull'isola, entrano nel labirinto che conduce a Mu, dove incontrano popoli discendenti degli antichi Maya e che ancora vivono secondo le primitive tradizioni. Gli ostacoli da superare sono i temibili guerrieri di Aztlan, gli Uomini-Scorpione, il Labirinto Armonico, gli Uomini-Ragno, e tanti altri pericoli che infestano le sotterranee viscere del vulcano sotto il quale si sviluppa l'antica città. I segreti che Corto vuole svelare sono abilmente custoditi dagli abitanti: trappole, trabocchetti, agguati mettono in difficoltà l'abile marinaio che dovrà dimostrare tutte sue capacità prima di raggiungere la nave con la quale si metterà in salvo.
Nelle tavole proposte, Corto e Rasputin sono entrati nel tempio che dà accesso al Labirinto e il protagonista incontra il primo ostacolo: il pavimento sprofonda sotto i suoi piedi e il marinaio cade… nelle sabbie mobili.

Vignetta 1: Rasputin cerca di aiutare l'amico.

Vignette 3-6: Rasputin rivela il sarcasmo e il cinismo che lo caratterizzano… anche in un momento come questo.

PARTE 2 · I generi

Vignetta 7: anche l'ironia caratterizza Corto che, per nulla disturbato dalla situazione, prende in giro Rasputin.
Vignetta 12: un guerriero Aztlan sta seguendo i due protagonisti, azionando le leve dei trabocchetti.

164

L'avventura • UNITÀ 6

13

14-15
16

17

Vignette 14-16: tutto il campo è per le onomatopee. Il caimano è umanizzato e con quell'*Ehilà* ci strappa un sorriso divertito: la bestia non si aspettava un bocconcino così…
Vignetta 17: fredda e controllata la reazione di Corto, anche se qualche goccia di sudore denuncia la sua tensione.

165

Hugo Pratt, *Mu: la città perduta*, Milano, Rizzoli, 1992

Vignetta 19: Hugo Pratt mescola sempre la realtà, anche quella storica, con la fantasia. Nazario Sauro è stato un valoroso comandante della marina militare italiana durante il primo conflitto mondiale: con il suo nome è stato battezzato un enorme sommergibile (l'S518, che ora si trova ancorato nella darsena del porto di Genova). Ma visto che "sauro" significa anche "lucertola" (dal greco *sayros*), Corto qui sta affermando, con un'ironica metafora, che il caimano è gigantesco. La sua vittoria sarà pertanto ancora più meritevole.

VITA E OPERE

■ **Hugo Pratt** Nato a Rimini nel 1927, è stato un romanziere e saggista italiano, noto soprattutto come disegnatore e autore di fumetti, anche a livello internazionale. La sua fama è dovuta all'invenzione del personaggio di Corto Maltese, marinaio avventuriero protagonista dell'omonima serie. Oltre che a Venezia, città in cui ha vissuto per molti anni e a cui è particolarmente legato, Pratt ha trascorso periodi della sua vita in Africa e in Argentina, Inghilterra, Francia e Svizzera. È morto a Losanna nel 1995.
I fumetti di Pratt sono caratterizzati da uno stile grafico essenziale ed efficace, attraverso il quale l'autore riesce a elaborare delle vere e proprie narrazioni che attingono a un immaginario al contempo popolare e colto. Tale stile innovativo ha esercitato un'influenza fondamentale sul mondo del fumetto italiano e mondiale, di cui Pratt viene considerato uno degli esponenti più importanti. Oltre alla saga di Corto Maltese (nata nel 1967 e conclusasi, molte avventure più tardi, nel 1992, con la pubblicazione di *Mu: la città perduta*) Pratt è stato l'autore di numerose altre serie, tra cui ricordiamo *Gli scorpioni del deserto*, 1969.

SCHEDA DI ANALISI

Il tema e il messaggio

■ Nel fumetto ci sono tutte le caratteristiche dell'avventura: l'eroe-protagonista, i suoi antagonisti (il guerriero Aztlan, il caimano), l'ambientazione esotica, la ricerca di una terra perduta ecc. Ma **Corto Maltese non è un eroe tradizionale**: si trova in situazioni consuete per il genere ma agisce e reagisce in maniera nuova. Non è infallibile, cade in trabocchetti ma riesce a uscirne anche grazie alla fortuna che lo assiste (*Sempre fortunato, ma come si fa?*). Nelle difficoltà, fa buon viso a cattivo gioco, mantiene la calma e ringrazia Dio per essersi salvato; e quando riesce a cavarsela ha la prontezza di spirito di ironizzare sulla battuta sarcastica di Rasputin (*Bevi adagio, eh?*), intuendo con soddisfazione il meccanismo che ha fatto alzare la piattaforma (*Sedendoti su quella pietra hai messo in moto qualcosa*). L'intelligenza e la perspicacia sono dunque caratteristiche essenziali del personaggio, insieme alla sua capacità di analizzare la situazione, svelando la vera natura dei misteri e dei sortilegi che si trova ad affrontare (come quelli praticati dal popolo Aztlan). C'è anche un po' di **umorismo** nella situazione; d'altra parte, quando Rasputin interviene nelle avventure di Corto, fa sempre la parte del cinico antieroe che sdrammatizza o si fa beffe delle performance eroiche di Corto.

■ Durante la lotta con il coccodrillo, egli si mostra invece come un eroe "classico", capace di lottare e di vincere contro un temibilissimo avversario. Ma anche in questa circostanza il suo autocontrollo e la sua ironia non vengono meno: in fondo, Nazario Sauro sembra non preoccuparlo tanto e con un colpo inflitto nel punto giusto il grosso lucertolone è sistemato. Sembra invece più interessato al comportamento di Rasputin, con cui s'infuria (*Per Dio... Rasputin!*) perché non lo ha aiutato e per giunta è sparito.

■ Corto, dunque, è un uomo **pieno di difetti**; ma il suo eroismo fuori dal comune risiede nel desiderio mai appagato di esplorare il mondo, di cercare l'avventura, di affrontare con coraggio i pericoli che essa comporta.

La tecnica e lo stile

■ Pratt sceglie uno **stile rigoroso** per comporre le sue vignette. Le scene sono inquadrate in un rettangolo orizzontale e i disegni sono esattamente contenuti entro i bordi: si presentano al lettore come sullo schermo di un cinema. Anche i tratti con cui sono delineati i personaggi e l'ambientazione sono semplici ed essenziali. Occorre ricordare che la tecnica preferita di Pratt era l'acquerello, una passione che ci ricorda il suo forte legame con Venezia, città d'acqua per antonomasia.

■ I personaggi sono dotati di una psicologia ben studiata, sempre coerente e sempre ironica, soprattutto quando l'autore costruisce avventure in cui è predominante l'elemento magico o irreale. In questi casi, Pratt rivela sempre alla fine la natura razionale e perfettamente spiegabile delle vicende da lui raccontate; la sua narrazione, infatti, è piena di caratteri fantastici ma allo stesso tempo molto pragmatica e disincantata. In tal senso, il mondo disegnato da Pratt è l'incarnazione perfetta del carattere e della visione del mondo del suo eroe Corto Maltese.

PARTE 2 · I generi

Laboratorio sul testo

Comprendere

Informazioni esplicite

1. In quale luogo si svolge l'avventura?
2. Perché Corto si ritrova nelle sabbie mobili?
3. In che modo riesce a uscirne?
4. Chi è Rasputin?
5. Quale altra disavventura capita a Corto, una volta scampato alle sabbie mobili?

Informazioni implicite

6. *E così bevi adagio, eh? Haw, haw, haw…* Come si spiega la risata di Corto in un momento così drammatico?

Significati

7. Quali intenzioni rivelano lo sguardo e l'azione del guerriero Aztlan nella vignetta 12?

Analizzare

Personaggi

8. Qual è il rapporto tra Corto e Rasputin? Ti sembra caratterizzato da una sincera amicizia, da un'eterna rivalità, o nella loro relazione s'intrecciano entrambi questi sentimenti?
9. Quali caratteristiche dei personaggi emergono prevalentemente dal fumetto? Completa lo schema seguente.

	Caratterizzazione fisica	Caratterizzazione psicologica	Caratterizzazione culturale e ideologica
Corto Maltese	....	....	....
Rasputin	....	....	....

Padroneggiare la lingua

Lessico

10. Spesso Corto Maltese, personaggio colto e istruito, ricorre a un registro linguistico elevato. Che cosa vuol dire l'aggettivo *risibile* (vignetta 4)?
    a) ☐ Che non merita di essere preso sul serio.
    c) ☐ Che rischia qualcosa.
    b) ☐ Che ha facoltà di ridere.
    d) ☐ Che è allegro e beffardo.
11. Ricerca nel fumetto le occorrenze di espressioni onomatopeiche e spiega a che cosa esse si riferiscono.

Grammatica

12. Punti esclamativi e punti interrogativi abbondano nei *balloon* (ossia nelle nuvolette in cui sono riportati i pensieri e le parole dei personaggi). Spiega di volta in volta qual è la loro funzione.

Interpretare e produrre

13. Secondo te, che cosa accade nelle vignette successive? Chi o che cosa incontra Corto? Se ti senti all'altezza del compito, prova a disegnare una pagina di vignette in cui raffiguri il seguito della storia. Altrimenti, in un testo non più lungo di una pagina descrivi l'ambientazione delle scene successive e racconta l'azione, inserendo anche qualche dialogo tra i personaggi.

cinema

L'AVVENTURA al cinema

TRAMA La giovane Elizabeth, figlia del governatore inglese di Port Royal, ama segretamente Will Turner, un valoroso forgiatore scampato a un naufragio di cui lei stessa è stata testimone. Un giorno la ragazza sviene e cade in mare; è il pirata Jack Sparrow a salvarla, il quale, tuttavia, viene subito identificato dalle autorità e imprigionato.
Durante la notte, la "Perla nera", famigerata nave di pirati comandata dal capitano Barbossa, giunge in porto e attacca la città; Elizabeth viene rapita e trasportata sulla nave. Mentre Will si mette sulle tracce della Perla nera assieme a Jack, da lui liberato, sull'Isla Vuelta, dove la nave è già approdata, Elizabeth apprende dai pirati il segreto che si nasconde dietro la medaglia che porta al collo: essa fa parte di un antico tesoro a cui è collegata la maledizione che rende quei pirati non più uomini ma spettri; solo chi l'ha ricevuta direttamente dalle mani del ladro potrà rompere l'incantesimo.
Dopo aver scoperto che non può essere Elizabeth a sciogliere il maleficio, ma soltanto Will (il medaglione, infatti, è suo: Elizabeth glielo ha sfilato dal collo il giorno in cui egli è scampato al naufragio), i pirati di Barbossa la gettano in mare.
La parte finale del film è caratterizzata da una fitta serie di colpi di scena. Jack, giunto sull'isola grazie all'intervento di una nave inglese, convince Barbossa ad attaccare quella stessa nave. In realtà, si tratta di un trucco: Jack, che è stato capitano della Perla nera, vuole vendicarsi di Barbossa, suo ex-marinaio che tanti anni prima si era ribellato alla sua autorità, ammutinandosi. Così, subito dopo che Will annulla la maledizione, Jack colpisce Barbossa che, tornato uomo pochi istanti prima, muore all'istante.
Dopo essere nuovamente sfuggito alla giustizia inglese (ancora grazie all'aiuto di Will), Jack torna a bordo della Perla nera, di cui viene nuovamente nominato capitano. Will, invece, dichiara il suo amore a Elizabeth, che accetta subito di fidanzarsi con lui.

LA REGIA Il regista, conformemente ai dettami del genere avventuroso, privilegia gli elementi fantastici ed esotici, dimostrando di saper sfruttare e mettere in scena le convenzioni del racconto d'avventura. Il film presenta inoltre numerose scene horror che nella loro inverosimiglianza suscitano puro divertimento.

I CARATTERI DELL'AVVENTUROSO Pur nella sua stravaganza, il bizzarro e astuto Jack Sparrow è l'emblema stesso dell'avventura, il rappresentante di un mondo piratesco pieno di affascinanti misteri. L'ambientazione in cui si svolgono le vicende rende particolarmente suggestivo e avvincente un racconto filmico basato su azioni rapide, colpi di scena e atti di coraggio compiuti con sprezzo del pericolo.

LA SCENA PIÙ RIUSCITA: JACK SPARROW SFUGGE AL PATIBOLO Dopo aver salvato Elisabeth dall'annegamento, Jack Sparrow viene incatenato dalle guardie inglesi per essere giustiziato;

FILM: Pirati dei Caraibi. La maledizione della prima luna
REGIA: Gore Verbinski
INTERPRETI PRINCIPALI: Johnny Depp, Orlando Bloom, Keira Knightley, Geoffrey Rush
FOTOGRAFIA: Baz Irvine
DURATA: 143 min.
PRODUZIONE: Stati Uniti
ANNO: 2003

ONLINE
guarda la scena

ma lui, con astuzia, riesce a liberarsi e a fuggire in modo particolarmente rocambolesco.

L'AVVENTURA al cinema

Così come i racconti e i romanzi, anche i film d'avventura trattano di imprese eccezionali (spesso ambientate in luoghi esotici) compiute da eroi dotati di particolari qualità: forza, coraggio, astuzia, spericolatezza ecc.
Il genere avventuroso ha avuto, in oltre cent'anni di storia del cinema, un notevole successo. Ci limitiamo a segnalare alcuni film che sono adattamenti per il cinema di celebri romanzi del passato: *Moby Dick* (1956), diretto da John Huston; *Apocalypse Now* (1979) di Francis Ford Coppola, ispirato a *Cuore di tenebra* di Conrad.

Segnaliamo, inoltre, tra i film di genere avventuroso che negli ultimi anni hanno avuto un grande successo, *I predatori dell'arca perduta* di Steven Spielberg (1981), primo film della fortunata serie di Indiana Jones; *Jurassic Park* (1993), sempre di Spielberg e tratto dal famoso romanzo di Michael Crichton; infine, la saga Walt Disney dei *Pirati dei Caraibi*, al momento composta da quattro film: *La maledizione della prima luna* (2003), *La maledizione del forziere fantasma* (2005), *Ai confini del mondo* (2007) e *Oltre i confini del mare* (2011).

VERIFICA UNITÀ 6 Intrecci avventurosi

Sapere e Saper fare

PalestraInterattiva

Conoscere il genere

1. Vero o falso?

a) Nella narrazione d'avventura sono importanti le peripezie. V ☐ F ☐
b) Le qualità fisiche e psicologiche del protagonista non sono determinanti. V ☐ F ☐
c) L'ambientazione della narrazione d'avventura predilige i luoghi aperti. V ☐ F ☐
d) *Robinson Crusoe* è stato scritto agli inizi del secolo XVIII. V ☐ F ☐
e) Gli eroi dei racconti d'avventura sono sempre forti, coraggiosi e guidati da nobili ideali. V ☐ F ☐
f) Spesso il genere dell'avventura si mescola con altri generi letterari. V ☐ F ☐
g) Il genere avventuroso ha grande fortuna ancora oggi. V ☐ F ☐

2. Gli autori e le opere
Abbina correttamente ogni autore alla propria opera.

1. Emilio Salgari
2. Jules Verne
3. Joseph Rudyard Kipling
4. Daniel Defoe
5. Jack London
6. David Grossman
7. Joseph Conrad
8. Herman Melville
9. Mark Twain
10. Robert Louis Stevenson
11. Michael Crichton
12. Alexandre Dumas

a. *I tre moschettieri*
b. *Zanna bianca*
c. *Jurassic Park*
d. *Il Corsaro Nero*
e. *Robinson Crusoe*
f. *Cuore di tenebra*
g. *Moby Dick*
h. *Qualcuno con cui correre*
i. *Le avventure di Tom Sawyer*
l. *Viaggio al centro della Terra*
m. *L'isola del tesoro*
n. *Il libro della giungla*

1 = ...

2 = ...

3 = ...

4 = ...

5 = ...

6 = ...

7 = ...

8 = ...

9 = ...

10 = ...

11 = ...

12 = ...

170

VERIFICA UNITÀ 6

Sapere e Saper fare

Comprendere e interpretare un testo

Focus: il senso dell'avventura

Leggi il racconto e poi rispondi ai quesiti.

VERIFICAlim

T5 Mark Twain
Fuga da casa

Nel romanzo *Le avventure di Tom Sawyer* (1876), le vicende narrate da Twain sono a volte riprese da fatti realmente accaduti, all'autore stesso o ad altri ragazzi che furono suoi compagni di scuola quando da bambino viveva nel villaggio di Hannibal.
Nel brano che ti proponiamo, Tom, il bambino protagonista del romanzo, decide di fuggire di casa insieme ai suoi amici Huck e Joe; tutti loro, infatti, si sentono incompresi e maltrattati dai genitori.

I due ragazzi, mentre camminavano compiangendo se stessi, strinsero un nuovo patto e giurarono di restare sempre l'uno al fianco dell'altro e di essere come fratelli e di non separarsi mai fino a quando
5 la morte non li avesse liberati dalle sofferenze. Poi cominciarono a esporre i loro progetti. Joe voleva diventare un eremita[1], vivere di croste di pane in qualche remota caverna, per morire, prima o poi, di freddo, di stenti e di dolore; ma, dopo avere
10 ascoltato Tom, riconobbe che un'esistenza di delitti presentava alcuni vantaggi, e pertanto accettò di diventare pirata.
Un cinque chilometri a valle di St. Petersburg, là ove il fiume Mississippi è poco più largo di un chi-
15 lometro e mezzo, si trova un'isola stretta, lunga, boscosa, con una lingua di sabbia alla sua estremità, un'isola che offriva loro un comodo rifugio. Era disabitata, molto vicina alla riva opposta e situata di fronte a una foresta fitta e quasi completamen-
20 te deserta. Pertanto i due ragazzi scelsero l'isola Jackson [...]. Andarono in cerca di Huckleberry Finn ed egli si unì prontamente a loro, poiché tutte le carriere erano uguali per lui: l'una o l'altra non faceva differenza.
25 Verso mezzanotte, Tom arrivò con un prosciutto cotto e qualche altra provvista e sostò tra una fitta vegetazione di sottobosco, su un piccolo dirupo[2] che dominava il luogo dell'appuntamento. Il cielo

splendeva di stelle e regnava un gran silenzio. Il
30 fiume possente sembrava un calmo oceano. Tom rimase in ascolto per un momento, ma non un solo suono turbò quella pace. Egli emise allora un sibilo sommesso, ma percettibile. La risposta gli giunse dai piedi del dirupo. Tom fischiò altre due volte, e
35 a questo segnale venne risposto nello stesso modo. Infine, una voce guardinga domandò:
– Chi va là?
– Tom Sawyer, il Vendicatore Nero del Mar dei Caraibi. Dite qual è il vostro nome.
40 – Huck Finn Mano-Rossa, e Joe Harper, il Terrore dei Mari.
Era stato Tom ad assegnare questi titoli altisonanti[3], traendoli dai libri che prediligeva.
– Bene, allora. Dite la parola d'ordine.
45 Due rauchi bisbigli diffusero simultaneamente nella notte cupa, la stessa spaventosa parola:
– SANGUE!
Tom lasciò allora rotolare il prosciutto giù per il dirupo e si calò a sua volta dietro ad esso laceran-
50 dosi, fino ad un certo punto, pelle e vestiti nella discesa. Esisteva un comodo e facile sentiero lungo la spiaggia ai piedi del dirupo, ma difettava dei vantaggi della difficoltà e del pericolo, tanto apprezzati da un pirata.
55 Il Terrore dei Mari era venuto con una mezzina di pancetta[4], sfiancandosi quasi per portarla sin

---

1. eremita: uomo che vive solitario, lontano da tutti.
2. dirupo: Tom aspetta i suoi amici su una collinetta sovrastante un precipizio.
3. altisonanti: solenni, grandiosi.
4. mezzina di pancetta: pancetta di maiale aromatizzata con erbe.

171

VERIFICA UNITÀ 6

lì. Quanto a Finn Mano-Rossa, aveva rubato una padella e una certa quantità di foglie di tabacco conciate[5] soltanto in parte, nonché alcune pannocchie di granoturco per ricavarne pipe. Ma nessuno dei pirati fumava o masticava tabacco tranne lui. Il Vendicatore Nero dei Mar dei Caraibi disse che non era assolutamente possibile cominciare ora, senza un po' di fuoco. Si trattava di un'osservazione assennata[6], essendo i fiammiferi quasi sconosciuti a quei tempi. Scorsero un fuocherello che covava sotto la cenere su una grande zattera un centinaio di metri più a monte e, avvicinatisi furtivamente, si impadronirono di un tizzone[7].

Tramutarono questa spedizione in un'avventura straordinaria, facendo "scccc!" di tanto in tanto e fermandosi all'improvviso con un dito sulle labbra; ogni volta impartirono ordini a bisbigli[8] dicendo che, se "il nemico" si fosse mosso, bisognava "infilzarlo fino all'elsa[9]", perché "i morti non parlano". Sapevano benissimo che tutti gli uomini della zattera si trovavano al villaggio per acquisti o per fare baldoria; ma non era questo un motivo sufficiente per non comportarsi come pirati. Infine salparono con la loro piccola zattera, Tom al comando, Huck al remo sinistro e Joe a quello anteriore.

Tom si teneva ritto al centro della zattera, tenebrosamente accigliato e con le braccia conserte[10], e impartiva ordini con bisbigli sommessi, ma austeri.

– Orzate e portatela al vento!
– Sissignore!
– Avanti così, avanti così!
– Avanti così, signore!
– Un grado a dritta!
– Un grado a dritta, signore!

Mentre i ragazzi, costantemente e con movimenti sempre uguali, spingevano la zattera verso il centro del fiume, era senza dubbio chiaro a tutti che quegli ordini venivano impartiti soltanto per "bellezza" e non avevano alcun valore specifico.

– Che velatura abbiamo?
– Maestra, controranda e controfiocco, signore!
– Issate il pappafico! Forza, che una dozzina di uomini si dia da fare con l'albero di trinchetto! Presto!
– Sissignore!
– Fuori quel braccio di maestra! Alle scotte! Animo, miei prodi!
– Sissignore!
– Barra sottovento! Tutto a sinistra! Tenersi pronti per quando poggerà! A sinistra, a sinistra! Adesso, uomini! Forza! Via così!
– Via così, signore!

La zattera giunse al centro del fiume. I ragazzi la misero sul filo della corrente, poi alzarono i remi. Il fiume non era in piena, per cui la corrente non li portava a più di tre o quattro chilometri all'ora. Durante i quarantacinque minuti che seguirono non venne pronunciata quasi una parola.

Poi, ecco che la zattera passò davanti al lontano villaggio. Due o tre luci baluginanti[11] indicarono dove si trovava, pacificamente addormentato, al lato opposto della vasta e vaga superficie dell'acqua resa scintillante qua e là dai riflessi delle stelle, ignaro[12] dello straordinario evento che andava svolgendosi.

Il Vendicatore Nero rimaneva sempre ritto e immobile, con le braccia conserte, "contemplando per l'ultima volta" il luogo delle sue felicità di un tempo e delle recenti sofferenze, e augurandosi che "lei" avesse potuto vederlo, ormai al largo sul mare tempestoso, ad affrontare con indomito cuore il pericolo e la morte, andando verso il suo funesto destino, con un torvo sorriso sulle labbra[13]. Non costò un grande sforzo, alla sua immaginazione, spostare l'isola Jackson, che era visibile dal villaggio, in un luogo remoto, per cui ora poté "contemplare per l'ultima volta" il luogo natio, con il cuore spezzato, ma soddisfatto. Anche gli altri pirati lo stavano contemplando per l'ultima volta; e tutti e tre lo contemplarono così a lungo che per poco non consentirono alla corrente di portarli lontano dall'isola. Ma si accorsero in tempo del pericolo e modificarono la rotta per evitarlo. Verso le due del mattino la zattera finì sulla lingua di sabbia,

---

5. conciate: lavorate per essere pronte all'uso.
6. assennata: piena di buon senso.
7. tizzone: pezzo di legno ardente.
8. a bisbigli: sottovoce.
9. elsa: impugnatura della spada.
10. tenebrosamente... conserte: Tom ha una faccia seria e preoccupata e tiene le braccia incrociate. Si sente un grande capitano! Tutta la scena

successiva descrive il gioco dei ragazzi che si immedesimano nel loro ruolo di pirati, al punto da utilizzare un preciso gergo marinaresco: "orzare" significa puntare la prua verso la direzione del vento. Toccherà a te, negli esercizi, cercare e spiegare gli altri termini marinareschi.
11. baluginanti: luccicanti.
12. ignaro: inconsapevole, che non sa

o non conosce.
13. Il Vendicatore... labbra: Tom si comporta come i personaggi drammatici dei grandi libri di avventura; si sente un eroe perseguitato che sta per abbandonare il luogo in cui è nato. La "lei" citata è Becky, la ragazzina che non lo ama e che per questo (nelle sue intenzioni) non lo rivedrà più.

VERIFICA UNITÀ 6

lontana un duecento metri dall'estremità dell'isola, ed essi andarono a guado[14] avanti e indietro finché non ebbero portato a terra tutto il carico. Dell'attrezzatura della piccola zattera faceva parte una vecchia vela ed essi la distesero su un varco tra i cespugli a mo' di tenda per proteggere le provviste; ma, quanto a loro, avrebbero dormito all'aria aperta, con il bel tempo, come si addice ai fuorilegge. Accesero il fuoco al riparo di un grasso tronco, venti o trenta passi nelle tenebrose profondità del bosco, poi misero a soffriggere un po' di pancetta nella padella, per la cena, e fecero sparire almeno la metà del pane di granturco che avevano portato. Parve un divertimento fantastico banchettare in piena libertà nella foresta vergine di un'isola inesplorata e disabitata, lontano dai luoghi frequentati dagli uomini, e dissero che non sarebbero tornati mai più alla civiltà. Il fuoco, guizzando[15] più vivido, illuminava i loro volti e proiettava i suoi riflessi purpurei[16] sui tronchi, simili a pilastri, di quella foresta che sembrava un tempio, nonché sulle foglie lucide e sui festoni dei rampicanti. Quando l'ultima fettina croccante di pancetta fu scomparsa e quando ebbero divorato quel che restava della razione di pane, i ragazzi si distesero sull'erba, colmi di contentezza. Avrebbero potuto trovare un posto più fresco, ma non volevano negarsi uno scenario romantico come quello del fuoco che li stava arrostendo.

– Non è bello? – disse Joe.
– È fantastico – esclamò Tom.
– Che cosa direbbero i ragazzi se potessero vederci?
– Che cosa direbbero? Ah, morirebbero dalla voglia di essere qui anche loro... eh, Hucky?
– Credo di sì – rispose Huckleberry. – In ogni

Una litografia di Geoffrey Whittam che raffigura Tom, Joe e Huck sulla zattera (1957, collezione privata).

modo, io qui ci sto bene. Non desidero niente di meglio di questo. In genere, non riesco a trovare abbastanza da mangiare... e inoltre, qui non può venire nessuno a prendermi a calci e a fare il bullo.
– È proprio il modo di vivere che mi va bene – disse Tom. – Non ci si deve alzare presto la mattina, non si è obbligati ad andare a scuola, a lavarsi e a fare tutte quelle altre cose stupide e noiose. [...]

A poco a poco la conversazione cessò e la sonnolenza cominciò a rendere grevi[17] le palpebre dei ragazzi. La pipa cadde dalle dita di Mano-Rossa, ed egli dormì il sonno di coloro che hanno la coscienza tranquilla e si sentono spossati.

Il Terrore dei Mari e il Vendicatore Nero del Mar dei Caraibi stentarono molto di più ad addormentarsi.

Mark Twain, *Le avventure di Tom Sawyer*, Milano, Mondadori, 1987

---

14. andarono a guado: attraversarono il fiume a piedi, in un punto in cui le acque non erano troppo profonde.
15. guizzando: le lingue di fuoco si muovono a scatti.
16. purpurei: rosso acceso, color della porpora.
17. grevi: pesanti.

Competenza testuale

Individuare e ricavare informazioni

_____ 1. In quali luoghi è ambientata la vicenda?
_____ 2. Chi sono i due ragazzi citati nella prima riga del racconto?
_____ 3. Quale dei due propone di diventare pirata?
_____ 4. Perché Huckleberry Finn accetta di unirsi a loro?
_____ 5. In che cosa consiste l'avventura che i ragazzi compiono?

VERIFICA UNITÀ 6

Comprendere i significati

_____ **6.** *Quegli ordini venivano impartiti soltanto per "bellezza" e non avevano alcun valore specifico* (rr. 94-95). Che cosa vuole intendere l'autore con l'espressione *per bellezza*?

_____ **7.** A tratti si avverte l'ironia di alcune espressioni usate dal narratore, il quale sembra prendersi gioco delle spavalde ma ingenue imprese dei tre ragazzi. Individua almeno due punti in cui questo aspetto della narrazione è evidente e analizzali.

Interpretare e valutare

_____ **8.** *Il cielo splendeva di stelle e regnava un gran silenzio. Il fiume possente sembrava un calmo oceano* (rr. 28-29). *Il villaggio (...) era pacificamente addormentato, al lato opposto della vasta e vaga superficie dell'acqua resa scintillante qua e là dai riflessi delle stelle* (rr. 116-120). Quali impressioni comunica tale descrizione del paesaggio notturno? Si tratta di una descrizione oggettiva o soggettiva, che rispecchia cioè lo stato d'animo dei personaggi? Motiva la tua risposta.

_____ **9.** L'avventura vissuta dai personaggi è realmente "straordinaria" o è il loro entusiasmo di ragazzi a renderla tale? Motiva la tua risposta.

_____ **10.** Quale sentimenti manifesta l'ironia con cui l'autore descrive le azioni dei suoi personaggi? Ti sembra che vi sia sotteso un atteggiamento moralistico o di viva simpatia? Motiva la tua risposta.

Comprendere strutture e caratteristiche dei generi testuali

_____ **11.** Quali sono gli stereotipi e le caratteristiche del genere avventuroso che riscontri nelle azioni e nelle parole dei personaggi?

_____ **12.** Quale dei ragazzi rappresenta l'eroe-protagonista? Perché?

_____ **13.** L'isola Jackson ha i requisiti ideali per diventare il luogo dell'avventura: perché?

Riconoscere il registro linguistico

_____ **14.** Tom si augura che *"lei" avesse potuto vederlo, ormai al largo sul mare tempestoso, ad affrontare con indomito cuore il pericolo e la morte, andando verso il suo funesto destino, con un torvo sorriso sulle labbra.* Qual è il registro linguistico di questo periodo?

a) ☐ Semplice e informale.   c) ☐ Gergale e colloquiale.

b) ☐ Letterario e retorico.   d) ☐ Formale e tecnico.

_____ **15.** Secondo te, perché il narratore ha usato questo registro, in questa parte del racconto?

Competenza lessicale

_____ **16.** Cerca nel testo tutti i termini tipici del gergo marinaresco e spiegali.

_____ **17.** Il villaggio era *ignaro dello straordinario evento che andava svolgendosi.* Riferendo l'aggettivo *ignaro* al villaggio, è come se l'autore lo considerasse un essere umano. Che figura retorica sta utilizzando? In realtà, a chi sarebbe da riferire l'aggettivo in questione?

Competenza grammaticale

_____ **18.** Ricerca nel testo e trascrivi un esempio per ciascuna delle seguenti tipologie di discorso.

Discorso diretto: ....

Discorso indiretto: ....

_____ **19.** Riscrivi il seguente periodo, portando l'azione al tempo presente.

Tramutarono questa spedizione in un'avventura straordinaria, facendo "scccc!" di tanto in tanto e fermandosi all'improvviso con un dito sulle labbra; ogni volta impartirono ordini a bisbigli dicendo che, se "il nemico" si fosse mosso, bisognava "infilzarlo fino all'elsa", perché "i morti non parlano".

....

....

....

Unità 7

L'umorismo

T1 Alan Bennett
Furto in appartamento

T2 David Foster Wallace
Una cabina troppo pulita

T3 Stefano Benni
L'ultrà beneducato

T4 Niccolò Ammaniti
Il banchetto del boss

Saper fare

T5 Roy Lewis
Abbasso il progresso!

ONLINE

W1 John Fante, *Rapimento in famiglia*
W2 Daniel Pennac, da *La prosivendola*
W3 Achille Campanile, *Il bicchiere infrangibile*
W4 Anton Cechov, *Un'opera d'arte*
W5 Jerome K. Jerome, da *Tre uomini a zonzo*

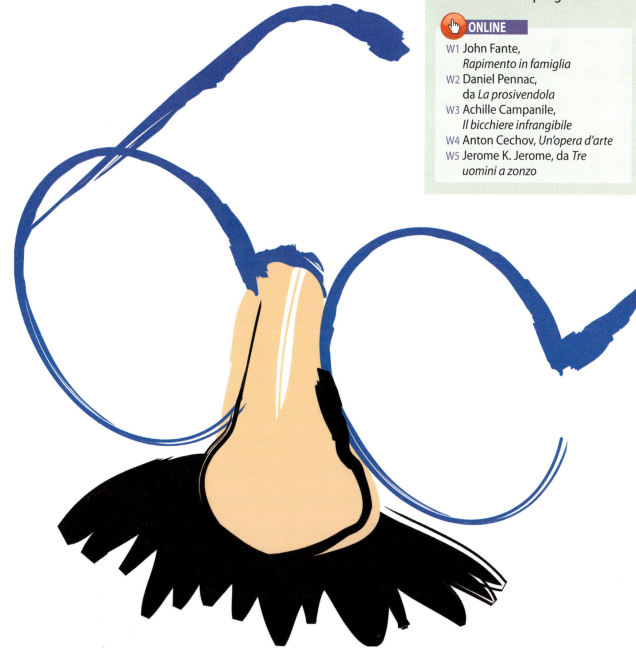

PARTE 2 · I generi

Le caratteristiche del genere

1 La narrazione umoristica

Ridere o sorridere È umoristica una narrazione che si propone di suscitare nel lettore il riso o il sorriso, attraverso la presentazione di situazioni o personaggi curiosi e stravaganti (**umorismo situazionale**), oppure mediante l'uso di un linguaggio particolare, ricco di giochi di parole, doppi sensi, esagerazioni (**umorismo linguistico**). Spesso, in realtà, alcuni autori umoristici usano entrambe queste tecniche per accentuare i risvolti comici del loro racconto.

Comicità e umorismo Il termine **comicità** (dal latino *comicum*, dal greco *komikós*) indica tutto ciò che è caratteristico della **commedia**, un genere teatrale esistente fin dall'antichità e incentrato su situazioni e personaggi che suscitano il riso.
Il termine umorismo deriva, invece, dall'inglese *humour* e indica la capacità di cogliere gli aspetti divertenti o grotteschi della realtà e di sorriderne con ironica comprensione: chi possiede *sense of humour* avverte istintivamente il lato comico delle situazioni.
Le due parole sono sovente usate come sinonimi, anche se tra loro esiste una differenza di significato: è comico ciò che suscita la risata immediata, come la battuta, la barzelletta, l'immagine o la situazione buffa; è umoristico, invece, ciò che diverte e che al tempo stesso fa riflette-

re, in quanto evidenzia le debolezze, i difetti delle persone, i loro comportamenti sbagliati, denunciando a volte le ingiustizie o le sopraffazioni che essi rivelano. Questa distinzione, tuttavia, è meno netta di quanto possa sembrare a prima vista: anche la dimensione della comicità, infatti, essendo la descrizione di una situazione ridicola, nasce da una precedente riflessione sul mondo, che però rimane in secondo piano rispetto alla situazione umoristica, in cui tale aspetto "riflessivo" emerge di più.

L'umorismo come «sentimento del contrario» Oltre a una vasta produzione letteraria, **Luigi Pirandello** ha lasciato importanti scritti di poetica in cui emerge la sua concezione della letteratura. Tra questi, particolare importanza riveste il saggio *L'umorismo*, in cui lo scrittore fornisce un'importante chiave di lettura per comprendere non solo le sue opere, ma anche la natura profonda dell'umorismo e la sua differenza intrinseca con la comicità.
In particolare, Pirandello chiarisce questa differenza proponendo un esempio: se vediamo una vecchia signora vistosamente truccata e agghindata, la prima reazione che tale immagine ci suscita è il riso, in quanto avvertiamo in essa una situazione ridicola, contraria a quello che dovrebbe essere il comportamento di un'anziana signora; questo **«avvertimento del contrario»** è, secondo Pirandello, il meccanismo

176

da cui nasce la comicità. Ma se ci fermiamo a riflettere sui motivi per cui la signora si agghinda in quel modo (per esempio, perché teme di perdere l'amore del marito più giovane), allora la prima reazione di riso è sostituita da un'altra sensazione, più complessa e sfumata, che ci porta a sorridere della signora ma al contempo provare comprensione nei suoi confronti: è questo il «**sentimento del contrario**» che è alla base dell'umorismo.

La riflessione umoristica consente dunque di cogliere la complessità o l'assurda contraddittorietà dell'esistenza umana, spesso caratterizzata da situazioni in cui il ridicolo e il tragico sono entrambi presenti e inseparabili tra di loro.

2 Le tecniche narrative

Esagerazione, imprevisto, contrasto Per produrre l'effetto voluto sul lettore, gli autori comici o umoristici utilizzano spesso meccanismi tipici, basati sull'esagerazione, sull'imprevisto, sul contrasto tra due o più elementi: tali tecniche sono spesso coordinate tra di loro, allo scopo di amplificare l'effetto comico. Analizziamone alcune, scegliendole tra quelle più comunemente utilizzate.

- I personaggi sono dotati di **caratteristiche esagerate**: il loro aspetto fisico (statura fuori del normale, nasi enormi ecc.), l'abbigliamento (abiti troppo stretti o troppo larghi ecc.), le loro abitudini e il loro modo di parlare (tic, balbuzie, sordità, spavalderia, ipocrisia, servilismo ecc.) sono spesso descritti e evidenziati dallo scrittore allo scopo di ridicolizzare il personaggio.
- Gli autori comici o umoristici puntano spesso sull'**equivocità** della situazione o sull'**ambiguità** dei personaggi (una dolce vecchietta si rivela un'assassina; un bambino fa attraversare la strada a un cieco che non aveva alcuna intenzione di farlo), oppure sull'occorrere di un **imprevisto**, situazione che suscita imbarazzo o difficoltà (una torta in faccia, una buccia di banana che fa cadere rovinosamente).
- Il **finale a sorpresa** ribalta la situazione iniziale e tutto ciò che, nel corso della storia, de-

riva da essa; ciò che in principio sembrava vero e reale si rivela infine del tutto distorto, frutto di incomprensioni tra personaggi o dell'ambiguità degli eventi, capaci di generare equivoci che danno vita all'intera trama del racconto.
- Il **linguaggio** è uno strumento fondamentale per ottenere l'effetto comico. Per esempio, situazioni e circostanze drammatiche possono essere raccontate come se fossero banali, ottenendo così un effetto tragicomico (Woody Allen: «La morte è una delle poche cose che si possono fare facilmente stando distesi»); oppure, al contrario, frasi del tutto banali possono sortire un effetto comico, se accostate ad altre in modo imprevisto (Moni Ovadia: «Hai ragione ad essere preoccupato. Tuo figlio frequenta pessime compagnie. La peggiore sei tu»). Infine, ci si può servire di tutto ciò che nella lingua genera equivoci, fraintendimenti, malintesi, o anche di giochi di parole, di espressioni gergali, iperboliche, di parole inventate, di suoni o esclamazioni buffe e ridicole ecc. (▶ *Il banchetto del boss*, p. 198).

3 Altre forme di umorismo

Le molteplici forme dell'umorismo Come abbiamo visto, l'umorismo è una dimensione espressiva particolarmente ricca e complessa, che può manifestarsi in numerose forme specifiche, ciascuna dotata di una sua singolare sfumatura e capace così di mettere in rilievo alcuni aspetti della realtà attraverso un approccio del tutto particolare. Indichiamo le forme di umorismo più importanti e diffuse nella nostra cultura.

- L'**ironia**, atteggiamento attraverso cui l'autore coglie l'aspetto ridicolo o paradossale di una situazione, deridendola con distacco e senso di superiorità (▶ *Furto in appartamento*, p. 179). Nella sua forma più letterale, l'ironia è una figura retorica consistente nell'espressione di un messaggio attraverso una frase che ha il significato esattamente contrario (es.: "Hai avuto una meravigliosa idea!", quando si vuole intendere che gli effetti di tale idea sono stati disastrosi).
- Il **sarcasmo**, un'ironia aspra e amara, fatta di

frasi molto pungenti, irridenti o addirittura sprezzanti (es.: a un uomo calvo che lo stava insultando, Diogene replicò: «Non vorrei insolentirti ma mi rallegro coi tuoi capelli, che hanno fuggito una testa indecente»). Per mettere in evidenza il senso polemico che è manifesto al suo interno, un'espressione sarcastica è spesso enfatizzata da una particolare intonazione della voce, che restituisca l'intenzione insita nelle parole.

- La **satira**, che mette in ridicolo situazioni che si vuole denunciare: ingiustizie, comportamenti, dichiarazioni o idee che non si condividono. Oggetto di satira è spesso il potere e le persone che lo detengono; in questo caso, si parla di "satira politica". Nella storia della cultura occidentale molta importanza ha avuto la satira, forma di umorismo molto frequente su quotidiani e riviste, dove si è spesso espressa attraverso **disegni** e **vignette**.

Ma la satira può colpire anche gli usi, le abitudini, i valori e le idee morali, il modo di concepire e organizzare il lavoro, il tempo libero, le relazioni con gli altri; insomma, tutto ciò che riguarda la vita delle persone all'interno di una società. In questo caso, si parla di "satira di costume" (▶ *Una cabina troppo pulita*, p. 186; ▶ *L'ultrà beneducato*, p. 192).

- La **parodia**, che adotta fino all'esagerazione e pertanto mette in ridicolo i tratti distintivi di un particolare genere letterario, di solito più "serio", innescando così il meccanismo della risata (▶ *Abbasso il progresso!*, p. 207). Un famoso esempio di questo tipo di operazione letteraria è il *Don Chisciotte* di Miguel de Cervantes, parodia dei poemi e dei romanzi cavallereschi rinascimentali, ricca di episodi e personaggi che ridicolizzano l'eroismo e la solennità delle situazioni di solito raccontate in questo tipo di opere. Oppure, la parodia può prendere di mira un'opera particolarmente importante e celebrata, che s'intende riscrivere in forma ridicola proprio allo scopo di renderla meno solenne. In tal senso, per esempio, la vicenda dei *Promessi Sposi* è stata riproposta in un fumetto della Walt Disney. La storia, di cui è protagonista Topolino (e perciò intitolata *I Promessi Topi*) inizia «*Su quel ramo del lago di Como che volge a mezzogiorno tra due file ininterrotte di turisti*». Anche il famoso episodio raccontato da Manzoni della "calata dei Lanzichenecchi" – l'invasione della Lombardia da parte di truppe mercenarie germaniche – diventa, nella parodia, l'invasione di un'orda di turisti tedeschi scesi in massa sul lago.

Una vignetta del celebre fumettista satirico Altan.

L'umorismo • U N I T À 7

T1 Alan Bennett
Furto in appartamento

• PUBBLICAZIONE
Nudi e crudi, 2001

• LUOGO E TEMPO
Londra, primi anni
Duemila

• PERSONAGGI
Mr e Mrs Ransome;
due agenti di polizia

Il brano è tratto dal racconto lungo *Nudi e crudi*. Siamo in un
quartiere residenziale di Londra, nell'appartamento di una coppia
di rispettabili borghesi di mezz'età, Mr e Mrs Ransome. Marito e
moglie conducono una vita abitudinaria; Mr Ransome è un avvocato
affermato, un uomo razionale che non manifesta mai le proprie
emozioni. L'unica passione della sua vita ordinata in ogni suo singolo
aspetto è la musica di Mozart. Di ritorno da uno spettacolo di
musica lirica i due trovano l'appartamento completamente svuotato;
qualcuno è entrato e ha portato via tutto, persino le aste delle tende
alle finestre, persino il telefono. Mr Ransome è perciò costretto a
uscire nel cuore della notte per avvisare la polizia.

Quando Mr Ransome fece ritorno a casa era l'una passata. Mrs Ransome sedeva appoggiata al muro nella loro camera, nel posto in cui sarebbe andata
a letto se ci fosse stato il letto. Ormai si era messa l'anima in pace. In assenza del
marito aveva pianto parecchio; poi, però, si era asciugata gli occhi, decisa a far
5 buon viso a cattivo gioco.

«Ho pensato che forse eri morto» gli disse.

«E perché mai?».

«Be', le disgrazie non vengono mai sole».

«Se proprio vuoi saperlo, sono finito in una lavanderia a gettone. Un'esperien-
10 za orribile. Cosa mangi?».

«Una pastiglia per la tosse. L'ho trovata nella borsetta». Era una delle pastiglie
che lui le aveva imposto di portarsi all'opera da quella volta che aveva tirato su
col naso per tutto il *Fidelio*[1].

«Ce n'è un'altra?».

15 «No» rispose Mrs Ransome succhiando. «Era l'ultima».

Mr Ransome andò al gabinetto e troppo tardi si rese conto che i ladri erano stati
talmente meticolosi da far sparire sia la carta igienica sia il portarotolo.

«Non c'è carta» gli gridò la moglie.

L'unico pezzo di carta reperibile in tutta la casa era il programma del *Così*[2], e
20 mentre glielo passava dalla porta socchiusa Mrs Ransome notò – non senza soddisfazione – che il marito sarebbe stato costretto a pulirsi il didietro su un ritratto
di Mozart.

Rigido e spesso com'era, il dépliant patinato (sponsorizzato dalla Barclay's
Bank[3]) risultò poco pratico e soprattutto inaffondabile; nonostante tre tirate di

---

1. *Fidelio*: opera musicata da Ludwig van Bee-
thoven.
2. *Così*: *Così fan tutte*, titolo di un'opera di Wolfgang Amadeus Mozart.
3. Barclay's Bank: banca internazionale britannica.

179

Ellsworth Kelly, *Rosso, blu, verde, giallo*, 1965.

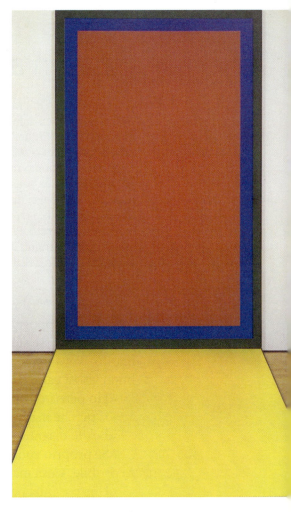

25 sciacquone, l'occhio risentito di Georg Solti[4] continuò a fulminare Mr Ransome dal buco della tazza.

«Meglio?» chiese sua moglie.

«No» rispose il marito, sedendosi ac-
30 canto a lei contro il muro. Ma poiché il battiscopa le stava piantato nella schiena, Mrs Ransome si mise di traverso con la testa sulla coscia del marito, posizione in cui non si trovava da molti, lunghi
35 anni. Benché Mr Ransome seguitasse a dirsi che era un'emergenza, quell'intimità gli sembrò sia fastidiosa sia imbarazzante; evidentemente, però, piaceva a sua moglie, che si addormentò subi-
40 to, lasciandolo lì a guardare con aria tetra la parete di fronte e la finestra senza più tende. In quel momento si accorse sconcertato che i ladri avevano rubato anche l'asta e gli anelli.

45 Erano già le quattro quando arrivò la polizia, cioè un omone di mezz'età con l'impermeabile che si presentò come un sergente del reparto investigativo e un giovane agente in divisa dall'aria sen-
50 sibile, che non disse una parola. «Alla buon'ora» commentò Mr Ransome.

«Sì,» rispose il sergente «saremmo arrivati prima, senonché c'è stato un piccolo... ehm... inconveniente, come si dice. Campanello sbagliato. Colpa del qui presente professorino: ha visto il nome Hanson e...».

55 «No, Ransome» precisò Mr Ransome.

«Appunto, alla fine l'abbiamo capito... Trasloco recente, eh?» disse il sergente squadrando il parquet[5] spoglio.

«No, abitiamo qui da trent'anni» ribatté Mr Ransome.

«E l'appartamento era tutto ammobiliato?».

60 «Ovvio» rispose Mr Ransome. «Era una casa normale».

«Divano, poltrone, pendola...» disse Mrs Ransome.

«Avevamo tutto».

«Anche la televisione?» domandò timidamente l'agente.

«Sì» rispose Mrs Ransome.

65 «Ma non la guardavamo tanto» disse Mr Ransome.

---

4. Georg Solti: uno dei massimi direttori d'orchestra del Novecento, di origine ungherese ma nazionalizzato inglese.

5. parquet: pavimento in legno.

«Videoregistratore?».

«No» rispose Mr Ransome. «La vita è già abbastanza complicata».

«Lettore CD?».

«Sì» risposero i Ransome all'unisono[6].

«E mia moglie aveva la pelliccia» aggiunse Mr Ransome. «L'assicurazione ha un elenco degli oggetti di valore».

«In tal caso» disse il sergente «siete a cavallo. L'agente Partridge prenderà nota dei particolari. Io intanto, se non vi dispiace, faccio un giretto. I vicini hanno visto niente?».

«Sono in Portogallo» rispose Mr Ransome.

«E il guardiano?».

«Forse è in Portogallo anche lui,» disse Mr Ransome «data la frequenza con cui si fa vedere».

«Ransom come il titolo del film» domandò l'agente «o come Arthur Ransome[7]?».

«Partridge è una delle nostre nuove leve col diploma» spiegò il sergente esaminando la porta d'ingresso.

«La serratura non è stata forzata, vedo. Saranno entrati dalla finestra. Non è che si potrebbe avere un tè, no?».

«No,» rispose Mr Ransome tagliente «visto che non si può avere neanche una teiera. Per non dire una bustina da metterci dentro».

«Vorrete il sostegno psicologico, penso, no?» disse l'agente.

«Come?».

«Qualcuno che venga qui a tenervi la mano» disse il sergente controllando la finestra. «Secondo Partridge è importante».

«Siamo tutti esseri umani» disse l'agente.

---

6. unisono: quasi in coro.
7. Ransom... Arthur Ransome: *Ransom* è un film d'azione del 1996, diretto da Ron Howard e interpretato da Mel Gibson; Arthur Ransome (1884-1967) è stato invece un popolare scrittore inglese di romanzi e racconti per l'infanzia.

VITA E OPERE

Alan Bennett Scrittore e drammaturgo inglese nato ad Armley, nello Yorkshire, nel 1934. Dopo aver insegnato a Oxford come docente di storia medievale, ha lasciato la carriera accademica per dedicarsi interamente alla scrittura e al teatro. Dopo la messa in scena della sua prima commedia, *Forty years on,* nel 1968, Bennett ha scritto molte opere per la televisione, il teatro e la radio, brevi racconti e romanzi. La sua voce molto caratteristica ed espressiva e il suo umorismo tagliente hanno reso le letture delle sue opere, compiute da lui stesso alla televisione e alla radio, molto popolari, così come molto note sono le sue letture di *Alice nel paese delle*

meraviglie e *Winnie the Pooh.*
Nel 1991 ha scritto *La pazzia di Giorgio III*, una commedia che ha riscosso molto successo, tanto che ne è stato fatto un adattamento per il cinema. Lo stesso è avvenuto al testo *The history boys,* rappresentato per la prima volta nel 2004 e vincitore di riconoscimenti internazionali. Grazie al suo stile arguto, Bennett è capace di rappresentare la società inglese e le sue istituzioni attraverso una varietà di linguaggi e generi. Molti dei suoi personaggi, la cui fragilità è esposta dall'autore in modo al contempo impietoso e comprensivo, sono timidi e impacciati, specie nel rapporto con l'altro sesso.

PARTE 2 · I generi

«Io sono un avvocato» disse Mr Ransome.

«Be',» disse il sergente «magari potrebbe provarci la sua signora. Facciamo contento il nostro Partridge».

Mrs Ransome sorrise con aria servizievole.

«Allora scrivo di sì» disse l'agente.

«Non è che hanno lasciato qualcosa, no?» domandò il sergente tirando su col naso, mentre passava la mano su una modanatura[8].

«No, come può vedere da sé non hanno lasciato assolutamente nulla» rispose Mr Ransome stizzito.

«Non volevo dire qualcosa di vostro» precisò il sergente. «Dicevo qualcosa di loro». E di nuovo tirò su col naso, con sguardo interrogativo.

«Un ricordino».

«Un ricordino?» chiese Mrs Ransome.

«Escrementi» rispose il sergente. «Quello del topo d'appartamenti è un mestiere che dà ansia. Il ladro sente spesso il bisogno di evacuare per scaricarsi».

«Che poi sarebbe un altro modo per dirlo» intervenne l'agente.

«Per dire cosa, Partridge?».

«Scaricarsi è un altro modo per dire evacuare. In francese» proseguì l'agente «si dice appostare una sentinella».

«Ah, ecco. E questo te l'hanno insegnato a Leatherhead[9]?» disse il sergente. «Partridge si è diplomato all'Accademia di polizia».

«È come l'università» spiegò l'agente. «Solo che lì ci si comporta meglio».

«Ad ogni modo,» disse il sergente «date una controllata in giro. Per gli escrementi, dico. Certi ladri sono parecchio creativi. In una casa di Pangbourne l'avevano fatta dentro un'applique[10] del Settecento. In qualunque altro campo avrebbero preso un'onorificenza».

«Forse lei non se n'è accorto,» sottolineò torvo Mr Ransome «ma non abbiamo più lampade».

«Un altro a Guildford l'ha fatta in una ciotola di pot-pourri[11]».

«Un vero paradosso» disse l'agente.

«Senti senti. E io che credevo fosse solo un drogato con un problema di incontinenza. Comunque, visto che siamo in tema di funzioni corporali, prima di salutarci vado in quel posticino anch'io».

Mr Ransome si rese conto troppo tardi che avrebbe dovuto avvertirlo e andò a rifugiarsi in cucina.

Il sergente tornò scuotendo la testa.

«Be', almeno i nostri amici hanno avuto la decenza di usare il gabinetto; però l'hanno lasciato che è uno schifo. Non avrei mai pensato di dover fare la pipì su Kiri Te Kanawa[12]. La sua incisione di *West Side Story*[13] è una delle chicche della mia collezione».

---

8. modanatura: motivo decorativo di mobili o elementi architettonici consistente in una fascia sagomata.
9. Leatherhead: città inglese, nella contea del Surrey.

10. applique: tipo di lampada da parete.
11. pot-pourri: miscela di fiori secchi aromatizzati, usata per profumare e abbellire gli ambienti.

12. Kiri Te Kanawa: cantante lirica, soprano, di origine neozelandese.
13. *West Side Story*: musical americano di grande successo.

L'umorismo · UNITÀ 7

«Per la verità,» confessò Mrs Ransome «è stato mio marito».

«Santo cielo» esclamò il sergente.

«A fare che?» domandò Mr Ransome rientrando nella stanza.

135 «Niente» rispose la moglie.

«Crede che riuscirete a prenderli?» chiese Mr Ransome sulla porta.

Il sergente scoppiò a ridere.

«Be', i miracoli capitano anche nel mondo della pubblica sicurezza. Non è che qualcuno ce l'aveva con voi, no?».

140 «Io sono avvocato» disse Mr Ransome. «Quindi sarebbe possibile».

«Non è che qualcuno avrà pensato di farvi uno scherzo?».

«*Uno scherzo?*» esclamò Mr Ransome.

«Era solo un'idea» rispose il sergente. «Ma vi avverto: se è un vero topo d'appartamenti, ritornerà».

145 L'agente annuì con aria competente; anche a Leatherhead concordavano in materia. «Ritornerà?» esclamò Mr Ransome con sarcasmo, guardando l'appartamento vuoto. «*Ritornerà?* E che cazzo dovrebbe tornare a fare?».

Mr Ransome non diceva quasi mai parolacce e sua moglie, che era rimasta di là, fece finta di non aver sentito. La porta si chiuse. «Inutile» disse Mr Ransome
150 rientrando nel soggiorno. «Tutto perfettamente inutile. Per forza uno poi ricorre al turpiloquio[14]».

«Be',» disse Mrs Ransome qualche ora dopo «ci toccherà accamparci e basta. In fin dei conti,» aggiunse con una certa eccitazione «potrebbe anche essere divertente».

155 «Divertente?» esclamò il marito. «*Divertente?*».

Alan Bennett, *Nudi e crudi*, Milano, Adelphi, 2001

14. **turpiloquio:** linguaggio osceno e volgare.

SCHEDA DI ANALISI

Il tema e il messaggio

La vita metodica e regolata dei due coniugi viene sconvolta all'improvviso da un furto. Non si tratta di un banale furto d'appartamento: i ladri, infatti, non si sono limitati a rubare gli oggetti di valore (televisore, gioielli, pelliccia) ma hanno svuotato completamente la casa, proprio come si fa in un trasloco. Privati della sicurezza dei loro oggetti quotidiani, Mr e Mrs Ransome non perdono la calma e cercano di mantenere un **contegno dignitoso**, che stride però con l'**assurda situazione** in cui si trovano, generando così un inevitabile effetto comico.

Soprattutto Mr Ransome cerca di dimostrare, anche in quest'occasione, il suo carattere controllato e razionale; il suo comportamento nei confronti dei due agenti della polizia si rivela distinto e impeccabile, anche se un certo **nervosismo** s'insinua gradualmente nelle sue risposte, sempre più improntate a un certo sarcasmo. Solo alla fine, di fronte all'ottusità e alle strane considerazioni dei poliziotti, ancora più assurde delle circostanze in cui si trovano i coniugi Ransome, ha una caduta di stile e pronuncia una parolaccia, salvo poi tornare rapidamente in sé. Ma ci penserà la moglie, con le sue osservazioni finali, a farlo scattare di nuovo…

La caratterizzazione del personaggio

La figura che spicca maggiormente in questo brano è Mr Ransome: rispettabile avvocato, uomo dai modi distinti e dai gusti musicali molto raffinati. La **caratterizzazione** della sua personalità emerge **in modo indiretto**, dalla sua reazione rispetto agli eventi accaduti, dalle frasi che rivolge alla moglie e, infine, dalle osservazioni rivolte agli agenti di polizia, sempre più

183

PARTE 2 · I generi

sferzanti, attraverso cui si manifesta apertamente il suo disappunto per l'inefficienza della polizia.

● Mr Ransome è un **uomo freddo e distaccato**, che preferisce non mostrare le proprie emozioni, in quanto lo considera una debolezza, o forse un comportamento inelegante. Non riesce a sciogliersi nemmeno quando, prima dell'entrata in scena degli agenti di polizia, è da solo con sua moglie; egli è anzi talmente rigido che la particolare situazione d'intimità con la consorte lo mette a disagio (*Benché Mr Ransome seguitasse a dirsi che era un'emergenza, quell'intimità gli sembrò sia fastidiosa sia imbarazzante; evidentemente, però, piaceva a sua moglie, che si addormentò subito, lasciandolo lì a guardare con aria tetra la parete di fronte e la finestra senza più tende*).

Il narratore e il ritmo del racconto

● Il racconto è affidato a un **narratore esterno onnisciente**, che conosce i sentimenti e gli stati d'animo dei personaggi e talvolta interviene con commenti e osservazioni. Nel brano si alternano brevi **sommari** a **scene dialogate**, durante le quali tempo della storia e tempo del racconto coincidono. Le battute che si scambiano i personaggi sono brevi e concise; nemmeno durante i dialoghi l'azione rallenta, in quanto si tratta di sequenze dialogate dinamiche, in cui al botta e risposta tra i personaggi si associa il rapido procedere della vicenda.

La lingua e lo stile

● Lo stile di Alan Bennett alterna frasi brevi e concise, prevalenti nei dialoghi, a periodi più lunghi ed elaborati, tipici delle sequenze narrative e riflessive. Il **registro** linguistico è **elegante**, il **lessico** è **medio-alto**; fatta eccezione per la parolaccia che Mr Ransome pronuncia alla fine del brano (che, nel suo essere totalmente fuori contesto linguistico, genera un effetto comico irresistibile), Bennett si serve di espressioni desuete e molto formali per indicare contesti bassi (*didietro*, *evacuare*, *escrementi* ecc.) o ricorre a veri e propri eufemismi (*ricordino*, *posticino* ecc.). Il ricorso a un linguaggio ineccepibile ed estremamente formale, anche per descrivere situazioni avvilenti, è uno degli elementi da cui scaturisce l'**umorismo tipicamente anglosassone** di Bennett.

Laboratorio sul testo

● Comprendere

Informazioni esplicite

1. Che cosa sta facendo Mrs Ransome quando il marito rientra a casa a notte fonda?
2. In che posizione si pone Mrs Ransome vicino al marito nella stanza da letto?
3. Mr Ransome approva la sistemazione della moglie?
4. Chi sono gli agenti che fanno il sopralluogo a casa dei Ransome?
5. Qual è stato l'inconveniente che ha ritardato il loro arrivo?
6. I coniugi accettano il sostegno psicologico proposto dai poliziotti?
7. Come giustifica il sergente il suo accanimento nella ricerca di eventuali "ricordini" lasciati dai ladri?
8. Che cosa nota il sergente, quando va in bagno? A chi attribuisce la responsabilità di ciò che ha scoperto?

Informazioni implicite

9. Perché Mrs Ransome dà al marito una copia del programma del *Così*?
10. Che tipo di domande pone il sergente ai due derubati?
11. Perché Mr Ransome alla fine prorompe in parolacce? Che cosa scatena la sua reazione?

Significati

12. Quando gli agenti chiedono a Mr Ransome notizie del guardiano, egli risponde: *Forse è in Portogallo anche lui (...) data la frequenza con cui si fa vedere*. La frase ha un significato ironico. Perché? Quale opinione ha Mr Ransome del guardiano e del lavoro che quest'ultimo svolge?
13. Dall'atteggiamento tenuto da Mr e Mrs Ransome, quale stato d'animo sembra abbia suscitato in loro il furto?
    a) ☐ Spavento.   c) ☐ Sorpresa.
    b) ☐ Eccitazione.   d) ☐ Irritazione.

184

L'umorismo · UNITÀ 7

Analizzare

Personaggio

14. Quali elementi del carattere di Mr e Mrs Ransome si ricavano indirettamente dal testo? Motiva la tua risposta facendo riferimento a esempi tratti dal brano.

15. Quali aspetti vengono messi maggiormente in luce delle personalità del sergente e dell'agente più giovane, Partridge? Riporta qualche esempio per motivare la tua risposta.

Narratore e ritmo del racconto

16. Cerca nel brano esempi di commenti e osservazioni da parte del narratore onnisciente e spiega quale effetto producono all'interno della narrazione.

17. La focalizzazione rimane fissa o varia nel corso del brano? Motiva la tua risposta attraverso degli esempi.

18. Cerca i sommari presenti nel brano e sottolineali.

Stile

19. Individua e sottolinea nel testo almeno un passo che esemplifichi lo stile conciso di Bennett.

Padroneggiare la lingua

Lessico

20. *Poi, però, si era asciugata gli occhi, decisa a far buon viso a cattivo gioco*. Riscrivi la frase, sostituendo l'espressione figurata con un'altra che abbia lo stesso significato.

21. Nel testo vengono usati vocaboli ricercati (o comunque non volgari) per indicare alcune parti del corpo o l'espletamento di alcune funzioni corporali. Trova almeno un sinonimo appartenente al registro alto, medio e al linguaggio scientifico, per i termini proposti.

	Registro alto	Registro medio	Linguaggio scientifico
Escrementi	....	....	....
Evacuare	....	....	....
Didietro	....	....	....

22. *In tal caso… siete a cavallo*. Da che cosa può essere sostituita l'espressione sottolineata?

a) ☐ A posto. c) ☐ Sfortunati.
b) ☐ Nei guai. d) ☐ In difetto.

Grammatica

23. *«Partridge è una delle nostre nuove leve col diploma»* spiegò il sergente *esaminando la porta d'ingresso*. Trasforma la frase in discorso indiretto, sostituendo la parte sottolineata con una proposizione subordinata esplicita che ne lasci intatto il senso logico.

Interpretare e produrre

24. Mr Ransome reagisce al furto in maniera molto controllata: non urla, non inveisce, non perde la calma, la sua irritazione trapela soltanto dal sarcasmo con cui risponde alle domande dei poliziotti. Ti sembra che la sua reazione sia normale? Discutine in classe coi tuoi compagni, spiegando come ti saresti comportato tu al suo posto.

25. Il furto descritto nel testo è talmente strano da destare qualche sospetto. Che cosa potrebbe aver spinto i ladri a ripulire da capo a fondo la casa dei Ransome? In un testo non più lungo di una pagina, immagina un finale per questa storia e completa il racconto in modo da dare una spiegazione plausibile a un fatto tanto bizzarro.

185

PARTE 2 • I generi

T2 David Foster Wallace
Una cabina troppo pulita

- **PUBBLICAZIONE**
  Una cosa divertente che non farò mai più, 1997
- **LUOGO E TEMPO**
  Una nave da crociera, 1995
- **PERSONAGGI**
  David Foster Wallace; la cameriera Petra

Il brano è tratto da *Una cosa divertente che non farò mai più*, reportage narrativo dell'esperienza vissuta in prima persona a bordo di una lussuosa nave americana da crociera, su cui l'autore si è imbarcato con il compito di scrivere un articolo per una rivista sull'argomento. Il testo assomiglia pertanto a un vero reportage giornalistico, con tanto di note a piè di pagina (che abbiamo segnalato con a, b e c), che in realtà sono per l'autore ulteriore occasione per introdurre spunti comici che divertano il lettore.
Il racconto che Wallace fa dei riti e delle consuetudini di questo mondo fastoso e artificiale e dei suoi personaggi è una satira feroce dell'opulenza e degli eccessi della civiltà americana. Nel brano che proponiamo, l'autore si sofferma ad analizzare quello che lui considera un mistero insolubile: come – e soprattutto, quando – avvengono le pulizie nella cabina di un ospite di una nave di crociera.

Ma è l'esperienza delle pulizie in cabina che forse rappresenta l'estremo esempio della stressante volontà di viziarvi, così stravagante che confonde il cervello. Al di là della mia ardente passione, la cosa fondamentale è che la cameriera della cabina 1009 non l'ho vista quasi mai, la diafana[1] Petra dagli epicantici[2]
5 occhi da cerbiatto. Ma ho buoni motivi per credere che lei vede me. Perché ogni volta che lascio la cabina per più di mezz'ora, quando torno è tutta di nuovo pulita e spolverata e gli asciugamani ripiegati e il bagno uno specchio.
   Non voglio essere frainteso: per certi versi è una cosa fantastica. Io sono un po' sudicione, sto un sacco di tempo nella cabina 1009, ed entro ed esco un sacco
10 di volte[a], e quando sto nella cabina 1009 mi siedo sul letto e mentre scrivo mangio frutta e il letto si riduce uno schifo. Però tutte le volte che esco e poi torno, il letto ha lenzuola fresche con gli angoli rivoltati come in ospedale, e c'è un altro cioccolatino alla menta al centro del cuscino[b].
   Garantisco fermamente che un servizio di pulizia invisibile e misterioso è in
15 un certo senso fantastico, incarna appieno le fantasie di ogni sudicione: qualcuno che si materializza, ti disinsudicia[3] la camera e scompare – è come avere una mamma però senza senso di colpa. Ma qui c'è anche, ritengo, uno strisciante senso di colpa, un'ulteriore problematicità profonda, un disagio che si presen-

---

1. diafana: delicata, pallida.
2. epicantici: occhi il cui angolo interno è coperto da una piega della pelle.
3. disinsudicia: pulisce, toglie il sudiciume (neologismo).
Note dell'autore
a. Questo succedeva soprattutto a causa della semi-agorafobia – dovevo sottopormi a training autogeno per poter uscire dalla cabina e andare ad accumulare le esperienze che dovevo fare, però poi quasi subito in mezzo a tutta quella gente la mia volontà si spezzava e trovavo qualche scusa per precipitarmi di nuovo nella 1009. Questo succedeva più di una volta al giorno.
b. (sto ancora scrivendo il reportage dopo una settimana che la crociera è finita, e continuo per lo più a nutrirmi di cioccolatini alla menta).

L'umorismo • UNITÀ 7

Duane Hanson, *Queenie* (bronzo policromato e materiali misti) 1995, collezione privata.

ta – almeno nel mio caso – come una strana paranoia da viziatura[4].

Perché dopo un paio di giorni di questa invisibile e misteriosa pulizia della cabina comincio a chiedermi come fa Petra a sapere esattamente quando sono nella 1009 e quando non ci sono. È in questi momenti che mi rendo conto che non riesco a vederla se non di rado. Per un po' tento esperimenti come schizzare all'improvviso nel corridoio 10 per vedere se scopro Petra acquattata[5] da qualche parte a spiare chi esce dalla cabina, e perlustro tutta la zona e persino il soffitto in cerca di qualche telecamera o monitor che registri i movimenti delle porte delle cabine – niente su entrambi i fronti. Ma poi mi rendo conto che il mistero è ancora più complesso e indecifrabile di quanto avrei potuto immaginare, perché la mia cabina viene pulita sempre e solo durante gli intervalli di tempo in cui resto fuori più di mezz'ora. Quando esco, come fanno Petra o i suoi supervisori[6] a sapere con precisione quanto tempo resterò fuori? Provo a uscire dalla 1009 un paio di volte e poi a tornare dopo dieci o quindici minuti per vedere se riesco a cogliere Petra *in delicto*[7], ma non c'è mai. Provo a lasciare la 1009 in condizioni davvero indecenti e poi me ne vado e mi nascondo da qualche parte sul ponte inferiore e dopo ventinove minuti esatti torno – e di nuovo quando spalanco la porta non c'è traccia né di Petra né di pulizie. Poi esco dalla cabina esibendo la stessa espressione di prima, con annessi e connessi[8], e resto nascosto per trentuno minuti esatti e poi riporto il culo in cabina – e Petra non c'è neanche stavolta, ma la 1009 è sterilizzata e lucida e c'è un cioccolatino alla menta sulla federa fresca e nuova del cuscino. Sappiate che, mentre durante questi piccoli esperimenti faccio il giro del ponte, perlustro[9] attentamente ogni millimetro di qualsiasi superficie dove passo – niente telecamere né cellule fotoelettriche né qualsiasi altra cosa da qualsiasi altra parte che potrebbe spiegare Come Fanno A Saperlo[c]. E allora giungo a teorizzare che in qualche modo viene assegnato un uomo dell'equipaggio a ogni passeggero e l'uomo segue quel passeggero ogni minuto, utilizzando tecniche di sorveglianza particolarmente sofisticate, e ne riferisce movimenti attività e orario stimato di

4. paranoia da viziatura: la maniera eccessiva in cui il cliente viene viziato e coccolato, attraverso un trattamento speciale, fa sorgere in lui dei dubbi, delle domande inquietanti.

5. acquattata: rannicchiata per nascondersi, come fanno gli animali.
6. supervisori: i suoi superiori.
7. *in delicto*: in flagranza di reato; a scoprirla, cioè, mentre pu-

lisce la cabina.
8. con annessi e connessi: con tutto quello che tale atteggiamento comporta.
9. perlustro: ispeziono minuziosamente.

187

PARTE 2 · I generi

ritorno in cabina allo steward o qualcosa del genere: così per una giornata intera cerco di compiere azioni imprevedibili: mi volto di scatto per vedere se c'è qual-
60 cuno dietro di me, giro gli angoli in un balzo, schizzo dentro e fuori dal negozio di articoli da regalo, usando porte sempre diverse, eccetera – e mai una traccia di qualcuno impegnato a sorvegliarmi. Non sono riuscito a sviluppare una teoria plausibile su Come Fanno. Quando decido di lasciar perdere i miei tentativi, sento di essere diventato quasi pazzo e le mie misure di controspionaggio stanno co-
65 minciando a suscitare negli altri ospiti del corridoio 10 sguardi impauriti e anche qualche colpetto di indice sulla tempia.

Occorre ammettere che nel tipo di viziatura da personalità A[10] della *Nadir* c'è qualcosa che può fotterti il cervello e che l'invisibile, maniacale[11] donna delle pulizie fornisce l'esempio più chiaro di quanto sia raccapricciante tutto questo. Perché,
70 a pensarci bene, non è esattamente come avere una mamma. Lasciamo perdere il senso di colpa, quanto sia petulante[12], eccetera: ma una mamma ti pulisce la camera soprattutto perché ti vuole bene – sei tu il centro, sei tu in qualche modo il vero fine delle pulizie. Sulla *Nadir*, invece, una volta esaurito il senso di novità e di comodità, comincio a scoprire che tutta questa cura fenomenale non ha nien-
75 te a che fare con me. (Ed è stato particolarmente traumatico rendermi conto che Petra pulisce la cabina 1009 in modo così straordinario semplicemente perché ha l'ordine di fare così, e quindi (è ovvio) non lo fa per me o perché io le piaccio o pensa che non è problema o io essere molto simpatico – infatti mi avrebbe pulito la cabina in modo altrettanto straordinario anche se io fossi stato un coglione – ed

Nota dell'autore
c. La risposta al perché non chiedo semplicemente a Petra come *fa*, è che l'inglese di Petra è limitato e primitivo, ed è triste dire che forse tutto il mio sentimento profondo di attrazione e desiderio nei confronti di Petra la cameriera slava è costruito sulla

base dei due soli enunciati inglesi che sembra conoscere, che usa indifferentemente per rispondere a qualsiasi affermazione o domanda o spiritosaggine o dichiarazione di amore eterno: "non è problema" e "lei essere molto simpatico".
10. viziatura da personalità

A: si fa riferimento al trattamento riservato alla categoria più prestigiosa di passeggeri.
11. maniacale: precisissima, scrupolosa nel suo lavoro a livelli eccessivi.
12. petulante: persona insistente e inopportuna.

VITA E OPERE

● **David Foster Wallace** Scrittore statunitense, nato nel 1962 a Ithaca, nello stato di New York. Ha esordito come romanziere a venticinque anni, nel 1987, con la pubblicazione di *La scopa del sistema*, opera subito apprezzata dalla critica, che ne notò la peculiarità dello stile complesso, ironico e acuto. Nel 1996 esce il secondo romanzo di Wallace, *Infinite Jest*, che è considerato il suo capolavoro ed è ben presto diventato un *best-seller* internazionale. L'opera, molto lunga e complessa, è ambientata in un Nord America futuristico e ruota intorno a svariati aspetti della società contemporanea: l'abuso di droghe e i relativi programmi di recupero, la

depressione, le relazioni familiari, l'abuso di minori, il mondo dello spettacolo e dei media, il tennis inteso come chiave di lettura della competizione sociale. Il romanzo comprende quasi quattrocento note esplicative al testo, molte delle quali corredate a loro volta di note a piè di pagina, intese da Wallace come un metodo per spezzare la linearità del racconto, mantenendo al contempo una coesione narrativa. Foster Wallace muore suicida nel 2008. Oltre a *Una cosa divertente...*, uscito in Italia nel 1998, ci ha lasciato diverse raccolte di racconti e reportage: *La ragazza con i capelli strani* (1990); *Brevi interviste con uomini schifosi* (1999); *Oblio* (2004); *Considera l'aragosta* (2006).

188

L'umorismo • UNITÀ 7

80 è persino possibile che dietro il sorriso pensi davvero che sono un coglione, e se è
così che succederebbe se io fossi davvero un coglione? – voglio dire, se il viziare,
se la gentilezza radicale non sono motivate da un affetto forte e quindi né ti danno
la certezza né ti aiutano a rassicurarti che insomma non sei un coglione, quale profondo e significativo valore vuole avere tutta questa condiscendenza[13] e pulizia?).

85 La sensazione non è molto diversa da quando siete ospiti a casa di qualcuno che
fa cose come intrufolarsi[14] la mattina per rifarvi il letto mentre siete sotto la doccia,
vi piega i panni sporchi o li mette in lavatrice senza chiedervelo prima, vi svuota
il posacenere dopo ogni sigaretta che fumate, eccetera. Per un po', una padrona
di casa del genere vi sembra fantastica, e vi sentite curati, apprezzati, rassicurati
90 e degni ecc. Ma dopo un po' cominciate a intuire che la padrona di casa non si
comporta così per affetto o riguardo verso di voi ma più semplicemente obbedisce
agli imperativi[15] di qualche sua nevrosi personale che ha a che fare con la pulizia
domestica e con l'ordine… e questo significa, visto che obiettivo e oggetto finale
della pulizia non siete voi quanto la pulizia e l'ordine in sé, che la vostra partenza
95 sarà per lei un sollievo. Significa che viziarvi dal punto di vista igienico, in realtà,
è la prova che non vi vuole tra i piedi. La *Nadir* non ha il tappeto trattato con prodotti specifici e i mobili ricoperti di plastica come li avrebbe una padrona di casa
di tipo anale[16] come quella descritta, ma l'aura psicologica è la stessa, e quindi la
vostra partenza susciterà lo stesso sollievo.

David Foster Wallace, *Una cosa divertente che non farò mai più*, Roma, Mimimum Fax, 1998

---

13. condiscendenza: atteggiamento di chi acconsente in tutto
e per tutto ai desideri altrui.
14. intrufolarsi: introdursi di
nascosto in un luogo.

15. imperativi: ordini, comandi.
16. tipo anale: secondo la psicanalisi freudiana, si tratta di una
persona disturbata, la cui patologia è legata al mancato supe-

ramento di una delle fasi di crescita psicologica del bambino, la
cosiddetta "fase anale". Il tipo
anale è ossessionato dall'ordine
e dall'igiene.

SCHEDA DI ANALISI

Il tema e il messaggio

● Tra i tanti aspetti della vita da crociera che colpiscono Wallace, durante il suo viaggio sulla nave *Nadir*, c'è una questione apparentemente banale: la
pulizia delle cabine. Lo scrittore è impressionato dal
fatto di ritrovare la sua cabina perfettamente pulita
ogni volta che sta fuori per più di mezz'ora. Ciò che
lo lascia di stucco è la **metodicità** di questo sistema;
soprattutto, egli non riesce a spiegarsi come faccia
Petra, la cameriera, a sapere che lui non è in cabina
e che non tornerà prima che sia passato il tempo necessario per pulire. Wallace, per quanto si sforzi, non
sa darsi una spiegazione; quest'aspetto banale della
sua permanenza a bordo della nave diventa per lui
più di una semplice curiosità: è un **pensiero che lo
ossessiona** costantemente. A poco a poco il piacere

di ritrovare la propria cabina sempre in ordine lascia
il posto a riflessioni più profonde sul perché di tanto zelo. A forza di **ragionamenti** – alcuni dei quali
piuttosto **bizzarri e paradossali** – lo scrittore giunge alla conclusione che le premure comprese nel suo
trattamento di lusso sono frutto di un calcolo e che
alla fine tante attenzioni lo fanno sentire, più che un
cliente da viziare, un ospite indesiderato di cui si attende la partenza. L'autore si descrive così in maniera
fortemente **autoironica**, mettendo in luce lati buf-
fi e bizzarri del suo carattere: come, per esempio, la
sua difficoltà patologica a uscire dalla cabina (*semi-
agorafobia*) e parlare con gli ospiti della nave da crociera, per risolvere la quale si sottopone a esercizi di
fronte allo specchio per recuperare calma e autostima
(*training autogeno*), espediente che si rivela però
del tutto inutile (*quasi subito in mezzo a tutta quel-*

189

PARTE 2 · I generi

la gente la mia volontà si spezzava e trovavo qualche scusa per precipitarmi di nuovo nella 1009. Questo succedeva più di una volta al giorno). A queste fissazioni e stravaganze dell'autore-narratore è affidato il compito di ottenere un effetto comico capace di conquistare il lettore.

Il tempo e lo spazio

● Le vicende narrate si svolgono a metà degli anni Novanta, precisamente nel marzo del 1995 (come afferma lo stesso autore in un altro punto del suo reportage). Il tempo della narrazione è principalmente caratterizzato dalla presenza di **sommari** (quando l'autore riassume in poche righe ciò che avviene al suo rientro in cabina) e da **scene**. La scena principale, che occupa il centro del testo, è quella in cui l'autore descrive nei particolari i suoi goffi tentativi di spionaggio. Lo **spazio**, descritto in modo soggettivo, è quello **stretto**, angusto, di una cabina e dei corridoi di una nave da crociera di lusso. Per caratterizzarlo, oltre alla vista il narratore si serve anche di **sensazioni tattili**, per esempio quando descrive la sua cabina (le *lenzuola fresche* del letto ecc.).

Il narratore e il ritmo del racconto

● Il narratore del brano coincide con l'autore; si tratta infatti di un testo autobiografico, narrato **in prima persona**. Si tratta quindi di un **narratore interno**, al tempo stesso testimone e protagonista di ciò che racconta. Anche la focalizzazione è estremamente soggettiva, in quanto il lettore osserva la scena attraverso gli occhi di Wallace e la realtà raccontata è interamente filtrata dal suo punto di vista. Nel testo si alternano **sequenze narrative** e **riflessive**; il racconto della vicenda (i tentativi compiuti dal protagonista per scoprire come viene pulita la cabina) è intervallato da digressioni in cui l'autore commenta ciò che accade, elabora le sue ipotesi e riflette sul significato profondo di una pulizia tanto maniacale.

La lingua e lo stile

● Il **registro linguistico** è **informale**, molto spontaneo; il **lessico** è **vivace** e molto variegato, in quanto alterna termini e modi di dire tipici di un registro basso (comprese alcune espressioni volgari) con uno stile più alto e ricercato, come quando descrive la bella cameriera, *la diafana Petra dagli epicantici occhi da cerbiatto*. I periodi sono generalmente lunghi, ricchi di incisi, la **sintassi** è prevalentemente **paratattica** (*Io sono un po' sudicione, sto un sacco di tempo nella cabina 1009, ed entro ed esco un sacco di volte, e quando sto nella cabina 1009 mi siedo sul letto e mentre scrivo mangio frutta e il letto si riduce uno schifo*). Per tutti questi motivi, lo stile risulta nel complesso molto originale ed efficace, capace di stimolare il riso nel lettore. La spontaneità del testo è data anche dal fatto che Wallace si rivolge direttamente al lettore, specialmente nelle sequenze riflessive, usando un tono colloquiale e intimo con cui costruisce dei veri e propri monologhi (*La sensazione non è molto diversa da quando siete ospiti a casa di qualcuno che fa cose come intrufolarsi la mattina per rifarvi il letto mentre siete sotto la doccia, vi piega i panni sporchi o li mette in lavatrice senza chiedervelo prima, vi svuota il posacenere dopo ogni sigaretta che fumate, eccetera*) in cui prevale una sintassi di tipo paratattico ed è frequente la coordinazione per **polisindeto** (*e... e... e...*).

Laboratorio sul testo

● Comprendere

Informazioni esplicite

1. Perché l'autore crede di essere spiato dalla cameriera ogni volta che lascia la cabina?
2. Quali esperimenti fa per sorprendere Petra all'interno della cabina?
3. A quale considerazione giunge l'autore, dopo tutti i suoi esperimenti?
4. Perché, secondo Wallace, le pulizie che fa una mamma non possono essere paragonate a quelle di una donna di servizio?
5. A quale conclusione giunge Wallace alla fine del brano?

Informazioni implicite

6. L'autore è un tipo preciso e ordinato? Da quali elementi si capisce?
7. Quali affinità di comportamento ci sono tra la cameriera Petra e la padrona di casa descritta dall'autore?

190

L'umorismo · UNITÀ 7

Significati

8. Secondo Wallace qual è il significato della pulizia estrema delle cabine delle navi da crociera?
   a) ☐ Si vuol fare sentire il cliente come a casa propria.
   b) ☐ Sotto sotto non si vede l'ora che il cliente se ne vada.
   c) ☐ Si vuol dare un'impressione di efficienza.
   d) ☐ Si vogliono mantenere alti gli standard di lusso della nave.

Analizzare

Spazio

9. Cerca nel testo e riporta qualche brano che esemplifichi la descrizione soggettiva dello spazio da parte del narratore.

Narratore e ritmo del racconto

10. Che effetto ha sul ritmo del racconto la scena centrale, in cui l'autore tenta inutilmente di scoprire quando viene pulita la sua cabina? Esso accelera o rallenta? Perché?

11. Il narratore è nascosto o palese? Motiva la tua risposta.

Padroneggiare la lingua

Lessico

12. Wallace ricorre spesso a espressioni e modi di dire informali e colloquiali. Spiega quale effetto produce questa scelta stilistica. Poi, individua almeno due esempi all'interno del testo e trasformali in un registro medio.

13. Cerca uno o più sinonimi per ciascun termine indicato; se necessario usa il dizionario.

    Strisciante: ....

    Raccapricciante: ....

    Plausibile: ....

    Insinuare: ....

14. *Nel tipo di viziatura da personalità A della* Nadir *c'è qualcosa che può* <u>fotterti il cervello</u>: da che cosa può essere sostituita l'espressione sottolineata?
    a) ☐ Imbrogliarti.   c) ☐ Farti divertire.
    b) ☐ Farti impazzire.   d) ☐ Renderti irritabile.

Grammatica

15. Riconosci e sottolinea nel testo almeno un esempio di coordinazione del periodo per polisindeto, cioè attraverso la ripetizione della stessa congiunzione.

16. *Per un po', una padrona di casa del genere vi sembra fantastica, <u>e vi sentite curati, apprezzati, rassicurati e degni ecc.</u>* Trasforma la frase sottolineata in una proposizione subordinata causale.

Interpretare e produrre

17. *Un servizio di pulizia invisibile e misterioso è in un certo senso fantastico ma al tempo stesso provoca uno strisciante senso di colpa, un'ulteriore problematicità profonda, un disagio che si presenta – almeno nel mio caso – come una strana paranoia da viziatura.* Ti sembra che l'opinione di Wallace sia condivisibile? Discutine in classe con i compagni, parlando della tua esperienza personale.

18. In un testo di una pagina circa, racconta un episodio della tua vita (una vacanza, un viaggio, una gita) in cui, come Wallace in questo brano, ti è sembrato di vivere una situazione assurda e paradossale.

191

PARTE 2 · I generi

T3 Stefano Benni
L'ultrà beneducato

- **PUBBLICAZIONE**
Dottor Niù. Corsivi diabolici per tragedie evitabili, 2001
- **LUOGO E TEMPO**
Italia, un'epoca recente ma imprecisata
- **PERSONAGGI**
Un ultrà; i vari frequentatori dello stadio; il presidente della squadra

In questo racconto si parla di un ultrà molto particolare: un tipo gentile e beneducato anche con i tifosi delle squadre avversarie. Pacifico e conciliante com'è, l'ultrà finisce sempre per prenderle un po' da tutti, persino dai suoi stessi compagni. Decide allora di cambiare atteggiamento, prende lezioni e impara l'ABC del tifoso cattivo. Una domenica mette in pratica tutto ciò che ha appreso; offende, provoca, aggredisce e viene aggredito a più riprese. Questa volta può dirsi fiero e soddisfatto perché, alla fine della storia, è ormai diventato un eroe da stadio.

C'era una volta un giovane ultrà, sapeva a memoria tutte le formazioni della sua squadra nel dopoguerra, nonché i nomi dei giocatori, la data di nascita, la marca d'auto e il nome dell'attrice preferita. Non perdeva mai una partita e sventolava gagliardamente le bandiere dal primo all'ultimo minuto. Ma aveva un
5 difetto: era buono.

Quando si andava in trasferta, mentre i suoi amici facevano le corna alle auto avversarie e si scazzottavano per allenarsi, lui leggeva tranquillo il giornale sportivo. Gli altri avevano scritto sulla maglietta «Born to kill[1]» e lui «Salviamo le rondini». Se incontrava i tifosi della squadra avversaria diceva sportivamente «Ehi
10 ragazzi, speriamo che si veda del bel gioco oggi».

Quando si entrava allo stadio scortati dai carabinieri, mentre gli altri cantavano «Fossa[2] ultrà sangue e rovina a morte la canaglia juventina», lui ascoltava De André[3] al walkman[4]. Perciò le buscava[5] da tutti. Dagli avversari, perché quando la sua squadra vinceva si avvicinava dicendo «però obiettivamente meritavate il
15 pareggio», ed eran botte. Dai carabinieri, perché quando scoppiavano incidenti, non scappava, ma restava lì a spiegare: «Scusate agenti, ma l'aggressività dei miei amici è ampiamente motivata, in quanto se consideriamo l'arbitraggio del secondo tempo...». Ed erano manganellate. Dai compagni, perché sul pullman di ritorno, dopo una sconfitta per quattro a zero, lui si alzava in piedi e diceva «Ragazzi ba-
20 sta coi musi lunghi, facciamo una serena disamina[6] della partita senza pregiudizi di parte». Ed erano scarpate in faccia.

---

1. Born to kill: in inglese, "nato per uccidere".
2. Fossa: il termine "fossa" designa, nel gergo dei tifosi, il club degli ultrà.
3. De André: cantautore italiano colto, poetico, elegante, impegnato politicamente: insomma,

l'esatto contrario del tipo ultrà...
4. walkman: lettore portatile di musicassette, messo in commercio nel 1979 in Giappone con il marchio Sony; è stato un oggetto di culto negli anni Ottanta e Novanta, prima di essere sostituito, in anni più recenti, prima

dal lettore cd portatile e poi dal lettore mp3.
5. buscava: veniva picchiato da tutti.
6. disamina: una discussione accurata e approfondita su un certo argomento.

192

Così l'ultrà buono, pesto e depresso, pensò di diventare cattivo. Andò a lezione nel club Fossa dei Piranhas[7], il cui capo era Squalo, famoso per aver picchiato un intero convento di domenicani[8] scambiandoli per arbitri.

L'ultrà buono studiò le materie fondamentali: Slogan offendente, Provocazione comparata, Kendo[9] con la bandiera, Lancio della lattina, Teoria della razza ariana[10], Vita privata di calciatori e arbitri. Così, zavorrato di sampietrini[11] e messo a conoscenza dei difetti genetici[12] dell'etnia[13] avversaria, partì per la prima trasferta di campionato. Appena sceso dal pullman davanti allo stadio, fu il primo ad affrontare un trio di tifosi avversari, riconoscibili dalla maglia biancorossa, e li apostrofò[14]: «O il mio sangue o il vostro». I tre, che non erano tifosi, ma infermieri dell'Avis[15], lo portarono entusiasti al pulmino donatori, gli cavarono quattro litri e gli diedero un diploma.

Entrato nello stadio, prese posto vicino alla rete che separava gli ospiti dai padroni di casa[16]. Al primo fallo di gioco balzò contro la rete insultando gli avversari e gridando al più grosso di tutti, tale Kocis «ci vediamo fuori, bastardo!». Purtroppo, quello era l'unico punto dello stadio dove c'era un buco nella rete. Fu risucchiato dentro al settore nemico e pestato per tutto il primo tempo. Ferito ma impavido, nel secondo tempo tirò una lattina centrando un poliziotto e, di rimbalzo, il suo cane lupo.

Al pareggio della sua squadra, coniò[17] uno slogan sulle sinergie[18] sessuali della moglie dell'arbitro che atterrì metà dei suoi compagni e fu applaudito dall'altra metà. Appena fuori dallo stadio, bruciò festosamente due cassonetti dell'immondizia e affrontò la polizia da solo. L'agente colpito dalla lattina lo riconobbe e lo manganellò spianandolo come un petto di pollo. Il cane lupo lo bagnò per farlo riprendere, ma non di acqua. Quando il giovane si rialzò, incrociò subito Kocis, che lo picchiò prima «a zona», con pugni in varie parti del corpo, e poi «a uomo»[19] con un calcio nelle palle. Si rialzò nuovamente barcollando. Davanti a lui c'erano una mamma e un bambino vestiti con i colori della squadra avversaria.

– Mamma è ferito, posso finirlo? – disse il piccolo.

---

7. Fossa Piranhas: i piranhas sono pesci estremamente aggressivi, con denti affilatissimi; il nome è davvero indicativo della cattiveria e la ferocia degli ultrà da cui il protagonista "va a lezione".
8. domenicani: ordine religioso di frati predicatori fondato da S. Domenico; il loro abito è caratterizzato da un lungo mantello nero.
9. Kendo: è un'arte marziale giapponese, derivante da una pratica di combattimento in cui si utilizza una spada, chiamata Katana.
10. Teoria della razza ariana: teoria nazista che sostiene la superiorità genetica della razza bianca, di origine indogermanica, su tutte le altre.

11. sampietrini: sono le pietre di cui è composta la pavimentazione di tante strade e piazze italiane. Si allude qui all'abitudine di staccare i sampietrini dal selciato e di usarli come armi improprie nel corso di manifestazioni, cortei, scontri di varia natura, contro le forze dell'ordine.
12. difetti genetici: sono i difetti trasmessi per via ereditaria; si allude qui di nuovo all'applicazione da parte del protagonista di teorie razziste.
13. etnia: gruppo umano proveniente da una stessa stirpe, che ha in comune gli stessi caratteri linguistici, culturali, religiosi.
14. apostrofò: si rivolse a loro con un tono deciso, forte.
15. Avis: è la sigla dell'Associazione Volontari Italiani Sangue, associazione che promuove le donazioni di sangue in Italia.
16. padroni di casa: i tifosi della squadra che gioca in casa, cioè nello stadio della propria città.
17. coniò: inventò per l'occasione, in quello stesso momento.
18. sinergie: una sinergia è un'azione che si svolge attraverso l'interazione di più soggetti. In questo caso il termine è utilizzato in maniera ironica.
19. «a zona»... «a uomo»: espressioni calcistiche che si riferiscono a due modi di "marcare" i giocatori della squadra avversaria: occupandosi di una specifica zona del campo, oppure seguendo da vicino un solo avversario nei suoi spostamenti.

– Sì, ma attento a non sporcarti di sangue – disse la mamma.

Il piccolo sfoderò una spada «guerre stellari»[20] frustandolo per mezz'ora, e la madre aggiunse una tacchettata[21] in un occhio. Ma il tifoso sorrise.

Era diventato un vero ultrà. Per sua sfortuna, quel giorno allo stadio, era in azione una telecamera-spia. La sera alla Domenica Sportiva andò in onda una puntata speciale sulla violenza calcistica e le sue gesta, riproposte in decine di ralenti[22], occuparono metà della trasmissione. Sua madre ebbe un collasso[23], il padre lo diseredò, la ragazza lo lasciò, fu identificato e gli fu interdetta[24] l'entrata allo stadio per cinque anni. Disperato, vagò tutta notte. All'alba, nei pressi di casa, venne affiancato da una limousine[25] nera. Si buttò a terra, temendo altre botte. Ma dalla limousine uscì l'inconfondibile figura del presidente della sua squadra. Questi gli prese la testa, lo carezzò con le lacrime agli occhi e rivolto agli occupanti della macchina disse:

– Vedete, questo ragazzo ben merita il nome di eroe!

L'ultrà buono si commosse e decise di cambiar vita. Proprio questa settimana scadrà la squalifica e potrà tornare allo stadio. In questi cinque anni è maturato, si è sposato, ha trovato lavoro, veste elegantemente e non andrà in curva, ma nella tribuna centrale. Non avrà sciarpe né bandiere, solo un piccolo distintivo all'occhiello, e nella fondina[26] sotto l'ascella una pistola. Non si sa mai, con tutti questi ultrà esagitati in giro.

Stefano Benni, *Dottor Niù. Corsivi diabolici per tragedie evitabili*, Milano, Feltrinelli, 2001

---

20. «guerre stellari»: una spada giocattolo che riproduce quelle usate nei film di fantascienza.
21. tacchettata: un colpo dato con il tacco delle scarpe.
22. ralenti: la moviola usata per far vedere le azioni di gioco al rallentatore.
23. collasso: malore, mancamento.
24. interdetta: proibita.
25. limousine: automobile di gran lusso, dalla notevole lunghezza e dotata di ogni comfort.
26. fondina: custodia della pistola.

VITA E OPERE

Stefano Benni Nato a Bologna nel 1947, è uno scrittore, poeta e giornalista italiano. È un autore dotato di una personalità poliedrica: i suoi articoli sono pubblicati su numerosi giornali e quotidiani italiani e, oltre a essere autore di racconti e romanzi di successo tradotti in molti paesi, scrive saggi, opere per il teatro, sceneggiature. Ha inoltre allestito spettacoli di musica, poesia e jazz ed è stato l'ideatore della Pluriversità dell'Immaginazione, organizzando seminari su argomenti diversi, dalla letteratura all'arte, alla filosofia. Stile e generi letterari di Benni sono caratterizzati da una varietà che ben rispecchia la sua personalità: essi spaziano dalla  satira della vita politica italiana, dipinta spesso in modo grottesco e surreale, alla parodia di diversi stili di scrittura, per esempio la fantascienza. A quest'ultimo genere appartiene il romanzo *Terra!* (1983), subito apprezzato anche a livello internazionale. Le opere più recenti si possono ascrivere al genere fantastico, ma sono sempre strettamente legate alla situazione sociale e politica contemporanea. Tra i suoi numerosi romanzi ricordiamo *Baol* (1990), *La compagnia dei celestini* (1992), *Spiriti* (2000), *Saltatempo* (2001), *Achille piè veloce* (2003), mentre le più note raccolte di racconti sono *Bar sport* (1976), *Il bar sotto il mare* (1987), *L'ultima lacrima* (1994), *Bar sport duemila* (1997).

L'umorismo · UNITÀ 7

SCHEDA DI ANALISI

Il tema e il messaggio

● I fatti si svolgono in Italia, in un tempo e in un luogo imprecisato, uno stadio che potrebbe appartenere a qualsiasi squadra di calcio. Attraverso le vicende di un ultrà fuori dal comune, Benni ci introduce nel mondo delle **tifoserie calcistiche**, rappresentandolo in maniera grottesca e surreale. Il protagonista compie infatti una parabola significativa: **da ultrà buono** si trasforma **in un teppista violento** e feroce, guadagnandosi sul campo, in una singola giornata di follia, i favori del presidente della sua squadra. Alla fine, dopo qualche anno di interdizione, il protagonista potrà rientrare di nuovo allo stadio, ma in vesti del tutto differenti…

● L'autore non critica in maniera diretta né il mondo del calcio, né la società italiana: ci mostra semplicemente quanto assurdo e paradossale sia questo **percorso di formazione alla rovescia**, dalla bontà alla cattiveria, dalla gentilezza alla violenza.

● Vengono così evidenziate le contraddizioni di quest'ambiente, in cui la bontà è considerata un difetto e la violenza, alla fine, paga; anzi essa è addirittura un valore condiviso e rispettato.

● La madre di famiglia che incita il figlio a dare addosso all'ultrà steso a terra e inerme (purché non si sporchi di sangue) è il segno però che **tutta la società è malata** e che il mondo delle tifoserie, rozzo, violento, incivile, la rappresenta degnamente.

● Il finale del racconto, con l'ultrà che è diventato una persona perbene (*in questi cinque anni è maturato, si è sposato, ha trovato lavoro, veste elegantemente*) e, ripulito e armato di pistola, viene ammesso in tribuna, mette in scena il trionfo dell'ipocrisia borghese.

La caratterizzazione del protagonista

● Tutto il testo è dominato dalla figura del protagonista, la cui centralità è testimoniata dal titolo stesso che l'autore ha scelto per il suo racconto. L'ultrà viene presentato in maniera diretta dal narratore, che non lo descrive fisicamente ma solo attraverso una **caratterizzazione psicologica**. Conosciamo così le sue abitudini, il suo carattere, le sue reazioni, l'evoluzione del suo animo.

● Il personaggio è chiaramente **dinamico**, in quanto è interessato almeno da due cambiamenti radicali, nel corso della storia: dapprima da ultrà buono si trasforma in un "tifoso" cattivo e violento; alla fine del racconto, egli è addirittura diventato un borghese distinto e perbene. Per questo motivo il suo è un percorso di formazione alla rovescia: l'**evoluzione** del personaggio è tutta **in negativo**, nascosta dietro un apparente lieto fine.

Il narratore e il ritmo del racconto

● La storia è raccontata da un **narratore esterno** e **onnisciente**, che introduce la storia usando la formula tradizionale della favola (*C'era una volta un giovane ultrà*). Il carattere del personaggio è ricostruito attraverso un **sommario** iniziale, in cui il narratore descrive il comportamento dell'ultrà buono durante le partite. Anche la storia della sua conversione, da buono a cattivo, è riassunta in un sommario. La parte centrale del racconto è costituita da una **lunga scena**, in cui il narratore descrive l'impresa "epica" dell'ultrà, durante la prima giornata di campionato, che cambierà il corso della sua vita. Il racconto si chiude con un altro sommario, in cui viene riassunta l'evoluzione del personaggio e l'inizio per lui di una nuova vita. Il **ritmo** del racconto è piuttosto **veloce**, reso ancora più vivace dall'abbondanza di particolari che il narratore usa per presentarci il personaggio e raccontarcene le vicende.

La lingua e lo stile

● Lo stile di Benni è diretto ed espressivo; l'autore gioca sulla **contaminazione** tra un **registro linguistico alto** (caratterizzato soprattutto da un lessico colto e raffinato e da un tono sostenuto) e un **registro basso** (in cui si riconosce la presenza di molti termini gergali e di un tono linguistico informale) per rendere stravagante e buffo il tono generale del racconto. I vocaboli e le espressioni più solenni e sostenute sono spesso utilizzati per descrivere situazioni e contesti che solenni non sono affatto (*coniò uno slogan sulle sinergie sessuali della moglie dell'arbitro*). Sono inoltre presenti precisi riferimenti ad aspetti tipici della vita da stadio e dell'immaginario del tifo violento (il linguaggio calcistico, gli slogan degli ultrà, le arti marziali), anche questi costantemente mescolati a termini ed espressioni del linguaggio alto e formale.

● Il risultato generale è quello di una **deformazione esasperata della lingua**: è proprio l'accostamento stridente dei registri alto e basso a sottolineare le contraddizioni della vicenda raccontata e a provocare effetti comici. Esemplare è il linguaggio usato dall'ultrà buono nella prima parte del racconto quando, alle *manganellate* e alle *scarpate in faccia*, contrappone candidamente il garbo e la correttezza formale delle sue osservazioni (*però obiettivamente meritavate il pareggio; Scusate agenti, ma l'aggressività dei miei amici è ampiamente motivata, in quanto se consideriamo l'arbitraggio del secondo tempo…; Ragazzi basta coi musi lunghi, facciamo una serena disamina della partita senza pregiudizi di parte*).

195

PARTE 2 · I generi

Laboratorio sul testo

Comprendere

Informazioni esplicite
1. Quali sono i pregi e i difetti dell'ultrà buono?
2. Come si comporta in pullman durante le trasferte?
3. Che atteggiamento ha verso i propri compagni e verso i poliziotti?
4. Perché l'ultrà buono decide a un certo punto di cambiare?
5. In che modo l'ultrà si trasforma da buono in cattivo?
6. Qual è il primo errore che l'ultrà compie appena sceso dal pullman durante la prima trasferta di campionato?
7. Quali sono le imprese compiute dall'ultrà all'interno dello stadio? E subito fuori dallo stadio, che cosa combina?
8. Perché tutti vengono a conoscenza delle imprese compiute dal protagonista in quella giornata di campionato?
9. Quali sono le conseguenze del comportamento dell'ultrà?
10. Come si conclude quella domenica speciale?
11. Quando fa ritorno allo stadio, in quale settore viene ammesso e grazie a chi?
12. In che cosa è cambiato il personaggio?

Informazioni implicite
13. Le materie fondamentali studiate dall'ultrà per diventare cattivo sono: *Slogan offendente*, *Provocazione comparata*, *Kendo con la bandiera*, *Lancio della lattina*, *Teoria della razza ariana*, *Vita privata di calciatori e arbitri* (rr. 25-27). Quale realtà socio-culturale viene implicitamente ritratta in questo elenco surreale e divertente?

Significati
14. *Al pareggio della sua squadra, coniò uno slogan sulle sinergie sessuali della moglie dell'arbitro che atterrì metà dei suoi compagni e fu applaudito dall'altra metà* (rr. 41-43). Analizza il significato di questa frase, spiegando a che cosa si riferisce lo slogan dell'ultrà e al perché della reazione ambivalente dei suoi compagni.
15. Quale messaggio si può implicitamente ricavare dalla lettura del testo?
    a) ☐ Anche se veniamo aggrediti fisicamente dobbiamo sempre porgere l'altra guancia, come fa l'ultrà nella prima parte del racconto.
    b) ☐ La bontà e l'educazione sono valori destinati a soccombere nella società odierna.
    c) ☐ Non è possibile cambiare la natura umana: se un uomo è buono rimane tale nonostante tutto.
    d) ☐ Non è consigliabile, durante una trasferta calcistica, sedersi nel settore vicino a quello della tifoseria rivale.

Analizzare

Protagonista
16. Quali aspetti del carattere dell'ultrà vengono evidenziati nella prima parte del racconto? Riporta degli esempi dal brano.
17. Quali sono le azioni principali che mettono in luce l'avvenuta trasformazione del personaggio?

Narratore e ritmo del racconto
18. La focalizzazione del racconto è esterna, interna o zero? Spiega la tua scelta.
19. Di che tipo sono le sequenze principali del racconto? In base alla tua risposta indica il ritmo del racconto: è lento o accelerato?

L'umorismo • UNITÀ 7

Padroneggiare la lingua

Lessico

20. Cerca un esempio nel testo in cui il tipo di linguaggio usato dall'autore provoca effetti comici.

21. Nel testo convivono due registri lessicali, uno alto, formale, e uno basso, colloquiale e informale. Riportiamo in elenco alcuni esempi significativi di ciascun ambito linguistico: inserisci ciascuno nella parte di tabella a esso corrispondente. Completa la tabella inserendo tutti gli altri esempi che riesci a trovare nel testo.

Scazzottavano; disamina; scarpate; messo a conoscenza; coniò; canaglia; etnia; apostrofò; pestato; impavido.

Registro alto	Registro basso
....	....
....	....
....	....

22. Sostituisci i termini seguenti con sinonimi tratti dal registro medio del linguaggio. Se necessario, usa il dizionario.

Risucchiato: ....

Zavorrato: ....

Pestato: ....

Atterrì: ....

23. *Lo manganellò spianandolo come un petto di pollo.* Quale figura retorica è presente nella frase?
a) ☐ Iperbole.
b) ☐ Metafora.
c) ☐ Analogia.
d) ☐ Similitudine.

24. Sostituisci l'espressione figurata presente nella frase precedente con un'espressione analoga, in modo da lasciarne inalterato il senso.

Grammatica

25. Riscrivi la frase seguente trasformando il discorso da diretto a indiretto.
– *Mamma è ferito, posso finirlo?* – *disse il piccolo.*
– *Sì, ma attento a non sporcarti di sangue* – *disse la mamma.*

....
....

Interpretare e produrre

26. La trasformazione di cui ci parla Benni riguarda il carattere dell'ultrà e i suoi comportamenti in pubblico. Secondo te è possibile cambiare la propria indole in maniera così radicale? Oppure Benni ci vuol suggerisce qualcos'altro: per esempio che, in alcuni contesti, il desiderio di adeguarci al comportamento generale finisce per farci diventare peggiori di quel che siamo? Discutine in classe con i tuoi compagni.

27. In un testo di una pagina circa, fai la cronaca di una giornata trascorsa allo stadio, raccontando con chi sei andato, in quale settore eri seduto, come si è svolto il viaggio di andata e ritorno, che cosa è accaduto prima e dopo la partita. Se non ti è mai capitato di assistere a un incontro di calcio, riporta l'esperienza di qualcuno che conosci (un amico, un parente).

197

T4 # Niccolò Ammaniti
Il banchetto del boss

- **PUBBLICAZIONE**
Fango, 1996
- **LUOGO E TEMPO**
Italia, un'epoca recente ma non precisata
- **PERSONAGGI**
Il boss Giaguaro; Albertino; gli altri invitati

La scena si svolge a casa di un boss della malavita, durante un banchetto. Si sta festeggiando la cresima della figlia del Giaguaro – questo è il soprannome del boss – il quale, per l'occasione, ha allestito nella sua villa arredata con tanto sfarzo quanto cattivo gusto un ricevimento altrettanto esagerato e volgare. Il protagonista del racconto, Albertino, è un uomo di fiducia del Giaguaro ed è stato costretto suo malgrado a partecipare alla festa. Arrivato in ritardo rispetto agli altri invitati, Albertino tenta disperatamente di rifiutare le portate che gli vengono offerte ma, per non offendere il capo e la sua signora, è costretto a mandar giù un terrificante piatto di bucatini all'amatriciana.

La sala era grandissima, tutta d'oro, tende damascate[1] e lampadari di cristallo, era piena di tavoli rotondi. Posate d'argento. Al centro di ognuno mazzi di rose rosse. Tantissima gente. Famiglie intere intorno ai tavoli. Vecchi accucciati sulle sedie. Le cinture slacciate. Bambini imboccati. Vecchie ingioiellate e sfatte[2].
5   I capelli tinti. Donne vestite eleganti. Chi in lungo. Chi in minigonna. Chi con le pellicce ancora addosso. Chi con scollature da panico. Gruppi di uomini in camicia e cravatta che ridevano forte. Carrozzine con dentro neonati.
    Pianti. Urla. Chiacchiere. E un rumore di posate assordante.
    I camerieri con le livree[3] amaranto. Portate di carne. Contorni. Pasta. Antipa-
10 sti. Albertino avanzava deciso tra i ragazzini vestiti a festa, i maschi in smoking[4] e le femmine in lunghi vestiti bianchi, che si rincorrevano tra i tavoli. A un angolo vide, sopra una pedana, un'orchestrina che suonava. Una cantante bionda liftata[5] con un abito di paillette[6] blu appesa all'asta del microfono cantava:
    «Tutti al mare. Tutti al mare. A mostrar le chiappe chiare.»
15 Un anfiteatro di sedie intorno. Alcuni tenevano il ritmo battendo le mani. Altri ballavano. Un serpentone umano si aggirava danzando per la sala.
    «Eccoti! Meno male» sentì alle sue spalle.
    Albertino si girò.
    Il Roscio.
20 Anche lui vestito a festa. Contento come mai. In un completo di flanella[7] grigia. I capelli rossi tirati indietro con il gel. Uno spillone d'oro e argento trafiggeva la cravatta arancione.
    «Dov'è?» gli chiese Albertino in apnea.

---

1. damascate: fatte di damasco, un tessuto prezioso.
2. sfatte: dal fisico sciupato e avvizzito.
3. livree: particolare tipo di divise indossate un tempo dai do-

mestici nelle case dei nobili e dei signori.
4. smoking: abito maschile da sera, molto elegante.
5. liftata: che si era sottoposta a un lifting, trattamento di chi-

rurgia estetica tramite il quale si eliminano le rughe del viso.
6. paillette: decorazioni luccicanti, lustrini.
7. flanella: tessuto morbido e caldo, di lana o di cotone.

«Sta laggiù.»

25 «Vado.»

Si avviò trattenendo il respiro, il cuore che gli sbatteva in petto impazzito, facendosi spazio tra la folla dei danzatori. In fondo al salone, sotto un lungo olio[8] della campagna romana, era stato sistemato un tavolo più grande, imbandito. Era occupato dai parenti stretti e dagli uomini più fidati.

30 Era seduto là, in mezzo agli altri. Al centro del tavolo.

Il Giaguaro.

Ignazio Petroni detto il Giaguaro. Albertino lo guardò con occhi nuovi. Non aveva più niente di quel letale predatore.

Da giovane sì.

35 Allora sì che era un fottuto giaguaro di merda. A quel tempo infatti aveva un naso piccolo e felino. Una bocca larga. Gli occhi squarci bui e cattivi. E le zanne. Poi aveva incominciato a ingrassare.

Con regolarità. A diciotto pesava ottanta chili. A trentacinque già pesava centotrenta. A quarantacinque pesava centosessanta. Ora che aveva sessant'anni si

40 era stabilito sui centottanta, chilo più chilo meno.

Ipofisi[9].

L'ipofisi di Ignazio aveva incominciato a perdere colpi quando aveva vent'anni. A caricarlo di grasso, senza rispettare forma, armonia e proporzioni. Senza pietà. Il suo povero scheletro era diventato una fragile impalcatura per quel mare di

45 adipe[10] e tessuti.

Non servirono a niente tutte le cure a cui si sottopose. Lo bombardarono di ormoni regolatori[11] come fosse una cavia da esperimento. Niente. Il suo corpo non ne voleva sentire. Continuava a ingrassare. Lo stomaco si allargò al punto che anche seduto non vedeva più gambe e piedi. Si muoveva con difficoltà oramai. Più che

50 camminare rotolava. Un leone marino su una spiaggia del Nord. Le braccia e le gambe rotoli di ciccia senza più articolazioni. La notte, per pericolo che soffocasse sotto il peso della propria trippa, dormiva in una vasca termostatata[12].

Il cuore aveva preso a fare i capricci. Aritmie, fibrillazioni, spasmi[13]. Poverino, non era colpa sua. Era come un motore di una 500 dentro a un TIR.

55 Tre infatti. In dieci anni.

Il Giaguaro andò in America. Voleva farsene mettere uno nuovo di cuore. I donatori li trovava lui. Non c'era problema per quello.

Branchi di medici se lo studiarono. Poi gli dissero che era impossibile. Qualsiasi apparato cardiaco avrebbe trovato difficoltà in quella struttura biologica.

60 Forse solo quello di un bue poteva andare.

---

8. olio: dipinto eseguito con colori a olio.
9. Ipofisi: ghiandola endocrina che si trova alla base dell'encefalo e che controlla il funzionamento generale delle altre ghiandole endocrine.
10. adipe: grasso del corpo.

11. ormoni regolatori: sono gli ormoni che regolano il metabolismo.
12. vasca termostatata: vasca in cui la temperatura è mantenuta costante grazie a un termostato.
13. Aritmie, fibrillazioni,

spasmi: sono tutti sintomi del malfunzionamento del cuore; le aritmie sono delle irregolarità nel battito cardiaco, le fibrillazioni sono contrazioni della muscolatura cardiaca, gli spasmi invece sono contrazioni involontarie dei muscoli.

Fu operato quattro volte. Dodici by-pass[14].

Ora seduto davanti a quella tavola straboccante di cibo più che un nobile giaguaro sembrava una megattera[15]. Una megattera artica accomodata su una poltrona di velluto rosso. Indossava una vestaglia blu grande come lo spinnaker[16] del Moro di Venezia[17], una camicia bianca sbottonata su una canottiera grande come un lenzuolo matrimoniale. Dal torace partivano dei tubi trasparenti e dei fili colorati che confluivano in un apparecchio elettrico appoggiato sul tavolo tra arrosti e bucatini.

Vide Albertino. E quegli occhi piccoli e bui si illuminarono. Quegli occhi residuo di giaguaro. Tirò su due specie di pinne[18].

«Infame! Infame! Non volevi venire? Eh?! Dillo che non volevi venire! Vieni subito qua!» gli ordinò con la sua voce profonda, cavernosa, da baritono.

«Ci sono. Ci sono. Eccomi! Eccomi!» riuscì a dire con un fil di voce Albertino. Girò intorno al tavolo.

«Siediti vicino a me, mannaggia alla morte. Che ti venisse un colpo... Che cazzo facevi a casa? Eh?»

Uno degli uomini gli aveva già preparato una sedia. Si sedette al suo fianco.

«Hai visto che festa! Guarda quanta gente... Quanta roba...E tu non volevi venire. Mannaggia a te...»

Quelli seduti vicini seguivano attentamente ogni cosa che diceva il Giaguaro con il sorriso schivo sulla bocca. Piegavano la testa.

«Non è che non volevo venire. È che... non mi sento tanto bene...»

«Ma sei una roccia di Dio...» disse il Giaguaro e poi girando quel collo elefantino verso sua moglie disse:

«Mariarosaria, guarda chi è arrivato!»

Mariarosaria mangiava chiacchierando con la sua vicina, una cicciona ingioiellata.

Era una donna piccola, magra. I capelli tirati su in una pettinatura complicata. Un naso piccolo e tondo. Rughe dovunque. Occhi grigi e opachi.

---

14. by-pass: intervento chirurgico che libera da ostruzioni i vasi sanguigni.
15. megattera: balenottera.
16. spinnaker: in una barca a vela, è la vela di prua.
17. Moro di Venezia: nome di una imbarcazione italiana che partecipò nei primi anni '90 alla Coppa America di vela.
18. pinne: le sua mani sono così grandi da sembrare pinne, non hanno niente di umano.

VITA E OPERE

Niccolò Ammaniti Nato a Roma nel 1966. Figlio di uno psichiatra, compie studi scientifici all'università senza però giungere alla laurea. A ventotto anni pubblica il suo primo romanzo *Branchie* (1994), seguito a breve distanza di tempo da *Fango* (1996), una raccolta di sei racconti, il primo dei quali viene trasposto in film da Marco Risi (*L'ultimo capodanno*, 1998). Nel 2001 pubblica *Io non ho paura*, il suo romanzo di maggior successo, da cui viene tratta la sceneggiatura dell'omonimo film di Gabriele Salvatores (2003). Successivamente, già molto popolare tra il pubblico dei lettori italiani e apprezzato dalla critica, ottiene il premio Strega 2007 per il romanzo *Come Dio comanda*.

La sua narrativa è influenzata dai modi del fumetto e della *graphic-novel* ("romanzo grafico" o "romanzo a fumetti"); a questi generi, da lui apprezzati sin dall'infanzia, Ammaniti ritorna nel 2004 con la pubblicazione di *Fa un po' male*, che raccoglie tre romanzi a fumetti ambientati nella periferia romana, illustrati dal disegnatore Davide Fabbri.

Fernando Botero, *Buon compleanno*, 1971, collezione privata.

90 Albertino ogni volta che la vedeva non poteva fare a meno di immaginare il sesso mostruoso che avevano dovuto fare quei due per concepire Federica. Si mormorava tra i suoi uomini che il loro capo lo facesse nella vasca termostatata proprio come le balene.

«Albertino. Finalmente! Ignazio diceva: dov'è Albertino? Dov'è Albertino? 95 Vai a vedere che quel figlio di buona donna non viene. Meno male. Sono proprio contenta» gli disse smorfiosa[19] e poi lo baciò sonoramente sulle guance.

«E infatti eccomi qua...» aggiunse Albertino con un sorriso di convenienza sulla bocca.

Non riusciva a essere lui. Si sentiva strano, fuori posto. Ogni cosa che diceva, 100 gli sembrava che suonasse falsa, impostata. Ogni suo gesto affettato[20]. Una marionetta appesa, costretta a inscenare una farsa di cui non ricordava la parte.

Tutto quel casino lo assordava. Voleva tornarsene a casa.

«Ora mangia. Guarda che grazia di Dio. La porchetta di Ariccia[21]... I fiori di zucchina fritti... Assaggia questi bucatini all'amatriciana... È da una settimana che 105 in questa casa non si fa che cucinare.»

Poi afferrò con quei wurstel che aveva al posto delle dita un piatto straboccante di pasta e glielo mise davanti.

Albertino a quella vista vacillò.

Tutto quel sugo pieno d'olio! Quel parmigiano. La pancetta grassa.

110 Da voltastomaco.

Stava per vomitare. Sentì la mappazza[22] risalirgli su decisa per l'esofago.

«Grazie. Non ce la faccio...» sussurrò disgustato.

«Come!? Guarda che Mariarosaria ci rimane male... Non sai che sono. C'è pure il pecorino sardo!» gli disse storto il Giaguaro in un sussulto che lo fece fremere 115 tutto come un budino al cioccolato e poi urlò:

«Mariarosaria! Mariarosaria!»

Tutti si erano improvvisamente azzittiti.

---

19. smorfiosa: con un atteggiamento malizioso, da civetta.
20. affettato: studiato e falso, artificioso.

21. Ariccia: cittadina della provincia di Roma, tra le cui specialità gastronomiche vi è, appunto, la porchetta.

22. mappazza: pietanza indigesta.

PARTE 2 · I generi

«Che c'è? Che c'è?» gli rispose lei impensierita.

«Albertino! Albertino non mangia!»

120 Mariarosaria allargò quei fari spenti che aveva al posto degli occhi:

«Albertino! Che fai? Fai i complimenti? Non ti piacciono i bucatini che ho fatto con le mie mani?»

Sudava. Gli sembrava che tutti lo osservassero severi. Aveva lo sguardo del Giaguaro puntato contro.

125 Fece uno sforzo per sembrare deciso: «No signora, mi piacciono da morire i suoi bucatini. Voglio dire normalmente mi ci apro[23] ma è che adesso non mi sento tanto bene...»

«E allora mangia che ti passa... Non fare i complimenti» gli intimò il boss.

Albertino fece segno di sì con la testa.

130 Uno scolaro diligente.

Era impossibile rifiutarsi.

Doveva. Doveva. Doveva.

Niccolò Ammaniti, *Fango*, Milano, Mondadori, 1996

23. mi ci apro: me ne abbuffo.

SCHEDA DI ANALISI

Il tema e il messaggio

Il brano ruota intorno alla descrizione della festa che si tiene a casa del Giaguaro. Gli invitati, la casa, i padroni di casa, persino le portate del pranzo, tutto è descritto da Ammaniti in modo da far risaltare il contrasto stridente tra la **ricchezza materiale** dell'ambiente e la sua estrema **miseria spirituale** e culturale. Anche l'ospitalità del Giaguaro e di sua moglie è soltanto apparente: in realtà, si tratta di una vera e propria **messinscena**, di una rappresentazione ostentata **del potere**; dietro la loro gentilezza si nasconde la volontà di farsi temere e onorare dai propri sottoposti. Mancare alla cresima della figlia del boss è impensabile per gli uomini d'onore, che sono tenuti a rendere omaggio al padrone e a fare festa alla sua tavola. Così il povero Albertino, protagonista di questo racconto, è costretto, pur di compiacere il capo e sua moglie, a ingozzarsi controvoglia di cibo talmente disgustoso e indigeribile da dargli la nausea.

La caratterizzazione dell'ambiente e dei personaggi

Il personaggi sono descritti da Ammaniti in modo **grottesco**, soffermandosi sui dettagli per ricostruire l'atmosfera surreale di questa festa eccessiva e volgare. Gli invitati e i camerieri non svolgono un ruolo importante nell'azione, sono semplicemente delle **comparse**; ma basta la descrizione precisa e impietosa di pochi elementi (*Le cinture slacciate... Vecchie in-gioiellate e sfatte. I capelli tinti. Donne vestite eleganti. Chi in lungo. Chi in minigonna. Chi con le pellicce ancora addosso... I camerieri con le livree amaranto... Una cantante bionda liftata*) per dare vita a tutto quest'ambiente ridicolo e pretenzioso, di cui il lettore non può che sorridere. Il personaggio del Giaguaro è presentato sia in modo diretto, attraverso una descrizione fisica che è al tempo stesso una caratterizzazione psicologica, sia in modo indiretto, attraverso le sue parole e il suo atteggiamento, dal quale il lettore può ricavare informazioni sul suo status sociale e sulla sua visione del mondo. Più che un uomo, Ammaniti descrive qui **la caricatura di un uomo**, esagerando volutamente la rappresentazione del suo corpo disumano e gigantesco.

Il narratore e il ritmo del racconto

Il brano è raccontato da un **narratore esterno onnisciente**, che ci descrive immediatamente la scena con tutti i suoi personaggi, principali e secondari, presentandoci poi il protagonista Albertino, con tutti i suoi pensieri e stati d'animo, e infine la figura del Giaguaro, tramite un *flashback* riguardante la sua storia passata. Nel testo **digressioni descrittive** si alternano a **sommari** (per esempio, il racconto di come il Giaguaro è ingrassato negli anni) e a **dialoghi**, scene in cui le vicende sono riportate in tempo reale e il tempo del racconto coincide dunque con quello della storia.

L'umorismo · UNITÀ 7

La lingua e lo stile

● Il tono dell'intero testo potrebbe essere definito **iperbolico**, in quanto Ammaniti esagera volutamente la descrizione dell'ambiente e dei personaggi, enfatizzando alcuni dettagli che ne mettano in luce la loro natura ridicola. Dal punto di vista retorico, l'autore ricorre dunque spesso alla figura dell'iperbole, soprattutto nella descrizione e nel racconto della vita e della figura del Giaguaro, fino a raggiungere toni surreali (*Una megattera artica accomodata su una poltrona di velluto rosso. Indossava una vestaglia blu* *grande come lo spinnaker del Moro di Venezia, una camicia bianca sbottonata su una canottiera grande come un lenzuolo matrimoniale*). La **sintassi** è prevalentemente **paratattica**, i periodi sono brevi e concisi, tanto che a volta si arriva addirittura a frasi nominali (*Pianti. Urla. Chiacchiere. E un rumore di posate assordante*). La **scelta lessicale** è **varia**, caratterizzata dalla giustapposizione di termini specialistici (*ipofisi, ormoni regolatori, by-pass*), ricercati (*livree, anfiteatro*) e bassi (*trippa, casino, mappazza*).

Laboratorio sul testo

● Comprendere

Informazioni esplicite

1. Come sono vestite le donne presenti alla festa del boss?
2. Che cosa stanno facendo gli invitati quando Albertino fa il suo ingresso?
3. Che posto occupa il Giaguaro nella sala?
4. Perché il Giaguaro aveva cominciato a ingrassare?
5. Perché il Giaguaro non aveva potuto sottoporsi a trapianto cardiaco?
6. In che modo viene accolto Albertino dal suo capo? E da sua moglie Mariarosaria?
7. Quali leggende circolano sul Giaguaro tra gli uomini?
8. Che cosa accade in sala quando Albertino prova a rifiutare il piatto di pasta che gli viene offerto?
9. In che modo il Giaguaro convince Albertino a mangiare?

Informazioni implicite

10. Albertino si sente a suo agio in quell'ambiente? Motiva la tua risposta.
11. *Il Giaguaro andò in America. Voleva farsene mettere uno nuovo di cuore. I donatori li trovava lui. Non c'era problema per quello* (rr. 56-57). In che modo, secondo te, il Giaguaro intendeva procurarsi i donatori per il suo trapianto di cuore?
12. *Sudava. Gli sembrava che tutti lo osservassero severi. Aveva lo sguardo del Giaguaro puntato contro* (rr. 123-124). Perché, quando Albertino si rifiuta di mangiare, gli sguardi degli invitati lo fissano severi? E che cosa gli comunica, invece, lo sguardo del Giaguaro?

Significati

13. Qual è l'atteggiamento del narratore rispetto all'ambiente descritto?
    a) ☐ Non dà giudizi diretti, ma il suo disprezzo è espresso in forma implicita.
    b) ☐ È imparziale: rappresenta quel mondo in maniera neutra.
    c) ☐ Trasmette chiaramente il suo rispetto nei confronti di quel mondo.
    d) ☐ Critica apertamente un ambiente che egli considera corrotto e volgare.

● Analizzare

Ambiente e personaggi

14. Quali aspetti della descrizione fisica del Giaguaro sono maggiormente evidenziati? Riporta degli esempi tratti dal brano.
15. Il personaggio di Mariarosaria, la moglie del Giaguaro, viene caratterizzata in modo diretto o indiretto? Che ritratto ne emerge?

203

PARTE 2 · I generi

16. La descrizione dell'ambiente fa soltanto da sfondo o è funzionale alla narrazione? Motiva la tua risposta.

Narratore e ritmo del racconto
17. La focalizzazione è zero, interna, esterna? Motiva la tua risposta.
18. Il narratore interviene nel testo esprimendo giudizi, riflessioni, commenti?

Padroneggiare la lingua

Lessico
19. L'autore fa spesso ricorso all'iperbole, una figura retorica che consiste nell'esagerazione nella descrizione di un oggetto, di un personaggio o di una situazione. Sottolineane almeno due nel testo, spiegando quale effetto esse producono a livello narrativo e stilistico.
20. Nel testo convivono due registri lessicali, uno tecnico, specialistico e uno basso, colloquiale e informale. Riportiamo in elenco alcuni esempi significativi di ciascun ambito linguistico: inserisci ciascuno nella parte di tabella a esso corrispondente. Completa la tabella inserendo tutti gli altri esempi che riesci a trovare nel testo.
Liftata; flanella; chiappe; adipe; megattera; spinnaker; mi ci apro; mannaggia; termostatata; merda; mappazza; fottuto; aritmie; affettato; damascate.

Espressioni tecniche e specialistiche	Espressioni basse e colloquiali
....	....
....	....
....	....
....	....

21. Il lessico di Ammaniti è particolarmente espressivo. Sostituisci i termini indicati, appartenenti a registri linguistici alti o bassi, con sinonimi appartenenti a un registro medio.

Amaranto: ....

Imbandito: ....

Intimò: ....

Trippa: ....

22. Nell'espressione *un anfiteatro di sedie intorno,* da quale vocabolo potrebbe essere sostituita la parola *anfiteatro*?
a) ☐ Linea.   c) ☐ Quadrato.
b) ☐ Circolo.   d) ☐ Fila.

Grammatica
23. Sottolinea nel testo tutte le frasi nominali che riesci a trovare. Quale effetto producono, a livello stilistico?
24. *La notte, per pericolo che soffocasse sotto il peso della propria trippa, dormiva in una vasca termostatata.* Sostituisci la proposizione sottolineata con una subordinata causale implicita.

Interpretare e produrre

25. *Albertino fece segno di sì con la testa. Uno scolaro diligente. Era impossibile rifiutarsi. Doveva. Doveva. Doveva.* Ha fatto bene Albertino a ubbidire? Aveva altra scelta, nell'ambiente e nella situazione in cui si trova? Da quali motivazioni psicologiche è caratterizzato il suo comportamento? Discutine con i tuoi compagni.
26. In un testo di una pagina circa, descrivi una persona che conosci (che abbia nel suo aspetto fisico o nel suo carattere qualche tratto esagerato), in modo da farne la caricatura. Serviti della figura retorica dell'iperbole e varia il registro linguistico, mescolando toni alti e formali con espressioni basse e informali.

cinema

IL COMICO al cinema

FILM: *Mr. Bean's holiday*
REGIA: Steve Bendelack
INTERPRETI PRINCIPALI: Rowan Atkinson, Jean Rochefort, Willem Dafoe
FOTOGRAFIA: Baz Irvine
DURATA: 90 min.
PRODUZIONE: Gran Bretagna, Francia, Germania
ANNO: 2007

TRAMA Alla lotteria parrocchiale, lo stravagante Mr. Bean vince due premi: un viaggio in Costa Azzurra e una piccola videocamera amatoriale. Il protagonista, entusiasta, intraprende così un avventuroso viaggio in treno da Londra a Parigi e oltre, verso il sud della Francia. A Parigi, facendosi riprendere sul predellino del vagone da un signore russo (che egli non sa essere un importante regista diretto al festival di Cannes), fa perdere a quest'ultimo il treno con a bordo suo figlio. Poi, alla successiva fermata, perde il portafoglio. Per rimediare, Mr. Bean s'improvvisa artista di strada insieme a Stepan, il figlio del russo rimasto a terra. Dopo aver acquistato, con le mance del pubblico, un nuovo biglietto per Cannes, perde anche questo a causa di un colpo di vento; vedendolo poi incollato sotto la zampa di una gallina caricata su un camioncino, si dà a un disperato inseguimento prima a piedi e poi in bici, fino a perdersi nella campagna. Trovandosi poi nel mezzo di un set cinematografico, finisce per disturbare le riprese, tanto da esserne cacciato. Di nuovo sulla strada, Mr. Bean ottiene un passaggio da una giovane attrice di quel film; poco dopo, durante una sosta, ritrova il ragazzo russo e lo fa salire in auto. Quindi, in una stazione di servizio, la giovane attrice scopre che la polizia è alla ricerca del ragazzo e dell'uomo che si crede lo abbia rapito. Finalmente i tre raggiungono Cannes, dov'è in corso il festival cinematografico. Qui si compie il complicato epilogo della storia: nel corso di una proiezione, mentre il ragazzo ritrova il padre tra il pubblico, le sofisticate immagini del film vengono sostituite con quelle più genuine e spontanee registrate dalla videocamera di Mr. Bean che, non più considerato un pericoloso ricercato, diventa infine il beniamino del pubblico.

LA REGIA Per la maggior parte della pellicola, il racconto è oggettivo, la narrazione procede adottando una focalizzazione esterna. In alcune scene, tuttavia, viene adottato il punto di vista del protagonista: in particolare in quelle girate in soggettiva con l'espediente della videocamera amatoriale usata come camera a mano.

I CARATTERI DEL COMICO Il film è incentrato sulle capacità mimiche del protagonista, che si esprime quasi esclusivamente attraverso lo sguardo e la sua gestualità irresistibilmente comici.
I luoghi in cui si svolgono le scene più divertenti sono molto spesso gli spazi pubblici in cui il buffo protagonista attira con le proprie azioni – più o meno volontariamente – l'attenzione della gente: il ristorante, la stazione ferroviaria, un set cinematografico, la sala di proiezione ecc.

LA SCENA PIÙ RIUSCITA: L'INSEGUIMENTO DEL POLLIVENDOLO Mr. Bean insegue un pollivendolo su una strada di campagna; ma giunto finalmente alla fattoria, fa appena in tempo a vedere il pollo che ha sotto una zampa il suo

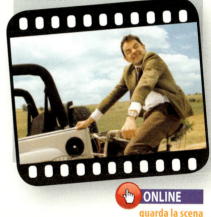

ONLINE guarda la scena

prezioso biglietto mescolarsi ad altre migliaia di animali.

IL COMICO al cinema

Il genere comico entra nella storia del cinema molto presto. Sin dall'epoca del cinema muto, si diffonde infatti la tradizione della "comica finale", un filmato di pochi minuti proposto al termine della proiezione del film principale, solitamente privo di una trama vera e propria e basato su una singola situazione comica.

Il più famoso tra i registi-attori comici del cinema muto è **Charlie Chaplin**, che a partire dagli anni Venti realizza, accanto a numerose comiche, alcuni lungometraggi che sono dei veri capolavori del genere e che vedono protagonista il vagabondo Charlot: *Il monello* (1920), *La febbre dell'oro* (1925), *Luci della città* (1929), *Tempi moderni* (1936).

Con l'avvento del sonoro, i film comici cambiano notevolmente: prendono forma storie più articolate e personaggi ricchi di sfumature. E si cominciano a distinguere diversi filoni: dal comico tradizionale, ancora muto, di **Jacques Tati** (*Giorno di festa*, 1947), al cinema demenziale di **Mel Brooks**, autore di numerosissime parodie di celebri opere letterarie o cinematografiche: *Frankenstein junior* (1974), *Balle spaziali* (1987), *Robin Hood: un uomo in calzamaglia* (1993) e *Dracula: morto e contento* (1995). In Italia, il comico resta a lungo ancorato al fortunato genere della "**commedia all'italiana**" del secondo dopoguerra, legata ai nomi di registi come **Mario Monicelli** (*I soliti ignoti*, 1958) e **Dino Risi** (*I mostri*, 1963). Negli anni successivi, si affermerà con un grande successo di pubblico e di critica il personaggio di Fantozzi creato da **Paolo Villaggio**.

Nei primi anni Ottanta emerge un nuovo filone di film diretti e interpretati da attori provenienti dal teatro, come **Roberto Benigni** (*Il piccolo diavolo*, 1988; *Johnny Stecchino*, 1991) e **Massimo Troisi** (*Ricomincio da tre*, 1981, *Scusate il ritardo*, 1983) che dirigeranno e reciteranno insieme nella divertentissima commedia *Non ci resta che piangere* (1985).

205

VERIFICA UNITÀ 7 Fatti per ridere

Sapere e Saper fare

PalestraInterattiva

1. Vero o falso?

a) Nella narrazione umoristica si fondono sempre la comicità della situazione
e quella del linguaggio.   V ☐ F ☐

b) Il termine comicità è di origine inglese.   V ☐ F ☐

c) La narrazione umoristica consente anche di riflettere sugli aspetti multiformi e
contraddittori dell'esistenza.   V ☐ F ☐

d) Il linguaggio umoristico raramente ricorre a giochi di parole.   V ☐ F ☐

e) Pirandello ha scritto un importante saggio sull'umorismo.   V ☐ F ☐

f) La satira esaspera e mette in ridicolo i tratti distintivi di altri generi letterari.   V ☐ F ☐

g) Il sarcasmo utilizza frasi molto pungenti, irridenti o addirittura sprezzanti per
produrre un'ironia aspra e amara.   V ☐ F ☐

h) Il *Don Chisciotte* è un esempio di parodia letteraria.   V ☐ F ☐

i) La satira politica non è umoristica.   V ☐ F ☐

l) Il finale a sorpresa non è una caratteristica della narrazione umoristica.   V ☐ F ☐

2. Gli autori e le opere
Abbina correttamente ogni autore alla propria opera.

1. Luigi Pirandello
2. Niccolò Ammaniti
3. Alan Bennett
4. David Foster Wallace
5. Stefano Benni
6. Miguel de Cervantes

a. *Nudi e crudi*
b. *Don Chisciotte*
c. *Una cosa divertente che non farò mai più*
d. *L'umorismo*
e. *Dottor Niù*
f. *Fango*

1 = ...

2 = ...

3 = ...

4 = ...

5 = ...

6 = ...

VERIFICA UNITÀ 7

Sapere e **Saper fare**

Comprendere e interpretare un testo

Focus: la narrazione umoristica

Leggi il racconto e poi rispondi ai quesiti.

VERIFICAlim

T5 Roy Lewis
Abbasso il progresso!

Nel lungo dialogo che stai per leggere, una famiglia di cavernicoli, seduta attorno al fuoco a mangiare carne di antilopi, cavalli, cinghiali, elefanti, sta discutendo degli aspetti negativi e positivi del progresso. Zio Vania, in particolare, è assolutamente contrario a ogni forma di evoluzione rispetto al loro stile di vita primitivo, e lo dimostra durante tutta la conversazione borbottando e imprecando contro qualsiasi manifestazione di cambiamento rispetto allo stato di natura. Intanto i due bambini, Alexander e Oswald, ascoltano la conversazione tranquillamente; fino a quando a uno dei due non viene in mente di fare qualcosa che manda su tutte le furie zio Vania…

«Davvero, stavolta l'hai proprio fatta grossa, Edward» disse zio Vania, addentando una spalla di cavallo.
«Me l'hai già detto» ribatté papà, mentre si dava da fare con una costata di cinghiale di prima scelta.
«Ma non hai saputo dirmi cosa c'è di sbagliato nel progresso».
«Tu lo chiami progresso» ribatté zio Vania, gettando nel fuoco un pezzo di cartilagine immangiabile.
«Io la chiamo disobbedienza. Sì, Edward: disobbedienza. Mai nessun animale è stato concepito per rubare il fuoco dalla cima dei monti[1]. Hai trasgredito le eterne leggi della natura. Adesso assaggerei un po' di quell'antilope, Oswald».
«A me sembra un passo avanti» insisté papà. «Un passo dell'evoluzione, magari decisivo. Perché mai dev'essere un atto di disobbedienza?».
Zio Vania gli puntò contro un cosciotto d'antilope con gesto accusatorio: «Perché quello che hai fatto ti ha spinto fuori dalla natura, Edward. Si tratta di colpevole superbia, come fai a non capirlo? Ed è il minimo che si possa dire. Eri un figlio della natura, semplice e pieno di grazia, facevi parte dell'ordine della natura, di cui accettavi i doni e i castighi, le gioie e i dolori: così vivace, così autosufficiente, così innocente. Partecipavi al grande e mirabile disegno della flora e della fauna, che vivono in perfetta simbiosi[2], e però progrediscono con infinita lentezza nella maestosa carovana del mutamento naturale. E adesso dove ti ritrovi?».
«Sentiamo un po', dove mi ritrovo?» rimbeccò papà.
«Tagliato fuori» sentenziò zio Vania.
«Tagliato fuori da che cosa?».
«Dalla natura… dalle tue radici… da qualunque senso di appartenenza reale… dall'Eden[3]».
«E anche da te?» sorrise papà.
«Certo, anche da me» disse zio Vania. «Io disapprovo, te l'ho già detto. Disapprovo con tutto il mio essere. Continuo a vivere da semplice e innocente figlio della natura. Ho fatto la mia scelta. Resto scimmia».
«Vuoi ancora un po' di antilope?».
«Grazie, ma adesso preferirei assaggiare l'elefante. E non credere, con questo, di aver segnato un punto a tuo favore, Edward! Qualunque animale abbastanza affamato ingerisce cibi insoliti; è solo istinto di conservazione. Frutta, radici e larve[4] sono

---

1. rubare… monti: riferimento al mito di Prometeo, eroe greco che rubò il fuoco agli dei per donarlo agli umani. Prometeo è pertanto il simbolo dell'intraprendenza umana, ma anche della trasgressione delle leggi divine. Questo è il primo di numerosi riferimenti a divieti e comandamenti divini con cui zio Vania manifesta e argomenta la sua avversione al progresso.
2. simbiosi: armonia.
3. Eden: il Paradiso terrestre da cui furono cacciati Adamo ed Eva.
4. larve: embrioni di insetti.

207

VERIFICA UNITÀ 7

la mia dieta normale, ma in circostanze eccezionali mi sento autorizzato a mangiare cacciagione. Dico, questo elefante è un po' troppo frollo[5] o sbaglio?».

«Non ti sbagli. Sai, non siamo ancora tanto bravi a cacciare l'elefante. Questo l'avevamo ferito, e abbiamo dovuto seguirlo per chilometri e chilometri. Poi per tornare a casa ci abbiamo messo un sacco di giorni. Pesa, l'elefante; però dura anche tanto, eh?».

«Bah! Non stare a giustificarti. Sarebbe ridicolo, in una situazione così anomala. Non importa se è andato un po' a male: diventa più masticabile. Sai, Edward, non avete i denti, per la carne. Perdete metà del tempo a masticare, tutti quanti. Vi farà male».

«Sì, questo è un problema, lo ammetto» disse.

«Vedi dunque? Non puoi più dire che la natura non manifesta i suoi comandamenti. Tu non farai la caccia grossa[6], perché non hai i denti adatti. Più chiaro di così... Oppure quest'altro: tu non ruberai il fuoco della montagna, perché hai già una folta pelliccia a tenerti caldo».

«Ma io non ce l'ho!» protestò papà. «Sono anni che ho perso quasi tutto il pelo! E poi, non era questo il punto. Bisognava interrompere le stragi da parte dei felini. Questo era naturale o no? Certo, ora che l'abbiamo, il fuoco si rivela utilissimo anche per molti altri scopi. Oswald, ragazzo mio, gettaci sopra un altro albero».

«Tu non ti ciberai dell'albero della conoscenza del bene e del male[7]» disse zio Vania, corrucciato, facendo un passo indietro.

«Oltretutto, non sono affatto sicuro che siamo già usciti dallo stato di natura» continuò papà. «E tu non hai ancora risposto alla mia domanda. Perché non dovrebbe far parte dell'evoluzione anche la scoperta del fuoco, come l'allungarsi del collo della giraffa e la scomparsa delle dita dei cavalli? Immagino che, se i ghiacci arrivassero fin qui, io sarei in grado di farmi ricrescere la pelliccia, ma chissà quanto tempo ci vorrebbe; e se poi tornasse a far caldo, occorrerebbe un'altra era di stenti per riperdere il pelo. Bisognerebbe potersi togliere e rimettere la pelliccia quando si vuole – ehi, questa sì

che è una bell'idea, anche se ardua da realizzare!».

Zio Vania sbuffò. «Ma per ora abbiamo il fuoco, e possiamo regolarne l'intensità come ci pare. Si chiama adattamento. È la stessa cosa dell'evoluzione, solo molto più rapido».

«Proprio questo è il punto, povero il mio sedicente umano!» sbottò zio Vania. «Non capisci che non hai il diritto di affrettare le cose? Tu stai forzando gli eventi, ecco, invece di fartene tranquillamente trasportare. Fai finta di avere una volontà, e addirittura una volontà libera. Tu sproni[8] la natura; ma non si può spronare la natura, e te ne accorgerai».

«Ma è lo stesso!» ribatté mio padre indignato. «Stiamo solo andando un po' più forte, tutto qui».

«Non è lo stesso» disse zio Vania. «È completamente diverso! È una fretta insana[9]. Vuoi dire cercar di fare in migliaia di anni quello che dovrebbe richiederne milioni e milioni... ammesso e non concesso che debba andare così – e io lo ritengo altamente improbabile. Nessuno è mai stato concepito per tenere questo ritmo, che è fatale! E non dirmi che è evoluzione, Edward... non sta certo a te decidere se continuare a evolvere o no. Quel che fai tu, per tua stessa ammissione, è qualcosa di ben diverso. Tu, mi dispiace moltissimo dirlo, stai cercando di migliorare te stesso. E questo è innaturale, disobbediente, presuntuoso, e potrei aggiungere volgare, piccolo-borghese[10] e materialistico. Dimmi un po', Edward,» proseguì zio Vania in tono sprezzante «sputa il rospo. Tu credi di star generando una specie totalmente nuova, non è forse vero?».

«Be',» ammise papà, a disagio «talvolta mi è passato per la testa...».

«Lo sapevo!» gridò trionfante zio Vania. «Edward, io sono capace di leggerti come un... come un... be', insomma, so perfettamente quello che tu vuoi fare. L'orgoglio, il colpevole orgoglio della creatura! Non resterà impunito, bada bene a quel che ti dico. Non puoi cavartela così. No, e ti spiego il perché. Non sei più innocente, ma sei ignorante. Hai gettato alle ortiche l'obbedienza alla natura, e adesso credi di poterla guidare prendendola per la coda[11]. Be', scoprirai che è meno facile di quanto

---

5. frollo: eccessivamente morbido, disfatto.
6. caccia grossa: caccia ad animali di grossa taglia (come, per l'appunto, gli elefanti).
7. Tu non... male: riferimento al divieto di cogliere e mangiare la mela

che Dio indirizzò ad Adamo ed Eva nell'Eden.
8. sproni: stimoli, spingi.
9. insana: folle.
10. piccolo-borghese: personalità mediocre e meschina. C'è un intento umoristico nell'uso di questa espres-

sione, che è totalmente fuori luogo in questo contesto di umanità primitiva (che nulla può sapere di che cosa sia la borghesia...).
11. Hai gettato... coda: non obbedisci più alla natura e pretendi addirittura di poterla dominare.

VERIFICA UNITÀ 7

pensi, caro mio! Migliorare se stessi, eh? Perfezionare gli istinti? Vedremo come andrà a finire... ma santo cielo, cosa sta facendo quella bestia di un ragazzo?».

140 Colto sul fatto, Alexander saltò su, proprio da dietro le sue spalle, cercando di scappare tra gli alberi; ma zio Vania aveva braccia così lunghe e scattanti che gli bastò una mossa e lo prese per un orecchio.

145 «Ahia!» strillò Alexander mentre zio Vania gli torceva l'orecchio senza troppa delicatezza.

«Cosa stavi facendo? » tuonò zio Vania.

«Io... stavo soltanto...» singhiozzò Alexander, senza resistere. In mano stringeva un bastoncello car-
150 bonizzato, che gli aveva sporcato di nero tutto il corpo.

«È un oltraggio!» tuonava zio Vania.

«Fammi un po' vedere» disse papà, avvicinandosi in fretta; e tutti lo seguimmo, accalcandoci verso
155 il punto dove guardava, infuriato, zio Vania. E ci sfuggì un grido di sbalordimento. Sulla liscia superficie della roccia c'era il contorno della figura di zio Vania, fedelmente tracciato a carboncino. Era lui, inconfondibilmente: nessuno poteva sba-
160 gliarsi vedendo quelle larghe spalle un po' curve, quelle ginocchia pelose semiflesse, quelle natiche villose, quella faccia prognata[12]... e soprattutto quel braccio da scimmione, teso in un tipico gesto di denuncia. Era la sua ombra, fissata nella maniera
165 più stupefacente e inamovibile[13], in mezzo alle altre ombre proiettate dal chiarore del fuoco, che balenavano quasi danzando.

«Che cos'è? » domandò zio Vania con voce terribile, anche se la risposta non poteva essere che
170 una, e disastrosa.

«Arte f-figurativa» balbettò Alexander.

«Orribile marmocchio[14]!» urlò zio Vania. « Che cos'hai fatto alla mia ombra?».

«Ce l'hai ancora, Vania... oppure ti è ricresciuta
175 molto in fretta» osservò conciliante[15] papà. «Non vedi?».

«Ah, meno male» respirò di sollievo zio Vania, calmandosi un po'. «Eccola qua, eccola qua. Ma non intendo farmela tagliar via nemmeno per un istante
180 dai tuoi pestiferi mocciosi, Edward. Potevo restarne gravemente mutilato! E rivoglio anche quella di prima. La rivoglio subito... hai sentito? subito!».

«Staccala e ridagliela immediatamente, Alexander» disse papà, severo. Il povero Alexander ci provò.
185 «Non ci riesco » piagnucolò. «Però posso cancellarla» e, tra lo stupore di tutti, l'ombra sparì sotto il piede sporco di Alexander. «Era solo un ritratto» disse.

«Solo un ritratto!» esclamò zio Vania. «È la fine
190 del mondo! Lo vedi, Edward? Questa faccenda che ti compiaci di chiamare progresso non si può assolutamente controllare. Tu non farai immagini dello zio tuo!» sibilò poi nell'orecchio dolorante e atterrito di Alexander.
195 «È stato un maleducato, Vania,» disse papà «e le prenderà di santa ragione; ma non credo che il ragazzo intendesse farti del male».

«Non intendeva farmi del male!» boccheggiò stranito[16] zio Vania. « Edward, tu sei un ingenuo. Sei
200 un babbeo. Questa è una generazione di vipere. Me ne vado».

«Dove?» chiese papà, innocentemente.

«Ritorno sugli alberi!» sbraitò zio Vania. «Ritorno alla natura!».

Roy Lewis, *Il più grande uomo scimmia del Pleistocene*,
Milano, Adelphi, 2001

---

12. ginocchia... prognata: ginocchia piegate a metà, fondoschiena peloso, il volto con la mandibola sporgente... il ritratto perfetto di un uomo delle caverne!

13. inamovibile: non rimovibile.

14. marmocchio: ragazzino fastidioso.

15. conciliante: si dice di persona che cerca di calmare, di rappacificare.

16. boccheggiò stranito: borbottò turbato.

Competenza testuale

Individuare e ricavare informazioni

_____ **1.** Che cosa stanno facendo Zio Vania ed Edward mentre discutono?

_____ **2.** Perché Zio Vania è arrabbiato con Edward? Che cosa gli rimprovera soprattutto?

_____ **3.** Di quali argomentazioni si serve Edward per difendersi dalle accuse dello zio?

_____ **4.** Che cosa fa a un certo punto il piccolo Alexander? Come reagisce zio Vania?

_____ **5.** Qual è la decisione irrevocabile di Zio Vania?

Comprendere i significati

_____ **6.** *Mai nessun animale è stato concepito per rubare il fuoco dalla cima dei monti. Hai trasgredito le eterne leggi della natura* (rr. 11-13). Quale tipo di mentalità spinge zio Vania a fare queste affermazioni?

VERIFICA UNITÀ 7

_____ **7.** Perché non dovrebbe far parte dell'evoluzione anche la scoperta del fuoco, come l'allungarsi del collo della giraffa e la scomparsa delle dita dei cavalli? (rr. 83-86). Quale ragionamento porta invece Edward a opporsi alla visione del mondo di zio Vania?

_____ **8.** Zio Vania, a proposito del piccolo Alexander, esclama: *Questa è una generazione di vipere!* In che cosa egli si sente minacciato?

Interpretare e valutare

_____ **9.** *«Non intendeva farmi del male!»* boccheggiò stranito zio Vania. *«Edward, tu sei un ingenuo. Sei un babbeo.»* (rr. 198-200). Secondo te Alexander aveva realmente intenzione di offendere, minacciare o ferire lo zio?

_____ **10.** Esponi il tuo parere su zio Vania e dai un giudizio sintetico del suo atteggiamento nei confronti dei nipoti.

Comprendere strutture e caratteristiche dei generi testuali

_____ **11.** Che tipo di narratore è quello che racconta la storia: interno, esterno o onnisciente?

_____ **12.** La focalizzazione rimane la stessa per tutto il brano o varia?

_____ **13.** Che effetto hanno i dialoghi sul ritmo della narrazione?

_____ **14.** Individua e sottolinea nel testo gli elementi che rendono comico il racconto.

_____ **15.** Dal punto di vista del tema e del tipo di umorismo, con quale altro testo di questa unità ti sembra che questo brano abbia più elementi in comune?

Riconoscere il registro linguistico

_____ **16.** In quali parti del testo il registro linguistico è alto e formale? In quali invece è più colloquiale e informale?

Competenza lessicale

_____ **17.** *«Proprio questo è il punto, povero il mio sedicente umano!»* sbottò zio Vania. Che cosa significa *sedicente* in questo contesto? Ha un significato positivo o negativo?

_____ **18.** *«Dimmi un po', Edward, – proseguì zio Vania in tono sprezzante – sputa il rospo».* Qual è il significato dell'espressione figurata *sputa il rospo*?
- a) ☐ Parla ad alta voce.
- b) ☐ Ammetti la verità.
- c) ☐ Parla chiaro.
- d) ☐ Ammetti di avere torto.

_____ **19.** *«Tu non ti ciberai dell'albero della conoscenza del bene e del male»* disse zio Vania, *corrucciato*. Da quale vocabolo può essere sostituito l'aggettivo *corrucciato*?
- a) ☐ Infuriato.
- b) ☐ Addolorato.
- c) ☐ Annoiato.
- d) ☐ Risentito.

Competenza grammaticale

_____ **20.** *Mai nessun animale è stato concepito per rubare il fuoco dalla cima dei monti.* Che valore ha la subordinata implicita introdotta da *per rubare*?
- a) ☐ Causale.
- b) ☐ Concessivo.
- c) ☐ Finale.
- d) ☐ Consecutivo.

_____ **21.** Nel testo si alternano due tempi verbali. Indica quali sono e spiega in quale contesto vengono rispettivamente usati.

_____ **22.** Nei dialoghi del testo si trovano molti punti esclamativi. Quale funzione hanno, secondo te?

_____ **23.** *Immagino che, se i ghiacci arrivassero fin qui, io sarei in grado di farmi ricrescere la pelliccia.* A che cosa corrisponde il testo sottolineato?
- a) ☐ Un periodo ipotetico della possibilità.
- b) ☐ Un periodo ipotetico della irrealtà.
- c) ☐ Un periodo ipotetico della realtà.
- d) ☐ La protasi di un periodo ipotetico.

Unità 8

Il giallo

T1 **Agatha Christie**
Assassinio al Crown Hotel

T2 **Georges Simenon**
La finestra aperta

T3 **Fred Vargas**
La notte efferata

T4 **Friedrich Dürrenmatt**
Verdetto di morte

T5 **Umberto Eco**
Un messaggio in codice

Saper fare

T6 **Arthur Conan Doyle**
Il segno dei Quattro

ONLINE

W1 Andrea Camilleri,
da *Il topo assassinato*
W2 Ellery Queen, *Il sosia*
W3 Leonardo Sciascia,
da *Il giorno della civetta*
W4 John Le Carré, da *La talpa*
W5 Ken Follett, da *La cruna dell'ago*

PARTE 2 · I generi

Le caratteristiche del genere

1 Il giallo e la *detective story*

Un mistero da risolvere Il termine **giallo** è usato soltanto in Italia per definire il genere **poliziesco**, in cui il racconto è incentrato sulla soluzione di un mistero attraverso indagini condotte seguendo i metodi tipicamente usati dalle forze di polizia. La denominazione di "giallo" deriva dal colore della copertina di una celebre collana narrativa di storie di crimine e mistero, pubblicata in Italia dall'editore Arnoldo Mondadori a partire dal 1929.

Il racconto poliziesco è anche chiamato, con un'espressione inglese, *detective story*, e in questo caso il detective è di solito un investigatore privato, ma anche qualsiasi personaggio che, per una qualche ragione, si ritrovi a rivestire tale ruolo. In ogni caso, chiunque sia il detective, egli deve utilizzare la sua logica e il suo intuito per andare alla ricerca del colpevole e del suo **movente**, cioè del motivo che lo ha condotto a compiere quel crimine.

2 Gli ingredienti del giallo

Il giallo tradizionale Nei racconti polizieschi e nelle *detective story* classiche è possibile individuare uno **schema narrativo** tipico, che si articola in cinque fasi:

- la **situazione iniziale**, spesso soltanto accennata, caratterizzata da una condizione di assoluta normalità e tranquillità;
- il **delitto** che improvvisamente rompe l'equilibrio iniziale;
- l'**indagine** per identificare il colpevole;
- la **ricostruzione dei fatti** accaduti e l'**individuazione del colpevole**;
- la **confessione del colpevole**, sollecitata pressantemente dall'investigatore, e la sua **incriminazione** da parte dello stesso.

Il rinnovamento del genere Naturalmente, possono essere introdotte moltissime varianti a questo schema generale, allo scopo di proporre un'opera meno tradizionale e far sì dunque che il racconto risulti più avvincente.

In tale direzione, per esempio, molti racconti polizieschi rompono lo schema narrativo tipico e presentano **trame intrecciate**, in cui la narrazione non segue l'ordine cronologico dei fatti, ma attraverso l'utilizzo di particolari tecniche (frequente, per esempio, è l'uso del *flashback*) il lettore è condotto lungo un percorso tortuoso, tra dubbi, trabocchetti, indizi, realtà incerte, fino alla ricostruzione finale della verità sulla vicenda. Tali trame sono ricche di **colpi di scena**, di eventi che accadono in maniera improvvisa e imprevedibile, creando scompiglio tra i personaggi della vicenda e aumentando la complessità dell'intreccio.

La *suspense* Questi eventi inattesi sono l'ingrediente fondamentale di quella **tensione narrativa** che percorre l'intero racconto fino alla sua soluzione e che è definita *suspense*. Non c'è vero racconto giallo o poliziesco senza *suspense*: essa è allo stesso tempo causa e risultato di uno strano insieme di emozioni provate dal lettore, che oscilla in un piacere ambiguo, diviso fra il desiderio di proseguire nella lettura per scoprire ciò che è accaduto e ciò che accadrà, e la sottile paura che cresce dentro di lui, man mano che prosegue nella lettura e si avvicina ai momenti di massima tensione.

3 Gli iniziatori del "giallo a enigma"

Le origini La *detective story* nasce verso la metà dell'Ottocento, in America. Tra le prime opere di questo genere c'è *I delitti della rue Morgue* di **Edgar Allan Poe**, racconto pubblicato nel 1841. Auguste Dupin, il detective creato dalla fantasia di Poe, è il capostipite di una fitta schiera di investigatori che, grazie alle loro abilità, intuito e straordinaria capacità di analisi e deduzione, riescono in maniera brillante a ricostruire lo svolgimento dei fatti e l'identità del colpevole, quando la polizia non è capace di trovare nessuna soluzione.

Qualche anno più tardi, in Inghilterra, **Arthur Conan Doyle** crea il personaggio di Sherlock Holmes, raffinato e abilissimo investigatore le cui avventure definiranno una volta per tutte il genere del giallo classico, chiamato anche **"giallo a enigma"**. Sherlock Holmes, facendo affidamento sul proprio **metodo deduttivo**, fondato cioè sulla capacità di inferire, tramite il ragionamento, lo svolgimento dei fatti sulla base degli indizi a disposizione, risolve qualsiasi enigma senza mai cadere in fallo (▶ *Il segno dei quattro*, p. 267).

Il Novecento Nel XX secolo, il genere del giallo si è arricchito di nuovi protagonisti. Eredi di Sherlock Holmes sono l'anziana e astutissima Miss Marple e l'originale e simpatico investigatore belga Hercule Poirot, entrambi creati dalla penna della scrittrice inglese **Agatha Christie**,

prolifica scrittrice di gialli a enigma. Una situazione classica nei suoi racconti è il presentarsi del cosiddetto **enigma** o **mistero della camera chiusa**, ovvero di un delitto avvenuto in una situazione apparentemente impossibile (come, per esempio, all'interno di una camera chiusa a chiave dall'interno), e del quale l'investigatore deve ricostruire le circostanze in cui è stato commesso (▶ *Assassinio al Crown Hotel*, p. 215).

Nello stesso filone del giallo classico ricordiamo, tra i molti rappresentanti del genere, lo statunitense **Rex Stout**, inventore del personaggio del corpulento investigatore Nero Wolfe, ed **Ellery Queen**, pseudonimo dietro cui si nascondono i due cugini statunitensi Frederic Dannay e Manfred Bennington Lee, che daranno lo stesso nome di Ellery Queen anche al protagonista delle loro *detective story*.

4 Giallisti moderni

Il commissario Maigret Tra i grandi esponenti del giallo più recente, un posto d'eccezione spetta a **Georges Simenon**, scrittore belga di lingua francese autore di numerosi romanzi e noto al grande pubblico per avere inventato il personaggio di Jules Maigret, commissario di polizia francese: poliziotto di professione, dunque, e non più detective privato, come i più famosi investigatori suoi predecessori (▶ *La finestra aperta*, p. 222).

In Italia Per lunghi anni, l'Italia non ha prodotto scrittori e romanzi polizieschi. A partire dalla metà del Novecento, tuttavia, l'interesse per questo tipo di narrativa è aumentato e si è diffuso anche nel nostro paese. Negli ultimi decenni, grande successo è stato riscosso dai romanzi scritti da **Carlo Fruttero** e **Franco Lucentini**, come *La donna della domenica* e *A che punto è la notte*.

Andrea Camilleri è il creatore di un personaggio famosissimo, il commissario Montalbano, che svolge le sue indagini in Sicilia, regione in cui è nato l'autore stesso. I gialli di Camilleri hanno conquistato un grande pubblico grazie anche allo stile originalissimo con cui sono scritti: un impasto linguistico in cui alla lingua nazionale sono mescolate espressioni dialettali siciliane.

Nel mondo Anche nel resto del mondo il giallo ha ottenuto un grande riscontro di pubblico; tantissimi sono gli autori che si dedicano a questo genere narrativo, articolato a sua volta in numerosi sottogeneri (ma sempre caratterizzato dalla presenza di un delitto o un evento criminoso su cui indagare).

Tra i tanti autori contemporanei, ricordiamo **Fred Vargas** (▶ *La notte efferata*, p. 234), originale giallista francese i cui romanzi sono ambientati essenzialmente a Parigi e dai quali sono stati tratti alcuni film per la televisione.

5 Gialli storici e gialli d'autore

Un genere inferiore? Se il giallo viene spesso considerato come un genere "inferiore" rispetto ad altre tipologie di opere letterarie, bisogna però sottolineare come molti scrittori abbiano fatto ricorso alle tecniche narrative proprie di questo genere per scrivere opere letterariamente più "alte", tese a comunicare un messaggio di valore sociale, filosofico, allegorico. In tal senso, il metodo di investigazione tipico del giallo si rivela particolarmente utile anche per un'indagine più profonda sulla verità del mondo, a vari livelli.

Il giallo come indagine storico-filosofica Per esempio, *Il nome della rosa*, *best-seller* di **Umberto Eco** pubblicato nel 1980, può essere letto a diversi livelli: come **romanzo storico-filosofico** o **romanzo allegorico**, ma anche come **romanzo giallo**. Il primo livello di lettura è quello più manifesto: Eco elabora infatti una rievocazione particolarmente efficace del Medioevo, in cui la ricostruzione dettagliata della cultura monacale di quell'epoca è funzionale a una profonda riflessione filosofica su quel mondo, che può essere letta anche come un'allegoria della società contemporanea all'autore. Ma altrettanto evidente nel romanzo è la presenza di una struttura narrativa "giallistica" di tipo classico, per cui Eco si ispira al "deduzionismo" di Arthur Conan Doyle e del suo Sherlock Holmes. Il metodo di indagine di Guglielmo da Baskerville, il monaco protagonista del romanzo di Eco, è infatti del tutto simile a quello dell'investigatore inglese, nella logica razionale con cui il frate giunge alle deduzioni conclusive (▶ *Un messaggio in codice*, p. 258).

Il giallo come indagine sociale I capolavori del giallo di **Leonardo Sciascia** – *Il giorno della civetta* (1961), *A ciascuno il suo* (1966) – dimostrano ancora oggi tutta la loro attualità; anch'essi sono la prova di come questo genere possa diventare un modo di descrivere la realtà del mondo e riflettere su di essa. *Il giorno della civetta*, in particolare, associa a tale capacità di analisi sociale un impianto narrativo decisamente efficace e affascinante: Sciascia costruisce una vera e propria strategia investigativa moderna, fondata sugli accertamenti bancari e patrimoniali; metodologia d'indagine che, vent'anni più tardi, sarà il "grimaldello" che permetterà al pool antimafia guidato da Giovanni Falcone (assassinato a Capaci nel 1992) di svelare i segreti delle **cupole mafiose**.

Nei romanzi di **Friedrich Dürrenmatt** (1921-1990), anch'essi caratterizzati da una trama investigativa, il tema centrale è il concetto di **giustizia**. Non si tratta però qui della legge così come rappresentata dalle istituzioni statali: secondo l'autore, tale giustizia "amministrativa", nel suo insieme di tribunali, processi, appelli e contrappelli, è incapace di giungere a un giudizio più profondo su ciò che riguarda la vera condizione morale dell'uomo: ciò che è assolto nei tribunali può essere umanamente condannabile, e viceversa. Il racconto *La panne* (▶ *Verdetto di morte*, p. 251), scritto nel 1956, mira a mettere in luce proprio questo delicato e problematico aspetto del rapporto tra individuo e società.

T1 # Agatha Christie
Assassinio al Crown Hotel

• PUBBLICAZIONE
Miss Marple racconta una storia, in *In tre contro il delitto*, 1939

• LUOGO E TEMPO
Inghilterra, prima metà del Novecento

• PERSONAGGI
Miss Marple; l'avvocato Petherick; il suo cliente Rhodes

Miss Marple racconta al nipote un'indagine avvenuta nel passato e da lei risolta con successo.
Un giorno il suo avvocato Petherick, accompagnato da un cliente di nome Rhodes, era andato a trovarla per chiederle aiuto: doveva scagionare tale cliente dall'accusa di omicidio. La moglie del signor Rhodes era infatti stata pugnalata in una camera d'albergo e l'unico sospetto era proprio il marito. Miss Marple riesce a scoprire il vero colpevole con una attenta analisi degli indizi.

Il signore e la signora Rhodes alloggiavano al Crown Hotel di Barnchester. La signora Rhodes, che (da quanto riuscii a capire dal cauto modo di esprimersi del signor Petherick) era forse un pochino ipocondriaca[1], si era ritirata in camera subito dopo cena. Lei e il marito occupavano due stanze comunicanti. Il

5 signor Rhodes, che stava scrivendo un libro sulle selci dei tempi preistorici, si era messo a lavorare nella stanza vicina. Alle undici aveva riordinato le sue carte e si era preparato per andare a letto. Prima di farlo aveva dato un'occhiata nella stanza di sua moglie per accertarsi se desiderasse o meno qualcosa. Aveva trovato la luce accesa e sua moglie stesa sul letto, pugnalata al cuore. Era morta da almeno

10 un'ora, probabilmente di più.

Ecco gli elementi acquisiti: nella stanza della signora Rhodes c'era un'altra porta che conduceva sul corridoio. La porta era chiusa a chiave e anche col saliscendi[2] dall'interno. L'unica finestra della stanza era chiusa e fissata all'interno. Secondo quanto dichiarato dal signor Rhodes, nessuno era passato per la stanza in cui lui

15 stava lavorando, tranne una cameriera che aveva portato borse con l'acqua calda. L'arma trovata nella ferita era uno stiletto che stava prima sul tavolino da toilette della signora Rhodes. Lei era solita usarlo come tagliacarte. Sull'arma non vi erano impronte digitali.

La situazione si riduceva a questo: nessuno, a parte il signor Rhodes e la came-

20 riera, era entrato nella stanza della vittima. Chiesi informazioni sulla cameriera.

«Questa è stata la prima mossa nelle nostre indagini» disse il signor Petherick. «Mary Hill è una donna del posto. Fa la cameriera al Crown da dieci anni. Non sembra esserci assolutamente una ragione per cui avrebbe dovuto aggredire all'improvviso una cliente dell'albergo. È, comunque, una donna stupidissima,

25 quasi una minorata mentale. La sua versione non è mai variata: ha portato la borsa dell'acqua calda alla signora Rhodes e, a suo dire, la signora era quasi assopita...

---

1. ipocondriaca: persona eccessivamente preoccupata del suo stato di salute, sempre convinta di essere ammalata.

2. saliscendi: paletto di ferro usato per bloccare l'apertura di una porta.

stava per addormentarsi. Non riesco a credere, e sono sicuro che nessuna giuria lo crederebbe, che sia stata lei a commettere il delitto».

Il signor Petherick mi citò ancora alcuni particolari.

In cima alle scale del Crown Hotel, sul pianerottolo, c'è una sorta di minuscolo atrio in cui a volte la gente siede a bere il caffè. Il corridoio fa una svolta a destra e l'ultima porta è quella della stanza occupata dal signor Rhodes. Il corridoio quindi fa di nuovo una svolta a destra e la prima porta dietro l'angolo è quella della stanza della signora Rhodes. In effetti, entrambe le stanze potevano essere viste da testimoni. La prima porta, quella che immette nella stanza del signor Rhodes, e che chiamerò A, poteva essere vista da quattro persone, due viaggiatori di commercio e una anziana coppia di coniugi, che stavano bevendo il caffè. A quanto costoro hanno dichiarato, nessuno è entrato o uscito dalla porta A, tranne il signor Rhodes e la cameriera. Quanto all'altra porta sul corridoio, la B, c'era un elettricista che stava facendo un lavoro proprio lì e anche lui giura che nessuno è entrato o uscito dalla porta B, tranne la cameriera.

Si trattava indubbiamente di un caso singolarissimo e molto interessante. Giudicando dalle apparenze, sembrava proprio che il signor Rhodes dovesse per forza aver assassinato la moglie. Ma capivo che il signor Petherick era convintissimo dell'innocenza del suo cliente e il signor Petherick era un uomo molto acuto. All'inchiesta il signor Rhodes aveva raccontato la storia assurda e confusa di una certa donna che aveva scritto lettere di minaccia a sua moglie. Il suo racconto, capii, era stato del tutto non convincente. Su richiesta del signor Petherick, prese a spiegarmelo lui di persona.

«Francamente – disse – non ci avevo mai creduto. Pensavo che Ann se lo fosse inventato».

Dedussi che la signora Rhodes doveva essere una di quelle romantiche bugiarde che passano la vita a ricamare su ogni cosa che capita loro. La quantità di avventure che, secondo quanto lei stessa aveva raccontato, le erano successe nel corso di un anno era semplicemente incredibile. Se scivolava su una buccia di banana era addirittura un miracolo se era scampata alla morte. Se prendeva fuoco un paralume, veniva salvata da un edificio in fiamme a rischio della vita. Suo marito aveva preso l'abitudine di fare la tara su quanto lei raccontava[3]. Quanto alla storia che gli aveva detto di una donna cui, in un incidente di macchina, lei aveva ferito la bambina, e che aveva giurato di vendicarsi, be'... il signor Rhodes semplicemente non ne aveva tenuto il minimo conto. L'incidente era accaduto prima che lui la sposasse e, anche se la moglie aveva letto alcune lettere scritte in termini folli, lui aveva sospettato che se le fosse scritte da sé. Tra l'altro, era una cosa che lei aveva già fatta qualche volta in passato. Era una donna con tendenze isteriche[4] che voleva vivere costantemente in uno stato di agitazione.

Ora, tutto questo mi sembrava molto naturale. Infatti, qui in paese c'è un giovane che fa all'incirca la stessa cosa. Il pericolo, con queste persone, è se succede

---

3. fare la tara su quanto lei raccontava: soppesare bene la verità di quanto lei diceva.

4. tendenze isteriche: propensione a vivere avvenimenti e situazioni in maniera turbata, esagitata.

Richard Hamilton, *Corridoio*, 1986, Kassel (Germania), Neue Galerie.

loro qualcosa di veramente straordinario, nessuno crede che dicano la verità. Mi pareva che, nel nostro caso, fosse proprio successo questo. Dedussi che la polizia credeva semplicemente che il signor Rhodes stesse inventandosi quella storia incredibile allo scopo di allontanare i sospetti da sé.

Domandai se c'erano altre donne sole all'albergo. Pare che ve ne fossero due, una certa signora Granby, una vedova di origine angloindiana, e una certa signorina Carruthers, una zitella piuttosto cavallina con una spiccatissima pronuncia blesa[5]. Il signor Petherick aggiunse che anche con le indagini minuziose non era stato possibile far confessare a nessuno di avere vista una delle due nei pressi della scena del delitto e non esisteva alcunché che potesse collegarle al crimine.

Gli chiesi di descrivermi il loro aspetto fisico. Disse che la signora Granby aveva capelli rossi che portava piuttosto disordinati, un viso giallastro e una cinquantina d'anni. Vestiva in modo stravagante, con abiti per lo più di seta indiana,

5. una zitella... blesa: persona non sposata, caratterizzata da un aspetto simile a un cavallo (alta statura, volto allungato) e da un forte difetto di fonazione, che impedisce o deforma la pronuncia di alcune consonanti (più spesso "s", "z", "r").

eccetera. La signorina Carruthers, invece, era sulla quarantina, portava il *pince-nez*[6] e capelli tagliati molto corti come un uomo, oltre a indossare cappotti e abiti di foggia maschile.

«Mamma mia!» esclamai. «Questo rende la cosa difficile!»

Il signor Petherick mi fissò con aria interrogativa, ma in quel momento non volevo aggiungere altro, quindi chiesi che cosa aveva detto Sir Malcolm Olde.

Sir Malcolm Olde, a quanto risultava, era tutto a favore della tesi del suicidio. Il signor Petherick disse che le deposizioni dei dottori erano affatto contrarie e che mancavano completamente impronte digitali. Ma Sir Malcolm era certo di poter portare testimonianze mediche contrastanti e di trovar modo per superare lo scoglio delle impronte. Chiesi al signor Rhodes che ne pensava. Mi rispose che tutti i dottori erano idioti ma che lui non poteva assolutamente credere veramente che sua moglie si fosse tolta la vita. «Non era quel tipo di donna» si limitò ad affermare... e io gli credevo: le persone isteriche non commettono suicidio. Riflettei un momento, poi chiesi se la porta della stanza della signora Rhodes immetteva direttamente nel corridoio. Lui mi rispose di no... c'era un minuscolo ingresso, con stanza da bagno e gabinetto. Era la porta che, dalla stanza da letto, si apriva sul pianerottolo, chiusa a chiave e col saliscendi dall'interno.

«In questo caso – dissi – l'intera faccenda mi sembra di una semplicità singolare». E veramente, sapete, lo era... La cosa più semplice di questo mondo. E tuttavia nessuno l'aveva vista a modo mio.

Sia il signor Petherick sia il signor Rhodes mi fissavano, attoniti, cosicché mi sentivo alquanto imbarazzata.

«Forse – disse il signor Rhodes – Miss Marple non ha capito molto bene le difficoltà».

«Sì» risposi. «Credo di sì, invece. Ci sono quattro possibilità. La signora Rhodes è stata uccisa o da suo marito, o dalla cameriera, oppure si è tolta la vita o infine è stata uccisa da qualcuno che è venuto da fuori e che nessuno ha visto entrare o uscire».

«E questo è impossibile» interruppe il signor Rhodes. «Nessuno poteva passare per la mia stanza, per entrarvi o uscirne, senza che io lo vedessi e anche se qualcu-

---

6. pince-nez: occhiali tondi, senza stanghette, tenuti fermi sul naso grazie a una molla.

VITA E OPERE

Agatha Christie Scrittrice inglese (Torquay, 1890 - Wallingford, 1976), considerata tra le più importanti e influenti autrici di romanzi gialli e polizieschi. Ispirandosi alla tradizione inglese di questo genere (soprattutto a Conan Doyle, l'inventore di Sherlock Holmes), Agatha Christie ha raggiunto un successo mondiale con i personaggi dei detective Hercule Poirot e Miss Marple, abilissimi nel risolvere casi complicati grazie al loro intuito e a 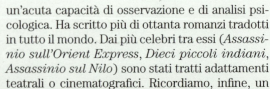 un'acuta capacità di osservazione e di analisi psicologica. Ha scritto più di ottanta romanzi tradotti in tutto il mondo. Dai più celebri tra essi (*Assassinio sull'Orient Express*, *Dieci piccoli indiani*, *Assassinio sul Nilo*) sono stati tratti adattamenti teatrali o cinematografici. Ricordiamo, infine, un caso più unico che raro: *Trappola per topi*, una sua commedia poliziesca, viene rappresentata a teatro ininterrottamente da più di mezzo secolo, dall'anno della sua comparsa (1952) sino a oggi.

no è riuscito a entrare nella stanza di mia moglie senza essere visto dall'elettricista, come diavolo ne è potuto uscire di nuovo, lasciando la porta chiusa a chiave e col saliscendi all'interno?»

Il signor Petherick mi guardò e chiese: «Dunque, Miss Marple?» Parlava in tono di incoraggiamento.

«Vorrei fare una domanda» dissi. «Signor Rhodes, che aspetto aveva la cameriera?»

Rispose che non poteva dirlo, piuttosto alta, gli pareva, ma non ricordava se fosse bionda o bruna. Mi rivolsi al signor Petherick e gli posi la stessa domanda.

Secondo lui la donna era di media altezza, aveva capelli sul biondo, occhi azzurri e una carnagione piuttosto accesa.

Il signor Rhodes commentò: «È un osservatore più attento di me, Petherick».

Affermai di non essere d'accordo. Quindi chiesi al signor Rhodes se era in grado di descrivere la cameriera di casa mia. Né lui né il signor Petherick furono in grado di farlo.

«Non capite che cosa significa?» dissi. «Siete arrivati qui entrambi preoccupati dei fatti vostri e la persona che vi ha fatti entrare era solo una cameriera. Lo stesso vale per il signor Rhodes all'albergo. Ha visto solo una cameriera. Ha visto il grembiule e l'uniforme. Era assorto nel suo lavoro. Ma il signor Petherick ha parlato con quella donna in veste diversa. Lui l'ha guardata come persona. Ed è proprio su questo che l'assassino contava».

Dato che ancora non capivano, dovetti spiegare.

«Io credo che sia andata così. La cameriera è entrata dalla porta A, è passata attraverso la stanza del signor Rhodes per entrare in quella della signora Rhodes con la borsa dell'acqua calda, ed è uscita attraverso il vestibolo sbucando sul corridoio B. Chiamerò l'assassino X. Dunque, X è entrato attraverso la porta B nel piccolo vestibolo, si è nascosto... be', in un certo localino, ehm... e ha atteso fino a che la cameriera è uscita. Poi è entrato nella stanza della signora Rhodes, ha preso lo stiletto dal tavolino da toilette (aveva indubbiamente fatto una visita nella stanza nel corso della giornata), si è avvicinato al letto, ha pugnalato la donna immersa nel sonno, ha cancellato le impronte dal manico dello stiletto, ha chiuso con la chiave e con il saliscendi la porta dalla quale era entrato e poi è uscito dalla porta della stanza in cui il signor Rhodes stava lavorando».

Il signor Rhodes esclamò: «Ma l'avrei visto... l'elettricista l'avrebbe vista entrare...»

«No, – ribattei – è qui che si sbaglia. Non poteva vederlo, anzi vederla, se era vestita da cameriera». Lasciai che la cosa penetrasse bene, quindi proseguii: «Lei era assorto nel suo lavoro... con la coda dell'occhio aveva visto entrare una cameriera, passare nella camera di sua moglie, tornarne fuori e uscire. Il vestito era lo stesso, la donna no. E questo è quanto hanno visto anche quelli che stavano bevendo il caffè: una cameriera che entrava, una cameriera usciva. E l'elettricista ha visto la stessa cosa. Giungo a dire che, se una cameriera è molto graziosa un uomo potrebbe osservarne il volto dato che la natura umana è quello che è, ma se si tratta solo di una normale cameriera di mezza età... be'... si osserva solo il modo in cui è vestita, non la donna di per sé».

PARTE 2 · I generi

Il signor Rhodes chiese: «Chi è?»

«Be', – risposi – questo sarà un po' più difficile. Deve trattarsi o della signora Granby o della signorina Carruthers. Ho l'impressione che la signora Granby porti di solito la parrucca, cosicché poteva farsi vedere con i suoi capelli in veste di cameriera. D'altro canto, la signorina Carruthers, con i suoi capelli tagliati corti e la sua aria viriloide, avrebbe potuto facilmente mettersi una parrucca per recitare la parte. Ma credo che potrà scoprire abbastanza facilmente qual è delle due. Personalmente, sono propensa a ritenere che si tratti della signorina Carruthers».

E, in effetti, miei cari, questa è la fine della storia. Carruthers era un nome falso, ma la donna in questione era proprio lei. C'era un ramo di pazzia nella sua famiglia. La signora Rhodes, che era una guidatrice molto avventata e pericolosa, aveva investito la sua bambina, e questo aveva fatto impazzire la poveretta. Aveva velato molto astutamente la propria follia, a parte le lettere chiaramente folli scritte alla sua futura vittima. La pedinava da un bel po' di tempo e aveva predisposto il suo piano con molta abilità. La parrucca e l'abito da cameriera li aveva spediti per posta per prima cosa, il mattino dopo il delitto. Quando è stata accusata è crollata e ha confessato subito. La poverina adesso è ricoverata a Broadmoor. Del tutto squilibrata, ovviamente, ma il suo era un delitto architettato molto ingegnosamente.

Agatha Christie, *In tre contro il delitto*, Milano, Mondadori, 1990

SCHEDA DI ANALISI

Il tema e il messaggio

● Miss Marple sa comprendere i meccanismi psicologici che determinano i comportamenti e le reazioni umane; soprattutto, essa è capace di porre le domande giuste, seguendo un metodo razionale e rigoroso, grazie al quale le sue congetture si rivelano sempre esatte e l'indagine può concludersi brillantemente. Nel classico giallo a enigma, come quello di Conan Doyle o di Agatha Christie, la **giustizia trionfa** sempre e la scoperta del colpevole riporta **equilibrio nell'ordine sociale** e morale sconvolto dal delitto. Non esiste un delitto perfetto, se chi indaga su di esso ha le capacità e l'intelligenza di Miss Marple...

Il narratore detective

● **Miss Marple** racconta in prima persona la sua indagine a un pubblico che la ascolta con la stessa passione con cui lei svolge le sue inchieste. I motivi per cui lei indaga su questo e altri misteri non è né il dovere né la sua professione, ma il gusto di **mettere alla prova la sua intelligenza** e risolvere un difficile enigma. E ci riesce sempre, grazie al suo particolare metodo investigativo: ricorre alle sue **ampie conoscenze personali** e soprattutto alla sua **capacità intuitiva**, grazie alla quale fa emergere particolari che erano sfuggiti ad altri osservatori.

L'ambientazione

● I gialli di Agatha Christie descrivono spesso ambienti aristocratici o comunque di **elevata condizione sociale**: in questo racconto la vicenda si svolge in un lussuoso albergo (l'assassinio avviene in una camera chiusa a chiave dall'interno, elemento che rende ancora più difficile la soluzione dell'enigma), mentre altri racconti si ambientano in antichi castelli, grandi ville o prestigiose località di villeggiatura. In tal modo i gialli di Agatha Christie sono anche **storie di costume**, in quanto ritraggono le abitudini e le convezioni della buona società inglese del primo Novecento.

La lingua e lo stile

● Il racconto presenta tutte le fasi caratteristiche del **giallo a enigma**: la **situazione iniziale**, di solito apparentemente tranquilla; la presentazione del **delitto,** ovvero delle circostanze misteriose in cui esso si è verificato; l'**indagine**, che comporta l'analisi degli indizi, l'interrogatorio dei testimoni e il controllo degli alibi; infine, accompagnata da un **colpo di scena**, la **ricostruzione dei fatti**, così come si sono svolti, e l'**individuazione del colpevole** da parte del detective protagonista della storia.

Il giallo • UNITÀ 8

Laboratorio sul testo

Comprendere

Informazioni esplicite
1. Elenca tutti i personaggi che compaiono nel testo, specificando la loro identità e il loro ruolo.
2. Perché, nonostante le apparenze e le convinzioni della polizia, Miss Marple esclude che sia stato il signor Rhodes a uccidere la moglie?
3. Che cosa la convince a dare credito alle minacce ricevute dalla signora Rhodes e sospettare della Granby e della Carruthers?
4. Che cosa ha indotto la Carruthers all'omicidio?
5. Qual è il destino dell'omicida?

Informazioni implicite
6. *Giungo a dire che, se una cameriera è molto graziosa un uomo potrebbe osservarne il volto dato che la natura umana è quello che è, ma se si tratta solo di una normale cameriera di mezza età... be'... si osserva solo il modo in cui è vestita, non la donna di per sé* (rr. 153-156). Che cosa è sottinteso nell'affermazione di Miss Marple?

Significati
7. Considera la frase finale: *La poverina adesso è ricoverata... Del tutto squilibrata, ovviamente, ma il suo era un delitto architettato molto ingegnosamente* (rr. 173-174). Le parole pronunciate significano che Miss Marple concede delle attenuanti alla Carruthers? Motiva la risposta.
8. Il fatto che Miss Marple dica che il delitto è stato architettato *molto ingegnosamente* può essere interpretato come una lode a se stessa?

Analizzare

Narrazione
9. Ritrova e sottolinea nel testo termini ed enunciati che fanno comprendere come la narrazione sia svolta in prima persona da Miss Marple.

Tecniche narrative
10. Il linguaggio usato nel racconto è asciutto, formale, preciso. Individua e sottolinea le espressioni che più convalidano questa affermazione.
11. Ritrova nel testo i punti relativi al metodo d'indagine basato sulla logica deduttiva.

Padroneggiare la lingua

Lessico
12. Spiega il significato dei seguenti termini tratti dal testo: *elementi acquisiti, indagini, scena del delitto, deposizione*. A quale campo semantico appartengono? Trovane altri.
13. Quali tra i seguenti verbi hanno lo stesso significato del verbo *dedurre: desumere, defalcare, arguire, inferire, detrarre, propendere*? Sottolineali. Se hai dubbi consulta il dizionario.

Grammatica
14. Nella frase: *sono sicuro che nessuna giuria lo crederebbe, che sia stata lei a commettere il delitto*, a che cosa si riferisce il pronome personale *lo*?

Interpretare e produrre
15. *Quando è stata accusata è crollata e ha confessato subito*. Prova tu a scrivere la confessione della colpevole, Miss Carruthers.
16. Riassumi il racconto in non più di una pagina, conservando solo gli elementi essenziali alla narrazione.

221

T2 Georges Simenon
La finestra aperta

- **PUBBLICAZIONE**
  La finestra aperta, 1936
- **LUOGO E TEMPO**
  Parigi, prima metà del Novecento
- **PERSONAGGI**
  Il commissario Maigret; le forze di polizia; Ernesto Descharneau; la signora Laget

Georges Simenon non è solo un abile costruttore di trame, ma anche un fine scrittore, capace di arricchire il racconto delle vicende con precisi ritratti psicologici dei personaggi e con suggestive ricostruzioni degli ambienti. Nel racconto seguente, uno dei suoi gialli più famosi, l'umanissimo commissario Maigret indaga su un apparente suicidio che si rivelerà essere tutt'altro. Il racconto è proposto per intero proprio perché tutta la vicenda, compreso il delitto, si sviluppa come una lunga scena sotto gli occhi del lettore.

A mezzogiorno meno cinque i tre uomini si trovarono davanti al portone segnato col numero 116 bis di Rue Montmartre[1], quasi all'angolo di Rue des Jeûneurs.

«Andiamo là?»

5 «Beviamo qualcosa e poi andiamo...»

Bevvero l'aperitivo al bar più vicino, poi, col bavero del cappotto rialzato e le mani nelle tasche, poiché faceva freddo, entrarono nel cortile della casa: cercarono la scala C, la trovarono e infine salirono al secondo piano. Su ogni porta di quella vecchia casa complicata apparivano targhette di smalto o d'ottone, che an-
10 nunciavano tanto la presenza di un fabbricante di fiori artificiali quanto quella di una società cinematografica. Al secondo piano, in fondo a un oscuro corridoio, la targa portava le parole «*Le Commerce Français*»[2]. Il brigadiere Lucas passò per primo e aprì la porta toccandosi la falda del cappello.

«C'è Oscar Laget?»

15 Nell'anticamera un uomo di circa cinquant'anni era seduto dietro a un tavolo coperto da un tappeto verde. Incollava dei francobolli su alcune buste. Cominciò con lo scuotere negativamente la testa, poi qualche particolare nell'aspetto dei visitatori dovette colpirlo, perché li guardò più attentamente, parve capire, si alzò.

«Non è mai in ufficio al mattino» spiegò. «Cosa volete da lui?»

20 «Ho un mandato d'arresto» rispose Lucas mostrando un foglio che gli sbucava dalla tasca. «Dove lo si può trovare a quest'ora?»

«Non lo troverete certamente... Deve essere alla Borsa, o in uno dei ristoranti vicini. Alle quattro, verrà...»

Lucas scambiò un'occhiata coi compagni.

25 «Lasciaci vedere il suo ufficio...»

L'uomo li precedette docilmente, li fece passare per uno stretto corridoio, aprì una porta e mostrò un ufficio effettivamente vuoto.

«Bene! Ritorneremo alle quattro...»

---

1. Rue Montmartre: strada del centro di Parigi. Nel corso del racconto saranno menzionati altri luoghi della capitale francese.

2. *Le Commerce français*: "Il commercio francese".

222

Il giallo · UNITÀ 8

Se Maigret, questa volta, entrò nella faccenda sin dall'inizio, lo dovette al caso.
30 Alle tre si trovava nel suo ufficio al Quai des Orfèvres, quando telefonarono che
alcuni algerini si erano dati alle coltellate dalle parti della Porte d'Italie. Ora, delle
faccende degli algerini si occupava il brigadiere Lucas.

«Non ci posso andare, capo. Devo trovarmi alle quattro in Rue Montmartre
per un arresto...»

35 «Arresto di chi?»

«Laget... Sapete?... L'uomo del *Commerce Français*... Il mandato firmato dalla
sezione del Tribunale...»

«Corri alla Porte d'Italie. Andrò io in Rue Montmartre...»

Lavorò sino alle quattro meno dieci. Saltò su un tassì coi due ispettori, entrò
40 nel portone, poi nel cortile. Chiese macchinalmente, nel vedere quel reticolato di
scale malconce:

«Non c'è una seconda uscita?»

«Non credo...»

Era una cosa senza importanza, insomma! Si trattava dell'arresto banale di un
45 bacato[3] finanziere di poco conto.

«Al secondo piano... Girate a destra...»

Era soltanto una seccatura. Il bravo uomo cinquantenne, Ernesto Descharneau
era sempre seduto dietro al suo tavolo: solo, questa volta, non incollava più i
francobolli, ma scriveva indirizzi su delle buste. Davanti a lui, nell'anticamera,
50 quattro o cinque individui stavano in attesa.

«È venuto Oscar Laget?» chiese Maigret senza togliersi di bocca la pipa.

«Non ancora... Però non può tardare... Anche questi signori lo stanno aspettando.»

Un'occhiata ai «signori» in questione, evidentemente creditori, gente più o me-
55 no in brutte acque, che stavano là da un'ora o due, sperando di strappare qualche
soldo a Laget. Maigret ebbe il tempo di caricare nuovamente la pipa dopo averla
vuotata in terra, dato che il pavimento era già sudicio.

«Ci sono delle correnti d'aria!» brontolò, rialzando il bavero di velluto del
cappotto.

60 Ernesto Descharneau si piegò un po' di fianco, tese l'orecchio e mormorò:

«Credo sia lui che viene...»

«Perché? Non entra da questa porta?»

«Entra sempre dal dietro... Ora vado a dirgli...»

Poi, mentre pronunciava, nell'alzarsi, l'ultima sillaba, risuonò dalla parte
65 dell'ufficio di Laget una detonazione. Descharneau volle precipitarsi, ma Maigret
lo allontanò con un gesto e passò per primo.

Il corridoio faceva un gomito. In fondo, una finestra aperta – quella della corrente d'aria! – dava su un cortiletto e Maigret, freddoloso, passando la chiuse. Si
aspettava di trovare la porta di Laget chiusa a chiave, ma non era così. Nell'ufficio
70 l'uomo di affari era seduto al suo posto abbandonato all'indietro, piccolo e grasso,

---

3. bacato: in senso figurato, corrotto.

223

con una ferita aperta alla tempia. Sul tappeto, poco sotto la mano che pendeva, giaceva la pistola.

«Non fate entrare nessuno» ordinò Maigret, voltandosi. Già fin da quel momento qualcosa lo colpiva, ma non sapeva ancora cosa. Fiutava, osservava tutto
75 intorno, con le mani sempre in tasca, col cappello un po' all'indietro, in un atteggiamento che gli era familiare. Il suo sguardo finì col posarsi su due calzature femminili che uscivano dalla tenda della finestra e borbottò: «Che fate là, voi?»

Nello stesso tempo una donna ancora giovane, che indossava una pelliccia, uscì dal suo nascondiglio, guardò i tre uomini angosciata e balbettò: «Chi siete?
80 Cosa volete?»

«E voi?»

«Io sono la signora Laget!»

L'ispettore che si era chinato sul corpo si raddrizzò e disse con aria tranquilla: «Morto...»

85 L'ispettore Janvier ebbe l'incarico di avvertire il commissario del quartiere, il Tribunale e l'Ufficio d'Identità Giudiziaria, mentre Maigret, di cattivo umore, girava nella stanza rischiarata dalla cruda luce del giorno.

«Siete da molto tempo qui dentro?» chiese d'improvviso gettando uno sguardo obliquo alla signora Laget.

90 «Sono arrivata quando siete entrato voi, un po' prima... quando ho sentito dei passi, mi sono nascosta dietro la tenda, a ogni buon conto.»

«Perché?»

«Non so... Volevo prima di tutto sapere...»

«Sapere cosa?»

95 «Che cos'era avvenuto... Siete certo che sia morto?» Non piangeva, ma era come smarrita e sconvolta e Maigret preferì non insistere. Parlò piano al secondo ispettore:

«Resta nell'ufficio e sorvegliala, che non tocchi nulla...» Andò nell'anticamera dove si trovavano ancora i clienti. «Non andatevene, forse avrò bisogno di voi...»
100 «È morto?»

«Tutto ciò che c'è di più morto... Quanto a voi» e si rivolse a Descharneau «vorrei parlarvi da solo a solo...»

«Possiamo andare nell'ufficio della signora... A meno che non ci sia lei...» L'ufficio si trovava di fronte a quello di Laget. Per non essere disturbato Maigret chiuse
105 la porta a chiave, maneggiò macchinalmente la chiave della stufa, che non tirava, mostrò al suo compagno una seggiola.

Impose all'uomo di sedere mentre egli rimaneva in piedi, girando, com'era sua abitudine, intorno alla stanza.

«Mi chiamo Ernesto Descharneau, ho cinquantaquattro anni, ex commercian-
110 te, tenente della riserva...»

«E ora scritturale[4]?»

«Non proprio così» corresse Descharneau con un po' d'amarezza. «Ma avete ragione: sembra così.»

---

4. scritturale: modesto impiegato, scrivano.

Benché portasse dei vestiti consumati, era curato nella persona, e c'era distinzione nei suoi modi: quel genere di distinzione un po' pigra, propria delle persone che hanno avuto delle disgrazie.

«Prima della guerra, avevo un negozio in Boulevard de Courcelles, e gli affari andavano benino.»

«Un negozio di che?»

«Di armi, munizioni e articoli da caccia. Poi sono andato al fronte come soldato semplice. E, al terzo anno di guerra, ero tenente d'artiglieria...»

Maigret notò allora una sottile striscia rossa sul risvolto della giubba. Notò anche che l'uomo, pur parlando con una precipitazione un po' febbrile, non smetteva di tendere l'orecchio ai rumori dell'appartamento.

«Nella Champagne ho conosciuto Oscar Laget, che era ai miei ordini...»

«Soldato semplice?»

«Sì... Più tardi è divenuto sergente. Alla smobilitazione ho trovato il mio negozio chiuso e mia moglie malata... Avevo un po' di denaro ed ho avuto la sfortuna di collocarlo in un affare che, dopo un anno, è andato a monte... Mia moglie è morta...»

Si sentì rumore di passi e Maigret capì che era la polizia del quartiere ma non si mosse. Seduto sull'orlo della tavola, chiese:

«E poi?»

«Laget in quel periodo aveva formato una società di prodotti chimici e io andai a fargli visita... I suoi uffici si trovavano sul Boulevard Haussmann ed egli mi assunse perché gli sbrigassi alcune pratiche. Dato che siete venuto per arrestarlo dovete sapere quale uomo fosse.»

«Andate avanti!»

Talvolta si sarebbe creduto che Maigret non ascoltasse.

«I prodotti chimici durarono tre anni e misi da parte qualcosa. Un bel giorno Laget chiuse baracca e burattini e mi ritrovai sulla strada... Da quel momento si è

PARTE 2 · I generi

parlato di azioni legali, cosa che non ha impedito a Laget di metter su anno dopo con gran rumore una nuova società: "*Le Commerce Français*"».

Descharneau esitava a continuare chiedendosi se Maigret s'interessasse o meno
145 alle sue parole. Sempre si sentivano passi e voci nelle altre stanze.

«A un certo momento, ci furono addirittura sessanta impiegati e gli uffici occupavano tre piani di uno stabile moderno di Rue Beaubourg. Laget era diventato editore di giornali: *Le Journal de la Boucherie, Le Bulletin des Mandataires, Le Moniteur des Cuirs et Peaux*, e altri ancora...»

150 «Voi ne facevate parte?»

«Quando ritornai a fargli visita, mi prese con sé senza incarichi precisi, ma ero, in un certo modo, il suo braccio destro... Così mi nominò procuratore della maggior parte delle società che formava, talvolta anche amministratore...»

«E allora voi potete essere perseguito legalmente[5]?»

155 «È probabile» ammise appena percettibilmente Descharneau. «Voi non potete capire come andavano le cose. Perfino quando c'erano sessanta impiegati, ci accadeva di cercare affannosamente duemila franchi. Laget aveva la sua automobile e la signora Laget aveva la propria... Si erano fatti costruire una casa di campagna del valore di ottocentomila franchi, ma i domestici rimanevano senza salario, a volte,
160 per tre mesi. Chiudeva un buco per farne un altro... Laget spariva per due o tre giorni, ritornava, tutto agitato, da una porticina... Mi faceva firmare delle carte... "Presto, questa volta è la fortuna!"»

«Io non sapevo neanche che cosa firmavo... Quando esitavo, mi rimproverava, diceva che ero ingrato, mi ricordava che m'aveva tirato fuori, per così dire, da un
165 fosso... Aveva momenti di generosità... Se aveva denaro, mi dava, anche senza ragione, venti o trentamila franchi, salvo il giorno dopo richiedermeli... Dopo alti e bassi, siamo arrivati a questo punto... La signora Laget ha voluto occuparsi anche lei degli affari e viene ogni giorno in ufficio...»

Maigret togliendosi la pipa di bocca, fece tutto a un tratto una domanda che,
170 nonostante la sua semplicità, fece sobbalzare Descharneau.

«Dove avete fatto colazione?»

«Quando?... Oggi? ... Aspettate... Sono uscito un momento per comprare del pane e della salsiccia ... Troverete la pelle della salsiccia e le briciole nel mio cestino...»

175 «Non è venuto nessuno?»

«Che volete dire? Alle due sono venuti, come sempre, dei creditori... Per questa ragione Laget non osava più salire per la scala principale... C'è una uscita dalla parte di Rue des Jeûneurs, bisogna passare stabili, corridoi, fare un giro intorno a due case, ma preferiva fare così...»

180 «E sua moglie?»

«Anche lei!»

«È sua abitudine venire in ufficio alle quattro?»

«No. Generalmente viene alle due... Ma oggi è il primo mercoledì del mese ed

---

5. perseguito legalmente: ritenuto responsabile di avere eseguito atti illegali, visto che era collaboratore di Laget, e perciò punito dalla legge.

è andata al Ministero a riscuotere la sua pensione. È una vedova di guerra rima-
ritata...»

«La credete capace di aver ucciso il marito?»

«Non lo so.»

«Credete Laget capace di essersi ucciso?»

«Non lo so... Vi ho detto tutto quello che sapevo... Mi chiedo che cosa avverrà
ora di me...»

Maigret andò ad aprire la porta. «Tra un po' ci rivedremo...»

Entrato nell'ufficio di Laget, vi trovò dieci o quindici persone che si davano da
fare. Erano state accese le lampade elettriche. Il fotografo dell'Ufficio di Identità
Giudiziaria, che aveva fatto il suo lavoro, rimetteva a posto i suoi apparecchi. Il
giudice istruttore e un giovane sostituto parlavano fra loro a mezza voce mentre
la signora Laget, coi lineamenti tirati, rimaneva seduta in un angolo come stordita
di tutto quel rumore e movimento.

«Avete trovato qualcosa?» chiese a Maigret il commissario di polizia.

«Non ancora. E voi?»

«Abbiamo trovato il bossolo, evidentemente tirato da questa pistola. La signora
riconosce l'arma di suo marito. Era sempre nel cassetto del tavolo...»

«Volete venire un minuto, signora Laget?»

E Maigret la condusse nell'ufficio dove aveva interrogato Descharneau.

«Vogliate scusarmi se vi annoio in questo momento. Non ho da farvi che due
o tre domande... Prima di tutto: che cosa pensate di Descharneau?»

«Mio marito ha fatto tutto per lui... Lo ha salvato dalla miseria. Lo trattava
come il suo uomo di fiducia. Perché? Descharneau ve ne ha parlato male? Ne è
capace... È un uomo insprito...»

«Seconda domanda» interruppe Maigret. «Quando siete venuta l'ultima volta
in ufficio?»

«Alle due, per prendere i miei documenti d'identità prima d'andare al Ministero... Fino a poco tempo fa non volevo riscuotere la mia pensione di vedova di
guerra. Ma, data la situazione...»

«A che ora vostro marito usava ritornare in ufficio al pomeriggio?»

«In realtà alle tre... Cercate di capire... Era obbligato, per i suoi affari, a prendere dei pasti abbondanti e troppo innaffiati. Poiché la notte soffriva d'insonnia,
aveva preso l'abitudine di sonnecchiare un'ora nel suo ufficio.»

«E oggi?»

«Non lo so... Alle due, Descharneau m'ha detto solamente che mio marito mi
avrebbe aspettato alle quattro precise, per un affare importante...»

«Non v'ha parlato della polizia?»

«No!»

«Vi ringrazio.»

Mentre riaccompagnava la signora Laget alla porta, Maigret cercava sempre di
precisare la sensazione che aveva avuto quando era entrato nell'ufficio di Laget.
C'erano dei momenti in cui credeva di arrivarci, ma un attimo dopo il ricordo ri-
diventava vago.

Ora aveva caldo, e col cappello sempre sulla nuca, la pipa fra i denti, andò nell'anticamera, come un uomo che non sappia cosa fare. I quattro individui, che poco avanti aspettavano Laget per reclamare del denaro, erano ancora là e Maigret li guardò l'uno dopo l'altro. Notò un giovanotto alto, nutrito e mal messo.

«Da che ora siete qui?»

«Dalle due e dieci o due e un quarto, signor...»

Descharneau, che aveva ripreso il suo posto alla tavola, ascoltava.

«Da allora non è venuto nessuno?»

«Solo questi signori...»

E indicò i suoi compagni che assentirono col movimento del capo.

«Non è uscito nessuno? No? Aspettate! L'impiegato è rimasto tutto il tempo al suo posto?»

«Tutto il tempo.»

Ma subito il giovanotto parve riflettere.

«Aspettate!... Una volta soltanto è andato verso il corridoio, perché aveva suonato il telefono...»

«A che ora?»

«Mah... non so... Forse erano le quattro meno un quarto?... Sì, è stato un po' prima che veniste voi...»

«Ditemi, Descharneau, di chi era la comunicazione?»

«Non lo so... era uno sbaglio.»

«Ne siete sicuro?»

«Sì... Mi hanno chiesto... Mi hanno chiesto se era il dentista...»

Ora, prima di pronunciare queste parole, egli, mentre aveva l'aria di cercare un'ispirazione, abbassò lo sguardo sulle buste sistemate sulla tavola. Erano circolari che Laget spediva a migliaia di persone. Macchinalmente, Maigret fece come l'impiegato e lesse sulla più alta busta del mucchio: M. Eugène Devriers, *chirurgien dentiste,* Rue...»

Fece uno sforzo per non sorridere!

«Allora?» domandò il commissario ritornando verso il giudice e il sostituto.

«Suicidio» affermò quest'ultimo. «Secondo il medico, il colpo è stato tirato a meno di quindici centimetri dal viso... Sarebbe stato necessario che Laget avesse una gran voglia di essere fatto fuori per...»

I due uomini raddrizzarono il capo quando Maigret interruppe:

«Che dormisse?»

«Credete dunque che sia...»

E lo sguardo del giudice si diresse verso la signora Laget a cui si stavano prendendo le impronte digitali e che si irrigidiva nella sua dignità.

«Ancora non lo so» confessò Maigret. «Se è un delitto, è in ogni caso un bel delitto... Perché, osservate, noi eravamo là per così dire... Da credere addirittura, che l'assassino abbia fatto apposta ad aspettare che fosse presente la polizia...»

Poiché passava il medico legale, Maigret lo fermò.

«E voi, dottore, non avete notato nulla di anormale?»

«No, davvero. La morte è certo stata istantanea... »

«E poi?»

«Che volete dire?»

«Nulla... Laget doveva essere più freddoloso di me... Osservate il dorso della sua poltrona che tocca il radiatore...»

Il giudice e il sostituto si scambiarono un'occhiata. Maigret batté ancora una volta il fornello della pipa contro il tallone. Per decenza avevano coperto il viso di Laget con una salvietta a nido d'ape, tolta dal lavabo. Gli inquirenti, insomma, avevano finito il loro lavoro e attendevano un segno per andarsene.

«Sentite, commissario...» fece improvvisamente Maigret rivolgendosi al commissario del quartiere. «Mi accorgo che sul tavolo ci sono due telefoni: uno collegato con la rete e l'altro interno... Questo deve comunicare con l'anticamera... Volete andare a chiamarmi di là?»

Il commissario uscì. Si attese, guardando Maigret che aveva l'aria assente. Passarono uno, due minuti. Poi ritornò il commissario di polizia, stupito.

«Non avete sentito nulla? Eppure non ho smesso di chiamarvi.»

Allora Maigret disse:

«Volete venire un attimo con me, signor giudice?»

E lo condusse verso l'ufficio dove aveva già ricevuto Descharneau e la signora Laget.

Maigret era in piedi, le spalle al fuoco, nella sua posa preferita e parlava con una voce dimessa, come per scusarsi di essersi sbrigato così in fretta e per non umiliare troppo il magistrato.

«Il caso ha voluto che io fossi là al momento buono e che potessi osservare l'impiegato...»

«È stato lui che... Ma è impossibile, dato che...»

«Aspettate! Sia nel fisico che nel morale voi avete riconosciuto, non è vero? uno dei falliti del dopoguerra che sono forse la più penosa eredità che il conflitto ci ha lasciato, le vittime più miserevoli, in ogni caso... Un uomo che è stato il tenente Descharneau, un uomo che, in quel momento, aveva certamente un alto valore morale, all'armistizio non trova più nulla della sua vita di prima. Il commercio è rovinato, sua moglie muore... Ed è Laget, la cui volgarità e la cui mancanza di scrupoli si accordano perfettamente a quest'epoca sconvolta, che lo raccoglie...»

Un silenzio. Maigret caricava la sua quarta pipa. «Stavo per dire che è tutto!»

305 Sospirò. «Laget si serve di Descharneau come un uomo simile può servirsi di un uomo onesto... E l'onestà di quest'ultimo s'inalbera[6], s'attenua, con sobbalzi, rivolte, così che infine il sentimento dominante di Descharneau per colui che pretende di essere il suo benefattore è l'odio... Un odio tanto più accanito in quanto Laget va in malora; così che, in definitiva, Descharneau ha venduto la sua onestà

310 per un piatto di lenticchie...[7]»

«Non vedo dove volete...»

«Arrivare? Io neanche lo vedo. O meglio, non lo vedevo sino a poco fa. Immaginavo solo i due uomini, il padrone e l'impiegato, l'antico sergente e l'antico tenente, i cui ruoli si erano scambiati... Immaginavo questi uffici assaliti dai credi-

315 tori minacciosi e gli uscieri, e poi gli espedienti, le tratte non pagate e gli assegni a vuoto, tutto il miserabile accompagnamento di simili rovine...»

«In realtà è la ragione del mandato di arresto che...»

«Permettete un minuto?»

Maigret aprì la porta, chiamò Descharneau che apparve piuttosto spaventato.

320 «Ditemi, Descharneau... Quante volte Laget è stato denunciato?»

«Non lo so... Cinque o sei volte...»

«E ogni volta se l'è cavata. Non è vero?»

«Sì... Aveva delle relazioni...»

«Potete andare. Grazie!»

325 «Ecco. Descharneau non ha voluto che anche questa volta l'altro se la cavasse. Ha un brutto aspetto, l'avete visto... Scommetterei per un'ulcera, se non per un cancro allo stomaco... È incapace, ormai, di rifarsi una posizione. .. Arrestato Laget, sarebbe divenuto, domani, un relitto che si troverebbe, un giorno o l'altro, alle mense popolari... Ora, a torto o a ragione, Descharneau pensa che è stato La-

330 get a fare di lui un relitto...»

«Ma come ha potuto materialmente?...»

«Vi dico la mia opinione, che alcuni punti poi saranno sufficienti a comprovare... Oggi, a mezzogiorno, un brigadiere e due ispettori vengono per arrestare Laget. Laget è assente e Descharneau li fa ritornare alle quattro.

335 Non dimenticate che per giornate, per mesi interi, il nostro uomo, nell'anticamera, non ha altro da fare che incollare francobolli e copiare indirizzi; che ha avuto il tempo di studiare nella sua mente mille piani di vendetta, uno più complicato dell'altro...

Mi ha confessato che, contrariamente al solito, non era andato a mangiare e io

340 lo immagino qua, attento e applicato a un lavoro minuzioso e di cui cercheremo subito le tracce...

Poiché l'occasione è bella, quasi unica! Gli altri giorni la signora Laget è in uffi-

---

6. **s'inalbera:** "inalberarsi", in questo contesto, è usato per descrivere la reazione orgogliosa e sdegnosa di Descherneau, che trasforma il suo alto senso della moralità in odio.

7. **per un piatto di lenticchie:** per poca roba, ottenendo uno scarso guadagno.

cio alle due, come un'impiegata... Il primo mercoledì del mese soltanto, la signora va al Ministero delle Finanze per riscuotere la pensione...

345 Quando passa per prendere i suoi documenti, Descharneau le dice "che suo marito l'aspetterà nel suo ufficio alle quattro", e lei non ha nessuna ragione di diffidare...

Da allora tutto è facile, fin troppo facile... L'anticamera, come ogni pomeriggio si riempie di creditori i quali potranno testimoniare che Descharneau non li 350 ha lasciati.

Un minuto solamente!... Alle quattro meno un quarto, notate l'ora!... si è sentita una suoneria che sembrava quella del telefono, ma, guarda il caso, Descharneau dichiara che era uno sbaglio e non trova che una risposta imbarazzata.

Vedremo subito se, sotto il tavolo dell'anticamera, non esista un bottone che 355 possa far scattare una suoneria... E questo è tanto più plausibile in quanto lo scritturale doveva avere il modo di avvisare il padrone delle visite troppo noiose.»

«È facile controllare» disse il giudice.

«Anche il resto lo è. Dunque Descharneau entra alle quattro meno un quarto nell'ufficio del padrone, dove da una mezz'ora ha sentito entrare Laget. Laget 360 dorme, come al solito... Descharneau, antico armaiolo, non ha trovato difficoltà a procurarsi un silenziatore che adatta alla pistola e, a bruciapelo, spara...»

«Ma...»

«Aspettate. Rimette il silenziatore in tasca o, più probabilmente, lo getta nel gabinetto... ritorna in anticamera, aspetta di nuovo, e a nostra volta, arriviamo noi...

365 Allora ci dice che Laget non tarderà a venire... Noi aspettiamo come gli altri... Descharneau, che tende l'orecchio, sente la signora Laget che arriva alle quattro in punto e, quando lei è ancora per la scala di servizio, preme sul bottone del telefono interno...»

«Non capisco...»

370 «Non capite che occorre una detonazione per far credere "che soltanto in quel momento Laget si è ucciso o si uccide"? Un minuto fa il commissario del quartiere ha cercato di far funzionare il telefono interno e non c'è riuscito... Scommetto con voi che il filo è stato collegato a un petardo qualunque, posto sul davanzale della finestra del corridoio, perché, ho dimenticato di dirvelo, questa, al nostro 375 arrivo, era aperta...»

VITA E OPERE

Georges Simenon Scrittore belga di lingua francese, nato a Liegi 1903 e morto a Losanna nel 1989, è stato uno dei più famosi giallisti del Novecento. A partire dal 1922 ha vissuto in Francia, trasferendosi per qualche anno negli Stati Uniti nel dopoguerra, per poi tornare in Europa, precisamente in Svizzera, dove trascorrerà il resto della sua vita. Simenon è stato un prolifico autore di romanzi e racconti di differenti generi letterari; ma se è diventato noto al grande pubblico è soprattutto per i suoi polizieschi che vedono come protagonista il commissario di polizia Jules Maigret. Leggendo le inchieste del commissario creato dalla penna di Simenon, ciò che ci si chiede non è *chi è stato?*, il classico interrogativo del giallo tradizionale, ma *perché?*, che cosa ha spinto il colpevole a macchiarsi del delitto. L'interesse principale di Simenon è l'indagine della vicenda umana, resa attraverso puntuali ritratti psicologici dei suoi personaggi. Maigret è il protagonista di più di cento tra romanzi e racconti che il suo autore gli ha dedicato. Tra le altre opere di Simenon, ricordiamo invece *L'uomo che guardava passare i treni* (1938) e *Tre camere a Manhattan* (1946).

PARTE 2 · I generi

«È stato dunque in nostra presenza, sotto il nostro naso... Noi ci precipitiamo e spaventiamo, senza saperlo, la signora Laget, che si nasconde dietro una tenda...» Maigret sorrise.

«Io sono stato colpito, entrando nell'ufficio, da qualcosa di anormale... Ora ca-
380 pisco che cos'era... Io, che sono un vecchio fumatore di pipa, faccio distinzione fra fumo caldo e fumo freddo... Nell'ufficio di Laget si sentiva odor di polvere, certo, ma di polvere raffreddata... Quanto al medico legale, al quale ne riparleremo, si è sbagliato sulla rigidità del cadavere per il fatto che il corpo era appoggiato a un radiatore; e questo fatto...»

385 Si trovarono, sul davanzale della finestra, i resti del petardo e un capo del filo di rame collegato al telefono interno.

Georges Simenon, *La polizia indaga,* Firenze, Vallecchi, 1958

SCHEDA DI ANALISI

Il tema e il messaggio

Il sistema di indagine adottato da Maigret è ancora molto vicino a quello del giallo classico (osservazione analitica dei dettagli, ricerca delle prove, ricostruzione finale del delitto), ma lo scioglimento della vicenda non segue i canoni tipici della narrativa poliziesca, perché la soluzione del caso non è, per Maigret, una vera vittoria. Attraverso vari tasselli, che l'intuito del commissario ricollega nel finale, ciò che emerge in primo piano è lo svelamento non tanto dell'identità del colpevole, Ernesto Descharneau, quanto del **dramma** umano che questi ha vissuto. Simenon ci mostra, dietro il delitto, la triste e dolorosa storia di un uomo. Il tema che affiora non è tanto il trionfo della giustizia, quanto la **solitudine dell'uomo**.

Il personaggio Maigret

Maigret non svolge interrogatori pressanti, non si affida unicamente al logico schematismo della deduzione, ma si lascia guidare dal proprio **istinto**, en-

trando in contatto con l'ambiente e cercando di immedesimarsi nella personalità dei diversi personaggi coinvolti. In questo caso, egli osserva l'ufficio e le persone che attendono in sala, studia la psicologia di Descharneau (*Il bravo uomo cinquantenne... sempre seduto dietro al suo tavolo*). I veri indizi, di fatto, sono non tanto le tracce materiali (quasi sempre piuttosto banali) lasciate dal colpevole, quanto gli elementi psicologici e ambientali e soprattutto le ragioni interne che emergono dai comportamenti di vittime e colpevoli.

La lingua e lo stile

La tecnica narrativa di Simenon è semplice e, al tempo stesso, raffinata: l'**intreccio** è **lineare** e quasi spoglio, non ci sono eclatanti colpi di scena né quegli elementi trasgressivi (violenza, sesso, intrighi) di cui spesso si avvale la letteratura poliziesca. La *suspense* è tutta nella caratterizzazione sapiente dei luoghi, delle atmosfere e della psicologia dei personaggi.

LINGUA E LESSICO

Detective e biodetective

La parola "detective" deriva dall'inglese e significa investigatore. Nei gialli, spesso il detective è un investigatore privato chiamato a indagare su un delitto. La parola è una riduzione del sintagma *detective policeman*, "poliziotto che scopre". In effetti, la parola "detective" deriva dal verbo latino *detegere* (supino *detectum*) che significa "scoprire", "svelare". Proprio in tale accezione ve-

niva usato dai latini nell'espressione *detegere crimen*, ovvero "scoprire il delitto".
Se alla parola si aggiunge il prefisso *bio* (dal greco *bios*, "vita"), il "detective" si trasforma in "biodetective", ovvero in un professionista che sa esaminare con attenzione i reperti organici che si trovano sulla scena del delitto: impronte digitali, tracce di sangue, di sudore, frammenti di capelli, di pelle ecc.(▶ *La scienza è un passo più avanti del crimine*, p. 300).

Il giallo · UNITÀ 8

Laboratorio sul testo

Comprendere

Informazioni esplicite

1. Chi è Descharneau? Che rapporto ha con la vittima?
2. All'inizio, l'indagine sembra una banale seccatura; poi la faccenda diventa più seria. Quale evento improvviso mette in moto la vicenda?
3. In che modo viene ritrovato il cadavere di Laget?
4. Perché la signora Laget si è nascosta dietro la tenda?
5. Chi è il colpevole e come è stato compiuto il delitto?

Informazioni implicite

6. *Quanto al medico legale, al quale ne riparleremo, si è sbagliato sulla rigidità del cadavere per il fatto che il corpo era appoggiato a un radiatore; e questo fatto...* (rr. 382-384): continua tu ciò che Maigret lascia in sospeso.

Significati

7. *Fece uno sforzo per non sorridere!* (r. 256). Che cosa diverte Maigret?
8. A proposito di Descharneau, il narratore dice: *Benché portasse dei vestiti consumati, era curato nella persona, e c'era distinzione nei suoi modi: quel genere di distinzione un po' pigra, propria delle persone che hanno avuto delle disgrazie* (rr. 114-116). Le disgrazie cui si fa cenno hanno relazione con il movente del delitto?
9. Perché il racconto porta questo titolo?

Analizzare

Personaggio

10. A tuo parere chi è, a parte il commissario, il protagonista di questo racconto?

Tecniche narrative

11. In quale punto trovi un'ellissi narrativa? Quali fatti vengono taciuti al lettore?
12. Quale personaggio rievoca fatti accaduti in passato? Che cosa si viene a sapere tramite questa retrospezione?
13. Rintraccia nel testo tutti gli elementi che delineano una descrizione soggettiva di luoghi e ambienti.

Padroneggiare la lingua

Lessico

14. *Maigret gettò uno sguardo obliquo* alla signora Laget. Com'è uno sguardo *obliquo*?
    - a) ☐ Indiretto, di traverso.
    - b) ☐ Sospettoso, diffidente.
    - c) ☐ Preoccupato, allarmato.
    - d) ☐ Indifferente, freddo.

Grammatica

15. *Talvolta si sarebbe creduto che Maigret non ascoltasse.* Che cosa vuol dire la frase?
    - a) ☐ Maigret ascoltava quasi sempre distrattamente.
    - b) ☐ A volte sembrava che Maigret fosse distratto, invece stava molto attento.
    - c) ☐ Maigret ascoltava solo quando la cosa lo interessava.
    - d) ☐ Maigret non ascoltava mai.

Interpretare e produrre

16. Spesso nelle inchieste di Maigret la vittima risulta anche, in qualche modo, colpevole, e il colpevole anche, in certa misura, una vittima. Ti sembra che ciò sia vero, nel racconto che hai appena letto? Discutine con i tuoi compagni.

233

PARTE 2 · I generi

13 **Fred Vargas**
La notte efferata

> + **PUBBLICAZIONE**
> *Scorre la Senna*, 2002
> + **LUOGO E TEMPO**
> Parigi, giorni nostri
> + **PERSONAGGI**
> Il commissario Adamsberg; i suoi colleghi Deniaut e Danglard; Charles Sancourt

Il personaggio principale del racconto è Adamsberg, l'imprevedibile e intuitivo commissario del 13° *arrondissement* di Parigi, già protagonista di numerosi romanzi dell'autrice. La vicenda inizia la sera del 24 dicembre; Adamsberg è di turno, in quella che egli definisce una *notte efferata* perché, celati dall'apparente e *inevitabile gioia* del Natale, profondi risentimenti e rancori covati a lungo sono pronti a esplodere. La notte trascorre tranquilla, soltanto poche chiamate e qualche ubriaco che smaltisce la sbornia in cella. Ma Adamsberg sa che il dramma si manifesterà soltanto quando l'eccitazione dei festeggiamenti sarà passata. *Bisogna aspettare un po'*, pensa il commisario Adamsberg; e infatti, dopo qualche giorno, in una fredda mattina, la Senna trascina il grosso corpo di una donna, abbandonandolo sotto un ponte.

Così, se la gente non facesse tante storie con il Natale, ci sarebbero meno tragedie. È delusa, la gente, per forza. E questo scatena dei drammi.

Solo in ufficio, Adamsberg scarabocchiava, tenendo un taccuino appoggiato sulle cosce. Aveva scelto il turno di notte insieme a Deniaut, che sonnecchiava

5 all'ingresso. Era il 24 dicembre, una sera speciale, tutti gli altri erano fuori. Si accingevano a festeggiare l'entrata in scena dell'inverno. Alcuni non se la sarebbero persa per nulla al mondo, i più non erano riusciti a sottrarsi.

Per Jean-Baptiste Adamsberg era diverso: temeva il Natale e si teneva pronto. Natale e la sua sfilza di incidenti. Natale e la sua legione di drammi. Natale, la

10 notte efferata[1].

Per forza.

Si alzò lentamente e andò ad appoggiare la fronte contro il vetro appannato. Fuori, ghirlande[2] di lampadine gettavano brevi lampi sui corpi dei barboni, congelati, rintanati negli angoli. Tentò di calcolare quanti soldi si fossero polverizzati

15 così, per tre settimane, nel cielo di Parigi, senza che una sola moneta finisse in tasca ai vagabondi. Natale, la notte della condivisione.

Posò il blocco e la matita, apparecchiò con due piatti un angolo del tavolo, tirò fuori una bottiglia di vino, controllò il contenuto del forno e chiamò Deniaut.

Per forza la gente si esaspera. La tensione di quel lungo conto alla rovescia, al

20 termine del quale deve scaturire la spensieratezza, tritura i nervi, alla gente. Da cinque settimane il vecchio con la barba bianca e l'abito rosso è su tutti i muri, gioviale e pieno di promesse. È a prova di bomba, quel tizio. Eppure ha l'aria di uno che ci ha dato dentro per tutta la vita con il vino da quattro soldi. Ma non c'è niente da fare, è inossidabile[3]. E a quanto pare non soffre nemmeno il freddo.

---

1. efferata: feroce, sanguinosa, crudele.

2. ghirlande: festoni, corone colorate.

3. inossidabile: resistente a qualsiasi difficoltà.

234

Il giallo • UNITÀ 8

25 Mai un raffreddore. È un personaggio felice e beato, con gli stivali tondi e puliti.

Non appena compare quel vecchio, la tensione sale progressivamente. L'intero Paese, succube[4], s'irrigidisce e si prepara all'inevitabile gioia.

Natale cade in un giorno come tutti gli altri. Ma ovunque gente pensierosa e muta si dirige con l'abito nuovo verso i fulcri[5] dei festeggiamenti. Ognuno ha 30 pensato agli altri. Ognuno parte carico di offerte. Natale, la notte del dono, della grande tregua.

A Natale tutti litigano, i più singhiozzano, alcuni divorziano, altri si suicidano. E una piccolissima percentuale, sufficiente per mettere in ginocchio i poliziotti, uccide. È un giorno come gli altri, molto meno bello degli altri. […]

35 La donna grassa volò al di sopra del parapetto del ponte National[6] fino alle acque nere della Senna. Il fiume scorreva veloce, spinto da un vento gelido. Nessuno per strada, nessuno che fosse lì a vedere. Bar chiusi, taxi assenti, città deserta. Il Natale è una festa domestica, interna. Fuori non filtra niente. Persino i solitari irriducibili si radunano in un'osteria con due bottiglie e quattro imbecilli. La so-40 litudine, il vagabondaggio, sopportabili e a volte addirittura sfoggiati spavaldamente nel resto dell'anno, sembrano di colpo un disonore infamante. Il Natale getta l'obbrobrio[7] su chi è solo. Così, prima di mezzanotte tutti si sono rintanati. La donna grassa volò in acqua senza che nessuno s'immischiasse.

Verso le quattro del mattino Adamsberg si allontanò dal suo tavolo per bersi 45 un caffè. Dalle dieci di sera avevano dovuto gestire solo sei chiamate nel loro settore[8]. Due uomini e una donna erano stati ricoverati a seguito delle procedure di divorzio avviate durante il cenone. Altri due tizi concludevano la notte al commissariato: un tale strafatto di vino rosso che aveva voluto a tutti i costi uscire da una finestra del quarto piano per andare a prendere una "boccata d'aria" e un fornaio, 50 rintronato da una mistura rhum-sonnifero, che aveva deciso di far fuori i vicini di pianerottolo per disturbo della quiete notturna. I due erano stati immobilizzati senza troppa resistenza e adesso dormivano in cella, nel cuore del commissariato.

Un terzo uomo, un tipo all'inglese particolarmente chic[9], sbronzo di ottimo whisky, era stato raccattato di traverso su un marciapiede, elegantemente addor-55 mentato, con le mani sotto la nuca e deposti con cura accanto a sé gli occhiali, la tessera dei trasporti pubblici e le scarpe. Era stato schiaffato in cella con gli altri due, ma rimaneva ostinatamente in piedi, esigendo da due ore una stampella[10] allo scopo di appenderci il vestito come si deve. […]

Era un tipo alto e bello, sui quaranta, con un volto romano, le tempie grigie, 60 elegante e barcollante, dignitoso e ubriaco fradicio.

– C'è un gancio sulla parete, – disse Adamsberg.

4. succube: sottomesso.
5. fulcri: i luoghi in cui si svolgono i festeggiamenti.
6. ponte National: un ponte sulla Senna a Parigi; nel prosieguo del racconto ne verranno citati altri.
7. obbrobrio: disonore, vergogna.
8. settore: la zona della città posta sotto il controllo del commissariato.
9. chic: termine di origine francese, che indica qualcosa o qualcuno molto elegante e raffinato.
10. stampella: attaccapanni.

235

PARTE 2 · I generi

– Deforma il colletto[11].

– È un grosso problema?

– Non è un grosso problema. Deforma il colletto.

65 – Si sdrai, – consigliò Adamsberg. – Dorma. Chiuda il becco. Non rompa con la sua stampella. […]

Deniaut raggiunse Adamsberg davanti alla macchina del caffè. – Forse per questa notte non ci sarà nient'altro – disse. – Poco movimento, tutto sommato.

– Staremo tranquilli solo fra tre o quattro giorni – rispose Adamsberg.

70 – La notte di Natale non c'è nessuno che noti i cadaveri, capisci? Spuntano solo dopo. Bisogna che tutti abbiano smaltito la sbronza[12]. Ci vuole un po' di tempo. Chi sbaglia finestra, chi sbaglia porta, letto, marciapiede, donna, chi cerca la sua giacca, il suo uomo, la sua stampella, il suo ippopotamo[13]. Bisogna aspettare un po'.

75 Il fiume, possente, ingrossato da tutte le piogge dell'autunno, trasportò nelle sue profondità il grosso corpo della donna durante le notti del 24 e del 25 dicembre, lo riportò in superficie la sera del 26 e all'alba del 27 lo abbandonò sotto lo stretto ponte dell'Archevêché, riva sinistra.

Adamsberg ricevette la chiamata al mattino, quasi alle nove. Faceva a mala-
80 pena chiaro. Il commissario, con il telefono in mano, esitò ad avvertire il tenente Danglard. Che era inefficiente, di mattina, e sensibile alla violenza. Adamsberg riagganciò adagio il ricevitore. Non avrebbe rotto le scatole a Danglard. Il corpo fluitato[14] sarebbe stato di certo un brutto spettacolo. La donna doveva essere morta più di due giorni prima, durante la notte di Natale. Di questo era quasi sicuro.

85 Adamsberg portò con sé Deniaut. Dopotutto, era con lui che aveva cominciato la vigilia di Natale.

– Che ti dicevo? – commentò Adamsberg, con le mani sul volante. – Che bisognava aspettare.

– Non è detto che sia morta il 24.

90 – E invece sì, Deniaut. È così, Natale, la baldoria dei desideri. I divieti vanno in pezzi, le barriere crollano. Certi si regalano un ippopotamo, altri si comprano la pelle di una donna.

Deniaut alzò le spalle.

– Ma sì – riprese tranquillamente Adamsberg. – Vedrai.

95 Parcheggiò l'auto sul marciapiede, sollevò i nastri di plastica bianchi e rossi che sbarravano l'accesso al quai[15] de Montebello e scese la rampa di gradini fino al fiume. […]

– Propenderei per due o tre giorni – diceva il medico legale. – Il che colloche-
rebbe il decesso nella notte tra il 24 e il 25.

---

11. colletto: della camicia da sera.
12. abbiano smaltito la sbronza: si siano lasciati alle spalle gli effetti dell'alcol bevuto.
13. ippopotamo: Adamsberg aveva precedentemente detto a Deniaut di aver ricevuto in rega-lo dalla sorella un ippopotamo di pezza.
14. fluitato: trasportato dalla corrente del fiume.
15. quai: marciapiede lungo il fiume.

Adamsberg lanciò una rapida occhiata a Deniaut. Che gli rispose con un cenno del capo. Sì, capito, la notte di Natale, la notte efferata. Adamsberg era così. Sapeva certe cose prima di tutti gli altri, l'avevano avvertito. Bastava abituarsi, tutto qui, aveva commentato Danglard scolandosi una birra.

– Te lo confermerò domani – continuava il medico.
– Secondo te?
– Banalissimo suicidio.
– Mai visto.
– Il cadavere?
– No. Non ho mai visto banalissimi suicidi.

Il medico legale alzò le spalle.

– È morta per annegamento, – continuò. – Te lo confermerò.
– Età?
– Sulla cinquantina, sulla sessantina. Si è buttata da un ponte. Ha delle contusioni, probabilmente ha sbattuto contro i piloni. Voglio dire che non si è buttata dalla riva. Viene da più a monte[16], il fiume l'ha trascinata.

– Si può spostarla? – domandò Adamsberg a quelli della scientifica.
– Abbiamo finito, la giriamo.

Adamsberg s'infilò un paio di guanti, girò il corpo con l'aiuto di uno dei tecnici. Sul volto gli passarono una smorfia, un battito di ciglia.

In silenzio, i due frugarono nei vestiti. La donna indossava un anonimo abito blu e una pelliccia. In tasca, chiavi, portamonete, nessun documento. Niente fede al dito, gioielli vistosi, un orologio d'oro al polso.

– Non è un abito da sera – disse Deniaut. – Forse non era il 24?

---

16. a monte: la parte a nord, più vicina alla sorgente del fiume.

PARTE 2 · I generi

– Era il 24 – disse Adamsberg rialzandosi.

125 – Manca una scarpa.

– Ho visto, vecchio mio.

– È in acqua.

– Dragheremo[17] l'area. Deniaut, tu risali il fiume e controlli la riva destra. Chiama Danglard perché faccia lo stesso su quella sinistra. Io mi occupo dei ponti. Può

130 essere caduta dal ponte di Tolbiac, dal ponte National o ancora più lontano, da quello di Charenton. Cerchiamo una borsetta, cerchiamo un documento d'identità, cerchiamo chi è. E cerchiamo la scarpa, come per Cenerentola.

– Per Cenerentola era il contrario – intervenne Deniaut con discrezione. – Avevano la scarpa ma cercavano la donna.

135 – D'accordo – disse Adamsberg.

Deniaut non era soltanto virtuoso, ma coscienzioso. Non sopportava l'approssimazione, mentre Adamsberg di approssimazione viveva.

– La scarpa può essere rimasta incastrata più in su – riprese Deniaut.

– Non dragheremo certo la Senna fino al monte Gerbier-de-Jonc[18] – disse

140 Adamsberg. – Draghiamo sotto questo ponte.

Il medico levava le tende, mettevano il corpo su una barella, lo coprivano con un telo di plastica. Adamsberg si era allontanato e impartiva istruzioni al cellulare con voce lenta. Poi si ficcò il telefono nella giacca, sentì sotto le dita l'ippopotamo di sua sorella e alzò gli occhi verso il ponte.

145 – Sarà dura, preparati – disse a Deniaut. – Molto dura. Forse non troveremo niente.

– Non capisco.

– L'omicidio – spiegò Adamsberg spalancando le braccia. – È un omicidio, puro e semplice. È il materiale più duro da lavorare, resisterà come un sasso.

150 – Un omicidio?

– Ma la scarpa, Deniaut, cavolo.

– Abbiamo detto che la scarpa era nella Senna.

– L'hai detto tu – ribatté Adamsberg scuotendo la testa. – Il corpo si è gonfiato e l'altra scarpa è saldamente infilata nel piede. Quella che cerchiamo non è nella

155 Senna. È caduta mentre la buttavano giù e l'assassino l'ha raccolta.

– Non ci sono prove – disse Deniaut a bassa voce.

– No, non ci sono prove. Peccato che l'altra scarpa non voglia dirci niente. T'immagini, Deniaut, se fosse così? Cosa non si saprebbe della gente? Quasi tutto, in fondo. Forse il pensiero ci scende nei piedi.

160 Jean-Baptiste Adamsberg ispezionava lentamente il suo quinto ponte, quello di Bercy, quando ricevette la chiamata dall'ufficio persone scomparse. Si mise al riparo dietro al parapetto e si tappò l'orecchio destro con un dito.

– Parli più forte!

---

17. Dragheremo: perlustreremo il letto del fiume.
18. monte Gerbier-de-Jonc: Adamsberg intende dire che non dragheranno il fiume fino alla sorgente. Egli commette però un errore geografico: sul monte Gerbier-de-Jonc nasce la Loira e non la Senna.

Il giallo · UNITÀ 8

– Annie Rochelle – gridò il poliziotto. – Hanno denunciato la scomparsa sta-
165 mattina, alle otto e trenta.
– Chi ha fatto la denuncia?
– La sua vicina, un'amica. Dovevano vedersi ieri sera per finire gli avanzi di
Natale. Non ci è andata. Dalla descrizione, potrebbe corrispondere.
Tre ore dopo Adamsberg raggiunse Deniaut e Danglard, in un bar di rue de
170 Vouillé, di fronte al domicilio della defunta. La donna era stata identificata. Annie
Rochelle, cinquantasei anni, nubile, nata a Lille[19].
– Cos'altro sappiamo?
– È cresciuta vicino a Lille, in un paesino. A vent'anni ha trovato lavoro a Pa-
rigi, come cameriera. Dieci anni fa suo fratello le ha dato una mano e le ha com-
175 perato l'Hotel de la Carde, poco lontano da qui, trentadue camere. Il fratello se
la passa bene.
– Vive a Parigi?
– Sì. Lei non ha altri parenti.
– La borsetta? La scarpa?
180 – Niente.
– A quest'ora – disse Danglard – la scarpa sta arrivando a Rouen[20].
Adamsberg scosse il capo in silenzio. [...]
– Dietro di noi – disse Danglard con un cenno del pollice. – È il fratello!
Torna dall'obitorio.
185 – Scosso?
– Così sembra.
– Si vedevano spesso?
– Una o due volte la settimana.
– Mi parli di lui.
190 Danglard frugò all'interno del giubbotto, estrasse un foglietto.
– Si chiama Germain Rochelle, è stato allevato in quel paesino, vicino a Lille.
Ha sessantatré anni, scapolo. Come la sorella, diciamo, ma al maschile. Però lui ha
fatto strada. Import-export[21] nel settore delle conserve di verdura, grossa fabbrica
a Lille, grosso patrimonio, trasferimento in Svizzera e ritorno dieci anni fa. Ven-
195 de l'azienda, realizza le sue proprietà[22], va in pensione e vive di rendita[23] a Parigi.
– Agiatamente?
– Molto. È stato al ritorno in Francia che ha comperato quell'albergo per sua
sorella.
– Perché non prima?
200 – La sorella viveva con un tale che lui odiava. Un farabutto, dice. Non si sono
visti per vent'anni, finché lei non lo ha lasciato.
– Il nome del tizio?

---

19. Lille: città della Francia
del Nord, vicina al confine con
il Belgio.
20. Rouen: città nel Nord-
Ovest della Francia, posta lungo il percorso della Senna verso

l'oceano.
21. Import-export: attività di
chi si occupa di realizzare scambi commerciali tra un paese e
l'estero.
22. realizza... proprietà: ven-

de le proprietà, ricavando denaro
contante.
23. vive di rendita: vivere senza lavorare, grazie agli interessi
del denaro investito.

239

– Guy Verdillon. Era l'addetto alla reception[24] nell'albergo dove lavorava Annie.
205   – Lei cos'ha fatto la sera del 24?
– Ha cenato con suo fratello in un bel ristorante di rue de l'Opera. Abbiamo carrettate di testimoni. L'ha riaccompagnata e l'ha lasciata all'angolo della strada, verso mezzanotte. Adamsberg lanciò un'occhiata al fratello. Era un tipo corpulento con le braccia corte, infagottato in un grosso cappotto grigio, la testa china
210   verso le mani.

La perquisizione dell'appartamento di Annie Rochelle cominciò verso le cinque di sera, lenta, monotona. Cerchiamo la borsetta, aveva detto Adamsberg. Aveva staccato dalla parete del salotto una grande cornice con un mosaico di fotografie d'infanzia. Scuole, comunioni, compleanni, genitori, prima automobile, bagni al
215   mare. Germain Rochelle, seduto pesantemente su una sedia di velluto, li stava a guardare. Adamsberg posò a terra la grande cornice.
– Non è indiscrezione – disse. – Ho bisogno di farmi un'idea dell'insieme.
– Non è un insieme – rispose Rochelle. – Sono i miei genitori.
I poliziotti lasciarono l'edificio un'ora dopo, senza borsetta. Adamsberg aveva
220   sotto il braccio la grande cornice con le fotografie d'infanzia. Rochelle seguiva, ingobbito.
– Serve a capire? – domandò Danglard indicando la cornice con un cenno del mento.

---

24. reception: la portineria di un albergo.

– Non so – disse Adamsberg. – Questa cosa mi piace molto. Porto con me Rochelle per il verbale. Vada all'albergo, interroghi tutto il personale e, soprattutto, mi trovi quella cavolo di borsetta.

Danglard tornò al commissariato a fine serata, dopo aver registrato le testimonianze degli undici dipendenti dell'Hotel de la Carde. Deniaut era passato verso le otto. Da nessun ponte, da nessuna riva era saltata fuori nemmeno l'ombra di una scarpa.

– È con l'assassino – disse Adamsberg.

– Chi? – domandò Danglard.

– La scarpa.

Danglard scosse il capo, si sedette, le sue spalle molli si afflosciarono.

– Quella donna si è uccisa – disse. – I dipendenti hanno confermato la testimonianza del fratello: Annie Rochelle era su una brutta china. Dallo scorso autunno, malinconia, mutismo, scatti improvvisi, insonnie e sbalzi d'umore. [...]

– Si è buttata giù con la borsetta – disse Danglard – La borsetta è insieme alla scarpa. A quest'ora hanno lasciato Rouen. Si dirigono verso Le Havre[25].

– Non ci si butta con la borsetta, Danglard. Si lascia una traccia di sé. Una lettera su un mobile, una borsetta su un ponte, un'impronta della propria esistenza. E quella maledetta borsetta non è da nessuna parte. Se l'è tenuta l'omicida.

– Perché?

– Per frugarci dentro. Distruggere dei documenti, evitare rotture di palle.

– Vorrei proprio una stampella – disse improvvisamente una voce grave e pacata.

Danglard si girò di colpo verso la cella.

– È ritornato, quello?

– Sì – rispose Adamsberg con un sospiro. – Alle undici. Era crollato al volante della sua auto, stecchito. Aveva voluto prendersi una piccola pausa tra una serata e l'altra. Vuole una stampella.

– Sempre quel maledetto colletto, eh?

– Sempre.

Adamsberg si diresse lentamente verso la cella.

– Ho dimenticato il suo nome.

– Charles. Charles Sancourt.

– Charles. Beva un po' d'acqua. Si sdrai. Dorma.

– Prima la stampella.

– Charles. Ho un omicidio sul gobbo. Un omicidio di Natale, la notte primordiale. Una faccenda schifosissima, ben più schifosa di un colletto deformato. Quindi non mi rompa. Dorma. Chiuda il becco.

Charles rivolse al commissario un doloroso sguardo da imperatore romano deluso dalla sua guardia pretoria[26].

---

25. Le Havre: città situata sulla riva destra della Senna.

26. guardia pretoria: reparto dell'esercito romano che aveva la funzione di guardia del corpo dell'imperatore.

– Eppure lei aveva gli occhi di un uomo capace di comprendere che la salvaguardia delle quisquilie[27] getta le basi per il fiorire delle grandi cose. Fra l'insignificante e il grandioso non c'è nemmeno la distanza di un'unghia.

– Dorma, Charles.

Adamsberg tornò al tavolo dove Danglard annotava i rapporti degli interrogatori della giornata.

– Sapeva nuotare? – domandò.

– Non ha importanza – rispose Danglard. – La Senna è così fredda che non c'è
scampo. Comunque, bastava la pelliccia a farla colare a picco.

– Appunto.

– Si è uccisa. A Natale tutti si uccidono e alcuni se la cavano.

Adamsberg afferrò il suo taccuino e scarabocchiò per qualche minuto, in silenzio.

– Quando uno vuole buttarsi nella Senna, Danglard, non si getta da sopra un
pilone. Si getta *fra un pilone e l'altro.* Non è saltata giù, assolutamente.

Danglard si morse il labbro. Aveva dimenticato quella faccenda delle contusioni. S'immaginò in piedi, nella notte, sul parapetto, al di sopra del fiume. Si sarebbe
messo fra due piloni, ovviamente. Guardò Adamsberg e annuì.

– L'assassino la conosceva – continuò il commissario. – È un uomo. Ci vuole
forza per stordire e scaraventare fuori bordo una donna grassa come Annie. Spin-
gendola per i piedi, gli è rimasta in mano la scarpa. L'ha ficcata nella borsetta e
ha tagliato la corda.

– Perché non ha buttato la scarpa in acqua?

– Ah.

Adamsberg disegnò ancora per qualche istante.

– Perché la scarpa si è danneggiata durante il corpo a corpo, – riprese a bassa
voce. – Presenta tracce di lotta, forse. L'assassino non ha voluto rischiare.

Danglard, con il collo teso, finiva di bere a canna la sua birra.

– Quella donna non dava fastidio a nessuno – disse appoggiando la bottiglia.
– Suo fratello teneva a lei. All'albergo non era amata ma nemmeno odiata.

– Aveva dei soldi.

– Vanno al fratello. E lui ha venti volte più soldi di Annie.

Adamsberg sospirò, afferrò la grande cornice che aveva appoggiato per terra
e la esaminò in silenzio.

– Devo pisciare, – disse la voce grave dell'uomo in cella.

– C'è un buco, in fondo, – rispose Danglard. – Dietro al muretto.

– Non voglio pisciare in quel buco, – disse Charles Sancourt. – Voglio pisciare
in bagno. E, se possibile, mi piacerebbe che mi procuraste una stampella.

Danglard si alzò, teso, e Adamsberg lo bloccò con uno sguardo. Appoggiò la
cornice sul tavolo e andò ad aprire la porta della cella.

---

27. quisquilie: inezie, avvenimenti o oggetti di poco conto.

– Lo accompagni, Danglard, – disse.

310 L'uomo uscì dalla cella con un'andatura aristocratica e incerta e seguì Danglard a testa alta. Adamsberg andò a prendere tre caffè, che riportò indietro a passi lenti. Dalla soglia del suo ufficio vide Charles che lo aspettava, stirando le braccia, seduto sulla sedia del suo collega.

Adamsberg posò i caffè e girò contro il tavolo la cornice con le immagini.

315 – Dov'è Danglard? – domandò.

– Piscia la birra, – disse Charles.

Con una mano, Adamsberg ricacciò l'uomo in cella, chiuse la serratura e gli porse il caffè. [...]

Adamsberg spulciò attentamente il verbale degli interrogatori. Danglard si
320 addormentò.

Un'ora dopo il commissario scrollò il suo vice.

– Un amante? – domandò. – Le hanno parlato di un amante?

– No. Solo quel Guy, l'addetto alla reception che è scomparso.

– Dobbiamo trovare quel tizio.

325 – Non è più in Francia. Possiamo metterci dei mesi a localizzarlo.

– Riconvochiamo il fratello domani. Può parlarci di lui.

– L'ha già fatto.

– C'è qualcosa che non dice. Ne sono certo, Danglard. Quel tale sta con il culo su una bugia[28].

330 – Bravo – disse improvvisamente Charles.

Adamsberg si voltò verso la cella dove l'uomo, in piedi, lo guardava a braccia conserte.

---

28. sta… bugia: la sua posizione è fondata su una menzogna.

243

PARTE 2 · I generi

– Sei ancora sveglio? Con tutto quello che hai in corpo?

– Questione di mestiere, di resistenza, a ognuno la sua specialità.

335 – Lo buttiamo fuori – disse improvvisamente Danglard. – Ubriaco fradicio o no. Non lo sopporto più, quel dandy[29].

– Bravo in che senso? – domandò Adamsberg.

– Il fratello mente – disse Charles.

Adamsberg appoggiò una mano sulla spalla di Danglard per farlo restare se-
340 duto e si avvicinò alla cella.

– Prima la stampella – disse Charles, tendendo una mano ben ferma attraverso le sbarre. – Poi la verità.

– Attenzione – disse Danglard. – Domani racconterà tutto alla stampa e lei farà la figura del cretino.

345 – Mi capita spesso – disse Adamsberg.

– Prima la stampella – ripeté Charles, sempre con la mano tesa.

– Vada a prendergliela al guardaroba – disse Adamsberg guardando Danglard. – Prenda la grossa stampella di legno.

Furibondo, Danglard lasciò rumorosamente la stanza, tornando due minuti
350 dopo con una stampella, che gettò sul tavolo.

Adamsberg la prese e la depositò nella mano tesa. Charles si tolse la giacca, i pantaloni, ripiegò il tutto ordinatamente e appese la stampella al gancio. Poi, in camicia bianca e mutande, sedette sulla panca umida e fece un cenno a Adamsberg.

– Entri, commissario. E mi porti quella cornice con le fotografie. Mi scuserà
355 se la panca è umida, qui ci sono agenti scrupolosi che hanno fin troppo a cuore il comfort dei detenuti[30].

Adamsberg si sedette e Charles prese la grande cornice.

– Qui – disse appoggiando l'indice su una fotografia – ecco il fratello, sugli undici anni, in posa su un prato con alcuni compagni della prima comunione.
360 Siamo d'accordo?

Adamsberg annuì.

– E qui – disse Charles spostando un dito – c'è un uccello che passa nel cielo.

---

29. dandy: termine inglese che indica un individuo raffinato e alla moda.

30. Mi scuserà... detenuti: Charles si riferisce ironicamente alla consuetudine di lavare per ragioni igieniche panche, pavimenti e pareti delle celle.

VITA E OPERE

● **Fred Vargas** Pseudonimo della scrittrice francese Frédérique Audouin-Rouzeau (1957): Fred è il diminutivo di Frédérique e Vargas è un omaggio alla sorella gemella Jo, una pittrice che firma le sue opere Vargas, a sua volta cognome di un personaggio interpretato dalla diva hollywoodiana Ava Gardner. È studiosa di archeozoologia ed esperta di medievistica, prima che scrittrice di racconti e romanzi; in effetti, le sue opere letterarie sono scritte durante le vacanze e nelle pause dal lavoro. È anche autrice di sceneggiature per la televisione; le sue opere sono tradotte in tutto il mondo e il personaggio più amato dal suo pubblico è il commissario Adamsberg. Tra le opere principali, segnaliamo *L'uomo dei cerchi azzurri* (1996), *Parti in fretta e non tornare* (2001), *Sotto i venti di Nettuno* (2004), *La cavalcata dei morti* (2011).

244

Charles appoggiò nuovamente a terra la cornice.

– È una fotografia da professionista – continuò. – L'uccello si vede distintamente: un merlo dal collare, *Turdus torquatus alpestris.* Maschio, ben riconoscibile
dalla mezzaluna bianca sul petto.

– Ah – disse Adamsberg in tono piatto. – Le credo senz'altro.

– Si fidi.

– Forza, vecchio mio – disse Adamsberg. – Continui. Io la stampella gliel'ho
data.

– Questa sottospecie vive solo nel Sud-Est della Francia. Non è mai stata avvi-
stata a nord della Loira. La fotografia non è stata scattata a Lille. Quell'uomo non
è cresciuto a Lille, mente.

Adamsberg rimase vari secondi in silenzio, senza muoversi, con le braccia sul
ventre, le gambe distese, le natiche gelate dall'umidità della panca.

– Si direbbe che il fratello non sia il fratello, eh? – disse.

– Ma avrebbe voluto farlo credere – rispose Charles.

– Questa cornice è solo un montatura, un trucco.

Anche Danglard entrò nella cella, con un'altra birra, e si sedette sulla panca
di fronte.

– Dove sarebbe il fratello? – domandò. – In Svizzera?

Adamsberg riprese la cornice, esaminò da vicino il viso del ragazzo.

– Morto – disse Adamsberg. – Questo tizio è l'amante, l'addetto alla reception.
Lei e lui si sono sbarazzati del fratello dieci anni fa, gli hanno preso il nome e i
soldi. Hanno comperato l'albergo.

Charles annuì.

[…]

– Lei è un giornalista?

– Ornitologo[31].

– Ovvio – disse Adamsberg.

Il commissario si alzò lentamente, si passò le mani sui pantaloni gelidi. Re-
cuperò la cornice, esaminò la piccolissima mezzaluna bianca che ornava il petto
dell'uccello in volo.

– La quisquilia – disse – sta alla base del grande inghippo dell'inghippo[32].

– Proprio così – disse Charles.

Arrestarono Germain Rochelle, cioè Guy Verdillon, all'alba. Crollò alle undici
e dieci, sotto l'occhio attento di Charles Sancourt che, con le mani aggrappate alle
sbarre, sempre in camicia e mutande, aveva acquisito il tacito diritto di assistere
all'interrogatorio.

Movente dell'omicidio di Annie Rochelle? Lite, soldi e ricatto, ma Verdillon
non volle mai ammetterlo. L'uomo si attenne strenuamente a un'unica versione:
aveva buttato in acqua la sua complice perché gli rompeva le palle. A Danglard

---

31. Ornitologo: scienziato che
studia gli uccelli.

32. inghippo: imbroglio, trucco.

PARTE 2 · I generi

quell'argomentazione sembrò debole. No, disse Adamsberg. Per una notte di Natale, non c'era nulla di sorprendente.

405 Natale, la notte primordiale.

Verso l'una Charles lasciò il commissariato, con il colletto impeccabile e le natiche bagnate.

– Abbiamo dimenticato di consegnargli la sua stampella – disse Adamsberg.

La staccò dalla parete e raggiunse a passi vagamente veloci l'uomo con lo sparato[33] bianco che si avviava lungo la strada.

410 – Non è la sua stampella – obiettò Danglard, per la forma.

Sapeva benissimo che cosa gli avrebbe risposto Adamsberg. Avrebbe risposto: – Ma sì che è la sua stampella –. Contrariare Adamsberg era il suo mestiere, certo. Ma l'inghippo dell'insignificante sta alla base del grande inghippo dell'inghippo.

415 Qualcosa del genere. E quello, Danglard lo sapeva da tempo.

Fred Vargas, *Scorre la Senna*, Torino, Einaudi, 2009

33. sparato: petto inamidato di una camicia da uomo.

SCHEDA DI ANALISI

Il tema e il messaggio

● Quando la Senna restituisce il corpo di Annie Rochelle, annegata nella notte del 24 dicembre, Adamsberg trova un'immediata conferma della sua tesi: la notte di Natale, quella in cui tutti dovrebbero essere più buoni e felici, è invece una notte efferata, la notte più crudele dell'anno. Attraverso uno sguardo pungente e critico, il racconto restituisce un'**immagine disincantata delle feste natalizie**: alla visione tradizionale e stereotipata che vede nel Natale il momento della condivisione e del dono si contrappongono le immagini beffarde delle ghirlande colorate che illuminano i barboni al freddo, di un Babbo Natale dall'aspetto di un vecchio ubriacone, delle strade popolate di passanti che si avviano verso i festeggiamenti ma sono troppo pensierosi e muti per credere che siano davvero felici.

● Secondo Adamsberg, è inevitabile che **la condanna ad apparire come uomini di successo**, lo stress dovuto al fatto di dover mostrare sempre il volto migliore di se stessi e di esibire a qualsiasi prezzo una *inevitabile gioia* finisca, nella notte di Natale, in **tragedia** (*È delusa, la gente, per forza. E questo scatena dei drammi*). Ed è per questo che sin dall'inizio dell'indagine il commissario crede che Annie sia stata assassinata, sebbene il caso si presenti con una soluzione già scritta, come un banale suicidio. Grazie all'ostinazione e alle geniali intuizioni di Adamsberg e con l'aiuto imprevedibile di un dandy alcolizzato, consueto "ospite"

del commissariato, l'omicida sarà infine smascherato. Nello scioglimento del *grande inghippo*, la morte di Annie, **il caso svolge un ruolo decisivo**. Soltanto l'accidentale presenza in commissariato di Charles Sancourt e una *quisquilia*, la mezzaluna di un uccello fotografato in volo, permetteranno di svelare la falsa identità di Germain Rochelle e di accusarlo di omicidio. La conclusione del caso sottolinea quanto sia efficace il "metodo" di Adamsberg, ben lontano dalla logica rigorosa dell'investigazione tradizionale: **i dettagli insignificanti e la casualità consentono di comprendere gli eventi** e, dietro la loro apparenza ingannevole, di ricostruire il loro effettivo svolgimento.

La caratterizzazione dei personaggi

● Il racconto è dominato dalla **personalità del commissario Adamsberg**, del quale viene tratteggiato un **ritratto esclusivamente psicologico**, attraverso gesti e parole che ne evidenziano il metodo di indagine. Il protagonista del racconto, **apparentemente distratto e disordinato**, spesso sembra procedere in maniera confusa, intestardendosi con le sue teorie che negano l'evidenza dei fatti. In realtà, alla fine egli dimostrerà la sua **profonda capacità di intuire** gli aspetti inconfessabili dell'animo umano e dunque il movente delle loro azioni più feroci.

● I **personaggi secondari** non si limitano a fare da contorno alla scena, ma svolgono un ruolo decisivo durante le indagini. Anch'essi sono **caratterizzati psicologi-**

246

Il giallo · UNITÀ 8

camente, con tratti vivaci e grande umanità: Deniaut, giovane poliziotto scrupoloso e integerrimo; il tenente Danglard, il vice di Adamsberg, che al caos investigativo del commissario contrappone un metodo rigoroso e razionale. Fra le sue caratteristiche principali, vi sono una colpevole disposizione alla pinguedine e all'alcool, una sofisticata eleganza e una sconfinata cultura storica e scientifica. Infine, la figura dell'aristocratico ornitologo Charles Sancourt che, nonostante i frequenti soggiorni nelle celle del commissariato, non perde l'eleganza austera da *imperatore romano* e con il suo bizzarro comportamento conquista la simpatia del lettore.

Il narratore e il ritmo del racconto

● Gli antefatti e le indagini sono presentati da un **narratore esterno** che adotta il punto di vista di Adamsberg (**focalizzazione interna**); ciò è particolarmente evidente nelle riflessioni e descrizioni della prima parte del testo, volte a definire il contesto natalizio e la complessa psicologia del protagonista.

● Il **ritmo** del racconto diventa più incalzante con la scoperta del cadavere di Annie e lo svolgimento dell'inchiesta. L'impiego quasi esclusivo del **discorso diretto** conferisce dinamismo e immediatezza alle diverse ipotesi dei poliziotti e alla concatenazione degli

eventi. Ad accelerare l'andamento della narrazione, inoltre, contribuiscono i **salti temporali** tra una sequenza e l'altra, evidenziati dagli spazi bianchi.

La lingua e lo stile

● Il racconto di Fred Vargas è caratterizzato dalla presenza di **brevi frasi spezzate** da punti fermi, oppure da **periodi paratattici**, in cui prevale la **coordinazione per asindeto**. In alcuni casi, la concisione stilistica prevede anche il ricorso a **frasi nominali** (*Natale e la sua sfilza di incidenti. Natale e la sua legione di drammi. Natale, la notte efferata. Per forza*).

● Sul piano lessicale, la scrittrice utilizza un **registro medio**, in cui spesso a termini d'uso comune si accompagnano espressioni proprie del **linguaggio parlato e informale** (*se la gente non facesse tante storie, chiudi il becco, rottura di palle* ecc.)

● Tali scelte stilistiche producono una narrazione caratterizzata da **immediatezza comunicativa** e **chiarezza espositiva**. La semplicità delle scelte sintattiche e lessicali, così come lo stile secco delle frasi, che spesso diventano delle sentenze lapidarie sugli avvenimenti o in generale sul mondo, consentono di avere una percezione immediata della scena e di coglierne il significato profondo.

Laboratorio sul testo

● Comprendere

Informazioni esplicite

1. Quando e dove avviene la scoperta del corpo della *donna grassa*, che darà avvio all'indagine poliziesca?
2. Qual è la prima ipotesi di Adamsberg sulla causa della disgrazia? Con quale argomento sostiene la sua tesi?
3. Quale legame c'era tra il lavoro di Annie e Germain, il fratello? Quale reazione mostra l'uomo alla morte della sorella? E quale motivo in passato li aveva separati per lungo tempo?
4. Quale oggetto attira l'attenzione di Adamsberg nel corso della perquisizione dell'appartamento di Annie? E cosa cerca inutilmente?
5. Quali testimonianze inducono Danglard a sostenere l'ipotesi del suicidio di Annie? E con quale argomento si oppone Adamsberg?
6. Per quale ragione la professione di Charles Sancourt è fondamentale per confermare i sospetti di Adamsberg sul fratello della vittima e risolvere il caso con la confessione di Germain?
7. Qual è la vera identità dell'assassino di Annie? E perché anche Annie è un'assassina?
8. Quale movente adduce Germain per motivare l'omicidio? Qual è l'opinione di Danglard e di Adamsberg sulla sua affermazione?

Informazioni implicite

9. Sebbene sia sicuro di trovarsi dinanzi a un omicidio, Adamsberg sostiene che sarà *molto dura* (r. 145) dimostrarlo, che l'omicidio è *il materiale più duro da lavorare, resisterà come un sasso* (r. 149). A quali difficoltà allude? Che cosa potrebbe ostacolare la ricerca della verità?
10. Nelle ultime righe del racconto, Adamsberg ci tiene a riconsegnare a Charles la stampella del commissariato. Quale significato assume, secondo te, questo gesto? Può essere considerato un segno di ringraziamento?

247

PARTE 2 · I generi

Significati

11. Perché Adamsberg definisce la notte di Natale *efferata* (r. 101)?

a) ☐ Fa molto freddo e i barboni stanno congelando.

b) ☐ La gente è costretta a spendere molti soldi per fare inutili regali.

c) ☐ È obbligato a fare il turno di notte per risolvere un caso complicato.

d) ☐ L'obbligo di essere felici esaspera gli animi e scatena reazioni violente.

Analizzare

Personaggi

12. Individua gesti e affermazioni di Adamsberg che ne evidenziano le caratteristiche psicologiche e la particolare tecnica di investigazione.

13. Ricerca le indicazioni relative all'aspetto fisico e ai comportamenti di Charles Sancourt e spiegane il rapporto con la sua bizzarra personalità e con lo sviluppo della storia.

Focalizzazione e tecniche narrative

14. Nella parte iniziale del racconto, il narratore adotta il punto di vista del commissario e ricorre alcune volte all'uso del discorso indiretto libero: individua almeno un paio di esempi.

15. Nel corso di uno dei suoi ricorrenti "soggiorni" in commissariato, Charles rimprovera Adamsberg, insensibile dinanzi alle sue richieste, con queste parole: *Eppure lei aveva gli occhi di un uomo capace di comprendere che la salvaguardia delle quisquilie getta le basi per il fiorire delle grandi cose. Fra l'insignificante e il grandioso non c'è nemmeno la distanza di un'unghia* (rr. 264-266). Spiega per quale ragione possiamo ritenere che questa affermazione svolge sottilmente una funzione prolettica, cioè anticipa quello che sarà lo svolgimento della storia. Quale parola, nello specifico, verrà ripetuta nella conclusione del brano, all'interno di una frase che diventa l'emblema della "filosofia" d'indagine di Adamsberg?

Padroneggiare la lingua

Lessico

16. Leggi con attenzione il brano seguente: *A Natale tutti litigano, i più singhiozzano, alcuni divorziano, altri si suicidano. E una piccolissima percentuale, sufficiente per mettere in ginocchio i poliziotti, uccide.* Quale figura retorica viene qui utilizzata?

a) ☐ Metafora. b) ☐ Climax. c) ☐ Similitudine. d) ☐ Personificazione.

17. La descrizione degli "ospiti" del commissariato nella notte di Natale contiene numerosi aggettivi provenienti dal linguaggio parlato. Sostituisci i termini elencati con sinonimi appartenenti a un registro formale.

Strafatto: ....   *Rintronato*: ....

Raccattato: ....   *Schiaffato*: ....

Grammatica

18. Nel testo si legge: *Ognuno ha pensato agli altri. Ognuno parte carico di offerte. Natale, la notte del dono, della grande tregua.* Riscrivi il brano, connettendo in un solo periodo le tre frasi separate, mantenendo il loro nesso logico. Attenzione, puoi anche modificare l'ordine delle proposizioni.

....

....

Interpretare e produrre

19. Spiega quale messaggio intende comunicare Adamsberg quando, risolto il caso, afferma: *La quisquilia sta alla base del grande inghippo dell'inghippo.* Rifletti sugli episodi e sul particolare che portano alla risoluzione del caso. Esprimi la tua opinione e discutine con i compagni.

20. Il narratore non riporta l'interrogatorio dell'assassino, ma si limita a riferire che Germain, arrestato all'alba, *crollò alle undici e dieci.* Ricorrendo alle informazioni fornite dalla ricostruzione di Adamsberg e tenendo conto delle diverse caratteristiche psicologiche di Adamsberg e Danglard, scrivi il testo dell'ipotetico interrogatorio con cui i due poliziotti inducono l'omicida a confessare.

248

Il giallo · UNITÀ 8

APPROFONDIMENTO

Un *cold case* dell'antichità: l'assassinio di Giulio Cesare

«Quando ognuno dei congiurati ebbe sguainato il pugnale, Cesare, circondato e ovunque volgesse lo sguardo incontrando solo colpi e il ferro sollevato contro il suo volto e i suoi occhi, inseguito come una bestia, venne irretito nelle mani di tutti; era infatti necessario che tutti avessero parte alla strage e gustassero il suo sangue [...] quando vide che Bruto aveva estratto il pugnale si tirò la toga sul capo e si lasciò andare, o per caso o perché spinto dagli uccisori, presso la base su cui stava la statua di Pompeo. Molto sangue bagnò quella statua, tanto che sembra che Pompeo presiedesse alla vendetta del nemico che giaceva ai suoi piedi e agonizzava per il gran numero delle ferite. Si dice ne abbia ricevute ventitré, molti si ferirono tra loro mentre indirizzavano tanti colpi verso un solo corpo»[1].

Con queste parole Plutarco[2] ci descrive quella scena raccapricciante: **ma sono andate davvero così le cose? È possibile mettere in atto un omicidio così teatrale? Un delitto *in massa* che avrebbe coinvolto simultaneamente ben sessanta uomini armati di daga?**
Alle Idi[3] di marzo del 44 a.C. il divino Cesare arriva al Senato e viene pugnalato da un gruppo di congiurati. [...] Dalla lettura delle fonti del tempo, sappiamo che il corpo del dittatore venne raccolto e riportato alla sua dimora solo dopo due o tre ore. Ma a semplificare le cose arriva finalmente un'occasione in cui la storia non si dimostra avara di particolari. Il corpo del *dictator* è infatti affidato al medico Antistio per quella che possiamo considerare **una fra le prime autopsie documentate del mondo antico**. Scrive infatti Svetonio: «Secondo il referto del medico Antistio, di tante ferite nessuna fu mortale ad eccezione di quella che aveva ricevuto per seconda». C'è un fatto curioso che il medico registra prima ancora di cercare la causa della morte. Per Svetonio, Antistio nota che fra le dita insanguinate Cesare serrava ancora un pezzo di carta, un breve appunto che sarebbe poi stato usato come prova nel processo contro i cospiratori. Questo dettaglio confermerebbe l'ipotesi che **fino all'ultimo qualcuno provò a mettere in salvo Cesare**, avallando il racconto di

Plutarco secondo cui sulla strada per il Senato l'inascoltato Artemidoro avrebbe passato al *dictator* una nota scritta che lo metteva a parte della congiura. Una nota alla quale Cesare probabilmente non prestò attenzione, ma che stranamente avrebbe portato con sé fino all'appuntamento con i suoi assassini, custodendola gelosamente anche sul tavolo settorio[4] di Antistio.
Il medico parla chiaramente di **ventitré ferite, una sola delle quali sarebbe risultata mortale**. [...] Per avere un quadro più chiaro dell'azione, era adesso possibile applicare le nuove tecnologie delle scienze forensi e ottenere uno schema del corpo di Cesare. La grafica computerizzata ha consentito al RIS di ricostruire una sorta di modello tridimensionale della vittima, al quale è stato sovrapposto lo schema delle ferite registrate da Antistio. Grazie alla collaborazione del dottor Roberto Testi, esperto patologo forense[5], abbiamo approfondito tutti gli aspetti medico-legali relativi al tipo di aggressione e alle possibili lesioni inferte al grande dittatore.
Il dottor Testi fu di grande aiuto nel ricostruire la natura delle ferite e l'inclinazione delle lame, permettendo così di ipotizzare le posizioni e i movimenti degli aggressori. Come prima cosa era necessario partire dalle armi del delitto. I cospiratori avevano presumibilmente fatto uso di **daghe**, corte spade dalla lama larga e diritta, un tipo di arma che le legioni romane avevano visto usare dai barbari. La daga era robusta e maneggevole, caratteristiche che la rendevano adatta a combattimenti ravvicinati. Incrociando i dati delle fonti storiche alle indicazioni dell'autopsia di Antistio, abbiamo scoperto che la prima coltellata colpì Cesare fra il collo e le spalle, quello che nei romanzi è il colpo del traditore. Non si tratta di una regione vitale, ma lo shock deve aver certamente portato Cesare a voltarsi di scatto verso il suo aggressore, offrendo le spalle a un secondo assalitore, il cui colpo stavolta – secondo Antistio – sarebbe stato fatale. Ma se solo uno dei ventitré colpi andò realmente a segno, questo doveva portarci a riflettere su un altro aspetto della vicenda. Quanti congiurati potevano colpirlo nello stesso momento? Secondo Plutarco, ognuno dei congiurati aveva promesso di colpire Cesare almeno una volta: non si trattava semplicemente di un modo per accertarsi che morisse, ma di una barbarica ammissione di corresponsabilità. Ciascuno di loro aveva aderito al complotto e

---

1. «Quando... solo corpo»: il testo greco originale si trova in Plutarco, *Vite parallele, Vita di Cesare*, 66, 8-13.
2. Plutarco: è stato uno scrittore, storico e filosofo greco, vissuto all'epoca dell'impero romano (46-127 d.C.).
3. Idi: nel calendario romano, le Idi corrispondono al 15 del mese.

4. tavolo settorio: è il tavolo su cui viene deposto il cadavere affinché si possa procedere all'autopsia ("settorio" è aggettivo derivato da *sectus*, participio passato del verbo *seco*, che in latino significa "tagliare").

5. patologo forense: il patologo è un medico specializzato nel diagnosticare la patologia (malattia, disfunzione, anomalia fisica) a partire dall'analisi di elementi anatomici. Se è "forense" (dal latino *forum*, tribunale), egli mette la sua opera al servizio dell'attività giudiziaria.

249

L'assassinio di Giulio Cesare in una stampa acquerellata di fine Settecento.

quindi ognuno avrebbe sporcato le proprie mani col sangue del tiranno.

Una volta ricavate tutte le informazioni possibili dal referto di Antistio, le abbiamo messe a confronto con le ipotesi del dottor Testi, arrivando a delineare una situazione che strideva[6] per molti aspetti con la teatralità delle versioni ufficiali.

Il primo aspetto, cruciale quanto totalmente infondato, era il numero dei congiurati che mischiandosi agli altri senatori avevano realmente colpito Cesare. Svetonio parla di **sessanta congiurati**, quindi a sentire Plutarco – secondo il quale ogni cospiratore avrebbe giurato di infliggere almeno un colpo a Cesare – su quel corpo straziato Antistio avrebbe dovuto contare almeno sessanta ferite, invece delle ventitré che la storia ha tramandato. La sua ricostruzione sarebbe quindi inesatta su questo punto. A meno che molti dei sessanta si fossero tirati indietro, rompendo il voto di fedeltà. Anche questa è una possibilità da prendere in considerazione, ma è in contrasto con il fatto che, morto Cesare, tutti i congiurati presero a correre per le strade gridando la loro colpevolezza: a cosa sarebbe servito tradire un patto di fiducia per poi dichiararsi orgogliosamente colpevoli? L'idea più plausibile è che il numero degli «attori» coinvolti nella scena del delitto fosse decisamente minore rispetto a quello che gli storici avevano registrato. Ma per verificare la nostra ipotesi dovevamo ricorrere a un metodo che ammettesse la minima percentuale di approssimazione. Il delitto aveva per ora un luogo e un'arma. All'appello mancava un elemento fondamentale: gli assassini.

L'indagine continua, in modo appassionante, dimostrando come i congiurati fossero in effetti meno del numero riportato dagli storici e ricostruendo i motivi per cui Cesare non si sottrasse all'agguato (pur essendone informato) e si "lasciò uccidere".

Luciano Garofano, Giorgio Gruppioni, Silvano Vinceti, *Delitti e misteri del passato. Sei casi da RIS: dall'agguato a Giulio Cesare all'omicidio di Pier Paolo Pasolini,* Milano, Rizzoli, 2008

6. strideva: era in contrasto.

Il giallo • UNITÀ 8

T4 Friedrich Dürrenmatt
Verdetto di morte

• **PUBBLICAZIONE**
La panne, 1956

• **LUOGO E TEMPO**
Svizzera, anni Cinquanta

• **PERSONAGGI**
Alfredo Traps; il giudice padrone di casa; l'ex pubblico ministero Zorn; l'ex avvocato Kummer; l'ex boia di Stato Pilet

Nel romanzo breve *La panne*, il rappresentante di commercio Alfredo Traps ha avuto un guasto all'automobile ed è costretto per quella notte ad accettare l'ospitalità di un anziano giudice a riposo. Dopo cena, egli partecipa al consueto gioco con cui si intrattengono il padrone di casa e i suoi commensali (l'ex pubblico ministero Zorn, l'ex avvocato Kummer e l'ex boia di Stato Pilet): essi ricelebrano alcuni importanti processi storici come quello a Socrate, a Gesù e a Federico di Prussia. Traps accetta di partecipare e di ricoprire addirittura il ruolo di imputato, permettendo che il pubblico ministero gli rivolga domande private che riguardano la sua vita. Ma Traps risponde incautamente e la sua posizione diviene sempre più grave. Alla fine della cena il rappresentante di commercio è condannato per omicidio: egli è stato l'amante della giovane moglie del suo principale che, informato dell'accaduto, è morto per infarto. Traps, molto preso dal gioco, accoglie con commozione la sentenza del giudice che lo condanna a morte. Poi, sopraffatto dal vino e dalle emozioni, si ritira barcollando nella sua stanza. Quando la corte, tra risa e schiamazzi, va a consegnargli il verdetto scritto, lo trova impiccato nel vano della finestra.
Del racconto proponiamo il discorso di accusa finale del pubblico ministero.

Era giunto il momento, dunque[1]. Qualche colpo di tosse per schiarirsi la gola, si brindò ancora una volta, poi il pubblico ministero[2] cominciò fra risatine e sogghigni il suo discorso.

– Il bello di questa serata –, disse, alzando il bicchiere, ma rimanendo seduto, – ciò che la rende veramente riuscita è il fatto di aver scoperto le tracce di un omicidio tanto raffinatamente preparato che, si capisce, è sfuggito brillantemente alla giustizia statale.

Traps rimase perplesso, ad un tratto s'arrabbiò. – Io avrei commesso un omicidio? – protestò, – no, mi ascoltino, questo è un po' troppo, già il difensore è venuto a raccontarmi questa stupida storia –, poi ci ripensò, cominciò a ridere, smodatamente, sembrava che non dovesse calmarsi più, adesso capiva tutto, era uno scherzo formidabile, gli si voleva far credere di aver commesso un delitto, c'era da crepar dal ridere.

Il pubblico ministero gli lanciò un'occhiata severa, si pulì il monocolo[3], se lo rimise.

– L'imputato –, disse, – dubita della sua colpa. È umano. Chi di noi può di-

---

1. Era... dunque: il giudice ha appena invitato il pubblico ministero a pronunciare il suo discorso d'accusa.
2. pubblico ministero: giudice che rappresenta il pubblico interesse nell'applicazione della legge.
3. monocolo: lente da vista per un solo occhio.

251

re di conoscere se stesso, chi conosce i propri misfatti, le proprie colpe segrete?
C'è però un fatto che vorrei sottolineare fin d'ora, prima che le passioni del nostro giuoco tornino a scatenarsi: se Traps è davvero un assassino, come io credo,
20 come io intimamente spero, questo è un momento particolarmente solenne per
noi. E con buone ragioni. La scoperta di un assassinio è sempre un avvenimento
festoso, un avvenimento che fa battere più forte il nostro cuore, che ci pone di
fronte a nuovi compiti, a nuovi doveri, a nuove decisioni. Perciò mi sia concesso
innanzitutto di congratularmi con il nostro caro probabile assassino, senza un
25 colpevole non è possibile scoprire un assassinio, non è possibile far trionfare la
giustizia. Un evviva dunque al nostro caro amico, al nostro caro, modesto Traps
che una sorte benevola ha portato in mezzo a noi.

Tutti proruppero in grida di giubilo, si alzarono, brindarono alla salute del
rappresentante generale, che ringraziò con le lacrime agli occhi ed assicurò che
30 quella era la più bella serata della sua vita.

Il pubblico ministero, anche lui con le lacrime agli occhi, disse: – La serata più
bella della sua vita, così ha detto il nostro egregio amico. Ecco una parola che ci
commuove profondamente. Ripensiamo al tempo lontano quando, a servizio dello Stato, la nostra era una ben triste professione. L'imputato stava davanti a noi
35 non come un amico ma come un nemico; se allora ci guardavamo in cagnesco,
ora possiamo stringerci in un abbraccio. Fra le mie braccia, dunque!

A queste parole balzò dalla sedia, sollevò Traps, l'abbracciò impetuosamente.

– Procuratore, caro, carissimo amico! – balbettò il rappresentante generale.

– Imputato, caro Traps –, singhiozzò il pubblico ministero. – Diamoci del tu.
40 Mi chiamo Kurt. – Alla tua salute, Alfredo!

– Alla tua, Kurt!

Si baciarono, s'abbracciarono, s'accarezzarono, brindarono l'uno alla salute
dell'altro, tutti erano commossi, c'era l'atmosfera solenne di una nascente amicizia.

45 – Come tutto è cambiato! – giubilò il pubblico ministero. – Un tempo ci af-
fannavamo da un processo all'altro, da un delitto all'altro, da una sentenza all'altra, mentre ora motiviamo, controbattiamo, riferiamo, disputiamo, parliamo e
replichiamo tranquillamente, in un'atmosfera di cordialità, impariamo a stimare
l'imputato, ad amarlo, egli ricambia la nostra amicizia, è un affratellarsi recipro-
50 co. Ed allora tutto diventa facile, il delitto perde il suo peso, la sentenza diviene
serena. Permettetemi dunque di esprimere il mio apprezzamento per il delitto
compiuto –. (Traps, di nuovo di buon umore, lo interruppe: – Le prove, caro
Kurt, le prove!) – E con buone ragioni, poiché si tratta di un delitto perfetto,
di uno splendido delitto. Il nostro caro assassino potrebbe forse credere che in
55 queste mie parole ci sia del cinismo[4] che è ben lontano dalle mie intenzioni. La
sua azione può essere definita «bella» in due sensi: in senso filosofico ed in senso
di virtuosismo tecnico[5]. Noi quattro seduti attorno a questo tavolo abbiamo in-

---

4. cinismo: indifferenza nei
confronti di qualsiasi ideale o

valore umano.
5. filosofico... tecnico: in sé

stessa e per come è stata eseguita.

fatti abbandonato il preconcetto per cui si vuole scorgere nel delitto qualcosa di orribile, di spaventoso e nella giustizia invece qualcosa di bello, anche se forse di
60 spaventosamente bello. No, noi riconosciamo anche al delitto la bellezza come una premessa indispensabile che sola rende possibile la giustizia. Fin qui l'aspetto filosofico. Ed ora apprestiamoci ad apprezzare la bellezza tecnica dell'opera. Apprezzamento, ho detto. Credo di aver adoperato la parola esatta, perché la mia requisitoria[6] non vuole essere un discorso intimidatorio[7], né mettere in im-
65 barazzo né sconcertare il nostro caro amico, ma un apprezzamento che gli metta davanti il suo delitto, glielo faccia fiorire sotto gli occhi, lo faccia presente alla sua coscienza: solo sul bianco piedestallo della consapevolezza si può innalzare il monolitico[8] monumento della giustizia.

L'ottantaseienne procuratore si fermò, sfinito. Nonostante l'età aveva parlato
70 a voce alta e vibrante, accompagnandosi con grandi gesti ed inoltre aveva mangiato e bevuto molto. S'asciugò il sudore dalla fronte con il tovagliolo macchiato, s'asciugò la nuca rugosa. Traps era commosso. Stava seduto nella sua poltrona, appesantito dal menu. Era sazio, ma non voleva lasciarsi superare dai quattro vecchi, benché dovesse ammettere che il loro appetito e la loro sete formidabile
75 gli davano un bel da fare. Era una buona forchetta, ma non aveva mai visto una vitalità ed una voracità simile. Era stupito, guardava stralunato al di là del tavolo, lusingato per la cordialità con cui il pubblico ministero lo trattava. [...]

– Sembra una favola –, continuava a ripetere il rappresentante generale, – sembra una favola –, e poi: – Io, proprio io avrei dovuto commettere un delitto? Vor-
80 rei proprio sapere come.

Frattanto il giudice aveva stappato un'altra bottiglia di Château Margaux 1914[9], ed il pubblico ministero, di nuovo freschissimo, riprese la sua requisitoria.

– Come è successo, dunque? – chiese. – Come ho scoperto che il nostro amico ha il merito di aver commesso un omicidio e non un omicidio qualunque, no,
85 un omicidio da virtuoso, commesso senza spargere una goccia di sangue, senza ricorrere al veleno, alla pistola o ad altri mezzi simili?

Si schiarì la gola. Traps lo guardava allibito con un pezzo di Vacherin[10] in bocca, avvinto[11] dalle sue parole.

Come esperto in materia, continuò il pubblico ministero, doveva partire dal-
90 la tesi che dietro ogni incidente, dietro ogni persona poteva nascondersi un delitto. Il primo presentimento di aver trovato nel signor Traps un uomo favorito dal destino, un uomo che aveva avuto la grazia di commettere un delitto, gli era stato ispirato dalla circostanza che il viaggiatore in articoli tessili appena un anno prima viaggiava ancora su una vecchia Citroën, mentre ora si pavoneggiava al
95 volante di una Studebaker. – Ora io so naturalmente – proseguì, – che viviamo in un momento di intensa ripresa economica, e perciò il presentimento era ancora

6. **requisitoria:** discorso accusatorio finale.
7. **intimidatorio:** fatto per minacciare, intimorire.
8. **monolitico:** costituito da un'unica pietra e quindi di assoluta compattezza, privo di fratture o divisioni.
9. **Château Margaux 1914:** vino francese pregiato e prestigioso; 1914 è l'annata.
10. **Vacherin:** varietà di formaggio svizzero.
11. **avvinto:** conquistato, affascinato.

vago, simile piuttosto alla sensazione di trovarmi di fronte ad un fatto lieto, alla scoperta di un omicidio, appunto. Che il nostro caro amico avesse preso il posto del suo principale, che si fosse dovuto sbarazzare di lui, che il principale fosse morto, tutti questi fatti non erano ancora delle prove, ma solo circostanze che rafforzavano e concretavano quella sensazione. Il sospetto vero e proprio, logicamente fondato, si affacciò solo quando si seppe di che malattia era morto questo leggendario principale: di un infarto cardiaco. Qui si trattava dunque di dedurre, di combinare, di dar prova di fiuto e di acume, di procedere con discrezione, di seguire le orme della verità, di riconoscere nell'ordinario lo straordinario, di vedere il determinato nell'indeterminato, di cercare un profilo nella nebbia, di credere ad un omicidio proprio perché sembrava assurdo supporlo. Diamo un'occhiata al materiale di cui disponiamo. Tracciamo un ritratto del defunto. Sappiamo poco di lui; ciò che sappiamo lo ricaviamo dalle parole del nostro simpatico amico. Il signor Gygax era il rappresentante generale della ditta «Eféstion», produttrice di tessuti sintetici, ai quali ben volentieri attribuiamo tutte le belle qualità che il Château Margaux nostro carissimo Alfredo ci ha decantato. Era un uomo, possiamo immaginare, che non aveva limiti nella sua ambizione, che sfruttava senza alcuno scrupolo i suoi dipendenti, che sapeva fare i suoi affari, anche se i mezzi di cui si serviva molto spesso erano più che discutibili.

– È vero –, esclamò Traps entusiasta, – era proprio così, un filibustiere!

– Possiamo quindi pensare –, continuò il pubblico ministero, – che agli occhi degli altri si desse l'aria dell'uomo sano e robusto, dell'uomo tutto d'un pezzo, dell'uomo d'affari estremamente fortunato, all'altezza di qualunque situazione, di vecchia volpe. Perciò Gygax cercava di tenere gelosamente segreto il suo grave vizio cardiaco (anche qui citiamo le parole di Alfredo), anzi egli considerava quella malattia con una specie di rabbia, pensiamo, quasi fosse una perdita del proprio prestigio.

– Meraviglioso! – si stupì il rappresentante generale, sembrava una stregoneria, scommetteva che Kurt aveva conosciuto il defunto.

Il difensore gli sibilò di tacere.

– Inoltre –, continuò il pubblico ministero, – se vogliamo completare il ritratto del signor Gygax, dobbiamo aggiungere che il defunto trascurava la moglie,

---

VITA E OPERE

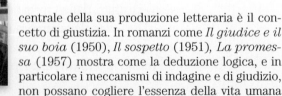

Friedrich Dürrenmatt Nato a Konolfingen nel 1921 e morto a Neuchâtel nel 1990, è stato uno dei più importanti drammaturghi e romanzieri svizzeri del XX secolo. Ha studiato filosofia e letteratura a Berna e Zurigo; nel dopoguerra, si dedica alla letteratura, scrivendo inizialmente romanzi e racconti, dedicandosi in seguito anche alla scrittura di testi per il teatro. Le sue opere sono caratterizzate da una satira pungente che mira a smascherare il perbenismo della società contemporanea. Il tema centrale della sua produzione letteraria è il concetto di giustizia. In romanzi come *Il giudice e il suo boia* (1950), *Il sospetto* (1951), *La promessa* (1957) mostra come la deduzione logica, e in particolare i meccanismi di indagine e di giudizio, non possano cogliere l'essenza della vita umana che è invece governata dal caso. Un senso di amarezza e di impotenza percorre anche le opere teatrali, tra le quali ricordiamo *Un angelo scende a Babilonia* (1954), *Visita della vecchia signora* (1956) e *I fisici* (1962).

Il giallo • UNITÀ 8

che dobbiamo immaginarci come un donnina bella ed appetitosa, così almeno si
è espresso pressappoco il nostro amico. Per Gygax contava solo il successo, gli
affari, l'esteriorità, la facciata, ed è probabile che egli fosse assolutamente convinto della fedeltà della moglie e pensasse di essere un personaggio troppo straordinario, un uomo troppo affascinante perché alla moglie passasse per la testa
anche il solo pensiero di poterlo tradire. Sarebbe stato dunque un duro colpo
per lui se fosse venuto a sapere che lei lo tradiva con il nostro Casanova del Club
della Cuccagna[12].

Tutti risero, Traps si batteva le cosce dal gran ridere. – E lo fu davvero! – disse,
confermando raggiante il sospetto del pubblico ministero. – Fu il colpo di grazia,
quando lo venne a sapere.

– Lei è semplicemente pazzo! – gemette il difensore.

Il pubblico ministero si era alzato e guardava felice Traps che stava togliendo
con il coltello la crosta al Tête de Moine[13]. – Dimmi un po' – gli chiese, – come
lo venne a sapere, quel vecchio peccatore? Glielo confessò la bella mogliettina?

– Era troppo vile per farlo, signor pubblico ministero, aveva una tremenda
paura di quel gangster.

– Fu Gygax stesso a scoprirlo?

– Era troppo sicuro di sé.

– Glielo confessasti tu, mio caro amico e don Giovanni[14]?

Traps arrossì involontariamente: – Ma no, Kurt –, disse, – che cosa ti salta in
mente? Fu uno dei suoi bravi compagni d'affari ad aprirgli gli occhi.

– Come mai?

– Mi voleva rovinare. Ce l'aveva con me da sempre.

– Ma guarda che canaglia! – si stupì il pubblico ministero. – Ma come venne
a sapere questo galantuomo della tua relazione?

– Glielo raccontai io.

– Glielo hai raccontato tu?

– Sì, bevendo insieme un bicchiere di vino. Che cosa non si finisce per raccontare davanti ad un bicchiere di vino.

– Ammesso –, annuì il pubblico ministero, – ma tu hai appena detto che quel
tale ti era nemico. Non eri forse certo fin dall'inizio che il vecchio furfante sarebbe venuto a sapere tutto?

A questo punto l'avvocato difensore s'intromise energicamente, si alzò addirittura, madido di sudore, aveva il collo della giacca tutto bagnato. Voleva avvertire
Traps, disse, che non era tenuto a rispondere a questa domanda.

Ma Traps la pensava in modo diverso.

– Perché no? – chiese. – La domanda è del tutto innocente. Mi era completa-

12. Casanova del Club della Cuccagna: in maniera ironica, Alfredo Traps viene definito gran conquistatore di donne (Casanova) nonché uomo brillante e fortunato (*Cuccagna*, fortuna).

13. Tête de Moine: altro formaggio svizzero, molto pregiato.
14. don Giovanni: altra maniera di definire un conquistatore di donne. Don Giovanni è un famoso personaggio teatrale, nato nel

teatro spagnolo del XVII secolo, poi ripreso più volte da altri autori (come Molière, per esempio) e compositori musicali (come Mozart, che gli ha dedicato una celebre opera lirica).

255

PARTE 2 · I generi

mente indifferente che Gygax lo venisse a sapere oppure no. Quel vecchio gangster mi trattava tanto brutalmente che io non volevo certo usargli dei riguardi.

Ci fu di nuovo un momento di silenzio nella stanza, un silenzio di tomba, poi
si scatenò un tumulto, un tripudio, risate omeriche, un uragano di allegria. Il vecchio calvo e silenzioso abbracciò Traps, lo baciò, il difensore perse il monocolo
per il gran ridere, veramente non si riusciva ad essere crudeli con un imputato
del genere, dissero, mentre il giudice ed il pubblico ministero ballavano qua e là
per la stanza, urtavano contro le pareti, si stringevano la mano, si arrampicavano
sulle sedie, mandavano bottiglie in frantumi, facevano gli scherzi più assurdi per
la gran gioia. L'imputato confessava di nuovo, gracchiò con la sua voce potente il pubblico ministero, stando seduto sulla spalliera di una sedia, non c'erano
davvero parole per esprimere al caro ospite tutto il loro plauso, egli recitava benissimo la sua parte. – Il caso è chiarissimo, abbiamo raggiunto l'ultima certezza!

Friedrich Dürrenmatt, *La panne,* Torino, Einaudi, 1972

SCHEDA DI ANALISI

Il tema e il messaggio

● Nel gioco tragicomico di questo tribunale improvvisato, il caso indagato si presenta come un **delitto
perfetto** per il pubblico ministero e un **delitto inconsapevole** per l'imputato. Traps, rivelando di essere stato l'amante della moglie di Gygax, il suo spietato
e moralmente discutibile principale, offre al pubblico
ministero l'occasione di dimostrare che egli è indirettamente responsabile dell'infarto che ha provocato la
morte del suo capo. Così, l'imputato, che si è sempre
sentito innocente, si trova improvvisamente di fronte
alla prova della sua colpevolezza: egli ha ucciso, anche
se le sue mani non si sono, nell'assassinio, macchiate
di sangue. Tutta la sua vita gli appare in una prospettiva diversa; alla fine del romanzo, per volontà di espiazione, egli si autoinfliggerà perciò la condanna a morte
sanzionata per gioco.

● Attraverso la storia di Traps, Dürrenmatt esprime
una **duplice condanna**. Innanzitutto, nei confronti
della **giustizia statale**, nei cui tribunali non si raggiunge la vera giustizia: infatti, un *omicidio raffinatamente preparato* come quello di Traps è *sfuggito brillantemente* alla legge; paradossalmente, sarà
un falso tribunale, composto da giuristi in pensione,
a scoprirlo e condannarlo. Questa constatazione ci
suggerisce la seconda accusa: **tutti siamo colpevoli**, tutti (come Traps) commettiamo colpe di cui non
siamo consapevoli *(Chi di noi può dire di conoscere
se stesso, chi conosce i propri misfatti, le proprie
colpe segrete?)* e di cui evitiamo la pena.

Il rovesciamento del *giallo*

● Per Dürrenmatt, che non ha una concezione logica
e ordinata del mondo, il giallo classico, che prevede la
soluzione dell'enigma e la scoperta del colpevole attraverso metodi d'indagine deduttiva, non ha più ragione
di essere; il mondo è infatti governato dalla **casualità**
e dall'**irrazionalità**, e attraverso la logica non si può
comprendere il suo funzionamento. In tal senso, l'autore sottopone gli elementi tradizionali del giallo a un radicale ribaltamento; a essere rovesciata è innanzitutto
la trama: la storia non procede dalla constatazione del
delitto alla scoperta del colpevole, ma **la sua colpevolezza è stabilita sin dall'inizio** (è Traps stesso a
offrirsi come imputato, e il pubblico ministero *crede e
intimamente spera* nella sua colpevolezza e dunque
nella sua condanna). Il colpevole, per giunta, subisce la
necessaria punizione soltanto per caso: perché casualmente la sua macchina ha avuto un'avaria (*La panne*
che dà il titolo al romanzo) e altrettanto casualmente si
è fermata di fronte alla casa di un giudice.

La lingua e lo stile

● Il tono stilistico scelto dall'autore per il racconto
varia continuamente, contribuendo a creare un'atmosfera ambigua, tragica e comica allo stesso tempo.
Nei punti in cui prevale l'atmosfera del tribunale e il
pubblico ministero si profonde nella sua requisitoria,
il **tono** si fa **solenne** e pieno di *pathos*; nei punti in
cui emerge la situazione del gioco, il tono cambia e i
personaggi sono pervasi da un'allegria sfrenata e grottesca: tutto diventa una **farsa**.

Il giallo • UNITÀ 8

Laboratorio sul testo

Comprendere

Informazioni esplicite

1. Chiarisci chi sono i personaggi che partecipano al gioco e quale ruolo hanno.
2. Di che cosa è accusato Traps, di preciso?
3. Perché il suo delitto è *sfuggito brillantemente alla giustizia statale* (rr. 6-7)?
4. Quali sono le prove su cui il pubblico ministero Zorn si basa per dimostrare la colpevolezza di Traps?

Informazioni implicite

5. *Ripensiamo al tempo lontano quando, a servizio dello Stato, la nostra era una ben triste professione* (rr. 33-34), dice Zorn. Perché quando erano ancora in servizio la professione del giudice era *ben triste*? Perché ora è diverso?

Significati

6. Perché il signor Traps, sempre secondo Zorn, è *un uomo favorito dal destino* (rr. 91-92)?
7. – *Lei è semplicemente pazzo!* – *gemette il difensore* (r. 140). Perché il difensore di Traps reagisce in questo modo alle parole del suo assistito?

Analizzare

Narratore

8. Il narratore esterno assume spesso il punto di vista di Traps. Cerca un esempio e commentalo.

Stile

9. Una particolarità del brano è il continuo e improvviso alternarsi di emozioni forti, spesso generate dal comportamento del tutto irrazionale dei personaggi. Quali emozioni prova il protagonista nel corso della serata? Quali emozioni si alternano tra i membri della corte? Quale tono conferiscono al racconto?

Padroneggiare la lingua

Lessico

10. Rintraccia nel racconto alcune espressioni che appartengono al campo semantico dell'allegria.
11. … *poi si scatenò un tumulto, un tripudio, risate omeriche, un uragano di allegria*. Quale figura retorica ritrovi nella costruzione della frase?
    a) ☐ Climax.   b) ☐ Ripetizione.   c) ☐ Personificazione.   d) ☐ Anafora.
12. Osserva come variano i verbi che esprimono il modo di dire. Per esempio: *L'imputato confessava di nuovo, gracchiò con la sua voce; Il difensore gli sibilò di tacere; - Imputato, caro Traps -, singhiozzò il pubblico ministero*. Cerca altri esempi e spiega il significato di tali verbi (es.. *gracchiò* vuol dire che parlò in maniera…). Usa tre di questi verbi per comporre altrettante frasi di tua invenzione.

Grammatica

13. Nella frase: *Il nostro caro assassino potrebbe forse credere che in queste mie parole ci sia del cinismo che è ben lontano dalle mie intenzioni*, quale diverso valore hanno i due *che*?
14. Nella frase: [Gygax pensava] *di essere un personaggio troppo straordinario, un uomo troppo affascinante perché alla moglie passasse per la testa anche il solo pensiero di poterlo tradire*, quale valore ha il *perché*?
    a) ☐ Finale.   b) ☐ Causale.   c) ☐ Consecutivo.   d) ☐ Interrogativo.
15. La frase *Non eri forse certo fin dall'inizio che il vecchio furfante sarebbe venuto a sapere tutto?* è una interrogativa retorica. Essa prevede una risposta affermativa o negativa?

Interpretare e produrre

16. Ti appassiona la cronaca giudiziaria? Hai seguito dei processi ultimamente? Oppure segui con distacco gli avvenimenti? Parla della tua esperienza a questo proposito.
17. Nei tribunali si ricerca una verità "processuale" che spesso non coincide con quella "reale". Ti sembra vera tale affermazione? Scrivi un paio di paragrafi in cui esprimi la tua opinione.

PARTE 2 · I generi

T5 **Umberto Eco**
Un messaggio in codice

Il nome della rosa è ambientato nel 1327, in un'abbazia dell'ordine benedettino dell'Italia settentrionale, e la vicenda si sviluppa nell'arco di sette giorni. Il titolo del romanzo è la rielaborazione di un verso del *De contemptu mundi* (*Il disprezzo del mondo*) di Bernardo Morliacense, monaco benedettino del XII secolo: «*Stat rosa pristina nomine, nomina nuda tenemus*» ("La rosa originaria esiste per il suo nome; noi conosciamo soltanto i nudi nomi delle cose, non la loro essenza").
Il romanzo riporta le memorie scritte da uno dei protagonisti, il monaco Adso da Melk, riguardanti avvenimenti accaduti all'epoca della sua gioventù: guidato dal proprio maestro, il francescano Guglielmo da Baskerville, il giovane Adso cerca di venire a capo di una misteriosa serie di delitti avvenuti nell'abbazia. Guglielmo si ispira al razionalismo e all'analisi degli indizi per risalire alle cause degli omicidi e poterne così individuare l'autore. L'attenzione del frate s'indirizza subito verso la biblioteca, dove sono custoditi pregevoli testi antichi trascritti a mano dai monaci che lavorano nello *scriptorium* come miniaturisti e amanuensi.
Nel brano proposto, Guglielmo da Baskerville e il fido Adso sono convinti che il segreto del mistero che aleggia sull'abbazia e che è già costato la vita a tre monaci sia nascosto nella biblioteca. Ma essa è scrupolosamente presidiata dal vecchio ex bibliotecario Jorge de Burgos e dai suoi più stretti collaboratori, fra i quali i monaci Malachia (l'attuale bibliotecario) e Berengario (suo aiutante). Non potendo quindi avere libero accesso alla biblioteca, i due "investigatori" si avventurano lungo un passaggio segreto che conduce all'ingresso dell'edificio, costruito come un vero e proprio labirinto e, di nascosto, si preparano a entrarvi.

• **PUBBLICAZIONE**
Il nome della rosa, 1980
• **LUOGO E TEMPO**
Un monastero medievale, 1327
• **PERSONAGGI**
Guglielmo da Baskerville; Adso da Melk

Arrivammo nello *scriptorium*, emergendo dal torrione meridionale. Il tavolo di Venanzio[1] stava proprio dalla parte opposta. Muovendoci non illuminavamo più di poche braccia di parete alla volta, perché la sala era troppo ampia. Sperammo che nessuno fosse nella corte e vedesse la luce trasparire dalle finestre.
5   Sembrava in ordine, ma Guglielmo si chinò subito a esaminare i fogli nello scaffale sottostante ed ebbe una esclamazione di disappunto.
       «Manca qualcosa?» chiesi.
       «Oggi ho visto qui due libri, e uno era in greco. Ed è quest'ultimo che manca. Qualcuno lo ha tolto, e in gran fretta, perché una pergamena è caduta qui a terra».
10   «Ma il tavolo era guardato...»
       «Certo. Forse qualcuno vi ha messo le mani solo poco fa. Forse è ancora qui.»

---

1. Venanzio: uno dei monaci morti.

258

Il giallo • UNITÀ 8

Si voltò verso le ombre e la sua voce risuonò tra le colonne: «Se sei qui bada a te!» Mi parve una buona idea: come Guglielmo aveva già detto, è sempre meglio che chi ci incute paura abbia più paura di noi. Guglielmo posò il foglio che aveva
15 trovato ai piedi del tavolo e vi avvicinò il volto. Mi chiese di fargli luce. Appressai il lume e scorsi una pagina bianca per la prima metà, e nella seconda coperta di caratteri minutissimi di cui riconobbi a fatica l'origine.

«È greco?» chiesi.

«Sì, ma non capisco bene.» Trasse dal saio le sue lenti e le pose saldamente in
20 sella al proprio naso, poi avvicinò ancora di più il volto.

«È greco, scritto molto piccolo, e tuttavia disordinatamente. Anche con le lenti leggo a fatica, occorrerebbe più luce. Avvicinati...»

Aveva preso il foglio tenendolo davanti al volto, e io stolidamente[2] invece di passargli dietro alle spalle tenendo il lume alto sulla sua testa, mi misi proprio davanti
25 a lui. Egli mi chiese di spostarmi di lato, e nel farlo sfiorai con la fiamma il retro del foglio. Guglielmo mi cacciò con una spinta, dicendomi se volevo bruciargli il manoscritto, poi ebbe una esclamazione. Vidi chiaramente che sulla parte superiore della pagina erano apparsi alcuni segni imprecisi di un colore giallo bruno. Guglielmo si fece dare il lume e lo mosse dietro il foglio, tenendo la fiamma ab-
30 bastanza vicina alla superficie della pergamena, così da scaldarla senza lambirla.

Lentamente, come se una mano invisibile stesse tracciando "Mane, Tekel, Fares"[3], vidi disegnarsi sul verso bianco del foglio, a uno a uno, mano a mano che Guglielmo muoveva il lume, e mentre il fumo che scaturiva dal culmine della fiamma anneriva il recto[4], dei tratti che non assomigliavano a quelli di nessun alfabeto,
35 se non a quello dei negromanti.

«Fantastico!» disse Guglielmo. «Sempre più interessante!» Si guardò intorno: «Ma sarà meglio non esporre questa scoperta alle insidie del nostro ospite misterioso, se ancora è qui...» Si tolse le lenti e le posò sul tavolo, poi arrotolò con cura la pergamena e la nascose nel saio. Ancora sbalordito da quella sequenza di
40 eventi a dir poco miracolosi, stavo per chiedergli altre spiegazioni, quando un rumore improvviso e secco ci distolse. Proveniva dai piedi della scala orientale che portava alla biblioteca.

«Il nostro uomo è là, prendilo!» gridò Guglielmo e ci buttammo in quella direzione, lui più rapido, io più lentamente perché portavo il lume. Udii un fracas-
45 so di persona che incespica e cade, accorsi, trovai Guglielmo ai piedi della scala che osservava un pesante volume dalla coperta rinforzata di borchie metalliche. Nello stesso istante udimmo un altro rumore dalla direzione da cui eravamo venuti. «Stolto che sono!» gridò Guglielmo, «presto, al tavolo di Venanzio!». Capii,

---

2. stolidamente: scioccamente.
3. "Mane, Tekel, Fares": si tratta dell'iscrizione misteriosamente apparsa sul muro del palazzo di Baltasar, ultimo re di Babilonia, mentre la città sta per essere assalita e conquistata da Ciro, re dei Persiani. Tale episodio è raccontato nel Libro del profeta Daniele, che riporta l'iscrizione comparsa sul muro (il cui significato letterale è "contato, pesato, diviso"), simbolo della catastrofica fine di Babilonia; tale espressione ha assunto il significato proverbiale di condanna inevitabile a cui qualcuno o qualcosa è oramai destinato. Si deve considerare, nel contesto del romanzo, come il sentimento della vanità del mondo e dell'inevitabilità della sua fine fosse avvertito in maniera molto forte dalla severa cultura monastica del Medioevo.
4. recto: parte anteriore di un foglio, contrapposto a *verso*, la parte posteriore.

259

PARTE 2 · I generi

qualcuno che stava nell'ombra dietro di noi aveva gettato il volume per attirarci
50 lontano.

Ancora una volta Guglielmo fu più rapido di me e raggiunse il tavolo. Io se-
guendolo intravvidi tra le colonne un'ombra che fuggiva, infilando la scala del
torrione occidentale.

Preso da ardore guerriero, misi il lume in mano a Guglielmo e mi buttai alla
55 cieca verso la scala da cui era sceso il fuggiasco. In quel momento mi sentivo come un soldato di Cristo in lotta con le legioni infernali tutte, e ardevo dal desiderio di mettere le mani sullo sconosciuto per consegnarlo al mio maestro. Ruzzolai
quasi lungo le scale a chiocciola inciampando nei lembi della mia veste (quello
fu l'unico momento della mia vita, lo giuro, che rimpiansi di essere entrato in un
60 ordine monastico!) ma in quello stesso istante, e fu pensiero di un lampo, mi con-
solai all'idea che anche il mio avversario doveva soffrire dello stesso impaccio. E
in più, se aveva sottratto il libro, doveva avere le mani occupate. Precipitai quasi
nella cucina dietro il forno del pane e, alla luce della notte stellata che illuminava
pallidamente il vasto androne, vidi l'ombra che inseguivo, che infilava la porta
65 del refettorio tirandola dietro di sé. Mi precipitai verso di quella, faticai qualche
secondo ad aprirla, entrai, mi guardai attorno, e non vidi più nessuno. La porta
che dava sull'esterno era ancora sprangata. Mi voltai. Ombra e silenzio. Scorsi un
bagliore e mi addossai a un muro. Sulla soglia di passaggio tra i due ambienti apparve una figura illuminata da un lume. Gridai. Era Guglielmo.
70   «Non c'è più nessuno? Lo prevedevo. Colui non è uscito da una porta. Non
ha infilato il passaggio dell'ossario?»

«No, è uscito di qui, ma non so da dove!»

«Te l'ho detto, ci sono altri passaggi, ed è inutile che li cerchiamo. Magari il
nostro uomo sta riemergendo da qualche parte lontana. E con lui le mie lenti[5]».
75   «Le vostre lenti?»

«Proprio così. Il nostro amico non ha potuto sottrarmi il foglio ma, con grande
presenza di spirito, passando ha afferrato dal tavolo i miei vetri.»

«E perché?»

«Perché non è uno sciocco. Mi ha sentito parlare di questi appunti, ha capito
80 che erano importanti, ha pensato che senza le lenti non sarò in grado di decifrarli
e sa per certo che non mi fiderò di mostrarli a nessuno. Infatti, ora è come se non
li avessi.»

«Ma come faceva a sapere delle vostre lenti?»

«Suvvia, a parte il fatto che ne abbiamo parlato ieri col maestro vetraio, sta-
85 mane nello *scriptorium* me le sono inforcate per frugare tra le carte di Venanzio.
Quindi ci sono molte persone che potrebbero sapere quanto quegli oggetti fossero
preziosi. E infatti potrei anche leggere un manoscritto normale, ma non questo,»
e stava srotolando di nuovo la misteriosa pergamena, «dove la parte in greco è
troppo piccola, e la parte superiore troppo incerta...»Mi mostrò i segni misteriosi

---

5. le mie lenti: gli occhiali di Guglielmo, a quel tempo una rarità tecnologica che pochissimi conoscevano.

260

Il giallo · UNITÀ 8

90 che erano apparsi come d'incanto al calore della fiamma. «Venanzio voleva celare un segreto importante e ha usato uno di quegli inchiostri che scrivono senza lasciar traccia e riappaiono al calore. Oppure ha usato del succo di limone. Ma siccome non so che sostanza abbia usato e i segni potrebbero riscomparire, presto, tu che hai gli occhi buoni, ricopiali subito nel modo più fedele che puoi, e magari un po-
95 co più grandi.» E così feci, senza sapere cosa copiassi... Si trattava di una serie di quattro o cinque linee invero stregonesche, e riporto ora solo i primissimi segni, per dare al lettore una idea dell'enigma che avevamo davanti agli occhi:

Quando ebbi copiato Guglielmo guardò, purtroppo senza lenti, tenendo la mia tavoletta a una buona distanza dal naso.

100 «È certamente un alfabeto segreto che occorrerà decifrare», disse.

«I segni sono tracciati male, e forse tu li hai ricopiati peggio, ma si tratta certamente di un alfabeto zodiacale. Vedi? Nella prima linea abbiamo...» allontanò ancora il foglio da sé, strinse gli occhi, con uno sforzo di concentrazione: «Sagittario, Sole, Mercurio, Scorpione...»

105 «E cosa significano?»

«Se Venanzio fosse stato un ingenuo avrebbe usato l'alfabeto zodiacale più comune: A uguale a Sole, B uguale a Giove... La prima linea si leggerebbe allora... prova a trascrivere: RAIQASVL...» S'interruppe. «No, non vuole dire nulla, e Venanzio non era ingenuo. Ha riformulato l'alfabeto secondo un'altra chiave.
110 Dovrò scoprirla.»

«È possibile?» domandai ammirato.

«I migliori trattati di criptografia sono opera di sapienti infedeli, e a Oxford ho potuto farmene leggere qualcuno. Bacone[6] aveva ragione a dire che la conquista del sapere passa attraverso la conoscenza delle lingue. Abu Bakr Ahmad ben Ali
115 ben Washiyya an-Nabati[7] ha scritto secoli fa un *Libro del frenetico desiderio del devoto di apprendere gli enigmi delle antiche scritture* e ha esposto molte regole per comporre e decifrare alfabeti misteriosi, buoni per pratiche di magia, ma anche per la corrispondenza tra gli eserciti, o tra un re e i propri ambasciatori. Ho visto altri libri arabi che elencano una serie di artifici assai ingegnosi. Puoi per esempio
120 sostituire una lettera con un'altra, puoi scrivere una parola a rovescio, puoi mettere le lettere in ordine inverso, ma prendendone una sì e una no, e poi ricominciando da capo, puoi come in questo caso sostituire le lettere con segni zodiacali, ma attribuendo alle lettere nascoste il loro valore numerico e poi, secondo un altro alfabeto, convertire i numeri in altre lettere...»

125 «E quale di questi sistemi avrà usato Venanzio?»

«Bisognerebbe provarli tutti, e altri ancora. Ma la prima regola per decifrare

---

6. Bacone: Ruggero Bacone è stato un filosofo, scienziato, teologo e alchimista inglese vissuto nel XIII secolo.

7. Abu Bakr Ahmad ben Ali ben Washiyya an-Nabati: noto oggi col nome di Ibn Wahshiyya, è stato uno studioso arabo, vissuto tra il IX e il X secolo, autore di opere di storia, alchimia, agricoltura.

261

un messaggio è indovinare cosa voglia dire.»

«Ma allora non c'è più bisogno di decifrarlo!» risi.

«Non in questo senso. Si possono però formulare delle ipotesi su quelle che
potrebbero essere le prime parole del messaggio, e poi vedere se la regola che se
ne inferisce vale per tutto il resto dello scritto. Per esempio, qui Venanzio ha certamente annotato la chiave per penetrare nel *finis Africae*[8]. Se io provo a pensare
che il messaggio parli di questo, ecco che sono illuminato all'improvviso da un
ritmo... Prova a guardare le prime tre parole, non considerare le lettere, considera solo il numero dei segni... lllllllll lllll llllll... Ora prova a dividere in sillabe di
almeno due segni ciascuna, e recita ad alta voce: ta-ta-ta, ta-ta, ta-ta-ta... Non ti
viene in mente nulla?»

«A me no.»

«E a me sì. *Secretum finis Africae*... Ma se così fosse l'ultima parola dovrebbe
avere la prima e la sesta lettera uguali, e così infatti è, ecco due volte il simbolo
della Terra. E la prima lettera della prima parola, la S, dovrebbe essere uguale
all'ultima della seconda: e infatti ecco ripetuto il segno della Vergine. Forse è la
strada buona. Però potrebbe trattarsi solo di una serie di coincidenze. Occorre
trovare una regola di corrispondenza...»

«Trovarla dove?»

---

8. *finis Africae*: una delle stanze inaccessibili della biblioteca.

VITA E OPERE

■ **Umberto Eco** Nato ad Alessandria nel
1932, saggista e narratore. Dopo la laurea
in filosofia medievale, conseguita all'Università di Torino, ha lavorato ai programmi culturali della RAI e poi presso la casa
editrice Bompiani. Dal 1971 insegna semiotica all'Università di Bologna; ha tenuto vari cicli di
lezioni anche nelle università statunitensi e al *Collège
de France* di Parigi. Collabora alla rivista "L'Espresso"
e a diversi quotidiani italiani, con articoli di riflessione
(e talvolta di fine satira) sulla realtà contemporanea
del nostro Paese. I suoi studi di teoria della letteratura,
di semiotica e di filosofia del linguaggio hanno dato un
contributo molto importante alla cultura internazionale del Novecento.
Come narratore Eco è diventato famoso in tutto il
mondo con *Il nome della rosa*, romanzo vincitore del
Premio Strega nel 1980, venduto in milioni di copie e
tradotto in numerose lingue; nel 1986 il regista Jean-
Jacques Annaud ne ha tratto l'omonimo film, con Sean
Connery nel ruolo del protagonista Guglielmo da Baskerville. In seguito, Eco ha pubblicato altri romanzi
di notevole successo: *Il pendolo di Foucault* (1988),
storia di una cospirazione ma soprattutto disputa filosofica sulla natura della realtà e della verità; *L'isola
del giorno prima* (1994), che narra la vicenda
ambientata nel 1643 di un giovane alessandrino
(come lo stesso Eco) naufragato nell'oceano Pacifico, agli antipodi dell'Italia, vicino a un meridiano
in cui avviene il cambiamento di data (da qui il titolo del romanzo); *Baudolino* (2000), ambientato in provincia di Alessandria, che narra la storia di un
contadino fantasioso e bugiardo, che con la sua arguzia
conquista l'imperatore Federico I detto il Barbarossa
e ne diventa figlio adottivo; *La misteriosa fiamma
della regina Loana* (2005) il cui protagonista, che ha
perso completamente la memoria dopo un incidente,
torna nella casa di campagna dove ha conservato i libri
letti da ragazzo, i quaderni di scuola, i dischi, rivivendo
in un immenso solaio gli anni della sua adolescenza e
giovinezza, a cavallo della seconda guerra mondiale.
L'ultimo suo romanzo, *Il cimitero di Praga* (2010)
è l'avventurosa storia di Simone Simonini, truffatore
e falsario, attraverso cui l'autore ripercorre gli eventi più importanti della storia europea del XIX secolo:
dal Risorgimento italiano alla Comune di Parigi, dalla
guerra franco-prussiana alla stesura dei *Protocolli di
Sion*, falso documento stilato allo scopo di accusare gli
ebrei di un piano malvagio di dominio della politica e
dell'economia mondiali.

«Nella testa. Inventarla. E poi vedere se è quella vera. Ma tra una prova e l'altra il gioco potrebbe portarmi via una giornata intera. Non di più perché – ricordalo – non c'è scrittura segreta che non possa essere decifrata con un po' di pazienza. Ma ora rischiamo di far tardi e vogliamo visitare la biblioteca. Tanto più che
150 senza lenti non riuscirò mai a leggere la seconda parte del messaggio, e tu non mi puoi aiutare perché questi segni, ai tuoi occhi...»

«Graecum est, non legitur[9]», completai umiliato. «Appunto, e vedi che aveva ragione Bacone. Studia! Ma non perdiamoci d'animo. Riponiamo la pergamena e i tuoi appunti, e saliamo in biblioteca. Perché questa sera nemmeno dieci legioni
155 infernali riusciranno a trattenerci...»

Umberto Eco, *Il nome della rosa*, Milano, Bompiani, 1980

9. Graecum est, non legitur: "è (scritto in) greco, non si legge". Tale espressione veniva segnata a margine dai monaci amanuensi quando, ricopiando un testo antico, s'imbattevano in brani scritti in greco. La conoscenza di questa lingua si era infatti del tutto persa, durante il Medioevo; solo gradualmente, a partire dalla seconda metà del XIV secolo, il greco classico tornerà a essere studiato e compreso in tutta Europa.

SCHEDA DI ANALISI

Il tema e il messaggio

🔲 La tecnica d'investigazione sui delitti che si susseguono all'interno dell'abbazia è tipica del poliziesco (il titolo iniziale dell'opera non era *Il nome della rosa*, ma *L'abbazia del delitto*). A confronto con il dogmatismo religioso dei monaci dell'abbazia, il costante ricorso alla ragione e il brillante spirito di osservazione fanno di Guglielmo da Baskerville un personaggio speciale: egli non è solo un abilissimo detective, ma anche **il simbolo della razionalità e del progresso** in lotta contro la superstizione e l'oscurantismo. Il personaggio di Guglielmo, con la sua volontà di affrontare i misteri e liberare il monastero dalla catena di violenti delitti che vi hanno luogo, esprime in maniera chiara quelli che sono la posizione dell'autore e il suo messaggio: **la verità è frutto di una costante ricerca**, sotto la guida della ragione, e tale ricerca è la strada stessa per una convivenza pacifica e tollerante.

Il genere

🔲 Come abbiamo detto, *Il nome del rosa* si colloca all'intersezione di diversi generi letterari: il romanzo storico, il romanzo allegorico, il giallo; in definitiva, se si vuole trovare un'etichetta per quest'opera, possiamo considerarla un grande **giallo storico**. Anche da questa molteplicità di livelli che esso è capace d'integrare insieme è derivato il grande successo del romanzo di Umberto Eco, un autentico *best-seller* in tutto il mondo.
🔲 Il protagonista, Guglielmo da Baskerville, è un uomo che crede profondamente nella razionalità; per tale ragione, nel momento in cui veste i panni del detective, la tecnica di indagine da lui adottata è quella di un rigoroso metodo deduttivo. Con questo personaggio, Umberto Eco ha voluto così fare un grande omaggio ad Arthur Conan Doyle e al suo detective Sherlock Holmes. Come l'investigatore inglese, Guglielmo giunge alle sue deduzioni attraverso un ragionamento stringente; il nome del frate, peraltro, fa riferimento a un famoso romanzo di Doyle, *Il mastino dei Baskerville*; e anche il nome di Adso richiama nel suono quello di Watson, il celebre aiutante di Sherlock Holmes.

La lingua e lo stile

🔲 Nel brano proposto, così come in tutto il romanzo, l'autore mostra la sua grande capacità di mescolare una molteplicità di tecniche narrative (citazioni, figure retoriche, enigmi, digressioni scientifiche, estetiche, filosofiche e teologiche); il romanzo si rivela dunque non solo un appassionante giallo, capace di avvincere il lettore sempre più fino alla scoperta finale del colpevole, ma anche un'opera filosoficamente e storicamente stimolante, che denota la grande erudizione del suo autore.
🔲 La trama ben congegnata, gli insegnamenti filosofici che si trasformano in consigli per la vita, oltre alla sottile e incisiva ironia che caratterizza i personaggi e alcune situazioni rendono questo romanzo un'opera molto piacevole. Il lettore più colto, inoltre, ne apprezzerà anche il linguaggio molto ricercato, pieno di citazioni e riferimenti alla storia della cultura europea.

PARTE 2 · I generi

Laboratorio sul testo

Comprendere

Informazioni esplicite

1. All'inizio del brano, che cosa sparisce dallo *scriptorium*?
2. Quale oggetto raro e prezioso per l'epoca possiede Guglielmo?
3. Quali segni misteriosi compaiono sulla pergamena? In che modo?
4. Da che cosa è prodotto il *rumore improvviso e secco* (rr. 40-41) che distoglie Guglielmo e Adso? Con quale intenzione è stato prodotto?
5. Come riesce a fuggire il misterioso ladro?
6. Attraverso quale ragionamento Guglielmo inizia a decifrare la pergamena?
7. Qual è lo scopo della scritta cifrata sulla pergamena, secondo Guglielmo?

Informazioni implicite

8. «*Graecum est, non legitur*», *completai umiliato* (r. 152) dice Adso. Perché è umiliato?

Significati

9. A chi e con quali intenzioni Guglielmo grida ad alta voce: *Se sei qui bada a te!* (rr. 12-13).
10. Perché Adso chiama Guglielmo *maestro*? Che cosa insegna Guglielmo ad Adso?

Analizzare

Narratore

11. La narrazione è in prima persona. Chi è il narratore? È un narratore palese? Motiva la risposta.

Personaggio

12. Guglielmo rappresenta l'uomo che, dopo una vita ricca di esperienze e di studi, sembra aver raggiunto un pieno controllo sulle sue emozioni; possiede una profonda e ampia cultura, che non si limita alla conoscenza di nozioni, ma che prevede l'applicazione nella sua vita di precise regole di comportamento. Egli è il simbolo della ragione, della costanza e della tolleranza. Indica i punti in cui queste sue doti sono maggiormente evidenti, spiegando il motivo delle tue scelte.

Genere

13. Individua nel testo alcune delle caratteristiche tipiche del giallo, portando esempi specifici per ciascuna di essa.

Padroneggiare la lingua

Lessico

14. La parola *criptografia* è di origine greca, composta da *kryptós* (nascosto) e *grapho* (scrittura). Che cosa sono dunque, secondo te, i *trattati di criptografia* a cui si riferisce Guglielmo?

Grammatica

15. *Mi voltai. Ombra e silenzio. Scorsi un bagliore e mi addossai a un muro. Sulla soglia di passaggio tra i due ambienti apparve una figura illuminata da un lume. Gridai. Era Guglielmo.* L'enunciato è composto da brevi frasi paratattiche o nominali. Distingui le une dalle altre e spiega lo scopo per cui l'autore ha adottato questo stile.

Interpretare e produrre

16. La biblioteca ha una grande importanza in tutto il romanzo: lì i monaci trascrivono i testi antichi, lì è racchiuso un immenso patrimonio culturale che custodisce le più lontane opere dell'umanità. Secondo te, anche nella nostra epoca le biblioteche hanno la stessa importanza? Parlane con i tuoi compagni, argomentando le tue opinioni.

cinema

IL GIALLO al cinema

FILM: Sherlock Holmes
REGIA: Guy Ritchie
INTERPRETI PRINCIPALI: Robert Downey Jr., Jude Law, Rachel McAdams
FOTOGRAFIA: Philippe Rousselot
DURATA: 128 min.
PRODUZIONE: Stati Uniti, Germania, Gran Bretagna
ANNO: 2009

TRAMA Sherlock Holmes e il dottor Watson salvano una ragazza destinata a un macabro sacrificio; l'uomo che presiede il rito, Lord Blackwood, viene arrestato e condannato a morte. Prima dell'esecuzione il condannato, già autore di cinque omicidi, ottiene di poter parlare con Holmes: nel breve colloquio spiega di agire per conto di un'entità superiore e, allo stesso tempo, annuncia altri tre omicidi. Poco dopo, viene impiccato.

Qualche giorno più tardi, la giovane Irene chiede aiuto a Holmes; la donna, in realtà, è una delinquente, complice di un misterioso uomo impegnato a realizzare i piani di Blackwood. Si apprende, nel frattempo, che il corpo del criminale giustiziato è scomparso. Raggiunta la casa-laboratorio dell'uomo, Holmes e Watson vi trovano tracce di preparati chimici realizzati per conto di Blackwood. Sorpresi da tre sicari, i due detective fuggono e, fortunatamente, riescono a mettersi in salvo.

Gli ultimi avvenimenti, intanto, stanno gettando nel panico la popolazione di Londra. Holmes viene portato al cospetto di alcuni alti uomini di Stato, membri di una loggia massonica; tra questi c'è l'eminente sir Thomas Blackwood, il quale chiede all'investigatore di neutralizzare il figlio, le cui diaboliche doti di forza e intelligenza sono messe al servizio di terribili forze oscure. Qualche giorno più tardi, anche l'anziano lord viene ritrovato morto.

Il malvagio Lord Blackwood, con la complicità del potente ministro Coward, è ora in grado di assumere il comando della loggia; ma prima elimina Standish, ambasciatore degli Stati Uniti, unico tra i membri del gruppo che tenta di contrastarlo. Indagando sul cadavere dell'ambasciatore, Holmes scopre alcuni interessanti elementi che indirizzano le sue ricerche presso una fabbrica chimica. Vi si reca immediatamente, insieme con il fido Watson. Qui li attende anche Blackwood, allo scopo di ucciderli; ma il suo tentativo non va a buon fine.

Una volta ricostruiti i complessi rituali della loggia massonica, tramite le sue brillanti deduzioni e intuizioni Holmes riesce a determinare il luogo della prossima mossa di Blackwood: il Parlamento. Subito si affretta a raggiungere i sotterranei del Parlamento dove Blackwood, come preludio al definitivo colpo di Stato, sta architettando un terribile piano per uccidere tutti i parlamentari con l'utilizzo di un complesso macchinario atto a diffondere un gas fortemente tossico nelle aule sovrastanti. All'ultimo momento Holmes riesce a sventare il piano. Lo scontro finale lo vede di nuovo contrapposto a Blackwood, che sarà infine smascherato e ucciso.

LA REGIA Nella prima parte del film, il regista adotta un registro espressivo a metà tra l'ironico e il surreale. Successivamente, con l'emergere della figura di Blackwood, il film si arricchisce di circostanze apparentemente soprannaturali, che solo alla fine si scopriranno essere, grazie alla spiegazione rigorosamente logica fornita da Holmes, semplici seppur ingegnosi trucchi.

LA SCENA PIÙ RIUSCITA: LOTTA NEL CANTIERE NAVALE Watson spara un colpo di pistola in aria; la lotta di Holmes

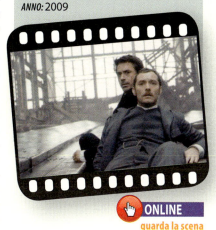

ONLINE guarda la scena

con un corpulento complice di Blackwood prosegue all'interno di un cantiere navale dove, rotte tutte le catene che la trattengono, una nave in costruzione scende lentamente nel Tamigi e vi affonda.

IL GIALLO al cinema

Considerato nella sua accezione più generale, il giallo identifica storie riguardanti in vario modo il mondo del crimine, comprendendo così una pluralità di sottogeneri, quali il poliziesco, il *thriller*, le storie di spionaggio, il *noir*, l'*hard-boiled* ecc. In un senso più ristretto e tradizionale, tuttavia, il film giallo è solo quello che rispecchia fedelmente le caratteristiche del genere letterario di cui abbiamo parlato in questa unità.

Dalle opere di Agatha Christie sono stati tratti numerosissimi film: tra i più importanti, segnaliamo *Testimone d'accusa* (1957) di **Billy Wilder** e *Assassinio sull'Orient express* (1974), con la regia di **Sidney Lumet**. Anche i testi di Arthur Conan Doyle hanno ispirato molte pellicole: *Sherlock Holmes – Gioco di ombre* (2011) di **Guy Ritchie**, sequel di *Sherlock Holmes*, e la serie *Sherlock* (2010), ideata da **Steven Moffat** e **Mark Gatiss** prodotta dalla tv di Stato inglese BBC.

Per quanto riguarda le opere di Georges Simenon, vi è la celebre serie tv italiana *Le inchieste del commissario Maigret*, con **Gino Cervi** nei panni dell'ispettore francese. Infine, non possiamo non ricordare l'amatissima serie tv Rai *Il commissario Montalbano*, tratta dalle opere di Andrea Camilleri, messa in onda a partire dal 1999 e ancora in produzione.

VERIFICA UNITÀ 8   Il giallo

Sapere e Saper fare

PalestraInterattiva

1. **Vero o falso?**

a)	La denominazione "giallo" è usata in tutto il mondo.	V ☐	F ☐
b)	Il racconto poliziesco è chiamato anche *detective story*.	V ☐	F ☐
c)	La *suspense* è un fatto che accade all'improvviso e in modo imprevedibile.	V ☐	F ☐
d)	La *detective story* nasce verso la metà dell'Ottocento, in Inghilterra.	V ☐	F ☐
e)	Arthur Conan Doyle ha inventato il personaggio di Miss Marple, anziana signora e abile detective.	V ☐	F ☐
f)	Nel giallo a enigma non è importante che il colpevole sia individuato.	V ☐	F ☐
g)	I gialli storici sono *detective story* scritte nel passato.	V ☐	F ☐
h)	Maigret è il protagonista di un giallo storico.	V ☐	F ☐
i)	Il giallo è unicamente un genere di intrattenimento.	V ☐	F ☐
l)	Non esistono giallisti italiani.	V ☐	F ☐
m)	Il commissario Montalbano è un personaggio inventato da George Simenon.	V ☐	F ☐
n)	Nei romanzi di Friedrich Dürrenmatt il tema centrale è il concetto di giustizia.	V ☐	F ☐

2. **Gli autori e le opere**
Abbina correttamente ogni autore alla propria opera.

1. Edgar Allan Poe	a. *La finestra aperta*
2. Arthur Conan Doyle	b. *Un mese con Montalbano*
3. Aghata Christie	c. *Il nome della rosa*
4. Georges Simenon	d. *I delitti della rue Morgue*
5. Carlo Fruttero e Franco Lucentini	e. *Miss Marple racconta una storia*
6. Andrea Camilleri	f. *La donna della domenica*
7. Fred Vargas	g. *La panne*
8. Umberto Eco	h. *La notte efferata*
9. Leonardo Sciascia	i. *L'infallibile Sherlock Holmes*
10. Friedrich Dürrenmatt	l. *Il giorno della civetta*

1 = ...

2 = ...

3 = ...

4 = ...

5 = ...

6 = ...

7 = ...

8 = ...

9 = ...

10 = ...

266

VERIFICA UNITÀ 8

Sapere e **Saper fare**

Comprendere e interpretare un testo

Focus: il giallo a enigma

Leggi il racconto e poi rispondi ai quesiti.

VERIFICAlim

T6 Arthur Conan Doyle
Il segno dei Quattro

Sherlock Holmes indaga su tre omicidi con caratteristiche comuni. All'origine di tali delitti c'è un tesoro che due ufficiali inglesi, rientrando dall'India, hanno portato in Inghilterra. Entrambi gli ufficiali sono stati uccisi. Il terzo assassinato è Bartolomeo Sholto, figlio di uno dei due, che aveva da poco scoperto il tesoro nel luogo in cui il padre l'aveva nascosto: una soffitta posta sopra la sua stanza ma priva di qualsiasi comunicazione con essa. E proprio in questa stanza, chiusa dall'interno, Holmes, il suo assistente Watson e il fratello di Bartolomeo, Teodoro, scoprono il cadavere, dopo aver abbattuto la porta. Anche il tesoro è sparito. Holmes nota una spina conficcata sopra l'orecchio del morto, e sul tavolo un biglietto con scritto "Il segno dei Quattro", identico a quello trovato presso i due ufficiali uccisi.

«E adesso, Watson» incominciò Holmes fregandosi le mani «abbiamo una mezz'oretta a nostra disposizione. Cerchiamo di impiegarla bene. Per me la faccenda, come già le ho detto, è quasi completamente chiarita, però non dobbiamo peccare per eccesso di sicurezza in noi stessi. Per quanto il caso di per sé appaia semplice, può darsi che vi si nasconda sotto qualche elemento più profondo».
«Sarebbe semplice, secondo lei?!» esclamai interdetto.
«Ma certo!» ribatté Holmes, con il tono di un <u>professore</u> che stia spiegando alla sua scolaresca i primi elementi di chirurgia clinica. «Si metta lì in quell'angolo, in modo da non complicare le cose lasciando in giro l'impronta delle sue scarpe. E adesso, al lavoro! Prima di tutto, come è venuta, questa gente, e come se ne è andata? La porta non è più stata aperta da ieri sera. Vediamo un po' la finestra!»
Si avvicinò alla finestra tenendo in mano la lampada accesa senza smettere di borbottare le sue osservazioni a voce alta: però più parlando a se stesso che non rivolgendosi a me. «La finestra è sprangata dall'interno: intelaiatura solida. Niente cardini ai lati. Adesso vediamo di aprirla. Nessuna conduttura d'acqua in vicinanza: il tetto è assolutamente fuor di portata, eppure un uomo è salito per la via della finestra. Ieri sera è piovuto un pochino. Ecco l'impronta di un piede, ben disegnata, sul davanzale. Ed ecco lì una traccia fangosa, circolare, ed eccone là un'altra sul pavimento, e un'altra ancora accanto alla tavola. Guardi un po', Watson, questa sì che è una bella prova!»
Osservai alcuni dischi rotondi che il passaggio sul fango esterno aveva reso perfettamente evidenti.
«Ma quelle non sono impronte di piedi» obiettai sorpreso.
«Ma per noi quelle tracce sono ben più importanti. Rivelano l'impronta di una gamba di legno. Vede qui sul davanzale il segno della scarpa, uno scarpone pesante dal tacco largo rinforzato di metallo, e vicino la traccia dell'arto artificiale?»
«Ma allora qui c'è stato l'uomo dalla gamba di legno!»
«Precisamente. Tuttavia con lui è venuto qualcun altro... un complice molto abile e svelto. Lei si sentirebbe di scalare quel muro, dottore?»
Mi sporsi dalla finestra aperta. In quell'angolo della casa la luna brillava ancora. Eravamo a non meno di sessanta piedi dal suolo, e per quanto mi guardassi attorno non riuscivo a vedere appigli di nessun genere, nemmeno una piccola fessura, lungo tutta la parete di mattoni.
«Ma è un'impresa impossibile!» esclamai.

267

VERIFICA UNITÀ 8

55 «Senza aiuti sì, ma supponga di avere un amico quassù che le cali a terra la bella fune che vede in quell'angolo, dopo averne assicurato un capo a questo grosso gancio nel muro. In questo caso io ritengo che, ammesso che lei sia un uomo agile e

60 sciolto di movimenti, non dovrebbe riuscirle difficile issarsi sin qua, anche con una gamba di legno. Naturalmente ritornerebbe poi per la strada dalla quale è venuto, dopo di che il suo socio ritirerebbe la corda, la toglierebbe dal gancio, chiuderebbe

65 la finestra e se la batterebbe da dove è originariamente venuto. Come punto secondario possiamo notare» proseguì, giocherellando con la fune, «che il nostro amico dalla gamba di legno, per quanto discreto scalatore, non è di professione marinaio.

70 Le sue mani devono essere tutt'altro che callose. La mia lente vede più di una macchiolina di sangue, soprattutto verso la fine della corda, dal che arguisco che il nostro uomo deve essere ridisceso con tanta velocità da scorticarsi la pelle delle mani».

75 «Tutte queste sue sono scoperte interessantissime» osservai «ma per me la faccenda diventa sempre più incomprensibile. Chi è questo complice misterioso? Come ha fatto a intrufolarsi nella stanza?»
«Ah, già, il complice!» ripeté Holmes pensosa-

80 mente. «Questo complice offre caratteristiche di un interesse particolare. La sua presenza circonda i fatti di un alone di esotismo[1], sottraendoli alla banalità. Scommetto che essa rappresenta un elemento nuovo negli annali del delitto, nel nostro

85 paese, mentre casi analoghi ci riportano all'India, o meglio, se la memoria non m'inganna, all'Africa e precisamente alla Senegambia[2]».
«Ma come avrebbe fatto a entrare?» obiettai. «La porta era chiusa a chiave e la finestra è inaccessi-

90 bile. Forse attraverso la cappa di quel camino?»
«Ha una bocca troppo piccola; ho già dovuto scartare questa eventualità».
«E allora da dove è venuto, secondo lei?»
«Lei non vuol mettere in pratica i miei consigli»

95 mi replicò Sherlock Holmes scuotendo il capo. «Quante volte le ho detto che, dopo avere eliminato l'impossibile, ciò che rimane, *per quanto improbabile*, deve essere la verità? Sappiamo che costui non è passato né per la porta, né per la finestra,

100 né per la cappa del camino. Sappiamo pure che non poteva essere nascosto nella stanza, dove non

vi era possibilità di nascondersi. E allora, da dove è venuto?»
«Attraverso il buco del tetto!» gridai trionfante.

105 «Si capisce. Non può che essere venuto di lì. Se vuole avere la cortesia di reggermi la lampada, estenderemo adesso le nostre ricerche allo sgabuzzino in alto... la stanzetta segreta dove è stato ritrovato il famoso tesoro».

110 Salì i gradini della scaletta e aggrappandosi a una trave con tutt'e due le mani si issò nell'abbaino. Si mise quindi prono, la faccia a terra, per prendere la lampada, che tenne per me mentre io lo seguivo. La stanzetta in cui venimmo a trovarci ora era di

115 circa dieci piedi per sei. Il suo pavimento era formato dalle travi del soffitto sottostante, inframmezzate da sottili listarelle di legno e di gesso, cosicché per camminare occorreva poggiare i piedi saltando da una trave all'altra. Il soffitto si alzava a verti-

120 ce, e doveva essere evidentemente il rivestimento interno del vero tetto dell'edificio. La stanza era completamente spoglia d'ogni mobilia, e sul pavimento si era accumulato un fitto strato di polvere, vecchio certamente di chi sa quanti anni.

125 «Ecco qua» mi disse Holmes quando gli fui accanto, posando una mano sulla parete inclinata. «Questa è una botola che porta fuori sul tetto. Basta spingerla indietro ed ecco che abbiamo il tetto, dolcemente digradante. Questo dunque è il

130 punto da cui è entrato il Numero Uno. Vediamo se riusciamo a rintracciare qualche altro segno atto a stabilirne l'identità».
Avvicinò la lampada al pavimento, e mentre faceva questo notai che per la seconda volta, da quando

135 eravamo partiti di casa, il suo viso aveva assunto un'espressione stupita e perplessa. In quanto a me, nel seguire il suo sguardo, mi sentii gelare sotto i vestiti. Il pavimento era interamente coperto delle impronte di un piede nudo: erano impronte chia-

140 rissime, precise, che indicavano un arto perfettamente formato ma di dimensioni appena la metà di quelle di uomo normale.
«Holmes» mormorai sbigottito «è stato un ragazzo a commettere questo orribile delitto!»

145 Ma il mio amico era già tornato completamente padrone di sé.
«Anch'io sono stato sul punto di crederlo, per un attimo» riconobbe «ma poi la cosa mi è apparsa

---

1. **esotismo:** in generale, "esotismo" è la predilezione per tutto ciò che non appartiene alla cultura occidentale. In questo caso, il termine è impiegato in senso lato, per affermare la presenza di elementi originali e intriganti nell'inda-

gine in corso.
2. **Senegambia:** confederazione tra gli stati africani del Senegal e del Gambia.

VERIFICA UNITÀ 8

naturalissima. Perché la mia memoria ha fatto ci-
lecca, altrimenti lo avrei preveduto subito sin dal
principio. Ma possiamo scendere: qui non c'è più
nulla di interessante da scoprire».

«Qual è dunque la sua opinione, a proposito di
quelle impronte?» domandai pieno di legittima
curiosità, non appena fummo ridiscesi nella stanza sottostante.

«Mio caro Watson» rispose con un briciolo d'impazienza «si sforzi un pochino a riflettere da solo.
Lei conosce i miei metodi: li applichi, e troverà
molto istruttivo paragonarne i risultati».

«Ma nel caso attuale non vedo nulla che riesca a
spiegarmi i fatti!» protestai.

«Vedrà che tra poco tutto si chiarirà» ribatté con
noncuranza. «Non credo che qui ci sia ancora qualcosa di interessante da esaminare, tuttavia darò
un'occhiatina di controllo».

Tirò fuori la lente e un metro a nastro, e si diede
a girare per la stanzetta, in ginocchio, misurando,
paragonando, studiando: il suo naso lungo e sottile sfiorava quasi le tavole dell'impiantito, mentre
i suoi vividi occhi, profondamente incassati nelle
orbite, scintillavano come quelli di un uccello da
preda. I suoi movimenti erano rapidi, silenziosi e
furtivi: pareva un cane poliziotto appositamente
esercitato nel rintracciare piste sospette, tanto che
non potei fare a meno di pensare che terribile criminale avrebbe potuto essere se, anziché dedicare
la sua energia e la sua sagacia in difesa della legge, le avesse rivolte contro di essa. Intanto, mentre andava frugando tutt'attorno, non faceva che
brontolare tra sé, finché ruppe a un tratto in una
specie di grugnito di gioia.

«Siamo decisamente fortunati!» esclamò. «Ormai dovremmo avere ancora ben pochi ostacoli
da superare. Il Numero Uno ha avuto la disgrazia di incespicare nel creosoto[3]. Guardi, osservi il
profilo del suo minuscolo piede qui vicino a questa porcheria puzzolente. Vede, la damigiana era
incrinata e il liquido ne è uscito fuori». «E con
ciò?» domandai.

«Come! Con ciò, lo abbiamo in nostro potere.

Diamine, io conosco un cane capace di seguire
questa pista sino in capo al mondo. Se una muta
riesce a rintracciare l'odore di un'aringa trascinata attraverso un'intera contea, come vuole che un
cane, specialmente se allenato, non ritrovi l'usta[4]
di un odore tanto pungente? È facile come eseguire un calcolo con la regola del tre: la risposta ci
darebbe sicuramente... Ma, alto là! Sento arrivare
i rappresentanti ufficiali della legge!»

Giungeva infatti dal pianterreno un rumore di passi pesanti e un clamore di voci rozze, mentre la
porta d'ingresso si chiudeva con un colpo violento.
«Prima che vengano» fece Holmes «metta un
momento, la prego, una mano qui sul braccio di
questo povero diavolo, e anche sulla gamba. Che
cosa sente?»

«I muscoli sono duri come pezzi di legno» risposi.
«È proprio quel che volevo sapere da lei. Mi sembrano in uno stato di contrazione estrema, molto
più rattrappiti che nel normale *rigor mortis*[5]. Aggiungendo a questo rattrappimento inconsueto
la distorsione del volto, questo *risus sardonicus*[6],
come lo definivano gli antichi scrittori, quale conclusione trarrebbe lei da tutto ciò?»

«Che la morte deve essere stata causata da qualche potente alcaloide[7] vegetale, probabilmente da
qualche sostanza similare alla stricnina atta a produrre il tetano[8]».

«È quello che io ho pensato quando ho notato
sul volto del cadavere la contrazione dei muscoli
facciali. Non appena sono entrato nella stanza, mi
sono immediatamente chiesto con quali mezzi il
veleno fosse stato propinato. Come lei stesso ha
visto, ho scoperta una spina che era stata spinta
o lanciata nel cuoio capelluto senza eccessiva violenza. Osservi che la parte colpita era quella che
sarebbe stata rivolta verso il foro del soffitto se
l'uomo fosse stato in piedi sulla seggiola. Adesso
esamini questa spina, la prego».

Presi l'oggetto cautamente, con la punta delle dita, e lo tenni contro la luce della lanterna. Era una
spina lunga, aguzza e nera, con un riflesso opalino[9]
in prossimità della punta come se sopra di essa

---

3. creosoto: liquido ottenuto dalla distillazione del legno di faggio, usato per la conservazione del legname o anche a scopo terapeutico.
4. usta: scia di odore lasciata dal passaggio di un animale selvatico, dunque pista per cani.
5. *rigor mortis*: stato di rigidità corporea che interviene dopo la morte.
6. *risus sardonicus*: anormale smorfia del volto, causata da una contrazione dei muscoli facciali.
7. alcaloide: sostanza organica di natura vegetale, usata in medicina per il suo effetto terapeutico.
8. tetano: malattia infettiva mol-to grave, tra i cui sintomi c'è proprio il *risus sardonicus*. Tale malattia è causata da una tossina presente anche nella stricnina, sostanza alcaloide molto tossica.
9. opalino: bianco azzurro, come il colore dell'opale (pietra dura di colore lattiginoso).

VERIFICA UNITÀ 8

235 fosse stata fatta essiccare una sostanza gommosa. L'estremità smussata era stata lavorata e arrotondata con un coltello.

«Le pare la spina di un arbusto che cresca solitamente in Inghilterra?» volle sapere Holmes.

240 «No, sicuramente no»

«Con tutti questi elementi in mano, lei ora dovrebbe trarre alcune conclusioni. Ma ecco le forze regolari, perciò a noi ausiliari non resta che battere in ritirata».

Arthur Conan Doyle, *L'infallibile Sherlock Holmes*, Milano, Mondadori, 1964

Competenza testuale

Individuare e ricavare informazioni

_____ 1. Holmes si domanda: *Prima di tutto, come è venuta, questa gente, e come se ne è andata* (rr. 16-17)? A chi si riferisce con l'espressione *questa gente*?

_____ 2. Per Holmes le impronte trovate nella stanza e nell'abbaino sono fondamentali: quali indizi gli forniscono?

_____ 3. Chi è il *povero diavolo* il cui cadavere si trova nella stanza?

_____ 4. Qual è la causa della sua morte?

_____ 5. Qual è il movente del delitto?

Comprendere i significati

_____ 6. Holmes afferma che *il caso è semplice* (r. 7)? Come si spiega tale giudizio?

_____ 7. Con quale tono Holmes si rivolge al suo compagno Watson? Come lo tratta?

_____ 8. Che cosa pensa Watson di Holmes?

Interpretare e valutare

_____ 9. È corretto affermare che la figura di Watson è messa in ombra da quella di Holmes? Perché?

_____ 10. Qual è lo scopo del romanzo di Doyle? Insegnare valori morali? Mettere in guardia i criminali? Intrattenere il lettore? Esprimi la tua opinione.

Comprendere strutture e caratteristiche dei generi testuali

_____ 11. Il brano è caratterizzato dal mistero della camera chiusa? In che cosa consiste?

_____ 12. A chi appartiene la voce narrante nel brano? Si tratta di un narratore interno o esterno?

_____ 13. Porta un esempio tratto dal testo che esemplifichi il metodo deduttivo impiegato da Holmes nella sua indagine.

_____ 14. Il ritmo del racconto è lento o veloce? Perché?

_____ 15. Con quale brano, tra quelli proposti in questa unità, il testo che hai letto presenta delle somiglianze? Spiega i motivi della tua scelta.

Riconoscere il registro linguistico

_____ 16. Il registro è formale e il lessico preciso. Porta qualche esempio.

Competenza lessicale

_____ 17. *Ecco le forze regolari, perciò a noi ausiliari non resta che battere in ritirata.* Spiega i significati che hanno, in questo contesto, i seguenti termini:

forze regolari: ....

ausiliari: ....

Competenza grammaticale

_____ 18. *Dopo avere eliminato l'impossibile, ciò che rimane, <u>per quanto improbabile</u>, deve essere la verità.* Da che cosa può essere sostituito il connettivo *per quanto*?

a) ☐ Poiché.   b) ☐ Quanto mai.   c) ☐ Altrettanto.   d) ☐ Anche se.

270

Unità 9

Il *noir* e il *thriller*

T1 **Raymond Chandler**
Una lezione per Marlowe

T2 **Giorgio Scerbanenco**
Stazione Centrale
ammazzare subito

T3 **Edward Bunker**
Cane mangia cane

T4 **Carlo Lucarelli**
Choc

T5 **Gianrico e Francesco Carofiglio**
Cacciatori nelle tenebre

Saper fare

T6 **Gianrico Carofiglio**
Arresto di uno scippatore

ONLINE

W1 Patricia Highsmith,
Il talento di Mr. Ripley
W2 Giancarlo De Cataldo,
da *Romanzo criminale*
W3 Jean-Claude Izzo, da *Chourmo*
W4 Stieg Larsson, da *La regina
dei castelli di carta*
W5 James Ellroy, da *Dalia nera*

PARTE 2 · I generi

Le caratteristiche del genere

1 Il giallo d'azione

L'evoluzione del giallo: l'*hard boiled story* e il *noir* Dagli inizi del Novecento, si sviluppa in America un nuovo tipo di genere poliziesco, il **giallo d'azione**, in cui il crimine assume aspetti più violenti e con la stessa durezza e violenza esso viene combattuto dalla polizia o, a seconda, dal detective privato. In tal senso, l'eroe di questo particolare tipo di racconto poliziesco diventa un **personaggio moralmente ambiguo**, non del tutto positivo, a causa delle modalità con cui egli conduce le indagini, non sempre del tutto lecite e legittime. Per il suo realismo e per la crudezza del linguaggio tale variazione del genere giallo si contrappone alla coniugazione tradizionale che ne hanno dato gli autori inglesi, affezionati all'aspetto "intellettuale" della soluzione dell'enigma e a una distinzione tra buoni e cattivi più netta e stereotipata.

I rappresentanti del genere Gli americani **Raymond Chandler** e **Dashiell Hammett**, sono tra i primi autori di gialli di tipo realistico o *hard boiled novel*, con i loro romanzi e racconti scritti a partire dagli anni Venti del Novecento. Philippe Marlowe, il risoluto investigatore creato da Chandler, rappresenta il prototipo di eroe di questo nuovo tipo di letteratura poliziesca: dotato di coraggio e onestà, conscio dei suoi limiti, frequenta abitualmente i bassifondi di Los Angeles, parlando e muovendosi in questa dura realtà in maniera cinica e disincantata (▶ *Una lezione per Marlowe*, p. 274).

2 Il *noir*

Le origini del termine In Europa, questo nuovo tipo poliziesco ha grande influenza sul *noir*, termine che a partire dal secondo dopoguerra venne utilizzato da alcuni critici cinematografici francesi in riferimento a film americani degli anni Quaranta e Cinquanta che presentavano caratteristiche simili a quelle che abbiamo appena elencato (e che spesso erano tratti proprio da romanzi e racconti di Chandler e Hammett). La peculiarità del genere *noir* sta nel fatto che esso rappresenta il criminale adottando spesso il punto di vista di chi ha commesso il crimine; in molti casi, in tali storie è assente una soluzione finale del caso e la conseguente cattura del colpevole, prerogative del giallo classico. L'attenzione è posta più sull'**ambiente equivoco** in cui avvengono le vicende e sulla **psicologia dei personaggi**, dei quali vengono indagati i lati oscuri.

Il *noir* e il *thriller* Il *noir* ha molte componenti in comune con il *thriller* (dall'inglese *thrilling*, che eccita, che procura brivido), altro genere letterario e cinematografico sviluppatosi in questi stessi anni, il cui scopo principale è non tanto la soluzione dell'enigma, quanto la creazione nel lettore o nello spettatore di una forte *suspense*, che cresce gradualmente nel corso della storia sino a raggiungere, a volte, livelli altissimi.

Come nel *thriller*, anche nel *noir* il lettore, assistendo direttamente alla preparazione e all'esecuzione del crimine, subisce un forte coinvolgimento emotivo in un clima di crescente tensione che si trasforma spesso in vera e propria paura. Tra gli autori di *noir* di maggior talento e successo non si può fare a meno di citare **Edward Bunker** (▶ *Cane mangia cane*, p. 290), che occupa una posizione del tutto originale nella storia del genere, sia per la sua drammatica biografia sia per la sua indiscutibile abilità narrativa.

Il *noir* made in Italy Nel nostro paese, uno dei più importanti rappresentanti del *noir* è stato **Giorgio Scerbanenco**, autore di grande talento nel suo genere e che viene perciò considerato uno dei padri del giallo *made in Italy* (▶ *Stazione Centrale ammazzare subito*, p. 281).

La letteratura *noir* è attualmente molto diffusa e praticata: tanti sono gli autori, anche italiani, che si cimentano con successo in questo genere. Tra questi, ricordiamo **Carlo Lucarelli**, scrittore e giornalista, autore di numerosi racconti e romanzi polizieschi di successo (▶ *Choc*, p. 298); e **Gianrico Carofiglio**, magistrato che ha recentemente iniziato la sua carriera letteraria, applicando le sue conoscenze in materia di crimine e legalità nella stesura di gialli e *noir* (▶ *Arresto di uno scippatore*, p. 311). Insieme al fratello **Francesco**, disegnatore, è anche autore di una fortunata *graphic novel* (▶ *Cacciatori nelle tenebre*, p. 303). Molto simile è la storia di **Giancarlo De Cataldo**, anch'egli giudice dedicatosi in seguito alla scrittura: la sua opera più famosa, *Romanzo criminale* (2002), è diventata tre anni dopo anche un film di successo e una serie televisiva altrettanto nota.

3 Un nuovo romanzo sociale

Un'indagine su realtà scomode Il *noir* è ormai considerato un nuovo filone del **romanzo sociale**, in quanto offre gli strumenti per leggere e interpretare la realtà quotidiana, spesso caratterizzata da situazioni complesse, problematiche,

ambigue. Secondo Giancarlo De Cataldo la narrativa *noir* è dunque capace di affrontare i temi più importanti e scottanti che caratterizzano la società moderna: la **corruzione**, la paura dello **straniero**, l'ossessione per il **successo**. Così scrive nella prefazione alla raccolta di racconti *Crimini*:

«Il primo, il più sentito, presente in tutti i racconti, è il tema della **corruzione**. La corruzione patrimoniale, intesa come ansia del guadagno facile, spasmodica ricerca della "scorciatoia" verso le infernali lusinghe del paradiso del benessere. Ma anche la più sottile e inquietante corruzione morale: intessuta della perdita del senso del limite, dell'annullamento di ogni tensione etica, sorretta dalla propensione a un agire sempre più violento e criminale, alimentata da una mistica della "svolta" che si traduce nell'indifferenza verso le conseguenze di qualunque gesto, anche il più estremo.

Il secondo, che da qualche tempo ha fatto irruzione nella nuova narrativa (e non solo) italiana, è il tema dello **straniero**. Questi racconti pullulano di figure di malavitosi, lavoranti, donne di facili costumi, assassini, ladri, vagabondi, disperati e persino di qualche *deus ex machina*, tutti accomunati dall'appartenere a un'ondata migratoria dialetticamente percepita sia come minaccia che come imperdibile occasione di palingenesi per un Paese vecchio, stanco e inacidito. Gli immigrati sono la nuova realtà con cui fare i conti. Fra i primi e con maggiore sensibilità, gli autori del *noir* italiano l'hanno capito.

Il terzo tema concerne l'ossessione del **successo**. Il successo individuale, da raggiungere a qualunque costo, corollario della corruzione morale e dell'indifferenza alle conseguenze delle proprie azioni. Ma anche, più in dettaglio, il successo come fama, celebrità, approdo ai piani nobili della società dello spettacolo. Il successo come garanzia di immortalità e antidoto al grigiore di quella vita qualunque che attende i più e sembra, ormai, unicamente fonte di patologica depressione.

Ne deriva un ritratto della contemporaneità a tratti agghiacciante, eppure non privo di qualche esile traccia di speranza. Il quadro di un orizzonte senza punti fermi, dove navigare a vista cercando di non perdere la bussola. O di farlo, se proprio si deve, con un certo stile».

Giancarlo De Cataldo, *Crimini*,
Torino, Einaudi, 2005

PARTE 2 • I generi

T1 Raymond Chandler
Una lezione per Marlowe

• **PUBBLICAZIONE**
La signora del lago, 1943

• **LUOGO E TEMPO**
Los Angeles, prima metà del Novecento

• **PERSONAGGI**
Philip Marlowe; gli agenti di polizia Cooney e Dobbs

Marlowe sta indagando sulla morte della moglie di un dottore che si è arricchito vendendo stupefacenti a persone facoltose molto note: attori, industriali, imprenditori. Il *detective* interroga testimoni informati sui fatti ma le domande che fa in giro non piacciono ad alcuni poliziotti corrotti e coinvolti nel caso. Così, una notte, due *sbirri* inseguono Marlowe in una zona periferica della città per dargli una lezione.

Westmore Street[1] va dal nord al sud della zona peggiore della città. Presi la direzione nord. Alla prima svolta mi trovai su un'antica carreggiata interurbana ormai in disuso e proseguii attraverso un mucchio di depositi di legname. Dietro grandi stecconate[2] si accumulavano le carcasse di un'infinità di automobili
5 giubilate[3]. Componevano un grottesco groviglio, un campo di battaglia moderno. Tra quelle cataste di ferraglia rugginosa sotto la luna, tra quelle montagne di rottami c'era un labirinto di vicoli ciechi.

La luce di due fari abbaglianti feriva il mio specchietto retrovisore. Ingrandivano a poco a poco. Premetti l'acceleratore, presi le chiavi dalla tasca, aprii il cassetto sot-
10 to il cruscotto. Ne tirai fuori la calibro 38[4] e la posai sul sedile, accanto alla coscia.

Di là dal cimitero di automobili c'era una fabbrica di mattoni. Vidi che dalla ciminiera non usciva neppure una sbavatura di fumo e vidi mattoni e mattoni che s'alzavano verso il cielo. Tutto deserto, muto, buio.

La macchina che mi stava dietro guadagnò ancora terreno. Il gemito bas-
15 so di una sirena manovrata al minimo risuonò nella notte. Il suono aleggiò su un campo di golf abbandonato a est e su una fornace a ovest. Accelerai ancora, ma era inutile. L'altra automobile aveva velocità e ripresa maggiori, continuava ad avvicinarsi. Il rosso bagliore di un faro si diffuse brutalmente sul piano stradale.

La loro macchina era ormai al mio fianco, volevano tagliarmi la strada. Premetti
20 il più possibile il freno, e di colpo mi venni a trovare dietro l'auto della polizia. Allora compii una svolta a U, schivandoli di pochissimo e ripartii in senso contrario. Sentii dietro di me un grande stridore di freni, la protesta di un motore imballato[5], poi quel faro rosso tornò a illuminare la strada e le mura della fabbrica di mattoni.

Non c'era nulla da fare. Li avevo di nuovo alle spalle e il mio vantaggio era
25 insignificante. Non era che m'illudessi di potergli sfuggire, ma avrei voluto raggiungere un quartiere abitato, con della gente che potesse vedere e chissà, in futuro, ricordare.

Non ce la feci. L'auto della polizia tornò a fiancheggiarmi, e una voce brutale mi intimò:

---

1. Westmore Street: è un via della periferia di Los Angeles.
2. stecconate: steccati, recinti.
3. giubilate: abbandonate.
4. calibro 38: la pistola calibro 38.
5. motore imballato: che non ha potenza, che perde colpi.

30 «Fermo o spariamo!».

Tirai il freno a mano. Riposi la pistola sotto il cruscotto e richiusi il relativo cassetto. La macchina della polizia venne a fermarsi con il radiatore contro il paraurti anteriore della mia macchina. Ne eruppe[6] un grassone ruggente:

«Non conosci la sirena della polizia? Giù dalla tua carriola!».

35 Scesi, e restai accanto allo sportello, nella luce della luna. Il grassone aveva una pistola in mano.

«Fuori la patente» gridò, la sua voce aveva la durezza del taglio di un badile[7].

Tirai fuori di tasca la patente e gliela detti. L'altro sbirro, quello che stava al volante, scese a sua volta e prese la mia busta di celluloide[8]. La esaminò aiutandosi con la pila.

40 «Si chiama Marlowe» disse. «Ah, è un ficcanaso privato, Cooney.»

Cooney disse:

«Tutto qui? Credo che di questa potrò fare a meno» e si rinfilò la pistola nella fondina. «Basteranno le mie dolci manine delicate.»

45 L'altro disse: «Filava a ottantacinque all'ora. Non sarebbe strano scoprire che ha alzato il gomito».

«Annusa il fiato al bastardo» consigliò Cooney.

E il compare si protese verso di me sogghignando cerimoniosamente: «Mi concedete di odorarvi il fiato, bambolo?».

50 Lo lasciai fare.

«Be' – sentenziò giudiziosamente – si regge ancora in piedi. Devo ammetterlo».

«Fa freddino stanotte, per essere d'estate, eh? Offri un cicchetto al nostro amico, Dobbs.»

«Splendida idea» disse Dobbs. Si avvicinò alla loro automobile, si chinò a cer-
55 carvi dentro qualcosa, e tornò con una bottiglia di whisky. La guardò in traspa-

---

6. eruppe: uscì con furia.
7. badile: pala, vanga, attrezzo usato per raccogliere terra o per scavare buche.

8. celluloide: particolare tipo di plastica, usato in molti ambiti differenti. Qui indica il rivestimento della patente di Marlowe.

renza. C'era ancora un terzo di contenuto. «Non c'è da scialare[9]» disse, e mi offrì la bottiglia. «Con i nostri omaggi, bambolo.»

«E se non avessi voglia di bere?»

«Non lo devi dire neppure per scherzo» sibilò Cooney, mellifluamente[10]. «Potresti farci sospettare che preferiresti aver sullo stomaco le suole delle nostre scarpe.»

Presi la bottiglia, la stappai e provai a sentire di cosa sapesse. Pareva proprio whisky. Whisky e basta.

«Sempre lo stesso trucco» dissi. «Che monotonia. Non vi pare che sarebbe tempo di cambiarlo?»

Cooney disse: «A proposito di tempo sono le venti e ventisette. Prendi nota, Dobbs».

Dobbs tornò alla macchina e ci ficcò di nuovo la testa dentro per annotare l'ora sul rapporto. Domandai a Cooney: «Insistete perché beva?».

«Te l'ho già detto. Se preferisci, possiamo farti un balletto sullo stomaco.»

Alzai la bottiglia alle labbra, chiusi la gola e mi riempii la bocca di whisky. Cooney mi somministrò[11] un diretto allo stomaco. Sputai whisky e mi chinai, duramente toccato. Lasciai cadere la bottiglia.

Annaspai[12] per raccoglierla, e vidi il grosso ginocchio di Cooney puntare alla mia faccia. Riuscii a spostarmi di lato, e mi tirai su, partii con il destro mirando al suo naso. Emise un gemito, coprendosi la faccia con la mano sinistra, mentre con la destra cercava la pistola. E già Dobbs mi era addosso. Il suo sfollagente[13] mi beccò dietro il ginocchio sinistro, e la mia gamba cessò di esserci. Caddi a sedere battendo i denti e continuando a sputacchiare whisky intorno.

Cooney ritirò la mano dalla faccia coperta di sangue.

«Cristo» disse con una voce orribile. «Questo è sangue... il mio sangue!»

Emise un ruggito selvaggio e mi sparò un calcio in faccia. Mi scostai in tempo per riceverlo solo su una spalla. Fece abbastanza danni anche lì.

Dobbs si interpose. «Basta, Charlie. Meglio non esagerare.»

Cooney rinculò[14] di due o tre passi, e si lasciò andare sul predellino[15] della mac-

---

9. Non c'è da scialare: non ce n'è molto.
10. mellifluamente: in maniera fintamente ed eccessivamente gentile.
11. somministrò: diede.
12. Annaspai: faticai.
13. sfollagente: manganello, arma in dotazione alla polizia.
14. rinculò: indietreggiò.
15: predellino: gradino per salire sull'automobile.

85 china della polizia, con la faccia tra le mani. Poi tirò fuori il fazzoletto e provò a passarselo con delicatezza sul naso.

«Un attimo» gemette attraverso il fazzoletto. «Mi basta appena un attimo. E ti faccio vedere io cosa...»

«Ti ho detto di darci un taglio» disse Dobbs, ma Cooney si tirò su dal predel-
90 lino e cominciò ad avanzare, sbandando da tutte le parti. Dobbs gli piazzò una mano in mezzo al petto, e lo spinse indietro gentilmente. Cooney tentò di respingere quella mano.

«Devo vedere dell'altro sangue» grugnì. «Voglio vedere molto sangue di qualcun altro.»

95 Dobbs gli tolse la parola rudemente: «Nulla da fare. Calma. Quel che volevamo lo abbiamo ottenuto».

Cooney finì per girare sui tacchi e portarsi dall'altra parte della loro macchina. Ci si appoggiò contro, continuando a gemere e brontolare. Dobbs passò a occuparsi di me.

100 «In piedi, bambolo.»

Mi alzai, strofinandomi il ginocchio. I nervi della mia gamba saltavano come scimmie infuriate.

«In macchina» ordinò Dobbs. «Nella nostra macchina.»

Andai a sedermi nell'automobile della polizia.

105 Dobbs disse ancora: «E tu, Charlie, guida l'altra carretta».

«Vedrai come la ridurrò» ragliò Cooney. Dobbs si chinò a raccogliere la bottiglia di whisky e la buttò al di sopra della stecconata, poi venne a sedersi al volante, accanto a me. Avviò il motore.

«La pagherete cara» disse. «Non dovevate dargli quel pugno.»

110 Dissi: «E perché no?».

«È un bravo ragazzo» disse. «Gli piace scherzare.»

«A me lo scherzo non è piaciuto» dissi. «Non è molto divertente.»

«Non diteglielo» replicò il mio compagno di viaggio. La macchina cominciava a muoversi. «Rischiereste di offenderlo.»

VITA E OPERE

Raymond Chandler Scrittore e sceneggiatore americano, nato a Chicago nel 1888. Trascorre l'adolescenza in Inghilterra, dove si traferisce nel 1900 con la madre irlandese; torna in America nel 1912 e, dopo la guerra, si stabilisce definitivamente a Los Angeles. Comincia a lavorare per una compagnia petrolifera, ma a seguito della Grande Depressione del 1929 si ritrova in cattive situazioni finanziarie, che lo spingono a dedicarsi alla scrittura. Pubblica il suo primo racconto giallo nel 1933, all'età di quarantacinque anni. Chandler ha scritto, oltre a diversi racconti, otto romanzi gialli (di cui uno incompleto) incentrati sulla figura di Philip Marlowe, perso-

naggio che diventerà l'icona del *detective* privato cinico che vive ai margini della ricca società di Los Angeles. Molti di questi romanzi – *Il grande sonno* (1939), *Addio, mia amata* (1940), *La signora nel lago* (1943), *Il lungo addio* (1953) – sono stati adattati per il grande schermo. Il rapporto dello stesso Chandler con il cinema è stato intenso; nel 1943 viene assunto come sceneggiatore dalla Paramount, per cui firmerà la sceneggiatura di classici del *noir* come *La fiamma del peccato* di Billy Wilder e *L'altro uomo* di Alfred Hitchcock. Per gran parte della sua vita ha avuto problemi di alcolismo e ha tentato il suicidio più di una volta. È morto nel 1959 a La Jolla, nei pressi di Los Angeles, in seguito ad una polmonite.

PARTE 2 · I generi

115 Cooney era al volante della mia Chrysler, la mise in moto con uno stridore[16] d'ingranaggi, come se volesse farla fuori sul posto.

«Vi piacerà il nostro nuovo carcere, bambolo» disse Dobbs.

«Quale sarà l'imputazione?»

Rifletté un poco, mentre guidava con le sue mani delicate e controllava nel re-
120 trovisore se Cooney ci venisse dietro correttamente.

«Eccesso di velocità» disse. «Resistenza all'arresto. Ubriachezza molesta.»

«E il piccolo particolare che io mi sia beccato un pugno in pancia e un calcio nella spalla, che sia stato costretto a bere sotto minaccia di sevizie[17], che mi sia stata puntata contro una pistola e che sia stato colpito con uno sfollagente, mentre ero
125 disarmato, non credete che abbia voce in capitolo?»

«Oh, dateci un taglio bambolo» disse Dobbs in tono stanco. «Se credete che io mi ci diverta...»

«Credevo che l'avessero ripulita, questa città» dissi. «Credevo che una persona perbene fosse libera di circolare per queste strade la notte senza dover portare un
130 giubbotto corazzato.»

«In parte è stata ripulita» disse lo sbirro stanco. «Ma troppo pulita non la vogliono. A qualche dollaro sporco in più non si può rinunciare impunemente[18].»

«Meglio che non parliate così» dissi, un poco stupito. «Vi potrebbe costare il posto.»

135 Si mise a ridere. «Possono andare tutti al diavolo» disse. «Sono stato chiamato alle armi. Devo passar qui appena due altre settimane.»

L'incidente era chiuso per lui. Non significava nulla. Trovava tutto naturale. Non provava neppure rancore.

Raymond Chandler, *La signora del lago*, Milano, Feltrinelli, 1993

---

16. stridore: rumore sgradevole e acuto.

17. sevizie: torture, maltrattamenti.

18. impunemente: senza conseguenze.

SCHEDA DI ANALISI

Il tema e il messaggio

● Tra gli anni Venti e Trenta, nelle grandi metropoli americane dilaga una criminalità organizzata e violenta che trova spesso anche la complicità di membri delle istituzioni statali (polizia, magistratura, esponenti della politica). Questa nuova realtà del crimine organizzato impone nuovi metodi di indagine: ed ecco nascere un nuovo tipo di *detective*, un uomo d'azione che deve **rispondere con violenza alla violenza**. Il nuovo poliziesco, l'*hard boiled story*, predilige una **descrizione realistica** del crimine e dei mezzi utilizzati per combatterlo; i nuovi giallisti, come Chandler, nel momento in cui inventano le loro storie di delitti e indagini, scelgono di rappresentare tale mondo così com'è in realtà; di qui la **crudezza** del linguaggio e delle situazioni (minacce, agguati, pestaggi, tradimenti e un buon numero di cadaveri) che caratterizza questo nuovo filone della letteratura poliziesca.

Il personaggio Marlowe

● Al contrario di quanto facevano i suoi colleghi nei gialli a enigma, il *detective* Marlowe non risolve i suoi casi con un metodo scientifico-deduttivo, stando comodamente seduto nel suo ufficio o indagando tranquillamente sul luogo del delitto. Egli viene invece **coinvolto personalmente** nella vicenda e affronta

278

Il *noir* e il *thriller* · UNITÀ 9

tutta una serie di pericoli da cui non esce mai del tutto indenne. In questo caso, egli mette a rischio la propria vita, affrontando la violenza e i soprusi di due poliziotti corrotti, mostrandosi con essi altrettanto duro e cinico. Ed è lui stesso a narrare in prima persona la vicenda, raccontando gli eventi che man mano accadono come se fossero ripresi in **tempo reale**.

L'ambientazione

● L'ambiente è quello delle **periferie metropolitane degradate** (Westmore Street, la zona più malfamata della città), con tutti gli elementi tipici di questi quartieri problematici e pericolosi descritti con realismo e ricchezza di particolari (*cataste di ferraglia rugginosa*; *montagne di rottami*; *tutto deserto, muto, buio*).
● I due agenti di polizia non sono personaggi dinamici; essi sono presentati piuttosto come **tipi**, con caratteristiche stereotipate, tipiche del poliziotto corrotto e cattivo. Già a livello fisico la loro descrizione fa emergere il loro carattere violento e infido (*un grassone ruggente*; *la sua voce aveva la durezza del taglio di un badile*). Anch'essi, in tal senso, sono perfettamente integrati nell'ambientazione; essi fanno parte di questo contesto degradato e, con la loro figura, ne

evidenziano ancora di più il carattere violento e soffocante.

La lingua e lo stile

● La **narrazione** degli avvenimenti è **serrata**, avvincente, ricca di colpi di scena. I dialoghi sono costruiti con **battute rapide**, taglienti, che contribuiscono ad accelerare il ritmo della narrazione. Tutti questi elementi concorrono allo scopo di creare un effetto di *suspense*, di attesa e insieme di timore per gli sviluppi successivi delle azioni raccontate, caratteristica tipica del *noir* e del *thriller*.
● Le **scelte lessicali** sono **varie**, così come il registro linguistico adottato: spesso ritroviamo espressioni ricercate (*mellifluamente, predellino*) o figurate (*I nervi della mia gamba saltavano come scimmie infuriate*); in altri casi, espressioni gergali, tipiche del parlato quotidiano (*Non c'è da scialare… Ti ho detto di darci un taglio… Credevo che l'avessero ripulita, questa città… guida l'altra carretta*). Tutte queste scelte servono a sottolineare il **crudo realismo** della narrazione, caratteristico dello stile dell'autore e, in generale, del *noir*.

Laboratorio sul testo

Comprendere

Informazioni esplicite

1. Che cosa nota Marlowe negli specchietti retrovisori della sua automobile? Che cosa decide di fare?
2. A quale azione Marlowe è costretto dai due poliziotti?
3. Qual è la sua reazione?
4. Che cosa succede a Marlowe alla fine del pestaggio? Dove verrà condotto?
5. Per che cosa verrà incriminato Marlowe?

Informazioni implicite

6. Perché Marlowe dice di voler cercare *un quartiere abitato, con della gente che potesse vedere e chissà, in futuro, ricordare* (rr. 26-27)?
7. Perché Dobbs blocca il collega impedendogli di continuare a picchiare l'investigatore?

Significati

8. *Quel che volevamo lo abbiamo ottenuto* (rr. 95-96). Che cosa intende dire Dobbs con questa frase? Che cosa rende i poliziotti degli "sbirri" cinici e spietati?

Analizzare

Personaggio

9. Il personaggio di Philip Marlowe viene descritto in maniera diretta o indiretta? Motiva la tua risposta.
10. Quali aspetti della caratterizzazione del personaggio vengono privilegiati, tra quelli fisici, psicologici, sociali e ideologici? Motiva la tua risposta cercando degli esempi nel testo.

279

PARTE 2 · I generi

Ambientazione

11. Che funzione ha la descrizione con cui si apre il racconto?

12. L'ambiente sociale e il modo di vivere dei personaggi si delineano in alcune frasi, scambiate durante il dialogo. Cercale nel testo e sottolineale.

13. Tra le realtà indicate nell'elenco, indica che cosa viene evidenziato maggiormente dalla descrizione dell'ambientazione (puoi scegliere più di una risposta).
   a) ☐ La solitudine delle persone.
   b) ☐ La propensione alla solidarietà verso gli altri.
   c) ☐ Il desiderio di comunicare reciprocamente.
   d) ☐ La violenza come caratteristica della vita nella città.
   e) ☐ La fiducia nei confronti delle forze dell'ordine.
   f) ☐ La corruzione, esercitata da chi detiene il potere.

Padroneggiare la lingua

Lessico

14. Nel testo sono presenti metafore o termini che accentuano il realismo descrittivo e narrativo (es.: *un campo di battaglia moderno*). Individuali e spiegane il significato.

15. Nel testo convivono due registri lessicali, uno alto, ricercato, e uno basso, gergale. Completa la tabella inserendo tutti i termini appartenenti all'uno o all'altro registro che riesci a trovare nel testo.

Registro ricercato	Registro gergale
....	....
....	....
....	....

16. Cerca nel testo tutti i sinonimi di "automobile" e spiega perché l'autore ha deciso di utilizzarli.

Grammatica

17. *Premetti l'acceleratore, presi le chiavi dalla tasca, aprii il cassetto sotto il cruscotto. Ne tirai fuori la calibro 38 e la posai sul sedile.* A che cosa si riferiscono *ne* e *la*?
   a) ☐ Il *ne* è riferito alla tasca e il *la* alla coscia.
   b) ☐ Il *ne* è riferito al cruscotto e il *la* alla chiave.
   c) ☐ Il *ne* è riferito alla tasca e il *la* alla pistola.
   d) ☐ Il *ne* è riferito al cruscotto e il *la* alla pistola.

18. *Non conosci la sirena della polizia?* L'interrogativa retorica attende risposta affermativa o negativa?

Interpretare e produrre

19. Che cosa pensi del personaggio dell'ispettore Marlowe? Pensi che il suo modo di combattere il crimine, rispondendo con violenza alla violenza, sia giustificato ed efficace? Discutine con i tuoi compagni.

20. Immagina che il detective Philip Marlowe sia un investigatore privato che lavora in Italia ai giorni nostri. Descrivi il personaggio definendo le sue caratteristiche fisiche, psicologiche e sociali in un testo di circa una pagina.

280

Il noir e il thriller · UNITÀ 9

T2 # Giorgio Scerbanenco
Stazione Centrale ammazzare subito

• **PUBBLICAZIONE**
Milano calibro 9, 1969
• **LUOGO E TEMPO**
Milano, anni Sessanta
• **PERSONAGGI**
Domenico Barone; Olimpia; il brigadiere; il vicequestore

Nella Milano degli anni Sessanta – caratterizzati da una grande crescita economica e da un benessere diffuso – prende sempre più piede la malavita organizzata, che raccoglie ingenti fortune con il contrabbando e il traffico di valuta. Domenico Barone, il protagonista del racconto, è il "corriere" di una banda di malviventi.

Era sabato sera. Aveva in mente di portare Olimpia prima al cinema, a vedere *La notte dei generali*[1], perché le piacevano i film forti. Scese dalla sua stanza nell'alberghetto dei millenari, e il ragazzotto che era dietro il così detto *bureau*[2] gli tese una lettera. – È per lei.

5   Per strada, mentre andava al caffè dove aveva appuntamento con Olimpia, aprì la busta. C'era dentro una cartolina con una veduta di Genova, corso Italia, vicino a Boccadasse. Sulla cartolina erano scritte quattro parole in una frase che non aveva alcun senso. Le quattro parole erano: «Statista centellino ammanierato subappalto». Si fermò, un po' per rileggere meglio, un po' per sorridere di
10 quell'incongrua frase, e un po' per rabbrividire di paura, perché quando arrivava uno di quei messaggi c'era solo da tremare dal terrore. Poi tornò subito in albergo, nella sua stanza. Dalla valigia prese uno di quei vecchi vocabolari rilegati in tela rossa, editi dai Fratelli Treves[3] subito dopo il 1900: era il codice. Con la cartolina davanti, un foglietto di carta e un pennarello a punta sottile cominciò a decifrare
15 la prima parola. La prima parola delle quattro del messaggio era «statista». Allora cercò nel vocabolario la parola «statista», poi, cominciando da questa parola, scese di parola in parola lungo la colonnina dei vocaboli e al dodicesimo vocabolo si fermò. Il vocabolo era: «stazione».

Ripeté il lavoro con la parola «centellino». Scese di parola in parola per dodici
20 vocaboli, e al dodicesimo si fermò. Il dodicesimo vocabolo era: «centrale».

Fece la stessa operazione con «ammanierato», e al dodicesimo vocabolo trovò «ammazzare», e con «subappalto», e al dodicesimo trovò «subito». Quindi, il testo decifrato del messaggio era: «Stazione Centrale ammazzare subito».

A lui questi messaggi in codice (ne aveva ricevuti altri due, prima) lo avevano
25 sempre un po' divertito perché sentiva che un buon decifratore dei servizi segreti in una mezza giornata avrebbe intuito il meccanismo della criptografia[4] che era ab-

---

1. *La notte dei generali*: film inglese del 1967 del regista Anatole Litvak, ambientato durante la seconda guerra mondiale; il protagonista, l'attore irlandese Peter O' Toole, vi impersona un generale nazista accusato di ave-re ucciso alcune prostitute.
2. *bureau*: vocabolo francese che, negli alberghi, indica il banco di ingresso dove si registrano i clienti.
3. Fratelli Treves: la casa editrice milanese Treves è tra le più antiche d'Italia.
4. criptografia: il vocabolo, di origine greca, indica i sistemi con cui si realizzano e si decifrano i messaggi in codice. Oggi si preferisce la forma "crittografia".

281

bastanza trasparente. Infatti, l'inizio delle parole da decifrare era uguale per tutte e quattro le parole del messaggio decifrato. «Statista» cominciava come «stazione», «centellino» cominciava come «centrale», «ammanierato» come «ammazzare» e «subappalto» come «subito». Ma nella sua ingenuità bisognava riconoscere anche una certa furberia del sistema, soprattutto nel fatto che il vocabolario-codice era di oltre sessanta anni prima. Anche il più abile criptologo sarebbe stato in gravi difficoltà nell'individuare un «codice» così vecchio e insolito. A parte questo, lui, Domenico Barone, rilesse una dozzina di volte «Stazione Centrale ammazzare subito», e capì perfettamente di che cosa si trattava e che cosa gli chiedevano. Quando lo ebbe imparato a memoria, probabilmente per sempre, andò in bagno, stracciò la busta, la cartolina, il suo foglietto con la decifrazione e gettò tutto nel water. Si toccò la rivoltella nella tasca destra dei calzoni, ma senza gioia come le altre volte. Maledizione, perché si era messo con quella gente: per cinque milioni di lire[5] italiane. E per cinque milioni uno si gioca tutta la vita, si rovina per sempre e neanche può goderseli.

Quella notte, dopo aver portato Olimpia a vedere *La notte dei generali*, dove Peter O' Toole[6] squartava le donne, e a mangiare la pizza da Di Gennaro, a letto cercò di far capire a Olimpia che cosa gli stava succedendo. Olimpia era una ragazza intelligente, non viveva solo di spremute, di mortadella e pizze e di possenti uomini. Sapeva anche pensare: lui se ne era accorto parecchie volte, anche meglio di lui.

– Si tratta di contrabbando di valuta, tu lo sai – cominciò a spiegarle, tenendosela quasi metà addosso, perché è vero che era inquieto, ma il corpo di Olimpia era una di quelle cose che attenuano parecchio, moltissimo, l'inquietudine. – Ma non di pochi milioni ogni tanto. Qui è tutto organizzato come la lavorazione a catena delle auto alla Fiat. Qui, io sono uno dei tanti che fanno i passaggi, chi sa quanti ce ne sono, in ogni città, e chi sa quanti passaggi fanno questi soldi, io credo che facciano quasi il giro del mondo. A ogni quotazione di borsa partono decine e decine di milioni, da una parte all'altra dell'Europa, alla fine ci sono movimenti di centinaia di miliardi.

Si sedette sul letto e cominciò a bersi un bicchiere di succo di ananas. – E sono organizzati molto meglio del servizio di spionaggio inglese o americano. Sanno tutto di tutti i loro uomini e siamo tutti sorvegliati gli uni dagli altri. Per esempio, l'amico che mi porta i soldi alla Stazione Centrale sorveglia me, ma anch'io devo sorvegliare lui. Il mese scorso mi hanno fatto una comunicazione telefonica «in parlato». Sai che cosa mi hanno detto? Ecco: «Devi dirgli di farsi tagliare bene i capelli. Non vogliamo capelloni, danno troppo nell'occhio». E io gliel'ho detto, e infatti lui si è subito tagliato i capelli, da allora.

– Ma con quel messaggio, che cosa vogliono da te? – lei disse.

– Il messaggio dice: «Stazione Centrale ammazzare subito», e vuol dire che mercoledì, quando arriva l'amico da Ginevra coi soldi, devo stenderlo, e questo è un lavoro che non mi piace. Io, se sono attaccato, sparo, ma non sparo a freddo a

---

5. cinque milioni di lire: per l'epoca, una cifra rilevante.   **6. Peter O' Toole:** vedi nota 1.

uno che non mi ha fatto niente, perché a me quel magrolino col naso a becco sul
viso tutto ossa non mi ha fatto niente.
– Ma perché lo vogliono ammazzare?
– Questo è facile da capire. Lui deve aver combinato qualche porcheria, forse ha preso dei soldi, forse fa il doppiogioco con la polizia che aspetta ad arrestare che ci siano i pesci grossi e loro hanno detto: «ammazzalo».
– Loro, chi?
– E chi lo sa? – disse lui prendendo da terra la caraffa con la spremuta di ananas e dandoci dentro lunghe sorsate. – Io ne conosco tre, e solo di vista, e visti sempre al buio. [...]
Lei, Olimpia, saltò fuori dal letto, con quella sua sciolta e tutta aperta vestaglietta rosa, prese in terra la bottiglia di aranciata e si mise a bere a canna, poi disse: – Che succede se non lo ammazzi?
– Prima di tutto – disse lui, sollevandosi a sedere sul letto, tutto il possente, villoso[7] torace scoperto – io devo telefonare per dare la conferma, e che eseguirò quello che mi hanno detto di fare. Se non do la conferma, loro mi mandano un paio di amici e domani nel pomeriggio, se fossimo sposati, tu saresti fulmineamente vedova.
– Sono così esagerati? – lei disse, posando in terra la bottiglia con la spremuta di arancia. – Ammazzano così, come nei film?
– Peggio. Tu non capisci il lato concreto della questione. Ad ogni «passaggio» si tratta di decine di milioni di lire. Solo io, in tre mesi, ne ho fatti una dozzina di questi passaggi, ma io sono l'ultima spazzatura dell'organizzazione, l'ultimo venuto, qui ci sono centinaia di persone, e tra queste devono esserci banchieri dal nome grosso come una casa, industriali che annegano nei miliardi. Quando c'è di mezzo tutto questo denaro, questo fiume di milioni, la vita di un uomo vale meno di quella di una mosca.
Lei tornò a letto vicino a lui. – A me però sembrano un po' stupidi. Ti obbligano ad ammazzare uno alla Stazione Centrale, con tutti i poliziotti che ci sono lì, vieni preso subito, e quando sei preso, qualche cosa alla polizia finisci per dirla, ed è peggio per loro.
Lui scosse il capo, parlò con la sigaretta tra le labbra. – Non hai ancora capito. Certo che loro non vogliono che io sia preso dalla polizia. Quando telefono la conferma, loro mi dicono anche come devo fare.
Olimpia rifletté, per parecchi secondi. Poi disse: – Allora dai subito la conferma e senti che cosa ti dicono.

7. villoso: peloso.

PARTE 2 · I generi

– Adesso?

Lei saltò ancora fuori dal letto, gli tese la mano: – Vieni.

Lo trascinò fuori dal letto, lui con gli slippini da playboy, e lo portò in anti-camera dove era il telefono. Faceva caldo, il pavimento freddo sotto i piedi nudi
dette loro piacere. Egli formò il numero. Lasciò passare solo uno squillo, poi tol-se la comunicazione. Riformò il numero, lasciò passare solo due squilli e chiuse.
Fece il numero per la terza volta, e dopo uno squillo, chiuse ancora. Poi per la
quarta volta formò il numero e stette ad attendere, senza staccare più la comuni-cazione. Quello era il procedimento per una comunicazione «in parlato». Dopo
pochi squilli udì la voce d'uomo che conosceva all'altro capo del filo: – Pronto.

Lui, tirandosi su gli slip che tendevano a scivolare e guardando Olimpia, dis-se: – Ricevuto, confermo.

La voce disse: – Allora ascolta.

Lui ascoltò. Non fu una spiegazione lunga: meno di un minuto. Poi lui riat-taccò.

– Che cosa ti hanno detto? – domandò lei.

Egli sedette in slip sulla panca dell'anticamera, stette a capo basso guardando
le venature del marmo giallino del pavimento. – Mercoledì, prima di andare alla
Stazione Centrale, devo trovarmi in via Aporti[8], di fianco alla stazione, e un tale mi
consegnerà una scatoletta – respirò forte. – Una scatoletta grande come un libro.

– E cosa c'è nella scatoletta? – lei chiese.

– Qualche cosa di peggio di una bomba al plastico[9] – disse lui. – Cioè una pic-cola mina antiuomo. Appena si apre la scatola, scoppia, e l'uomo resta polveriz-zato, se trovano qualche dito è già molto.

Anche lei respirò forte. – E tu che cosa devi fare?

– Dopo aver preso la scatola, vado come tutti i mercoledì alla Stazione Cen-trale, arriva il magrolino che mi passa la valigia coi soldi, e io gli passo la scatola.

– Ma quello forse potrebbe insospettirsi che tu gli consegni una scatola così,
se ha commesso qualche cosa sarà in sospetto. – No, già altre volte gli ho passato
delle scatole simili. Loro hanno studiato bene la cosa. E nelle scatole che gli ho
passato le altre volte c'erano dei brillanti. Anche i brillanti sono un buon investi-mento, passando una frontiera.

– E poi cosa succede? — lei, sempre piuttosto rosea, era a poco a poco illividita
in viso: non pallida, ma livida.

– Succede che lui prende la scatola e corre al treno che lo riporta a Ginevra e
che sta per partire, perché gli orari sono stati calcolati ai dieci minuti, sale sul suo
vagone e appena il treno si muove va nella toeletta e vi si chiude dentro. Lui crede
che nella scatola vi siano dei brillanti e deve levarli dalla scatola per nasconderli.
E sai dove li nasconde? C'è da ridere, cosa vanno a pensare – rise, ma amaro e
disperato. – Li nasconde in una scatola di supposte di glicerina. Scava le suppo-ste di glicerina e ci mette dentro due o tre brillanti, o anche uno solo, secondo la
grandezza. È difficile che alla dogana pensino di controllare anche le supposte.

---

8. via Aporti: via centrale di Milano (come le altre
citate nel testo).

9. bomba al plastico: il plastico è un potente
esplosivo.

284

Una volta o l'altra lo faranno, ma finora è andata bene. Allora lui si chiude nella toeletta per fare questo lavoro di nascondere i brillanti, ma appena apre la scatola esplode tutto. Penso che potrebbe deragliare anche il treno, se ha già preso una buona velocità.

Rimasero seduti sulla panca, più d'un minuto, anzi, quasi due minuti, poi lui disse ancora: – E sai cos'è il diabolico di questo piano, adesso che ci penso? È che la polizia penserà a un attentato per l'Alto Adige[10]. La mina antiuomo è uno strumento di guerra, è difficile collegarlo a un contrabbando di valuta o di preziosi. […]

– Non sono tranquilla.

– Non piangere, e stai tranquilla. Questo è l'ultimo passaggio che faccio: mi danno gli altri cinque milioni, e ho finito. Non mi metterò mai più in un giro simile. Stai tranquilla, Olimpia, bambina mia – udì solo il suo pianto. – Ciao sta' tranquilla, alle cinque al supermercato.

Uscì, salutò la padrona dell'alberghetto che era dietro il *bureau*, dall'alto, forse, dei suoi duecento anni, uscì e a piedi, gli piaceva camminare, anche se faceva caldo, anche se tremava di paura, percorse via Vitruvio fino a via Ferrante Aporti, dove c'era il palazzo delle Poste e lì vide subito il grassottino e giocondo che già conosceva e che era vicino al cestino dei rifiuti attaccato a un palo della luce e che subito buttò nell'argenteo cestino dei rifiuti[11] qualche cosa e poi si allontanò. Subito lui si avvicinò al cestino e tirò fuori il qualche cosa mentre il grassottino, a distanza di qualche metro, dopo averlo osservato, se ne andava.

Il qualche cosa era un pacchetto squadrato come una piccola scatola di cioccolatini, quelle che si prendono quando si va a pranzo da amici per farne loro omaggio. Nell'interno vi era invece la mina antiuomo. In tempo di guerra quelle

10. attentato per l'Alto Adige: negli anni Cinquanta e Sessanta la regione dell'Alto Adige (in particolare la provincia di Bolzano) fu teatro di numerosi attentati terroristici da parte di gruppi di estremisti di destra che volevano il passaggio di quelle terre all'Austria.

11. argenteo... rifiuti: sotto il sole, il ferro zincato del cestino sembra brillare come l'argento.

VITA E OPERE

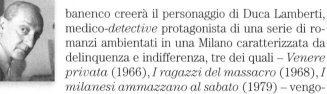

● **Giorgio Scerbanenco** (pseudonimo di Vladimir Serbanenko). Di origine ucraina (nato a Kiev nel 1911, nell'allora Impero russo) ma milanese di adozione, è considerato il "fondatore" della narrativa poliziesca italiana del dopoguerra. È stato a lungo uno dei pochi autori italiani di romanzi gialli, prima che nuovi narratori, negli ultimi anni, ridessero vitalità al genere. Inizia la sua prolifica carriera di scrittore nel 1935, con il romanzo *Gli uomini in grigio*; i suoi primi gialli risalgono agli anni Quaranta, con la serie che vede protagonista il personaggio di Arthur Jelling, la cui prima indagine è *Sei giorni di preavviso* (1940). La consacrazione definitiva dello scrittore arriverà negli anni Sessanta, quando Scerbanenco creerà il personaggio di Duca Lamberti, medico-*detective* protagonista di una serie di romanzi ambientati in una Milano caratterizzata da delinquenza e indifferenza, tre dei quali – *Venere privata* (1966), *I ragazzi del massacro* (1968), *I milanesi ammazzano al sabato* (1979) – vengono adattati per il grande schermo. La scrittura di Scerbanenco mette fine al processo di americanizzazione che era stato necessario alla letteratura gialla per dare una certa dignità ad autori e pubblicazioni nostrane. Il suo stile, caratterizzato dal ritmo incalzante e dalla cura dei particolari, è stato molto amato dal pubblico dell'epoca ed è riuscito a riabilitare il genere poliziesco in Italia. Muore improvvisamente nel 1969, nel momento più felice della sua carriera.

PARTE 2 · I generi

mine erano larghe come una grossa pizza alla napoletana, ma il progresso le ha nanizzate[12], si portano in giro come pacchetti qualunque.

180   E lui la portò in giro alla vicina stazione. Salì la scala mobile, comprò un paio di riviste di grande formato per mimetizzare meglio la scatola, e andò nel bar. Non erano ancora le quattro. Troppo in anticipo. Dovette attendere, girando da una parte all'altra della galleria di testa[13], bevendo ogni tanto un gingerino, fino alle cinque meno dieci, quando nel bar comparve il magrolino dal naso adunco con la

185   sua valigetta. C'erano i soliti due poliziotti, ma non era questo che lo preoccupava, e s'avvicinò subito al magrolino che aveva deposto la valigetta in terra: lo toccò come casualmente urtandolo a un braccio e gli passò il pacchettino, che quello prese subito. Poi si chinò, raccolse la valigetta del magrolino e se ne andò subito via.

Anche il magrolino, col suo pacchetto in mano, bevette in fretta il suo caffè,

190   poi corse al suo treno, il direttissimo[14] Milano-Ginevra, che stava per partire. Salì in un vagone semivuoto e attese, sempre col pacchetto sulle ginocchia. Appena il treno, una decina di minuti dopo, si mosse, andò nella toeletta, si chiuse dentro, strappò l'elegante nastrino che legava il pacchetto, poi cominciò a svolgere la carta, erano pacchettini che conosceva bene, pieni di piccoli ma autentici brillanti,

195   e arrivato a svolgere tutta la carta, lui e metà del vagone esplosero. Tutto il treno vibrò, solo per un miracolo il vagone non uscì dalle rotaie, ma una studentessa milanese che andava a passare le vacanze da un'amica svizzera, e che attendeva sulla piattaforma davanti alla toeletta, esplose anche lei.

Intanto lui, Domenico Barone, con la valigetta, era già uscito dalla Stazione

200   Centrale, aveva attraversato la piazza, aveva imboccato via Vitruvio, ed era arrivato davanti al suo alberghetto. Salì in camera sua e sedette sul letto, con la valigetta sulle ginocchia, ansando. Si sentiva molto stanco. Molto, ma ormai era finita. Basta, basta, non si sarebbe mai più messo in storie come quelle. Adesso doveva fare solo altre quattro cose. 1. Controllare se la valigetta conteneva il denaro; 2. Telefo-

205   nare «in muto» all'amico per avvertirlo che tutto andava bene e che era pronto al passaggio; 3. Andare al supermercato in viale Regina Giovanna e passare la valigia all'amico che sarebbe venuto a prenderla; 4. Uscire dal supermercato coi cinque milioni che l'amico gli avrebbe consegnato, attraversare il viale, saltare dentro la macchina di Olimpia che lo aspettava, e andar via con lei. Per qualche settimana

210   la notte avrebbe sognato il magrolino che saltava in aria appena apriva il pacchetto, ma poi gli sarebbe passata. Cominciò a eseguire l'operazione 1: la valigetta era la solita, senza serratura, ma con una molla a scatto: bastava premerla, e la valigia si apriva. Cosa c'era dentro, questa volta? Dollari, marchi tedeschi, sterline? Trovò facilmente la molla, ormai era pratico, premette la molla, e tutto saltò in aria,

215   lui, la stanza con le pareti, porte e finestre esplosero, se la villetta a tre piani che costituiva l'albergo–ricovero di tanti vecchi fosse stata colpita da una bomba in un bombardamento aereo, l'effetto non sarebbe stato molto maggiore. Una mina antiuomo non ha nulla da invidiare a una bomba d'aereo.

12. **nanizzate:** rimpicciolite, rese minuscole.
13. **galleria di testa:** l'atrio principale della Stazione Centrale di Milano.
14. **direttissimo:** treno a lunga percorrenza; corrisponde all'odierno Eurostar.

Il *noir* e il *thriller* · UNITÀ 9

– Mi scusi, dottore[15] – disse il brigadiere Mazzarelli, un romano, sforzandosi
220 di parlare, di fronte al suo più alto superiore, senza far sentire l'accento romano.
– Anch'io al principio ho creduto che si trattasse di attentati per l'Alto Adige. Una
mina che esplode in una toeletta del direttissimo per Ginevra, un'altra che distrugge mezza villetta in via Vitruvio a Milano e ammazza tre persone, non potevano
essere che attentati. I giornali hanno parlato, appunto, solo di attentati politici.
225 Ma la verità è molto diversa.
– Sì, è vero – disse il vicequestore. – Ho letto il rapporto. Si tratta di contrabbando di valuta e di preziosi.
Ma come siete riusciti a scoprirlo?
– Vede dottore, lei ha letto il rapporto, quindi capisce. Tanto all'uomo che ve-
230 niva da Ginevra con la valigia piena di soldi da far passare, guardi la foto, è un
magrolino con un nasone ossuto, quanto a quello grosso, guardi la foto, che al bar
della stazione ritirava la valigia, era stato mandato lo stesso messaggio: «Stazione
Centrale ammazzare subito». Questi stupidi non sanno che, in organizzazioni così
potenti, a un certo punto i capi hanno bisogno di liberarsi di gente o insicura, o
235 debole, o che sa troppe cose. Così quello di Milano ha ricevuto l'ordine di uccidere
quello che veniva da Ginevra e gli ha consegnato il pacchetto con la mina. E quello
che veniva da Ginevra ha ricevuto l'ordine di uccidere quello di Milano e gli ha
consegnato una valigetta con la mina dentro. Se ne liberano facendoli ammazzare
tra di loro. È stata una donna che ci ha messi sulla traccia giusta: Olimpia, l'ami-
240 ca del grosso di Milano. Ci ha dato indicazioni che li abbiamo presi quasi tutti.
– Bravi – disse il vicequestore, alzandosi.

Giorgio Scerbanenco, *Milano calibro 9*, Milano, Garzanti, 1969

---

15. dottore: in questo caso, si tratta dell'epiteto con cui un inferiore in grado (il brigadiere) si rivolge
al suo superiore (il vicequestore).

SCHEDA DI ANALISI

Il tema e il messaggio

● È stato osservato che i racconti di Scerbanenco non
sono dei veri e propri gialli, bensì dei *noir* o, meglio
ancora, dei *noir* all'italiana, genere del quale lo scrittore russo-milanese è considerato uno dei capiscuola.
In questa particolare forma di giallo l'autore non si limita ad assumere la prospettiva del delinquente, ma
ne mette in evidenza la **"normalità"**, attraverso una
descrizione attenta e minuziosa di particolari che potrebbero sembrare secondari e che, proprio per questa ragione, diventano significativi.

● Ciò che emerge tra le righe, leggendo questo racconto, è una sorta di **legge della sopravvivenza**: uc-
cidi per non essere ucciso, che è l'unica regola che
il protagonista conosce e alla quale decide di voler-
si adattare, per l'ultima volta. Questa – almeno – è la
promessa che egli fa a Olimpia, questo elemento (una
specie di pentimento *in extremis*, il desiderio di iniziare una nuova vita) rende il personaggio non del tutto negativo, se non riesce addirittura a suscitare una
certa immedesimazione da parte del lettore.

● Scerbanenco non intende giustificare il crimine
– qualunque esso sia – ma non è nemmeno interessato a demonizzarlo: il suo obiettivo di scrittore, ciò che
gli interessa è descrivere questo mondo nella maniera più realistica possibile, senza fornire giudizi morali
preventivi.

● **Grande osservatore della quotidianità** (soprattutto di quella delle grandi città come Milano), Scerbanenco riesce così a trasferirla in maniera integra e
fedele nelle sue pagine, con tutto il bello e il marcio di
quella multiforme umanità che cammina, vive e agisce
sulle strade metropolitane.

PARTE 2 · I generi

La struttura del testo e le tecniche narrative

■ Il racconto è scandito in precise **sequenze narrative**, segnalate, oltre che dalla punteggiatura e dagli "a capo", anche dagli elementi che tradizionalmente ne definiscono i confini: cambiamenti di luogo, di protagonisti, di tempo e/o di ritmo narrativo ecc.

■ **La prima sequenza** serve a introdurre il protagonista e a far entrare il lettore in contatto non solo col contesto sociale e personale in cui egli vive, ma soprattutto con la sua dimensione psicologica e col suo "codice etico", la morale da malavitoso a cui egli si attiene.

■ **La seconda sequenza**, quella relativa alla decodificazione del messaggio cifrato, presenta le caratteristiche del racconto poliziesco, ma ha nell'insieme una sottile vena ironica (quasi un nascosto sorriso) con cui l'autore, nel momento stesso in cui presenta l'azione, ne prende le distanze e quasi la mette in ridicolo.

■ Dopo una **sequenza di passaggio**, il protagonista si confronta con Olimpia.

■ Seguono così le **sequenze centrali del racconto**, prevalentemente dialogate, in cui assistiamo a un confronto diretto tra due individui e due differenti modi di concepire la vita.

■ Il congedo da Olimpia avvia il protagonista, Domenico Barone, verso l'attuazione della sua missione criminale e prelude all'epilogo del racconto.

■ La **sequenza finale** porta il lettore a conoscere altri personaggi, altri luoghi e – soprattutto – altre mentalità. Qui, infatti, prendono la parola gli uomini di legge. Ma anche in questo caso l'originalità di Scerbanenco non manca di caratterizzare in maniera personale il racconto. I fatti vengono **ricostruiti a ritroso** dal brigadiere – esempio di funzionario scrupoloso, attento e diligente – ma, pur nella precisione di tale ricostruzione, sembrano non interessare né coinvolgere emotivamente più di tanto il vicequestore, che con quel *Bravi* finale, pronunciato mentre si alza per andarsene, sembra assumere un atteggiamento di distacco e quasi di indifferenza nei confronti dei fatti stessi.

La lingua e lo stile

■ Lo stile di Scerbanenco è diretto e lineare: nella costruzione dei periodi – di solito non molto lunghi – prevale l'uso di una **sintassi paratattica** (*Intanto lui, Domenico Barone, con la valigetta, era già uscito dalla Stazione Centrale, aveva attraversato la piazza, aveva imboccato via Vitruvio, ed era arrivato davanti al suo alberghetto*). Il **registro linguistico** è **medio**; vi sono frequenti riferimenti a oggetti, luoghi, situazioni della vita quotidiana (per esempio, al film che Domenico vede con Olimpia o ai nomi delle strade da lui percorse).

■ Anche se i termini usati non sono particolarmente gergali, nelle parole del personaggio di Domenico riconosciamo il modo di esprimersi tipico di un esponente della malavita (*Solo io, in tre mesi, ne ho fatti una dozzina di questi passaggi, ma io sono l'ultima spazzatura dell'organizzazione, l'ultimo venuto, qui ci sono centinaia di persone, e tra queste devono esserci banchieri dal nome grosso come una casa, industriali che annegano nei miliardi. Quando c'è di mezzo tutto questo denaro, questo fiume di milioni, la vita di un uomo vale meno di quella di una mosca*).

Laboratorio sul testo

Comprendere

Informazioni esplicite

1. In quale vicenda è coinvolto il protagonista? Che cosa deve fare, come e perché?
2. Perché il sistema di decifrazione del messaggio viene definito piuttosto antiquato, ma nel contempo sicuro?
3. Perché Olimpia non è d'accordo con Domenico sul da farsi?
4. Come riesce il giovane a convincere la ragazza che è necessario che egli compia questa "missione"?
5. Grazie a chi gli investigatori sono riusciti a risolvere l'enigma delle due esplosioni quasi contemporanee, nel centro di Milano?
6. Qual era la loro prima ipotesi?

Informazioni implicite

7. Perché Domenico *stracciò la busta, la cartolina, il suo foglietto con la decifrazione e gettò tutto nel water* (rr. 37-38)?
8. Perché Domenico, nell'apprestarsi a compiere la missione, era *senza gioia come le altre volte* (rr. 38-39)?

Significati

9. Che cosa rende "amara" la conclusione del racconto?
10. Il personaggio di Olimpia ti è sembrato positivo o negativo? Motiva la tua risposta.
11. In questo racconto le forze di polizia e la figura dell'investigatore hanno un ruolo piuttosto secondario. Secondo te qual è il significato di tale scelta da parte dell'autore?

Analizzare

Struttura del testo e tecniche narrative

12. Il racconto ha come un duplice finale: quello degli eventi e quello della loro ricostruzione. Segnali a margine con differenti colori.
13. Dividi il testo in sequenze, segnandone i confini a matita nel testo. Scrivi poi per ogni sequenza un breve titolo riassuntivo.
14. In quali sequenze prevale il racconto e la descrizione? In quali il dialogo? Vi sono sequenze prevalentemente riflessive?
15. Quale tipo di focalizzazione prevale?
16. Nel dare struttura al racconto, Scerbanenco ha fatto coincidere la *fabula* con l'intreccio? Motiva la tua risposta.
17. In quale punto compare un'ellissi? Che funzione ha?
18. L'autore ti è sembrato più attento a definire la psicologia dei personaggi o a narrare gli avvenimenti? Perché – secondo te – ha compiuto questa scelta?

Padroneggiare la lingua

Lessico

19. Chi è *un abile criptologo*? Che cosa fa?
20. Nell'espressione *mina antiuomo* che valore ha il prefisso *anti*?
21. Tra le seguenti parole, sottolinea quelle in cui il prefisso *anti* ha lo stesso valore che nel termine *antiuomo*: antitesi, anticamera, antistante, antinebbia, antifurto.
22. *Vede dottore, lei ha letto il rapporto*. Scrivi un sinonimo della parola *rapporto* adatto al contesto in cui la parola si trova.

Grammatica

23. Trova nel brano almeno due esempi della costruzione paratattica tipica dello stile di Scerbanenco e trascrivili.
24. Riscrivi il seguente brano trasformando il discorso diretto in discorso indiretto.

    Ma perché lo vogliono ammazzare?

    – *Questo è facile da capire. Lui deve aver combinato qualche porcheria, forse ha preso dei soldi, forse fa il doppiogioco con la polizia che aspetta ad arrestare che ci siano i pesci grossi e loro hanno detto: «ammazzalo».*

    – *Loro, chi?*

    – *E chi lo sa? – disse lui prendendo da terra la caraffa con la spremuta di ananas e dandoci dentro lunghe sorsate. – Io ne conosco tre, e solo di vista, e visti sempre al buio.*

Interpretare e produrre

25. Ti sembra che il personaggio di Domenico Barone sia un po' fatalista, cioè che si affidi in parte al destino, in quanto crede che non potrà controllare completamente ciò che gli accadrà? Discutine con i tuoi compagni.
26. Scrivi un testo di circa una pagina, immaginando che Olimpia sia seduta di fronte al vicequestore che la sta interrogando per ricostruire i fatti e chiarire il mistero delle due esplosioni. Ricostruisci prima l'ambientazione della scena, descrivendo con più dettagli possibili il luogo e l'atmosfera che vi domina; poi scrivi le battute del dialogo che si viene a creare durante l'interrogatorio.

PARTE 2 · I generi

T3 Edward Bunker
Cane mangia cane

Troy Cameron, Mad Dog MacCain e Diesel Carson sono tre amici che hanno in comune un passato trascorso in riformatorio e nelle carceri di massima sicurezza statunitensi. Dopo aver scontato la rispettiva pena, si ritrovano per continuare le loro imprese criminose, l'unica cosa che ormai sono capaci di fare.
Insieme hanno organizzato un'attività ad alto rischio: rubare soldi e droga alla malavita. Il rischio è ulteriormente aggravato dal fatto che se i tre fossero di nuovo scoperti e catturati dalla polizia, sarebbero condannati per la terza volta e, secondo le leggi americane, finirebbero dritti all'ergastolo.
Nel brano proposto Diesel e Troy sono andati al supermercato per fare spese ma vengono notati dal direttore: agli occhi dell'uomo Diesel sembra teso e sospettoso e Troy corrisponde alla descrizione di un individuo che ha commesso furti nel negozio. Troy esce dal supermercato per aspettare Diesel in macchina, ma il direttore chiama la polizia che giunge prontamente e sorprende Troy; dopo una violenta colluttazione, Troy è ammanettato e inchiodato a terra. Diesel, uscito nel frattempo dal negozio, ha assistito da lontano alla scena…

> **PUBBLICAZIONE**
> *Cane mangia cane*, 1995
>
> **LUOGO E TEMPO**
> USA, anni Novanta
>
> **PERSONAGGI**
> Troy; Diesel; gli agenti di polizia; un signore sessantenne

Diesel era rimasto lì, a guardare la zuffa, e ne aveva approfittato per estrarre la pistola che teneva sotto le buste delle provviste. Aveva cercato di armarsi di tutto il suo coraggio per correre in aiuto di Troy. Ma le cose erano accadute troppo in fretta; la sua mente non era sufficientemente agganciata alla sua volontà di
5 agire. Del resto non poteva neppure decidersi a dileguarsi abbandonando l'amico.
Adesso niente di tutto ciò era attuabile. I due agenti di polizia stavano avanzando verso di lui, separandosi per coprirsi[1] l'un l'altro. Tutto ciò che aveva era la pistola, un reato minore, e soltanto un anno prima si sarebbe arreso e avrebbe scontato la sua pena, da sei mesi a cinque anni di prigione. Adesso, però, rischia-
10 va una condanna all'ergastolo, perché, dal punto di vista della legge, questo era il suo terzo reato, per quanto fosse un reato minore. Sapeva ciò che doveva fare. Era meglio uccidere o morire, piuttosto che dichiarare la resa per il resto della vita. La poliziotta si dirigeva verso di lui. Il piedipiatti di colore fece una specie di cerchio. La folla si aprì per lasciar passare la donna. Un metro e mezzo la separava da lui.
15 – Lei, – disse la donna, indicando Diesel con un cenno.
Diesel si guardò intorno, facendo finta di pensare che la poliziotta indicasse qualcun altro. Anche altre persone nella folla si guardarono intorno. Melanie Strunk avanzò di un passo.
Diesel si voltò. Vide quel viso coperto di lentiggini, incorniciato dal casco da

---

1. per coprirsi: per riuscire a salvarsi l'un l'altro, in caso di sparatoria.

290

Jean-Michel Basquiat, *Philistines*, 1982, ProLitteris.

20 poliziotto. Il giubbetto antiproiettile che aveva indosso deformava la camicetta dell'uniforme che era stropicciata e sporca dopo la zuffa per terra con Troy. La donna non aveva visto la pistola sotto la busta delle provviste. Ebbe soltanto una frazione di secondo, che non le fu sufficiente, prima che la canna apparisse e facesse fuoco. La pallottola la colpì al basso ventre, sotto il giubbetto. L'impeto della
25 pallottola di grosso calibro le scaraventò il bacino all'indietro, facendole fare un mezzo giro su se stessa prima di cadere a terra, un breve grido di dolore alle labbra.

La folla si mise a urlare, schizzando da tutte le parti per allontanarsi da Diesel.

L'agente Lincoln si abbassò mettendosi al riparo dietro un'automobile e afferrò la pistola. [...]

30 Diesel esplose un colpo a casaccio in direzione del poliziotto di colore, e si lanciò in corsa verso l'estremità dell'edificio. Oh Signore, oh Signore, oh Signore, salmodiava[2] tra sé. La serata si era di colpo trasformata in un'apocalisse[3].

Melanie Strunk rotolò sul cemento, le mani premute sulla ferita, i denti serrati per impedirsi di urlare. Il sangue sgorgava tra le dita.

35 L'agente Lincoln aspettò che il gigante avesse svoltato l'angolo prima di uscire allo scoperto e mettersi all'inseguimento.

In una strada dietro l'edificio del supermercato, un vice-sceriffo in pensione aveva udito lo sparo, e vide la sagoma di Diesel girare l'angolo e dirigersi verso un recinto lungo la strada. Il vice-sceriffo in pensione schiacciò il pedale dei freni
40 e scese dall'automobile urlando:

2. salmodiava: il verbo salmodiare significa letteralmente "accompagnare con il canto la recitazione dei salmi ovvero preghiere". Qui Diesel è preoccupato e invoca il Signore per esprimere angoscia e augurarsi da lui protezione.

3. un'apocalisse: una tragedia immane. L'*Apocalisse* è il libro di san Giovanni che narra la fine del mondo.

– Ehi tu, fermo là dove sei!

Diesel saltò sul recinto e lo superò con un volteggio, atterrando malamente, di faccia allo steccato, e vacillando all'indietro prima di ricadere sul sedere.

Il vice-sceriffo in pensione si trovava proprio alle spalle del gigante. Allargò le
45 braccia come il difensore di una squadra di calcio pronto a bloccare l'avversario. Diesel si era rialzato in piedi. Provò a farsi largo scantonando l'uomo con uno spintone[4], ma quando sentì che quello gli opponeva resistenza, gli piantò una pallottola nella gamba. L'eroe cadde a terra e Diesel saltò sull'automobile del vice-sceriffo.

Alle sue spalle l'agente Lincoln s'era messo in posizione di tiro e stava pren-
50 dendo la mira. Il bersaglio era a trenta metri. Premette il grilletto nel momento esatto in cui Diesel si piegava in avanti per ingranare la prima.

La pallottola trapassò il vetro del finestrino dalla parte del conducente, mancò Diesel di qualche centimetro, riuscì dal finestrino dalla parte del passeggero, traversò la strada e fece un foro nella vetrina di un barbiere. Carl Ellroy se ne stava
55 seduto in una delle poltroncine, ignorando tutto ciò che stava accadendo: era in attesa della rasatura, allorché la pallottola di grosso calibro andò a schiantarsi nel suo avambraccio, frantumando l'osso e l'orologio da polso che gli era stato regalato per Natale.

Diesel schiacciò il pedale dell'acceleratore. L'automobile avanzò sbandando
60 prima di stabilizzarsi. Proseguì zigzagando per la via sotto una gragnuola di colpi[5], ma non si fermò. Diesel sentì l'impatto dei proiettili, ma non si rese conto che il serbatoio della benzina era stato forato da parte a parte da una pallottola. La benzina cominciò a colare lasciando un rivolo sulla carreggiata, mentre lui si dava freneticamente alla fuga. Guardò l'indicatore di livello del serbatoio: era a metà.

65 Davanti al supermercato voci isteriche reclamavano un'ambulanza. Agenti in motocicletta e auto della polizia urlavano a sirene spiegate tra l'esplosione delle luci lampeggianti. Dei poliziotti diedero il cambio al direttore del supermercato. Troy vide le gambe fasciate nelle uniformi blu. Quando un piedipiatti gli mise un piede in testa schiacciandogli la faccia per terra, Troy vide i muri di granito
70 della prigione di Folsom. Mani brutali lo rimisero in piedi con uno strattone alle manette che gli serravano i polsi dietro la schiena, e lo trascinarono a un furgone col compartimento posteriore separato da una rete di filo metallico. Batté la testa contro il montante[6] della portiera. Qualcuno gli fece abbassare la testa e poi lo scaraventarono sul dietro del veicolo. Riusciva a vedere le luci blu roteanti lì fuori.
75 Quando il furgone si mise in marcia, Troy sentì il roteare delle pale di un elicottero. Corri, Diesel, corri, pensò, nel mezzo della sua disperazione.

L'automobile rubata percorse quasi due chilometri prima di restare a secco. Era un quartiere di case antiche con la struttura in legno. La via era sovrastata da una fitta volta di aceri che l'avvolgevano nell'oscurità già prima che il sole fosse
80 completamente tramontato. Scendendo dall'automobile Diesel prese a tremare, il corpo sudato investito dalle ventate di aria fredda. Doveva trovare un'altra automobile. Doveva fuggire. Ne avrebbe rubata una. Prese a correre lungo l'isolato

---

4. scantonando... spintone: spingendolo per potergli poi sfuggire. **5. gragnuola di colpi:** fitta pioggia di pallottole. **6. montante:** parte superiore.

e imboccò un viale che conduceva alla strada vicina. Salì una rampa di scalini fino a una veranda e suonò il campanello.

85   Nessuna risposta.

Attraversò il prato di corsa. La luce brillava da una delle finestre sulla facciata della casa accanto. Suonò e rimase in attesa, tremando dalla testa ai piedi, senza smettere di guardarsi alle spalle. Sentì un rumore di passi che si avvicinavano e, quando la porta si aprì, il rumore della televisione accesa. Si ritrovò di fronte un
90 uomo sulla sessantina.

– Sì? – fece l'uomo. Alle sue spalle c'era uno sheltie[7] che abbaiava rumorosamente. – Zitto, – ordinò l'uomo, spingendo indietro il cane. La porta della zanzariera era chiusa, ma non a chiave. Diesel l'aprì e affondò la pistola nel ventre dell'uomo.

95   – Mi serve la tua automobile. Dove sono le chiavi? […]

– In... macchina.

Il cagnolino guaiva contro la gamba di Diesel. Dall'interno della casa sopraggiunse una voce di donna: – Chi è, Charles?

– Non è niente, tesoro, – gridò l'uomo in risposta. – Me ne occupo io.

100 Diesel finse di attaccare il cane e, proprio come lui voleva, la bestia scappò via.

Il vecchio aveva prestato servizio in Marina, e dopo il primo sussulto di spavento, aveva riacquistato il suo sangue freddo.

– Calma, signore. Non le creerò problemi.

– Molto bene. Muoviti.

105 Il vecchio uscì richiudendo la porta. Diesel lo stringeva da vicino, la pistola appoggiata alla propria gamba, puntata sul vecchio, come si insegna ai poliziotti. Avrebbe portato il vecchio con sé. Due persone in una automobile avrebbero forse destato meno sospetti. Si immaginava il vespaio di sbirri rabbiosi che si riversavano nelle strade.

110 I due uomini scesero la scala della veranda, poi presero il viale laterale per raggiungere il garage. La porta del garage non era chiusa a chiave, e il vecchio la

---

7. sheltie: razza di cane, simile al collie.

VITA E OPERE

Edward Bunker Scrittore, sceneggiatore e attore cinematografico statunitense, nato a Hollywood nel 1933. A causa del suo comportamento violento e trasgressivo, fin da giovane trascorre lunghi periodi in carcere; i suoi libri prendono le mosse proprio dall'esperienza diretta del crimine e della vita carceraria. Comincia a scrivere i suoi primi racconti in galera; il suo primo romanzo, *Come una bestia feroce* (1973), è un *noir* duro e impietoso che incontra subito il successo del pubblico, tanto che pochi anni dopo ne viene tratto un film con Dustin Hoffman, *Vigilato speciale*, in cui lo stesso scrittore interpreta un piccolo ruolo. Da questo momento inizia anche la sua carriera cinematografica di attore e di sceneggiatore, che lo porterà a partecipare a numerosi film di diverso genere. Tema ricorrente delle opere di Bunker – *Animal factory* (1977), *Little Boy Blue* (1980), *Cane mangia cane* (1986) – è proprio quello dell'uomo risucchiato nel circolo vizioso del crimine, che riesce a trasformare anche piccoli delinquenti in spietati assassini senza alcuna speranza di redenzione. Bunker muore a Los Angeles nel 2005.

PARTE 2 · I generi

sollevò, esponendo il retro di una Cadillac Seville vecchia di dieci anni, il modello
con il portabagagli a gobba[8].

Nel mentre che prendevano posto all'interno della vettura furono investiti dal
115 fascio luminoso di un riflettore dalla strada. Una voce amplificata gridò: – Polizia!
Non vi muovete!

Diesel guardò al di sopra della sua spalla. Il riflettore lo accecava quasi totalmente. Distingueva appena i contorni della macchina della polizia.

– Sta buono, vecchio, – mormorò. – Non dire una parola.

120 Il primo accesso di disperazione e di terrore aveva lasciato posto in lui a una
sorta di indifferenza. Se era la fine della partita, ebbene, così fosse. Si era spinto
troppo lontano per mollare tutto adesso. – Qual è il problema, agente? – domandò, cercando di individuare attraverso la luce accecante se si trattava di uno o
due poliziotti.

125 – Restate dove siete, – intimò una voce diversa. Dunque erano due. Sentì il rumore dei loro passi sul viale. Riuscì a distinguere le due sagome controluce.

La lampada della veranda sul retro si accese, e la porta si aprì. La moglie del
vecchio sporse fuori la testa. – Che sta succedendo, Charlie? – domandò.

La luce della veranda illuminava i poliziotti. Uno dei due si girò verso la donna,
130 spostando l'asse di tiro[9] del fucile che portava in spalla. Diesel ci mise un paio di
secondi per fare appello al suo coraggio e puntare la pistola.

– È armato! – urlò l'altro poliziotto.

Il fucile tornò ad essere nuovamente puntato contro di lui.

Diesel sparò per primo. La pallottola mancò il bersaglio. Il poliziotto premette
135 il grilletto del fucile. Clic. Il cane[10] ricadde. Si era dimenticato di armarlo. L'altro
poliziotto fece fuoco con la sua pistola. Diesel sentì il colpo nell'addome, poi un
attizzatoio infuocato nelle budella[11]. Strana sensazione. Il Python[12] gli sobbalzò di
nuovo in mano. La pallottola colpì il primo agente all'anca frantumando l'osso.
L'uomo cadde a terra.

140 Il marine[13] in pensione si appiattì al suolo all'interno del garage, mentre la moglie lanciò un urlo prima di cadere sul pavimento dentro casa.

Dopo aver tirato, il secondo agente si riparò piegato in due dietro il muro del
garage. Il fascio di luce del riflettore piazzato in strada illuminava a giorno l'interno del garage. Acquattato accanto al parafango anteriore dell'automobile, Diesel
145 era mezzo accecato da quella luce abbagliante negli occhi. Il poliziotto lo aveva
messo in trappola. Lo avrebbe ridotto a un colabrodo[14], se avesse provato a uscire
da lì correndo. Ma, al tempo stesso, non poteva restare dove si trovava. Dov'era
il vecchio? Doveva servire da ostaggio.

Come se il pensiero di Diesel avesse funzionato da detonatore, l'ex-marine si

---

8. Cadillac... gobba: automobile americana; questo modello è
caratterizzato da un cofano posteriore molto bombato (*a gobba*).
9. asse di tiro: linea che indica
la traiettoria del proiettile, una
volta esploso.

10. cane: percussore della pistola; viene armato dal grilletto
(oppure a mano) e colpendo l'in-
nesco della cartuccia fa partire
il colpo.
11. Diesel... budella: la pallottola che ha colpito Diesel all'addome brucia come un ferro ro-

vente.
12. Python: varietà di fucile di
fabbricazione statunitense.
13. marine: soldato della Marina
degli USA.
**14. Lo avrebbe ridotto a un
colabrodo:** lo avrebbe riempito
di proiettili.

294

Il noir *e il* thriller • UNITÀ 9

150 rimise in piedi con un balzo sull'altro lato dell'automobile e uscì di corsa. – Non sparate! Non sparate! – urlò, le mani in alto.

L'agente di polizia tenne la mira. Vedeva il suo compagno contorcersi per terra, annerito dal sangue colato. Sapeva che il sospettato si trovava sull'altro lato dell'automobile.

155 – Arrenditi! – urlò. – Non ce la farai a scappare! Arriveranno i rinforzi.

Dopo aver urlato il suo messaggio, prese a muoversi lungo l'esterno del garage, servendosi della torcia per guidare i suoi passi. Se Diesel si fosse mosso in quella manciata di secondi, avrebbe trovato il cammino sgombro per fuggire fino alla via. L'agente fece il giro passando per il retro e risalì sull'altro lato del garage. Si ritrovò

160 accanto al muro opposto al punto in cui Diesel credeva che fosse in quel momento.

Il corpo di Diesel tremava, scosso dagli spasmi. I rinforzi sarebbero arrivati da un momento all'altro. Doveva fare una mossa. Puntò lo sguardo sull'angolo dietro il quale pensava si trovasse il poliziotto, trattenne il respiro, e incominciò a strisciare lungo il fianco dell'automobile. Si rannicchiò su se stesso e poi uscì

165 correndo sulla sua destra, lanciandosi verso l'angolo dell'edificio. Da lì sparò due volte. Niente piedipiatti.

– Fermo! – urlò il poliziotto alle sue spalle.

Diesel girò su se stesso. La testa e il braccio armato del poliziotto erano visibili: l'uomo era davanti alla luce abbagliante del proiettore. Diesel corse su di lui,

170 premendo il grilletto, ma il Python 357 era un'arma a sei colpi, e i sei colpi erano stati esplosi. Il cane percosse solo camere vuote. Maledizione, pensò.

Fu il suo ultimo pensiero. L'agente gli piantò scrupolosamente due pallottole nel petto e una in testa. Diesel ne percepì l'impatto mentre inciampava in balia di quel dolore momentaneo e della luce accecante che s'infiammò prima di smorzarsi,

175 portandosi via la sua anima. Non era altro che un pezzo di carne, quando toccò terra, mollando la pistola incandescente che gli scivolò dalla mano.

Edward Bunker, *Cane mangia cane*, Torino, Einaudi, 1999

SCHEDA DI ANALISI

Il tema e il messaggio

● Alla fine del brano il lettore si chiede: Diesel è criminale o vittima? Come nei migliori *noir*, infatti, l'autore guarda i fatti dal punto di vista del colpevole, esaltando i suoi stati d'animo, le sue sensazioni e la sua "umanità". Sotto questo aspetto il fatto che Carson abbia compiuto delle azioni criminose non impedisce che il lettore possa "simpatizzare" per lui e sperare che infine si salvi, proprio perché l'autore ce ne ha mostrato il lato più umano, la sua sofferenza e la sua fragilità.
● Di sicuro il *gigante* Diesel ha un forte **senso dell'amicizia**, svelato da quell'istinto di correre in aiuto di Troy, nonostante l'enorme pericolo; solo la velocità con cui si producono gli eventi gli impedisce una reazione più rapida e perciò rimane lì, senza decidersi ad abbandonare Troy, dando il tempo ai poliziotti che hanno malmenato il suo amico di raggiungerlo. La sua **irriducibile opposizione alla legge**, che lo vorrebbe in prigione a vita (*era meglio uccidere o morire, piuttosto che dichiarare la resa per il resto della vita*), lo induce a sparare, prima con calcolata mira, poi a casaccio, mentre fugge sopraffatto dalla tragicità degli eventi (*un'apocalisse*). La sua fuga diventa una disperata corsa per sfuggire alla morte, ma alla fine Diesel viene ferito e *scrupolosamente* abbattuto, come si farebbe con un cane *malato di rabbia*.

295

PARTE 2 · I generi

Tra rapine, pestaggi e sparatorie il romanzo diventa un coraggioso atto d'accusa contro gli abusi della legge, contro la **corruzione** e la **violenza delle forze dell'ordine**, contro la società che non offre possibilità di riscatto alle persone che escono dal carcere; come è successo a Troy, Mad Dog e Diesel, incapaci di trovare altro scopo nella vita che rituffarsi nel crimine e nella violenza. Nel mondo di Bunker, tratteggiato con un deciso **pessimismo**, non si può mai abbassare la guardia se si vuole riuscire a sopravvivere.

Il narratore e il punto di vista del personaggio

Il **narratore** è esterno e **onnisciente**: è a conoscenza di tutto ciò che accade e ne informa il lettore (*Carl Ellroy se ne stava seduto in una delle poltroncine…; Diesel […] non si rese conto che il serbatoio della benzina era stato forato*). In alcuni casi, egli adotta una **focalizzazione interna**, quando racconta la vicenda dal punto di vista di Diesel, mostrandocene i vari stati d'animo. Attraverso l'uso del **discorso indiretto libero** la voce narrante ci comunica l'agitazione e l'ansia del fuggitivo (*Doveva trovare un'altra automobile. Doveva fuggire. Ne avrebbe rubata una*), fino alla presa di coscienza definitiva della sua situazione (*Se era la fine della partita, ebbene, così fosse. Si era spinto troppo lontano per mollare tutto adesso*). Anche la descrizione del dolore fisico è rappresentata attraverso la percezione che ne ha Carson: il dolore del colpo all'addome è come il bruciore di un *attizzatoio infuocato nelle budella*. E nel finale sembra che Diesel stesso descriva la sensazione del colpo fatale, di quel dolore e della luce accecante che precede il buio totale.

La lingua e lo stile

Lo stile di Edward Bunker descrive molto realisticamente la vita criminale: il suo talento di scrittore deriva dalla sua eccezionale capacità di descrivere i suoi personaggi, di trasformarli quasi in esseri umani in carne e ossa. Tale sua capacità è meno frutto dell'immaginazione che della sua esperienza di vita reale, come ha scritto egli stesso: «Il carcere è la mia seconda pelle. Per scrivere bene bisogna raccontare ciò che si conosce».

La sua **scrittura** è perciò **precisa**, **essenziale** e fortemente **realistica**: i periodi sono brevi, a volte spezzati (*La poliziotta si dirigeva verso di lui. Il piedipiatti di colore fece una specie di cerchio. La folla si aprì per lasciar passare la donna. Un metro e mezzo la separava da lui*); le **descrizioni** sono **mimetiche**, "fotografano" cioè la situazione o la sensazione riproducendola in maniera naturale e concreta (*L'impeto della pallottola di grosso calibro le scaraventò il bacino all'indietro, facendole fare un mezzo giro su se stessa prima di cadere a terra, un breve grido di dolore alle labbra*).

Anche il lessico utilizzato contribuisce ad aumentare questo effetto di realismo estremo; la scelta di ogni vocabolo è studiata per rendere con cruda immediatezza l'apocalisse che si sta verificando (*La folla si mise a urlare, schizzando da tutte le parti; un piedipiatti gli mise un piede in testa schiacciandogli la faccia per terra; gli piantò una pallottola nella gamba; il sangue sgorgava tra le dita*).

Laboratorio sul testo

Comprendere

Informazioni esplicite

1. Elenca i personaggi che compaiono nel brano specificando il loro ruolo.
2. Perché Diesel non interviene nella zuffa tra Troy e i poliziotti?
3. Perché Diesel non si arrende ai poliziotti?
4. Perché ruba una macchina?
5. Perché porta il vecchio con sé?
6. Come muore Diesel?

Informazioni implicite

7. Perché Diesel colpisce la poliziotta al basso ventre?
8. Quali stati d'animo si succedono in Diesel? Spiegali, motivando la tua risposta con esempi tratti dal testo.

Significati

9. *Gli piantò una pallottola nella gamba. L'eroe cadde a terra* (rr. 47-48). La parola *eroe* ha qui una connotazione ironica, se non sarcastica: perché?

10. *Troy vide i muri di granito della prigione di Folsom* (rr. 69-70). Che cosa significa la frase? Quale sentimento (o presentimento) sta provando Troy?

11. *L'agente gli piantò scrupolosamente due pallottole nel petto* (rr. 172-173). Nell'utilizzo dell'avverbio *scrupolosamente* è implicito un giudizio da parte del narratore. Quale?

Analizzare

Narratore

12. Attraverso quali elementi il narratore definisce l'aspetto fisico di Diesel?

13. Quale ambientazione fa da sfondo alla vicenda? Come viene descritta dal narratore?

Punto di vista del personaggio

14. Individua nel brano alcuni esempi della caratterizzazione psicologica e ideologica di Diesel, soprattutto quelli che denunciano la sua fredda determinazione a uccidere ma anche la sua sensibilità umana.

15. Cerca nel testo e trascrivi brani in cui prevale il punto di vista di Diesel. Secondo te, quali effetti producono a livello narrativo?

Padroneggiare la lingua

Lessico

16. Cerca nel testo quanti più esempi possibile di vocaboli ed espressioni che dimostrino il realismo dello stile di Bunker.

17. [Diesel] *Si immaginava il vespaio di sbirri rabbiosi che si riversavano nelle strade*. Che cosa significa *vespaio*, nel contesto della frase?

18. *Non era altro che un pezzo di carne, quando toccò terra*. Che cosa indica, in modo figurato, l'espressione *un pezzo di carne* riferita a Diesel?

 a) ☐ Era già morto.

 b) ☐ Era martoriato dalle ferite.

 c) ☐ Era senza volontà.

 d) ☐ Era svenuto.

Grammatica

19. *Era meglio uccidere o morire, piuttosto che dichiarare la resa per il resto della vita*. Che funzione ha il connettivo *piuttosto che*, e da quale espressione potrebbe essere dunque sostituito?

 a) ☐ Esprime una preferenza (*addirittura*).

 b) ☐ Istituisce una comparazione di preferenza (*anziché*).

 c) ☐ Conferisce valore avversativo (*invece*).

 d) ☐ Indica un'aggiunta (*oltre a*).

20. Cerca nel brano e trascrivi altri esempi in cui il narratore adotta il discorso indiretto libero.

Interpretare e produrre

21. Come spieghi il titolo del romanzo da cui è tratto il brano: *Cane mangia cane*? Secondo te, ha un rapporto col contenuto del testo che hai appena letto? Parlane coi tuoi compagni.

22. Troy è stato catturato dalla polizia, Diesel è stato addirittura ucciso; come pensi che reagirà il terzo amico, Mad Dog, a questa notizia? In un testo di una pagina circa, immagina la continuazione della vicenda: la reazione di Mad Dog una volta scoperto ciò che è successo ai suoi amici, il suo stato d'animo, i suoi progetti per riuscire a scampare all'arresto da parte della polizia.

PARTE 2 · I generi

T4 **Carlo Lucarelli**
Choc

PUBBLICAZIONE	*Crimini*, 2005
LUOGO E TEMPO	Bologna, primi anni Duemila
PERSONAGGI	L'agente di polizia Lara D'Angelo; il suo collega Giuliano Pasquale

Il brano, tratto da un racconto di Carlo Lucarelli, fa da contrappunto a quello di Edward Bunker: se là il lettore s'immedesima con le sensazioni e lo stato d'animo del criminale, qui egli adotta il punto di vista di Lara D'Angelo, agente di polizia che insieme al collega Giuliano Pasquale è di pattuglia durante la notte. I due sono sulla macchina e stanno perlustrando la zona del Mercato ortofrutticolo dove sono stati notati strani movimenti.

«Fammi guidare a me, va».

Pasquale accostò e fecero il cambio di posto. Proprio in quel momento la radio squittì.

«Vela cinque[1], chiama il centotredici[2]».

5 Pasquale fece cenno di tornare al volante, ma Lara scosse la testa. Aprì il cellulare e chiamò il centotredici. Un cittadino aveva segnalato strani movimenti in zona Mercato ortofrutticolo, ex Link[3]. Sarà una cazzata comunque, ma, cortesemente, ci diamo un'occhiata?

«Siamo qui dietro la stazione. Ci andiamo subito».

10 Via de' Carracci, sinistra, sinistra, dritto, dritto. C'era uno spiazzo largo dove avevano spianato un centro sociale. Era rimasto qualche muro vecchio e ce n'erano un paio di quelli nuovi che stavano costruendo. Era buio, solo il lampione di là dalla strada, ma era spento.

«Io non vedo niente» disse Pasquale.

15 «C'è uno laggiù, – disse Lara, – vedo una cosa bianca».

Un attimo dopo il vetro della macchina esplose. Cioè no, a Lara sembrò che esplodesse, perché la sua parte si incrinò tutta, coprendosi di una ragnatela fittissima di tessere irregolari, come in un mosaico di vetro. Sterzò bruscamente, montando sul marciapiede, e Pasquale le cadde addosso, molle, troppo molle, vischioso

20 e caldo, la testa che gli scivolò giù, sulle braccia di lei tese sul volante, e quando le tolse, la faccia del collega le finì tra le gambe, pesante e indecente.

Lara vide i buchi sul parabrezza, tre, scheggiati ma netti, vide che aveva la manica della giubba tutta rossa, vide che anche la schiena di Pasquale era tutta rossa e allora aprì lo sportello e si buttò giù dalla macchina e corse dietro, arrancando a

25 quattro zampe sull'asfalto, e tirò fuori la pistola, puntandola nel buio.

Non c'era niente, neanche un'ombra, neanche un fruscio.

Aspettò. Dopo, ai colleghi, avrebbe detto che aveva aspettato finché non fosse stata sicura che non c'era più nessuno, ma in realtà aspettò per forza, perché non riusciva a smettere di tremare. E quando si mosse lo fece perché il sangue sulla

30 manica della giubba era passato sotto, sulla pelle del braccio, si era indurito ed

---

1. Vela cinque: è il nome in codice della volante della polizia.
2. centotredici: è il numero di telefono con cui un cittadino può richiedere l'intervento d'urgenza della Polizia.
3. ex Link: luogo in cui prima si trovava un famoso locale notturno bolognese, il Link.

298

era diventato freddo. Girò attorno all'angolo della macchina e guardò dentro lo sportello aperto.

Pasquale era steso con la faccia sul sedile di guida. Cercò di sollevarlo ma era pesantissimo, riuscì soltanto a girarlo su un fianco, in una torsione innaturale.

35 Aveva un buco sul petto, uno sotto il collo e non aveva più la faccia.

Lara lo lasciò cadere, fece un salto indietro e si mise a vomitare.

Se fosse stata una tosta, o semplicemente se fosse stato quello il suo modo di reagire, Lara avrebbe chiesto di riprendere subito servizio sulla volante, anche così, con il cerotto che le girava sul naso graffiato da una scheggia di vetro e quel
40 tremito leggero che ogni tanto le prendeva una mano. Ma Lara non era tosta, non così tanto, e si era fatta a casa tutti i tre giorni che il medico le aveva prescritto per lo choc, e anzi, se ne era presi altri due di ferie ed era andata al mare con Marco[4], dai suoi, i suoi di Marco, che avevano una pensione a Rimini. Seduta sulla spiaggia, a coprirsi i piedi nudi con la sabbia fredda del mare d'inverno, pensò
45 che poteva chiedere di lasciare la volante e mettersi in un ufficio, bella tranquilla. A indagare sulla morte dell'agente scelto Pasquale Giuliano ci pensava la mobile, avevano già un'ipotesi investigativa, le aveva detto il commissario, quello era territorio di Jari l'Albanese, prostituzione e droga, chissà che casino avete interrotto per farli reagire così, ma stai sicura che li prendiamo quei bastardi. Non aveva
50 voluto sapere di più. Non perché non le importasse della morte di Giuliano, ma perché non ci voleva pensare, la stava rimuovendo, non era andata neanche al funerale, e prima o poi le sarebbe scoppiata dentro, con quella faccia morta che le pesava tra le gambe e le aveva insanguinato tutto il cavallo dei calzoni, che aveva buttato via senza neanche provare a lavarli. Prima o poi, ma non adesso. Adesso
55 se ne stava seduta sulla sabbia, a coprirsi le dita dei piedi con un velo grigiastro lasciato scivolare fuori dalla mano chiusa a pugno, e per metà soffiato via da una brezza umida e salata.

Carlo Lucarelli, *Il terzo sparo*, in *Crimini*, Torino, Einaudi, 2005

---

4. Marco: collega e compagno di Lara.

VITA E OPERE

● **Carlo Lucarelli** Nato a Parma nel 1960, è uno scrittore, giornalista, sceneggiatore e conduttore televisivo italiano. Sfrutta l'esperienza e la passione derivanti dai suoi studi di storia contemporanea (che lo portano a preparare una tesi universitaria sulla polizia nella Repubblica di Salò) per esordire nella scrittura con il romanzo giallo *Carta Bianca* (1990), ambientato proprio nel periodo di transizione tra la Repubblica di Salò e la nascita della Repubblica Italiana, che vede come protagonista il commissario De Luca, le cui indagini continueranno in *L'estate torbida* (1991) e *Via delle Oche* (1996). Lucarelli si confermerà in seguito come uno dei maggiori giallisti italiani contemporanei, inventando nei propri romanzi altri personaggi di successo, come l'ispettore Coliandro (da cui è stata tratta una serie televisiva) e l'ispettore Grazia Negro, protagonista di alcuni romanzi, dal più famoso dei quali – *Almost Blue* (1997) – è stato tratto un film. La passione per la storia contemporanea si ritrova anche in altri romanzi, come *Guernica* (1996), ambientato durante la guerra di Spagna, e *L'ottava vibrazione* (2008) ambientato in Eritrea alla fine dell'Ottocento. L'attività di Lucarelli spazia in tantissimi ambiti: la scrittura di sceneggiature teatrali, cinematografiche e televisive; la conduzione in prima persona di programmi televisivi, come il fortunato *Blu Notte*, incentrato sulla ricostruzione di fatti di cronaca nera; infine, la realizzazione di fumetti.

PARTE 2 · I generi

SCHEDA DI ANALISI

Il tema e il messaggio

● Questa volta l'apocalisse è vissuta dai poliziotti. La **fatalità** ha voluto che Giuliano prendesse il posto di Lara proprio poco prima dello sparo, altrimenti sarebbe toccato a lei morire: come si scoprirà nel prosieguo del racconto, l'assassino voleva infatti colpire proprio lei, che di solito stava sempre seduta sul sedile del passeggero. Ma nel mestiere del poliziotto i rischi sono sempre in agguato e anche un'operazione apparentemente semplice, come un sopralluogo in una zona deserta della città, può trasformarsi in tragedia. In questo racconto di Lucarelli, gli agenti non sono né corrotti né violenti, ma sono le **vittime** del crimine: Giuliano Pasquale, che viene ucciso ferocemente, e Lara, fortemente scioccata dall'avvenuto, dalla precarietà di vita cui la condanna il proprio lavoro, che si sente tremendamente fragile e si vede così costretta a rinunciare, per il momento, all'azione (*non ci voleva pensare… adesso se ne stava seduta sulla sabbia… fredda del mare d'inverno*).

La narrazione e i tipi di discorso

● La vicenda è raccontata da un **narratore onnisciente**, che riporta i fatti accaduti, descrive l'ambiente e, nella seconda parte del brano, adotta una **focalizzazione interna** al personaggio di Lara per descrivere i suoi stati d'animo.

● L'autore alterna nel testo una grande varietà di tipologie di discorso. Il racconto inizia con un **discorso diretto libero** (*«Fammi guidare a me, va»*), in cui cioè le parole sono riportate senza essere precedute da verbi dichiarativi e senza i due punti introduttivi, né è specificato chi le pronuncia. Poco dopo troviamo un **discorso diretto legato**, sistema più comune e tradizionale di riportare i dialoghi (*«Io non vedo niente» disse Pasquale*) e così chiamato perché la frase è retta da verbi dichiarativi. Più avanti, compare un **discorso indiretto legato** (*pensò che poteva chiedere di lasciare la volante*), così definito perché è presente un verbo dichiarativo (*pensò che*) a reggere un discorso indiretto (*poteva chiedere di lasciare la volante*); e infine troviamo un **discorso diretto libero**, nel punto in cui il narratore, senza preannuncio, riporta i pensieri di Lara e le parole del commissario (*quello era territorio di Jari l'Albanese, prostituzione e droga… ma stai sicura che li prendiamo quei bastardi*).

La lingua e lo stile

● Lo **stile** di Lucarelli è estremamente **realistico**, nella sua capacità di rappresentare la quotidianità del parlato (*Fammi guidare a me, va…; ci diamo un'occhiata?*), di descrivere con tratti essenziali l'ambiente di sfondo (*qualche muro vecchio… solo il lampione di là dalla strada*), di raccontare con crudezza la morte del povero Giuliano (*le cadde addosso, molle, troppo molle, vischioso e caldo…; non aveva più la faccia*). L'uso del linguaggio è ricercato e sapiente, nella sua capacità di scegliere vocaboli che rendano anche attraverso la loro **sonorità** l'atmosfera del racconto (*la radio squittì…; il vetro della macchina […] si incrinò […] coprendosi di una ragnatela fittissima di tessere irregolari*) L'uso del **monologo interiore** è particolarmente efficace per indagare i pensieri di Lara, dopo il forte choc subito e il turbamento che ne consegue (*Pensò che poteva chiedere di lasciare la volante e mettersi in un ufficio, bella tranquilla*).

APPROFONDIMENTO

La scienza è un passo più avanti del crimine

Nell'ultimo decennio si sono molto evolute le tecniche d'indagine e sono comparsi sofisticati sistemi che permettono di risalire ai criminali grazie all'analisi di tracce minime ritrovate sul luogo del delitto.
Ecco la testimonianza di un esperto del settore.

«Ho cominciato 28 anni fa e se tornassi indietro rifarei lo stesso mestiere». Per Luciano Garofano […] la passione per le investigazioni non è mai scemata. Anzi, cresce con l'aumentare delle scoperte scientifiche.
In effetti, la sede emiliana del reparto criminalistica dei carabinieri è in tutto e per tutto un grande laboratorio, dotato delle più innovative strumentazioni tecnologiche.
«Quello che fa la differenza, oggi rispetto a ieri, sono la fisica, la chimica e la biologia, perché le analisi che noi

facciamo attingono da questi settori», precisa Garofano. Così, la scena del delitto diventa una mappa preziosa da interrogare e decifrare. «Spesso, le fonti di prova certa – come saliva, sudore, ma anche un capello o fibre di tessuto –, che possono portare all'identificazione del colpevole, si annidano in quel luogo, ben nascosti nel disordine creato dalla furia omicida. Il nostro compito è portare alla luce questi elementi, interpretarli e analizzarli in laboratorio».

La morfologia delle tracce è infatti un campo che ha conosciuto enormi sviluppi negli anni. L'ha fatta da protagonista, per esempio, nel caso di Erika e Omar, i minorenni di Novi Ligure. «Dalla posizione di una traccia – continua il detective-biologo – possiamo ricostruire i movimenti dell'assassino, dalla sua forma e dimensione è possibile risalire alla posizione di vittima e omicida. Lo studio delle tracce è dunque un'autentica miniera per gli investigatori ed è assolutamente complementare all'analisi del Dna».

In Italia, però, a differenza degli altri Paesi, non esiste una biobanca... Racconta Garofano: «È stata istituita, proprio a questo scopo, una commissione dalla Presidenza del consiglio, di cui faccio parte insieme a magistrati, avvocati e medici legali, che ha stilato una proposta di legge. Al momento è ferma in Parlamento, ma spero che ci sia presto un via libera. Disporre di un database del Dna significa anche avere un comparto sicurezza molto più efficiente e poter agire anche in termini preventivi. Sapere che c'è la possibilità di analizzare e archiviare la più labile traccia di sudore sulla maniglia di un'auto, individuando il colpevole, è certamente un forte deterrente. Pensiamo alla Gran Bretagna: da quando esiste la biobanca, il numero di reati risolti è aumentato dal 23 al 43 per cento. Tra l'altro, la sua creazione non va letta solo in chiave repressiva: la banca dati non solo individua i colpevoli, ma scagiona anche gli innocenti». E poi, potrebbe dare una soluzione a casi finora irrisolti. Come quello di "via Poma".

«Un caso difficile – commenta Garofano –. L'analisi del Dna esisteva da poco e per ottenere un profilo genetico significativo occorreva una notevole quantità di materiale biologico. In più, i marcatori non distinguevano tra un soggetto e l'altro. Oggi, invece, i risultati sono assolutamente affidabili e tutelati da una serie di controlli, paragonabili a quelli adottati negli studi clinici. Quando eseguiamo una batteria di prelevamento e amplificazione del Dna, per esempio, inseriamo sempre anche un campione bianco (una sorta di placebo) e un campione noto. Se alla fine della reazione li ritroviamo uguali, significa che non ci sono state contaminazioni e il test è valido». Spesso però, l'opinione pubblica è diffidente, pensa a una sorta di schedatura. «Si tratta di paure ingiustificate – ribatte il colonnello –. Oggi le regioni del Dna impiegate a scopo identificativo, le cosiddette *Short*

tandem repeat, non consentono di desumere predisposizioni a malattie o patologie in atto, dati che potrebbero essere strumentalizzati da assicurazioni o datori di lavoro. Non solo. Finora, in tutte le banche dati del mondo, dagli Stati Uniti ai Paesi Bassi, dal Canada all'Australia, non si è mai registrato alcun caso di violazione o uso improprio dei dati». E sul fronte dell'inquinamento delle prove? «Non è trovando un'impronta che si trova il colpevole – tranquillizza Garofano –. Sarebbe pericoloso e arrogante: la prova deve sempre essere contestualizzata e avere un significato. Altrimenti, rimane un indizio».

Nuovi strumenti di indagine

Superattak: è una colla a base di esteri di cianocrilato, potenti esaltatori delle impronte digitali, molto più efficaci delle polveri a base di alluminio (*argentoratum*). Indicata sulle superfici particolarmente porose, come stoffa e carta.

Luminol: test usato nella diagnosi generica di sangue, soprattutto per tracce lavate o datate. Si nebulizza una soluzione a base di 3-amminoftalidrazide: la presenza di sangue è rivelata da una luminescenza blu elettrica, visibile solo in condizioni di completa oscurità.

Balistica: tecnica usata per rilevare i residui dello sparo, come piombo, bario e antimonio. Oggi si usano tamponi di nastro biadesivo eseguendo prelievi su mani, viso, vestiti, poi analizzati al microscopio elettronico a scansione. Il guanto di paraffina era invece un sistema inconcludente e fuorviante.

Reperti: le tracce biologiche (capelli, sangue, cute, saliva e sperma) vengono raccolte, analizzate e archiviate. Questo consente di riaprire casi che sembravano chiusi. Per l'omicidio di Simonetta Cesaroni, per esempio, che risale al 7 agosto 1990, i giudici sono ripartiti dalle tracce di sangue ritrovate nel lavatoio condominiale di via Poma. Ma anche da oggetti con residui di sudore e saliva.

Dna *typing*: si basa sull'analisi di 16-17 regioni del Dna (gli Str) dai quali si ricava il profilo genetico. Il Dna viene estratto dalle tracce raccolte sulla scena del crimine: si quantifica, si amplifica mediante Pcr (reazione a catena della polimerasi che riproduce la doppia elica in milioni di copie), si separa e si interpreta (tipizzazione).

Luci forensi: sono metodi ottici di identificazione, esaltazione e osservazione degli elementi fisici di prova. Vanno dai raggi Uv ai raggi laser e infrarossi. Il *Crimescope*, per esempio, ha una lunghezza d'onda variabile che consente la ricerca di fluidi biologici, impronte, fibre e residui da sparo.

Francesca Cerati,
La scienza è un passo più avanti del crimine,
«Nòva», inserto «Sole 24 ore», 26 gennaio 2006

PARTE 2 · I generi

Laboratorio sul testo

Comprendere

Informazioni esplicite
1. In quale missione sono impegnati Lara e Giuliano?
2. Quale fatalità si compie?

Informazioni implicite
3. *Fammi guidare a me, va* (r. 1). Chi pronuncia queste parole?
4. *Chissà che casino avete interrotto per farli reagire così* (rr. 48-49). Chi pronuncia queste parole? Che cosa vogliono dire? Che cosa ipotizza chi le pronuncia?
5. Da quali indizi capiamo che Lara, subito dopo lo sparo, è terrorizzata e sconvolta?

Significati
6. *Prima o poi le sarebbe scoppiata dentro* (r. 52). A che cosa si sta riferendo il narratore? Che cosa e perché sta per scoppiare dentro Lara?

Analizzare

Narrazione
7. Il brano può essere facilmente diviso in due parti. Individuale e attribuisci a ciascuna un titolo.
8. Cerca e sottolinea un esempio in cui prevale il punto di vista di Lara. Motiva la tua scelta.
9. In quale punto compare una prolessi? Che cosa anticipa?
10. In quale punto compare un'ellissi? Quali fatti vengono taciuti?
11. Quale delle due parti in cui hai suddiviso il brano ha un ritmo più veloce e dinamico? Perché?

Tipi di discorso
12. Cerca nel testo e sottolinea con colori differenti le diverse tipologie di discorso adottate dal narratore.

Padroneggiare la lingua

Lessico
13. *La radio squittì*. Da quale espressione potrebbe essere sostituito il verbo *squittì*?
    a) ☐ Chiamò la volante.
    c) ☐ Emise una voce stridula.
    b) ☐ Gracchiò.
    d) ☐ Ebbe un'interferenza.
14. Che cos'è un'*ipotesi investigativa*? Spiega il termine con parole tue.
15. Pasquale cade addosso a Lara *molle* e *vischioso*. Spiega perché il narratore usa questi due aggettivi e prova a sostituirli con altri due il cui significato sia adatto al contesto.

Grammatica
16. *Ci pensava la mobile*. A che cosa si riferisce il pronome *ci*?
17. «*Io non vedo niente*» *disse Pasquale*. «*C'è uno laggiù, – disse Lara, – vedo una cosa bianca*». Trasforma il brano in un discorso indiretto legato.

Interpretare e produrre

18. Giustifichi la reazione di Lara? Davvero, come lei stessa pensa, non è *una tosta* (r. 40)? Discutine con i tuoi compagni.
19. In un testo di circa una pagina, riproponi il racconto della prima parte del brano, adottando però il punto di vista della persona che ha sparato. Descrivi questo personaggio nella maniera che ritieni più opportuna, privilegiandone la caratterizzazione fisica o quella psicologica, e poi passa alla narrazione dell'azione.

302

T5 Gianrico e Francesco Carofiglio
Cacciatori nelle tenebre

- **PUBBLICAZIONE**
  Cacciatori nelle tenebre, 2007
- **LUOGO E TEMPO**
  Bari, primi anni Duemila
- **PERSONAGGI**
  L'ispettore Carmelo Tancredi; Nero

Carmelo Tancredi, l'ispettore di polizia protagonista della storia, è il capo di una squadra speciale, costituita in base a una direttiva riservata: si tratta di una sezione "fantasma" che opera in proprio, fuori dalle gerarchie, occupandosi di persone scomparse – soprattutto bambini – e di tutti i reati connessi alle sparizioni.

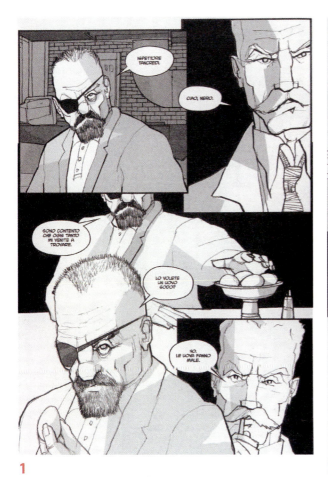

1

2

1. La caratterizzazione fisica di Nero lo connota come un "pirata della vita": porta ancora su di sé i segni che testimoniano le lotte passate. Vive richiuso nella sua "tana" soddisfatto di cose semplici e frugali: è un duro come Tancredi, che ogni tanto si rivolge a lui perché la collaborazione del boss è preziosa e fidata, nonostante tutto.

2. Nero sapeva già che l'ispettore stava indagando sul morto, che *non era un bravo ragazzo*. L'uso di una litote (figura retorica consistente nell'affermare qualcosa attraverso la negazione di un'espressione dal significato contrario) serve a rendere più netto e definito il giudizio di Nero: secondo il suo parere, l'uomo assassinato non era per niente un bravo ragazzo, era anzi un vero e proprio criminale che ha meritato la fine che ha fatto, e che forse meritava di peggio. E se lo dice Nero, c'è da crederci…

PARTE 2 • I generi

Nel caso in questione, un imprenditore, molto noto e influente nella zona di Bari, è stato brutalmente assassinato. Il passato della vittima è assai ambiguo; Tancredi e la sua squadra si occupano del caso conducendo una difficile e pericolosa indagine nelle zone oscure di Bari, che, nel corso della narrazione, perde gradualmente i connotati della tradizionale città pugliese per assumere quelli di una città oscura, violenta, equivoca.
La verità che emerge dalle indagini è drammatica: l'ispettore scopre che dietro l'assassinio dell'imprenditore si cela un traffico di bambini

3. Tancredi ha intuito bene: Nero può dirgli cose importanti. Il morto di cui si parla (l'imprenditore su cui indaga l'ispettore) è un *commerciante di dolore* – secondo la bella e indovinata espressione di Nero – che rapiva e vendeva bambini a persone che li utilizzano per scopi orribili, terrificanti.

304

rapiti. Nelle tavole proposte, l'ispettore, pur di ottenere informazioni sulla scomparsa di un bambino, fa visita a Nero, capo di una gang barese, che conferma i sospetti di Tancredi.

Gianrico e Francesco Carofiglio, *Cacciatori nelle tenebre*, Milano, Rizzoli, 2007

4. L'espressione *snuff* o *snuff movie* (che deriva dall'inglese *to snuff*, che in gergo significa "annientare", "ammazzare brutalmente") indica filmati amatoriali in cui i protagonisti vengono prima torturati, violentati e poi infine uccisi. Una tragica realtà dei nostri tempi, le cui vittime molto spesso sono bambini. Nella vignetta finale l'espressione cupa di Tancredi (in primo piano), la predominanza del nero, l'enfasi sulla parola inferno sono segni grafici che veicolano in maniera molto efficace il messaggio.

VITA E OPERE

Gianrico Carofiglio Nato a Bari nel 1961, è un magistrato che ha svolto funzione di pretore, di pubblico ministero e infine di sostituto procuratore antimafia, nella sua città di nascita. Nel 2008 è stato eletto senatore. Dopo molte pubblicazioni di natura professionale, ha esordito come narratore e con il suo primo romanzo, *Testimone inconsapevole* (2002), ha inaugurato in Italia il genere del *legal thriller* ("thriller legale"). In questo romanzo compare il personaggio dell'avvocato Guido Guerrieri, le cui vicende continueranno a essere raccontate in un fortunato ciclo di romanzi, composto sinora da *Ad occhi chiusi* (2003), *Ragionevoli dubbi* (2006) e *Le perfezioni provvisorie* (2010). Con un altro suo romanzo, *Il passato è una terra straniera*, Carofiglio ha vinto il Premio Bancarella nel 2005. La *graphic novel Cacciatori nelle tenebre* è stata prodotta in collaborazione con il fratello Francesco, che ne ha curato i disegni.

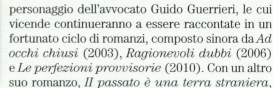

SCHEDA DI ANALISI

Il tema e il messaggio

- Per avanzare nelle sue indagini, il poliziotto – a malincuore – si rivolge a Nero, una vecchia conoscenza nel mondo della malavita, grazie alle cui rivelazioni scopre una storia dolorosa.
- L'ispettore Tancredi si immerge così nel "**cuore di tenebra**" della città, per scoprire i suoi lati oscuri e scovare i *commercianti di dolore* che, dopo la realizzazione di filmati pedopornografici, provocano la morte delle loro giovanissime vittime. Tancredi, **uomo duro** e **cinico**, prova comunque forte turbamento e commozione alla parole di Nero; ma egli è deciso ad arrivare alla soluzione, anche a costo di usare le maniere forti.
- Questa *graphic novel*, dunque, si occupa di un tema sociale di drammatica attualità. Ma Gianrico Carofiglio ammonisce: il crimine non si combatte senza regole. Come ha dichiarato in una sua intervista, «una cosa sono le storie, un'altra è la vita reale. Una cosa è il mestiere di scrittore, un'altra il mestiere di magistrato». Insomma, anche se l'autore ha potuto osservare da vicino i metodi della criminalità più spietata, nella pratica del suo lavoro non li approva né ne adotta le tecniche.

I personaggi

- Per caratterizzare i personaggi, possiamo affidarci alle parole del loro stesso creatore, tratte dalla postfazione a *Cacciatori nelle tenebre*: «Tancredi è un poliziotto differente dallo standard medio. Anche nel tipo di interessi: la sua casa è piena di libri e tra questi parecchi volumi di *haiku* o sugli *origami*. Il suo ideale di vita è un altro, ma evidentemente non può realizzarlo a causa della missione che deve portare avanti. Che è anche una maledizione, in qualche modo. Scopriamo pure che ha un incubo ricorrente: qualcosa che viene da prima e che si svelerà dopo. Nell'incubo c'è una bambina. Ed è il motivo per cui Tancredi continua a fare il poliziotto.

- La sua squadra è composta di soggetti "rifiutati" per le più varie ragioni. C'è il grosso, Vito "Lotàr", ispirato a Lothar di *Mandrake* ma pronunciato alla barese, perché a Bari nei soprannomi si pone l'accento sull'ultima sillaba. Poi c'è Iena, il classico sbirro da strada. Il suo nome è una citazione del protagonista del film *1997 Fuga da New York*, o meglio, del suo nome italiano, Jena Plissken. Continuando a giocare coi nomi, anche con gli accostamenti più "inattesi", arriva Nora, proprio come la protagonista di *Casa di bambola* di Ibsen.»
- Da queste indicazioni dell'autore, possiamo venire a conoscenza di ulteriori caratteri dei personaggi: la passione per aspetti tradizionali della **cultura giapponese** (*haiku* è il nome di un'antica forma di componimento poetico e *origami* è l'arte di piegare la

Il noir e il *thriller* · UNITÀ 9

carta) e, soprattutto, la sua **personalità inquieta** e **tormentata**, che è proprio ciò che lo spinge a fare il suo difficile lavoro. Dalla scelta dei nomi per gli altri personaggi, inoltre, è possibile notare l'ampiezza e la ricchezza di **riferimenti culturali** presenti in questa *graphic novel*: dal fumetto (*Mandrake*) al cinema (*Fuga da New York*) sino addirittura al teatro di fine Ottocento (*Casa di bambola* di Ibsen).

La tecnica e lo stile

● Il disegno di Francesco Carofiglio, fratello di Gianrico, è caratterizzato dai **toni neri**, da **tratti forti** e **duri**, da **immagini incisive**, e da una **costruzione complessa** delle vignette.

● Come scrive egli stesso, nella postfazione a *Cacciatori nelle tenebre*: «Sicuramente non ho seguito dei cliché. È vero che talvolta esistono degli stereotipi di riferimento, ma nel cercare le facce, i gesti e le azioni mi sono sforzato di non pensare ai personaggi dei fumetti conosciuti. Ho provato a tenermi lontano da loro, concentrandomi sull'atmosfera della storia, come fosse un film. Alla fine, anche la modalità del disegno tende verso quella direzione, in una forma assai vicina al taglio cinematografico. Il tratto, questa è una scelta precisa, si sporca, lavora sull'imperfezione, sulla costruzione delle ambientazioni. E così le linee di abbozzo delle architetture sono svelate, senza una pulizia che le renda semplici fondali. Mi è piaciuto pensare a una città presente e nascosta, notturna oppure piena di ombre dentro giornate con un sole che non ride mai. La città per me è un personaggio di questa storia. La stessa cosa riguarda i volti, le facce, ho lasciato che il disegno, laddove serviva, si sporcasse. Per quel che riguarda poi l'ispirazione dei volti – è vero, Tancredi ricorda un po' Richard Dreyfuss – negli studi preparatori mi sono immerso nell'immaginario cinematografico, e li ho cercati lì dentro. […]. Diciamo che in genere sono molto attratto dai bianchi, dai neri, dai chiari e dagli scuri, ed è proprio questo il clima in cui ho voluto calare la storia, sforzandomi nello stesso tempo di non renderlo sovrabbondante rispetto alla narrazione. Perché un fumetto è fatto di parole e di immagini. E un romanzo che si legge attraverso delle immagini, e sono immagini che si assorbono grazie alla lettura. La piccola alchimia è rendere i due ingaggi una sola lingua».

● Dalle parole di Francesco Carofiglio scopriamo che il **cinema** è stato per lui un'importante fonte d'ispirazione, soprattutto per la caratterizzazione fisica del personaggio di Tancredi che riprende i tratti dell'attore americano Richard Dreyfuss. Inoltre, emerge dalle sue parole la scelta stilistica di ritrarre attraverso una decisa **contrapposizione di bianco e nero** l'ambientazione e l'atmosfera stessa del racconto, manifestazioni di una realtà urbana anch'essa attraversata da forti contrasti.

Laboratorio sul testo

● Comprendere

Informazioni esplicite

1. Chi è Tancredi?
2. Chi è Nero?
3. Perché Tancredi si rivolge a lui?
4. Che cosa rivela Nero a Tancredi?

Informazioni implicite

5. Le informazioni di Nero sono affidabili?
6. *E forse gli è andata anche bene perché meritava di peggio* (tavola 2). Che cosa vuole esprimere Nero con questa sua affermazione?

Significati

7. Il nome Nero è allusivo e simbolico? Perché?
8. *Sono ignorante però so lo cose* (tavola 4). Qual è il significato di quest'affermazione apparentemente contraddittoria?

307

PARTE 2 · I generi

Analizzare

Personaggi

9. Quali caratteristiche dei personaggi emergono prevalentemente dal fumetto? Completa lo schema.

	Caratterizzazione fisica	Caratterizzazione psicologica
Tancredi		
Nero		

10. Da queste poche tavole, emerge anche una caratterizzazione sociale e ideologica dei due personaggi? Motiva la tua risposta con qualche esempio tratto dal testo.

Tecnica e stile

11. Individua e segnala a margine le tavole in cui è più evidente la contrapposizione netta fra bianco e nero. Quale effetto conferisce al fumetto questa scelta stilistica?

Padroneggiare la lingua

Lessico

12. Individua i termini onomatopeici presenti nel testo e spiegane il significato.
13. *Ho sentito storie di combattimento e storie luride di bambini.* Qual è il significato dell'aggettivo *luride*? In questo caso è usato in maniera figurata? Cerca un sinonimo per l'aggettivo.
14. *Lui era un commerciante di dolore.* L'espressione ha valore metaforico. Che cosa vuole dire?

Grammatica

15. *Io lo so.* A che cosa si riferisce la particella pronominale *lo*?
16. *Si dice che ha fatto la fine che meritava.* I due *che* hanno valore diverso in questa frase. Quale proposizione introduce ciascuno di esso?

Interpretare e produrre

17. Spesso nei gialli, anche quelli televisivi e cinematografici, la polizia ricorre a informazioni fornite dalla stessa malavita, tra cui ci sono informatori speciali. Ti sembra giustificabile questo sistema? Discutine coi tuoi compagni, argomentando la tua opinione.
18. Secondo te, che cosa potrebbe accadere nelle vignette successive? Chi incontra l'ispettore Tancredi? Se ti senti all'altezza del compito, prova a disegnare una pagina di vignette in cui raffiguri il seguito della storia. Altrimenti, in un testo non più lungo di una pagina descrivi l'ambientazione delle scene successive e racconta l'azione, inserendo anche qualche dialogo tra i personaggi.

cinema

IL CRIMINE al cinema

TRAMA Un noto giornalista d'inchiesta, Mikael Blomkvist, viene contattato da un ricco industriale, Henrik Vanger, con la richiesta di indagare sulla scomparsa, avvenuta molti anni prima, della nipote Harriet. Mikael, che ricorda d'averla conosciuta da bambino, accetta l'incarico e si mette subito all'opera, trasferendosi nella tenuta della facoltosa famiglia, che ha tra i suoi numerosi membri alcuni ex militanti del partito nazista svedese; in particolare, il vecchio Harald.
Intanto, una hacker dal passato difficile, Lisbeth, su incarico dallo stesso Henrik Vanger, segue a distanza i progressi di quell'indagine, tra cui la scoperta di alcune vecchie foto d'archivio scattate durante una festa nella piazza della città, proprio nello stesso giorno della scomparsa di Harriet: tra la folla si distingue il volto della ragazza e, di fronte, quello sfumato e indistinto di un uomo che la osserva. Lisbeth, dopo essersi vendicata di un tutore giudiziario sadico e violento, contatta via mail il giornalista per suggerirgli un'interessante pista d'indagine. Mikael si mette subito sulle sue tracce e riesce a convincerla a lavorare insieme su quel caso. E insieme, in breve tempo, dopo aver decriptato alcuni appunti in codice, appurano che Harriet Vanger aveva scoperto, tra i membri della famiglia, l'autore di una serie di omicidi di giovani donne.
Mentre il cerchio si stringe attorno ai Vanger, qualcuno tenta di uccidere Mikael. Scampato all'agguato, il protagonista prosegue le sue ricerche e, con l'aiuto di un poliziotto, risale all'identità di tutte le giovani donne uccise, scoprendo l'elemento comune tra tutte loro: l'origine ebraica. I suoi sospetti si concentrano sull'anziano filo-nazista Harald, di cui va a perlustrare l'appartamento; intanto Lisbeth indaga tra i documenti dell'azienda, giungendo con certezza a una conclusione diversa: il serial killer è Martin, nipote di Harald. Lo stesso Martin, dopo aver sottratto Mikael alla furia dello zio che lo ha sorpreso in casa propria, lo narcotizza e lo rinchiude in una cantina; Lisbeth giunge appena in tempo per salvarlo e per mettere in fuga Martin, inseguendolo poi ad alta velocità fino a farlo uscire di strada. La polizia sopraggiunge a raccogliere le prove dei delitti nella cantina degli orrori.

LA REGIA Il film, tratto dall'omonimo romanzo di Stieg Larsson, ha un ritmo serrato e incalzante. Risultano molto coinvolgenti alcune scene ricche di azione e di *suspense*. Un particolare fascino hanno poi le immagini girate tra le montagne innevate della Svezia.

I CARATTERI DEL *NOIR-THRILLER* Nel racconto filmico sono presenti tanto i caratteri del *noir* quanto quelli del *thriller*: tipici del primo filone sono infatti l'efferatezza dei delitti e l'abiezione di alcuni personaggi, come il serial killer e il sadico tutore; del secondo, invece, lo scontro ad alta tensione tra questi personaggi negativi e quelli positivi, ovvero Mikael e Lisbeth.

LA SCENA PIÙ RIUSCITA: *NEL COMPLESSO LA FAMIGLIA VANGER È UN INSIEME DI PERSONE SGRADEVOLI* Mikael ha accettato l'incarico. Sistemandosi nella *dépendance* della tenuta Vanger, osserva un ritratto fotografico di Har-

FILM: Uomini che odiano le donne
REGIA: Niels Arden Oplev
INTERPRETI PRINCIPALI: Michael Nyqvist, Noomi Rapace, Lena Endre
FOTOGRAFIA: Erich Kress
DURATA: 152 min.
PRODUZIONE: Svezia, Danimarca, Germania, Norvegia
ANNO: 2009

ONLINE guarda la scena

riet, ricordando com'era quando l'aveva conosciuta da bambino; poi effettua in rete le prime ricerche sulla famiglia Vanger.

IL CRIMINE al cinema

Il crimine è stato raccontato al cinema prevalentemente attraverso il genere del *noir* che, nel corso degli anni, si è sviluppato in filoni diversi (*hard-boiled*; *thriller*; *crime-story*). Tra i numerosi esempi di film *noir* americano, possiamo qui ricordare *Il mistero del falco* (1941) di **John Huston**, tratto da un romanzo di Dashiell Hammett; *Il grande sonno* (1946) di Howard Hawks, tratto da un romanzo di Raymond Chandler. Altro indiscusso capolavoro del genere è *L'infernale Quinlan* (1958) di **Orson Welles**, regista che ha messo a disposizione il suo enorme talento registico per il racconto di una storia dai contorni oscuri e dai personaggi fortemente ambigui.
In Italia, il genere non è particolarmente diffuso: negli ultimi anni, tuttavia, sono stati tratti alcuni film da romanzi di autori *noir* italiani o stranieri, come *La ragazza del lago* (2007) di **Andrea Molaioli** e *La doppia ora* (2009) di **Francesco Capotondi**. Molto più numerose sono le serie televisive *noir*, tra le quali spiccano *Quo vadis, baby?* (2008), tratta dall'omonimo film diretto da Gabriele Salvatores (2005) a sua volta ispirato a un romanzo di Grazia Verasani; e *Romanzo criminale*, tratta dal romanzo di Giancarlo De Cataldo.

309

VERIFICA UNITÀ 9 Il *noir* e il *thriller*

Sapere e Saper fare

PalestraInterattiva

1. **Vero o falso?**

a) Nel *noir* vengono indagati gli aspetti oscuri dell'animo umano.	V ☐ F ☐
b) Il detective indaga sempre con metodi corretti e legali.	V ☐ F ☐
c) Il *noir* e il *thriller* presentano delle affinità.	V ☐ F ☐
d) In chi commette il crimine è spesso presente una commistione di bene e di male.	V ☐ F ☐
e) Non manca mai una positiva soluzione finale.	V ☐ F ☐
f) Il narratore punta su un forte coinvolgimento emotivo del lettore.	V ☐ F ☐
g) Le storie *noir* sono frutto di fantasia e non hanno attinenza con la realtà.	V ☐ F ☐
h) Fra i temi più ricorrenti c'è quello della corruzione.	V ☐ F ☐
i) Famoso rappresentante del *noir* è Arthur Conan Doyle, il creatore di Sherlock Holmes.	V ☐ F ☐
l) Le zone urbane degradate sono un'ambientazione ricorrente nel *noir*.	V ☐ F ☐

2. **Gli autori e le opere**
Abbina correttamente ogni autore alla propria opera.

1. Raymond Chandler
2. Edward Bunker
3. Giorgio Scerbanenco
4. Carlo Lucarelli
5. Gianrico Carofiglio
6. Giancarlo De Cataldo

a. *Milano calibro 9*
b. *Cacciatori nelle tenebre*
c. *Romanzo criminale*
d. *La signora del lago*
e. *Il terzo sparo*
f. *Cane mangia cane*

1 = ...

2 = ...

3 = ...

4 = ...

5 = ...

6 = ...

VERIFICA UNITÀ 9

Sapere e **Saper fare**

PER LA CERTIFICAZIONE DELLE COMPETENZE

Comprendere e interpretare un testo

Focus: il *noir*

Leggi il racconto e poi rispondi ai quesiti.

VERIFICAlim

T6 Gianrico Carofiglio
Arresto di uno scippatore

Un bambino, grande appassionato di film western, ha deciso che da grande sarà uno sceriffo. Nemmeno la constatazione che in Italia gli sceriffi non esistono lo fa desistere da questo suo grande sogno. Ma una scena terribile e scioccante a cui assiste gli farà cambiare idea drasticamente.

Quando ero bambino e mi chiedevano cosa volessi fare da grande rispondevo lo sceriffo. Il mio idolo era Gary Cooper in *Mezzogiorno di Fuoco*[1].
Quando mi dicevano che in Italia non esistono
5 gli sceriffi, ma tutt'al più i poliziotti, rispondevo con prontezza. Sarei stato un poliziotto sceriffo. Ero un bambino duttile e volevo dare la caccia ai cattivi, in un modo o nell'altro.
Poi – avrò avuto otto o nove anni – assistetti all'ar-
10 resto di uno scippatore per strada. In realtà non so se fosse uno scippatore o un borseggiatore o che altro genere di piccolo delinquente. I miei ricordi sono piuttosto sfuocati. Diventano nitidi solo su una breve sequenza.
15 Sono con mio padre e camminiamo per strada. Uno scoppio di grida alle nostre spalle e poi un ragazzo magro che ci passa di lato correndo – mi sembra – come un fulmine. Mio padre mi tira a sé, giusto in tempo per evitare che un uomo, che
20 arriva subito dopo mi travolga, correndo anche lui. L'uomo ha un maglione nero e grida mentre corre. Grida in dialetto. Grida al ragazzo di fermarsi che altrimenti lo uccide. Il ragazzo non si ferma spontaneamente, ma forse una ventina di
25 metri dopo urta contro un signore. Cade. L'uomo con il maglione nero gli è addosso e intanto ne sta arrivando un altro, più lento e più grosso.

Io sfuggo al controllo di mio padre e mi avvicino. L'uomo con il maglione nero colpisce il ragazzo,
30 che da vicino sembra poco più che un bambino. Lo colpisce con pugni sulla testa e quando quello cerca di ripararsi gli toglie le mani e poi lo colpisce di nuovo. *Figgh d'p'ttan. Vaffammoc'a l murt d' mam't. Fusc' fusc', figgh d b'cchin*. E giù un altro
35 pugno diritto sulla testa, con le nocche[2]. Il ragazzo grida *basta, basta*. Anche lui in dialetto. Poi smette di gridare e piange.
Io guardo la scena, ipnotizzato. Sento disgusto fisico e un senso di vergogna per quello che vedo.
40 Ma non riesco a distogliere lo sguardo.
Adesso arriva l'altro, il grosso, che ha un'aria pacioccona[3] ed io penso che interviene, e fa finire quello schifo. Lui smette di correre a cinque, sei metri dal ragazzo, che adesso è raggomitolato per
45 terra. Copre quello spazio camminando e ansimando. Quando è proprio sopra al ragazzo prende fiato, e gli dà un calcio nella pancia. Uno solo, fortissimo. Il ragazzo smette anche di piangere e apre la bocca e rimane così, senza riuscire a respi-
50 rare. Mio padre, che fino a quel momento è rimasto impietrito anche lui, fa il gesto di intervenire, dice qualcosa. È l'unico fra tutta la gente intorno. Quello con il maglione nero gli dice di farsi i cazzi suoi. «Polizia!» abbaia[4]. Però subito dopo smet-

---

1. *Mezzogiorno di fuoco*: celebre film western, di cui l'attore Gary Cooper è protagonista.
2. nocche: parte del dorso della mano, corrispondente alle sporgenze delle articolazioni della dita.
3. pacioccona: detto di persona mite e bonaria.
4. abbaia: urla in maniera feroce, come un cane rabbioso.

311

VERIFICA UNITÀ 9

55 tono tutti e due di picchiare. Il grosso solleva il ragazzo prendendolo per il giubbotto, da dietro e lo fa mettere in ginocchio. Mani dietro la schiena, manette, mentre lo tiene per i capelli. Questo è il ricordo più osceno di tutta la sequenza: un ragaz-

60 zino legato in balia di due uomini.
Mio padre mi tira via e la scena va in dissolvenza.
Da allora smisi di dire che volevo fare lo sceriffo.

Gianrico Carofiglio, *Testimone inconsapevole*,
Palermo, Sellerio, 2002

Competenza testuale

Individuare e ricavare informazioni

_____ 1. Perché il ragazzo magro è inseguito?
_____ 2. Chi sono i due uomini che lo inseguono?
_____ 3. In che modo riescono a fermarlo?
_____ 4. *Questo è il ricordo più osceno di tutta la sequenza* (rr. 58-59). Qual è il particolare ricordo a cui il narratore si riferisce?

Comprendere i significati

_____ 5. *Io guardo la scena, ipnotizzato* (r. 38). Perché il bambino è ipnotizzato? Che cosa esprime il termine?

Interpretare e valutare

_____ 6. *Mio padre… fa il gesto di intervenire, dice qualcosa* (rr. 50-52). Che cosa vorrebbe dire o fare il padre?
_____ 7. Perché, a tuo parere, la gente non interviene?
_____ 8. *Da allora smisi di dire che volevo fare lo sceriffo* (r. 62). Come si spiega la reazione del bambino?

Comprendere strutture e caratteristiche dei generi testuali

_____ 9. Quali sono le caratteristiche del *noir* che ritrovi nel brano? Elencane alcune.
_____ 10. A quale dei brani presenti nell'unità questo testo ti sembra più affine, per il suo contenuto? Motiva la tua risposta.

Riconoscere il registro linguistico

_____ 11. *Figgh d'p'ttan. Vaffammoc'a l murt d' mam't. Fusc' fusc', figgh d b'cchin* (rr. 33-34). Come definiresti questo tipo di registro linguistico? Perché il narratore lo adotta?
_____ 12. A parte il passaggio appena indicato, quale registro linguistico caratterizza il testo, in generale?

Competenza lessicale

_____ 13. Nel testo compaiono diverse parole o espressioni riconducibili al campo semantico della violenza. Trascrivine alcune.
_____ 14. Cerca le espressioni che si riferiscono al linguaggio tecnico cinematografico e spiegane il significato.
_____ 15. *Questo è il ricordo più osceno di tutta la sequenza: un ragazzino legato in balia di due uomini.* Che cosa significa l'aggettivo *osceno* in questo contesto? Sapresti sostituirlo con un sinonimo?

Competenza grammaticale

_____ 16. *Grida al ragazzo di fermarsi che altrimenti lo uccide.* Riscrivi la frase in forma di discorso diretto.
_____ 17. Nel ricordare l'episodio dell'arresto, quale tempo verbale usa il narratore? Perché fa questa scelta? Quale effetto produce a livello narrativo l'uso di questo tempo?

312

Unità 10

L'*horror*

- **T1** Edgar Allan Poe — *Il ritratto ovale*
- **T2** Mary Shelley — *La creatura*
- **T3** Stephenie Meyer — *La lotta contro il vampiro*
- **T4** Tiziano Sclavi — *Il ritorno di Killex*

Saper fare

- **T5** Tommaso Landolfi — *Il bacio*

ONLINE

- **W1** Stephen King, da *It*
- **W2** Robert Louis Stevenson, da *Lo strano caso del dottor Jekyll e del signor Hyde*
- **W3** Bram Stoker, da *Il conte Dracula*
- **W4** Howard P. Lovecraft, *L'orrore di Dunwich*

Le caratteristiche del genere

1. Gli ingredienti dell'*horror*

Storie di paura Il racconto dell'orrore (*horror*, in inglese) è una narrazione fantastica che sfrutta abilmente le **paure più profonde dell'uomo** – il timore del buio, l'orrore per le tombe, l'ossessione della morte, l'angoscia legata alla violenza, al dolore o alle torture fisiche, lo sgomento di fronte a presenze soprannaturali e magiche, la doppia personalità, la malattia, la follia ecc. – con l'intento di tenere avvinto il lettore e suscitare in lui spavento e inquietudine. Per questa ragione, in questo genere di narrazione non mancano **allucinazioni** individuali o collettive, **deformazioni** della realtà, presenza di **fenomeni paranormali**, **figure inquietanti** e oscure come stregoni o feroci e malvagi assassini, creature infernali o mostruose (fantasmi, vampiri, zombie, licantropi ecc.); o anche, infine, personaggi che, caratterizzati da un'apparente normalità, finiscono per sconfinare in maniera inspiegabile nella malvagità.

Ambientazioni inquietanti Le vicende sono spesso ambientate in luoghi che nascondono intrighi e misteri: castelli, ruderi di antiche costruzioni, conventi, sotterranei segreti, vicoli bui e tortuosi, cimiteri, boschi intricati o lande deserte. Un caso molto diverso, ma che finisce per generare effetti simili, è quello di un'ambientazione della storia in luoghi comuni e tranquilli, come abitazioni, strade cittadine, eleganti ritrovi della mondanità, ordinati parchi e giardini, che all'improvviso diventano teatro di vicende sconvolgenti e drammatiche, in cui agiscono forze oscure e minacciose.

2. Le tecniche narrative

***Suspense* e spavento** Il racconto *horror* è sempre sostenuto da una forte *suspense*, da una tensione ansiosa tipica anche di altri generi e che, in questo caso, è finalizzata a produrre nel lettore sentimenti di vero e proprio **terrore**. Spesso, i racconti *horror* preparano molto a lungo tale atmosfera di attesa, caricando così il lettore di un'eccessiva tensione nervosa che si scarica all'improvviso apparire di elementi paurosi, che generano una scossa elettrizzante di spavento.

Fasi narrative dell'*horror* Schematizzando, la *suspense* tipica dell'*horror* si ottiene attraverso il susseguirsi delle seguenti fasi narrative:
- la definizione di un **particolare ambiente** o **momento** (notte buia e tempestosa...);
- un graduale e costante accrescimento della tensione narrativa, attraverso un'**informazio-**

ne parziale sui fatti o l'**anticipazione** di alcuni particolari che rappresentano un "segnale" di ciò che accadrà in seguito, fino al raggiungimento del punto di tensione massima;

- l'improvviso accadere di eventi spaventosi o inaspettati (**colpi di scena**), che sconvolgono i personaggi da essi interessati, così come il lettore che in questi personaggi si è immedesimato;

- spesso il racconto *horror* si conclude con un **finale a sorpresa,** che diventa il vero "punto forte" della narrazione: le situazioni precedenti sono ribaltate e si giunge così a un esito del tutto inatteso e imprevedibile per il lettore.

3 La nascita e l'evoluzione del genere

Il romanzo "gotico" La narrativa dell'orrore nasce in Europa alla fine del Settecento; lo scrittore generalmente riconosciuto come l'iniziatore del genere è l'inglese **Horace Walpole**, autore del romanzo *Il castello di Otranto* (1764). Quest'opera ha un grande successo e dà l'avvio al genere letterario del **romanzo gotico**, che predilige le atmosfere cupe e le storie orrorifiche, che nell'immaginario comune avevano caratterizzato il Medioevo (*Il castello di Otranto* si ambienta proprio in quest'epoca).

L'Ottocento Nel corso dell'Ottocento, il genere *horror* si afferma in modo definitivo; maestro indiscusso ne è **Edgar Allan Poe**, i cui *Racconti del terrore* indagano le paure più recondite dell'uomo, le sue inquietudini più nascoste, svelando così la complessa, labirintica struttura della psiche umana (▶ *Il ritratto ovale*, p. 316). Altre opere fondamentali della narrativa dell'orrore ottocentesca sono *Frankenstein, o il moderno Prometeo* (1818) di **Mary Shelley**, storia di un geniale e spregiudicato studioso di medicina e del mostro da lui creato (▶ *La creatura*, p. 322); *Lo strano caso del dottor Jekyll e di mister Hyde* (1886) di **Robert Louis Stevenson**, romanzo che affronta in maniera paradigmatica il tema del doppio, cioè dell'inquietudine legata alla consapevolezza che in ciascuno di noi esiste una parte irrazionale, incontrollabile e, forse, malvagia; infine, *Dracula* (1897) di **Bram Stoker**, opera capostipite della narrativa sui vampiri, capace di inaugurare un intero immaginario legato a questo mondo a cui si rifaranno in seguito tanti autori, in letteratura come al cinema.

L'*horror* più recente Oggi l'*horror* è uno dei generi narrativi più diffusi e popolari, capace di attrarre un pubblico di ogni età, grazie soprattutto all'enorme successo che diverse opere cinematografiche di questo genere hanno ottenuto. Basti citare l'esempio dello scrittore e sceneggiatore cinematografico statunitense **Stephen King**, di cui ricordiamo i romanzi più noti *Shining* (1977), *It* (1986) e *Misery* (1987); King è uno degli scrittori contemporanei più ricchi e famosi, le cui opere sono state spesso adattate per il cinema, replicando e a volte superando il grande successo dei suoi stessi libri. **Stephenie Meyer** è una delle più recenti e fortunate rappresentanti del genere vampiresco, che ha saputo reinventare modificando radicalmente gli stereotipi del personaggio. Nei primi anni Duemila ha iniziato la pubblicazione di un ciclo di romanzi incentrato sull'amore tra una giovane adolescente e un vampiro; le prime quattro opere della saga *Twilight* (2005), *New Moon* (2006), *Eclipse* (2007) e *Breaking Dawn* (2008) hanno avuto un successo mondiale strepitoso (▶ *La lotta contro il vampiro*, p. 328).

L'*horror* italiano In Italia il genere *horror* ha prodotto dei veri e propri capolavori in ambito cinematografico, mentre in letteratura non ha avuto un riscontro equivalente. Spesso, esso è stato praticato in maniera occasionale da autori non specializzati in questo tipo di narrativa, ma che l'hanno scelto per affrontare tematiche particolari da una prospettiva inusuale e inquietante; è il caso, per esempio, di **Tommaso Landolfi**, autore di racconti che indagano il mondo della follia e di realtà sovrannaturali (▶ *Il bacio*, p. 343). Tra gli scrittori *horror* italiani di maggior talento, ricordiamo infine **Tiziano Sclavi**, creatore della celebre serie di fumetti *Dylan Dog*, "l'indagatore dell'incubo" (▶ *Il ritorno di Killex*, p. 335).

PARTE 2 · I generi

T1 Edgar Allan Poe
Il ritratto ovale

> **PUBBLICAZIONE**
> *Il ritratto ovale*, 1842
>
> **LUOGO E TEMPO**
> Un castello negli Appennini, XIX secolo
>
> **PERSONAGGI**
> Un uomo ferito; il suo servo Pedro

Il racconto costituisce un esempio perfetto del genere *horror*, in quanto colloca eventi straordinari in un ambito comune, celando significati inquietanti dietro la facciata di un'apparente normalità. Un uomo gravemente ferito, accompagnato dal suo servo, trova rifugio per la notte in un castello abbandonato, incassato tra le valli degli Appennini. Qui il protagonista, nonostante le cattive condizioni di salute in cui versa, rimane affascinato, quasi rapito, dai numerosissimi e straordinari quadri che ornano le pareti, e trascorre le prime ore della notte nell'osservazione di questi. In maniera del tutto fortuita scopre però un ritratto che immediatamente lo affascina e lo turba per il suo straordinario realismo. Guidato nella sua ammirazione estatica e al contempo piena di terrore dalla lettura di un volumetto contenente la critica e la descrizione del dipinto, l'uomo viene a conoscenza di un'angosciante vicenda a esso legata. Gli eventi sono così misteriosi da non consentirne un'interpretazione univoca e, in conclusione, il lettore resta nell'incertezza, non potendo infine scoprire se il ritratto è una semplice illusione o il frutto di un diabolico sortilegio capace di condurre il protagonista alla perdita della lucidità.

Il castello in cui il mio domestico aveva osato entrare contro la mia volontà, piuttosto che lasciarmi passare una notte all'addiaccio nelle gravi condizioni in cui mi trovavo, ferito com'ero, appariva uno di quegli edifici dove si fondono intimamente insieme la più cupa tetraggine e la più austera imponenza, e che da
5 tempo immemorabile torreggiano[1] fra gli Appennini, tanto nella realtà quanto nella fantasia della signora Radcliffe[2]. Stando alle apparenze, sembrava temporaneamente abbandonato, e tale abbandono doveva essere di data assai recente. Ci stabilimmo in una stanza tra le più piccole e le meno sfarzosamente arredate sita in una torre remota; pur riccamente decorata, appariva tuttavia in uno stato
10 di estrema, ruinosa[3] vecchiezza. Le pareti erano tappezzate d'arazzi e ricoperte di trofei e stemmi d'ogni sorta, nonché d'un grandissimo numero di audacissimi quadri moderni chiusi in suntuose cornici d'oro arabescate[4]. Questi dipinti, che ornavano non le pareti soltanto, ma tutti gli angoli e gli anditi creati dalla bizzarra architettura del castello, avevano provocato in me un vivo interesse, accresciuto
15 forse da un delirio incipiente[5]; cosicché ordinai a Pedro di chiudere le imposte massicce (era ormai notte), di accendere i bracci di un'alta torciera[6] posta alla testata del letto e di spalancare i frangiati cortinaggi[7] di velluto nero che racchiude-

---

1. torreggiano: dominano, sovrastano.
2. signora Radcliffe: popolare scrittrice inglese, pioniera del genere *horror*.

3. ruinosa: in rovina.
4. arabescate: decorate secondo uno stile ornamentale tipico del Medio Oriente, consistente in una fitta trama di particolari

motivi geometrici.
5. incipiente: incombente, che si avvicina.
6. torciera: candelabro.
7. cortinaggi: tende, paramenti.

316

vano il letto stesso. Volli tutto questo per poter, se non dormire, alternare almeno alla contemplazione dei dipinti la lettura di un volumetto che avevo trovato sul guanciale e in cui i quadri stessi erano analizzati e descritti.

Lessi a lungo, molto a lungo; e contemplai rapito, con infinito rapimento. Le ore fuggirono velocissime; giunse la cupa mezzanotte. Poiché la posizione del candelabro non mi soddisfaceva, allungai con difficoltà la mano, per non disturbare il servitore che mi dormiva placidamente ai piedi e lo spostai in modo che gettasse più direttamente la luce sul volume.

Ma questo mio gesto produsse un effetto assolutamente impreveduto. Le fiammelle delle numerose candele vennero d'un tratto a illuminare una nicchia della stanza che sino a quel momento una colonnina del letto mi aveva del tutto preclusa allo sguardo: scorsi così in piena luce un quadro che mi era fino allora sfuggito: era il ritratto di una giovane nel primo rigoglio della femminilità. Dopo una rapida occhiata al dipinto chiusi gli occhi; perché facessi questo non compresi a tutta prima, ma mentre le palpebre mi si chiudevano riflettei rapidamente per quale motivo avessi agito così. Era stato un movimento impulsivo per consentire alla mente di guadagnar tempo ed esser certo che la vista non mi avesse ingannato, per calmare e placare la fantasia e concedere allo sguardo una maggiore e più certa serenità. Pochi attimi dopo riaprivo gli occhi e tornavo a fissare il dipinto.

Non potevo ormai più dubitare d'aver veduto esattamente; il primo guizzare delle candele sulla tela, infatti, era parso dissipare il sognante stupore che mi si stava insinuando nei sensi, riportandomi di colpo e vigilante alla vita.

Il ritratto, come ho già detto, raffigurava una giovane. Se ne vedevano soltanto il capo e le spalle, eseguiti in quello che tecnicamente si chiama stile *vignette*, secondo il gusto caro a Sully[8]: le braccia, il seno e persino i riccioli estremi dei radiosi capelli si fondevano nell'ombra vaga e profonda che formava lo sfondo del dipinto; la cornice, ovale, era riccamente dorata e filigranata alla moresca[9]. Come opera d'arte pura, il dipinto di per sé non poteva essere più mirabile; ma non erano state né l'esecuzione dell'opera né la splendida bellezza del modello a commuovermi così improvvisamente e con tale intensità; e meno ancora era impossibile che la mia immaginazione, scossa nel proprio dormiveglia, avesse scambiato la testa dipinta per quella di una persona vivente. Notai subito che le caratteristiche del disegno, della *vignettatura*, della cornice dovevano aver scacciato immediatamente tale idea, impedendomi di accarezzarla sia pure per un momento. Riflettendo profondamente su tutto ciò rimasi così per un'ora forse, semiseduto, semirecline[10], gli occhi fissi sul ritratto. Convinto alla fine di aver captato il vero segreto del suo effetto, ricaddi sui guanciali: avevo scoperto l'incanto del dipinto in un'incredibile *vivezza realistica* d'espressione che, dopo avermi in un primo tempo stupefatto, mi aveva poi confuso, soggiogato e infine atterrito. Con un senso di timore profondo

---

8. *vignette*... Sully: particolari ritratti nello stile – più avanti nel testo definito anche *vignettatura* – tipico di Thomas Sully, celebre pittore inglese del XIX secolo.
9. filigranata alla moresca: la cornice presenta un motivo decorativo di tipo mediorientale che traspare impercettibilmente dalla superficie (*filigranata*).
10. semirecline: curvo, piegato a metà.

PARTE 2 · I generi

e quasi arcano[11] rimisi la torciera nella posizione primitiva; avendo così sottratto
al mio sguardo la causa della mia agitazione, mi buttai ansiosamente sul volume
che parlava dei dipinti e della loro storia, e dopo aver trovato il numero corrispon-
60 dente al ritratto ovale, ecco che cosa lessi, scritto in uno stile misterioso, antico:

«Era una fanciulla di rara bellezza, e gaia quanto bella; ma infausta fu l'ora in
cui vide, amò e sposò il pittore. Era costui uno studioso austero, assorto, che già
aveva trovato una sposa nella propria arte: ella era fanciulla di rara bellezza, gaia
quanto bella; tutta luce e sorrisi, gioiosa come una giovane cerbiatta: amava e aveva
65 cara ogni cosa; odiava soltanto l'arte, sua rivale; paventava[12] soltanto la tavolozza
e i pennelli e tutti gli odiati strumenti che la privavano della vista dell'amato. Fu
perciò terribile cosa per questa dama udire che il pittore desiderava raffigurare
anche la propria giovane sposa; ma, poiché era umile e remissiva, posò paziente
per lunghe settimane nell'eccelsa, cupa camera della torre dove la luce scendeva
70 sulla pallida tela solo dall'alto. Ma egli, il pittore, si curava soltanto della propria
opera, cui lavorava intorno per ore e ore, per giorni e giorni. Era costui un essere
fosco, ombroso, selvaggio, assorto in fantasticherie, cosicché non si accorse che
la luce, incombente in maniera tanto spettrale entro quella torre isolata, minava
la salute e lo spirito della sua sposa, la quale languiva e si struggeva in modo pale-
75 se per tutti fuorché per il marito. Ciononostante la giovane seguitava a sorridere
senza lamentarsi, vedendo che il pittore (che era di chiara fama) traeva sì fervido, bruciante piacere dall'opera sua, e lavorava notte e giorno per ritrarre colei
che tanto lo amava e che tuttavia diveniva di giorno in giorno sempre più debole,
stremata. E in verità chi vide il ritratto ne descrisse la rassomiglianza con paro-
80 le sommesse, come di un meraviglioso portento e come una prova non soltanto
dell'abilità del pittore, ma anche del suo profondo amore per colei che così mera-
vigliosamente aveva effigiata. Ma alla fine, quando ormai l'opera era prossima alla
conclusione, nessuno più fu ammesso nella torre; poiché il pittore era impazzito
nell'ardore della propria arte e non distoglieva quasi più gli occhi dal dipinto, sia
85 pure per osservare le sembianze della moglie; cosicché non si avvide che i colori
ch'egli stendeva sulla tela erano attinti dalle gote di colei che gli sedeva accanto.
E quando molte settimane furono trascorse e l'opera era ormai quasi compiuta
– mancava soltanto una pennellata alla bocca e un'ombreggiatura sugli occhi – lo
spirito della donna si ravvivò come una fiammella che guizzi nel bocciuolo del-
90 la lucerna[13] prima di spegnersi; ed ecco che allora il colpo di pennello fu dato,
l'ombreggiatura venne compiuta. Per un attimo l'artista ristette estatico dinanzi
all'opera che aveva creata; ma un attimo dopo, mentre il suo sguardo era ancora
fisso sulla tela, divenne pallidissimo, un brivido lo percorse e arretrando proferì a
gran voce: "Ma è veramente vita: è la *vita* stessa!", quindi si volse bruscamente a
95 guardare l'amata: *era morta!*».

Edgar Allan Poe, *Racconti*, Milano, BUR, 1980

11. arcano: misterioso, occulto; *horror* e molto utilizzato da Poe. **13. bocciuolo della lucerna:**
è un aggettivo tipico del genere **12. paventava:** temeva. fuoco della lampada.

L'horror • UNITÀ 10

VITA E OPERE

■ **Edgar Allan Poe** Scrittore statunitense nato a Boston nel 1809, considerato uno dei maestri della narrativa contemporanea e, in particolare, del racconto di *suspense*. Rimasto orfano di entrambi i genitori, attori girovaghi, ancora piccolo si trasferisce con la famiglia adottiva in Inghilterra, dove comincia i suoi studi. Tornato negli Stati Uniti, frequenta l'università della Virginia, ma ne viene espulso perché dedito all'alcol e al gioco. Entrato in conflitto con il patrigno, a diciotto anni lascia la famiglia e si sposta a Boston, dove pubblica la sua prima opera, *Tamerlano e altre poesie* (1827). Nel 1829 si trasferisce a Baltimora, presso una zia che lo manterrà per tutta la vita. Dopo gli insuccessi dei suoi primi libri di poesie, vince un concorso con il racconto *Manoscritto trovato in una bottiglia* (1833) e diventa giornalista.
Nel 1836 sposa la cugina tredicenne Virginia, malata di tubercolosi, che diventerà il modello di tanti personaggi femminili delle sue opere. Tra il 1835 e il 1845

scrive e pubblica numerosi racconti, tra cui *I delitti della rue Morgue* (1841) e *La lettera rubata* (1845), che inaugurano il moderno racconto poliziesco, *Il pozzo e il pendolo* (1842), *La maschera della Morte Rossa* (1842) e tutti gli altri celebri *Racconti del terrore* (come *Ligeia*, *La rovina della casa degli Usher*, *Il gatto nero*, *Il cuore rivelatore*, *William Wilson* ecc.). L'unico romanzo da lui scritto è stato *Le avventure di Gordon Pym* (1838); la pubblicazione della raccolta *Il corvo e altre poesie* (1845) gli apre le porte del definitivo successo. Nel 1847 la moglie muore; lo sconforto che ne segue precipita Poe nell'alcolismo e nella droga, l'abuso dei quali gli causano ripetute crisi di *delirium tremens* che lo porteranno alla morte nel 1849, a soli quarant'anni.
Caratteristica delle opere di Poe è l'atmosfera inquietante, sempre al confine tra realtà e immaginazione, dove razionale e irrazionale si confrontano senza mai prevalere l'uno sull'altro.

SCHEDA DI ANALISI

Il tema e il messaggio

■ I fatti narrati nel racconto sembrano ruotare tutti attorno al tema del **limite**, del **confine**: l'uomo ferito, infatti, non riesce a vedere in maniera distinta la linea di demarcazione tra verità e suggestione, e rimane in costante **dubbio** se dare agli avvenimenti e alle proprie emozioni un'interpretazione razionale o soprannaturale. Nello stesso senso, il pittore del ritratto non riesce a rendersi conto che, a causa della sua **passione smodata** per l'arte, sta perdendo di vista il discrimine tra realtà e finzione, tra vita e morte, finendo così per sottrarre la prima alla moglie e concederla, in maniera non del tutto consapevole, al proprio dipinto. Poe, inoltre, offre al lettore un interessante spunto di riflessione sulle **pulsioni irrazionali**, presentate nel testo sempre nella forma dell'**eccesso**: è un amore smodato, infatti, che spinge la donna ritratta a sacrificare se stessa pur di accondiscendere ai desideri del marito; quest'ultimo, d'altro canto, animato da una passione del tutto irrefrenabile, quasi maniacale, per l'arte, non ha coscienza delle conseguenze cui conducono le sue scelte. Infine, lo stesso narratore-protagonista è spinto a indagare e a scoprire la crudele verità circa il ritratto ovale da una curiosità morbosa e non controllabile.

Lo spazio e il tempo

■ L'ambientazione spaziale e temporale del racconto di Poe contribuiscono ad aumentare fortemente la **suspense**. La narrazione si apre con la descrizione della facciata del castello che farà da scenario alla vicenda narrata: si tratta di un **luogo cupo**, **inquietante**, **ambiguo** (sembra essere stato abbandonato da poco, porta in sé i segni di una grandezza decaduta) che lascia presagire quale atmosfera avvolgerà tutte le vicende. L'interno, buio e tenebroso, presenta le medesime caratteristiche dell'esterno, ma i quadri che ornano le pareti delle sale sembrano essere dotati di uno **strano potere magnetico**, tanto che il protagonista non può fare a meno di fissarli, estasiato. La tensione narrativa, già alta grazie alla caratterizzazione dello spazio, viene ulteriormente accresciuta dalla **collocazione cronologica** dei fatti nel cuore della notte (*giunse la cupa mezzanotte*), momento in cui la fioca luce dei candelabri crea giochi di ombre e le tenebre sembrano farsi dense di presenze sovrannaturali.

L'intreccio e la focalizzazione: due tecniche a sostegno della *suspense*

■ L'incipit del racconto è ***in medias res***: il lettore non conosce l'identità del protagonista, né il motivo per cui è ferito; tale assenza di informazioni contribuisce a creare fin da subito un'atmosfera di **mistero**. Tale clima inquietante ed enigmatico è accresciuto dalle varie osservazioni del narratore (*ma non erano state né l'esecuzione dell'opera né la splendida bellezza del modello a commuovermi così improvvisamente e con tale intensità; e meno ancora era impossibile che la mia immaginazione, scossa nel*

319

PARTE 2 · I generi

proprio dormiveglia, avesse scambiato la testa dipinta per quella di una persona vivente), dai suoi continui dubbi circa la propria **lucidità** (*Questi dipinti… avevano provocato in me un vivo interesse, accresciuto forse da un delirio incipiente*) e infine, dal ricorso al *flashback* nella seconda metà del racconto. La lunga analessi finale si presenta come un vero e proprio racconto nel racconto: l'**intreccio a cornice** che così viene a formarsi allontana ancora di più il lettore dalla realtà, ritardando il momento della soluzione e avvolgendo i fatti in un ulteriore alone di dubbio e mistero, che diventa infine impossibile dissipare con i soli strumenti della ragione. Gli avvenimenti, infatti, sono narrati nella loro semplice successione cronologica, senza un'adeguata motivazione della logica di causa-effetto che li ha prodotti: restano così in gran parte indecifrabili e aperti a **differenti interpretazioni**.

● La scelta della **focalizzazione interna**, infine, conferisce al racconto un taglio fortemente soggettivo, che, unito alla dichiarazione d'inattendibilità da parte del protagonista, rende definitivamente impossibile la certezza sulla veridicità delle vicende narrate. Infine, il fatto che il protagonista-narratore presenti i caratteri propri dell'uomo comune consente una facile identificazione da parte del lettore.

La lingua e lo stile

● Caratteristica dello stile di Poe è un'attenzione somma per i **particolari** e per i **dati tecnici**: egli infatti costruisce ogni suo testo curando all'estremo i dettagli e facendo in modo che essi collaborino l'uno con l'altro nella creazione di un quadro unitario. Nei suoi testi teorici, egli parlava in effetti di un'**unità di disegno**, attraverso cui egli mira a raggiungere un effetto calcolato sul lettore (**unità di effetto**). Seguendo tali principi teorici, Poe calibra con precisione e lucidità scientifica gli elementi narrativi: costruisce **frasi** piuttosto **lunghe**, che indugiano su una **ricca** e **ricercata aggettivazione** e che, con il loro **ritmo lento**, consentono di ottenere situazioni di particolare tensione.

Laboratorio sul testo

● Comprendere

Informazioni esplicite

1. Perché il servo forza il portone del castello?
2. Perché il protagonista si fa aprire il più possibile le tende del letto?
3. In che modo il narratore scopre il ritratto ovale? Che cosa rappresenta il dipinto?
4. Quale reazione ha il protagonista di fronte al quadro? Quanto tempo passa e che cosa accade tra la prima e la seconda volta che il protagonista lo guarda?
5. Che cosa spinge il narratore a cercare maggiori informazioni sul ritratto ovale?
6. Riassumi in un testo non più lungo di quattro righe la vicenda relativa al ritratto ovale.

Informazioni implicite

7. Come spieghi il titolo del racconto?
8. *Era costui uno studioso austero, assorto, che già aveva trovato una sposa nella propria arte* (rr. 62-63). Che cosa si vuole intendere con quest'affermazione?

Significati

9. Ricostruisci nel racconto i punti in cui l'autore sembra dare una spiegazione scientifica e razionale ai fatti accaduti e quelli in cui viene accentuata la dimensione del soprannaturale.
10. Quale, tra i seguenti, è il messaggio sotteso al testo?
    a) ☐ Il legame tra l'amore e la morte è inscindibile.
    b) ☐ Le passioni, se eccessive, portano a perdere di vista i limiti e a confondere le cose.
    c) ☐ I castelli sono sempre luoghi pieni di insidie e pericoli.
    d) ☐ L'arte è capace di dare vita a ciò che è inanimato.
11. Quale immagine dell'amore offre Poe in questo racconto?

L'horror · UNITÀ 10

Analizzare

Spazio e tempo

12. Sottolinea nel testo tutti gli elementi che contribuiscono a ricostruire le caratteristiche dello spazio.

13. Anche se non è specificato, è possibile risalire all'epoca in cui è ambientato il racconto? In base a quali elementi?

14. In quale momento della giornata avvengono le vicende narrate? Quali effetti genera tale ambientazione temporale?

15. In che modo l'ambientazione spaziale alimenta la *suspense*?

Intreccio e focalizzazione

16. Individua nel testo dove inizia e dove termina il *flashback*. In che modo, a tuo avviso, questo sfasamento temporale aumenta la tensione?

17. L'inizio del racconto è *in medias res*. Di che tipo è, invece, il finale?

Stile

18. Sottolinea nel testo almeno due passaggi che, secondo te, esemplificano in maniera significativa il gusto per i particolari e per la precisione "scientifica" tipico dello stile di Poe.

Padroneggiare la lingua

Lessico

19. *Non si accorse che la luce, incombente in maniera tanto spettrale entro quella torre isolata, minava la salute e lo spirito della sua sposa* (rr. 72-74). Perché la luce viene definita *spettrale*, a tuo avviso? Di quale luce si tratta?

20. Nel testo, in accordo con il tema a esso sotteso, domina il campo semantico dell'esagerazione: sottolinea tutti i termini che appartengono a esso.

21. Scegli, tra le serie proposte di seguito, quella che contiene i tre sinonimi corretti della parola *eccesso*:
a) ☐ Accesso, sproporzione, esuberanza.   c) ☐ Rigoglio, sovrabbondanza, superfluità.
b) ☐ Esagerazione, esasperazione, eccedenza.   d) ☐ Ribellione, irrazionalità, indignazione.

22. Riscrivi, senza alterare il contenuto, la descrizione che ti proponiamo di seguito con parole che appartengano a un registro linguistico medio.
Ella era fanciulla di rara bellezza, gaia quanto bella; tutta luce e sorrisi, gioiosa come una giovane cerbiatta: amava e aveva cara ogni cosa.

Grammatica

23. Fai l'analisi del primo periodo del racconto (rr. 1-6). Trasforma poi la subordinata implicita in esso presente nella sua corrispettiva forma esplicita.

24. *Questi dipinti… avevano provocato in me un vivo interesse, accresciuto forse da un delirio incipiente; cosicché ordinai a Pedro di chiudere le imposte massicce.* Quale connettivo potresti sostituire a *cosicché*?
a) ☐ Anche se.   c) ☐ Malgrado ciò.
b) ☐ Tuttavia.   d) ☐ Perciò.

25. *Per un attimo l'artista ristette estatico dinanzi all'opera che aveva creata.* Dopo aver considerato il significato che il termine *estatico* assume nel contesto, indica la sua funzione logica.

Interpretare e produrre

26. Come interpreti i fatti narrati? Prevale in te una visione razionale o una spiegazione che chiama in causa l'intervento del sovrannaturale? Confronta le tue idee con quelle dei compagni.

27. Il racconto si apre quando la storia è già avviata. Aggiungi un antefatto al testo di Poe, non più lungo di una pagina, in cui chiarisci l'identità del protagonista e spieghi come si sia ferito.

PARTE 2 • I generi

T2 # Mary Shelley
La creatura

• **PUBBLICAZIONE**
Frankenstein, o il moderno Prometeo, 1818

• **LUOGO E TEMPO**
Svizzera, inizio XIX secolo

• **PERSONAGGI**
Victor Frankenstein; la "creatura"

Il romanzo narra degli esperimenti del giovane studioso svizzero Victor Frankenstein, che sfrutta l'elettricità generata dai fulmini per infondere la vita in una creatura da lui costruita con parti di cadaveri. La creatura, in origine buona e sensibile, a causa della repulsione che il suo aspetto mostruoso suscita negli esseri umani si converte presto in un uno spietato assassino; si tratta di un modo per punire il suo creatore, colpevole di averlo destinato a una vita di solitudine e sofferenze. Le vicende si concludono in un esotico paesaggio polare, dove i due protagonisti si inseguono per uccidersi a vicenda. La storia è inserita in una cornice epistolare: si tratta delle lettere che il capitano Walton scrive alla sorella, narrandole le sue avventure per mare e anche la terribile storia del suo amico Frankenstein.
Nel brano che stai per leggere, estratto dalla parte centrale del romanzo, Walton sta riportando le parole stesse di Victor Frankenstein, attraverso cui questi racconta all'amico il sentimento di eccitazione e nel contempo di terrore divino che lo investe durante le sue ricerche scientifiche e, soprattutto, nel momento in cui la creatura, il frutto delle sue fatiche, è di fronte ai suoi occhi in tutta la sua "sublime" mostruosità.

Uno dei fenomeni che avevano fortemente attirato la mia attenzione era la struttura dell'organismo umano, anzi, di qualsiasi organismo dotato di vita. Da dove, mi chiedevo spesso, deriva il principio della vita? Era un interrogativo ben arduo, uno di quelli che sono sempre stati considerati senza risposta, e tut-
5 tavia di quante cose potremmo venire a conoscenza se codardia e negligenza non ostacolassero la nostra ricerca! Dibattei a lungo tra me e me questi ragionamenti e risolsi di dedicarmi in particolare alla fisiologia[1]. Se non fossi stato animato da un entusiasmo quasi sovrumano, lo studio di queste materie sarebbe risultato tedioso, fino al limite dell'intollerabile. Per esplorare il principio della vita bisogna prima
10 far ricorso alla morte. Divenni esperto di anatomia, ma non era sufficiente; dovevo osservare anche la naturale corruzione e dissoluzione del corpo umano. [...] Mi soffermai e analizzai nei più minuti dettagli la legge della causalità che presiede al passaggio dalla vita alla morte e dalla morte alla vita, finché dalle tenebre nacque, improvvisa, una luce; una luce accecante e straordinaria, eppure tanto semplice
15 che, mentre provavo un senso di vertigine per le prospettive che illuminava, mi sorprendevo che tra tanti uomini di genio che si erano dedicati a questa stessa scienza, a me solo fosse stato riservato di scoprire un segreto così sbalorditivo. Badate, non vi sto raccontando le visioni di un pazzo. Il sole non ha una luce più certa nei cieli di quanto sia certo ciò che affermo. Può essere stato frutto di un
20 miracolo, ma le fasi della scoperta erano chiare e convincenti. Dopo notti e giorni

---

1. fisiologia: studio dell'organismo umano.

322

di lavoro e fatiche immani pervenni a scoprire le cause della generazione e della vita; no, di più, fui in grado di dare vita alla materia inanimata.

Allo stordimento che seguì tale rivelazione presto si sostituì una felicità esultante. Dopo tante lunghe fatiche, arrivare d'un tratto all'apice dei miei desideri era la
25 conclusione più gratificante per i miei sforzi. La scoperta era talmente importante e soverchiante[2] da farmi dimenticare tutti i passaggi che gradualmente mi avevano portato a essa, e contemplavo solo il risultato. L'oggetto del desiderio e dello studio degli uomini più saggi, sin dal tempo della creazione del mondo, era adesso tra le mie mani. Non che tutto si spalancasse davanti a me come in una scena magica;
30 ciò a cui ero pervenuto poteva indirizzare i miei sforzi sull'oggetto della ricerca, ma non darmi l'oggetto stesso già realizzato. Ero come l'Arabo sepolto con i morti al quale una luce fioca e tremolante apre la via del ritorno alla vita[3].

Leggo nei vostri occhi brillanti di meraviglia, mio caro amico, la speranza che io vi sveli il mistero di cui sono a conoscenza, ma ciò non può essere; se ascolte-
35 rete fino in fondo la mia storia capirete i motivi di questa reticenza. Non sarò io a trascinarvi, ingenuo e pieno di slancio come ero anch'io a quel tempo, alla ine-luttabile[4] infelicità e alla rovina. Imparate dal mio esempio, se non dalle mie pa-role, quanto sia pericoloso acquisire la conoscenza e quanto sia più felice l'uomo convinto che il suo paese sia tutto il mondo, di colui che aspira a un potere più
40 grande di quanto la natura non conceda.

Quando mi ritrovai in possesso di una facoltà così strabiliante, esitai a lun-go sul come utilizzarla. Avevo la capacità di infondere la vita, tuttavia preparare un corpo, con i suoi intrichi di vene, muscoli e fibre, atto a riceverla restava pur sempre un'impresa difficile, una fatica improba[5]. Mi domandai dapprima se do-
45 vessi tentare la creazione di un essere come me o di struttura più semplice, ma la mia immaginazione, infiammata dal successo, non mi faceva dubitare di riuscire a dar vita a un animale complesso e meraviglioso come l'uomo. Anche se i mate-riali a mia disposizione in quel momento sembravano inadeguati a questa ardita impresa, ero fiducioso che sarei arrivato alla meta. Mi preparai ad affrontare una
50 quantità di rovesci: i miei tentativi potevano risultare vani e la mia opera alla fine rivelarsi imperfetta ma, considerando i progressi che si verificano ogni giorno in campo scientifico, mi sentivo incoraggiato a tentare; avrei, se non altro, gettato le basi per un successo futuro. Neppure la vastità e la complessità del progetto erano argomentazioni sufficienti a farmi considerare inattuabile quanto mi proponevo.
55 Con questi sentimenti intrapresi la creazione di un essere umano. Poiché le pic-cole dimensioni costituivano un grave intralcio alla rapidità del mio lavoro decisi, contrariamente alla mia prima intenzione, di costruire un essere gigantesco, alto circa otto piedi[6] e di corporatura in proporzione. Stabilito questo punto, e dopo

---

2. soverchiante: enorme, tal-mente grande da schiacciarlo.
3. Ero... vita: riferimento al *Quarto viaggio di Sinbad il marinaio*, racconto inserito in *Le mille e una notte*. Sinbad riceve in dono una donna come moglie; solo in seguito scopri-

rà che l'usanza del paese in cui si trova prevede che l'uomo sia seppellito vivo insieme alla mo-glie morta. Quando ciò avverrà, egli riuscirà a salvarsi seguendo una luce fioca che gli indica il percorso per uscire dalla tomba.
4. ineluttabile: inevitabile.

5. improba: eccessivamente ar-dua.
6. piedi: il piede è un'unità di misura anglosassone corrispon-dente a circa trenta centimetri; la creatura è quindi alta circa due metri e mezzo.

PARTE 2 · I generi

alcuni mesi impiegati a radunare e predisporre il materiale occorrente, cominciai.

60 Nessuno può immaginare il turbinio di sentimenti che, simile a un uragano, accompagnò i miei primi successi. Vita e morte erano solo barriere ideali da infrangere per riversare un fiume di luce sul nostro mondo immerso nelle tenebre. Una nuova specie mi avrebbe venerato come suo creatore e sorgente di vita; molti esseri perfetti e felici avrebbero dovuto a me la loro esistenza. Nessun padre

65 avrebbe potuto aspettarsi una devozione così totale dalla propria prole quale io avrei meritato dalla mia. Procedendo in queste riflessioni giunsi a pensare che, se potevo dar vita a ciò che ne era privo, sarei riuscito col tempo (anche se al momento non ne vedevo il modo) a ridare alla vita i corpi che la morte aveva destinato alla corruzione. [...]

70 Fu in una tetra notte di novembre che vidi il compimento delle mie fatiche. Con un'ansia simile all'angoscia radunai gli strumenti con i quali avrei trasmesso la scintilla della vita alla cosa inanimata che giaceva ai miei piedi. Era già l'una del mattino; la pioggia batteva lugubre contro i vetri, la candela era quasi consumata quando, tra i bagliori della luce morente, la mia creatura aprì gli occhi, opachi e

75 giallastri, trasse un respiro faticoso e un moto convulso ne agitò le membra.

Come posso descrivere la mia emozione a quella catastrofe, descrivere l'essere miserevole cui avevo dato forma con tanta cura e tanta pena? Il corpo era proporzionato e avevo modellato le sue fattezze pensando al sublime[7]. Sublime? Gran Dio! La pelle gialla a stento copriva l'intreccio dei muscoli e delle vene; i capelli

80 folti erano di un nero lucente e i denti di un candore perlaceo; ma queste bellezze rendevano ancor più orrido il contrasto con gli occhi acquosi, grigiognoli come le orbite in cui affondavano, il colorito terreo, le labbra nere e tirate.

La vita non offre avvenimenti tanto mutevoli quanto lo sono i sentimenti dell'uomo. Avevo lavorato duramente per quasi due anni al solo scopo di infon-

85 dere la vita a un corpo inanimato. Per questo avevo rinunciato al riposo e alla salute. L'avevo desiderato con intensità smodata, ma ora che avevo raggiunto la meta il fascino del sogno svaniva, orrore e disgusto infiniti mi riempivano il cuore.

---

7. sublime: categoria estetica tipica del Romanticismo; indica il carattere di piacere e al contempo terrore collegato alla percezione di ciò che è grandioso o mostruoso (per esempio, la potenza maestosa ma anche terrificante tipica delle forze naturali).

VITA E OPERE

● **Mary Shelley** Nata a Londra nel 1797, è figlia di genitori appartenenti alla più colta società inglese: il padre è il filosofo e politico William Godwin, la madre – che morì dieci giorni dopo la sua nascita – è la filosofa e scrittrice Mary Wollstonecraft, celebre per le sue battaglie per i diritti civili e l'emancipazione delle donne. Mary Godwin Wollstonecraft crescerà dunque a stretto contatto con i membri dell'alta società letteraria: nel 1816, a soli 19 anni, scappa in Francia per sposare il celebre poeta romantico Percy Bysshe Shelley (che aveva già una moglie), causando un grande scandalo. Quello stesso anno a Ginevra, a casa del poeta Byron, un incubo tra sonno e veglia le rivela il soggetto del suo primo e più celebre romanzo: due anni dopo *Frankenstein* verrà pubblicato. Nel 1822, Percy Shelley muore naufrago nelle acque del Golfo di La Spezia; Mary torna a Londra, dove continuerà a dedicarsi alla letteratura, curando l'edizione delle poesie del marito e scrivendo romanzi e racconti – tra cui segnaliamo *Matilda* (1819), *Valperga* (1823), *L'ultimo uomo* (1826) – che non eguaglieranno però il successo del suo debutto. Muore nel 1851.

324

L'horror · UNITÀ 10

Incapace di sostenere la vista dell'essere che avevo creato, fuggii dal laboratorio e a lungo camminai avanti e indietro nella mia camera da letto, senza riuscire a
90 dormire. Alla fine lo spossamento subentrò al tumulto iniziale e mi gettai vestito sul letto, cercando qualche momento di oblio. Invano!

Dormii, è vero, ma agitato dai sogni più strani. Mi sembrava di vedere Elizabeth[8], nel fiore della salute, per le strade di Ingolstadt[9]. Sorpreso e gioioso, l'abbracciavo; ma come imprimevo il primo bacio sulle sue labbra queste si facevano
95 livide, color di morte; i suoi tratti si trasformavano e avevo l'impressione di stringere tra le braccia il cadavere di mia madre, avvolto nel sudario. I vermi brulicavano tra le pieghe del tessuto. Mi risvegliai trasalendo d'orrore; un sudore freddo mi imperlava la fronte, battevo i denti e le membra erano in preda a un tremito convulso quando – al chiarore velato della luna che si insinuava attraverso le persiane
100 chiuse – scorsi la miserabile creatura, il mostro da me creato. Teneva sollevate le cortine del letto e i suoi occhi, se di occhi si può parlare, erano fissi su di me. Aprì le mascelle emettendo dei suoni inarticolati mentre un sogghigno gli raggrinziva le guance. Forse aveva parlato, ma non udii; aveva allungato una mano, come per trattenermi, ma gli sfuggii precipitandomi giù per le scale. Mi rifugiai nel cortile
105 della casa e vi passai il resto della notte, continuando a percorrerlo, agitatissimo, e tendendo l'orecchio a ogni rumore che annunciasse l'arrivo del diabolico cadavere al quale avevo sciaguratamente dato vita.

Mary Shelley, *Frankenstein, o il moderno Prometeo*,
in www.psyco.com/memoriali/autori/letterature/Frankenstein.pdf

8. Elizabeth: cugina e innamorata di Victor.

9. Ingolstadt: città tedesca in cui Victor ha vissuto, frequentando l'università.

SCHEDA DI ANALISI

Il tema e il messaggio

● Il romanzo tratta un tema molto caro alla cultura fra XVIII e XIX secolo, ovvero il desiderio dell'uomo di impadronirsi, grazie ai progressi della scienza, dei meccanismi della generazione e di dare vita a una sua creatura. Il tema principale del romanzo è dunque l'idea che la scienza possa costituire una **sfida a Dio**, mettendo l'uomo in condizione di **scoprire i segreti della natura** e di impossessarsene. La creatura (l'uomo) vorrebbe sostituirsi al creatore (Dio) tentando di produrre egli stesso la vita, pretendendo così di attribuirsi una prerogativa divina. La sua impresa si caratterizza perciò come un atto di **trasgressione** (da qui il sottotitolo dell'opera, *il moderno Prometeo*, allusione al personaggio che, nella mitologia classica, osò sfidare gli dei).
● L'opera mette in scena due volte questo momento in cui la creatura si ribella al creatore: prima è l'uomo (lo scienziato Frankenstein) a ribellarsi a Dio, poi sarà la "creatura" mostruosa a ribellarsi contro colui che le ha dato la vita. Il **finale** della storia resta **misterioso**:

alla fine di una lotta tra i ghiacci del polo, il mostro va alla deriva su una lastra di ghiaccio, lasciando aperta la possibilità di ulteriori sviluppi... come in ogni racconto *horror* che si rispetti! Tipica del genere è anche la scelta di scenari particolarmente adatti a sviluppare la tensione narrativa: la descrizione di un **ambiente "gotico"**, tempestoso, ostile, sembra generare in maniera naturale le situazioni paurose a cui il lettore è chiamato ad assistere.

Il narratore e il ritmo del racconto

● Lungo tutto il romanzo, il racconto delle vicende è affidato a una serie di **narratori interni**, che riportano la vicenda in prima persona. Nel brano appena letto, è Victor Frankenstein a raccontare in prima persona al suo amico Walton le sue disavventure, che questi riporterà nelle lettere indirizzate alla sorella. Il romanzo presenta dunque una **struttura a cornice**, in cui il narratore principale spesso lascia la parola a un **narratore di secondo grado**. Il brano appena letto presenta estratti di un lungo **monologo** del personaggio-

325

PARTE 2 · I generi

narratore, il cui discorso mescola insieme il racconto della vicenda, elementi descrittivi e considerazioni filosofiche. Il **ritmo** narrativo risulta dunque, in generale, piuttosto **lento**, a causa del continuo intervento del narratore con commenti e digressioni. Tuttavia, in alcuni momenti il tempo del racconto **accelera** considerevolmente, nel momento in cui il narratore introduce improvvisi **sommari** ed **ellissi**.

La caratterizzazione dei personaggi

● Victor Frankenstein ci viene presentato come un giovane di buona famiglia, di raffinata cultura e di studi accurati, che però sembra smarrire il senso della misura e della moralità quando, approfittando delle nuove scoperte della scienza, tenta di applicarle per trasformarsi in una specie di divinità (*Una nuova specie mi avrebbe venerato come suo creatore e sorgente di vita; molti esseri perfetti e felici avrebbero dovuto a me la loro esistenza. Nessun padre avrebbe potuto aspettarsi una devozione così totale dalla propria prole quale io avrei meritato dalla mia*). In questo brano la **caratterizzazione** del personaggio di **Frankenstein** è prevalentemente **indiretta**, ricavabile dalle parole che egli stesso pronuncia, tramite le quali emergono soprattutto gli **aspetti ideologici** e **psicologici**. La **creatura**, invece, viene caratterizzata in maniera **diretta**, attraverso la descrizione del narratore che privilegia la rappresentazione degli aspetti **fisici** della creatura mostruosa da lui creata.

La lingua e lo stile

● La composizione dei periodi è spesso complessa e ricercata, con un'alternanza di **costruzione paratattica**, atta ad accelerare il ritmo della narrazione (*Fu in una tetra notte di novembre che vidi il compimento delle mie fatiche. […] Era già l'una del mattino; la pioggia batteva lugubre contro i vetri, la candela era quasi consumata quando, tra i bagliori della luce morente, la mia creatura aprì gli occhi, opachi e giallastri, trasse un respiro faticoso e un moto convulso ne agitò le membra*) e **ipotattica**, quando invece s'intende rallentare il tempo del racconto (*Mi domandai dapprima se dovessi tentare la creazione di un essere come me o di struttura più semplice, ma la mia immaginazione, infiammata dal successo, non mi faceva dubitare di riuscire a dar vita a un animale complesso e meraviglioso come l'uomo. Anche se i materiali a mia disposizione in quel momento sembravano inadeguati a questa ardita impresa, ero fiducioso che sarei arrivato alla meta*). Il **registro linguistico** è ricercato, spesso formale-letterario; grande attenzione viene data all'**aggettivazione**, allo scopo di connotare il testo in maniera visivamente ricca e realistica, in modo da produrre un forte impatto sul lettore.

Laboratorio sul testo

Comprendere

Informazioni esplicite

1. Chi è Victor Frankenstein?

2. Quali interrogativi si pone Victor Frankenstein all'inizio del brano? Con quali studi cerca di rispondere a tali domande?

3. *Allo stordimento che seguì tale rivelazione presto si sostituì una felicità esultante* (rr. 23-24). A quale *rivelazione* fa riferimento il protagonista? Perché tale rivelazione lo rende *esultante*?

4. *Quando mi ritrovai in possesso di una facoltà così strabiliante, esitai a lungo sul come utilizzarla* (rr. 41-42); a quale facoltà si riferisce? Perché esita a utilizzarla?

5. Quando e come avviene la nascita della creatura?

6. Qual è la reazione di Frankenstein a tale avvenimento?

7. Come ci viene presentata la creatura al suo primo apparire?

Informazioni implicite

8. *Da dove, mi chiedevo spesso, deriva il principio della vita?* (r. 3) Da questa domanda nascono tutti i tentativi di Frankenstein. Che cosa sta cercando di apprendere, di preciso, il giovane scienziato?

9. Quali sentimenti e aspirazioni guidano Victor nelle sue ricerche scientifiche?

10. A chi si rivolge il narratore Victor? Quali insegnamenti sta cercando di comunicare al suo ascoltatore? Rispondi, ricercando nel brano esempi che giustifichino la tua opinione.

Significati

11. Quali di questi significati, secondo te, emerge maggiormente dagli esiti dell'esperimento di Victor Frankenstein?
    a) ☐ È blasfemo e costituisce una sfida a Dio.
    b) ☐ È orrendo e costituisce una negazione della natura.
    c) ☐ È deludente, non corrisponde alle aspettative.
    d) ☐ È il risultato di un procedimento scientifico rigoroso.

Analizzare

Ambientazione

12. Rintraccia nel brano gli elementi che indicano in quale tempo e spazio dobbiamo immaginare gli esperimenti di Frankenstein. Quali effetti generano sull'atmosfera del racconto?

Narratore

13. In questo brano, il narratore è interno o esterno? È palese o nascosto?
14. Quale tipo di focalizzazione prevale?

Personaggi

15. Quali aspetti della personalità di Victor emergono dal testo in maniera indiretta?
16. Come dobbiamo immaginare la creatura? Quali dati caratteriali e fisici ci vengono riferiti sul suo conto?

Padroneggiare la lingua

Lessico

17. All'inizio del brano, Victor si autoaccusa di *codardia* e *negligenza*: spiega il significato di ciascuno dei due termini ed evidenziane le differenze.
18. *Con un'ansia simile all'angoscia radunai gli strumenti con i quali avrei trasmesso la scintilla della vita alla cosa inanimata che giaceva ai miei piedi.* Da quale termine può essere sostituita, in questo contesto, la parola *cosa*?
    a) ☐ Oggetto.   c) ☐ Animale.
    b) ☐ Fatto.   d) ☐ Creatura.
19. Cerca nel testo i termini che servono a descrivere il carattere di Victor e a visualizzare l'aspetto fisico della creatura e inseriscili nella seguente tabella.

Carattere di Victor	Aspetto fisico della creatura
Entusiasmo quasi sovrumano;	*Occhi opachi e giallastri;* ....
....	....
....	....
....	....

Grammatica

20. *Il sole non ha una luce più certa nei cieli di quanto sia certo ciò che affermo.* Prova a rendere più chiaro questo periodo, inserendo l'informazione più importante nella principale e utilizzando il connettivo *tanto quanto*.

Interpretare e produrre

21. Sono l'entusiasmo e la passione per la conoscenza della natura a spingere Victor a varcare dei confini molto pericolosi. A volte, dunque, anche uno scopo così nobile può produrre risultati terrificanti. Qual è la tua opinione, a tal proposito? Discutine con i tuoi compagni.
22. In un testo di circa una pagina, prova a raccontare il momento della nascita della creatura adottando il punto di vista di quest'ultima. Descrivi in prima persona quello che vedi intorno a te e quali sono le tue prime sensazioni e i tuoi primi pensieri.

PARTE 2 · I generi

T3 Stephenie Meyer
La lotta contro il vampiro

Le pagine che seguono sono tratte dall'ormai celeberrimo romanzo di Stephenie Meyer, *Twilight*, diventato soggetto di un film di grande successo. Il libro narra la vicenda di Isabella (Bella) Swan, un'adolescente timida e introversa costretta a trasferirsi dalla calda cittadina di Phoenix al piccolo e freddo paese di Forks, dove abita il padre che non vede da anni. Nella nuova scuola, Bella è incuriosita da un gruppo di ragazzi particolari, tutti appartenenti alla stessa famiglia, caratterizzati da una rara bellezza ma anche da un atteggiamento di distacco, di estrema riservatezza, che li porta a isolarsi dagli altri. Tra questi ragazzi spicca Edward Cullen, adolescente misterioso e affascinante; tra i due s'innesca un rapporto del tutto particolare, fatto di sguardi e di sospetti, di rari scambi di parole e di un magnetismo che impedisce loro di stare l'uno lontano dall'altra. Per quanto Edward si sforzi di evitare i contatti con la ragazza, è costretto dagli eventi a salvarle la vita in due occasioni. La provvidenzialità dei suoi interventi, la rapidità estrema dei suoi movimenti, uniti alle strane leggende che circolano sul conto dei Cullen, portano Bella a scoprire la vera natura di Edward: egli è un vampiro. Spinti dall'amore, i due protagonisti compiono una scelta molto coraggiosa: Edward promette a Bella di resistere alla tentazione di morderla, mentre la ragazza decide di affrontare il rischio e di fidarsi totalmente dell'amato. La già difficile situazione viene ulteriormente complicata dalla comparsa di un altro vampiro, James, che, eccitato dall'odore di sangue emanato da Bella, fa di tutto pur di ottenerla e cibarsi del suo liquido vitale. Il brano che ti proponiamo è tratto dalle ultime pagine del romanzo, in cui James, il vampiro cattivo, avendo fatto di Bella la sua prigioniera, tenta di ucciderla.

> • **PUBBLICAZIONE**
> *Twilight*, 2005
> • **LUOGO E TEMPO**
> Stati Uniti, primi anni Duemila
> • **PERSONAGGI**
> James, il vampiro cattivo; Isabella Swan; Edward Cullen; Carlisle e Alice, padre e sorella di Edward

Fece un altro passo verso di me, finché non fu a pochi centimetri di distanza. Prese una ciocca dei miei capelli e l'annusò delicatamente. Poi, con gentilezza, la rimise in ordine, e sentii le sue dita fredde sfiorarmi la gola. Le sollevò e mi passò il pollice sulla guancia, curioso. Non so cos'avrei dato per scappare via, 5 ma ero impietrita. Non riuscii nemmeno a ritrarmi di un millimetro.

«No», mormorò tra sé, lasciando cadere la mano. «Non capisco». Fece un sospiro. «Be' immagino che saremo costretti a farla finita così. Poi chiamerò i tuoi amici e gli dirò dove trovare te e il mio messaggio».

A quel punto iniziai a sentirmi davvero male. Leggevo nei suoi occhi la mia 10 sofferenza imminente. Non si sarebbe accontentato di vincere, nutrirsi e andarsene. La conclusione non sarebbe stata veloce come mi aspettavo. Le mie ginocchia iniziarono a tremare, avevo paura di cadere a terra.

Fece un passo indietro e iniziò a girare in tondo, come se cercasse la prospettiva migliore da cui rimirare una statua in un museo. Stava decidendo da che parte 15 cominciare e la sua espressione era ancora amichevole e serena.

Poi si acquattò, in una postura che conoscevo, e il sorriso si aprì fino a diventare tutt'altro: una tagliola di denti lustri e brillanti.

Non riuscii a trattenermi: provai a correre via. Malgrado fosse inutile e lo sapessi benissimo, malgrado le mie ginocchia fossero già deboli, il panico prese sopravvento, e scattai verso l'uscita di sicurezza.

In un lampo fu davanti a me. Non mi accorsi se aveva usato la mano o il piede, era stato troppo veloce. Una botta secca mi colpì il petto, caddi all'indietro, sentii lo schianto della mia testa contro gli specchi. Il pannello si spezzò e riempì di schegge e briciole il pavimento attorno a me.

Ero tramortita, non sentivo nemmeno il dolore. Non riuscivo a respirare.

Lui si avvicinò lentamente.

«Bell'effetto», disse, in tono nuovamente cortese, osservando lo scempio[1] del vetro rotto. «Avevo pensato che come scenografia per il mio piccolo film, questa stanza avesse un effetto visivo sensazionale. Perciò l'ho scelta. Perfetta, vero?»

Lo ignorai, mentre cercavo di strisciare verso l'altra porta, spingendomi con le braccia e le gambe.

In un istante fu sopra di me, mi schiacciò una gamba con un colpo secco del suo piede pesante. Sentii lo scrocchio insopportabile prima ancora che arrivasse il dolore, ma dopo un istante arrivò *tutto,* e mi lasciai scappare un urlo agonizzante[2]. Mi allungai verso la gamba, ma lui era in piedi sopra di me e sorrideva.

«Gradiresti ritrattare le tue ultime volontà?», chiese, garbato. Con la punta del piede stuzzicava la mia gamba rotta, e sentii uno strillo acuto. Con sorpresa mi accorsi che veniva da me.

«Non preferiresti ora che Edward mi trovasse?».

«No!», urlai, con il poco di voce che mi restava. «No, Edward, non...», e poi qualcosa si fracassò sulla mia faccia e mi rispedì sopra la specchiera rotta.

Al sovrapporsi al dolore che saliva dalla gamba, sentii bruciare sul cranio il taglio netto provocato dai vetri. E qualcosa di liquido e caldo che si diffondeva tra i miei capelli a velocità allarmante. Inzuppava la manica della mia maglietta e gocciolava sul parquet. L'odore mi dava la nausea.

Tra la nausea e lo stordimento, vidi qualcosa che mi diede un'improvvisa e ultima speranza. I suoi occhi, che fino a poco prima si erano limitati a squadrarmi, ora bruciavano di un bisogno incontrollabile. Il sangue – che copriva sempre più di un rosso cremisi[3] la mia maglietta bianca e allagava rapido il pavimento – lo stava facendo impazzire di sete. Quali che fossero le sue intenzioni originali, non sarebbe stato capace di trattenersi.

Fa' che si sbrighi, era il mio unico pensiero mentre il sangue colava e goccia dopo goccia mi faceva perdere i sensi. Non riuscivo a tenere gli occhi aperti.

Udii, come se fossi sommersa, il ruggito finale del cacciatore. Attraverso le lunghe gallerie che sentivo al posto degli occhi, vidi la sua sagoma scura avanzare verso di me. Il mio ultimo gesto istintivo fu quello di coprirmi il volto. Chiusi gli occhi e mi lasciai andare.

Andavo alla deriva e sognavo.

Mentre affondavo nell'acqua scura, sentii il suono più piacevole che la mia men-

---

1. scempio: devastazione, massacro.
2. agonizzante: agonizzare si-
gnifica "essere in punto di morte"; in questo contesto l'aggettivo significa piuttosto "sofferente".
3. cremisi: è una tonalità di rosso molto vivo.

PARTE 2 · I generi

60 te potesse ricostruire: bellissimo, rincuorante e altrettanto pauroso. Era un altro ringhio, anzi un ruggito, più profondo e selvaggio, pieno di furia.

Un dolore acuto squarciò la mia mano alzata davanti al volto e mi riportò quasi in superficie, ma non riuscivo a trovare la strada giusta per riaffiorare, per aprire gli occhi.

65 A quel punto capii di essere morta.

Perché, dal profondo, sotto quell'acqua di piombo, sentii la voce di un angelo che mi chiamava per nome, guidandomi verso l'unico paradiso che desideravo.

«Oh no, Bella, no!», gridava la voce dell'angelo, spaventato.

Oltre a quel suono tanto amato, sentivo un altro rumore, un tumulto[4] tremendo
70 da cui la mia mente cercava di fuggire. Un ringhiare cupo e malefico, uno schianto terrificante, e un lamento acutissimo che si troncò all'improvviso... Cercai di concentrarmi sulla voce dell'angelo.

«Bella, ti prego! Bella, ascoltami, ti prego. Ti prego, Bella, ti prego!».

Avrei voluto rispondere con un sì. O in qualsiasi altro modo. Ma non riuscivo
75 a trovare le labbra.

«Carlisle», esclamò l'angelo, la sua voce perfetta agonizzava. «Bella, Bella, no! Oh ti prego, no, no!». E l'angelo iniziò a gemere, senza versare una lacrima.

Non era giusto, l'angelo non doveva piangere. Volevo trovarlo, dirgli che andava tutto bene, ma l'acqua era troppo profonda, e mi schiacciava, non riuscivo
80 a respirare.

Sentii qualcosa premermi al di sopra della fronte. Faceva male. Poi, dopo quel dolore, nell'oscurità che mi attorniava ne sentii altri, più intensi. Gridai qualcosa, affannandomi nel tentativo di uscire dalla pozza scura.

«Bella!», urlò l'angelo.

85 «Ha perso sangue, ma la ferita alla testa non è profonda», mi informò una voce tranquilla. «Attento alla gamba, è rotta».

Un urlo di rabbia si strozzò nella bocca dell'angelo.

---

4. tumulto: grande confusione, caos.

VITA E OPERE

● **Stephenie Meyer** Scrittrice statunitense, nata nel 1973 a Hartford, nel Connecticut. Di religione mormone, si trasferisce da bambina in Arizona, dove vive con la famiglia. Ha ottenuto un successo mondiale grazie al ciclo di romanzi che compone la saga di *Twilight*: *Twilight* (2005), *New Moon* (2006), *Eclipse* (2007) e *Breaking Dawn* (2008). Un quinto romanzo, intitolato *Midnight Sun*, non è stato pubblicato a causa di una disavventura editoriale: una versione non definitiva dell'opera è stata diffusa in rete prima della sua pubblicazione; l'autrice ha preferito perciò non procedere alla pubblicazione del romanzo. Della saga fa anche parte il racconto *La breve seconda vita di Bree Tanner* (2010). Stephenie Meyer ha inol-

tre pubblicato il romanzo *L'ospite* (2008).

Il ciclo di romanzi di *Twilight* ruota intorno alla storia di Isabella Swan, teenager americana innamorata del vampiro Edward Cullen. La saga ha avuto un enorme successo commerciale, anche grazie agli adattamenti cinematografici che ne sono stati tratti. Si tratta di opere indirizzate principalmente a un pubblico giovane; l'autrice ha trasformato radicalmente le caratteristiche tipiche della letteratura sui vampiri, puntando su tematiche sentimentali e su trame più spettacolari e avventurose, sacrificando però, allo stesso tempo, la complessità psicologica, l'ambigua inquietudine e la perversione morale che contraddistinguono i personaggi delle opere classiche del genere, come *Dracula* di Bram Stoker.

Il vampiro, litografia a colori di scuola austriaca, XX secolo, collezione privata.

Sentii una fitta acuta al fianco. Questo non era il paradiso, certo che no. C'era troppo dolore.

90 «Anche qualche costola, credo», aggiunse la voce, metodica.

Ma le fitte erano sempre più deboli. Sentivo un dolore nuovo, che mi ustionava la mano e copriva tutto il resto.

Qualcuno mi stava bruciando.

«Edward», cercai di dire, ma la mia voce usciva lenta e pesante. Non riuscivo 95 nemmeno io a sentirmi.

«Bella, andrà tutto bene. Mi senti Bella? Ti amo».

«Edward». Ci riprovai, la mia voce migliorava.

«Sì, sono qui».

«Fa male».

100 «Lo so, Bella, lo so». Poi disse a qualcuno, allontanandosi da me: «Non puoi farci niente?».

«La valigetta, per favore... Trattieni il respiro, Alice, sarà meglio», le consigliò Carlisle.

«Alice?», farfugliai.

105 «È qui, sapeva dove ti avremmo trovata».

«Mi fa male la mano», cercai di dire.

«Lo so, Bella. Carlisle ti darà qualcosa per calmare il dolore», mi rassicurò Edward.

«La mano sta andando a fuoco!», urlai, sbattendo gli occhi e uscendo final-110 mente dall'oscurità. Ma non riuscivo a vederlo in faccia, perché qualcosa di caldo

PARTE 2 · I generi

e umido mi annebbiava la vista. Perché non si accorgevano del fuoco, perché non
lo spegnevano?

Lui sembrava spaventato: «Bella?».

«Il fuoco! Qualcuno spenga il fuoco!», gridavo, e intanto mi sentivo bruciare.

115 «Carlisle! La mano!».

«L'ha morsa». Carlisle non era più calmo, era sbigottito[5].

Edward aveva smesso di respirare, terrorizzato.

«Edward, devi farlo». Era la voce di Alice, vicina alla mia testa. Sentivo le dita
fredde sfregare i miei occhi umidi.

120 «No!».

«Alice», provai, la voce impastata.

«Potrebbe esserci ancora una possibilità», disse Carlisle.

«Quale?», lo implorò Edward.

Prova a succhiarle il veleno. Il taglio è piuttosto pulito».

125 Mentre Carlisle parlava, sentivo qualcosa premermi contro la testa, qualcosa
che mi tastava la ferita sopra la fronte. Quel dolore si perdeva dentro il dolore per
il fuoco ardente. «Funzionerà?», chiese Alice nervosamente.

«Non lo so», disse Carlisle. «Ma dobbiamo sbrigarci».

Stephenie Meyer, *Twilight*, Roma, Fazi, 2006

---

5. sbigottito: del tutto stupito e confuso.

SCHEDA DI ANALISI

Il tema e il messaggio

● Lungo tutto il romanzo Stephenie Meyer analizza
e riporta, con grande capacità narrativa, il conflittuale **rapporto tra umano ed extra-umano**. Bella e
Edward appartengono a due **realtà antitetiche** tra
cui non dovrebbe poter esistere altra relazione che
non sia di **sopraffazione**. Giovane donna lei, vampiro lui, essi dovrebbero tenersi a debita distanza l'uno
dall'altro; ma, animati da un sentimento più forte delle
loro differenze, non riescono a stare lontani. Nel testo
che ti abbiamo proposto, i due protagonisti arrivano
ad affrontare le conseguenze che il loro amore comporta, gli esiti estremi del loro tentativo di **oltrepas-
sare i limiti** imposti dalla loro diversa natura: come
prezzo del loro sentimento, Bella sperimenta il **dolore fisico** e il **sapore della morte**, Edward **la tentazione** di bere il sangue dell'amata e **tradire** la promessa fatta.

● Nel brano in analisi, inoltre, l'attenzione è posta anche su un implicito confronto tra i due vampiri che si
contendono Bella. Se Edward rappresenta una figura
di vampiro del tutto anticonvenzionale, una sorta di
possibilità di conciliazione tra umano ed extra-umano, **James** incarna invece il **prototipo perfetto di
vampiro**: la ferocia, la violenza e la crudeltà diaboliche con cui egli agisce sono indice del fatto che, di

fronte all'odore del sangue e alla debolezza altrui, egli
ha un unico e inarrestabile desiderio: quello di uccidere (*Il sangue [...] lo stava facendo impazzire di sete.
Quali che fossero le sue intenzioni originali, non
sarebbe stato capace di trattenersi*).

Il narratore interno

● La vicenda viene raccontata da Bella, protagonista
e **narratore interno**. La ragazza ricorda i fatti che
le sono accaduti, talvolta intervenendo con commenti
che mettono in luce quanto tragica fosse la sua situazione (*Non riuscii a trattenermi: provai a correre
via. Malgrado fosse inutile e lo sapessi benissimo,
malgrado le mie ginocchia fossero già deboli, il panico prese sopravvento, e scattai verso l'uscita di
sicurezza*). Tale impostazione narrativa permette al
lettore di guardare la vicenda con gli occhi della protagonista e quando questa, ripetutamente colpita da James, non riesce più a vedere e quasi perde conoscenza, egli è costretto a seguirla nel suo "viaggio mentale",
nel suo **stato semicosciente**, in cui le uniche vie di
accesso alla realtà esterna sono costituite dall'**udito**
e dal **tatto** (*Andavo alla deriva e sognavo. Mentre affondavo nell'acqua scura, sentii il suono più
piacevole che la mia mente potesse ricostruire: bellissimo, rincuorante e altrettanto pauroso. [...] Un*

332

L'horror · UNITÀ 10

dolore acuto squarciò la mia mano alzata davanti al volto e mi riportò quasi in superficie, ma non riuscivo a trovare la strada giusta per riaffiorare, per aprire gli occhi). Attraverso tale scelta narrativa, l'autrice intende favorire un processo di **identificazione** tra personaggio e lettore, così da aumentare il coinvolgimento emotivo nella storia e la *suspense* che ne deriva.

La caratterizzazione dell'antagonista

● La figura disumana dell'antagonista domina la prima parte del brano. Per mezzo di una **caratterizzazione diretta e indiretta**, il narratore insiste sulle qualità più aberranti del personaggio: il sorriso di James è *una tagliola di denti lustri e brillanti*, la rapidità dei suoi movimenti è fulminea, la sua forza micidiale (*In un lampo fu davanti a me. Non mi accorsi se aveva usato la mano o il piede, era stato troppo veloce. Una botta secca mi colpì il petto, caddi all'indietro, sentii lo schianto della mia testa contro gli specchi*), il suo grido assomiglia a un ruggito, il suo garbo contrasta con la ferocia dei suoi gesti (*Mi allungai verso la gamba, ma lui era in piedi sopra di me e sorrideva*). Sadismo e perver-

sione sono le cifre più evidenti del suo carattere (*Non si sarebbe accontentato di vincere, nutrirsi e andarsene. La conclusione non sarebbe stata veloce come mi aspettavo*). Emerge dunque dal brano il profilo di un vampiro d'immane crudeltà, di fronte al quale il lettore non può che – come la protagonista – restare terrorizzato.

La lingua e lo stile

● Lo stile di Stephenie Meyer è fatto di **frasi brevi**, spesso scandite da una **punteggiatura sovrabbondante** o da **congiunzioni coordinanti** (*L'odore mi dava la nausea. Tra la nausea e lo stordimento, vidi qualcosa che mi diede un'improvvisa e ultima speranza. I suoi occhi, che fino a poco prima si erano limitati a squadrarmi, ora bruciavano di un bisogno incontrollabile*), che rendono il ritmo sostenuto, quasi martellante. Inoltre, l'alternanza tra sequenze dialogiche e sequenze narrative, e la scelta di un **lessico quotidiano** e di immediata comprensione contribuiscono a rendere fluida e rapida la lettura, mantenendo viva l'attenzione del lettore e invogliandolo così a proseguire il suo viaggio all'interno del racconto.

Laboratorio sul testo

● Comprendere

Informazioni esplicite

1. In quali gesti si traduce il panico di Bella di fronte a James?
2. In che modo Bella intuisce che il supplizio che la aspetta sarà lento e doloroso, molto più di quanto avesse previsto?
3. Bella perde progressivamente coscienza: quali sensi sono "messi fuori uso" e su quali può contare ancora? Motiva la tua risposta riportando parti del testo che la confermino.
4. Chi interviene nel finale?
5. Di quale incoerenza si accorge Bella quando è in stato semicosciente?
6. *«Potrebbe esserci ancora una possibilità», disse Carlisle* (r. 122). In che cosa consiste questa possibilità? Perché è molto rischiosa?

Informazioni implicite

7. A chi appartiene la voce che Bella identifica con quella di un angelo? Da che cosa lo deduci?
8. Dove si trova o crede di trovarsi Bella quando afferma: *Andavo alla deriva… affondavo nell'acqua scura* (rr. 58-59)? Si tratta di un luogo reale o mentale?
9. Non è chiaro dove si svolga la lotta impari tra Bella e James, ma quest'ultimo dice di aver pensato la stanza in cui si trovano come scenografia perfetta per il suo film: a che cosa allude con questa affermazione? Riesci a capire quali caratteristiche abbia tale stanza?

Significati

10. Edward e James: quale dei due vampiri agisce nei confronti di Bella in termini di sopraffazione? Motiva la tua risposta.

PARTE 2 · I generi

Analizzare

Narratore
11. Da quali elementi deduci che il narratore è interno?

12. Sottolinea nel testo i passaggi in cui il narratore interviene con commenti che mettono in luce quanto tragica fosse la sua situazione. Quale effetto produce tale scelta narrativa, a tuo avviso?

13. In che modo il tipo di focalizzazione scelto dalla Meyer contribuisce ad aumentare la tensione?

Personaggi
14. Raccogli, servendoti della seguente tabella, tutte le informazioni relative a James.

Caratteristiche fisiche	Caratteristiche caratteriali	Caratteristiche psicologiche
....	....	....
....	....	....
....	....	....
....	....	....

15. Quali caratteristiche di James secondo te corrispondono allo stereotipo del "cattivo" e quali invece risultano particolarmente originali?

16. Che cosa, nel comportamento di Edward, non corrisponde alle caratterizzazione tipica del vampiro?

Stile
17. Individua nel testo almeno due passaggi in cui il ritmo risulti particolarmente rapido e martellante.

Padroneggiare la lingua

Lessico
18. Analizza il dialogo finale tra Bella ed Edward. Per mezzo di quale espediente retorico la Meyer riesce a riprodurre la fatica di Bella nel pronunciare le parole?
- a) ☐ Anafora.
- b) ☐ Allitterazione.
- c) ☐ Anacoluto.
- d) ☐ Onomatopea.

19. Individua nel testo tutti i termini riferiti a James che rientrano nel campo semantico della violenza.

20. Nella narrazione ricorre, con frequenza martellante, la parola *dolore*: sapresti indicarne almeno tre sinonimi?

Grammatica
21. *Perché, dal profondo, sotto quell'acqua di piombo, sentii la voce di un angelo che mi chiamava per nome, guidandomi verso l'unico paradiso che desideravo.* Questo periodo manca della proposizione principale: ricostruiscila dal contesto e formulala con parole tue.

22. *Sentivo un dolore nuovo, che mi ustionava la mano e copriva tutto il resto.* Servendoti della punteggiatura, spezza questo periodo in tre frasi indipendenti.

Interpretare e produrre

23. *A quel punto capii di essere morta.* Qual è l'immagine della morte e dell'aldilà che emerge dalle parole di Bella? Corrisponde a quella che hai tu? Discutine con i tuoi compagni.

24. Immagina di essere Edward e di dover affrontare il difficile compito di succhiare il veleno dalla mano di Bella, senza cadere nella tentazione di berne il sangue. Scrivi dunque il prosieguo del racconto, vestendo i panni del vampiro "buono".

T4 Tiziano Sclavi
Il ritorno di Killex

Creato da Tiziano Sclavi, Dylan Dog è il protagonista di una fortunatissima serie italiana di album a fumetti in cui l'*horror* si unisce al giallo, al poliziesco, al surreale e al fantastico in genere. Il più delle volte, le sue indagini sono un viaggio pericoloso e imprevedibile dentro il mistero: i suoi ambiti d'investigazione sono

- **PUBBLICAZIONE**
  Il ritorno di Killex, 1997
- **LUOGO E TEMPO**
  Londra, anni Novanta
- **PERSONAGGI**
  Dylan Dog; la sua amica Joy; gli abitanti delle fogne di Londra

1-2: Joy e Dylan sono scesi nelle fogne londinesi. La donna indica la strada e, mentre sta cercando la via d'uscita, le si apre il terreno sotto i piedi e si trova dentro un cimitero sprofondato. L'urlo di terrore è rappresentato da un segno onomatopeico.
3: la grande vignetta, che occupa metà pagina, è dominata dall'urlo di Joy che sembra rimbombare in un macabro spazio dove si vedono tombe aperte e cadaveri che ne fuoriescono.

il soprannaturale, l'inconoscibile, ciò che è in bilico tra la vita e la morte o perfino oltre la morte stessa. Egli si occupa soltanto di casi insoliti: chi si rivolge a lui non è il classico cliente di un investigatore privato, ma una persona a cui la polizia non crede, che tutti ritengono folle e che spesso rischierebbe davvero di scivolare nella follia se non trovasse qualcuno disposto ad ascoltarla e ad aiutarla. Questo qualcuno è Dylan Dog, l'"indagatore dell'incubo": fantasmi, draghi, streghe, morti viventi, ectoplasmi sono i suoi compagni di viaggio in quel mondo parallelo in cui si egli muove.
Le tavole proposte raccontano il momento culminante di una delle sue avventure più inquietanti: il ritorno di Christopher Killex, feroce *serial killer*. La sua follia lo aveva portato a uccidere centinaia di

4-6: ma non si tratta di cadaveri, bensì di persone vive ridotte in uno stato pietoso e che si avventano in gruppo su Joy, la quale non può reagire che lanciando un altro urlo di terrore.
7-8: uno di loro le si avvicina fino a immobilizzarla e la bacia sulla bocca. Il disegno, giocato sui contrasti del bianco e nero e del chiaroscuro, mette volutamente in evidenza l'aspetto orripilante dell'individuo.

innocenti, fino a quando Dylan Dog non lo aveva smascherato e fatto condannare. Il criminale era però fuggito di prigione e in un duello mozzafiato era poi stato ucciso dallo stesso Dylan, con un colpo di pistola sparatogli in fronte a bruciapelo. Ma il suo cadavere non era mai stato ritrovato e ora, a distanza di molti anni, la scoperta da parte della polizia di una fossa comune, con centinaia di cadaveri mutilati, fa tornare alla mente il nome di quel folle criminale e la possibilità di un suo ritorno.

Accompagnato dall'amica Joy, Dylan scende così nel labirinto dei cunicoli della fogna di Londra, fino a scoprire un cimitero sotterraneo abitato da un nutrito gruppo di extracomunitari, sfruttati da una *troupe* di cineasti delinquenti che producono film *horror* per un circuito privato di appassionati del genere *splatter*.

9

10

11

12

13

9-10: sulla macabra scena piomba Dylan, che spara contro quelle figure e grida loro, imperioso, di allontanarsi. Nella prima vignetta il "sonoro" è affidato ai due segni onomatopeici. In quella successiva domina la figura di Dylan, con la pistola ancora fumante e in atteggiamento minaccioso.

PARTE 2 • I generi

Tiziano Sclavi, *Dylan Dog. Il ritorno di Killex*, Milano, Bonelli, 1997

15-18: le spiegazioni dei miseri individui convincono Dylan, che dimostra tutta la sua sensibilità e indignazione esprimendo la sua solidarietà nei loro confronti.

VITA E OPERE

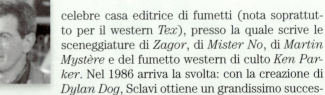

■ **Tiziano Sclavi** Scrittore e fumettista italiano, nato a Broni, un paesino in provincia di Pavia, nel 1953. Si trasferisce a Milano nei primi anni Settanta e lì inizia a lavorare come sceneggiatore di fumetti. Comincia in questo modo una lunga gavetta, che lo porta a scrivere per diverse testate (tra cui il «Corriere dei Piccoli» e il «Corriere dei Ragazzi») e a collaborare con diversi autori di fumetti, tra cui Alfredo Castelli (futuro autore di *Martin Mystère*). Pubblica inoltre racconti e romanzi gialli, fantascientifici e dell'orrore, nonché alcuni libri per ragazzi. All'inizio degli anni Ottanta comincia a lavorare per la Bonelli, celebre casa editrice di fumetti (nota soprattutto per il western *Tex*), presso la quale scrive le sceneggiature di *Zagor*, di *Mister No*, di *Martin Mystère* e del fumetto western di culto *Ken Parker*. Nel 1986 arriva la svolta: con la creazione di *Dylan Dog*, Sclavi ottiene un grandissimo successo, grazie a un'efficace miscela di tematiche *horror* e aspetti grotteschi e ironici (impersonati soprattutto dal personaggio di Groucho). Trainati dal successo del fumetto, due suoi romanzi, *Nero* e *Dellamorte Dellamore* (entrambi del 1991), vengono trasposti al cinema, consacrando definitivamente Sclavi come uno dei maggiori autori dell'orrore e del mistero in Italia.

L'horror · UNITÀ 10

SCHEDA DI ANALISI

Il tema e il messaggio

● Le "creature", che nella prima tavola sono presentate con caratteri fisici non ben definiti, più mostruosi che reali, suscitano dapprima un'istintiva reazione di difesa da parte di Dylan; poi, a mano a mano che le figure rivelano la propria identità, in Dylan subentra la curiosità e l'interesse per la loro condizione.
Di fronte a una realtà così inaccettabile – decine di extracomunitari costretti a vivere di espedienti nelle viscere del sottosuolo londinese – Dylan reagisce con **incredulità** (*Non è possibile! È pazzesco!*), con **compassione** e **indignazione** (*Dovete rivolgervi alle autorità! Non potete vivere in condizioni così disumane!*) che soccombe di fronte alla disarmante e disincantata logica di queste persone (*El mundo de sopra es pejor. Come fa voi a viver en quel infierno?*).

● La situazione narrata permette così all'autore di sollecitare il lettore a **riflessioni di ordine morale e sociale**, che vanno ben al di là dell'oggetto della narrazione stessa. Ciò costituisce una caratteristica tipica degli album di Dylan Dog: l'orrore, l'incubo, la paura non sono mai fini a se stessi, ma sono spesso utilizzati per operare un **confronto** (suggerito, ma mai esplicitato) **con la "normalità"**; un confronto in cui quest'ultima, molto spesso, risulta la realtà meno vivibile.

Il personaggio

● Per l'aspetto fisico del personaggio, gli autori si sono ispirati alla figura dell'attore inglese Rupert Everett: alto, slanciato, piacente, con capelli neri di media lunghezza con ciuffo sulla fronte e occhi scuri, dallo sguardo profondo e indagatore. Dylan è inglese, ha poco più di trent'anni, vive a Londra; adora il cinema, i buoni libri, la pizza e il clarinetto; si veste sempre allo stesso modo: giacca nera, jeans blu, camicia rossa con collo ampio e sempre aperto, polsini rivoltati sulla giacca e scarpe chiare.

● È un ipocondriaco, cioè preoccupato in modo eccessivo e infondato riguardo alla propria salute. Soffre di diverse fobie. Oltre a essere claustrofobico e a soffrire di vertigini, ha paura di volare. Non è un seduttore, ma gli piacciono le donne e quasi ogni sua avventura ha un riscontro sentimentale, ma il sesso, per lui, è sempre e soltanto per amore. Ben poco si sa del suo passato e quel poco è avvolto nel mistero. Talvolta, esso ritorna sotto forma di sogno o di incubo.

● È la paura ad affascinarlo, la **paura irrazionale e inspiegabile dell'ignoto**. E lui stesso ha paura: non è certo un eroe invincibile, anzi, a volte non riesce a risolvere il caso, a uccidere il mostro, a scacciare l'incubo. Più spesso, egli ci riesce solo in parte; ma quando tutto sembra finito, **l'orrore ricompare**. Dylan non è né un eroe né un anti-eroe, ma semplicemente un **uomo**: un uomo che, a differenza di tanti, non rifiuta l'ignoto ma tenta di penetrarlo e comprenderlo, specialmente quando il mistero e l'orrore si nascondono nelle profondità della sua mente.

La tecnica e lo stile

● Sclavi, sceneggiatore e scrittore delle storie di Dylan, sa offrire in ogni pagina inquadrature, montaggi e dissolvenze sempre accuratamente studiati. «Le parole bussano e io scrivo», ha dichiarato a questo proposito in una delle rarissime interviste da lui rilasciate.

● Al disegno delle tavole, in **bianco e nero** (molto adatto a rappresentare situazioni *horror*), si sono alternati negli anni moltissimi e valenti disegnatori, che hanno saputo unire la propria competenza e passione a quella dell'autore delle storie, creando così una miscela unica e vincente. Tra i tanti, un posto a sé occupa Angelo Stano, che ha firmato il numero uno della fortunatissima serie dell'indagatore dell'incubo e che è il creatore di tutte le copertine degli album. A proposito del suo stile, egli ha dichiarato: «Nel mio stile si incrociano la mia professionalità come disegnatore di fumetti e la mia passione personale per l'arte e la ricerca iconografica».

Laboratorio sul testo

● Comprendere

Informazioni esplicite

1. Chi è il personaggio femminile che compare nella prima vignetta?
2. Che cosa le avviene?
3. Chi sono le persone che incontra?
4. In quale vignetta compare Dylan Dog? Che cosa fa?
5. Quale storia viene raccontata a Dylan Dog e alla sua amica?

PARTE 2 · I generi

Informazioni implicite

6. *Mai sentito parlare della crisi degli alloggi, amico?* (vignetta 15) Che cosa vuole intendere il personaggio con questa frase?

7. Indica qual è, secondo te, la sensazione che il disegnatore ha voluto comunicare implicitamente al lettore nella vignetta 10.
   a) ☐ Paura.
   c) ☐ Rabbia.
   b) ☐ Forza e potenza.
   d) ☐ Vendetta.

8. Perché, secondo te, l'autore ha deciso di far parlare gli abitanti del sottosuolo con un timbro fortemente spagnoleggiante?

Significati

9. L'atteggiamento di Dylan Dog nei confronti degli individui che abitano quel sottosuolo è mutevole. Quali sentimenti prova nei loro confronti?

10. E qual è l'atteggiamento che questi individui hanno nei confronti di Dylan e Joy?

Analizzare

Ambientazione

11. Indica qual è, secondo te, l'ambientazione che il disegnatore ha voluto comunicare al lettore nella vignetta 3.
    a) ☐ Cimitero.
    c) ☐ Corteo di morti viventi.
    b) ☐ Campo di guerra.
    d) ☐ Sobborgo di periferia.

Narrazione

12. In quale tra le prime otto vignette il racconto raggiunge la sua *Spannung*? Perché?

13. A partire da quale vignetta la storia comincia a rivelarsi nel suo vero contenuto? In che maniera?

Stile

14. Nella vignetta 17 le persone sono rappresentate con il volto quasi irriconoscibile, a eccezione di quella centrale in prima fila. Secondo te, quale effetto si è voluto ottenere?

15. Da quale prospettiva è rappresentata la scena della vignetta 12? Che effetto si ottiene?

Padroneggiare la lingua

Lessico

16. Nella vignetta 9 ci sono due segni onomatopeici. Indica per ciascuno da chi o da che cosa è prodotto e quale suono rappresenta graficamente.

17. *Excusa nos… no voleva… ma aquì mai mogliere… e mogliera bella como esta señora… nos ha perduto cabeza.* Sei in grado di tradurre in italiano questa frase appartenente allo strano linguaggio spagnoleggiante utilizzato dagli abitanti della fogna?

Grammatica

18. Considera la funzione dei punti esclamativi, presenti in gran numero in queste vignette. Hanno tutti la stessa funzione?

Interpretare e produrre

19. Qual è la morale che Tiziano Sclavi affida alla storia narrata in queste tavole? Discutine coi tuoi compagni.

20. Nella storia narrata da Tiziano Sclavi in questo album, gli abitanti del sottosuolo sono miseri emarginati extracomunitari, ingaggiati da una *troupe* cinematografica formata da pazzi criminali: costoro, infatti, vogliono riprodurre realisticamente i perversi esperimenti che il medico nazista del campo di concentramento di Auschwitz, Josef Mengele, compiva sui corpi, vivi e senza anestesia, dei prigionieri del campo. Tenendo conto di queste informazioni, scrivi o disegna in una pagina il finale della storia, così come lo immagini tu.

L'*HORROR* al cinema

TRAMA La sperimentazione di un vaccino anti-cancro ha provocato una tremenda pandemia che ha trasformato gli uomini in vampiri. Non ancora contagiato, lo scienziato Robert Neville, rimasto solo con il suo inseparabile cane, sta sperimentando un rimedio; ma è obbligato a muoversi esclusivamente di giorno e a barricarsi in casa di notte: con il buio, infatti, i vampiri sono liberi di uscire allo scoperto e andare a procurarsi con ogni mezzo il sangue di cui si nutrono. Un giorno, poco prima del tramonto, alcuni lupi infetti lo attaccano; il suo cane viene azzannato e lui è costretto a sopprimerlo prima che si trasformi in vampiro. Poi, in una notte da incubo, Robert viene salvato da una giovane donna, Anna, che gli parla di una colonia di sopravvissuti, e lo invita a raggiungerla insieme; lo scienziato, tuttavia, intende portare a termine la sperimentazione di un possibile antidoto. I vampiri, nel frattempo, hanno scoperto dove abita e di notte assediano la sua casa; quindi riescono a penetrare nel laboratorio, proprio nel momento decisivo dell'esperimento. Constatata l'efficacia del siero, Robert lo consegna ad Anna, che abbandona la casa un momento prima che lui la faccia esplodere. Qualche ora dopo, con la cura che riporterà i vampiri alla condizione di esseri umani, Anna raggiunge finalmente la colonia dei sopravvissuti.

LA REGIA Il film, tratto dall'omonimo romanzo dell'autore di genere fantastico Richard Matheson, si apre con l'intervista televisiva alla responsabile della ricerca medica all'origine dell'epidemia; il seguito del racconto filmico, pur sviluppato linearmente, è scandito da altri *flashback*, in cui l'epidemia risulta appena all'inizio e il protagonista, pur nell'incombere della tragedia, vive ancora con la propria famiglia. L'inserimento nel racconto di queste brevi analessi determina un effetto di forte contrasto che mette in risalto la condizione di solitudine e desolazione del protagonista che vaga nella città ormai popolata soltanto da vampiri.

I CARATTERI DEL GENERE *HORROR* All'inizio e alla fine della vicenda si ravvisa la presenza di un elemento narrativo tipico del genere *horror*: l'esperimento scientifico. Nel primo caso, esso porta effetti collaterali devastanti, nell'altro, invece, un risultato (almeno apparentemente) positivo. In questo, come in altri film *horror*, la scienza si mostra in grado di trovare i necessari correttivi ai propri errori; ma ciò non vale a cancellare del tutto un senso di profonda inquietudine.

LA SCENA PIÙ RIUSCITA: DUE VISIONI DELL'EPIDEMIA La giustapposizione dello scenario di desolazione all'orgoglio della ricercatrice determina un effetto sottilmente ironico.

FILM: Io sono leggenda
REGIA: Francis Lawrence
INTERPRETI PRINCIPALI: Will Smith, Alice Braga, Dash Mihok
FOTOGRAFIA: Andrew Lesnie
DURATA: 101 min.
PRODUZIONE: Stati Uniti
ANNO: 2007

ONLINE guarda la scena

L'*HORROR* al cinema

I film *horror* sono contraddistinti dalla presenza di figure spaventose e raccapriccianti, che agiscono all'interno di scenari e situazioni insolite, se non addirittura irreali o soprannaturali.

Il primo importante film di questo genere è stato *Nosferatu il vampiro* (1922) del regista tedesco **Friedrich Wilhelm Murnau**, ispirato al romanzo *Dracula* di Bram Stoker. A partire dagli anni Trenta, il genere *horror* si diffonde anche a Hollywood, dove vengono prodotti film ispirati a celebri romanzi, quali *Frankenstein* di **James Whale** (1931), tratto dal romanzo di Mary Shelley; e *Il dottor Jekyll* di **Rouben Mamoulian** (1931), dal romanzo di Robert Louis Stevenson, di cui dieci anni dopo **Victor Fleming** fece un *remake*. Alcune di queste opere hanno ispirato adattamenti più recenti: *Nosferatu, il principe della notte* (1979) di **Werner Herzog**, *Dracula di Bram Stoker* (1992) di **Francis Ford Coppola** e *Frankenstein di Mary Shelley* (1994) di **Kenneth Branagh**.

Anche dalle opere di Edgar Allan Poe sono stati tratti film importanti, come *La caduta della casa Usher* (1928) di **Jean Epstein**, *Il pozzo e il pendolo* (1961) e *La maschera della morte rossa* (1964) di **Roger Corman**.

Nella seconda parte del secolo, hanno preso forma diversi sottogeneri, quali l'*horror* fantascientifico (*L'invasione degli ultracorpi* di **Don Siegel** del 1956), quello di vampiri o *zombie* (*La notte dei morti viventi* di **George A. Romero** del 1968), quello di tipo occultista (*L'esorcista* di **William Friedkin** del 1973), sino al cosiddetto *splatter*, caratterizzato da un tono meno tetro e più ironico (*Scream* di **Wes Craven** del 1996). In Italia, il genere *horror* è legato a grandi registi come **Mario Bava** (*La maschera del demonio*, 1960) e **Dario Argento** (*Profondo rosso*, 1975; *Suspiria*, 1977), autori riconosciuti a livello internazionale come maestri del genere.

VERIFICA UNITÀ 10 — Incubi e suggestioni dell'*horror*

Sapere e Saper fare

PalestraInterattiva

1. Vero o falso?

a) Il racconto dell'orrore appartiene al genere fantastico.   V ☐   F ☐

b) Il romanzo gotico narra favolose vicende antiche.   V ☐   F ☐

c) I fantasmi non sono personaggi che compaiono nel romanzo gotico.   V ☐   F ☐

d) Il romanzo gotico può narrare una vicenda ambientata in età contemporanea.   V ☐   F ☐

e) Il finale a sorpresa è una tecnica narrativa tipica del genere.   V ☐   F ☐

f) La narrativa dell'orrore nasce in Europa alla fine del Settecento.   V ☐   F ☐

g) Il protagonista dell'*horror* è sempre un essere mostruoso e diabolico.   V ☐   F ☐

h) Castelli, luoghi antichi, sotterranei sono ambientazioni tipiche del genere.   V ☐   F ☐

2. Gli autori e le opere

Abbina correttamente ogni autore alla propria opera.

1. Edgar Allan Poe	a. *Dylan Dog*
2. Stephenie Meyer	b. *Frankenstein*
3. Tiziano Sclavi	c. *Shining*
4. Mary Shelley	d. *Dracula*
5. Stephen King	e. *Twilight*
6. Bram Stoker	f. *Il castello di Otranto*
7. Horace Walpole	g. *Lo strano caso del dottor Jekyll e di mister Hyde*
8. Robert Louis Stevenson	h. *Il ritratto ovale*

1 = ...

2 = ...

3 = ...

4 = ...

5 = ...

6 = ...

7 = ...

8 = ...

VERIFICA UNITÀ 10

Sapere e Saper fare

Comprendere e interpretare un testo

Focus: presenze soprannaturali e follia

Leggi il racconto e poi rispondi ai quesiti.

VERIFICA *lim*

 Tommaso Landolfi
Il bacio

Le notti inquietanti di un notaio, tra sonno e veglia, tra realtà e immaginazione, alla ricerca di una fantomatica figura femminile che ogni volta, donandogli un bacio, gli ruba a poco poco l'anima...

Il notaio D., scapolo e non ancor vecchio ma maledettamente timido colle donne, spense la luce e si dispose a dormire; quando sentì qualcosa sulle labbra: come un soffio, o piuttosto come lo sfioramento di un'ala. Non ci badò più che tanto, poteva essere il vento delle coltri[1] smosse oppure una farfallina notturna, e prese sonno subito. Ma la notte seguente avvertì la medesima sensazione, e anzi più distinta: invece di scivolar via, quel qualunque gravò un attimo sulle sue labbra. Alquanto stupito, se non allarmato, il notaio riaccese la luce e si guardò inutilmente intorno; poi scosse il capo e anche stavolta si addormentò, sebbene meno agevolmente. La terza notte, infine, il che fu ancor più sensibile e si dichiarò per il che che era: non correva dubbio, un bacio! Un bacio, si sarebbe detto, del buio stesso, quasi il buio si concentrasse per un momento sulla bocca del notaio. Il quale peraltro non la intendeva a questa maniera: un bacio è sempre un bacio e quantunque, quello, fosse un tantino arido e non umido e dolce come egli lo sognava, era sempre un dono del cielo. Probabilmente si trattava d'una proiezione dei suoi desideri segreti, di un'allucinazione insomma; e benvenuta. [...]
Di notte in notte i baci divennero più frequenti e più sostanziosi, benché al notaio non riuscisse tuttavia ritrovarvi o trovarvi alcun sapore di bocca femminile. E qui il notaio, checché gli consigliasse la sua antica ragione, fu preso dall'insana brama di evocare in qualche modo la creatura che glieli largiva[2]: era stanco di abbrancare[3] ogni volta l'aria, e un bacio presuppone bene una creatura che lo dia, o no? La quale potrà essere eterea e sottile quanto vuole, vi sarà pure una maniera per addensarla, da poterla stringere tra le braccia; Dio mio, no che egli avesse già perduto il senso di tutti i rapporti, sulle prime forse immaginava o si illudeva che la sua brama tornasse a quella di rendere più corposa la propria allucinazione; ma ben presto venne a non più dubitare della reale esistenza d'una baciatrice. Tuttavia, guardando la cosa più davvicino, qual era poi la maniera per indurla a manifestarsi meno esclusivamente, per menarla a corporeità[4]? Il notaio vide perfettamente che non disponeva, a tal uopo[5], se non di mezzi psichici; per cui prese a concentrarsi, ogniqualvolta era baciato, a protendere la propria volontà e le proprie energie, quasi sforzandosi di captare nell'attimo una particola[6] della inafferrabile creatura, del suo fluido o della sua sostanza; particole che, sommandosi, dovevano finire col dar luogo a un essere purchessia[7]. A questa pratica aggiunse in seguito un'azione di generico suscitamento o sollecitamento dal buio. E davvero, fosse quello il metodo giusto o per diversi motivi, non andò molto che cominciò a raccogliere

---

1. **coltri:** coperte.
2. **largiva:** donava.
3. **abbrancare:** afferrare.
4. **menarla a corporeità:** fare in modo che si manifesti concretamente, in carne e ossa.
5. **uopo:** scopo.
6. **particola:** particella.
7. **un essere purchessia:** un essere, qualsiasi forma esso abbia.

343

i frutti di tanti conati[8].

Da premettere che la stanza dava su un'angusta corte, epperò non beneficiava nelle ore notturne di alcuna luce esterna; e ad escluderla d'altronde sarebbe bastato l'avvolgibile alla finestra, le cui stecche per eccezione combaciavano a dovere. Nondimeno, in quel buio di forno, al notaio sembrò scorgere una notte come un altro buio, un buio più nero; un'ombra, diciamo magari assurdamente solo che non si capiva bene dove fosse né che contorno avesse. Più singolare ancora, una seconda notte nella stanza si levò una sorta di sanguigna aurora: una debole e sinistra luminosità che sorse di terra e si precisò nell'alto, quasi aurora boreale, in forma di fascia frangiata, abbrividente e sventolante, spengendosi quindi a grado a grado[9]. Finalmente (passando ad altro ordine di fatti), una sera egli poté distintamente udire un riso sommesso da un angolo, ma un riso gelido, non allegro, innaturale. Di tali risultati il notaio non sapeva se rallegrarsi o inorridire: gli è che la creatura si andava rivelando tutt'altra dalla vagheggiata, senza contare che non pareva disposta a ulteriori concessioni. Infra due[10], egli sospese per un tempo le sue pratiche di evocazioni; ma non per tanto cessò, quella, di manifestarsi in vari modi. Quanto ai suoi baci, erano divenuti ormai divoranti. E lui, smagrito, esausto e come svotato[11], perso il sonno e l'appetito, si chiedeva angosciosamente se non si fosse spinto troppo oltre; il suo lavoro andava alle ballodole[12], la sua salute era gravemente minacciata, non si poteva seguitare così. Da ultimo si decise, tardivamente, a ciò che se mai gli sarebbe stato d'aiuto sul bel principio: ossia convenne seco[13] stesso di dormire colla luce accesa. La decisione, quel dare per persa la partita e rinunciare a tutto, costò non poco alle sue romantiche disposizioni; ma è pur vero che da tempo le sue prime estasi, di quando s'era visto oggetto di quelle misteriose attenzioni, avevano ceduto il luogo al senso di un pericolo incombente. Comunque sia, cominciò a dormire in piena luce; dormire, poi!

Per qualche tempo tutto andò bene, e lui riprendeva un po' fiato, sebbene si sentisse come privo di alcunché; ma ecco che una notte, lì in piena luce, daccapo ebbe o subì un bacio. Per la verità stava in quel punto (alla men peggio) dormendo, e, destatosi di soprassalto, poté pensare di aver sognato; tuttavia, quando si riappisolò, o meglio mentre era ancora tra veglia e sonno, un nuovo gagliardo bacio si impresse sulle sue labbra. «Si impresse», così suol dirsi; ma in realtà quel bacio fu come una tromba d'aria. In breve, il notaio intese che la creatura, non potendo più contare sul buio, approfittava adesso del suo sonno, e che nulla ormai l'avrebbe fermata. E contemporaneamente l'atroce sospetto che egli aveva tanto a lungo respinto divenne certezza; la creatura si nutriva di lui, si faceva grande e forte col suo sangue, colla sua vita, coll'anima sua.

Questo accertamento ebbe per effetto di togliere

Edward Munch, *Il vampiro*, 1893-1894, Oslo, Museo Munch.

---

8. conati: sforzi.
9. una debole… grado: una luce fioca si diffonde dal basso all'alto nella stanza, a formare un fascio luminoso dai bordi irregolari, come se fosse un'aurora boreale, una luce che si muove come il vento e che fa rabbrividire, spegnendosi poco a poco.
10. Infra due: nel mezzo, intanto.
11. smagrito… svotato: sfinito, indebolito fisicamente e psichicamente.
12. alle ballodole: in rovina.
13. seco: con sé.

VERIFICA UNITÀ 10

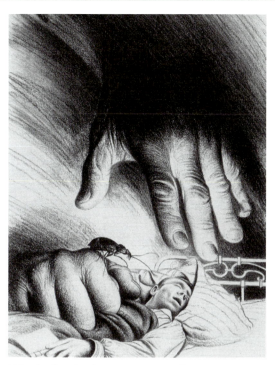

Richard Miller, *L'incubo*, 1942, Brescia, Galleria dell'incisione.

al notaio le residue forze e di piombarlo in una ottusa rassegnazione[14]; di qui la sua esistenza non fu più che una lunga, e non troppo lunga, attesa della inevitabile morte.
Era idiota, grottesca, una tale faccenda eppure non pareva vi fosse difesa; grottesca e tragica, come spesso avviene. Fuggire? Ma dove o a che sarebbe valso se la creatura forse se l'era inventata lui stesso? E dov'erano in caso, la forza, la volontà di farlo? Meglio invece favorirla nella sua opera, ché tutto si compisse nel più breve tempo possibile; e cercare almeno di vederla o intravederla, ora che s'era irrobustita. Sì, il solo sentimento che in lui sopravvivesse era una sorta di curiosità infame, della quale difatto egli si vergognava ma contro cui si sentiva impotente. Ricominciò a spengere la luce: il miglior modo per darle sicurezza e baldanza[15].
Vide o provò tante cose nelle sue notti d'agonia, e tutte orrendamente assurde. Dapprima fu come un'immensa massa, che sembrava occupare l'intera stanza ed era nondimeno stranamente vacua, [...]. Poi d'un tratto questa massa negativa, questa bolla di vuoto, si convertiva in qualcosa di estremamente esiguo ed acuto, d'insinuante, che si frangeva in mille rivoli, pervadeva tutto e lui stesso a mo' di circolazione capillare. Oppure nella stanza si diffondeva un sottile odore dolciastro e putrido, evocatore di immagini incomprensibili e di paesaggi mai veduti. O era solo un senso, pari piuttosto a una fuggevole memoria, che con effetto indecifrabilmente spaventoso pareva anticipare se medesimo o lasciarsi dietro ogni cosa, ogni plausibile esperienza, o fronteggiare l'informe, l'inesistente addirittura. E ancora risa sommesse, gelidi ghigni, sfioramenti non diversi da brividi; e un acre sapore in bocca, benché come percepito attraverso tutta la superficie del corpo.
Ma ormai le ore del notaio erano contate. L'ultima notte ai suoi occhi (del corpo e dell'anima) s'aprì un'immane voragine rovesciata, un vortice grigiastro somigliante a una matrice o ad un nicchio[16]; incombeva, e lo chiamava dal sommo della sua spirale. In pari tempo la sua pelle, ridotta ad arida squama, andava assumendo una smorta fosforescenza, che non era segno di vita ma di corruzione: quella da cui si levano i fuochi fatui[17]. Vide se stesso quale un pesce del profondo, fiocamente luminoso nel nero abisso; ecco, non aveva più sangue, al suo posto aveva quel tenue lume che di lì a un attimo si sarebbe anch'esso spento; era la fine. Si abbandonò; e forse in quell'ultimo istante, per premio del suo abbandono, gli fu dato guardarla in viso, colei che lo aveva succhiato dalla vita, che ora gli strappava il supremo bacio.
Fu la fine. E la creatura sconosciuta si risollevò dalla spoglia vuota e corse per il mondo.

Tommaso Landolfi, *Racconti impossibili,* Firenze, Vallecchi, 1966

---

14. piombarlo... rassegnazione: farlo piombare nella più confusa rassegnazione.
15. baldanza: disinvoltura.
16. nicchio: conchiglia di mollusco.
17. fuochi fatui: piccole fiammelle di colore bluastro che è talvolta possibile osservare a livello del terreno e la cui combustione è dovuta alla presenza di sostanze come metano o fosfano. Visto che tali sostanze sono sprigionate da resti organici, i cimiteri sono luoghi abituali in cui tale fenomeno si manifesta.

345

VERIFICA UNITÀ 10

Competenza testuale

Individuare e ricavare informazioni

____ **1.** Chi è il protagonista? Vengono descritti particolari della sua vita, di ciò che fa abitualmente?

____ **2.** Che cosa accade al protagonista durante le prime notti e quali sono le sue reazioni?

____ **3.** Quale interpretazione dà il protagonista a ciò che gli sta accadendo?

____ **4.** Che cosa scorge o crede di aver scorto il notaio?

____ **5.** Quali segnali sonori provengono dalla misteriosa creatura?

____ **6.** Quali segnali di tipo olfattivo?

____ **7.** In quale modo cerca di sottrarsi alla creatura e con quali risultati?

____ **8.** Quale certezza precipita il protagonista nella rassegnazione?

Comprendere i significati

____ **9.** *Si trattava d'una proiezione dei suoi desideri segreti* (rr. 23-24). Quali sono i desideri segreti del notaio? Egli desiderava quel bacio?

____ **10.** *La creatura si andava rivelando tutt'altra dalla vagheggiata* (rr. 77-78). Che cosa significa la frase?
- a) ☐ La creatura era simile a come il notaio l'aveva immaginata.
- b) ☐ La creatura era del tutto diversa da come il notaio l'aveva immaginata.
- c) ☐ La creatura era poco diversa da come il notaio l'aveva immaginata.
- d) ☐ La creatura era simile a un'altra che aveva già visto.

Interpretare e valutare

____ **11.** *Fu la fine. E la creatura sconosciuta si risollevò dalla spoglia vuota e corse per il mondo* (rr. 172-173). Chi o che cosa potrebbe essere la creatura sconosciuta?

Comprendere strutture e caratteristiche dei generi testuali

____ **12.** In quale luogo si svolge la storia e quali caratteristiche ha? A che cosa è funzionale questo tipo di ambientazione e quale effetto vuole suscitare nel lettore?

____ **13.** Il tempo è fondamentale sia per definire le circostanze in cui si svolgono i fatti sia per fornire ritmo all'azione. Le indicazioni temporali sono precise? In quale particolare momento della giornata avviene il misterioso fenomeno? Si ripete con regolarità?

____ **14.** Il ritmo della narrazione è inizialmente scandito con precisione; poi, esso presenta delle accelerazioni. Individua i punti del brano in cui tale cambiamento di ritmo è maggiormente evidente e spiega quale effetto produce.

____ **15.** In quale momento si giunge alla *Spannung*, ossia al momento di massima tensione?

____ **16.** *Fabula* e intreccio coincidono? Motiva la risposta.

Riconoscere il registro linguistico

____ **17.** Il registro linguistico in diversi punti appare alto e letterario. Trascrivi quanti più esempi di questo stile, cercando per ciascun termine un sinonimo appartenente a un registro medio.

Competenza lessicale

____ **18.** *Fu preso dall'insana brama di evocare in qualche modo la creatura.* Che cosa significa *evocare*, nel contesto della frase?
- a) ☐ Ricordare.
- b) ☐ Raffigurare.
- c) ☐ Richiamare alla memoria.
- d) ☐ Far comparire.

____ **19.** *In quel buio di forno sembrò scorgere un altro buio.* L'espressione *buio di forno* è figurata. Che cosa significa?

Competenza grammaticale

____ **20.** *La creatura si nutriva di lui, si faceva grande e forte col suo sangue, colla sua vita, coll'anima sua.* Nella frase è espresso quattro volte lo stesso tipo di complemento, il quale ci suggerisce come l'uomo diventi strumento della creatura. Sottolineane ciascuna occorrenza e specifica di quale complemento si tratta.

346

Unità 11
La fantascienza

T1 Isaac Asimov
Zucchero filato

T2 Ray Bradbury
Il sorriso

T3 Philip K. Dick
Squadra di ricognizione

Saper fare

T4 Valerio Evangelisti
Lilith

 ONLINE

W1 Fredric Brown, *Armageddon*
W2 Jules Verne, da *Dalla Terra alla Luna*
W3 Frank Herbert, da *Dune*
W4 M. Medda, A. Serra, B. Vigna, da *Nathan Never. La bambina scomparsa*

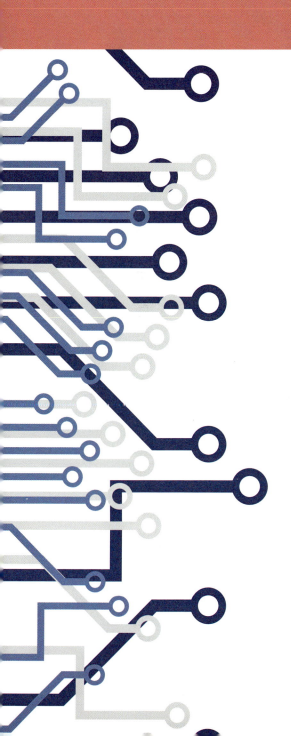

PARTE 2 · I generi

Le caratteristiche del genere

1 La narrazione fantastico-scientifica

Tra scienza e fantasia Come indica il nome stesso, il **racconto di fantascienza** (o, secondo la denominazione inglese, *science fiction*) è una narrazione in cui elementi di **pura fantasia** sono accostati ad altri che si riferiscono a reali **conoscenze scientifiche**. Attraverso l'associazione di questi due ambiti, il genere si caratterizza per la presentazione da parte dell'autore di vicende che sono allo stesso tempo **stupefacenti** e **verosimili**. Spesso è proprio il carattere rigorosamente scientifico della narrazione, sviluppato fino alle sue estreme conseguenze, a generare una vicenda dagli aspetti sensazionali: l'immaginazione dell'autore trasforma le scoperte scientifiche più avanzate nel punto di partenza da cui sviluppare il racconto di un mondo avveniristico e ipertecnologico.

Elementi narrativi Il racconto è quasi sempre ambientato nel **futuro** (lontano e imprecisato, oppure prossimo e ben definito) o, in alcuni casi, nel **passato** di civiltà esotiche e misteriose. Molto spesso l'ambientazione della fantascienza è lo **spazio cosmico**, costituito da ignoti pianeti o da lontanissime galassie e costellazioni. Quando l'ambiente fisico è invece la Terra, questa è comunque caratterizzata in maniera ben differente rispetto alla sua situazione di "normalità": spesso il nostro pianeta viene presentato come un luogo devastato da **calamità naturali** di proporzioni inimmaginabili, da catastrofi ambientali, da **guerre interplanetarie** ecc.

I personaggi possono essere robot, creature aliene, esseri umani dotati di particolari capacità extrasensoriali oppure individui del tutto normali che si trovano coinvolti in esperienze al confine tra la realtà e l'impossibile. Talvolta lo scenario è quello di una guerra tecnologica o psicologica, in cui l'uomo si trova a combattere per la difesa propria e dell'intera razza umana contro creature dotate di straordinari poteri sovrumani.

La vicenda narrata presenta dunque caratteristiche spesso analoghe a quelle del genere dell'**avventura**, con coraggiosi eroi-protagonisti, antagonisti duri da sconfiggere, numerosi pericoli da affrontare, scene di combattimento. La differenza sta però nella caratterizzazione dei **dettagli** della narrazione, orientati verso la descrizione di un universo tecnologicamente straordinario: nel genere fantascientifico possiamo incontrare armi incredibilmente potenti e distruttive, veicoli velocissimi, congegni ipertecnologici, città avveniristiche ecc.

Il linguaggio La narrazione di fantascienza utilizza spesso termini derivati dal **lessico specifico della scienza**, con precisi riferimenti a scoperte tecnologiche o a teorie scientifiche; ciò dà al lettore l'impressione di trovarsi di fronte a vicende che possono anche avere una spiegazione razionale, o che la realtà in esse descritta sia l'espressione di un **universo futuribile**. In effetti, anche in passato molti scrittori di fanta-

348

scienza hanno anticipato nelle loro opere di fantasia progressi tecnologici, scoperte o conquiste della scienza che sono poi puntualmente state realizzate (anche se quasi mai nella forma immaginata dall'eccezionale fantasia di questi autori); come, per esempio, il viaggio sulla Luna o il sottomarino oceanico immaginati dal francese Jules Verne, che nell'Ottocento ha prefigurato ciò che sarebbe stato realizzato nel secolo successivo.

2 Gli inizi e l'evoluzione del genere

Le origini del termine La definizione *science fiction* fu usata per la prima volta nel 1926 nella rivista statunitense «Amazing stories» ("storie incredibili") per definire il genere dei racconti che la pubblicazione avrebbe ospitato. In Italia la prima rivista analoga, «Scienza fantastica» comparve negli anni Cinquanta del XX secolo.

L'Ottocento In realtà, la fantascienza nasce come genere narrativo nella seconda metà dell'Ottocento, con le opere del francese **Jules Verne** – per esempio, il già citato *Dalla Terra alla Luna* (1865) – e dell'inglese **Herbert George Wells**, di cui ricordiamo il celebre romanzo *La guerra dei mondi* (1897), che ha ispirato più di un adattamento cinematografico. Dalle opere di questi due autori nascono i due filoni in cui ancora oggi si divide questo genere letterario: da Verne, una fantascienza "ottimista", instancabilmente curiosa, favolosa, avventurosa, scientificamente probabile, frutto della fiducia nel progresso che caratterizzava la seconda metà dell'Ottocento, l'epoca del Positivismo e dello sviluppo tecnologico; da Wells, una fantascienza più impegnata sul fronte sociale, nell'indagine anche psicologica dei personaggi, sulle problematiche che derivano dal binomio uomo-scienza e sulle sue implicazioni anche etiche e filosofiche, con una tendenza piuttosto pessimistica sul futuro dell'umanità.

Il Novecento Gli anni Cinquanta del Novecento sono stati il "periodo d'oro" del genere fantascientifico, con le opere dello scrittore statunitense di origine russa **Isaac Asimov** (▶ *Zucchero filato*, p. 350), considerato il capostipite della fantascienza novecentesca, e dello statunitense **Ray Bradbury** (▶ *Il sorriso*, p. 359), autore del celebre romanzo *Fahrenheit 451* (1953). Dagli anni Sessanta in poi la fantascienza abbandona il filone "spaziale", fino a quel momento predominante, per affrontare temi e storie di carattere più ambientalista. Le conseguenze della rottura dell'equilibrio ecologico, la nascita di creature mostruose, frutto di uno sviluppo della ricerca che l'uomo non sempre è in grado di indirizzare e di padroneggiare, la mutazione della stessa specie umana o il predominio di macchine eccezionalmente intelligenti, che minacciano l'esistenza dell'uomo che le ha prodotte: questi sono solo alcuni dei temi trattati da uno dei massimi scrittori di fantascienza, lo statunitense **Philip K. Dick** (▶ *Squadra di ricognizione*, p. 367), al quale si deve, tra l'altro, la diffusione del vocabolo "androide" per indicare un tipo di robot spesso indistinguibile da un essere umano.

Autore di racconti brevi, sempre giocati sul filo dell'assurdo e dell'ironia, è lo statunitense **Fredric Brown**, che abbandona l'immaginazione di un possibile futuro per guardare al presente, costringendo il lettore a riflettere sulle sue complesse problematiche, adottando un punto di vista diverso da quello a cui siamo abituati, utilizzando cioè la prospettiva della fantascienza per farci guardare il mondo in maniera totalmente inconsueta.

La fantascienza italiana L'Italia ha una lunga tradizione di letteratura di fantascienza, anche se gli scrittori che nei secoli si sono dedicati a essa non sono molto noti al grande pubblico. Il "fondatore" della fantascienza italiana moderna è stato **Emilio Salgari**, con il suo romanzo *Le meraviglie del Duemila* (1903); tra gli autori più recenti, invece, segnaliamo **Valerio Evangelisti** (▶ *Lilith*, p. 384) e il terzetto composto da **Michele Medda**, **Antonio Serra** e **Bepi Vigna**, creatori del fortunatissimo fumetto *Nathan Never*, un appassionante poliziesco ambientato in uno scenario fantascientifico, la cui pubblicazione è iniziata nel 1991.

PARTE 2 · I generi

T1 **Isaac Asimov**
Zucchero filato

- **PUBBLICAZIONE**
  Zucchero filato, 1959
- **LUOGO E TEMPO**
  Stati Uniti, metà XX secolo
- **PERSONAGGI**
  La famiglia Wright; la famiglia Sakkaro

La signora Wright parla col marito dei nuovi vicini di casa, la famiglia Sakkaro. A incuriosirla sono la loro riservatezza e alcune stranezze; in particolare, pare abbiano un'ossessione per le previsioni del tempo. La donna decide, come gesto di buon vicinato, di invitare i vicini a trascorrere insieme un pomeriggio al parco. Ma la giornata, che è iniziata sotto i migliori auspici e sembra trascorrere piacevolmente, si conclude in tutta fretta per un improvviso mutamento meteorologico. Non appena il cielo comincia a rannuvolarsi, i Sakkaro insistono per tornare a casa il più presto possibile: la loro ossessione per le previsioni del tempo – che si rivelerà ben più che giustificata – nasconde qualcosa di inspiegabile.

«Eccola di nuovo» disse Lilian Wright assestando con cura le stecche della veneziana. «È lì, George».

«È lì chi?» domandò suo marito cercando di regolare il contrasto sul video. Lui voleva godersi in pace la partita.

5 «La signora Sakkaro» rispose lei, e subito dopo, per prevenire l'inevitabile «Chi?» di suo marito, si affrettò ad aggiungere: «Ma i nuovi vicini, santo cielo!»

«Oh».

«Prende il sole. Non fa altro che prendere il sole. Chissà dov'è suo figlio. Di solito, quando è bel tempo, sta sempre fuori in cortile a tirar la palla contro il mu-
10 ro. L'hai mai visto, George?»

«L'ho sentito. È una versione della tortura cinese dell'acqua[1]. Bang sul muro, pum per terra, ciac sulla mano. Bang pum ciac, bang pum».

«È un simpatico ragazzino, tranquillo e beneducato. Mi piacerebbe che Tommie facesse amicizia con lui. Deve anche avere pressappoco la sua stessa età. Circa
15 dieci anni credo».

«Non credevo che Tommie fosse un tipo che fa fatica a fare amicizia».

«Be', coi Sakkaro non è facile. Stanno sempre per conto loro. Non so nemmeno cosa faccia il signor Sakkaro».

«E perché mai dovresti saperlo? Non sono affari tuoi».

20 «È strano che non l'abbia mai visto andare al lavoro».

«Neanche me mi vedono andare al lavoro».

«Ma tu lavori in casa. Scrivi. Chissà lui cosa fa».

«Sono sicuro che la signora Sakkaro sa benissimo che lavoro fa suo marito, ma sta in pensiero perché non sa che lavoro faccio io».

25 «Oh, George». Lilian si allontanò dalla finestra e guardò con disgusto il video. «Secondo me dovremmo fare uno sforzo, da buoni vicini».

---

1. tortura... acqua: sistema di tortura consistente nel far cade- re sulla fronte della vittima del- le gocce d'acqua in maniera co- stante, sino a provocare il perfo- ramento del cranio.

350

La fantascienza · UNITÀ 11

«Che genere di sforzo?» George si era sistemato comodo sul divano con una bottiglia grande di coca appena aperta e rugiadosa di umidità.

«Per cercare di far conoscenza».

30 «E non hai già tentato, appena si sono trasferiti qui?»

«Sì, sono andata a fare un salutino, ma avevano appena traslocato e la casa era tutta sottosopra, così più che buongiorno non ci siamo dette. E adesso sono passati due mesi e siamo sempre allo stesso punto. È una donna così strana».

«Ah sì?»

35 «Continua a guardare il cielo. Gliel'avrò visto fare centinaia di volte e non esce mai appena è un po' nuvolo. Una volta che il bambino era fuori a giocare gli ha detto di rientrare subito urlando che stava per piovere. Non ho potuto fare a meno di sentirla e mi sono detta, santo cielo ho il bucato steso e così sono corsa fuori... be', vuoi saperlo? C'era un sole magnifico. Sì, si vedeva anche qualche nuvoletta, 40 ma niente di speciale».

«E poi è piovuto?»

«No, naturalmente. Sono corsa fuori per niente».

George si distrasse perché in quel momento il battitore aveva sbagliato due colpi e questo significava una corsa a base[2]. Quando il momento critico fu passato e 45 il lanciatore si era fermato a riprendere fiato, George si ricordò di sua moglie, che nel frattempo era scomparsa in cucina, e gridò: «Dato che vengono dall'Arizona, è probabile che non sappiano distinguere le nuvole cariche di pioggia dalle altre».

Lilian tornò in soggiorno facendo ticchettare i tacchi alti. «Da dove vengono?»

«Dall'Arizona. L'ha detto Tommie».

50 «E lui come fa a saperlo?»

«Ha parlato col ragazzino, fra una pallonata e l'altra, credo, e quello gli ha detto che vengono dall'Arizona. Poi sua madre l'ha chiamato in casa. Almeno, Tommie ha detto Arizona, o Alabama, o un posto simile. Sai che Tommie non ha memoria per i nomi. Ma se sono tanto preoccupati per il tempo, credo proprio che si tratti 55 dell'Arizona. Non sono abituati a un bel clima piovoso come il nostro».

«Ma perché non me l'avevi mai detto?»

«Perché Tommie me l'ha raccontato solo stamattina e credevo che ti avesse già informato, e infine perché ero convinto che saresti riuscita a sopravvivere anche se non lo sapevi».

60 La palla era finita sulle gradinate di destra e stavolta la colpa era del lanciatore.

Lilian tornò a sbirciare fra le stecche della veneziana. «Ho tanta voglia di conoscerla. Ha l'aria così... così carina. Oh signore, guarda, George!»

Ma George aveva occhi solo per la TV.

«Sapevo che stava guardando quella nuvola, e adesso rientra... Proprio non 65 capisco».

Un paio di giorni dopo, George era uscito per fare delle ricerche in biblioteca. Tornò a casa carico di libri e Lilian lo accolse giubilante[3].

---

2. George... base: i termini tecnici si riferiscono alla partita di baseball che George sta guardando alla TV.

3. giubilante: allegro, festoso.

351

«Domani non hai impegni» disse.

«Mi pare un'affermazione, non una domanda».

70 «Infatti è così. Andiamo coi Sakkaro al Murphy's Park».

«Con...»

«Con i nostri vicini, George. Possibile che non ricordi mai i nomi?»

«È la mia specialità. Ma come ci sei riuscita?»

«Stamattina sono andata a casa loro e ho suonato il campanello».

75 «È stato così facile?»

«Mica tanto. Anzi, tutt'altro. Me ne sono rimasta lì col dito sul campanello, pensando che era meglio così, anziché rischiare di farmi cogliere impalata come una scema se aprivano la porta».

«E non ti ha cacciato a pedate?»

80 «No. È stata gentilissima. Mi ha invitata a entrare. Sapeva chi ero e ha detto che le faceva tanto piacere vedermi, sai».

«E tu le hai proposto la gita a Murphy's Park».

«Sì. Ho pensato che se le avessi proposto qualcosa che avrebbe potuto far divertire i bambini, avrebbe accettato più facilmente».

85 «Psicologia materna».

«Ma dovresti vedere la sua casa».

«Ah, avevi un motivo per andarci! Finalmente salta fuori. Volevi fare il giro turistico. Ti prego comunque di risparmiarmi la descrizione, non m'interessano né le coperte dei letti né le dimensioni degli armadi a muro. Ti dispenso dal par-

90 larmene».

Il fatto che Lilian non badasse mai a quello che diceva George era il segreto del loro felice matrimonio. Infatti, si tuffò subito nei dettagli dei colori e dei disegni delle coperte e gli riferì al millimetro le misure degli armadi.

«È di una pulizia! Mai vista una casa tanto pulita».

95 «Se diventerete amiche finirà che vorrai raggiungere dei traguardi impossibili perché vorrai certo batterla».

«La cucina...» continuò Lilian ignorandolo. «La cucina era di un tale lindore[4] che pareva che non l'adoperasse mai. Le ho chiesto un bicchiere d'acqua e lei ha tenuto il bicchiere sotto il rubinetto che gocciolava appena, in modo che neanche

100 una stilla cadesse nel lavandino. E non lo faceva per posa, no, si comportava con la massima naturalezza, come se facesse sempre così. E mi ha dato il bicchiere avvolto in un tovagliolo. Pareva di essere in ospedale».

«Poveretta, chissà quanto sgobba[5]. Ha subito accettato la tua proposta?»

«Be', non proprio subito. Ha chiesto al marito com'erano le previsioni del tem-

105 po e lui ha detto che i giornali dicevano che domani farà bello ma che aspettava di sentire il bollettino meteorologico alla radio».

«E tutti i giornali erano concordi?»

«Certo, stampano tutti il bollettino ufficiale, no? Credo però che quelli siano abbonati a tutti i quotidiani, a giudicare dal fascio che porta il giornalaio».

---

4. lindore: lucentezza, estrema pulizia.   **5. sgobba:** fatica, lavora duramente.

La fantascienza · UNITÀ 11

110 «Non ti sfugge niente, vero?»

«E poi – continuò Lilian imperterrita – ha telefonato alla stazione meteorologica e si è fatta dire gli ultimi dati, li ha riferiti a suo marito e finalmente hanno accettato di venire, salvo improvvisi cambiamenti del tempo».

«E va bene. Allora andremo».

115 I Sakkaro erano giovani e simpatici, bruni e di bell'aspetto, tanto che vedendoli arrivare dal vialetto per raggiungere la macchina dei Wright, George disse a sua moglie: «Adesso capisco. È lui che volevi».

«Magari» disse Lilian. «Ma cos'ha in mano? Una valigia?»

«No, una radio portatile... per ascoltare il bollettino meteorologico, suppongo».

120 Il bambino dei Sakkaro arrivò di corsa appresso ai genitori portando un oggetto che risultò essere un barometro aneroide[6] e tutti e tre si sistemarono sul sedile posteriore. La conversazione, subito, avviata, durò fino all'arrivo, con scambio di pareri su argomenti impersonali.

Il piccolo Sakkaro era così educato e ubbidiente che perfino Tommie, stretto fra 125 i genitori sul sedile anteriore, si sentì costretto a imitarlo sfoggiando un contegno quasi civile. Lilian non ricordava di aver mai fatto una scarrozzata[7] così piacevole. Non le diede nemmeno fastidio il sottofondo della radio, che il signor Sakkaro teneva accesa e si portava di tanto in tanto all'orecchio.

Al Murphy's Park la giornata era splendida, calda e asciutta senza essere afosa, 130 e col sole che brillava allegramente nel cielo azzurrissimo. Perfino il signor Sakkaro, dopo aver consultato il barometro, non trovò niente da ridire.

Lilian pilotò i ragazzi verso la zona divertimenti e comprò loro biglietti sufficienti a fare un giro su tutte le specie di giostre che il parco offriva. «La prego» disse alla signora Sakkaro che tentava di protestare. «Oggi tocca a me. La prossi-135 ma volta pagherà lei».

Quando tornò, George era solo. «Dove...» cominciò.

«Là, al chiosco dei rinfreschi. Gli ho detto che ti avrei aspettato qui e che li avremmo raggiunti insieme». Aveva l'aria abbacchiata.

«Cosa c'è?»

140 «Niente, salvo che sono convinto che vivano di rendita».

«E con questo?»

«Non ho capito di cosa vivano. Ho cercato...»

«Adesso chi è il curioso?»

«Lo facevo per te. Lui si è limitato a dire che studia la natura umana».

145 «Fa il filosofo, e questo spiega tutti quei giornali».

«Sì, ma trovarmi per vicino un tizio bello e ricco mi avvilisce. Non riuscirò mai a essere alla sua altezza».

«Non dire scemenze».

«E poi non vengono dall'Arizona».

150 «Ah no?»

---

6. barometro aneroide: strumento di misura della pressione atmosferica e, dunque, di previsione del tempo; rispetto a quello tradizionale, il barometro aneroide è costruito in metallo e non contiene mercurio.

7. scarrozzata: espressione gergale per intendere "viaggio in macchina".

Fiera di paese, Stati Uniti, 1954.

«Gli ho detto che avevo sentito dire che vengono dall'Arizona, e lui ha fatto una faccia così sorpresa che ho subito capito di aver sbagliato. Poi si è messo a ridere e mi ha chiesto se aveva l'accento dell'Arizona».

«Però un accento ce l'ha, sai» osservò Lilian, pensosa. «Nel sudest ci sono molte famiglie di discendenza spagnola, quindi può anche darsi che siano originari dell'Arizona. Sakkaro potrebbe essere un nome spagnolo».

«A me sembra giapponese... Vieni, ci chiamano. Oh signore, guarda cos'hanno comprato».

I Sakkaro tenevano tre bastoncini di zucchero filato per uno, cioè, i bastoncini facevano da sostegno, e sopra c'era un enorme rigonfio di spuma rosea formata dallo zucchero essiccato spruzzato di sciroppo dolce, dopo averlo fatto ruotare in una conca posta sul fuoco. Si scioglieva subito in bocca e lasciava un senso di appiccicaticcio dappertutto.

I Sakkaro ne offrirono uno per ciascuno ai Wright, che accettarono per pura educazione.

Percorsero i viali, giocando a freccette, a una specie di poker con delle palle che andavano fatte rotolare in apposite buche, e abbatterono mucchi di barattoli con palle di stoffa. Si fecero fotografare, registrarono la loro voce e misurarono la forza dei loro muscoli.

Infine andarono a riprendere i ragazzini, ridotti a uno stato di soddisfatto abbrutimento[8] grazie al continuo sballottamento a cui avevano sottoposto i visceri, e i Sakkaro li accompagnarono senza indugio al chiosco dei rinfreschi.

Tommie disse che avrebbe gradito un salsicciotto e George gli diede un quarto di dollaro.

«Preferisco aspettare qui» disse poi, mentre suo figlio si allontanava di corsa.

---

8. **abbrutimento... sballottamento:** passare tutto quel tempo sulle giostre ha reso i ragazzi felici e soddisfatti, ma li ha anche storditi, frastornati.

Nicollet Avenue a Minneapolis (Stati Uniti), cartolina postale americana, 1 gennaio 1950.

«Se li vedo ancora mangiare zucchero filato, giuro che divento verde e vomito. Se non ne hanno mangiato una dozzina a testa, ne mangio una dozzina io».

«È vero... e adesso ne comprano anche per il bambino».

«Ho offerto a Sakkaro un hamburger e mi ha guardato con aria disgustata. Non che siano un gran che, ma dopo tutto quello zucchero direi che ci sarebbe stato bene».

«Lo so. Ho offerto un'aranciata alla signora, e da come ha rifiutato pareva che gliel'avessi tirata in faccia. Ma probabilmente non erano mai stati in un posto come questo e non si sono ancora abituati alla novità. Si sono talmente rimpinzati di zucchero filato che non ne mangeranno più per dieci anni».

«Ma, chi lo sa». Si avviarono verso i Sakkaro.

«Guarda, Lilian, si sta rannuvolando». Il signor Sakkaro si era portato la radio all'orecchio e guardava preoccupato verso ovest.

«Oh, se n'è accorto anche lui. Scommetto uno contro cinquanta che vorrà tornare a casa».

Tutti e tre i Sakkaro insistettero educatamente in quel senso. Erano tanto spiacenti, si erano tanto divertiti, era stata una bellissima giornata, appena possibile avrebbero invitato i Wright, ma adesso dovevano proprio tornare subito a casa. Minacciava temporale. La signora Sakkaro si lamentò del fatto che i bollettini avevano invece pronosticato bel tempo.

«È difficile prevedere i temporali locali – cercò di consolarli George – ma anche se venisse, ci vuole meno di mezz'ora per arrivare a casa».

Sentendo questo, il piccolo Sakkaro fu lì lì per piangere, e la signora Sakkaro, con un fazzoletto in mano, tremava tutta.

«Andiamo a casa» disse George, rassegnato.

Il viaggio di ritorno fu interminabile. La conversazione ristagnava. Il signor Sakkaro teneva la radio accesa a tutto volume passando da una stazione all'altra finché non ne trovava una che trasmetteva un bollettino meteorologico.

Adesso accennavano a «temporali locali».

205 Il piccolo Sakkaro pigolò che il barometro scendeva, e la signora Sakkaro, col mento sul palmo della mano, fissava mesta il cielo chiedendo a George se non poteva andare più in fretta, per piacere.

«Pare minaccioso, no?» disse Lilian nel cortese tentativo di condividere lo stato d'animo della sua ospite. Ma poi George la sentì mormorare fra sé: «Che pizza!»

210 Si era levato il vento che sollevava nuvole di polvere e quando entrarono nella strada dove abitavano, le foglie degli alberi avevano un fruscio minaccioso.

Il cielo era solcato dai lampi.

«Fra due minuti sarete in casa, amici» disse George.

Entrò nel cancello che dava nello spazioso cortile dei Sakkaro e scese dalla mac-
215 china per aprire la porta posteriore. Gli parve di sentire una goccia di pioggia. Ce l'avevano fatta appena in tempo.

I Sakkaro si precipitarono a scendere in preda a una penosa tensione e si avviarono di corsa sul lungo vialetto, dopo aver mormorato qualche parola di ringraziamento.

220 «Si direbbe proprio che…» cominciò Lilian.

I cieli si aprirono e la pioggia si rovesciò a goccioloni enormi come se fosse improvvisamente saltata una diga celeste. Il tetto dell'auto risuonava come un tamburo, e i Sakkaro, che erano arrivati a metà strada dal portone di casa, si fermarono lanciando sguardi disperati al cielo.

225 Non appena la pioggia le colpì, le loro facce si offuscarono, si contrassero e cominciarono a colare. Tutti e tre si raggrinzirono e si afflosciarono dentro agli abiti che caddero a terra in tre mucchietti umidi e appiccicosi.

E mentre i Wright li guardavano paralizzati dall'orrore, Lilian non ebbe la forza di terminare la frase che aveva iniziato: «…siano fatti di zucchero e abbiano
230 paura di sciogliersi».

Isaac Asimov, *Testi e note*, Milano, Mondadori, 1978

VITA E OPERE

■ **Isaac Asimov** Scrittore statunitense di origine russa, nato a Petrovici nel 1920. Nel 1923 la sua famiglia è costretta a emigrare negli Stati Uniti, a New York. Dotato di buona memoria e attitudine per lo studio, finisce la scuola dell'obbligo a undici anni e mezzo, e quattro anni più tardi le superiori. Intende studiare medicina, ma non avendo potuto trovare posto in nessuna università, ripiega sulla facoltà di Chimica alla Columbia University, dove si laureerà a soli diciannove anni. Nel 1942, lavora come chimico in un laboratorio dell'esercito; durante la guerra, verrà inviato alle Hawaii, dove assiste a un'esplosione atomica sperimentale. Dopo la guerra, continua la sua formazione scientifica; nel 1958 lascia l'università, ma continua a dedicarsi alla divulgazione scientifica, attraverso decine di libri e articoli. Appassionato di fantascienza, comincia ben presto la sua carriera di scrittore; è l'autore di una serie di romanzi di fantascienza "tecnologica" che sono diventati dei classici della letteratura: *Io, robot* (1950), *Le correnti dello spazio* (1952), *Il dominio del sole* (1960), *Gli stessi dèi* (1972). Opera centrale della produzione di Asimov è il Ciclo della Fondazione, nove racconti raccolti in tre volumi: *Fondazione* (1951), *Fondazione e Impero* (1952), *Seconda Fondazione* (1953). Essi si basano sull'ipotesi di una "psicostoriografia", una scienza in grado di prevedere con grande precisione i comportamenti dei singoli individui e delle grandi masse, anche a migliaia di anni di distanza. Successivamente, alla saga sono stati aggiunti altri quattro romanzi. Dal 1977 Asimov ha diretto una rivista di fantascienza che porta il suo nome. È morto a New York, nel 1992.

La fantascienza · UNITÀ 11

SCHEDA DI ANALISI

Il tema e il messaggio

Il racconto, di **argomento** più **fantastico** che scientifico, prende le mosse con un tono leggero e divertente da una situazione quotidiana: la curiosità e il pettegolezzo legato allo stile di vita dei vicini, giudicati eccentrici. Il comportamento dei vari membri della "normale" famiglia Wright viene descritto in maniera decisamente ironica, portando all'esasperazione i tratti ridicoli dei loro rispettivi caratteri. L'incontro e la giornata trascorsa con la bizzarra famiglia Sakkaro mette in luce l'argomento centrale del racconto: la rappresentazione del fantastico e dell'"impossibile" che si insinuano tra le pieghe della vita di tutti i giorni. Nel racconto di Asimov, il **fantastico** e l'**immaginario** diventano **concrete possibilità** in cui ciascuno può imbattersi nel corso di una vita apparentemente "normale", rendendo il **confine tra realtà e irrealtà** estremamente **labile**.

Il tempo e lo spazio

Spazio e tempo svolgono in genere un ruolo importante nel genere fantascientifico. In questo racconto, è proprio l'**apparente normalità dei luoghi e della dimensione temporale** che contribuisce alla creazione di un'**atmosfera inquietante**, che serpeggia al di sotto del testo, minacciando di prendere il sopravvento da un momento all'altro. Per quanto riguarda lo spazio, dalla prima alla seconda parte del racconto si riscontra un passaggio da un'ambientazione interna – lo **spazio chiuso** in cui si svolgono i dialoghi tra i coniugi Wright – e una esterna – un **luogo aperto**, il parco in cui le due famiglie trascorrono la giornata, prima dell'esito tragicomico del racconto. La **collocazione cronologica** è **imprecisata** e **generica**, come avviene spesso nei racconti fantastici. Tuttavia, mentre nelle fiabe questo espediente narrativo è funzionale a creare una dimensione temporale del tutto al-

ternativa a quella della vita reale, in questo caso il racconto sembra svolgersi in un contesto di quotidianità, salvo poi catapultare il lettore in una **dimensione irreale e fantastica**, attraverso il colpo di scena finale.

I personaggi

I personaggi del racconto sono presentati da un **narratore esterno** in modo **indiretto**, tramite i loro dialoghi. In particolare, il racconto si apre con una conversazione tra i coniugi Wright, che ne rivela i rispettivi caratteri, con un'efficace **notazione psicologica** di entrambi i personaggi. I loro vicini di casa, la famiglia Sakkaro, sono invece presentati attraverso i rispettivi punti di vista dei Wright: si tratta dunque di una **focalizzazione interna**, che porta il lettore ad adottare la visione che della famiglia Sakkaro hanno l'uno o l'altro coniuge Wright – la moglie curiosa o l'ironico marito. Tale tecnica narrativa, identificando il lettore col personaggio inconsapevole, permette di amplificare il colpo di scena finale: la pioggia che si abbatte sui coniugi Sakkaro, che per tutta la narrazione erano apparsi ai Wright – e dunque al lettore – delle persone eccentriche ma assolutamente normali, rivela infine tutt'altra verità sul loro conto.

La lingua e lo stile

Lo stile di Isaac Asimov è caratterizzato da un tono decisamente **ironico**. I **dialoghi**, che occupano buona parte del racconto, sono fatti di battute concise e spesso umoristiche, risultando vivaci e divertenti. In particolare, le risposte che George dà alla moglie sono ricche di *humour* e alludono in modo spiritoso alla natura della loro relazione coniugale. Dietro questo **linguaggio semplice** e quotidiano, però, serpeggia un'inquietudine di fondo che il **finale grottesco**, diviso tra tragedia e commedia, porta improvvisamente in superficie.

Laboratorio sul testo

Comprendere

Informazioni esplicite

1. Che cosa del comportamento dei Sakkaro incuriosisce la signora Wright?
2. Quali informazioni possiede il marito sul conto dei Sakkaro?
3. In che modo la signora Wright riesce a convincere i Sakkaro a trascorrere un pomeriggio insieme?
4. Di che cosa devono accertarsi i membri della famiglia Sakkaro, prima di accettare l'invito?
5. Come si comportano i Sakkaro in auto e una volta giunti a destinazione?
6. Che cosa accade ai Sakkaro non appena tornati a casa?

357

PARTE 2 · I generi

Informazioni implicite

7. Perché i Sakkaro vogliono ritornare in fretta a casa?
8. Quali sono gli indizi che, nel corso del testo, rivelano in qualche modo la reale condizione dei Sakkaro?

Significati

9. Quali messaggi e temi l'autore ha voluto comunicare? Tra le seguenti opzioni, indica quella o quelle che ti convincono di più.
   a) ☐ La curiosità può essere il punto di partenza per fare amicizia.
   b) ☐ Gli uomini sono soggetti a pericolosi mutamenti genetici.
   c) ☐ Dietro ciò che ci appare strano o fuori dall'ordinario può nascondersi una verità inquietante.
   d) ☐ Non è corretto giudicare i modi di vita altrui.
10. Quale atteggiamento assume Asimov di fronte alle sorti del genere umano?
   a) ☐ Molto pessimista.   c) ☐ Ottimista.
   b) ☐ Distaccato e ironico.   d) ☐ Cinico.

Analizzare

Personaggi

11. Quali elementi della personalità dei coniugi Wright vengono messi in rilievo dal narratore?
12. Quali aspetti del carattere dei Sakkaro emergono dalla descrizione che ci forniscono i Wright?

Tempo del racconto

13. Dividi il racconto in sequenze, assegnando un titolo a ciascuna.
14. Nel testo compaiono alcune ellissi. In quali punti?

Stile

15. Da quale registro linguistico è caratterizzato il brano?
16. Individua gli spunti ironici che caratterizzano il racconto.

Padroneggiare la lingua

Lessico

17. Nel nome della famiglia Sakkaro è nascosto un gioco di parole. Sapresti spiegare perché? Quali termini della lingua italiana puoi ricondurre alla stessa radice?
18. Nella frase *«Che pizza!»*, da quale termine potrebbe essere sostituita la parola *pizza*?
   a) ☐ Brutto.   c) ☐ Stanchezza.
   b) ☐ Noia.   d) ☐ Fame.
19. *La conversazione ristagnava.* Da quale espressione potrebbe essere sostituito il verbo *ristagnava*?
   a) ☐ Languiva.   c) ☐ Innervosiva.
   b) ☐ S'interrompeva.   d) ☐ Era imbarazzante.

Grammatica

20. *Hanno accettato di venire, salvo improvvisi cambiamenti del tempo.* Sciogli la frase sottolineata, trasformandola nella subordinata esplicita corrispondente.

Interpretare e produrre

21. Quali riflessioni inquietanti suggerisce il racconto? Discutine con i tuoi compagni.
22. Quale origine ha, secondo te, la famiglia Sakkaro? Come potrebbe essersi generata? Perché i loro corpi si sono dissolti? Dove potrebbero essere finiti? Scrivi un testo non più lungo di una pagina in cui rispondi a tali quesiti sulla natura di questa strana famiglia.

La fantascienza • UNITÀ 11

T2 **Ray Bradbury**
Il sorriso

- **PUBBLICAZIONE**
Era una gioia appiccare il fuoco, 1987
- **LUOGO E TEMPO**
Una città e un'epoca non precisate
- **PERSONAGGI**
Tom; Grigsby; un gruppo di uomini e donne; la famiglia di Tom

Le vicende si svolgono nella piazza di un'anonima città che reca i segni di una recente rovina e di un presente di povertà e degradazione. Una folla di uomini e donne miseramente vestiti è in coda dalle prime ore di una gelida mattina; tra essi c'è Tom, un ragazzino che si guarda intorno timoroso e incuriosito. La sua presenza attira l'attenzione dei compagni di attesa; c'è chi vorrebbe estrometterlo dalla fila e chi invece cerca di proteggerlo. E c'è chi, sollevando l'ilarità dei presenti, scommette sull'abilità di Tom di sputare dritto e mirato. A chi e perché il ragazzino intende sputare verrà rivelato gradualmente nel corso di un racconto in cui Bradbury disegna un'inquietante realtà futura, una società ritornata alla barbarie primitiva.

Nella piazza della città la coda si era formata alle cinque del mattino, mentre i galli svegliavano la campagna coperta di brina[1] e non c'erano ancora fuochi accesi. Intorno agli edifici in rovina si erano alzati dapprima grumi[2] di nebbia, ma ora, alle sette, la luce brillante cominciava a diradarli. Lungo la strada che veniva
5 dalla campagna la gente arrivava in coppia o in gruppetti di tre, pronta a raccogliersi per il giorno di mercato e della festa.

Il ragazzino si trovava subito dietro a due uomini che parlavano animatamente nell'aria tersa, e le voci sembravano due volte più forti a causa del freddo. Il ragazzo pestò i piedi, alitò sulle mani rosse e screpolate, poi guardò gli abiti unti e
10 a forma di sacco dei due uomini e la fila di donne e uomini che si allungava oltre.

«Ehi, ragazzo, che fai così presto?» chiese un tale alle sue spalle.
«Prendo il mio posto in fila, prendo» rispose.
«Perché non ti togli di mezzo e lasci il posto a qualcuno che gli fa più piacere?»
«Lascialo in pace» intervenne l'uomo davanti, voltandosi improvvisamente.
15 «Scherzavo.» Quello di dietro mise una mano sulla testa del ragazzino. Lui se la scrollò di dosso, freddamente. «Pensavo solo che è strano, un ragazzo giù dal letto così presto.»

«Questo è uno che apprezza l'arte, ti comunico» ribatté il difensore del ragazzo, che si chiamava Grigsby. «E tu come ti chiami, giovanotto?»
20 «Tom.»
«Il nostro Tom sputerà dritto e mirato, vero, Tom?»
«Certo!»
Risero lungo tutta la fila.
Più avanti un uomo vendeva tazze sbreccate[3] di caffè caldo. Tom allungò lo

---

1. brina: rugiada congelata.
2. grumi: la nebbia non era compatta ma in alcuni punti era più fitta.
3. sbreccate: scheggiate.

359

PARTE 2 · I generi

25 sguardo e vide il piccolo fuoco ardente su cui la bevanda bolliva in una pentola
arrugginita. Non era caffè vero, ma ottenuto da una bacca che cresceva nei campi
fuori città, e costava un soldo la tazza. Serviva a riscaldare lo stomaco e non molti
la compravano, perché non molti avevano ricchezza.

Tom guardò avanti, oltre il muro di pietra bombardato dove finiva la fila.
30 «Dicono che ride, quella» fece il ragazzo.
«Sì» confermò Grigsby.
«Dicono che è fatta di tela e olio ed è vecchia quattro secoli.»
«Forse di più. Nessuno sa con esattezza in che anno siamo.»
«È il 2251!»
35 «Così raccontano. Bugiardi. Per quello che ne sappiamo potrebbe essere il
3000 o il 5000, le cose per un po' sono state molto confuse. Tutto quello che ci
resta sono pezzi e bocconi»
Trascinavano i piedi sulle pietre fredde della strada.
«Tra quanto la vedremo?» chiese Tom, a disagio.
40 «Oh, pochi minuti, ragazzo. La tengono dietro quattro pertiche[4] d'ottone e un
cordone di velluto, per evitare che la gente si avvicini troppo. E ricordati, Tom,
niente sassi: non permettono che la prendano a sassate.»
«Sì, signore.»
Continuarono ad avanzare trascinando i piedi, finché il primo mattino maturò
45 nel tardo e il sole fece sentire il caldo. Gli uomini si tolsero le giacche sporche e
i cappelli bisunti[5].
«Perché facciamo la fila?» chiese Tom alla fine. «Perché siamo qui tutti a sputare?»
Grigsby non guardò in basso al ragazzo, ma valutò il sole.
50 «Ci sono molte ragioni, Tom.» Cercò automaticamente una tasca che non c'era
più da tempo, una sigaretta che non aveva. Tom aveva visto fare quel gesto un milione di volte. «Innanzitutto, si tratta dell'odio. Odio per tutto quello che riguarda
il passato. Ora io chiedo a te, Tom, come ci siamo ridotti in questo stato? Le città
trasformate in cumuli di macerie, le strade bucherellate come in un puzzle dalle
55 bombe e i campi di grano che di notte sembrano fosforescenti per la radioattivi-
tà... Non è una porcata, ti domando?»
«Sissignore, credo di sì.»
«Ecco il perché, Tom. Fa parte della natura umana odiare tanta rovina, qualunque siano le cause. Sarà illogico, ma è la natura.»
60 «Non c'è niente e nessuno che non odiamo, praticamente» osservò Tom.
«Proprio così, tutta la maledetta gente del passato che dominava il mondo.
Così eccoci qua un giovedì mattina, con le budella incollate alla spina dorsale,
infreddoliti perché viviamo nelle caverne o in posti del genere, senza bere, senza
fumare, senza niente tranne le nostre feste, Tom, le nostre feste.»

---

4. pertiche: bastoni, pali.   **5. bisunti:** sudici.

360

Tom pensò alle feste degli ultimi anni: la volta che avevano strappato i libri ammucchiati in piazza e li avevano dati alle fiamme[6], mentre tutti si ubriacavano e facevano baldoria; la festa della scienza un mese fa, quando avevano trascinato l'ultima automobile e organizzato una riffa[7], i vincitori della quale potevano prenderla a martellate.

«Se me lo ricordo, Tom? Se me lo ricordo? Io sono quello che ha sfondato il parabrezza, il parabrezza, mi senti? Dio, che suono meraviglioso. Crash!»

A Tom parve di sentire il vetro che cadeva in mucchi di schegge.

«A Bill Henderson è toccato il motore. Ha fatto un lavoro bellissimo, con grande efficienza. Bam!»

Ma la cosa più bella era stata quando avevano demolito una fabbrica che cercava ancora di sfornare aeroplani.

«Dio, se è stato grande farla a pezzi» disse Grigsby. «Poi abbiamo scoperto la tipografia di quel giornale e il deposito delle munizioni, e li abbiamo fatti saltare insieme. Ti rendi conto, Tom? »

Il ragazzo ci pensò un attimo. «Immagino di sì.»

Era mezzogiorno e gli odori della città in rovina ammorbavano[8] l'aria calda. Fra le macerie degli edifici brulicavano ogni sorta di insetti.

«E non tornerà mai più come prima, mister?»

«Cosa, la civiltà? Nessuno la vuole, certo non io.»

«Penso che un poco potrei sopportarla» intervenne un uomo dietro un altro uomo. «Le cose buone erano poche, ma c'erano»

«Non montatevi la testa» si alterò Grisby. «Non c'è più spazio nemmeno per quelle.»

«Ah» ricominciò l'uomo dietro l'altro uomo. «Un giorno nascerà qualcuno che ha un'immaginazione e metterà le cose a posto. Fate attenzione a quello che vi dico: un uomo con un cuore.»

«No» disse Grigsby.

«E io dico sì. Qualcuno che ha la sensibilità per le cose belle. Potrebbe darci una civiltà non insaziabile, del tipo che ci permettesse di vivere in pace.»

«E poi neanche te ne accorgi e scoppia un'altra guerra.»

«Magari la prossima volta sarà diverso.»

Finalmente arrivarono nella piazza principale. Un uomo a cavallo si avvicinava alla città da lontano, con un pezzo di carta in mano. La zona recintata dal cordone era al centro. Tom, Grigsby e gli altri raccoglievano la saliva e continuavano ad avanzare, pronti e con gli occhi sgranati. Tom sentì il cuore battere forte dall'eccitazione, mentre il terreno scottava sotto i piedi nudi.

«Ci siamo, Tom, fammi vedere come tiri!»

Quattro poliziotti stavano agli angoli della zona recintata, quattro uomini con un pezzo di spago annodato al polso per indicare la loro autorità. Avevano il com-

---

6. avevano strappato... fiamme: nel suo capolavoro, *Fahrenheit 451*, Bradbury prefigura una società totalitaria in cui domina la televisione e gli uomini, soggiogati dal fascino del video, accettano che i lettori siano perseguitati come criminali sovversivi e che i libri "sopravvissuti" vengano dati alle fiamme.
7. riffa: lotteria.
8. ammorbavano: appestavano.

PARTE 2 · I generi

105 pito di impedire che venissero lanciati sassi.

«Da questa parte.» disse Grigsby all'ultimo momento «sembra che abbiano già tirato tutti. È il tuo turno, vedi, Tom? Vai, adesso!»

Tom era davanti al quadro e lo guardò per un pezzo.

«Tom, sputa!»

110 Ma lui aveva la bocca asciutta.

«Avanti, muoviti!»

«Ma» disse lentamente il ragazzo «lei è BELLA.»

«Guarda, sputo io per te.» Grigsby sputò e la saliva volò nella luce del sole. La donna del ritratto sorrideva a Tom con serenità e in modo misterioso; lui restituì

115 lo sguardo con il cuore che batteva, come se una musica suonasse nelle orecchie.

«È bella» si limitò a dire.

«Cammina, tu, prima che la polizia...»

«Attenzione!»

La gente in coda zitti. Un attimo prima se la prendevano con Tom perché non

120 si muoveva, l'attimo dopo avevano rivolto la loro attenzione all'uomo a cavallo.

«Come si chiama, signore?» chiese il ragazzo con calma.

«Il quadro? La Gioconda, credo. Sì, la Gioconda.»

«Devo fare un annuncio» disse l'uomo a cavallo. «Le autorità decretano che oggi a mezzogiorno il quadro esposto in piazza sia dato nelle mani della popola-

125 zione presente perché partecipi alla sua distruzione...»

Tom non ebbe il tempo di gridare prima che la folla lo travolgesse con urla e pugni, avventandosi sul quadro. La tela fu squarciata e i quattro agenti corsero al riparo. La gente inveiva, artigliando il dipinto con mani che sembravano becchi di uccelli affamati. Tom ebbe l'impressione di passare attraverso la tela distrutta.

130 Imitando ciecamente gli altri, allungò le dita e prese un lembo di tela dipinta, tirò e sentì lo strappo del materiale che cedeva. A questo punto cadde e fu spinto dalla calca verso l'esterno. Insanguinato, con i vestiti strappati, guardò vecchie che masticavano pezzi di tela, uomini che rompevano quel che restava del quadro e strappavano tutto a pezzetti, spargendoli come coriandoli.

135 Tom stava da parte, solo e in silenzio nel tumulto della piazza. Si guardò la mano, avvicinò al petto il pezzetto di tela e lo nascose. «Ehi, Tom!» gridò Grigsby.

Senza dire una parola, ma piangendo, Tom scappò. Si allontanò per la strada crivellata[9] dalle bombe, finì in un campo, attraversò un magro torrente senza guardarsi indietro, ma stringendo sempre la mano sotto la giacchetta.

140 Al tramonto aveva raggiunto il villaggio e se lo era lasciato alle spalle. Alle nove arrivò alla fattoria in rovina. Sul retro, nella metà del silos[10] che era rimasta in piedi e di cui qualcuno ancora si occupava, sentì la famiglia addormentata: sua madre, suo padre e suo fratello. Infilò la porticina rapidamente e in silenzio, poi si coricò ansimando.

---

9. crivellata: bucherellata.
10. silos: costruzione a forma di

torre cilindrica, destinata al deposito dei cereali.

La fantascienza · UNITÀ 11

145 «Tom? » chiamò la madre nel buio.

«Sì.»

«Dove sei stato?» scattò suo padre. «Domani mattina ti darò un fracco[11] di botte.»

Dal buio arrivò un calcio: suo fratello che era rimasto a lavorare il piccolo ter-
150 reno.

«Adesso dormite» pianse la madre debolmente.

Un altro calcio.

Tom cercava di riprendere fiato. Tutto era silenzio e lui teneva la mano sul petto, stretta stretta. Rimase così mezz'ora, con gli occhi chiusi, poi percepì qualcosa
155 che sembrava uno spicchio di luce fredda e bianca. La luna era alta e il quadrato
di luce si mosse attraverso il silos scivolando sul corpo di Tom. Allora, e solo allora, la stretta della mano si allentò. Poco a poco, facendo attenzione a quelli che
dormivano vicino a lui, Tom tolse la mano da sotto la giacchetta ed esitò, trattenendo il fiato. Poi aprì le dita e lisciò il frammento di tela dipinta.

160 Il mondo dormiva alla luce della luna.

Il Sorriso era lì, nella sua mano.

Lo guardò nella luce bianca che pioveva dal cielo notturno e pensò molte volte,
ripetendo la frase a se stesso, il Sorriso, il bel Sorriso.

Un'ora dopo gli pareva ancora di rivederlo, anche se lo aveva ripiegato e nasco-
165 sto. Chiuse gli occhi e il Sorriso era con lui nel buio, caldo e gentile anche quando
si addormentò nel mondo silenzioso e la luna salì e poi scese nel cielo freddo dove
si addensava il mattino.

Ray Bradbury, *Era una gioia appiccare il fuoco*, Milano, Mondadori, 2011

---

11. un fracco: una grande quantità.

VITA E OPERE

Ray Bradbury Scrittore statunitense, nato nel 1920 a Waukegan, nell'Illinois. Ray Bradbury è autore di numerosi racconti lunghi e romanzi la cui trama fantastica è sempre in rapporto con temi di denuncia sociale. In tutte le sue opere si riflettono, attraverso il filtro narrativo dell'invenzione e dell'irreale, le concrete preoccupazioni degli Stati Uniti del dopoguerra: la paura di un conflitto nucleare, il desiderio di una vita più semplice, i problemi collegati al razzismo, i dubbi connessi con l'irrefrenabile avanzamento delle nuove tecnologie che, un domani, potrebbero rivolgersi contro l'uomo con effetti catastrofici. La sua non è dunque una fantascienza di puro "intrat-tenimento", ma una letteratura che invita a riflettere seriamente sulla condizione umana in numerosi suoi aspetti. I suoi maggiori successi sono stati l'antologia *Cronache marziane* (1950), in cui il tema della conquista e colonizzazione di Marte da parte dei terrestri rappresenta un chiaro riferimento alla politica imperialistica statunitense; e il romanzo *Fahrenheit 451* (1953), inquietante storia di una futura società dominata dalla televisione, in cui la letteratura è "fuorilegge". A partire dagli anni Sessanta affianca a una prolifica carriera di scrittore un'intensa attività di sceneggiatore cinematografico. *Addio all'estate* (2006) è l'ultimo romanzo pubblicato prima della morte, avvenuta nel 2012 a Los Angeles.

363

PARTE 2 · I generi

SCHEDA DI ANALISI

Il tema e il messaggio

◼ La penna visionaria e desolata di Bradbury ha disegnato un'**umanità degradata**, precipitata nella miseria materiale e morale dopo una guerra devastante. Una folla dall'aspetto cencioso e malato vive tra cumuli di macerie. Strumenti nelle mani di un potere anonimo e abbruttiti da un **odio irrazionale** per il passato, uomini e donne cancellano con cieca furia oggetti e luoghi della conoscenza e del sapere di un tempo: bruciano i libri, demoliscono ciò che resta di prodotti e luoghi industriali, sputano, e non solo metaforicamente, sulle sopravvissute testimonianze delle *cose buone* del passato (*erano poche, ma c'erano*, sostiene un personaggio).

◼ Anche Tom si appresta a vivere uno di questi riti distruttivi, una delle "feste" con cui occulti padroni cercano di far dimenticare un'esistenza deprivata e di annullare tutti quei ricordi che potrebbero spezzare il loro dominio. L'ingenuo protagonista del racconto vive con eccitata curiosità questa esperienza (*Dicono che ride, quella*). All'insaputa dei genitori, si è svegliato all'alba per giungere in città e mettersi in coda, unico ragazzo fra gli adulti. Quando però scopre il volto della Gioconda, per la prima volta si trova al cospetto della **bellezza** (*lei è BELLA*), non riesce a sputare sul dipinto, a oltraggiarne l'incanto. È affascinato dal volto sereno e misterioso della donna. E partecipa alla zuffa bestiale in cui il capolavoro di Leonardo viene fatto a brandelli solo per impossessarsi di un lembo della tela e conservarlo poi gelosamente.

◼ Tornato a casa, quando tutti dormono, Tom guarda *il Sorriso, il bel Sorriso*. Soltanto allora, mentre giunge un nuovo mattino, il ragazzino si addormenta. Tra le prime luci del mattino si affaccia una **promessa di riscatto** anticipata nel corso del racconto dalle parole di un personaggio: «*Qualcuno che ha la sensibilità per le cose belle. Potrebbe darci una civiltà non insaziabile, del tipo che ci permettesse di vivere in pace*».

La caratterizzazione dei personaggi

◼ Il racconto è incentrato sulla **trasformazione psicologica** del protagonista: Tom inizialmente ignora il significato del gesto che si appresta a compiere (*Perché facciamo la fila?*); solo gradualmente ne apprende le ragioni (*Innanzitutto, si tratta dell'odio. Odio per tutto quello che riguarda il passato*). In seguito, egli deve superare prima lo sgomento dinanzi alla scoperta della forza sconosciuta della bellezza (*aveva la bocca asciutta*) e poi la paura per la violenza della folla (*non ebbe il tempo di gridare prima che*

la folla lo travolgesse con urla e pugni). Infine egli comprenderà che il dolore è causato dalla mancanza di bellezza, una consapevolezza che lo aiuterà ad affrontare la barbarie della vita quotidiana (*il Sorriso era con lui nel buio, caldo e gentile*).

◼ Fra i personaggi minori del racconto svolgono un ruolo significativo Grigsby e un anonimo interlocutore, protagonisti di una vivace discussione sulla possibilità e sull'opportunità di ritornare al passato. I due rappresentano **concezioni politiche** ma anche esistenziali **radicalmente diverse**: il primo si fa portavoce dell'ideologia dominante nella società post-bellica (*…la civiltà? Nessuno la vuole, certo non io*), mentre al secondo l'autore affida il compito di manifestare la condanna nei confronti del sistema vigente e di prospettare la soluzione per uscirne (*Un giorno nascerà qualcuno che ha un'immaginazione e metterà le cose a posto. Fate attenzione a quello che vi dico: un uomo con un cuore*).

Il narratore e il ritmo del racconto

◼ Il racconto è condotto da un **narratore esterno** con una **focalizzazione interna**, che riporta il punto di vista di Tom. Luoghi, personaggi e avvenimenti sono presentati attraverso lo sguardo, le sensazioni e le emozioni del ragazzino: insieme a lui il lettore scopre una città devastata dal conflitto bellico, la miseria della gente, la violenza di una società priva di memoria storica e di immaginazione. L'incubo sociale prefigurato da Bradbury prende forma dinanzi a noi attraverso le emozioni di un adolescente.

◼ Le vicende seguono un **ordine cronologico** regolare e si sviluppano con **ritmo incalzante** e coinvolgente, attraverso serrati dialoghi e brevi digressioni e pause riflessive, più frequenti nella parte conclusiva, quando l'azione rallenta e l'atmosfera diviene fiabesca e poetica.

La lingua e lo stile

◼ La **scrittura chiara** e scorrevole di Ray Bradbury privilegia **periodi brevi**, in cui prevalgono i legami di coordinazione, pur senza rinunciare alla subordinazione, soprattutto nelle sequenze riflessive e descrittive. All'immediatezza comunicativa e stilistica contribuiscono un **lessico** di uso **comune** e le numerose espressioni colloquiali e informali, gli intercalari propri del parlato, presenti nei numerosi dialoghi (*Ehi, ragazzo, che fai così presto?…*; *Prendo il mio posto in fila, prendo*).

◼ Lo stile del racconto è arricchito dal ricorso frequente all'**aggettivazione** e dalla presenza di alcune

364

similitudini e **metafore**, che esasperano la miseria e la brutalità delle condizioni di vita (*bucherellate come in un puzzle; artigliando il dipinto con mani che sembravano becchi di uccelli affamati*) e sottolineano la vèna poetica dello scrittore che pervade l'intero racconto, soprattutto la conclusione (*il quadrato di luce si mosse; il mondo dormiva alla luce della luna; luce bianca che pioveva dal cielo*).

Laboratorio sul testo

Comprendere

Informazioni esplicite

1. In quale momento del giorno iniziano le vicende narrate? Dove si trovano il protagonista e gli altri personaggi?
2. Come viene accolto il protagonista dagli altri personaggi in coda?
3. Qual è il motivo che ha spinto uomini e donne a mettersi in coda? In quale punto del racconto si comprende interamente il proposito della folla in attesa?
4. Come è vestita la gente?
5. Qual è l'aspetto della città in cui si svolgono i fatti?
6. Con quale argomento Grigsby giustifica l'odio nei confronti di tutto ciò che riguarda il passato?
7. Cosa accade quando finalmente Tom giunge dinanzi alla Gioconda? Da che cosa viene impressionato?
8. Quale annuncio portano i poliziotti alla gente in coda? E come reagisce la folla?
9. Come viene accolto Tom dalla famiglia al suo ritorno alla fattoria in rovina dove vive?
10. Che cosa fa Tom quando resta solo? Con quale stato d'animo, infine, si addormenta?

Informazioni implicite

11. Nel corso di un dialogo, un personaggio in coda dice: «*Così raccontano. Bugiardi. Per quello che ne sappiamo potrebbe essere il 3000 o il 5000, le cose per un po' sono state molto confuse.*» (rr. 35-36). Chi ritieni siano i bugiardi di cui parla? E a quale situazione potrebbe alludere quando afferma che *le cose per un po' sono state molto confuse* (r. 36)?
12. Quando Tom resta immobile davanti al sorriso della Gioconda, incapace di distogliere lo sguardo, qualcuno che lo segue lo avverte: «*Cammina, tu, prima che la polizia...*» (r. 117). Quale pericolo corre Tom? Di che cosa potrebbe essere accusato?
13. Individua i numerosi indizi che ci permettono di comprendere che la società descritta nel racconto è regredita a uno stato preindustriale, in cui i beni di uso quotidiano scarseggiano.

Significati

14. Rifletti sulle opinioni espresse nel corso dei dialoghi: secondo te, a quale personaggio l'autore affida il compito di riportare il proprio pensiero e di esprimere l'insegnamento morale implicito nel racconto? Motiva la tua risposta.
15. Nella società descritta dal racconto, quali valori della civiltà del passato vengono colpiti durante le *feste*? Che cosa implica tale comportamento?
16. Sulla base di quanto avviene nel racconto, quale di queste realtà viene identificata come possibile causa di una futuribile distruzione della civiltà?
    a) ☐ Il degrado ambientale.
    b) ☐ Conflitti sociali e politici.
    c) ☐ Lo scoppio di una nuova guerra.
    d) ☐ La mancanza della sensibilità per la bellezza.

PARTE 2 · I generi

17. Un personaggio del racconto si augura la nascita di una *civiltà non insaziabile* (r. 94): considerato anche il contesto comunicativo, a che cosa invita questa espressione?

a) ☐ Alla pace. c) ☐ Al sacrificio.

b) ☐ Alla cultura. d) ☐ Alla moderazione.

Analizzare

Focalizzazione

18. La città devastata, la folla in attesa, il dipinto della Gioconda e gli avvenimenti sono presentati attraverso il punto di vista di Tom. Conferma questa affermazione con opportuni riferimenti al testo.

Struttura narrativa

19. Analizza la successione degli avvenimenti del racconto: quale rapporto c'è tra *fabula* e intreccio?

Dimensione temporale

20. Lungo quale arco temporale si sviluppano le vicende narrate? Individua e riporta le indicazioni che scandiscono il susseguirsi degli eventi e il trascorrere del tempo.

Personaggi

21. In che modo viene caratterizzato il protagonista?

Padroneggiare la lingua

Lessico

22. Individua gli aggettivi e i sostantivi a cui ricorre il narratore per segnalare gli effetti devastanti della guerra sull'aspetto della città.

23. *Il Sorriso era con lui nel buio, caldo* e *gentile*. I due aggettivi, riferiti al Sorriso, hanno un particolare valore connotativo: spiegane il significato.

Grammatica

24. *Perché non ti togli di mezzo e lasci il posto a qualcuno che gli fa più piacere?* Individua, spiega e correggi l'errore grammaticale presente in questa frase.

25. «*Non c'è niente e nessuno che non odiamo, praticamente*» osservò Tom. «*Proprio così, tutta la maledetta gente del passato che dominava il mondo. Così eccoci qua un giovedì mattina, con le budella incollate alla spina dorsale, infreddoliti* perché viviamo nelle caverne o in posti del genere, senza bere, senza fumare, senza niente tranne le nostre feste, Tom, le nostre feste.»

Considerando quanto affermato nel corso del dialogo dai personaggi e l'azione espressa nella proposizione sottolineata, da che cosa può essere sostituita la congiunzione coordinante *così*?

a) ☐ Infatti. c) ☐ Eppure.

b) ☐ Perciò. d) ☐ Tuttavia.

Interpretare e produrre

26. Quale opinione mostra l'autore nei confronti della folla? Ti pare che Bradbury sia fiducioso nei confronti della capacità delle masse di risollevarsi dal degrado? Rifletti sui comportamenti collettivi degli uomini descritti nel racconto, discutendone con i tuoi compagni.

27. Einstein affermò: «*Non so con quali armi verrà combattuta la Terza guerra mondiale ma la Quarta verrà combattuta con clave e pietre*». Il racconto di Bradbury esprime lo stesso timore dello scienziato. Scrivi un testo di circa una pagina in cui descrivi lo scenario di una guerra combattuta in un'ambientazione simile a quella del racconto che hai appena letto. Chi sono i protagonisti di questo conflitto? Quali sono i motivi per cui essi combattono? Quali armi vengono utilizzate?

366

T3

Philip K. Dick
Squadra di ricognizione

Da trent'anni, la Terra è sconvolta da un disastroso conflitto nucleare. Ormai la superficie del pianeta è inabitabile, arida e priva di vita, avvolta da cenere e polvere. I luoghi dove un tempo sorgevano città e campi coltivati ora sono ricoperti da scorie radioattive e macerie. Per sopravvivere all'inquinamento, all'atmosfera troppo calda e alla violenza della guerra, gli uomini si sono rifugiati, come vermi, in tunnel sotterranei: una condizione intollerabile da cui è necessario sfuggire al più presto per salvare una generazione di bambini che non ha mai visto il sole. Ma, ammesso che si raggiunga un'improbabile pace con il Nemico, è impossibile rigenerare la Terra, renderla vivibile, per almeno un secolo. Perciò non resta che una soluzione: cercare un nuovo pianeta in cui vivere.

> **PUBBLICAZIONE**
> *Squadra di ricognizione*, 1954
>
> **LUOGO E TEMPO**
> Nord America e Marte; un'epoca non precisata
>
> **PERSONAGGI**
> Halloway; Young; Carmichael; Mason, il capitano; Davidson, il direttore; Van Ecker, il navigatore; il dottor Judde

Halloway risalì lungo dieci chilometri di cenere per vedere l'atterraggio del razzo. Emerse dal pozzo schermato dal piombo e raggiunse Young, che se ne stava accoccolato con un gruppetto di truppe di superficie. La superficie del pianeta era scura e muta. L'aria gli irritò il naso.

5 Puzzava. Halloway rabbrividì, irrequieto. «Dove diavolo siamo?»

Un soldato puntò l'indice sulle tenebre. «Le montagne sono da quella parte. Le vede? Le Montagne Rocciose, e questo è il Colorado.»

Colorado... Il vecchio nome risvegliò vaghe emozioni in Halloway. Strinse più forte il suo fucile. «Quando arriverà?» chiese. Lontano, contro l'orizzonte, vede-
10 va le luci di segnalazione verdi e gialle del Nemico. E, di tanto in tanto, un lampo bianco di fissione[1].

«Da un momento all'altro. È controllato meccanicamente, pilotato da robot. Sarà un atterraggio alla grande.»

Una mina nemica esplose a una ventina di chilometri da loro. Per un breve
15 istante, il profilo del paesaggio venne delineato dal reticolo di lampi. Halloway e i soldati, automaticamente, si buttarono a terra. Nelle sue narici entrò l'odore morto, il fetore di bruciato della superficie terrestre com'era adesso, a trent'anni dall'inizio della guerra.

Tutto era completamente diverso da ciò che lui ricordava della California della
20 sua infanzia. Ricordava la distesa della vallata, i vigneti, i noci, i limoni. I canestri sotto gli aranci. Le montagne verdi e il cielo che aveva il colore degli occhi di una donna. E l'odore fresco del terreno...

Tutto scomparso. Restava solo cenere grigia, mischiata alla polvere bianca delle pareti degli edifici. In quel punto, un tempo sorgeva una città. Vedeva le caverne
25 spalancate delle cantine, colme di scorie, di aridi fiumi di ruggine che un tempo

---

1. fissione: scissione del nucleo di un atomo in più parti, che ge- nera lo sprigionamento di una grande quantità d'energia.

erano case. Macerie sparse da per tutto, assurdamente...

Il bagliore della mina si spense e l'oscurità calò di nuovo. Cauti, si rialzarono. «Che spettacolo» mormorò un soldato.

«Prima era tutto diverso» disse Halloway.

30 «Davvero? Io sono nato sotto terra.»

«A quei tempi coltivavamo il cibo nel terreno, in superficie. Nel suolo. Non nelle vasche sotterranee. E...»

Halloway s'interruppe. Un suono imponente riempì l'aria, soffocando le sue parole. Una forma immensa li superò ruggendo fra le tenebre, colpì il suolo a poca 35 distanza, e fece tremare il terreno.

«Il razzo!» urlò un soldato. Si misero tutti a correre. Halloway zoppicò come meglio poteva.

«Buone notizie, spero» disse Young, al suo fianco.

«Lo spero anch'io» ansimò Halloway. «Marte è la nostra ultima possibilità. Se 40 non è praticabile, siamo finiti. I rapporti su Venere erano negativi. Soltanto lava e vapore.»

Più tardi esaminarono il razzo giunto da Marte.

«Andrà bene» mormorò Young.

«Ne è sicuro?» chiese il direttore Davidson, teso. «Una volta scesi là, non po-45 tremo tornare indietro di corsa.»

«Siamo sicuri.» Halloway gettò le bobine[2] sul tavolo, verso Davidson.

«Guardi lei stesso. L'aria di Marte sarà povera, e secca. La gravità è molto più debole della nostra. Ma riusciremo a viverci, il che è più di quanto si possa dire di questa Terra dimenticata da Dio.»

50 Davidson raccolse le bobine. Le luci perenni brillavano sulla scrivania di metallo, sulle pareti di metallo, e sul pavimento dell'ufficio. Macchine nascoste ronzavano nelle pareti, mantenendo costanti atmosfera e temperatura. «Ovviamente, dovrò affidarmi a voi esperti. Se qualche fattore d'importanza vitale non viene preso in considerazione...»

55 «Naturalmente è una scommessa» disse Young. «Non possiamo essere sicuri di tutti i fattori, a questa distanza.» Tamburellò sulle bobine. «Campioni e fotografie scattate automaticamente. I robot sono andati in giro per il pianeta, hanno fatto del loro meglio. È già una fortuna avere in mano qualche dato.»

«Se non altro, non ci sono radiazioni» disse Halloway. «Su questo possiamo 60 contare. Ma Marte sarà arido e polveroso e freddo. È lontano dal sole. Luce scarsa. Deserti e colline rugose.»

«Marte è antico» convenne Young.

«Si è raffreddato molto tempo fa. Mettiamola così: esclusa Terra, abbiamo otto pianeti. Da Plutone a Giove non se ne parla nemmeno. Nessuna possibilità 65 di sopravvivenza. Mercurio è soltanto metallo liquido. Venere è ancora vulcani e

---

2. bobine: rullini di pellicole fotografiche.

vapori... Uno stadio pre-Cambriano[3]. Sette pianeti su otto. Marte è l'unica possibilità a priori.»

«In altre parole» disse lentamente Davidson «Marte DEVE andare bene perché non abbiamo nient'altro.»

70 «Potremmo restare qui. Continuare a vivere sotto terra come vermi.»

«Non potremmo durare ancora per più di un anno. Avete visto gli ultimi rilevamenti psichici.»

Li avevano visti. L'indice di tensione era salito. Gli uomini non sono fatti per vivere in tunnel di metallo, nutrirsi di cibo coltivato in vasche, lavorare e dormire e
75 morire senza mai vedere il sole. La grande preoccupazione erano i bambini. Bambini che non erano mai stati in superficie. Pseudomutanti[4] dall'espressione vacua, con occhi da pesci ciechi. Una generazione nata nel mondo sotterraneo. L'indice di tensione era salito perché la gente vedeva i propri figli cambiare, adattarsi a un mondo di tunnel e viscide tenebre e umide rocce luminose.

80 «Allora siamo d'accordo?» chiese Young.

Davidson scrutò i volti dei due tecnici. «Forse potremmo riprendere possesso della superficie, riportare in vita Terra, rigenerare il suolo. La situazione non è poi così disperata, no?»

«Impossibile» ribatté secco Young. «Anche se riuscissimo a concludere un
85 accordo con il Nemico, ci troveremmo con particelle in sospensione per altri cinquant'anni. Terra sarà troppo calda per ospitare la vita per il resto di questo secolo. E NOI NON POSSIAMO ASPETTARE.»

«D'accordo» disse Davidson. «Autorizzerò la squadra di ricognizione. Come minimo, correremo questo rischio. Volete partire anche voi? Essere i primi uomi-
90 ni ad atterrare su Marte?»

«Può scommetterci» disse Halloway, con una smorfia dura. «È previsto dal nostro accordo.»

Il globo rosso che era Marte cresceva sempre più. In cabina di comando, Young e Van Ecker, il navigatore[5], lo studiavano attentamente.

95 «Dovremo lanciarci» disse Van Ecker. «Impossibile atterrare a questa velocità.»

Young era nervoso. «Per noi va bene, ma il primo gruppo di coloni? Non possiamo pretendere che donne e bambini si lancino nello spazio.»

«A quel punto ne sapremo di più.» Van Ecker annuì, e il capitano Mason azionò il segnale d'allarme. Minacciosi campanelli risuonarono per tutta la nave. I pavi-
100 menti tremarono sotto i piedi degli uomini d'equipaggio che corsero a prendere le tute, per poi ammassarsi ai portelli.

«Marte» mormorò il capitano Mason, ancora davanti allo schermo. «Così diverso da Luna. Questo è un vero pianeta.»

Young e Halloway si avviarono al portello. «Meglio muoverci.»

---

3. pre-Cambriano: periodo geologico iniziato sulla Terra circa 5 miliardi di anni fa, e durato fino a circa 545 milioni di anni fa, in corrispondenza con lo sviluppo della vita marina; noto anche con il nome di Archeozoico.
4. Pseudomutanti: gli uomini temono che le nuove generazioni possano sviluppare caratteri genetici diversi da quelli della propria specie, pur in assenza di una effettiva patologia degenerativa.
5. navigatore: ufficiale di rotta.

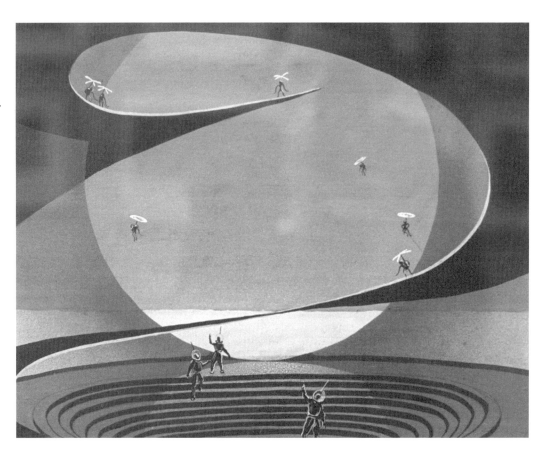

Architettura extraterrestre, illustrazione realizzata dal cosmonauta sovietico A. Leonov nel 1965.

105 Marte ingrandiva rapidamente: un globo brutto e cupo, di un rosso uniforme. Halloway sistemò il casco della tuta. Van Ecker lo raggiunse.

Mason restò in cabina di comando. «Vi seguirò» disse «dopo che l'equipaggio avrà lasciato la nave.»

Il portello scivolò di lato. Si trasferirono sulla rampa. L'equipaggio aveva già 110 cominciato a lanciarsi.

«Peccato sprecare una nave» disse Young.

«Era inevitabile.» Van Ecker chiuse il casco e si buttò. I razzi frenanti lo spararono in alto, lo fecero salire come un pallone aerostatico nelle tenebre. Young e Halloway lo imitarono. Sotto di loro, la nave proseguì nella sua corsa, puntando 115 direttamente verso la superficie di Marte. In cielo volteggiavano puntolini luminosi, gli uomini d'equipaggio.

«Ho riflettuto» disse Halloway, nel microfono del casco.

«Su cosa?» gli rispose dagli auricolari la voce di Young.

«Davidson temeva che trascurassimo qualche fattore vitale. Ce n'è uno che non 120 abbiamo preso in considerazione.»

«Quale?»

«I marziani.»

«Buon Dio!» si intromise Van Ecker. Halloway lo vedeva librarsi alla sua destra. Scendeva lentamente verso il pianeta. «Lei crede che ESISTANO dei marziani?»

125 «È possibile. Marte può ospitare la vita. Se possiamo viverci noi, possono farlo

anche altre forme complesse.»

«Lo sapremo molto presto» disse Young.

Van Ecker rise. «Forse hanno preso in trappola uno dei nostri missili robotici. Forse ci stanno aspettando.»

130 Halloway restò zitto. Una possibilità troppo concreta per trovarla divertente. Il pianeta rosso ingrandiva in fretta. Vedeva le macchie bianche dei poli. Nastri dai contorni vaghi, tra il blu e il verde, che un tempo venivano chiamati "canali". Laggiù c'era una civiltà, una cultura organizzata che li aspettava? Mosse le mani alla cieca finché le sue dita non si strinsero sul calcio della pistola.

135 «Meglio estrarre le armi» disse.

«Se c'è un sistema di difesa marziano pronto ad accoglierci, non avremo una sola possibilità» disse Young. «Marte si è raffreddato milioni di anni prima di Terra. Con ogni probabilità, sono una razza talmente avanzata che noi non riusciremo nemmeno a...»

140 «Troppo tardi» giunse, debole, la voce di Mason. «Voi esperti avreste dovuto pensarci prima.»

«Dove si trova?» chiese Halloway.

«Sono sotto lei. La nave è vuota. Dovrebbe colpire il suolo da un momento all'altro. Ho lanciato tutte le attrezzature. Le ho collegate a unità automatiche.»

145 Un lampo di luce si accese per un attimo sotto loro, si spense. La nave.

«Sono quasi a terra» disse nervosamente Mason. «Sarò io il primo a...»

Marte non era più un globo. Adesso era un grande vassoio rosso, un'ampia pianura di ruggine distesa sotto loro. Scesero lentamente, in silenzio. Apparvero montagne. Piccoli corsi d'acqua che erano fiumi. Una scacchiera dai contorni va-
150 ghi, forse campi coltivati e pascoli...

Halloway strinse forte la pistola. I suoi razzi frenanti urlarono; adesso l'atmosfera era più densa. Era quasi a terra. Un tonfo smorzato risuonò all'improvviso nei suoi auricolari.

«Mason!» urlò Young.

155 «Sono sulla superficie» rispose, fioca, la voce di Mason.

«Tutto a posto?»

«L'impatto mi ha tolto il fiato, ma sto bene.»

«Cosa vede?» domandò Halloway.

Ci fu un attimo di silenzio. Poi: «Buon Dio!» boccheggiò Mason. «Una CIT-
160 TÀ!»

«Una città?» strillò Young. «Com'è fatta? Cosa le ricorda?»

«Li vede?» urlò Van Ecker. «Che aspetto hanno? Sono in molti?»

Udirono Mason respirare: un suono roco che uscì dai loro auricolari.

«No» ansimò alla fine. «Non c'è segno di vita. Nessuna attività. La città è...
165 sembra deserta.»

«DESERTA?»

«Rovine. Nient'altro che rovine. Chilometri di colonne in frantumi e mura e impalcature arrugginite.»

«Grazie a Dio» mormorò Young. «Devono essere scomparsi. Siamo salvi. De-
170 vono essersi evoluti e avere concluso il loro ciclo molto tempo fa.»

«Ci hanno lasciato qualcosa?» La paura artigliò le viscere di Halloway. «È rimasto qualcosa per noi?» Serrò un pugno sui razzi frenanti, ansioso di affrettare la discesa. «Non c'è più niente?»

«Pensa che abbiano usato tutto?» chiese Young. «Pensa che abbiano esaurito ogni...»

«Non saprei dirlo.» La voce esile di Mason si tinse d'inquietudine.

«La situazione sembra brutta. Grandi pozzi. Pozzi minerari. Non so esattamente, ma mi pare una pessima situazione...»

Halloway lottò disperatamente coi razzi frenanti.

Il pianeta era disastrato.

«Buon Dio» borbottò Young. Sedette su un troncone di colonna e si asciugò il viso. «Non è rimasto niente. Niente di niente.»

Attorno a loro, l'equipaggio stava installando unità di difesa d'emergenza. Gli addetti alle comunicazioni montavano un trasmettitore a batterie. Un'altra squadra stava scavando, in cerca d'acqua. Altri gruppi ancora si spingevano in ricognizione, nella speranza di trovare cibo.

«Non troveremo tracce di vita» disse Halloway. Indicò con la mano la sterminata distesa di macerie e ruggine. «Se ne sono andati. Sono scomparsi tanto tempo fa.»

«Non capisco» mormorò Mason. «Come hanno fatto a distruggere un intero pianeta?»

«Noi abbiamo distrutto Terra in trent'anni.»

«Non in questo modo. Loro hanno "prosciugato" Marte. Hanno usato tutto. Non resta niente. Assolutamente niente. Il pianeta è solo un enorme ammasso di rottami.»

Scosso, Halloway provò ad accendere una sigaretta. La fiamma arse debolmente per qualche secondo, poi si spense. Si sentiva stordito, inebetito. Il cuore gli batteva forte in petto. Il sole, lontano, era piccolo e incolore. Marte era un mondo freddo, deserto, morto.

Disse: «Chissà cosa hanno provato, vedendo marcire le loro città. Niente più acqua o minerali, e alla fine, niente più terreno.»

Raccolse una manciata di sabbia arida, la lasciò scorrere tra le dita.

«Il trasmettitore funziona» disse un uomo.

Mason si alzò, zoppicò verso il trasmettitore. «Dirò a Davidson cosa abbiamo trovato.» Si chinò sul microfono.

Young guardò Halloway. «Okay, siamo bloccati qui. Per quanto ci basteranno le scorte che abbiamo?»

«Un paio di mesi.»

«E poi...» Young schioccò le dita. «Come i marziani.» Socchiuse gli occhi, fissò la parete corrosa di una casa in rovina. «Chissà com'erano fatti.»

«Una squadra semantica[6] sta frugando tra le rovine. Forse troveranno qualcosa.»

---

6. squadra semantica: gruppo di tecnici con l'incarico di decifrare e tradurre i documenti "marziani".

Oltre la città morta, si stendeva quella che un tempo era stata un'area industriale. Distese di contorte installazioni, torri e tubature e macchine coperte di sabbia, parzialmente arrugginite. La superficie era costellata di grandi fori, pozzi spalancati in cui un tempo affondavano le sonde, ingressi per le miniere sotterranee. Marte era crivellato. Un gigantesco termitaio. Un'intera razza si era sepolta nel sottosuolo e aveva scavato, nel tentativo di restare in vita. I marziani avevano succhiato il sangue a Marte, e poi erano scappati.

«Un cimitero» disse Young. «Be', hanno avuto quello che si meritavano.»

«Li biasimi? Cosa avrebbero dovuto fare? Estinguersi qualche migliaio di anni prima e lasciare il pianeta in condizioni migliori?»

«Avrebbero potuto lasciarci "qualcosa"» ribatté testardamente Young.

«Forse potremmo scavare le loro ossa e bollirle. Mi piacerebbe poter mettere le mani addosso a uno di loro il tempo sufficiente per...»

Un paio di uomini arrivarono di corsa. «Guardate qui!» Avevano le braccia cariche di tubi metallici, cilindri ancora lucidi. «Guardate cosa abbiamo trovato sepolto!»

Halloway si riscosse dalla depressione. «Cosa sono?»

«Dati. Documenti scritti. Li faccia avere alla squadra semantica!»

Carmichael scaricò ai piedi di Halloway la sua parte di cilindri «E non è tutto. Abbiamo trovato qualcosa d'altro. Impianti.»

«Impianti? Di che tipo?»

«Rampe per il lancio di missili. Vecchie torri completamente arrugginite. Ce ne sono file e file, dall'altro lato della città.»

Carmichael asciugò il sudore dalla sua faccia rubizza[7]. «Non sono morti, Halloway. Sono partiti. Hanno consumato tutte le risorse di questo posto, poi se ne sono andati.»

Il dottor Judde e Young stavano studiando i lucidi tubi. «Ci siamo quasi» mormorò Judde, assorto nella contemplazione delle forme cangianti[8] che ondeggiavano sullo schermo dello scanner.

«Riesce a capire qualcosa?» chiese Halloway, teso.

«Sono partiti, sì. Se ne sono andati. Tutti.»

Young si girò verso Halloway. «Cosa ne pensi? Allora non sono morti.»

«Sa dirci dove sono andati?»

Judde scosse la testa. «Su un pianeta individuato dalle loro navi da ricognizione. Clima e temperatura ideali.» Spinse via lo scanner. «Nel loro ultimo periodo, l'intera civiltà marziana si è dedicata alla fuga su questo pianeta. È un'impresa colossale trasferire un'intera società, armi e bagagli. Hanno impiegato tre o quattrocento anni a trasbordare tutto ciò che avevano di utile da Marte all'altro pianeta.»

«Com'è andata l'operazione?»

«Non troppo bene. Il pianeta era bello, ma hanno dovuto adattarsi. A quanto sembra, non avevano previsto tutti i problemi che nascono dalla colonizzazione

---

7. rubizza: florida, robusta.   **8. cangianti**: di vari colori.

Scenario marziano, elaborazione grafica digitale.

di un mondo alieno.» Judde indicò un cilindro. «I coloni sono regrediti in fretta. Non sono riusciti a tenere vive tradizioni e conoscenze. La società si è sfaldata. Poi sono venute la guerra, la barbarie.»

«Allora la loro migrazione è stata un fallimento.» Halloway rifletté. «Forse non si può fare. Forse è impossibile.»

«Non un fallimento» lo corresse Judde. «Se non altro, sono sopravvissuti. Qui non avevano più nulla. Meglio vivere come selvaggi su un pianeta alieno che restare qui a morire. O così dicono quei cilindri.»

«Andiamo» disse Young a Halloway. I due uscirono dalla baracca della squadra semantica. Era sera. Il cielo era colmo di stelle splendenti. Le due lune[9] si erano alzate e brillavano fredde, occhi morti in un cielo gelido.

«Questo pianeta non è adatto a noi» annunciò Young. «Non possiamo emigrare qui, è ovvio.»

Halloway lo scrutò. «Cosa hai in mente?»

---

9. Le due lune: i due piccoli satelliti naturali di Marte: Phobos e Deimos.

«Marte era l'ultimo dei nove pianeti. Li abbiamo sondati[10] tutti.» Il viso di Young vibrava d'emozione. «Nessuno può ospitare la vita. Sono tutti mortali o inutili, come questo ammasso di detriti. L'intero maledetto sistema solare è fuori discussione.»

«E allora?»

«Dovremo lasciare il sistema solare.»

«Per andare dove? COME?»

Young indicò le rovine marziane, la città, le file di torri contorte e arrugginite. «Dove sono andati loro. Hanno trovato un posto dove trasferirsi. Un pianeta vergine all'esterno del sistema solare. E per arrivarci, hanno creato un tipo di propulsione in grado di avventurarsi nello spazio esterno.»

«Vuoi dire...»

«Li seguiremo. Questo sistema solare è morto. Ma fuori, chissà dove, in un altro sistema, loro hanno trovato un posto dove fuggire. E sono riusciti a raggiungerlo.»

«Se atterriamo sul loro pianeta, dovremo combattere. Non saranno disposti a dividerlo con noi.»

Young sputò sulla sabbia, rabbioso. «Le loro colonie sono degenerate, ricordi? Sono tornate alla barbarie. Possiamo benissimo affrontarli. In quanto ad armi, abbiamo tutto il necessario. Armi che possono spazzare via un intero pianeta.»

«Ma noi non vogliamo farlo.»

«Cosa "vogliamo" fare? Dire a Davidson che siamo condannati a restare su Terra? Permettere che la specie umana si trasformi in una razza di talpe? Cieche creature striscianti...»

«Se seguiamo i marziani, dovremo competere per il loro pianeta. Lo hanno trovato loro. Appartiene a loro, non a noi. E forse non riusciremo a ricostruire il loro tipo di propulsione. Forse i progetti sono andati persi.»

Judde emerse dalla baracca. «Ho altre informazioni. Su quei cilindri c'è l'intera storia. Particolari sul pianeta dove sono fuggiti. Fauna e flora. Studi su gravità, densità dell'atmosfera, risorse minerali, stratificazione del suolo, clima, temperatura. Tutto.»

«E la propulsione che hanno usato?»

«Ho informazioni anche su quella. C'è tutto.» Judde tremava d'eccitazione. «Ho un'idea. Mettiamo i nostri ingegneri al lavoro su quei progetti. Vediamo se riescono a produrre un duplicato dei loro motori. Se ce la fanno, potremmo seguire i marziani. Potremmo "dividere" il pianeta con loro.»

«Visto?» chiese Young a Halloway. «Davidson dirà la stessa cosa. È ovvio.»

Halloway si girò e s'incamminò.

«Cosa gli ha preso?» domandò Judde.

«Niente. Gli passerà.» Young scarabocchiò un messaggio su un pezzo di carta. «Lo faccia trasmettere a Davidson su Terra.»

Judde diede un'occhiata al messaggio. Fischiò. «Gli parla della migrazione marziana. E del pianeta che hanno trovato»

---

10. sondati: esaminati, esplorati.

315 «Dobbiamo cominciare subito. Ci vorrà parecchio per organizzarci.»

«Halloway accetterà l'idea?»

«La accetterà» rispose Young. «Non si preoccupi.»

Halloway alzò gli occhi sulle torri, sulle rampe cadenti dalle quali, migliaia di anni prima, erano stati lanciati i missili marziani. Nulla si muoveva. Non c'era un 320 solo segno di vita. L'intero, arido pianeta era morto. Vagabondò tra le torri. Il raggio di luce del suo casco scavava un ampio sentiero fra le tenebre. Rovine, cumuli di metallo arrugginito. Ammassi di cavi e materiali da costruzione. Parti di attrezzature lasciate incomplete. Strutture semisepolte che spuntavano dalla sabbia.

Raggiunse una piattaforma e salì a passi cauti la scala. Si trovò in una cupola 325 d'osservazione, circondato dai resti di quadranti e contatori. Un telescopio arrugginito era immobile alla sua destra.

«Ehi» chiamò una voce da sotto. «Chi c'è lassù?»

«Halloway.»

«Dio, mi aveva spaventato.» Carmichael rimise il fucile a tracolla e si arrampicò 330 su per la scala. «Cosa sta facendo?»

«Do un'occhiata.»

Carmichael apparve a fianco di Halloway sbuffante, rosso in viso.

«Interessanti, queste torri. Questa era una stazione automatica di puntamento[11]. Serviva per il decollo dei missili che trasportavano apparecchiature e riforni-335 menti. La popolazione era già partita.»

Carmichael batté le dita sul pannello dei comandi in rovina. «Le navi coi rifornimenti hanno continuato a decollare, caricate da macchine e lanciate da macchine, dopo che tutti i marziani se n'erano andati.»

«Fortunati, ad avere un posto dove trasferirsi.»

340 «Come no. I mineralogisti dicono che qui non è rimasto assolutamente niente. Solo sabbia morta e roccia e macerie. Anche l'acqua fa schifo. Si sono portati via tutto quello che aveva un minimo di valore.»

«Judde dice che il mondo sul quale sono fuggiti è piuttosto bello.»

«Vergine.» Carmichael schioccò le grasse labbra. «Intatto. Alberi e prati e oce-345 ani azzurri. Mi ha fatto vedere i dati di un cilindro tradotti dallo scanner.»

«Peccato che noi non abbiamo un posto del genere. Un mondo vergine tutto per noi.»

Carmichael si chinò sul telescopio. «Si servivano di questo strumento. Quando il pianeta appariva nel telescopio, un relè[12] trasmetteva un impulso alla torre 350 di controllo. La torre lanciava le navi. Partite quelle, un nuovo gruppo di missili veniva posizionato sulle rampe.»

Carmichael cominciò a pulire le lenti incrostate del telescopio. Tolse ruggine e detriti. «Forse possiamo vedere il loro pianeta.»

Nelle antiche lenti galleggiava un globo luminoso dai contorni vaghi.

---

11. stazione automatica di puntamento: sistema robotico che consente la procedura au-tomatica di posizionamento di un telescopio verso un obiettivo stabilito.

12. relè: interruttore.

355 Halloway lo intravvedeva, nascosto da una sporcizia di secoli, sepolto sotto una cortina di particelle metalliche e sudiciume.

Carmichael si era messo a quattro zampe, e armeggiava col comando della messa a fuoco. «Vede qualcosa?» chiese.

Halloway annuì. «Sì.»

360 Carmichael lo spinse via. «Mi lasci guardare.» Si rialzò e guardò nel telescopio. «Oh, per amor di Dio!»

«Cosa c'è? Lo vede?»

«Lo vedo» rispose Carmichael, rimettendosi carponi. «Il telescopio deve essersi mosso. Oppure è passato troppo tempo da allora. Però dovrebbe sistemarsi 365 automaticamente nella posizione giusta.

Naturalmente, il meccanismo è rimasto immobile per...»

«Ma cosa c'è che non va?» chiese Halloway.

«Quella è Terra. Non la riconosce?»

«Terra!»

370 Carmichael sbuffò, disgustato. «Questa macchina idiota deve essersi guastata. Io volevo dare un'occhiata al loro pianeta di sogno. E vedo solo la vecchia Terra, da dove veniamo noi. Tutto questo lavoro per risistemare i comandi, e cosa vedo?»

«Terra!» mormorò Halloway. Aveva appena finito di raccontare a Young del telescopio.

375 «Non posso crederci» disse Young. «Però la descrizione corrisponde alla Terra di migliaia di anni fa...»

«Quando sono partiti?» domandò Halloway.

«Circa seicentomila anni fa» disse Judde.

«E le loro colonie sono precipitate nella barbarie, sul nuovo pianeta.»

380 I quattro uomini restarono zitti. Si fissarono a labbra strette.

«Abbiamo distrutto due mondi» disse infine Halloway. «Non uno solo. Prima Marte. Lo abbiamo ucciso e ci siamo trasferiti su Terra. E abbiamo distrutto Terra con la stessa sistematicità usata su Marte.»

«Un circolo chiuso» disse Mason. «Siamo tornati al punto di partenza. Racco- 385 gliamo il raccolto seminato dai nostri antenati. Ci hanno lasciato Marte in questo stato. Del tutto inutilizzabile. E adesso noi ci aggiriamo tra le rovine in cerca di qualcosa, come anime dannate.»

«Stia zitto» sbottò Young. Si mise a passeggiare avanti e indietro, furibondo. «Non posso crederlo.»

390 «Siamo marziani. Discendenti degli esseri che sono partiti da qui. E siamo tornati dalle colonie. Siamo tornati a casa.» La voce di Mason si alzò in un urlo isterico. «Siamo di nuovo a casa! A casa nostra!»

Judde spinse via lo scanner e si alzò. «Su questo non c'è dubbio. Ho confrontato le loro analisi coi dati dell'archeologia terrestre. Combaciano alla perfezione. 400 Il mondo su cui sono fuggiti seicentomila anni fa era Terra.»

«Cosa diremo a Davidson?» chiese Mason. Ridacchiò nervosamente.

«Abbiamo trovato un mondo perfetto. Un pianeta mai toccato da mani umane. Ancora avvolto nella sua confezione di cellophane.»

PARTE 2 · I generi

Halloway andò alla porta della baracca, si mise a guardare fuori.

405 Judde lo raggiunse. «È una catastrofe. Siamo completamente fregati. Cosa sta guardando?»

Sopra loro brillava un cielo freddo. Le pianure spoglie di Marte, chilometri su chilometri di rovine deserte, si stendevano nel buio.

«Tutto questo...» disse Halloway. «Sa cosa mi ricorda?»

410 «Un'area per picnic.»

«Bottiglie rotte e lattine e piatti di carta. Dopo che la gente se n'è andata. Solo che adesso è tornata. È tornata, e sarà costretta a vivere nel merdaio che ha fatto.»

«Cosa diciamo a Davidson?» chiese Mason.

«L'ho già chiamato» rispose Young, depresso. «Gli ho detto che c'è un pia-
415 neta, al di fuori del sistema solare. Un posto dove andare. I marziani avevano la propulsione adatta.»

«La propulsione adatta.» Judde rifletté. «Quelle torri di lancio.»

Piegò le labbra in una smorfia. «Forse avevano davvero una propulsione per lo spazio esterno. Forse vale la pena di continuare con le traduzioni.»

420 I quattro si guardarono.

«Dite a Davidson che andiamo avanti» ordinò Halloway. «Continueremo a cercare finché non troveremo qualcosa. Non resteremo su questa pattumiera dimenticata da Dio.» I suoi occhi grigi brillavano. «Lo troveremo. Un mondo vergine.
Un mondo non ancora distrutto.»

425 «NON ANCORA DISTRUTTO» gli fece eco Young. «Dove nessuno ci abbia preceduto.»

«Saremo noi i primi» mormorò avidamente Judde.

«Non è giusto!» urlò Mason. «Due mondi bastano! Non distruggiamone un terzo!»

430 Nessuno gli diede retta. Judde e Young e Halloway guardarono in su, i volti accesi di desiderio, aprendo e chiudendo i pugni. Come se fossero già là. Come se già si aggrappassero al nuovo mondo, stringendolo con tutta la forza delle loro mani. Facendolo a brandelli, atomo dopo atomo...

Philip K. Dick, *Le formiche elettriche*, Milano, Mondadori, 1997

VITA E OPERE

● **Philip K. Dick** Philip Kindred Dick nasce nel 1928 a Chicago e trascorre la maggior parte della vita in California, a Los Angeles. Frequenta l'Università di Berkeley e partecipa alle manifestazioni pacifiste contro la guerra di Corea (1950-1953), un impegno politico che gli creerà numerosi problemi in questi anni caratterizzati dal maccartismo, ovvero da un'atmosfera di sospetto generalizzato e, a volte, di vera e propria persecuzione nei confronti di uomini di lettere e di spettacolo ritenuti colpevoli di simpatia politica verso il comunismo (il termine deri-va dal nome del senatore Joseph McCarthy). Condu-ce un'esistenza inquieta e sregolata, caratterizzata da disordine sentimentale (si sposerà ben cinque volte), precarietà economica, dipendenza da droghe e psicofarmaci e frequenti periodi di depressione. Tali condizioni di vita non potranno che influenza-re l'atmosfera di tragico pessimismo che caratte-rizza la sua narrativa fin dai suoi esordi, risalenti all'inizio degli anni Cinquanta. Fra le opere più si-gnificative della sua prolifica produzione fantascienti-fica ricordiamo i romanzi *La svastica sul sole* (1962), *I simulacri* (1964), *Le tre stigmate di Palmer El-dritch* (1964), *Ubik, mio signore* (1969). Ricordiamo infine il romanzo *Il cacciatore di androidi* (1968), dal quale il regista Ridley Scott ha tratto *Blade Run-ner* (1982), film di grande successo terminato poco dopo la morte dello scrittore, avvenuta per collasso cardiaco, quello stesso anno, a Santa Ana in California.

SCHEDA DI ANALISI

Il tema

● Stabilito che Marte potrebbe essere un pianeta abitabile, una spedizione di scienziati decide di esplorarlo. Una volta atterrati, però, un'amara sorpresa attende i membri della spedizione terrestre: con sgomento, scoprono di essere giunti in un altro **pianeta morto**.

● I tecnici della squadra di ricognizione si mettono alla ricerca fra le macerie di resti e documenti che possano rivelare le ragioni della distruzione e il destino degli abitanti. Scoprono che i marziani avevano esaurito tutte le risorse del loro pianeta e, come sta accadendo sulla Terra, hanno scavato tunnel e rifugi per sfuggire a un mondo divenuto invivibile. Ai margini della città, distese di rampe per il lancio di missili sono la testimonianza di una **migrazione di massa**, avvenuta seicentomila anni prima e durata più di tre secoli. La meta dei marziani era un pianeta dove ritornare a vivere, dove avrebbero trovato clima e temperatura ideali. Purtroppo, però, dopo questa impresa colossale, i marziani si sono mostrati incapaci di riprendere la vita in un mondo alieno.

Per i terrestri, crollate le speranze di trasferirsi su Marte, l'obiettivo allora diventa scoprire il mondo con *alberi e prati e oceani azzurri* colonizzato dai marziani, raggiungerlo al più presto e, se necessario, prepararsi alla guerra per strapparglielo.

● La scoperta casuale di un vecchio telescopio in una stazione automatica di puntamento rivela però una **tragica e inquietante realtà**. Il pianeta che seicentomila anni prima i marziani avevano scelto per iniziare una nuova vita è la Terra, *solo la vecchia Terra, da dove veniamo*. La squadra di ricognizione, come in un **circolo chiuso**, si trova al punto di partenza. Dopo aver distrutto Marte, gli antenati dei terrestri hanno annientato la vita anche sulla Terra, e ora i loro discendenti sono ritornati a casa. Ma è ancora possibile sfuggire a una vita sotterranea, alla trasformazione in una razza di cieche creature striscianti: trovare un mondo in cui l'avidità degli uomini non abbia ancora estinto la vita, un pianeta incontaminato a cui aggrapparsi *stringendolo con tutta la forza delle loro mani. Facendolo a brandelli, atomo dopo atomo...*

I personaggi e il messaggio

● Il racconto ha una **struttura corale**: non c'è un protagonista su cui si incentra lo svolgimento dei fatti, ma compaiono **numerosi personaggi**, membri e tecnici dell'equipaggio, presenti lungo l'intero arco della narrazione senza che uno diventi più importante degli altri. I personaggi sono privi di caratterizzazione e vengono presentati soltanto con il nome e il ruolo

svolto nella spedizione. Le loro azioni e parole sono volte a sottolineare l'inquietante **messaggio ecologico** ed **etico** dell'autore. Attraverso il comportamento dei personaggi e le notizie e le opinioni da essi espresse, Dick lancia un'**amara profezia**, un allarme sui rischi che corre la Terra se i suoi abitanti non cesseranno di consumare più di quanto è sostenibile. A questo triste presagio si associa una laconica quanto severa condanna nei confronti dell'**egoismo** e l'**assenza di prospettiva** che caratterizzano il comportamento degli uomini, che al bene del pianeta antepongono i loro bisogni immediati, depauperando le risorse del mondo in cui vivono e preparando inevitabilmente la fine dell'umanità stessa.

Il narratore e il ritmo del racconto

● Le vicende sono riportate in terza persona da un **narratore esterno** che ne osserva in lontananza lo svolgimento. Pur in assenza di commenti e riflessioni palesi, la voce narrante coincide con lo sguardo lucido e disincantato dell'autore sul destino futuro dell'umanità, con la sua dolorosa convinzione che l'irresponsabile egoismo degli uomini non si fermerà facilmente, neppure dinanzi all'imminenza della catastrofe.

● La trama si sviluppa quasi esclusivamente attraverso i dialoghi che conferiscono un **ritmo incalzante** al racconto e che si fanno più intensi man mano che i personaggi devono affrontare ostacoli sempre più drammatici. L'attenzione del lettore, inoltre, è alimentata da numerosi **colpi di scena** che sovvertono più volte le prospettive dei personaggi e li obbligano a rivedere i loro piani. La presenza di *flashback* non allenta la tensione narrativa e non ostacola la comprensione dell'ordine cronologico degli eventi.

La lingua e lo stile

● Nel testo prevalgono le **sequenze dialogate**, condotte attraverso il discorso diretto sia libero sia legato. Questa scelta stilistica favorisce l'uso di una **sintassi semplice** e scorrevole, basata sulla coordinazione, di un lessico di **registro medio** e di vivaci espressioni informali tipiche della lingua parlata, fondate sulla immediatezza dello scambio comunicativo e della condivisione del contesto. A proposito di quest'ultimo aspetto occorre sottolineare la presenza di numerosi **verbi performativi**, che orientano l'azione dei personaggi (*Guardi lei stesso; Cosa sa dirci?*), e di **deittici**, ossia indicatori del contesto in cui agiscono i personaggi (*da quella parte; questo è il Colorado*). I campi semantici dominanti sono composti da sostantivi e aggettivi che rimandano alla mancanza di vita e alla distruzione planetaria.

PARTE 2 · I generi

Laboratorio sul testo

Comprendere

Informazioni esplicite

1. Dove iniziano le vicende narrate? Per quale motivo Halloway non riconosce i luoghi, sebbene vi abbia trascorso l'infanzia?

2. Da dove giunge e quali informazioni dovrebbe contenere il razzo atteso da Halloway? E quale decisione viene presa grazie ai dati contenuti nelle bobine riportate dal razzo?

3. Per quale motivo gli uomini vivono in tunnel sotterranei e non possono ritornare in superficie sulla Terra?

4. In quale modo i protagonisti del racconto atterrano su Marte? Che cosa li obbliga a questa scelta?

5. Quale dubbio viene sollevato da Halloway nel corso dell'atterraggio? I suoi timori si rivelano fondati?

6. In quali condizioni appare Marte ai membri della squadra di ricognizione?

7. Grazie a quali scoperte Halloway e i suoi compagni di viaggio comprendono che i marziani non sono morti ma hanno abbandonato il loro pianeta per andare a vivere altrove?

8. Quale esito ha avuto la migrazione di massa realizzata dagli abitanti di Marte?

9. Visto che Marte è inabitabile quanto la Terra, secondo Young e Judde quale ulteriore possibilità resta agli uomini per trovare un pianeta dove vivere?

10. Che cosa rinviene casualmente Halloway salendo su una piattaforma? E che cosa si scopre grazie a questo ritrovamento?

11. Per quale motivo Mason dice: *Siamo di nuovo a casa! A casa nostra!* (r. 392)?

12. Quale decisione viene presa dalla maggioranza dei componenti dell'equipaggio? Perché Mason tenta di opporsi a questa scelta?

Informazioni implicite

13. Nel racconto, a proposito della guerra che da trent'anni imperversa sulla Terra, si parla di un Nemico senza precisarne l'identità. Sulla base degli elementi forniti dal racconto, ritieni possibile definirne la natura? Secondo te, l'anonimo esercito del Nemico è composto da altri uomini o da popolazioni "marziane", provenienti da pianeti alieni? Giustifica la tua risposta con opportuni riferimenti al testo.

14. *I quattro uomini restarono zitti. Si fissarono a labbra strette.* (r. 380) Quali emozioni e sentimenti intende sottolineare il narratore, con queste parole? Rifletti sull'avvenimento che precede questa breve annotazione descrittiva.

Significati

15. Il racconto lancia un allarme sul futuro della Terra e dei suoi abitanti a causa dei possibili effetti devastanti di quale evento?
    a) ☐ Una guerra contro gli alieni.
    b) ☐ Un consumo indiscriminato delle risorse.
    c) ☐ Una degenerazione autoritaria della politica.
    d) ☐ Una crescita incontrollata delle armi nucleari.

Analizzare

Narratore e ritmo del racconto

16. Individua il breve *flashback* presente nella parte iniziale del racconto, nel quale uno dei personaggi ricorda la sua infanzia.

17. In quale punto del racconto un'ellissi narrativa determina un cambiamento del luogo e del tempo in cui si svolgono le vicende?

La fantascienza · UNITÀ 11

Padroneggiare la lingua

Lessico

18. Quale metafora utilizza Halloway per descrivere le condizioni in cui i marziani hanno ridotto il loro pianeta?

19. Nella parte iniziale del racconto il narratore descrive la Terra attraverso la varietà delle percezioni negative prodotte dalla devastazione del nostro pianeta. Compila la tabella inserendo almeno tre termini o espressioni che rimandano alle diverse sfere sensoriali.

Vista	Udito	Tatto	Olfatto
....	....	....	....
....	....	....	....
....	....	....	....

20. Compila la tabella inserendo almeno cinque aggettivi e sostantivi che appartengono rispettivamente ai campi semantici della morte e della distruzione.

Morte	Distruzione
....	....
....	....
....	....

21. *La superficie era costellata di grandi fori, pozzi spalancati in cui un tempo affondavano le sonde, ingressi per le miniere sotterranee. Marte era crivellato. Un gigantesco* termitaio*. Un'intera razza si era sepolta nel sottosuolo e aveva scavato, nel tentativo di restare in vita*. Considerato anche il contesto comunicativo, da quale espressione potrebbe essere sostituita la parola *termitaio*?
a) ☐ Struttura difensiva bombardata dal nemico.
b) ☐ Organizzazione politico-sociale autoritaria.
c) ☐ Sistema abitativo isolato dal mondo esterno.
d) ☐ Ambiente naturale privo di risorse energetiche.

Grammatica

22. *Halloway s'interruppe. Un suono imponente riempì l'aria, soffocando le sue parole. Una forma immensa li superò ruggendo fra le tenebre, colpì il suolo a poca distanza, e fece tremare il terreno*. Riscrivi il brano, inserendo dei connettivi che esplicitino i nessi logico-sintattici fra le proposizioni sottolineate.

Interpretare e produrre

23. *Judde e Young e Halloway guardarono in su, i volti accesi di desiderio, aprendo e chiudendo i pugni. Come se fossero già là. Come se già si aggrappassero al nuovo mondo, stringendolo con tutta la forza delle loro mani. Facendolo a brandelli, atomo dopo atomo...* Quale comportamento nei confronti del nostro pianeta intende evidenziare l'autore descrivendo nelle ultime righe del racconto l'eccitazione di questi personaggi? Discutine con i tuoi compagni.

24. Immagina che il richiamo di Mason – *Due mondi bastano! Non distruggiamone un terzo!* – risvegli la coscienza degli altri partecipanti alla spedizione tanto da indurli a ripensare alla scelta di cercare un nuovo pianeta vergine. Quale altra soluzione potrebbero adottare? Dove e in che modo sarebbe possibile vivere? In un testo di circa una pagina riscrivi la conclusione del racconto, a partire da *Nessuno gli diede retta* (r. 430).

381

cinema

LA FANTASCIENZA
al cinema

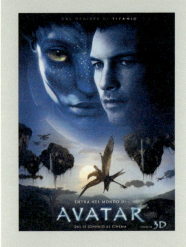

TRAMA Sul lontano pianeta Pandora, una colonia di umani entra in conflitto con la popolazione indigena. Tra gli uomini inviati a fronteggiare la situazione vi è Jake, ex-marine americano ora disabile alle gambe, fratello di un importante scienziato ucciso; come gli altri guerrieri, anche Jake si cala nel corpo di un *avatar*, una sorta di "io parallelo", e va alla scoperta del pianeta sconosciuto. Durante la prima missione, Jake affronta subito dei ferocissimi animali dai quali lo salva la giovane Neytiri. Portato al villaggio, tra le radici di un immenso albero, viene accettato dal capo-clan che intende educarlo secondo gli usi della civiltà degli Umati.

Jake comincia così una vita parallela: come *avatar* nel villaggio alieno, come umano nella base militare. Mentre nel villaggio impara serenamente i costumi umati, nella base riceve dai suoi responsabili, un fanatico colonnello e un'ambiziosa scienziata, l'ordine di convincere gli alieni, contro ogni logica, a cedere la loro terra ricca di preziosi giacimenti. Proprio nel momento in cui viene formalmente ammesso nella comunità umati e s'innamora della giovane Neytiri, gli umani rompono gli indugi e invadono le terre del villaggio. Invano Jake cerca di convincere gli alieni a scappare, prima che il villaggio venga preso di mira da elicotteri carichi di missili. In breve tempo, il grande albero viene abbattuto e soltanto una parte degli abitanti riesce a mettersi in salvo. Ma quando per la popolazione non sembra più esserci scampo, Jake e altri soldati si ammutinano e lasciano la base per radunare gli Umati superstiti e incitarli a reagire all'attacco. Così gli Umati raccolgono le loro forze e passano all'azione; dopo una prima fase a loro favorevole, sono poi costretti a ripiegare; ma in loro aiuto subentrano gli animali selvatici, richiamati dal grande spirito del pianeta. La battaglia si conclude con il duello tra Jake, alternativamente uomo e *avatar*, e il colonnello; sarà ancora l'intervento di Neytiri a salvare Jake dal colpo di grazia.

LA REGIA Il film si presenta come un vero e proprio kolossal, ricco di sontuose scenografie e effetti speciali. Ma questo stile tipicamente hollywoodiano viene di tanto in tanto accantonato per adottare, nelle parti più riflessive, una tecnica registica più innovativa: in particolare, nel *video-log* (blog video) tenuto da Jake, l'istanza narrante riflette sui grandi temi che la vicenda richiama: su tutti, la guerra e l'ecologia.

I CARATTERI DEL FANTASCIENTIFICO Tipica del genere fantascientifico è l'invenzione di un mondo lontano e fantastico, qui popolato da animali simili a quelli preistorici e caratterizzato da una natura lussureggiante. Su questo mondo gli umani atterrano a bordo di potenti astronavi, con l'intento di dar vita a una colonia. E proprio quello della colonizzazione dello spazio è uno tra i temi più frequentati dal genere fantascientifico.

FILM: Avatar
REGIA: James Cameron
INTERPRETI PRINCIPALI: Sam Worthington, Zoe Saldana, Sigourney Weaver
FOTOGRAFIA: Mauro Fiore
DURATA: 162 min.
PRODUZIONE: Stati Uniti, Gran Bretagna
ANNO: 2009

ONLINE guarda la scena

LA SCENA PIÙ RIUSCITA: JAKE PUÒ CORRERE L'*avatar* di Jake si risveglia e, incurante di tutto, si lancia fuori dalla base e corre nel verde di Pandora.

LA FANTASCIENZA al cinema

La fantascienza al cinema si differenzia dagli altri generi innanzitutto per l'ambientazione: molto spesso, infatti, i film di questo tipo proiettano lo spettatore in mondi extraterrestri esplorati in un ipotetico futuro, grazie a scoperte scientifiche e innovazioni tecnologiche in grado di consentire viaggi spaziali. Ciò vale già per il primo, pioneristico film di questo filone (realizzato nel 1902), *Viaggio sulla luna* di **Georges Mélies**. A questo primissimo esperimento faranno seguito moltissime altre pellicole, soprattutto americane, prodotte in particolare negli anni Cinquanta e Sessanta, ovvero proprio nell'epoca della sfida tra Stati Uniti e U.R.S.S. nella corsa alle esplorazioni spaziali: *Uomini sulla luna* di **Irving Pichel** (1950) e *L'invasione dei mostri verdi* (1962) di **Steve Sekely**. Ricordiamo, inoltre, la più recente e fortunatissima serie di *Star Wars*, composta da due trilogie scritte e dirette da **George Lucas** rispettivamente negli anni 1977-1983 e 1999-2005.

Accanto a questi film ambientati nello spazio, si segnalano alcuni importanti titoli basati su visioni inquietanti del futuro terrestre: in particolare, *Metropolis* (1927) di **Fritz Lang** e *Fahrenheit 451* (1966) di **François Truffaut**, tratto dal romanzo di Ray Bradbury.

Ma l'assoluto capolavoro del genere è *2001: Odissea nello spazio* (1968) di **Stanley Kubrick**: una straordinaria riflessione sulla natura più profonda del genere umano che abbraccia la sua intera storia.

VERIFICA UNITÀ 11 La fantascienza

Sapere e Saper fare

PalestraInterattiva

1. Vero o falso?

a) Nel racconto di fantascienza ci sono riferimenti a reali conoscenze scientifiche.   V ☐ F ☐

b) L'ambientazione del racconto è quasi sempre il passato di civiltà lontane dalla nostra per tradizioni e cultura.   V ☐ F ☐

c) Lo spazio in cui si svolge l'azione è spesso un ignoto pianeta.   V ☐ F ☐

d) Un racconto fantascientifico non può essere avventuroso.   V ☐ F ☐

e) Raramente nella fantascienza vengono affrontati problemi di etica o morale.   V ☐ F ☐

f) Come genere narrativo, la fantascienza nasce nel secondo Novecento.   V ☐ F ☐

g) Philip K. Dick ha coniato il vocabolo "androide".   V ☐ F ☐

2. Gli autori e le opere

Abbina correttamente ogni autore alla propria opera.

1. Jules Verne	a.	*Fahrenheit 451*
2. Herbert George Wells	b.	*Le meraviglie del Duemila*
3. Isaac Asimov	c.	*Dalla Terra alla Luna*
4. Ray Bradbury	d.	*Zucchero filato*
5. Philip K. Dick	e.	*Squadra di ricognizione*
6. Emilio Salgari	f.	*La guerra dei mondi*

1 = ...

2 = ...

3 = ...

4 = ...

5 = ...

6 = ...

383

VERIFICA UNITÀ 11

Sapere e Saper fare

Comprendere e interpretare un testo

Focus: la fantascienza

Leggi il racconto e poi rispondi ai quesiti.

VERIFICAlim

T4 Valerio Evangelisti
Lilith

Lilith arriva sulla Luna, dopo aver ucciso il dottor Kurada. Qui l'attende un panorama molto diverso da quello immaginato e nuovi pericoli da affrontare, a cui lei si prepara con calma e sangue freddo.

Lilith era persuasa che la navetta, la *Kraeplin III*, si sarebbe schiantata sulla superficie della Luna. Non le importava di morire: la morte era la sua compagna di sempre. Gettò il bisturi con cui ave-
5 va ucciso il dottor Kurada e scostò con un calcio il cadavere di quel verme.
C'era sangue dappertutto. Lei faticava a tenersi in piedi; il velivolo[1] sbandava sempre più. Si lasciò cadere su uno sgabello di fronte al quadro di co-
10 mando. Non aveva idea della funzione delle levette e dei piccoli schermi che aveva davanti. Chiuse gli occhi e attese l'impatto. [...]
Improvvisamente da un altoparlante, una voce metallica e artificiale disse: «Luna a *Kraeplin III*.
15 Abbiamo avviato l'atterraggio automatico. Indossate le tute e rimanete seduti fino all'apertura dei portelli».
Una seconda voce, questa volta umana, aggiunse in un inglese elementare, dall'accento impuro: «*Krae-
20 plin III*, sembrate avere subito danni. Vi guideremo noi a un allunaggio[2] il più morbido possibile, ma è inevitabile uno scossone. Scenderete lontani dalla base. I nostri mezzi verranno a prendervi. Intanto mettete le tute».
25 "Quali tute?" si chiese Lilith mentre si rialzava a fatica, dolorante. Vide da sé di che si trattava. Uno sportello, grande quanto l'anta di un armadio, si era aperto nella parete. Appese ai loro ganci, le tute erano tre. Tante quanti i membri dell'equipaggio
30 scesi a *Paradice* in ricognizione, durante i festeggiamenti per il Capodanno del 3000.
Lilith era stanca e ammaccata, ma ancora ben lu-
cida. Capì cosa doveva fare. Sui vestiti sporchi di sangue mise giacca e pantaloni della tuta, uniti in
35 vita da una cerniera lampo. Caricò sulla schiena il giubbotto con le bombole di ossigeno. Prima di infilare uno dei caschi e collegare i tubi per la respirazione, si chiese se fosse possibile comunicare con la base. Si avvicinò a un microfono.
40 «Riuscite a sentirmi?» domandò, esitante.
La voce umana subito le rispose. «Sì, certo... Riconosco dal suo trasmettitore sottocutaneo[3] che lei è l'infermiera chiamata in codice Lilith. Non si preoccupi, infermiera. Avete a disposizione altre
45 tute, dietro un pannello che il dottor Kurada le saprà indicare. Faccia in fretta.»
«Il dottor Kurada è morto.»
La reazione fu di perplessità, più che di dolore. «Morto?»
50 «Sì.»
«E i suoi assistenti?»
«Morti anche loro.»
«Temevamo qualcosa del genere. Infermiera, indossi una tuta qualsiasi, poi si tenga ben stretta.
55 L'allunaggio è fra tre minuti. La verremo a prendere.» [...]
L'impatto non fu così terribile, malgrado i ripetuti sobbalzi. Quando il velivolo si fu arrestato, con il muso piantato nella sabbia, Lilith slacciò la cintura
60 e si alzò. Forse aveva alcuni minuti. Ne approfittò per recuperare il bisturi insanguinato, ripulirlo contro l'imbottitura di una poltrona e nasconderlo dentro uno stivale, prima di saldare la calzatura alla tuta con un'altra lampo.

1. velivolo: mezzo volante.   **2. allunaggio:** atterraggio sulla Luna.   **3. sottocutaneo:** inserito sotto la pelle.

VERIFICA UNITÀ 11

65 A quel punto doveva uscire, ma non sapeva come. Nessuno dei pulsanti che vedeva sembrava servire allo scopo. Risolse la sua incertezza un soffio di mantice[4], accompagnato da un cigolio. Mentre le luci si spegnevano di nuovo, una sezione
70 della paratia[5] si sollevò. Davanti a sé, Lilith aveva la Luna, nella sua faccia debolmente illuminata. Una passerella si era protesa automaticamente fuori della navetta. Non toccava bene il terreno perché l'astronave era allunata in maniera sghemba,
75 con un'ala nella sabbia e l'altra sollevata verso un cielo nerissimo, dominato da una Terra esagerata e incombente come uno smisurato mappamondo. Il salto fu di quasi tre metri, ma la bassa gravità lo rese lieve. Lilith cadde con leggiadria e si man-
80 tenne in piedi.
Si era immaginata la Luna come la raffiguravano i vecchi documentari trasmessi a ripetizione dalle stazioni di *Paradice* rimaste attive, per automatismi indipendenti dalla mano umana, dopo un intero
85 millennio di guerre e di violenze: un deserto di sabbia bianca, punteggiato di dune occasionali e di ampi crateri dalle pareti scoscese. Vide invece, attraverso la visiera del casco, una piana sconfinata con antenne trasmettitrici disposte a intervalli
90 regolari, fin dove giungeva lo sguardo.
Somigliava alle vigne francesi proposte, con cadenza ossessiva, da un ridicolo documentario, tra i più replicati di una televisione ancora in funzione, malgrado l'assenza, da secoli, di una mano umana
95 che ne governasse la programmazione. Quelle vigne disposte in filari squadrati avevano cessato di esistere chissà quanto tempo prima. Ne era rimasto lo schema, non l'aspetto, nelle antenne giganti che occupavano per intero una delle grandi valli lunari.
100 Un grosso veicolo cingolato giunse sussultando e si portò in prossimità della navetta. Si aprì una portiera e una voce registrata disse: «A bordo, prego! A bordo, prego! A bordo, prego!...».
Lilith obbedì. Come aveva immaginato, il mezzo
105 non aveva autista. Prese posto su un divanetto, il primo di una fila di tre. La portiera si richiuse. Nell'abitacolo stagnava un odore acuto di disinfettante. Il corpo del veicolo girò su se stesso, il motore rombò, i cingoli[6] morsero la sabbia in direzione

110 opposta a quella di arrivo. Partirono a velocità spedita tra le sagome spettrali delle antenne, simili a profili di uomini con le braccia tese e le gambe divaricate. [...] Il silenzio era assoluto. L'impressione generale era di una tristezza disumana.
115 Mentre il veicolo si accostava a una grande cupola, Lilith lesse su un cartello, incisa in varie lingue e molti alfabeti, la scritta che si attendeva: WMHO – ORGANIZZAZIONE MONDIALE DELLA SANITÀ MENTALE. Lì risiedevano dunque gli
120 psichiatri e gli specialisti che, come il compianto dottor Kurada, assistevano un'umanità impazzita, o fingevano di farlo. Il cartello era però arrugginito, e la simbologia che lo decorava aveva cessato da un pezzo di significare qualcosa.
125 Lilith fu risvegliata da un afflusso di adrenalina intenso quanto quello che l'aveva indotta a uccidere Kurada. Lì si acquattavano i suoi nemici. Si sarebbe sforzata di rimanere calma fino al momento più propizio. Non era facile, ma doveva farlo. Sapeva
130 che gli oggetti del suo odio erano un centinaio almeno: occorreva astuzia per morderli alla gola, l'uno dopo l'altro.
Qualcuno le parlò, ma non attraverso i microfoni. Comunicò con i suoi padiglioni auricolari, o forse
135 direttamente con il suo cervello, attraverso il microchip impiantato in chissà quale zona del corpo. Era una caratteristica comune a quanti, senza nemmeno saperlo, erano stati infermieri del WMHO, eterodiretti dai sanitari che abitavano la Luna.
140 «Infermiera Lilith, tra pochi istanti sarà depositata nella camera di decompressione. Dovrà attendere per qualche minuto un mio segnale, con la tuta addosso. Varcato il secondo sportello, potrà togliere la tuta e ogni altro indumento. Vedrà una doccia.
145 È necessario che si lavi con estrema cura, usando il sapone messo a disposizione. Gli abiti che troverà saranno quelli che dovrà indossare.» [...]
Alla base della cupola si aprì una paratia, attraverso cui entrò il veicolo. Lilith scese e seguì con scrupo-
150 lo le istruzioni. Notò che la perfezione tecnologica degli ambienti era tutta di facciata: la camera di decompressione aveva macchie di ruggine, nella sala successiva la luce tremolava come se le lampade fossero prossime a fulminarsi. Anche il getto

---

4. soffio di mantice: il rumore del portello della navetta spaziale che si apre somiglia a quello di un mantice, apparecchio consistente in una sacca per aspirare aria e spingerla fuori.
5. paratia: uno degli elementi divisori dei diversi ambienti della navetta.
6. cingoli: nastro formato da elementi metallici che scorre sopra le ruote di un mezzo pesante (come, per esempio, un carrarmato) per impedire che esso affondi su certi tipi di terreni.

385

VERIFICA UNITÀ 11

155 d'acqua della doccia scaturì prima troppo caldo, poi troppo freddo.

Al momento di mettere gli abiti nuovi – camicione e pantaloni verdolini, biancheria intima troppo larga, babbucce, una cuffia per coprire i capelli –, 160 Lilith fece scivolare nelle mutandine, contro la coscia, il bisturi che teneva nascosto in uno stivale.

Poi si collocò davanti a una porta opposta a quella da cui era entrata.

«Sono pronta» disse.

165 La porta si aprì. «Benvenuta sulla Luna, infermiera Lilith!»

Valerio Evangelisti, *Rex tremendae maiestatis*,
Milano, Mondadori, 2010

Competenza testuale

Individuare e ricavare informazioni

_____ **1.** Perché Lilith si trova a bordo della *Kraeplin III*?

_____ **2.** Che cos'è *Paradice*?
a) ☐ Un pianeta lontano. c) ☐ Una località della Luna.
b) ☐ Una località della Terra. d) ☐ Un pianeta scomparso.

Comprendere i significati

_____ **3.** *Scostò con un calcio il cadavere di quel verme* (rr. 5-6). Chi è il verme? Perché è definito così?

_____ **4.** Perché il documentario trasmesso dalla televisione è *ridicolo* (r. 92)?

Interpretare e valutare

_____ **5.** *Lilith fece scivolare nelle mutandine, contro la coscia, il bisturi che teneva nascosto in uno stivale* (rr. 160-161). Quali sono le intenzioni di Lilith?

_____ **6.** In base a quello che hai letto, che tipo di organizzazione è la WMHO (Organizzazione mondiale della sanità mentale) e qual è il suo scopo?

Comprendere strutture e caratteristiche dei generi testuali

_____ **7.** Quali caratteristiche della fantascienza sono presenti nel racconto?

_____ **8.** Quale tipo di focalizzazione viene adottata dal narratore?

_____ **9.** La caratterizzazione della protagonista è diretta o indiretta?

Riconoscere il registro linguistico

_____ **10.** *Lilith fu risvegliata da un afflusso di adrenalina intenso quanto quello che l'aveva indotta a uccidere Kurada. Lì si acquattavano i suoi nemici. Si sarebbe sforzata di rimanere calma fino al momento più propizio.* Che tipo di registro adotta l'autore?

Competenza lessicale

_____ **11.** Nel testo compaiono diverse parole o espressioni riconducibili al campo semantico della tecnologia e della scienza. In particolare, che cosa significa nel contesto *infermieri eterodiretti*?

_____ **12.** *Lilith cadde con leggiadria.* Quali termini possono sostituire *leggiadria*?
a) ☐ Leggerezza e disinvoltura. c) ☐ Lentezza e impaccio.
b) ☐ Difficoltà e timore. d) ☐ Prudenza e accortezza.

Competenza grammaticale

_____ **13.** *A quel punto doveva uscire, ma non sapeva come. Nessuno dei pulsanti che vedeva sembrava servire allo scopo.* Quale connettivo potrebbe essere inserito tra le due frasi?
a) ☐ Quindi. b) ☐ Ma. c) ☐ Infatti. d) ☐ Comunque.

_____ **14.** *Su Paradice c'era una televisione ancora in funzione, malgrado l'assenza, da secoli, di una mano umana che ne governasse la programmazione.* A chi è riferito il pronome *ne*?
a) ☐ Paradice. b) ☐ Televisione. c) ☐ Secoli. d) ☐ Mano umana.

Unità 12

Il fantastico-allegorico

T1 **Franz Kafka**
Infelicità

T2 **Dino Buzzati**
Il mantello

T3 **George Orwell**
Il Grande Fratello

T4 **Antonio Scurati**
La seconda mezzanotte

Saper fare

T5 **Cormac McCarthy**
Il vecchio

ONLINE

W1 William Golding, da *Il signore delle mosche*
W2 Isaac B. Singer, *Ole e Trufa*
W3 Jonathan Swift, da *I viaggi di Gulliver*
W4 Boris Vian, da *La schiuma dei giorni*
W5 Raymond Queneau, da *I fiori blu*

PARTE 2 · I generi

Le caratteristiche del genere

1 L'allegoria nel fantastico

Una morale concreta dentro una storia irreale Un racconto (o un romanzo) appartenente al genere fantastico-allegorico è la narrazione di **fatti meravigliosi**, **strani** o **perturbanti** che, ciononostante, simboleggia situazioni o condizioni che caratterizzano la vita reale, l'esistenza quotidiana come può essere esperita da ciascuno di noi. In tal senso, un racconto fantastico-allegorico intende trasmettere una **tesi**, un **messaggio**, una **morale**, esprimendola però in una forma indiretta e simbolica, attraverso il riferimento a una realtà fantastica che evochi nella mente del lettore dei significati più profondi e generali. Nel corso della storia della letteratura, la tipologia di testo che meglio ha saputo interpretare le caratteristiche del genere fantastico-allegorico è stata la **favola**; dietro storie meravigliose e fantastiche di animali e oggetti parlanti, essa nasconde sempre una morale da individuare.

L'allegoria Per rappresentare la morale, la letteratura di questo genere utilizza il procedimento dell'**allegoria**, in base al quale i **concetti** vengono "impersonati" da figure concrete di persone, animali o cose che, attraverso la loro natura o le loro azioni, attivano il messaggio da comunicare al lettore: ciò che si definisce il **significato allegorico**, che va al di là del significato letterale della vicenda raccontata. La parola allegoria, di origine greca, è composta da *àllos*, "diverso, altro", e dal verbo *agorèin*, "parlare"; essa significa pertanto parlare di una cosa attribuendole significati "diversi", che devono essere colti attraverso un'operazione d'interpretazione da parte del lettore.

2 La narrazione fantastico-allegorica

La classicità La narrazione fantastico-allegorica ha una lunga tradizione, che risale addirittura alla classicità. Le favole di **Esopo** risalgono al VI secolo a.C., quelle di **Fedro** al I secolo d.C. È invece un vero e proprio romanzo la *Storia vera* del greco **Luciano di Samosata** (II secolo d.C.), il quale immagina una serie di avventure in cui i protagonisti incontrano diverse creature fantastiche, compresi i Seleniti (abitanti della luna)! Il vero scopo di Luciano, più che rappresentare una realtà fantascientifica, è piuttosto quello di mettere in luce, in maniera indiretta, alcuni aspetti del mondo in cui egli vive, affidando il suo messaggio a una narrazione di tipo allegorico. Circa nello stesso periodo, lo scrittore latino **Lucio Apuleio** scrive il romanzo *Le metamorfosi* o *L'asino d'oro*, il cui protagonista racconta di essere stato trasformato in asino e di aver vissuto in questa condizione per anni, salvo poi ritornare alla forma umana dopo una lunga serie di traversie. Anche questo romanzo è da interpretare in chiave allegorica: le vicissitudini che Lucio subisce sono il percorso di espiazione grazie al quale riscatta l'errore iniziale.

388

Il Settecento e l'Ottocento Tra i primi racconti fantastici e allegorici dell'età moderna, annoveriamo i *contes philosophiques* ("racconti filosofici") di **Voltaire** – per esempio *Zadig* (1748), *Micromegas* (1752) e il celebre *Candido, o l'ottimismo* (1759) – nei quali il filosofo francese riflette sulla condizione esistenziale dell'uomo e sulle regole della società civile. In *I viaggi di Gulliver* (1734), **Jonathan Swift** narra le avventure che il protagonista affronta attraversando paesi immaginari abitati da strani esseri, dalle forme e caratteristiche più bizzarre; così facendo, l'autore coglie lo spunto per rivolgere aspre critiche alla politica, alla religione, alla scienza della società a lui contemporanea.

Un esempio recente di una favola dal profondo contenuto allegorico è fornito dalle celebri opere di **Lewis Carroll** *Le avventure di Alice nel paese delle meraviglie* (1865) e *Attraverso lo specchio* (1871); l'immaginifico universo in cui piomba la bambina è lo specchio rovesciato di un mondo in cui la fantasia e l'immaginazione sono imprigionate in una gabbia di regole e convenzioni sociali, ed è proprio il confronto con l'universo di Alice a mettere in risalto il grigiore che spesso caratterizza il mondo contemporaneo.

Molte delle opere che abbiamo già incontrato o a cui abbiamo accennato nel nostro percorso di genere possono essere considerate, da un certo punto di vista, come rappresentative del genere fantastico-allegorico: *Moby Dick* di **Herman Melville**, per esempio, è un esempio notevole di narrazione allegorica (anche senza connotati specificamente fantastici), con la sua messa in scena dello scontro tra una Natura malvagia e l'uomo attraverso i personaggi di Moby Dick e del capitano Achab. Al filone fantastico-allegorico può essere ricondotto anche *Frankenstein* di **Mary Shelley** (▶ p. 322), affascinante romanzo che mira a criticare l'abuso di tecnologia dell'uomo moderno. In *Lo strano caso del dottor Jekyll e Mister Hyde*, **Robert Louis Stevenson** mostra attraverso un racconto del terrore come in una persona possano convivere due nature opposte, una buona e una demoniaca.

Il Novecento Grande rappresentante del genere nel XX secolo è stato **Franz Kafka**: lo scrittore praghese rappresenta nelle sue opere situazioni assurde, oniriche, attraverso una narrazione sempre lucida e lineare; nella loro "rigorosa illogicità", i suoi racconti – *La metamorfosi* (1915) – e i suoi romanzi – *Il processo* (1925), *Il castello* (1926) – riescono così a rappresentare in maniera eccezionale l'inspiegabile e irrazionale condizione di vita cui l'uomo è destinato (▶ *Infelicità*, p. 390). Nelle sue opere più celebri – *La fattoria degli animali* (1945), *1984* (1949) – lo scrittore inglese **George Orwell** ha rappresentato in forma allegorica la società politica del suo tempo, o i rischi che le tendenze totalitaristiche in essa presenti comportano, creando scenari inquietanti in cui si proiettano le paure e le angosce dell'uomo del XX secolo, privato della propria libertà mentale, prima che fisica (▶ *Il Grande Fratello*, p. 404).

Tra gli esempi più recenti, ricordiamo *La strada* (2007) di **Cormac McCarthy**, romanzo appartenente al filone "fantastico-apocalittico". La storia, infatti, è ambientata in un mondo distrutto da una catastrofe nucleare, trasformato in un luogo buio, freddo, abitato da pericolose bande di uomini disperati in lotta per la sopravvivenza (▶ *Il vecchio*, p. 421).

In Italia Le opere di **Dino Buzzati** presentano un mondo magico e misterioso, spesso caratterizzato da un'atmosfera surreale, come avviene, per esempio, nel suo romanzo capolavoro *Il deserto dei Tartari* (1940). Nei suoi racconti, spesso momenti banali e quotidiani si trasformano nel giro di poche battute in situazioni del tutto assurde (▶ *Il mantello*, p. 396).

In molte delle sue opere, e in maniera particolarmente efficace nella trilogia *I nostri antenati* – *Il visconte dimezzato* (1952), *Il barone rampante* (1957) e *Il cavaliere inesistente* (1959) –, **Italo Calvino** ha offerto un grande esempio di narrazione fantastico-allegorica, che ha influenzato molta della letteratura successiva, non solo nel nostro paese (▶ p. 670).

Esempio recentissimo del genere fantastico-allegorico, infine, è *La seconda mezzanotte* (2011), romanzo in cui lo scrittore napoletano **Antonio Scurati** immagina una Venezia distrutta da uno tsunami e trasformata da una multinazionale cinese in un parco-giochi per adulti ricchi e viziati (▶ *La seconda mezzanotte*, p. 410).

PARTE 2 · I generi

T1 **Franz Kafka**
Infelicità

Una sera di novembre, in un appartamento all'interno di un caseggiato, accade qualcosa di insolito. Un fantasma appare all'improvviso sulla soglia di casa del protagonista; tra i due intercorre uno scambio di battute inverosimile, che si conclude in modo assai strano. Dopo aver parlato con il fantasma, il protagonista incontra un suo coinquilino a cui confida ciò che gli è appena accaduto, ma anche questo dialogo si svolge in modo piuttosto improbabile. Se il racconto è ambientato in un contesto del tutto normale, la storia prende tuttavia sin dall'inizio una piega surreale: personaggi, fatti, dialoghi assumono una valenza simbolica, alludendo a questioni universali riguardanti la condizione umana.

• **PUBBLICAZIONE**
Contemplazione,
1912

• **LUOGO E TEMPO**
Un appartamento;
una sera di
novembre

• **PERSONAGGI**
Un uomo; un suo
vicino di casa; un
fantasma

Incapace di resistere più a lungo, una volta, sul far della sera, in novembre, cominciai a correre sullo stretto tappeto della mia camera, come su una pista. Ma scorgendo la strada illuminata, mi spaventai, tornai indietro e in fondo alla camera, nelle profondità dello specchio trovai una nuova meta[1]. Lanciai un
5 grido, solo per sentire un grido cui nulla risponde e nulla toglie forza, che, senza contrappeso[2], sale e continua a salire anche quando s'è fatto muto: sul muro l'uscio s'aprì di colpo, perché non c'era tempo da perdere e persino i ronzini[3] giù in strada s'impennavano come cavalli inferociti nella pugna[4], i colli tesi.

Nelle sembianze d'un piccolo fantasma, un bimbo uscì dal buio corridoio, in
10 cui non ardeva ancora la lampada e s'arrestò, in punta di piedi, su una tavola malferma dell'impiantito[5]. Colpito dalla penombra della camera, fece per coprirsi il viso con le mani, ma si rassicurò alla vista della finestra, fuori della quale il pulviscolo[6] luminoso dei lampioni spiccava netto, sotto l'oscurità incombente. Col gomito destro poggiato al muro, rimaneva davanti alla porta aperta, lasciando che
15 la corrente gli carezzasse le caviglie, il collo, le tempie.

Indugiai a guardarlo, poi dissi: «Buon giorno!» e tolsi la giacca dal parafuoco[7], davanti la stufa, perché non volevo mostrarmi poco vestito. Tenevo la bocca aperta, perché l'eccitazione m'uscisse di bocca. Avevo la saliva amara, mi tremavano le ciglia: mancava solo quella visita, del resto attesa!
20 Il bimbo era sempre appoggiato allo stesso punto della parete, teneva la destra contro il muro e, con le gote in fiamme, continuava a sfiorare con le dita la ruvida parete intonacata[8] di bianco.

---

1. **meta:** punto d'arrivo, un nuovo scopo.
2. **senza contrappeso:** senza essere controbilanciato; in questo caso significa senza trovare ostacoli.
3. **ronzini:** cavalli non di razza,

di poco pregio o in cattive condizioni.
4. **pugna:** latinismo per "battaglia".
5. **impiantito:** pavimento.
6. **pulviscolo:** polvere minutissima, visibile in controluce.

7. **parafuoco:** pannello che si mette davanti ai camini o alle stufe come riparo dalle scintille o dal troppo calore.
8. **intonacata:** rivestita d'intonaco, strato di malta con cui si coprono i muri e i soffitti.

Egon Schiele, *Colui che vede se stesso II (L'uomo e la morte)*, 1911, Vienna, Leopold Museum.

Dissi: «Cerca proprio me? Non si sbaglia? Niente di più facile, in questa grande casa. Mi chiamo così e così, abito al terzo piano. Sono proprio io la persona che vuole visitare?»

«Adagio, adagio!» fece il bimbo con aria di superiorità. «È tutto a posto.»

«Allora si faccia avanti, vorrei chiudere l'uscio.»

«Ecco, l'ho chiuso io. Non si dia pensiero. Si calmi, via.»

«Non parli di pensieri. Ma in questo corridoio abita tanta gente, tutta, naturalmente, di mia conoscenza: la maggior parte, ora, rientra dal lavoro, se sente parlare in una camera, crede d'avere il diritto di aprire e di guardare cosa c'è. Sono fatti così. Hanno un giorno di fatica dietro le spalle: come impiegherebbero la libertà provvisoria[9] delle loro serate? Lo sa anche lei. Permetta che chiuda la porta.»

«Ma cos'è questo? Che cos'ha? Per quanto mi riguarda, potrebbe entrare tutta la casa. Poi, ripeto: ho già chiuso la porta. Crede forse che lei solo sia capace di farlo? Ho persino chiuso a chiave.»

«Allora, va bene. Non pretendo di più. Ma non avrebbe dovuto chiudere a chiave. E ora faccia pure il suo comodo, giacché è qui. È mio ospite. Si fidi, in tutto, di me. Si accomodi dove meglio crede, senza timore. Non la costringerò a rimanere né ad andarsene. C'è bisogno che dica questo? Mi conosce tanto poco?»

«Non avrebbe davvero dovuto dirlo. Non sarebbe stato opportuno, anzi, che lei lo dicesse. Io sono un bambino: perché tanti complimenti con me?»

«Poco male. Certo, lei è un bambino, ma non tanto piccolo. È già grande. Se fossi una bambina, non dovrebbe chiudersi in una camera con me.»

«Non diamoci pensiero di questo. Volevo solo dire che il fatto di conoscerla bene non mi rassicura molto, esonera soltanto lei dalla fatica di dirmi bugie. Oltre tutto mi fa dei complimenti. La smetta, la prego, la smetta. Aggiunga che non la distinguo bene, con questo buio. Sarebbe meglio che facesse luce. No, meglio di no. In ogni modo, ricorderò che m'ha minacciato.»

«Come? Io l'avrei minacciata? Ma se sono lietissimo che lei, finalmente, sia qui. Dico "finalmente" perché è già tardi. Non capisco perché sia venuto tanto tardi. È possibile che, nella gioia, io abbia straparlato[10] e che lei abbia inteso a quel modo.

---

9. libertà provvisoria: in ambito giuridico, si definisce in questo modo la condizione di un imputato cui è concesso di non essere rinchiuso in carcere, ma di dovere comunque restare a disposizione delle autorità giudiziarie. **10. straparlato:** parlato troppo o a vanvera, a sproposito.

PARTE 2 · I generi

Le concedo dieci volte di avere parlato così, anzi, l'ho minacciata di tutto quello
65 che vuole. Ma non bisticciamo, per amor del cielo! Come poteva crederlo? Come
poteva darmi questo dispiacere? Perché vuole rovinare ad ogni costo questa sua
breve visita? Un estraneo sarebbe più conciliante di lei.»

«Lo credo; non ci voleva molto. Quale estraneo potrebbe essere più conciliante
con lei di quanto sia io, per mia natura? Lei lo sa, dunque perché si lamenta? Se
70 vuole fare la commedia, lo dica, e io me ne vado su due piedi.»

«Anche questo ha il coraggio di dirmi? Lei va troppo in là. Dopo tutto, si trova
nella mia stanza. Continua a strofinare le dita contro la parete, come un matto. La
mia camera, la mia parete! In più, quanto lei dice è ridicolo, oltre che insolente.
Dice che la sua natura la costringe a parlarmi in questo modo. Davvero, è la sua
75 natura a costringerla? Gentile, questa natura. La sua natura è la mia e se io, per
natura, mi comporto amabilmente, a sua volta deve fare altrettanto.»

«È gentile, questo?»

«Alludo a un momento fa.»

«Lei sa come sarò più tardi?»

80 «Non so nulla.»

M'avvicinai al comodino e accesi la candela; a quel tempo, non avevo in camera
né gas né luce elettrica. Rimasi un po' seduto accanto al tavolo, finché mi stancai
anche di questo, indossai il cappotto, presi il cappello dal divano e soffiai sulla
candela. Uscendo, urtai contro la gamba di una poltrona.

85 Sulla scala, incontrai un inquilino del mio stesso piano. «Se ne torna già fuori,
briccone?» chiese fermandosi e puntando le gambe su due gradini.

«Che debbo fare?» dissi, «ho appena avuto un fantasma, in camera.»

«Lo dice con l'aria scontenta di chi ha trovato un capello nella minestra.»

«Lei scherza. Ma rifletta, dunque; un fantasma è un fantasma.»

90 «Verissimo. Ma come si fa, se uno non crede ai fantasmi?»

VITA E OPERE

● **Franz Kafka** Scrittore ceco di lingua
tedesca, nato a Praga nel 1883 in una famiglia di commercianti ebrei. Terminati
gli studi di giurisprudenza, trova lavoro
in una compagnia di assicurazioni. La
sua vita è segnata dal rapporto tormen-
tato con il padre e da alcune infelici relazioni sentimentali. Nel 1908 pubblica in rivista le prose di *Meditazione*, raccolte poi in volume nel 1912, a cui fanno
seguito i racconti *La condanna* (1913) e quello che
è generalmente considerato il suo racconto più celebre, *La metamorfosi* (1915), in cui si narrano le
vicende dell'impiegato Gregor Samsa che una mattina, al suo risveglio, scopre di essersi trasformato in
uno scarafaggio. Escono poi le raccolte di racconti
Nella colonia penale (1916) e *Il medico di campagna* (1919) e, in questo stesso anno, la *Lettera al*

padre. Gli ultimi anni della sua vita saranno caratterizzati dal progressivo peggioramento delle
sue condizioni di salute, dopo che nel 1917 gli
è stata diagnosticata una grave forma di tubercolosi polmonare. Si sottopone periodicamente
a periodi di cura presso diversi sanatori in tutta
Europa, senza però che le sue condizioni migliorino
stabilmente; un ulteriore aggravamento della malattia
provoca la sua morte nel giugno del 1924, nel sanato-
rio di Kirling, presso Vienna.
La maggior parte delle sue opere verranno pubblicate postume a cura dell'amico, scrittore e biografo Max
Brod, a cui Kafka aveva affidato i propri manoscritti
prima di morire affinché venissero distrutti. Dopo la
sua morte, grazie a Brod, vengono così pubblicati i romanzi *Il processo* (1925), *Il castello* (1926) e *America* (1927).

Il fantastico-allegorico · UNITÀ 12

«Lei pensa che io credo ai fantasmi? D'altra parte, vorrei sapere a che mi serve la mia incredulità.»

«Semplicissimo: a non avere più paura, quando le si presenta un vero fantasma.»

95 «Ma questa è una paura accessoria. La paura vera è quella provocata dalla causa dell'apparizione. Questa paura rimane. Ce l'ho tutta quanta dentro, enorme.» Per nervosismo, cominciai a frugarmi nelle tasche.

«Ma se non aveva paura del fantasma in sé, avrebbe potuto informarsi sulla sua causa.»

100 «Si vede che lei non ha mai parlato a un fantasma. Non se ne può cavare nulla di sicuro. Fanno una confusione! I fantasmi sembrano dubitare della loro esistenza. E ciò non deve stupire, data la loro precarietà.»

«Ho però sentito che è possibile allevarli.»

«Lei è bene informato. È possibile. Ma chi lo fa?»

105 «Beh, che ci sarebbe di strano? Se fosse un fantasma di sesso femminile, per esempio,» disse quello, portandosi sul gradino più in alto.

«Già,» feci, «ma nemmeno in questo caso varrebbe la pena.»

Rimasi a pensare. Il mio conoscente era già tanto in alto, che per vedermi dovette chinarsi sotto un arco della scala. «Ma si ricordi,» gridai, «che se mi porta
110 via, di sopra, il mio fantasma, tra noi è finita per sempre».

«Si faceva per ischerzo!» disse tirando indietro il capo.

«Allora va bene,» dissi. A questo punto sarei potuto andare a passeggio tranquillo. Ma mi sentivo a tal segno derelitto[11], che preferii salire e mettermi a letto.

Franz Kafka, *Racconti*, Milano, Feltrinelli, 1964

11. derelitto: abbandonato e stanco.

SCHEDA DI ANALISI

Il tema e il messaggio

In un interno domestico, descritto solo nei suoi aspetti essenziali, un uomo si accinge a trascorrere una serata solitaria e desolata. La sua **disperazione** è talmente grande che l'uomo si agita come in gabbia nella stanza e poi urla a lungo. All'improvviso nel corridoio, fuori della porta, si materializza una presenza: è un fantasma dalle sembianze di bambino, che esita sulla soglia, quasi timoroso. L'uomo non ha paura, anzi, lo invita a entrare e lo tratta in modo gentile, come si trattasse di un ospite a lungo atteso. I due parlano ma senza riuscire a stabilire alcun contatto: ognuno sembra chiuso nel suo mondo, **incapace di comunicare** con l'altro.
La rabbia e la delusione spingono l'uomo fuori dal suo appartamento; sulle scale s'imbatte in un suo vicino di casa, a cui racconta di aver appena incontrato un fantasma in camera sua. Anche questo colloquio, però, si rivela deprimente, privo di significato, tanto che l'uomo rientra in casa più stanco e abbattuto di prima. Più che un racconto di stampo tradizionale, il testo rappresenta una **favola allegorica** il cui scopo non è quello di raccontare o tanto meno di spiegare dei fatti, e nemmeno quello di dare alla fine una morale, consolatoria e tranquillizzante. È evidente infatti che il fantasma che lo ha visitato non ha niente a che vedere con le presenze tipiche dei racconti gotici o dell'orrore, perché non è altro che la **materializzazione angosciosa** della sua **infelicità**: uno stato d'animo assoluto, totalizzante e inspiegabile, che non è legato a un fatto preciso e di cui non si conosce l'origine; una **condizione** non emotiva ma **esistenziale**, impossibile da razionalizzare e da controllare, che domina interamente l'uomo, senza possibilità di scampo.

393

PARTE 2 · I generi

La caratterizzazione dei personaggi

● Del **protagonista** del racconto non conosciamo né il nome, né l'aspetto fisico. Dalle osservazioni che vengono fatte e dallo svolgimento della vicenda si delinea invece la sua caratterizzazione psicologica: il profilo di un **uomo solo**, **disperato**, **impaurito**. Il **fantasma** è rappresentato come un **bambino**; anche di lui non viene data una descrizione fisica, ma la sua caratterizzazione si riduce a elementi riguardanti la sua gestualità e il suo **atteggiamento**, **freddo** ed **enigmatico**. Alla fine del racconto entra in scena il **vicino di casa**, anche lui all'improvviso. Per prima cosa, egli sembra quasi rimproverare il protagonista *(Se ne torna già fuori, briccone)*, aumentando così il suo disagio. La funzione di questo personaggio, in effetti, è di mettere il protagonista a tu per tu con l'assurdità della situazione da lui appena vissuta, facendo emergere al tempo stesso la vera natura di quell'apparizione soprannaturale: la sua **desolazione esistenziale** *(La paura vera è quella provocata dalla causa dell'apparizione. Questa paura rimane. Ce l'ho tutta quanta dentro, enorme).*

Il narratore e il ritmo del racconto

● Il narratore è **interno**: è il protagonista stesso a rievocare un avvenimento da lui vissuto in un passato lontano, non ben definito, arricchendo tale racconto con riflessioni e osservazioni a posteriori. L'esordio vero e proprio della storia (ovvero l'apparizione del fantasma) è preceduto da un breve **sommario introduttivo**, in cui il narratore presenta il proprio stato d'animo di allora. La narrazione procede poi attraverso **sequenze dialogate** (tra il protagonista e il fantasma, poi tra il protagonista e il vicino di casa), collegate tra loro da brevissimi **sommari**.

La lingua e lo stile

● La storia, una vicenda onirica, surreale, viene raccontata attraverso uno **stile estremamente semplice**: la costruzione sintattica è lineare, per lo più paratattica; il lessico è essenziale anche se molto preciso. L'autore ricorre spesso a espressioni molto convenzionali, tipiche del registro formale degli ambienti borghesi *(Non si dia pensiero…; Si accomodi dove meglio crede).* È tipico delle opere di Kafka un **forte contrasto tra il contenuto della narrazione**, che ci presenta fatti e atmosfere inquietanti o angosciosi, **e la sua forma**, regolare e ordinata. La semplicità e la precisione formale (tipiche di uno stile realistico tradizionale) con cui viene riprodotta la logica delle argomentazioni dei personaggi stridono con l'assurdità della situazione che viene raccontata: è proprio questa scelta stilistica, che sembra voler conferire un tono di "normalità" alla narrazione, ad aumentare ancora di più il senso di **straniamento** nel lettore.

Laboratorio sul testo

● Comprendere

Informazioni esplicite
1. Che cosa sta facendo il protagonista prima che si manifesti il fantasma?
2. Come si comporta il fantasma prima di entrare nella casa del protagonista?
3. Come reagisce il protagonista quando si accorge di questa inquietante apparizione?
4. Perché l'uomo vuole a tutti i costi che il fantasma non rimanga in corridoio? Che cosa vuole evitare?
5. L'uomo è rude o gentile con il fantasma? Motiva la tua risposta.
6. Che cosa fa degenerare la conversazione tra i due? Perché a un certo punto l'uomo cambia tono?
7. Perché il protagonista esce dal suo appartamento? Con quale stato d'animo?
8. Quale atteggiamento dimostra il vicino di casa verso il protagonista?
9. Che cosa teme che faccia il suo vicino di casa, alla fine del racconto?
10. Perché l'uomo rinuncia alla sua passeggiata e decide di tornare a casa a dormire?

Informazioni implicite
11. Parlando dei propri vicini di casa, il protagonista afferma: *Hanno un giorno di fatica dietro le spalle: come impiegherebbero la libertà provvisoria delle loro serate?* (rr. 40-43). Quale concezione della vita borghese s'intuisce dietro questa affermazione?
12. *Ma questa è una paura accessoria. La paura vera è quella provocata dalla causa dell'apparizione. Questa paura rimane. Ce l'ho tutta quanta dentro, enorme* (rr. 95-96). In che cosa consiste in realtà la paura del protagonista e perché non è riuscito a liberarsene?

394

Significati

13. Perché in questo racconto l'autore inserisce la presenza soprannaturale del fantasma?
- a) ☐ Vuole esprimere l'angoscia esistenziale del protagonista.
- b) ☐ Vuole rendere più intrigante la storia, incuriosendo il lettore.
- c) ☐ Vuole inquietare il lettore, come in un racconto dell'orrore.
- d) ☐ Vuole far capire che il protagonista è folle e che è vittima di allucinazioni.

Analizzare

Personaggi

14. Quali aspetti del carattere del protagonista vengono messi in rilievo dal suo comportamento?

15. Come è caratterizzato il fantasma? Quali sono i gesti e gli atteggiamenti che lo contraddistinguono?

Narratore e ritmo del racconto

16. Dividi il racconto in sequenze, dà loro un titolo e specifica di quale tipo esse sono.

17. Il ritmo del racconto è costante o vario? Motiva la tua risposta con riferimenti specifici al testo.

Lingua e stile

18. Individua e sottolinea nel testo almeno un esempio di periodo costruito in modo paratattico.

19. Individua nei dialoghi del testo almeno due esempi di espressioni convenzionali, tipiche di un registro formale.

Padroneggiare la lingua

Lessico

20. Nel testo la parola *infelicità*, che dà il titolo al racconto, non è mai nominata; sono tuttavia presenti molti altri termini o sintagmi che rimandano al campo semantico dell'infelicità, del dolore e dell'angoscia. Trascrivi tutti quelli che riesci a individuare nel testo. L'esercizio è avviato.
Incapace; spaventai; grido; s'impennavano; inferociti; pugna; colli tesi; …

21. In un passo chiave del racconto il protagonista dice: *I fantasmi sembrano dubitare della loro esistenza. E ciò non deve stupire, data la loro precarietà.* Scrivi tre sinonimi dei vocaboli *esistenza* e *precarietà*, che siano adatti al contesto. Se necessario, usa il dizionario.

Esistenza: ....

Precarietà: ....

22. *Ma se non aveva paura del fantasma in sé, avrebbe potuto informarsi sulla sua causa!* Da quale termine potrebbe essere sostituita la parola *causa*?
- a) ☐ Motivazione.
- c) ☐ Finalità.
- b) ☐ Origine.
- d) ☐ Ragione.

Grammatica

23. *D'altra parte, vorrei sapere a che mi serve <u>la mia incredulità</u>.* Trasforma le parole sottolineate in una proposizione esplicita.

Interpretare e produrre

24. Quali impressioni ha suscitato in te il racconto appena letto? Come interpreti il modo in cui viene rappresentata l'impossibilità dei personaggi a comunicare tra loro? Discutine con i tuoi compagni.

25. Nel racconto le paure e le angosce del protagonista prendono l'aspetto di un fantasma inquietante, che ha le sembianze di un bambino. Prova anche tu a rappresentare, in un testo di tipo allegorico non più lungo di una pagina, le tue paure peggiori.

PARTE 2 • I generi

T2 Dino Buzzati
Il mantello

> **PUBBLICAZIONE**
> *Il mantello*, 1960
> **LUOGO E TEMPO**
> Imprecisati
> **PERSONAGGI**
> Giovanni; sua madre; Anna e Pietro, suoi fratelli; il suo misterioso accompagnatore

Protagonista del racconto, ambientato in uno spazio e in un tempo indeterminati, è Giovanni, un giovane soldato partito circa due anni prima per la guerra che improvvisamente fa ritorno a casa. La madre lo accoglie gioiosa insieme ai suoi due piccoli fratelli: lo fa sedere, gli dà da mangiare, gli mostra la sua vecchia cameretta. Qualcosa però turba l'allegria di quel momento; il figlio si comporta in modo strano e c'è un misterioso accompagnatore che lo attende fuori dalla porta. La felicità della madre a poco a poco si smorza e la donna sente crescere dentro di sé un'inquietudine dolorosa.

Dopo interminabile attesa quando la speranza già cominciava a morire, Giovanni ritornò alla sua casa. Non erano ancora suonate le due, sua mamma stava sparecchiando, era una giornata grigia di marzo e volavano cornacchie.

Egli comparve improvvisamente sulla soglia e la mamma gridò: «Oh benedet-
5 to!» correndo ad abbracciarlo. Anche Anna e Pietro, i due fratellini molto più giovani, si misero a gridare di gioia. Ecco il momento aspettato per mesi e mesi, così spesso balenato[1] nei dolci sogni dell'alba, che doveva riportare la felicità.

Egli non disse quasi parola, troppa fatica costandogli trattenere il pianto. Aveva subito deposto la pesante sciabola su una sedia, in testa portava ancora il berretto
10 di pelo. «Lasciati vedere» diceva tra le lacrime la madre, tirandosi un po' indietro «lascia vedere quanto sei bello. Però sei pallido, sei.»

Era alquanto pallido infatti e come sfinito. Si tolse il berretto, avanzò in mezzo alla stanza, si sedette. Che stanco, che stanco, perfino a sorridere sembrava facesse fatica.

15 «Ma togliti il mantello, creatura» disse la mamma, e lo guardava come un prodigio[2], sul punto d'esserne intimidita; com'era diventato alto, bello, fiero (anche se un po' troppo pallido). «Togliti il mantello, dammelo qui, non senti che caldo?»

Lui ebbe un brusco movimento di difesa, istintivo, serrandosi addosso il mantello, per timore forse che glielo strappassero via.

20 «No, no lasciami» rispose evasivo «preferisco di no, tanto tra poco devo uscire...»

«Devi uscire? Torni dopo due anni e vuoi subito uscire?» fece lei desolata, vedendo subito ricominciare, dopo tanta gioia, l'eterna pena delle madri. «Devi uscire subito? E non mangi qualcosa?»

25 «Ho già mangiato, mamma» rispose il figlio con un sorriso buono, e si guardava attorno assaporando le amate penombre. «Ci siamo fermati a un'osteria, qualche chilometro da qui...»

«Ah, non sei venuto solo? E chi c'era con te? Un tuo compagno di reggimento?

---

1. balenato: apparso all'improvviso.

2. prodigio: fenomeno miracoloso.

396

Il fantastico-allegorico · UNITÀ 12

Il figliolo della Mena forse?»

30 «No, no, era uno incontrato per via. È fuori che aspetta adesso.»

«È lì che aspetta? E perché non l'hai fatto entrare? L'hai lasciato in mezzo alla strada?»

Andò alla finestra e attraverso l'orto, di là del cancelletto di legno, scorse sulla via una figura che camminava su e giù lentamente; era tutta intabarrata³ e dava 35 sensazione di nero. Allora nell'animo di lei nacque, incomprensibile, in mezzo ai turbini⁴ della grandissima gioia, una pena misteriosa ed acuta.

«È meglio di no» rispose lui, reciso⁵. «Per lui sarebbe una seccatura, è un tipo così.»

«Ma un bicchiere di vino? Glielo possiamo portare, no, un bicchiere di vino?»

40 «Meglio di no, mamma. È un tipo curioso⁶, è capace di andar sulle furie.»

«Ma chi è allora? Perché ti ci sei messo insieme? Che cosa vuole da te?»

«Bene non lo conosco» disse lui lentamente e assai grave. «L'ho incontrato durante il viaggio. È venuto con me, ecco.»

Sembrava preferisse altro argomento, sembrava se ne vergognasse. E la mam-45 ma, per non contrariarlo, cambiò immediatamente discorso, ma già si spegneva nel suo volto amabile la luce di prima.

«Senti» disse «ti figuri⁷ la Marietta quando saprà che sei tornato? Te l'immagini che salti di gioia? È per lei che volevi uscire?»

Egli sorrise soltanto, sempre con quell'espressione di chi vorrebbe essere lieto 50 eppure non può, per qualche segreto peso.

La mamma non riusciva a capire: perché se ne stava seduto, quasi triste, come il giorno lontano della partenza? Ormai era tornato, una vita nuova davanti, un'infinità di giorni disponibili senza pensieri, tante belle serate insieme, una fila inesauribile che si perdeva di là delle montagne, nelle immensità degli anni futuri. 55 Non più le notti d'angoscia quando all'orizzonte spuntavano bagliori di fuoco e si poteva pensare che anche lui fosse là in mezzo, disteso immobile a terra, il petto trapassato, tra le sanguinose rovine. Era tornato, finalmente, più grande, più bello, e che gioia per la Marietta. Tra poco cominciava la primavera, si sarebbero sposati in chiesa, una domenica mattina, tra suono di campane e fiori. Perché dunque se 60 ne stava smorto e distratto, non rideva di più, perché non raccontava le battaglie? E il mantello? Perché se lo teneva stretto addosso, col caldo che faceva in casa? Forse perché, sotto, l'uniforme era rotta e infangata? Ma con la mamma, come poteva vergognarsi di fronte alla mamma? Le pene sembravano finite, ecco invece subito una nuova inquietudine.

65 Il dolce viso piegato un po' da una parte, lo fissava con ansia, attenta a non contrariarlo, a capire subito tutti i suoi desideri. O era forse ammalato? O semplicemente sfinito dai troppi strapazzi⁸? Perché non parlava, perché non la guardava nemmeno?

---

3. intabarrata: avvolta in un tabarro, cioè un grande mantello. In senso generale significa coperta con vestiti pesanti e ingombranti.

4. turbini: gran quantità di pensieri, che si sovrappongono l'uno sull'altro.
5. reciso: secco e risoluto.
6. curioso: in questo caso signi-

fica strano, bizzarro.
7. ti figuri: ti immagini.
8. strapazzi: grandi fatiche.

397

In realtà il figlio non la guardava, egli pareva anzi evitasse di incontrare i suoi
sguardi come se ne temesse qualcosa. E intanto i due piccoli fratelli lo contemplavano muti, con un curioso imbarazzo.

«Giovanni» mormorò lei non trattenendosi più. «Sei qui finalmente, sei qui
finalmente! Aspetta adesso che ti faccio il caffè.»

Si affrettò alla cucina. E Giovanni rimase coi due fratelli tanto più giovani di
lui. Non si sarebbero neppure riconosciuti se si fossero incontrati per la strada,
che cambiamento nello spazio di due anni. Ora si guardavano a vicenda in silenzio, senza trovare le parole, ma ogni tanto sorridevano insieme, tutti e tre, quasi
per un antico patto non dimenticato.

Ed ecco tornare la mamma, ecco il caffè fumante con una bella fetta di torta.
Lui vuotò d'un fiato la tazza, masticò la torta con fatica. "Perché? Non ti piace
più? Una volta era la tua passione!" avrebbe voluto domandargli la mamma, ma
tacque per non importunarlo.

«Giovanni» gli propose invece «e non vuoi rivedere la tua camera? C'è il letto
nuovo, sai? Ho fatto imbiancare i muri, una lampada nuova, vieni a vedere... ma
il mantello, non te lo levi dunque?... non senti che caldo?»

Il soldato non le rispose ma si alzò dalla sedia movendo alla stanza vicina. I suoi
gesti avevano una specie di pesante lentezza, come s'egli non avesse venti anni.
La mamma era corsa avanti a spalancare le imposte[9] (ma entrò soltanto una luce
grigia, priva di qualsiasi allegrezza).

«Che bello!» fece lui con fioco entusiasmo, come fu sulla soglia, alla vista dei
mobili nuovi, delle tendine immacolate, dei muri bianchi, tutto quanto fresco e pulito. Ma, chinandosi la mamma ad aggiustare la coperta del letto, anch'essa nuova
fiammante, egli posò lo sguardo sulle sue gracili spalle, sguardo di inesprimibile
tristezza e che nessuno poteva vedere. Anna e Pietro infatti stavano dietro di lui,
i faccini raggianti, aspettando una grande scena di letizia e sorpresa.

Invece niente. «Com'è bello! Grazie, sai? mamma» ripeté lui, e fu tutto. Muoveva gli occhi con inquietudine, come chi ha desiderio di conchiudere un colloquio penoso. Ma soprattutto, ogni tanto, guardava, con evidente preoccupazione,
attraverso la finestra, il cancelletto di legno verde dietro il quale una figura andava
su e giù lentamente.

«Sei contento, Giovanni? Sei contento?» chiese lei impaziente di vederlo felice. «Oh, sì, è proprio bello» rispose il figlio (ma perché si ostinava a non levarsi il
mantello?) e continuava a sorridere con grandissimo sforzo.

«Giovanni» supplicò lei. «Che cos'hai? Che cos'hai, Giovanni? Tu mi tieni nascosta una cosa, perché non vuoi dire?»

Egli si morse un labbro, sembrava che qualcosa gli ingorgasse la gola. «Mamma» rispose dopo un po' con voce opaca «mamma, adesso io devo andare.»

«Devi andare? Ma torni subito, no? Vai dalla Marietta, vero? dimmi la verità,
vai dalla Marietta?» e cercava di scherzare, pur sentendo la pena.

«Non so, mamma» rispose lui sempre con quel tono contenuto ed amaro; si av-

---

9. imposte: scuretti, persiane.

Costantino Grondona, *Gli ultimi fiori*, 1920, olio su tela, Milano, Collezione privata.

viava intanto alla porta, aveva già ripreso il berretto di pelo «non so, ma adesso devo andare, c'è quello là che mi aspetta.»

«Ma torni più tardi? Torni? Tra due ore sei qui, vero? Farò venire anche zio Giulio e la zia, figurati che festa anche per loro, cerca di arrivare un po' prima di pranzo...»

«Mamma» ripeté il figlio, come se la scongiurasse di non dire di più, di tacere, per carità, di non aumentare la pena. «Devo andare, adesso, c'è quello là che mi aspetta, è stato fin troppo paziente.» Poi la fissò con sguardo da cavar l'anima.

Si avvicinò alla porta, i fratellini, ancora festosi, gli si strinsero addosso e Pietro sollevò un lembo del mantello per sapere come il fratello fosse vestito di sotto. «Pietro, Pietro! su, che cosa fai? lascia stare, Pietro!» gridò la mamma, temendo che Giovanni si arrabbiasse.

«No, no!» esclamò pure il soldato, accortosi del gesto del ragazzo. Ma ormai troppo tardi. I due lembi di panno azzurro si erano dischiusi un istante.

«Oh, Giovanni, creatura mia, che cosa ti han fatto?» balbettò la madre, prendendosi il volto tra le mani. «Giovanni, ma questo è sangue!»

«Devo andare, mamma» ripeté lui per la seconda volta, con disperata fermezza. «L'ho già fatto aspettare abbastanza. Ciao Anna, ciao Pietro, addio mamma.»

Era già alla porta. Uscì come portato dal vento. Attraversò l'orto quasi di corsa, aprì il cancelletto, due cavalli partirono al galoppo, sotto il cielo grigio, non già verso il paese, no, ma attraverso le praterie, su verso il nord, in direzione delle montagne. Galoppavano, galoppavano.

E allora la mamma finalmente capì, un vuoto immenso, che mai e poi mai i secoli sarebbero bastati a colmare, si aprì nel suo cuore. Capì la storia del mantello, la tristezza del figlio e soprattutto chi fosse il misterioso individuo che passeggiava su e giù per la strada, in attesa, chi fosse quel sinistro personaggio fin troppo paziente. Così misericordioso e paziente da accompagnare Giovanni alla vecchia casa (prima di condurselo via per sempre), affinché potesse salutare la madre; da aspettare parecchi minuti fuori del cancello, in piedi, lui signore del mondo, in mezzo alla polvere, come pezzente affamato.

Dino Buzzati, *Opere scelte*, Milano, Mondadori, 1998

VITA E OPERE

Dino Buzzati Giornalista e narratore italiano, nato a Belluno nel 1906. Ha vissuto buona parte della sua vita a Milano, dove ha lavorato al «Corriere della Sera», prima come cronista, poi come critico musicale e come inviato speciale. Le sue prime prove narrative sono i racconti lunghi *Barnabo delle montagne* (1933) e *Il segreto del Bosco Vecchio* (1935), sorta di favole morali destinate sia ai bambini sia agli adulti. Ma il libro che lo impone all'attenzione della critica è il romanzo *Il deserto dei Tartari* (1940), dove si racconta la storia di Giovanni Drogo, capitano in una fortezza di confine, che consuma la propria vita nella continua attesa di un attacco nemico che non arriva mai: simbolo della frustrazione esistenziale dell'uomo contemporaneo. La ricca produzione di racconti è organizzata in raccolte: *I sette messaggeri* (1942), *Paura alla Scala* (1949), *Il crollo della Baliverna* (1954), *Sessanta racconti* (1958, premio

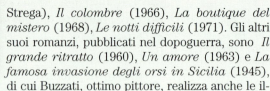

Strega), *Il colombre* (1966), *La boutique del mistero* (1968), *Le notti difficili* (1971). Gli altri suoi romanzi, pubblicati nel dopoguerra, sono *Il grande ritratto* (1960), *Un amore* (1963) e *La famosa invasione degli orsi in Sicilia* (1945), di cui Buzzati, ottimo pittore, realizza anche le illustrazioni. È stato anche autore teatrale; tra le sue opere, ricordiamo il dramma *Un caso clinico* (1953). La sua passione per il giornalismo, in particolare per la cronaca, si riflette nella sua opera narrativa, per la quale adotta uno stile lineare e un linguaggio semplice ed essenziale. I suoi racconti trattano di vicende apparentemente normali, presentate però in chiave fantastica e surreale. In molti di essi domina un'atmosfera di oscura oppressione e angoscia di fronte agli incomprensibili meccanismi del destino e delle istituzioni sociali. In altri, l'autore guarda alla realtà contemporanea e ai suoi personaggi con ironia e umorismo. Buzzati muore a Milano, nel 1972.

SCHEDA DI ANALISI

Il tema e il messaggio

Un giovane soldato si presenta improvvisamente, come **un'apparizione**, sulla soglia di casa. La madre lo accoglie con gioia e crede che le sue pene siano finite; ma il figlio sembra nasconderle qualcosa. Non è la felicità pura, assoluta che la donna si era immaginata; il ritorno del figlio è triste, carico di **oscuri segni premonitori**. Il figlio è distratto, rimane chiuso nel suo mantello e sembra impaziente di tornare via; del resto c'è **qualcuno che lo aspetta** fuori, passeggiando lentamente e ininterrottamente fuori dal cancello. La sua presenza incrina la serenità del ritorno e contribuisce a caricare d'ansia tutto il racconto.
Le scene del figlio che siede mestamente al tavolo, che rivede senza entusiasmo la vecchia camera si svolgono in un **clima surreale**, così come il momento in cui Giovanni si congeda dalla madre, e il suo dolore sembra aver raggiunto il suo culmine. Solo dopo, quando il fratellino solleverà il mantello di Giovanni, la madre vedrà il sangue e capirà: quello che le ha fatto visita non era il figlio, ma il suo **fantasma**. Giovanni è morto in guerra, e la figura che lo ha atteso pazientemente è la **Morte**, che adesso lo sta portando via lontano, verso le montagne a nord.

Lo spazio e il tempo

Spazio e tempo non sono precisati; nulla ci viene detto del luogo né dell'epoca in cui la vicenda si svolge, e questa indeterminatezza rende il racconto ancora più misterioso. I riferimenti temporali presenti nel testo sono troppo vaghi per rendere determinabile il tempo della storia. Anche lo spazio rimane indeterminato, seppure non mancano riferimenti concreti e realistici: c'è l'orto, il cancelletto, la cucina, la tazza e la fetta di torta, gli oggetti nella camera del soldato; ma non ci sono dettagli che lo caratterizzino con esattezza. L'effetto complessivo è quello di creare un'**atmosfera surreale** e quasi **fiabesca**, che fa da sfondo alla materializzazione dello spettro. Il ricorso del resto ad alcune **formule ripetitive** *(per mesi e mesi; camminava su e giù lentamente; andava su e giù lentamente; galoppavano, galoppavano)* è tipico poi del registro linguistico delle fiabe e contribuisce a rendere indeterminata e sospesa l'ambientazione, fuori dal tempo e dallo spazio, come sospeso è il protagonista, che non è più vivo ma non è ancora entrato nel regno dei morti.

Il narratore e il ritmo del racconto

La storia è raccontata da un **narratore esterno** che, pur essendo onnisciente (in quanto conosce le sensazioni della madre e del figlio), non rende palese al lettore la vera natura dei personaggi e della vicenda. Il lettore capisce solo alla fine, attraverso **il punto di vista della madre**, che il giovane è morto e che la sua apparizione pertanto non è reale. Dopo un esordio *in*

Il fantastico-allegorico · U N I T À 1 2

medias res, la storia procede alternando **sequenze dialogate** a **sommari**: al centro del racconto si colloca una lunga **sequenza riflessiva** in cui si riportano indirettamente i pensieri della madre.

La lingua e lo stile

● Il registro linguistico di Buzzati è medio-alto, caratterizzato dall'alternanza di frasi coordinate e periodi sintatticamente più complessi; il lessico è sobrio, privo di termini gergali o settoriali; nei dialoghi tra madre e figlio, lo stile è colloquiale ma mai informale («*Ma*

un bicchiere di vino? Glielo possiamo portare, no, un bicchiere di vino?» «*Meglio di no, mamma. È un tipo curioso, è capace di andar sulle furie.*»). Da tutto ciò risulta una **prosa dal carattere neutro**, né alto, né basso. Attraverso un **linguaggio volutamente semplice** ed essenziale, l'autore vuole evocare un'**atmosfera simbolica e fantastica**; in questo modo il contrasto tra realtà e soprannaturale risulta ancora più evidente («*Uscì come portato dal vento. Attraversò l'orto quasi di corsa, aprì il cancelletto, due cavalli partirono al galoppo, sotto il cielo grigio*»).

Laboratorio sul testo

● Comprendere

Informazioni esplicite

1. Come viene accolto Giovanni quando fa ritorno a casa?
2. Quali sono le caratteristiche fisiche che la madre nota subito nel figlio?
3. Che cosa risponde Giovanni quando la madre gli propone di togliersi il mantello e di mangiare qualcosa?
4. Da chi è accompagnato il giovane soldato? Dove lo aspetta il suo misterioso compagno?
5. Che cosa immagina la madre per il futuro del figlio?
6. Quali supposizioni fa la donna per spiegarsi il comportamento strano del figlio?
7. Quale atteggiamento hanno i due fratellini, Pietro e Anna, verso il fratello maggiore?
8. Perché la madre mostra al figlio la sua camera? Quale reazione ha Giovanni?
9. Che cosa fa Pietro mentre il fratello sta per uscire di casa? Quali conseguenze ha il suo gesto?
10. Che cosa comprende, alla fine, la madre?

Informazioni implicite

11. Perché Giovanni non vuole che la madre inviti a entrare il suo misterioso accompagnatore?
12. *In realtà il figlio non la guardava, egli pareva anzi evitasse di incontrare i suoi sguardi come se ne temesse qualcosa* (rr. 69-70). Perché il figlio evita di guardare la madre negli occhi? Di che cosa ha paura?

Significati

13. Qual è il significato della visita del figlio?
    a) ☐ Giovanni vuole tranquillizzare la madre, assicurarle che è tornato sano e salvo dalla guerra.
    b) ☐ Giovanni vuole salutare la madre, prima di ripartire a combattere per il fronte.
    c) ☐ Giovanni vuole salutare la madre un'ultima volta, prima di lasciare per sempre il paese per sposare la Marietta.
    d) ☐ Giovanni vuole salutare la madre un'ultima volta, prima di entrare nel regno dei morti.

● Analizzare

Personaggi

14. Quali elementi dell'aspetto fisico di Giovanni sono messi in rilievo?
15. In che maniera viene descritto l'accompagnatore di Giovanni? Quali caratteristiche vengono evidenziate?
16. I fratellini di Giovanni, Pietro e Anna, nella storia hanno il ruolo di personaggi principali, secondari o comparse?

401

PARTE 2 · I generi

Spazio e tempo

17. Anche se il tempo della storia non è precisato, sono presenti nel testo alcuni elementi che forniscono delle informazioni temporali generiche. Cercali nel testo e trascrivili.

18. Come viene descritto lo spazio interno della casa? Quale effetto genera tale descrizione? Motiva la tua risposta con riferimenti specifici al testo.

Narratore e ritmo del racconto

19. La focalizzazione rimane fissa o varia? Motiva la tua risposta con riferimenti specifici al testo.

20. I dialoghi tra madre e figlio che effetto hanno sul tempo del racconto? E le sequenze riflessive in cui si riportano i pensieri della madre? Spiega le tue risposte.

Lingua e stile

21. Lo stile di Buzzati alterna frasi più semplici e coordinate a periodi dalla struttura più complessa: individua e sottolinea nel testo un esempio per ciascuna di queste costruzioni sintattiche.

22. *Perché dunque se ne stava smorto e distratto, non rideva di più, perché non raccontava le battaglie? E il mantello? Perché se lo teneva stretto addosso, col caldo che faceva in casa? Forse perché, sotto, l'uniforme era rotta e infangata?* Quale effetto vuole ottenere l'autore con questa serie di domande incalzanti?

Padroneggiare la lingua

Lessico

23. In tutto il racconto ricorrono insistentemente termini che rimandano al campo semantico della morte e del dolore. Trascrivi tutti quelli che riesci a individuare nel testo; poi, spiega in che modo essi aiutano a comprendere il vero significato del racconto.

Interminabile; grigia; cornacchie; pianto; pesante; lacrime; …

24. Nel testo, l'apparizione improvvisa di Giovanni viene definita come un *prodigio* che genera nella madre, insieme a una *grandissima gioia*, una *pena* misteriosa ed acuta. Trova almeno due sinonimi, che siano adatti al contesto, per questi tre termini chiave del racconto.

Prodigio: ....

Gioia: ....

Pena: ....

25. *Ormai era tornato, una vita nuova davanti, un'infinità di giorni disponibili senza pensieri.* Da quale termine può essere sostituito *disponibili*?

a) ☐ Piacevoli.

b) ☐ Liberi.

c) ☐ Bendisposti.

d) ☐ Divertenti.

Grammatica

26. *Egli non disse quasi parola, troppa fatica costandogli trattenere il pianto.* Trasforma la frase sottolineata in una subordinata causale esplicita.

Interpretare e produrre

27. Il dolore della madre per il figlio soldato è centrale nel racconto, e rappresenta simbolicamente il dolore di tutte le madri per i figli morti in guerra. Rifletti su questo tema, eterno e universale, discutendone con i tuoi compagni.

28. Il ritorno del figlio a casa è tanto più gioioso quanto inatteso. Scrivi una pagina di diario in cui immagini il ritorno, dopo lunghi anni di assenza, di un tuo familiare o di un tuo amico di cui si erano perse ormai le notizie. Soffermati a esprimere le emozioni e i sentimenti generati da tale evento.

402

APPROFONDIMENTO

Chagall delle meraviglie

Come gli autori della narrazione fantastica indagano la realtà non con gli strumenti della ragione, ma con quelli dell'immaginazione e del sogno, così i **pittori surrealisti** hanno fondato la loro arte sull'energia proveniente dal proprio mondo interiore, capace di generare visioni e immagini fantastiche che leggono il reale in modo del tutto soggettivo e anticonvenzionale.

In tal senso vanno le opere più rappresentative del Surrealismo: *Gli amanti* (1928) di **René Magritte**, dipinti sotto forma di un uomo e una donna che si abbracciano appassionatamente ma con la testa coperta da un velo bianco che li fa assomigliare a due fantasmi; *La persistenza della memoria* (1931) di **Salvador Dalì**, con i suoi orologi "molli" che spiccano su uno sfondo desolato e diventano simbolo delle deformazioni del tempo nella nostra mente; la *Figura che lancia una pietra a un uccello* (1926) di **Joan Mirò**, esempio della sua "pittura onirica", frutto non della rappresentazione della natura ma della fantasia e del sogno del pittore, che sembra quasi divertirsi a disorientare lo spettatore.

In tale contesto, la pittura di **Marc Chagall** (1887-1985), pittore ebreo di origine russa che lavorò molto a Parigi negli stessi anni del Surrealismo (seppur non partecipando a tale movimento artistico), assume un tono ancora più poetico. Anche il suo è uno stile antinaturalistico, che cioè non vuole imitare la realtà come essa appare ai nostri occhi; ma rispetto allo stile dei pittori appena nominati, il suo modo di dipingere è più gioioso e fiabesco. La fortunata serie degli *Amanti* è senza dubbio tra le sue produzioni più ricche di lirismo e di delicatezza sentimentale; notevole è la differenza di questa interpretazione dell'amore – *Gli amanti in rosa* (1916) – rispetto a quella che emerge nel dipinto di Magritte.

La poesia e la favola, le due fonti di ispirazione di Chagall, sono particolarmente presenti nel dipinto *La passeggiata* (1917). Chagall si è raffigurato al centro e guarda direttamente verso lo spettatore, con un largo sorriso che esprime tutta la sua felicità. Nella mano destra tiene un uccellino, mentre la sinistra, sollevata, fa librare nell'aria la moglie Bella, che sembra pronta a spiccare il volo, simbolo della loro felicità. Il volto di lei è sereno, per nulla stupito da quella strana situazione. Nell'angolo sinistro del dipinto vediamo una tovaglia rossa, su cui si trovano una bottiglia, un bicchiere e mazzi di fiori variopinti. I colori vivaci spiccano nettamente sul fondo verde e questo contrasto dà vivacità all'intera composizione. Sullo sfondo è la cittadina di Vitebsk, dove Chagall è nato: il paesaggio urbano è molto semplificato e caratterizzato con uno stile antinaturalistico: le case sono colorate di verde, a eccezione della chiesa, dipinta con un rosa chiaro, quasi evanescente. Con questo procedimento egli vuole esaltare la dimensione onirica – non uno spazio reale, ma un luogo del cuore e dell'immaginazione – in cui è ambientata la sua creazione.

Marc Chagall, *Gli amanti in rosa*, 1916, San Pietroburgo, collezione privata.

Marc Chagall, *La passeggiata*, 1917, San Pietroburgo, Museo dello Stato russo.

PARTE 2 · I generi

T3 George Orwell
Il Grande Fratello

PUBBLICAZIONE	*1984*, 1949
LUOGO E TEMPO	Eurasia; un futuro prossimo, rappresentato dall'anno 1984
PERSONAGGI	Winston; O'Brien; gli altri dipendenti del Ministero della Verità

Siamo nel 1984 e il mondo è diviso in tre grandi superstati, Oceania, Eurasia ed Estasia. L'Eurasia, di cui Londra è capitale, è dominata dalla dittatura totalitaria del Grande Fratello, occhio onnipresente che vede e controlla tutto. La società è governata attraverso il Socing, il socialismo inglese; ovunque ci sono telecamere e ritratti del Grande Fratello. Il Socing controlla la massa degli individui, sottoponendoli a un continuo lavaggio del cervello che impedisce loro di pensare, amare, vivere al di fuori dei dettami del Grande Fratello. Nel brano proposto il protagonista del libro, Winston, partecipa insieme agli altri dipendenti del Ministero della Verità al rituale quotidiano dei Due Minuti d'Odio. Su un teleschermo compare il volto di Goldstein, il nemico del popolo, e subito i presenti sono come invasati da sentimenti di rabbia violenta. Si calmeranno solo grazie all'apparizione finale del Grande Fratello.

L'Odio era iniziato da meno di trenta secondi e già da una buona metà dei presenti prorompevano incontrollabili manifestazioni di collera. Quella tronfia[1] faccia ovina sul teleschermo e la terribile possanza dell'esercito eurasiatico[2] alle sue spalle andavano al di là di ogni limite di sopportazione. In aggiunta
5 a ciò, la vista di Goldstein, o addirittura il solo pensare a lui, producevano automaticamente sentimenti di paura e di rabbia. Goldstein costituiva un oggetto costante d'odio, anche più dell'Eurasia o dell'Estasia, perché quando l'Oceania era in guerra con una di queste potenze, in genere era in pace con l'altra. E però era strano che, sebbene Goldstein fosse il bersaglio dell'odio e del disprezzo
10 collettivo, sebbene ogni giorno e per migliaia di volte, dall'alto di un podio o da un teleschermo, in libri o giornali, le sue teorie venissero confutate, fatte a pezzi, ridicolizzate ed esposte al pubblico ludibrio[3] per quella spazzatura che erano, malgrado tutto ciò, la sua influenza non sembrava subire colpi. Vi erano sempre dei gonzi[4] nuovi in attesa di essere sedotti da lui, né passava giorno senza che la
15 Psicopolizia[5] smascherasse spie e sabotatori che agivano sotto le sue direttive. Era il comandante in capo di un enorme esercito ombra, di una rete sotterranea di cospiratori votati al sovvertimento dello Stato. Pare che si chiamasse la Confraternita. Si mormorava anche l'esistenza di un libro terribile, una sorta di compendio[6] di tutte le eresie, di cui Goldstein era l'autore e che circolava in copie clandestine.
20 Non aveva titolo. Per la gente era, semplicemente, *il libro.* Ma queste cose erano

---

1. tronfia: presuntuosa, di chi è pieno di sé.
2. esercito eurasiatico: l'Eurasia e l'Estasia sono gli stati nemici dell'Oceania.
3. pubblico ludibrio: derisione,
scherno pubblico.
4. gonzi: sciocchi, creduloni.
5. Psicopolizia: nella dittatura del Grande Fratello è la polizia a controllare la mente degli uomini e a punire gli *psicoreati*, i delitti compiuti attraverso il pensiero. Chi viene sorpreso a pensare contro il sistema del Socing viene arrestato dalla Psicopolizia e *vaporizzato*, cioè eliminato.
6. compendio: sintesi.

404

soltanto il frutto di dicerie[7] indistinte: a meno che non fosse impossibile evitarlo, tanto la Confraternita che *il libro* erano argomenti che nessun membro ordinario del Partito avrebbe mai menzionato.

Nel secondo minuto, l'Odio raggiunse il parossismo[8]. I presenti si sedevano
25 e balzavano in piedi di continuo, urlando con tutte le loro forze nel tentativo di coprire l'esasperante belato che proveniva dal teleschermo; la donna dai capelli color sabbia si era fatta tutta rossa in faccia, mentre la bocca le si apriva e chiudeva come quella di un pesce tirato fuori dall'acqua. Perfino il tozzo volto di O'Brien si era infiammato. Sedeva ben dritto al suo posto, col petto poderoso che si gonfiava
30 e fremeva come se dovesse reggere l'impatto di un'onda. La ragazza dai capelli neri che sedeva alle spalle di Winston aveva cominciato a urlare: «Porco! Porco! Porco!». A un tratto afferrò un pesante dizionario di neolingua e lo scagliò contro lo schermo: il volume colpì il naso di Goldstein, poi rimbalzò via, mentre la voce seguitava inesorabilmente a farsi sentire. In un momento di lucidità Winston
35 si rese conto che stava gridando come tutti gli altri, battendo con forza il tallone contro il piolo della sedia. La cosa orribile dei Due Minuti d'Odio era che nessuno veniva obbligato a recitare. Evitare di farsi coinvolgere era infatti impossibile. Un'estasi orrenda, indotta da un misto di paura e di sordo rancore, un desiderio di uccidere, di torturare, di spaccare facce a martellate, sembrava attraversare come
40 una corrente elettrica tutte le persone lì raccolte, trasformando il singolo individuo, anche contro la sua volontà, in un folle urlante, il volto alterato da smorfie. E tuttavia, la rabbia che ognuno provava costituiva un'emozione astratta, indiretta, che era possibile spostare da un oggetto all'altro come una fiamma ossidrica. Così, un istante dopo, l'odio di Winston non era più rivolto contro Goldstein, ma
45 contro il Grande Fratello, il Partito e la Psicopolizia. In momenti simili il suo affetto andava a quel solitario e deriso eretico sullo schermo, difensore unico della verità e della sanità mentale in un mondo di menzogne. Passava un altro istante, e Winston si ritrovava in perfetta sintonia con quelli intorno a lui e tutto ciò che si diceva di Goldstein gli sembrava vero. Allora l'intimo disgusto che avvertiva nei
50 confronti del Grande Fratello si mutava in adorazione e il Grande Fratello pareva sollevarsi ad altezze vertiginose, protettore invincibile e impavido, immoto come una roccia davanti alle orde dell'Asia, e Goldstein, a dispetto del suo isolamento, della sua impotenza e dei dubbi che avvolgevano la sua stessa esistenza, appariva come un sinistro incantatore, capace di abbattere l'edificio della civiltà con la sola
55 forza della sua voce. In qualche momento era perfino possibile dirigere il proprio odio da una parte all'altra, assecondando un atto libero della volontà. […]

L'Odio raggiunse il culmine. La voce di Goldstein era diventata adesso un belato a tutti gli effetti. Per un istante la sua faccia si trasformò in quella di una pecora, che a sua volta si dissolse nella figura di un soldato eurasiatico che avanzava, enor-
60 me e spaventevole, sparando raffiche dalla mitragliatrice. Parve anzi che il soldato fuoriuscisse dallo schermo, tanto che alcuni di quelli che occupavano la prima fila fecero un balzo all'indietro sui sedili. Nello stesso momento, però, facendo tirare

---

7. dicerie: chiacchiere prive di fondamento.

8. parossismo: momento di massima intensità ed esaspera- zione.

405

a tutti un sospiro di sollievo, la minacciosa figura si dissolse per lasciare il posto al volto del Grande Fratello, i capelli e i baffi neri, irraggiante forza e una misterio-
65 sa serenità. Così grande che quasi riempiva lo schermo. Nessuno udì quello che il Grande Fratello stava dicendo. Erano solo parole d'incoraggiamento, di quelle che si dicono nel fragore della battaglia, impossibili a distinguersi, ma che fanno riacquistare fiducia per il solo fatto di essere pronunciate. Poi anche il suo volto si dissolse, per lasciare il posto ai tre slogan del Partito, vergati[9] in lettere maiuscole:

70 LA GUERRA È PACE
LA LIBERTÀ È SCHIAVITÙ
L'IGNORANZA È FORZA

Il volto del Grande Fratello parve però indugiare per diversi secondi sullo schermo, come se l'impatto che aveva esercitato sulle pupille dei presenti fosse
75 troppo intenso per poter essere eliminato all'improvviso. La donna dai capelli color sabbia, allungandosi al di sopra del sedile che aveva davanti, tese le braccia verso lo schermo e mosse le labbra in un tremulo bisbiglio nel quale parve di poter distinguere le parole «Mio salvatore!», dopodiché nascose il volto fra le mani. Era chiaro che stava pregando. In quel momento tutti intonarono una sorta
80 di salmodia[10] lenta, ritmata, solenne: «G.F.!... G.F.!... G.F.!...» incessantemente, lentamente, con una lunga pausa fra la G e la F, un murmure[11] sordo e in un certo senso selvaggio, nel cui fondo sembrava di udire il battito cadenzato di piedi nudi e le vibrazioni dei tam-tam. Continuarono a cantare per quasi trenta secondi, seguendo un rituale che si ripeteva quasi tutte le volte in cui l'emozione si faceva
85 particolarmente forte. Si trattava in parte di un inno alla saggezza e alla maestà del Grande Fratello, ma soprattutto di un atto di autoipnosi, di un volontario ottun-

---

9. **vergati:** scritti.
10. **salmodia:** specie di canto, molto lento e ritmato, scandito come una preghiera.
11. **murmure:** mormorio.

VITA E OPERE

● **George Orwell** George Orwell è lo pseudonimo di Eric Arthur Blair, nato nel 1903 a Motihari, in Bengala, dove suo padre era funzionario presso l'Opium Department (istituzione che supervisionava la produzione di oppio, all'epoca sostanza non illegale, del cui commercio l'Impero britannico deteneva il monopolio). Nel 1904 si trasferisce in Inghilterra con la madre e le sorelle. Si diploma presso l'esclusivo college di St Cyprian a Eastbourne e in seguito frequenta l'altrettanto prestigioso Eton College. Nel 1922 si arruola nella Polizia imperiale indiana in Birmania, da cui si dimetterà nel 1928; l'esperienza della violenza autoritaria e repressiva che egli stesso deve esercitare si rivela fortemente traumatica e contribuirà alla formazione nell'autore di una forte sensibilità politica; il romanzo *Giorni in Birmania* (1934) è la testimonianza di questo periodo della sua vita. In questi stessi anni scrive e pubblica i suoi primi romanzi, *La figlia del reverendo* (1933) e *Fiorirà l'aspidistra* (1936); contemporaneamente, lavora come insegnante e come commesso in libreria. Nel 1936 si sposa e lo stesso anno parte come volontario per la guerra di Spagna, esperienza che racconta nel diario-reportage *Omaggio alla Catalogna* (1938). Tornato in Inghilterra, collabora a giornali e riviste, diventando direttore letterario del settimanale socialista «Tribune». Nel 1945 pubblica il suo primo libro di successo, *La fattoria degli animali*, singolare romanzo, a metà strada tra la favola e il genere satirico. Nel 1946 comincia la stesura di *1984*, il suo romanzo più celebre, la cui pubblicazione avviene nel 1949. Solo un anno più tardi, George Orwell muore di tubercolosi, all'età di quarantasei anni, a Londra.

Il fantastico-allegorico · UNITÀ 12

dimento[12] della coscienza, raggiunto per mezzo del ritmo. Winston avvertì un gelo alle viscere. Durante i Due Minuti d'Odio non poteva sottrarsi al delirio generale, ma questo canto primitivo, «G.F.!... G.F.!», lo riempiva sempre di orrore. Natu-
90   ralmente, cantava come tutti gli altri, era impossibile fare altrimenti: dissimulare i propri sentimenti, controllare i movimenti del volto, fare quello che facevano gli altri, era una reazione istintiva. Ciononostante, vi fu uno spazio di un paio di secondi durante i quali l'espressione dei suoi occhi avrebbe potuto tradirlo, e fu proprio allora che la cosa accadde, ammesso che davvero fosse accaduta.
95   Per un attimo Winston incrociò lo sguardo di O'Brien. Questi si era levato in piedi, si era tolto gli occhiali e se li stava risistemando sul naso col suo gesto carat-teristico. Ci fu tuttavia una frazione di secondo in cui i loro occhi si incontrarono e in quel brevissimo arco di tempo Winston seppe (sì, *seppe*) che O'Brien stava pen-sando le stesse cose che stava pensando lui. Era stato inviato un messaggio inequi-
100 vocabile. Era come se le loro menti si fossero aperte e i pensieri fluissero, attraverso gli occhi, dall'uno all'altro. "Sono con te" sembrava dirgli O'Brien, "so esattamente quello che provi, so tutto del tuo disprezzo, del tuo odio, del tuo disgusto, ma non temere, io sono dalla tua parte!" Poi quel lampo di mutua[13] intesa si era spento e il volto di O'Brien era tornato imperscrutabile come quello di tutti gli altri.

George Orwell, *1984*, Milano, Mondadori, 2010

12. ottundimento: stordimento, intorpidimento.   **13. mutua:** reciproca.

SCHEDA DI ANALISI

Il tema e il messaggio

● In un futuro molto prossimo – che per l'autore è rappresentato dall'anno 1984, ottenuto invertendo le cifre dell'anno in cui ha terminato la stesura dell'ope-ra, il 1948 – il mondo sarà ormai dominato dalla **ditta-tura del Grande Fratello**. Gli uomini hanno perso ogni libertà e sono incapaci di pensare in modo auto-nomo. Winston Smith, il protagonista del romanzo, la-vora presso il potente **Ministero della Verità**, che si occupa di censurare ogni notizia non in linea con i det-tami del regime. Nonostante il **lavaggio del cervel-lo** a cui è sottoposto quotidianamente, Winston nutre dei dubbi sulla verità che gli viene inculcata. In questo brano si mostra come, durante il rituale dei Due Minu-ti d'Odio, egli provi dei sentimenti contraddittori e so-prattutto come, alla fine del rituale, creda di cogliere in O'Brien uno sguardo d'intesa, la prova che egli non è il solo a pensare e a provare quelle cose.
Il Grande Fratello è una terrificante rappresentazio-ne del **potere totalitario**, in cui le masse sono do-minate e dirette attraverso **slogan** (*LA GUERRA È PACE. LA LIBERTÀ È SCHIAVITÙ. L'IGNORANZA È FORZA*) ripetuti ossessivamente, in cui tutti sono controllati costantemente da telecamere; in cui, so-prattutto, tutti – o quasi – sono sinceramente convinti

della bontà della dittatura che li tiene schiavi. Il mon-do immaginato da Orwell è l'emblema di una società in cui gli uomini sono ormai **omologati**, in cui nessuno è in grado di pensare con la propria testa.
È uno scenario inquietante, in cui si proiettano le **pau-re e le angosce dell'uomo del XX secolo**, privato della propria libertà mentale, prima che fisica. L'opera di Orwell, oltre a essere una dura denuncia dei regimi totalitari esistenti all'epoca, è capace anche di prefigu-rare il controllo che può essere esercitato attraverso **i mezzi di comunicazione di massa**, grave rischio da cui deve difendersi ogni moderna democrazia. In que-sta realtà allucinata solo pochi, come Winston, prova-no a non farsi sopraffare del tutto.

La caratterizzazione dei personaggi

● A parte Winston e O'Brien, i personaggi di questo brano non hanno nome né una personalità vera e pro-pria. Essi si comportano come **automi**, che non so-lo obbediscono ciecamente ai dettami del regime, ma che addirittura riescono a provare sinceramente i sen-timenti che vengono indotti loro durante i Due Minuti d'Odio. Il comportamento di tutti i presenti – anche dello stesso Winston – è determinato da questo grot-tesco rituale, creato apposta per suscitare in tutti loro

407

PARTE 2 · I generi

collera e rabbia contro il malvagio nemico, adorazione per il Grande Fratello. Di loro vengono messi in evidenza i **tratti animaleschi** (*la donna dai capelli color sabbia si era fatta tutta rossa in faccia, mentre la bocca le si apriva e chiudeva come quella di un pesce tirato fuori dall'acqua*); il loro aspetto fisico e il loro comportamento sono del tutto **disumanizzati**. Anche l'immagine di Goldstein, il nemico da demonizzare, appare deformata sullo schermo (*la voce di Goldstein era diventata adesso un belato a tutti gli effetti. Per un istante la sua faccia si trasformò in quella di una pecora*). Soltanto Winston e, apparentemente, O'Brien, nonostante l'impossibilità di non aderire a questo rituale collettivo, sembrano conservare una personalità umana, libera e pensante, che si manifesta nello sguardo che si scambiano alla fine dei Due Minuti d'Odio.

Il narratore e il ritmo del racconto

● La storia è raccontata da un **narratore esterno** e **onnisciente**, che conosce cosa avviene dentro l'animo del protagonista e che interviene con osservazioni e commenti. La narrazione del brano procede in modo **lineare** e **progressivo**, con un ritmo che sale e poi scende in maniera graduale e perfettamente con-

trollata, manifestazione della sapiente maestria narrativa dell'autore. La vicenda raggiunge la *Spannung* quando tutti intonano il canto al Grande Fratello. Lo scioglimento è rappresentato, invece, dal ritorno alla normalità alla fine del rituale dei Due Minuti d'Odio (*il volto di O'Brien era tornato imperscrutabile come quello di tutti gli altri*).

La lingua e lo stile

● Il **registro stilistico** è piuttosto **elevato**: il **lessico** è vario e talvolta **ricercato**, i periodi sono costruiti in maniera articolata, con una prevalenza dell'**ipotassi** sulla paratassi. In alcuni punti chiave, il **tono** della narrazione diventa più espressivo, sino a farsi **particolarmente crudo** (*col petto poderoso che si gonfiava e fremeva come se dovesse reggere l'impatto di un'onda; Un'estasi orrenda, indotta da un misto di paura e di sordo rancore, un desiderio di uccidere, di torturare, di spaccare facce a martellate; «Porco! Porco! Porco!»*), dimostrandosi funzionale al racconto delle reazioni provocate dal rituale collettivo. Infine, abbondano i **verbi di percezione** (*parve; sembrava;* ecc.), che servono a introdurre le visioni collettive e le allucinazioni di cui sono vittime Winston e gli altri personaggi.

Laboratorio sul testo

● Comprendere

Informazioni esplicite

1. Chi è Goldstein? Perché il suo volto appare sul teleschermo durante i Due Minuti di Odio?
2. Perché Goldstein rappresenta una continua minaccia per l'Oceania?
3. Che cos'è la Confraternita? Che cos'è il libro misterioso a cui si accenna?
4. Perché, durante il rituale, i presenti urlano con tutte le loro forze?
5. Come si comporta la ragazza dai capelli neri durante il rituale?
6. Winston si comporta esattamente come tutti gli altri? Motiva la tua risposta.
7. In che modo cambiano gli stati d'animo di Winston durante il rituale?
8. Che cosa accade tra i presenti nella sala, quando il rituale raggiunge il suo culmine?
9. Che effetto ha l'apparizione del Grande Fratello sul teleschermo?
10. Che cosa accade di straordinario, secondo Winston, alla fine della cerimonia?

Informazioni implicite

11. *Goldstein, a dispetto del suo isolamento, della sua impotenza e dei dubbi che avvolgevano la sua stessa esistenza, appariva come un sinistro incantatore, capace di abbattere l'edificio della civiltà con la sola forza della sua voce* (rr. 52-55). Qual è la civiltà a cui si fa riferimento qui? Corrisponde al modello di civiltà comunemente inteso?
12. *Durante i Due Minuti d'Odio non poteva sottrarsi al delirio generale, ma questo canto primitivo, «G.F.!... G.F.!», lo riempiva sempre di orrore* (rr. 88-89). Qual è l'orrore provato da Winston? Da che cosa è causato e in che cosa consiste?

Il fantastico-allegorico • UNITÀ 12

Significati

13. Che cosa rappresenta in questo brano il Grande Fratello per Winston?
- a) ☐ Un nemico dell'Oceania da combattere con tutte le forze.
- b) ☐ Una sorta di salvatore, senza il quale non ci sarebbero né la libertà, né la civiltà.
- c) ☐ Una presenza ossessiva che condiziona la vita degli uomini e da cui è praticamente impossibile liberarsi.
- d) ☐ Un alleato fedele di Goldstein, in lotta contro l'Eurasia e l'Estasia.

Analizzare

Personaggi

14. Quali aspetti della psicologia di Winston vengono messi in evidenza in questo brano?

15. Attraverso quali elementi evidenziati dal narratore vengono caratterizzati i personaggi di O'Brien e delle due donne che assistono all'Odio?

Narratore e ritmo del racconto

16. Che tipo di focalizzazione caratterizza questo testo? Essa rimane costante o varia durante il racconto? Motiva la tua risposta.

17. In questo testo il tempo del racconto è maggiore, minore o uguale al tempo della storia? Motiva la tua risposta.

Padroneggiare la lingua

Lessico

18. *Il Grande Fratello pareva sollevarsi ad altezze vertiginose, protettore invincibile e impavido, <u>immoto come una roccia</u>.* Di quale figura retorica si tratta? Esistono altre espressioni figurate simili nel testo? Individuale e sottolineale.

19. Nel testo ricorrono molti termini o sintagmi che rimandano al campo semantico dell'odio e della violenza. Individuane quanti più possibile e trascrivili.
Collera; tronfia faccia ovina; paura; rabbia; guerra; odio; …

20. Nel testo è forte la contrapposizione tra l'odio suscitato dall'apparizione di Goldstein e la serenità che invece è associata all'apparizione del Grande Fratello. Scrivi tre sinonimi di odio e tre di serenità che siano adatti al contesto. Se necessario usa il dizionario.
Odio: ....
Serenità: ....

21. *Un'estasi orrenda, indotta da un misto di paura e di sordo rancore…* Da quale termine potrebbe essere sostituita la parola *indotta*?
- a) ☐ Determinata.
- b) ☐ Seguita.
- c) ☐ Accompagnata.
- d) ☐ Distinta.

Grammatica

22. Individua e sottolinea nel testo almeno due periodi che esemplifichino lo stile ipotattico adottato dell'autore.

Interpretare e produrre

23. Nel testo si assiste a un rituale quotidiano in cui tutti i presenti sono spinti a odiare un nemico simbolico. Il racconto di Orwell, descrizione allegorica della società a lui contemporanea, ti sembra ancora attuale? Esistono ancora oggi circostanze o situazioni in cui l'odio, la paura o altri sentimenti analoghi vengono indotti nella gente comune? Discutine con i tuoi compagni.

24. Nel romanzo Winston comincia a tenere un diario segreto, in cui elabora e sfoga il suo odio contro il Grande Fratello. Immagina di essere nei panni del protagonista, e scrivi una pagina di diario in cui racconti il tuo stato d'animo sotto la dittatura del Grande Fratello: che cosa ti manca di più, che cosa è più difficile da sopportare, quali sono le tue paure e le tue speranze ecc.

409

PARTE 2 • I generi

ONLINE
intervista all'autore

T4 **Antonio Scurati**
La seconda mezzanotte

- **PUBBLICAZIONE**
  La seconda mezzanotte, 2011
- **LUOGO E TEMPO**
  Venezia, 2092
- **PERSONAGGI**
  il pubblico del Superdome; gli animali e i due gladiatori (Dolone e Kabatar) che vi si affrontano

Dalle prime pagine del romanzo apprendiamo che, dopo che uno tsunami devastante l'ha sommersa, Venezia è stata acquistata da una multinazionale cinese, che l'ha riconvertita in un enorme parco dei divertimenti. L'attrazione principale dell'antica città lagunare è il Superdome, un'immensa cupola in vetrocemento che ricopre l'intero complesso di San Marco, la storica piazza che ora ospita una gigantesca arena dove si svolgono sanguinosi giochi gladiatori. E sono due lottatori di questo nuovo Colosseo, il Maestro e Spartaco, i protagonisti delle vicende narrate nel romanzo. Nel corso di un torneo organizzato nel Carnevale del 2092, vent'anni dopo la catastrofe, essi si ribellano all'insensata violenza del regime, all'avidità di potere e ricchezza, e si mettono alla guida di chi aspira a ricostruire un ordine morale che è stato sconfitto ma non ancora definitivamente cancellato.
Il brano che stai per leggere è una dettagliata descrizione di Nova Venezia, la città nata dalla catastrofe, e del tipo di combattimenti che si svolgono all'interno del Superdome.

Alla fine la sera occidentale era arrivata, ma gradualmente, e noi non ce n'eravamo nemmeno accorti. La mattina seguente ci eravamo svegliati e non sapevamo più riconoscere la nostra immagine allo specchio. Eppure non potevamo chiamare le nostre mogli o i nostri figli per rammentarci chi eravamo, perché dalle
5 mogli avevamo divorziato e figli non ne avevamo.

Allora, semplicemente, ci siamo voltati indietro e abbiamo scoperto che ci trovavamo già a valle del punto di rottura. La catastrofe era stata a lungo un evento che andava compiendosi, ma noi non avevamo avuto occhi per vederla né orecchie per udirla: era stata una catastrofe al rallentatore. E così, in calce[1] a tutto il resto,
10 dovemmo scoprire che perfino l'apocalisse aveva fatto ben poco rumore.

A Venezia, la notte tra l'8 e il 9 novembre del 2072 il mare entrò in laguna dai varchi aperti lungo i litorali, attraverso i sottopassi alberghieri, superando i cordoni litoranei, rigurgitando i fiumi e sormontando, infine, le difese murarie. L'onda si franse contro la facciata di Palazzo Ducale, poi si abbatté sugli uomini annegati
15 assieme ai cani, ai topi, agli uccelli, tra i tavoli e le poltroncine in vimini dei bar e sui televisori che galleggiavano in impietose correnti di deriva. Nelle ore successive i pochi medici sopravvissuti, attendati nell'ospedale da campo allestito dentro lo stadio di Sant'Elena, dovettero decidere quali feriti curare e quali lasciar morire.

Da qualche parte, su a nord, accompagnata dai rombi di laghi glaciali che si
20 svuotavano nei fiumi artici, la calotta polare precipitava a mare. Più a sud, molto più a sud, un altro mare si era tuffato in laguna. La laguna era affogata.

1. in calce: in aggiunta.

410

Il fantastico-allegorico · UNITÀ 12

Venezia, dopo un millennio di vita anfibia, si era di nuovo impaludata in una zona morta.

Le dighe interne vennero alzate una decina d'anni dopo, quando i manager del-
la TNC – il colosso cinese di telecomunicazione, informazione ed entertainment[2] controllato dai burocrati del Partito –, mettendo fine al periodo di abbandono seguito alla Grande onda, acquistarono il relitto della città dal governo del Nord Italia, di fatto un protettorato[3] di Pechino da quando i cinesi ne avevano rilevato l'intero debito pubblico. Con la rifondazione di Nova Venezia, fu così istituita la prima delle molte Zone politicamente autonome che l'egemonia cinese avrebbe poi disseminato lungo le coste del Mediterraneo ed entro i territori un tempo appartenuti agli stati nazionali dell'Europa meridionale.

Rifluite le acque salmastre[4] che, sormontando le dighe a mare, avevano sommerso la vecchia Venezia, i pochi superstiti furono acquistati assieme alle macerie dei palazzi in cui un tempo erano vissuti. Strappati a un'esistenza ferina, accasermati[5] nei pressi degli antichi arsenali, furono impiegati nella ricostruzione della città emersa. Un'area che, grossomodo, coincideva con l'antico sestiere[6] di San Marco, più una parte di Castello e un lembo di Cannaregio, fino a inglobare il ponte di Rialto. Lì furono drenati[7] i fanghi, scavati i rii[8], innalzate le fondamenta. Le dighe interne e il Muro di separazione fecero il resto: nessun fossato, nessuna torre di controllo, nessun varco di passaggio si rese necessario. Soltanto una barriera di mattoni a vista[9] alta otto metri, un argine camuffato da edificio antico che serpeggiava nel ventre della città seguendo un percorso segmentato, scomparendo dietro i palazzi e riapparendo nei canali interrati.

Ciò che cadeva oltre quella linea fu ceduto alla palude. Da allora nessuno vi mise più piede. La città sommersa, ammesso che esistesse ancora, esisteva solo nelle leggende delle taverne dove trascorrevano le loro giornate di mangiatori d'oppio i reduci dell'alluvione.

Nova Venezia fu così rifondata come un territorio senza orizzonte. Il vomere[10] aveva nuovamente segnato il confine tra la natura selvaggia e gli uomini. Il solco, però, non era stato tracciato con l'aiuto di buoi sacri ma con le scavatrici meccaniche.

La cupola del Superdome fu inaugurata con una cerimonia solenne in tempo per il decennale della Grande onda. Un immenso emisfero in vetro cemento. Una mezza sfera plasmata grazie ai materiali messi a punto la prima volta per il padiglione italiano dell'Expo di Shanghai nel 2010. Miracolosi per tenuta, trasparenza, levità.

Poggiata su una base quadrata – il molo a meridione, il rio di San Zulian a oriente, la calle[11] dell'Ascensione a occidente e una perpendicolare della calle dei Fabbri

---

2. entertainment: intrattenimento.
3. protettorato: stato posto sotto la tutela politica di un'altro.
4. salmastre: salate.
5. accasermati: alloggiati.
6. sestiere: una delle sei parti

in cui è divisa la città di Venezia.
7. drenati: prosciugati, bonificati.
8. rii: canali, di dimensione più ristretta, che attraversano il centro di Venezia.
9. mattoni a vista: non ricoper-

ti da un intonaco.
10. vomere: lama dell'aratro.
11. calle: termine con cui vengono indicate le strade nel centro di Venezia.

411

PARTE 2 · I generi

60 a settentrione –, la cupola sovrastava l'intero complesso di piazza San Marco, più un piccolo rettangolo di edifici a nord delle Procuratie Vecchie. Con il campanile di San Marco ricostruito dalle macerie a fare da ideale asse centrale nel punto più alto. Il palo di collegamento tra la terra e il cielo. Un cielo finto.

Racchiudendo l'intero complesso di San Marco entro un guscio cementizio,
65 la TNC celebrò la rinascita della città trasformandola in una fosforescente necropoli apogea[12]. Calando su di essa, la cupola tagliò piazza San Marco fuori dall'atmosfera acida che corrodeva la pianura padana e, soprattutto, fuori dalla storia. Le conferì una nuova grandezza, una monumentalità non temporanea ma tutta mirata al presente. Un istante presente replicabile all'infinito. Ne fece, insomma,
70 la rovina definitiva.

Quella caverna radiosa divenne immediatamente un simbolo mondiale del nuovo mondo. Da quel momento in avanti, tutti gli uomini più ricchi e potenti del pianeta desiderarono, almeno una volta nella vita, di poter trascorrere una breve vacanza di lussi estremi e vizi efferati in quell'ambiente modificato e protetto. Il
75 secolo cinese, inglobando le cinque cupole in piombo e oro della basilica di San Marco sotto quell'unica calotta in cemento trasparente, aveva elevato una maestosa cattedrale sorretta dall'aria condizionata. Un tempio in cui si consumavano riti di sangue.

Ben presto, infatti, il Superdome divenne il più prestigioso tra i tanti teatri del-
80 la violenza che andavano sorgendo lungo tutta la Fascia di acclimatazione, nome con cui i tecnocrati della TNC avevano ribattezzato l'alto bacino del Mediterraneo smottato verso condizioni climatiche nordafricane. Nizza, Santorini, Spalato, Formentera, Salonicco seguirono l'esempio di Nova Venezia, ma senza mai contenderle il primato. Fin dal giorno del completamento dei lavori, a più riprese du-
85 rante l'anno, grazie a strutture effimere[13] montate per l'occasione la grande piazza antistante la Basilica prese a essere trasformata in una gigantesca arena gladiatoria. Il nuovo Colosseo: un teatro della ferocia e del furore cui venne accordata, però, la grazia di un clima delizioso. Nel mondo lasciato sulla riva dalla risacca della Grande onda il comfort era, infatti, oramai la sola forma di giustizia. […]

90 Trasformata la laguna interna in un bacino artificiale, e ridotta la città salvata in un bordello della fine dei tempi, i veneziani superstiti furono concentrati al Castello, un cuneo sbilenco di calli strette, corti nascoste e campi angusti, delimitato su due dei suoi tre lati dal Muro di separazione. Dapprincipio il Comma d'insulazione lasciò loro una scelta: chi chiedeva di uscire non sarebbe più rientrato e
95 chi sceglieva di rimanere, salvo rarissime concessioni di lasciapassare, non sarebbe più uscito. Poi, rinchiusa in quella zona malsana, la popolazione poté deperire per decreto di legge. Vi si ammassarono circa diecimila nativi, e questo fu tutto ciò che rimase dell'antica gente di Venezia. Impiegati come sguatteri, camerieri, barcaioli, servi, figuranti e spalatori di fango, dediti a meschini commerci, a pic-

---

12. necropoli apogea: una necropoli "ipogea" è un cimitero sotterraneo; con questa singolare espressione, invece, l'autore vuole sottolineare come Nova Venezia fosse un cimitero a cielo aperto, in cui cadaveri umani e carcasse di animali non venivano seppelliti.
13. strutture effimere: costruzioni rimovibili, montate in occasione di uno spettacolo o di un evento.

412

Umberto Boccioni, *La risata*, 1911, New York, Museo dell'Arte moderna.

100 coli raggiri e a ogni sorta di spacci tollerati, votati soprattutto alla prostituzione e all'accattonaggio di massa, formarono un numero oscuro e calante. Un gregge di pecore prone[14] al macello.

[…]

L'arena di San Marco – cinta da tre ordini di gradinate, separata dagli spalti grazie a una solida paratia[15] e ornata da centinaia di nicchie dotate di schermi a 105 cristalli liquidi – si è trasformata in uno spiazzo insanguinato da ammassi di animali morti. Le carcasse dei predatori delle foreste – orsi, lupi, faine – giacciono accanto ai cadaveri degli erbivori ai quali qualche attimo prima ancora stavano straziando le carni.

Resistono pochi ultimi fremiti di vita agonizzante. Sotto le tribune sostenute 110 da ponteggi in acciaio tubolare e fornite di sedili in legno di noce, una leonessa sbudellata, sebbene già riversa nel proprio sangue, si ostina ad addentare il femore di un asino. Nel giro di pochi secondi scenderanno entrambi, addentati l'uno all'altro, nel gelo della tomba.

All'estremo opposto, un mastino con la gola squarciata spalanca le fauci in un 115 latrato soffocato, cercando a un tempo il respiro e il nemico. La massa letargica[16] di un toro abbattuto, già mezzo scuoiato dagli uncini, campeggia al centro dello

14. prone: curve, inchinate.
15. paratia: elemento divisorio.
16. letargica: che pare addormentata.

413

spiazzo contornata da un mucchio di struzzi con il collo spezzato.

Poco distante, dal ventre di una scrofa spanciata sgorga una nidiata di cuccioli. Lo stesso colpo, inferto all'addome dell'animale da una lama a doppio taglio, l'ha sgravata[17] e massacrata. I piccoli, umidi di sangue e placenta, vengono al mondo in un cimitero apogeo, tra i resti di un'ecatombe di bestie.

In quel momento si fanno entrare i tre elefanti. Uno accanto all'altro, scorrono tra le carcasse come se li guidasse una spinta misteriosa. Il rumore della folla subito vira[18] al silenzio, poi riprende, intonandosi al suono di cose inanimate. Fruscio di piante, vibrazioni della terra, borbottio di gas interstiziali[19].

Poi arrivano le squadre di cacciatori, vestiti di pelli e armati di lance. La gente li incita, temendo che vengano sopraffatti dai mammiferi giganti. Ma non è così. I cacciatori isolano gli animali disorientati, li circondano e, intuendone le reazioni, cominciano a trafiggerli da ogni lato. Le bestie, vedendosi braccate e rinchiuse, sentendosi ferite dalle aste, si riuniscono e tentano di uscire. Raccolte in una piccola mandria, si gettano contro i cancelli per divellerli con le zanne.

Ma i cancelli resistono e gli elefanti si voltano verso il pubblico e cominciano a barrire di dolore. Una lunghissima, ininterrotta, rauca sirena di soccorso emessa da un bastimento che affonda. Non inveiscono, però, contro i loro carnefici. Non mostrano le zanne, allargando le fauci e rizzando la proboscide. Sembra piuttosto che piangano. Perduta ogni speranza, chiedono misericordia al pubblico.

Il pubblico, però, ha già assaporato il loro sangue. Dopo un attimo di sbalordimento, fischia il pianto degli elefanti. Non c'è più freno: tutto, lì dentro, deve precipitare nella morte. Gli spettatori sono accontentati e gli elefanti massacrati.

Si decide di non ripulire l'arena. Gli inservienti con i ganci e i rastrelli vengono allontanati. In questa sera memorabile, gli uomini combatteranno tra i cadaveri degli animali.

I primi due gladiatori appaiono nel mezzo dell'ellisse[20].

Il primo è Dolone, detto il Lupo, e tutti sugli spalti pensano che il Procuratore lo abbia scelto proprio per questo. Dolone, infatti, mette a nudo un corpo ammantato di peluria, un intrico di lanugine e nervi grossi simili a gomene[21] di canapa indiana. Non è alto, eppure ha leve lunghe. Soprattutto le braccia. Gli arti superiori, forti e nodosi come verghe, si protendono un po' arcuati verso il basso fin quasi a raggiungere le ginocchia. Anche da eretto. Ma Dolone sembra non stare mai perfettamente eretto. Pencola[22] sempre un po' in avanti, anche mentre lo speaker chiama il suo nome e vanta il suo record: le spalle leggermente curve, le ginocchia appena piegate, la testa incassata nelle spalle. Combatte da trace[23], con il piccolo scudo rotondo e il pugnale ricurvo, e si presenta nell'arena indossando la testa dell'animale da cui prende il nome.

Gli hanno opposto un guerriero sconosciuto, sicuramente venuto da un'arena

---

17. sgravata: liberata dai cuccioli.
18. vira: si volge verso.
19. interstiziali: dell'intestino.
20. ellisse: l'arena a forma ovale.

21. intrico... gomene: intreccio di peli e fasci di nervi simili a grosse corde.
22. Pencola: si muove oscillando, ondeggiando in avanti.
23. trace: gladiatori provenienti dalla Tracia, l'attuale Bulgaria; utilizzavano la sica, una corta spada con la lama ricurva, che permetteva di colpire più facilmente l'avversario nelle parti posteriori del corpo.

periferica del Vicino Oriente. È armato in modo inconsueto: una lunga spada a un unico taglio dalla curvatura pronunciata, con il taglio convesso e il dorso concavo. Per completare l'effetto scenografico prodotto dalla scimitarra lo hanno mandato a combattere scalzo, completamente nudo dalla cintola in su, con indosso solo un paio di calzoni ampi di tela bianca e in testa un turbante di lino. Lo danno per vincitore di nove incontri. Porta il nome di Kabatar.

Anche lui piace al pubblico. È agile, coraggioso e tenace. Soprattutto, però, si esibisce in una stupefacente danza di guerra. Prima di ogni schermaglia, accompagnandosi con dei gorgheggi striduli, esegue una serie di formidabili salti, completamente privi di qualsiasi utilità nel duello. Non balza mai in avanti, sempre e soltanto in alto e sul posto. Si pavoneggia, come se inviando quei segnali dispendiosi e controproducenti potesse intimorire il nemico, affermando senza combattere la propria superiorità.

Al termine di ogni serie di salti, Kabatar attacca facendo roteare a lungo la scimitarra sopra la testa, per poi sferrare un fendente dall'alto in basso con quell'arma che gli consente di colpire solo di taglio. Lo spettacolo è terrificante. Ma il colpo prevedibile. Dolone lo schiva con rapidi movimenti del busto, sottraendo il bersaglio mediante scarti laterali, o para opponendo l'orlo dello scudo rotondo. Ogni volta, poi, riguadagna la posizione, con il pugnale dritto e distante dal corpo, pronto a partire al contrattacco.

Dopo quindici minuti di questa danza, Kabatar, sfinito, viene toccato dal dente del Lupo. La stoccata lo raggiunge a un fianco, leggera e di sfioro. Ma è sufficiente. All'assalto successivo Dolone non arretra, non si scansa e non para. Lascia entrare l'avversario e con gesto fulmineo lo infilza sotto la mascella.

La punta di ferro perfora il cranio. Dolone solleva il pugnale con entrambe le mani, come se avesse pescato un pesce di grossa taglia. Il corpo di Kabatar si stacca da terra, a bocca aperta, poi Dolone sfila l'arma. Si abbatte come un fusto di quercia colpito dall'ascia alla base del tronco. Rimane disteso, sussultando e graffiando con le unghie la polvere insanguinata. Probabilmente, però, è oramai soltanto un riflesso nervoso.

Anche su Kabatar, come già sugli elefanti, il pubblico getta monete, fiori, tocchi di cibo.

Antonio Scurati, *La seconda mezzanotte*, Milano, Bompiani, 2011

VITA E OPERE

Antonio Scurati Nato a Napoli nel 1969, è vissuto per vent'anni a Venezia e ha studiato a Parigi e negli Stati Uniti. Dopo aver lavorato all'Università di Bergamo, dal 2008 è ricercatore e docente titolare alla Libera Università di Lingue e Comunicazione (IULM) di Milano, dove tiene corsi di letteratura italiana e di scrittura creativa. La sua produzione narrativa comprende romanzi di genere e ambientazione diversa: *Il rumore sordo della battaglia* (2002), *Il sopravvissuto* (2005), *Una sto-* *ria romantica* (2007) e *Il bambino che sognava la fine del mondo* (2009).

Il suo tema di ricerca principale è l'analisi dei linguaggi della guerra e della violenza, argomenti sui quali ha pubblicato diversi saggi. Nel 2006, ha dato alle stampe il saggio *La letteratura dell'inesperienza. Scrivere romanzi al tempo della televisione*; un anno dopo ha realizzato il documentario *La stagione dell'amore*, in cui analizza il tema dell'amore nell'Italia contemporanea. Collabora con il settimanale «Internazionale» e il quotidiano «La Stampa».

PARTE 2 · I generi

SCHEDA DI ANALISI

Il tema e il messaggio

● Nata in seguito alla Grande onda, Nova Venezia è una **Disneyland post-apocalittica** isolata da un muro di otto metri dal mondo e dal resto della vecchia città, lasciata marcire sotto le acque salmastre della laguna. Il passato vive ormai soltanto nei ricordi annebbiati dei superstiti (*mangiatori d'oppio*), miseri prigionieri di un'oscura autorità cinese e asserviti a un mercato economico privo di scrupoli che concede a un'umanità corrotta di soddisfare le perversioni più efferate, compresi i crudeli *riti di sangue che si svolgono nel Superdome*.

● Nella seconda parte, il narratore rappresenta con **crudo realismo** la caccia agli animali e lo scontro dei gladiatori. Il suo occhio indulge compassionevole sulla crudele sorte che accomuna uomini e animali, a sottolineare e condannare l'atmosfera di barbarica violenza. I predatori della foresta e le belve feroci ormai non sono che miseri resti straziati e agonizzanti e, nonostante una rabbiosa fuga, gli elefanti non possono sottrarsi alla fine violenta (*tutto, lì dentro, deve precipitare nella morte*), sacrificati per la gioia di un pubblico a cui è stato promesso il loro sangue.

Il **combattimento** fra uomini è preceduto da una descrizione dettagliata dell'aspetto fisico e dell'abbigliamento dei guerrieri e si svolge con le cadenze di un **tragico** quanto **paradossale balletto**, che terminerà soltanto con la morte di uno dei contendenti. E se il dolore degli elefanti si manifesta attraverso una disperazione dai caratteri umani (*Sembra piuttosto che piangano… chiedono misericordia al pubblico*), il corpo sussultante del gladiatore sconfitto è invece simile a quello degli animali massacrati (*Anche su Kabatar, come già sugli elefanti, il pubblico getta monete, fiori, tocchi di cibo*).

La dimensione spaziale

● I luoghi, descritti con minuziosa precisione e ricchezza di particolari, svolgono una **funzione simbolica**, fondamentale per la trasmissione del messaggio del romanzo.

● Venezia, immagine tradizionale di cultura e bellezza, si è trasformata nella **spaventosa** e **profetica metafora** di un mondo futuro in cui le **paure dell'uomo contemporaneo** si sono avverate: la minaccia di un governo dispotico e dell'uso autoritario della tecnologia, il crollo delle democrazie, la catastrofe ambientale e il conseguente pericolo di cambiamenti climatici, la scomparsa di norme di giustizia e di principi etici che garantiscano la convivenza civile, la regressione della società a uno stato di primitiva violenza.

● La calotta trasparente del Superdome è lo **spec-chio della società occidentale** che ha escluso il resto del mondo dal suo orizzonte, che ha ignorato con presuntuosa superficialità i campanelli d'allarme inviati da una natura e una società in crisi profonda (*non ce n'eravamo nemmeno accorti… non avevamo avuto occhi per vederla né orecchie per udirla*). La *maestosa cattedrale sorretta dall'aria condizionata* è il simbolo di un modello di sviluppo non sostenibile, né a livello sociale, né a livello ambientale; un mondo che insieme alle risorse del pianeta corrompe l'animo degli uomini, bestiali spettatori d'insensati spettacoli di violenza nel nuovo Colosseo allestito sulla piazza di San Marco, un tempo culla di civiltà e ora soltanto *uno spiazzo insanguinato*.

Il narratore e il ritmo del racconto

● Il racconto della Grande onda e dei fatti immediatamente successivi alla catastrofe, così come la cronaca dei combattimenti nell'arena, sono condotti da un **narratore interno**, che talvolta anticipa o interrompe lo svolgimento delle vicende con commenti e riflessioni personali. Nonostante le pause e digressioni, però, il **ritmo** della narrazione è **incalzante** e coinvolgente. Gli avvenimenti, narrati nel loro ordine cronologico, sono scanditi da **ellissi** (*Le dighe interne vennero alzate una decina d'anni dopo…*) e **sommari** (*Ben presto, infatti, il Superdome…*) che ne accelerano la progressione, mettendo in risalto le diverse fasi della costruzione di Nova Venezia.

La lingua e lo stile

● L'impatto emotivo delle vicende, della furia travolgente della Grande onda e della drammatica tensione dei giochi nell'arena di San Marco, è accentuato da una scrittura che fa ampio uso di un **lessico violento ma mai volgare**, di un'aggettivazione studiata e di ricercati artifici retorici: **climax** (*superando… rigurgitando e sormontando*), **accumulazioni** (*si abbatté sugli uomini annegati assieme ai cani, ai topi, agli uccelli, tra i tavoli in vimini e sui televisori*), **iterazioni** (*nessun fossato, nessuna torre di controllo, nessun varco di passaggio*), **similitudini** (*come un fusto di quercia colpito dall'ascia alla base del tronco*), **metafore** (*rauca sirena di soccorso emessa da un bastimento che affonda*), **ossimori** (*caverna radiosa*).

● In prevalenza, l'autore ricorre alla **coordinazione** e alla costruzione di **frasi brevi**, soprattutto quando il tono della narrazione si fa più solenne o lo sviluppo delle vicende più serrato e drammatico. Non mancano però anche periodi ipotattici, in particolare nella ricostruzione di Nova Venezia.

Il fantastico-allegorico · UNITÀ 12

Laboratorio sul testo

Comprendere

Informazioni esplicite

1. Quando viene colpita dalla Grande onda Venezia? Quali sono le conseguenze della catastrofe naturale?
2. Chi acquista Venezia una decina di anni dopo il disastro? E per quale motivo, nel frattempo, il governo del Nord Italia era diventato un protettorato cinese?
3. In quale zona viene costruita Nova Venezia? E quale sorte viene riservata al resto della vecchia città?
4. Che cos'è e dove si trova il Superdome? E per quale motivo diviene un luogo di attrazione per i turisti di tutto il mondo?
5. Dove vivono e quali occupazioni svolgono i veneziani superstiti?
6. Che cosa riguarda e in che cosa consiste il Comma d'insulazione?
7. Da quali spettacoli vengono preceduti gli scontri tra gladiatori nell'arena di San Marco?
8. Per quale motivo il gladiatore Dolone viene chiamato il Lupo?
9. Quale caratteristica del guerriero Kabatar attira l'attenzione e il favore del pubblico? E per quale ragione questo aspetto si rivelerà dannoso per l'esito dello scontro?
10. Quali sono le due fasi principali in cui si svolge il duello tra i gladiatori?
11. Quale atteggiamento mostra il pubblico nel corso della caccia agli elefanti e dello scontro tra i gladiatori? Da quali sentimenti e emozioni si lascia travolgere?

Informazioni implicite

12. Per quale motivo il narratore definisce la catastrofe *sera occidentale* (r. 1)? E a quale condizione esistenziale dell'uomo contemporaneo sembra alludere nei seguenti passaggi: *non sapevamo più riconoscere la nostra immagine allo specchio. Eppure non potevamo chiamare le nostre mogli o i nostri figli per rammentarci chi eravamo, perché dalle mogli avevamo divorziato e figli non ne avevamo* (rr. 2-5)?
13. Che cosa intende dire il narratore quando afferma che *il comfort è la sola forma di giustizia* (r. 89)?

Significati

14. Quali sono le paure dell'uomo contemporaneo che vengono allegoricamente rappresentate in questo brano?

15. Secondo l'autore, quali effetti potrà avere una prossima apocalisse? Puoi indicare più di un'opzione.
    a) ☐ Determinerà una regressione politico-sociale.
    b) ☐ Risveglierà gli istinti peggiori degli uomini.
    c) ☐ Spingerà la società alla ricostruzione di un ordine morale.
    d) ☐ Provocherà un atteggiamento più rispettoso verso l'ambiente.

16. Quale sentimento mostra Scurati nei confronti del modo in cui tecnologia potrebbe essere utilizzata in futuro?
    a) ☐ Paura.   c) ☐ Sospetto.
    b) ☐ Fiducia.   d) ☐ Indifferenza.

17. Piazza San Marco diventa un enorme Colosseo in cui gli uomini assistono a sanguinari e insensati scontri. Quale metafora cogli in questa trasformazione? Qual è il messaggio dell'autore?

Analizzare

Narratore

18. Individua alcuni passaggi in cui il narratore interviene palesemente nel testo manifestando le proprie opinioni sui fatti e sui personaggi.

417

PARTE 2 · I generi

Personaggi

19. Quali caratteristiche fisiche e psicologiche dei due gladiatori emergono dalla descrizione che ci fornisce il narratore?

Spazio

20. Perché lo spazio assume una funzione simbolica? Motiva la tua risposta con esempi tratti dal testo.

Tempo del racconto

21. Nel testo compaiono ellissi e sommari: individua alcuni esempi per ciascuna tecnica narrativa.

Padroneggiare la lingua

Lessico

22. Oltre a quella indicata nella scheda di analisi, individua altre metafore e similitudini presenti nel testo.

23. Rileggi con attenzione la caccia agli elefanti e rintraccia le onomatopee con cui l'autore rende più viva la scena.

24. Individua le forme verbali che nella descrizione della caccia sottolineano la violenza devastante subita dal corpo degli animali.

25. Nella frase *Strappati a un'esistenza ferina*, da quale termine potrebbe essere sostituito l'aggettivo *ferina*?
    a) ☐ Misera.
    b) ☐ Dolorosa.
    c) ☐ Selvaggia.
    d) ☐ Immorale.

26. Nella frase *Votati soprattutto alla prostituzione e all'accattonaggio di massa*, da quale termine potrebbe essere sostituita la parola *accattonaggio*?
    a) ☐ Furto.
    b) ☐ Elemosina.
    c) ☐ Sfruttamento.
    d) ☐ Vagabondaggio.

Grammatica

27. *Dapprincipio il Comma d'insulazione lasciò loro una scelta: chi chiedeva di uscire non sarebbe più rientrato e chi sceglieva di rimanere, salvo rarissime concessioni di lasciapassare, non sarebbe più uscito.* Da quale congiunzione coordinante potrebbero essere sostituiti i due punti?
    a) ☐ Infatti.   c) ☐ Oppure.
    b) ☐ Perciò.   d) ☐ Tuttavia.

28. *I cacciatori isolano gli animali disorientati, li circondano e, <u>intuendone le reazioni</u>, cominciano a trafiggerli da ogni lato.* Trasforma la frase sottolineata nella subordinata esplicita corrispondente.

Interpretare e produrre

29. In un'intervista, Antonio Scurati ha affermato: «Ancora non riusciamo a capacitarci come mai la civiltà romana, fondata sull'autorevolezza del suo diritto, potesse dilettarsi con la violenza più sfrenata. Qualcosa di analogo è successo per la mia generazione, il cui tratto comune è stato di vivere la violenza come esperienza - o meglio inesperienza - filtrata dai media di massa. Siamo cresciuti a guerre televisive, siamo entrati nel mondo adulto stando in poltrona e guardando alla violenza come fosse un gioco impalpabile» («La Repubblica», 12 settembre, 2011). Sei d'accordo con l'idea espressa dallo scrittore sulla relazione che lega la violenza spettacolare del passato e quella odierna? Discutine con i tuoi compagni.

30. Nel testo si dice che ciò che si trovava oltre la linea che demarcava i confini di Nova Venezia era stato abbandonato e che ormai la città perduta esisteva solo nelle leggende. In un testo di circa una pagina, prova a immaginare quali forme di vita e quale sistema sociale e politico potrebbero svilupparsi in un ambiente spettrale, sommerso dall'acqua stagnante, in mezzo a animali disgustosi ed edifici crollati.

cinema

IL FANTASTICO-ALLEGORICO
al cinema

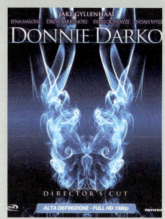

FILM: Donnie Darko
REGIA: Richard Kelly
INTERPRETI PRINCIPALI: Jake Gyllenhaal, Noah Wyle, Drew Barrymore
FOTOGRAFIA: Steven Poster
DURATA: 108 min.
PRODUZIONE: Stati Uniti
ANNO: 2001

TRAMA Donnie Darko è uno studente con problemi psicologici, in polemica con gli adulti e con la scuola che frequenta. La sua vita cambia in una notte d'ottobre, quando un motore d'aereo precipita sulla sua casa e, quasi contemporaneamente, riceve la visita di un misterioso personaggio travestito da coniglio, di nome Frank. Sopravvissuto grazie a lui, da quel momento Donnie esegue i suoi ordini, compiendo degli atti vandalici a cui il preside della scuola e un'insegnante bigotta rispondono organizzando una serie di attività rieducative. Intanto, ispirato da Frank e da un professore di fisica, Donnie comincia a interessarsi al tema dei viaggi nel tempo. Dopo aver letto un libro dell'ex-insegnante Roberta Sparrow, Donnie comincia a vedere sulle persone che lo circondano i cosiddetti *wormhole*, delle scie che mostrano in anticipo i loro movimenti: Donnie si accorge così di essere capace di viaggiare nel tempo. Intanto, esasperato e istigato da Frank, Donnie va a bruciare la casa del "motivatore" Jim Cunningham, facendo scoprire alla polizia giunta sul posto le attività criminali dell'uomo.
Pochi giorni dopo, durante una festa di Halloween, si compie l'epilogo della storia. Nel cuore della notte, seguendo una premonizione che annuncia la fine del mondo e pensando a come scongiurarla, Donnie si impadronisce della pistola del padre e raggiunge, insieme alla compagna del cuore Gretchen, la casa di Roberta Sparrow. Qui avviene l'imprevisto: mentre cercano la donna esperta in viaggi del tempo, tutt'a un tratto, sopraggiunge un'auto che, sbandando, investe mortalmente la ragazza. Donnie, disperato, uccide il conducente, che altri non è se non Frank.
Nell'epilogo del film si sciolgono i nodi della storia: il motore d'aereo caduto sulla casa dei Darko aveva proiettato Donnie in un universo parallelo abitato dallo stesso Frank; ora, per salvare il mondo dalla catastrofe innescata dalla compresenza delle due realtà, Donnie accetta di morire.

LA REGIA Il film è l'opera prima del giovane regista Richard Kelly. Nella costruzione della dimensione fantastica, egli si è ispirato alla teoria parascientifica degli "universi tangenti": mondi temporanei che, affiancandosi a quello "primario", consentirebbero ai suoi abitanti di compiere viaggi nel tempo. Ma attraverso questo racconto, il regista riflette anche sul tema della solitudine di un ragazzo ritenuto "diverso", incompreso da un mondo di adulti che non riescono – e spesso non provano neppure – a capirlo.

I CARATTERI DEL FANTASTICO-ALLEGORICO Tipica del genere fantastico è l'invenzione di un mondo parallelo, nel quale il protagonista cerca di realizzarsi. La realtà parallela in cui egli vive diventa l'allegoria di una società ideale, priva del cinismo e dell'ipocrisia che caratterizzano il mondo reale.

 ONLINE
guarda la scena

LA SCENA PIÙ RIUSCITA: L'ALLUCINAZIONE La madre e il padre di Donnie chiedono alla psichiatra che lo ha in cura una diagnosi sul figlio; evocata dal racconto della dottoressa, riappare una delle allucinazioni di Donnie.

IL FANTASTICO-ALLEGORICO al cinema

La società contemporanea viene descritta come incomprensibile e alienante nel film del celebre cineasta statunitense **Orson Welles** *Il processo* (1962), tratto dall'omonimo romanzo di Kafka, così come in *Orwell 1984* del britannico Michael Radford, ispirato al romanzo di Orwell. Una riflessione più pacata è presente nel film *Il deserto dei Tartari* (1976) di Valerio Zurlini, tratto dal romanzo di Dino Buzzati. Mescolando il linguaggio della fantascienza con un tono fiabesco il regista statunitense **Steven Spielberg** ha spesso proposto immagini evocative della società contemporanea. In *A.I. Intelligenza artificiale* (2001), per esempio, ha realizzato una versione avveniristica della favola di Pinocchio: la storia di un bambino robot, capace di provare sentimenti, che va alla ricerca di una fata che lo trasformi in un bambino vero.
Più che un genere a sé stante, il fantastico-allegorico costituisce una forma particolare di "linguaggio cinematografico" che, attraverso storie dal contenuto singolare, propone riflessioni sulle complesse problematiche che caratterizzano la vita dell'uomo nella società contemporanea.
Tre le fonti letterarie di questo cinema, la fiaba costituisce quella più semplice e tipica. Il celebre racconto *Alice nel paese delle meraviglie* di Lewis Carroll è l'archetipo del genere favolistico-allegorico; esso vanta numerosissime trasposizioni cinematografiche, la più recente delle quali è *Alice in wonderland* (2010) dello statunitense **Tim Burton**.

VERIFICA UNITÀ 12 Il fantastico-allegorico

Sapere e Saper fare

PalestraInterattiva

1. Vero o falso?

a) Nel racconto fantastico-allegorico gli elementi descritti e le situazioni narrate sono rappresentazioni simboliche che prefigurano la realtà. V ☐ F ☐

b) Il simbolo coincide con l'insegnamento che l'autore vuole trasmettere. V ☐ F ☐

c) Nell'allegoria un concetto viene "impersonato" da un oggetto, un animale o una persona. V ☐ F ☐

d) "Allegoria" è una parola di origine greca. V ☐ F ☐

e) In epoca classica il genere fantastico-allegorico non era conosciuto. V ☐ F ☐

f) La grande epoca del fantastico-allegorico comincia nel Settecento. V ☐ F ☐

g) Franz Kafka ha rappresentato situazioni oniriche (spesso incubi, più che sogni). V ☐ F ☐

h) La favola è un tipo di narrazione molto praticato nel genere fantastico-allegorico. V ☐ F ☐

i) È possibile affermare che *Moby Dick* di Melville appartiene al genere allegorico. V ☐ F ☐

l) Il filone fantastico-apocalittico è incentrato su catastrofi naturali o sull'imminente fine del mondo. V ☐ F ☐

2. Gli autori e le opere

Abbina correttamente ogni autore alla propria opera.

1.	Esopo	a.	*Il mantello*
2.	Luciano di Samosata	b.	*La strada*
3.	Lucio Apuleio	c.	*Il processo*
4.	Voltaire	d.	*1984*
5.	Jonathan Swift	e.	*La seconda mezzanotte*
6.	Lewis Carroll	f.	*Metamorfosi* o *L'asino d'oro*
7.	Franz Kafka	g.	*Il topo e il leone*
8.	George Orwell	h.	*Zadig*
9.	Cormac McCarthy	l.	*Storia vera*
10.	Dino Buzzati	m.	*I viaggi di Gulliver*
11.	Italo Calvino	n.	*Le avventure di Alice nel paese delle meraviglie*
12.	Antonio Scurati	o.	*I nostri antenati*

1 = ...

2 = ...

3 = ...

4 = ...

5 = ...

6 = ...

7 = ...

8 = ...

9 = ...

10 = ...

11 = ...

12 = ...

VERIFICA UNITÀ 12

Sapere e Saper fare

Comprendere e interpretare un testo

Focus: il filone "post-apocalittico"

Leggi il racconto e poi rispondi ai quesiti.

VERIFICA*lim*

T5 Cormac McCarthy
Il vecchio

I protagonisti di quest'episodio, tratto dal romanzo *La strada* di Cormac McCarthy, sono un uomo e un bambino, padre e figlio, tra i pochi sopravvissuti a un'immane catastrofe naturale. I due si spostano a piedi lungo ciò che rimane di una strada, attraverso un paesaggio spettrale e minaccioso. Quando davanti a loro compare in lontananza una figura umana, i due decidono di proseguire pur temendo l'incontro con lo straniero, di cui non conoscono le intenzioni.

Il giorno dopo, sul tardi, sbucando da dietro una curva, il bambino si fermò e mise una mano sul carrello. Papà, sussurrò. L'uomo alzò gli occhi. Una piccola figura in lontananza sulla strada, che
5 avanzava curva e a passo strascicato.
L'uomo si appoggiò alla maniglia del carrello. Be', disse, e quello chi è?
Cosa facciamo, papà?
Potrebbe essere un'esca.
10 Cosa facciamo?
Proviamo a seguirlo. Vediamo se si volta.
Ok.
Il viandante non era tipo da voltarsi. Lo seguirono per un po' e poi lo raggiunsero. Un vecchio,
15 minuto e gobbo. Aveva in spalla uno zaino militare logoro[1] con una coperta arrotolata e legata in cima e sondava il terreno con un ramo scorticato che usava a mo' di bastone[2]. Quando li vide deviò verso il bordo della strada, si voltò e si fermò con
20 aria circospetta[3]. Portava un asciugamano lercio annodato sotto il mento, come se avesse mal di denti, e anche rispetto agli standard del nuovo mondo puzzava da morire.
Non ho niente, disse. Potete controllare, se volete.
25 Non siamo ladri.
Il viandante protese un orecchio. Come?, gridò.
Ho detto che non siamo ladri.
E allora cosa siete?
Non c'era modo di rispondere alla domanda. Il
30 vecchio si asciugò il naso con il dorso della mano e rimase in attesa. Non portava scarpe e aveva i piedi avvolti in stracci e pezzi di cartone legati con dello spago verde, e sotto gli strappi e i buchi si intravedevano vari strati di una stoffa schifosa. Tutt'a
35 un tratto sembrò che avvizzisse[4] ancora di più. Si appoggiò al bastone e si abbassò fino a sedersi sulla strada in mezzo alla cenere, con una mano sulla testa. Aveva l'aria di un mucchio di stracci caduto da un carretto. L'uomo e il bambino si avvicina-
40 rono e lo guardarono. Senta, disse l'uomo. Scusi? Il bambino si accucciò e gli mise una mano sulla spalla. Ha paura, papà. Questo signore ha paura. L'uomo guardò da una parte e dall'altra della strada. Se questa è un'imboscata[5] lui è il primo a la-
45 sciarci la pelle, disse.
Ha soltanto paura, papà.
Digli che non gli faremo niente.
Il vecchio scosse la testa, le dita incastrate nei capelli luridi. Il bambino cercò gli occhi del padre.
50 Forse non crede che siamo persone in carne e ossa.
E cosa crede che siamo?
Non lo so.

---

1. logoro: consumato, ridotto in cattivo stato dall'uso prolungato.
2. a mo' di bastone: come se fosse un bastone.
3. circospetta: con aria sospettosa, con prudenza.
4. avvizzisse: appassisse, invecchiasse.
5. un'imboscata: una trappola tesa da qualcuno, un agguato.

421

VERIFICA UNITÀ 12

Non possiamo fermarci qui. Dobbiamo andare.
Ha paura, papà.

55 Forse è meglio che non lo tocchi.
Magari potremmo dargli qualcosa da mangiare.
L'uomo rimase a osservare la strada. Maledizione, mormorò. Guardò il vecchio. Forse si sarebbe trasformato in un dio, e loro in alberi. E va
60 bene, disse.
Slegò il telo di plastica e lo sollevò dal carrello, frugò tra lo scatolame, tirò fuori della macedonia, si sfilò di tasca l'apriscatole, la aprì, piegò all'indietro il coperchio di latta, si avvicinò, si chinò e
65 la diede al bambino.
E un cucchiaio no?
Niente cucchiaio.
Il bambino prese la scatoletta e la porse al vecchio.
Tenga, disse piano. Ecco.
70 Il vecchio alzò gli occhi e guardò il bambino, che gliela avvicinò. Sembrava che stesse cercando di dar da mangiare a un avvoltoio ferito caduto in mezzo alla strada. Va tutto bene, disse.
Il vecchio si tolse la mano dalla testa. Batté le pal-
75 pebre. Occhi grigio azzurri sepolti dalle pieghe sottili e fuligginose[6] della pelle.
Tenga, disse il bambino.
Il vecchio allungò gli artigli ossuti, prese la scatoletta e se la strinse al petto.
80 Mangi, disse il bambino. È buono. Fece un gesto per indicargli di inclinare il recipiente. Il vecchio abbassò gli occhi sulla scatoletta. Aggiustò la presa e la sollevò, arricciando il naso. Le lunghe dita adunche[7] e ingiallite grattarono il metallo. Poi in-
85 clinò la scatoletta e bevve. Il succo gli colò giù per la barba lercia. La posò e masticò a fatica. Quando ingoiò fece uno scatto con la testa. Guarda, papà, sussurrò il bambino.
Lo vedo, disse l'uomo.
90 Il bambino si voltò verso di lui.
Lo so cosa mi stai per chiedere, disse l'uomo. La risposta è no.
Cosa ti sto per chiedere?
Se possiamo tenerlo con noi. Non possiamo.
95 Lo so.
Lo sai.
Sì.
Bene.

Gli possiamo dare qualcos'altro?
100 Vediamo come se la cava con questa roba qui.
Lo guardarono mangiare. Quando ebbe finito rimase a fissare la scatoletta vuota che aveva in mano come se potesse comparirci altro cibo.
Che cosa gli vuoi dare?
105 Secondo te cosa gli dovremmo dare?
Secondo me non dovremmo dargli niente. Tu cosa gli vuoi dare?
Potremmo cucinare qualcosa sul fornello. Potrebbe mangiare con noi.
110 Vuoi dire che dovremmo fermarci qui. Per tutta la notte.
Sì.
L'uomo guardò il vecchio e poi la strada. E va bene, disse. Ma domattina proseguiamo.
115 Il bambino non rispose.
Più di questo non ti posso concedere.
Ok.
Ok significa ok. Non che domattina ricominciamo a contrattare.
120 Cosa vuol dire contrattare?
Vuol dire riparlarne, e arrivare a nuovi accordi.
Niente nuovi accordi, intesi? È così e basta.
Ok.
Ok.
125 Aiutarono il vecchio a rimettersi in piedi e gli porsero il bastone. Non pesava neanche cinquanta chili. Rimase lì a guardarsi intorno, frastornato[8].
L'uomo gli tolse di mano la scatoletta e la lanciò nel bosco. Il vecchio cercò di passargli anche il
130 bastone ma lui lo scansò. Quand'è stata l'ultima volta che ha mangiato?
Non lo so.
Non se lo ricorda.
Ho mangiato un minuto fa.
135 Le va di mangiare con noi?
Non lo so.
Non lo sa?
Mangiare cosa?
Magari dello stufato di carne. Con dei cracker. E
140 del caffè.
E in cambio cosa devo fare?
Spiegarci cosa è successo al mondo.
Come?
Non deve fare niente. Ce la fa a camminare?

---

6. fuligginose: nere come la fuliggine che ricopre il paesaggio.
7. adunche: ricurve come un uncino.

8. frastornato: confuso e probabilmente sorpreso per il fatto di aver inaspettatamente trovato qualcosa da mangiare.

VERIFICA UNITÀ 12

Una scena del film *The Road* (regia di John Hillcoat, 2009), adattamento cinematografico dell'omonimo romanzo di McCarthy.

145 Ce la faccio.
Poi il vecchio abbassò gli occhi e guardò il bambino. Tu sei un bambino?, disse.
Il bambino guardò il padre.
Perché, che cosa le sembra?, disse lui.
150 Non lo so. Non ci vedo bene.
Me mi vede?
Vedo che ho qualcuno davanti.
Bene. Dobbiamo rimetterci in marcia. Guardò il bambino. Non dargli la mano, disse.
155 Ma non ci vede.
Non dargli la mano. Andiamo.
Andiamo dove?, disse il vecchio.
A mangiare.
Il vecchio annuì, allungò il bastone e lo batté un
160 po' esitante sulla strada.
Quanti anni ha?
Novanta.
Non ci credo.
Pazienza.

165 È questo che racconta alla gente?
Quale gente?
A chiunque.
Direi di sì.
Per evitare che le facciano del male?
170 Sì.
E funziona?
No.
Cos'ha nello zaino?
Niente. Può controllare.
175 Lo so che posso controllare. Che cosa c'è lì dentro?
Niente. Due o tre cose.
Niente da mangiare.
No.
Come si chiama?
180 Ely.
Ely come?
Perché, non va bene Ely?
Ely va benissimo. Andiamo.

Cormac McCarthy, *La strada*, Torino, Einaudi, 2010

VERIFICA UNITÀ 12

Competenza testuale

Individuare e ricavare informazioni

_____ 1. L'uomo e il bambino camminano lungo una strada; chi o che cosa vedono a un certo punto in lontananza?

_____ 2. Che cosa decide di fare l'uomo spronato dal bambino?

_____ 3. Che cosa teme l'uomo? Che cosa potrebbe accadere a lui e al bambino?

_____ 4. Il padre ripete più volte al figlio di non toccare il vecchio. Perché?

_____ 5. Come dice di chiamarsi il viandante? È il suo vero nome?

Comprendere i significati

_____ 6. *Potrebbe essere un'esca* (r. 9). Che cosa potrebbe significare *un'esca* in questo contesto? A che cosa potrebbe riferirsi l'uomo con quest'espressione?

_____ 7. *Cosa ti sto per chiedere? Se possiamo tenerlo con noi. Non possiamo. Lo so.* (rr. 93-94) L'uomo e il bambino discutono sull'opportunità di portare il vecchio con loro, ma alla fine concludono d'accordo che non è possibile farlo. Perché? Che cosa impedisce loro di portare il vecchio con loro?

_____ 8. Per potergli dare qualcosa da mangiare l'uomo pretende qualcosa in cambio; ma la sua richiesta sembra bizzarra. Come si spiega? Si tratta di una richiesta seria?

_____ 9. *Quanti anni ha? Novanta. Non ci credo. Pazienza. È questo che racconta alla gente? Quale gente?* (rr. 161-166) A che cosa allude il vecchio con quest'ultima battuta – *Quale gente?* – di risposta all'uomo che lo interroga sulla sua età?

Interpretare e valutare

_____ 10. Quali elementi, nella descrizione del paesaggio e del rapporto tra i personaggi, evidenziano una situazione esistenziale fuori dal comune?

_____ 11. In quest'universo post-apocalittico, quali possono considerati gli "standard" di vita, ovvero il modello di riferimento a cui ci si uniforma?

Comprendere strutture e caratteristiche dei generi testuali

_____ 12. Nel solco della letteratura fantastico-allegorica s'innesta il filone post-apocalittico, caratterizzato da narrazioni di un mondo futuro, più o meno lontano nel tempo, devastato da gravi catastrofi, siano esse naturali o provocate dall'uomo. Individua in questo racconto i tratti caratteristici del filone post-apocalittico.

_____ 13. Nel racconto ci sono momenti di tensione e di paura; riesci a individuarne qualcuno?

Riconoscere il registro linguistico

_____ 14. Qual è il registro linguistico con cui si esprimono i personaggi? Quali cambiamenti di registro noti prima e dopo l'incontro con il vecchio?

Competenza lessicale

_____ 15. *Portava un asciugamano lercio annodato sotto il mento.* Di che cosa è sinonimo *lercio*?
   a) ☐ Sporco.   c) ☐ Lungo.
   b) ☐ Bagnato.   d) ☐ Puzzolente.

_____ 16. *Il vecchio allungò gli artigli ossuti.* Che cosa s'intende qui con artigli *ossuti*? Quale altro aggettivo potrebbe essere usato per qualificare la stessa cosa?

Competenza grammaticale

_____ 17. *Quando ebbe finito rimase a fissare la scatoletta vuota che aveva in mano come se potesse comparirci altro cibo.* Riscrivi questa frase al tempo presente.

_____ 18. *Non ho niente, disse. Potete controllare, se volete.* Volgi questa frase da discorso diretto a discorso indiretto.

_____ 19. Individua all'interno del brano alcuni avverbi di modo. Ci sono altri tipi di avverbio nel racconto?

_____ 20. Che tipo di punteggiatura prevale nel brano? In che modo essa influisce sul ritmo del racconto?

424

Unità 13

La narrazione di formazione

- **T1** Charlotte Brontë — Jane Eyre
- **T2** Jerome David Salinger — Il giovane Holden
- **T3** Elsa Morante — Il piroscafo
- **T4** Niccolò Ammaniti — Io non ho paura
- **T5** Fabio Geda — Per il resto del viaggio ho sparato agli indiani
- **T6** Craig Thompson — Salmo per Raina

Saper fare
- **T7** Irène Némirovsky — Antoinette

ONLINE
- **W1** Ian McEwan, da *Espiazione*
- **W2** Isabel Allende, da *Il quaderno di Maya*
- **W3** Khaled Hosseini, da *Il cacciatore di aquiloni*
- **W4** Natalia Ginzburg, da *Lessico famigliare*
- **W5** Yaşhar Kemal, *I calzoni bianchi*
- **W6** Katherine Mansfield, *Lezione di canto*
- **W7** Robert Musil, *Gli assetati*
- **W8** Herman Hesse, da *Narciso e Boccadoro*

PARTE 2 · I generi

Le caratteristiche del genere

1 I contenuti del romanzo di formazione

Un percorso di crescita Tra la metà del Settecento e l'inizio dell'Ottocento si afferma il genere del **romanzo di formazione** o, come viene anche denominato utilizzando il termine tedesco che lo definisce, *Bildungsroman*; proprio la Germania, infatti, è il paese in cui questo genere produce le sue prime e più interessanti opere.

Il tema principale di tale tipo di romanzo è per l'appunto la **formazione del carattere e della personalità** del giovane o della giovane protagonisti della vicenda.

Il protagonista è inizialmente dipinto come una persona inesperta, in difficoltà o addirittura in conflitto con l'ambiente in cui si trova. Per poter **crescere e diventare maturo**, egli attraversa una serie di **esperienze**, che hanno il valore reale e simbolico di **prove da superare**. Non si tratta di imprese straordinarie, ma di eventi "normali": il confronto-scontro con gli adulti o con i coetanei, la nascita di un amore, il trasferimento dal paese natale, il cambiamento di lavoro, la conoscenza della morte attraverso la perdita di una persona cara, e così via.

Questi eventi, che il protagonista deve affrontare e superare, mettono alla prova il suo carattere e lo formano; il giovane impara a conoscere meglio se stesso e il mondo, anche attraverso la sofferenza a cui le sue esperienze lo costringono, scopre quali sono le sue qualità e i suoi limiti e si

trova spesso nell'incombenza di dover prendere decisioni difficili o dolorose, anche in contrasto con quanto gli adulti (di solito i genitori) gli impongono.

Il raggiungimento della maturità Il processo di formazione può concludersi con il compiuto **inserimento del protagonista nella società adulta**; per esempio, il raggiungimento di un'elevata posizione sociale, il compimento dell'amore in un matrimonio felice, la realizzazione delle sue capacità in una brillante carriera lavorativa ecc.

Il processo di crescita può però anche concludersi con un **esito fallimentare**: il protagonista, in questo caso, non riesce a superare le difficoltà alle quali la vita lo sottopone e scopre l'irrealizzabilità delle proprie aspirazioni; egli non si adatta o sceglie di non adattarsi al mondo sociale circostante. Il romanzo può concludersi, in tal senso, anche con la morte del protagonista (come spesso avviene nella letteratura romantica).

Dal punto di vista morale, però, la situazione è decisamente più complessa: non sempre la realizzazione spirituale del personaggio coincide con il suo trionfo o il suo successo materiale. Per esempio, il suo successo in società può anche dipendere dalla scelta opportunistica di tradire gli ideali di gioventù; così come, d'altra parte, il rifiuto o l'impossibilità di integrarsi nella società può essere il simbolo di una purezza a cui il giovane non intende rinunciare.

426

2 Le tecniche narrative

Il rinnovamento degli schemi narrativi

Considerato che tale genere di romanzo intende analizzare e valorizzare l'**interiorità del personaggio**, del quale sono messi in evidenza gli stati d'animo e gli impulsi che lo spingono ad agire, ciò che è centrale non sono gli avvenimenti in sé, ma il modo in cui questi sono vissuti dal personaggio e le reazioni che provocano in lui. L'autore, in tal senso, ricercando tecniche narrative funzionali agli obiettivi della sua opera, finisce per innovare gli schemi della narrazione tradizionale:

- predominano le **sequenze riflessive** e le **descrizioni soggettive** e particolareggiate dei sentimenti e delle azioni; anche i **luoghi** del racconto sono presentati non tanto nella loro connotazione oggettiva, quanto nel loro **stretto rapporto con il mondo interiore del personaggio**, filtrati attraverso le sue sensazioni e le sue emozioni, assumendo dunque spesso una **connotazione simbolica**;
- sono frequenti il **dialogo** e il **discorso indiretto libero**, scelte stilistiche che permettono all'autore di adottare l'ottica del protagonista per consegnare al lettore la sua particolare visione della realtà, le sue sensazioni e impressioni;
- il **tempo della narrazione** è **individuale, soggettivo**; esso si realizza cioè come un tempo interiore, che segue lo svolgersi degli avvenimenti reali attraverso il ritmo dei pensieri e delle riflessioni del personaggio.

3 Autori e opere

Gli iniziatori del genere

Il *Bildungsroman*, come si è detto, divenne un genere molto diffuso nella narrativa tedesca a partire dalla seconda metà del Settecento. Colui che per primo e in maniera più originale ne esprime le forme e i contenuti è **Johann Wolfgang Goethe**, con il suo romanzo epistolare *I dolori del giovane Werther* (1774), una delle prime opere in assoluto di questo genere, e con una serie di romanzi il cui protagonista è Wilhelm Meister, giovane alla ricerca di una vocazione e di una propria posizione nel mondo. Molti anni prima di Goethe, in verità, in Inghilterra il romanzo di formazione aveva già prodotto dei risultati importanti. Altro protagonista giovane, ancora ingenuo e inesperto, alla ricerca di un modo per affermare se stesso è *Tom Jones* (1749) nell'omonimo romanzo di **Henry Fielding**. Tom è un trovatello di cui il narratore racconta le vicissitudini dalla nascita sino al felice inserimento nella società e nella vita adulta.

L'Ottocento Nell'Ottocento il genere del romanzo di formazione si diffonde sempre più, oltre che in Inghilterra e Germania, anche in tutta Europa, soprattutto in Francia e Italia.

Una delle espressioni più importanti del genere in Francia è *Il rosso e il nero* di **Stendhal**, pubblicato nel 1830; è la storia di un giovane ambizioso e spregiudicato, figlio di un falegname, fortemente deciso a progredire socialmente attraverso la carriera talare (il nero della tonaca) o quella militare (il rosso della divisa); alla fine della sua giovane vita egli scoprirà che la sua vera realizzazione è stato il passionale amore per una donna, che in un accesso d'ira ha tentato di uccidere e per cui verrà condannato a morte.

La scrittrice inglese **Charlotte Brontë** pubblica nel 1847 il romanzo *Jane Eyre* (▶*Jane Eyre*, p. 429), che ebbe un notevole successo: vi si narra la storia di Jane, piccola orfanella, che attraverso un difficile percorso di crescita sposerà l'uomo che ama, raggiungendo serenità e benessere. Nel 1849 lo scrittore inglese **Charles Dickens** inizia la pubblicazione di *David Copperfield*, romanzo autobiografico in cui l'autore descrive la sua difficile infanzia, con tutti i suoi dolori, paure, sofferenze e innamoramenti. La storia si conclude però con un compiuto successo del personaggio, testimoniato dalla sua brillante carriera, dall'unione con la donna amata e la sconfitta di tutti i perfidi personaggi che hanno tramato contro di lui.

Gustave Flaubert, con l'*Educazione sentimentale* (1869), ci fornisce invece l'esempio di un fallimentare percorso di formazione umana, sociale e amorosa. Frédéric Moreau, protagonista del romanzo, si dimostra infine una personalità piena di slancio ma priva di carattere, destinata dunque all'insuccesso e a una vita caratterizzata

PARTE 2 · I generi

dai rimpianti.

Tra gli esempi di romanzo di formazione in Italia ricordiamo le *Confessioni di un italiano* di **Ippolito Nievo**, scritto nel 1856-1857 e pubblicato postumo solo nel 1867; in quest'opera dal carattere autobiografico l'autore ricostruisce non solo la vita di un uomo, ma anche mezzo secolo di storia italiana, rileggendo entrambi nella prospettiva della situazione politica di quegli anni, ossia dal punto di vista dell'unità nazionale raggiunta dopo decenni di lotta.

Il Novecento Anche nel Novecento il romanzo di formazione resta un genere molto praticato, seppur in seguito a trasformazioni tematiche e formali che segnano una sua evoluzione sin dall'inizio del secolo e permettono che esso si volga verso nuove direzioni.

Nel suo racconto breve *Tonio Kröger*, pubblicato nel 1903, **Thomas Mann** narra la problematica formazione del giovane Tonio, studente quattordicenne che vive con disagio il suo sentimento di "diversità", ossia il sentirsi estraneo al modo di vivere e di pensare della maggior parte dei suoi coetanei (▶ *Il signor Knaak*, p. 64).

Tre anni dopo, lo scrittore austriaco **Robert Musil** pubblica *I turbamenti del giovane Törless*, romanzo dal carattere fortemente autobiografico; il tema di quest'opera, così come di molti altri suoi racconti, è quello classico del romanzo di formazione, ossia il problematico passaggio dall'adolescenza all'età matura, che nell'opera di Musil coincide con la presa di coscienza di tutte le contraddizioni che caratterizzano la società borghese.

Lo scrittore irlandese **James Joyce** con *Dedalus* fornisce un fulgido esempio di un tipo particolare di romanzo di formazione: il cosiddetto *Künstlerroman*, già molto diffuso nel secolo precedente, che raffigura in maniera particolare la formazione intellettuale dell'artista (in tedesco *Künstler*). Questo *Ritratto dell'artista da giovane* (come recita il titolo originale dell'opera, pubblicata nel 1917), esprime tutta la vita emotiva e spirituale del protagonista, focalizzando soprattutto il momento del risveglio intellettuale, della sua presa di coscienza a livello sociale e culturale.

Nel 1922 **Herman Hesse** pubblica un celebre romanzo che otterrà negli anni successivi un successo planetario, ancora oggi non esaurito: *Siddharta* è la storia, scritta con uno stile diretto e semplice, di un giovane ragazzo indiano di buona famiglia che, sfidando la volontà del padre, decide di vagabondare per l'India alla ricerca del significato della vita e di una più completa conoscenza di se stesso. In un altro suo celebre romanzo, *Narciso e Boccadoro*, Hesse ambienta in un convento medievale di monaci la storia della profonda amicizia tra due giovani.

Katherine Mansfield, neozelandese, tra le più importanti scrittrici di racconti brevi del ventesimo secolo, e **Irène Némirovsky**, scrittrice francese di origine ucraina (▶ *Antoinette*, p. 469), morta ad Auschwitz nel 1942, hanno dedicato ai temi tipici dell'adolescenza e della formazione molti dei loro scritti.

Nel 1951 **Jerome David Salinger** pubblica *Il giovane Holden*, storia di Holden Caulfield, un adolescente americano che in prima persona presenta al lettore il proprio mondo, mostrandogli il suo senso di insoddisfazione nei confronti della società che lo circonda, in particolare della scuola da cui è stato espulso (▶ *Il giovane Holden*, p. 434). Anche questo romanzo è stato letto negli anni da milioni di adolescenti, che nella sensibile e particolare visione del mondo del giovane Holden si sono identificati.

Un altro autore statunitense, il fumettista **Craig Thompson**, ha recentemente raccontato nella sua *graphic novel Blankets* il difficile processo di formazione di un adolescente, oppresso dall'ambiente familiare e a disagio nella realtà circostante, il cui sentimento nei confronti di una sua coetanea viene rappresentato con estrema delicatezza (▶ *Salmo per Raina*, p. 463).

Tra le opere di scrittori italiani che hanno cercato di rappresentare il percorso di formazione dell'adolescenza ricordiamo *L'isola di Arturo* di **Elsa Morante**, pubblicato nel 1957 (▶ *Il piroscafo*, p. 442); il più recente *Jack Frusciante è uscito dal gruppo* di **Enrico Brizzi**, del 1997; *Una barca nel bosco* di **Paola Mastrocola** del 2003 e infine i romanzi di **Niccolò Ammaniti**, tra i quali *Io non ho paura* (▶ *Io non ho paura*, p. 450), e quelli di **Fabio Geda** (▶ *Per il resto del viaggio ho sparato agli indiani*, p. 455).

428

T1

Charlotte Brontë
Jane Eyre

Jane Eyre è una bambina rimasta orfana che viene accolta nella famiglia dello zio, fratello della madre. Jane è odiata e maltrattata dalla zia e dai cugini: l'unica persona che le vuole bene è lo zio. All'improvvisa morte di costui, la zia continua ad accudire malvolentieri la fanciulla, solo perché l'ha promesso al marito sul letto di morte. Ma la convivenza è insopportabile e Jane, ragazzina dal carattere forte e deciso, viene infine affidata a un istituto religioso, dove la severità è la regola del giorno per le fanciulle senza famiglia che vi sono ospitate.

- **PUBBLICAZIONE**
  Jane Eyre, 1847
- **LUOGO E TEMPO**
  Inghilterra, metà del XIX secolo
- **PERSONAGGI**
  Jane Eyre; signor Brocklehurst, rettore della scuola; la signorina Temple; le ragazze del collegio

Il signor Brocklehurst, dritto davanti al caminetto con le mani dietro la schiena, guardava solennemente l'intera scolaresca. D'improvviso il suo occhio ebbe un lampo, come se le sue pupille fossero state abbagliate o ferite; voltandosi, balbettò convulsamente:

5 «Signorina Temple, signorina Temple, che cosa... *che cosa* è mai quella ragazza con i capelli ricci? Capelli rossi, signorina, e ricci... completamente ricci!». E tendendo il bastone lo puntava con mano tremante verso il terribile oggetto.

«È Julia Severn», rispose la signorina Temple con molta calma.

«Julia Severn, signorina! E perché mai lei, o chiunque altra, ha i capelli ricci?
10 Perché mai, a sfida di tutte le regole e i principi di questa casa, si segue così sfacciatamente la moda – qui, in un istituto evangelico e di beneficenza – da portare una massa di riccioli?».

«I capelli di Julia sono ricci naturalmente», rispose la signorina Temple ancora più calma.

15 «Naturalmente! Sì, ma noi non dobbiamo sottometterci alla natura; io voglio che queste ragazze siano figlie della Grazia: e perché allora tanta abbondanza? Ho detto e ridetto chiaramente che desidero che i capelli siano pettinati lisci, con modestia e semplicità. Signorina Temple, bisogna assolutamente tagliare i capelli di questa ragazza; manderò un barbiere domani; e vedo altre capellone... quella
20 ragazza alta: ditele di voltarsi. Dite a tutte quelle della prima panca di alzarsi e di girarsi verso il muro».

La signorina Temple si passò il fazzoletto sulle labbra come per cancellare un involontario sorriso; ordinò tuttavia alle allieve della prima classe, ed esse obbedirono. Tirandomi un po' indietro sulla mia panca potevo osservare gli sguardi
25 e le smorfie e udire i commenti di questa manovra: peccato che anche il signor Brocklehurst non potesse vederli; forse si sarebbe reso conto che, per quanto potesse agire sull'esterno del vaso, l'interno era molto più al di là della sua influenza di quanto immaginasse.

Scrutò per circa cinque minuti il rovescio di queste medaglie viventi, e poi pro-
30 nunciò la sentenza. Le sue parole caddero come i rintocchi del destino:

«Tutti questi *chignons*[1] devono essere tagliati».

La signorina Temple tentò di protestare.

«Signorina», proseguì lui, «io servo un Maestro il cui regno non è di questo mondo: la mia missione è di mortificare in queste ragazze i desideri della carne; di insegnar loro a vestirsi con modestia e semplicità, senza pettinature elaborate né fronzoli costosi; e tutte queste ragazze hanno trecce che forse la vanità stessa ha creato. Ripeto che devono essere tagliati; pensate al tempo male impiegato, al...».

A questo punto le parole del signor Brocklehurst furono interrotte dall'ingresso di tre signore. Le nuove ospiti avrebbero dovuto arrivare un po' prima per udire il suo sermone sull'abbigliamento, infatti erano splendidamente abbigliate in velluto, seta e pelliccia. Le due più giovani del trio (belle ragazze di sedici e diciassette anni) avevano cappellini di castoro grigio, allora molto di moda, con piume di struzzo, e sotto la tesa di questi graziosi copricapo s'intravvedeva una profusione di morbide ciocche artisticamente arricciate; la più anziana era avvolta in un costoso scialle di velluto ornato di ermellino e portava in fronte una frangia di riccioli posticci alla francese.

Queste dame vennero accolte dalla signorina Temple col rispetto dovuto alla signora e alle signorine Brocklehurst, e accompagnate ai posti d'onore al fondo della stanza. A quanto pare erano venute in carrozza col loro reverendo congiunto e avevano condotto una sconvolgente perquisizione al piano superiore mentre egli rivedeva i conti con l'economa, interrogava la lavandaia e faceva la predica alla direttrice. [...]

Finora, pur ascoltando i discorsi del signor Brocklehurst e della signorina Temple, non avevo trascurato di prendere ogni precauzione per difendere la mia sicurezza personale; e pensavo di riuscirvi evitando, per quanto possibile, di farmi notare. A questo scopo mi ero seduta molto indietro sulla panca e, fingendo di essere assorta nelle mie operazioni di aritmetica, tenevo la lavagna in modo da nascondere il volto; avrei potuto sfuggire a ogni attenzione se quella lavagna traditrice non mi fosse sfuggita dalle mani e, cadendo con fracasso inopportuno, non avesse richiamato tutti gli sguardi su di me. Mi resi conto che era finita e, mentre mi chinavo per raccogliere la lavagna, andata in pezzi, radunai le mie forze per far fronte al peggio. E il peggio venne.

«Che distratta!», disse il signor Brocklehurst: «È la nuova allieva, a quanto vedo». E prima che potessi tirare il fiato: «A proposito, non devo dimenticare che ho da dire una parola a suo riguardo». Poi a voce alta: e come mi parve alta! «La bambina che ha rotto la lavagna venga avanti».

Non riuscivo a muovermi: ero paralizzata; ma due ragazze grandi, che mi sedevano ai lati, mi misero in piedi e mi spinsero verso il terribile giudice; allora la signorina Temple mi venne affabilmente in aiuto mentre ero già davanti a lui e la sentii sussurrare:

---

1. *chignons*: tipo di acconciatura in cui i capelli sono raccolti dietro la nuca in un nodo.

La narrazione di formazione · UNITÀ 13

«Non aver paura, Jane, ho visto che è stata una disgrazia, non sarai punita».

Queste affettuose parole mi penetrarono nel cuore come una pugnalata: «Fra un minuto mi disprezzerà per la mia ipocrisia», pensai; e un'ondata di rabbia […] mi assalì. […]

75 «Portate qui quello sgabello», disse il signor Brocklehurst indicandone uno molto alto dal quale si era alzato un prefetto proprio in quel momento: lo sgabello fu portato.

«Fatela sedere».

Mi ci trovai sopra. Non so chi mi fece sedere: non ero in condizioni di notare 80 i particolari; mi resi solo conto di essere stata issata all'altezza del naso del signor Brocklehurst, che era a circa una iarda da me […].

Il signor Brocklehurst tossicchiò. «Signore», disse volgendosi alla sua famiglia, «signorina Temple, insegnanti e ragazze, vedete tutte questa bambina?».

Naturalmente mi vedevano, perché sentivo i loro sguardi bruciarmi il volto 85 come lenti ustorie.

«Potete vedere che è ancora piccola; potete osservare che possiede le consuete forme dell'infanzia; Dio le ha benignamente concesso l'aspetto che ha dato a tutte voi; nessuna deformità rivela in lei un carattere particolare. Chi potrebbe pensare che il Maligno ha già trovato in lei un suo servo e un suo agente? Eppure, sono 90 dolente di dirlo, purtroppo è così».

Ci fu una pausa durante la quale cominciai a dominare la paralisi dei miei nervi rendendomi conto che il Rubicone era già stato passato[2] e che, non potendo evitare quella vergogna, tanto valeva affrontarla con fermezza.

«Mie care bambine», continuò pateticamente quell'ecclesiastico di marmo ne-95 ro, «è questa una triste e malinconica situazione: perché mi si impone il dovere di avvertirvi che questa bambina, che potrebbe essere una delle pecorelle di Dio, è una piccola criminale: non un membro del vero gregge ma evidentemente un'intrusa inopportuna. Dovete guardarvi da lei, dovete cercare di non assomigliarle; se è necessario evitate la sua compagnia, escludetela dai vostri giuochi, tenetela fuori 100 dalle vostre conversazioni. Voi insegnanti, dovete sorvegliarla: tener d'occhio ogni sua mossa, soppesare le sue parole, valutare le sue azioni, punire il suo corpo per salvare la sua anima: se pure questa salvezza è possibile, perché (mi trema la lingua nel dirlo) questa ragazzina, questa bambina, nata in terra cristiana, peggiore di tante piccole pagane che dicono le loro preghiere a Brahma e si inginocchiano 105 davanti a Juggernaut[3]… questa bambina è… una bugiarda!».

Seguì una pausa di dieci minuti durante la quale, ormai del tutto padrona di me, notai che tutti i membri femminili della famiglia Brocklehurst tiravan fuori i fazzoletti asciugandosi gli occhi, mentre la signora anziana si dondolava avanti e indietro e le due giovani mormoravano: «Che disgusto!».

---

2. il Rubicone era stato già passato: riferimento all'episodio storico dell'attraversamento del fiume Rubicone, da parte di Giulio Cesare. L'evento e la frase pronunciata in quell'occasione dal futuro imperatore (*Alea iacta est*, "il dado è tratto") rappresentano proverbialmente l'approssimarsi di un momento decisivo, trascorso il quale non è più possibile tornare dietro.
3. Brahma… Juggernaut: nomi di entità divine della religione induista.

PARTE 2 · I generi

110 Il signor Brocklehurst concluse:

«Ho saputo questo dalla sua benefattrice: dalla pia e caritatevole signora che l'adottò orfana, l'allevò come una figlia, ma il suo affetto e la sua generosità furono ripagate da questa disgraziata bambina con tale slealtà e ingratitudine, che alla fine la sua ottima protettrice fu costretta ad allontanarla dai propri figli per
115 paura che con il cattivo esempio ne contaminasse la purezza: l'ha mandata qui per essere risanata come gli antichi Ebrei mandavano i loro malati alle ribollenti acque di Bethesda[4]; insegnanti, direttrice, vi prego di non permettere che le acque ristagnino intorno a lei».

Con questo finale in stile aulico, il signor Brocklehurst si abbottonò l'ultimo
120 bottone del cappotto, mormorò qualche cosa ai suoi familiari, che si alzarono, fecero un inchino alla signorina Temple, dopo di che veleggiarono tutti in gran pompa fuori della stanza. Sulla soglia il mio giudice si voltò dicendo: «Fatela stare ancora mezz'ora su quello sgabello e non lasciate che alcuno le parli per tutto il resto della giornata».

125 Eccomi dunque là in alto, messa alla berlina; io, che avevo affermato di non poter sopportare la vergogna di stare naturalmente in piedi nel mezzo di una stanza, ero adesso esposta alla vista di tutti su di un piedistallo di vergogna. È impossibile descrivere le mie sensazioni di allora; ma proprio mentre si accavallavano nel mio animo, mozzandomi il respiro e serrandomi la gola, una ragazza si avvicinò
130 e passandomi accanto alzò gli occhi su di me. Che strana luce li animava! E che straordinaria impressione mi fece! Come mi sentii rinfrancata da quel nuovo sentimento! Mi parve che un martire, un eroe avesse sfiorato una vittima schiava e innocente trasmettendole una nuova forza. Dominai la crisi isterica che stava per travolgermi, sollevai la testa e rimasi saldamente in piedi sullo sgabello.

Charlotte Brontë, *Jane Eyre*, Milano, Garzanti, 1978

---

4. ribollenti acque di Bethesda: la piscina di Bethesda (o Betzaeta) si trovava a Gerusalemme ed era un luogo sacro della ritualità religiosa ebraica.

VITA E OPERE

Charlotte Brontë

● Scrittrice inglese, nata nel 1816 a Thornton, nella contea dello Yorkshire, terza di sei sorelle, tra cui Emily e Anne, anch'esse scrittrici. La passione letteraria deriva alle tre sorelle dal padre, un pastore protestante di origine irlandese, autore di qualche piccolo poemetto. Charlotte studia in diverse scuole e collegi (le cui rigide regole e misere condizioni verranno rievocate nei suoi romanzi), in Inghilterra e poi nel 1842 in Belgio, nel Collegio Heger di Bruxelles, dove si reca insieme alla sorella Emily per studiare il francese. Tornata in Inghilterra, Charlotte (come Emily e Anne) si dedica attivamente alla letteratura, lavorando alla stesura del suo primo romanzo, *Il professore*, che viene però rifiutato da tutte le case editrici a cui l'aveva proposto.

I romanzi più celebri delle tre sorelle – rispettivamente *Jane Eyre, Cime tempestose* e *L'inquilino di Palazzo Wildfell* – vengono pubblicati tutti nello stesso anno, il 1847 e diventeranno dei classici della letteratura inglese. Per la loro pubblicazione, le tre sorelle scelgono gli pseudonimi di Currer, Ellis e Acton Bell. Charlotte userà lo pseudonimo di Currer Bell anche per il suo secondo romanzo, *Shirley* (1849). Le sue opere creano subito un acceso dibattito tra i critici inglesi, sia per l'identità del suo autore (si tratta di un uomo o di una donna?) sia per la sua qualità letteraria: non tutti, infatti, apprezzano lo stile di Charlotte Brontë. Dopo aver pubblicato un altro romanzo nel 1853, *Villette*, Charlotte morirà, due anni dopo, a Haworth. Il suo primo romanzo, *Il professore*, verrà pubblicato postumo, nel 1857.

SCHEDA DI ANALISI

Il tema e il messaggio

L'argomento centrale di questo brano è l'**educazione**, tema che si lega in maniera forte all'esperienza autobiografica dell'autrice: il suo soggiorno nel collegio Héger di Bruxelles fu un momento fondamentale e decisivo della sua formazione, e per questa ragione è un riferimento presente in tutti i suoi romanzi. La rigida atmosfera del collegio è introdotta attraverso la figura dell'arcigno rettore, il signor Brocklehurst, che prima umilia le ragazze acconciate con lo *chignon*, poi definisce Jane, davanti alle compagne e alle insegnanti, una *piccola criminale* visitata dal Maligno, una persona da evitare e sorvegliare.

La narratrice mette in scena così i soprusi e le prepotenze perpetrati dagli adulti nei confronti dei giovani, in nome di una educazione basata sulla necessità del "dovere" e del "bene operare"; ma tali principi, se intesi e applicati in maniera gretta e dispotica, producono effetti del tutto contrari a quelli previsti, generando derisione (*La signorina Temple si passò il fazzoletto sulle labbra come per cancellare un involontario sorriso*) e, in alcuni casi, un'ostinata ribellione in chi li subisce (*rimasi saldamente in piedi sullo sgabello*).

I personaggi

La protagonista assoluta del romanzo è la piccola Jane, orfana destinata dalla zia alla Casa di Carità; ma nel passo emerge un temibile **coprotagonista**, che si configura anche come **antagonista**: il signor Brocklehurst, un **personaggio-tipo** caratterizzato attraverso pochi tratti psicologici che non subiscono alcuna evoluzione nel corso della vicenda. In questo brano, la narratrice lo delinea come un istitutore gretto, un aguzzino; sin dall'inizio egli ci appare rigido e sostenuto (*dritto davanti al caminetto con le mani dietro la schiena, guardava solennemente l'intera scolaresca*). Solo esteriormente, in maniera assurdamente grottesca, egli pretende presentarsi come un persecutore della vanità e un difensore di severi principi educativi: esigere il taglio dei capelli delle ragazze sembra più un'inutile umiliazione che un mezzo per insegnare loro la sobrietà.

La signorina Temple, più comprensiva e ragionevole, cerca di contenere la sua vanitosa esibizione di moralismo, tenta di protestare, ma di fronte alle altisonanti e retoriche parole del rettore (*io servo un Maestro…*) preferisce recedere.

Solo Jane resiste. La sua è la tipica caratterizzazione dell'eroina che sopporta con fierezza la punizione proprio perché sa che è ingiusta (*vittima schiava e innocente*); nel finale del brano, il suo senso del pu-

dore lascia spazio all'orgoglio risvegliato dallo sguardo ammirato e solidale della compagna (*mi sentii rinfrancata*).

Lo spazio e il tempo

L'ambiente in cui si svolge il racconto è **chiuso**: una stanza di collegio in cui le ragazze sono state radunate e sistemate su panche per ricevere la visita del rettore-ispettore, luogo ideale dove perpetrare un sopruso (le punizioni inflitte alle ragazze) di fronte a testimoni muti o compiacenti (le signore vestite di porpora).

Il tempo del racconto coincide grosso modo con il tempo reale della storia, in quanto la narrazione è integralmente occupata da una **scena**: gli insistiti e ripetuti monologhi del rettore ci permettono di vivere attimo per attimo l'episodio e le riflessioni della protagonista, illuminandoci anche sulle reali sensazioni vissute dalle ragazze e dagli altri personaggi.

La lingua e lo stile

Quando *Jane Eyre* uscì nel 1847, il critico del «Fraser's Magazine» G. H. Lewes, che lo recensì molto favorevolmente, non si lasciò ingannare dallo pseudonimo maschile di Currer Bell dietro cui si nascondeva l'autrice: «A scrivere è chiaramente una donna; e, se non prendiamo un abbaglio, una nuova stella della letteratura». Lewes elencava, nel suo articolo, le caratteristiche che motivavano il suo lusinghiero giudizio sul romanzo e sulla sua autrice: la profondità di percezione della psicologia del personaggio e la capacità di delinearlo in maniera netta, le qualità pittoriche delle descrizioni di ambienti e situazioni, la passione e l'esperienza della vita che l'autrice riversa nella sua opera.

Queste sono le peculiarità che possiamo notare anche nel brano: l'appassionata narrazione, corredata da commenti e osservazioni personali; l'incisiva caratterizzazione dei personaggi; l'abilità nel tratteggiare un ambiente sociale e le sue ipocrisie; la forza dei sentimenti che traspare (la vergogna, la rabbia, la fierezza).

Notiamo infine come il registro linguistico, nonostante l'ironia che talvolta lo caratterizza, si mantenga piuttosto alto e letterario: a volte un po' troppo "retorico" (*Come mi sentii rinfrancata da quel nuovo sentimento! Mi parve che un martire, un eroe avesse sfiorato una vittima schiava e innocente trasmettendole una nuova forza*), come lo stile che viene rimproverato al signor Brocklehurst. Ma tale tipo di alta retorica, che a qualcuno potrebbe sembrare distante dalla nostra sensibilità linguistica, è una caratteristica tipica di una certa narrativa dell'Ottocento.

PARTE 2 · I generi

Laboratorio sul testo

Comprendere

Informazioni esplicite
1. Quali persone sono presenti nella sala dell'Istituto?
2. Chi è il signor Brocklehurst?
3. Chi è la signorina Temple?
4. Perché Brocklehurst è irritato dai capelli ricci della ragazza? Che cosa pensa?

Informazioni implicite
5. Chi è il *Maestro* che Brocklehurst dice di servire?

Significati
6. *D'improvviso il suo occhio ebbe un lampo* (rr. 2-3). Che cosa significa l'espressione? Di che tipo di lampo si tratta?
7. *Per quanto* [Brocklehurst] *potesse agire sull'esterno del vaso, l'interno era molto più al di là della sua influenza di quanto immaginasse* (rr. 26-28). Che cosa intende dire il narratore con questa frase?
8. Perché le ragazze sono definite *medaglie viventi*? (r. 29).
9. Quali aspetti dell'educazione impartita nell'Istituto vengono duramente criticati?
10. Da che cosa cogliamo l'ipocrisia della situazione?

Analizzare

Narratore e punto di vista
11. Il narratore è interno o esterno?
12. A chi appartiene il punto di vista?

Personaggi
13. Brocklehurst è caratterizzato in forma indiretta, attraverso il suo comportamento e il suo modo di parlare. Quale ritratto ne emerge? Spiega la tua risposta.
14. Attraverso quali tecniche è caratterizzato il personaggio di Jane? Quale personalità mostra di avere la ragazzina?

Padroneggiare la lingua

Lessico
15. *Mortificare i desideri della carne*. Riscrivi la frase con un lessico più semplice, facendone una parafrasi.
16. Che cos'è, nel contesto del discorso di Brocklehurst, la *vanità*?
    a) ☐ L'interesse per cose futili, di poca importanza.   c) ☐ La superficialità.
    b) ☐ Un discorso vuoto, privo di senso.   d) ☐ La tendenza a non rispettare le regole.
17. Brocklehurst è definito un ecclesiastico di *marmo nero*. Spiega il valore figurato dell'espressione.

Grammatica
18. …*per paura che con il cattivo esempio ne contaminasse la purezza* (rr. 114-115). A chi si riferisce il *ne*?
19. *Ci fu una pausa durante la quale cominciai a dominare la paralisi dei miei nervi rendendomi conto che il Rubicone era già stato passato e che, non potendo evitare quella vergogna, tanto valeva affrontarla con fermezza.* Quante proposizioni sono contenute nel periodo? Qual è la principale?

Interpretare e produrre

20. In un testo non più lungo di una pagina, descrivi dal punto di vista della signorina Temple la scena che si svolge davanti ai suoi occhi.

La narrazione di formazione · UNITÀ 13

 Jerome David Salinger
Il giovane Holden

- **PUBBLICAZIONE**
  Il giovane Holden, 1951
- **LUOGO E TEMPO**
  Stati Uniti, metà Novecento
- **PERSONAGGI**
  Holden Caulfield; la sua famiglia; i suoi compagni e insegnanti

Holden Caulfield è un adolescente americano di metà Novecento, ma non è un ragazzo come tutti gli altri. In questo brano egli si presenta ai lettori, con originalità e anticonformismo, spiegando le ragioni della sua insofferenza nei confronti di tutto ciò che lo circonda.

Se davvero avete voglia di sentire questa storia, magari vorrete sapere prima di tutto dove sono nato e com'è stata la mia infanzia schifa[1] e che cosa facevano i miei genitori e compagnia bella prima che arrivassi io, e tutte quelle bagginate alla David Copperfield[2], ma a me non mi va[3] proprio di parlarne. Primo,
5 quella roba[4] mi secca, e secondo, ai miei genitori gli verrebbero un paio d'infarti per uno se dicessi qualcosa di troppo personale sul loro conto. Sono tremendamente suscettibili[5] su queste cose, soprattutto mio padre. *Carini* e tutto quanto – chi lo nega – ma anche maledettamente suscettibili. D'altronde, non ho nessuna voglia di mettermi a raccontare tutta la mia dannata autobiografia e compagnia
10 bella. Vi racconterò soltanto le cose da matti che mi sono capitate verso Natale, prima di ridurmi così a terra da dovermene venire qui a grattarmi la pancia[6]. Niente di più di quel che ho raccontato a D.B., con tutto che lui è mio fratello e quel che segue. Sta a Hollywood, lui. Non è poi tanto lontano da questo lurido buco, e viene qui a trovarmi praticamente ogni fine settimana. Mi accompagnerà a ca-
15 sa in macchina quando ci andrò il mese prossimo, chi sa. Ha appena preso una Jaguar. Uno di quei gingilli inglesi che arrivano sui trecento all'ora. Gli è costata uno scherzetto come quattromila sacchi[7] o giù di lì. È pieno di soldi, adesso. Mica come prima. Era soltanto uno scrittore in piena regola, quando stava a casa. Ha scritto quel formidabile libro di racconti, *Il pesciolino nascosto*, se per caso non
20 l'avete mai sentito nominare. Il più bello di quei racconti era *Il pesciolino nascosto*. Parlava di quel ragazzino che non voleva far vedere a nessuno il suo pesciolino rosso perché l'aveva comprato coi soldi suoi. Una cosa da lasciarti secco. Ora sta a Hollywood, D.B., a sputtanarsi[8]. Se c'è una cosa che odio sono i film. Non me li nominate nemmeno.

---

1. schifa: schifosa, ripugnante.
2. David Copperfield: protagonista dell'omonimo romanzo di Charles Dickens. Si può notare qui una certa ironia, da parte non solo del personaggio e narratore, ma anche dell'autore, nella scelta di dissacrare uno dei massimi esempi di romanzo di formazione nella letteratura inglese.
3 a me non mi va: non ho voglia; il traduttore accentua il tono tipico della lingua parlata, attraverso l'uso pleonastico, superfluo del pronome di prima persona (*a me... mi*).
4. roba: cosa, argomento.
5. suscettibili: irritabili, permalosi.
6. grattarmi la pancia: oziare; tornato a casa, Holden non ha nessuna attività con cui occupare il tempo.
7. sacchi: (in gergo) dollari.
8. sputtanarsi: vendersi; secondo Holden, il fratello spreca il suo talento letterario, preferendo guadagnare soldi facili con la sua attività di scrittore di sceneggiature cinematografiche a Hollywood.

PARTE 2 • I generi

Andrew Wyeth, *Volo pomeridiano*, 1970, Madrid, collezione Thyssen-Bornemisza.

25 Voglio cominciare il mio racconto dal giorno che lasciai l'Istituto Pencey. L'Istituto Pencey è quella scuola che sta ad Agerstown in Pennsylvania. Probabile che ne abbiate sentito parlare. Probabile che abbiate visto gli annunci pubblicitari, se non altro. Si fanno la pubblicità su un migliaio di riviste, e c'è sempre un tipo gagliardo[9] a cavallo che salta una siepe. Come se a Pencey non si facesse altro che
30 giocare a polo[10] tutto il tempo. Io di cavalli non ne ho visto neanche uno, né lì, né nei dintorni. E sotto quel tipo a cavallo c'è sempre scritto: «Dal 1888 noi forgiamo[11] una splendida gioventù dalle idee chiare». Buono per i merli[12]. A Pencey non *forgiano* un accidente, tale e quale come nelle altre scuole. E io laggiù non ho conosciuto nessuno che fosse splendido e dalle idee chiare e via discorrendo.
35 Forse due tipi. Seppure. E probabilmente erano già così *prima* di andare a Pencey.

Ad ogni modo, era il sabato della partita di rugby col Saxon Hall. La partita col Saxon Hall, a Pencey, era un affare di stato. Era l'ultima partita dell'anno e pensavano che dovevi per lo meno ammazzarti se il vecchio Pencey non vinceva. Mi ricordo che verso le tre di quel pomeriggio me ne stavo là sul cocuzzolo di
40 Thomsen Hill, proprio vicino a quel cannone scassato che aveva fatto la Guerra di Secessione[13] e tutto quanto. Di lì si vedeva tutto il campo, e si vedevano le due squadre che se le sonavano in lungo e in largo. […]

Io me ne stavo là sulla Thomsen Hill, e non giù alla partita, per il semplice motivo che ero appena tornato da New York con la squadra di scherma. […]
45 L'altro motivo per cui non mi trovavo giù alla partita era che dovevo andare a salutare il vecchio Spencer, il mio professore di storia. Aveva l'influenza e compagnia bella, e io pensavo che probabilmente non l'avrei rivisto prima che comin-

9. gagliardo: forte, robusto.
10. polo: sport in cui due squadre di quattro cavalieri devono mandare una palla in rete con un'apposita mazza.
11. forgiamo: modelliamo, formiamo.
12. Buono per i merli: falso, scritto per imbrogliare gli sciocchi.
13. Guerra di Secessione: nota anche come guerra civile americana, combattuta dalle federazioni degli stati del Sud e di quelli del Nord tra il 1861 e il 1865.

La narrazione di formazione · UNITÀ 13

ciassero le vacanze di Natale. Mi aveva scritto quel biglietto per dirmi che voleva
vedermi prima che andassi a casa. Sapeva che non sarei tornato a Pencey.

50 Questo mi ero dimenticato di dirvelo. Mi avevano sbattuto fuori. Dopo Natale non dovevo più tornare, perché avevo fatto fiasco in quattro materie e non mi
applicavo e le solite storie. Mi avevano avvertito tante volte di mettermi a studiare – specie a metà trimestre, quando i miei erano venuti a parlare con il vecchio
Thurmer – ma io niente. Sicché mi avevano liquidato. A Pencey succede spessis-
55 simo che liquidino qualcuno. È una scuola ad alto livello, Pencey. Altroché.

Ad ogni modo, era dicembre e tutto quanto, e l'aria era fredda come i capezzoli
di una strega, specie sulla cima di quel cretino di un colle. Io addosso avevo soltanto il cappotto doubleface[14] senza guanti né altro. La settimana prima, qualcuno era
andato fino in camera mia a rubarmi il cappotto di cammello[15], coi guanti foderati
60 di pelliccia in tasca e tutto quanto. A Pencey c'erano un sacco di farabutti. Una
quantità di ragazzi venivano da famiglie ricche sfondate, ma c'erano un sacco di
farabutti lo stesso. Una scuola, più costa e più farabutti ci sono – senza scherzi. Ad
ogni modo, io continuavo a starmene vicino a quel cannone scassato, guardando la
partita e gelandomi il sedere. Solo che alla partita badavo poco. Se me ne restavo
65 lì era perché cercavo di provare il senso di una specie di addio. Voglio dire che ho
lasciato scuole e posti senza nemmeno sapere che li stavo lasciando. È una cosa
che odio. Che l'addio sia triste o brutto non me ne importa niente, ma quando lascio un posto mi piace saperlo, che lo sto lasciando. Se no, ti senti ancora peggio.

Mi andò bene. Tutt'a un tratto mi venne in mente una cosa che mi aiutò a capi-
70 re che stavo proprio tagliando la corda. D'improvviso mi ricordai di quella volta,
doveva essere ottobre, che io e Robert Tichener e Paul Campbell stavamo passan-
doci il pallone, davanti alla scuola. Erano ragazzi in gamba, specialmente Tichener.
Mancava poco all'ora di cena e fuori stava facendosi buio, ma noi continuavamo
col palleggio. Continuava a far sempre più buio, e il pallone quasi non lo vedeva-
75 mo nemmeno più, ma non volevamo smettere. Alla fine fummo costretti. Quello
che insegnava biologia, il professor Zambesi, cacciò fuori la zucca[16] dalla finestra
della scuola e ci disse di rientrare in dormitorio a prepararci per la cena. Insomma, se mi tornano in mente di queste cose, un addio ce l'ho sempre a disposizione
per quando mi occorre – quasi sempre almeno. Subito dopo, mi girai e mi misi a
80 correre giù per l'altro versante della collina, verso la casa del vecchio Spencer. Lui
non abitava alla scuola. Stava nella Anthony Wayne Avenue.

Feci tutta la strada di corsa fino al cancello grande, e poi mi fermai un momento
per riprendere fiato. Ho il fiato corto, se proprio volete saperlo. Prima cosa, sono
un fumatore accanito – o meglio, lo ero. Mi hanno fatto smettere. E poi l'anno
85 scorso sono cresciuto di sedici centimetri. Ecco in pratica com'è che mi sono beccato la tbc[17] e sono venuto qua per tutte queste visite mediche e accidenti della
malora[18]. La salute però è abbastanza buona.

---

14. cappotto doubleface: soprabito che può essere indossato
nei due versi.
15. cappotto di cammello: soprabito confezionato con pelo di

cammello o lana dello stesso colore rossiccio.
16. cacciò fuori la zucca: sporse la testa.
17. tbc: abbreviazione di tu-

bercolosi, malattia infettiva che
colpisce prevalentemente i polmoni.
18. accidenti della malora:
maledette cose.

Ad ogni modo, appena ripresi fiato attraversai di corsa la Route 204[19]. C'era una gelata del diavolo e per poco non finii per terra. Non so nemmeno perché stessi correndo – vuol dire che mi girava così[20]. Dopo attraversata la strada, mi sentii come se stessi svanendo. Era uno di quei pomeriggi pazzeschi, freddo da morire, senza sole né niente, e ti sentivi come se stessi svanendo ogni volta che attraversavi la strada.

Ragazzi, m'attaccai a quel campanello, quando arrivai a casa del vecchio Spencer. Ero proprio gelato. Mi facevano male le orecchie e quasi non riuscivo più a muovere le dita. «Forza, forza, – dissi quasi ad alta voce – che qualcuno la apra, 'sta porta». Finalmente l'aprì la vecchia signora Spencer. Non avevano donna di servizio né niente, ed erano sempre loro ad aprire la porta. Di grano[21] ne avevano poco.

– Holden! – disse la signora Spencer. – Che piacere vederti! Entra, caro! Sei morto di freddo? – Credo che fosse contenta di vedermi. Le ero simpatico. O almeno credo.

Ragazzi, entrai in casa come un razzo. – Come sta, signora Spencer? – dissi. – Come sta il professore?

– Dammi il cappotto, caro, – disse lei. Non aveva sentito che le domandavo come stava il professore. Era un po' sorda.

Appese il mio cappotto nel ripostiglio dell'ingresso, e io mi detti un colpo ai capelli con la mano. Di solito me li faccio tagliare a spazzola, e non c'è da usare molto il pettine.

– Come sta, signora Spencer? – le dissi di nuovo, ma più forte per farmi sentire.

– Non c'è male, Holden –. Chiuse la porta del ripostiglio. – E tu, come stai? – Da come me lo domandò, capii subito che il vecchio Spencer le aveva detto che ero stato sbattuto fuori.

– Bene, – dissi. – Come sta il professore? È guarito dalla sua influenza?

– Guarito! Holden, si sta comportando come un perfetto... non so proprio cosa... È nella sua stanza, caro. Entra pure.

J.D. Salinger, Il giovane Holden, Torino, Einaudi, 1961

---

19. Route 204: è il nome della strada (*Route*).
20. mi girava così: avevo voglia di fare così, senza una vera e propria motivazione.
21. grano: soldi.

VITA E OPERE

Jerome David Salinger Nato nel 1919 a New York. Dopo aver frequentato l'università, prende parte come sottufficiale alla seconda guerra mondiale. Poco dopo il suo rientro in patria, pubblica nel 1951 il suo celebre romanzo *The catcher in the rye*, tradotto in Italia col titolo *Il giovane Holden*, che gli vale un immediato e straordinario successo. A una raccolta di testi brevi, *Nove racconti* (1953), fanno seguito poche altre pubblicazioni nei primi anni Sessanta. Sin dal 1953, Salinger lascia New York per ritirarsi in una proprietà situata nello stato del New Hampshire, dove trascorrerà per oltre mezzo secolo una vita ritirata, senza mai apparire in pubblico e rilasciando solo sporadiche interviste. È morto a Cornish nel 2010, all'età di 91 anni.

SCHEDA DI ANALISI

Il tema e il messaggio

● Il romanzo, di cui abbiamo letto quasi integralmente il primo capitolo, esprime il punto di vista di un adolescente sul mondo; o, per essere più precisi, su quella parte di mondo in cui egli si trova a vivere. Oggetto principale delle sue riflessioni è la scuola, l'istituzione a cui la società affida la formazione dei giovani, con l'ambizione, a volte un po' vana e retorica, di farne degli adulti di successo. La **critica dell'istituzione scolastica** diventa così un motivo di critica per la società stessa e, più in particolare, per il ceto sociale a cui il protagonista appartiene, senza riconoscersi nei suoi valori vuoti e materialistici: la classe media americana. Attraverso l'osservazione dei comportamenti delle persone che vede attorno a sé, il suo giudizio complessivo sul mondo si rivela molto duro: tanto la scuola quanto la società nel suo insieme esprimono ideali troppo distanti dai suoi.

I personaggi

● Holden è un ragazzo sensibile, solitario e soprattutto **insofferente alle convenzioni**. Già in apertura, ciò emerge chiaramente dalla sua determinazione a esporre le cose non secondo i canoni tradizionali (*quelle baggianate alla David Copperfield*) ma in maniera diretta e spontanea, a partire dal suo particolare punto di vista. Prendono così forma giudizi duri e impietosi sulle persone e sulle istituzioni che egli ha frequentato: prima tra tutte la scuola, in cui vengono trasmessi valori e idee che egli non condivide. Holden rifiuta soprattutto quella smania di successo che tutti pretenderebbero di inculcargli; per questa ragione egli non è per niente orgoglioso di aver frequentato l'Istituto Pencey, una scuola che pretende di essere di *alto livello* e di formare ragazzi destinati a un futuro picno di soddisfazioni.

● In quella scuola esistono per Holden **due categorie di persone**: da una parte la maggioranza dei compagni, formata da *farabutti* appartenenti a *famiglie ricche sfondate*; dall'altra, una minoranza di persone che egli stima, suoi coetanei (in particolare Robert Tichener e Paul Campbell, che vengono definiti *ragazzi in gamba*), ma anche suoi insegnanti, tra i quali il professore di storia, chiamato con simpatia (ma anche con una certa ironia) *il vecchio Spencer*.

● Solo poche righe, in apertura, vengono riservate ai **genitori**: essi sono, per Holden *carini* ma anche molto *suscettibili*. Quanto poi al fratello, presentato con l'acronimo D.B., appare per molti versi il suo esatto opposto: è un giovane che ha sfruttato il proprio talento creativo per arricchirsi nel mondo del cinema; così

ora risulta ben integrato nel mondo, con denaro sufficiente per vivere a Hollywood e mantenere una costosa Jaguar. Insomma, è proprio il prototipo di giovane di successo che l'Istituto Pencey dice di voler formare e che Holden non vuole assolutamente essere.

Lo spazio e il tempo

● L'istituto Pencey è una tipica *high-school* americana: la maggior parte degli studenti sono "interni", cioè risiedono lì durante tutto l'anno scolastico, soggiornando nei dormitori a essi destinati. Si tratta di un **ambiente chiuso**, con regole precise e ferree e dunque con un'atmosfera piuttosto soffocante rispetto a quella che si respira in una città come New York, dove risiede la famiglia del protagonista.

● La parte centrale del brano riguarda il periodo che Holden trascorre alla Pencey, prima di esserne espulso: il tempo del racconto coincide dunque con il primo trimestre dell'anno scolastico che, come nelle scuole europee, si conclude prima della pausa natalizia.

Il discorso narrativo

● La narrazione, destinata a un "voi" imprecisato (il pubblico dei lettori), è condotta in **prima persona**. Il personaggio, voce narrante dell'intero romanzo, avvia il racconto *in medias res*: egli infatti si presenta immediatamente nella sua attuale situazione di ex-studente, e solo dopo spiega come ci si è ritrovato (*Questo mi ero dimenticato di dirvelo. Mi avevano sbattuto fuori*). Attraverso una tecnica narrativa di questo genere, l'intento dell'autore è quello di rendere il testo simile a un racconto orale, apparentemente senza una costruzione decisa a priori. Più che un'ordinata narrazione, dunque, il discorso appare come una successione di sequenze narrative-riflessive, in cui di volta in volta prevale una componente o l'altra e in cui, proprio come accade normalmente in una conversazione quotidiana, nel racconto dei fatti l'ordine cronologico non sempre viene rispettato in maniera rigorosa.

La lingua e lo stile

● Proprio con la scelta di un tipo di narrazione improntato a uno stile colloquiale si spiega l'uso frequente di modi di dire tipici della lingua parlata (*ad ogni modo, e così via, e tutto quanto, della malora, del diavolo*). Più in generale, il lessico appartiene a uno *slang* giovanile, tratto da gerghi appartenenti ad ambiti diversi, come la scuola, lo sport e anche la malavita (*gingilli* per macchine sportive, *sacchi* per dol-

PARTE 2 · I generi

lari ecc.). Tale scelta comporta una tipologia di descrizione **connotativa** più che denotativa, che cioè delinea gli oggetti non in maniera neutra, ma esprimendo il valore positivo o negativo che essi possiedono agli occhi di chi parla. Nel suo insieme, il registro è confidenziale, non di rado attraversato da sfumature sarcastiche (*È una scuola ad alto livello, Pencey. Altroché*); di particolare carica espressiva, in particolare, sono alcune ripetizioni di termini dispregiativi (*A Pencey c'erano un sacco di farabutti* [...] *venivano da famiglie ricche sfondate, ma c'erano un sacco di farabutti lo stesso. Una scuola, più costa e più farabutti ci sono*).

● Ricorre spesso, infine, la tecnica del **discorso indiretto libero**, particolarmente efficace per esprimere i pensieri del personaggio in una forma diretta e spontanea, poco costruita (*Voglio dire che ho lasciato scuole e posti senza nemmeno sapere che li stavo lasciando. È una cosa che odio. Che l'addio sia triste o brutto non me ne importa niente, ma quando lascio un posto mi piace saperlo, che lo sto lasciando. Se no, ti senti ancora peggio*).

Laboratorio sul testo

Comprendere

Informazioni esplicite
1. Chi è D.B.? Quali sentimenti prova Holden nei suoi confronti?
2. Perché Holden frequenta una scuola come l'Istituto Pencey?
3. Con quale stato d'animo Holden vive la partita di rugby tra la sua scuola e i rivali della Saxon Hall?
4. Qual è il giudizio del protagonista sui suoi genitori?

Informazioni implicite
5. Holden si sente vittima di qualche ingiustizia in ambito scolastico?

Significati
6. Sul piano psicologico, che cosa comporta per Holden l'espulsione della scuola?
7. Indica quali di questi aggettivi definiscono l'atteggiamento di Holden nei confronti del mondo (puoi sceglierne più di uno):
   - [ ] insofferente;
   - [ ] integrato;
   - [ ] disadattato;
   - [ ] indifferente;
   - [ ] contestatore;
   - [ ] ironico;
   - [ ] benevolo;
   - [ ] positivo;
   - [ ] critico.
8. Indica quali di questi aggettivi descrivono meglio il rapporto di Holden con se stesso (puoi sceglierne più di uno):
   - [ ] insoddisfatto;
   - [ ] orgoglioso di sé;
   - [ ] soddisfatto;
   - [ ] critico;
   - [ ] indifferente;
   - [ ] negativo;
   - [ ] problematico;
   - [ ] positivo.

La narrazione di formazione · UNITÀ 13

9. *Vi racconterò soltanto le cose da matti che mi sono capitate verso Natale, prima di ridurmi così* (rr. 10-11): su quali cose, qui preannunciate al lettore, si concentrerà il seguito del racconto? Perché e in che senso Holden le definisce *da matti*?

Analizzare

Narrazione

10. Individua il punto in cui l'inizio *in medias res* si conclude e il narratore comincia a raccontare gli eventi precedenti.
11. Ricostruisci schematicamente l'ordine temporale delle sequenze narrative, indicando dove ci sono dei *flashback* e dove la narrazione torna al presente.
12. Dal punto di vista del tempo e dello spazio, che tipo di andamento ti sembra che abbia il testo? Perché?
13. Riconosci e indica a margine del testo le sequenze riflessive presenti nel brano.
14. Quale tipo di narrazione è stata scelta dell'autore? Quali effetti produce questa scelta stilistica?
15. Individua almeno due punti nei quali il narratore procede per associazione di idee.

Stile

16. Quali registri linguistici vengono utilizzati?
    a) ☐ Alto e ricercato.
    b) ☐ Medio e solenne.
    c) ☐ Medio e colloquiale.
    d) ☐ Basso e volgare.
17. Riconosci e sottolinea nel testo almeno due esempi di discorso indiretto libero.
18. In che cosa consiste il tono sarcastico presente nel testo? Porta almeno due esempi di tale modalità espressiva.

Punto di vista

19. Individua e riporta i passaggi nei quali il comportamento scolastico del protagonista sembra essere osservato non dal suo punto di vista, ma da quello degli adulti.

Padroneggiare la lingua

Lessico

20. Che cosa intende suggerire l'espressione *forgiare* presente nello slogan dell'Istituto Pencey?
21. Che cosa vuole affermare Holden, quando dice di essere stato *liquidato*? Quali altri significati ha questo verbo?
22. Riporta almeno tre esempi per ciascuno dei gerghi utilizzati nel brano.

    Scuola: ....

    Sport: ....

    Malavita: ....

Grammatica

23. La frase: *ai miei genitori gli verrebbero un paio d'infarti per uno* contiene un errore che normalmente, in uno scritto dal carattere più rigoroso e formale, non sarebbe accettato. Quale?

Interpretare e produrre

24. Ti sembra che Holden abbia un'avversione preconcetta verso la famiglia in generale, come istituzione sociale, oppure no? Discutine con i compagni.
25. Che cosa intende dire Holden con l'affermazione: *quando lascio un posto mi piace saperlo, che lo sto lasciando*? Scrivi un paragrafo esponendo la tua opinione.

441

PARTE 2 • I generi

 Elsa Morante
Il piroscafo

- **PUBBLICAZIONE**
  L'isola di Arturo, 1957
- **LUOGO E TEMPO**
  Procida, secondo dopoguerra
- **PERSONAGGI**
  Arturo; Silvestro

Nel celebre romanzo della Morante, *L'isola di Arturo*, il protagonista rievoca le vicende della sua infanzia e adolescenza trascorse a Procida, luogo per lui insieme reale e fantastico, dove vive serenamente un "tempo fuori dal tempo", segnato soltanto dall'avvicendarsi delle stagioni. Immerso nel mondo della sua immaginazione, piena di libertà e di gioia, egli da bambino si trasforma in ragazzo; ma la quieta e felice solitudine della grande *Casa dei guaglioni*, un ex convento da sempre privo di presenze femminili, viene turbata da una serie di avvenimenti che costringono Arturo ad abbandonare l'isola. Il brano che ti proponiamo è tratto dalle ultime pagine del romanzo. Al protagonista sono capitati, in stretta successione temporale, eventi che lo hanno fortemente segnato, fino a cambiarlo profondamente: ha avuto le sue prime esperienze sessuali con Assunta, una giovane vedova di poco più di vent'anni che ha infine deciso di interrompere il loro rapporto; ha scoperto la fragilità emotiva del padre, sospettato di omosessualità; soprattutto, dopo avere dichiarato il suo amore a Nunziata, la giovanissima nuova sposa del padre, ha avuto con lei un aspro litigio anche fisico, seguito da un rifiuto determinato e totale da parte della donna. Ecco allora che Procida non è più per lui l'isola felice, il luogo dei sogni e degli incanti della fantasia e del mito, la terra semplice e genuina alla quale somigliava così tanto il suo animo di fanciullo. Contro la sua volontà, la realtà esterna lo ha reso improvvisamente adulto. Per questo motivo Arturo prende l'unica, estrema decisione possibile. Approfittando dell'improvviso ritorno di Silvestro, il vecchio "balio", gli confida che certe sue ragioni misteriose gli impediscono di trattenersi oltre sull'isola. Insieme a lui, Arturo vuol partire col primo piroscafo del giorno dopo, e non tornare mai più.

Il risveglio naturale mi sopravvenne, però, assai presto. Faceva ancora buio fondo, e alla luce di un fiammifero potei leggere sulla sveglia che mancavano più di trenta minuti all'ora della nostra alzata. Tuttavia, non avevo più nessuna voglia di dormire; e badando a non disturbare il sonno di Silvestro (il quale seguitava
5   a russare, sebbene con più discrezione) scivolai fuori della grotta.
     Tenevo la coperta sulle spalle alla moda siciliana, per uso di mantello; ma in verità non faceva freddo, neanche adesso che il vento sciroccale[1] era caduto. Si capiva, dal riflesso lustro dei sassi, che doveva aver piovuto durante la notte. Qua e là, per il cielo stracciato[2], erano visibili le piccole stelle dicembrine, e un'ultima
10   falce di luna spargeva un pallidissimo barlume di crepuscolo. Il mare, steso dalla pioggia senza vento, oscillava appena assonnato e monotono. E io, avanzando

1. vento sciroccale: lo scirocco è un vento umido che soffia da sud-est.

2. stracciato: coperto in parte da nuvole biancastre allungate, simili a filamenti di stracci.

442

Eduard Munch, *Malinconia*, 1892, Oslo, Galleria Nazionale.

lungo il mare in quel grande mantello, mi sentivo già una specie di masnadiero[3] senza casa, né patria, con un teschio ricamato sulla divisa!

Dalla campagna, già si udivano cantare i galletti. E d'un tratto, un rimpianto sconsolato mi si appesantì sul cuore, al pensiero del mattino che si sarebbe levato sull'isola, uguale agli altri giorni: le botteghe che si aprivano, le capre che uscivano dai capanni, la matrigna e Carminiello[4] che scendevano nella cucina... Se, almeno, fosse durato sempre il presente inverno, malaticcio e smorto, sull'isola! Ma no, anche l'estate, invece, sarebbe tornata immancabilmente, uguale al solito. Non la si può uccidere, essa è un drago invulnerabile che sempre rinasce, con la sua fanciullezza meravigliosa. Ed era un'orrida gelosia che mi amareggiava, questa: di pensare all'isola di nuovo infuocata dall'estate, senza di me! La rena[5] sarà di nuovo calda, i colori si riaccenderanno nelle grotte, i migratori, di ritorno dall'Africa, ripasseranno il cielo... E in simile festa adorata, nessuno: neppure un qualsiasi passero, o una minima formica, o un infimo pesciolino del mare, si lagnerà di questa ingiustizia: che l'estate sia tornata sull'isola, senza Arturo! In tutta l'immensa natura, qua intorno, non resterà neppure un pensiero per A. G. Come se, per di qua, un Arturo Gerace non ci fosse passato mai!

Mi stesi, nella mia coperta, su quei sassi bagnati e lividi, e chiusi gli occhi, fingendo per un poco d'esser tornato indietro, a qualche bella, passata stagione; e di trovarmi disteso sulla rena della mia spiaggetta; e che quel vicino fruscio fosse il mare sereno e fresco di là a basso, pronto a ricevere la Torpediniera delle Antille[6]. Il fuoco di quella infinita stagione puerile mi montò al sangue, con una passione terribile che quasi mi faceva mancare. E l'unico amore mio di quegli anni tornò a

---

3. masnadiero: malvivente, bandito.
4. la matrigna e Carminiello: Nunziata, seconda moglie del padre di Arturo, e Carminiello, il bambino che Nunziata ha avuto da lui.
5. rena: sabbia.
6. Torpediniera delle Antille: nome immaginario che Arturo dà alla sua barchetta.

salutarmi. Gli dissi ad alta voce, come se davvero lui fosse lì accosto: «Addio, pà».

Subitaneo, il ricordo della sua persona mi accorse alla mente: non come una figura precisa, ma come una specie di nube che avanzava carica d'oro, azzurro torbido; o come un sapore amaro; o un vocio quasi di folla, ma invece erano gli echi numerosi dei suoi richiami e parole, che ritornavano da ogni punto della mia vita. E certi tratti propri di lui, ma quasi trascurabili: una sua alzata di spalle; un suo ridere distratto; oppure la forma grande e negletta[7] delle sue unghie; le giunture delle sue dita; o un suo ginocchio graffiato dagli scogli... ritornavano isolati, a farmi battere il cuore, quasi unici simboli perfetti di una grazia molteplice, misteriosa, senza fine... E di un dolore che mi si faceva più acerbo per questo motivo: perché sentivo che esso era una cosa fanciullesca; pari a un incontro di correnti turbinose, esso si precipitava tutto quanto in questo presente, breve passaggio d'addio! E dopo, lo avrei dimenticato. Di qui sarei passato a un'altra età, e avrei riguardato a lui come a una favola.

Ormai, gli perdonavo ogni cosa. Anche la sua partenza con un altro. E perfino quel suo severo discorso finale, nel quale, alla presenza di Stella[8], m'aveva chiamato, oltre al resto, "rubacuori e Don Giovanni"; e che lì per lì mi aveva offeso non poco.

(In seguito, ripensandoci a distanza, mi son domandato se, in fondo, quel suo discorso non fosse poi giusto, almeno in parte... Forse, davvero io, mentre mi credevo innamorato di questa o quella persona, o di due o anche tre persone insieme, in realtà non ne amavo nessuna. Il fatto è che, in generale, io ero troppo innamorato dell'innamoramento: questa è sempre stata la vera passione mia!)

Può darsi, in coscienza, ch'io non abbia mai amato sul serio W. G.[9] E in quanto a N.[10], chi era, poi, questa famosissima donna? una povera napoletanella senza niente di speciale, come a Napoli ce ne sono tante!

Sì, ho il fondato sospetto che quel discorso non fosse del tutto sbagliato. Il sospetto, non proprio la certezza... Così dunque la vita è rimasta un mistero. E io stesso, per me, sono ancora il primo mistero!

Da questa infinita distanza, adesso, ripenso a W. G. Me lo immagino, forse, più che mai invecchiato, imbruttito dalle rughe, coi capelli grigi. Che va e torna, solo, scombinato, adorando chi gli dice parodia. Non amato da nessuno – giacché perfino N., che pure non era bella, amava un altro... E vorrei fargli sapere: non importa, anche se sei vecchio. Per me, tu resterai sempre il più bello.

...Di lei, a suo tempo, ebbi qualche notizia, a Napoli, attraverso viaggiatori venuti da Procida. Stava bene, di salute, per quanto dimagrata molto. E seguitava la solita sua vita nella Casa dei guaglioni[11], con Carmine che si faceva ogni giorno più simpatico. Essa, però, non usava più chiamarlo Carmine, lo chiamava a preferenza col suo secondo nome di Arturo. E per me, io sono contento che sull'iso-

---

7. negletta: trascurata.
8. Stella: il carcerato che Wilhelm aveva fatto trasferire dal carcere di Viterbo al penitenziario di Procida, per averlo più vicino a sé.
9. W.G.: sono le iniziali del padre di Arturo, Wilhelm Gerace.
10. N.: iniziale di Nunziata.
11. Casa dei guaglioni: nomignolo della vecchia villa in cui anche Arturo ha abitato.

la vi sia un altro Arturo Gerace, biondino, che a quest'ora, forse, corre libero e
beato per le spiagge...

Dalla grotta, che avevo lasciata socchiusa, mi giunse il trillo della sveglia. Accorsi, nel timore che esso non bastasse a scuotere il sonno del mio balio[12]; ma trovai, invece, costui già seduto frammezzo alle coperte, che si stropicciava gli occhi intontito e borbottava degli accidenti contro quel trillo importuno. Immediatamente, facendomi accosto a lui, io gli annunciai, con impazienza trionfale:

«Ehi! Lo sai che russi?»

«Che?» egli fece senza ben capire, ancora tutto insonnolito. Io allora gli gridai nell'orecchio, con una voce tonante, e una voglia di ridere che mi scoppiava fra le parole:

«Lo – sai – che – quando – dormi – russi?»

«Eh! mi fai il solletico col fiato!» egli protestò, sfregandosi l'orecchia. «Russo... ah... e che c'è? si capisce», seguitò poi, principiando appena a ridestarsi, «che, non dovrei russare? Ogni cristiano, quando dorme, russa».

«Già!!!» esclamai io, rotolandomi addirittura in terra dalle risate, «però, c'è maniera e maniera! Tu batti il campionato mondiale! Sembri un'orchestra radio al massimo!»

«Ah, sì? ci ho piacere assai!» egli ribatté, ormai del tutto sveglio e piuttosto impermalito[13], «ma perché, forse, tu, guagliò[14], ti crederesti per caso di russare piano?! Che stanotte io, a una cert'ora, ho dovuto uscire sulla spiaggia per fare un goccio d'acqua, e là, a una distanza di dieci metri, si sentiva ancora un russare, dalla grotta, come se passasse una squadriglia d'apparecchi a bassa quota!»

Simile notizia mi rese felice. Difatti, se russavo a questa maniera, era chiaro segno che potevo ormai considerarmi cresciuto, maturo e realmente virile, sotto tutti i riguardi.

Ci caricammo dei bagagli, coperte ecc. e ci avviammo verso il paese, per la riviera[15] che incominciava a sbianchirsi nell'alba. Lungo la linea di levante, un colore rosso, sotto strisce di nubi cupe, annunciava una giornata di tempo volubile. I primi raggi del sole, interrotti e corruschi[16], si allungavano sul mare quasi liscio.

Io pensai che fra poco avrei veduto Napoli, il continente, le città, chissà quali moltitudini! E mi prese una smania improvvisa di partire, via da quella piazza, e da quella banchina[17].

Il piroscafo era già là, in attesa. E al guardarlo, io sentii tutta la stranezza della mia tramontata infanzia. Aver veduto tante volte quel battello attraccare e salpare, e mai essermi imbarcato per il viaggio! Come se quella, per me, non fosse stata una povera navicella di linea, una specie di tranvai[18]; ma una larva scostante e inaccessibile, destinata a chi sa quali ghiacciai deserti!

Silvestro ritornava coi biglietti; e i marinai andavano disponendo la scaletta per l'imbarco. Mentre il mio balio conversava con loro, io, senza farmi vedere, trassi

---

12. balio: inconsueto maschile di "balia".
13. impermalito: risentito, offeso.

14. guagliò: ragazzo, in dialetto napoletano.
15. riviera: spiaggia.
16. corruschi: scintillanti, fiam-

meggianti.
17. banchina: il molo principale del porto.
18. tranvai: tram.

di tasca quel cerchietto d'oro che N. mi aveva inviato la sera prima. E di nascosto
115 lo baciai.

A riguardarlo, d'un tratto una debolezza inebriante mi oscurò la vista. In quel
momento, l'invio dell'orecchino mi si tradusse in tutti i suoi significati: d'addio,
di confidenza; e di civetteria amara e meravigliosa! Provai la tentazione furiosa di
tornare indietro, correndo, fino alla Casa dei guaglioni. E di coricarmi accanto a
120 lei; di dirle: «Fammi dormire un poco assieme a te. Partirò domani. Non dico che
dobbiamo fare l'amore, se tu non vuoi. Ma almeno lascia ch'io ti baci qua all'orecchio, dove ti ho ferito[19]».

Già, però, il marinaio, ai piedi della scaletta, stracciava i nostri biglietti per il
controllo; già Silvestro saliva, assieme a me, la scaletta. La sirena dava il fischio
125 della partenza.

Come fui sul sedile accanto a Silvestro, nascosi il volto sul braccio, contro lo
schienale. E dissi a Silvestro: «Senti. Non mi va di vedere Procida mentre s'allontana, e si confonde, diventa come una cosa grigia... Preferisco fingere che non sia
esistita. Perciò, fino al momento che non se ne vede più niente, sarà meglio ch'io
130 non guardi là. Tu avvisami, a quel momento».

E rimasi col viso sul braccio, quasi in un malore senza nessun pensiero, finché
Silvestro mi scosse con delicatezza, e mi disse:

«Arturo, su, puoi svegliarti».

Intorno alla nostra nave, la marina era tutta uniforme, sconfinata come un oce-
135 ano. L'isola non si vedeva più.

Elsa Moranre, L'isola di Arturo, Torino, Einaudi, 1957

---

19. ferito: la sera prima Arturo, nel corso di una lite, aveva ferito Nunziata strappandole un orecchino. Ora lo porta con sé, provando rimorso per ciò che ha fatto.

VITA E OPERE

● **Elsa Morante** Nata a Roma nel 1912. Trascorre i primi anni nel popolare quartiere romano del Testaccio, con la madre, maestra, il padre adottivo e tre fratelli. Impara a leggere e a scrivere sotto la guida della madre; dopo essersi diplomata al liceo classico si iscrive alla facoltà di Lettere, ma non può terminare gli studi per le difficoltà economiche della famiglia. In quegli anni scrive i primi racconti, accolti con interesse dalla critica. Nel 1941 sposa lo scrittore Alberto Moravia. Nel 1944 inizia a scrivere il primo romanzo, *Menzogna e sortilegio*, drammatica storia di una famiglia del Sud e del complicato rapporto tra una madre e la propria figlia, costruita con grande tensione stilistica intorno al continuo contrasto tra realtà e illusioni, che diventerà caratteristico di tutta la sua produzione. Negli anni seguenti pubblica pochissimi libri, tutti preceduti da un lungo lavoro di stesura e di revisione linguistica. Nel 1957 esce *L'isola di Arturo*, nel 1958 la raccolta di poesie *Alibi* e nel 1963 quella di racconti *Lo scialle Andaluso*. Dopo una lunga fase di preparazione, pubblica il lungo romanzo *La Storia* (1974), che narra le vicende di una maestra elementare di origine calabrese che vive a Roma durante la seconda guerra mondiale con i figli Nino e Useppe, avuto da un soldato tedesco; il libro costituisce una specie di grande affresco popolare, animato da persone comuni con le loro speranze e i loro drammi quotidiani, che si contrappone alla storia ufficiale dei grandi eventi. Il romanzo suscita un acceso dibattito, soprattutto per la sua visione profondamente pessimistica della storia, piccola o grande che sia. Ancora più amara e sconsolata è la visione del mondo che pervade l'ultimo suo romanzo, *Aracoeli* (1982), pubblicato pochi anni prima della sua morte, avvenuta a Roma nel 1985, a 73 anni.

SCHEDA DI ANALISI

Il tema e il messaggio

Fino all'arrivo di Nunziata, Arturo vive in un mondo fiabesco, dove l'isola è per lui universo di magia, di mito e al contempo di realtà. Quando però l'incantesimo si spezza e gli eventi fanno sì che Arturo varchi la soglia che dalla fanciullezza lo conduce alla **consapevolezza dell'adolescenza**, quando la realtà comincia a rivelarsi ai suoi occhi nella sua rude crudezza ed egli perde con l'ingenuità anche la forza delle illusioni, l'isola deve scomparire. Solo abbandonando Procida il ragazzo può diventare adulto, lasciandosi alle spalle la magia della fiaba per andare incontro alla realtà della storia. Nel momento che precede immediatamente la partenza, Arturo grida, con la voce del cuore, il suo lungo "addio" alla superba bellezza della natura incontaminata dell'isola, della quale si sente carnalmente figlio; al magico mondo interiore che ha compensato la privazione degli affetti durante i suoi lunghi periodi di solitudine; al sentimento profondo, ma difficile e contrastato, per il padre, da lui mitizzato attraverso la sua identificazione con gli eroi delle opere epiche e avventurose instancabilmente lette; a Nunziata, la sposa-bambina del genitore, verso cui prova gelosia, odio, attrazione sessuale e intima tenerezza. Solo lontano da Procida, ventre materno ora divenuto un odioso carcere, il protagonista può riaprire gli occhi: la distesa placida del mare, priva di sagome all'orizzonte, diviene il simbolo del congedo, colmo di paura e ansia, di Arturo dalla sua fanciullezza e adolescenza e l'inizio della sua ricerca di sé.

Il monologo interiore

Elsa Morante cede nel romanzo la parola al suo protagonista, Arturo. Nel brano che ti abbiamo proposto egli dà libero sfogo, a più riprese, alle pulsioni del suo animo in un lungo **monologo interiore**. È solo lasciando spazio alla propria interiorità che Arturo può congedarsi da Procida; in questo lungo rimuginare, il protagonista non manca di apostrofare gli affetti a lui più cari, per quanto contrastati: suo padre (*Addio pà*) e Nunziata (*Fammi dormire un poco assieme a te. Partirò domani. Non dico che dobbiamo fare l'amore, se tu non vuoi. Ma almeno lascia ch'io ti baci qua all'orecchio, dove ti ho ferito*). La finezza e la verosimiglianza con cui emerge la psicologia del protagonista sono frutto dell'abilità narrativa e della capacità mimetica della Morante, che permettono una forte identificazione del lettore con il personaggio.

Lo spazio

Arturo restituisce al lettore un'**immagine** del tutto **soggettiva** del paesaggio che lo circonda: i singoli elementi della natura vengono personificati, dal momento che sono sempre stati per lui gli unici compagni di lunghe giornate di solitudine e gli unici punti saldi e immutabili in una vita di privazioni e di assenze (la madre è morta, il padre è sempre lontano e non lo degna di affetto e attenzioni). L'ambiente diviene quindi uno specchio dello stato d'animo del protagonista: nella prima parte del brano le tenebre della notte, il colore livido dei sassi bagnati dalla pioggia e il cielo *stracciato* simboleggiano l'amara tristezza che campeggia in Arturo; nella seconda parte il protagonista vagheggia un ritorno alla spensieratezza dell'"età puerile" proprio passando in rassegna i volti a lui più noti e cari della natura di Procida.

Il tempo

Nel brano convivono passato, presente e futuro: il passato emerge nella forma frammentaria del ricordo; il presente è il tempo dell'angoscia e della paura, il tempo dei bilanci; il futuro si incarna in una smania frenetica di allontanarsi da Procida e di diventare finalmente un uomo maturo. Nel testo, poi, si contrappongono **due diverse concezioni del tempo**: una **ciclica**, tipica della natura che inesorabile ripropone i suoi ritmi e le sue stagioni, propria dell'isola di Procida, nonché della fanciullezza di Arturo; una **lineare**, che caratterizza le prospettive di crescita interiore e di affermazione nel mondo da parte del protagonista, una volta lasciata l'isola.

La lingua e lo stile

Elsa Morante sceglie di adottare nel romanzo una **lingua** e uno **stile medi**, in cui lascia molto spazio a modi di esprimersi dal forte realismo, accogliendo persino forme del dialetto (*guagliò*, *impermalito* ecc.). Ci sono però nel testo anche variazioni in direzione opposta: in numerosi passaggi, infatti, la scelta è tipicamente letteraria, con sostantivi e aggettivi che rivelano la profonda conoscenza linguistica dell'autrice. Il registro alto emerge soprattutto nelle lunghe e dettagliate sequenze descrittive (*Qua e là, per il cielo stracciato, erano visibili le piccole stelle dicembrine, e un'ultima falce di luna spargeva un pallidissimo barlume di crepuscolo. Il mare, steso dalla pioggia senza vento, oscillava appena assonnato e monotono*). In questi momenti la narrazione diventa quasi lirica (simile cioè alla sensibilità tipica della poesia) e vi si incontrano efficaci figure retoriche, con il prevalere della **similitudine**, della **metafora**, dell'**analogia** e della **personificazione**, che contribuiscono a creare il "magico mondo" di Arturo.

PARTE 2 • I generi

Laboratorio sul testo

Comprendere

Informazioni esplicite
1. Qual è lo stato d'animo che pervade Arturo all'inizio del brano?
2. Chi lo aiuta nella sua fuga? Chi è questo personaggio e che cosa rappresenta per lui?
3. Arturo ha dei momenti di cedimento quando mette in atto il suo piano, o si mostra fermo e deciso?
4. Da chi e da che cosa si congeda nel suo lungo monologo interiore?
5. Verso chi e verso che cosa Arturo dice di provare *un'orrida gelosia*? (r. 21).
6. Nel testo sono disseminate alcune informazioni relative all'isola di Procida: sottolineale e ricostruisci in base a esse un ritratto dell'isola e dei suoi ritmi di vita.

Informazioni implicite
7. *Io pensai che fra poco avrei veduto Napoli, il continente, le città, chissà quali moltitudini! E mi prese una smania improvvisa di partire, via da quella piazza, e da quella banchina* (rr. 104-106). Secondo te, Arturo come immagina il suo futuro?
8. Quali sono, secondo te, gli elementi che permettono ad Arturo di prendere coscienza del proprio processo di maturazione?

Significati
9. Quale dei seguenti motivi, a tuo avviso, è quello che convince maggiormente Arturo della decisione di lasciare Procida?
   a) ☐ La vita sull'isola è opprimente e ripetitiva.
   b) ☐ Il risentimento nei confronti del padre, la gelosia nei confronti di Nunziata non gli permettono più di restare sull'isola.
   c) ☐ L'abbandono del luogo in cui si è nati è l'unico passo che permette veramente di crescere e divenire adulti.
   d) ☐ Ha voglia di vedere il mondo, di partire per nuove avventure.

Analizzare

Monologo interiore
10. Individua nel testo le sequenze in cui la Morante ricorre al monologo interiore per presentare i pensieri di Arturo.
11. Quale effetto stilistico crea, secondo te, la scelta di questa tecnica? Motiva la tua risposta.

Spazio
12. Nel testo molti elementi della natura sono presentati con tratti umani: compila la seguente tabella, specificando per ciascun elemento naturale in questione quali aggettivi o espressioni denotino l'utilizzo della figura retorica della personificazione.

Mare	Inverno	Estate	Sassi
....	....	....	....
....	....	....	....
....	....	....	....

13. Talvolta anche le persone sono caratterizzate dal narratore per mezzo di similitudini che rimandano a elementi naturali: rintraccia nel testo i passaggi che confermano tale affermazione.
14. In che modo si può dire che lo stato d'animo di Arturo si proietta nella descrizione del paesaggio? Arricchisci la tua risposta facendo riferimento a brani del testo in cui tale aspetto è particolarmente evidente.

448

La narrazione di formazione · UNITÀ 13

Tempo

15. Sottolinea nel testo i passaggi in cui si mette in evidenza la dimensione ciclica del tempo.
16. A quali momenti della vita di Arturo viene associata una visione lineare del tempo? Riferisciti nella tua risposta a esempi tratti dal testo.
17. Sottolinea con tre differenti colori i momenti della narrazione relativi al passato, al presente e al futuro dell'esistenza del protagonista.

Padroneggiare la lingua

Lessico

18. Il registro espressivo di Elsa Morante in questo romanzo è generalmente medio. A volte, tuttavia, sono presenti espressioni tipiche di una lingua più ricercata e raffinata; altre volte, al contrario, si utilizzano parole ed espressioni dialettali. Ricerca nel testo e sottolinea con i colori indicati fra parentesi almeno due esempi significativi per ciascuno stile espressivo: elevato (blu), medio (rosso) e popolare (verde).
19. Nel brano proposto Arturo supera la soglia tra illusione e verità, adolescenza e maturità, attrazione e rifiuto. Compila la tabella proposta di seguito, rintracciando le parole appartenenti agli ambiti lessicali di queste tre coppie oppositive.

Illusione / Verità	Adolescenza / Maturità	Attrazione / Rifiuto
....	....	....
....	....	....
....	....	....
....	....	....
....	....	....
....	....	....

20. *Difatti, se russavo a questa maniera, era chiaro segno che potevo ormai considerarmi cresciuto, maturo e realmente virile, sotto tutti i riguardi.* Sapresti indicare almeno due sinonimi per ciascuno degli aggettivi utilizzati da Arturo?
21. *Era un'orrida gelosia che mi amareggiava.* Con quale delle seguenti forme potresti sostituire il verbo?
    a) ☐ Rendeva irritabile.
    b) ☐ Rattristava.
    c) ☐ Pungolava.
    d) ☐ Sollevava.

Grammatica

22. *Tenevo la coperta sulle spalle alla moda siciliana, <u>per uso di mantello</u>*: trasforma l'espressione sottolineata in una proposizione subordinata implicita.

Interpretare e produrre

23. Arturo, aperti gli occhi sulla dura realtà, decide di fuggire dall'isola. Credi che tale scelta costituisca una vera soluzione alla tristezza e alla solitudine del ragazzo? Solo il continente potrà renderlo un vero uomo? Discutine coi tuoi compagni.
24. Dopo molti anni Arturo ritorna a Procida: che cosa vede? Chi incontra? Che cosa prova? Descrivi l'isola (che cosa è cambiato, che cosa è rimasto uguale?), delinea le persone che il protagonista incontra e immagina che, ritrovato il padre, gli racconti le proprie esperienze. Scrivi un testo di circa una pagina, cercando di far emergere la psicologia del personaggio.

449

T4 Niccolò Ammaniti
Io non ho paura

- **PUBBLICAZIONE**
  Io non ho paura, 2001
- **LUOGO E TEMPO**
  Un piccolo paese dell'Italia meridionale, seconda metà del Novecento
- **PERSONAGGI**
  Michele; Teschio

Un gruppo di ragazzini scopre, in una valletta piena di rovi situata in aperta campagna, una casa abbandonata. Michele, il protagonista del romanzo, è costretto da Teschio, il più grande del gruppo, a una pericolosa penitenza che diventa una vera e propria prova di coraggio.

Stringevo i denti e avanzavo senza lamentarmi. Gli altri stavano seduti sotto una quercia a godersi lo spettacolo di Michele Amitrano che si scassava le corna[1].

Ogni tanto arrivava un consiglio. – Passa di là. – Devi andare dritto. Lì è pieno
5 di spine. – Mangiati una mora che ti fa bene.

Non li stavo a sentire.

Ero sul terrazzino. C'era uno spazio stretto tra i rovi e il muro. Mi ci sono infilato dentro e sono arrivato alla porta. Era chiusa con una catena ma il lucchetto, mangiato dalla ruggine, era aperto. Ho spinto un battente e con un gemito ferroso
10 la porta si è spalancata.

Un gran frullare di ali. Piume. Uno stormo di piccioni ha preso il volo ed è uscito attraverso un buco nel tetto.

– Com'è? Com'è dentro? – ho sentito che domandava il Teschio.

Non mi sono dato pena di rispondergli. Sono entrato, attento a dove mettevo
15 i piedi.

Ero in una stanza grande. Molte tegole erano cadute e un trave penzolava al centro. In un angolo c'era un camino, con una cappa a forma di piramide annerita dal fumo. In un altro angolo erano ammassati dei mobili. Una vecchia cucina rovesciata e arrugginita. Bottiglie. Cocci. Tegole. Una rete sfondata. Tutto era co-
20 perto di merda di piccioni. E c'era un odore forte, un tanfo[2] acre che ti si ficcava in fondo al naso e alla gola. Sopra il pavimento di graniglia[3] era cresciuta una selva di piante ed erbacce selvatiche. In fondo alla stanza c'era una porta dipinta di rosso, chiusa, che di sicuro dava sulle altre stanze della casa.

Dovevo passare di lì.

25 Ho poggiato un piede, sotto le suole le assi scricchiolavano e il pavimento ondeggiava. A quel tempo pesavo sui trentacinque chili. Più o meno come una tanica[4] d'acqua. Mi sono chiesto se una tanica d'acqua, messa al centro di quella stanza, sfondava il pavimento. Meglio non provarci.

Per arrivare alla porta successiva era più prudente camminare raso ai muri[5].
30 Trattenendo il respiro, in punta di piedi come una ballerina, ho seguito il perime-

---

1. **si scassava le corna:** si rompeva la testa.
2. **tanfo:** odore sgradevole, tipico dei luoghi chiusi.
3. **graniglia:** composto di pietra e marmo, di basso costo, utilizzata per fare piastrelle.
4. **tanica:** recipiente di plastica con manico e tappo.
5. **raso ai muri:** radente alle pareti della casa.

Osvaldo Licini, *Paesaggio*, 1924.

tro della camera. Se il pavimento si sfondava finivo nella stalla, dopo un volo di almeno quattro metri. Roba da spaccarsi le ossa.

Ma non è accaduto.

Nella stanza dopo, grande più o meno come la cucina, il pavimento mancava del tutto. Ai lati era crollato e ora solo una specie di ponte univa la mia porta con quella dall'altra parte. Dei sei travi che reggevano il pavimento erano rimasti sani solo i due al centro. Gli altri erano tronconi mangiati dai tarli.

Non potevo seguire i muri. Mi toccava attraversare quel ponte. I travi che lo sostenevano non dovevano essere in condizioni migliori degli altri.

Mi sono paralizzato sotto lo stipite della porta. Non potevo tornare indietro. Mi avrebbero rotto le scatole fino alla morte. E se mi buttavo di sotto? All'improvviso quei quattro metri che mi dividevano dalla stalla non sembravano più tanti. Potevo dire agli altri che era impossibile arrivare alla finestra.

In certi momenti il cervello gioca brutti scherzi [...] Volevo buttarmi di sotto.

Poi mi sono ricordato di aver letto su un libro di Salvatore[6] che le lucertole possono salire sui muri perché hanno una perfetta distribuzione del peso. Lo scaricano sulle zampe, sul ventre e sulla coda, gli uomini invece solo sui piedi ed è per questo che affondano nelle sabbie mobili.

6. Salvatore: è il miglior amico di Michele.

PARTE 2 · I generi

Ecco, cosa dovevo fare.

50 Mi sono inginocchiato, mi sono steso e ho cominciato a strisciare. A ogni movimento che facevo cadevano calcinacci e mattonelle. Leggero, leggero come una lucertola, mi ripetevo. Sentivo le travi tremare. Ci ho messo cinque minuti buoni ma sono arrivato sano e salvo dall'altra parte.

Ho spinto la porta. Era l'ultima. In fondo c'era la finestra che dava sul cortile.
55 Un lungo ramo s'insinuava fino alla casa. Era fatta. Anche qui il pavimento aveva ceduto, ma solo per metà. L'altra resisteva. Ho usato la vecchia tecnica, camminare appiccicato alle pareti. Sotto vedevo una stanza in penombra. C'erano i resti di un fuoco, dei barattoli aperti di pelati e pacchi di pasta vuoti. Qualcuno doveva essere stato lì da non molto tempo[7].

60 Sono arrivato alla finestra senza intoppi[8]. Ho guardato giù.

C'era un piccolo cortile recintato da una fascia di rovi e dietro il bosco che premeva. A terra c'erano un lavatoio di cemento crepato, il braccio arrugginito di una gru, mucchi di calcinacci coperti di edera, una bombola del gas e un materasso.

Il ramo su cui dovevo salire era vicino, a meno di un metro. Non abbastanza
65 però, da poterci arrivare senza fare un salto. Era grosso e sinuoso come un anaconda[9]. Si allungava per più di cinque metri. Mi avrebbe sostenuto. Arrivato in fondo avrei trovato il modo di scendere. Sono montato in piedi sul davanzale, mi sono fatto il segno della croce e mi sono lanciato a braccia in avanti come un gibbone[10] della foresta amazzonica. Sono finito di pancia sul ramo, ho provato ad
70 abbrancarlo[11], ma era grande. Ho usato le gambe ma non c'erano appigli. Ho cominciato a scivolare. Cercavo di artigliarmi alla corteccia.

La salvezza era di fronte a me. Un ramo più piccolo stava lì a qualche decina di centimetri.

Mi sono caricato e con uno scatto di reni l'ho afferrato con tutte e due le mani.
75 Era secco. Si è spezzato.

Sono atterrato di schiena. Sono rimasto immobile, a occhi chiusi, sicuro di essermi rotto l'osso del collo. Non sentivo dolore. Me ne stavo steso, pietrificato, con il ramo tra le mani, cercando di capire perché non soffrivo. Forse ero diventato un paralitico che anche se gli spegni una sigaretta su un braccio e gli infili una
80 forchetta in una coscia non sente niente.

Ho aperto gli occhi. Sono rimasto a fissare l'immenso ombrello verde della quercia che incombeva su di me. Lo sfavillio del sole tra le foglie. Dovevo cercare di sollevare la testa. L'ho sollevata.

Ho buttato quel ramo cretino. Ho toccato con le mani la terra. E ho scoperto
85 di essere su una cosa soffice. Il materasso.

Niccolò Ammaniti, *Io non ho paura*, Torino, Einaudi, 2001

---

7. Qualcuno... molto tempo: in effetti, come si scoprirà in seguito, la stanza è utilizzata per preparare i pasti destinati a un bambino recluso in una buca nelle fondamenta della casa.
8. intoppi: inciampi.
9. anaconda: grosso serpente che vive in zone ricche d'acqua.
10. gibbone: scimmia priva di coda, che in realtà vive nelle foreste asiatiche.
11. abbrancarlo: afferrarlo con forza e tenerlo saldo.

La narrazione di formazione • UNITÀ 13

SCHEDA DI ANALISI

Il tema e il messaggio

● Il brano tratta i temi della **paura** e del **coraggio** visti dagli occhi dei bambini.

● La paura, insieme agli sforzi compiuti per superarla, è tra le esperienze fondamentali dell'infanzia. Nel testo qui riportato, la paura viene sperimentata da un bambino di nove anni che si trova a dover affrontare una prova di coraggio particolarmente rischiosa. Questa esperienza assumerà nel romanzo un significato particolare: la consapevolezza di aver avuto la forza di affrontarla e, in qualche modo, di superarla, darà al protagonista il coraggio necessario a far fronte, nel seguito della vicenda, a situazioni ancor più difficili e delicate.

● Da questo punto di vista, il romanzo si presenta come un vero e proprio *Bildungsroman*, teso a esaltare **qualità morali** come il coraggio che, secondo l'autore, anche i bambini sono talvolta in grado di dimostrare, pur nella loro fragilità.

I personaggi

● Protagonista del brano e di tutto il romanzo è Michele, un ragazzino di nove anni, costretto, come annuncia il titolo, a vincere le proprie fragilità superando prove sempre più complicate. E proprio nella prima di queste prove, narrata nel brano qui riportato, Michele si mostra particolarmente coraggioso: supera la paura iniziale e, passo dopo passo, stanza dopo stanza, affronta tutti gli ostacoli che lo separano dal traguardo. Su ciascuno di essi si ferma a riflettere razionalmente, quasi con freddezza, allo scopo di trovare il modo più sicuro per superarlo. Anche se, per una fatalità, il traguardo gli sfuggirà di mano all'ultimo momento, questa prova si rivelerà un'esperienza importante per la sua **crescita**.

● Il mondo degli adulti è assente, per il momento; attorno a lui si raccolgono soltanto alcuni **coetanei** che seguono la sua impresa con eccitazione e apprensione ma senza mai intervenire direttamente, limitandosi a dargli dei consigli. Tra di loro c'è un ragazzo più grande, il dodicenne Teschio, che, come capita di frequente in questi casi, afferma impunemente la propria supremazia sugli altri ragazzi, con assoluta prepotenza e anche una forte dose di sadismo.

Lo spazio e il tempo

● Lo scenario è la **campagna** arida che caratterizza molte zone interne dell'**Italia meridionale**. Il luogo in cui sorge la casa appare squallido e desolato, spe-

cialmente nella sua parte più interna (*un piccolo cortile recintato da una fascia di rovi... un lavatoio di cemento crepato, il braccio arrugginito di una gru, mucchi di calcinacci coperti di edera, una bombola del gas e un materasso*). L'epoca in cui la vicenda è ambientata corrisponde a quella dell'infanzia dell'autore: un periodo, attorno alla **fine degli anni Settanta**, in cui i bambini trascorrono molto del loro tempo, specie durante l'estate, a giocare per strada, all'aria aperta.

Il discorso narrativo

● La narrazione si svolge **in prima persona**: la storia è raccontata dal protagonista che, a distanza di anni, ripercorre la vicenda minuziosamente, giorno per giorno, riuscendo a rivivere anche tutte le emozioni a essa connesse. Il racconto riproduce dunque lo stato d'animo allo stesso tempo eccitato e angosciato di un bambino alle prese con una complicata avventura.

● Le sequenze, formate da frasi accostate le une alle altre per **paratassi** (ovvero per coordinazione), sono perlopiù narrative e riflessive. Il racconto presenta un crescendo di tensione (*climax*) dall'esordio, con i primi passi del protagonista nella casa abbandonata, fino all'epilogo, con l'avventuroso raggiungimento del traguardo. Il procedere della narrazione riesce così a determinare una forte *suspense*, culminante in frasi molto contratte (*Era secco. Si è spezzato*) e che rimane viva anche dopo il fatto decisivo, ovvero la caduta del protagonista: mentre la sua sorte resta incerta, le azioni lasciano il campo ai pensieri (*Forse ero diventato un paralitico*), sino al felice scioglimento finale (*ho scoperto di essere su una cosa soffice. Il materasso*).

La lingua e lo stile

● Lo stile della narrazione, spesso caratterizzato da **frasi brevi** o brevissime, rende il racconto serrato e avvincente. Si alternano di continuo proposizioni con valore narrativo, descrittivo e riflessivo; in tutte, i verbi all'indicativo o al condizionale ricalcano i modi della lingua parlata. Come l'uso dei verbi, così anche il lessico risulta elementare, ma sempre capace di descrivere in maniera precisa l'ambientazione (*tanica, tarli, calcinacci, lavatoio*); alcuni termini sono espressivamente marcati (*merda, tanfo, cretino*). Nonostante la scelta di uno stile diretto e semplice, l'autore ricorre con una certa frequenza all'uso di **similitudini** (*[pesava] come una tanica d'acqua*; *in punta di piedi come una ballerina*; *leggero come una lucertola*).

453

PARTE 2 · I generi

Laboratorio sul testo

Comprendere

Informazioni esplicite
1. Michele entra nella casa abbandonata di sua spontanea volontà?
2. Secondo Michele, che cosa consente alla lucertola di muoversi meglio degli uomini in certe condizioni?
3. Michele e i suoi compagni avevano già precedentemente visto ed esplorato la casa abbandonata?

Informazioni implicite
4. Per quale motivo, una volta dentro la casa, Michele non risponde alla domanda di Teschio su come fosse la casa all'interno?
5. Come spieghi, alla luce dell'episodio qui riportato, il titolo del romanzo?
6. Paura e coraggio rappresentano per Michele due questioni secondarie rispetto all'impulso al gioco? Motiva la tua risposta.

Analizzare

Personaggi
7. Che relazione esiste tra Teschio e gli altri ragazzi del gruppo?
8. Quali sono le caratteristiche che già in apertura contraddistinguono Michele?
9. Indica le qualità personali che la prova dovrebbe far emergere:
   a) ☐ senso dell'orientamento;
   b) ☐ autonomia;
   c) ☐ coraggio;
   d) ☐ libertà di giudizio;
   e) ☐ senso del pericolo;
   f) ☐ senso dell'equilibrio.

Spazio
10. Dove si trova la casa abbandonata? Come viene descritta?

Stile
11. Individua e sottolinea le parti in cui la narrazione presenta i due elementi stilistici del *climax* e della *suspense*.

Padroneggiare la lingua

Lessico
12. Che cosa intende il narratore con l'espressione *gemito ferroso*, utilizzata nella prima parte del racconto?
13. Spiega in che modo va inteso il verbo *premere* nella frase *C'era... il bosco che premeva* (r. 61).
14. Che differenza c'è tra i verbi *abbrancare* e *artigliarsi* utilizzati nella parte conclusiva del brano?

Grammatica
15. Osserva la frase: *Forse ero diventato un paralitico che anche se gli spegni una sigaretta su un braccio e gli infili una forchetta in una coscia non sente niente.* Ti pare che sia sintatticamente corretta? Come la riformuleresti?

Interpretare e produrre

16. A tuo parere, l'azione intrapresa da Michele denota vero coraggio o, piuttosto, semplice orgoglio? Esponi oralmente la tua opinione.
17. Michele affronta l'impresa con coraggio, ma anche con una forte dose d'incoscienza, tipica nei bambini: narra in forma scritta un episodio, reale o immaginario, in cui compaiano contemporaneamente questi due elementi.

La narrazione di formazione • UNITÀ 13

ONLINE
intervista all'autore

T5 **Fabio Geda**
Per il resto del viaggio ho sparato agli indiani

- **PUBBLICAZIONE**
Per il resto del viaggio ho sparato agli indiani, 2007
- **LUOGO E TEMPO**
Torino, primi anni Duemila
- **PERSONAGGI**
Emil; Asia; il cane Lufth

Il protagonista del romanzo è un tredicenne rumeno, Emil, immigrato clandestino a Torino. È orfano di madre e non può contare su altri parenti: il padre è in carcere in Romania, arrestato mentre cercava di rientrare in Italia con un passaporto falso; il nonno Viorel è un inaffidabile artista di strada di cui si sono perse le tracce a Berlino. Il ragazzo abita con Assunta, la giovane fidanzata italiana del padre, in una casa messa a loro disposizione dall'"Architetto", personaggio che tratta entrambi con generosità e di cui soltanto nel prosieguo della vicenda si scoprirà l'identità e il tentativo di violenza nei confronti di Emil. Nella vita del ragazzo vi sono infine due cari amici, Delia e Marek, e due passioni: il fumetto *Tex Willer* e le parole, soprattutto quelle nuove e inconsuete.
Nelle prime pagine del romanzo assistiamo a un confuso tentativo di fuga da parte di Emil, che sarà l'inizio di un viaggio lungo l'intera Europa. Ha litigato con l'Architetto, colpendolo e derubandolo del portafogli. Dopo aver raccolto velocemente le sue poche cose in uno zaino e trascorso la notte nel garage del suo amico Marek, al mattino va in stazione, alla ricerca improbabile di un treno per la Romania, ma incontra soltanto un gruppo di ragazzini rom. Viene circondato e assalito; è ormai a terra bersagliato dai calci quando, per sua fortuna, giungono in suo soccorso un labrador affettuoso e una ragazza stupenda, ricoperta di piercing colorati.

Qualcuno mi ha tirato un calcio esattamente fra le gambe. L'inguine è diventato di burro e non ho potuto fare altro che mugolare, sull'orlo delle lacrime.
"Addosso, Lufth, addosso[1]."
5 Poi, d'un tratto, non ho più sentito nulla. Solo il latrare sommesso di un cane.
Lento, mi sono seduto in ginocchio. Una lingua mi ha leccato la testa. Il sangue, colloso e nauseante, mi colava dal naso alle labbra. Ho infilato una nocca nella narice per fermare l'emorragia. Sentivo l'ansimare del cane di fronte a me.
La voce dolce e femminile di prima ha detto: "Usa questo".
10 Mi sono pulito gli occhi con il polso.
Ci ho messo un po' a metterla a fuoco.
Mi faceva male la testa.
La ragazza stava carezzando un grosso labrador. Aveva il viso allungato, da elfo, bucato da piercing colorati. I capelli corti e scuri. Il collo lungo. Un trucco
15 pesante, nero, attorno agli occhi. La pelle bianca. E indossava un vestito fatto di tanti pezzi che, nel complesso, aveva un'aria scozzese.

1. **"Addosso… addosso"**: è la voce di Asia, la ragazza giunta in aiuto di Emil, che incita il suo cane ad aggredire i rom che stanno picchiando il ragazzo.

455

Ho pensato: *Cazzo, è stupenda.*

Ho preso il fazzoletto. Ho tamponato.

Mi ha chiesto: "Stai bene?".

20 Mi sono tastato le gambe. Il petto. Come per contare i pezzi. "Penso di sì." Ho infilato una mano in tasca per sentirmi l'inguine. La tasca destra era bucata. Mi sono massaggiato i testicoli, così, per essere certo.

Lei ha detto: "Li conosco quelli. Brutta gente. Ma non sono tutti così i rom. Alcuni sono gentili. Ma loro... Li hanno cacciati dal campo sul Lungostura[2]. Ora
25 vagano per la stazione". Poi ha detto: "Tu non sei italiano, vero?".

"Perché? Non sembro italiano?"

"No. Sei rumeno?"

Ho fatto sì. Con la testa.

"Io mi chiamo Asia. Lei è Lufthansa."

30 "Emil."

Improvvisamente sono sbiancato.

"Che c'è?" ha chiesto Asia.

Ho pensato: *La borsa[3]...*

Siamo usciti alla luce, nei corridoi della stazione.

35 Non sapevo assolutamente cosa fare, il panico mi succhiava via l'ossigeno, come il bacio di un Dissennatore[4]. Ho provato, balbettando, a spiegare ad Asia perché ero lì, che dovevo partire, che non sapevo dove andare. E davvero non so cosa avrei fatto, se Asia non avesse detto: "Vai all'Ufficio Informazioni, tranquillo, del tuo borsone me ne occupo io". [...]

40 Nell'ufficio c'era odore di pipa. Un ferroviere con l'uniforme sgualcita mi ha studiato, curioso, da sopra gli occhiali. Si è grattato il pizzetto. Stava bevendo un caffè. "Che hai fatto all'occhio?" ha chiesto.

Ho risposto: "Una gomitata del mio fratellino. Era il suo compleanno. Aveva bevuto troppo".

45 "Il tuo fratellino?"

"Già."

Ha gonfiato le guance. Con la bocca ha fatto il rumore di un colpo di ping-pong. Ha detto: "Capisco".

"Posso sapere gli orari dei treni per Bran?"

50 "Per Bran? E dove sta, Bran?"

"In Romania."

"In Romania?"

"Esatto."

Ho infilato la mano nella tasca sfondata per cercare di alleviare il dolore all'in-
55 guine. Alleviare l'ho imparato leggendo "Tex". Significa che ti fa meno male, co-

---

2. Lungostura: località alle rive del fiume Stura, dove il comune di Torino ha allestito un campo nomadi.
3. *La borsa*: dove Emil aveva messo qualche vestito e alcuni preziosi ricordi.
4. Dissennatore: creatura magica proveniente dalla saga di Harry Potter; il bacio dei Dissennatori risucchia l'anima e svuota le persone di pensieri e ricordi felici, fino a farle impazzire dalla disperazione.

456

me quando i banditi sparano a Kit Carson[5] e gli indiani gli mettono un unguento sopra le ferite. Unguento e inguine, secondo me, sono parole simili. [...]

Il ferroviere si è fatto scivolare gli occhiali dorati sulla punta del naso. Ha preso fiato. Ha detto: "Vedi. Ci sono almeno tre confini da superare. Brennero. Kufstein[6]. E poi l'Ungheria... Lì sono molto severi. Lo sai, vero?". Poi, con un tono strano e vagamente accusatorio, ha aggiunto: "Non è che c'è qualcosa che vuoi dirmi? Forse potrei aiutarti...".

Ho detto: "Grazie".

E sono uscito.

Asia camminava con la schiena dritta da ballerina e le mani unite dietro il sedere, evanescente come quando il calore fa sembrare bagnato l'asfalto. Lufthansa stringeva fra i denti una bottiglia di Peroni[7] vuota. L'ho indicata, stupito.

"È stato mio fratello. Le ha insegnato a rubare le birre di nostro padre dalla veranda."

Ha gettato il JanSport[8] ai miei piedi.

"Dov'era?"

"Vicino a un bidone. Ti hanno preso qualcosa?"

Anche senza aprirlo si vedeva che era meno gonfio e pesante. "Vestiti. Mancano due paia di pantaloni. Il maglione giallo della Kappa[9]. Le ciabatte da doccia."

I fumetti di "Tex" c'erano. Ho cercato nella tasca interna.

"Cosa sono?"

"Lettere. Di mio padre e di mio nonno."

"Allora? Parti?"

Ho pensato: ... ?

E ho pensato: ... ?

Ho rivisto la scena dell'Ufficio Informazioni. Ho riflettuto. Su tutto quello che poteva succedere. Ho contato i piercing di Asia. Uno aveva il segno della pace, quello che sembra il marchio della Mercedes. Lufthansa ha lasciato cadere la Peroni e mi ha leccato i polpastrelli. Il panico è sbocciato d'un tratto, come quei fiori che sbocciano a mezzanotte e durano solo pochi istanti. L'ho visto crescere come uno tsunami. Come si forma uno tsunami l'ho imparato nell'aula video, alla Ippolito Nievo[10]: prima la corrente prosciuga l'acqua vicino alla spiaggia, perché quell'acqua va a formare l'onda enorme, che si abbatte sulla spiaggia e spazza via tutto, anche i carretti degli hot dog e le scimmie sulle palme, ed è così che la paura mi ha prosciugato i polmoni, il cervello e il sangue dalle vene, in un istante, mettendomi sottovuoto, tanto che quasi stavo per cadere, poi l'onda si è riversata contro la stazione di Porta Nuova[11] e gli occhi si sono riempiti di lacrime, così, senza che potessi prevederlo e cercare di bloccarle. Oppure che potessi chiuderli, quegli enormi, ingombranti, imbarazzanti occhi.

---

5. Kit Carson: personaggio del fumetto *Tex Willer*; è l'amico più fidato di Tex, con cui condivide le avventure più pericolose.
6. Kufstein: cittadina austriaca al confine con la Germania.
7. Peroni: nota marca di birra.
8. JanSport: lo zaino di Emil.
9. Kappa: una marca di abbigliamento sportivo.
10. Ippolito Nievo: una scuola media inferiore di Torino.
11. Porta Nuova: la stazione ferroviaria principale di Torino.

95   Mi sono accucciato.

Ho nascosto il viso tra le ginocchia.

Mi vergognavo. Mi vergognavo tantissimo.

Ho coperto la testa con le braccia. Il JanSport giaceva senza vita sul pavimento freddo della stazione. Svuotato. Gli avevano sparato alle spalle. Non ero riuscito

100 a difenderlo, ed era solo colpa mia. Che prendessero pure il mio scalpo. La mia pistola. Il mio cavallo. Che mi impiccassero.

Una radio, da qualche parte, trasmetteva *Banane e lampone*[12].

Era tutto ciò che restava di me.

Di me, Emil, e del mio borsone. [...]

105 L'aria gelida brillava, rarefatta. Ovunque lo scintillio lunare delle luci natalizie. La gente si stringeva nelle sciarpe.

Ho pensato: *Non ho mai dormito sotto una tenda.*

Ho sorseggiato il tè bollente alla menta. Eravamo seduti sugli sgabelli alti di un kebab di via Nizza[13]. Asia aveva insistito nel dire che avevo bisogno di qual-

110 cosa di caldo.

"Sei il ragazzino con l'aria più disperata che abbia mai visto."

Ho seguito con lo sguardo il proprietario arabo. Canticchiava. Pareva pregasse. Affettava brandelli di carne arrosto.

"Mi ricordi Akira."

115 "Chi è Akira?"

"Non hai mai letto 'Akira'?"

"No."

Ha detto: "È un fumetto giapponese. Un manga".

"Io leggo solo 'Tex'."

120 Asia ha strabuzzato gli occhi: "Tex'? Ripetilo. Diosantissimo, 'Tex'?". Poi ha detto: "Lo leggeva mio padre".

Ho inarcato le sopracciglia. "E allora?"

Asia ha detto: "Io tra poco devo andare".

Ho alzato le labbra dal bicchiere decorato. Ho ingoiato il sorso di tè. Con la

125 faccia interrogativa.

"Passano a prendermi."

Ho chiesto: "Dove vai?".

"A Berlino."

"A Berlino?"

130 "Per Capodanno."

"A Berlino?"

"Strana eco in questo posto."

"Come?"

"Vuoi dire *come* con quale mezzo?"

135 È bastato un nanosecondo, che so cos'è perché una volta al posto di "Tex"

---

12. *Banane e lampone*: una canzone di Gianni Morandi, che la convivente del padre di Emil, Assunta, ascoltava continuamente.

13. Via Nizza: una via adiacente alla stazione di Porta Nuova.

ho letto "Nathan Never". Leggendo "Nathan Never" ho imparato anche cos'è un esoscheletro[14]. Ma non mi è piaciuto. A me piace il caldo. E i cavalli. A Bran, dai miei nonni materni, c'era un pony, che cavalcavo lungo le linee di terra che i contadini segnano per traversare i campi. Non era mio, ma lo chiamavo Gengis
140 Khan[15]. E quando lo chiamavo Gengis Khan, e lui nitriva, era come se lo fosse.

È bastato un nanosecondo e tutte le poche certezze che avevo si sono dissolte. Dovevo andare da mio padre, in Romania? Dovevo andare a salvarlo? Dovevo tornare a vivere a Bran, dai genitori di mia madre, e cavalcare Gengis Khan?

Mi è tornata in mente una storia.

145 L'avevo ascoltata dalla madre di Marek. Era notte, pioveva, e non riuscivo a dormire. Era verso mezzanotte, o l'una. Nel periodo dell'inverno in cui io e Assunta siamo stati ospiti da loro. Prima di incontrare l'Architetto. Lei si era alzata a farmi una tazza di camomilla e mentre bevevo, seduto al tavolo della cucina, di punto in bianco aveva cominciato a raccontare.

150 "Un uomo molto religioso, una sera di cento o duecento anni fa, cadde in mare. Stava attraversando l'oceano per andare a fondare una nuova chiesa, in una zona del mondo appena scoperta. Si aggrappò a un pezzo di legno che galleggiava. Non era lontanissimo dalla riva. Vedeva all'orizzonte le luci di una piccola città. Pregò, dicendo: 'Signore, se davvero vuoi che io vada a fondare questa chiesa per te, per
155 la tua gloria, per la tua parola, ti prego, salvami'. Subito ebbe la sensazione netta e rinvigorente di essere stato ascoltato. Intonò tra sé e sé una lode al suo Dio. Dopo qualche minuto una barca di pescatori gettò le reti da quelle parti. Vide l'uomo, e si accostò per prestare soccorso. 'Andatevene,' disse l'uomo. 'Non mi servite, tra poco verrà il mio Dio a salvarmi, lo so.' I pescatori, impressionati dalla fede
160 dell'uomo, si allontanarono di buona lena. Il più anziano di loro suggerì di rimanere in zona, così da accorrere in caso il Dio dell'uomo non fosse giunto in tempo. Poco dopo, una seconda barca, più piccola della prima, si avvicinò all'uomo, cui il freddo dell'acqua stava cominciando a rosicchiare le gambe. Testardo, da uomo di vera fede, fece allontanare anche quella barca. 'So che mi hai ascoltato, Signore,'
165 disse, e continuò a pregare. Si ritrovò di nuovo solo. Era l'alba, forse le cinque o le sei del mattino, quando una terza barca di pescatori di tonni vide l'uomo, quasi svenuto per il freddo, attaccato con le unghie al pezzo di legno che lo aveva tenuto a galla per buona parte della notte. 'Si aggrappi alla cima[16],' disse il proprietario di quella piccola barchetta, con le vele mezzo strappate. 'No,' rispose l'uomo. 'Tra
170 poco verrà il mio Dio, a salvarmi.' Detto questo, fu come se qualcuno lo avesse tirato sotto prendendolo per i pantaloni. Andò a fondo come un sasso. Affogò. Il suo Dio gli aveva mandato tre barche. Non una. Tre. Ma lui non aveva capito."

Ho detto ad Asia: "Posso venire con te?" cercando di nascondere l'imbarazzo.
" ... Con me? A Berlino?"
175 "Sì."
"Che ci vieni a fare a Berlino?"

---

14. esoscheletro: struttura esterna, più o meno rigida, che protegge il corpo di un animale ed eventualmente ne sostiene gli organi. **15. Gengis Khan:** celebre con- dottiero e sovrano mongolo, vissuto tra il XII e il XIII secolo. **16. cima:** grossa corda.

PARTE 2 · I generi

"Mio nonno. Abita lì."

"Davvero? Quello delle lettere?"

"Quello delle lettere."

180 "Hai detto che è un vecchio rincoglionito."

"Dev' esserlo. Per forza." [...]

"Non so se è una buona idea. Devo chiedere agli altri. Se ci fermano? Non possiamo mica far emigrare clandestinamente un minorenne."

Ho tirato su con il naso.

185 L'inguine mi ha fatto malissimo.

Ho detto: "Ti prego. Se ci fermano. Chiunque sia. Io. Dirò che è stata colpa mia, che voi non sapevate nulla. So come sparire. Due anni fa sono sparito a Brasov e sono ricomparso a Bolzano. Sono un mago, lo sai. Sono anche capace di levitare. Che è diverso da *lievitare...*".

190 Sembrava che Asia avesse ingoiato del pongo[17] fritto. Si è allungata. Mi ha passato le ultime falangi dell'indice e del medio sul livido acido che intasava il contorno dell'occhio. È scivolata su di me, senza che me ne accorgessi. Mi ha baciato sulla fronte. Lufthansa ha abbaiato. Il piercing al centro del labbro inferiore ha trovato casa nella conca spoglia che separa occhi e naso. *Lobotomia frontale*[18]. *Un*

195 *patto di sangue*[19]. Le ho annusato il collo, che sapeva di sapone e cannella, e avrei voluto annusarglielo per il resto della mia vita, così, immobile, benedetto dal tocco metallico del piercing.

Ma lei si è alzata.

Ha detto: "Andiamo".

200 Sentivo scavare nei pantaloni. Spingere contro l'inguine.

Che era ancora di burro, dopo il calcione, e faceva male.

Era il 23 dicembre.

Ancora due giorni e sarebbe stato Natale.

Fabio Geda, *Per il resto del viaggio ho sparato agli indiani*, Milano, Feltrinelli, 2009

---

17. pongo: materiale plastico modellabile e colorato a base di cera, utilizzato soprattutto dai bambini.

18. *Lobotomia frontale*: intervento di neurochirurgia, praticato in passato per trattare una vasta gamma di malattie psichia-

triche.

19. *Un patto di sangue*: è anche il titolo di uno dei più famosi albi di Tex Willer.

VITA E OPERE

● **Fabio Geda** È nato a Torino nel 1972. È laureato in Scienze della Comunicazione e ha lavorato per diversi anni come educatore, in particolare in una comunità di recupero per minori di strada e in case alloggio per adolescenti, in prevalenza stranieri. Nel 2007 ha esordito nella narrativa con il romanzo *Per il resto del viaggio ho sparato agli indiani*, che ha ottenuto un successo immediato di critica e pubblico, tanto da essere selezionato per le fasi finali del Premio Strega ed essere tradotto in Romania e in Francia. Un anno dopo, ha pubblicato il secondo romanzo, *L'esatta sequenza dei gesti*, con cui ha vinto il Premio Grinzane Cavour e il Premio dei Lettori

di Lucca. Nel 2010 ha ottenuto la definitiva consacrazione con *Nel mare ci sono i coccodrilli*, in cui ripercorre l'odissea di Enaiatollah Akbari, fuggito ancora bambino dall'Afghanistan, sopravvissuto a esperienze estreme e a un lungo viaggio terminato a Torino, dove viene affidato alle cure di una famiglia. Il romanzo successivo, *L'estate alla fine del secolo* (2011), è incentrato sulle figure di un nonno e un nipote che, lontani per anni a causa di incomprensioni familiari, si incontrano per la prima volta.

Scrive per la rivista «Linus» e per il quotidiano «La Stampa» e collabora con la Scuola di scrittura Holden, il Circolo dei Lettori e il Salone del libro di Torino.

La narrazione di formazione · U N I T À 1 3

SCHEDA DI ANALISI

Il tema e il messaggio

● La vita non è stata generosa con Emìl, soprattutto da quando è arrivato in Italia e si è ritrovato a vivere vicende apparentemente troppo grandi per la sua giovanissima età. Ma il ragazzo sa trasformare in energia vitale tutte le difficoltà che ostacolano il suo cammino. Ed è proprio armato di questa preziosa qualità che, una fredda mattina di dicembre, alla stazione di Torino, incomincia il suo percorso di crescita, un viaggio interiore ed esteriore che dal mondo magico dell'infanzia lo condurrà all'adolescenza. Anche se la sua indomita e **ingenua intraprendenza** a volte sembra arrendersi (*Che mi impiccassero…*; *Era tutto ciò che restava di me*) un attimo dopo Emìl è pronto a riprendere la corsa, a cogliere negli eventi e negli incontri l'aiuto di cui l'*uomo molto religioso* dell'**apologo** narrato dalla madre di Marek non aveva saputo approfittare. Quando si scopre derubato, appare disperato agli occhi di Asia (*Sei il ragazzino con l'aria più disperata che abbia mai visto*); ma qualche minuto più tardi, quando apprende che la ragazza è diretta a Berlino, la travolge con il suo entusiasmo (*Sono un mago, lo sai*).

● La sua **contagiosa esuberanza** afferra senza indugi e senza filtri quanto cade sotto i suoi occhi. Il suo sguardo "affamato" si sofferma anche sui particolari più irrilevanti della realtà (*i carretti degli hot dog e le scimmie sulle palme* trascinati dallo tsunami; *i brandelli di carne arrosto* e *il bicchiere decorato* di una rosticceria araba), di un mondo che egli osserva con **insaziabile curiosità** e che desidera condividere con gli altri. E nasce proprio da questa tensione emotiva anche l'**interesse** di Emìl **per le parole**, catturate al volo dai fumetti (*Alleviare l'ho imparato leggendo "Tex"*; *Leggendo "Nathan Never" ho imparato anche cos'è un esoscheletro*) e dalle lezioni scolastiche (*l'ho imparato nell'aula video, alla Ippolito Nievo*).

● Emìl ha capito ben presto il valore delle parole, che non solo conosce ma con le quali è capace di giocare (*Sono anche capace di levitare. Che è diverso da lievitare*); ha infatti compreso che dietro l'ignoranza della lingua si nasconde l'incapacità di comunicare, causa di molti disagi e sofferenze. E così usa le parole per dare concretezza ai suoi pensieri e alle emozioni, per **costruirsi un'identità**: esigenza avvertita in maniera ancora più forte da chi, come Emìl, è lontano dalle sue radici, comprese quelle linguistiche.

Il narratore e i personaggi

● Tranne quando introduce la voce narrante della mamma di Marek, Emìl racconta in prima persona gli eventi con l'entusiasmo e il coinvolgimento con cui li vive. Il punto di vista di Emìl è sempre caratterizzato, anche nei momenti più critici, da una specie di "**filtro magico**", la prospettiva da cui l'infanzia osserva e interpreta il mondo reale.

● Il ranger **Tex Willer**, protagonista del celebre fumetto, è la **proiezione ideale** di Emìl, il suo infallibile alter ego fantastico, lo strumento dei suoi temporanei sogni a occhi aperti, che gli permettono di riprendere fiato, di farsi coraggio prima di tornare nel mondo reale. La vita di Emìl è infatti molto complessa, ed è difficile per lui sottrarsi alla tentazione di rifugiarsi ogni tanto in un universo fantastico. Anche l'arrivo di Asia e del suo cane, in tal senso, è avvolto in una **dimensione fiabesca**: la ragazza e Lufth compaiono dal nulla, come creature magiche; le loro forme emergono lentamente dallo stordimento prodotto dai pugni e i calci ricevuti (*Ci ho messo un po' a metterla a fuoco*).

● **Asia** è una sorta di **fatina punk**, giunta a tirare fuori dai guai un eroe confuso, maldestro e imprudente, accompagnata dal suo labrador, che, come molti animali delle fiabe, sa terrorizzare i cattivi ma è docile e affettuoso con i buoni. E i due, al pari degli **aiutanti** in una fiaba, non abbandoneranno l'"eroe" Emìl e lo guideranno per gran parte del suo viaggio.

● Anche il **ferroviere**, che alla fine si arrende alla fantasia e alla simpatia del ragazzino, sotto la lente deformante di Emìl sembra piuttosto un buffo personaggio dei fumetti (*Ha gonfiato le guance. Con la bocca ha fatto il rumore di un colpo di ping pong*).

La struttura, la lingua e lo stile

● La storia si sviluppa attraverso la rapida **frantumazione della narrazione** in brevi sequenze, interrotte da ellissi e segnalate da spazi bianchi. I dialoghi dei personaggi e le riflessioni del protagonista si accavallano allo svolgimento dei fatti in un inarrestabile **flusso di parole** che, anche per mezzo del discorso diretto e dell'indiretto libero, trasmette in maniera efficace l'energia dirompente di Emìl, la sua forza vitale.

● Il ritmo narrativo è ulteriormente accelerato da una sintassi caratterizzata dal rapido susseguirsi di **brevi periodi paratattici** e, soprattutto quando gli avvenimenti e le emozioni s'infittiscono, da **frasi nominali** (*I capelli corti e scuri. Il collo lungo. Un trucco pesante, nero, attorno agli occhi. La pelle bianca*).

● Il lessico è prevalentemente di **uso comune**, ma arricchito da contaminazioni linguistiche provenienti dal vissuto quotidiano del protagonista-narratore (termini che riguardano il mondo e gli interessi giovanili, riferimenti a prodotti e oggetti di consumo), che conferiscono immediatezza e vivacità ai dialoghi e ai pensieri del personaggio.

461

PARTE 2 · I generi

Laboratorio sul testo

Comprendere

Informazioni esplicite

1. Dove e in quale periodo dell'anno si svolgono le vicende narrate nel brano?
2. In quale modo Asia riesce ad allontanare il gruppo di rom che sta picchiando Emil?
3. Che cosa scopre Emil dopo aver ricevuto le prime cure da Asia? Oltre le ferite quale effetto ha prodotto lo sfortunato incontro con i rom?
4. In quale luogo Emil è condotto da Asia, per riprendersi dalle recenti disavventure?
5. Dove deve andare Asia? E per quale motivo Emil le chiede di portarlo con lei?
6. Per quali ragioni Asia si mostra inizialmente perplessa alla richiesta di Emil? E con quale argomento il ragazzo cerca di convincerla?

Informazioni implicite

7. A che cosa allude il ferroviere quando dice a Emil: *Non è che c'è qualcosa che vuoi dirmi? Forse potrei aiutarti…* (rr. 61-62)?

Significati

8. Per quale motivo Emil, osservando i passanti infreddoliti nell'aria gelida, pensa che non ha mai *dormito sotto una tenda* (r. 107)? Quale relazione si stabilisce tra la situazione descritta e il suo immaginario?

Analizzare

Struttura

9. Rileggi il testo e assegna a ciascuna sequenza in cui è suddiviso un titolo che ne riassuma il contenuto.

Personaggi

10. Il personaggio di Asia viene presentato direttamente o indirettamente? E quali tipi di caratterizzazione prevalgono nel suo ritratto?

Stile

11. Riporta alcuni esempi di termini ed espressioni che evidenzino le contaminazioni linguistiche presenti nella narrazione.

Padroneggiare la lingua

Lessico

12. Nell'affermazione *evanescente come quando il calore fa sembrare bagnato l'asfalto*, l'aggettivo *evanescente* quale aspetto del fascino di Asia evidenzia?
    a) ☐ La bellezza.   b) ☐ La simpatia.   c) ☐ Il mistero.   d) ☐ La giovane età.
13. *Mentre bevevo seduto al tavolo della cucina, di punto in bianco aveva cominciato a raccontare.* Con quale termine potresti sostituire l'espressione sottolineata?
    a) ☐ In modo confuso.   b) ☐ Senza ragione.   c) ☐ Impallidendo.   d) ☐ Improvvisamente.

Grammatica

14. *E davvero non so cosa avrei fatto, se Asia non avesse detto…* è un periodo ipotetico della realtà, dell'irrealtà o della possibilità?
15. *A Bran, dai miei nonni materni, c'era un pony, che cavalcavo lungo le linee di terra che i contadini segnano per traversare i campi.* Individua i pronomi relativi presenti nel periodo e indicane le rispettive funzioni logiche.

Produrre

16. Nel corso di un'intervista, Fabio Geda ha sostenuto che «Emil, come molti ragazzi, usa l'immaginazione come un paio di occhiali da indossare quando c'è troppa luce». Secondo te, qual è il significato di quest'affermazione? A quale aspetto della personalità di Emil allude lo scrittore? Ti riconosci in questo atteggiamento nei confronti della realtà? Discutine con i tuoi compagni.

T6 Craig Thompson
Salmo per Raina

- **PUBBLICAZIONE**
  Blankets, 2003
- **LUOGO E TEMPO**
  Stati Uniti, ultimi decenni del Novecento
- **PERSONAGGI**
  Craig; Raina

Blankets ("coperte") è un'autobiografia a fumetti, scritta e disegnata da Craig Thompson, fumettista americano che vi racconta la sua infanzia trascorsa in una famiglia cristiana evangelica, il suo primo amore e gli inizi della sua vita adulta. Nel 2005 *Blankets* è stato selezionato da «Time» tra i migliori *graphic novel* pubblicati in lingua inglese.

Tre sono le "coperte" che danno il titolo all'opera: la prima è la coperta del letto d'infanzia, che il giovane Craig, alter ego dell'autore, divide con il fratello minore Phil. Al periodo dell'infanzia è dedicata una parte consistente del libro, costruito come un romanzo di formazione intorno alle vicende di un adolescente alle prese con il suo primo amore, Raina. È lei che, mettendo insieme tanti quadrati di stoffa diversa, ha cucito la seconda coperta cui allude il titolo, coperta che ha regalato a Craig in occasione di un breve periodo di vacanza da lui trascorso a casa di Raina. La terza "coperta" è la neve: la neve del Wisconsin e del Michigan, un Midwest rurale lontano dall'immaginario in cui si è soliti ambientare il sogno americano; un luogo freddo e solitario, immerso sette mesi l'anno nella neve, ma che diventa proprio per questo simbolo del silenzio, del candore, del senso di protezione – ma anche della solitudine e dello smarrimento – che scandiscono il tempo interiore di Craig.

La scena che riportiamo è ambientata all'alba della prima notte di Craig a casa di Raina, dopo che i due hanno dormito insieme per la prima volta.

1 Craig, seduto sul letto, è intento a fissare l'esterno, immerso nei suoi pensieri. Il particolare della finestra inquadra un'abbondante nevicata.

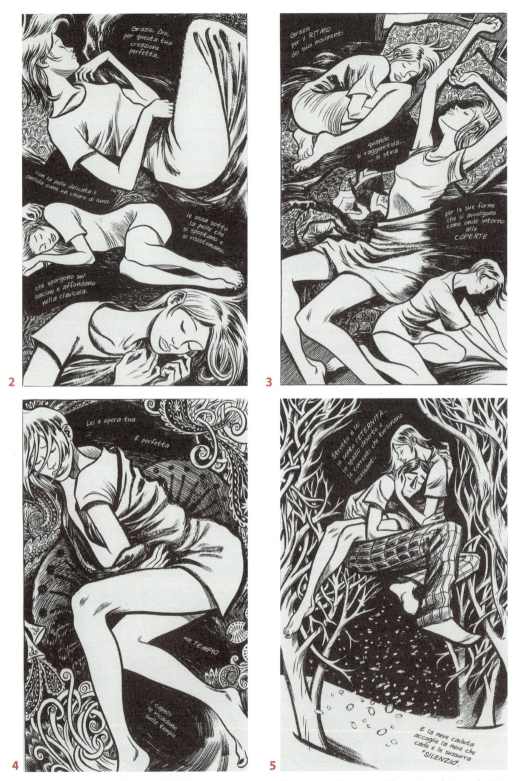

Craig Thompson, *Blankets*, Milano, Rizzoli-Lizard, 2010

2-4 Queste tavole sono tutte dedicate alla figura di Raina, "ripresa" nelle posizioni che assume durante il sonno, circondata amorevolmente dalle parole del "salmo" di Craig che ne esaltano tutta la grazia e la bellezza.
5 L'ultima inquadratura è per un tenero abbraccio tra i due adolescenti, circondati da un paesaggio notturno innevato, dove dominano pace e silenzio, protezione ed eternità.

VITA E OPERE

Craig Thompson Nasce a Traverse City, nel Michigan, nel 1975. Esordisce giovanissimo con la *graphic novel Addio, Chunky Rice* (1999), con il quale si aggiudica un prestigioso *Harvey Award* (uno dei premi più ambiti nel mondo del fumetto americano). Il successo mondiale è però arrivato nel 2003, con *Blankets*, romanzo di formazione che gli è valso svariati premi americani ed europei, è stato tradotto in quattordici lingue e ha venduto centinaia di migliaia di copie in tutto il mondo. Il successo di *Blankets*, che Thompson ha scritto per lo più di sera e di notte, lavorando di giorno come *cartoonist* e come illustratore, ha permesso all'autore di dedicarsi a tempo pieno al disegno e alla scrittura creativa. Dopo quasi otto anni di gestazione ha visto la luce la sua ultima e imponente fatica, *Habibi*, «sorta di storia popolare araba», come ha anticipato lo stesso Thompson durante un'intervista. *Habibi* è stato pubblicato in Italia da Rizzoli nel settembre 2011.

SCHEDA DI ANALISI

Il tema e il messaggio

Calandoci nei panni del giovane Craig, riviviamo con lui le tappe fondamentali della sua infanzia: l'origine umile in una famiglia di fervente e spesso **opprimente fede cristiana evangelica**; il **rapporto difficile** con i **coetanei**, "bulli" di provincia sempre pronti a deriderlo e a pestarlo; l'**amore** sincero ma a tratti turbolento **per il fratello** minore Phil; la scoperta e la consapevolezza sempre più completa della propria **sessualità**, ostacolata però dal rigore morale della famiglia e dell'intera comunità evangelica in cui Craig prosegue la sua formazione; infine, l'**incontro con Raina** che segnerà una svolta nella sua vita.

Thompson ci presenta il personaggio di Raina con grande delicatezza: la voce che ce la racconta, così come la mano che la ritrae, è pervasa da un autentico senso di gratitudine verso Dio che ha reso possibile l'esistenza di una creatura così perfetta.

Nel giro di poche tavole, Thompson passa senza difficoltà da un sentimento di **assorta riflessione** (nella prima vignetta vediamo Craig raccolto nei suoi pensieri nella stanza degli ospiti), all'espressione di un sentimento d'**incanto**, **pienezza**, **armonia**; per chiudere infine su una nota di **silenzio raccolto**, il silenzio della neve che, ciclicamente, chiude la scena. Nella preghiera di Craig ritroviamo l'insicurezza e la fragilità che caratterizzano l'amore durante l'adolescenza, dovute alle speranze e ai timori a esso legati; e, al tempo stesso, il **senso autenticamente religioso** che è capace di infondere.

Il corpo di Raina

Nella sequenza proposta, che si può considerare come un breve *flashback* di quanto avvenuto in camera di Raina (dove i due ragazzi hanno dormito insieme), le immagini del corpo di lei che tornano alla mente di Craig sono anche il frutto di un **processo di idealizzazione** suggeritogli dalla **profonda religiosità** che lo anima. Il corpo di Raina è visto come da un occhio che prima ne spia tutte le angolature (*le ossa sotto la pelle che si spostano e si risistemano… che sporgono sul bacino e affondano nella clavicola*), e infine lo contempla dall'alto, quasi fosse l'occhio di Dio. In queste tavole la ragazza campeggia a tutta pagina, circondata da **strani fiori ornamentali**, simili in un certo modo ad alghe marine (forse un rimando a Venere, dea della bellezza uscita dall'acqua), adagiata in una sorta di conchiglia (vedi la quarta tavola) che, altrove nella sua opera, Thompson usa per rappresentare l'anima.

La tecnica e lo stile

Lo stile inconfondibile di Thompson è il risultato di una formazione artistica eclettica, che comprende i **classici del fumetto** (tra gli altri, Joe Sacco e David Mazzucchelli), dell'**animazione** (è un ammiratore di Tim Burton) e, inoltre, modelli provenienti dalla **storia dell'arte** e della **letteratura**: come, per esempio, l'amato Marcel Proust, la cui celebre opera *Alla ricerca del tempo perduto* ha influenzato potentemente lo stile narrativo di *Blankets*, fatto di lunghe e apparentemente **divaganti riflessioni** incastonate all'interno della narrazione.

Dal punto di vista grafico – come ha dichiarato lo stesso Thompson durante un'intervista rilasciata in occasione dell'uscita di *Habibi* – egli tenta di «bilanciare una sensibilità *dark* con toni di levità e gioia, il sentimentalismo con il grottesco, in un ricamo di emozioni». Di questo gusto per il "ricamo", che non dà mai l'impressione di essere gratuito o meramente ornamentale, sono un ottimo esempio gli elementi legati alla dimensione del **sogno**. Il **gusto *dark*** si può cogliere invece nella predilezione per il **tratto spesso e pastoso**, per la saturazione del **nero** (molte delle migliori tavole di Thompson "emergono" letteralmente dal buio in cui sembra immersa la pagina), nell'**iconografia** spesso **diabolica** con cui vengono connotati i personaggi negativi, ampiamente debitrice della tradizione *horror*.

PARTE 2 · I generi

Laboratorio sul testo

Comprendere

Informazioni esplicite

1. In quale luogo si svolge la scena?
2. Che cosa sta facendo Craig?
3. Quale elemento iconografico ritorna, a livello simbolico-formale, nelle tavole 2-4?
4. Che cosa rappresenta la tavola conclusiva?

Informazioni implicite

5. Spesso, nelle opere di Thompson, il paesaggio non si limita a fare da sfondo, ma diventa specchio degli stati d'animo dei personaggi. Qual è, in questo senso, l'elemento naturale che scatena la preghiera di ringraziamento che Craig rivolge a Dio?
6. In che modo, graficamente, Thompson ci fa capire che è proprio questo elemento il punto di partenza dei pensieri di Craig?

Significati

7. In che senso si può dire che la scena proposta è ciclica?
8. Quali sono, nella quarta tavola, gli elementi verbali e iconografici che assumono una connotazione religiosa?

Analizzare

Tecniche stilistiche

9. Scegli il verbo che meglio esprime, anche a livello grafico, l'andamento dell'azione nelle diverse tavole della scena.
   a) ☐ Pregare.   b) ☐ Cadere.   c) ☐ Turbinare.   d) ☐ Dormire.
10. Il taglio compositivo scelto da Thompson per questa scena è più pittorico che fumettistico. L'assenza delle strisce di vignette che scandiscono tradizionalmente la narrazione a fumetti sembrerebbe suggerire che qui il tempo si è fermato. Tuttavia, dei cambi di prospettiva, seppur minimi, sono registrabili. Sapresti dire in che cosa consistono queste variazioni minime e che funzione hanno a livello espressivo?

Padroneggiare la lingua

Lessico

11. Perché Craig chiama *salmo* la sua celebrazione della figura di Raina? Che cosa significa questo termine e da quale sinonimo potrebbe essere sostituito?
12. Cerca nel testo e trascrivi tutti i termini e le espressioni appartenenti al campo semantico della religione.
13. …*per le sue forme che si avvolgono come onde intorno alle coperte*. Quale figura retorica è presente in questa espressione?

Grammatica

14. *Grazie per il ritmo dei suoi movimenti, grazie per le sue forme*… Che complementi sono le espressioni sottolineate?

Produrre

15. In queste tavole, l'amore e l'attrazione fisica nei confronti di una persona diventano l'espressione della sensibilità religiosa del personaggio. Sei d'accordo con la scelta dell'autore di accostare queste due realtà, o pensi che esse non abbiano nulla in comune? Discutine con i tuoi compagni.
16. Scrivi un breve testo stilisticamente analogo al salmo per Raina, non più lungo di una pagina, in onore di ciò che ami.

LA NARRAZIONE DI FORMAZIONE al cinema

FILM: Orgoglio e pregiudizio
REGIA: Joe Wright
INTERPRETI PRINCIPALI: Keira Knightley, Rosamund Pike, Donald Sutherland
FOTOGRAFIA: Roman Osin
DURATA: 127 min.
PRODUZIONE: Francia, Gran Bretagna
ANNO: 2006

TRAMA Il signor Bennet informa sua moglie dell'arrivo di un nuovo vicino di casa, scapolo e benestante, il signor Bingley. Tra le loro cinque figlie, Jane e Lizzy sono le più grandi, quelle che Miss Bennet vorrebbe vedere sposate al più presto. In occasione di un ballo, le due ragazze incontrano il signor Bingley e un suo amico, il signor Darcy: mentre Jane, la primogenita, rimane colpita positivamente dall'affabilità di Bingley, Lizzy s'indispettisce immediatamente con Darcy, a causa del suo atteggiamento altezzoso. Il giorno dopo, mentre si trova in visita a casa Bingley, Jane viene colpita dall'influenza; Lizzy va a trovarla e ha così l'occasione di rivedere Darcy, che si scopre innamorato di lei. Ma il giudizio negativo di Lizzy su di lui persiste, viene anzi rafforzato dalle notizie che la giovane ottiene dal signor Wickham, amico d'infanzia di Darcy. Se ciò non bastasse, la situazione è ulteriormente aggravata dal fatto che Darcy, insieme alle sorelle di Bingley, cerca di tenere lontano quest'ultimo da Jane e la sua famiglia, che gli appare di condizioni sociali troppo inferiori.

Qualche tempo più tardi, tuttavia, dopo aver respinto la proposta di matrimonio del cugino Collins, erede designato della proprietà dove vivono i Bennet, Lizzy accetta di ballare con lui a una festa. Intanto, Collins ha ottenuto la mano di Charlotte, la migliore amica di Lizzy. Dopo lo shock iniziale, Lizzy si reca in visita nella casa dei novelli sposi, che fa parte della tenuta della facoltosa lady Catherine, zia di Darcy. Qui, nel corso di un nuovo e teso incontro, Lizzy esprime a Darcy il proprio risentimento per la sua intromissione nelle vicende di Jane e Bingley, e respinge orgogliosamente la sua appassionata proposta di matrimonio.

Poco dopo, giunge la notizia della fuga di Lydia, la più giovane delle Bennet, con lo spregiudicato Wickham. Ciò potrebbe infangare il buon nome della famiglia Bennet; ma l'annuncio di un matrimonio riparatore riporta la serenità in casa. In realtà, come si scoprirà in seguito, è stato lo stesso Darcy, con insospettabile generosità, a convincere Wickham, dietro pagamento di una forte somma, a sposare la ragazza.

Pochi giorni dopo Bingley si fidanza con Jane; tra Lizzy e Darcy, invece, tutto resta nella più assoluta incertezza. Ma una notte lady Catherine si presenta infuriata a casa Bennet. È il segno che qualcosa si sta muovendo: dopo aver messo alla porta la nobildonna, infatti, Lizzy trova nel giardino lo stesso Darcy, recatosi a casa Bennet per chiederla in sposa.

LA REGIA Il film riproduce fedelmente le abitudini borghesi e aristocratiche dell'Ottocento inglese e, in una serie di scene di dialogo, il gusto tutto britannico per la conversazione raffinata.

I CARATTERI DEL RACCONTO DI FORMAZIONE All'interno del grande affresco prende forma il doppio percorso di formazione dei due personaggi principali: Lizzy e Darcy. Impediti entrambi a esprimere i propri sentimenti, la prima dal suo orgoglio, il secondo dal pregiudizio sociale, i due protagonisti affrontano ciascuno un cammino di crescita che li porta infine al superamento di quella

ONLINE guarda la scena

specie di speculare paralisi affettiva che li tiene separati.

LA SCENA PIÙ RIUSCITA: il finale. Nella foschia mattutina, Lizzy scorge Darcy nella nebbia; dopo il definitivo chiarimento, i due si abbracciano.

LA NARRAZIONE DI FORMAZIONE al cinema

Nel corso della storia del cinema, molti sono i registi che hanno scelto come soggetti per i loro film opere letterarie appartenenti al genere del racconto di formazione.

Sin dalle origini del cinema, in particolare, numerosi romanzi inglesi di formazione sono stati trasposti sul grande schermo da registi attivi nei primi decenni del Novecento. Tra questi ricordiamo lo statunitense Theodore Marston, regista di *Jane Eyre* (1910), tratto dal romanzo di Charlotte Brontë, e di *David Copperfield* (1911) tratto dal romanzo di Charles Dickens. Più recentemente, invece Roman Polanski ha diretto la versione cinematografica di *Oliver Twist* (2005), celebre romanzo di Dickens.

Non minore fortuna hanno avuto i romanzi di formazione dell'Ottocento francese: si ricordano *Papà Goriot* (1944) di Robert Vernay, dal romanzo di Balzac; *L'uomo e il diavolo* (1954), titolo italiano del riadattamento di Claude Autant-Lara del romanzo di Stendhal *Il rosso e il nero*; infine, *L'educazione sentimentale* (1962), di Alexandre Astruc, dal celebre romanzo di Flaubert.

VERIFICA UNITÀ 13 La narrazione di formazione

Sapere e Saper fare

PalestraInterattiva

1. Vero o falso?

a) Il romanzo di formazione si afferma nel Novecento.   V ☐   F ☐

b) Il termine tedesco *Bildungsroman* significa romanzo di formazione.   V ☐   F ☐

c) Il tema principale di tale genere di romanzo è il rapporto del giovane con i genitori.   V ☐   F ☐

d) Nel corso della vicenda il protagonista deve compiere imprese straordinarie per sopravvivere.   V ☐   F ☐

e) Nel percorso di crescita il giovane impara a conoscere meglio se stesso e il mondo.   V ☐   F ☐

f) Il processo di formazione si conclude sempre in modo positivo.   V ☐   F ☐

g) In tale narrazione predominano le sequenze riflessive e le descrizioni soggettive.   V ☐   F ☐

h) I luoghi assumono spesso una connotazione simbolica. La loro descrizione è fortemente soggettiva, filtrata attraverso le sensazioni e le emozioni di chi li osserva.   V ☐   F ☐

i) Raramente compare il discorso indiretto libero al quale viene preferito il discorso diretto.   V ☐   F ☐

l) Non esiste un romanzo di formazione contemporaneo.   V ☐   F ☐

2. Gli autori e le opere

Abbina correttamente ogni autore alla propria opera.

1. Johann Wolfgang Goethe	a. *David Copperfield*
2. Charles Dickens	b. *Dedalus*
3. Charlotte Brontë	c. *Il rosso e il nero*
4. Stendhal	d. *Siddharta*
5. Robert Musil	e. *Il giovane Holden*
6. James Joyce	f. *I turbamenti del giovane Törless*
7. Thomas Mann	g. *L'isola di Arturo*
8. Herman Hesse	h. *Tonio Kröger*
9. J.D. Salinger	i. *Wilhelm Meister*
10. Elsa Morante	l. *Jane Eyre*

1 = ...   6 = ...

2 = ...   7 = ...

3 = ...   8 = ...

4 = ...   9 = ...

5 = ...   10 = ...

VERIFICA UNITÀ 13

Sapere e Saper fare

Comprendere e interpretare un testo

> **Focus: la narrazione di formazione**
>
> Leggi il racconto e poi rispondi ai quesiti.

VERIFICAlim

17 Irène Némirovsky
Antoinette

La dura educazione di una ragazza da parte di una madre troppo severa, più attenta alle convenzioni sociali che ai sentimenti della figlia...

Antoinette ora stava in piedi e si dondolava goffamente su una gamba. Era una ragazzina di quattordici anni, lunga e magra con il volto pallido di quell'età, tanto smunto da apparire agli occhi
5 degli adulti come una macchia rotonda e chiara, priva di lineamenti, le palpebre socchiuse, cerchiate, la boccuccia serrata... Quattordici anni, i seni che premono sotto l'abito stretto da scolara, che feriscono e impacciano il corpo debole, infanti-
10 le... I piedi grandi e quelle lunghe bacchette con all'estremità due mani arrossate, dalle dita sporche d'inchiostro, che magari un giorno diventeranno le più belle braccia del mondo... Una nuca fragile, capelli corti, incolori, secchi e leggeri...
15 «Antoinette, ragazza mia, che maniere sono queste? È una disperazione! Siediti. Entrerò di nuovo e tu mi farai il piacere di alzarti immediatamente, intesi?»
La signora Kampf indietreggiò di qualche passo
20 e aprì la porta per la seconda volta. Antoinette si drizzò con lentezza e con una malagrazia così evidente che la madre, stringendo le labbra in atteggiamento minaccioso, chiese piccata:
«Le secca, per caso, signorina?»
25 «No, mamma» disse Antoinette a voce bassa.
«Allora perché fai quella faccia?».
Antoinette accennò un sorriso con uno sforzo fiacco e penoso che le deformava dolorosamente il viso. A volte odiava gli adulti al punto che
30 avrebbe voluto ucciderli, sfigurarli, oppure gridare: «Mi hai scocciato!» battendo i piedi; ma fin dalla più tenera infanzia aveva paura dei genitori. Un tempo, quando era più piccola, la madre la
35 prendeva spesso sulle ginocchia e se la stringeva al cuore, coprendola di baci e di carezze. Ma questo Antoinette l'aveva scordato. Mentre nel più profondo di se stessa aveva serbato il suono, lo scoppio di una voce irritata che diceva dall'alto:
40 «Questa marmocchia mi sta sempre tra i piedi... Mi hai di nuovo macchiato il vestito con le tue scarpe sudicie! Via, in castigo, ti servirà di lezione, mi hai sentito? Stupida!». E un giorno... Per la prima volta, quel giorno, aveva desiderato
45 morire... All'angolo di una strada, durante una scenata, quella frase piena d'ira, gridata così forte che i passanti si erano girati: «Vuoi una sberla? Sì?» e il bruciore di uno schiaffo... In mezzo alla strada... Aveva undici anni, era alta per la sua età...
50 I passanti, gli adulti, pazienza... Ma proprio in quell'istante alcuni ragazzi che uscivano da scuola l'avevano guardata ridendo: «Te la passi male, bellezza...». Oh, quei sorrisetti di scherno che la perseguitavano mentre camminava, a testa bassa,
55 per la strada scura d'autunno... Le luci danzavano attraverso le lacrime. «Basta piagnucolare... Che brutto carattere!... Se ti punisco è per il tuo bene, ti pare? E attenta a non farmi innervosire un'altra volta, sai...». Brutti schifosi... E adesso,
60 ancora, lo facevano apposta a tormentarla, torturarla, umiliarla, con accanimento, da mane a sera: «Come tieni la forchetta?» (davanti ai domestici, Dio mio) e «Sta' dritta. Almeno cerca di non sembrare gobba». Aveva quattordici anni, era
65 una giovanetta e, nei suoi sogni, una donna amata e bella... Gli uomini l'accarezzavano, l'ammiravano, come nei libri Andrea Sperelli accarezza

469

VERIFICA UNITÀ 13

Elena e Maria, e Julien de Suberceaux, Maud de Rouvre[1]... L'amore... Trasalì. La signora Kampf
70 stava concludendo: «... E se credi che ti paghiamo un'istitutrice inglese perché tu abbia modi del genere ti sbagli, mia cara...».

Poi, a voce più bassa, mentre rialzava una ciocca di capelli che pendeva sulla fronte della figlia:
75 «Dimentichi sempre che ora siamo ricchi, Antoinette...»

Irene Nemirovsky, *Il ballo*, Milano, Adelphi, 2005

1. Andrea... Rouvre: personaggi di romanzi famosi.

Competenza testuale

Individuare e ricavare informazioni

_____ **1.** Chi è la signora Kampf?

_____ **2.** Che cosa ricorda Antoinette della sua infanzia?

_____ **3.** Quali sono i sentimenti che Antoinette prova verso gli adulti?

_____ **4.** In che maniera si svolge la sua educazione?

Comprendere i significati

_____ **5.** *Dimentichi sempre che ora siamo ricchi, Antoinette...* (rr. 75-76). Che cosa vuol dire la madre con queste parole? Che cosa pretenderebbe?

_____ **6.** *Gli uomini l'accarezzavano, l'ammiravano* (rr. 66-67). Di chi sono questi pensieri? Esprimono un sogno o una realtà?

_____ **7.** Che opinione ha di se stessa Antoinette? Quali espressioni lo rivelano?

Interpretare e valutare

_____ **8.** *Antoinette si drizzò con lentezza e con una malagrazia così evidente* (rr. 20-22). Secondo te l'ha fatto con intenzione? Perché?

_____ **9.** Esprimi un breve giudizio sulla signora Kampf e sulla validità del suo sistema educativo.

Comprendere strutture e caratteristiche dei generi testuali

_____ **10.** Il narratore è interno o esterno?

_____ **11.** A chi appartiene il punto vista prevalente?

_____ **12.** Trascrivi esempi di monologo interiore presenti nel brano.

_____ **13.** Illustra brevemente le caratteristiche della narrazione di formazione che riscontri nel testo, soprattutto a livello di contenuto.

_____ **14.** Con quale degli altri brani letti in questa sezione trovi più affinità, nel tema e nel messaggio?

Riconoscere il registro linguistico

_____ **15.** In quali circostanze il narratore adotta un registro linguistico informale e dal tono polemico? Porta un esempio.

Competenza lessicale

_____ **16.** *Si dondolava goffamente su una gamba.* Quale espressione può sostituire *goffamente*?
a) ☐ Con eleganza.   b) ☐ Con indifferenza.   c) ☐ In modo impacciato.   d) ☐ In modo disinvolto.

_____ **17.** *I piedi grandi e quelle lunghe bacchette con all'estremità due mani arrossate...* Che cosa sono le *bacchette*, in questo contesto? Il termine è usato in senso positivo o dispregiativo?

_____ **18.** *Chiese piccata.* Quale altro aggettivo può sostituire *piccata*?
a) ☐ Risentita.   b) ☐ Testarda.   c) ☐ Arrabbiata.   d) ☐ Rassegnata.

Competenza grammaticale

_____ **19.** Quali tempi verbali si alternano all'interno del brano?

_____ **20.** *A volte odiava gli adulti al punto che avrebbe voluto ucciderli.* Che valore ha il connettivo *al punto che*?
a) ☐ Relativo.   b) ☐ Finale.   c) ☐ Causale.   d) ☐ Consecutivo.

_____ **21.** Quale funzione hanno i puntini di sospensione che spesso compaiono nel testo?

Parte 3
Percorso di letteratura

Questa parte presenta un'ampia scelta di testi narrativi che offrono una panoramica esauriente della **produzione letteraria italiana**, permettendo così l'approfondimento di alcuni autori significativi della nostra letteratura, senza dimenticare importanti contributi da parte della **letteratura straniera**. In particolare, è stato dato spazio alla dimensione del **romanzo**, del quale si segue l'evoluzione fin dalle sue origini.

Il percorso si sviluppa a partire da un tema che rappresenta un po' il motivo di fondo dell'antologia, e cioè **il rapporto tra l'autore e la sua rappresentazione del mondo**. All'interno di un classico sviluppo cronologico questo tema fornisce il criterio con cui sono stati selezionati i passi: qual è la realtà vissuta e narrata dall'uomo del Trecento? Quali sono i principali esponenti del romanzo storico? In che senso si può dire che i grandi naturalisti dell'Ottocento si pongono nei confronti della realtà come di fronte a un fatto "di natura"? E così via. Conformemente ai bisogni di un'antologia per il biennio, il percorso pone particolare attenzione al secolo scorso, cui dedica anche due brevi **monografie** (**Primo Levi** e **Italo Calvino**).

ONLINE

Tra sogno e realtà: Don Chisciotte
- W1 I mulini a vento

Saper fare
- W2 La lotta contro gli otri di vino

Reale, troppo reale
- W1 Truman Capote
  Gli occhi degli assassini
- W2 Goffredo Parise
  I profughi, la fame, i morti
- W3 Walter Siti
  La casa di via Vermeer
- W4 Roberto Saviano
  Io so e ho le prove

Saper fare
- W5 Wu Ming
  Gap99

Unità 14

La molteplicità del reale: il *Decameron*

T1 Andreuccio da Perugia

Saper fare
T2 Cisti fornaio

ONLINE
W1 Simona e Pasquino
W2 Chichibio e la gru

PARTE 3 · Percorso di letteratura

I contesti

1 Gli scenari dell'epoca

Lo scenario storico-politico Il XIII secolo fu caratterizzato, in Italia e in Europa, dalla **lotta per il potere tra Papato e Impero**. A quell'epoca il Papa era un'autorità non solo spirituale, ma anche politica e militare: egli era a capo dello Stato Pontificio, che comprendeva i territori del Lazio e di parte dell'Italia centrale ed esercitava la sua influenza su buona parte della Penisola. In tal senso, esso si trovava in concorrenza diretta con il Sacro Romano Impero, entità politica che all'epoca si estendeva per gran parte dell'Europa centrale e occidentale e che cercava di espandersi ulteriormente proprio verso l'Italia, di cui controllava in maniera diretta o indiretta molti territori.

In Italia, questa contrapposizione frontale fece di questo secolo lo scenario di **continue lotte armate** per l'asservimento di città e territori da parte dell'una o dell'altra forza politica. Sia il Papato sia l'Impero dovettero però fare i conti con l'ascesa di una nuova forma di potere locale, quella dei **Comuni**, che nel corso del secolo si diffuse in maniera capillare sul territorio italiano, soprattutto al Nord.

Tutte le città più importanti adottarono gradualmente questa nuova forma di governo, in modi e con funzioni differenti da luogo a luogo. In generale, essa consisteva nel governo e nell'amministrazione diretta dei territori della città da parte di rappresentanti scelti tra le classi più influenti, che, a seconda del luogo e dell'epoca, includevano solo le famiglie ricche e aristocratiche o anche la classe della borghesia, in forte ascesa economica e sociale lungo tutto il secolo.

Nella realtà dello scontro tra Papato e Impero, i Comuni italiani si divisero politicamente in **guelfi**, sostenitori del Papato, e **ghibellini**, sostenitori dell'Impero, a seconda non solo della sfera d'influenza a cui facevano riferimento, ma anche di più specifiche ragioni di convenienza politica che in molti casi presero il sopravvento.

La città di **Firenze** fu tra le prime ad avere strutture politiche comunali, che regolavano ogni attività della vita cittadina ed esercitavano dunque una grande influenza sulla società e sulle scelte del singolo cittadino. All'interno della città, la contrapposizione politica tra guelfi e ghibellini fu molto accesa e cruenta. Dopo una lunga serie di scontri, i ghibellini vennero infine cacciati dalla città, ma la parte guelfa ben presto si divise a sua volta fra **guelfi bianchi** (sostenitori del Papato) e **guelfi neri** (sostenitori dell'Impero), i cui rappresentanti si alternarono per decenni alla guida della città.

Lo scontro tra guelfi e ghibellini e successivamente, a Firenze, tra guelfi bianchi e neri fu molto violento, al punto che Dante Alighieri (membro dei guelfi neri e condannato infine all'esilio, in un momento avverso al suo partito), nel canto VI dell'*Inferno* della *Divina Commedia* parla di Firenze come di una *città partita* ("divisa") e afferma con amarezza che in essa *superbia, invidia e avarizia sono le tre faville c'hanno i cuori accesi*.

474

Lo scenario sociale Nonostante gli scontri politici e militari che caratterizzarono tutto il secolo, la società italiana dell'epoca fu comunque interessata da fenomeni di crescita demografica ed economica e da un generale fermento culturale. In questi anni, **la popolazione delle città aumentò considerevolmente**, anche perché tornò ad accogliere molti abitanti dei territori circostanti – per lo più contadini – che nei secoli precedenti, quelli delle invasioni barbariche e del crollo dell'antico Impero romano, avevano abbandonato i centri urbani per rifugiarsi nelle campagne. Una delle conseguenze più visibili del ritorno di tutte queste popolazioni nelle città fu l'espansione e l'ammodernamento delle strutture urbanistiche; in primo luogo, l'allargamento della cerchia delle mura. Insieme all'immagine delle città, cambiarono anche gli scenari politici e sociali; tramontato definitivamente il feudalesimo, affermatesi le strutture politiche comunali, la popolazione si configurava grosso modo in tre grandi classi sociali: le famiglie della **nobiltà locale**, padrone dei vasti possedimenti terrieri che circondavano la città e che dipendevano amministrativamente da essa (il "contado"); la classe della borghesia più ricca, detta anche **popolo grasso**, dedita in particolar modo al commercio e all'artigianato (i cui manufatti erano apprezzati anche all'estero, soprattutto i prodotti della lavorazione della lana e del cuoio) e che nel secolo successivo si affermerà gradualmente come protagonista della vita sociale; infine, il **popolo minuto**, formato dalla borghesia più povera, composta da operai e piccoli artigiani, e dalla classe contadina.

Lo scenario economico Se il XIII secolo pose le basi per la crescita economica delle città italiane, **il XIV fu un secolo di transizione**, caratterizzato da un quadro variegato e complesso che generò alterne vicende per ciò che concerne gli scenari generali dell'epoca. Da una parte, infatti, la vita economica si fece sempre più attiva, grazie all'espansione degli **scambi commerciali** e alla nascita delle **prime imprese bancarie**, che rafforzarono il potere sociale e politico di alcune grandi famiglie, come i Peruzzi, gli Acciaiuoli, i Bardi a Firenze, la cui presenza economica si fece sentire molto anche all'estero; dall'altra, però, una serie di tragici avvenimenti e circostanze avverse

Firenze in una miniatura del XIV secolo (Firenze, Biblioteca Medicea Laurenziana).

fece sì che l'Italia conoscesse una gravissima **crisi** che investì tutti i campi della vita civile e umana. Già agli inizi del secolo, infatti, si ebbero **drammatiche carestie**, dovute soprattutto a piogge disastrose e prolungate nel tempo, che distrussero i raccolti e resero inutilizzabili i campi, con conseguenze catastrofiche non solo per quanto riguarda la popolazione (si registrarono in questo periodo dei decisi cali demografici), ma anche a livello economico e commerciale.

Ma il colpo più grave venne dalla **peste** che nel **1348** coinvolse tutta la penisola, causando milioni di morti. Ancora una volta, le conseguenze furono gravissime anche in ambito economico: le attività produttive artigianali, commerciali e bancarie entrarono in crisi e tutto sembrò prossimo alla fine.

Solo nella seconda metà del secolo iniziò una lenta ripresa, che diede i suoi migliori frutti nel secolo successivo.

La figura del mercante La figura socialmente, economicamente e, di conseguenza, politicamente centrale del XIV secolo è quella del **mercante**. È grazie alle sue attività che città come Firenze, Napoli, Genova e Venezia potranno espandersi, progredire e affermare la loro importanza in Italia e in Europa.

Dal punto di vista sociale e morale, il mercante

rappresenta il nuovo che avanza, svincolato dalle superstizioni e dalle pressioni della Chiesa, non frenato da vincoli di alleanze con le famiglie della nobiltà terriera, interessato principalmente alla crescita economica sua e della sua famiglia, non soltanto in vista del benessere materiale che essa produce, ma anche in quanto simbolo della sua **affermazione personale** nel mondo.

Il mercante è perciò un **individuo attivo, dinamico, concreto** e **coraggioso**. La sua attività consiste nell'impegnare i propri averi per acquistare i manufatti dei migliori artigiani italiani e portarli sui mercati più lontani, ricavandone un guadagno da reinvestire in materie prime e merci locali, che egli acquista in questi stessi luoghi per rivenderli a caro prezzo in Italia, dove essi sono scarsi o addirittura ignoti. Si comprende dunque come tutta questa operazione necessiti non solo di esperienza e d'**intuizione commerciale**, ma anche di una grande **audacia**: la ricerca della fortuna, anzi, spinge spesso il mercante a un atteggiamento di vera e propria **spregiudicatezza**. Egli infatti è capace di affrontare lunghe navigazioni, di mettere a repentaglio la propria vita e quella dei suoi compagni in lunghi e difficili viaggi per mare e per terra, spesso in zone pericolose o poco esplorate. È per queste ragioni e grazie a queste qualità che il mercante riuscirà ad acquisire nel corso degli anni non solo una fortuna economica sempre crescente, ma anche riconoscimenti sociali meritati a fronte dei sacrifici e dei rischi costanti che la sua attività comporta.

Il suo valore non deriva da studi o conoscenze apprese in astratto, ma dall'**intraprendenza personale**, da quella particolare forma di **intelligenza attiva** che non si conquista in maniera teorica, ma attraverso l'esperienza pratica sul campo, sviluppando la capacità di affrontare le insidie della vita, dimostrando prontezza di reazione per risolvere situazioni difficili e farle girare a proprio favore.

Il mercante è dunque, in questi anni, il rappresentante di una **nuova etica**, non più solo religiosa, ma innanzitutto civile, fondata sull'attività e l'impegno personali. La **virtù** è per lui non qualcosa di astratto, ma di pratico: è la capacità di **dominare la fortuna**, il destino, attraverso le proprie capacità. Da ciò deriva una nuova conce-

zione del mondo, spregiudicata e incentrata sulla propria persona: cambia il modo di considerare il tempo ("il tempo è denaro", è cioè funzione dell'attività produttiva dell'uomo) e lo spazio (senza limiti né confini, da esplorare e conquistare per affermarvi la propria personalità); e il **denaro**, elemento necessario per la vita e l'attività del mercante, assume un'importanza centrale. Proprio questo uomo nuovo sarà il vero protagonista del *Decameron* di Giovanni Boccaccio.

Lo scenario culturale La cultura è lo specchio dell'epoca: il quadro sociale complessivo, con le sue luci e ombre, con il suo panorama disomogeneo, condiziona fortemente i temi e le forme della cultura in cui il secolo si esprime. Sono proprio i grandi cambiamenti di quest'epoca a spingere gli intellettuali a cercare nuove forme autonome e originali di espressione, che in alcuni casi anticiperanno il rifiorire della **cultura umanistica** propria del secolo successivo. Pur seguendo strade diverse, i vari rappresentanti della cultura dell'epoca giungono a risultati eccellenti; e ancora una volta, anche dal punto di vista culturale, è la Toscana a produrre i frutti più interessanti e duraturi.

Basti pensare che a Firenze e nei suoi dintorni nello spazio di pochi decenni operano gli scrittori che sono stati definiti "le tre corone del Trecento": **Dante Alighieri** (1265-1321), figura universale di uomo, poeta, studioso e politico, la cui *Divina Commedia* è ancora oggi una delle opere più importanti non solo per la cultura italiana, ma per tutta l'umanità; **Francesco Petrarca** (1304-1374), grande innovatore della poesia e pioniere nello studio della cultura umanistica, la sua lirica introspettiva e ricca di spunti moderni (come testimonia il suo *Canzoniere*) ne fece per alcuni secoli il modello principale per la poesia italiana ed europea; infine, **Giovanni Boccaccio** (1313-1375), uno dei primi e più importanti prosatori italiani, che, in un'epoca in cui il latino era ancora la lingua di riferimento per le classi più colte, sceglie la lingua volgare per comporre il suo *Decameron*, vero caposaldo della novellistica di tutti i tempi.

Le origini della narrazione I secoli XIII e XIV videro in Italia la graduale **affermazione della**

lingua volgare anche in ambito letterario. Se il latino continuò a essere la lingua ufficiale della Chiesa (e lo è ancora oggi) e delle classi più elevate (i notai e gli aristocratici), il volgare, cioè la lingua parlata nella vita quotidiana dalla maggior parte della popolazione (e che è all'origine dell'italiano moderno), cominciò a essere utilizzato anche per la produzione di opere letterarie. In questo ambito, il volgare "parlato" si trasformò in un volgare "letterario", caratterizzato da espressioni di alto livello stilistico e in generale da un uso più raffinato della lingua.

Per quanto riguarda i generi letterari, se in questi secoli la poesia continuò a essere la forma letteraria più rilevante e diffusa, la prosa assunse però un'importanza sempre maggiore, grazie a una rapida e decisa evoluzione dei suoi contenuti e dello stile.

La prosa non fu dunque solo la forma di comunicazione di tutto quel vasto e complesso mondo commerciale che nel Trecento si afferma e si consolida; essa divenne anche la forma espressiva propria di **opere letterarie**. Le funzioni principali per cui queste opere vengono scritte sono in stretta relazione con la società in cui esse vedono la luce e di cui sono uno specchio fedele: esse devono **informare**, fornire cioè una raffigurazione di questo nuovo mondo che sta nascendo e dei personaggi che lo abitano, e **divertire**, rispondere cioè a un'esigenza che si afferma inevitabilmente all'interno dei valori di questa nuova società, alla ricerca di un modello di cultura più moderno e "cittadino".

Alla prima esigenza rispondevano le **cronache** e le **vite di uomini illustri**, opere che ci permettono oggi di ricostruire con grande interesse la vivace atmosfera cittadina di quegli anni. Particolarmente importanti sono la *Cronica*, scritta dal fiorentino **Dino Compagni** (1255 circa-1324), rievocazione dei fatti avvenuti a Firenze tra la fine del XIII e l'inizio del XIV secolo e vissuti in prima persona dall'autore, e la *Nuova Cronica*, scritta qualche anno dopo da **Giovanni Villani** (1280-1348), anche lui fiorentino. Molto istruttivi e ricchi di particolari interessanti sono anche i **libri di viaggio**, come *Il Milione* del veneziano **Marco Polo** (1254-1325), resoconto sotto forma di diario delle avventure che lo spinsero a viaggiare sino a raggiungere l'Estremo Oriente e a risiedere a lungo nella corte di Kublai Khan, imperatore del Catai (corrispondente grosso modo al territorio dell'attuale Cina). Istruttivi sono anche i numerosi scritti in prosa a opera di **uomini di chiesa**: soprattutto le raccolte di prediche, lettere e le agiografie (narrazioni delle vite di santi e martiri).

Giorgio Vasari, *Ritratto di sei poeti toscani*, 1544, Minneapolis (USA), Minneapolis Institute of Arts. Da sinistra a destra: Cristoforo Landino, Marsilio Ficino, Francesco Petrarca, Giovanni Boccaccio, Dante Alighieri, Guido Cavalcanti.

Tra le opere in prosa che si diffondono in questi anni e la cui funzione è invece quella di divertire il lettore troviamo il genere della **novella**, cioè la narrazione di un fatto reale o immaginario, scritta in uno stile rapido ed essenziale e dunque dalla breve estensione. L'esempio in assoluto più importante nella **novellistica medievale** italiana, in seguito un modello di prosa narrativa per tutta la letteratura europea, è proprio il *Decameron*. Il capolavoro di Boccaccio divenne un vero e proprio "classico" delle raccolte di racconti, così come *Le mille e una notte* (XI secolo), composta da differenti autori appartenenti alla cultura araba, e *I racconti di Canterbury* (1386-1400) dello scrittore inglese Geoffrey Chaucer. Tale tradizione novellistica si svilupperà in Italia e in Europa soprattutto a partire dal XIV secolo, sino a giungere ai giorni nostri, seppur in forme e con modalità narrative decisamente evolute.

2 Giovanni Boccaccio

Una gioventù spensierata Giovanni Boccaccio nacque a Certaldo (ma c'è chi ipotizza che sia nato a Firenze) nel 1313, figlio illegitimo di Boccaccino di Chiellino. Il padre era un ricco mercante, socio dei famosi banchieri fiorentini Bardi; della madre non si hanno notizie certe, se non che era di umile condizione sociale. Nel 1327, all'età di quattordici anni, il padre lo mandò a Napoli affinché s'istruisse nell'"arte della mercatura". Durante il soggiorno napoletano Boccaccio condusse una vita agiata; fu infatti introdotto nella raffinata corte di Roberto d'Angiò, dove ebbe modo di conoscere persone colte e importanti e di partecipare alla vivace vita culturale dell'alta borghesia napoletana. Vista la scarsa passione per la professione del mercante, convinse il padre a indirizzarlo agli studi di diritto; in realtà, ciò a cui in quegli anni egli rivolse tutta la sua passione fu la poesia, frequentando i letterati di corte e dedicandosi in prima persona alla composizione di versi e prose di argomento mitologico e amoroso (*Filostrato*, 1335 circa; *Filocolo*, 1336-1338; *Teseida* 1339-1341).

Il fallimento economico e la peste Questa vita agiata e spensierata, ricca di stimoli culturali, durò fino al 1340, quando, in seguito alle carestie e alla crisi economica che ne conseguì, la famiglia dei Bardi fallì e con essa il padre dell'autore. Boccaccio fu costretto a tornare a Firenze e a vivere un'esistenza molto diversa dalla precedente, fatta ora anche di ristrettezze e di preoccupazioni economiche. Le difficoltà del presente acuirono la sua nostalgia di Napoli e del periodo di felice giovinezza ormai alle spalle. Questi stati d'animo pervadono anche la sua opera: un'atmosfera di malinconico rimpianto, ma al contempo di lucida analisi del presente, domina infatti l'*Elegia di Madonna Fiammetta* (1343-1344), una sorta di diario sentimentale in cui la protagonista-narratrice ripercorre le tappe di una passione amorosa ormai conclusa. In quello stesso periodo compose anche il poemetto *Ninfale fiesolano* (1345-1346), di argomento mitologico, in cui è tuttavia già possibile notare il gusto per l'approfondimento psicologico e per i quadri di vita domestica e familiare che si ritroveranno, più compiutamente definiti, nel suo capolavoro, il *Decameron*.

Miniatura del XV secolo contenuta in una traduzione francese del *Decameron*. Illustra la sepoltura dei morti di peste a Firenze e l'incontro nella chiesa di Santa Maria Novella delle sette ragazze e dei tre ragazzi protagonisti dell'opera (Parigi, Biblioteca Nazionale).

Nel **1348** arrivò a Firenze la tremenda **epidemia di peste** che imperversava da due anni in Europa. La popolazione del Comune venne decimata e molte attività dovettero chiudere; tra gli altri, morirono di peste anche il padre dello scrittore e numerosi suoi amici. In questa drammatica situazione Boccaccio iniziò la composizione del celebre *Decameron*, opera che gli valse fama e prestigio già presso i contemporanei.

L'amore per i classici Dopo la composizione del *Decameron* Boccaccio abbandonò il genere della novella, preferendo dedicarsi allo studio degli autori latini e alla ricerca di antichi manoscritti. Strinse una lunga e affettuosa amicizia con il poeta **Francesco Petrarca**, testimoniata da un fitto scambio di lettere. Con il passare del tempo, i suoi interessi si volsero sempre di più verso lo studio di opere antiche e la meditazione di questioni spirituali e religiose; le opere composte in questo periodo furono perciò soprattutto saggi di argomento storico e morale. Boccaccio fu inoltre tra i primi a interessarsi, dopo secoli, allo studio della lingua e della letteratura greca; a partire dal 1360 la sua casa divenne così il luogo di ritrovo per studiosi appartenenti alla nascente cultura umanistica. Nel 1373 cominciò, su incarico del Comune di Firenze, le letture pubbliche della *Commedia* dantesca, che proprio da lui ricevette l'appellativo *Divina*; tali letture vennero però interrotte a causa della malattia che in quegli anni lo affliggeva e gli rendeva impossibili gli spostamenti. Morì a Certaldo, in condizioni economiche disagiate, nel 1375.

3 Un capolavoro della letteratura italiana: il *Decameron*

Un caposaldo della novellistica Il *Decameron* (dal greco *déka hemérai*, "dieci giornate") è una raccolta di **cento novelle in volgare fiorentino**, di argomento diverso e di varia lunghezza, composta da Boccaccio tra il 1349 e il 1353. È un'opera di grandissima importanza per la nostra letteratura, per diverse ragioni:

- dal punto di vista **formale**, perché essa è riuscita ad affermarsi come modello di un nuovo genere letterario, quello della novella, in quel momento ancora poco diffuso in Italia e in Europa;
- per il suo **contenuto**, perché in essa compaiono personaggi e situazioni tratti dalla vita quotidiana contemporanea, prima di allora non ritenuti degni di essere rappresentati in un'opera letteraria di valore;
- dal punto di vista **linguistico**, perché la ricchezza e la varietà dei vocaboli, insieme all'eleganza della costruzione sintattica, resisteranno per molti secoli come un modello di scrittura in prosa.

Una narrazione a cornice Il *Decameron* ha una struttura particolare, detta "a cornice": essa consiste in una storia-contenitore, per l'appunto la **cornice**, che ha la funzione di collegare tra loro le cento novelle. La cornice è ambientata a Firenze nel 1348, durante l'epidemia di peste. Boccaccio immagina che **dieci giovani**, **sette ragazze e tre ragazzi**, per sfuggire al contagio si rechino in una villa in campagna, dove trascorrono lietamente il tempo tra danze, feste e conversazioni.

Per dieci giorni i giovani si incontrano sul prato di fronte alla villa e ognuno racconta una novella. Per procedere in modo ordinato, ogni giorno vengono eletti una regina o un re, a cui spetta di fissare il tema della giornata, cioè l'argomento delle dieci novelle che saranno raccontate, a turno, quel giorno. Ogni novella è preceduta dalla presentazione che ne fa il narratore ed è seguita dai commenti degli altri giovani. Questi sono i temi delle dieci giornate:

Giornata	Tema
Prima	Tema libero.
Seconda	Storie a lieto fine (casi fortunati).
Terza	Il potere dell'ingegno.
Quarta	Amori infelici.
Quinta	Amori felici (a lieto fine).
Sesta	Motti di spirito e risposte argute.
Settima	Beffe delle mogli ai danni dei mariti.
Ottava	Altre beffe e inganni.
Nona	Tema libero.
Decima	Storie di generosità e di nobiltà d'animo.

I temi dell'opera, i personaggi, gli ambienti e le situazioni presentati nelle novelle del *Decameron* sono tratti dalla realtà italiana del XIV secolo, una realtà dinamica e in trasformazione, in cui gli ideali cavallereschi di cortesia, generosità, magnificenza, tipici del mondo medievale, convivono con nuovi valori, come l'intelligenza, l'intraprendenza e l'arguzia, espressione della nascente borghesia mercantile e affaristica (▶ *Cisti fornaio*, p. 496). Per esprimere la multiforme e variegata realtà del suo tempo, Boccaccio mette in scena **personaggi di tutti i tipi**: grandi signori, artigiani, nobili decaduti, banchieri, servitori, ricchi mercanti, frati, nobildonne e popolane. I personaggi si trovano coinvolti in avventure di volta in volta drammatiche o comiche, serie o grottesche, ma sempre verosimili, ambientate in luoghi riconoscibili e caratterizzate dalla presenza di molte tra le **passioni umane**: il desiderio amoroso, la volontà di arricchirsi, l'amore del buon cibo e del buon vino, il gusto dello scherzo. Il movente delle azioni non è però sempre legato alla soddisfazione di un desiderio o di un bisogno pratico e concreto; in numerose novelle i personaggi esprimono valori come la nobiltà d'animo, il rispetto, la capacità di sopportare fatiche e sacrifici per un giusto fine.

La struttura e lo stile La struttura del *Decameron* è dunque molto complessa. Essa si compone di:

- un **proemio**, in cui Boccaccio esprime in prima persona lo scopo della sua opera, affermando di voler divertire con racconti piacevoli le donne che hanno nobiltà d'animo e che soffrono per amore;
- la **cornice**, costituita dall'introduzione alla prima giornata, in cui sono descritte le circostanze che hanno spinto i dieci giovani a rifugiarsi nella villa e la loro decisione di passare il tempo narrandosi a vicenda delle storie;
- il **corpo** vero e proprio dell'opera, formato dalle cento novelle, suddivise in dieci giornate. Ogni novella è introdotta da uno dei giovani e si conclude con una ballata, cantata a turno;
- la **conclusione**, in cui Boccaccio prende ancora la parola per congedarsi dal suo pubblico e difendersi dalle accuse di immoralità a cui avrebbe potuto dover rispondere, vista la licenziosità di molte delle novelle qui raccontate.

Possiamo perciò notare come nell'opera coesistano tre diversi tipi di narratore:
- Boccaccio, **autore** e **narratore** di **primo grado** onnisciente, che in quanto tale ha una visione completa di tutti gli avvenimenti, passati, presenti e futuri;
- il giovane o la giovane che raccontano la novella (narratori di **secondo grado**);
- in alcuni casi, il personaggio protagonista della novella che a sua volta racconta una storia, come la giovane siciliana in *Andreuccio da Perugia* (narratore di **terzo grado**).

Così come vari sono gli argomenti e complessa la struttura, allo stesso modo molteplici sono le scelte stilistiche e linguistiche adottate da Boccaccio nel *Decameron*. Nel tentativo di riprodurre le vicende umane nella maniera il più possibile aderente alla realtà, egli adatta lo stile all'argomento e al personaggio: se l'argomento è comico, oppure i personaggi appartengono a ceti sociali umili, allora il linguaggio utilizzato sarà popolare, colorito, vivace; se invece l'argomento è drammatico, oppure i personaggi sono nobili, anche il linguaggio diventerà più ricercato e raffinato. Grazie alla varietà dei personaggi e degli argomenti del *Decameron*, Boccaccio introduce nel testo la lingua viva di quasi tutti i **dialetti** parlati al suo tempo in Italia. A tale attenzione per la lingua popolare si associa anche il gusto per uno **stile elegante e ricercato**, ispirato ai classici latini, con una sintassi elaborata, caratterizzata da periodi ampi e ricchi di subordinate.

Pagina di un manoscritto del *Decameron* risalente al XV secolo (Parigi, Biblioteca Nazionale).

Una "commedia umana" Le qualità umane maggiormente apprezzate da Boccaccio sono l'**intelligenza** e l'**intraprendenza**, a patto però che appartengano a un animo cortese e gentile; in caso contrario, esse diventano gli strumenti per la sua grettezza e meschinità, finendo così per avvilire l'uomo anziché migliorarlo. Quella che Boccaccio considera la maggiore virtù dell'uomo è un'intelligenza non nozionistica o libresca, ma attiva e dinamica: intelligente è l'uomo che sa comprendere immediatamente la situazione in cui si trova e affrontarla con astuzia, mettendo in campo ogni sua capacità per ottenere ciò che desidera. In ciascuna delle novelle del *Decameron*, l'autore non si limita al racconto delle peripezie che costituiscono la vicenda, ma approfondisce anche il **ritratto psicologico** dei suoi personaggi, mai in maniera diretta ed esplicita, ma sempre in modo che il lettore possa ricavarlo dalle azioni, pensieri e parole del personaggio stesso (▶ *Andreuccio da Perugia*, p. 481).

Si comprende da tutto questo come Boccaccio cerchi di rappresentare l'uomo nella sua complessità, mostrandone virtù e debolezze, pregi e difetti. Per questi motivi, il *Decameron* è stato definito una "**commedia umana**", in contrapposizione alla "commedia divina" di Dante; mentre quest'ultima, infatti, è l'espressione del desiderio dell'uomo di raggiungere Dio e la beatitudine celeste, il *Decameron* non si occupa di questioni spirituali e religiose, ma di sentimenti e desideri umani sempre concreti e terreni.

La molteplicità del reale: il *Decameron* • UNITÀ 14

 # Andreuccio da Perugia

GENERE
Novella realistica

LUOGO E TEMPO
Napoli; 1301

PERSONAGGI
Andreuccio; Fiordaliso; i due ladri

Andreuccio, protagonista di questa celebre novella, la quinta della seconda giornata, è un giovane mercante di cavalli che da Perugia si reca a Napoli per visitare il locale mercato; ma quello che doveva essere un tranquillo viaggio d'affari si trasforma in una girandola di avvenimenti che Andreuccio dapprima subisce e poi riesce finalmente a governare, recuperando denari e fiducia in sé. Attraverso questa movimentata e divertente vicenda Boccaccio affronta un tema di grande importanza nel *Decameron*: il contrasto tra la "fortuna", cioè il caso imprevedibile e beffardo, e la "virtù", ossia l'ingegno dell'uomo che reagisce alle circostanze avverse, fa tesoro delle esperienze – soprattutto di quelle negative – e infine trova in se stesso le risorse e gli strumenti per conseguire i suoi scopi nonostante i casi avversi.

Fu, secondo che io già intesi[1], in Perugia un giovane il cui nome era Andreuccio di Pietro, cozzone[2] di cavalli; il quale, avendo inteso che a Napoli era buon mercato di cavalli, messisi in borsa cinquecento fiorin d'oro, non essendo mai più[3] fuori di casa stato, con altri mercatanti là se n'andò: dove giunto una do-
5 menica sera in sul vespro[4], dall'oste suo informato la seguente mattina fu in sul Mercato, e molti ne vide e assai ne gli piacquero e di più e più mercato tenne[5] né di niuno[6] potendosi accordare, per mostrare che per comperar fosse, sì come rozzo e poco cauto più volte in presenza di chi andava e di chi veniva trasse fuori questa sua borsa de' fiorini che aveva[7].
10 E in questi trattati[8] stando, avendo esso la sua borsa mostrata, avvenne che una giovane ciciliana[9] bellissima, ma disposta per piccol pregio[10] a compiacere a qualunque uomo, senza vederla egli, passò appresso di lui e la sua borsa vide e subito seco[11] disse: «Chi starebbe meglio di me se quegli denari fosser miei?» e passò oltre.
15 Era con questa giovane una vecchia similmente ciciliana, la quale, come vide Andreuccio, lasciata oltre la giovane andare, affettuosamente corse a abbracciarlo: il che la giovane veggendo[12], senza dire alcuna cosa, da una delle parti la cominciò a attendere[13]. Andreuccio, alla vecchia rivoltosi e conosciutala[14], le fece gran festa, e

1. **secondo... intesi:** a quanto ho sentito dire.
2. **cozzone:** mercante.
3. **mai più:** mai prima di allora.
4. **vespro:** tramonto.
5. **di più... tenne:** entrò in trattativa per molti cavalli.
6. **niuno:** nessuno.
7. **per mostrare... aveva:** per dimostrare che aveva realmente intenzione di acquistare, l'incauto e sprovveduto Andreuccio mostra più volte la borsa con il denaro.
8. **trattati:** trattative.
9. **ciciliana:** siciliana.
10. **piccol pregio:** poco prezzo. Si tratta dunque di una prostituta di basso rango, disponibile anche per piccole somme.
11. **seco:** a se stessa.
12. **veggendo:** vedendo.
13. **da una... attendere:** messasi in disparte, la giovane aspettava la sua anziana compagna, osservando la scena.
14. **conosciutala:** Andreuccio riconosce la vecchia perché, come si scopre più avanti, era stata domestica in casa sua.

481

PARTE 3 · Percorso di letteratura

promettendogli essa di venire a lui all'albergo, senza quivi tenere troppo lungo ser-
20 mone[15], si partì: e Andreuccio si tornò a mercatare ma niente comperò la mattina.

La giovane, che prima la borsa d'Andreuccio e poi la contezza[16] della sua vecchia con lui aveva veduta, per tentare se modo alcuno trovar potesse a dovere aver
quelli denari, o tutti o parte, cautamente incominciò a domandare chi colui fosse o
donde[17] e che quivi facesse e come il conoscesse. La quale ogni cosa così particu-
25 larmente de' fatti d'Andreuccio le disse come avrebbe per poco[18] detto egli stesso,
sì come colei che[19] lungamente in Cicilia col padre di lui e poi a Perugia dimorata
era, e similmente le contò dove tornasse e perché venuto fosse.

La giovane, pienamente informata e del parentado di lui e de' nomi, al suo
appetito fornire con una sottil malizia, sopra questo fondò la sua intenzione[20], e
30 a casa tornatasi, mise la vecchia in faccenda per tutto il giorno acciò che[21] a Andreuccio non potesse tornare; e presa una sua fanticella[22], la quale essa assai bene
a così fatti servigi aveva ammaestrata, in sul vespro la mandò all'albergo dove Andreuccio tornava. La qual, quivi venuta, per ventura[23] lui medesimo e solo trovò
in su la porta e di lui stesso il domandò. Alla quale dicendole egli che era desso[24],
35 essa, tiratolo da parte, disse: «Messere, una gentil donna di questa terra, quando
vi piacesse, vi parleria volentieri».

Il quale vedendola, tutto postosi mente e parendogli essere un bel fante della
persona[25], s'avvisò[26] questa donna dover di lui essere innamorata, quasi altro bel
giovane che egli non si trovasse allora in Napoli, e prestamente rispose che era
40 apparecchiato[27] e domandolla dove e quando questa donna parlargli volesse. A
cui la fanticella rispose: «Messere, quando di venir vi piaccia, ella v'attende in casa
sua». Andreuccio presto, senza alcuna cosa dir nell'albergo, disse: «Or via mettiti
avanti, io ti verrò appresso». Laonde[28] la fanticella a casa di costei il condusse, la
quale dimorava in una contrada chiamata Malpertugio[29], la quale quanto sia one-
45 sta contrada il nome medesimo il dimostra. Ma esso, niente di ciò sappiendo né
suspicando[30], credendosi in uno onestissimo luogo andare e a una cara donna, liberamente[31], andata la fanticella avanti, se n'entrò nella sua casa; e salendo su per
le scale, avendo la fanticella già sua donna chiamata e detto «Ecco Andreuccio»,
la vide in capo della scala farsi a aspettarlo.

50 Ella era ancora assai giovane, di persona grande e con bellissimo viso, vestita
e ornata assai orrevolemente[32]; alla quale come Andreuccio fu presso, essa incontrogli da tre gradi discese[33] con le braccia aperte, e avvinghiatogli il collo alquanto

---

15. sermone: discorso.
16. contezza: familiarità.
17. donde: da dove (venisse).
18. per poco: quasi.
19. sì come colei che: dato che ella.
20. al suo appetito... intenzione: per soddisfare la sua bramosia (*appetito*) di denaro con un sottile inganno, elaborò un piano basandosi sulle informazioni avute dalla vecchia.
21. acciò che: affinché.

22. fanticella: servetta.
23. per ventura: per caso.
24. desso: proprio lui.
25. tutto... della persona: considerandosi tutto da capo a piedi e trovandosi di bell'aspetto.
26. s'avvisò: si convinse.
27. apparecchiato: pronto.
28. Laonde: per cui.
29. Malpertugio: secondo testimonianze dell'epoca, si trattava di un quartiere che, attraverso un arco praticato nelle mura

(da qui il nome), conduceva alla zona del porto, e come tale era frequentato da mercanti e marinai, ma anche da prostitute e da gente di malaffare.
30. suspicando: sospettando.
31. liberamente: di sua volontà, senza alcuna costrizione.
32. orrevolemente: con onestà e decoro.
33. incontrogli... discese: gli andò incontro discendendo tre gradini.

La molteplicità del reale: il *Decameron* · U N I T À 1 4

stette senza alcuna cosa dire, quasi da soperchia[34] tenerezza impedita; poi lagrimando gli basciò la fronte e con voce alquanto rotta disse: «O Andreuccio mio,
55 tu sii il ben venuto!»

Esso, maravigliandosi di così tenere carezze, tutto stupefatto rispose: «Madonna, voi siate la ben trovata!»

Ella appresso, per la man presolo, suso nella sua sala il menò[35] e di[36] quella, senza alcuna cosa parlare, con lui nella sua camera se n'entrò, la quale di rose, di fiori
60 d'aranci e d'altri odori tutta oliva[37], là dove egli un bellissimo letto incortinato[38]
e molte robe su per le stanghe, secondo il costume di là, e altri assai belli e ricchi
arnesi vide[39]; per le quali cose, sì come nuovo[40], fermamente credette lei dovesse
essere non men che gran donna.

*[La giovane siciliana fa sedere Andreuccio accanto a lei su una cassapanca e tra
molte lacrime e sospiri gli racconta una storia commovente: ella è sua sorellastra,
nata da una relazione che il padre intrattenne con una gentildonna siciliana al tempo
del suo soggiorno a Palermo. Rientrato a Perugia, il padre dimenticò questa nuova
famiglia, procurando molto dolore a sua madre e a lei, che era ancora una bambina. In seguito ella sposò un nobile siciliano, costretto a fuggire da Palermo per aver
complottato contro Federico d'Aragona, re di Sicilia, a favore di Carlo d'Angiò, re
di Napoli; così, lei e il marito ora vivevano in quella città, dove re Carlo li aveva ricompensati dei servigi con rendite e onori.]*

E così detto, da capo il rabbracciò e ancora teneramente lagrimando gli basciò
65 la fronte.

Andreuccio, udendo questa favola così ordinatamente, così compostamente[41]
detta da costei, alla quale in niuno atto[42] moriva la parola tra' denti né balbettava
la lingua, e ricordandosi esser vero che il padre era stato in Palermo e per se medesimo[43] de' giovani conoscendo i costumi, che volentieri amano nella giovanezza,
70 e veggendo le tenere lagrime, gli abbracciari e gli onesti basci, ebbe[44] ciò che ella
diceva più che per vero: e poscia che ella tacque, le rispose: «Madonna[45], egli non
vi dee[46] parer gran cosa se io mi maraviglio: per ciò che nel vero, o che mio padre,
per che che egli sel facesse, di vostra madre e di voi non ragionasse giammai[47], o
che, se egli ne ragionò, a mia notizia venuto non sia, io per me niuna coscienza
75 aveva di voi se non come se non foste[48]; e emmi[49] tanto più caro l'avervi qui mia
sorella trovata, quanto io ci[50] sono più solo e meno questo sperava. E nel vero io
non conosco uomo di sì alto affare al quale voi non doveste esser cara, non che a

---

34. soperchia: eccessiva.
35. il menò: lo condusse.
36. di: da.
37. oliva: profumava.
38. incortinato: chiuso da cortine, dunque molto lussuoso.
39. molte... vide: vide molti abiti appesi ad assi di legno (*stanghe*), secondo l'usanza del posto, e altri oggetti e suppellettili

di pregio.
40. sì come nuovo: come un ingenuo.
41. compostamente: coerentemente.
42. niuno atto: nessun modo.
43. per se medesimo: per sua esperienza.
44. ebbe: ritenne.
45. Madonna: mia signora.

46. dee: deve.
47. per ciò che... giammai: perché in verità, o mio padre, qualunque fosse la ragione per cui lo facesse, non parlò mai di vostra madre e di voi neppure.
48. se non... foste: proprio come se non esisteste.
49. emmi: mi è.
50. ci: qui a Napoli.

483

me che un picciolo mercatante sono. Ma d'una cosa vi priego mi facciate chiaro:
come sapeste voi che io qui fossi?»

80 Al quale ella rispose: «Questa mattina mel fè sapere una povera femina la qual
molto meco si ritiene[51], per ciò che con nostro padre, per quello che ella mi dica,
lungamente e in Palermo e in Perugia stette, e se non fosse che più onesta cosa
mi parea che tu a me venissi in casa tua che io a te nell'altrui, egli ha gran pezza[52]
che io a te venuta sarei».

85 Appresso queste parole ella cominciò distintamente a domandare di tutti i suoi
parenti nominatamente, alla quale di tutti Andreuccio rispose, per questo ancora
più credendo quello che meno di creder gli bisognava.

Essendo stati i ragionamenti lunghi e il caldo grande, ella fece venire greco[53] e
confetti e fè dar bere a Andreuccio; il quale dopo questo partir volendosi, per ciò
90 che ora di cena era, in niuna guisa il sostenne[54], ma sembiante fatto di forte tur-
barsi abbracciandol disse: «Ahi lassa me[55], ché assai chiaro conosco come io ti sia
poco cara! Che è a pensare che tu sii con una tua sorella mai più da te non veduta,
e in casa sua, dove, qui venendo, smontato esser dovresti, e vogli di quella uscire
per andare a cenare all'albergo[56]? Di vero tu cenerai con esso meco[57]: e perché
95 mio marito non ci sia, di che forte mi grava, io ti saprò bene secondo donna fare
un poco d'onore[58]».

Alla quale Andreuccio, non sappiendo altro che rispondersi, disse: «Io v'ho
cara quanto sorella si dee avere, ma se io non ne vado, io sarò tutta sera aspettato
a cena e farò villania». Ed ella allora disse: «Lodato sia Idio, se io non ho in casa
100 per cui[59] mandare a dire che tu non sii aspettato! benché tu faresti assai maggior
cortesia, e tuo dovere, mandare a dire a' tuoi compagni che qui venissero a cenare,
e poi, se pure andare te ne volessi, ve ne potresti tutti andar di brigata[60]».

Andreuccio rispose che de' suoi compagni non volea quella sera, ma, poi che
pure a grado l'era[61], di lui facesse il piacer suo. Ella allora fé vista[62] di mandare a
105 dire all'albergo che egli non fosse atteso a cena; e poi, dopo molti altri ragionamenti, postisi a cena e splendidamente di più vivande serviti, astutamente quella
menò per lunga[63] infino alla notte obscura; ed essendo da tavola levati e Andreuccio partir volendosi, ella disse che ciò in niuna guisa sofferrebbe[64], per ciò che Napoli non era terra da andarvi per entro di notte, e massimamente[65] un forestiere;
110 e che come che egli a cena non fosse atteso aveva mandato a dire, così aveva dello
albergo fatto il somigliante[66].

Egli, questo credendo e dilettandogli, da falsa credenza ingannato, d'esser con

---

51. la qual... si ritiene: che mi
frequenta molto.
52. egli ha gran pezza: è da
molto tempo.
53. greco: un vino bianco.
54. in niuna guisa il sostenne:
in nessun modo lo permise.
55. lassa me: povera me.
56. Che è... all'albergo: com'è
possibile pensare che tu ti trovi con una sorella appena riconosciuta, in casa sua, dove, ve-

nendo a Napoli, avresti dovuto
alloggiare, e desideri andartene
per andare a cenare in albergo?
57. con esso meco: con me.
58. e perché... d'onore: e benché mio marito non ci sia, il che
mi spiace moltissimo, ti onorerò
io, secondo quanto è concesso a
una donna.
59. per cui: una persona per
mezzo della quale.
60. di brigata: in compagnia.

61. a grado l'era: le era gradito.
62. fé vista: mostrò, fece finta.
63. menò per lunga: tirò in lungo la cena.
64. sofferrebbe: avrebbe permesso.
65. massimamente: soprattutto.
66. così... il somigliante: la
stessa cosa aveva fatto per l'albergo.

Andreuccio, dopo essere caduto in una latrina (a sinistra), finirà per depredare la tomba del vescovo di Napoli (a destra). Miniatura del XV secolo, Parigi, Biblioteca dell'Arsenale.

costei, stette. Furono adunque dopo cena i ragionamenti molti e lunghi non senza cagione tenuti[67]; e essendo della notte una parte passata, ella, lasciato Andreuccio a dormire nella sua camera con un piccol fanciullo che gli mostrasse se egli volesse nulla, con le sue femine in un'altra camera se n'andò.

Era il caldo grande: per la qual cosa Andreuccio, veggendosi solo rimasto, subitamente si spogliò in farsetto e trassesi i panni di gamba e al capo del letto gli si pose[68] e richiedendo il naturale uso[69] di dovere diporre il superfluo peso del ventre, dove ciò si facesse domandò quel fanciullo, il quale nell'uno de' canti[70] della camera gli mostrò uno uscio e disse: «Andate là entro».

Andreuccio dentro sicuramente[71] passato, gli venne per ventura posto il piè sopra una tavola, la quale dalla contrapposta parte sconfitta dal travicello sopra il quale era; per la qual cosa capolevando questa tavola con lui insieme se n'andò quindi giuso: e di tanto l'amò Idio, che niuno male si fece nella caduta, quantunque alquanto cadesse da alto, ma tutto della bruttura, della quale il luogo era pieno, s'imbrattò[72]. Il quale luogo, acciò che meglio intendiate e quello che è detto e ciò che segue, come stesse vi mostrerò. Egli era in un chiassetto[73] stretto, come spesso tra due case veggiamo: sopra due travicelli, tra l'una casa e l'altra posti, alcune tavole eran confitte e il luogo da seder posto, delle quali tavole quella che con lui cadde era l'una.

67. lunghi... tenuti: non tenuti lunghi a caso, ma con una ragione specifica (come si vedrà tra poco).
68. si spogliò... si pose: Andreuccio rimane in camicia e posa pantaloni, mutande e calze ai piedi del letto.
69. naturale uso: bisogno naturale.
70. canti: angoli.
71. sicuramente: con sicurezza.
72. la quale... s'imbrattò: la tavola su cui Andreuccio poggia il piede era schiodata dalla trave (*sconfitta dal travicello*) su cui poggiava all'altra estremità, per cui si capovolge facendo cadere il giovane nel vicolo sottostante che fungeva da latrina.
73. chiassetto: vicolo.

485

PARTE 3 · Percorso di letteratura

Ritrovandosi adunque là giù nel chiassetto Andreuccio, dolente del caso, cominciò a chiamare il fanciullo; ma il fanciullo, come sentito l'ebbe cadere, così corse a dirlo alla donna. La quale, corsa alla sua camera, prestamente cercò se i
135 suoi panni v'erano; e trovati i panni e con essi i denari, li quali esso non fidandosi mattamente[74] sempre portava addosso, avendo quello a che ella di Palermo, sirocchia d'un perugin faccendosi, aveva teso il lacciuolo[75], più di lui non curandosi prestamente andò a chiuder l'uscio del quale egli era uscito quando cadde. Andreuccio, non rispondendogli il fanciullo, cominciò più forte a chiamare: ma
140 ciò era niente. Per che egli, già sospettando e tardi dello inganno cominciandosi a accorgere salito sopra un muretto che quello chiassolino dalla strada chiudea[76] e nella via disceso, all'uscio della casa, il quale egli molto ben riconobbe, se n'andò, e quivi invano lungamente chiamò e molto il dimenò e percosse. Di che egli piagnendo, come colui che chiara vedea la sua disavventura, cominciò
145 a dire: «Oimè lasso, in come piccol tempo ho io perduti cinquecento fiorini e una sorella!» E dopo molte altre parole, da capo cominciò a battere l'uscio e a gridare; e tanto fece così che molti de' circunstanti vicini, desti, non potendo la noia sofferire[77], si levarono; e una delle servigiali[78] della donna, in vista tutta sonnocchiosa, fattasi alla finestra proverbiosamente[79] disse: «Chi picchia là giù?»
150 «Oh!», disse Andreuccio, «o non mi conosci tu? Io sono Andreuccio, fratello di madama Fiordaliso[80]».

Al quale ella rispose: «Buono uomo, se tu hai troppo bevuto, va dormi e tornerai domattina; io non so che Andreuccio né che ciance son quelle che tu dì; va in buona ora e lasciaci dormir, se ti piace».

155 «Come», disse Andreuccio, «non sai che io mi dico? Certo sì sai; ma se pur son così fatti i parentadi di Cicilia, che in sì piccol termine[81] si dimentichino, rendimi almeno i panni miei li quali lasciati v'ho, e io m'andrò volentier con Dio».

Al quale ella quasi ridendo disse: «Buono uomo, e' mi par che tu sogni» e il dir questo e il tornarsi dentro e chiuder la finestra fu una cosa[82]. Di che Andreuccio,
160 già certissimo de' suoi danni, quasi per doglia[83] fu presso a convertire in rabbia la sua grande ira e per ingiuria propose di rivolere[84] quello che per parole riaver non potea; per che da capo, presa una gran pietra, con troppi maggior colpi che prima fieramente cominciò a percuotere la porta. La qual cosa molti de' vicini avanti destisi e levatisi, credendo lui essere alcuno spiacevole il quale queste parole fingesse
165 per noiare quella buona femina[85], recatosi a noia il picchiare il quale egli faceva, fattisi alle finestre, non altramenti che a un can forestiere tutti quegli della contrada abbaiano adosso, cominciarono a dire: «Questa è una gran villania a venire a questa ora a casa le buone femine e dire queste ciance; deh! va con Dio, buono

---

74. mattamente: scioccamente.
75. avendo... il lacciuolo: avendo ottenuto ciò per cui aveva organizzato il tranello (*lacciuolo*), fingendosi lei palermitana sorella (*sirocchia*) di un perugino.
76. quello... chiudea: separava il vicoletto dalla strada.

77. la noia sofferire: sopportare il fastidio (del rumore che faceva Andreuccio).
78. servigiali: serve.
79. proverbiosamente: con tono di rimprovero.
80. madama Fiordaliso: il nome con cui la "sorella" si era presentata ad Andreuccio.

81. sì piccol termine: così poco tempo.
82. fu una cosa: fu tutt'uno.
83. doglia: dolore.
84. per ingiuria... rivolere: pensò di riprendersi con la violenza.
85. buona femina: buona donna, detto ironicamente.

uomo; lasciaci dormir, se ti piace; e se tu hai nulla a far con lei, tornerai domane,
170 e non ci dar questa seccaggine stanotte».

Dalle quali parole forse assicurato uno che dentro dalla casa era, ruffiano della
buona femina, il quale egli né veduto né sentito avea, si fece alle finestre e con una
boce[86] grossa, orribile e fiera disse: «Chi è laggiù?»

Andreuccio, a quella voce levata la testa, vide uno il quale, per quel poco che
175 comprender poté, mostrava di dovere essere un gran bacalare[87], con una barba
nera e folta al volto, e come se del letto o da alto sonno si levasse sbadigliava e
stropicciavasi gli occhi: a cui egli, non senza paura, rispose: «Io sono un fratello
della donna di là entro».

Ma colui non aspettò che Andreuccio finisse la risposta, anzi più rigido assai
180 che prima disse: «Io non so a che io mi tegno[88] che io non vegno là giù, e deati
tante bastonate quante io ti vegga muovere, asino fastidioso e ebriaco che tu dei
essere, che questa notte non ci lascerai dormire persona» e tornatosi dentro serrò
la finestra.

Alcuni de' vicini, che meglio conoscieno la condizion[89] di colui, umilmente[90]
185 parlando a Andreuccio dissono[91]: «Per Dio, buono uomo, vatti con Dio, non volere stanotte essere ucciso costì: vattene per lo tuo migliore[92]».

Laonde Andreuccio, spaventato dalla voce di colui e dalla vista e sospinto da'
conforti di coloro li quali gli pareva che da carità mossi parlassero, doloroso quanto mai alcuno altro e de' suoi denar disperato[93], verso quella parte onde il dì aveva
190 la fanticella seguita, senza saper dove s'andasse, prese la via per tornarsi all'albergo. E a se medesimo dispiacendo per lo puzzo che a lui di lui veniva, disideroso
di volgersi al mare per lavarsi, si torse[94] a man sinistra e su per una via chiamata la
Ruga Catalana[95] si mise. E verso l'alto della città andando, per ventura davanti si
vide due che verso di lui con una lanterna in mano venieno li quali temendo non
195 fosser della famiglia della corte[96] o altri uomini a mal far disposti, per fuggirli, in
un casolare, il qual si vide vicino, pianamente ricoverò. Ma costoro, quasi come
a quello proprio luogo inviati andassero, in quel medesimo casolare se n'entrarono; e quivi l'un di loro, scaricati certi ferramenti[97] che in collo avea, con l'altro
insieme gl'incominciò a guardare, varie cose sopra quegli ragionando. E mentre
200 parlavano, disse l'uno; «Che vuol dir questo? Io sento il maggior puzzo che mai
mi paresse sentire» e questo detto, alzata alquanto la lanterna, ebbe veduto il cattivel[98] d'Andreuccio, e stupefatti domandar: «Chi è là?»

Andreuccio taceva, ma essi avvicinatiglisi con lume il domandarono che quivi
così brutto facesse[99]: alli quali Andreuccio ciò che avvenuto gli era narrò intera-
205 mente. Costoro, imaginando dove ciò gli potesse essere avvenuto, dissero fra sé:

---

86. boce: voce.
87. un gran bacalare: una persona autorevole (dal termine accademico *baccalaureus*, che indicava il dottore coronato d'allo-
ro), detto anche qui con ironia.
88. a che io mi tegno: che cosa
mi trattenga.
89. la condizion: il ruolo, la ve-

ra natura della sua "professione".
90. umilmente: sottovoce.
91. dissono: dissero.
92. per lo tuo migliore: per il
tuo bene.
93. de' suoi denar disperato:
senza più speranza di riavere i
propri soldi.
94. si torse: girò.

95. Ruga Catalana: strada che
conduceva non al mare, ma verso
il centro della città.
96. famiglia della corte: guardie.
97. ferramenti: arnesi di ferro.
98. il cattivel: il poveretto.
99. che... facesse: che cosa facesse lì, così sporco.

«Veramente in casa lo scarabone Buttafuoco fia stato questo[100]». E a lui rivolti, disse l'uno: «Buono uomo, come che[101] tu abbi perduti i tuoi denari, tu molto a lodare Idio che quel caso ti venne che tu cadesti né potesti poi in casa rientrare: per ciò che, se caduto non fossi, vivi sicuro che, come prima[102] adormentato ti fossi, saresti stato amazzato e co' denari avresti la persona perduta. Ma che giova oggimai[103] di piagnere? Tu ne potresti così riavere un denaio[104] come avere delle stelle del cielo: ucciso ne potrai tu bene essere, se colui sente che tu mai ne facci parola».

E detto questo, consigliatisi alquanto, gli dissero: «Vedi, a noi è presa compassion di te: e per ciò, dove[105] tu vogli con noi essere a fare alcuna cosa la quale a fare andiamo, egli ci pare esser molto certi che in parte ti toccherà il valere di troppo più che perduto non hai[106]».

Andreuccio, sì come disperato, rispuose ch'era presto[107]. Era quel dì sepellito uno arcivescovo di Napoli, chiamato messer Filippo Minutolo[108], era stato sepellito con ricchissimi ornamenti e con uno rubino in dito il quale valeva oltre cinquecento fiorin d'oro, il quale costoro volevano andare a spogliare; e così a Andreuccio fecer veduto[109]. Laonde Andreuccio, più cupido che consigliato[110], con loro si mise in via; e andando verso la chiesa maggiore, e Andreuccio putendo forte[111], disse l'uno: «Non potremmo noi trovar modo che costui si lavasse un poco dove che sia, che egli non putisse così fieramente?»

Disse l'altro: «Sì, noi siam qui presso a un pozzo al quale suole sempre esser la carrucola e un gran secchione; andianne là e laverenlo spacciatamente[112]».

Giunti a questo pozzo trovarono che la fune v'era ma il secchione n'era stato levato: per che insieme diliberarono di legarlo alla fune e di collarlo[113] nel pozzo, e egli là giù si lavasse e, come lavato fosse, crollasse la fune e essi il tirerebber suso; e così fecero.

Avvenne che, avendol costor nel pozzo collato, alcuni della famiglia della signoria, li quali e per lo caldo e perché corsi erano dietro a alcuno avendo sete, a quel pozzo venieno a bere: li quali come quegli due videro[114], incontanente[115] cominciarono a fuggire, li famigliari che quivi venivano a bere non avendogli veduti. Essendo già nel fondo del pozzo Andreuccio lavato, dimenò la fune. Costoro assetati, posti giù lor tavolacci e loro armi e lor gonnelle[116], cominciarono la fune a tirare credendo a quella il secchion pien d'acqua essere appicato. Come Andreuccio si vide alla sponda del pozzo vicino così, lasciata la fune, con le mani si gittò sopra quella. La qual cosa costoro vedendo, da subita paura presi, senza altro dir lasciaron la fune e cominciarono quanto più poterono a fuggire: di che Andreuccio si maravigliò forte, e se egli non si fosse bene attenuto, egli sarebbe

100. Veramente... questo: tutto ciò deve essere successo in casa di quell'imbroglione di Buttafuoco.
101. come che: benché.
102. come prima: appena.
103. oggimai: ormai.
104. denaio: quattrino.
105. dove: nel caso in cui.
106. in parte... hai: la parte che guadagnerai sarà di valore molto

più alto di ciò che hai perso.
107. presto: pronto.
108. Filippo Minutolo: arcivescovo di Napoli, morto nel 1301.
109. fecer veduto: spiegarono.
110. più... consigliato: più avido di denaro che saggio.
111. putendo forte: puzzando molto.
112. andianne... spacciatamente: andiamo là e laviamolo

in fretta.
113. collarlo: calarlo.
114. li quali... videro: non appena i due malviventi videro le guardie.
115. incontanente: subito.
116. posti... gonnelle: appoggiati a terra gli scudi di legno (*tavolacci*), le armi e le sopravvesti (*gonnelle*).

Andreuccio, aggrappato saldamente al bordo del pozzo, assiste alla fuga delle guardie. Miniatura del XV secolo, Parigi, Biblioteca Nazionale.

infin nel fondo caduto forse non senza suo gran danno o morte; ma pure uscitone e queste arme trovate, le quali egli sapeva che i suoi compagni non avean portate, ancora più s'incominciò a maravigliare. Ma dubitando e non sappiendo che[117], della sua fortuna dolendosi[118], senza alcuna cosa toccar quindi diliberò di partirsi: e andava senza saper dove.

Così andando si venne scontrato in que' due suoi compagni, li quali a trarlo del pozzo venivano; e come il videro, maravigliandosi forte, il domandarono chi del pozzo l'avesse tratto. Andreuccio rispose che non sapea, e loro ordinatamente disse come era avvenuto e quello che trovato aveva fuori del pozzo. Di che costoro, avvisatisi[119] come stato era, ridendo gli contarono perché s'eran fuggiti e chi stati eran coloro che su l'avean tirato. E senza più parole fare, essendo già mezzanotte, n'andarono alla chiesa maggiore, e in quella assai leggiermente[120] entrarono e furono all'arca[121], la quale era di marmo e molto grande; e con lor ferro il coperchio, ch'era gravissimo, sollevaron tanto quanto uno uomo vi potesse entrare, e puntellaronlo.

E fatto questo, cominciò l'uno a dire: «Chi entrerà dentro?»

A cui l'altro rispose: «Non io».

117. dubitando e non sappiendo che: temendo e non comprendendo che cosa fosse successo.
118. della sua fortuna dolendosi: commiserando la sua sorte infausta.
119. avvisatisi: avendo compreso.
120. leggiermente: facilmente.
121. arca: tomba.

PARTE 3 · Percorso di letteratura

«Né io», disse colui, «ma entrivi Andreuccio».

260 «Questo non farò io» disse Andreuccio.

Verso il quale amenduni[122] costoro rivolti dissero: «Come non v'enterrai? In fè di Dio, se tu non v'entri, noi ti darem tante d'uno di questi pali di ferro sopra la testa, che noi ti farem cader morto».

Andreuccio temendo v'entrò, e entrandovi pensò seco: «Costoro mi ci fanno
265 entrare per ingannarmi, per ciò che, come io avrò loro ogni cosa dato, mentre che io penerò a uscir dall'arca, essi se ne andranno pe' fatti loro e io rimarrò senza cosa alcuna». E per ciò s'avisò di farsi innanzi tratto la parte sua; e ricordatosi del caro[123] anello che aveva loro udito dire, come fu giù disceso così di dito il trasse all'arcivescovo e miselo a sé; e poi dato il pasturale e la mitra[124] e' guanti e spoglia-
270 tolo infino alla camiscia, ogni cosa diè loro dicendo che più niente v'avea.

Costoro, affermando che esser vi doveva l'anello, gli dissero che cercasse per tutto: ma esso rispondendo che non trovava e sembiante facendo di cercarne, al-quanto li tenne ad aspettare. Costoro che d'altra parte eran sì come lui maliziosi, dicendo pur che ben cercasse preso tempo[125], tirarono via il puntello che il coper-
275 chio dell'arca sostenea, e fuggendosi lui dentro dall'arca lasciaron racchiuso. La qual cosa sentendo Andreuccio, qual egli allor divenisse ciascun sel può pensare.

Egli tentò più volte e col capo e con le spalle se alzare potesse il coperchio, ma invano si faticava: per che da grave dolor vinto, venendo meno cadde sopra il morto corpo dell'arcivescovo; e chi allora veduti gli avesse malagevolmente avreb-
280 be conosciuto chi più si fosse morto, o l'arcivescovo o egli. Ma poi che in sé fu ritornato, dirottissimamente cominciò a piagnere, veggendosi quivi senza dubbio all'un de' due fini dover pervenire[126]: o in quella arca, non venendovi alcuni più a aprirla, di fame e di puzzo tra' vermini del morto corpo convenirlo morire, o vegnendovi alcuni e trovandovi lui dentro, sì come ladro dovere essere appiccato.

285 E in così fatti pensieri e doloroso molto stando, sentì per la chiesa andar genti e parlar molte persone, le quali sì come gli avvisava, quello andavano a fare che esso co' suoi compagni avean già fatto: di che la paura gli crebbe forte. Ma poi che costoro ebbero l'arca aperta e puntellata, in quistion caddero chi vi dovesse entrare, e niuno il voleva fare; pur dopo lunga tencione[127] un prete disse: «Che
290 paura avete voi? credete voi che egli vi manuchi[128]? Li morti non mangian uomini: io v'entrerò dentro io».

E così detto, posto il petto sopra l'orlo dell'arca, volse il capo in fuori e dentro mandò le gambe per doversi giuso calare.

Andreuccio, questo vedendo, in piè levatosi prese il prete per l'una delle gam-
295 be e fé sembiante[129] di volerlo giù tirare. La qual cosa sentendo il prete mise uno strido grandissimo e presto dell'arca si gittò fuori; della qual cosa tutti gli altri spaventati, lasciata l'arca aperta, non altramente a fuggir cominciarono che se da centomilia diavoli fosser perseguitati.

---

122. amenduni: entrambi.
123. caro: prezioso.
124. il pasturale e la mitra: sono il bastone ricurvo adorno di pietre preziose e il copricapo,

simboli della carica pastorale.
125. dicendo... tempo: conti-nuando a dirgli di cercare bene, al momento opportuno.
126. all'un... pervenire: le con-

clusioni possibili erano due.
127. tencione: disputa.
128. manuchi: mangi.
129. fé sembiante: mostrò, fe-ce finta.

La molteplicità del reale: il *Decameron* · UNITÀ 14

La qual cosa veggendo Andreuccio, lieto oltre a quello che sperava, subito si
300 gittò fuori e per quella via onde era venuto se ne uscì dalla chiesa; e già avvicinandosi al giorno, con quello anello in dito andando all'avventura, pervenne alla
marina e quindi al suo albergo si abbatté[130]; dove li suoi compagni e l'albergatore
trovò tutta la notte stati in sollecitudine de' fatti suoi. A' quali ciò che avvenuto
gli era raccontato, parve per lo consiglio dell'oste loro che costui incontanente si
305 dovesse di Napoli partire; la qual cosa egli fece prestamente e a Perugia tornossi,
avendo il suo investito in uno anello, dove per comperare cavalli era andato.

Giovanni Boccaccio, *Decameron*, Milano, Garzanti, 1974

130. si abbatté: capitò.

SCHEDA DI ANALISI

Il tema e il messaggio

La novella è esempio di una **vicenda complessa**, costruita intorno a pochi personaggi principali e molti secondari, che sviluppa un caso fortunato, una storia a lieto fine.

Le due parole chiave della novella sono *fortuna* o *ventura*, e *ingegno*. La fortuna è il caso, che in Boccaccio, per la prima volta nella letteratura del suo tempo, assume tanta importanza quanto i personaggi. Il caso è bizzarro, non regolato da una superiore giustizia divina, capriccioso, instabile e scanzonato: espone a rischi e offre opportunità senza riguardo per la bontà o per la condizione sociale di nessuno. Esso livella la condizione degli uomini, dunque, ponendoli tutti sullo stesso piano. Riflettiamo, per esempio, su **Andreuccio** e Fiordaliso: il primo, onesto e di **condizione sociale borghese**, per una serie di "casi" perde tutto il suo denaro e rischia di perdere anche la vita, finché riesce a salvare entrambi con due azioni spregiudicate, **Fiordaliso**, donna di malaffare dei bassifondi di Napoli, **sfrutta invece il caso a proprio vantaggio**, dimostrando grandi abilità di organizzatrice (sia pure di tranelli) e conquistando così una forte somma di denaro, premio per la sua capacità di cogliere al volo l'occasione. Il fatto che sia Andreuccio sia Fiordaliso si procurino il denaro in maniera illecita non viene registrato dall'autore come un fatto immorale ed esecrabile, ma semplicemente come una delle tante azioni che l'uomo può compiere per destreggiarsi in un'esistenza imprevedibile.

Questa particolare visione del mondo preannuncia un radicale **cambiamento di mentalità** e di prospettive: essa coincide storicamente con la fine del Medioevo e la diffusione della **nuova cultura umanistica**, che pone al centro dell'attenzione l'uomo, con le sue risorse e le sue capacità naturali. Tra esse, la più importante è per Boccaccio proprio l'ingegno, inteso come intelligenza, versatilità e duttilità, cioè come la capacità d'imparare dall'esperienza, saper sfruttare le occasioni, prevedere i rischi e i vantaggi di ogni situazione.

La struttura del testo

La trama della novella è piuttosto complessa; essa contiene più storie, inserite una nell'altra:
- quella di Andreuccio che va a Napoli sperando di fare un acquisto di cavalli a prezzo conveniente, e finisce per ritrovarsi in casa della giovane Fiordaliso;
- quella della vita di Fiordaliso, da lei raccontata ad Andreuccio, inserita nella novella dall'autore attraverso la tecnica del *flashback*;
- quella del furto dei gioielli nella tomba dell'arcivescovo di Napoli.

All'interno di queste **macrosequenze** è possibile riconoscere delle sequenze di diverse tipologie: narrative, descrittive e dialogate.

La caratteristica più evidente non solo di questa novella (e, in realtà, di tutto il *Decameron*) è l'incredibile **realismo** con cui Boccaccio è capace di descrivere e raccontare le vicende dei personaggi. In questo brano, lo stile realistico dell'autore è evidenziato da due elementi, intrecciati fra loro:
- la **precisione** con cui vengono indicati i nomi delle vie e dei quartieri di Napoli e l'indicazione temporale (la morte dell'arcivescovo, avvenuta il 24 ottobre 1301) che permette di collocare esattamente la vicenda anche dal punto di vista cronologico;
- le **descrizioni** degli ambienti, così vivaci e colorite, che ricreano l'atmosfera delle strade e delle piazze, il viavai delle persone, la gestualità e le voci dei per-

491

PARTE 3 · Percorso di letteratura

sonaggi. Sin dall'inizio il lettore è catapultato in una scena vivissima: all'interno del mercato, dove si vede Andreuccio alle prese con venditori e compratori, mentre la giovane siciliana l'ha già adocchiato. E il girovagare notturno del protagonista, smarrito tra vicoli e vicoletti di un quartiere malfamato, ci fornisce un ulteriore esempio delle grande qualità pittoriche della prosa di Boccaccio. La **conoscenza diretta di Napoli** da parte dell'autore è senz'altro fondamentale, in quest'accurato lavoro di ricostruzione: durante il suo soggiorno a Napoli, infatti, Boccaccio frequentò non solo gli ambienti di corte, ma anche i luoghi degli affari, come il mercato e il porto. Tanta ricchezza visiva, oltre che documentare una realtà storica determinata, assolve la funzione narrativa di offrire al lettore una viva descrizione della Napoli del Trecento, facendogli "vedere", quasi in presa diretta, una grande e popolosa città in cui fervono scambi, contatti e affari, e dove l'avventura può essere sempre dietro l'angolo.

● La novella ha una **progressione cronologica** rigorosa, sostenuta da un **intreccio serratissimo** e ricco di colpi di scena, perfetto esempio del gusto dell'avventura proprio di molte novelle di Boccaccio. Non bisogna dimenticare che fine principale del *Decameron* era d'intrattenere piacevolmente il lettore con storie divertenti ed emozionanti: da questo punto di vista si spiega anche la scelta di ambientare gli eventi centrali di questa novella in una Napoli notturna e popolare, scenario di **grande potenziale narrativo**. La **notte** è il momento ideale per inventare imprevisti, incidenti, cambi di persona e di direzione (si pensi ad Andreuccio che, per tentare di raggiungere il mare, si dirige invece verso il centro città, dove incontra due malviventi, che fuggono al sopraggiungere delle guardie, che a loro volta fuggono spaventate dall'apparizione di Andreuccio... e così via); **i vicoli di Napoli**, dal canto loro, offrono altrettanti spunti narrativi: la vicinanza del porto, le case equivoche, i vicini che sentono e non sentono ciò che sta succedendo, persino le latrine pubbliche – rese da Boccaccio con una precisione e un realismo olfattivo straordinari – sono luoghi e situazioni ideali in cui mettere in scena l'azione del caso.

I personaggi

● Nella descrizione dei personaggi ritroviamo la medesima **ricchezza visiva** degli ambienti: essi vengono infatti rappresentati principalmente attraverso le loro azioni, senza nessuna indagine psicologica né particolari approfondimenti della loro interiorità. Consideriamo, per esempio, **Andreuccio** e **la giovane siciliana**. Del primo il lettore non sa nulla se non quanto emerge dai suoi atti, dal suo comportamento esteriore, da ciò che di lui è visibile: la sua ingenuità iniziale, quando al mercato mostra incautamente la borsa con

i suoi cinquecento fiorini, o ancora, quando accetta di seguire la servetta senza avvisare nessuno, convinto di aver "fatto colpo" su qualche bella fanciulla. Di Fiordaliso, conosciamo dapprima solo il suo aspetto esteriore (sappiamo che è giovane e ha un bel viso), mentre il suo tratto psicologico dominante, la furbizia, emergerà tutto dalle sue azioni, dall'abilità di teatrante con cui inscena commozione e gioia nel ritrovare il "fratello perduto".

● Nel corso della novella Andreuccio conoscerà un'**importante trasformazione psicologica**: se all'inizio è indubbiamente uno sciocco, anche un po' vanesio, facilmente manovrabile dagli altri, la notte movimentata, che è per lui come una palestra di sopravvivenza, lo cambia sensibilmente, facendogli acquistare **astuzia e capacità di trarsi d'impaccio**. Tale cambiamento nella figura di Andreuccio si manifesta, alla fine della novella, in due momenti fondamentali: dapprima, quando rifiuta di passare l'anello ai complici che l'attendono fuori dalla tomba; poi, quando afferra prontamente le gambe del nuovo ladro di tombe, per spaventarlo e indurlo a fuggire lasciando la tomba aperta.

● Per tutti questi motivi, possiamo considerare questa novella quasi come un'anticipazione del *Bildungsroman*, genere narrativo nato molti secoli dopo, come abbiamo visto, centrato appunto sull'itinerario di un personaggio alla conquista della propria identità nel mondo.

La lingua e lo stile

● La novella è scritta nel **volgare fiorentino** del Trecento, lingua che si stava già avviando a diventare il mezzo d'espressione della letteratura italiana. La **sintassi** molto **elaborata** richiama la costruzione del periodo tipica della lingua latina, ricca di subordinate e caratterizzata spesso dall'inversione degli elementi della frase; anche per questo motivo essa sembra a noi, lettori del XXI secolo, di difficile comprensione. Quest'**eleganza di stile**, già apprezzata dai suoi contemporanei, si accompagna a una **scelta lessicale varia e ampia** che denota la volontà di Boccaccio di realizzare una scrittura "visiva", che sollecitasse nei lettori il maggiore coinvolgimento possibile anche a livello **sensoriale**. Si veda, per esempio, la descrizione della camera da letto della giovane siciliana, la ricchezza di particolari con cui l'autore allestisce la scena, soffermandosi su colori, oggetti e profumi; o si veda anche la sequenza della caduta di Andreuccio nel vicoletto-latrina, di cui pure vengono citati con esattezza tutti gli sgradevoli particolari. Tale **varietà e ricchezza lessicale** rappresenta una delle principali novità del *Decameron* rispetto alla letteratura dell'epoca e mostra perciò la genialità del suo autore, capace di **riprodurre la viva concretezza della lingua**.

La molteplicità del reale: il *Decameron* • UNITÀ 14

Laboratorio sul testo

Comprendere

1. Dove e quando è ambientata la novella? Rispondi con precisione, indicando le date e i luoghi nominati dall'autore.
2. In quanto tempo si svolgono gli eventi narrati?
3. Quali sono le tre peripezie che capitano ad Andreuccio?
4. A quali classi sociali appartengono i personaggi?
5. Qual è, secondo te, il momento di maggiore sfortuna del protagonista?
6. In che cosa consiste il lieto fine?

Interpretare

7. Secondo te, perché l'argomento della novella che hai letto è in sintonia con il tema della giornata in cui essa è stata presentata?
8. *Fortuna*, *ventura* e *ingegno*. Quale significato hanno tali parole nel contesto della novella?

Analizzare

Struttura e ritmo del testo

9. La novella può essere divisa in cinque macrosequenze, che abbiamo qui riportato in ordine sparso. Ricomponine l'esatto ordine di successione.
   a) ☐ Con due malviventi Andreuccio va a depredare il sarcofago dell'arcivescovo della città, sepolto con ricchi gioielli.
   b) ☐ Il protagonista, al mercato, incontra una vecchia conoscente ed è adocchiato da una giovane prostituta.
   c) ☐ Andreuccio, derubato dalla giovane che si finge sua sorella, cade in una latrina.
   d) ☐ Il giovane riesce a impossessarsi del prezioso anello del vescovo, ingannando i malviventi e rifacendosi del denaro perduto.
   e) ☐ Andreuccio incontra due ladri e finisce in un pozzo da cui esce grazie all'intervento di due sbirri.

   Ordine corretto: ....

10. Boccaccio anima il racconto, oltre che con le alterne vicende degli svariati personaggi, anche con un sapiente cambiamento di ritmo narrativo. Rintraccia e indica a margine del testo un esempio dei seguenti accorgimenti: ellissi; pausa descrittiva; sommario; analessi.

Personaggi

11. Come può essere definito Andreuccio da Perugia all'inizio della novella che lo ha per protagonista?
    a) ☐ Ingenuo.   c) ☐ Scaltro.
    b) ☐ Prudente.   d) ☐ Buono.
12. Come può essere definito Andreuccio da Perugia al termine della novella che lo ha per protagonista?
    a) ☐ Ingenuo.   c) ☐ Scaltro.
    b) ☐ Prudente.   d) ☐ Buono.
13. Individua e sottolinea nel testo le espressioni che indicano la maturazione di Andreuccio.
14. Definisci il carattere della giovane siciliana, prendendo in considerazione i suoi comportamenti e le sue parole.
15. Attorno ad Andreuccio si muove una folla di personaggi, più o meno importanti ai fini dell'evoluzione della trama e più o meno messi a fuoco dall'autore. Compila una lista di quelli che consideri i più significativi (escluso il protagonista), scrivendo a fianco di ciascuno il suo ruolo nella vicenda (per esempio: la vecchia siciliana: domestica di Fiordaliso, che un tempo lavorava a casa di Andreuccio).
16. Quale ti sembra l'atteggiamento dell'autore nei confronti dei suoi personaggi? Ti sembra che li giudichi in maniera severa, a livello morale? Motiva la tua risposta.

493

PARTE 3 · Percorso di letteratura

Padroneggiare la lingua

Lessico

17. Accanto a ciascuno dei seguenti vocaboli scrivine la corrispondente forma contemporanea:

Similmente: ....   Veggendo: ....

Laonde: ....   Fante: ....

Messere: ....   Appresso: ....

Madonna: ....   Lassa: ....

Meco: ....   Credenza: ....

Madama: ....

Grammatica

18. Completa lo schema dell'analisi del seguente periodo:

La qual cosa veggendo Andreuccio, lieto oltre a quello che sperava, subito si gittò fuori e per quella via onde era venuto, se ne uscì dalla chiesa.

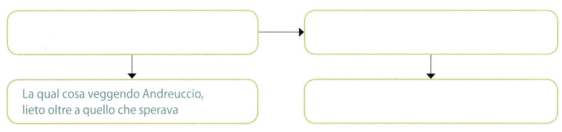

Produrre

19. Scrivi il riassunto della macrosequenza in cui Andreuccio, per fuggire dalla casa della giovane prostituta, cade in una latrina.

20. La vicenda di Andreuccio invita a stare sempre attenti a ciò che ci succede attorno e a valutare bene le conseguenze delle nostre azioni. Personalmente ritieni che cercare di prevedere le conseguenze di un evento sia segno di responsabilità o di eccessivo timore? Esponi i tuoi argomenti in un testo di circa una pagina.

APPROFONDIMENTO

Lessico e stile nel *Decameron*

Una delle caratteristiche più importanti e "moderne" di Boccaccio nel *Decameron* consiste nella **variabilità del suo stile**. Egli è capace di adattare il lessico e lo stile della sua prosa alle caratteristiche culturali del personaggio, dell'ambiente sociale, alla situazione contingente.
Così, per esempio, Boccaccio passa all'improvviso da un periodo dalla costruzione semplice e con un lessico semplice o addirittura gergale a uno stile completamente diverso, più articolato e solenne.
Ne è un esempio la novella *Andreuccio da Perugia*, in cui il lettore attento può rintracciare tale versatilità dello stile dell'autore. Quando è una semplice serva a parlare (*Buono uomo, se tu hai troppo bevuto, va dormi e tornerai domattina; io non so che Andreuccio né che ciance son quelle che tu dì; va in buona ora e lasciaci dormir, se ti piace*), il lessico è popolare (*ciance, va in buona ora*), la costruzione del periodo agile e veloce, lo stile complessivo molto vicino alla lingua parlata. Più articolato, ma pur sempre semplice ed efficace è l'*incipit* della novella (*Fu, secondo che io già intesi, in Perugia un giovane il cui nome era Andreuccio di Pietro, cozzone di cavalli; il quale avendo inteso che a Napoli era buon mercato di cavalli, messisi in borsa cinquecento fiorin d'oro, non essendo mai più fuori di casa stato, con altri mercatanti là se ne andò*), in cui l'autore presenta il protagonista, utilizzando il punto e virgola per introdurre una costruzione paratattica (per coordinazione) che sintetizza l'azione, mentre le considerazioni secondarie sul personaggio sono affidate a proposizioni subordinate.

494

VERIFICA UNITÀ 14 La molteplicità del reale: il *Decameron*

Sapere e Saper fare

PalestraInterattiva

1. Vero o falso?

a) Il *Decameron* è una raccolta di cento novelle. V ☐ F ☐

b) Giovanni Boccaccio riunisce nel *Decameron* le novelle che gli erano state raccontate durante l'infanzia. V ☐ F ☐

c) Il nome *Decameron* è di derivazione araba. V ☐ F ☐

d) L'opera appartiene al genere del racconto di formazione. V ☐ F ☐

e) L'unità dell'opera è data dalla struttura a cornice. V ☐ F ☐

f) La maggior parte dei protagonisti delle novelle è di estrazione sociale nobile o aristocratica. V ☐ F ☐

g) Il *Decameron* è stato definito "commedia divina". V ☐ F ☐

h) La struttura del *Decameron* è organizzata secondo una narrazione a incastro. V ☐ F ☐

i) Boccaccio ebbe modo di viaggiare molto in Italia. V ☐ F ☐

l) L'intelligenza, che per Boccaccio è una virtù, consiste nella capacità di adattamento alla situazione per ricavarne i migliori frutti. V ☐ F ☐

m) La novella che ha come protagonista Andreuccio è ambientata a Napoli. V ☐ F ☐

n) Tutte le novelle del *Decameron* si svolgono in un tempo non ben precisato. V ☐ F ☐

o) L'esperienza dei numerosi viaggi fornì a Boccaccio materia per le differenti ambientazioni delle sue novelle. V ☐ F ☐

p) Con le novelle del *Decameron* Boccaccio attua anche una "rivoluzione sociale" in letteratura. V ☐ F ☐

q) L'interesse di Boccaccio è rivolto soprattutto agli individui che appartengono ai ceti medio-bassi della società del suo tempo. V ☐ F ☐

r) Secondo Boccaccio, il destino dell'uomo è affidato al volere di Dio. V ☐ F ☐

s) Socialmente parlando, Boccaccio si dimostra innovatore. V ☐ F ☐

2. Rispondi alle seguenti domande.

a) Quale novità rappresenta l'emergere della figura del mercante nella società medievale?

b) Quali sono gli scrittori più rappresentativi della letteratura italiana del Trecento?

c) A quali due funzioni risponde il nuovo modello di prosa che si afferma nel Trecento in Italia?

d) Attraverso quali generi letterari si realizza tale modello?

e) Quali sono le caratteristiche del genere novella?

VERIFICA UNITÀ 14

Sapere e Saper fare

Comprendere e interpretare un testo

Focus: presenze soprannaturali e follia

Leggi la novella e poi rispondi ai quesiti.

VERIFICAlim

 Cisti fornaio

Protagonista della seconda novella della sesta giornata è Cisti, fornaio fiorentino, uomo cortese, alla mano e molto attento all'ordine e alla pulizia: qualità che nel suo lavoro sono assolutamente necessarie. Le sue capacità gli garantiscono una vita agiata. Tra gli altri suoi interessi, Cisti coltiva la passione per i buoni vini, di cui possiede i migliori esemplari di tutta la città.
Talvolta, fuori dall'uscio della sua bottega, Cisti è solito accomodarsi a un piccolo tavolo e mescere il miglior vino, bianco o rosso, che beve con tanto piacere che *n'avrebbe fatto venir voglia a' morti*. Compie ogni suo gesto con una cura e un'attenzione eccezionali: usa solo i bicchieri più adatti e conserva il vino in piccole botticelle, come una vera prelibatezza.
Un giorno il nobiluomo Messer Geri Spina, passando per la via in compagnia di alcuni ambasciatori del Papa, è incuriosito dai gesti del fornaio e gli si avvicina.

La qual cosa avendo messer Geri una e due mattine veduta, disse la terza:
– Chente è[1], Cisti? è buono?
Cisti, levato prestamente in piè[2], rispose:
5 – Messer sì, ma quanto non vi potre' io dare a intendere, se voi non assaggiaste.
Messer Geri, al quale o la qualità o affanno più che l'usato avuto o forse il saporito bere, che a Cisti vedeva fare, sete avea generata, volto agli amba-
10 sciadori sorridendo disse:
– Signori, egli è buono che noi assaggiamo del vino di questo valente uomo: forse che è egli tale, che noi non ce ne penteremo –; e con loro insieme se n'andò verso Cisti.
15 Il quale, fatta di presente una bella panca venire di fuori dal forno, gli pregò che sedessero; e alli lor famigliari[3], che già per lavare i bicchieri si facevano innanzi, disse:
– Compagni, tiratevi indietro e lasciate questo ser-
20 vigio fare a me, ché io so non meno ben mescere che io sappia infornare; e non aspettaste voi d'assaggiarne gocciola!
E così detto, esso stesso, lavati quattro bicchieri belli e nuovi e fatto venire un piccolo orcioletto[4]
25 del suo buon vino diligentemente diede bere a messer Geri e a' compagni, alli quali il vino parve il migliore che essi avessero gran tempo davanti bevuto; per che, commendatol molto[5], mentre gli ambasciador vi stettero, quasi ogni mattina con
30 loro insieme n'andò a ber messer Geri.
A' quali, essendo espediti[6] e partir dovendosi, messer Geri fece un magnifico convito[7] al quale invitò una parte de' più orrevoli[8] cittadini, e fecevi invitare Cisti, il quale per niuna condizione andar
35 vi volle. Impose adunque messer Geri a uno de' suoi famigliari che per un fiasco andasse del vin di Cisti e di quello un mezzo bicchier per uomo desse alle prime mense.
Il famigliare, forse sdegnato perché niuna volta
40 bere aveva potuto del vino, tolse[9] un gran fiasco.
Il quale come Cisti vide, disse:
– Figliuolo, messer Geri non ti manda a me.
Il che raffermando più volte il famigliare né potendo altra risposta avere, tornò a messer Geri e
45 sì gliele disse; a cui messer Geri disse:
– Tornavi e digli che sì fo: e se egli più così sponde,

---

1. **Chente è:** com'è.
2. **prestamente in piè:** subito in piedi.
3. **famigliari:** servitori.
4. **orcioletto:** botticella.
5. **commendatol molto:** avendolo molto elogiato.
6. **essendo espediti:** avendo portato a termine la loro missione in Firenze.
7. **convito:** banchetto.
8. **orrevoli:** ragguardevoli, importanti.
9. **tolse:** prese.

VERIFICA UNITÀ 14

domandalo a cui io ti mando[10].
Il famigliare tornato disse:

– Cisti, per certo messer Geri mi manda pure[11] a te.

50 Al quale Cisti rispose:

– Per certo, figliuol, non fa.

– Adunque –, disse il famigliare – a cui mi manda?
Rispose Cisti:

– Ad Arno[12].

55 Il che rapportando il famigliare a messer Geri, subito gli occhi gli s'apersero dello 'ntelletto[13] e disse al famigliare:

– Lasciami vedere che fiasco tu vi porti –; e vedutol disse:

60 – Cisti dice vero –; e dettagli villania[14] gli fece torre un fiasco convenevole.
Il quale Cisti vedendo disse:

– Ora so io bene che egli ti manda a me –, e lieta-

mente glielo impiè.

65 E poi quel medesimo dì fatto il botticello riempiere d'un simil vino e fattolo soavemente[15] portare a casa di messer Geri, andò appresso, e trovatolo gli disse:

– Messere, io non vorrei che voi credeste che il gran
70 fiasco stamane m'avesse spaventato; ma, parendomi che vi fosse uscito di mente ciò che io a questi dì co' miei piccoli orcioletti v'ho dimostrato, ciò questo non sia vin da famiglia[16], vel volli staman raccordare. Ora, per ciò che io non intendo d'es-
75 servene più guardiano tutto ve l'ho fatto venire: fatene per innanzi come vi piace.

Messer Geri ebbe il dono di Cisti carissimo e quelle grazie gli rendè che a ciò credette si convenissero, e sempre poi per da molto l'ebbe[17] e per amico.

Giovanni Boccaccio, *Decameron*, Milano, Garzanti, 1974

---

10. Tornavi....mando: torna da lui e digli che io faccio (*fo*) proprio così; e se egli risponde nello stesso modo, chiedigli a chi, dunque, io ti mando.
11. pure: proprio.
12. Arno: il fiume che attraversa Firenze.
13. gli s'apersero...intelletto: gli si aprirono gli occhi della mente; capì.
14. dettagli villania: dopo avergli spiegato la ragione del suo comportamento inadeguato (*villania*).
15. soavemente: con ogni attenzione e delicatezza.
16. vin da famiglia: vino comune.
17. per da molto l'ebbe: lo considerò e lo stimò molto.

Competenza testuale

Individuare e ricavare informazioni

_____ **1.** Chi è Cisti?

_____ **2.** Pur essendo di umile estrazione sociale ed esercitando un umile mestiere, a quale condizione economica era giunto Cisti?

_____ **3.** Grazie a che cosa?

  a) ☐ La sorte.

  b) ☐ Il volere divino.

  c) ☐ Le conoscenze importanti.

  d) ☐ L'impegno nel lavoro e l'onestà.

_____ **4.** Chi è Messer Geri Spina?

_____ **5.** Geri Spina è indotto ad avvicinarsi a Cisti per tre ragioni. Quali?

_____ **6.** Per quale ragione il servitore di Geri Spina si presenta a Cisti con un fiasco di scarsa qualità e di grandi dimensioni?

_____ **7.** Quando il fornaio si dimostra disposto a dare a Messer Geri Spina il vino che gli ha richiesto?

Comprendere i significati del testo

_____ **8.** Che cosa intende Cisti quando dice al servo di Geri Spina che il suo padrone lo mandava *ad Arno* (r. 54)?

_____ **9.** *Ora, per ciò che io non intendo d'esservene più guardiano tutto ve l'ho fatto venire: fatene per innanzi come vi piace* (rr. 74-76). Che cosa intende Cisti dicendo che non vuole essere più guardiano del suo vino?

VERIFICA UNITÀ 14

Interpretare e valutare

_____ **10.** Indica quali caratteristiche umane Boccaccio ha voluto rappresentare tramite il personaggio del fornaio Cisti (puoi scegliere più di un'opzione):
- a) ☐ l'impegno nel lavoro;
- b) ☐ la ricchezza conquistata con il sudore della fronte;
- c) ☐ la consapevolezza della propria condizione sociale;
- d) ☐ l'invidia;
- e) ☐ la villania;
- f) ☐ l'avarizia;
- g) ☐ la dignità della persona;
- h) ☐ la qualità dei sentimenti.

_____ **11.** Indica quali qualità Geri Spina dimostra di apprezzare maggiormente in Cisti (puoi scegliere più di un'opzione):
- a) ☐ la pulizia e il decoro;
- b) ☐ la dignità;
- c) ☐ l'onestà;
- d) ☐ l'umorismo;
- e) ☐ il rispetto verso gli altri;
- f) ☐ la considerazione di se stesso;
- g) ☐ l'umanità;
- h) ☐ la generosità.

_____ **12.** Perché si può affermare che questa novella, per il suo contenuto, è un esempio della "rivoluzione sociale" interpretata da Boccaccio?

Comprendere strutture e caratteristiche dei generi testuali

_____ **13.** Nel testo, prevalgono i momenti di scena o di sommario? Motiva la tua risposta.

_____ **14.** Nel testo sono presenti molti dialoghi. Quale caratteristica attribuiscono allo stile narrativo?

Riconoscere il registro linguistico

_____ **15.** Cisti si dimostra padrone della parole e capace di espressioni argute e pungenti. Cita un esempio.

Competenza lessicale

_____ **16.** Accanto a ogni vocabolo o espressione, scrivi la forma contemporanea.

Famigliare: ....   _Egli è buono:_ ....

Torre: ....   _Convito:_ ....

Per certo: ....   _Convenevole:_ ....

Competenza grammaticale

_____ **17.** Per ottenere quale sfumatura di significato Boccaccio usa un doppio diminutivo quando descrive come _piccolo orcioletto_ il contenitore che Cisti usava per il proprio vino?

_____ **18.** _Parendomi che vi fosse uscito di mente ciò che io a questi dì co' miei piccoli orcioletti v'ho dimostrato, ciò questo non sia vin da famiglia, vel volli staman raccordare._ Sottolinea la proposizione principale del periodo.

Unità 15

La realtà come storia

T1 Walter Scott
Il torneo di Ashby

T2 Alessandro Manzoni
Il matrimonio a sorpresa

T3 Lev Tolstoj
Il ferimento del principe Andrej

Saper fare

T4 Alessandro Manzoni
Don Rodrigo tradito

ONLINE

W1 Alexandre Dumas, da *I tre moschettieri*
W2 Alexandr Puškin, da *La figlia del capitano*
W3 Boris Pasternak, da *Il dottor Živago*
W4 Giuseppe Tomasi di Lampedusa, da *Il gattopardo*
W5 Ippolito Nievo, da *Confessioni d'un italiano*

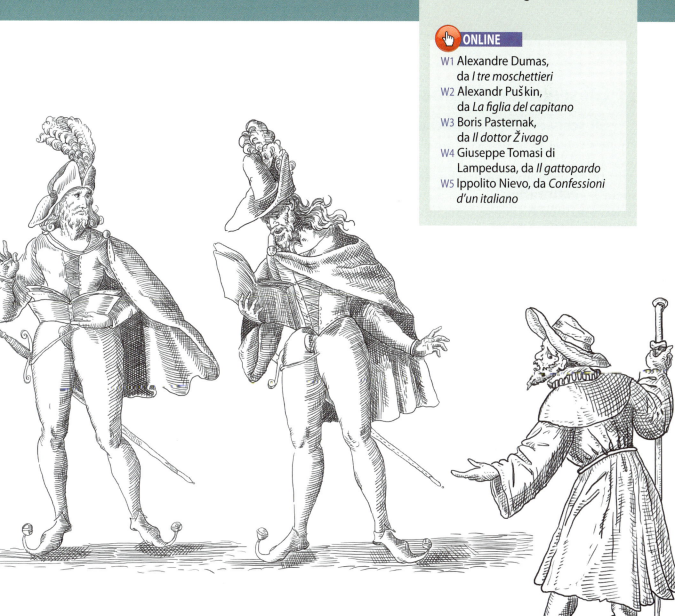

PARTE 3 · Percorso di letteratura

I contesti

1 Gli scenari dell'epoca

Gli scenari storico-politici dell'Europa

Tra la seconda metà del XVIII secolo e la prima metà del XIX, l'Europa è stata al centro di importanti **trasformazioni politiche**, **economiche**, **sociali** e **culturali**.

La **Rivoluzione francese**, compiutasi in diverse fasi tra il 1789 e il 1799, è stata un evento storico epocale, espressione di un vasto movimento politico, culturale e sociale capace di generare un radicale e sconvolgente cambio di regime – il passaggio istantaneo dalla monarchia assoluta alla repubblica – mettendo fine ai privilegi dell'aristocrazia e della Chiesa in tutta la Francia. La Rivoluzione francese ha chiuso un'epoca della storia e ne ha aperto un'altra: è stata un'esperienza talmente radicale da determinare le sorti future dell'intero mondo occidentale, con conseguenze che a livello politico e culturale caratterizzano ancora la nostra epoca.

L'entrata in scena di **Napoleone Bonaparte** e la rapidissima affermazione del suo **Impero** cambiano le sorti della Francia – orientandola verso direzioni molto diverse rispetto agli iniziali ideali rivoluzionari – e della storia intera del vecchio continente. All'inizio dell'Ottocento, gli eserciti napoleonici invadono l'Europa, portandovi però, nello stesso tempo, gli ideali di **libertà** e **indipendenza** che hanno animato il primo periodo della Rivoluzione francese. Le conquiste napoleoniche cambieranno il volto dell'Europa per quin-

dici anni, modificando i confini tra gli Stati, mettendo sul trono nuovi regnanti e determinando la fine di dominazioni secolari.

Prima ancora della definitiva sconfitta di Napoleone (avvenuta a Waterloo nel giugno 1815), i rappresentanti delle potenze alleate – Austria, Russia, Prussia e Inghilterra – si riuniscono dal novembre 1814 al giugno 1815 nel **Congresso di Vienna**, con la volontà di ripristinare la situazione politica precedente alla Rivoluzione francese attraverso la creazione di una situazione di equilibrio territoriale tra i vari Stati sotto l'egemonia della **Santa Alleanza** (Prussia, Russia e Austria). Allo stesso scopo, si favorisce l'affermarsi nei diversi Stati di un sistema politico **conservatore** e **repressivo**, che soffochi gli **ideali rivoluzionari** nascenti in tutta Europa.

Tale articolato programma è noto con il nome di **Restaurazione** e determinerà il "congelamento" della politica interna ed estera pressoché in tutti gli Stati europei, generando nella maggior parte dei Paesi un atteggiamento autoritario da parte dei sovrani oscurantisti, che preferiscono appellarsi alla "ragion di Stato" (ovvero, il mantenimento dello *status quo*, della situazione di fatto) piuttosto che riconoscere l'inarrestabile ascesa di movimenti culturali e politici per l'affermazione di una maggiore libertà e giustizia sociale.

Gli scenari storico-politici dell'Italia
Il nostro Paese, che non ha ancora una fisionomia nazionale unitaria, era stato interessato negli anni prece-

500

denti dalla politica espansionistica napoleonica, che aveva determinato l'instaurazione di governi collegati all'Impero francese. Con la Restaurazione, il governo dei vari "staterelli" italiani viene riaffidato agli esponenti dell'*Ancien Régime*; in tal modo, le potenze della Santa Alleanza dividono il nostro Paese in diverse aree di influenza, esercitando un controllo politico diretto o indiretto sui vari Stati che le compongono. Secondo una celebre espressione di Metternich, cancelliere dell'Impero austriaco, l'Italia è «una semplice espressione geografica» e, come tale, una terra da occupare, da dominare, da spartirsi.

In seguito a tale riorganizzazione politica, la già frammentaria situazione dell'Italia si riconfigura in una situazione che vede la presenza iniziale di una decina di Stati. L'Austria esercita su buona parte dell'Italia nordorientale un controllo diretto (come nel Regno **Lombardo-Veneto**) o indiretto (come nel Granducato di Toscana e nei ducati di Parma e Piacenza e Modena e Reggio). Gli altri Stati italiani politicamente rilevanti sono il **Regno di Savoia**, che comprendeva Piemonte, Valle d'Aosta, Savoia (ora in territorio francese), Sardegna e la Repubblica di Genova, lo **Stato Pontificio**, che oltre al Lazio comprendeva Umbria, Marche e gran parte dell'Emilia-Romagna e il **Regno delle due Sicilie,** sotto la dinastia borbonica, che comprendeva tutta l'Italia meridionale e la Sicilia.

Nonostante la ferrea repressione degli impulsi rivoluzionari, tra il 1820 e il 1848 in quasi tutta Europa esplodono moti di varia natura tesi ad abbattere il potere dell'*Ancien Régime*. In Italia, essi assumeranno una natura politica particolare, dovuta alla specifica situazione politica: l'obiettivo principale che vi si prefigge è la fine del dominio straniero e il conseguimento dell'unità nazionale. I primi moti – senza successo – risalgono al 1820-1821 e interessano soprattutto il Regno delle due Sicilie e il Piemonte, dove si ottiene, perlomeno, una prima carta costituzionale (seppur provvisoria e limitata). Dieci anni dopo è il turno di Modena e Bologna; anche questa volta, senza successo. Dal 1831 al 1848 l'azione rivoluzionaria assume un programma più vasto e coordinato, sotto la guida di **Giuseppe Mazzini**; ma nemmeno in questi anni si giunge a risultati pratici

Angelo Inganni, *Veduta di Milano con il Teatro alla Scala*, 1852, Milano, Museo Teatrale alla Scala.

significativi. Insomma, il **Risorgimento** italiano sarà un'epoca lunga e travagliata: ci vorranno ancora diversi anni perché il tanto agognato sogno di unità nazionale sia infine realizzato.

Gli scenari economici e sociali

Oltre ai movimenti politici che hanno caratterizzato tutta la storia dell'Ottocento, un'altra rivoluzione di tipo economico ebbe un'influenza decisiva lungo tutto il secolo e oltre, generando enormi cambiamenti in campo economico, sociale e scientifico-culturale. La **Rivoluzione industriale** nasce in Inghilterra alla fine del XVIII secolo, per espandersi poi gradualmente in tutta Europa (decisamente tardi, in Italia) grazie all'irresistibile impulso della **borghesia**, classe sociale in rapida ascesa economica e culturale, portatrice di un rinnovamento in ogni campo della scienza e del sapere. Saranno proprio le **scoperte scientifiche** e le loro immediate **applicazioni tecniche** a favorire l'avvento della Prima rivoluzione industriale (1760-1830). La conseguenza di questa decisa innovazione del sistema produttivo è la costruzione dei primi impianti industriali; tali centri produttivi si concentrano nelle immediate periferie delle grandi città, che per diversi decenni attraggono migliaia di individui provenienti dalle campagne circostanti in cerca di un lavoro in questo nuovo settore produttivo.

Un esempio di arte neoclassica: Antonio Canova, *Adone e Venere*, 1789-1794, Ginevra, Museo d'Arte e Storia.

Gli scenari culturali Dal punto di vista ideologico e culturale, il **Settecento** è stato caratterizzato dall'**Illuminismo**, movimento filosofico che interessa l'intera Europa, in forme diverse a seconda del singolo Paese e della rispettiva cultura. Tale movimento culturale esalta la **ragione** come forza di emancipazione intellettuale, sociale e civile, come mezzo per "illuminare" la realtà ed eliminare da essa tutti gli "oscurantismi" che hanno caratterizzato i secoli precedenti: esso oppone dunque alle superstizioni popolari e ai dogmi della religione istituzionalizzata una nuova forma di conoscenza, basata sull'applicazione di un metodo razionale e scientifico.

Nonostante tale affermazione di un "primato della ragione", l'Illuminismo riconosce comunque l'importanza della sensibilità, della spiritualità, dell'arte, della poesia, della letteratura. In campo artistico-letterario, alla fine del XVIII secolo s'impongono i modelli sostenuti dalla corrente del **Neoclassicismo**, punto di riferimento centrale nell'ambito delle arti figurative, della musica e della letteratura, il cui ideale estetico prevede l'imitazione delle opere classiche e, più in generale, la maggiore aderenza possibile ai suoi canoni. Innestandosi su alcuni elementi della cultura illuministica e neoclassicista, ma opponendosi frontalmente alla generale concezione filosofica e artistica che essi rappresentano, il diffondersi in Europa delle nuove idee e della nuova sensibilità culturale del **Romanticismo** contribuirà al superamento dei limiti dell'una e dell'altra corrente.

2 Il Romanticismo

Le origini Il Romanticismo è stato un vasto movimento di carattere filosofico, artistico, culturale e sociale che nasce tra la fine del Settecento e l'inizio dell'Ottocento, che prende campo in tutta Europa e vi domina fino agli ultimi decenni del XIX secolo. Esso ha influenzato radicalmente ogni aspetto della vita dell'Ottocento: dalle arti figurative, alla letteratura, alla musica, alla filosofia, al dibattito su argomenti sociali e religiosi. L'aggettivo *romantico* deriva dall'inglese **romantic**, parola che nel XVII secolo si riferiva, con un'accezione peggiorativa, agli elementi fantasiosi e irreali che contraddistinguevano la letteratura dell'epoca. Nel Settecento, il termine assumerà il significato di "suggestivo", "pittoresco", perdendo gradualmente la sua sfumatura negativa per esprimere la sensazione di forte e indefinita emozione che caratterizza alcuni paesaggi o, in generale, il contatto con la natura.

Infine, la cultura tedesca di fine Settecento – grazie al movimento letterario dello *Sturm und Drang* ("tempesta e impeto"), considerato il precursore del Romanticismo e i cui animatori sono **Maximilian Klinger**, **Johann Gottfried Herder**, il giovane **Johann Wolfgang von Goethe** – trasformerà l'aggettivo "romantico" in un valore letterario interamente positivo, allo scopo di esprimere la convinzione per cui la **fantasia**, il **sentimento** e le **emozioni** sono valori fondamentali per l'individuo e per la società.

I principi generali del Romanticismo Il movimento romantico è stato un fenomeno culturale vasto, durevole e complesso, dalle mille sfaccettature (a volte problematiche e contraddittorie), che a seconda della nazione e delle sue fasi di sviluppo ha avuto caratteri diversi. Cerchiamo comunque di elencarne le principali caratteristiche:
- la rivalutazione della **fantasia**, della **passione** e dei **sentimenti** e di tutte le componenti del

mondo interiore, rispetto al culto della ragione proprio dell'Illuminismo;
- l'esaltazione degli **amori appassionati**, degli slanci patriottici, delle ribellioni conto il potere costituito: in altre parole, del **gesto eroico individuale** come affermazione di sé e della propria volontà;
- il **rifiuto del principio di imitazione** dei modelli classici e del rispetto delle rigide norme linguistiche a cui si atteneva il Neoclassicismo;
- il valore della **libertà individuale** di ciascun uomo, della libertà **politica** di ciascun popolo, della libertà **creativa** di ciascun artista;
- l'affermazione dell'**importanza della Storia** come raccordo tra l'esistenza presente dell'individuo, quella del popolo di cui fa parte e quella del mondo intero. La Storia è dunque intesa come un **processo evolutivo**, secondo il quale ogni epoca trova le sue radici in quella precedente. È proprio per questo motivo che gli intellettuali romantici rivaluteranno il **Medioevo**, considerandolo la culla della cultura e della civiltà europee moderne;
- la **religiosità**, contro l'ateismo tipico di un certo Illuminismo. La rivalutazione della **fede** assume per il Romanticismo un senso culturale e politico; esso diventa l'esaltazione della **spiritualità** individuale e della religione cristiana come **radice culturale** comune a tutti i popoli europei;
- l'esigenza di dare vita a un'**arte popolare**, legata alla storia e ispirata alla realtà concreta della vita umana, di cui il **popolo** rappresenti cioè sia l'argomento sia il destinatario. In tal senso, si riscoprono e si valorizzano le tradizioni culturali locali, come, per esempio, le **fiabe popolari** e la **mitologia**, soprattutto nei Paesi nordici;
- l'esaltazione dei concetti di **patria** e di **nazione**, intesi come una comunità di persone unite da vincoli di lingua, religione, tradizioni e valori unanimemente condivisi.

La letteratura La letteratura è stata, insieme alle arti figurative e alla musica, uno degli ambiti in cui gli ideali del Romanticismo sono stati applicati con maggiore decisione e hanno perciò prodotto i risultati più significativi.

Un esempio di arte romantica: Caspar D. Friedrich, *Il viandante sopra il mare di nebbia*, 1818, Amburgo, Kunsthalle.

Intesa non solo come produzione di un autore, ma come **voce di un popolo**, la letteratura romantica ha contribuito in maniera determinante – specialmente in Italia – a diffondere e a tenere alti gli ideali di **libertà politica** dell'individuo, di **autodeterminazione dei popoli**, di **lotta contro la dominazione straniera**.
In ambito poetico, il Romanticismo ha visto una predominanza del genere della **poesia lirica**, ma anche della **poesia civile**, con l'affermazione del valore dell'amore per la propria patria.
Nella **produzione in prosa**, la cultura romantica promuove la partecipazione diretta degli scrittori alla vita culturale pubblica, attraverso la produzione di interventi e articoli sui giornali, di saggi, di memorie e di lettere. Ma la forma più nuova e significativa della letteratura in prosa è sicuramente quella del **romanzo storico**.

Il Romanticismo in Italia Sviluppatasi in Italia più tardi rispetto ad altri Paesi, la cultura romantica potrà avvalersi proficuamente delle esperienze che le giungevano dall'estero. Grazie all'intervento dell'intellettuale francese **Madame de Staël** nel dibattito letterario italiano, le idee romantiche vi si diffondono a partire dagli anni Dieci dell'Ottocento. Se ne fa portavoce, nel 1818, un gruppo di intellettuali (tra cui ricordiamo **Silvio Pellico** e **Giovanni Berchet**) che si

PARTE 3 · Percorso di letteratura

raccoglie intorno alla rivista milanese «Il Conciliatore». Le loro idee suscitano immediatamente un'ostilità diffusa; in ambito letterario, vi si oppongono i "**classicisti**", i quali sostengono che la lingua utilizzata dagli scrittori e dai poeti deve essere sempre ispirata ai modelli trecenteschi (Petrarca per la poesia e Boccaccio per la prosa) e alle regole dell'Accademia della Crusca.

In campo politico, inoltre, contro i romantici si schierano i dominatori austriaci, visto l'impegno politico per l'indipendenza dell'Italia che, per questi intellettuali, non è dissociabile dal compito della scrittura.

Il Romanticismo italiano, dunque, coincide cronologicamente e influenza ideologicamente il **Risorgimento**. Molti scrittori di quest'epoca sono anche militanti politici, ideologi dell'indipendenza e dell'unità nazionali, combattenti negli eserciti rivoluzionari. È per tale ragione che il Romanticismo in Italia ebbe uno spiccato **carattere politico** e **patriottico**: il suo elemento è l'interesse per il "vero", per l'attualità, per la storia, a differenza delle forme fantastiche del romanticismo inglese e tedesco, o della valorizzazione dell'interiorità dell'individuo tipica del romanticismo francese.

3 Il romanzo storico

Una nuova forma di romanzo Il romanzo storico è un'opera letteraria in prosa basata sulla rappresentazione di fatti e personaggi che appartengono a epoche storiche ben definite, ricostruite dall'autore con precisione e coerenza nelle loro caratteristiche sociali e culturali. Le vicende dei personaggi, reinterpretate o interamente inventate dall'immaginazione creativa degli autori, vengono collocate in un preciso periodo affinché la storia dell'individuo acquisti significato soltanto all'interno del disegno della storia del popolo e dell'epoca a cui appartiene.

Le origini Nato in Europa agli inizi dell'Ottocento e sviluppatosi lungo tutto il secolo (in Italia esso si affermerà verso la fine degli anni Venti), il romanzo storico è stato un genere letterario di straordinario successo perché ha saputo soddisfare una serie di istanze specifiche del Romanticismo, prima di evolversi seguendo nelle sue varie tappe il percorso tracciato dalla cultura letteraria delle epoche successive.

Innanzitutto, il romanzo storico risponde a quel "bisogno di storia" che, come abbiamo detto, rappresenta uno dei motivi portanti del Romanticismo europeo. Scegliendo questo genere letterario, inoltre, molti autori rivolgono la propria attenzione al **Medioevo**, che, come abbiamo detto, diventa oggetto di un'importante rivalutazione. Non è un caso se l'opera considerata caposcuola dei romanzi storici è *Ivanhoe* (1820) dello scozzese **Walter Scott**, ambientata per l'appunto nell'Inghilterra del XII secolo.

Le caratteristiche Elementi fondamentali del romanzo storico sono:

- il **narratore esterno e onnisciente**, che non s'identifica in nessun personaggio, ma ha la funzione di ordinatore della materia narrata;
- l'**importanza delle vicende storiche**: la Storia non è semplice sfondo, ma vera e propria protagonista del racconto, determinandone lo sviluppo e condizionando le scelte dei personaggi;
- la **fedeltà alle fonti storiche** e ai documenti del passato, che si realizza attraverso descrizioni ampie e particolareggiate di ambienti, lingua, abbigliamento, abitudini di vita delle varie classi sociali, e attraverso il ricorso a *excursus* storici, dedicati all'approfondimento della biografia di personaggi importanti, alle condizioni sociali ed economiche del tempo, agli eventi più significativi;
- l'**intreccio fra vicende individuali** dei personaggi **e vicende collettive**, che hanno come protagonista la folla e l'anonimo mondo di quegli "umili" che sono stati il principale motore della Storia; tale ricca articolazione di piani narrativi prevede, inoltre, una **costruzione "verosimile"** dei personaggi, attraverso le loro azioni, il loro aspetto fisico, la loro caratterizzazione psicologica, ideologica e sociale;
- l'**equilibrio fra il rigore della ricostruzione storica** di un'epoca **e la libertà della fantasia** creatrice dell'autore, quello che Manzoni ha definito «un misto di storia e di invenzione».

Nella vicenda agiscono sia personaggi del tutto immaginari sia figure storiche realmente esistite, note o meno note, ma sempre rigorosamente documentate;
- l'**intento educativo** sotteso alla narrazione, che dimostra come la scelta del periodo storico preso in considerazione non sia casuale, ma abbia attinenza con l'epoca contemporanea all'autore. Ciò che preme allo scrittore, infatti, è di rappresentare un pensiero, un'idea che educhi l'uomo e "costruisca" il cittadino; è per questo che l'autore mette in rilievo protagonisti sempre positivi, presentati come "esemplari" umani e civili.

Gli autori e le opere L'autore generalmente considerato come il "fondatore" del romanzo storico è **Walter Scott**, che inaugura il genere nel 1814 con *Waverley*, opera ambientata alla metà del XVIII secolo, all'epoca della lotta per il trono tra la dinastia regnante degli Hannover e il principe Carlo Edoardo Stuart.
Ma è la successiva pubblicazione di *Ivanhoe* (1820) a decretare il definitivo successo del romanzo storico, di cui quest'opera viene considerata capostuola (▶ *Il torneo di Ashby*, p. 507). In Italia, il primo e più importante esempio di romanzo storico è stato *I Promessi Sposi* (1827-1840) di **Alessandro Manzoni**, ambientato nella Lombardia del Seicento sotto la dominazione spagnola (▶ *Il matrimonio a sorpresa*, p. 516 e *Don Rodrigo tradito*, p. 530). Il successo di tale opera risiede nella sua capacità di coniugare in chiave patriottica le caratteristiche del romanzo storico, scegliendo un'ambientazione in cui facilmente il lettore contemporaneo avrebbe potuto identificare la realtà politica dell'epoca. Nello stesso senso, la scelta di proporre esempi del passato come modelli eroici di libertà e resistenza all'oppressione straniera determineranno il successo di altre opere rappresentative del genere, come *Ettore Fieramosca ossia la disfida di Barletta* (1833) di **Massimo D'Azeglio** e *Marco Visconti* (1834) di **Tommaso Grossi**.
Anche nel resto d'Europa il genere del romanzo storico ha un grande successo e una diffusione immediata. In Francia, molti sono gli autori che si dedicano alla scrittura di romanzi storici; tra questi, ricordiamo **Alexandre Dumas** padre, autore di numerose opere ambientate nella Francia del XVII secolo, come, per esempio, la "trilogia dei moschettieri", composta da *I tre moschettieri* (1844), *Vent'anni dopo* (1845), *Il visconte di Bragelonne* (1850). Anche la fiorente letteratura russa dell'epoca frequenta con successo il genere del romanzo storico, producendo opere di grande qualità e interesse; esempi ne sono *La figlia del capitano* (1836) di **Aleksandr Puškin**, romanzo ambientato alla fine del XVIII secolo, all'epoca della rivoluzione cosacca, e *Guerra e pace* (1869) di **Lev Tolstoj**, grande affresco storico e sociale della Russia di inizio XIX secolo (▶ *Il ferimento del principe Andrej*, p. 523).
Il romanzo storico non si estinguerà mai del tutto; aggiornando le sue caratteristiche a seconda dei gusti dell'epoca, esso continuerà a essere praticato lungo tutto il Novecento. Ancora ai giorni nostri, profondamente modificato, spesso intrecciato con altri generi narrativi, il romanzo storico "resiste" sulla scena letteraria, continuando a svolgere le sue funzioni in maniera sempre attuale ed efficace.

Eugène Delacroix, *Il rapimento di Rebecca*, 1858, Parigi, Museo del Louvre.

PARTE 3 · Percorso di letteratura

Walter Scott

La vita e le opere

Gli esordi Nato a Edimburgo, in Scozia, nel 1771, Walter Scott è stato uno scrittore prolifico di raccolte poetiche e soprattutto di romanzi. Nel corso della sua fruttuosa carriera, è stato in grado di occuparsi allo stesso tempo della sua attività letteraria e della diffusione della stessa, essendo socio in affari dei suoi editori. Si può dunque affermare che Walter Scott è stato, oltre che un grande scrittore, un ottimo "manager" di se stesso.

Dopo una prima fase durante la quale si dedica alla poesia, ottenendo grande successo e fama, Walter Scott si concentra in maniera univoca e totale sul **romanzo storico**. Tra il 1814 e il 1819 egli scrive ben sette opere di tale genere, ambientate nella Scozia del XVII e XVIII secolo, in cui sono rievocate le leggende popolari e le antiche usanze di quei luoghi montani e arcaici. Tra esse, ricordiamo *Waverley* (1814), *Rob Roy* (1817) e *La sposa di Lammermoor* (1819).

Il successo letterario Nel 1820, Scott sceglie una diversa ambientazione di tempo e di luogo per quello che diventerà il suo romanzo più importante e di maggior successo: quell'Inghilterra del XII secolo in cui prendono corpo le avventure di *Ivanhoe*. Tale scelta fa proprio quell'interesse per il **Medioevo** che con grande forza è rinato nella cultura di questi anni, e che costituisce anzi una vera e propria "moda" nella letteratura europea dell'epoca. Anche questa è una delle ragioni dell'enorme successo di *Ivanhoe*, che diventa immediatamente un modello per il genere del romanzo storico in tutta Europa.

Dopo il fallimento dell'impresa editoriale di cui è socio, Scott si trova a dover far fronte a problemi di ordine economico: per tali ragioni, egli intensifica la scrittura di romanzi, producendo però opere inevitabilmente inferiori dal punto di vista della qualità dei contenuti e dello stile. Muore nel 1832, lasciando un'eredità letteraria di ben ventinove romanzi, oltre a opere di altro genere.

Ivanhoe

L'ambientazione storica Pubblicato nel 1820, il romanzo si ambienta all'epoca di Riccardo I detto Cuor Di Leone (1157-1199), in un'Inghilterra medievale animata dalla **rivalità tra Sassoni e Normanni**.

È proprio questa conflittualità a fungere da **motivo principale** su cui s'innestano le vicende dei singoli personaggi. Wilfred d'**Ivanhoe** è figlio di Cedric, nobile sassone animato dal progetto di riportare sul trono d'Inghilterra i rappresentanti della sua casata. Suo figlio, invece, nonostante la sua appartenenza a tale nobile discendenza, è un seguace del normanno **Riccardo Cuor di Leone**. Per tale ragione, suo padre lo scaccia, diseredandolo e impedendo la sua unione con la sua amata **lady Rowena**, nobildonna sassone di sangue reale che suo padre intende dare in sposa a un rappresentante di un'altra tribù sassone, con lo scopo di unificare le varie forze per la lotta contro la discendenza normanna. Costretto ad abbandonare la sua casa, Ivanhoe si arruola nell'esercito che partecipa alla prima Crociata per la riconquista della città santa di Gerusalemme, dove dimostra il suo valore e si guadagna l'affetto di re Riccardo.

Lo sviluppo della trama Durante l'assenza dall'Inghilterra di re Riccardo, suo fratello **Giovanni** (detto **Senza Terra**) occupa abusivamente il trono. Tornato in patria in incognito allo scopo di vendicarsi del fratello, Riccardo partecipa a un **torneo cavalleresco** assistendo, orgoglioso, alla vittoria finale di Ivanhoe sul feroce cavaliere templare Bois-Guilbert, seguace di Giovanni.

In seguito, Cedric, Rowena, Ivanhoe e altri personaggi (fra cui l'ebreo Isaac di York e la sua bella e coraggiosa figlia Rebecca), sono catturati e imprigionati in un castello da Maurice De Bracy, mercenario al servizio di Giovanni Senza Terra. Grazie all'intervento provvidenziale di re Riccardo, aiutato da una banda di arcieri guidati da Locksley (ossia Robin Hood), il castello viene espugnato e poi incendiato. I prigionieri vengono liberati, ma Rebecca è rapita dal cavaliere Bois-Guilbert, che la vuole come sposa. Sarà infine liberata da Ivanhoe, che ancora una volta trionferà in torneo contro il rivale Bois-Guilbert, pur ricevendo gravi ferite che gli saranno curate proprio da Rebecca, da sempre e nascostamente innamorata di lui.

Il romanzo si conclude con il matrimonio tra Ivanhoe e Rowena; Rebecca, soffocando il suo amore, abbandona l'Inghilterra con il padre per recarsi in Spagna.

506

La realtà come storia • UNITÀ 15

 Il torneo di Ashby

- **GENERE**
  Romanzo storico
- **LUOGO E TEMPO**
  Ashby-de-la-Zouche, Inghilterra; fine XII secolo
- **PERSONAGGI**
  Il "cavaliere Diseredato"; il "Nero Fannullone"; Brian de Bois-Guilbert; il principe Giovanni; Cedric d'Ivanhoe; Lady Rowena

È questo uno dei momenti chiave del romanzo: Ivanhoe, che non ha rivelato il proprio nome ed è da tutti chiamato "cavaliere Diseredato" (a causa dell'iscrizione spagnola *Desdichado* che compare sul suo scudo), affronta in duello il temibile templare Bois-Guilbert durante il grande torneo cavalleresco di Ashby, alla presenza del principe Giovanni. Lo scontro accende gli animi della folla che assiste e incita il cavaliere Diseredato; soltanto grazie all'intervento provvidenziale del re Riccardo, sotto le mentite spoglie di "Nero Fannullone", egli potrà infine trionfare.
Ivanhoe riceverà la corona di vincitore proprio dalle mani della bella Rowena, trepidante per la propria sorte e per quella del cavaliere in cui ella ha riconosciuto l'amato.

La maestria[1] del cavaliere Diseredato e l'agilità del nobile animale che egli montava, gli permisero di tener testa per pochi minuti ai tre avversari volteggiando con l'agilità di un falcone in volo, tenendo i nemici il più possibile separati e gettandosi ora contro l'uno ora contro l'altro con gran colpi di spada che
5 prevenivano quelli degli avversari.
Ma sebbene la lizza[2] risuonasse degli applausi alla sua bravura, era evidente che avrebbe finito con l'essere sopraffatto; e i nobili che circondavano il principe Giovanni lo pregarono a una voce[3] di abbassare il suo bastone[4] e di salvare un così bravo cavaliere dalla disgrazia di essere vinto dal numero.
10 «No davvero, per la luce del cielo!» rispose il principe Giovanni.
«Questo giovanotto che cela[5] il suo nome e disprezza la nostra ospitalità, ha già guadagnato un premio e adesso può lasciare il turno agli altri.» Ma mentre così parlava un incidente inatteso cambiò le sorti della giornata.
Nelle file del cavaliere Diseredato vi era un campione in armatura nera, montato
15 su di un cavallo nero, di vasta corporatura, poderoso e forte nell'aspetto come il cavallo su cui era montato. Questo cavaliere, che non aveva alcuna impresa[6] sullo scudo, aveva mostrato fino allora scarsissimo interesse agli esiti della battaglia, respingendo con evidente facilità quelli che lo attaccavano ma senza approfittare poi del vantaggio e senza assalire alcuno. Insomma, fino allora era stato piuttosto
20 uno spettatore che un attore e per questo si era guadagnato, da parte degli spettatori, il nome di *Le Noir Fainéant*, il nero fannullone[7].
Improvvisamente questo cavaliere parve scuotersi dalla sua apatia[8] nel vedere il capo del suo partito così duramente incalzato; e, dato di sprone al cavallo che era ancor fresco[9], corse come un fulmine in suo aiuto esclamando con una voce che
25 sembrava uno squillo di tromba: «*Desdichado*[10] alla riscossa!». Era tempo, perché,

1. **maestria:** abilità, capacità.
2. **lizza:** il campo dove si svolge il torneo.
3. **a una voce:** tutti insieme.
4. **abbassare il suo bastone:** il gesto del principe di abbassare lo scettro (*bastone*) avrebbe posto fine al combattimento.
5. **cela:** nasconde.
6. **impresa:** stemma.
7. **nero fannullone:** si tratta, come abbiamo detto, del re Riccardo.
8. **apatia:** disinteresse.
9. **dato... fresco:** spronato il cavallo che era fresco di forze in quanto non aveva ancora partecipato al torneo.
10. **Desdichado:** in spagnolo, "diseredato": è la scritta che il cavaliere portava sullo scudo.

507

PARTE 3 · Percorso di letteratura

mentre il cavaliere Diseredato incalzava il Templare[11], Front-de-Bœuf[12] gli si era avvicinato levando la spada; ma prima che il colpo scendesse, il nero cavaliere gli calò sulla testa un fendente[13] che, scivolando sul lucido elmo, piombò con violenza appena smorzata sul frontale del destriero[14], e Front-de-Bœuf rotolò a terra col suo cavallo, egualmente storditi dal colpo l'uomo e l'animale. *Le Noir Fainéant* volse allora il cavallo verso Athelstane di Coningsburg[15], ed essendosi spezzata la sua spada nello scontro con Front-de-Bœuf, strappò di mano al gigantesco sassone la sua ascia di battaglia e, come se fosse familiare con l'uso di quest'arma, gli diede un tal colpo sulla cresta dell'elmo che anche Athelstane cadde a terra privo di sensi. Compiuta questa duplice impresa per la quale fu tanto più applaudito in quanto nessuno se l'aspettava da lui, il cavaliere parve ricadere nella sua indifferenza e se ne tornò tranquillamente all'estremità settentrionale della lizza lasciando che il suo capo se la sbrigasse come meglio poteva con Brian de Bois-Guilbert.

La cosa non era più difficile come prima. Il cavallo del Templare aveva perso molto sangue e cedette all'urto del cavaliere Diseredato. Brian de Bois-Guilbert cadde a terra, impigliato nella staffa[16], da cui non riusciva a liberare il piede. Il suo avversario saltò da cavallo e levò sulla sua testa la sua fatale spada comandandogli di arrendersi; ma allora il principe Giovanni, assai più commosso dalla pericolosa situazione del Templare di quanto non lo fosse stato da quella del suo rivale, gli risparmiò l'umiliazione di dichiararsi vinto abbassando il bastone e ponendo termine al conflitto.

Gli scudieri che avevano trovato pericoloso o difficile assistere i loro padroni durante la mischia scesero in lizza per prestare la debita[17] assistenza ai feriti che furono portati con grande cura e attenzione nei padiglioni vicini o nei quartieri[18] preparati per loro nel villaggio. Così finì il memorabile campo di Ashby-de-la-Zouche, uno dei più coraggiosamente combattuti tornei del tempo, perché sebbene solo quattro cavalieri, compreso uno soffocato dal calore dell'armatura, perdessero la vita sul campo, tuttavia più di trenta furono gravemente feriti, quattro o cinque dei quali non si riebbero più. Molti più furono resi invalidi per tutta la vita, e quelli che se la cavarono meglio portarono con sé nella tomba i segni del combattimento. Per questo il torneo è sempre ricordato negli antichi racconti come il Nobile e Lieto Passo d'Armi di Ashby.

Il principe Giovanni doveva adesso nominare il miglior cavaliere, ed egli decise che l'onore del giorno toccava al cavaliere che la voce popolare aveva nominato *Le Noir Fainéant*. Fu fatto notare al principe che la vittoria era stata praticamente conquistata dal cavaliere Diseredato che, durante il giorno, aveva abbattuto di sua mano sei campioni e infine gettato a terra il capo del partito opposto. Ma il

---

11. Templare: si tratta di Brian de Bois-Guilbert, rivale di Ivanhoe. I Templari erano cavalieri appartenenti a un ordine religioso, la cui missione era di difendere i luoghi santi della cristianità come, per esempio, il Santo Sepolcro. Anch'essi parteciparono, pertanto, alla crociata per la conquista di Gerusalemme.

12. Front-de-Bœuf: uno dei cavalieri avversari di Ivanhoe, seguace del Templare Brian de Bois-Guilbert.
13. fendente: colpo di spada vibrato dall'alto in basso.
14. frontale del destriero: parte superiore dell'armatura che proteggeva il cavallo durante i tornei o i combattimenti.

15. Athelstane di Coningsburg: cavaliere sassone, promesso sposo di Rowena.
16. staffa: anello di metallo collegato alla sella, in cui infilare il piede per montare in groppa al cavallo.
17. debita: dovuta, necessaria.
18. padiglioni... quartieri: tende e alloggi.

La realtà come storia · UNITÀ 15

principe Giovanni rimase fermo nella sua opinione sostenendo che il cavaliere Diseredato e il suo partito avrebbero perso la giornata senza il potente aiuto del ca-
65 valiere dalla Nera Armatura, al quale, dunque, egli insisté per assegnare il premio.

Ma con sorpresa di tutti il cavaliere prescelto non si poté trovare in alcuna parte. Aveva lasciato la lizza non appena cessato il conflitto e alcuni spettatori lo avevano visto allontanarsi per i sentieri della foresta con lo stesso passo lento e la stessa indifferenza che gli avevano procurato l'epiteto[19] di Nero Fannullone. Dopo
70 essere stato chiamato due volte con squilli di tromba e proclamazioni degli araldi[20], fu necessario nominare un altro per ricevere gli onori che erano stati assegnati a lui, e il principe Giovanni non ebbe altra scusa per respingere i meriti del cavaliere Diseredato che fu quindi nominato il campione della giornata.

Attraverso il campo cosparso di sangue e ingombro di armi spezzate e di cavalli
75 uccisi o feriti, i marescialli di campo[21] condussero nuovamente il vincitore ai piedi del trono del principe Giovanni. «Cavaliere Diseredato», disse il principe Giovanni, «poiché volete essere conosciuto solo con questo nome, per la seconda volta vi assegniamo gli onori di questo torneo, e vi annunciamo il diritto di reclamare e ricevere dalle mani della regina dell'amore e della bellezza la corona d'onore che
80 il vostro valore ha giustamente meritato.» Il cavaliere salutò profondamente e con grazia, ma non rispose parola.

Mentre le trombe squillavano e gli araldi proclamavano a gran voce onore al coraggioso e gloria al vincitore; mentre le dame agitavano i loro fazzoletti di seta e i loro veli ricamati, e mentre tutti si univano in clamorose grida di esultanza, i
85 marescialli condussero il cavaliere Diseredato attraverso la lizza fino ai piedi del trono d'onore occupato da Lady Rowena.

Il campione fu fatto inginocchiare sul primo gradino di questo trono. In realtà tutti i suoi gesti, dopo la fine del combattimento, sembravano compiuti piuttosto per incitamento di quelli che gli erano attorno che per suo volere; e fu osservato
90 che vacillava mentre veniva condotto per la seconda volta attraverso la lizza. Rowena, scendendo dal suo posto con un passo pieno di grazia e di dignità, stava per posare la corona che aveva in mano sull'elmo del cavaliere, quando i marescialli esclamarono a una sola voce: «Non così: la sua testa deve essere scoperta».

Il cavaliere mormorò debolmente poche parole che si persero nella cavità
95 dell'elmo ma che sembravano esprimere il desiderio che non gli togliessero il casco. Tuttavia, per amore di formalità o per curiosità, i marescialli non badarono alla sua riluttanza[22] e gli tolsero l'elmo sciogliendone i lacci e sfibbiando la gorgiera[23]. Si videro allora i lineamenti belli, sebbene abbronzati dal sole, di un giovane di venticinque anni, tra una profusione[24] di corti capelli biondi. Era pallido come
100 un morto e macchiato di sangue in due o tre punti. Rowena, appena lo vide gettò un debole grido; ma ritrovando subito tutta la sua energia e facendosi forza per continuare mentre tutta la sua persona tremava per l'improvvisa emozione, posò

---

19. epiteto: soprannome.
20. araldi: ufficiali che avevano il compito di rendere pubbliche le decisioni delle autorità.
21. marescialli di campo: co-

loro che dirigevano tutte le operazioni del torneo.
22. riluttanza: rifiuto, resistenza.
23. sfibbiando la gorgiera:

slacciando le fibbie che chiudevano l'elmo sotto la gola.
24. profusione: abbondanza, grande quantità.

509

sul capo chino del vincitore la splendida corona premio della giornata pronunciando con chiara voce queste parole:

105 «Io ti concedo questa corona, messer cavaliere, come ricompensa del valore, destinata al vincitore di oggi». Sostò un attimo e poi aggiunse con voce ferma: «E mai una corona cavalleresca non potrebbe essere posta su una fronte più degna».

Il cavaliere chinò la testa e baciò la mano della bella sovrana da cui era stato ricompensato il suo valore, poi, piegandosi ancor più, si accasciò ai suoi piedi.

110 Vi fu una costernazione[25] generale. Cedric, che era rimasto ammutolito dall'improvvisa comparsa del figlio da lui bandito, si slanciò in avanti come per separarlo da Rowena: ma questo era già stato fatto dai marescialli di campo che, indovinando le ragioni del deliquio[26] di Ivanhoe, si erano affrettati a slacciargli l'armatura e avevano trovato che la punta di una lancia era penetrata attraverso la corazza e lo

115 aveva ferito profondamente in un fianco.

Walter Scott, *Ivanhoe*, Milano, Rizzoli, 2007

25. costernazione: smarrimento.   **26. deliquio:** svenimento.

SCHEDA DI ANALISI

Il tema e il messaggio

● Nel costruire l'intreccio del suo romanzo, Scott mette in campo tutti i *tòpoi* (ovvero gli elementi tipici) della **narrazione avventurosa** e **misteriosa**, cari al gusto romantico inglese dei suoi tempi: l'assedio, il torneo, il castello, la foresta, la lotta per la fede e il giudizio di Dio. Tali elementi diventeranno i cardini narrativi di molti dei romanzi storici che verranno scritti negli anni successivi in tutta Europa.

● La trama dell'episodio è interamente basata sul **contrasto tra gli opposti** e sulla vittoria del protagonista buono (il cavaliere Diseredato) sull'antagonista (il Templare Bois-Guibert). Ma la lotta del **Bene** contro il **Male**, forze sovrapersonali e perennemente in conflitto, è rappresentata nel corso del romanzo anche da altri personaggi: i Normanni sono contrapposti ai Sassoni, Ivanhoe al padre Cedric, il re Riccardo al fratello Giovanni, i cristiani agli infedeli per la conquista di Gerusalemme, Ivanhoe al Templare per l'onore nelle armi e per il coronamento dell'unione con l'amata. Proprio la bionda Rowena, cristiana, è contrapposta alla bruna Rebecca, ebrea: mentre la prima rappresenta la figura della "donna angelicata", quasi distaccata dagli interessi mondani seppur animata dalla passione amorosa per Ivanhoe, la seconda, Rebecca, ricopre in questo romanzo il ruolo di perseguitata e di vittima. Il personaggio di Rebecca vive dunque questa lotta tra Bene e Male sulla propria persona: essa sceglierà infine la generosità, il sacrificio del proprio stesso amore per la felicità del suo amato Ivanhoe.
In questo brano, la violenza del combattimento, in cui molti muoiono o restano gravemente feriti, è capace di esprimere in maniera esemplare l'**odio** e la **rivalità** che storicamente contrapponevano le tribù dei Sassoni e dei Normanni.

I personaggi

● Vista la loro caratterizzazione, si può affermare che in questo romanzo i personaggi sono soprattutto delle **figure-tipo**.

- **Il cavaliere Diseredato**, ovvero **Ivanhoe**, è il prototipo dell'eroe positivo: bello, forte, onesto, umile e vittima dell'ingiustizia, perfetto esemplare dei più alti ideali della cavalleria. Egli agisce per amore di Rowena e in nome di re Riccardo, legittimo sovrano. Le scelte e le azioni di Ivanhoe sono motivate da entrambi questi obiettivi: la sua storia personale potrà giungere a un lieto fine soltanto quando anche il popolo di cui fa parte e il re che lo guida giungeranno infine all'obiettivo lungamente perseguito.

- **Brian de Bois Guilbert**, al contrario, è una perfetta figura di antagonista: personaggio negativo, superbo, sprezzante, feroce, che non fa nessuna concessione alla pietà quando si tratta di realizzare i propri malvagi scopi.

- **Lady Rowena** è un personaggio del tutto positivo; il felice coronamento dell'amore nei suoi confronti è l'oggetto del desiderio del protagonista, che verrà infine raggiunto. La figura di Rowena è magnificata in maniera tale da configurarsi più come un puro e astratto ideale di bontà e bellezza che come un personaggio reale.

- Il **Nero Fannullone** è il misterioso alter ego di re Riccardo; in questo brano, l'autore sottolinea non

La realtà come storia · UNITÀ 15

tanto il valore e il successo della sua impresa cavalleresca, quanto la particolarità del suo carattere e del suo comportamento: distaccato, apatico, quasi superiore ai fatti stessi. Ne risulta un personaggio altamente misterioso e affascinante.

• La figura del **principe Giovanni** è presentata come ambigua, volubile, non affidabile: dapprima risentito per l'anonimato del cavaliere Diseredato, poi deciso a consegnare il trofeo soltanto a chi lo ha davvero meritato sul campo, il Nero Fannullone, e infine accondiscendente alla necessità della situazione e disposto a consentire alla proclamazione della vittoria per il cavaliere Diseredato.

◼ Per la definizione delle caratteristiche di alcuni personaggi l'autore si serve anche del loro **aspetto esteriore**. Così il Nero Fannullone è impenetrabile e misterioso come il colore che domina in tutta la sua armatura e che gli attribuisce un ulteriore fascino, tra realtà e irrealtà. Anche la bellezza di Rowena e il suo elegante portamento, così come i lineamenti belli e delicati del cavaliere Diseredato contribuiscono a caratterizzare questi due personaggi in sintonia con la loro nobiltà interiore.

Il narratore

◼ A svolgere il racconto è un **narratore esterno**, che racconta fatti di cui non è parte attiva, ma che conosce integralmente sia nel loro concreto divenire sia nei pensieri e nelle emozioni dei personaggi che li realizzano.

Inoltre, il narratore **giudica** e **commenta** gli avvenimenti da lui raccontati, per mezzo di un'attenta scelta del **lessico valutativo** (*maestria, agilità, bravura,*

scarso interesse, apatia, indifferenza) e della sua abilità di spostare l'interesse del lettore dalle azioni dei protagonisti alle **reazioni dei personaggi secondari** (*la lizza risuonava degli applausi alla sua bravura...; il principe Giovanni assai commosso...; gli scudieri scesero in lizza...; le dame agitavano i loro fazzoletti*).

◼ Tale posizione del narratore rispetto alla trama, così come la regolarità con cui rende palese il suo giudizio sugli avvenimenti da lui raccontati, rappresentano scelte stilistiche che diventeranno un modello al quale si rifaranno moltissimi autori di romanzi storici, compreso lo stesso Alessandro Manzoni nei *Promessi Sposi*.

La lingua e lo stile

◼ Scott alterna sapientemente **sequenze descrittive** e **narrative** con sequenze **riflessive** in cui sono presenti i giudizi da lui espressi sugli avvenimenti e sui personaggi.

◼ Un **gusto documentario** molto accentuato emerge nelle descrizioni particolareggiate delle scene d'ambiente (le armi, l'abbigliamento ecc.), nella ricostruzione del torneo secondo le caratteristiche e le regole del tempo, così come nella rappresentazione del comportamento dei personaggi e delle loro azioni a seconda della posizione sociale o morale che ciascuno di essi occupa.

◼ Grazie al mistero che caratterizza agli occhi degli altri personaggi l'identità dei due cavalieri, il Diseredato e il Fannullone, l'autore riesce infine a conferire alla trama quella *suspense* che mantiene viva l'attenzione del lettore.

Laboratorio sul testo

Comprendere

1. Ricostruisci le vicende raccontate nel brano, secondo il corretto ordine di successione.
   a) ☐ L'improvvisa discesa in campo del Nero Fannullone e le sue prodezze.
   b) ☐ L'intervento degli scudieri e dei marescialli di campo.
   c) ☐ L'ingiustificata assenza del Nero Fannullone.
   d) ☐ Il cavaliere Diseredato sta per essere sopraffatto.
   e) ☐ Il bilancio del torneo.
   f) ☐ Lo svenimento del cavaliere Diseredato.
   g) ☐ La proclamazione del vincitore e la consegna del trofeo.

2. Chi è in realtà il cavaliere Diseredato? Perché è stato soprannominato così? Perché partecipa al torneo, e chi è il suo avversario principale?

3. Chi è in realtà il Nero Fannullone? Perché è stato soprannominato così? Per la vittoria di quale cavaliere egli si batte?

4. Chi è Front-de-Bœuf? Per la vittoria di quale cavaliere egli si batte?

511

PARTE 3 · Percorso di letteratura

5. Per quale ragione il principe Giovanni non vuole riconoscere vincitore il cavaliere Diseredato? Chi vuole premiare al suo posto, e perché?

6. Quale evento inatteso cambia le sorti della giornata?

7. Quale ricompensa riceve il vincitore e dalle mani di chi?

8. Perché il cavaliere Diseredato non vuole togliere l'elmo e mostrare il volto?

9. Qual è la reazione di Rowena quando al Cavaliere Diseredato viene tolto l'elmo?

10. Che cosa accade di inatteso subito dopo la proclamazione del vincitore e la consegna del trofeo?

11. Con quali conseguenze pratiche ebbe fine il *memorabile campo di Ashby-de-la-Zouche*?

Interpretare

12. Perché il momento della premiazione finale, tipica conclusione di tutti i tornei cavallereschi, è particolarmente significativo in questo caso?

13. In quale maniera possiamo riconoscere all'interno del racconto il configurarsi di una lotta tra il Bene e il Male?

Analizzare

Personaggi

14. Perché i personaggi possono essere considerati dei *tipi*?

15. Chi ha la funzione dell'eroe-protagonista?

16. Chi è l'antagonista?

17. Chi è l'oggetto del desiderio?

18. In che modo la caratterizzazione fisica dei personaggi diventa anche psicologica?

Narratore e focalizzazione

19. Il narratore è palese o nascosto? Spiega i motivi della tua risposta attraverso degli esempi tratti dal testo.

20. Indica a quale tipo di focalizzazione corrisponde il punto di vista del narratore.

a) ☐ Focalizzazione zero (narratore onnisciente).

b) ☐ Focalizzazione interna (il narratore adotta il punto di vista di un personaggio).

c) ☐ Focalizzazione esterna (il narratore è esterno e non conosce gli stati d'animo dei personaggi).

Genere letterario

21. Quali elementi del brano permettono di classificarlo come esempio di un romanzo storico? Quali come romanzo di avventura?

Padroneggiare la lingua

Lessico

22. Che cosa significa oggi l'espressione *scendere in lizza*? In quale ambito o registro linguistico è oggi usata? Qual è l'origine del suo significato?

23. *Il suo avversario saltò da cavallo e levò sulla sua testa la sua fatale spada comandandogli di arrendersi.* Perché l'arma è definita dall'autore con l'aggettivo qualificativo *fatale*?

24. Scrivi tre frasi in cui l'aggettivo *fatale* abbia ogni volta un significato diverso. Puoi consultare il dizionario.

Grammatica

25. *In realtà tutti i suoi gesti, dopo la fine del combattimento, sembravano compiuti piuttosto per incitamento di quelli che gli erano attorno che per suo volere; e fu osservato che vacillava mentre veniva condotto per la seconda volta attraverso la lizza.* Spiega quale diversa funzione sintattica assumono i tre *che* evidenziati.

Produrre

26. Ritrova nel testo e trascrivi almeno dieci vocaboli che appartengono al campo semantico del combattimento in armi; poi, usando questi termini, descrivi un torneo tra cavalieri medievali in un testo non più lungo di una pagina.

512

Alessandro Manzoni

La vita e le opere

La vita Alessandro Manzoni nasce a Milano, nel 1785, dall'unione tra il nobile Pietro Manzoni e Giulia Beccaria (figlia di Cesare Beccaria, autore di *Dei delitti e delle pene*, celebre saggio contro la pena di morte e le torture). Il matrimonio, celebrato per interesse, fallisce ben presto, a causa della differenza di età e di mentalità tra i due coniugi.

Nel 1795, dopo la separazione, Giulia si trasferisce a Parigi, dove convive con il conte milanese Carlo Imbonati, mentre il piccolo Alessandro, rimasto a **Milano**, viene affidato a una balia. Raggiunta l'età scolare, Alessandro inizia a studiare presso i collegi religiosi dei padri Somaschi, poi dei Barnabiti, vicino Lecco.

All'età di venti anni, dopo la morte di Carlo Imbonati, Alessandro raggiunge la madre a **Parigi**; qui, dal 1805 al 1810, frequenta i più importanti circoli letterari e intellettuali della città, che allora è la capitale culturale d'Europa. Stringe amicizia con il nobile Claude Fauriel (uno dei promotori del Romanticismo in Francia) che lo avvia allo studio della storia e, nel 1808, sposa **Enrichetta Blondel**, figlia di un ricco banchiere di Ginevra, di religione calvinista. Due anni dopo, la moglie si converte al cattolicesimo e anche Manzoni in quello stesso anno realizza quella che viene comunemente definita la sua "**conversione religiosa**".

Dal 1810 al 1827 si dedica con intensa passione alla composizione delle sue prime importanti opere letterarie. A partire dall'inizio degli anni Venti fino al 1840 è impegnato nelle diverse stesure di quel-

lo che sarà il suo romanzo capolavoro, *I Promessi Sposi*; per la terza e definitiva versione, nel 1827 si trasferisce a **Firenze**, per entrare in contatto diretto con quella lingua parlata dai fiorentini colti che considerava il miglior modello a cui fare riferimento.

Nel 1833 muore l'amata Enrichetta; gli anni immediatamente successivi sono caratterizzati da una serie funesta di lutti familiari: nell'arco di pochi anni muoiono la madre Giulia e ben nove degli undici figli. Nel 1837 Manzoni si risposa con **Teresa Borri**, vedova Stampa, che con la sua ricchezza rende più agiata la vita della famiglia.

In questi anni, caratterizzati da fervidi dibattiti politici sul tema della liberazione e dell'unità dell'Italia, Manzoni sostiene la corrente politica liberale, favorevole all'unificazione nazionale; egli condurrà comunque una vita appartata e lontana dalla politica attiva, pur seguendo con partecipazione le vicende del Risorgimento. Soltanto nel 1860 egli viene nominato **senatore** del neonato Regno d'Italia. Muore a Milano il 22 maggio 1873, all'età di 88 anni. L'anno seguente, per la celebrazione del primo anniversario della morte, Giuseppe Verdi compone la celebre *Messa di Requiem*, di cui egli stesso dirige l'esecuzione.

Le opere principali La produzione letteraria di Manzoni è molto ampia e comprende **liriche**, **tragedie**, **inni**, **odi**, **saggi** e **un romanzo**, il suo capolavoro, *I Promessi Sposi*. Di seguito sono divise per gruppo ed elencate le opere più importanti scritte da Manzoni.

Opere in prosa	Scritti morali, saggi critici e ricerche storiche, tra cui *Discorsi sopra alcuni punti della storia longobardica in Italia* (1822), *Osservazioni sulla morale cattolica* (1855), *Storia della colonna infame* (1840); scritti filosofico-letterari, come la *Lettera sul Romanticismo* (1823) e il *Discorso sul romanzo storico* (1845); il romanzo *I Promessi Sposi*, redatto in tre versioni successive: *Fermo e Lucia* (1823), *I Promessi Sposi* (1827 e 1840).
Opere in poesia	Gli *Inni sacri*, scritti tra il 1812 e il 1822, di profonda ispirazione cristiana, dedicati alla celebrazione delle più importanti festività religiose: *Resurrezione, Il nome di Maria, Natale, Passione, Pentecoste*; le *Odi civili*, due delle quali, le più celebri, sono state scritte nel 1821: *Marzo 1821*, di contenuto patriottico, vicino agli ideali del Risorgimento, e *Il Cinque Maggio*, dedicata a Napoleone Bonaparte.
Opere per il teatro	Due tragedie storiche, di ispirazione etico-religiosa: *Il Conte di Carmagnola* (1820), ambientata tra il ducato di Milano e la Repubblica di Venezia nel primo Quattrocento, che ha come protagonista un capitano di ventura ingiustamente condannato a morte; *Adelchi* (1822), ambientata nell'VIII secolo, sullo sfondo dello scontro tra i Longobardi e i Franchi sul suolo italiano.

I Promessi Sposi

La funzione storiografica del romanzo Nel periodo in cui Manzoni si dedica alla stesura del suo romanzo (tra il 1821 e il 1840), in Europa (e quindi anche in Italia) si sviluppa un acceso dibattito sulla **funzione del romanzo**.
A tale proposito, Alessandro Manzoni assume una posizione del tutto originale: mentre i grandi rappresentanti del Romanticismo consideravano la forma romanzesca una pura espressione dell'individualità dell'autore, svincolata dalla dimensione storica, Manzoni sosteneva l'idea del romanzo come espressione privilegiata del vero storico, luogo dove realizzare la sintesi tra ricerca storiografica (fondata sull'interpretazione critica delle fonti) ed elaborazione letteraria (espressione della sensibilità artistica dell'autore).
Nella sua *Lettera sul Romanticismo* del 1823, Manzoni scrive «che la poesia e la letteratura in genere debba proporsi l'utile per iscopo, il vero per soggetto e l'interessante per mezzo». Si tratta della formulazione più nota della poetica romantica manzoniana. Per poter svolgere un'alta funzione morale ed educativa, l'arte deve proporsi di essere *utile* alla società; deve avere un contenuto (*soggetto*) storicamente attendibile (*vero*) e deve scegliere argomenti e stile tali da renderla *interessante* per il maggior numero possibile di lettori.

Lo sfondo storico del romanzo e gli ideali sociali dell'autore *I Promessi Sposi* è ambientato tra il 1628 e il 1630, nel territorio tra Lecco e Milano. Le vicende fanno riferimento a situazioni politiche ed eventi realmente avvenuti nel Seicento, quali la dominazione spagnola in Italia e in particolare in Lombardia, la carestia, i tumulti popolari, la guerra del Monferrato, la discesa dei Lanzichenecchi in Italia, la drammatica epidemia di peste.
Manzoni mostra in maniera molto precisa il carattere dispotico e violento del governo spagnolo attraverso la descrizione dei soprusi, delle intimidazioni e dello strapotere dei "signorotti" sulla popolazione locale. Tale quadro politico-sociale si presentava molto simile a quello del Regno Lombardo-Veneto in cui Manzoni vive; l'oppressione degli spagnoli descritta nel romanzo richiama dunque alla mente del lettore la natura dispotica del governo degli austriaci in Italia. In tal senso il romanzo di Manzoni mostra di soddisfare la prima condizione da lui espressa: esso è cioè **utile** al risveglio delle coscienze nazionali.
A tale modello di società corrotta e guasta che fa da sfondo al romanzo e che vi interviene, attraverso i suoi personaggi più negativi, Manzoni contrappone quell'ideale di libertà individuale, di giustizia, di equilibrio sociale che corrisponde alla sua visione cristiana della vita. Tale ideale si concretizza nel romanzo attraverso personaggi e vicende esemplari, come quello del cardinale Federigo Borromeo, realmente esistito.

La trama del romanzo I protagonisti sono due giovani popolani, **Lorenzo Tramaglino** e **Lucia Mondella**, filatori di seta in un paese vicino Lecco. Il loro progetto di matrimonio viene impedito dal capriccio del signorotto locale, **don Rodrigo**, che si è invaghito di Lucia e che per mezzo di minacce costringe il parroco del paese, **don Abbondio**, a non celebrare il matrimonio. Dopo un fallito tentativo di matrimonio a sorpresa (in uno degli episodi più celebri e divertenti del romanzo, quello della "notte degli imbrogli") e di un rapimento di Lucia da parte di don Rodrigo, i due giovani sono costretti a lasciare il paese e a separarsi (capp. I-VIII).
Mentre Lucia si rifugia con la madre Agnese in un convento di Monza (capp. IX-X), Renzo, recatosi a Milano su suggerimento di **fra Cristoforo** (frate cappuccino che segue con partecipazione le vicende dei due innamorati), assiste alla sommossa popolare dell'11 novembre 1628; erroneamente indicato come uno dei caporioni, si sottrae all'arresto con la fuga che gli permette di raggiungere il territorio di Bergamo (capp. XI-XVIII). Intanto Lucia viene fatta rapire, per conto di don Rodrigo, da un potente signorotto locale, **l'Innominato**. Portata al castello di costui, Lucia tocca il cuore del terribile signore, già in crisi di coscienza, che infine si converte e la libera, grazie anche all'interessamento del **cardinale Federigo Borromeo** (capp. XIX-XXVI).
Nel frattempo, la peste si abbatte su gran parte della Lombardia e in particolare sul territorio di Milano. Al lazzaretto, il luogo alla periferia della città dove sono condotti tutti gli appestati, grazie all'aiuto di fra Cristoforo, Renzo ritrova Lucia, scampata alla peste, e perdona don Rodrigo agonizzante. Con la morte del signorotto la vicenda si avvia a una felice conclusione: dopo essere andati ad abitare in un paesino del Bergamasco, Renzo e Lucia riescono finalmente a sposarsi e possono condurre una vita laboriosa e felice (capp. XXVII-XXXVIII).

Gli umili e la Provvidenza Una delle novità rappresentate dai *Promessi Sposi* sta nella scelta dei protagonisti: non audaci guerrieri o nobili perso-

Eliseo Sala, *Lucia Mondella*, 1843, Milano, collezione privata.

naggi, ma Renzo e Lucia, due umili filatori di seta, appartenenti al semplice e popolare mondo della campagna.

Renzo e Lucia sono vittime della violenza di una **Storia** realmente accaduta, impersonata nel romanzo dalle angherie commesse da don Rodrigo, dalla monaca di Monza, dall'Innominato. Tuttavia, attraverso la narrazione della storia dei suoi personaggi, Manzoni mira a dimostrare la superiorità del disegno provvidenziale di Dio rispetto alle vicende e ai contrasti degli uomini. Se da un lato, infatti, i progetti degli uomini più potenti e violenti (don Rodrigo) sono destinati al fallimento, dall'altro anche quando i più umili si sentono abbandonati a se stessi in balia di avversità e pericoli insormontabili (la prepotenza e la peste), l'intervento della Provvidenza divina ristabilisce il proprio autonomo disegno, donando, a chi ha dimostrato fede salda, la forza per superare gli eventi e un "lieto fine" già nella vita terrena.

La lunga elaborazione del romanzo

Alla stesura del romanzo, Manzoni dedicherà grandissimo impegno: la complessa elaborazione durò circa un ventennio: dal 1821 al 1840.

Nel **1823** viene pubblicata la **prima stesura dell'opera**, dal titolo *Fermo e Lucia*; ma Manzoni, insoddisfatto del risultato, inizia immediatamente a rivedere e a modificare sostanzialmente l'impianto e l'intreccio narrativo.

Nel **1827** viene pubblicata una **seconda stesura** (la prima a essere stampata), intitolata *I Promessi Sposi*, che presenta però agli occhi dell'autore stesso numerose carenze di tipo stilistico e linguistico: Manzoni, infatti, che nella vita quotidiana si esprime abitualmente in dialetto milanese o in lingua francese, ha infarcito anche la sua opera di espressioni dialettali, che non sarebbero state capite al di fuori dei confini della Lombardia. L'anno stesso di questa seconda versione lo scrittore si trasferisce a Firenze e sottopone l'intera opera a un'attenta revisione linguistica, scegliendo come modello espressivo il fiorentino parlato dalle classi colte. La forma dell'opera ne guadagna dal punto di vista artistico, grazie a una serie di scelte stilistiche: una minore aggettivazione, l'inserimento di similitudini poetiche, l'eliminazione di alcuni episodi e l'alleggerimento di altri che risultavano troppo lunghi o dispersivi, rispetto all'economia generale dell'opera.

Nel **1840** il suo lavoro di "traduzione" è ormai finito e il romanzo vede la luce nella sua **edizione definitiva,** quale la leggiamo ancora oggi.

PARTE 3 • Percorso di letteratura

 # Il matrimonio a sorpresa

Intimidito dalle minacce degli sgherri di don Rodrigo, don Abbondio decide di rinviare il matrimonio già concordato tra Lucia e Renzo. Messo alle strette da quest'ultimo, che arriva a minacciarlo con un coltello, il curato però rivela tutto, facendo anche il nome del signorotto. Renzo vorrebbe vendicarsi con la forza ma, consigliato da Agnese, madre di Lucia, chiede consiglio all'avvocato Azzeccagarbugli, senza però ottenerne alcun aiuto. Informato dei fatti, fra Cristoforo, un francescano ritenuto da tutti un sant'uomo, affronta a viso aperto don Rodrigo, intimandogli di abbandonare il suo interesse verso Lucia; ma da tale colloquio ottiene soltanto un rifiuto.
Frattanto, i due fidanzati risoluti a sposarsi decidono di mettere in atto una soluzione estrema, consentita dalla legge del tempo: presentarsi di sorpresa in casa di don Abbondio e, pronunciando una formula di rito, costringerlo a dichiararli sposi. Per questo hanno bisogno di due testimoni (che Renzo trova nei suoi cugini Tonio e Gervaso), mentre Agnese avrebbe distratto Perpetua, consentendo così loro l'ingresso di nascosto nella canonica.
Mentre i "promessi sposi" organizzano questo matrimonio a sorpresa, don Rodrigo manda i propri sgherri in casa di Lucia, per rapirla, trovandola però deserta. Prende così corpo quella che è nota come "la notte degli imbrogli", episodio centrale del romanzo.

• **GENERE**
Romanzo storico
• **LUOGO E TEMPO**
Il borgo di Renzo e Lucia; la notte del 10 novembre 1628
• **PERSONAGGI**
Don Abbondio; Renzo; Lucia; Tonio e Gervaso, cugini di Renzo; Ambrogio, il sagrestano

Don Abbondio, immerso nella sua scrittura, non badava ad altro. Allo stropiccio de' quattro piedi[1], Renzo prese un braccio di Lucia, lo strinse, per darle coraggio, e si mosse, tirandosela dietro tutta tremante, che da sè non vi sarebbe potuta venire. Entraron pian piano, in punta di piedi, rattenendo il respiro;
5 e si nascosero dietro i due fratelli. Intanto don Abbondio, finito di scrivere, rilesse attentamente, senza alzar gli occhi dalla carta; la piegò in quattro, dicendo: «ora, sarete contento?» e, levatosi con una mano gli occhiali dal naso, la porse con l'altra a Tonio, alzando il viso. Tonio, allungando la mano per prender la carta, si ritirò da una parte; Gervaso, a un suo cenno, dall'altra; e, nel mezzo, come al dividersi
10 d'una scena, apparvero Renzo e Lucia. Don Abbondio, vide confusamente, poi vide chiaro, si spaventò, si stupì, s'infuriò, pensò, prese una risoluzione: tutto questo nel tempo che Renzo mise a proferire le parole: «signor curato, in presenza di questi testimoni, quest'è mia moglie.»[2] Le sue labbra non erano ancora tornate al posto, che don Abbondio, lasciando cader la carta, aveva già afferrata e alzata, con

1. Don Abbondio... quattro piedi: per farsi accogliere in casa da don Abbondio, di notte, Tonio e il fratello Gervaso (ingenuo e sempliciotto) annunciano al curato di essere venuti a pagare un vecchio debito. Una volta saliti nello studiolo del parroco, mentre don Abbondio è intento a scrivere la ricevuta della restituzione del denaro, i due fratelli fanno il segnale convenuto: strisciano i piedi per terra per avvertire Renzo e Lucia, che sono nascosti fuori dall'uscio, che è il momento propizio per entrare nella stanza, cogliendo così il curato di sorpresa.

2. «signor curato... moglie»: è la formula di rito che, se pronunciata da entrambi i promessi sposi alla presenza dei testimoni, avrebbe convalidato il matrimonio, anche contro la volontà del curato.

Un'illustrazione di Francesco Gonin per l'edizione definitiva del 1840 dei *Promessi sposi*: il matrimonio a sorpresa.

15 la mancina, la lucerna, ghermito con la dritta³, il tappeto del tavolino, e tiratolo a sè, con furia, buttando in terra libro, carta, calamaio e polverino⁴: e, balzando tra la seggiola e il tavolino, s'era avvicinato a Lucia. La poveretta, con quella sua voce soave, e allora tutta tremante, aveva appena potuto proferire: «e questo...» che don Abbondio le aveva buttato sgarbatamente il tappeto sulla testa e sul viso,
20 per impedirle di pronunziare intera la formula. E subito, lasciata cader la lucerna che teneva nell'altra mano, s'aiutò anche con quella a imbacuccarla col tappeto, che quasi la soffogava; e intanto gridava quanto n'aveva in canna⁵: «Perpetua! Perpetua! tradimento! aiuto!» Il lucignolo⁶, che moriva sul pavimento, mandava una luce languida e saltellante sopra Lucia, la quale, affatto⁷ smarrita, non tenta-
25 va neppure di svolgersi, e poteva parere una statua abbozzata in creta, sulla quale l'artefice ha gettato un umido panno. Cessata ogni luce, don Abbondio lasciò la poveretta, e andò cercando a tastoni l'uscio che metteva a una stanza più interna; lo trovò, entrò in quella, si chiuse dentro, gridando tuttavia: «Perpetua! tradimento! aiuto! fuori di questa casa! fuori di questa casa!» Nell'altra stanza, tutto era
30 confusione: Renzo, cercando di fermare il curato, e remando con le mani, come se

---

3. mancina... dritta: mano sinistra e mano destra.
4. polverino: il vasetto che conteneva una sabbia finissima per asciugare la pagina appena scritta, spargendola su di essa.
5. quanto... canna: con tutto il fiato che aveva in gola.
6. lucignolo: lo stoppino del lume a olio, caduto a terra.
7. affatto: del tutto, completamente.

PARTE 3 · Percorso di letteratura

facesse a mosca cieca, era arrivato all'uscio, e picchiava, gridando: «apra, apra; non faccia schiamazzo.» Lucia chiamava Renzo, con voce fioca, e diceva, pregando: «andiamo, andiamo, per l'amor di Dio.» Tonio, carpone, andava spazzando con le mani il pavimento, per veder di raccapezzare la sua ricevuta. Gervaso, spiritato, 35 gridava e saltellava, cercando l'uscio di scala, per uscire a salvamento.

In mezzo a questo serra serra, non possiam lasciar di fermarci un momento a fare una riflessione. Renzo, che strepitava di notte in casa altrui, che vi s'era introdotto di soppiatto, e teneva il padrone stesso assediato in una stanza, ha tutta l'apparenza d'un oppressore; eppure, alla fin de' fatti, era l'oppresso. Don Abbon-40 dio, sorpreso, messo in fuga, spaventato, mentre attendeva tranquillamente a' fatti suoi, parrebbe la vittima; eppure, in realtà, era lui che faceva un sopruso[8]. Così va spesso il mondo... voglio dire, così andava nel secolo decimo settimo.

L'assediato, vedendo che il nemico non dava segno di ritirarsi, aprì una finestra che guardava sulla piazza della chiesa, e si diede a gridare: «aiuto! aiuto!» Era il 45 più bel chiaro di luna; l'ombra della chiesa, e più in fuori l'ombra lunga ed acuta del campanile, si stendeva bruna e spiccata sul piano erboso e lucente della piazza: ogni oggetto si poteva distinguere, quasi come di giorno. Ma, fin dove arrivava lo sguardo, non appariva indizio di persona vivente. Contiguo[9] però al muro laterale della chiesa, e appunto dal lato che rispondeva verso la casa parrocchiale, era un 50 piccolo abituro[10], un bugigattolo, dove dormiva il sagrestano. Fu questo riscosso da quel disordinato grido, fece un salto, scese il letto in furia, aprì l'impannata[11] d'una sua finestrina, mise fuori la testa, con gli occhi tra' peli[12] e disse: «cosa c'è?»

«Correte, Ambrogio! aiuto! gente in casa,» gridò verso lui don Abbondio. «Vengo subito», rispose quello; tirò indietro la testa, richiuse la sua impannata, e, 55 quantunque mezzo tra 'l sonno, e più che mezzo sbigottito, trovò su due piedi un espediente per dar più aiuto di quello che gli si chiedeva, senza mettersi lui nel tafferuglio[13], quale si fosse. Dà di piglio alle brache[14], che teneva sul letto; se le caccia sotto il braccio, come un cappello di gala, e giù balzelloni per una scaletta di legno; corre al campanile, afferra la corda della più grossa di due campanette 60 che c'erano, e suona a martello[15].

Ton, ton, ton, ton: i contadini balzano a sedere sul letto; i giovinetti sdraiati sul fenile, tendon l'orecchio, si rizzano. «Cos'è? Cos'è? Campana a martello! fuoco? ladri? banditi?»

Molte donne consigliano, pregano i mariti, di non moversi, di lasciar correre gli 65 altri: alcuni s'alzano, e vanno alla finestra: i poltroni, come se si arrendessero alle preghiere, ritorman sotto: i più curiosi e più bravi scendono a prender le forche e gli schioppi, per correre al rumore: altri stanno a vedere.

Alessandro Manzoni, *I promessi sposi*, Milano, Garzanti, 1980

8. sopruso: prepotenza.
9. Contiguo: vicino, confinante.
10. abituro: misera costruzione.
11. impannata: telo che sostituiva il vetro delle finestre, nelle

case particolarmente povere.
12. con... peli: con gli occhi ancora velati di sonno.
13. tafferuglio: confusione.
14. Dà... brache: afferra in fret-

ta i pantaloni.
15. a martello: a rintocchi sonori e cadenzati. Era il tipo di scampanata usato come segnale di pericolo.

518

La realtà come storia • UNITÀ 15

SCHEDA DI ANALISI

Il tema e il messaggio

● Nel XVII secolo, epoca in cui i matrimoni erano spesso l'effetto della costrizione delle famiglie o della volontà di qualche potente, era prevista dalla legislazione vigente e ammessa (pur controvoglia) dalla Chiesa una particolare procedura rituale: il cosiddetto **matrimonio "a sorpresa"**. In essa, sono i contraenti stessi a "imporre" il matrimonio al sacerdote, che diventa così non tanto l'amministratore di un importante sacramento, quanto soltanto il funzionario addetto alla sua registrazione formale.

● Manzoni si era documentato a lungo su questa pratica e, in questo passo del romanzo, ne mette in evidenza tutte le caratteristiche, attraverso il comportamento dei personaggi che vi sono coinvolti. Ma ciò che all'autore preme maggiormente – tanto da interrompere il racconto per specificarlo esplicitamente, attraverso una riflessione amara sull'attualità delle vicende da lui narrate – è far comprendere al lettore il fatto che **a questa soluzione estrema gli "umili" sono stati costretti dalla prepotenza del male**: dalla incapacità del rappresentante della Chiesa di far fronte alla loro legittima richiesta, e dal senso d'impotenza di cui si sente vittima chi sa di avere dei diritti ma non ha i mezzi per farli valere.

● Lucia, più di tutti gli altri personaggi, è consapevole che il gesto che sta per compiere non solo non è quello che aveva da tempo sperato, ma è **al limite tra legalità e illegalità**; ma, come gli altri, se ne sente costretta e lo accetta, pur con il terrore nel cuore.

● Gli "umili" escono sconfitti da questa rocambolesca avventura; don Abbondio, invece, risulta il trionfatore di questa notte degli imbrogli, grazie all'inattesa presenza di spirito con cui reagisce in modo fulmineo al pericolo e riesce a evitarlo.

● Anche l'episodio del matrimonio "a sorpresa", sapientemente presentato da Manzoni con un taglio **tra il serio e il comico**, è un'allegoria narrativa che **nasconde un insegnamento**: non ci si deve "arrangiare", con mezzi al limite della legalità, in quanto si rischia di essere doppiamente sconfitti, non ottenendo ciò che si voleva e passando dalla parte del torto; meglio invece far valere i propri diritti in maniera legittima, pur sapendo che spesso soltanto l'intervento della Provvidenza divina può ristabilire una giustizia terrena.

I personaggi

● In questo brano agiscono **personaggi di primo piano**, alcuni **secondari**, che svolgono una funzione di "coronamento" dell'azione, e infine delle semplici **comparse**.

● **Tonio e don Abbondio sono i protagonisti**

dell'azione. Tonio è colui che, quasi da solo, mette in pratica il piano escogitato, dimostrando una certa abilità di "attore" e "regista": sa comportarsi con equilibrio nei confronti del parroco, mostrandosi condiscendente al suo volere e rispettoso; e, allo stesso tempo, si dimostra deciso e risoluto nei confronti del fratello **Gervaso** (**comparsa**) e dei due giovani, nascosti dietro la porta dello studio di **don Abbondio**. Quest'ultimo è il vero punto focale della scena; Manzoni lo rappresenta qui in tutte le sue sfumature caratteriali, cucendogli addosso il ruolo improbabile di **mattatore della scena**: se – visto il carattere timoroso e insicuro del parroco – ognuno già lo vede nei panni dell'inevitabile vittima degli eventi, egli alla fine risulterà invece addirittura il vincitore, padrone assoluto della situazione.

● Sono invece poco più che **comparse Renzo** e – soprattutto – **Lucia**, che si lascia trascinare sottobraccio, quasi inconsapevole di ciò che sta per fare, convinta in cuor suo che sarebbe meglio per tutti rinunciare all'impresa.

La lingua e lo stile

● La lingua e lo stile di questo brano sono **vari e diversi** quanto lo sono i personaggi che lo animano. Infatti, **ogni personaggio si esprime con la lingua che gli è propria**, a seconda della sua condizione culturale e sociale e del ruolo svolto all'interno dell'azione.

● **Don Abbondio**, dapprima sospettoso e quasi incredulo di fronte a Tonio e Gervaso, passa rapidamente dall'autocommiserazione all'autorevolezza e al sarcasmo (*ora sarete contento?*) per poi assumere il controllo della situazione di cui stava per essere vittima, con la forza insospettabile attraverso cui chiede aiuto a gran voce (*tradimento! Aiuto! fuori di questa casa! fuori di questa casa!*).

● Magistrale è la **sintesi dello stato d'animo** del personaggio compiuta da Manzoni (*Don Abbondio, vide confusamente, poi vide chiaro, si spaventò, si stupì, s'infuriò, pensò, prese una risoluzione*), così come la descrizione altrettanto sintetica e, ciononostante, perfettamente efficace, della sua reazione (*Don Abbondio, sorpreso, messo in fuga, spaventato, mentre attendeva tranquillamente a' fatti suoi*).

● Il brano presenta un **ritmo in crescendo**, che inizia con *lo stropiccio de' quattro piedi* e raggiunge il suo culmine nell'agitazione incontrollata di Gervaso (*spiritato, gridava e saltellava, cercando l'uscio di scala, per uscire a salvamento*), nella totale confusione nella stanza improvvisamente caduta nell'oscurità e nell'immediata reazione di don Abbondio (*si diede a gridare: «aiuto! aiuto!»*).

519

PARTE 3 · Percorso di letteratura

Laboratorio sul testo

Comprendere

1. Che cosa sta facendo don Abbondio all'inizio della scena?
2. Per quale ragione, ufficialmente, Tonio e Gervaso sono andati a scomodare il parroco a tarda ora e con quale scopo nascosto?
3. Di che cosa è segnale lo stropiccio dei piedi di Tonio e Gervaso?
4. Come reagisce don Abbondio non appena sente le parole di Renzo, comparsogli di fronte all'improvviso?
5. Indica sinteticamente come reagiscono a questo punto i personaggi in scena, completando lo schema.

Personaggio	Azioni	Parole	Scopo
Tonio			
Gervaso			
Renzo			
Lucia			
Don Abbondio			

6. In che modo don Abbondio chiede soccorso?
7. Con quale azione Ambrogio risponde alla richiesta di aiuto?
8. Che cosa succede nel villaggio?
9. Quali sono le azioni e i comportamenti che dimostrano, in maniera particolare, una presenza di spirito e una risolutezza insospettate nel personaggio di don Abbondio?

Interpretare

10. *Non possiam lasciar di fermarci un momento a fare una riflessione. Renzo, che strepitava di notte in casa altrui, che vi s'era introdotto di soppiatto, e teneva il padrone stesso assediato in una stanza, ha tutta l'apparenza d'un oppressore; eppure, alla fin de' fatti, era l'oppresso. Don Abbondio, sorpreso, messo in fuga, spaventato, mentre attendeva tranquillamente a' fatti suoi, parrebbe la vittima; eppure, in realtà, era lui che faceva un sopruso* (rr. 36-41). Spiega il significato di questa riflessione dell'autore.
11. Come reagiscono gli abitanti del paese al suono delle campane a martello, segnale di pericolo collettivo? Che cosa vuole comunicare al lettore Manzoni descrivendo la varietà dei comportamenti della popolazione?
12. L'intero episodio è stato definito come una "scena da commedia". Per quali motivi, secondo te?

Analizzare le tecniche

Personaggi

13. Compila sul quaderno una tabella, in cui metti a confronto i vari personaggi sotto il profilo psicologico e comportamentale, esplicitando inoltre le funzioni narrative da essi svolte.

La realtà come storia · UNITÀ 15

Stile

14. Nel brano la presenza del narratore onnisciente si palesa in un passo preciso. Individualo nel testo, spiegando le ragioni della tua scelta.

15. Perché il ritmo del brano è in crescendo? Rispondi specificando in quali passaggi del testo questo aspetto è maggiormente evidente.

16. *Era il più bel chiaro di luna; l'ombra della chiesa, e più in fuori l'ombra lunga ed acuta del campanile, si stendeva bruna e spiccata sul piano erboso e lucente della piazza: ogni oggetto si poteva distinguere, quasi come di giorno* (rr. 44-47). Indica la funzione narrativa di tale descrizione.
a) ☐ Presentare la bellezza del paesaggio circostante nella tranquillità notturna.
b) ☐ Scrivere un passo di prosa "poetica".
c) ☐ Realizzare una pausa nella narrazione, come punto di partenza di nuove azioni.
d) ☐ Permettere al lettore di partecipare a fondo all'atmosfera della narrazione.

Padroneggiare la lingua

Lessico

17. Indica le figure retoriche presenti nei seguenti passi.
Don Abbondio, vide confusamente, poi vide chiaro, si spaventò, si stupì, s'infuriò, pensò, prese una risoluzione: …
Ton, ton, ton, ton: ….

18. Per ciascuno dei personaggi in scena, trascrivi i verbi che, secondo te, meglio lo rappresentano nello sviluppo della situazione. Segui l'esempio fornito.
Don Abbondio: *rilesse attentamente; s'infuriò; balzando tra la seggiola e il tavolino; andò cercando a tastoni l'uscio; si diede a gridare; …*

Renzo: ....

Lucia: ....

Gervaso: ....

Tonio: ....

Ambrogio: ....

Gli abitanti del borgo: ....

Grammatica

19. *Tonio, allungando la mano per prender la carta, si ritirò da una parte; Gervaso, a un suo cenno, dall'altra; e, nel mezzo, come al dividersi d'una scena, apparvero Renzo e Lucia.*

La capacità manzoniana di organizzare la scena come un abile "regista", scandendo alla perfezione i tempi dell'azione, è particolarmente evidente in questo brano. Attraverso quali elementi l'autore scandisce con precisione la tempistica della scena?
a) ☐ Lessico.
b) ☐ Punteggiatura.
c) ☐ Costruzione del periodo.
d) ☐ Disposizione delle parole.

Produrre

20. L'episodio del matrimonio a sorpresa è ambientato in un'atmosfera a metà tra il comico e il serio, fornendo così al lettore motivi di sorriso e di divertimento, ma anche spunti di riflessione sul significato della vita. Scrivi un testo espositivo-argomentativo di circa una pagina su tale tema.

521

Lev Tolstoj

La vita e le opere

La vita Lev Tolstoj nasce nel 1828 nella tenuta familiare di Jasnaja Poljana, circa duecento chilometri a sud di Mosca. Rimasto orfano, viene allevato dalle zie, molto religiose. Da giovane conduce una vita piuttosto disordinata; si iscrive prima alla facoltà di Filosofia, poi a quella di Giurisprudenza, ma non porta a termine gli studi universitari. Il suo arruolamento e la partecipazione alla **guerra di Crimea** si rivelano esperienze drammatiche a livello umano, ma anche decisive a livello letterario, in quanto gli forniscono materiale per alcune delle sue opere più famose. Congedatosi dall'esercito, Tolstoj intraprende un lungo viaggio attraverso l'Europa centrale, tra Francia, Germania, Inghilterra e Svizzera. Nel 1862 si sposa con Sofia Andreevna Bers e si ritira nella sua tenuta familiare, dove vivrà il resto dei suoi giorni, dedicandosi non solo alla letteratura, ma anche all'educazione dei figli dei contadini e alla battaglia politica per la difesa dei diritti dei più deboli. Negli ultimi decenni della sua vita viene interessato da una **profonda crisi spirituale**, attraverso la quale si avvicina a una forma estrema, quasi mistica, di cristianesimo, ispirata ai principi del Vangelo. Questa sua radicale conversione lo convince infine della necessità per lui di abbandonare tutti i suoi averi e di dedicarsi completamente alla religione. Tale decisione, tuttavia, finisce per causare gravi dissapori con sua moglie e i membri della sua famiglia; nel 1910, all'età di ottantadue anni, egli fugge di casa per attuare finalmente il suo progetto di vita, ma dopo pochi giorni di viaggio muore di polmonite nella stazione ferroviaria del villaggio di Astapovo.

Le opere principali Tolstoj scrive, a partire dagli anni Cinquanta, racconti, favole per ragazzi, testi dedicati alla pedagogia, alla politica, alla religione; ma le opere più importanti sono senza dubbio i suoi romanzi, che otterranno in seguito un enorme successo internazionale.
Tra i più importanti, segnaliamo innanzitutto quello che è generalmente considerato il suo capolavoro, *Guerra e pace*, scritto tra il 1863 e il 1869, nel quale l'autore tratteggia un grande affresco sociale della Russia di inizio Ottocento, impegnata nella guerra contro la Francia napoleonica. Il romanzo successivo, *Anna Karenina* (1873-1877) è il superbo ritratto di una giovane donna, sposata a un alto funzionario che non ama e che tradisce con un altro uomo; ma dopo tale atto d'infedeltà, essa finirà per soccombere sotto le accuse ipocrite dell'alta borghesia a cui appartiene e deciderà infine di togliersi la vita. *La morte di Ivan Il'ic* (1886) è ancora una volta un'accusa agli ideali borghesi, anche se mette in scena un percorso morale molto differente: è il racconto della vita di un giudice consigliere di Corte d'Appello che, sentendo la morte avvicinarsi, compie una profonda riflessione sulla propria esistenza, rendendosi conto della pochezza e della falsità della vita borghese condotta sinora; la conversione a valori morali più alti gli restituirà la serenità proprio in punto di morte. *Resurrezione* (1900), infine, è un'opera ricca di riflessioni su importanti problematiche individuali e sociali; Tolstoj vi descrive l'angoscia profonda di un uomo di coscienza succube del meccanismo della burocrazia statale, attraverso una decisa denuncia, in particolare, della disumanità delle condizioni carcerarie e dell'assurdità delle istituzioni giudiziarie dell'epoca.

Guerra e pace

L'ambientazione storica La vicenda è ambientata durante le guerre napoleoniche che all'inizio dell'Ottocento opposero l'esercito francese, in espansione verso l'Europa orientale, alle forze alleate di Austria e Russia. Si tratta di un **romanzo corale**, che narra la storia di numerosi personaggi che intrecciano le proprie esistenze; tra questi, spiccano i rappresentanti delle famiglie Bolkonskij e Rostov e il loro comune amico Pierre Bezuchov.

La trama Il romanzo si apre con un ritratto dell'alta società russa nel 1805. In questo anno, il principe **Andrej Bolkonskij**, ufficiale di Stato Maggiore dell'esercito russo, viene ferito durante la battaglia di Austerlitz e fatto prigioniero. Guarito e liberato, fa ritorno a casa, dove la sera stessa del suo rientro l'amata moglie Lisa muore nel dare alla luce un figlio; tale evento lo distrugge psicologicamente, lasciandolo per anni in preda a un'angoscia tormentosa. Qualche anno dopo, a un ballo di corte, Andrej conosce **Natasha Rostova**, giovane donna molto sensibile e bella. Tra i due nasce l'amore e il principe decide di sposarla; la giovane è però accolta con freddezza dalla famiglia di lui, tanto che la ragazza, offesa, decide infine di rompere il fidanzamento. In quel frangente, essa cade vittima del fascino di **Anatole Kuragin**, uomo frivolo e superficiale; un suo tentativo di rapimento della giovane fallisce, grazie all'intervento di **Pierre Bezuchov**. Dopo questi episodi, Natasha si ritrova sola e infelice.

Nel 1812 russi e francesi si scontrano di nuovo nella **battaglia di Borodino**, che costerà centinaia di morti e migliaia di feriti da ambo le parti. Tra i feriti, ritroviamo sia Andrej sia Anatole, i due rivali in amore; ma l'esperienza della sofferenza finirà per unirli, annullando le ragioni della loro inimicizia. Qualche giorno dopo, Natasha raggiunge il campo di battaglia per prendersi cura di Andrej, rinnovandogli il proprio amore. Ma le sue condizioni sono disperate; egli morirà sereno tra le braccia di Natasha, dopo aver sperimentato l'**importanza dell'amore, della pietà e del perdono tra gli uomini**.

La conclusione del romanzo Intanto, un **furioso incendio** distrugge gran parte della città di Mosca. Tra i sopravvissuti c'è il conte Pierre Bezuchov, animato dal folle progetto di uccidere Napoleone Bonaparte allo scopo di salvare l'Europa. Fatto prigioniero dai francesi, conosce il soldato semplice **Platon Karataev**, che con la sua bontà e saggezza gli inculca i valori della forza redentrice del perdono e del sentimento di fratellanza tra tutti gli uomini. Karataev morirà durante la ritirata delle truppe francesi dalla Russia, mentre Pierre riuscirà a raggiungere Mosca, dove ritroverà Natasha, di cui è sempre stato innamorato.

Il matrimonio tra Pierre e Natasha, così come quello tra Nikolaj Rostov e la principessa Maria Bolkonskij concludono le vicende raccontate nel romanzo; la **serenità** e la **pace ritrovata** fanno da sfondo all'epilogo di questa grande epopea del popolo russo.

PARTE 3 • Percorso di letteratura

 Il ferimento del principe Andrej

- **GENERE**
  Romanzo storico
- **LUOGO E TEMPO**
  Campo di battaglia di Borodino; settembre 1812
- **PERSONAGGI**
  Il principe Andrej; il medico e gli infermieri; Anatole Kuragin

Nel 1812 l'esercito napoleonico e quello russo, guidato dal generale Kutuzov, si affrontano presso il villaggio di Borodino in quella che verrà ricordata come la "battaglia della Moscova". Le truppe francesi avranno la meglio: il generale Kutuzov muore e Andrej, colpito da una granata nemica, è trasportato nell'infermeria del campo. Qui, a diretto contatto con il dramma della sofferenza e della morte di tanti soldati, si sente pervaso da un insperato amore per la vita e, proprio ora che sta per perderla capisce finalmente quanto valore essa abbia. In nome di quell'amore universale, che ciascuno è sempre in grado di dare e di ricevere, Andrej può perdonare anche Anatole, ex-rivale in amore e causa dell'infelicità dell'amata Natasha, ora agonizzante a pochi metri da lui.

Il principe Andrej fu portato nella tenda e deposto su una tavola appena sgombrata, dalla quale l'infermiere faceva scolare qualche cosa. Il principe Andrej non poté distinguere nei particolari cosa ci fosse sotto la tenda. I lamenti strazianti che venivano da varie parti, il dolore tormentoso al fianco, al ventre e
5 alla schiena lo distraevano. E tutto quel che vedeva intorno a sé gli si confondeva nell'impressione generale di un corpo umano nudo insanguinato che sembrava empire tutta quella tenda bassa, come alcune settimane prima, in una calda giornata di agosto, quel medesimo corpo empiva lo stagno fangoso sulla strada di Smolensk[1]. Sì, era quello stesso corpo, quella *chair à canon*[2], la cui vista già allora,
10 come un presagio di quel che provava adesso, gli aveva fatto orrore.

Delle tre tavole che erano nella tenda, due erano occupate: sulla terza era stato posto il principe Andrej. [...] Sull'altra tavola, intorno alla quale si accalcavano molte persone, giaceva supino un uomo grande, robusto, con la testa riversa (i capelli ricciuti, il loro colore e la forma del capo sembrarono stranamente noti
15 al principe Andrej). Alcuni infermieri facevano forza sul petto di quell'uomo e lo tenevano fermo. Una gamba bianca, grossa e carnosa era scossa da fitti, continui e rapidi moti febbrili. L'uomo singhiozzava convulsamente, soffocando. Due medici, in silenzio (uno di essi era pallido e tremava), erano intenti a non so che operazione sull'altra sua gamba, tutta rossa. Quando ebbe finito col tartaro[3], sul
20 quale fu gettato un cappotto, il medico con gli occhiali si avvicinò, asciugandosi le mani, al principe Andrej.

Gli gettò uno sguardo in viso e si voltò subito.

«Spogliatelo! Cosa aspettate?» gridò irosamente agli infermieri. I più lontani ri-

---

1. Smolensk: città della Russia, a Sud-Ovest di Mosca, dove c'erano stati violenti scontri tra l'esercito russo e quello francese.
2. *chair à canon*: espressione francese che significa "carne da cannone", cioè "carne da macello".
3. tartaro: soldato proveniente da una delle regioni meridionali della Russia. Il soldato non è sopravvissuto alle cure dei medici e il suo cadavere viene ricoperto con il cappotto della divisa.

524

cordi della prima infanzia si affacciarono alla memoria del principe Andrej, mentre
l'infermiere, dopo essersi rimboccate le maniche, lo sbottonava e lo spogliava con
mani frettolose. Il dottore si curvò sulla ferita, la tastò e sospirò profondamente.
Poi fece un cenno a qualcuno. Lo spasimo tormentoso nel profondo delle viscere[4] fece perdere la coscienza al principe Andrej. Quando rinvenne, i frammenti
dell'osso spezzato del femore erano stati asportati, brandelli di carne erano stati
tagliati e la ferita era stata fasciata. Non appena gli spruzzarono acqua sul viso aprì
gli occhi; il dottore si chinò su di lui, lo baciò in silenzio sulle labbra e si allontanò
in fretta. Dopo la sofferenza patita, il principe Andrej sentiva un senso di beatitudine, quale da tempo non aveva più provato. Tutti i momenti più belli e più felici
della sua vita, soprattutto della sua più lontana infanzia, di quando lo svestivano
e le mettevano nel lettino, di quando la bambinaia, cullandolo, cantava chinandosi sopra di lui, di quando, con la testa sprofondata nel guanciale, si sentiva felice
per la sola consapevolezza di vivere, si presentarono alla sua immaginazione, non
come cose passate, ma come una realtà.

I dottori si agitavano intorno a quel ferito, la forma della cui testa non era parsa
nuova al principe Andrej: lo sollevavano, lo calmavano.

«Fatemela vedere... Ooooh! oh! oooh!» risuonava il suo lamento, interrotto
dai singhiozzi, un lamento pieno di paura e rassegnato alla sofferenza.

Udendo quel lamento, il principe Andrej si sentiva salire dentro un desiderio
di pianto. Forse perché moriva senza gloria, forse perché gli rincresceva di separarsi dalla vita, forse per quelle irrevocate memorie infantili, forse perché soffriva,
perché gli altri soffrivano e quell'uomo lì accanto si lamentava così pietosamente,
certo egli aveva un gran desiderio di piangere, piangere lacrime infantili, buone,
quasi gioiose.

Al ferito fu mostrata, nello stivale imbrattato di grumi di sangue, la sua gamba
tagliata.

«Oh! Oooh!» singhiozzò come una donna. Il medico che stava davanti al ferito
nascondendo la faccia si scostò.

«Dio mio, che è mai? Perché è qui?» domandò a sé stesso il principe Andrej.

Nello sventurato che singhiozzava, nell'uomo sfinito al quale era stata appena
amputata una gamba, egli aveva riconosciuto Anatole Kuragin. Ad Anatole, sorretto sotto le braccia, qualcuno offriva un bicchier d'acqua di cui egli non riusciva
a toccare l'orlo con le labbra rigonfie e tremanti. Anatole singhiozzava penosa-
mente. "Sì, è proprio lui; sì, quest'uomo è legato alla mia vita in modo intimo e
doloroso" pensava il principe Andrej, senza ancora comprendere con chiarezza
ciò che accadeva. "E in che consiste il legame di quest'uomo con la mia infanzia,
con la mia vita?" si domandava, senza trovar risposta. Improvvisamente un nuovo, inatteso ricordo che veniva dal puro e amoroso mondo infantile si presentò
al principe Andrej. Gli risovvenne Natasha, quale l'aveva veduta la prima volta,
a un ballo nel 1810, con il collo sottile, le braccia esili, il viso sgomento e felice,

---

4. spasimo... viscere: il dolore acuto che avvertiva nella pancia.

PARTE 3 · Percorso di letteratura

65 pronto all'entusiasmo; e il suo amore e la sua tenerezza per lei furono più vivi, più forti di quando gli erano sorti nell'anima. Ricordò allora quale fosse il legame che lo univa a quell'uomo, che lo guardava attraverso le lacrime che gli colmavano gli occhi appannati e gonfi. Il principe Andrej ricordò, e fervida pietà e amore per quell'uomo colmarono il suo cuore felice.

70 Il principe Andrej non poté resistere oltre e pianse lacrime di tenerezza e d'amore sugli uomini tutti, su se stesso, sui loro e sui suoi propri errori.

"Compassione, amore per i nostri fratelli, per chi ci ama e per chi ci odia; amore per i nostri nemici; sì, quest'amore che Dio ha predicato sulla terra, che la principessina Maria[5] mi insegnava e che io non capivo, ecco perché rimpiangevo la vita,

75 ecco ciò che ancora mi sarebbe rimasto, se avessi potuto vivere.

Ma ora è troppo tardi. Lo so!"

Lev Tolstoj, *Guerra e pace*, Milano, Mondadori, 1965

5. principessina Maria: la sorella maggiore di Andrej.

SCHEDA DI ANALISI

Il tema e il messaggio

● La vicenda personale del principe Andrej è legata a doppio filo con quella della guerra tra l'esercito napoleonico e le forze alleate russe e austriache. Esplicitare nel romanzo i nomi dei personaggi (il generale Kutuzov), dei luoghi (Borodino, Smolensk), delle **situazioni storiche reali** non risponde alla semplice esigenza di rendere più realistica la narrazione; questi elementi sono piuttosto **componenti interne del romanzo**, che determinano perciò direttamente il destino dei personaggi e lo sviluppo degli eventi della trama. La storia dei popoli incontra e dirige la storia dei personaggi del romanzo.

● Nella totalità dell'opera, in questo brano in particolare, Tolstoj ci mostra una realtà storica drammatica, caratterizzata dalla tragicità della **guerra**, rappresentata attraverso la descrizione dell'orrore che la contraddistingue e dalla distruzione che lascia sempre dietro di sé.

● L'autore e il personaggio sono tuttavia capaci, di fronte allo strazio della sofferenza, della forza necessaria per ricavare dalla tragedia una **riflessione morale**. Andrej prova infatti *fervida pietà e amore* per Kuragin, l'uomo che aveva odiato in quanto artefice dell'infelicità dell'amata Natasha. Le lacrime che egli non può trattenere sono la testimonianza fisica del **sentimento di perdono e fratellanza** da lui provato in questo momento. Sentire pietà per quell'uomo che soffre accanto a lui dà un senso alla sua vita. Soltanto ora egli ha consapevolezza di tutto... *Ma ora è troppo tardi*.

Le sequenze descrittive e riflessive

● L'autore costruisce un testo in cui a brevi parti narrative si alternano **sequenze descrittive** e **riflessive**. In questo modo, il lettore viene gradualmente condotto dal piano della concretezza degli eventi a quello dell'interiorità dei sentimenti e delle sensazioni dei personaggi, fino a più generali **riflessioni d'ordine morale**, dal carattere profondamente cristiano.

● In tal senso, la **descrizione esasperata** dei brandelli sanguinolenti dei corpi straziati dei feriti, gettati sul nudo legno di tavolate allestite alla bell'e meglio sotto la tenda di una infermeria di campo, è la materia concreta di cui l'autore si serve per esprimere l'atrocità della guerra e per introdurre l'analisi dei **sentimenti di Andrej** e il percorso dei suoi pensieri, che vanno dal passato al presente, dall'illusione alla realtà.

La lingua e lo stile

● Prima di pubblicarlo, Tolstoj ha corretto e riscritto per sette volte *Guerra e pace*. La sua ricerca di una rappresentazione il più vicino possibile alla **verità storica** lo porta a compiere dettagliate ricerche negli archivi storici e a intervistare gli ultimi soldati sopravvissuti al disastro dell'armata russa. **L'oggettività della narrazione** riguarda non solo i dati storici, ma anche la descrizione dettagliata della scena da raccontare; essa si concretizza, in questo brano, nei *fitti, continui e rapidi moti febbrili* che scuotono il corpo di quel soldato ferito che mostra la sua *gamba, tutta*

La realtà come storia · U N I T À 15

rossa; nei *frammenti dell'osso spezzato del femore*, nei *brandelli di carne* (che) *erano stati tagliati*; nei *grumi di sangue della sua gamba tagliata* che *imbrattano* ancora il suo stivale.

● Ma l'autore sa anche **rappresentare i sentimenti umani** con acuta sensibilità, particolarmente evidente nella digressione dedicata ai pensieri di Andrej: in questa circostanza tragica egli rivive *tutti i momenti più belli e più felici della sua vita, soprattutto quelli della sua più lontana infanzia.* Quelle *irre-*vocate *memorie infantili* sono il punto di partenza per un'immediata e totale comprensione della propria condizione e per una radicale conversione a valori tipicamente cristiani, ma che in verità sono universali: il suo dispiacere di *separarsi dalla vita*; il suo desiderio di *piangere lacrime infantili, buone, quasi gioiose; fervida pietà e amore (che) colmarono il suo cuore felic*e, la *compassione e amore per i nostri fratelli, per chi ci ama e per chi ci odia.*

Laboratorio sul testo

Comprendere

1. Il principe Andrej viene portato in una tenda: a che cosa era adibita?
2. Quali sono le condizioni fisiche di Andrej quando viene portato nella tenda?
3. Quali particolari fisici del suo vicino di sofferenza colpiscono Andrej, in quanto gli sembrano noti?
4. Quale operazione stanno svolgendo gli infermieri sul corpo del vicino?
5. Il medico si comporta in modo differente verso il soldato e verso Andrej. In che modo?

Interpretare

6. Come spieghi il bacio con cui il medico saluta Andrej prima di allontanarsene?
7. Nel testo, l'autore insiste molto sulla relazione tra la situazione presente del personaggio e il ricordo del suo passato: la prima, dolorosa e angosciante, il secondo, lieto e confortevole. Riscrivi nello schema alcuni brani che ritieni più rappresentativi di ciascuna di queste due realtà.

Il presente doloroso	I ricordi lieti

8. *Il principe Andrej non poté resistere oltre e pianse.* Da che cosa è causato, secondo te, il pianto di Andrej?
   a) ☐ L'insopportabile dolore in tutto il corpo.
   b) ☐ La compassione per tutti gli uomini e i loro errori.
   c) ☐ La felice serenità che accompagna i ricordi d'infanzia.
   d) ☐ L'odio che prova verso Anatole.

PARTE 3 · Percorso di letteratura

9. Trascrivi le parole del testo in cui è più evidente la concezione morale dell'autore e dunque il messaggio che egli affida all'opera.

Analizzare

Sequenze
10. Individua nel testo una sequenza narrativa, una descrittiva e una riflessiva, e indicale a margine rispettivamente con le lettere N, D, R.
11. Quale funzione svolgono le ripetute sequenze descrittive e riflessive?

Personaggi
12. Oltre al protagonista Andrej, quali sono gli altri personaggi rilevanti nel testo?
13. Di quali di essi l'autore dà una descrizione fisica o psicologica? Lo fa in forma diretta o indiretta?
14. In questo brano, la comunicazione fra i personaggi avviene meno con le parole che con i gesti. Porta un esempio di questa maniera "corporea" che i personaggi hanno di esprimersi tra di loro.

Punto di vista
15. Qual è la focalizzazione adottata? Contrassegna la risposta che ti sembra corretta e motiva la scelta.
   a) ☐ È zero, perché il narratore è onnisciente, vede e sa tutto.
   b) ☐ È prevalentemente interna, il punto di vista è quello di Andrej.
   c) ☐ È variabile: a volte onnisciente, a volte interna.
   d) ☐ È esterna, perché impersonale e oggettiva.

Padroneggiare la lingua

Lessico
16. *Forse per quelle irrevocate memorie infantili…* Qual è il significato dell'aggettivo *irrevocate*, in questo contesto?

Grammatica
17. Leggi i due seguenti passi del testo e poi indica se le affermazioni su di essi sono vere (V) o false (F).
   A) *Il dottore si curvò sulla ferita, la tastò e sospirò profondamente. Poi fece un cenno a qualcuno. Lo spasimo tormentoso nel profondo delle viscere fece perdere la coscienza al principe Andrej. Quando rinvenne, i frammenti dell'osso spezzato del femore erano stati asportati.*
   B) *Forse perché moriva senza gloria, forse perché gli rincresceva di separarsi dalla vita, forse per quelle irrevocate memorie infantili, forse perché soffriva, perché gli altri soffrivano e quell'uomo lì accanto si lamentava così pietosamente, certo egli aveva un gran desiderio di piangere, piangere lacrime infantili, buone, quasi gioiose.*

   • Nel brano A la struttura del periodo è paratattica (per coordinazione).   V ☐ F ☐
   • Nel brano B la struttura del periodo è ipotattica (per subordinazione).   V ☐ F ☐
   • Entrambi i brani alternano una struttura paratattica con una ipotattica.   V ☐ F ☐
   • La struttura paratattica rende più veloce il ritmo del racconto.   V ☐ F ☐
   • La struttura ipotattica permette un più articolato sviluppo del discorso narrativo.   V ☐ F ☐

Produrre

18. Con quali altre riflessioni di Andrej potrebbe continuare il brano, dopo la raggiunta consapevolezza che ora è troppo tardi? Mantenendo la forma espressiva del testo originale, immagina e scrivi tu la continuazione dei pensieri del personaggio.

VERIFICA UNITÀ 15 La realtà come storia

Sapere e Saper fare

PalestraInterattiva

1. Vero o falso?

a) La corrente culturale erede dell'Illuminismo e che si ispirò ai suoi ideali fu il Romanticismo.   V ☐ F ☐

b) Il Romanticismo, nato in Francia, si diffuse soprattutto nei Paesi mediterranei d'Europa.   V ☐ F ☐

c) Storia, interiorità e natura sono gli elementi base del Romanticismo letterario.   V ☐ F ☐

d) In Inghilterra con il Romanticismo si riscoprirono antiche tradizioni e leggende medioevali.   V ☐ F ☐

e) In Italia il Romanticismo ebbe una precisa connotazione patriottica.   V ☐ F ☐

f) È possibile parlare di un Romanticismo unico e omogeneo in Italia.   V ☐ F ☐

g) Boccaccio, Manzoni e Scott sono i principali rappresentanti del Romanticismo.   V ☐ F ☐

h) *Ivanhoe* dell'inglese Walter Scott è uno dei primi esempi di romanzo storico di ispirazione romantica.   V ☐ F ☐

i) Il romanzo storico ha come fine la narrazione di fatti ambientati in una precisa e dettagliata realtà storica.   V ☐ F ☐

l) Il romanzo storico è tale soltanto se sviluppa una vicenda ambientata nei secoli del Medioevo.   V ☐ F ☐

m) Il romanzo storico è il risultato della fusione della narrazione di vicende individuali, vicende storiche reali e vicende collettive.   V ☐ F ☐

n) La forma narrativa di maggiore successo nella prima metà del XIX secolo in Europa fu il romanzo storico.   V ☐ F ☐

o) Il romanzo storico non ha alcun intento educativo, ma unicamente informativo.   V ☐ F ☐

2. Rispondi alle seguenti domande.

a) Quali sono i motivi del grande successo ottenuto da *Ivanhoe* di Walter Scott?

b) Su quale sfondo storico si ambientano le vicende raccontate nell'opera?

c) A quali funzioni, secondo Manzoni, deve assolvere il genere romanzo?

d) Qual è il ruolo della Provvidenza divina nei *Promessi sposi*?

e) Quale cambiamento radicale interessa gli ultimi anni di vita di Lev Tolstoj?

f) Quali sono i temi che emergono maggiormente all'interno della sua produzione letteraria?

VERIFICA UNITÀ 15

Sapere e Saper fare

Comprendere e interpretare un testo

Focus: il mutamento di condizione

Leggi il racconto e poi rispondi ai quesiti.

VERIFICAlim

 Alessandro Manzoni
Don Rodrigo tradito

All'inizio del capitolo XXXIII, dopo avere presentato con ricchezza di particolari la situazione di Milano, la cui popolazione è stata ampiamente colpita dalla peste, Manzoni riporta in scena un personaggio che nei capitoli precedenti era stato del tutto assente: don Rodrigo. Anch'egli si trova a Milano per ritrovarsi con amici e parenti e, dopo una serata di baldoria, riportato a casa dal fedele Griso, capo dei suoi uomini, si accorge di essere stato colpito dal terribile morbo.

L'uomo si vide perduto: il terror della morte l'invase, e, con un senso per avventura più forte, il terrore di diventar preda de' monatti[1], d'esser portato, buttato al lazzeretto. E cercando la maniera
5 d'evitare quest'orribile sorte, sentiva i suoi pensieri confondersi e oscurarsi, sentiva avvicinarsi il momento che non avrebbe più testa[2], se non quanto bastasse per darsi alla disperazione. Afferrò il campanello, e lo scosse con violenza.
10 Comparve subito il Griso, il quale stava all'erta. Si fermò a una certa distanza dal letto; guardò attentamente il padrone, e s'accertò di quello che, la sera, aveva congetturato[3].
«Griso!» disse don Rodrigo, rizzandosi stentata-
15 mente a sedere: «tu sei sempre stato il mio fido.»
«Sì, signore.»
«T'ho sempre fatto del bene.»
«Per sua bontà.»
«Di te mi posso fidare...»
20 «Diavolo!»
«Sto male, Griso.»
«Me n'ero accorto.»
«Se guarisco, ti farò del bene ancor più di quello che te n'ho fatto per il passato.»
25 Il Griso non rispose nulla, e stette aspettando dove andassero a parare questi preamboli.

«Non voglio fidarmi d'altri che di te,» riprese don Rodrigo:
«Fammi un piacere, Griso.»
30 «Comandi,» disse questo, rispondendo con la formula solita a quell'insolita.
«Sai dove sta di casa il Chiodo chirurgo?»
«Lo so benissimo.»
«È un galantuomo, che, chi lo paga bene, tien se-
35 greti gli ammalati. Va a chiamarlo: digli che gli darò quattro, sei scudi per visita, di più, se di più ne chiede; ma che venga qui subito; e fa la cosa bene, che nessun se n'avveda.»
«Ben pensato,» disse il Griso «vo[4] e torno subito.»
40 «Senti, Griso: dammi prima un po' d'acqua. Mi sento un'arsione[5], che non ne posso più.»
«No, signore,» rispose il Griso «niente senza il parere del medico. Son mali bisbetici[6]: non c'è tempo da perdere. Stia quieto: in tre salti son qui
45 col Chiodo.» Così detto, uscì, raccostando l'uscio. Don Rodrigo, tornato sotto, l'accompagnava con l'immaginazione alla casa del Chiodo, contava i passi, calcolava il tempo.
Ogni tanto ritornava a guardare il suo bubbone[7];
50 ma voltava subito la testa dall'altra parte, con ribrezzo. Dopo qualche tempo, cominciò a stare in orecchi, per sentire se il chirurgo arrivava: e quel-

---

1. monatti: addetti al trasporto di malati e morti al lazzeretto.
2. non avrebbe più testa: non avrebbe avuto più la capacità di ragionare.
3. s'accertò... congetturato: ebbe conferma di quello che aveva ipotizzato (*congetturato*) la sera prima, quando aveva riportato a casa il padrone; cioè che egli fosse stato contagiato.
4. vo: vado.
5. arsione: arsura, terribile sete.
6. bisbetici: difficili da curare.
7. bubbone: il rigonfiamento delle ghiandole linfatiche, primo segno dell'avvenuto contagio.

Un'illustrazione di Francesco Gonin che raffigura don Rodrigo mentre, malato nel suo letto, sente dei rumori sospetti.

lo sforzo d'attenzione sospendeva il sentimento del male, e teneva in sesto i suoi pensieri. Tutt'a un tratto, sente uno squillo[8] lontano, ma che gli par che venga dalle stanze, non dalla strada. Sta attento; lo sente più forte, più ripetuto, e insieme uno stropiccio di piedi: un orrendo sospetto gli passa per la mente. Si rizza a sedere, e si mette ancor più attento; sente un rumor cupo nella stanza vicina, come d'un peso che venga messo giù con riguardo; butta le gambe fuor del letto, come per alzarsi, guarda all'uscio, lo vede aprirsi, vede presentarsi e venire avanti due logori e sudici vestiti rossi, due facce scomunicate, due monatti, in una parola; vede mezza la faccia del Griso che, nascosto dietro un battente socchiuso, riman lì a spiare. «Ah traditore infame!... Via, canaglia! Biondino! Carlotto![9] aiuto! son assassinato!» grida don Rodrigo; caccia una mano sotto il capezzale, per cercare una pistola; l'afferra, la tira fuori; ma al primo suo grido, i monatti avevan preso la rincorsa verso il letto; il più pronto gli è addosso, prima che lui possa far nulla; gli strappa la pistola di mano, la getta lontano, lo butta a giacere, e lo tien lì, gridando, con un versaccio di rabbia insieme e di scherno: «ah birbone! contro i monatti! contro i ministri del tribunale! contro quelli che fanno l'opere di misericordia!»

«Tienlo bene, fin che lo portiam via,» disse il compagno, andando verso uno scrigno. E in quella il Griso entrò, e si mise con colui a scassinar la serratura.

Alessandro Manzoni, *I promessi sposi*, Milano, Garzanti, 1980

8. uno squillo: il suono del campanello che i monatti portavano a una caviglia per segnalare agli altri il loro avvicinarsi.
9. Biondino! Carlotto!: due dei suoi uomini di fiducia (che, però, sono stati precedentemente allontanati dal Griso).

VERIFICA UNITÀ 15

Competenza testuale

Individuare informazioni

_____ **1.** Dove si trova don Rodrigo?
- a) ☐ Nella sua casa di Milano.
- c) ☐ Ospite in casa di un suo amico.
- b) ☐ Nel suo palazzotto in provincia di Lecco.
- d) ☐ Ospite del Griso.

_____ **2.** Quale indizio della malattia scopre con terrore don Rodrigo su di sé?
- a) ☐ Febbre alta.
- c) ☐ Caduta dei capelli.
- b) ☐ Forte arsura.
- d) ☐ Un bubbone sotto l'ascella.

_____ **3.** Chi è il Griso e quale rapporto lo lega a don Rodrigo?

_____ **4.** Perché don Rodrigo chiede al Griso di convocare subito il chirurgo Chiodo e non un altro medico?

_____ **5.** Ti sembra che don Rodrigo, durante la temporanea assenza del Griso, sospetti qualcosa? Sottolinea nel testo le parti che ti consentono di rispondere alla domanda.

_____ **6.** Chi sono i _monatti_ e qual era il loro ruolo?

Comprendere i significati del testo

_____ **7.** In questo episodio don Rodrigo ha perduto l'arroganza e l'autorità che lo hanno sempre caratterizzato. Perché?

_____ **8.** Con quale atteggiamento don Rodrigo si rivolge al Griso?
- a) ☐ Autorità.
- c) ☐ Supplica.
- b) ☐ Sottomissione.
- d) ☐ Rispetto.

_____ **9.** _Si fermò a una certa distanza dal letto; guardò attentamente il padrone, e s'accertò di quello che, la sera, aveva congetturato_ (rr. 11-13). Secondo te, di che cosa si era accorto il Griso già la sera prima?

_____ **10.** Perché e in che modo il Griso dimostra la sua malafede nei confronti del padrone?

_____ **11.** Da quali sentimenti, secondo te, è motivata l'azione del Griso?
- a) ☐ Pietà.
- c) ☐ Avidità.
- b) ☐ Desiderio di vendetta.
- d) ☐ Solidarietà con i monatti.

Interpretare e valutare

_____ **12.** Considerando che, di lì a poco, anche il Griso sarà vittima della peste, quale giudizio morale esprime implicitamente Manzoni attraverso questo personaggio?

_____ **13.** Secondo la poetica del romanzo è il caso o la Provvidenza l'artefice della malattia di don Rodrigo? Per quale fine?

_____ **14.** Spiega in un testo non più lungo di cinque righe il messaggio che è possibile ricavare dalla lettura dell'episodio.

Riconoscere il registro linguistico

_____ **15.** _Dopo qualche tempo, cominciò a stare in orecchi, per sentire se il chirurgo arrivava: e quello sforzo d'attenzione sospendeva il sentimento del male, e teneva in sesto i suoi pensieri. Tutt'a un tratto, sente uno squillo lontano, ma che gli par che venga dalle stanze, non dalla strada. Sta attento; lo sente più forte, più ripetuto, e insieme uno stropiccio di piedi: un orrendo sospetto gli passa per la mente._ Quale particolare uso dei tempi verbali noti nel passo precedente? Quale effetto stilistico produce?

Competenza lessicale

_____ **16.** Più volte nel romanzo Manzoni parla di _turpi monatti_. Individua e sottolinea le espressioni che in questo testo sostituiscono – pur confermandolo – tale giudizio negativo.

_____ **17.** Molti dei nomi che Manzoni dà ai suoi personaggi contengono un significato e un giudizio più o meno implicito. Che cosa significa letteralmente "Griso"? Quale significato implicito contiene la scelta di questo nome?

Competenza grammaticale

_____ **18.** Nel romanzo Manzoni si serve spesso del condizionale presente al posto del tempo passato, secondo l'uso del tempo, compiendo quello che oggi sarebbe considerato un errore grammaticale. Individua nel testo esempi di questa particolare costruzione.

Unità 16

La realtà come oggetto

T1 Charles Dickens
La desolazione di Jacob's Island

T2 Gustave Flaubert
Emma: insoddisfazione e tormento

T3 Giovanni Verga
Rosso Malpelo

T4 Giovanni Verga
In mare aperto

Saper fare

T5 Fëdor Dostoevskij
Delitto

ONLINE

W1 Honoré de Balzac, da *Papà Goriot*
W2 Émile Zola, da *La bestia umana*
W3 Stendhal, da *Il rosso e il nero*
W4 Victor Hugo, da *I miserabili*
W5 Ivan S. Turgenev, da *Terra vergine*

PARTE 3 · Percorso di letteratura

I contesti

1 Gli scenari dell'epoca

Cambiamenti sociali, politici ed economici Il XIX secolo è stato in Europa una stagione di importanti cambiamenti politici, economici e sociali, che hanno contribuito a porre le basi della realtà contemporanea.

Dal punto di vista politico, il **1848** rappresenta un anno centrale per i movimenti d'emancipazione in tutta Europa. Nel nostro Paese, questa "primavera dei popoli" (com'è stata definita) unisce pressoché tutta la penisola, dalla Sicilia a Venezia, da Roma a Milano, nella **prima guerra d'indipendenza italiana**. Seppur nemmeno in questo caso – come nei tentativi degli anni precedenti – i risultati ottenuti siano decisivi, essi infonderanno uno slancio decisivo al movimento di liberazione e unità del nostro Paese. Negli anni successivi, attraverso una **seconda guerra d'indipendenza** (1859) e grazie soprattutto a **Giuseppe Garibaldi** e alla **spedizione dei Mille** (1860), i patrioti italiani assolveranno infine alla missione della **nascita del Regno d'Italia** (1861), Stato libero e unitario, seppur non ancora caratterizzato dai confini attuali. Serviranno, a tal scopo, ancora una **terza guerra d'indipendenza** (1866), con cui verranno liberati i territori del Triveneto ancora sotto il dominio austriaco (eccezion fatta per i territori irredenti, per cui occorrerà aspettare la fine della prima guerra mondiale); e la **presa di Roma** (1870), che sancirà l'annessione della città papale all'Italia, di cui diventerà capitale l'anno successivo.

L'**unità d'Italia** si rivelerà però, ben presto, una realtà più formale che sostanziale. Tanti sono i problemi da affrontare, per una nazione appena nata che deve rappresentare in sé situazioni culturali e sociali tanto diverse tra loro. Uno dei problemi più urgenti sarà la necessità di conciliare le profonde differenze tra il Nord e il Sud del Paese: la **"questione meridionale"** s'impone come primaria, sia sul piano sociale ed economico sia su quello politico. A causa però della presenza di condizioni socioeconomiche drammatiche e di scelte politiche talvolta sbagliate, l'Italia meridionale e quella settentrionale non s'integreranno subito; per molti decenni, anzi, la prima resterà a lungo quasi come un corpo estraneo, non realmente rappresentato dalla politica nazionale.

Conseguenze dell'industrializzazione La **seconda rivoluzione industriale** ha luogo a partire dalla metà del XIX secolo e, ancora più della prima, è strettamente dipendente dalla grande quantità di scoperte scientifiche e dalla loro immediata applicazione tecnica nei settori economici e produttivi. Tutto ciò che si era ottenuto nella prima fase dell'industrializzazione si consolida e s'intensifica: un progressivo spopolamento delle campagne e la concentrazione di gran parte della popolazione nelle città, che assumono dimensioni sempre più rilevanti, accelerano la metamorfosi del **panorama urbano** e della loro stessa **struttura sociale**, con condizioni di vita sempre più miserabili e insostenibili.

Inoltre, il massiccio sviluppo dell'industria ha come immediata conseguenza la formazione di nuove realtà sociali contrapposte: la **classe operaia**, formata da individui che ricevono un salario per il loro lavoro in fabbrica, e il **capitalismo industriale**, formato da imprenditori proprietari dei mezzi di produzione e provenienti per la maggior

534

parte dalla **borghesia**, che diventa così la classe sociale economicamente e politicamente dominante. A partire dalla metà del XIX secolo, le misere condizioni di vita e di lavoro spingeranno la classe operaia a organizzarsi e riunirsi nelle prime **organizzazioni sindacali**, in cui le loro rivendicazioni troveranno un'espressione collettiva. La nascita di una "**questione sociale**", cioè di una serie di rivendicazioni politiche da parte della classe operaia, è legata al formarsi della dottrina filosofico-politica del **socialismo**, le cui diverse coniugazioni (dalle versioni più moderate sino al movimento rivoluzionario marxista), saranno tra le protagoniste della vita culturale e politica di questo secolo e di quello successivo.

Angelo Morbelli, *La stazione centrale di Milano*, 1889, Milano, Galleria d'Arte Moderna.

2 Il Positivismo

La cultura positivista Le scoperte scientifiche e le innovazioni tecnologiche, che modificano profondamente la vita quotidiana di milioni di persone, hanno conseguenze immediate anche in ambito culturale. Il **Positivismo**, movimento filosofico nato in Francia nella prima metà del secolo e che si estenderà in seguito in tutta Europa, nasce proprio dalla **fede nella scienza e nel progresso** diffusasi in questi anni.

I caratteri filosofici del Positivismo Come la cultura illuminista che aveva caratterizzato la seconda metà del secolo precedente, anche il Positivismo crede in un **primato della ragione** e nella centralità del **metodo scientifico** per la conoscenza del mondo in tutte le sue realtà. In tal senso, i pensatori positivisti rivoluzionano le concezioni dell'epoca, sostituendo le categorie tradizionali su cui si basava pressoché tutto il pensiero precedente con un approccio sperimentale alla conoscenza della realtà, ispirato alle discipline scientifiche allora in piena fioritura. La filosofia diventa così non più una disciplina astratta, ma "positiva", cioè reale, precisa, utile allo sviluppo e al progresso dell'umanità.

I positivisti vogliono una cultura svincolata dai pregiudizi religiosi e da ogni forma di pensiero astratto, riconoscendo che l'unico, solo e vero sapere è quello che si ottiene attraverso le scienze sperimentali. Le categorie e i metodi conoscitivi tipici di queste discipline vengono applicati anche allo studio dei fenomeni riguardanti l'uomo, generando la nascita delle prime "scienze umane", come la **sociologia** e la **psicologia.**

Il Positivismo, ponendo la realtà concreta come ambito di ricerca per ogni forma di riflessione culturale, s'imporrà come modello di riferimento anche a livello letterario e artistico.

3 Il Realismo letterario

L'orientamento realistico del romanzo europeo Nell'Ottocento, il **romanzo** diventa il genere letterario più importante, espressione della classe sociale in ascesa: la **borghesia**. La necessità di descrivere e rappresentare questa nuova realtà sociale si afferma come il compito principale del romanzo: l'interesse per la descrizione della vita quotidiana degli individui e l'analisi degli ostacoli esterni o psicologici che si frappongono alla loro realizzazione umana determinano l'**orientamento realistico** della letteratura dell'epoca.

In questo periodo, uno degli strumenti letterari più idonei a tale ideale di rappresentazione realistica è il **romanzo sociale**, nel quale il personaggio è rappresentato all'interno di quelle dinamiche socioeconomiche che caratterizzano la sua esistenza quotidiana: la descrizione dettagliata dell'ambiente sociale diventa importante per la comprensione delle vicende del personaggio e della sua stessa psicologia. Capisaldi di questa nuova tendenza del romanzo sono:

- l'attenta **osservazione della realtà**, analizzata e descritta nei suoi minimi dettagli;
- il **primato della realtà oggettiva** sull'immaginazione, per cui il compito dello scrittore non è inventare un mondo con i suoi personaggi, bensì "ricostruire" quello esistente;
- l'**interesse per il mondo contemporaneo**, di cui il romanzo deve restituire al lettore "scene di vita" realistiche;
- l'adozione di un **narratore nascosto** e in **terza persona**, che non intervenga nel racconto con commenti o giudizi personali.

Il romanzo realista ottocentesco si sviluppò in **scuole nazionali distinte**, ognuna contraddistinta da caratteristiche peculiari.

Autoritratto fotografico di Émile Zola, esponente di punta del Naturalismo francese.

Il romanzo realista in Francia La Francia occuperà per tutto il secolo **una posizione preminente** nella cultura europea, in particolare nell'ambito della produzione letteraria. La nascita e i primi passi del romanzo realista hanno luogo proprio in Francia. Maestro del Realismo francese è **Honoré de Balzac**, che negli anni Trenta del secolo inizia a dare vita alla sua *Commedia umana*, gigantesco progetto di un ciclo di più di cento romanzi (molti dei quali resteranno solo a uno stadio preliminare) che affresca la società a lui contemporanea, rappresentandola nel contempo in maniera analitica, con tutti i suoi dettagli, e globale, con tutte le sue strutture portanti, politiche, economiche e culturali.

Il Naturalismo francese Appartenente alla generazione successiva è **Gustave Flaubert**, che nelle sue opere principali – *Madame Bovary* (1857), *L'educazione sentimentale* (1869) – ci presenta personaggi sempre più consapevoli del degrado del mondo moderno e non più animati dalla grandiosità degli ideali romantici (▶ *Emma: insoddisfazione e tormento*, p. 545). Dal punto di vista della tecnica narrativa, lo stile di Flaubert è caratterizzato da una nuova concezione del romanzo, che ne fa uno dei massimi rappresentanti del **Naturalismo**. Le teorie di questa corrente letteraria francese sono il risultato dell'influenza del **pensiero positivista**. Il Naturalismo afferma infatti che compito dell'artista è riprodurre con **oggettività scientifica** la realtà del mondo e del comportamento umano. Esso mira perciò a svincolare l'arte da una rappresentazione idealizzata della società e dei suoi personaggi, per dipingere la realtà nei suoi aspetti più concreti. La letteratura naturalista applica così in maniera rigorosa i capisaldi del nuovo romanzo realista: l'elemento centrale della sua poetica è l'**oggettività** della rappresentazione del mondo reale, al fine di mettere in risalto il rapporto di stretta dipendenza che lega l'individuo all'ambiente sociale in cui vive e da cui il suo modo di agire e di pensare sono determinati.

Gli scrittori naturalisti privilegiano trame ambientate nel presente loro contemporaneo, focalizzando spesso la loro attenzione sull'analisi umana delle **classi sociali più umili**, come minatori, operai, disoccupati, prostitute ecc., personaggi alle prese con una dura e quotidiana **lotta per la sopravvivenza**. Uno dei rappresentanti più rigorosi e radicali di questa tendenza letteraria è **Émile Zola**; la sua **teoria del romanzo sperimentale** propone una rappresentazione scientifica della realtà sociale che ne mostri in maniera oggettiva e analitica soprattutto quegli aspetti meno indagati nel passato. In tal modo, la letteratura diventa uno strumento fondamentale per conoscere la società e contribuire al suo miglioramento.

Il romanzo inglese e russo

In **Inghilterra**, il romanzo **realistico-sociale** si afferma già nella prima metà del secolo come espressione dei cambiamenti sociali prodotti dalla rivoluzione industriale e della definitiva affermazione della borghesia capitalistica. Voce e specchio dell'**età vittoriana** – l'epoca del lungo regno (1837-1901) della regina Vittoria – sono stati i romanzi di **Charles Dickens**, di ambientazione popolare e basati su una netta contrapposizione tra bene e male che contraddistingue la sua visione della società (▶ *La desolazione di Jacob's Island*, p. 539).
Anche in **Russia** si affermano le nuove tendenze del romanzo realista; questo Paese, tuttavia, presenta condizioni economiche, politiche e sociali profondamente diverse da quelle degli altri Stati europei, e ciò determina importanti differenze anche sul piano letterario. La produzione narrativa del cosiddetto **Realismo russo** sarà fortemente influenzata dalle tendenze della letteratura europea, ma le fonderà con specifiche componenti filosofiche e morali che contraddistinguono la sua fiorente e complessa cultura. I suoi maggiori rappresentanti – **Nikolaj Gogol'**, **Ivan Turgenev**, il già citato **Lev Tolstoj** e soprattutto **Fëdor Dostoevskij**, autore di romanzi d'importanza epocale, come *Delitto e castigo* (1866) e *I fratelli Karamazov* (1879) – intrecciano nelle loro opere un forte interesse per l'analisi della realtà oggettiva del loro mondo con una visione più "soggettiva", per cui i problemi della società vengono rivissuti sotto forma di conflitto psicologico interiore, come segno di un profondo disagio esistenziale (▶ *Delitto*, p. 572). Tale letteratura riesce così ad anticipare temi e contenuti tipici dell'epoca successiva.

Il Verismo italiano

Il **Verismo** è una corrente unicamente italiana che s'ispira al Naturalismo francese, pur non condividendone alcuni caratteri (per esempio, la pretesa di una "scientificità" assoluta della letteratura). Esso propone una narrativa vicina per contenuti e forme espressive alle classi umili dell'Italia meridionale, che, vista l'arretratezza economica e produttiva che caratterizza l'epoca, sono composte non da operai industriali ma piuttosto da pescatori, braccianti agricoli, minatori ecc.
La narrazione verista vuole essere uno "specchio della realtà", espressione diretta e immediata delle condizioni sociali e dei problemi connessi alle miserie della vita quotidiana. Secondo i canoni del Verismo, l'opera deve sembrare essersi «fatta da sé», come scriverà Giovanni Verga, senza cioè che vi compaia la presenza "invadente" della personalità dell'autore. Tale teoria dell'**impersonalità dell'arte** si basa sull'idea che la realtà oggettiva deve essere posta al centro della scena. A tale scopo, lo scrittore verista ha a sua disposizione una serie di tecniche narrative specifiche:

- la **descrizione minuziosa** di ambienti e personaggi;
- l'uso frequente del **discorso diretto** e del **discorso indiretto libero**;
- un **linguaggio popolare**, spesso gergale o ricalcato sui dialetti locali;
- l'adozione di un **narratore "invisibile"**, quasi sempre esterno (talvolta interno, quando deve dare voce ai pensieri dei personaggi) e che non interviene mai nella narrazione con commenti e giudizi, limitandosi a registrare lo scorrere degli eventi.

Luigi Capuana e **Giovanni Verga** sono i maggiori rappresentati del Verismo: il primo ne è stato la principale mente teorizzatrice, mentre il secondo ne è lo scrittore di maggior successo, grazie alla sua ricca produzione di novelle (▶ *Rosso Malpelo*, p. 553) e romanzi. Verga ha scelto come protagonisti delle proprie opere i "vinti", gli umili – contadini e pescatori – che solo dopo aver abbandonato le pericolose illusioni di un miglioramento delle proprie condizioni di vita possono vivere un'esistenza dignitosa, affrontandone con coraggio i disagi e la precarietà (▶ *In mare aperto*, p. 567).

Charles Dickens

La vita e le opere

Un'infanzia difficile Lo scrittore inglese nasce a Portsmouth nel 1812. La sua biografia – che tanto materiale fornirà per le sue opere – è sin dall'infanzia caratterizzata da gravi difficoltà economiche. Il padre, modesto impiegato, ama gli agi e conduce una vita dispendiosa che ben presto si rivelerà economicamente non sostenibile; quando infine verrà arrestato per debiti e la sua famiglia sarà ridotta sul lastrico, il piccolo Charles sarà costretto a lasciare la scuola e a lavorare come operaio in una fabbrica di lucido per scarpe. Se non può finire la scuola, Charles può almeno saziare la sua passione letteraria nella biblioteca paterna, dove avrà l'occasione di leggere opere (*Don Chisciotte* di Cervantes, *Tom Jones* di Henry Fielding, *Robinson Crusoe* di Daniel Defoe) che in seguito ispireranno la sua sensibilità di scrittore.

La carriera letteraria L'interruzione della sua istruzione non gli impedisce di trovare lavoro, all'età di quindici anni, presso uno studio legale, dove svolge l'attività di stenografo. A partire dagli anni Trenta, accompagna a questo suo lavoro la pubblicazione di brevi testi ironici e grotteschi sulla vita politica e sociale inglese; sono questi i primi passi della sua lunga e affermata carriera di giornalista, che lo porterà, negli anni successivi, alla fondazione di periodici e quotidiani di grande qualità e successo.
Il miglioramento delle sue condizioni economiche gli consente di sposarsi nel 1836 con Catherine Hogarth, la donna da cui avrà dieci figli. Nel 1836 comincia la sua carriera letteraria, con la pubblicazione di *Il Circolo Pickwick*, uno dei capolavori della letteratura umoristica inglese. Ottenuto un grande successo letterario e finanziario, Dickens si dedica a tempo pieno alla scrittura di racconti e romanzi, alcuni dei quali dal carattere fortemente autobiografico, che verranno sempre ben accolti dal pubblico: tra i più importanti, segnaliamo i **romanzi a sfondo sociale** *Oliver Twist* (1838), *David Copperfield* (1850), *Tempi difficili* (1854), *Grandi speranze* (1860-1861); e l'amatissimo racconto fantastico *Canto di Natale* (1843).
La sua passione letteraria non si interrompe che un paio di anni prima della sua morte avvenuta a Londra nel 1870.

Oliver Twist

Le tematiche sociali dell'opera Pubblicato a puntate dal 1837 al 1838, *Oliver Twist* è il secondo romanzo di Dickens, quello che lo consacra definitivamente come scrittore di successo. In questa sua opera, egli inizia a indirizzare la sua scrittura verso temi sociali quali la povertà, lo sfruttamento minorile, la criminalità e le difficili condizioni di vita urbane nella nascente civiltà industriale, tematiche che riemergeranno anche nelle sue opere successive. Anche in ragione del fatto che le vicende da lui narrate spesso richiamano esperienze vissute in prima persona, Dickens è capace di affrontare tali delicate questioni attraverso uno stile molto patetico e coinvolgente che, malgrado l'avversione di una parte della critica, gli è però valso il costante favore del pubblico. Per questo motivo *Oliver Twist* è uno dei romanzi di maggior successo della narrativa inglese di tutti i tempi.

La trama Il romanzo narra la vita del protagonista, dal momento della sua nascita sino alla sua completa giovinezza. **Oliver** è il figlio di una vagabonda, morta nel darlo alla luce. Dopo aver trascorso in orfanotrofio i suoi primi nove anni di vita, soffrendo la fame e subendo umiliazioni e prepotenze da parte del direttore, fugge a Londra. Qui trova rifugio presso una banda di borsaioli, il cui capo **Fagin**, un individuo avido, lo avvia sulla strada del crimine. In seguito, Oliver viene ingiustamente accusato di un tentato furto ai danni del **signor Bronlow**, che però lo discolpa e lo ospita presso la propria abitazione. Fagin ordina però ad alcuni suoi scagnozzi di riprendere il ragazzo per ricondurlo nella banda; di nuovo, Oliver riesce a fuggire e trova ospitalità presso la signora **Maylie** e la nipote adottiva **Rose**. Ma la banda di Fagin è sempre alla sua ricerca; grazie all'aiuto di un sinistro personaggio di nome Monks, essi vorrebbero addirittura uccidere Oliver per evitare che egli possa rivelare alla polizia particolari delle loro imprese criminali. Dopo ulteriori peripezie si scoprirà che Rose è sorella di sua madre. Il protagonista verrà infine adottato dal signor Bronlow, che lo alleverà come un padre fornendogli la possibilità di istruirsi e quelle cure affettuose che nessuno sinora ha saputo dargli.

La desolazione di Jacob's Island

- **GENERE**
  Romanzo sociale
- **LUOGO E TEMPO**
  Prima metà del XIX secolo; il quartiere di Jacob's Island, Londra
- **PERSONAGGI**
  Gli abitanti di Jacob's Island

Nel brano che segue, Dickens dà vita a una pagina di esemplare letteratura realista, descrivendo uno dei quartieri più poveri della Londra degli anni Venti e Trenta dell'Ottocento, in cui si ambienta il romanzo. Sono i quartieri disastrati e malfamati alla periferia della città, gli *slums* che un tempo accoglievano migliaia di operai impiegati nelle fabbriche tessili e che, dopo la crisi, sono ormai abbandonati e fatiscenti.
È in questo ambiente desolante che si ritrova Oliver, giungendo per la prima volta a Londra.

Vicino a quel tratto del Tamigi ove sorge la chiesa di Rotherhithe, ove gli edifici lungo la riva sono più sudici e le imbarcazioni sul fiume più annerite dalla polvere di carbone e dal fumo che scaturisce dai bassi tuguri[1] pigiati gli uni contro gli altri, v'è la più spoglia, la più bizzarra e la più straordinaria delle tante
5 zone nascoste di Londra, la cui esistenza addirittura, il cui nome sono ignorati dalla grande maggioranza dei londinesi.
   Per giungere in questo luogo il visitatore deve penetrare un labirinto di viuzze strette e fangose, affollate dagli individui meno raccomandabili e più poveri che risiedono lungo il fiume, i quali si dedicano ad attività facilmente immaginabili.
10 Le botteghe di generi alimentari espongono quanto v'è di meno appetibile e di più economico; gli indumenti più miseri e più vistosamente volgari pendono nei negozi e vengono appesi ad asciugare ai balconi e davanti alle finestre delle case. Giostrando tra manovali disoccupati della più infima classe, tra facchini, scaricatori di carbone, donne di malaffare, bambini laceri e altri rifiuti del fiume, il visita-
15 tore procede a stento, aggredito da scene disgustose e rivoltanti negli stretti vicoli che si diramano a destra e a sinistra e assordato dallo strepito dei grossi carri che trasportano alte cataste di mercanzie provenienti dagli innumerevoli magazzini. Giunto, infine, in viuzze ancor più remote e meno frequentate di quelle percorse prima, passa accanto a vacillanti facciate di case inclinate pericolosamente, lungo
20 muri diroccati che sembrano sul punto di crollare, vicino a ciminiere dal precario equilibrio e sotto finestre protette da inferriate arrugginite, quasi completamente erose dal tempo e dagli elementi, rasentando insomma ogni immaginabile indizio di desolazione e di abbandono.
   In una zona come questa, al di là di Dockhead, nel Borough of Southwark, si
25 trova Jacob's Island, circondata da un melmoso fossato, profondo da due metri a due metri e mezzo e largo da quattro metri e mezzo a sei metri quando la marea è alta; veniva denominato in passato Mill Pond, ma ai tempi in cui si svolge questo racconto il suo nome era Folly Ditch. È un'insenatura, o un canale del Tamigi, e può sempre essere riempita, con l'alta marea; aprendo le chiuse del Lead Mills,

---

1. **tuguri:** piccole e misere abitazioni.

PARTE 3 · Percorso di letteratura

30 dal quale derivò il suo nome di un tempo. Quando il canale è colmo, il visitatore, guardando da uno dei ponti di legno che lo attraversano, può vedere coloro che abitano nelle case, a entrambi i lati, calare dalle porte e dalle finestre secchi e pentole di ogni sorta per attingere l'acqua; se poi distoglie lo sguardo, osservando le case stesse, rimane quanto mai stupito dalla scena. Vede pazzeschi ballatoi
35 di legno correre lungo il lato posteriore di quasi tutte le case, con fori dai quali si può osservare la sottostante acqua melmosa; vede finestre rotte e chiuse alla meglio dalle quali sporgono aste di legno per appendervi la biancheria ad asciugare; vede stanzette talmente piccole, talmente sudice, talmente soffocanti che l'aria vi sembra troppo viziata anche per tanto squallore, vede baracchini di legno sporge-
40 re sopra il fango e minacciare di precipitarvi, come non di rado è accaduto; vede sudici muri e fondamenta sgretolate; vede ogni ripugnante indizio della miseria e ogni laido aspetto della sporcizia, del marciume e dei rifiuti adornare le rive del Folly Ditch.

A Jacob's Island i magazzini sono privi del tetto e vuoti; i muri crollano; le fine-
45 stre non sono più finestre; le porte cadono e piombano nella strada, le ciminiere sono annerite ma da esse non esce più alcun fumo. Trenta o quarant'anni fa, prima che fallimenti e processi lo immiserissero, il posto prosperava; ma adesso è davvero un'isola desolata. Le case non hanno più un proprietario; sono in rovina e rimangono aperte; vi entrano coloro che trovano il coraggio di entrarvi, per abitare lì e per
50 morirvi. Devono avere moventi formidabili costoro, per nascondervisi, e devono essere ridotti alla miseria più nera, coloro che cercano un rifugio a Jacob's Island.

Charles Dickens, *Le avventure di Oliver Twist*, Milano, Mondadori, 1987

SCHEDA DI ANALISI

Il tema e il messaggio

● ***Oliver Twist*** è il primo romanzo sociale scritto da Dickens, che ottiene da subito i favori del pubblico e di parte della critica. Lo scrittore sofferma la sua attenzione sulla **città di Londra**, che – si potrebbe dire – è la vera protagonista del romanzo, anche se le vicende ruotano attorno alle disavventure di Oliver. Della città e della popolazione che la abita l'autore dà in questo romanzo un'**immagine** forte, cruda, quasi **esageratamente realistica**. Il suo occhio indaga attento e preciso tra gli squallidi sobborghi dove è ambientata la prima parte del romanzo; ma si allarga anche alle case dei quartieri residenziali, così lontani da quella realtà disumana, eppure così vicini a essa in linea d'aria.

● Il **paesaggio londinese** è colto da Dickens quasi sempre **in funzione dell'azione** o delle caratteristiche dei personaggi che l'attraversano. Anche Jacob's Island è funzionale alla situazione narrativa: vi si aggirano bande di borsaioli, industriali senza scrupoli, affaristi di ogni tipo, prostitute disperate.

● Il **degrado dell'ambiente** corrisponde a **quello dei personaggi** che vivono in esso: l'uno alimenta l'altro, in un cerchio perverso di cui è impossibile riconoscere l'origine. Le **contraddizioni sociali** hanno generato un'umanità impegnata non in una vita di sana e piena realizzazione, ma in una vera e propria **guerra per la sopravvivenza**. Di questa lotta Londra e i suoi sobborghi industriali costituiscono l'ambiente ideale: una vera e propria **giungla**, fatta di magazzini vuoti e in rovina, altiforni che anneriscono le facciate delle case e imputridiscono l'aria.

● Ovunque è **desolazione** e **rovina**. E Dickens è bravissimo a registrare i segni e le cicatrici di questo mondo con impietoso realismo, restituendo in maniera nitida e oggettiva quest'atmosfera a un lettore che si avventura tra questi vicoli nauseabondi quasi con ribrezzo, passando accanto a quest'**umanità degradata**.

La descrizione dell'ambiente

● L'impressione forte, sgradevole, di miseria e di degrado che pervade tutto il brano è resa dall'autore at-

540

traverso una sapiente **accumulazione di aggettivi** dal significato negativo, spesso accostati in coppie o in gruppi di tre a determinare precisi effetti stilistici. Così Jacob's Island è presentata come *la più spoglia, la più bizzarra e la più straordinaria delle tante zone nascoste di Londra*, attraverso un **climax** che, partendo da un termine oggettivo (*spoglia*) sale verso termini sempre più espressivi e connotativi (*bizzarra e straordinaria*). Il tutto è osservato con uno sguardo preciso e analitico da un **narratore esterno onnisciente** che – almeno in questo brano – si limita a registrare ciò che colpisce i suoi sensi. Le **descrizioni** spaziano **dal generale** (*un labirinto di viuzze strette e fangose*) **al particolare** (*gli indumenti più miseri e più vistosamente volgari pendono nei negozi e vengono appesi ad asciugare ai balconi e davanti alle finestre delle case*). L'autore prende quasi per mano il lettore e lo costringe a entrare in quell'inferno a cielo aperto, in cui *il visitatore procede a stento, aggredito da scene disgustose e rivoltanti negli stretti vicoli che si diramano a destra e a sinistra e assordato dallo strepito dei grossi carri.*

Lo stile

● Il **realismo** di Dickens diventa addirittura **documentaristico**, quando la sua narrazione si dilata nella descrizione puntualmente precisa dei luoghi (*al di là di Dockhead, nel Borough of Southwark, si trova Jacob's Island; il suo nome era Folly Ditch. È un'insenatura, o un canale del Tamigi, e può sempre essere riempita, con l'alta marea; aprendo le chiuse del Lead Mills, dal quale derivò il suo nome di un tempo.*) Lo sguardo emotivo di Dickens è lì, a stretto contatto con quei muri cadenti, con quegli individui meschini, con quei luoghi in cui tutto è sporcizia e abbandono. Ma egli ne è allo stesso tempo **narrativamente distante**, tanto da assumere quasi il ruolo di guida (*il visitatore, guardando da uno dei ponti di legno che lo attraversano, può vedere coloro che abitano nelle case*), concedendosi **considerazioni tra l'ironico e il tragico** (*Devono avere moventi formidabili costoro, per nascondervisi, e devono essere ridotti alla miseria più nera, coloro che cercano un rifugio a Jacob's Island*).

Laboratorio sul testo

● Comprendere

1. Dov'è ambientata la narrazione?
2. Vi sono personaggi con un ruolo più significativo di altri? Motiva la tua risposta.
3. Che cosa ha portato il quartiere a tale condizione di abbandono?
   a) ☐ Il disinteresse delle autorità.   c) ☐ La speculazione edilizia.
   b) ☐ La volontà degli stessi abitanti.   d) ☐ La crisi economica.
4. Indica quali individui sono identificati dall'autore tra la folla anonima.
   ☐ negozianti; ☐ facchini; ☐ poliziotti; ☐ bambini; ☐ donne di casa;
   ☐ manovali disoccupati; ☐ prostitute; ☐ scaricatori di carbone; ☐ nessuno di questi.
5. Da che cosa, complessivamente il visitatore rimane stupito?
6. In quale epoca il quartiere era centro di attività e ben popolato?

● Interpretare

7. Perché, secondo te, l'attenzione dell'autore è rivolta, in questo testo, più alle cose che agli individui?
8. Quale significato ha il fatto che molti non conoscano né il nome né la posizione di questo quartiere di Londra?

● Analizzare
Descrizione

9. Indica quali dei cinque sensi sono coinvolti in ciascuna delle seguenti descrizioni.

   Viuzze strette e fangose = ...

   Assordato dallo strepito dei grossi carri = ...

   Melmoso fossato = ...

   Stanzette talmente piccole, talmente sudice, talmente soffocanti che l'aria vi sembra troppo viziata = ...

   ....

10. Ritrova nel testo e trascrivi tutte le caratteristiche negative dei seguenti elementi del quartiere:

Edifici	Vie	Abitanti
....	....	....
....	....	....
....	....	....

Padroneggiare la lingua

Lessico

11. *Le botteghe di generi alimentari espongono quanto v'è di meno appetibile.* Quale figura retorica è presente nella frase?
    a) ☐ Eufemismo. b) ☐ Iperbole. c) ☐ Litote. d) ☐ Perifrasi.
12. *Vede pazzeschi ballatoi di legno correre lungo il lato posteriore di quasi tutte le case.* Che cosa sono i *ballatoi*?
13. Perché l'autore li definisce *pazzeschi*?
    a) ☐ Perché solo un pazzo ci potrebbe camminare.
    b) ☐ Perché sono stati costruiti a un'altezza pazzesca sul fiume.
    c) ☐ Perché sono straordinari, stravaganti, insoliti.
    d) ☐ Perché sono il risultato del lavoro di un pazzo.
14. *Giostrando tra manovali disoccupati della più infima classe, tra facchini, scaricatori di carbone, donne di malaffare, bambini laceri e altri rifiuti del fiume, il visitatore procede a stento...* Qual è il significato del verbo *giostrare*, in questo contesto?
    a) ☐ Scansare, evitare. b) ☐ Urtare. c) ☐ Farsi spazio. d) ☐ Procedere senza meta.

Grammatica

15. Nel periodo citato nella domanda 14, sottolinea la proposizione principale.
16. Sempre nel periodo citato nella domanda 14, qual è il soggetto del primo predicato verbale *giostrando*?

Produrre

17. Osserva questa immagine, che rappresenta uno *slum* di Londra nei primi decenni dell'Ottocento. In un testo non più lungo di una pagina fanne una descrizione, usando il maggior numero possibile di vocaboli presenti nel brano di Dickens.

Gustave Flaubert

La vita e le opere

La vita Uno dei più importanti scrittori francesi del XIX secolo, considerato il **maestro del romanzo naturalista**, nasce nel 1821 a Rouen, nell'ospedale nel quale il padre lavora come chirurgo. Compie i suoi primi studi in collegio, poi s'iscrive alla facoltà di Legge a Parigi, ma è costretto a interrompere gli studi per motivi di salute. Nel 1846, dopo la morte del padre e della sorella, si ritira a Croisset, nella campagna vicino Rouen, dove condurrà una vita appartata insieme alla madre e alla nipote, alternando questa placida e solitaria esistenza campestre a soggiorni presso la mondana e movimentata società letteraria parigina. Nello stesso 1846, Flaubert conosce la scrittrice **Louise Colet**, con cui inizia una lunga e travagliata relazione sentimentale.

Dal 1849 al 1851, insieme al suo amico Maxime du Camp, compie un lungo viaggio in Oriente e nel Mediterraneo, fondamentale per la sua esperienza personale e per la sua futura produzione letteraria. La pubblicazione in rivista dei primi capitoli di *Madame Bovary*, nel 1855, gli vale un processo per oltraggio alla religione e alla morale, da cui però lo scrittore sarà in grado di difendersi, ottenendo infine l'assoluzione. L'avanzata dell'esercito tedesco durante la guerra franco-prussiana (1870-1871) lo costringe ad abbandonare la sua casa di Croisset; vi ritornerà alla fine del conflitto, ma lo shock e lo stress a cui tali eventi lo costringono – uniti al dolore per la morte della madre, avvenuta nel 1872 – segnano profondamente il già instabile equilibrio nervoso dello scrittore. Nel 1875, per impedire il fallimento della nipote, vende tutte le sue proprietà, finendo così per ridursi in misere condizioni economiche, tanto che è costretto ad accettare una pensione dal governo francese, ottenuta grazie all'intervento dei suoi amici scrittori e artisti.

Muore a Croisset nel 1880, all'improvviso, all'età di cinquantanove anni.

Le opere Nel 1851, Flaubert s'interessa a un caso di cronaca che occupa le pagine dei quotidiani dell'epoca, riguardante il suicidio di una donna di provincia a causa del rimorso per l'adulterio da lei commesso. Nasce così lo spunto per quello che sarà il suo romanzo più celebre e contestato, *Madame Bovary*, alla cui stesura Flaubert lavorerà altri cinque anni, pubblicandolo nel 1857.

Il successo dell'opera catapulta il suo autore sulla ribalta della scena letteraria francese. Nel 1862, Flaubert pubblica *Salammbô*, romanzo ambientato nell'antica Cartagine, ispiratogli dall'esperienza del viaggio compiuto qualche anno prima con l'amico Maxime du Camp. In seguito, si dedica alla riscrittura e alla pubblicazione di altri due romanzi le cui prime stesure risalgono ad anni precedenti: *L'educazione sentimentale* (1869), romanzo autobiografico che racconta l'inquietudine e l'insoddisfazione di un giovane alla ricerca di un senso per la sua esistenza, e *La tentazione di sant'Antonio* (1874). Al momento della morte lascia incompiuto il suo ultimo romanzo, *Bouvard e Pécuchet*, affresco della stupidità piccolo-borghese dei suoi contemporanei. Tra le altre sue opere ricordiamo i *Tre racconti* (1877), raccolta che ospita il bellissimo *Un cuore semplice*, considerato tra le sue opere migliori in assoluto, in cui emerge in maniera prepotente la capacità di analisi delle passioni umane; qualità che, insieme allo stile oggettivo e distaccato, hanno fatto di Flaubert uno dei maggiori scrittori del XIX secolo e un precursore del romanzo contemporaneo.

Madame Bovary

Un'opera scandalosa Flaubert termina la stesura del romanzo nel 1855; una rivista decide di pubblicarlo, in sei episodi. I primi capitoli provocano scalpore, a causa delle vicende che vi si raccontano (davvero scandalose, per l'epoca): la storia di un'annoiata donna di provincia che tradisce il marito, cercando in questi suoi amori extraconiugali un modo per evadere dalla routine della sua frustrante vita quotidiana. Lo scrittore e il direttore della rivista vengono immediatamente accusati di «oltraggio alla morale pubblica». Quando però Flaubert verrà assolto e il romanzo potrà essere pubblicato integralmente, esso otterrà un clamoroso successo di critica e di pubblico, dovuto anche alla "pubblicità" che il processo gli ha procurato.

La trama La protagonista del romanzo è **Emma**, moglie di **Charles Bovary**, un medico di provincia. Il marito viene inizialmente presentato come un uomo innamorato, gentile e premuroso; ma agli occhi di Emma si rivela ben presto un uomo mediocre e senza ambizioni. I sogni a cui lei aspira – nutriti dall'immaginario formatosi in lei grazie alla lettura di opere romantiche – sono l'esatto contrario della vita familiare che conduce: detesta l'ambiente ordinario e piccolo-borghese di Tostes, il paese dove abita con Charles; aspira a uno stile di vita raffinato, che identifica con il lusso e con la mondanità di Parigi. Il suo temperamento sognatore e insoddisfatto la spinge a vivere due relazioni adulterine: la prima con un nobile della zona, **Rodolphe**, la seconda con un praticante notaio, **Léon**. Nel contempo, il suo comportamento diviene sempre più anomalo; per comprare abiti e accessori alla moda essa giunge persino a indebitarsi con uno scaltro usuraio. Questa vita vissuta al di sopra delle proprie possibilità rende ben presto la situazione insostenibile; nell'ultimo disperato tentativo di risollevarsi, Emma chiede aiuto ai due uomini che ha amato, ma viene respinta in modo umiliante. Definitivamente abbattuta, si avvelena e muore dopo un'atroce agonia. Poco dopo, annientato dal dolore, muore anche Charles; la loro bambina, rimasta orfana e povera, sarà avviata al lavoro di operaia.

Un'illustrazione per *Madame Bovary*.

La realtà come oggetto • UNITÀ 16

T2 Emma: insoddisfazione e tormento

Nell'annoiata e monotona vita di Emma capita un evento straordinario: lei e il marito sono invitati a un ballo presso la tenuta di La Vaubyessard, un magnifico castello di proprietà del marchese di Andervilliers.

• **GENERE**
Romanzo naturalista

• **LUOGO E TEMPO**
Castello di La Vaubyessard, Francia; metà XIX secolo

• **PERSONAGGI**
Emma e Charles Bovary; il Visconte; i camerieri e gli altri invitati; Nastasie, domestica di casa Bovary

Mentre entrava, Emma si sentì subito avvolgere da un'aria tiepida, in cui si mischiavano il profumo dei fiori e della biancheria da tavola, la fragranza dei cibi e l'odore dei tartufi. Le candele nei doppieri[1] allungavano le loro fiamme sulle coppe d'argento. I cristalli sfaccettati, velati da un vapore opaco, rimanda-
5 vano pallidi raggi. Sulla tovaglia stavano allineati mazzetti di fiori e sui piatti dal bordo largo i tovaglioli ripiegati portavano nell'incavo tra le due punte un panino ovale. Le lunghe zampe rosse delle aragoste sporgevano dai vassoi, grossi frutti erano disposti a strati sul muschio leggero nei cestini traforati; le quaglie erano presentate ancora con le penne, tra nuvole di vapore. Il maggiordomo, in calzoni
10 corti e calze di seta, cravatta bianca e gala di pizzo[2], severo come un giudice, insinuava tra le spalle dei convitati i vassoi colmi di pietanze già tagliate e, con un colpo di cucchiaio, faceva saltare nel loro piatto il pezzo che essi avevano scelto. Sulla grande stufa di porcellana cerchiata di rame, una statua di donna drappeggiata fino al mento guardava immobile la sala piena di gente.
15 Fu servito lo champagne ghiacciato. Emma rabbrividì per tutto il corpo sentendo quel freddo nella bocca; non aveva mai visto le melagrane, né assaggiato gli ananassi; e perfino lo zucchero in polvere le parve più bianco e più fine che non altrove [...].

Dopo il pranzo le signore salirono nelle loro stanze a prepararsi per il ballo.
20 Emma si vestì con lo scrupolo meticoloso di un'attrice esordiente. Si aggiustò i capelli secondo le raccomandazioni del parrucchiere, e si infilò il vestito di lana leggera steso sul letto. A Charles i calzoni stavano stretti alla vita.

«I sottopiedi mi daranno fastidio nel ballare» disse.

«Ballare?» chiese Emma.
25 «Sì».

«Ma hai perso la testa? Farai ridere tutti, sta' tranquillo al tuo posto. Del resto – aggiunse – si confà di più, a un medico».

Charles tacque. Camminava in su e in giù, aspettando che Emma fosse pronta. La vedeva di spalle, nello specchio, fra due lumi. I suoi occhi parevano più neri.

---

1. doppieri: candelabri a due bracci.

2. gala di pizzo: guarnizione di pizzo increspato.

545

PARTE 3 · Percorso di letteratura

30 I capelli, leggermente gonfi sulle orecchie, rilucevano in un riflesso azzurro; una rosa, infilata nel nodo, tremava sul mobile stelo, cosparsa di fini gocce d'acqua sui petali. L'abito color zafferano pallido era ravvivato da tre mazzetti di rose a fiocco e da qualche foglia verde.

Charles s'accostò per baciarla su una spalla.

35 «Lasciami stare, non vedi che sciupi il vestito!» disse lei.

Erano cominciate le quadriglie[3]. Veniva gente, c'era ressa. Ella si sedette vicino alla porta, su un panchettino. Finita la contraddanza[4], la sala restò libera per gli uomini che parlavano.

Si udì il ritornello di un violino e il suono di un corno. Emma scese le scale 40 trattenendosi a stento dal correre. […]

Emma si sentì battere il cuore quando, tenendole la mano con la punta delle dita, il suo cavaliere la condusse a mettersi in fila, aspettando il colpo d'archetto[5] per slanciarsi. Ma il suo turbamento scomparve ben presto; e, cullata dal ritmo dell'orchestra, scivolava in avanti con leggeri movimenti del collo.

45 L'aria del salone era pesante, le lampade si velavano. La gente si riversava nella sala da biliardo. Un domestico, per salire su una sedia, ruppe due vetri. Al frangersi delle schegge, la signora Bovary volse il capo scorgendo in giardino facce di contadini che guardavano appicciccate alle finestre. Allora le tornarono in mente le Bertaux[6]. Rivide la fattoria, la palude fangosa, suo padre in camiciotto sotto i 50 meli, e se stessa rivide, com'era una volta, mentre scremava col dito le terrine[7] di latte nella latteria. Ma, nello sfolgorio dell'ora presente, la sua vita trascorsa, fino ad allora così nitida, svaniva del tutto; e le pareva quasi impossibile di averla vissuta. Era lì, a quella festa, e al di là di essa c'era soltanto l'ombra, distesa su ogni altra cosa. Stava sorbendo un gelato al maraschino in una conchiglia dorata che 55 teneva nella sinistra, e socchiudeva gli occhi mentre metteva il cucchiaino fra le labbra. […]

A un certo punto un ballerino, chiamato familiarmente *Visconte,* dal panciotto molto aperto come modellato sul suo petto, invitò per la seconda volta la signora Bovary, assicurandola che, guidata da lui, se la sarebbe cavata benissimo.

60 Cominciarono lentamente, poi più in fretta. Volteggiavano, tutto girava intorno a loro, le lampade, i mobili, il soffitto, il pavimento, come un disco su un perno. Mentre passava vicino alle porte, la veste di Emma si gonfiava all'orlo sfiorando i suoi calzoni, le loro gambe si incrociavano, egli chinava lo sguardo verso di lei, Emma lo alzava sul suo volto e si sentiva presa da una specie di torpore, fin che si 65 fermò. Ma ripresero la danza e, con un movimento più rapido, il visconte la trascinò con sé, in fondo alla galleria dove, senza fiato, per non cadere ella appoggiò per un attimo la testa sul petto di lui. Poi, sempre girando, ma più adagio, egli la ricondusse alla sua sedia. Emma si lasciò cadere contro il muro e si coprì gli oc-

---

3. quadriglie: la quadriglia è una danza figurata, eseguita da due coppie di ballerini disposte a formare un quadrato.
4. contraddanza: tipo di danza figurata in voga nel XIX secolo.

5. colpo d'archetto: primo colpo di violino.
6. le Bertaux: la tenuta della famiglia di Emma.
7. terrine: scodelle con il latte appena munto, dal quale la gio-

vane Emma separava con le dita la parte superficiale, più grassa, con cui si sarebbe poi fatta la panna.

546

chi con una mano. La conversazione si prolungò ancora per qualche tempo, poi
tutti si salutarono, o meglio si diedero il buon giorno; e così gli ospiti del castello
andarono a dormire [...]

Intanto Charles era andato a chiedere a un domestico di attaccare la sua carrozza. La condussero davanti alla scalinata, e dopo avervi ficcati tutti i bagagli, i coniugi Bovary presentarono i loro omaggi al marchese e alla marchesa, ripartendo quindi per Tostes[8].

Quando giunsero a casa, il pranzo non era ancora pronto, la signora si arrabbiò e Nastasie rispose in modo insolente. «Filate!» esclamò Emma «questo si chiama prendere in giro, vi licenzio». Da mangiare non c'era altro che una minestra di cipolle. Seduto davanti ad Emma, Charles disse tutto contento: «Fa piacere, trovarsi a casa propria!»

Si sentiva Nastasie piangere. In fondo egli era affezionato a quella povera ragazza. Gli aveva tenuto compagnia durante la solitudine della vedovanza. Era stata la sua prima cliente, la persona che conosceva da maggior tempo nel paese.

«Ma l'hai mandata via per davvero?» si decise a chiedere.

«Certo. C'è qualcuno che può impedirmelo?» rispose lei.

Andarono a scaldarsi in cucina, mentre la donna preparava la loro stanza. Charles si mise a fumare. Sporgeva in avanti le labbra, sputando ad ogni momento, tirandosi indietro ad ogni boccata.

«Finirai col sentirti male» osservò Emma sdegnosamente.

Egli depose il sigaro e corse al rubinetto per bere un bicchiere d'acqua fresca. Emma afferrò il portasigari e lo gettò con forza in fondo a un armadio.

Il giorno dopo il tempo non passava più. Emma passeggiava nel giardinetto, su e giù sempre per gli stessi viali, fermandosi davanti alle aiuole, davanti alla siepe, osservando con stupefazione tutte quelle cose di una volta che pure conosceva tanto bene. Come le sembrava lontana la festa! Ma che cosa metteva tanta distanza tra la mattina dell'altro ieri e la sera di oggi? Il viaggio alla Vaubyessard aveva prodotto un baratro nella sua vita, come quelle grandi frane che l'uragano, in una sola notte, scava talvolta sulle montagne. Si dovette tuttavia mettere il cuore in pace, richiuse religiosamente nel cassettone il suo bel vestito, insieme con le scarpette di raso che la cera sdrucciolevole del pavimento aveva fatto ingiallire sulle suole. Allo stesso modo il suo cuore, al contatto della ricchezza, aveva assorbito qualcosa che non si sarebbe cancellato mai più.

Il ricordo della festa fu dunque per Emma un'occupazione. Ogni mercoledì diceva tra sé, appena svegliata: «Ecco, Otto giorni fa... Quindici giorni fa... Tre settimane fa, io ero là!» E a poco a poco le facce le si confondevano nella memoria, smarrì il motivo delle contraddanze, non vide più con tanta precisione le livree e le stanze, qualche particolare scomparve del tutto; ma il rimpianto rimase.

Gustave Flaubert, Madame Bovary, Milano, Mondadori, 1996

---

8. Tostes: la località vicina, dove abitano i coniugi Bovary.

PARTE 3 · Percorso di letteratura

SCHEDA DI ANALISI

Il tema e il messaggio

● *Madame Bovary* è la storia di una donna alla **disperata ricerca della felicità**. Costretta a un'esistenza provinciale, insoddisfatta del marito (pur premuroso nei suoi confronti), Emma crede che una vita realmente vera e appagante si trovi in tutto ciò che non possiede. In quest'atteggiamento di perenne insoddisfazione, tipico di chi è sempre alla ricerca di una felicità irrealizzabile e irraggiungibile consiste ciò che, grazie alla straordinaria capacità dell'autore di rendere vivo il personaggio di Emma, è stato in seguito definito **"bovarismo"**.

● Anche nel breve brano che abbiamo letto possiamo notare come la figura di Emma corrisponda perfettamente a questo ritratto. I coniugi Bovary vengono invitati a cena da una famiglia aristocratica che abita in un castello non molto lontano; Emma carica questo evento di mille aspettative, considerandolo una straordinaria occasione per fare incontri interessanti, che le cambieranno finalmente la vita.

● In questa circostanza mondana, **il marito le appare** sempre più **inadeguato**, ed è quindi contenta di lasciarlo alle conversazioni fra uomini e al gioco delle carte. Dapprima restia e insicura, poi sempre più a proprio agio, Emma prende parte al ballo che si tiene nelle sale del castello, dove s'inebria dei suoni, dei profumi, dei cibi che vengono serviti e anche dell'occasionale compagnia di un cavaliere.

● Emma ama ancora il marito, ma comincia ad allontanarsi inesorabilmente da lui. Quando era più giovane, si era lasciata convincere a sposarlo dal **suo ruolo sociale** – Charles Bovary è medico – e dalla prospettiva di poter **abbandonare il paese di campagna** dove era vissuta. Poi, con il trascorrere del tempo, la casa nuziale è diventata per lei sempre più simile a una gabbia. Ora Emma sta cercando di fuggire, animata – per il momento – soltanto dai suoi sogni e dalle sue illusioni. Soltanto più tardi la sua evasione dalla vita matrimoniale si concretizzerà in una vera relazione amorosa, a cui si accompagnerà però, ben presto, un insopportabile rimorso.

Le sequenze descrittive e riflessive

● Com'è usuale nei romanzi di Flaubert, anche nel brano appena letto un'importanza fondamentale è rivestita dalle **sequenze descrittive**.

● **La prima**, con cui ha inizio il testo, è un modello di **descrizione realistica**: precisa in ogni particolare, puntuale nel registrare tutte le sollecitazioni che l'ambiente procura ai sensi di Emma. La donna "assorbe" in sé tutto ciò che la circonda, così diverso dalla mediocre vita di casa sua. Ogni elemento della sala da

pranzo le procura una gioia e un senso di completezza che non aveva mai provato. Ne è ulteriore dimostrazione l'effetto che lo champagne ghiacciato ha su di lei: non soltanto un brivido fisico, dovuto alla differenza di temperatura, ma una scossa interiore, di fronte a particolari (*non aveva mai visto le melagrane, né assaggiato gli ananassi; e perfino lo zucchero in polvere le parve più bianco e più fine che non altrove*) che a lei, in quel momento, sembrano straordinari.

● **La seconda** sequenza descrittiva presenta Emma attraverso gli occhi del marito Charles: una **descrizione soggettiva,** quindi, dalla quale traspare l'amore e il senso di protezione che l'uomo nutre per sua moglie.

● La descrizione **successiva** è inserita in una sorta di *flashback*: nella trasparenza dei vetri della sala Emma rivede, riascolta, riprova le sensazioni della sua fanciullezza in campagna. La **successiva** descrizione del ballo ha un **ritmo narrativo più mosso e vivace**, come si addice alla scena rappresentata.

● Per il lettore dell'Ottocento tali descrizioni assolvono importanti funzioni. In primo luogo, si tratta di rappresentare il mondo attraverso una **rigorosa tecnica realistica**; considerata l'assenza di mezzi di comunicazione in grado di fornire immagini obiettive della realtà – la fotografia era appena ai suoi primordi – tale funzione svolta dalla letteratura è meno scontata e molto più importante di quanto possa esserlo ai giorni nostri.

● In secondo luogo, le annotazioni sensoriali servono al lettore per conoscere in maniera concreta gli **stati d'animo della protagonista** del romanzo. In tal senso, ancora più significativa è la **sequenza riflessiva** con cui si chiude il brano. Emma, ritornata nel quotidiano ambiente di casa sua, lo percepisce in maniera nuova; non può che sembrarle triste e squallido in confronto a quello affascinante che aveva conosciuto durante la festa. L'**esperienza** fatta le sembra ora ancora più **magica**; il tempo, d'ora in avanti, sarà scandito per lei soltanto dal **ricordo** delle ore trascorse al castello.

I personaggi

● Nel brano appena letto, Flaubert mette sapientemente in evidenza le **differenze** di carattere e personalità tra Charles ed Emma, presentandoli indirettamente, attraverso i loro gesti e le loro parole.
L'**amore** di Charles è palesemente visibile; ma esso viene vissuto con **fastidio** da parte di Emma, che cercherà il calore del letto nuziale soltanto dopo che il marito si è addormentato.

● Charles è un "buon uomo": **semplice** nei gesti, nelle esigenze, nel tenore di vita; tutto l'opposto di ciò che Emma vorrebbe essere, conoscere e sperimentare. Egli è stato per ore ad assistere a un gioco con le car-

548

La realtà come oggetto · UNITÀ 16

te di cui non ha capito nulla e, al ritorno a casa, sente solo il bisogno di togliersi le scarpe di riassaporare la **semplice tranquillità** delle sue abitudini: la cena, il sigaro, il riposo. Non così Emma, che coglie un pretesto di scarsa importanza per trattare in malo modo la domestica, arrivando addirittura a licenziarla. E questo atteggiamento è la spia del **tormento interiore** che vive sempre più intensamente, dal momento in cui giunge alla consapevolezza del disagio che prova in quella che, fino a poco tempo prima, aveva sentito come "casa sua".

La lingua e lo stile

● Lo stile e le attente scelte lessicali del brano sono perfettamente in linea con le **regole del Reali-** smo: **asciutto**, eppur ben definito e leggibile il primo, estremamente **puntuali** le seconde.

● La lettura anche solo di queste poche pagine permette di cogliere la proverbiale abilità di Flaubert nel dare vita alle scene e alle azioni che narra, la **cura maniacale** che lo guida nei dettagli descrittivi e nella scelta di quell'unica parola che egli ritiene adatta a descrivere un dato oggetto o una data situazione: quello che egli chiamava il *mot juste*, la ricerca del quale lo teneva impegnato, a volte, per giorni interi.

● Atmosfere, oggetti, profumi, suoni, gesti sono pertanto presentati al lettore con tale **precisione** da permettergli di immedesimarsi completamente nell'ambiente e rivivere le stesse emozioni e sensazioni dei personaggi.

Laboratorio sul testo

Comprendere

1. Chi sono i protagonisti del brano e qual è il rapporto che li lega?
2. La vicenda si svolge in due differenti ambienti. Quali?
3. Durante il ricevimento, che cosa attira l'attenzione di Emma e suscita in lei emozione?
4. Chi avvicina Emma per invitarla a ballare?
5. Quali sensazioni prova Emma mentre danza?
6. Quale gesto compie quando torna a sedere?
7. Che cosa fa Charles al ritorno a casa?
8. Perché Emma è così irritata quando ritorna a casa?
9. Chi è vittima della sua irritazione?
10. Lo è anche il marito? Se sì, in che modo?

Interpretare

11. Tra i due protagonisti c'è una crisi latente, che Emma avverte e Charles no. Quali aspetti o comportamenti di Charles infastidiscono Emma?
12. L'atteggiamento di Emma nei confronti del marito, dapprima insofferente, diventa a un certo punto ironico e sarcastico. Individua nel testo e sottolinea le espressioni che rivelano tale cambiamento nel personaggio di Emma.
13. *Ma che cosa metteva tanta distanza tra la mattina dell'altro ieri e la sera di oggi?* (rr. 95-96). Prova a rispondere tu a questa domanda.

Analizzare

Sequenze descrittive e riflessive
14. Nelle sequenze descrittive Flaubert inserisce elementi che riguardano non solo le forme, le luci e i colori, ma anche i suoni, i profumi, le sensazioni tattili. Individua nel testo e trascrivi nel corretto insieme alcuni di questi elementi.

Elementi visivi	Elementi uditivi	Elementi olfattivi	Elementi gustativi	Elementi tattili
....	....	....	....	....
....	....	....	....	....

PARTE 3 · Percorso di letteratura

15. Nelle sequenze di tipo riflessivo, di quale personaggio sono prevalentemente riportati i pensieri? Motiva la tua risposta facendo riferimento al testo.

Personaggi

16. Distingui il ruolo dei personaggi che compaiono nel brano, inserendo il nome di ciascuno nella tabella.

Protagonisti	Personaggi secondari	Comparse
....	....	....
....	....	....
....	....	....

Narratore e stile

17. Qual è il punto di vista del narratore in questo brano?
a) ☐ Narratore esterno con focalizzazione esterna.
b) ☐ Narratore interno con focalizzazione interna.
c) ☐ Narratore interno con focalizzazione esterna.
d) ☐ Narratore esterno con focalizzazione interna.

18. In base a quali considerazioni il brano può essere considerato un modello di letteratura realistica?

● Padroneggiare la lingua

Lessico

19. Nella sequenza in cui Emma ricorda le circostanze della propria infanzia in campagna (rr. 48-51), Flaubert mette in forte evidenza i contrasti fra quella realtà lontana e quella in cui è ora inserita la protagonista. Di quale tipo di figura retorica si tratta?
a) ☐ Anafora.
b) ☐ Antifrasi.
c) ☐ Antitesi.
d) ☐ Anacoluto.

20. Tale figura retorica è presente in un altro passo del brano. Quale? Riconoscilo e sottolinealo.

21. Individua nel testo e trascrivi alcune espressioni e frasi che spiccano per la grande efficacia descrittiva e per la ricercatezza delle parole in esse contenute.

Grammatica

22. Quale funzione logico-sintattica svolgono le parole sottolineate nelle seguenti frasi?
A. *Sulla tovaglia stavano allineati __mazzetti__ di fiori e sui piatti dal bordo largo i tovaglioli ripiegati portavano nell'incavo tra le due punte __un panino ovale__.*
B. *Si dovette tuttavia mettere il cuore in pace, richiuse __religiosamente__ nel cassettone il suo bel vestito, __insieme con le scarpette__ di raso __che__ la cera sdrucciolevole del pavimento aveva fatto ingiallire sulle suole.*

● Produrre

23. Oggi con il termine "bovarismo" si indica un atteggiamento psicologico di evasione dalla realtà, d'insoddisfazione e di sfrenato desiderio di costruirsi un mondo diverso da quello in cui si vive. Quali comportamenti tipici di Emma hanno determinato la nascita di questo termine? Conosci persone che ti sembrano affette da questa stessa inquietudine, che le porta a essere sempre insoddisfatte di se stesse? Discutine con i tuoi compagni, raccontando le tue esperienze.

24. Per la sua condotta Emma è una donna da condannare o da giustificare? Motiva la tua risposta, analizzando le ragioni del comportamento del personaggio in un testo non più lungo di una pagina.

Giovanni Verga

La vita e le opere

Gli esordi Giovanni Verga nasce a Catania nel 1840, in una famiglia benestante di proprietari terrieri della piccola nobiltà siciliana, colta e di orientamento antiborbonico (avversi cioè alla dinastia dei Borboni, che all'epoca governava il Regno delle Due Sicilie). La passione per la scrittura lo spinge ad abbandonare gli studi di legge poco prima della laurea, per dedicarsi al giornalismo e alla letteratura patriottica. Sono questi infatti gli anni della spedizione dei Mille e dell'unità d'Italia, alla quale Giovanni Verga partecipa attivamente arruolandosi nell'esercito (la Guardia Nazionale) e contribuendo a liberare la Sicilia dalla dominazione borbonica. A questo periodo giovanile risalgono le sue prime opere: *Amore e patria* (mai pubblicato) e *I carbonari della montagna* (1861), romanzi a sfondo storico e fortemente condizionati sia dall'ideologia risorgimentale sia dallo stile di Manzoni.

Nel 1869 Verga si sposta a Firenze, allora capitale del regno d'Italia, attirato dal suo prestigio culturale; poi, dal 1872, soggiorna a Milano, città culturalmente e artisticamente all'avanguardia, legandosi al movimento letterario della **Scapigliatura**, ribelle nei confronti della cultura tardoromantica. In questo periodo frequenta i salotti culturali più importanti e ottiene il successo con romanzi a carattere sentimentale ambientati nella società altoborghese dell'epoca: *Una peccatrice* (1866), *Storia di una capinera* (1871), *Eva* (1873), *Eros* (1875), *Tigre reale* (1875).

Gli anni del Verismo Molteplici sono i fattori che spingono Verga ad abbandonare tale letteratura "mondana" e ad avvicinarsi a un nuovo ideale letterario. Fra questi, un ruolo di primo piano spetta senz'altro all'amicizia con lo scrittore **Luigi Capuana**, maggiore teorico del Verismo, grande estimatore di Émile Zola e del **Naturalismo francese**, di cui anche Verga diventa un attento lettore. Inoltre, l'allontanamento da Milano e il ritorno a Catania nel 1878, a causa di lutti famigliari, lo pone di nuovo a confronto con una società contadina, per certi versi ancora arcaica, che diventerà l'ispirazione e l'oggetto della sua narrativa successiva.

La nuova poetica di Verga aderisce ai dettami del Verismo, elaborando a partire da esso uno stile proprio: la scelta di una narrazione impersonale; l'uso del discorso indiretto libero, attraverso cui la voce del popolo si fonde con quella del narratore; infine, l'adozione di un linguaggio popolare e gergale, molto diverso dal fiorentino promosso da Manzoni come modello letterario, ma più funzionale a uno stile rigorosamente realistico. Tutte queste scelte fanno di Verga un vero e proprio "fotografo della realtà".

La pubblicazione nel 1880 della raccolta di novelle *Vita dei campi*, con la sua descrizione rigorosa dei sacrifici e delle sofferenze dei lavoratori della terra e delle miniere, ne è un primo esempio. Tre anni dopo vengono pubblicate le *Novelle rusticane* (1883), ancora ispirate al mondo del lavoro dei campi e alla lotta per la sopravvivenza. Negli stessi anni viene pubblicato *I Malavoglia* (1881), capolavoro di Verga e primo di un grande ciclo di romanzi veristi che avrebbe dovuto prendere il nome di "ciclo dei *Vinti*". Esso avrebbe dovuto comprendere cinque romanzi, ognuno dedicato a una classe sociale, e avrebbe narrato i fallimenti dei loro protagonisti, travolti dalla «fiumana del progresso», ovvero dall'ambizione – insensata e catastrofica, secondo la visione pessimistica di Verga – di migliorare le proprie condizioni economiche o sociali. Questo grande progetto letterario non sarà mai portato a termine. Verga scriverà soltanto il secondo romanzo, *Mastro-don Gesualdo* (1888), racconto del fallimento di un muratore arricchito che cerca di accedere alla società nobiliare. Del terzo romanzo, *La duchessa di Leyra*, restano solo pochi capitoli iniziali.

Negli anni Novanta, Giovanni Verga si ritira a Catania, nel suo podere paterno, dove rimarrà fino alla morte, avvenuta nel 1922, continuando a dedicarsi alla letteratura, ma con opere che si allontanano sempre di più dalla corrente verista.

PARTE 3 · Percorso di letteratura

Le novelle

L'importanza letteraria Le novelle costituiscono una parte fondamentale della produzione di Giovanni Verga, in senso sia quantitativo sia qualitativo. Esse sono il "substrato" da cui egli attinge anche per la composizione dei suoi grandi romanzi (*I Malavoglia*, per esempio, nascono dallo sviluppo di una novella intitolata *Padron 'Ntoni*), e costituiscono soprattutto le tappe fondamentali della sperimentazione letteraria dello scrittore. La svolta verista di Verga avrà luogo, in effetti, proprio con una novella, *Nedda*, da lui scritta nel 1874. Ed è nell'introduzione a un'altra novella, *L'amante di Gramigna*, contenuta nella raccolta *Vita dei campi* (1880), che si esprimerà la sua piena adesione al **Verismo**.

Le novelle, prima di essere accorpate in una raccolta, vengono pubblicate singolarmente, spesso anche a puntate, su riviste o giornali dell'epoca. Questo tipo di letteratura – definita "d'appendice" – consente a Verga, così come a molti altri autori, di farsi conoscere dal grande pubblico e di mantenersi economicamente.

Le raccolte Oltre alla pubblicazione su rivista, Verga raccolse le sue novelle in **nove raccolte**, pubblicate sia prima sia dopo l'adesione al Verismo. Di queste, soltanto due rispecchiano pienamente i canoni di questa corrente letteraria:

- *Vita dei campi* (1880); si tratta della prima opera verista di Giovanni Verga, ispirata – come il titolo suggerisce – alla descrizione di vicende e personaggi campestri. Contiene novelle importanti, come *Rosso Malpelo*, *Cavalleria Rusticana* (che, adattata per il teatro da Pietro Mascagni, ha ottenuto un grande successo), *La lupa* e *L'amante di Gramigna*;
- *Novelle rusticane* (1883); in questa raccolta, la descrizione dell'"animalità" della vita campestre viene sostituita dal ritratto di una società in cui prevalgono i calcoli della ragione economica, che determinano spesso sopraffazioni e ingiustizie sociali. Le novelle più importanti contenutevi sono *La roba* e *Libertà*, un'aspra descrizione dei soprusi perpetrati durante l'annessione della Sicilia al Regno d'Italia.

I Malavoglia

Il capolavoro del Verismo Questo romanzo, pubblicato nel 1881 dopo un lungo studio sulla cultura, i costumi, i valori della Sicilia rurale di allora, rappresenta il capolavoro di Giovanni Verga e del Verismo. *I Malavoglia*, primo romanzo del ciclo dei *Vinti*, ha come protagonista la classe sociale più bassa – in questo caso una famiglia di pescatori – sconfitta nella sua volontà di cambiare le proprie sorti, di migliorare le proprie condizioni sociali. Quella dei Malavoglia è dunque l'"epopea" di una famiglia che deve riparare a una serie di sventure causate dalla modernità: l'arruolamento dei nipoti maschi, il fallimento del commercio, il desiderio del nipote 'Ntoni di lasciare il lavoro per una vita cittadina.

Verga descrive questi contrasti, questa lotta continua tra tradizione e progresso; ma fedele al canone dell'impersonalità (che si realizza anche nelle sue scelte stilistiche), egli si astiene dal giudicare, perché, come scriverà egli stesso nella *Prefazione* all'opera, «chi osserva questo spettacolo non ha il diritto di giudicarlo; è già molto se riesce a trarsi un istante fuori del campo della lotta per studiarla».

La trama Le vicende si svolgono in un piccolo paese del catanese, Aci Trezza, borgo che sembra essersi fermato a un tempo "mitico", legato alla stagionalità dei lavori, in cui l'uomo è ancora dominato dai ritmi costrittivi della natura. Il tempo "storico" è invece legato esclusivamente alla società moderna, incarnata dal nuovo Stato unitario.

Una delle poche date che si hanno è quella della partenza, nel 1863, del **giovane 'Ntoni** per il servizio di leva. **Padron 'Ntoni**, per sopperire alla mancanza delle "braccia" del nipote, accetta la proposta di prestito di Zio Crocifisso, usuraio del paese, per commerciare una partita di lupini (legumi). Ma la **"Provvidenza"**, barca di proprietà dei Malavoglia, affonda durante una tempesta, portandosi via il carico di lupini e la vita di **Bastianazzo**, figlio di Padron 'Ntoni. Per ripagare il debito, i Malavoglia sono costretti a vendere la **"casa del nespolo"**. Poco dopo, giunge la notizia della morte anche di **Luca**, figlio di Bastianazzo partito militare. Questa serie di sventure, così come l'abbandono della casa di famiglia, disuniscono la famiglia: il giovane 'Ntoni comincia a dedicarsi al contrabbando, finendo in galera; **Lia**, sua sorella minore, scompare, a causa di voci riguardanti una sua presunta avventura amorosa con il brigadiere del paese. La morte di Padron 'Ntoni non può che peggiorare la situazione; il giovane 'Ntoni lascia definitivamente il paese. Soltanto **Alessi**, il figlio minore, rappresenta una nota di speranza: grazie alla sua attività di pescatore, egli riuscirà infine a riscattare la casa del nespolo.

552

T3 Rosso Malpelo

- **GENERE**
  Novella verista
- **LUOGO E TEMPO**
  Sicilia; seconda metà XIX secolo
- **PERSONAGGI**
  Malpelo; il padre, la madre, la sorella; Ranocchio; gli altri minatori

Questa novella – che la critica letteraria considera una delle realizzazioni più alte di Verga – viene pubblicata per la prima volta nell'agosto 1878 e inserita nel 1880 nella raccolta *Vita dei campi*. Il protagonista è Rosso Malpelo, un misero cavatore di sabbia che trascorre la sua vita in miniera, nel ricordo della tragica scomparsa del padre, avvenuta a causa di un crollo nello stesso luogo in cui egli ora lavora. Nella vicenda, Verga analizza i meccanismi elementari e feroci che governano la ristretta società dei minatori (e, più in generale, degli "umili"), in cui la legge del più forte ha sempre la meglio: chi è più debole o più solo degli altri è necessariamente sconfitto.

Malpelo si chiamava così perché aveva i capelli rossi[1]: ed aveva i capelli rossi perché era un ragazzo malizioso e cattivo, che prometteva di riescire un fior di birbone. Sicché tutti alla cava della rena rossa lo chiamavano Malpelo: e persino sua madre col sentirgli dir sempre a quel modo aveva quasi dimenticato
5 il suo nome di battesimo.

Del resto, ella lo vedeva soltanto il sabato sera, quando tornava a casa con quei pochi soldi della settimana; e siccome era *malpelo* c'era anche a temere che ne sottraesse un paio di quei soldi; e nel dubbio, per non sbagliare, la sorella maggiore gli faceva la ricevuta a scapaccioni.

10 Però il padrone della cava aveva confermato che i soldi erano tanti e non più; e in coscienza erano anche troppi per Malpelo, un monellaccio che nessuno avrebbe voluto vedersi davanti, e che tutti schivavano come un can rognoso, e lo accarezzavano coi piedi, allorché se lo trovavano a tiro.

Egli era davvero un brutto ceffo: torvo, ringhioso, e selvatico. Al mezzogiorno,
15 mentre tutti gli altri operai della cava si mangiavano in crocchio la loro minestra, e facevano un po' di ricreazione, egli andava a rincantucciarsi col suo corbello[2] fra le gambe, per rosicchiarsi quel suo pane di otto giorni, come fanno le bestie sue pari; e ciascuno gli diceva la sua motteggiandolo[3]; e gli tiravan dei sassi, finché il soprastante[4] lo rimandava al lavoro con una pedata.

20 Ei c'ingrassava fra i calci e si lasciava caricare meglio dell'asino grigio, senza osar di lagnarsi. Era sempre cencioso e lordo[5] di rena rossa[6], ché la sua sorella s'era fatta sposa, e aveva altro pel capo: nondimeno era conosciuto come la bettonica per tutto Monserrato e la Carvana[7], tanto che la cava dove lavorava la chiamavano

---

1. capelli rossi: un proverbio siciliano afferma che "russu è malu pilu", anche se non è ben chiaro perché i capelli rossi siano considerati segno di malvagità.
2. corbello: cesto.
3. motteggiandolo: prendendolo in giro.
4. soprastante: sorvegliante.
5. lordo: sporco.
6. rena rossa: materiale di natura vulcanica prodotto dalla cottura di sedimenti sciolti a opera di colate laviche; essa era largamente utilizzata in ambito edilizio.
7. era conosciuto… Carvana: nel territorio di Catania, Malpelo era noto e famoso come l'erba bettonica, una pianta molto usata per le sue proprietà medicinali.

"la cava di Malpelo", e cotesto al padrone gli seccava assai. Insomma lo tenevano
25 addirittura per carità e perché mastro Misciu[8], suo padre, era morto nella cava.

Era morto così, che un sabato aveva voluto terminare un certo lavoro preso a
cottimo[9], di un pilastro lasciato altra volta per sostegno nella cava, e che ora non
serviva più, e s'era calcolato così ad occhio col padrone per 35 o 40 carra di rena. Invece mastro Misciu sterrava da tre giorni e ne avanzava ancora per la mezza
30 giornata del lunedì. Era stato un magro affare e solo un minchione come mastro
Misciu aveva potuto lasciarsi gabbare a questo modo dal padrone; perciò appunto lo chiamavano mastro Misciu Bestia, ed era l'asino da basto[10] di tutta la cava.
Ei, povero diavolaccio, lasciava dire e si contentava di buscarsi il pane colle sue
braccia, invece di menarle addosso ai compagni, e attaccar brighe. Malpelo faceva
35 un visaccio come se quelle soperchierie cascassero sulle sue spalle, e così piccolo
com'era aveva di quelle occhiate che facevano dire agli altri: "Va' là, che tu non ci
morirai nel tuo letto, come tuo padre".

Invece nemmen suo padre ci morì nel suo letto, tuttoché fosse una buona bestia. Zio Mommu lo sciancato[11] aveva detto che quel pilastro lì ei non l'avrebbe
40 tolto per venti onze[12], tanto era pericoloso; ma d'altra parte tutto è pericoloso nelle
cave, e se si sta a badare al pericolo, è meglio andare a fare l'avvocato.

Adunque il sabato sera mastro Misciu raschiava ancora il suo pilastro che l'avemaria era suonata da un pezzo[13], e tutti i suoi compagni avevano accesa la pipa e
se n'erano andati dicendogli di divertirsi a grattarsi la pancia per amore del pa-
45 drone, e raccomandandogli di non fare la *morte del sorcio*[14]. Ei, che c'era avvezzo alle beffe, non dava retta, e rispondeva soltanto cogli ah! ah! ah! Dei suoi bei
colpi di zappa in pieno; e intanto borbottava: «Questo è per il pane! Questo pel
vino! Questo per la gonnella di Nunziata!» e così andava facendo il conto del come avrebbe speso i denari del suo appalto, il cottimante!

50 Fuori della cava il cielo formicolava di stelle, e laggiù la lanterna fumava e girava al pari di un arcolaio[15]; ed il grosso pilastro rosso, sventrato a colpi di zappa,
contorcevasi e si piegava in arco come se avesse il mal di pancia, e dicesse: ohi!
ohi! anch'esso. Malpelo andava sgomberando il terreno, e metteva al sicuro il piccone, il sacco vuoto ed il fiasco del vino. Il padre, che gli voleva bene, poveretto,
55 andava dicendogli: «Tirati indietro» oppure «Sta' attento! Sta' attento se cascano
dall'alto dei sassolini o della rena grossa». Tutt'a un tratto non disse più nulla, e

---

8. mastro Misciu: l'appellativo *mastro* era tipico dei manovali; *Misciu* è diminutivo di Domenico.

9. preso a cottimo: mastro Misciu ha accettato di compiere un lavoro pattuendo con il padrone un compenso forfettario, senza considerare le effettive ore di lavoro che esso avrebbe richiesto. Misciu è definito *minchione* (sciocco) perché, a giudizio del narratore, non ha fatto un buon

affare (il lavoro è più impegnativo del previsto) e il povero lavoratore si trova così *gabbato* (beffato).

10. l'asino da basto: l'asino da soma, perciò mastro Misciu è detto Bestia.

11. Zio Mommu lo sciancato: *Mommu* è diminutivo di Domenico; *sciancato* significa zoppo, storpio.

12. venti onze: l'oncia era una moneta siciliana coniata nel

XVIII secolo; qui indica una somma considerevole.

13. l'avemaria... pezzo: le campane suonavano l'avemaria (la preghiera serale) con tre tocchi; significa che era già sera inoltrata.

14. *morte del sorcio*: preso in trappola come un topo (schiacciato da una frana).

15. arcolaio: arnese per dipanare la lana e avvolgere la matassa.

Una foto di Giovanni Verga del 1911 scattata nel rione Novalucello di Catania.

Malpelo, che si era voltato a riporre i ferri nel corbello, udì un rumore sordo e soffocato, come fa la rena allorché si rovescia tutta in una volta; ed il lume si spense.

Quella sera in cui vennero a cercare in tutta fretta l'ingegnere che dirigeva i lavori della cava ei[16] si trovava a teatro, e non avrebbe cambiato la sua poltrona con un trono, perch'era gran dilettante[17]. Rossi[18] rappresentava l'Amleto, e c'era un bellissimo teatro. Sulla porta si vide accerchiato da tutte le femminucce di Monserrato, che strillavano e si picchiavano il petto per annunziare la gran disgrazia ch'era toccata a comare Santa, la sola, poveretta, che non dicesse nulla, e sbatteva i denti quasi fosse in gennaio. L'ingegnere, quando gli ebbero detto che il caso era accaduto da circa quattro ore, domandò cosa venissero a fare da lui dopo quattro ore. Nondimeno ci andò con scale e torcie a vento, ma passarono altre due ore, e fecero sei, e lo sciancato disse che a sgomberare il sotterraneo dal materiale caduto ci voleva almeno una settimana.

Altro che quaranta carra di rena! Della rena ne era caduta una montagna, tutta fina e ben bruciata dalla lava, che si sarebbe impastata colle mani e dovea prendere il doppio di calce. Ce n'era da riempire delle carra per delle settimane. Il bell'affare di Mastro Bestia!

L'ingegnere se ne tornò a veder seppellire Ofelia[19]; e gli altri minatori si strinsero nelle spalle, e se ne tornarono a casa ad uno ad uno. Nella ressa e nel gran chiacchierio non badarono a una voce di fanciullo, la quale non aveva più nulla di umano, e strillava: «Scavate! scavate qui! presto!»

«To'!» disse lo sciancato, «è Malpelo!»

«Da dove è venuto fuori Malpelo? Se tu non fossi stato Malpelo, non te la saresti scampata, no!» Gli altri si misero a ridere, e chi diceva che Malpelo aveva il diavolo dalla sua, un altro che aveva il cuoio duro a mo' dei gatti. Malpelo non rispondeva nulla, non piangeva nemmeno, scavava colle unghie colà nella rena, dentro la buca, sicché nessuno s'era accorto di lui; e quando si accostarono col

---

16. ei: egli.
17. dilettante: appassionato.
18. Rossi: Ernesto Rossi, uno dei grandi attori dell'epoca.

19. Ofelia: nella tragedia di William Shakespeare *Amleto*, Ofelia, impazzita per la morte del padre Polonio, muore annegata. Amleto, che la ama, si trova al cimitero proprio nel momento in cui la giovane viene sepolta.

lume gli videro tal viso stravolto, e tali occhiacci invetrati[20], e tale schiuma alla bocca da far paura; le unghie gli si erano strappate e gli pendevano dalle mani tutte in sangue. Poi quando vollero toglierlo di là fu un affar serio; non potendo più graffiare, mordeva come un cane arrabbiato e dovettero afferrarlo pei capelli, per tirarlo via a viva forza.

Però infine tornò alla cava dopo qualche giorno, quando sua madre piagnucolando ve lo condusse per mano; giacché, alle volte il pane che si mangia non si può andare a cercarlo di qua e di là. Anzi non volle più allontanarsi da quella galleria, e sterrava con accanimento, quasi ogni corbello di rena lo levasse di sul petto a suo padre. Alle volte, mentre zappava, si fermava bruscamente, colla zappa in aria, il viso torvo e gli occhi stralunati, e sembrava che stesse ad ascoltare qualche cosa che il suo diavolo gli sussurrava negli orecchi, dall'altra parte della montagna di rena caduta. In quei giorni era più tristo[21] e cattivo del solito, talmente che non mangiava quasi, e il pane lo buttava al cane, come se non fosse grazia di Dio. Il cane gli voleva bene, perché i cani non guardano altro che la mano la quale dà loro il pane. Ma l'asino grigio, povera bestia, sbilenca e macilenta[22], sopportava tutto lo sfogo della cattiveria di Malpelo; ei lo picchiava senza pietà, col manico della zappa, e borbottava: «Così creperai più presto!»

Dopo la morte del babbo pareva gli fosse entrato il diavolo in corpo, e lavorava al pari di quei bufali feroci che si tengono coll'anello di ferro al naso. Sapendo che era malpelo, ei si acconciava ad esserlo il peggio che fosse possibile, e se accadeva una disgrazia, o che un operaio smarriva i ferri, o che un asino si rompeva una gamba, o che crollava un pezzo di galleria, si sapeva sempre che era stato lui; e infatti ei si pigliava le busse senza protestare, proprio come se le pigliano gli asini che curvano la schiena, ma seguitano a fare a modo loro. Cogli altri ragazzi poi era addirittura crudele, e sembrava che si volesse vendicare sui deboli di tutto il male che s'immaginava gli avessero fatto, a lui e al suo babbo. Certo ei provava uno strano diletto a rammentare ad uno ad uno tutti i maltrattamenti ed i soprusi che avevano fatto subire a suo padre, e del modo in cui l'avevano lasciato crepare. E quando era solo borbottava: «Anche con me fanno così! e a mio padre gli dicevano Bestia, perché ei non faceva così!» E una volta che passava il padrone, accompagnandolo con un'occhiata torva: «è stato lui, per trentacinque tarì[23]!» E un'altra volta, dietro allo sciancato: «E anche lui! e si metteva a ridere! Io l'ho udito, quella sera!»

Per un raffinamento di malignità[24] sembrava aver preso a proteggere un povero ragazzetto, venuto a lavorare da poco tempo nella cava, il quale per una caduta da un ponte s'era lussato il femore, e non poteva far più il manovale. Il poveretto, quando portava il suo corbello di rena in spalla, arrancava in modo che sembrava ballasse la tarantella, e aveva fatto ridere tutti quelli della cava, così che gli avevano messo nome Ranocchio; ma lavorando sotterra, così ranocchio com'era, il suo

---

20. invetrati: vitrei, senza espressione.
21. tristo: cupo, torvo.
22. sbilenca e macilenta: de-

bole e malandata.
23. tarì: moneta aurea coniata in Sicilia dal X al XIX secolo.
24. raffinamento di maligni-

tà: ai più sembra che Malpelo si curi del ragazzetto storpio solo per una forma sottile di cattiveria.

La realtà come oggetto · U N I T À 1 6

pane se lo buscava; e Malpelo gliene dava anche del suo, per prendersi il gusto di tiranneggiarlo, dicevano.

Infatti egli lo tormentava in cento modi. Ora lo batteva senza un motivo e senza
140 misericordia, e se Ranocchio non si difendeva, lo picchiava più forte, con maggiore accanimento, e gli diceva: «To'! Bestia! Bestia sei! Se non ti senti l'animo di difenderti da me che non ti voglio male, vuol dire che ti lascerai pestare il viso da questo e da quello!»

O se Ranocchio si asciugava il sangue che gli usciva dalla bocca o dalle narici:
145 «Così, come ti cuocerà il dolore delle busse, imparerai a darne anche tu!» Quando cacciava un asino carico per la ripida salita del sotterraneo, e lo vedeva puntare gli zoccoli, rifinito, curvo sotto il peso, ansante e coll'occhio spento, ei lo batteva senza misericordia, col manico della zappa, e i colpi suonavano secchi sugli stinchi e sulle costole scoperte. Alle volte la bestia si piegava in due per le battiture, ma
150 stremo di forze[25] non poteva fare un passo, e cadeva sui ginocchi, e ce n'era uno il quale era caduto tante volte, che ci aveva due piaghe alle gambe; e Malpelo allora confidava a Ranocchio: «L'asino va picchiato, perché non può picchiar lui; e s'ei potesse picchiare, ci pesterebbe sotto i piedi e ci strapperebbe la carne a morsi».

Oppure: «Se ti accade di dar delle busse, procura di darle più forte che puoi;
155 così coloro su cui cadranno ti terranno per da più di loro[26], e ne avrai tanti di meno addosso».

Lavorando di piccone o di zappa poi menava le mani con accanimento, a mo' di uno che l'avesse con[27] la rena, e batteva e ribatteva coi denti stretti, e con quegli ah! ah! che aveva suo padre. «La rena è traditora» diceva a Ranocchio sottovo-
160 ce; «somiglia a tutti gli altri, che se sei più debole ti pestano la faccia, e se sei più forte, o siete in molti, come fa lo Sciancato, allora si lascia vincere. Mio padre la batteva sempre, ed egli non batteva altro che la rena, perciò lo chiamavano Bestia, e la rena se lo mangiò a tradimento, perché era più forte di lui».

Ogni volta che a Ranocchio toccava un lavoro troppo pesante, e Ranocchio
165 piagnucolava a guisa di una femminuccia, Malpelo lo picchiava sul dorso e lo sgridava: «Taci, pulcino!» e se Ranocchio non la finiva più, ei gli dava una mano, dicendo con un certo orgoglio: «Lasciami fare; io sono più forte di te». Oppur gli dava la sua mezza cipolla, e si contentava di mangiarsi il pane asciutto, e si stringeva nelle spalle, aggiungendo: «Io ci sono avvezzo[28]».

170 Era avvezzo a tutto lui, agli scapaccioni, alle pedate, ai colpi di manico di badile, o di cinghia da basto, a vedersi ingiuriato e beffato da tutti, a dormire sui sassi, colle braccia e la schiena rotta da quattordici ore di lavoro; anche a digiunare era avvezzo, allorché il padrone lo puniva levandogli il pane o la minestra. Ei diceva che la razione di busse non gliela aveva levata mai il padrone; ma le busse non co-
175 stavano nulla. Non si lamentava però, e si vendicava di soppiatto, a tradimento, con qualche tiro di quelli che sembrava ci avesse messo la coda il diavolo: perciò ei si pigliava sempre i castighi anche quando il colpevole non era stato lui; già se

---

25. stremo di forze: senza più forze.
26. ti terranno... loro: ti consi-dereranno più forte di loro; questa è la legge che secondo Malpelo regola il mondo (come l'espe-rienza gli ha insegnato).
27. l'avesse con: odiasse.
28. avvezzo: abituato.

557

non era stato lui sarebbe stato capace di esserlo, e non si giustificava mai: per altro sarebbe stato inutile. E qualche volta come Ranocchio spaventato lo scongiurava piangendo di dire la verità, e di scolparsi, ei ripeteva: «A che giova? Sono malpelo!» e nessuno avrebbe potuto dire se quel curvare il capo e le spalle fosse effetto di bieco[29] orgoglio o di disperata rassegnazione, e non si sapeva nemmeno se la sua fosse selvatichezza o timidità[30]. Il certo era che nemmeno sua madre aveva avuta mai una carezza da lui, e quindi non gliene faceva mai.

Il sabato sera, appena arrivava a casa con quel suo visaccio imbrattato di lentiggini e di rena rossa, e quei cenci che gli piangevano addosso da ogni parte, la sorella afferrava il manico della scopa se si metteva sull'uscio in quell'arnese[31], ché avrebbe fatto scappare il suo damo[32] se avesse visto che razza di cognato gli toccava sorbirsi; la madre era sempre da questa o da quella vicina, e quindi egli andava a rannicchiarsi sul suo saccone come un cane malato.

Adunque, la domenica, in cui tutti gli altri ragazzi del vicinato si mettevano la camicia pulita per andare a messa o per ruzzare[33] nel cortile, ei sembrava non avesse altro spasso che di andar randagio per le vie degli orti, a dar la caccia a sassate alle povere lucertole, le quali non gli avevano fatto nulla, oppure a sforacchiare le siepi dei fichidindia. Per altro le beffe e le sassate degli altri fanciulli non gli piacevano.

La vedova di mastro Misciu era disperata di aver per figlio quel malarnese, come dicevano tutti, ed egli era ridotto veramente come quei cani, che a furia di buscarsi dei calci e delle sassate da questo e da quello, finiscono col mettersi la coda fra le gambe e scappare alla prima anima viva che vedono, e diventano affamati, spelati e selvatici come lupi. Almeno sottoterra, nella cava della rena, brutto e cencioso e sbracato com'era, non lo beffavano più; e sembrava fatto apposta per quel mestiere persin nel colore dei capelli, e in quegli occhiacci di gatto che ammiccavano se vedevano il sole.

Così ci sono gli asini che lavorano nelle cave per anni e anni senza uscirne mai più, ed in quei sotterranei, dove il pozzo d'ingresso è verticale, ci si calan con le funi, e ci restano finché vivono. Sono asini vecchi, è vero, comprati per dodici o tredici lire, quando stanno per portarli alla Plaja[34], a strangolarli; ma pel lavoro che hanno da fare laggiù sono ancora buoni; e Malpelo, certo, non valeva di più, e se veniva fuori dalla cava il sabato sera, era perché aveva anche le mani per aiutarsi con la fune, e doveva andare a portare a sua madre la paga della settimana.

Certamente egli avrebbe preferito di fare il manovale, come Ranocchio, e lavorare cantando sui ponti[35], in alto, in mezzo all'azzurro del cielo, col sole sulla schiena – o il carrettiere, come compare Gaspare che veniva a prendersi la rena della cava, dondolandosi sonnacchioso sulle stanghe, colla pipa in bocca, e andava tutto il giorno per le belle strade di campagna – o meglio ancora avrebbe voluto fare il

---

29. bieco: feroce.
30. selvatichezza o timidità: scontrosità o timidezza.
31. in quell'arnese: conciato a quel modo.
32. damo: fidanzato.
33. ruzzare: far chiasso, giocare.
34. Plaja: una località sul mare, presso Catania.
35. ponti: impalcature.

La realtà come oggetto · UNITÀ 16

contadino che passa la vita fra i campi, in mezzo al verde, sotto i folti carrubi[36], e il mare turchino là in fondo, e il canto degli uccelli sulla testa. Ma quello era stato il mestiere di suo padre, e in quel mestiere era nato lui. E pensando a tutto ciò,
220 indicava a Ranocchio il pilastro che era caduto addosso al genitore, e dava ancora della rena fina e bruciata che il carrettiere veniva a caricare colla pipa in bocca, e dondolandosi sulle stanghe, e gli diceva che quando avrebbero finito di sterrare si sarebbe trovato il cadavere di suo padre, il quale doveva avere dei calzoni di fustagno quasi nuovi. Ranocchio aveva paura, ma egli no. Ei narrava che era stato
225 sempre là, da bambino, e aveva sempre visto quel buco nero, che si sprofondava sotterra, dove il padre soleva condurlo per mano. Allora stendeva le braccia a destra e a sinistra, e descriveva come l'intricato laberinto[37] delle gallerie si stendesse sotto i loro piedi dappertutto, di qua e di là sin dove potevano vedere la sciara[38] nera e desolata, sporca di ginestre riarse, e come degli uomini ce n'erano rimasti
230 tanti, o schiacciati, o smarriti nel buio e che camminano da anni e camminano ancora, senza poter scorgere lo spiraglio del pozzo nel quale sono entrati, e senza poter udire le strida disperate dei figli, i quali li cercano inutilmente.

Ma una volta in cui riempiendo i corbelli si rinvenne una delle scarpe di mastro Misciu, ei fu colto da tal tremito che dovettero tirarlo all'aria aperta colle funi,
235 proprio come un asino che stesse per dar dei calci al vento[39]. Però non si poterono trovare né i calzoni quasi nuovi, né il rimanente di mastro Misciu; sebbene i pratici asserissero che quello dovea essere il luogo preciso dove il pilastro gli si era rovesciato addosso; e qualche operaio, nuovo del mestiere, osservava curiosamente[40] come fosse capricciosa la rena che aveva sbatacchiato il Bestia di qua e di
240 là, le scarpe da una parte e i piedi dall'altra.

Dacché poi fu trovata quella scarpa, Malpelo fu colto da tal paura di veder comparire fra la rena anche il piede nudo del babbo, che non volle mai più darvi un colpo di zappa; gliela dessero a lui sul capo, la zappa. Egli andò a lavorare in un altro punto della galleria e non volle più tornare da quelle parti.
245 Due o tre giorni dopo scopersero infatti il cadavere di mastro Misciu, coi calzoni indosso, e steso bocconi che sembrava imbalsamato. Lo zio Mommu osservò che aveva dovuto stentar molto a morire, perché il pilastro gli si era piegato in arco addosso, e l'aveva seppellito vivo; si poteva persino vedere tuttora che mastro Bestia avea tentato istintivamente di liberarsi scavando nella rena, e avea le mani
250 lacerate e le unghie rotte. «Proprio come suo figlio Malpelo» ripeteva lo sciancato, «ei scavava di qua, mentre suo figlio scavava di là». Però non dissero nulla al ragazzo per la ragione che lo sapevano maligno e vendicativo.

Il carrettiere sbarazzò il sotterraneo dal cadavere, al modo istesso che lo sbarazzava dalla rena caduta e dagli asini morti, ché stavolta oltre al lezzo del carcame, c'era che il carcame era di *carne battezzata*; e la vedova rimpiccolì i calzoni e
255 la camicia, e li adattò a Malpelo, il quale così fu vestito quasi a nuovo per la prima volta, e le scarpe furono messe in serbo per quando fosse cresciuto, giacché

---

36. carrubi: varietà di alberi.
37. laberinto: forma desueta per "labirinto".

38. sciara: distesa di lava solidificata e di rocce vulcaniche eruttate dall'Etna.

39. dar dei calci al vento: morire.
40. curiosamente: con stupore.

559

L'abitato di Vizzini fotografato nel 1892 da Giovanni Verga.

rimpiccolirsi le scarpe non si potevano, e il fidanzato della sorella non ne aveva volute di scarpe del morto.

260 Malpelo se li lisciava sulle gambe quei calzoni di fustagno quasi nuovo, gli pareva che fossero dolci e lisci come le mani del babbo che solevano accarezzargli i capelli, così ruvidi e rossi com'erano. Quelle scarpe le teneva appese ad un chiodo, sul saccone[41], quasi fossero state le pantofole del papa, e la domenica se le pigliava in mano, le lustrava e se le provava; poi le metteva per terra, l'una accanto all'altra,
265 e stava a contemplarsele coi gomiti sui ginocchi, e il mento nelle palme per delle ore intere, rimuginando chi sa quali idee in quel cervellaccio.

Ei possedeva delle idee strane, Malpelo! Siccome aveva ereditato anche il piccone e la zappa del padre, se ne serviva, quantunque fossero troppo pesanti per l'età sua; e quando gli aveano chiesto se voleva venderli, che glieli avrebbero paga-
270 ti come nuovi, egli aveva risposto di no; suo padre li aveva resi così lisci e lucenti nel manico colle sue mani, ed ei non avrebbe potuto farsene degli altri più lisci e lucenti di quelli, se ci avesse lavorato cento e poi cento anni.

In quel tempo era crepato di stenti e di vecchiaia l'asino grigio; e il carrettiere era andato a buttarlo lontano nella sciara. «Così si fa» brontolava Malpelo, «gli
275 arnesi che non servono più si buttano lontano». Ei andava a visitare il carcame del grigio in fondo al burrone, e vi conduceva a forza anche Ranocchio, il quale non

---

41. saccone: pagliericcio che serve da materasso.

Scena di vita quotidiana in Sicilia in una foto del 1894.

avrebbe voluto andarci; e Malpelo gli diceva che a questo mondo bisogna avvezzarsi a vedere in faccia ogni cosa bella o brutta; e stava a considerare con l'avida curiosità di un monellaccio i cani che accorrevano da tutte le fattorie dei dintorni
280 a disputarsi le carni del grigio. I cani scappavano guaendo, come comparivano i ragazzi, e si raggiravano ustolando[42] sui greppi[43] dirimpetto, ma il Rosso non lasciava che Ranocchio li scacciasse a sassate. «Vedi quella cagna nera» gli diceva, «che non ha paura delle tue sassate; non ha paura perché ha più fame degli altri. Gliele vedi quelle costole!» Adesso non soffriva più, l'asino grigio, e se ne stava
285 tranquillo colle quattro zampe distese, e lasciava che i cani si divertissero a vuotargli le occhiaie profonde e a spolpargli le ossa bianche e i denti che gli laceravano le viscere non gli avrebbero fatto piegar la schiena come il più semplice colpo di badile che solevano dargli onde mettergli in corpo un po' di vigore quando saliva la ripida viuzza. Ecco come vanno le cose! Anche il grigio ha avuto dei colpi di
290 zappa e delle guidalesche[44] e anch'esso quando piegava sotto il peso e gli mancava il fiato per andare innanzi, aveva di quelle occhiate, mentre lo battevano, che sembrava dicesse: Non più! non più! Ma ora gli occhi se li mangiano i cani, ed esso se ne ride dei colpi e delle guidalesche con quella bocca spolpata e tutta denti. E se non fosse mai nato sarebbe stato meglio.
295 La sciara si stendeva malinconica e deserta fin dove giungeva la vista, e saliva

---

42. ustolando: mugolando.
43. greppi: ripidi pendii.

44. guidalesche: piaghe causate dallo sfregamento dei finimenti.

e scendeva in picchi e burroni, nera e rugosa, senza un grillo che vi trillasse, o un uccello che vi volasse su. Non si udiva nulla, nemmeno i colpi di piccone di coloro che lavoravano sotterra. E ogni volta Malpelo ripeteva che al di sotto era tutta scavata dalle gallerie, per ogni dove, verso il monte e verso la valle; tanto che una
300 volta un minatore c'era entrato coi capelli neri, e n'era uscito coi capelli bianchi e un altro cui s'era spenta la torcia aveva invano gridato aiuto ma nessuno poteva udirlo. Egli solo ode le sue stesse grida! diceva, e a quell'idea, sebbene avesse il cuore più duro della sciara, trasaliva.

«Il padrone mi manda spesso lontano, dove gli altri hanno paura d'andare. Ma
305 io sono Malpelo, e se io non torno più, nessuno mi cercherà».

Pure, durante le belle notti d'estate, le stelle splendevano lucenti anche sulla sciara, e la campagna circostante era nera anch'essa, come la sciara, ma Malpelo stanco della lunga giornata di lavoro, si sdraiava sul sacco, col viso verso il cielo, a godersi quella quiete e quella luminaria dell'alto; perciò odiava le notti di luna,
310 in cui il mare formicola di scintille, e la campagna si disegna qua e là vagamente – allora la sciara sembra più brulla e desolata. «Per noi che siamo fatti per vivere sotterra» pensava Malpelo «ci dovrebbe essere buio sempre e dappertutto». La civetta strideva sulla sciara, e ramingava[45] di qua e di là; ei pensava: «Anche la civetta sente i morti che son qua sotterra e si dispera perché non può andare a trovarli».
315 Ranocchio aveva paura delle civette e dei pipistrelli; ma il Rosso lo sgridava perché chi è costretto a star solo non deve aver paura di nulla, e nemmeno l'asino grigio aveva paura dei cani che se lo spolpavano, ora che le sue carni non sentivano più il dolore di esser mangiate.

«Tu eri avvezzo a lavorar sui tetti come i gatti» gli diceva «e allora era tutt'altra
320 cosa. Ma adesso che ti tocca a viver sotterra, come i topi, non bisogna più aver paura dei topi, né dei pipistrelli, che son topi vecchi con le ali, e i topi ci stanno volentieri in compagnia dei morti».

Ranocchio invece provava una tale compiacenza a spiegargli quel che ci stessero a far le stelle lassù in alto; e gli raccontava che lassù c'era il paradiso, dove vanno
325 a stare i morti che sono stati buoni e non hanno dato dispiaceri ai loro genitori. «Chi te l'ha detto?» domandava Malpelo, e Ranocchio rispondeva che glielo aveva detto la mamma.

Allora Malpelo si grattava il capo, e sorridendo gli faceva un certo verso da monellaccio malizioso che la sa lunga. «Tua madre ti dice così perché, invece dei
330 calzoni, tu dovresti portar la gonnella».

E dopo averci pensato su un po': «Mio padre era buono e non faceva male a nessuno, tanto che gli dicevano Bestia. Invece è là sotto, ed hanno persino trovato i ferri e le scarpe e questi calzoni qui che ho indosso io».

Da lì a poco, Ranocchio il quale deperiva da qualche tempo, si ammalò in mo-
335 do che la sera dovevano portarlo fuori dalla cava sull'asino, disteso fra le corbe[46], tremante di febbre come un pulcino bagnato. Un operaio disse che quel ragazzo *non ne avrebbe fatto osso duro*[47], a quel mestiere, e che per lavorare in una minie-

---

45. ramingava: andava girando.
46. corbe: grosse ceste.

47. non... duro: non avrebbe mai fatto l'abitudine a quel mestiere.

ra senza lasciarvi la pelle bisognava nascervi. Malpelo allora si sentiva orgoglioso di esserci nato e di mantenersi così sano e vigoroso in quell'aria malsana, e con tutti quegli stenti. Ei si caricava Ranocchio sulle spalle, e gli faceva animo alla sua maniera, sgridandolo e picchiandolo. Ma una volta nel picchiarlo sul dorso Ranocchio fu colto da uno sbocco di sangue, allora Malpelo spaventato si affannò a cercargli nel naso e dentro la bocca cosa gli avesse fatto, e giurava che non avea potuto fargli quel gran male, così come l'aveva battuto, e a dimostrarglielo, si dava dei gran pugni sul petto e sulla schiena con un sasso; anzi un operaio, lì presente, gli sferrò un gran calcio sulle spalle, un calcio che risuonò come su di un tamburo, eppure Malpelo non si mosse, e soltanto dopo che l'operaio se ne fu andato, aggiunse: «Lo vedi? Non mi ha fatto nulla! E ha picchiato più forte di me, ti giuro!»

Intanto Ranocchio non guariva e seguitava a sputar sangue, e ad aver la febbre tutti i giorni. Allora Malpelo rubò dei soldi della paga della settimana, per comperargli del vino e della minestra calda, e gli diede i suoi calzoni quasi nuovi che lo coprivano meglio. Ma Ranocchio tossiva sempre e alcune volte sembrava soffocasse, e la sera non c'era modo di vincere il ribrezzo della febbre, né con sacchi, né coprendolo di paglia, né mettendolo dinanzi alla fiammata. Malpelo se ne stava zitto ed immobile chino su di lui, colle mani sui ginocchi, fissandolo con quei suoi occhiacci spalancati come se volesse fargli il ritratto, e allorché lo udiva gemere sottovoce, e gli vedeva il viso trafelato e l'occhio spento, preciso come quello dell'asino grigio allorché ansava rifinito sotto il carico nel salire la viottola, gli borbottava: «E meglio che tu crepi presto! Se devi soffrire in tal modo, è meglio che tu crepi!» E il padrone diceva che Malpelo era capace di schiacciargli il capo a quel ragazzo, e bisognava sorvegliarlo.

Finalmente un lunedì Ranocchio non venne più alla cava, e il padrone se ne lavò le mani, perché allo stato in cui era ridotto oramai era più di impiccio che d'altro. Malpelo si informò dove stesse di casa, e il sabato andò a trovarlo. Il povero Ranocchio era più di là che di qua, e sua madre piangeva e si disperava come se il suo figliolo fosse di quelli che guadagnano dieci lire la settimana.

Cotesto non arrivava a comprendere Malpelo, e domandò a Ranocchio perché sua madre strillasse a quel modo, mentre che[48] da due mesi ei non guadagnava nemmeno quel che si mangiava. Ma il povero Ranocchio non gli dava retta e sembrava che badasse a contare quanti travicelli c'erano sul tetto. Allora il Rosso si diede ad almanaccare[49] che la madre di Ranocchio strillasse a quel modo perché il suo figliuolo era sempre stato debole e malaticcio, e l'aveva tenuto come quei marmocchi che non si slattano mai.

Egli invece era stato sano e robusto, ed era malpelo, e sua madre non aveva mai pianto per lui perché non aveva mai avuto timore di perderlo. Poco dopo, alla cava dissero che Ranocchio era morto, ed ei pensò che la civetta adesso strideva anche per lui nella notte, e tornò a visitare le ossa spolpate del grigio, nel burrone dove

---

48. mentre che: anche se.
49. almanaccare: supporre, pensare; Malpelo non capisce il dolore della madre per la morte del figlio, perché egli non conosce sentimenti affettuosamente spontanei. Inoltre, non può ammettere che la madre di Ranocchio pianga per amore, perché dovrebbe implicitamente riconoscere che egli non è amato.

PARTE 3 · Percorso di letteratura

solevano andare insieme con Ranocchio. Ora del grigio non rimanevano più che le
ossa sgangherate, ed anche di Ranocchio sarebbe stato così, e sua madre si sarebbe
380 asciugati gli occhi, poiché anche la madre di Malpelo s'era asciugati i suoi dopo
che mastro Misciu era morto, e adesso si era maritata un'altra volta, ed era andata
a stare a Cifali[50]; anche la sorella si era maritata e avevano chiusa la casa. D'ora in
poi, se lo battevano, a loro non importava più nulla, e a lui nemmeno, e quando
sarebbe divenuto come il grigio o come Ranocchio, non avrebbe sentito più nulla.
385   Verso quell'epoca venne a lavorare nella cava uno che non s'era mai visto, e si
teneva nascosto il più che poteva; gli altri operai dicevano fra di loro che era scappato dalla prigione, e se lo pigliavano ce lo tornavano a chiudere per degli anni e
degli anni. Malpelo seppe in quell'occasione che la prigione era un luogo dove si
mettevano i ladri, e i malarnesi come lui, e si tenevano sempre chiusi là dentro e
390 guardati a vista.
      Da quel momento provò una malsana curiosità per quell'uomo che aveva pro-
vata la prigione e n'era scappato. Dopo poche settimane però il fuggitivo dichiarò
chiaro e tondo che era stanco di quella vitaccia da talpa e piuttosto si contentava
di stare in galera tutta la vita, ché la prigione, in confronto, era un paradiso e pre-
395 feriva tornarci coi suoi piedi. «Allora perché tutti quelli che lavorano nella cava
non si fanno mettere in prigione?» domandò Malpelo. «Perché non sono *malpelo*
come te!» rispose lo sciancato. «Ma non temere, che tu ci andrai e ci lascerai le
ossa». Invece le ossa le lasciò nella cava, Malpelo, come suo padre, ma in modo
diverso. Una volta si doveva esplorare un passaggio che si riteneva comunicasse col
400 pozzo grande a sinistra, verso la valle, e se la cosa era vera, si sarebbe risparmiata
una buona metà di mano d'opera nel cavar fuori la rena. Ma se non era vero, c'era
il pericolo di smarrirsi e di non tornare mai più. Sicché nessun padre di famiglia
voleva avventurarvisi, né avrebbe permesso che ci si arrischiasse il sangue suo[51]
per tutto l'oro del mondo.
405   Ma Malpelo non aveva nemmeno chi si prendesse tutto l'oro del mondo per
la sua pelle, se pure la sua pelle valeva tutto l'oro del mondo: sua madre si era ri-
maritata e se n'era andata a stare a Cifali, e sua sorella s'era maritata anch'essa. La
porta della casa era chiusa, ed ei non aveva altro che le scarpe di suo padre appese
al chiodo; perciò gli commettevano[52] sempre i lavori più pericolosi, e le imprese
410 più arrischiate, e s'ei non si aveva riguardo alcuno, gli altri non ne avevano certamente per lui. Quando lo mandarono per quella esplorazione si risovvenne[53] del
minatore, il quale si era smarrito, da anni ed anni, e cammina e cammina ancora al
buio gridando aiuto, senza che nessuno possa udirlo; ma non disse nulla. Del resto
a che sarebbe giovato? Prese gli arnesi di suo padre, il piccone, la zappa, la lanter-
415 na, il sacco col pane, e il fiasco del vino, e se ne andò: né più si seppe nulla di lui.
      Così si persero persin le ossa di Malpelo, e i ragazzi della cava abbassano la vo-
ce quando parlano di lui nel sotterraneo, ché hanno paura di vederselo comparire
dinanzi, coi capelli rossi e gli occhiacci grigi.

Giovanni Verga, *Vita dei campi*, in *Opere*, Milano-Napoli, Ricciardi, 1961

50. Cifali: Cibali, sobborgo di   **51. il sangue suo:** un suo figlio.   **53. si risovvenne:** si ricordò.
Catania.   **52. commettevano:** affidavano.

564

La realtà come oggetto • UNITÀ 16

SCHEDA DI ANALISI

Il tema e il messaggio

■ Nei decenni successivi all'Unità, si accenderà il dibattito sulla **questione meridionale**. Vengono stilate diverse inchieste che denunciano una situazione di arretratezza persistente nel Sud Italia e la completa mancanza di interventi, se non repressivi, da parte del nuovo Stato italiano.
La novella *Rosso Malpelo,* scritta a partire da una di queste inchieste, è inizialmente pubblicata nel 1878 in quattro puntate su un giornale romano, il «Fanfulla», a conferma di quanto essa sia legata alle reali problematiche dell'Italia di allora.

■ L'intento principale di Verga non è di denunciare lo **sfruttamento minorile** per contribuire al progresso sociale della Sicilia. L'intento dello scrittore è piuttosto quello di descrivere – in modo **impersonale** – tale situazione per mettere in risalto le **dinamiche dei comportamenti umani**. Secondo Verga, infatti, ogni uomo, se ne ha la possibilità, tende a sopraffare gli altri uomini in una violenta lotta per la sopravvivenza.

I personaggi

■ Anche il giovane **Rosso Malpelo** non può sottrarsi alla **lotta per la sopravvivenza**. Egli accetta e fa sua "la legge del più forte"; la considera "naturale" e immodificabile (*L'asino va picchiato, perché non può picchiar lui; e s'ei potesse picchiare, ci pesterebbe sotto i piedi e ci strapperebbe la carne a morsi*).
Malpelo rappresenta però **una figura tragica e complessa**, perché in fondo è ancora vivo in lui un urgente bisogno d'amore. In fondo, Malpelo è perverso da un forte affetto nei confronti del povero Ranocchio: se lo batte, è perché la violenza è l'unico modo che egli conosce per dimostrargli la sua amicizia, è per spronarlo a reagire a un ambiente che non ha altro scopo che sopraffarlo.

■ Ma soprattutto Malpelo è strettamente legato alla **figura del padre**, al punto tale da ripercorrerne, in maniera più o meno volontaria, la stessa tragica fine. Tale suo attaccamento, tuttavia, non è compreso dalla **voce corale** costituita dalla comunità di minatori, che si comporta nei suoi confronti con un'**ironia** che è sintomo di cattiveria, d'indifferenza o che molto spesso si rivela **strumento di prevaricazione**.

■ È questa stessa voce corale che giustifica le morti di mastro Misciu e di Ranocchio e che, promuovendo un sistema di valori arretrato, spietato e superstizioso, esclude Malpelo dal consesso "civile". La voce corale insomma si sveste della sua umanità per configurarsi invece come l'**ambiente ostile** entro cui i personaggi devono cercare di sopravvivere.

La struttura del testo

■ *Fabula* e **intreccio** non coincidono. Poco dopo l'inizio della novella, viene inserita un'ampia **analessi** sulla morte di Mastro Misciu; questa regressione ha il compito, oltre che di **denotare** l'ambiente entro cui i personaggi si muovono, di **connotare** alcuni importanti aspetti emotivi del personaggio di Malpelo.

■ La fabula può essere suddivisa in sei **macrosequenze**: il padre di Malpelo muore (**rottura dell'equilibrio iniziale**; Malpelo viene perseguitato dagli altri lavoranti; Malpelo reagisce alla violenza con altra violenza; viene ritrovata la scarpa e poi il cadavere del padre; Ranocchio muore; Malpelo scompare nella cava (finale **aperto**).

La lingua e lo stile

■ Questo è uno dei primi racconti in cui Verga sfrutta appieno le potenzialità del **narratore collettivo** (o **voce corale**) e la tecnica dell'**impersonalità**.

■ Il narratore collettivo, **assolutamente estraneo all'autore**, impone subito la sua logica primitiva, gretta e superstiziosa. Il racconto inizia con una considerazione destinata a condizionare i destini del protagonista: *Malpelo si chiamava così perché aveva i capelli rossi; ed aveva i capelli rossi perché era un ragazzo malizioso e cattivo*. Il peso di questa voce, che coincide con il **sistema di valori** dell'ambiente in cui agiscono i personaggi, è talmente forte da riuscire a penetrare nelle convinzioni di Malpelo stesso, il quale, dopo la morte del padre, si autoconvincerà di essere effettivamente un diverso "per natura".

Laboratorio sul testo

Comprendere

1. In quale ambiente familiare cresce Malpelo? Come sono i suoi rapporti con la madre e con la sorella?
2. Per quali aspetti il rapporto di Malpelo con il padre e con Ranocchio è diverso?
3. Come è trattato Malpelo dai colleghi e dai superiori?

565

PARTE 3 · Percorso di letteratura

Interpretare

4. In che senso l'asino può essere considerato un personaggio emblematico?

5. Individua le espressioni che denotano il sistema di valori dei compagni di lavoro di Malpelo e spiega in che cosa consistono.

6. Quale dei seguenti temi di fondo ti sembra prevalere nel racconto? Motiva la risposta.

a) ☐ Sfruttamento minorile; b) ☐ Infanzia negata; c) ☐ Disumanizzazione; d) ☐ Violenza.

Analizzare

Personaggi

7. Indica quali sono i personaggi principali, quelli secondari e le comparse.

8. Gran parte dei personaggi appartiene a una classe sociale povera, ma ci sono almeno due personaggi di classe sociale più elevata. Quali sono? Come si rapportano con i minatori?

9. I luoghi descritti sono importanti per capire il protagonista e la sua storia? Perché?

10. Perché, nel sistema dei personaggi, il padre di Malpelo potrebbe essere definito l'oggetto del desiderio?

Struttura

11. Riassumi i nuclei narrativi da cui è formato il racconto.

12. Cerca i salti temporali presenti all'interno del racconto e spiega quale funzione hanno.

Stile

13. Individua nel testo alcuni passi che esemplifichino il canone verista dell'impersonalità, secondo cui il narratore deve osservare e registrare i fatti in maniera neutrale, astenendosi da qualsiasi giudizio.

Padroneggiare la lingua

Lessico

14. Seguendo l'esempio proposto, cerca tutte le espressioni in cui Malpelo viene paragonato a un animale, spiegando quale caratteristica del ragazzo viene rappresentata.

Si lasciava caricare meglio dell'asino grigio: sopportazione, sottomissione, resistenza.

Andava a rannicchiarsi col suo saccone come un cane malato: ....

Lavorava al pari di quei bufali feroci: ....

.... : ....

.... : ....

.... : ....

Grammatica

15. Rintraccia gli elementi sintattici e lessicali in cui ti sembra maggiormente avvertibile l'influenza del dialetto siciliano.

16. Rintraccia nel testo esempi di discorso indiretto libero.

Produrre

17. Il rapporto tra Malpelo e Ranocchio, nella sua complessità, è uno degli elementi più interessanti della novella; discutine con i tuoi compagni, mettendo in evidenza quali sentimenti prevalgono in esso e come si conciliano tra di loro.

18. Nel duro ambiente rappresentato in questa novella, ritieni anche tu, come la voce popolare, che l'unico modo per sopravvivere consista nel sopraffare il prossimo? Scrivi un testo espositivo-argomentativo non più lungo di una pagina su tale questione.

In mare aperto

L'affare dei lupini si rivela subito sfortunato: la Provvidenza infatti viene travolta da una tempesta, il carico va completamente perso e Bastianazzo muore. I Malavoglia si trovano senza barca e con un pesante debito da pagare. Questo preoccupa padron 'Ntoni, assillato anche dalle richieste dell'usuraio zio Crocifisso. Tutta la famiglia s'impegna per racimolare i soldi necessari, mentre viene consultato anche un avvocato. La citazione di pagamento viene trasformata in notifica di esproprio e con grande dolore i Malavoglia devono abbandonare la "casa del nespolo", data in pegno. Frattanto la Provvidenza, rimessa in ordine, è pronta per riprendere il mare. Si accende così la speranza di tornare a guadagnare con la pesca e di sistemare ogni cosa. Ma una notte, mentre Padron 'Ntoni e i nipoti 'Ntoni e Alessi sono in mare aperto…

GENERE
Romanzo verista

LUOGO E TEMPO
Sicilia; seconda metà XIX secolo

PERSONAGGI
Padron 'Ntoni; i nipoti 'Ntoni e Alessi

Tutt'a un tratto si era fatto scuro che non ci si vedeva più neanche a bestemmiare. Soltanto le onde, quando passavano vicino alla Provvidenza, luccicavano come avessero gli occhi e volessero mangiarsela: e nessuno osava dire più una parola, in mezzo al mare che muggiva fin dove c'era acqua.

5 «Ho in testa[1]», disse a un tratto 'Ntoni, «che stasera dovremo dare al diavolo la pesca che abbiamo fatta».

«Taci!» gli disse il nonno, e la sua voce li fece diventare tutti piccini piccini sul banco dov'erano.

Si udiva il vento sibilare nella vela della Provvidenza e la fune che suonava co-
10 me una corda di chitarra. All'improvviso il vento si mise a fischiare al pari della macchina della ferrovia quando esce dal buco del monte[2], sopra Trezza, e arrivò un'ondata che non si era vista da dove fosse venuta, la quale fece scricchiolare la Provvidenza come un sacco di noci, e la buttò in aria.

«Giù la vela! giù la vela!» gridò padron 'Ntoni. «Taglia! taglia subito!»

15 'Ntoni, col coltello fra i denti, s'era abbrancato[3] come un gatto all'antenna[4], e ritto sulla sponda per far contrappeso si lasciò spenzolare sul mare che gli urlava sotto e se lo voleva mangiare.

«Tienti forte; tienti forte!» gli gridava il nonno in quel fracasso delle onde che lo volevano strappare di là, e buttavano in aria la Provvidenza e ogni cosa e facevano
20 piegare la barca tutta di un lato, che dentro ci avevano l'acqua sino ai ginocchi.

«Taglia! taglia!» ripeteva il nonno.

«Sacramento!» esclamò 'Ntoni. «Se taglio, come faremo poi quando avremo bisogno della vela?»

«Non dire sacramento! che ora siamo nelle mani di Dio!»

25 Alessi s'era aggrappato al timone, e all'udire quelle parole del nonno cominciò a strillare: «Mamma! mamma mia!»

---

1. Ho in testa: ho il timore.
2. dal buco del monte: dalla galleria.
3. abbrancato: attaccato con forza, aggrappato.
4. antenna: asta orizzontale di sostegno alla vela.

«Taci!» gli gridò il fratello col coltello fra i denti. «Taci o ti assesto una pedata!»

«Fatti la croce, e taci!» ripeté il nonno. Sicché il ragazzo non osò fiatare più.

Ad un tratto la vela cadde tutta di un pezzo, tanto era tesa, e 'Ntoni la raccolse
30 in un lampo e l'ammainò[5] stretta.

«Il mestiere lo sai come tuo padre», gli disse il nonno, «e sei Malavoglia anche
tu».

La barca si raddrizzò e fece prima un gran salto; poi seguitò a far capriole sulle onde.

35 «Dà qua il timone; ora ci vuole la mano ferma!» disse padron 'Ntoni; e malgrado che il ragazzo ci si fosse aggrappato come un gatto anche lui, arrivavano certe ondate che facevano sbattere il petto contro la manovella[6] a tutt'e due.

«Il remo!» gridò 'Ntoni, «forza nel tuo remo, Alessi! che a mangiare sei buono anche tu. Adesso i remi valgono meglio del timone».

40 La barca scricchiolava sotto lo sforzo poderoso di quel paio di braccia. E Alessi ritto contro la pedagna, ci dava l'anima sui remi come poteva, anche lui.

«Tienti fermo!» gli gridò il nonno, che appena si sentiva da un capo all'altro della barca, nel fischiare del vento. «Tienti fermo, Alessi!»

«Sì, nonno, sì!» rispose il ragazzo.

45 «Che hai paura?» gli disse 'Ntoni.

«No», rispose il nonno per lui. «Soltanto raccomandiamoci a Dio».

«Santo diavolone!» esclamò 'Ntoni col petto ansante, «qui ci vorrebbero le braccia di ferro come la macchina del vapore. Il mare ci vince».

Il nonno si tacque e stettero ad ascoltare la burrasca.

50 «La mamma adesso dev'essere sulla riva a vedere se torniamo», disse poi Alessi.

«Ora lascia stare la mamma», aggiunse il nonno, «è meglio non ci pensare».

«Adesso dove siamo?» domandò 'Ntoni dopo un altro bel pezzo, col fiato ai denti dalla stanchezza.

«Nelle mani di Dio», rispose il nonno. […]

55 Il vento contrastava forte la manovra, ma in cinque minuti la vela fu spiegata, e la Provvidenza cominciò a balzare sulla cima delle onde, piegata da un lato come un uccello ferito. I Malavoglia si tenevano tutti da un lato, afferrati alla sponda; in quel momento nessuno fiatava, perché quando il mare parla in quel modo non si ha coraggio di aprir bocca.

60 Padron 'Ntoni disse soltanto: «A quest'ora laggiù dicono il rosario per noi».

E non aggiunsero altro, correndo col vento e colle onde, nella notte che era venuta tutt'a un tratto nera come la pece. […]

In questo momento s'udì uno schianto: la Provvidenza, che prima si era curvata su di un fianco, si rivelò come una molla, e per poco non sbalzò tutti in mare;
65 l'antenna[6] insieme alla vela cadde sulla barca, rotta come un filo di paglia. Allora si udì una voce che gridava: "Ahi!" come di uno che stesse per morire.

«Chi è! chi è che grida?» domandava 'Ntoni, aiutandosi coi denti e col coltello a tagliare le rilinghe[7] della vela, la quale era caduta coll'antenna sulla barca e co-

---

5. l'ammainò: la avvolse.

6. la manovella: l'impugnatura del timone.

7. rilinghe: funi.

priva ogni cosa. Ad un tratto un colpo di vento la strappò netta e se la portò via
70 sibilando. Allora i due fratelli poterono sbrogliare del tutto il troncone dell'antenna e buttarlo in mare. La barca si raddrizzò, ma padron 'Ntoni non si raddrizzò,
lui, e non rispondeva più a 'Ntoni che lo chiamava. Ora, quando il mare e il vento
gridano insieme, non c'è cosa che faccia più paura del non udirsi rispondere alla
voce che chiama. «Nonno, nonno!» gridava anche Alessi, e al non udir più nulla,
75 i capelli si rizzarono in capo, come fossero vivi, ai due fratelli. La notte era così
nera che non si vedeva da un capo all'altro della Provvidenza, tanto che Alessi
non piangeva più dal terrore. Il nonno era disteso in fondo alla barca, colla testa
rotta. 'Ntoni finalmente lo trovò tastoni e gli parve che fosse morto, perché non
fiatava e non si muoveva affatto. La stanga del timone urtava di qua e di là, mentre
80 la barca saltava in aria e si inabissava.

Giovanni Verga, *I Malavoglia*, Milano, Mondadori, 1972

SCHEDA DI ANALISI

Il tema e il messaggio

● La Provvidenza, l'imbarcazione dei Malavoglia, già una volta distrutta dalla forza brutale del mare, si trova ora a fronteggiare un'altra tempesta. Il primo naufragio ha causato la morte di Bastianazzo, mentre questo procura una grave ferita a Padron 'Ntoni.
● Per ironia della sorte, qui **la Provvidenza è portatrice di sventura**. Il pensiero di Verga è profondamente segnato dal **pessimismo** e dal **fatalismo**: non c'è spazio per la fede né per la speranza in un cambiamento positivo, perché, secondo lo scrittore, l'uomo è costantemente dominato da istinti materiali e sociali che lo trascinano nel gorgo della «fiumana del progresso», a cercare cioè in maniera dissennata il modo di migliorare la propria condizione, finendo però così per peggiorarlo. I due naufragi della Provvidenza allora hanno anche un **significato simbolico**, esattamente opposto alla concezione di Manzoni, che nei *Promessi Sposi* aveva fatto della divina Provvidenza l'entità che ristabilisce un giusto ordine nella realtà, difendendo e risollevando gli umili.

I personaggi

● I personaggi sono soltanto tre: Padron 'Ntoni, il giovane 'Ntoni e Alessi. **'Ntoni**, nonostante l'insofferenza per l'ambiente in cui è nato e cresciuto, si rivela in questo brano un esperto marinaio, a conferma – secondo il nonno – dell'insensatezza del suo disprezzo verso il lavoro di pescatore («*Il mestiere lo sai come tuo padre», gli disse il nonno, «e sei Malavoglia anche tu*».)
● La figura del piccolo **Alessi** invece porta un tocco di lirismo alla narrazione; nel mezzo della tempesta, le sue azioni, i suoi pensieri e le sue parole sovraccarica-

no di emotività questo tragico momento. I pensieri del piccolo Alessi, pieni d'**ingenua speranza**, sono rivolti alla famiglia, in particolare alla madre («*La mamma adesso dev'essere sulla riva a vedere se torniamo*»). Ma alla sua innocente fiducia fa da contraltare il **triste fatalismo di Padron 'Ntoni**: «*A quest'ora laggiù dicono il rosario per noi*».
● In questo brano, le scelte di Padron 'Ntoni sono più volte contrastate dal giovane 'Ntoni. L'autorità del vecchio sembra non avere più presa sul nipote, il cui cuore ormai è sempre più lontano dalla realtà famigliare. Ma l'improvviso incidente capitato al vecchio lascia nel muto terrore entrambi i fratelli: non solo il delicato e sensibile Alessi, ma anche il duro e apparentemente distaccato 'Ntoni.

La lingua e lo stile

● Il brano proposto è spiccatamente **narrativo**, come conviene a una scena del genere, dominata dai toni del romanzo d'avventura. Anche qui però, come di consueto, piuttosto che dare al narratore esterno l'incombenza della descrizione della scena, Verga affida buona parte del resoconto delle vicende alle numerose **sequenze di dialogo**, che svolgono il compito di tenere maggiormente alta la tensione narrativa e il ritmo del racconto. Anche le scelte lessicali sono tipiche dello stile dello scrittore: il **linguaggio** dei dialoghi è **popolare** e **gergale**, il **tono concitato**; entrambi sono perfettamente consoni ai personaggi e alla situazione in cui si trovano. Nelle parole del narratore, emerge a volte un **lessico** più **tecnico**, l'utilizzo cioè di termini del gergo marinaresco: scelta che svolge la funzione – anche questa fondamentale, nella poetica verista – di descrivere nella maniera più precisa e realistica possibile la scena narrativa.

PARTE 3 · Percorso di letteratura

Laboratorio sul testo

Comprendere

1. Il personaggio di Padron 'Ntoni domina la scena, con la forza che gli viene dall'essere il capofamiglia e un esperto marinaio. Individua nel testo le espressioni che lo confermano.
2. In quale momento del brano la rovina della Provvidenza sembra ormai certa?

Interpretare

3. Che cosa intende dire il nonno con l'osservazione *A quest'ora laggiù dicono il rosario per noi* (r. 60)?
4. In conclusione di brano, immediatamente dopo che Padron 'Ntoni ha perso conoscenza, il narratore afferma: *La stanga del timone urtava di qua e di là, mentre la barca saltava in aria e si inabissava* (rr. 79-80). Questo fatto può rivestire un significato simbolico? Perché?

Analizzare

Personaggi
5. In che cosa il comportamento di Alessi si distingue da quello degli altri due personaggi?
6. Chi o che cosa si configura come antagonista nel brano? Motiva la tua risposta.

Struttura
7. Il testo è quasi interamente occupato da scene. Di che tipo sono le restanti sequenze e quale funzione svolgono?
8. Come può essere definito il finale di questo brano? Motiva la tua risposta.

Padroneggiare la lingua

Lessico
9. Ricerca tutti i termini appartenenti al gergo marinaresco non definiti in nota e specifica il loro significato.
10. Rintraccia le espressioni figurate usate dall'autore per descrivere la natura in tempesta e spiega il loro significato.

Grammatica
11. *Non dire sacramento! che ora siamo nelle mani di Dio!* Quale funzione svolge il *che* in questo contesto?
12. Come si spiega la presenza nel testo di molti punti esclamativi?

Produrre

13. In un testo non più lungo di una pagina, descrivi una scena di mare in tempesta; scegli tu se privilegiare le sequenze narrative, se focalizzarti sulla caratterizzazione psicologica dei personaggi in pericolo oppure sulla descrizione della natura burrascosa. Se vuoi, trai spunto da un libro che hai letto o da un film che hai visto.

VERIFICA UNITÀ 16 La realtà come oggetto

Sapere e Saper fare

PalestraInterattiva

1. Vero o falso?

a) Il Positivismo è un movimento filosofico nato in Francia nel Settecento. V ☐ F ☐

b) Il Positivismo promuove un approccio sperimentale alla conoscenza della realtà. V ☐ F ☐

c) La seconda metà dell'Ottocento è caratterizzata dalla fede nella scienza e nel progresso. V ☐ F ☐

d) Le opere di Balzac sono tra i più importanti esempi di romanzo storico. V ☐ F ☐

e) Charles Dickens è il teorico del romanzo sperimentale. V ☐ F ☐

f) Nei romanzi di Zola molta attenzione viene data alle classi sociali più umili. V ☐ F ☐

g) Il Verismo italiano nasce dal rifiuto degli ideali del Naturalismo francese. V ☐ F ☐

h) Giovanni Verga e Alessandro Manzoni sono i massimi esponenti del Verismo. V ☐ F ☐

i) Gli autori del Realismo russo sono fortemente influenzati dalla letteratura europea dell'epoca. V ☐ F ☐

l) Il Naturalismo ripropone in letteratura l'ideale positivista di oggettività scientifica. V ☐ F ☐

m) Le opere veriste sono caratterizzate dall'adozione di un linguaggio popolare, spesso gergale. V ☐ F ☐

2. Rispondi alle seguenti domande.

a) Quali sono le principali tematiche affrontate da Dickens nei suoi romanzi sociali?

b) A quali peripezie è legata l'edizione di *Madame Bovary?*

c) Quali sono le cause principali dell'adesione di Verga alla poetica del Verismo?

d) Quali sono i temi che emergono maggiormente all'interno delle sue raccolte di novelle veriste?

VERIFICA UNITÀ 16

Sapere e Saper fare

Comprendere e interpretare un testo

Focus: tra realismo e psicologia

Leggi il racconto e poi rispondi ai quesiti.

VERIFICAlim

T5 Fëdor Dostoevskij
Delitto

Delitto e castigo è la storia di Raskol'nikov, un giovane studente che, istigato dalle sue difficoltà economiche e da inquietanti convinzioni ideologiche, decide di uccidere una vecchia usuraia; ma il rimorso per tale azione non gli darà tregua, costringendolo nei giorni seguenti al delitto in uno stato di lucida follia.
Il brano riporta il momento culminante del romanzo. Raskol'nikov è come impossessato da una forza malefica, superiore alla sua volontà: soltanto alla vista del sangue che imbratta i suoi vestiti e scorre sul pavimento della misera casa egli riacquisterà la coscienza delle sue azioni.

La vecchia avrebbe voluto dare un'occhiata al pegno[1], ma subito piantò gli occhi dritti in quelli di quell'ospite non invitato. Guardava con attenzione, con rabbia e diffidenza. Trascorse un minuto circa; a lui sembrò persino che nello sguardo di lei ci fosse una sorta di derisione, come se avesse già indovinato tutto quanto. Si rese conto che si stava smarrendo, che era quasi in preda al terrore, un terrore tale che gli sembrava, se lei avesse continuato a guardarlo a quel modo, senza dire una parola, per un altro mezzo minuto egli sarebbe scappato via.
«Ma che avete da guardarmi a questo modo, non mi avete riconosciuto, forse?» proferì all'improvviso, anch'egli con rabbia. «Se lo volete lo pigliate, altrimenti andrò da qualcun altro, non ho tempo da perdere, io».
Non aveva nemmeno pensato di parlare a quel modo, ma le parole gli erano venute fuori da sole, all'improvviso.
La vecchia ritornò in sé, ed evidentemente il tono deciso dell'ospite la rinfrancò.
«Ma come che voi, *batjuska*[2], così all'improvviso... di che si tratta?» domandò, guardando il pegno.
«Un portasigarette d'argento: ve ne avevo pur parlato la volta scorsa».
Lei protese[3] la mano.
«Ma com'è che siete cosi pallido? Ecco, vi tremano anche le mani! Vi siete forse spaventato, *batjuska*?»
«La febbre» rispose lui a scatti. «Si diventa pallidi per forza... ma non è nulla» soggiunse, articolando appena le parole. Le forze lo stavano nuovamente abbandonando. Ma la risposta apparve verosimile; la vecchia prese il pegno.
«Cos'è?» domandò, dopo aver guardato nuovamente fisso Raskol'nikov, e soppesando l'involto tra le mani.
«Una cosa... un portasigarette... d'argento... guardatelo».
«Ma non sembra fatto d'argento... E guarda un po' come l'ha incartato».
Cercando di sciogliere la cordicella e voltandosi verso la finestra, verso la luce (teneva tutte le finestre chiuse nonostante l'afa), per alcuni secondi la vecchia lo lasciò completamente perdere e gli diede le spalle. Egli si slacciò il soprabito e liberò la scure dal cappio[4], ma ancora non la tirò fuori, limitandosi a sorreggerla con la mano destra sotto il

---

1. pegno: l'oggetto che l'uomo le avrebbe consegnato in cambio di denaro.
2. batjuska: letteralmente significa "piccolo padre". È l'appellativo comunemente usato per rivolgersi con cortesia a qualcuno.
3. protese: tese in avanti, allungò.
4. cappio: la striscia di tela con cui l'uomo teneva la scure legata all'ascella e nascosta sotto il soprabito.

vestito. Le braccia erano terribilmente deboli; egli stesso avvertiva come, d'istante in istante, divenissero sempre più intorpidite e legnose. Aveva paura di mollare e lasciar cadere la scure... all'improvviso fu colto da una specie di giramento di testa.

«Ma guarda come l'ha legato!» gridava la vecchia indispettita, e fece per voltarsi.

Non c'era un solo istante da perdere. Tirò fuori del tutto la scure, la brandì[5] con entrambe le mani e, appena consapevole di quel che stava facendo, quasi senza sforzo, quasi macchinalmente, la abbassò sulla testa dalla parte opposta alla lama. Era come se in quel momento non avesse alcuna forza. Ma appena ebbe abbassato la scure, subito sentì che, dentro di lui, la forza stava nascendo.

La vecchia era, come sempre, a capo scoperto. I capelli chiari e brizzolati di lei, unticci, che secondo la sua abitudine portava cosparsi di grasso, erano legati in una sorta di treccina a coda di topo, e raccolti con un frammento di pettinino di corno, che le sporgeva sulla nuca. Il colpo la colse proprio in cima alla testa, anche a causa della bassa statura di lei. La vecchia si lasciò sfuggire un grido, ma molto debole, e all'improvviso s'accasciò al suolo, anche se fece in tempo a sollevare entrambe le braccia verso la testa. In una mano continuava ancora a stringere il "pegno". A quel punto, con tutte le sue forze, egli le assestò un secondo colpo, e poi un altro, tutti di piatto, e tutti sulla sommità del capo. Il sangue cominciò a zampillare come da un bicchiere rovesciato, e il corpo si rovesciò sulla schiena. Egli arretrò, lasciò che cadesse e subito si buttò verso il volto di lei; era già morta. Gli occhi erano sbarrati, sul punto di schizzar fuori dalle orbite, mentre la fronte e tutta la faccia eran raggrinzite e stravolte da uno spasimo[6].

Un'incisione di Torsten Billman per *Delitto e castigo*.

Egli depose la scure sul pavimento, accanto alla morta, e subito frugò in tasca, cercando di non insudiciarsi con il sangue che scorreva, in quella stessa tasca destra dalla quale la volta precedente lei aveva tirato fuori le chiavi. Era nel pieno possesso delle proprie facoltà, gli offuscamenti e i giramenti di testa ormai erano spariti, ma le mani continuavano a tremargli. In seguito ebbe a ricordare che era stato persino molto accurato, molto cauto, attento a non insudiciarsi... Trovò subito le chiavi: tutte, come l'altra volta, erano legate assieme in un unico mazzo, a uno stesso anellino. Immediatamente corse nella stanza da letto.

Fëdor Dostoevskij, *Delitto e castigo*, Milano, Mondadori, 1994

---

5. brandì: afferrò con forza.
6. spasimo: contrazione dei muscoli che precede la morte della donna.

VERIFICA UNITÀ 16

Competenza testuale

Individuare e ricavare informazioni

_____**1.** Quale attività svolge la vecchia?

_____**2.** Quale comportamento della vecchia agita e irrita Raskol'nikov?

_____**3.** Per quale ragione la vecchia si apparta?

_____**4.** Come riesce il giovane a sferrare il colpo di scure sul capo della vecchia senza che quest'ultima se ne accorga?

_____**5.** Qual è il suo comportamento dopo la sua terribile azione?

Comprendere i significati del testo

_____**6.** *Non aveva nemmeno pensato di parlare a quel modo, ma le parole gli erano uscite fuori da sole, all'improvviso* (rr. 18-20). Quale stato d'animo ha indotto Raskol'nikov a parlare in questo modo?

Interpretare e valutare

_____**7.** Del giovane Raskol'nikov l'autore rappresenta con grande efficacia le fortissime oscillazioni nel comportamento e nello stato d'animo. Come cambiano nel corso dell'episodio? In che modo egli le manifesta?

Comprendere strutture e caratteristiche dei generi testuali

_____**8.** Dividi il testo in sequenze. Quindi compila sul quaderno una tabella sul modello di quella qui proposta, in cui riportare i confini delle sequenze da te individuate, la loro tipologia e un breve titolo-sintesi del loro contenuto.

	Da... a	Tipologia	Titolo-sintesi
Prima sequenza	....	....	....
Seconda sequenza	....	....	....
....	....	....	....

_____**9.** Dal punto di vista della tecnica narrativa questo episodio è un efficace esempio del realismo di Dostoevskij. Dimostralo con esempi tratti dal testo.

_____**10.** *Egli arretrò, lasciò che cadesse e subito si buttò verso il volto di lei; era già morta. Gli occhi erano sbarrati, sul punto di schizzar fuori dalle orbite, mentre la fronte e tutta la faccia eran raggrinzite e stravolte da uno spasimo. Egli depose la scure sul pavimento, accanto alla morta, e subito frugò in tasca, cercando di non insudiciarsi con il sangue che scorreva* (rr. 80-87). Come definiresti il ritmo della narrazione in questa porzione di testo? Con quale struttura del periodo l'autore riesce a conferire al testo un simile ritmo?

Riconoscere il registro linguistico

_____**11.** *Se lo volete lo pigliate, altrimenti andrò da qualcun altro, non ho tempo da perdere, io* (rr. 15-17). Che tipo di registro linguistico adotta Raskol'nikov? C'è un rapporto tra la scelta di tale registro e l'azione che sta per compiere? Quale?

Competenza lessicale

_____**12.** *A lui sembrò persino che nello sguardo di lei ci fosse una sorta di derisione.* Con quale termine si potrebbe sostituire *derisione*?
a) ☐ Rabbia.
b) ☐ Scherno.
c) ☐ Incomprensione.
d) ☐ Compassione.

Competenza grammaticale

_____**13.** *Guardava con attenzione, con rabbia e diffidenza.* Quale tipo di complemento è presente in questa frase?

Unità 17
La crisi della realtà

- **T1** Virginia Woolf — Il primo giorno delle vacanze
- **T2** Luigi Pirandello — Adriano Meis
- **T3** Robert Walser — Un magnifico zero
- **T4** Italo Svevo — Lo schiaffo

Saper fare

- **T5** Luigi Pirandello — Io non ero mai esistito

ONLINE

- **W1** Oscar Wilde, da *Il ritratto di Dorian Gray*
- **W2** Marcel Proust, da *Dalla parte di Swann*
- **W3** Thomas Mann, da *La montagna incantata*
- **W4** James Joyce, da *Ulisse*
- **W5** Carlo Emilio Gadda, da *Quer pasticciaccio brutto de via Merulana*

PARTE 3 · Percorso di letteratura

I contesti

1 Gli scenari dell'epoca

Un'epoca drammatica Se, da un lato, gli ultimi anni dell'Ottocento e i primi del Novecento sono caratterizzati da una relativa **stabilità politica internazionale** e da una forte **crescita economica e industriale**, dall'altro essi preparano, in maniera sotterranea, le condizioni dei rovinosi conflitti che esploderanno negli anni successivi.

La prima metà del Novecento è infatti segnata da eventi drammatici e straordinari, succedutisi nell'arco di pochi decenni, con gravi conseguenze per buona parte del pianeta: due catastrofiche **guerre mondiali** (1914-1918; 1939-1945), che causano milioni di morti e ridisegnano la mappa geopolitica del mondo; la **Rivoluzione russa** (1917) e il conseguente affermarsi del regime sovietico in questo Paese; l'instaurazione in diversi Paesi europei di **governi totalitari e dittatoriali**, che fanno della violenza e della repressione strumenti sistematici di governo (oltre che il **fascismo** in Italia e il **nazismo** in Germania, ricordiamo la dittatura in Spagna del generale Francisco **Franco**, a partire dalla fine della **guerra civile del 1936-1939**, e il regime fascista di **Salazar** in Portogallo, a partire dal 1932); la prima grande **crisi economica** a livello globale (1929), che, scoppiata negli Stati Uniti, si estende in vari paesi del mondo; **conflitti sociali violenti**, che a volte sfociano in tentativi insurrezionali falliti o repressi; **genocidi** ed eccidi di massa, pianificati e messi in atto in tutta la loro atrocità (il genocidio degli armeni, la **Shoah** e lo sterminio sistematico degli oppositori del nazismo).

Una crisi totale Il mito ottocentesco di un io razionale, capace di esercitare un controllo sugli istinti attraverso la morale e la politica e sulle forze della natura grazie alla scienza e alla tecnica, si frantuma definitivamente. È lo svolgersi stesso della storia, nella sua drammaticità, a dimostrare il fallimento di questa teoria ottimistica e progressista che aveva caratterizzato il secolo precedente. La conseguenza immediata è la caduta di tutte le certezze individuali e collettive che avevano alimentato quel mito; l'individuo si trova "nudo" di fronte a se stesso, alla ricerca di un'identità perduta, che sembra impossibile da ricostruire. Prevale in questi anni un diffuso sentimento di angoscia, d'incertezza, di precarietà, che la cultura del tempo interpreta in modi e forme diverse, sempre e comunque nel segno di una forte innovazione rispetto al passato.

2 Il contesto culturale

Il ruolo premonitore della cultura Questa profonda **crisi generale**, che diventerà pienamente manifesta in tutti i suoi aspetti sociopolitici ed economici solo nella prima metà del Novecento, era già stata anticipata dalla cultura, dall'arte e dalla letteratura di fine Ottocento. Si tratta, come abbiamo detto, di un'epoca caratterizzata da una certa stabilità politica e progresso economico; ma come spesso accade, la sensibilità degli artisti e dei letterati è capace di prefigurare le tendenze generali dell'individuo e della società, comprendendo la direzione che esse prenderanno a volte anche a distanza di decenni.

Sfiducia nella scienza e nella ragione All'origine della visione del mondo che caratterizza il pensiero e la cultura della fine del XIX e gli inizi del XX secolo c'è la **crisi del Positivismo** e dei valori della società borghese ottocentesca. Con lo svilupparsi di una **nuova sensibilità interiore**, di un nuovo primato dell'ambito spirituale, l'idea secondo cui la sola ragione è in grado di fornire un dominio totale in ogni ambito della conoscenza viene messa in discussione.

Si diffonde pertanto una **sfiducia generale nella scienza e nella ragione**: alla scienza non viene più riconosciuta la capacità di spiegare il reale e di dettarne le leggi, ma solo un'utilità pratica. Il mondo smette di essere una realtà certa, solida, perfettamente comprensibile, per diventare piuttosto l'espressione vaga, soggettiva e, a volte, incomunicabile, di un io irrazionale e privo di certezza.

Tale **irrazionalismo** che pervade la cultura di fine secolo è la prova che l'uomo sta attraversando una profonda crisi spirituale: è solo, sbigottito, annichilito da un mondo che gli sembra privo di senso, nei cui valori razionalistici non riesce a riconoscersi e nella cui società materialistica non riesce a integrarsi.

Nuove forme espressive È in questo clima culturale di grave inquietudine che l'arte e la letteratura, invece di sprofondare anch'esse in uno smarrimento senza via di scampo, cercano piuttosto d'inventare nuove forme espressive per rappresentarlo, comprenderlo, cercare di superarlo. In questi anni tutte le arti saranno caratterizzate da decisive rivoluzioni delle forme espressive. Dalla metà del XIX secolo, a partire dalla Francia, si affermerà un utilizzo sempre più diffuso del verso libero in poesia e si attribuirà un'importanza maggiore alla musicalità e all'essenzialità delle parole, tendenza che determinerà l'indirizzo letterario noto con il nome di **poesia pura**.

Nelle arti figurative, la rappresentazione realistica del mondo esterno lascia prima spazio all'**Impressionismo**, corrente pittorica che privilegia una percezione più spontanea e immediata della natura; poi, a forme d'arte sempre più antinaturalistiche. Le **avanguardie**, cioè i movimenti artistici che si formeranno a partire dall'inizio del XX secolo (**Cubismo**, **Futurismo**, **Espres-**

Claude Monet, *Boulevard des Capucines*, 1873, Kansas City (USA), Museo dell'Arte di Nelson-Atkins.

sionismo, **Astrattismo**, **Dadaismo**, **Surrealismo**), abbandonano il compito di una rappresentazione "tradizionale" della realtà per privilegiare nuovi soggetti, nuovi linguaggi, nuove forme di espressione artistica.

In ambito musicale, alla stesso modo, l'affermarsi della **dodecafonia** e di un'importanza sempre crescente riconosciuta alla dissonanza sconvolgeranno del tutto il modo tradizionale d'intendere quest'arte, dando il via alla nascita della musica contemporanea.

3. La narrativa dell'epoca

Le caratteristiche generali La **crisi dell'io** si ripercuote immediatamente non solo nei contenuti, ma anche nelle **forme della narrazione**. A livello strutturale, il **romanzo** di questi anni spesso non presenta più un ordine tradizionale di parti e capitoli, ma piuttosto una composizione

PARTE 3 · Percorso di letteratura

interna più frammentaria e irregolare; in questo modo si manifesta l'esistenza tormentata e precaria di personaggi dalla psiche fragile, incapaci di dominare la realtà che li circonda e il proprio stesso io.

Da ciò si comprende come l'eroe del romanzo ottocentesco si sia trasformato in un **antieroe**, un uomo debole, caratterizzato da dubbi più che da certezze. Anche i modelli narrativi si adeguano a questa nuova realtà da rappresentare: il narratore onnisciente viene sostituito dall'adozione di una **prospettiva soggettiva**, che nelle sue forme più estreme si affida al **flusso di coscienza**, tecnica narrativa che disgrega le unità spazio-temporali del racconto oggettivo delle vicende per sostituirvi la registrazione dei mutevoli, irrazionali e imprevedibili stati d'animo dell'individuo. Il soggetto si disgrega in una miriade di sensazioni che sfuggono al pensiero razionale; dalla realtà oggettiva giungono soltanto suggestioni, che ogni individuo rielabora secondo le proprie caratteristiche interiori. In tal modo, l'ordine esteriore lascia il passo al disordine interiore, nel quale cercano di far luce le nuove tendenze filosofiche (il tedesco **Friedrich Nietzsche** e il francese **Henri Bergson**, che influenzeranno buona parte degli artisti e romanzieri dell'epoca) e psicologiche (prime fra tutte, la **psicanalisi freudiana**, anch'essa ispiratrice di tanta letteratura di questo periodo).

Gli autori e le opere Tra i grandi esponenti della narrativa del primo Novecento un posto di primo piano spetta a **Marcel Proust**, narratore-protagonista dell'autobiografico *Alla ricerca del tempo perduto*, monumentale ciclo di romanzi i cui sette volumi sono stati pubblicati dal 1913 al 1927. Proust realizza un'autentica rivoluzione letteraria, scrivendo un'opera al cui centro stanno l'io del narratore e il libero fluire della sua memoria, che, attivata da piccole sensazioni apparentemente insignificanti, riporta alla mente del personaggio episodi, ambienti, situazioni, figure di un passato che credeva perduti.

Virginia Woolf, grande protagonista della vita culturale inglese della prima metà del XX secolo, nel romanzo *Le onde* (1931) segue le principali tappe della vita dei sei protagonisti (tre uomini e tre donne) attraverso una tecnica narrativa fortemente sperimentale, dando vita a un romanzo in cui il tempo stesso, in tutte le sue dimensioni, diventa il protagonista assoluto della storia (▶ *Il primo giorno delle vacanze estive*, p. 580).

Nel personaggio di Jakob, protagonista del romanzo *Jakob Von Gunten* (1909), **Robert Walser** riversa molta della sua esperienza autobiografica. Sia il giovane Jakob sia il suo creatore hanno cercato ben presto di fuggire dall'ambiente medio-borghese in cui sono nati e che crescendo hanno imparato a detestare. Jakob è un antieroe totale: nell'umiliazione, nella costrizione all'obbedienza, nell'annullamento di se stesso egli riconosce le uniche regole della sua vita (▶ *Un magnifico zero*, p. 592).

In Italia Fra i maggiori scrittori italiani del periodo spiccano i nomi di Italo Svevo, Luigi Pirandello e Carlo Emilio Gadda.

Il fu Mattia Pascal (1904) è una delle opere principali di **Luigi Pirandello**, e negli anni si è rivelato tra i capisaldi della narrativa del Novecento europeo (▶ *Adriano Meis*, p. 587). Il romanzo presenta in forma esemplare uno dei temi tipici della poetica dello scrittore, che riprenderà anche in altre opere, come, per esempio, *Uno, nessuno e centomila*: la questione dell'identità impossibile dell'individuo, il cui io è scomposto in un'infinita molteplicità di personaggi, nessuno dei quali è autentico né tantomeno originario (▶ *Io non ero mai esistito*, p. 606).

Nel romanzo *La coscienza di Zeno* (1923), **Italo Svevo** mette in scena in maniera esemplare la crisi dell'uomo contemporaneo: senza certezze, inadeguato di fronte alla realtà che lo circonda, incapace di vivere anche gli affetti più cari, privo di una precisa identità. In particolare, l'inadeguatezza esistenziale del protagonista si rivela ogni qual volta si tratta di prendere una decisione importante, o di relazionarsi con un individuo dalla personalità forte e ben costruita, come, per esempio, suo padre (▶ *Lo schiaffo*, p. 600).

Quer pasticciaccio brutto de via Merulana, romanzo di **Carlo Emilio Gadda**, appartiene a un'epoca letteraria successiva, essendo stato pubblicato nel 1957; ma le tematiche in esso affrontate si ricollegano alle questioni che la percezione di una crisi della realtà aveva messo in luce diversi decenni prima.

Virginia Woolf

La vita e le opere

Una vita nella cultura Virginia Adelina Stephen nasce a Londra nel 1882, settima di otto fratelli, in una famiglia di cultura molto raffinata. Il padre, sir **Leslie Stephen**, è uno dei più affermati storici e critici letterari dell'epoca; lo *status* sociale della sua famiglia le consente di frequentare i più grandi letterati del tempo, come, per esempio, il poeta **Thomas Stearns Eliot** e il romanziere statunitense **Henry James**.
La madre di Virginia muore quando questa ha solo tredici anni; nove anni dopo, nel 1904, è la volta del padre. La giovane Virginia soffrirà molto la perdita prematura di entrambi i genitori; questa sarà una delle cause dei frequenti periodi di depressione psicologica che caratterizzeranno tutta la vita della scrittrice.
Insieme a due fratelli si trasferisce nel quartiere londinese di Bloomsbury, dove la loro abitazione diventa ben presto il punto focale di un circolo di intellettuali che sarà denominato, per l'appunto, "**il gruppo di Bloomsbury**". Rispetto alla rigida morale e al tradizionalismo che caratterizza quest'epoca, gli esponenti di questo movimento intellettuale propongono un approccio culturale anticonformista, sperimentando nuove forme espressive in tutte le arti.
Nel 1912 sposa **Leonard Woolf**, scrittore e critico letterario, con il quale fonderà una piccola casa editrice che pubblicherà le opere di alcuni scrittori d'avanguardia, destinati a diventare "grandi firme" della letteratura e della cultura internazionali: oltre a **T.S. Eliot**, la scrittrice neozelandese **Katherine Mansfield**, il padre della psicanalisi **Sigmund Freud**, il poeta e scrittore austriaco **Rainer Maria Rilke**, lo scrittore russo **Maksim Gor'kij** e il nostro **Italo Svevo**.

Le opere Virginia Woolf inizia la pubblicazione regolare di racconti e romanzi a partire dal 1915, con il romanzo *La crociera*, a cui seguiranno una serie di opere che la affermeranno ben presto tra gli astri più luminosi di questa nuova generazione letteraria: *La signora Dalloway* (1925), *Gita al faro* (1927), *Orlando* (1928), *Le onde* (1931), *Gli anni* (1937). In molti di questi romanzi la scrittrice inglese sperimenta con arditezza le tecniche narrative del **flusso di coscienza** e del **monologo interiore**, costruendo una prosa in cui la narrazione si sofferma non tanto sugli eventi quanto sullo scorrere del tempo, ora dilatato, ora rallentato, così com'è vissuto dalla coscienza individuale.
Con l'inizio della seconda guerra mondiale, le ossessioni e le fobie di cui soffre fin dall'adolescenza aumentano in maniera sempre più critica, facendola cadere in un progressivo stato di depressione. Nel 1941 muore suicida nella sua casa di Rodmell, nell'East Sussex.

Le onde

La struttura Protagonisti del romanzo sono tre uomini (**Bernard**, **Neville**, **Louis**) e tre donne (**Susan**, **Rhoda**, **Jinny**), più un settimo personaggio che non prende mai la parola: **Percival**, amico e figura di riferimento dei sei amici. L'autrice segue le tappe della loro vita, dall'infanzia alla vecchiaia, suddividendole in nove blocchi narrativi. Non esiste una trama vera e propria; l'attenzione è focalizzata sul libero scorrere dei pensieri dei personaggi, che nei loro monologhi interiori raccontano o rievocano le esperienze della loro vita. I vari capitoli si alternano a intermezzi descrittivi, in cui l'immagine delle onde del mare nelle diverse ore della giornata diventa una metafora di quella temporalità universale che domina il romanzo.

Il romanzo del tempo L'allontanamento dalla famiglia, la separazione dagli amici, l'incontro con l'amore, la vecchiaia e la morte: le tappe fondamentali dell'esistenza di ogni uomo sono al centro di questo romanzo, i cui temi fondamentali sono l'infinita complessità del reale, la scoperta della propria identità, la ricerca della felicità (raggiungibile solo per brevi istanti), il disagio esistenziale. Ma il vero protagonista di questo romanzo è il tempo in tutte le sue forme. Le vicende vissute da ciascuno dei personaggi incarnano infatti tutte le dimensioni della temporalità: il ripetersi ciclico delle stagioni; l'istante fuggente, qui e ora; la velocità frastornante della vita cittadina; la capacità di dominare il tempo, di "ammaestrarlo" attraverso il racconto e la scrittura; lo scorrere ineluttabile degli anni…

**Il primo giorno
delle vacanze estive**

- **GENERE**
  Romanzo
- **LUOGO E TEMPO**
  Inghilterra; primi anni del XX secolo
- **PERSONAGGI**
  Susan; Jinny; Rhoda; i passeggeri dello scompartimento

Le tre protagoniste femminili – Susan, Jinny e Rhoda – sono in treno, dirette verso casa, dopo la conclusione del semestre scolastico. È l'inizio delle vacanze estive, il ritorno alla vita "vera" dopo i mesi trascorsi entro le grigie mura della scuola. Ognuna delle ragazze vive interiormente questo momento, ciascuna in maniera diversa, a seconda della propria sensibilità.

«È il primo giorno delle vacanze estive» disse Susan. «È ancora arrotolato. Non lo esaminerò finché non sarò scesa alla stazione, stasera. Non voglio neppure saperne l'odore, finché non respirerò l'aria fresca e verde dei campi. Ma già questi non sono più i campi della scuola. Non sono le siepi della scuola.
5 Gli uomini in questi campi fanno delle cose vere, riempiono i carri di vero fieno, e quelle mucche sono reali, non le mucche della scuola. Ho ancora nelle narici l'odore di acido fenico[1] dei corridoi e l'odore di gesso delle aule, l'aspetto vitreo e lucido della lavagna ce l'ho ancora negli occhi. Devo aspettare di vedere i campi e le siepi, i boschi e i campi e le sponde ripide della ferrovia, cosparse di ginestra, i
10 vagoni sui binari morti, i tunnel e i giardini di periferia con le donne che stendono i panni, e poi i prati di nuovo e i fanciulli che si dondolano al cancello – perché si copra tutta, si seppellisca, questa scuola che ho odiato.

Non manderò i miei figli a scuola, non passerò una sola notte a Londra. In questa enorme stazione tutto rimbomba a vuoto. La luce è gialla come sotto una
15 tenda. Jinny abita qui. Su questi marciapiedi porta a passeggio il cane. La gente sfreccia in silenzio per via. Non guardano nient'altro che le vetrine. Alzano e abbassano la testa tutti alla stessa altezza. Le strade sono allacciate insieme dai fili del telegrafo. Le case sono tutte di vetro, piene di festoni e cose che luccicano: tutte portoni e tende di pizzo, colonne e scalini bianchi. Ma ora le superiamo, non
20 siamo più a Londra, di nuovo cominciano i campi, le case, le donne che stendono i panni, gli alberi e i campi. Londra si sfoca, svanisce, crolla, scompare. L'acido fenico e il disinfettante al pino cominciano a perdere sapore. Sento l'odore del grano e delle rape. Slego un pacchetto di carta avvolto con un filo di cotone bianco. Dalla fessura tra le ginocchia mi cadono dei gusci d'uovo. Ci fermiamo a ogni
25 stazione, scarichiamo il latte. Delle donne si baciano e si porgono dei panieri. Ora mi affaccerò al finestrino.

L'aria mi entra nel naso e nella gola. L'aria fresca, l'aria salata che sa di rape. Ecco mio padre di spalle, sta parlando a un agricoltore. Tremo. Piango. Ecco mio padre con le sue ghette[2]. Mio padre.»

30 «Me ne sto accoccolata nel mio angoletto diretta a nord» disse Jinny, «in questo

---

1. acido fenico: sostanza chimica, utilizzata come disinfettante.

2. ghette: gambaletti che si calzano al di sopra delle scarpe, utilizzati all'epoca nell'abbigliamento elegante maschile.

Vanessa Bell, *Campo estivo*, 1913, collezione privata.

ruggente espresso che fila via liscio spianando siepi, allungando colline. Sfrecciamo davanti ai segnali, la terra trema leggermente al nostro passaggio. La distanza si chiude tutta in un punto, e subito dopo si riapre. I pali del telegrafo spuntano incessanti, uno cade, l'altro si rizza. Ora entriamo rombando in un tunnel. Il signore tira su il finestrino. Nel vetro scintillante che riveste la galleria vedo dei riflessi. Vedo il signore che abbassa il giornale. Sorride alla mia immagine riflessa nel tunnel. All'istante, sotto il suo sguardo, il mio corpo si agghinda. Il mio corpo ha una vita sua propria. Il vetro nero del finestrino ora è tornato verde. Siamo usciti dal tunnel. Il signore legge. Ma ci siamo scambiati una reciproca approvazione dei corpi. Perché c'è una grande società dei corpi, e il mio vi è stato introdotto; è entrato nel salone con le sedie dorate. Ecco – le finestre delle ville, le tende bianche che svolazzano; e gli uomini seduti accanto alle siepi nei campi di grano, coi fazzoletti azzurri annodati. Sono anche loro consapevoli, come lo sono io, del caldo, dell'estasi. Uno di loro ci saluta. Nei giardini delle ville ci sono boschetti e pergole, e dei giovanotti in maniche di camicia in cima alle scale potano le rose. Un uomo a cavallo galoppa nei campi. Il cavallo scarta al nostro passaggio. E il cavaliere si volta a guardarci. Ruggendo rientriamo nell'oscurità. Mi abbandono all'indietro, mi lascio andare a questo rapimento. Alla fine del tunnel entro in una stanza illuminata, ci sono delle sedie, in una di queste sprofondo, molto ammirata, col vestito che si gonfia come un'onda. Ma alzando la testa, che cosa vedo? Incontro gli occhi di una donna severa, che intuisce il mio stato di estasi. Il mio corpo davanti alla faccia di lei si richiude come un parasole, insolente. Apro e chiudo il mio corpo a volontà. La vita comincia. Ora intacco il bottino di vita che mi spetta.»

«È il primo giorno delle vacanze estive» disse Rhoda. «E mentre il treno corre accanto a queste rocce rosse e al mare azzurro, dietro di me l'anno di scuola ormai finito prende forma. Ne vedo il colore. Giugno era bianco. Vedo i campi bianchi di margherite e dei nostri vestiti, i campi da tennis anch'essi bianchi. Poi ci fu un vento forte, dei tuoni violenti. Una notte, una stella corse veloce sopra le nubi, e le dissi: "Consumami". Fu in piena estate, dopo la festa in giardino e l'umiliazione di quella festa. Il vento e la tempesta hanno dato colore a luglio. Ma cadaverica, orrenda, nel mezzo ci fu la pozzanghera grigia, giù in cortile, e io con una lettera in mano, che portavo un messaggio. Arrivai alla pozzanghera. Non riuscii ad attraversarla. Persi l'identità. Non siamo nulla, mi dissi, e crollai. Volai via come una piuma, vorticai dentro un tunnel. Poi con grande cautela spinsi avanti un piede, mi appoggiai con una mano al muro di mattoni rossi. Ritornai in me con grande fatica, rientrai nel mio corpo, superai la pozza grigia, cadaverica. Ecco la vita a cui mi consegno.

Così separo il trimestre estivo. Con sensazioni violente, intermittenti e improvvise come il balzo di una tigre, la vita irrompe sollevando la sua cupa cresta dal mare. Le stiamo attaccati, legati stretti come dei corpi a un cavallo selvaggio. Abbiamo inventato dei trucchi per ricoprire le crepe e nascondere le fessure. Ecco il controllore. Due uomini, tre donne; un gatto nella cesta, io coi gomiti contro il finestrino – qui e ora. Andiamo avanti, procediamo attraverso dei campi di grano dorato, che stormiscono[3]. Sorprendiamo nei campi delle donne che ci lasciamo indietro, a zappare. Il treno fatica, rantola in salita. Finalmente arriviamo in cima alla brughiera[4]. Ci vivono solo poche pecore brade[5], alcuni cavallini dal pelo lungo; ma noi siamo provvisti di tutte le comodità, compresi i tavolini su cui poggiare i giornali, e i piattini per poggiare i bicchieri. Ci portiamo tutte queste suppellettili[6] fino in cima alla brughiera. Ora siamo proprio sul culmine. Dietro di noi ripiomba il silenzio. Se guardo indietro, vedo il silenzio che si richiude e le ombre delle nuvole che si inseguono sulla brughiera vuota; il silenzio ripiomba al nostro effimero passaggio. È questo, mi dico, il presente; questo il primo giorno delle vacanze estive. È parte del mostro a cui stiamo attaccati, che sta affiorando.»

Virginia Woolf, *Le onde*, Milano, Mondadori, 1998

---

3. stormiscono: si muovono a causa del vento.
4. brughiera: terreno tipico del panorama campestre inglese, caratterizzato da scarsa e bassa vegetazione.
5. brade: selvatiche.
6. suppellettili: accessori, oggetti inutili.

SCHEDA DI ANALISI

Il tema e il messaggio

● Le tre ragazze, sedute nello scompartimento del treno, finalmente libere dalla scuola, danno **libero corso ai loro pensieri**. Il testo procede **ondivago**, alternando le considerazioni dell'una o dell'altra di fronte al paesaggio di brughiera, che il lettore può ricostruire ricomponendo l'uno dopo l'altro i tasselli dei pensieri di Susan, Jinny e Rhoda.

● **Susan** è legata alla **terra**, al **tempo ciclico della natura**, e vive pertanto con fastidio le costrizioni della scuola e della cultura ufficiale, considerandole totalmente astratte. **Jinny** vive intensamente la propria **fisicità**, beandosi della propria capacità seduttiva; nel romanzo, sarà lei la protagonista dei più passionali incontri d'amore. **Rhoda** si sente in balia di **sensazioni violente**, **intermittenti** e **improvvise**: essa rappresenta il **tempo istantaneo e fuggitivo** (il *qui e ora*).

● In questo brano, il tema che emerge con maggior evidenza è la **costruzione**, da parte dei personaggi, _della propria identità_. Da questo punto di vista, è ben visibile qui anche una forte **componente autobiografica**: le tre ragazze (così come le tre figure maschili, d'altronde) rappresentano aspetti diversi della multiforme personalità di Virginia Woolf, sempre in bilico tra il desiderio di partecipare alla vita (affettiva, intellettuale e sociale) e la necessità di chiudersi in se stessa, per analizzarsi a fondo e trasferire i contenuti della propria vita interiore all'interno delle esistenze dei personaggi dei suoi romanzi.

I personaggi di questo romanzo sono dunque **le diverse facce di un'unica anima**, l'incarnazione sia della personalità della scrittrice sia di quella di ciascuno di noi, in quell'universale relazione con il tempo che caratterizza le nostre vite.

I personaggi

Dal testo nulla emerge delle fattezze fisiche dei personaggi; questi non sono caratterizzati secondo la maniera tradizionale: impariamo piuttosto a distinguere le tre donne dalle immagini che ognuna di esse esprime nel proprio monologo interiore. In tal senso, **la descrizione dell'ambiente da parte di ciascun personaggio coincide con la caratterizzazione di se stesso**: Susan dimostra la sua "terrestrità" insistendo su immagini di campi e lavori campestri; Jinny rivela nell'interazione con gli altri passeggeri dello scompartimento il suo temperamento mondano, sensuale e vanitoso; Rhoda rivela la sua fragilità di fronte alla grigia pozzanghera che le impedisce di passare, di fronte a cui la sua identità si perde.

Il monologo interiore

Il testo è costituito dal succedersi di **soliloqui** (o monologhi interiori) dei tre personaggi, precisamente segnalati nel testo attraverso indicazioni verbali (_disse Susan…_; _disse Jinny…_; _disse Rhoda…_) e l'uso delle virgolette. Come avviene nella tecnica del flusso di coscienza, **i pensieri si succedono liberi**, senza un nesso logico che li leghi necessariamente, ma espressi in **forma diretta** e organizzati in una **sintassi più coesa**.

La lingua e lo stile

Lo **stile** della Woolf è decisamente **complesso**; a volte, la sua prosa si fa ermetica, laddove l'autrice si esprime attraverso simboli (per esempio, la _pozza grigia, cadaverica_) o dove le meditazioni dei personaggi diventano più dense e complesse. D'altra parte, è la particolare tecnica narrativa della Woolf a privilegiare questa lingua spontanea, che mescola insieme pensieri e sensazioni, emozioni e ricordi in un **unico blocco espressivo** non scindibile.

Il **lessico** è molto **preciso e incisivo**, spesso di tono lirico e usato in senso connotativo (_Ora intacco il bottino di vita che mi spetta; Se guardo indietro, vedo il silenzio che si richiude e le ombre delle nuvole che si inseguono sulla brughiera vuota; il silenzio ripiomba al nostro effimero passaggio_). Tutti i **monologhi interiori** sono introdotti da un passato remoto, ma al loro interno domina l'**indicativo presente**, che conferisce alla narrazione una **dimensione atemporale, universale**.

Laboratorio sul testo

Comprendere

1. Chi sono Susan, Jinny e Rhoda?
2. Dove si trovano e che cosa stanno facendo?
3. Che cosa si aspetta Susan, al termine del viaggio? E Rhoda?
4. Com'è il paesaggio che scorre di fronte ai loro occhi secondo la velocità del treno?
5. Quali sono le caratteristiche di Londra, secondo la descrizione che ne fa Susan?
6. _È ancora arrotolato_ (r. 1). A che cosa si sta riferendo Susan? Che cosa significa questa sua espressione?

Interpretare

7. Jinny e Rhoda immaginano ciascuna un futuro differente; eppure vi è nelle loro speranze qualcosa di comune. Che cosa?
8. _La vita comincia. Ora intacco il bottino di vita che mi spetta_ (r. 53). Spiega con parole tue tale riflessione di Jinny.

PARTE 3 · Percorso di letteratura

9. *Abbiamo inventato dei trucchi per ricoprire le crepe e nascondere le fessure* (rr. 70-71). A che cosa si sta riferendo Rhoda? Che cosa sono le *crepe* e le *fessure* a cui sta pensando?

10. Qual è il significato complessivo che hai ricavato dalla lettura del brano?

Analizzare

Personaggi

11. Perché si può dire che la caratterizzazione dei personaggi non avviene in maniera tradizionale? Rispondi con adeguati riferimenti al testo.

12. Che cosa emerge dal soliloquio di Susan a proposito della sua sensibilità e del suo carattere?

13. *Il mio corpo si agghinda* (r. 37). Che cosa esprime della personalità di Jinny tale suo pensiero?

14. *Arrivai alla pozzanghera. Non riuscii ad attraversarla. Persi l'identità. Non siamo nulla, mi dissi, e crollai. Volai via come una piuma, vorticai dentro un tunnel. Poi con grande cautela spinsi avanti un piede, mi appoggiai con una mano al muro di mattoni rossi. Ritornai in me con grande fatica, rientrai nel mio corpo, superai la pozza grigia, cadaverica. Ecco la vita a cui mi consegno* (rr. 62-67). Che cosa emerge della personalità di Rhoda da tale passaggio?

Monologo interiore

15. Quale effetto stilistico e narrativo comporta l'uso del tempo presente nei monologhi interiori?

Stile

16. Nel testo sono presenti alcuni "deittici", cioè riferimenti allo spazio e al tempo dell'azione che ne comunicano l'immediatezza, dando vita a una narrazione "in presa diretta". Individuane alcuni esempi.

Padroneggiare la lingua

Lessico

17. *Non voglio neppure saperne l'odore, finché non respirerò l'aria fresca e verde dei campi.* Quale figura retorica è presente in questa frase?

a) ☐ Ossimoro.

b) ☐ Sinestesia.

c) ☐ Personificazione.

d) ☐ Sineddoche.

18. Il linguaggio è molto raffinato, ricco di metafore e similitudini. Cercane alcuni esempi, spiegandone il significato.

Grammatica

19. Cerca nel testo e trascrivi un esempio di costruzione paratattica e uno di costruzione ipotattica. Nel complesso, quale tipo di sintassi prevale?

Produrre

20. I pensieri delle tre giovani sono suscitati dalle visioni concrete e familiari che caratterizzano il paesaggio circostante, ma da queste scaturiscono riflessioni che riguardano in maniera più profonda e generale il significato della vita. Rifletti in particolare sulla seguente affermazione, discutendo del suo significato insieme ai tuoi compagni: *Se guardo indietro, vedo il silenzio che si richiude e le ombre delle nuvole che si inseguono sulla brughiera vuota; il silenzio ripiomba al nostro effimero passaggio. È questo, mi dico, il presente; questo il primo giorno delle vacanze estive. È parte del mostro a cui stiamo attaccati, che sta affiorando.*

21. Con quale dei tre personaggi ti senti più in sintonia? Scrivi un testo di circa una pagina in cui racconti quali sono le tue aspettative riguardo alla tua vita futura. Cerca di farlo utilizzando la tecnica del monologo interiore, seguendo l'esempio del brano appena letto.

Luigi Pirandello

La vita e le opere

La vita Nasce presso **Girgenti** (oggi Agrigento), in Sicilia, nel 1867, da genitori di agiata condizione economica, proprietari di miniere di zolfo. Dopo aver intrapreso gli studi tecnici, passa a quelli letterari, che perfeziona a **Palermo**, **Roma** e poi a **Bonn**, in Germania, dove si **laurea in Lettere** con una tesi sul dialetto di Girgenti. Tornato in Sicilia, si sposa con **Antonietta Portulano**; da questo matrimonio nasceranno tre figli. Si trasferisce a Roma per insegnare letteratura italiana. Il fallimento del padre nel 1904 rende gravemente problematica anche la sua condizione economica; in più, le crisi isteriche di cui la moglie è vittima già da qualche tempo si aggravano sempre di più, finché il marito prenderà la decisione di ricoverarla in un ospedale psichiatrico, nel 1919.

Nel frattempo, già dai primi anni del Novecento la carriera letteraria di Pirandello ha avuto inizio, con la scrittura di opere in **prosa** e di **testi per il teatro**. Negli anni Dieci del secolo inizia una fruttuosa collaborazione con il capocomico **Angelo Musco**, a cui affida la messinscena delle sue opere teatrali, e una lunga relazione affettiva con l'attrice **Marta Abba**.

Nel 1925, Pirandello aderisce pubblicamente al regime mussoliniano, firmando il *Manifesto degli intellettuali fascisti* redatto da Giovanni Gentile. La sua opera artistica, tuttavia, non è caratterizzata da valori affini al fascismo; piuttosto, in alcune sue opere emerge addirittura una critica dei costumi e dei valori di quest'epoca e dell'ideologia in essa dominante.

Alla crescente notorietà cominciano ad accompagnarsi, in questi anni, i primi riconoscimenti ufficiali: nel 1929 viene insignito del titolo di Accademico d'Italia e nel 1934 riceve il **premio Nobel** per la letteratura. Due anni dopo, nel 1936, morirà a Roma; nelle sue volontà testamentarie chiederà di essere sepolto sotto un pino della sua casa natale, a Girgenti.

Le opere La produzione letteraria di Pirandello è molto ampia e comprende romanzi, novelle, opere per il teatro, raccolte di poesie, saggi.

Opere in prosa	Pirandello ha scritto **sette romanzi** – tra cui segnaliamo il suo esordio letterario *L'esclusa* (1901), *Il fu Mattia Pascal* (1904) e *Uno, nessuno e centomila* (1925) – e numerose novelle, le più famose delle quali sono raccolte in *Novelle per un anno*.
Opere per il teatro	Pirandello è stato uno dei più importanti e prolifici uomini di teatro dell'intera tradizione letteraria italiana. Tra le sue numerose opere, ricordiamo le commedie *Liolà* (1916), *Pensaci, Giacomino!* (1916), *Così è (se vi pare)* (1917), incentrata sull'inutile ricerca della verità e sull'insanabile contrasto fra ciò che appare (la «forma») e ciò che è (la «verità»); *Il piacere dell'onestà* (1917), *Il giuoco delle parti* (1918), *Il berretto a sonagli* (1918), *Tutto per bene* (1920). Tra i suoi drammi, segnaliamo anche *Sei personaggi in cerca d'autore* (1921), in cui si applica l'artificio del "teatro nel teatro", ovvero la messinscena, all'interno dell'azione teatrale, di un'ulteriore rappresentazione teatrale; e *Enrico IV* (1922), il cui protagonista è un "lucido folle", costretto dalle circostanze della sua vita a simulare una condizione di pazzia, fingendo di credere di essere l'imperatore Enrico IV di Baviera.

La poetica Pirandello è tra i primi e più originali interpreti della crisi della ragione umana, della società e dell'intera realtà. Quest'ultima, come egli stesso scrive, è «una costruzione illusoria continua», caratterizzata da un perenne contrasto fra la vita e la «forma»: l'uomo s'illude di poter fissare il continuo fluire della vita in «forme», apparenze illusorie che corrispondono alla soggettiva interpretazione che ciascuno di noi dà di sé e della propria esistenza; si tratta però di una vera illusione, perché l'oggettività della vita non può essere fissata in forme stabili e durature.

Il **relativismo esistenziale** sostenuto da Pirandello coincide con una visione sostanzialmente pessimistica dell'esistenza umana, in cui l'uomo non ha una sua identità, ma coincide con una «**maschera**» che di volta in volta cambia, a seconda del contesto in cui si trova a vivere.

I personaggi delle principali opere di Pirandello sono l'emblema della condizione di **precarietà esistenziale** in cui si trova l'uomo contemporaneo, della sua incapacità di conoscersi, di capire gli altri e la realtà che lo circonda. I titoli stessi di alcune delle sue opere sono sufficienti a rivelare tale concezione del mondo: *Così è (se vi pare)*, *Uno, nessuno e centomila*, *Questa sera si recita a soggetto* sono formule emblematiche di una realtà che ha perso ogni punto di riferimento, in cui non c'è traccia di una verità unica e oggettiva. Tale decostruzione totale della realtà conduce il personaggio stesso, al termine di un'angosciante quanto inutile ricerca della propria identità, alle soglie della **disperazione** e della **follia**.

Ma laddove l'uomo perde ogni certezza, egli guadagna la consapevolezza che solo due sono le possibili vie d'uscita: o la passività di un'esistenza alienata e senza identità (come avviene ne *Il fu Mattia Pascal*) o la denuncia di tale insopportabile condizione. Quest'ultima soluzione, non potendo manifestarsi nelle forme di una ragione ormai in crisi profonda, sfocia piuttosto nella rivendicazione della follia (come nel dramma *Enrico IV*): una follia che diventa la scelta consapevole di una ribellione totale contro il mondo sociale e le sue regole.

Il fu Mattia Pascal

Mattia Pascal «Una delle poche cose, anzi forse la sola ch'io sapessi di certo era questa: che mi chiamavo Mattia Pascal»: con questa frase a effetto inizia uno dei romanzi più importanti del Novecento europeo.

La famiglia del protagonista, Mattia Pascal, è benestante, ma a causa dell'incapacità e della disonestà dell'amministratore, Batta Malagna, dilapida il suo patrimonio. Entrato in contrasto con la moglie e con la suocera, Mattia vive anni tristi e dolenti: la sua vita da bibliotecario di paese è un'esistenza noiosa e priva di passione.

Niente più lega Mattia al suo paese. Decide infine di fuggire, di rifarsi una vita, magari all'estero. Il caso lo aiuta: di passaggio a Montecarlo, egli vince al gioco un'ingente somma. Sulla via di casa, legge sul giornale la notizia di un presunto suicidio: dopo la sua scomparsa, in paese è stato ritrovato il cadavere di un uomo che tutti, moglie e suocera per prime, identificano con quello di Mattia Pascal. Mattia decide così di approfittare di questa fortuita e fortunata circostanza, per diventare un altro, lasciando per sempre la triste vita di un tempo.

Adriano Meis Mattia assume lo pseudonimo di Adriano Meis e, con i soldi vinti a Montecarlo, può permettersi per un po' di girare l'Europa, prima di trasferirsi a Roma, in cerca di una vita "regolare". Ben presto, però, si accorgerà che la realizzazione di tale progetto è molto più complicata di quanto aveva previsto: non iscritto presso alcuna anagrafe, infatti, egli non esiste per la società civile. La sua nuova esistenza si rivela perciò una vita "mutilata"; o meglio, essa è piuttosto una non-vita. Adriano-Mattia capisce allora che l'unico modo per uscire da tale angosciosa situazione è distruggere il personaggio che egli stesso ha creato, inscenando un finto suicidio… quello di Adriano Meis.

Di nuovo Mattia Pascal Ripresosi il proprio vero nome, Mattia fa ritorno al paese, profondamente amareggiato e deluso, con il proposito di vendicarsi di quanti lo hanno fatto soffrire, ora che è ricco e che non ha nulla da perdere. Ma qui scopre di non poter riprendere neppure la sua vecchia identità. In seguito alla sua "morte", infatti, la "vedova" Romilda ha sposato il suo unico amico, Pomino, e ne ha avuto una figlia.

Rassegnato alla sua sorte, Mattia resta solo. Vivrà il resto della sua vita nell'ombra, potendo contemplare soltanto dall'esterno la vita del paese, colmando il tempo con la scrittura delle proprie incredibili memorie. Solo ogni tanto si reca nel cimitero del paese, a portare i fiori sulla propria stessa tomba; e ai passanti che gli chiedono: «Ma voi, insomma si può sapere chi siete?», egli risponde con aria tranquilla: «Eh, caro mio… Io sono il fu Mattia Pascal».

La crisi della realtà • UNITÀ 17

 Adriano Meis

Nel passo proposto, Adriano Meis (Mattia) si accorge che quella che sta vivendo è una "vita-ombra". La sua esistenza non è certificata in nessun ufficio pubblico e, pertanto, egli non può né lavorare né far valere nessuno dei suoi diritti di cittadino. Un uomo che per la società non esiste non può permettersi di avere un amico (neppure un piccolo cagnolino), né un intimo focolare domestico.

- **GENERE**
  Romanzo
- **LUOGO E TEMPO**
  Milano; primi anni del XX secolo
- **PERSONAGGI**
  Mattia-Adriano; un venditore di cerini e il suo cane

In fondo, ero già un po' stanco di quell'andar girovago sempre solo e muto. Istintivamente cominciavo a sentir il bisogno di un po' di compagnia. Me ne accorsi in una triste giornata di novembre, a Milano, tornato da poco dal mio giretto in Germania.

5 Faceva freddo, ed era imminente la pioggia, con la sera. Sotto un fanale scorsi un vecchio cerinajo[1], a cui la cassetta, che teneva dinanzi con una cinta a tracolla, impediva di ravvolgersi bene in un logoro mantello che aveva su le spalle. Gli pendeva dalle pugna[2], strette sul mento un cordoncino, fino ai piedi. Mi chinai a guardare e gli scoprii tra le scarpacce rotte un cucciolotto minuscolo, di pochi
10 giorni, che tremava tutto di freddo e gemeva continuamente, lì rincantucciato. Povera bestiolina! Domandai al vecchio se la vendesse. Mi rispose di sì e che me l'avrebbe venduta anche per poco, benché valesse molto: ah, si sarebbe fatto un bel cane, un gran cane, quella bestiola:

«Venticinque lire...»

15 Seguitò a tremare il povero cucciolo, senza inorgoglirsi di quella stima: sapeva di certo che il padrone con quel prezzo non aveva affatto stimato i suoi futuri meriti, ma la imbecillità che aveva creduto di leggermi in faccia.

Io intanto, avevo avuto il tempo di riflettere che, comprando quel cane, mi sarei fatto, sì, un amico fedele e discreto, il quale per amarmi e tenermi in pregio non
20 mi avrebbe mai domandato chi fossi veramente e donde venissi e se le mie carte fossero in regola; ma avrei dovuto anche mettermi a pagare una tassa: io che non ne pagavo più! Mi parve come una prima compromissione della mia libertà, un lieve intacco ch'io stessi per farle.

«Venticinque lire? Ti saluto!» dissi al vecchio cerinajo.

25 Mi calcai il cappellaccio su gli occhi e, sotto la pioggerella fina fina che già il cielo cominciava a mandare, m'allontanai, considerando però, per la prima volta, che era bella, sì, senza dubbio, quella mia libertà così sconfinata, ma anche un tantino tiranna, ecco, se non mi consentiva neppure di comperarmi un cagnolino.

Del primo inverno, se rigido, piovoso, nebbioso, quasi non m'ero accorto tra
30 gli svaghi dei viaggi e nell'ebbrezza della nuova libertà. Ora questo secondo mi sorprendeva già un po' stanco, come ho detto, del vagabondaggio e deliberato[3] a

---

1. cerinajo: venditore di cerini. **2. pugna:** pugni, mani chiuse. **3. deliberato:** deciso.

587

impormi un freno. E mi accorgevo che... sì, c'era un po' di nebbia, c'era; e faceva freddo; m'accorgevo che per quanto il mio animo si opponesse a prender qualità del calore del tempo, pur ne soffriva.

35 «Ma sta' a vedere, – mi rampognavo[4], – che non debba più far nuvolo perché tu possa ora godere serenamente della tua libertà!»

M'ero spassato abbastanza, correndo di qua e di là: Adriano Meis aveva avuto in quell'anno la sua giovinezza spensierata; ora bisognava che diventasse uomo, si raccogliesse in sé, si formasse un abito[5] di vita quieto e modesto. Oh, gli sarebbe
40 stato facile, libero com'era e senz'obblighi di sorta!

Così mi pareva; e mi misi a pensare in quale città mi sarebbe convenuto di fissar dimora, giacché come un uccello senza nido non potevo più oltre rimanere, se proprio dovevo compormi una regolare esistenza. Ma dove? in una grande città o in una piccola? Non sapevo risolvermi.

45 Chiudevo gli occhi e col pensiero volavo a quelle città che avevo già visitate; dall'una all'altra, indugiandomi in ciascuna fino a rivedere con precisione quella tal via, quella tal piazza, quel tal luogo, insomma, di cui serbavo più viva memoria; e dicevo:

«Ecco, io vi sono stato! Ora, quanta vita mi sfugge, che séguita ad agitarsi qua
50 e là variamente. Eppure, in quanti luoghi ho detto: "Qua vorrei aver casa! Come ci vivrei volentieri!" E ho invidiato gli abitanti che, quietamente, con le loro abitudini e le loro consuete occupazioni, potevano dimorarvi, senza conoscere quel senso penoso di precarietà che tien sospeso l'animo di chi viaggia».

Questo senso penoso di precarietà mi teneva ancora e non mi faceva amare il
55 letto su cui mi ponevo a dormire, i vani oggetti che mi stavano intorno.

Ogni oggetto in noi suol trasformarsi secondo le immagini ch'esso evoca e aggruppa, per così dire, attorno a sé. Certo un oggetto può piacere anche per se stesso, per la diversità delle sensazioni gradevoli che ci suscita in una percezione armoniosa; ma ben più spesso il piacere che un oggetto ci procura non si trova
60 nell'oggetto per se medesimo. La fantasia lo abbellisce cingendolo e quasi irraggiandolo d'immagini care. Né noi lo percepiamo più qual esso è, ma così, quasi animato dalle immagini che suscita in noi o che le nostre abitudini vi associano. Nell'oggetto, insomma, noi amiamo quel che vi mettiamo di noi, l'accordo, l'armonia che stabiliamo tra esso e noi, l'anima che esso acquista per noi soltanto e
65 che è formata dai nostri ricordi.

Or come poteva avvenire per me tutto questo in una camera d'albergo?

Ma una casa, una casa mia, tutta mia, avrei potuto più averla? i miei denari erano pochini... Ma una casettina modesta, di poche stanze? Piano: bisognava vedere, considerai bene prima, tante cose. Certo, lìbero, liberissimo, io potevo
70 essere soltanto così, con la valigia in mano: oggi qua, domani là. Fermo in un luogo, proprietario d'una casa, eh, allora: registri e tasse subito! E non mi avrebbero iscritto all'anagrafe? Ma sicuramente! E come? con un nome falso? E allora, chi sa?, forse indagini segrete intorno a me da parte della polizia... Insomma, impicci,

---

4. mi rampognavo: mi ramma-   **5. abito:** stile, abitudine.
ricavo con me stesso.

La crisi della realtà • UNITÀ 17

imbrogli!... No, via: prevedevo di non poter più avere una casa mia, oggetti miei.
75 Ma mi sarei allogato[6] a pensione in qualche famiglia, in una camera mobiliata.
Dovevo affliggermi per così poco?

L'inverno, l'inverno m'ispirava queste riflessioni malinconiche, la prossima festa di Natale che fa desiderare il tepore d'un cantuccio caro, il raccoglimento,
l'intimità della casa.

Luigi Pirandello, *Il fu Mattia Pascal*, Milano, Mondadori, 1984

6. allogato: sistemato.

SCHEDA DI ANALISI

Il tema e il messaggio

● Dopo essersi ripreso dalla sbalorditiva notizia della propria morte, il protagonista si sente libero e felice; viaggia per l'Italia e per l'Europa, godendosi la sua
nuova condizione. Ma dopo un po', **Adriano comincia a provare fastidio per la sua stessa libertà**. Il
fatto di non poter acquistare neppure un cagnolino gli
pone davanti agli occhi la limitatezza della sua attuale
condizione, del suo errore, **la "prigione" che è per
lui la sua assoluta libertà**.

● Adriano Meis si rivela profondamente **bisognoso
di quella "vita comune" dalla quale aveva cercato di fuggire**, di riferimenti concreti (oggetti, persone, animali) ai quali aggrapparsi per sentirsi vivo. Per
tale ragione egli prova un vivo desiderio di una casa:
un posto tutto suo, dove avere la certezza di una sua
identità nel mondo.

● Adriano si era illuso di potersi costruire una nuova
personalità solida, forte, positivamente aperta alla vita, opposta a quella rinunciataria e avvilente di Mattia.
Ma, così facendo, non **si accorge di aver indossato una nuova "maschera"**, una "forma" che tornerà
a condizionarne le scelte e le azioni; in altre parole,
una nuova "trappola", per cui egli continuerà a sentirsi estraniato da sé, impossibilitato a esistere.

L'ambientazione

● Emblematica, al fine della caratterizzazione del personaggio e della sua condizione psicologica, è l'**ambientazione** che caratterizza il brano: **invernale,
grigia, fredda, opprimente e triste**. La nebbia che
vela i contorni delle cose reali è il simbolo della sua
stessa **identità indefinita**, nebulosa, confusa, priva
di certezze e di punti di riferimento.

Lingua e stile

● Per marcare in modo ancora più evidente il suo distacco dai moduli letterari precedenti, Pirandello sceglie di costruire il romanzo come una **narrazione a
ritroso da parte del protagonista**, che rievoca **in
prima persona** i fatti che gli sono accaduti. Tale scelta
stilistica di una **focalizzazione marcatamente soggettiva**, in cui l'autore non interviene mai, permette al
lettore di immedesimarsi con l'io-personaggio.

● Nel testo predomina la tecnica del **monologo interiore**, che comporta una **narrazione a volte frammentata**; essa si manifesta in una prosa in cui proposizioni esclamative, interrogative e frasi sospese si
alternano in modo apparentemente disordinato, ma
che in realtà riproducono in maniera fedele i pensieri
convulsi e inquieti di Mattia.

Laboratorio sul testo

● Comprendere

1. Dove si trova il protagonista? Motiva la tua risposta facendo riferimento al testo.
2. Quale personaggio incontra Mattia-Adriano?
3. Che cosa gli impedisce di ottenere ciò che vorrebbe?
4. Quali riflessioni spingono il personaggio alla decisione di stabilirsi definitivamente in una città?
5. Quali sono le difficoltà che egli prefigura, riguardo a questo suo nuovo progetto di vita?

PARTE 3 · Percorso di letteratura

Interpretare

6. Mattia Pascal si è trasformato in Adriano Meis. Se la novità del cambiamento dapprima lo entusiasma, in un secondo tempo comincia ad avvertire la delusione per la sua nuova vita. Come gli appare la sua nuova libertà? Quali motivi lo inducono a questa nuova convinzione?

7. Ci sono nel romanzo alcune presenze-simbolo alle quali Pirandello attribuisce in modo esplicito, oppure indirettamente, un preciso significato. Che cosa simboleggia il cagnolino e la decisione da parte di Mattia-Adriano di rinunciare alla sua compagnia?

8. *Seguitò a tremare il povero cucciolo, senza inorgoglirsi di quella stima: sapeva di certo che il padrone con quel prezzo non aveva affatto stimato i suoi futuri meriti, ma la imbecillità che aveva creduto di leggermi in faccia* (rr. 15-17). Che cosa intende affermare il narratore-protagonista con tale osservazione?

Analizzare le tecniche

Ambientazione

9. Cerca nel brano i riferimenti all'ambientazione e all'atmosfera in cui si svolge la scena. Che cosa possono significare, simbolicamente, questi elementi naturali?

10. Quale rapporto c'è tra l'ambientazione e lo stato d'animo del protagonista?

Monologo interiore

11. Ricerca e sottolinea le parti in cui il ricorso al monologo interiore è particolarmente evidente. Quale effetto produce tale tecnica stilistica?

Stile

12. Pirandello è maestro di una narrazione umoristica del tutto originale; stimolando nel lettore il riso o il sorriso egli si propone di suscitare in lui delle riflessioni sulle situazioni narrate. In tal senso, quali esempi potresti indicare, nel brano appena letto?

Padroneggiare la lingua

Lessico

13. *Questo senso penoso di precarietà mi teneva ancora e non mi faceva amare il letto su cui mi ponevo a dormire, i vani oggetti che mi stavano intorno.* Da quale termine potrebbe essere sostituita la parola *precarietà*?

14. Nel brano compaiono alcuni termini desueti o di uso letterario. Rintracciali e spiegane il significato.

15. *Ma una casa, una casa mia, tutta mia, avrei potuto più averla?* Quale figura retorica è presente in questa frase?

Grammatica

16. *Io intanto, avevo avuto il tempo di riflettere che, comprando quel cane, mi sarei fatto, sì, un amico fedele e discreto, il quale per amarmi e tenermi in pregio non mi avrebbe mai domandato chi fossi veramente e donde venissi e se le mie carte fossero in regola, ma avrei dovuto anche mettermi a pagare una tassa.* Individua le proposizioni da cui è composto il periodo, indicando i vari tipi di subordinate presenti.

Produrre

17. *Nell'oggetto, insomma, noi amiamo quel che vi mettiamo di noi, l'accordo, l'armonia che stabiliamo tra esso e noi, l'anima che esso acquista per noi soltanto e che è formata dai nostri ricordi* (rr. 63-65). Rifletti su tale affermazione, discutendone con i tuoi compagni.

18. Scrivi un testo di circa una pagina in cui provi a immaginare quali altri impedimenti troverà Mattia-Adriano, sprovvisto di ogni tipo di documenti, nel suo tentativo di ricostruirsi una vita.

590

Robert Walser

La vita e le opere

La giovinezza Robert Walser nasce nel 1878 a Bienne, nel cantone di Berna (Svizzera), settimo di otto figli. Suo padre gestisce un negozio di cartoleria e piccole edizioni, garantendo alla famiglia un discreto benessere economico. All'età di quattordici anni, Robert viene cacciato dalla scuola da lui frequentata e trova lavoro come apprendista presso una banca. Per inseguire il sogno di diventare attore teatrale, raggiunge Stoccarda, per la sua sola e unica audizione, che si rivela un fallimento umiliante. Abbandonata la scena ancora prima di averla calcata, Walser decide di non rinunciare del tutto alla vita artistica, scegliendo di dedicarsi alla scrittura letteraria.

Nel 1904 gli viene pubblicata la sua prima opera, *I temi di Fritz Kocher*. L'anno seguente si trasferisce a Berlino, seguendo suo fratello maggiore, illustratore di libri di successo e scenografo. Qui lavora per breve tempo come maggiordomo in una casa di campagna: esperienza lavorativa che finirà per ispirare la sua concezione poetica, prefigurando uno dei suoi temi letterari più ricorrenti: l'ideale del servitore.

Comincia a dedicarsi a tempo pieno alla scrittura, collaborando a prestigiose riviste letterarie e frequentando i più importanti circoli artistici. Tuttavia, non sentendosi a suo agio nel ruolo di intellettuale metropolitano, a poco a poco si ritirerà a condurre una vita appartata e austera in un monolocale. In questo ambiente scriverà i suoi romanzi più importanti: *I fratelli Tanner* (1906), *L'assistente* (1908), e *Jakob von Gunten* (1909). Nel 1913, lasciata Berlino, torna in Svizzera, per vivere – come egli stesso scrisse – come «un autore ridicolizzato e non riuscito», mantenendosi con collaborazioni giornalistiche e bozzetti letterari. Alcune di queste prose sono raccolte in una delle sue opere più celebri, *Le passeggiate* (1917).

L'ospedale psichiatrico Dopo la prima guerra mondiale, comincia a sentirsi sempre più oppresso dallo sguardo censorio dei suoi critici e dall'esigenza di darsi una rispettabilità sociale. Così si trasferisce a Berna, dove trova un impiego negli archivi nazionali, per esserne però licenziato dopo pochi mesi per insubordinazione. È costretto a trasferirsi di alloggio in alloggio, mentre tenta di annegare nell'alcool la propria insoddisfazione. Sceglie allora l'autoisolamento totale in un ospedale psichiatrico, dove trascorrerà quasi trent'anni. In questo luogo riconquisterà una certa tranquillità, che gli permetterà di continuare a dedicarsi alla scrittura. Il giorno di Natale del 1956, viene ritrovato il suo cadavere, in un campo innevato della Svizzera orientale.

Jakob von Gunten

Diventare uno zero *Jakob von Gunten* ha come protagonista e io narrante l'omonimo personaggio, un ragazzo scappato da casa perché l'atmosfera e lo stile di vita della famiglia borghese in cui è nato gli sono insopportabili. Entra così come allievo nell'Istituto Benjamenta, una scuola per formare i migliori maggiordomi per famiglie altolocate. Lì Jakob ha un solo scopo: liberarsi del suo passato da benestante e "diventare nessuno", un individuo che cioè non è più tenuto ad attenersi al codice comportamentale della società moderna, ma che intende dedicare la sua esistenza a servire gli altri.

Una paradossale scuola di vita In questa strana scuola, gli studenti sono abbandonati a loro stessi; gli insegnanti o non esistono, o stanno ancora dormendo, oppure sembra che abbiano dimenticato la loro professione, mentre ogni decisione è presa esclusivamente dal signor Benjamenta o da sua sorella Lisa, che svolge anche le funzioni d'insegnante unica. In questo ambiente bizzarro e surreale non si insegna nulla se non un'unica fondamentale regola di vita: «Le lezioni di cui godiamo, consistono principalmente nell'inculcarci pazienza e ubbidienza: due qualità che promettono poco o nessun successo».

Jakob si adatta bene a questo mondo così particolare: socializza con i compagni, fa loro scherzi ridicoli, sa obbedire senza mai prostrarsi e conquista così prima l'attenzione e poi l'affetto dei due fratelli Benjamenta. Alla morte di Lisa, avvenuta poco prima della chiusura della scuola, il direttore chiederà a Jakob – unico fra tutti gli allievi – di seguirlo e condividere con lui la nuova vita che li attende. In un primo momento Jakob cortesemente rifiuta, ma nell'ultima pagina del suo diario annuncia che sta cambiando idea: vuole buttare via la sua penna e andarsene nel deserto con il signor Benjamenta.

T3 Un magnifico zero

Il brano è un breve resoconto della vita e delle attività educative che si svolgono all'interno dell'Istituto Benjamenta. Si tratta, in realtà, di una strana vita scolastica: gli allievi non svolgono pressoché nessuna attività, mentre gli insegnanti restano tutto il giorno sdraiati, in uno stato che somiglia più a una morte apparente che al sonno. Insomma, come afferma Jakob, *qui s'impara ben poco…* ma non sarà forse proprio questo lo scopo di questa bizzarra scuola?

- **GENERE**
  Romanzo
- **LUOGO E TEMPO**
  L'istituto Benjamenta; primi anni del XX secolo
- **PERSONAGGI**
  Jakob; i suoi compagni di scuola; Lisa Benjamenta

Qui s'impara ben poco, c'è mancanza di insegnanti, e noi ragazzi dell'istituto Benjamenta non riusciremo a nulla, in altre parole, nella nostra vita futura saremo tutti qualcosa di molto piccolo e subordinato. L'insegnamento che ci viene impartito consiste sostanzialmente nell'inculcarci pazienza e ubbidienza: due
5 qualità che promettono poco o nessun successo. Successi interiori, magari sì: ma che vantaggio potremo trarne? A chi dànno da mangiare le conquiste spirituali? A me piacerebbe esser ricco, andare in giro in carrozza e aver denaro da buttare via. Ne ho parlato a Kraus, il mio compagno di scuola, ma lui non ha risposto che con una sprezzante alzata di spalle e non mi ha degnato di una parola. Kraus ha
10 dei princìpi, sta ben saldo in sella, a cavalcioni della sua contentezza, e questo è un cavallo su cui chi vuole andar di galoppo preferisce non salire. Da quando mi trovo qui all'Istituto Benjamenta, sono già riuscito a diventarmi enigmatico. Mi sono sentito anch'io invadere da un senso strano, finora sconosciuto, di contentezza. Sono abbastanza ubbidiente, non al punto di Kraus, che è imbattibile nel
15 precipitarsi a eseguire zelantemente gli ordini. Sotto un solo aspetto noi scolari, Kraus, Schacht, Schilinski, Fuchs, Pietrone, io, eccetera, ci assomigliamo tutti: nel fatto di essere assolutamente poveri e in sottordine[1]. Siamo piccoli, piccoli fino a sentirci spregevoli. Chi ha in tasca un marco da spendere, lo si guarda come un principe privilegiato. Chi, come me, fuma sigarette, desta preoccupazioni per
20 le sue abitudini spenderecce. Andiamo vestiti in uniforme: ebbene, questa circostanza di portare un'uniforme ci umilia e nello stesso tempo ci esalta. Abbiamo l'aspetto di uomini non liberi, e ciò può essere una mortificazione; ma abbiamo anche un aspetto elegante, il che ci preserva dalla profonda vergogna di coloro che se ne vanno attorno in abbigliamenti personalissimi, ma strappati e sudici. A
25 me, per esempio, il vestire l'uniforme riesce assai piacevole, dato che sono stato sempre incerto su come vestirmi. Ma anche questo mio aspetto mi riesce per ora enigmatico. Forse in fondo a me c'è un essere estremamente volgare. O forse, invece, ho sangue azzurro nelle vene. Ma una cosa so di certo: nella mia vita futura sarò un magnifico zero, rotondo come una palla. Da vecchio sarò costretto
30 a servire giovani tangheri[2] presuntuosi e maleducati, oppure farò il mendicante, oppure andrò in malora.

1. in sottordine: in posizione subordinata e di scarsa importanza.

2. tangheri: individui rozzi e maleducati.

592

La crisi della realtà · UNITÀ 17

Noialtri allievi o alunni abbiamo in verità assai poco da fare, non ci dànno quasi mai compiti. Impariamo a memoria i precetti che vigono qui dentro. Oppure leggiamo il libro *Quale meta si propone la scuola per ragazzi Benjamenta?* Kraus, poi,
35 studia anche il francese, esclusivamente per conto suo, dato che le lingue straniere o roba del genere non figurano nei nostri programmi scolastici. Qui non c'è che un'unica lezione, sempre ripetuta: "Come deve comportarsi un ragazzo?". E tutto l'insegnamento gira, in sostanza, intorno a questa domanda. Quanto a nozioni, non ce ne impartiscono per niente. C'è infatti, come ho già detto, mancanza di
40 professori, o per meglio dire i signori insegnanti e maestri dormono, oppure sono morti, o solo morti apparenti, o forse sono pietrificati: comunque, sta di fatto che da loro non ci viene nulla. In luogo degli insegnanti, che per motivi strani quanto imprecisabili se ne stanno letteralmente sdraiati come morti a sonnecchiare, chi ci dà lezioni e ordini è una giovane donna, la signorina Lisa Benjamenta, sorella
45 del signor direttore dell'istituto. Entra in aula e sale sulla cattedra con in mano una bacchetta bianca. Quando noi la vediamo entrare, ci alziamo tutti dai nostri posti; appena lei si è seduta, ci mettiamo a sedere anche noi. Lei picchia sul bordo del tavolo tre secchi colpetti imperiosi, e la lezione incomincia. E che lezione! Eppure mentirei se dicessi che è strana. No, io trovo che quello che la signorina
50 Benjamenta ci insegna è degno di considerazione. È poco, e noi non facciamo che ripetere; ma forse c'è un segreto dietro tutte quelle fanfaluche[3] e ridicolaggini. Ridicolaggini? Noi ragazzi dell'istituto Benjamenta non siamo mai di umore ridanciano[4]. I nostri visi e le nostre maniere sono molto seri. Anche Schilinski, che è ancora proprio un bambino, ride molto di rado. Kraus non ride mai, o solo
55 di un riso brevissimo, quando non riesce a trattenersi, e poi si arrabbia di essersi lasciato scappare qualcosa di così contrario alle regole. In generale noi allievi non abbiamo voglia di ridere, o per meglio dire non lo possiamo neanche. Ci mancano quell'allegria, quella distensione che sarebbero necessarie. O mi sbaglio? Parola mia, qualche volta succede che tutta la mia vita qui dentro mi appaia come un
60 sogno incomprensibile.
[...]
All'Istituto Benjamenta non sono tollerati gli avanzi nei piatti. "Avanti, mangia, Sbrigati. E non darti quelle arie da cruccioso e da schifiltoso[5]. Ti passeranno presto queste ubbie[6], credi a me. Non hai appetito, dici? Io invece ti consiglio di averlo. È solo l'orgoglio che ti toglie l'appetito, stanne sicuro. Su, da' qui. Per stavolta ti
65 aiuterò io a finire, quantunque sia contro tutte le buone regole. Ecco. Vedi un po' se questo non si può mangiare? E questo? E quest'altro? Era una squisitezza, te lo dico io". Tutta quella scena mi riusciva penosa. Provavo una violenta ripugnanza contro quei ragazzi che mangiavano, e oggi? Oggi mangio altrettanto bene e senza storie come qualunque altro alunno. Ogni volta, anzi, mi rallegro alla vista dei
70 cibi modesti ma ben preparati, e per nulla al mondo mi passerebbe per la testa di sdegnarli. Sì, in principio ero vanitoso e superbo, turbato da chissà quali idee,

3. fanfaluche: cose di scarsa importanza.
4. ridanciano: allegro, predisposto al riso.
5. cruccioso... schifiltoso: corrucciato e schizzinoso.
6. ubbie: pensieri fissi, capricci.

593

mortificato per non so più quali motivi. Evidentemente ogni cosa mi era nuova e perciò ostile, e per giunta ero uno sciocco di prima grandezza. Anche oggi sono uno sciocco, ma in un altro modo: più fine, più cortese. Tutto dipende dal modo
75 di guardare alle cose. Uno può essere balordo e ignorante quanto vuole: se sa un po' adattarsi, se dà prova di un po' di duttilità e di scioltezza, non è ancora perduto, anzi può trovare la sua strada nella vita magari meglio di tanti intelligentoni e arche di scienza. Questione di modo: sì, sì.

[…]

Ho venduto il mio orologio per potermi comprare del tabacco da sigarette.
80 Senza orologio posso vivere, senza tabacco no: scandaloso, ma non c'è rimedio. Bisogna che in qualche modo riesca a trovare un po' di soldi, altrimenti tra un po' non avrò più biancheria pulita. Avere dei colletti puliti per me è una necessità. La felicità di un uomo non dipende da cose di questo genere, eppure ne dipende. […] Ho bisogno di soldi. D'altronde, adesso ho scritto il mio curriculum. Eccolo:

85 Curriculum

Il sottoscritto Jakob von Gunten, figlio di bennati[7] genitori, nato il giorno tale, cresciuto nel tale e tal luogo, è entrato come allievo nell'Istituto Benjamenta per impadronirsi delle poche nozioni necessarie ad essere assunto in un servizio qualsiasi. Il medesimo non nutre alcuna speranza nei confronti della vita. Si augura di
90 essere trattato con severità, così da poter apprendere che cosa significa dover fare appello a tutte le proprie forze. Jakob von Gunten non fa grandi promesse, ma si propone di condursi in maniera lodevole e retta. I von Gunten sono un'antica schiatta[8]. Nei tempi andati essi furono guerrieri, ma, calmatasi la smania bellicosa, oggi sono alti consiglieri e commercianti; e l'ultimo rampollo della casata, oggetto
95 del presente rapporto, ha deciso di ripudiare apertamente ogni tradizione di fierezza. Egli vuole che sia la vita a educarlo, non già dei princìpi ereditari o comunque aristocratici. Senza dubbio è orgoglioso, poiché gli è impossibile rinnegare la sua innata natura, ma ha dell'orgoglio un concetto interamente nuovo, rispondente in certo senso all'epoca in cui vive. Spera di essere moderno e, almeno in parte,
100 adatto a render servizio e di non apparire totalmente sciocco e disutile, ma è una bugia, non lo spera soltanto, lo afferma e lo sa. Il suo umore è caparbio, in lui si agitano ancora un po' gli spiriti indomiti dei suoi antenati; ma egli chiede di essere rimproverato se dà prova di caparbietà, e se ciò non servisse, di essere punito, poiché crede che allora servirà. Comunque, si dovrà ben sapere come trattarlo. Il
105 sottoscritto ritiene di potersi tirar d'impaccio in ogni occasione, e gli è indifferente che cosa gli sarà ordinato di fare; è fermamente convinto che ogni lavoro eseguito con diligenza sarà per lui un maggior onore che non il restarsene seduto, ozioso e pavido, accanto alla stufa di casa. Un von Gunten non sta seduto accanto alla stufa. Se gli avi del qui rispettosamente sottoscritto hanno cinto la spada cavalleresca, il

---

7. bennati: di ottima famiglia.   **8. schiatta:** discendenza.

La crisi della realtà · UNITÀ 17

110 loro discendente non fa che attenersi alla tradizione allorché ardentissimamente
brama di rendersi utile in qualche modo. La sua modestia non ha limiti, una volta che si stimoli il suo valore, e il suo zelo nel servire uguaglia la sua ambizione,
che gli comanda di disprezzare l'ingombrante e pernicioso[9] senso dell'onore. Il
ripetuto sottoscritto ha picchiato a tutto spiano il rispettabile dottor Merz, suo
115 insegnante privato di storia, commettendo una scelleratezza di cui si duole. Oggi
è suo desiderio di poter infrangere l'orgoglio e l'albagia[10] forse ancora non del tutto spenti in lui, contro l'incrollabile scoglio di un duro lavoro. È parco di parole
e non riferirà mai le confidenze che gli vengono fatte. Non crede né al regno dei
cieli né all'inferno. La soddisfazione di chi lo assumerà sarà per lui il paradiso, il
120 suo triste contrario l'inferno distruttore; ma egli è certo che si sarà contenti di lui
e delle sue prestazioni. Tale ferma certezza gli dà il coraggio di essere quello che è.
Jakob von Gunten

Robert Walser, *Jakob von Gunten*, Milano, Adelphi, 1992

9. pernicioso: gravemente dannoso.

10. albagia: alterigia, boria.

SCHEDA DI ANALISI

Il tema e il messaggio

● Il personaggio di Jakob ha di se stesso una **conside-razione alta e infima**. Alta, perché egli è consapevo-le delle proprie capacità intellettuali e comportamen-tali – che lo mettono in luce anche nel confronto con gli altri suoi compagni di studio – e della propria forza di carattere. Bassa, o addirittura infima, perché, come scrive nel suo curriculum, *non nutre alcuna speran-za nei confronti della vita*: la sua massima aspirazio-ne consiste nell'essere un servitore modello per il suo futuro padrone, nell'annullarsi nel piacere di obbedir-gli senza riserve, di esaudire ogni suo desiderio.

● Paradossalmente, dunque, **l'annientamento di sé è la ragione stessa di vita per Jakob**; l'unica, autentica soddisfazione personale è sapere che *nella mia vita futura sarò un magnifico zero, rotondo come una palla*.

● Questa sorta di allegrezza, di felicità scanzonata e al tempo stesso disperata che emerge nei monologhi di Jakob sottende in realtà un **intento accusatorio**, una satira a tratti molto caustica rivolta tanto contro di sé quanto contro il mondo che lo circonda. L'esi-stenza di Walser e del suo personaggio coincide con la nascita della moderna società di massa, un mondo in cui ciascun individuo conta non in quanto uomo, ma in quanto anonima rotella di un ingranaggio più grande, il cui funzionamento sfugge totalmente alla sua comprensione. **Tale realtà aliena l'individuo**

dalla sua stessa esistenza, facendolo cadere in una condizione di frustrazione e indolenza. In questa nuo-va società, nulla sembra avere più un senso profondo: la morale che regola le relazioni e i comportamenti tra gli uomini si svuota di significato. Essa resiste, al limite come involucro, un guscio vuoto: l'obbedienza fine a se stessa, unita a un sottile senso di colpa.

Il genere

● Quest'opera, considerata il capolavoro di Walser e una delle opere più significative della letteratura del Novecento, è contemporaneamente **diario e ro-manzo**, pur non rispettando le regole tradizionali né dell'una né dell'altra forma espressiva.

● Si tratta di un **non-diario**, perché Jakob trascrive sulla pagina i propri pensieri senza dar loro quell'or-dine di successione cronologica che è tipica del dia-rio. Ed è un **non-romanzo**, perché non presenta la tradizionale articolazione in parti e capitoli, né rac-conta una storia con una precisa trama. In realtà, in quest'opera **una trama non esiste affatto**: essen-do il narratore-protagonista totalmente disinteressa-to alla realtà delle cose, agli eventi del mondo come agli eventi della sua stessa vita, in questo strano rac-conto egli semplicemente non vi si sofferma. Per tale ragione, quest'opera può essere definita un **romanzo psicologico o introspettivo**, vista la centralità che assume il mondo intimo del personaggio; ma consi-

PARTE 3 · Percorso di letteratura

derato che la scelta di tale prospettiva del tutto interiore rappresenta un'implicita forma di protesta nei confronti della realtà sociale dell'epoca, tale opera assume anche alcuni dei caratteri tipici del **romanzo sociale**.

La struttura e il narratore

● L'opera è suddivisa in **segmenti di varia lunghezza**, separati da spazi bianchi: anche nel suo aspetto grafico il testo cerca dunque di restituire in forma fedele il disordine mentale del protagonista, seguendo l'ordine frammentario con cui egli esprime i suoi pensieri.

● Il **narratore** che parla **in prima persona** è l'unico personaggio autentico: tutti gli altri – gli insegnanti, i suoi compagni, i fratelli Benjamenta – lo diventano solo quando Jakob racconta di loro; essi vivono soltanto nel suo riflesso, filtrati attraverso i suoi occhi e il suo giudizio. Tale circostanza rende la **struttura** di quest'opera altamente **paradossale**: il fatto che nella narrazione tutto ruoti attorno a Jakob, che diventa l'unica chiave di lettura di questo mondo, l'unico personaggio protagonista, è in forte contrasto con la sua aspirazione esistenziale, che gli impone di **essere nella vita un assoluto non-protagonista**.

La lingua e lo stile

● Lo **stile** di Walser è **fluido** come la materia di cui tratta: rapido ed essenziale; lo stesso si può dire del **lessico** adottato. Ciò che si vuole ottenere, scegliendo una "normalità" formale per un testo nel cui contenuto nulla è normale, è produrre un **effetto di straniamento** nel lettore, proponendogli un racconto in cui è difficile distinguere il reale dall'assurdo.

Laboratorio sul testo

● Comprendere

1. Chi è Jakob von Gunten? Perché si trova all'Istituto Benjamenta?
2. Cita il nome degli altri personaggi che compaiono nel brano e specifica chi sono.
3. Gli insegnamenti impartiti al Benjamenta mirano a far acquisire due particolari qualità. Quali? A che cosa sono finalizzate?
4. Secondo Jakob, quali svantaggi e vantaggi produce il fatto che tutti gli alunni indossino l'uniforme?
5. Quali sono le principali "stranezze" dell'Istituto Benjamenta?

● Interpretare

6. In questa scuola Jakob dimentica progressivamente la propria identità, per assumerne una nuova. Seguendo l'esempio fornito, spiega quali cambiamenti avvengono in lui e sostieni le tue affermazioni con alcuni esempi tratti dal testo.

	Comportamenti e pensieri del personaggio	Esempi dal testo
All'inizio del percorso	È scettico sulla scuola e sugli esiti degli insegnamenti impartiti.	*Qui s'impara ben poco* *Non riusciremo a nulla* *Sarò un magnifico zero*
Durante il percorso		
Alla fine del percorso		

596

La crisi della realtà · UNITÀ 17

7. A che cosa mirano tutte le stranezze e gli originali insegnamenti dell'Istituto Benjamenta? Quale tipo di uomo vogliono creare?

8. Nel testo del curriculum Jakob sembra sostenere la tesi secondo cui la condizione servile può essere davvero liberatoria. In quale senso?

Analizzare

Genere

9. *Jakob von Gunten* è un'opera dal contenuto e dalla forma molto originali, né diario né romanzo. Cerca nel testo gli elementi che lo distanziano da entrambe queste forme espressive.

10. Quali sono gli aspetti che fanno di quest'opera un romanzo psicologico e introspettivo? Quali ne mettono in evidenza, invece, la componente sociale?

Struttura

11. Dividi il testo in sequenze, specificando a quale tipologia esse appartengono e dando loro un titolo-sintesi.

Stile

12. Avrai notato un cambio di stile e di registro linguistico tra la parte narrativa e il testo del curriculum redatto da Jakob. In quale delle due parti lo stile è più colloquiale e molto vicino alla lingua parlata? In quale è più formale e sorvegliato? Motiva la tua risposta.

13. Nonostante il tema generale dell'opera sia serio e drammatico, in alcuni punti di questo brano sono presenti dei passaggi fortemente ironici. Ricercali e spiega qual è secondo te il loro ruolo all'interno della narrazione, quale effetto l'autore vuole suscitare tramite essi.

Padroneggiare la lingua

Lessico

14. *Kraus ha dei principi, sta ben saldo in sella, a cavalcioni della sua contentezza, e questo è un cavallo su cui chi vuole andar di galoppo preferisce non salire.* Spiega il significato di questo passaggio, specificando quale figura retorica vi è presente.

15. *Sono già riuscito a diventarmi enigmatico.* Che cosa significa, in tale contesto, la parola *enigmatico*?

16. *È parco di parole e non riferirà mai le confidenze che gli vengono fatte.* Da quale sinonimo può essere sostituito l'aggettivo *parco*?

Grammatica

17. *Ogni lavoro eseguito con diligenza sarà per lui un maggior onore che non il restarsene seduto, ozioso e pavido, accanto alla stufa di casa* (rr. 106-108). A chi si riferisce il pronome *lui*? Quale complemento di modo individua una dote personale?

18. Nel periodo precedente, quale valore assume e da che cosa potrebbe essere sostituito il *che*?
- a) ☐ Eccettuativo (altro che).
- b) ☐ Comparativo (piuttosto che).
- c) ☐ Finale (affinché).
- d) ☐ Modale (come).

Produrre

19. Sei d'accordo con il paradossale sistema di valori esposto in questo brano? Si tratta di una forma di "protesta esistenziale" ancora attuale? Discutine con i tuoi compagni, argomentando le tue ragioni.

20. Sul modello di quello presente nel brano appena letto, scrivi un curriculum non più lungo di una pagina in cui parli di te, del tuo carattere e delle tue aspirazioni. Se vuoi, puoi scegliere di usare un tono sarcastico e autoironico, come Jakob.

PARTE 3 • Percorso di letteratura

Italo Svevo

La vita e le opere

Una ricca identità culturale Italo Svevo, pseudonimo di **Aaron Ettore Schmitz**, nasce a Trieste nel 1861 (quando la città faceva parte dell'Impero austro-ungarico) in un'agiata famiglia borghese, da padre tedesco e madre ebrea italiana. Trieste era allora un importante porto commerciale in cui convivevano tre etnie (italiana, austriaca e slava): una città molto viva, luogo di passaggio e d'incrocio di artisti e letterati provenienti da diversi luoghi dell'Europa centrale, una vera e propria capitale della cultura mitteleuropea.

Dopo i primi studi a Trieste, fu mandato nel 1874 con due fratelli a studiare in Germania, dove rimarrà cinque anni, avviandosi agli studi commerciali e appassionandosi alla conoscenza dei grandi autori della letteratura tedesca. A causa delle difficoltà economiche della famiglia, torna a diciassette anni nella sua città natale, perfettamente padrone della lingua tedesca; completati gli studi superiori ottiene un impiego presso una banca, dove lavorerà per i successivi venti anni. In questo periodo inizia a collaborare con alcuni giornali locali; per uno di questi, «L'Indipendente», pubblica a puntate le sue prime opere narrative, *Una lotta* e *L'assassinio di via Belpoggio*, con lo pseudonimo di Ettore Samigli.

Soltanto in seguito deciderà di assumere un altro pseudonimo, quello che lo renderà un autore celebre e apprezzato (solo negli ultimi anni della sua vita, in realtà), e che simboleggia «l'italianità del suo sentire e il germanesimo della sua formazione».

La carriera lavorativa e letteraria Con lo pseudonimo "definitivo" di Italo Svevo, nel 1892 pubblica a proprie spese il suo primo romanzo, *Una vita*, in cui si narra l'esistenza vuota e inappagante di un impiegato di banca, che infine morirà suicida.

L'opera non verrà nemmeno presa in considerazione dalla critica, con grande sconforto del suo autore.

Nel 1896 sposa la figlia di un ricco industriale di vernici sottomarine, entrando poco dopo nella ditta del suocero con incarichi dirigenziali di sempre maggiore responsabilità. I nuovi impegni lo porteranno ad abbandonare la letteratura per dedicarsi al mondo industriale, con frequenti viaggi nelle principali capitali europee. Avvertendo la necessità di perfezionare la sua conoscenza dell'inglese si rivolge allo scrittore irlandese **James Joyce**, che allora insegnava alla Berlitz School di Trieste. Tra i due nascono una grande amicizia e stima reciproca; sarà proprio Joyce, uno dei più grandi scrittori dell'epoca, a spronare Svevo a riprendere la sua attività letteraria. Così, nel 1898 pubblica il romanzo *Senilità*, di cui è ancora protagonista un impiegato che conduce un'esistenza da inetto, tra false amicizie e un'avventura amorosa non appagante. Ma anche quest'opera non susciterà alcun interesse, né tra il pubblico né da parte della critica.

Alternando gli impegni di lavoro a quelli letterari, fra il 1919 e il 1922 Svevo si dedica alla composizione del suo terzo e più celebre romanzo. *La coscienza di Zeno* (1923) sarà positivamente accolto, dapprima solo all'estero, poi anche in Italia, dove finalmente verranno scoperti il suo grande talento di scrittore e tutte le qualità che fanno di lui un autentico caposcuola della narrativa dell'epoca. Oltre a questi tre romanzi Svevo ha scritto anche diversi racconti, molti dei quali pubblicati postumi, e diverse opere teatrali, che non hanno avuto gran fortuna sulla scena.

Mentre si sta dedicando alla composizione del quarto romanzo, dal titolo *Il vecchione* (o *Il vegliardo*), Italo Svevo muore improvvisamente, nel 1928, all'età di sessantasette anni, a seguito di un incidente stradale a Motta di Livenza (Treviso).

598

La coscienza di Zeno

La struttura Il romanzo ha come protagonista **Zeno Cosini**, agiato commerciante triestino che, già avanti negli anni, malato e quasi intossicato dal vizio del fumo, di carattere debole e facilmente suggestionabile, decide di sottoporsi a terapia psicanalitica, affidandosi alle cure del **dottor S.**. Il medico lo convince a scrivere in un diario i ricordi della propria vita, seguendo il libero fluire dei suoi pensieri, nella speranza che la terapia lo conduca alla guarigione. Zeno in un primo tempo acconsente, ma qualche tempo dopo decide di interrompere la cura. Per "vendicarsi", il dottor S. pubblica a insaputa dell'autore quello scritto che, nella finzione letteraria, è il romanzo stesso che noi leggiamo.

L'opera è costituita da otto capitoli: dopo una breve *Prefazione* (cap. I) e un *Preambolo* (cap. II), seguono le memorie di Zeno (capp III-VII), riferite non secondo l'ordine cronologico dei fatti, ma per nuclei tematici. L'ottavo capitolo è composto dalle pagine del diario che Zeno invia al proprio psicanalista. Nella brevissima *Prefazione*, il dottor S. dichiara la propria volontà vendicativa nella scelta di pubblicare le memorie del suo paziente, che ha interrotto le sue cure. Nel *Preambolo*, Zeno stesso spiega le notevoli difficoltà incontrate nel recuperare la memoria del proprio passato. I capitoli successivi raccontano i ricordi che sono affiorati alla sua coscienza, organizzati intorno a eventi o circostanze particolarmente significativi per lui.

L'opera è quindi un **romanzo psicologico** mascherato da libro di memorie, al cui centro Svevo pone un antieroe, un inetto, un personaggio incapace di vivere la vita con pienezza, convinzione e soddisfazione, che preferisce fingere piuttosto che prendere coscienza della propria sconfitta esistenziale.

I temi e lo stile Zeno non prova né dolore né rimpianto: di fronte allo scorrere dei ricordi della propria vita egli rimane indifferente, incapace di scrollarsi di dosso quell'abulia, quella pigrizia mentale e sentimentale che sono insieme la causa e la conseguenza della sua inettitudine. Creando un simile personaggio, Svevo ha voluto rappresentare la **crisi interiore dell'uomo contemporaneo**, impreparato di fronte alla concretezza della vita, alle sue urgenze e sollecitudini, incapace di affrontarle con forza interiore e serenità di spirito.

Il riferimento alla **psicanalisi** è un ulteriore elemento di forte attualità, considerato che la dottrina e il metodo terapeutico di Sigmund Freud all'epoca in cui il romanzo viene scritto erano ancora poco conosciuti e fortemente scandalosi. Ma l'inetto di Svevo rinuncerà ben presto alla cura, non accettando la fatica e la sofferenza che il percorso terapeutico della psicanalisi comporta: egli si illudeva di poter trovare nella scienza un rimedio più semplice per la propria malattia esistenziale.

Sotto il profilo stilistico, *La coscienza di Zeno* è un romanzo innovatore, anticipatore di nuove tecniche narrative; per aderire nel modo migliore alla forma autobiografica, Svevo adotta una narrazione varia e composita, nella quale convivono contemporaneamente il tempo passato degli eventi e il tempo presente del racconto. Il romanzo si chiude su un finale apocalittico, con un accenno alla bomba che distruggerà il mondo.

Attraverso uno stile innovativo, nel romanzo è riportata non solo la trascrizione da parte di Zeno di ciò che egli sta facendo, ma anche di tutto ciò che gli passa per la mente. Alle parti narrative si alternano veri e propri dialoghi fra i personaggi, e anche una specie di dialogo che il protagonista intrattiene con se stesso, in forma ora di ricordo ora di riflessione al presente, resa con la tecnica del **monologo interiore**.

PARTE 3 • Percorso di letteratura

 # Lo schiaffo

> • **GENERE**
> Romanzo psicologico
> • **LUOGO E TEMPO**
> Trieste, fine XIX-inizio XX secolo
> • **PERSONAGGI**
> Zeno; il padre; il medico e gli infermieri Maria e Carlo

Il secondo capitolo del romanzo si intitola *La morte di mio padre*. In esso Zeno traccia un ritratto del padre, un agiato commerciante che rimprovera al figlio l'indecisione e l'incapacità negli affari. Per queste ragioni il vecchio Cosini, al momento di ritirarsi dall'attività, ha affidato all'amministratore Olivi il compito di gestire le proprietà di famiglia al posto di Zeno, al quale spetterà solo una rendita. Con l'atteggiamento ambiguo che gli è caratteristico, Zeno rimprovera al padre di non aver fiducia in lui, ma al contempo è lieto di essere esentato da obblighi e attività concrete.
Quando il padre si ammala gravemente, Zeno gli si riavvicina, ma le incomprensioni e i conflitti che hanno caratterizzato il loro rapporto non cessano. La complessità della relazione con il padre emerge bene da questo brano, in cui Zeno rievoca – non senza le consuete contraddizioni – gli ultimi, drammatici momenti di agonia del vecchio.

La notte fu lunga ma, debbo confessarlo, non specialmente affaticante per me e per l'infermiere. Lasciavamo fare all'ammalato quello che voleva, ed egli camminava per la stanza nel suo strano costume[1], inconsapevole del tutto di attendere la morte. Una volta tentò di uscire sul corridoio ove faceva tanto fred-
5 do. Io glielo impedii ed egli m'obbedì subito. Un'altra volta, invece, l'infermiere che aveva sentita la raccomandazione del medico[2], volle impedirgli di levarsi dal letto, ma allora mio padre si ribellò. Uscì dal suo stupore[3], si levò piangendo e bestemmiando ed io ottenni gli fosse lasciata la libertà di muoversi com'egli voleva. Egli si quietò subito e ritornò alla sua vita silenziosa e alla sua corsa vana in
10 cerca di sollievo.

Quando il medico ritornò, egli si lasciò esaminare tentando persino di respirare più profondamente come gli si domandava. Poi si rivolse a me:

«Che cosa dice?»

Mi abbandonò per un istante, ma ritornò subito a me:

15 «Quando potrò uscire?»

Il dottore incoraggiato da tanta mitezza mi esortò a dirgli che si forzasse di restare più a lungo nel letto. Mio padre ascoltava solo le voci a cui era più abituato, la mia e quelle di Maria e dell'infermiere. Non credevo all'efficacia di quelle raccomandazioni, ma tuttavia le feci mettendo nella mia voce anche un tono di minaccia.

20 «Sì, sì», promise mio padre e in quello stesso istante si levò e andò alla poltrona.

Il medico lo guardò e, rassegnato, mormorò:

«Si vede che un mutamento di posizione gli dà un po' di sollievo».

Poco dopo ero a letto, ma non seppi chiuder occhio. Guardavo nell'avvenire indagando per trovare perché e per chi avrei potuto continuare i miei sforzi di

---

1. nel suo strano costume: con la sua strana abitudine; negli ultimi giorni di vita, in uno stato semicosciente, il padre di Zeno camminava dal letto alla poltrona come se cercasse aria.
2. raccomandazione del medico: secondo gli ordini del medico, il vecchio doveva rimanere sdraiato.
3. stupore: incoscienza.

600

La crisi della realtà · UNITÀ 17

migliorarmi. Piansi molto, ma piuttosto su me stesso che sul disgraziato che correva senza pace per la sua camera.

Quando mi levai, Maria andò a coricarsi ed io restai accanto a mio padre insieme all'infermiere. Ero abbattuto e stanco; mio padre più irrequieto che mai. Fu allora che avvenne la scena terribile che non dimenticherò mai e che gettò lontano lontano la sua ombra, che offuscò ogni mio coraggio, ogni mia gioia.

Per dimenticarne il dolore, fu d'uopo[4] che ogni mio sentimento fosse affievolito dagli anni.

L'infermiere mi disse: «Come sarebbe bene se riuscissimo di tenerlo a letto. Il dottore vi dà tanta importanza!»

Fino a quel momento io ero rimasto adagiato sul sofà. Mi levai e andai al letto ove, in quel momento, ansante più che mai, l'ammalato s'era coricato. Ero deciso: avrei costretto mio padre di restare almeno per mezz'ora nel riposo voluto dal medico. Non era questo il mio dovere?

Subito mio padre tentò di ribaltarsi verso la sponda del letto per sottrarsi alla mia pressione e levarsi. Con mano vigorosa poggiata sulla sua spalla, gliel'impedii mentre a voce alta e imperiosa gli comandavo di non muoversi. Per un breve istante, terrorizzato, egli obbedì. Poi esclamò:

«Muoio!»

E si rizzò. A mia volta, subito spaventato dal suo grido, rallentai la pressione della mia mano. Perciò egli poté sedere sulla sponda del letto proprio di faccia a me. Io penso che allora la sua ira fu aumentata al trovarsi – sebbene per un momento solo – impedito nei movimenti e gli parve certo ch'io gli togliessi anche l'aria di cui aveva tanto bisogno, come gli toglievo la luce stando in piedi contro di lui seduto. Con uno sforzo supremo arrivò a mettersi in piedi, alzò la mano alto alto, come se avesse saputo ch'egli non poteva comunicarle altra forza che quella del suo peso e la lasciò cadere sulla mia guancia. Poi scivolò sul letto e di là sul pavimento. Morto!

Non lo sapevo morto, ma mi si contrasse il cuore dal dolore della punizione ch'egli, moribondo, aveva voluto darmi. Con l'aiuto di Carlo lo sollevai e lo riposi in letto. Piangendo, proprio come un bambino punito, gli gridai nell'orecchio:

«Non è colpa mia! Fu quel maledetto dottore che voleva obbligarti di star sdraiato!»

Era una bugia. Poi, ancora come un bambino, aggiunsi la promessa di non farlo più:

«Ti lascerò muovere come vorrai».

L'infermiere disse:

«È morto».

Dovettero allontanarmi a viva forza da quella stanza. Egli era morto ed io non potevo più provargli la mia innocenza!

Nella solitudine tentai di riavermi. Ragionavo: era escluso che mio padre, ch'era sempre fuori di sensi, avesse potuto risolvere di punirmi e dirigere la sua mano con tanta esattezza da colpire la mia guancia.

---

4. fu d'uopo: fu necessario.

601

PARTE 3 · Percorso di letteratura

Come sarebbe stato possibile di avere la certezza che il mio ragionamento era giusto? [...]

70 Quando mi recai nella stanza mortuaria, trovai che avevano vestito il cadavere. L'infermiere doveva anche avergli ravviata[5] la bella, bianca chioma. La morte aveva già irrigidito quel corpo che giaceva superbo e minaccioso. Le sue mani grandi, potenti, ben formate, erano livide, ma giacevano con tanta naturalezza che parevano pronte ad afferrare e punire. Non volli, non seppi più rivederlo.

75 Poi, al funerale, riuscii a ricordare mio padre debole e buono come l'avevo sempre conosciuto dopo la mia infanzia e mi convinsi che quello schiaffo che m'era stato inflitto da lui moribondo, non era stato da lui voluto. Divenni buono, buono e il ricordo di mio padre s'accompagnò a me, divenendo sempre più dolce. Fu come un sogno delizioso: eravamo oramai perfettamente d'accordo, io divenuto
80 il più debole e lui il più forte.

Italo Svevo, *La coscienza di Zeno*, Milano, Mondadori, 1990

5. ravviata: pettinata, rimessa in ordine.

SCHEDA DI ANALISI

Il tema e il messaggio

● Zeno Cosini e il padre conducono apparentemente una normale vita familiare, ma non sono legati da un reale affetto. Il padre non ha stima del figlio, tanto che gli ha tolto la direzione dell'azienda di famiglia, e il figlio nutre per il padre un **sentimento complesso e ambivalente**. Egli avverte in sé un forte legame che li tiene uniti ma, nel corso degli anni, il padre è diventato per Zeno una presenza irritante, **una figura antagonistica**; la sua forza, la sua sicurezza e la sua decisione rappresentano l'esatto contrario della sua inettitudine e incapacità di vivere. Questa immagine paterna, virile e sicura, confonde la personalità del figlio al punto che, al suo capezzale, **egli prova inconsciamente il desiderio che il padre muoia**, per eliminare così dalla sua vita quella presenza per lui tanto ingombrante. L'educazione ricevuta e le convenzioni sociali gli impediscono però di manifestare apertamente tali sentimenti; Zeno cova perciò dentro di sé un sentimento ambivalente verso il padre, uno stato d'animo conflittuale che fa crescere in lui un'ansia e un'angoscia sempre più evidenti.

● L'episodio dello schiaffo con cui il padre, a sorpresa, colpisce il volto del figlio è l'indizio evidente dei **meccanismi di alterazione della verità** che Zeno compie nel suo racconto autobiografico. Zeno non sa se il gesto sia dovuto all'incoscienza causata dalla malattia o se sia stato compiuto deliberatamente; nel dubbio e, soprattutto, per il bisogno di pacificare la propria coscienza, opta per la prima possibilità (*Ragionavo: era escluso che mio padre, ch'era sempre fuori di sensi, avesse potuto risolvere di punirmi e dirigere*

la sua mano con tanta esattezza da colpire la mia guancia), costruendosi alibi e giustificazioni per scagionarsi di fronte all'evento della morte del padre. Ma un violento **senso di colpa** si scatena immediatamente dentro di lui: per combatterlo, egli si rifugia in una **posizione psicologica quasi infantile**, mettendo a tacere tutti gli impulsi aggressivi che avevano caratterizzato il suo atteggiamento.

● In termini psicanalitici, si può dire che dentro Zeno sta lavorando un meccanismo di **rimozione**: in maniera inconscia, egli sostituisce all'immagine severa del padre (*Le sue mani grandi, potenti, ben formate, erano livide, ma giacevano con tanta naturalezza che parevano pronte ad afferrare e punire*) quella di un uomo comprensivo (*debole e buono*), in modo da allontanare dalla sua coscienza il peso del suo senso di colpa e riconquistare uno stato d'innocenza (*Divenni buono, buono e il ricordo di mio padre s'accompagnò a me, divenendo sempre più dolce*).

La struttura del testo

● In questo brano prende forma in maniera drammatica **l'epilogo del conflitto tra Zeno e suo padre**. Esso è scandito dall'autore con un ordine preciso, in cui è possibile riconoscere diverse sequenze successive. Nella prima, Zeno assiste il padre malato, mascherando il suo odio inespresso e inconscio con i gesti e le parole consuete di un affetto filiale. Nella seconda, si delinea la figura del padre come una presenza superiore e protettiva, dalla quale Zeno si sente fortemente condizionato. Lo **schiaffo** è al centro della terza e culminante fase della narrazione (**Spannung**); in es-

602

La crisi della realtà · UNITÀ 17

sa il gesto acquista un valore fortemente simbolico di condanna del padre nei confronti del figlio. Successivamente, il senso di colpa crescente fa regredire Zeno allo stato di bambino punito, che protesta la propria innocenza. Infine, scatta il meccanismo di rimozione: l'inconscio di Zeno costruisce una figura del padre antitetica rispetto alla realtà e, per mettere a tacere i sensi di colpa, rimuove tutti gli istinti aggressivi che aveva provato nei suoi confronti.

La lingua e lo stile

● In quest'opera, l'autore adotta una struttura narrativa particolarmente complessa, mettendo in scena un **racconto autobiografico da parte del protagonista**. In questo brano, tale complessità narrativa emer-

ge nella compresenza di **due dimensioni narrative parallele**, che ruotano entrambe attorno al personaggio di Zeno: il **presente**, in cui il protagonista, ormai pienamente adulto, ricorda e scrive il suo diario, assumendo il ruolo di **io narrante** di vicende occorsegli negli anni della sua giovinezza; e la dimensione del **passato**, in cui il giovane protagonista è un semplice personaggio del racconto (così come il padre e gli altri personaggi secondari).

● Tale duplice dimensione fa sì che l'**io narrante** sia **palesemente visibile nel racconto**: esso inserisce spesso nel racconto i propri commenti, introducendo il tempo presente in una narrazione condotta interamente al passato (*La notte fu lunga, ma debbo confessarlo…*), creando così quello che può essere definito un **tempo misto** della narrazione.

Laboratorio sul testo

Comprendere

1. Dove si svolge l'episodio?
2. Quali personaggi compaiono?
3. Zeno riesce a far rispettare al padre le indicazioni del medico? Perché?
4. Il padre, pur malato, rivela il suo carattere deciso e autoritario. Quali atteggiamenti e comportamenti dimostrano questo temperamento?
5. Poco prima di morire il padre schiaffeggia Zeno. Come interpreta il figlio quel gesto, sul momento? Come lo considera in seguito? Come lo interpreta quando scrive il diario?
6. Che cosa avviene dopo la morte del padre?

Interpretare

7. In più punti del testo, Zeno dice di dovere ricorrere a maniere dure nei confronti del padre. Qual è il motivo dominante di questo suo comportamento?
   a) ☐ Non lasciare nulla di intentato per alleviare la malattia del padre.
   b) ☐ Autoconvincersi che sta impegnando tutta la propria energia per il bene del padre.
   c) ☐ Obbedire all'infermiere che vuole rispettare gli ordini del dottore.
   d) ☐ Sfogare in questo modo la propria rabbia interiore.
8. *Guardavo nell'avvenire indagando per trovare perché e per chi avrei potuto continuare i miei sforzi di migliorarmi* (rr. 23-25). Che cosa esprime implicitamente Zeno, di fronte alla figura del padre moribondo?
   a) ☐ Di essere totalmente dipendente dal padre, che è per lui una figura di riferimento.
   b) ☐ Di sentirsi finalmente autonomo e capace di intraprendere una vita adulta.
   c) ☐ Di essere sinceramente addolorato per la sorte del padre.
   d) ☐ Di non vedere per sé alcuna possibilità di futuro.
9. Secondo te il dolore di Zeno per le sofferenze del padre è autentico, o prevalgono altri tipi di sentimento? Motiva la tua risposta argomentandola con adeguati riferimenti al testo.
10. Quali ragioni inconsce e inespresse spingono Zeno a desiderare la morte del padre?
11. Da che cosa nascono i sensi di colpa di Zeno? Come li supera?
12. *Piansi molto, ma piuttosto su me stesso che sul disgraziato che correva senza pace per la sua camera* (rr. 25-26). Che cosa indica del carattere e della personalità di Zeno tale frase?

603

PARTE 3 · Percorso di letteratura

Analizzare

Struttura

13. Identifica le sequenze in cui si può distinguere il testo, specificando a quale tipologia appartiene ciascuna di esse.

Io narrante

14. *«Non è colpa mia! Fu quel maledetto dottore che voleva obbligarti di star sdraiato!» Era una bugia. Poi, ancora come un bambino, aggiunsi la promessa di non farlo più* (rr. 56-59). Quali parti di questo passaggio testimoniano la presenza dell'io narrante? Quali, invece, si riferiscono agli eventi vissuti dal personaggio da giovane?

15. Riconosci e sottolinea nel testo altri punti in cui la presenza dell'io narrante è evidente.

Padroneggiare la lingua

Lessico

16. Sostituisci con un sinonimo adeguato al contesto i vocaboli sottolineati nei seguenti passaggi.

Il dottore incoraggiato da tanta mitezza (r. 16): ....

Non seppi chiuder occhio (r. 23): ....

Non seppi più rivederlo (r. 74): ....

Quando mi levai, Maria andò a coricarsi e io restai accanto a mio padre [...]. *Ero abbattuto e stanco* (rr. 27-28): ....

E si rizzò (r. 44): ....

Lo sollevai e lo riposi in letto (rr. 54-55): ....

Non lo sapevo morto (r. 53): ....

Nella solitudine tentai di riavermi (r. 65): ....

Grammatica

17. *Quando mi recai nella stanza mortuaria, trovai che avevano vestito il cadavere. L'infermiere doveva anche avergli ravviata la bella, bianca chioma. La morte aveva già irrigidito quel corpo che giaceva superbo e minaccioso.* Quale struttura sintattica presenta questo passaggio?

a) ☐ Un unico periodo complesso.

b) ☐ Una successione di proposizioni subordinate.

c) ☐ Una successione di proposizioni coordinate.

d) ☐ Una successione di brevi periodi separati da segni forti di punteggiatura.

Produrre

18. Il rapporto conflittuale con la figura genitoriale fa parte della crescita individuale interiore, come tappa fondamentale del processo di formazione: avere divergenze di opinione e talvolta contrasti con i propri genitori è dunque del tutto normale. Partendo dagli stimoli che ti ha suggerito la lettura del brano, discuti con i tuoi compagni su questo argomento.

19. Adottando la stessa tecnica narrativa utilizzata in questo brano, scrivi una pagina di diario in cui racconti un episodio del tuo passato alla luce del giudizio che ne dai oggi.

VERIFICA UNITÀ 17 La crisi della realtà

Sapere e Saper fare

PalestraInterattiva

1. Vero o falso?

a) Gli eventi storici della prima metà del Novecento hanno influenzato anche i temi della produzione letteraria. V ☐ F ☐

b) In ogni ambito dell'azione dell'uomo viene affermata la piena conoscibilità del reale. V ☐ F ☐

c) Si diffonde la sfiducia nella scienza e nella ragione. V ☐ F ☐

d) Il romanzo del Novecento, anche strutturalmente, si allontana dai canoni tipici del romanzo ottocentesco. V ☐ F ☐

e) L'eroe tipico del romanzo ottocentesco scompare per lasciare spazio a personaggi antieroici. V ☐ F ☐

f) La narrativa del primo Novecento è caratterizzata dalla presenza di un narratore onnisciente. V ☐ F ☐

g) Gli ultimi anni dell'Ottocento sono interessati da una grande crisi economica e da una forte instabilità politica. V ☐ F ☐

h) Gli anni a cavallo tra il XIX e il XX secolo vedono il fiorire di nuove e rivoluzionarie forme espressive. V ☐ F ☐

i) Bergson, Nietzsche e Freud sono tre punti di riferimento culturali del romanzo realista ottocentesco. V ☐ F ☐

l) Il romanzo novecentesco riproduce nelle sue forme le incertezze e la crisi spirituale dei personaggi che vi sono rappresentati. V ☐ F ☐

2. Rispondi alle seguenti domande.

a) Quale tecnica narrativa è tipica di molti romanzi di Virginia Woolf? In che cosa consiste?

b) Quali sono gli elementi fondanti della concezione del mondo di Pirandello?

c) Quale lavoro ha svolto Robert Walser a Berlino, per un certo periodo? In che modo tale attività è legata al tema centrale del suo romanzo *Jakob von Gunten*?

d) In quale senso si può dire che *La coscienza di Zeno* mette in scena la crisi dell'uomo contemporaneo?

VERIFICA UNITÀ 17

Sapere e Saper fare

Comprendere e interpretare un testo

Focus: l'identità perduta

Leggi il brano e poi rispondi ai quesiti.

VERIFICAlim

T5 Luigi Pirandello
Io non ero mai esistito

Il brano seguente è l'inizio di *Uno, nessuno e centomila*, romanzo che ha per tema l'impossibilità di giungere a una verità assoluta riguardo a se stessi e al mondo. Protagonista ne è Vitangelo Moscarda, uomo dal temperamento incline alla speculazione filosofica e alla maniacale osservazione di se stesso, caratteristiche che lo renderanno inadatto all'esercizio di qualsiasi professione. Un giorno la moglie gli fa notare che il suo naso pende verso destra. Questo innocente rilievo lo mette in crisi e dà l'avvio a una lunga serie di riflessioni e vicende tragicomiche.

«Che fai?» mia moglie mi domandò, vedendomi insolitamente indugiare davanti allo specchio.
«Niente, – le risposi, – mi guardo qua, dentro il naso, in questa narice. Premendo, avverto un cer-
5 to dolorino». Mia moglie sorrise e disse: «Credevo ti guardassi da che parte ti pende». Mi voltai come un cane a cui qualcuno avesse pestato la coda: «Mi pende? A me? Il naso?» E mia moglie, placidamente:
10 «Ma sì, caro. Guàrdatelo bene: ti pende verso destra». Avevo ventotto anni e sempre fin allora ritenuto il mio naso, se non proprio bello, almeno molto decente, come insieme tutte le altre parti della mia persona. Per cui m'era stato facile am-
15 mettere e sostenere quel che di solito ammettono e sostengono tutti coloro che non hanno avuto la sciagura di sortire[1] un corpo deforme: che cioè sia da sciocchi invanire per le proprie fattezze[2]. La scoperta improvvisa e inattesa di quel difetto
20 perciò mi stizzì come un immeritato castigo.
Vide forse mia moglie molto più addentro di me in quella mia stizza e aggiunse subito che, se riposavo nella certezza d'essere in tutto senza mende[3], me ne levassi pure, perché, come il naso mi pendeva
25 verso destra, così... «Che altro?»
Eh, altro! altro! Le mie sopracciglia parevano sugli occhi due accenti circonflessi, le mie orecchie erano attaccate male, una più sporgente dell'altra; e altri difetti...
30 «Ancora?»
Eh sì, ancora: nelle mani, al dito mignolo; e nelle gambe (no, storte, no!), la destra, un pochino più arcuata dell'altra: verso il ginocchio, un pochino. Dopo un attento esame dovetti riconoscere veri
35 tutti questi difetti. E solo allora, scambiando certo per dolore e avvilimento la maraviglia che ne provai subito dopo la stizza, mia moglie per consolarmi m'esortò a non affliggermene poi tanto, ché anche con essi, tutto sommato, rimanevo un
40 bell'uomo.
Sfido a non irritarsi, ricevendo come generosa concessione ciò che come diritto ci è stato prima negato. Schizzai un velenosissimo «grazie» e, sicuro di non aver motivo né d'addolorarmi né d'avvilirmi,
45 non diedi alcuna importanza a quei lievi difetti, ma una grandissima e straordinaria al fatto che tant'anni ero vissuto senza mai cambiar di naso, sempre con quello, e con quelle sopracciglia e quelle orecchie, quelle mani e quelle gambe; e dovevo
50 aspettare di prender moglie per aver conto che li avevo difettosi.
Uh che maraviglia! E non si sa, le mogli? Fatte apposta per scoprire i difetti del marito.
Ecco, già – le mogli, non nego. Ma anch'io, se per-

1. **sortire:** ricevere dalla sorte.
2. **invanire... fattezze:** vantarsi del proprio aspetto.
3. **mende:** difetti.

VERIFICA UNITÀ 17

55 mettete, di quei tempi ero fatto per sprofondare, a ogni parola che mi fosse detta, o mosca che vedessi volare, in abissi di riflessioni e considerazioni che mi scavavano dentro e bucheravano[4] giù per torto e sù per traverso lo spirito, come una tana di talpa;
60 senza che di fuori ne paresse nulla.
«Si vede, – voi dite, – che avevate molto tempo da perdere».
No, ecco. Per l'animo in cui mi trovavo. Ma del resto sì, anche per l'ozio, non nego. Ricco, due fi-
65 dati amici, Sebastiano Quantorzo e Stefano Firbo, badavano ai miei affari dopo la morte di mio padre; il quale, per quanto ci si fosse adoperato con le buone e con le cattive, non era riuscito a farmi concludere mai nulla; tranne di prender moglie,
70 questo sì, giovanissimo; forse con la speranza che almeno avessi presto un figliuolo che non mi somigliasse punto[5]; e, poveruomo, neppure questo aveva potuto ottenere da me.
Non già, badiamo, ch'io opponessi volontà a pren-
75 dere la via per cui mio padre m'incamminava. Tutte le prendevo. Ma camminarci, non ci camminavo. Mi fermavo a ogni passo; mi mettevo prima alla lontana, poi sempre più da vicino a girare attorno a ogni sassolino che incontravo, e mi meravigliavo
80 assai che gli altri potessero passarmi avanti senza fare alcun caso di quel sassolino che per me intanto aveva assunto le proporzioni d'una montagna insormontabile, anzi d'un mondo in cui avrei potuto senz'altro domiciliarmi[6].
85 Ero rimasto così, fermo ai primi passi di tante vie, con lo spirito pieno di mondi, o di sassolini; che fa lo stesso. Ma non mi pareva affatto che quelli che m'erano passati avanti e avevano percorso tutta la via, ne sapessero in sostanza più di me. M'erano
90 passati avanti, non si mette in dubbio, e tutti braveggiando[7] come tanti cavallini; ma poi, in fondo

Umberto Boccioni, *Volumi orizzontali*, 1912.

alla via, avevano trovato un carro: il loro carro; vi erano stati attaccati con molta pazienza, e ora se lo tiravano dietro.
95 Non tiravo nessun carro, io; e non avevo perciò né briglie né paraocchi; vedevo certamente più di loro; ma andare, non sapevo dove andare.
Ora, ritornando alla scoperta di quei lievi difetti, sprofondai tutto, subito, nella riflessione che
100 dunque – possibile? – non conoscevo bene neppure il mio stesso corpo, le cose mie che più intimamente m'appartenevano: il naso, le orecchie, le mani, le gambe. E tornavo a guardarmele per rifarne l'esame.
105 Cominciò da questo il mio male. Quel male che doveva ridurmi in breve in condizioni di spirito e di corpo così misere e disperate che certo ne sarei morto o impazzito, ove in esso medesimo non avessi trovato (come dirò) il rimedio che doveva
110 guarirmene.

Luigi Pirandello, *Uno, nessuno e centomila*, Milano, Garzanti, 2002

4. bucheravano: letteralmente, facevano buchi; usato qui come sinonimo di "scavavano".
5. punto: affatto, per nulla.
6. domiciliarmi: abitare; qui nel significato di vivere stabilmente.
7. braveggiando: comportandosi da prepotenti, come i bravi dei *Promessi Sposi* di Alessandro Manzoni.

Competenza testuale

Individuare e ricavare informazioni

1. Quale episodio costituisce il movente dell'azione narrativa?
2. Oltre alla moglie, Vitangelo ha altre persone care di cui si fida?
3. Quando e perché Vitangelo afferma che *Schizzai un velenosissimo "grazie"* (r. 43)?
4. Nel prosieguo delle sue osservazioni, la moglie cambia tono nel dialogo con il marito?
5. Disponi nell'ordine con cui si presentano nel racconto le seguenti reazioni di Vitangelo: *stizza, meraviglia, dolore, avvilimento*.

607

VERIFICA UNITÀ 17

Comprendere i significati del testo

_____ **6.** Le prime parole della moglie sono pronunciate in tono offensivo?

_____ **7.** *Non diedi alcuna importanza a quei lievi difetti, ma una grandissima e straordinaria al fatto che tant'anni ero vissuto senza mai cambiar di naso, sempre con quello* (rr. 45-48). Rifletti su questa affermazione e spiegane il significato.

Interpretare e valutare

_____ **8.** Indica con quali aggettivi può essere definita la figura che emerge dall'autocritica compiuta da Vitangelo. Eventualmente, aggiungine altri:

☐ insoddisfatto; ☐ inetto;

☐ sfortunato; ☐ debole;

☐ impulsivo; ☐ sicuro di sé;

☐ compiaciuto; ☐ inquieto;

☐ inappagato; ☐ inefficiente;

☐ pasticcione; ☐ perfezionista.

_____ **9.** In che senso si può affermare che Vitangelo Moscarda è un uomo in crisi?

Comprendere strutture e caratteristiche dei generi testuali

_____ **10.** Di che tipo è la narrazione?

a) ☐ In prima persona.

b) ☐ Onnisciente.

c) ☐ Esterna.

d) ☐ Mista.

_____ **11.** Più volte nel testo il narratore rivolge le sue considerazioni a quello che si definisce il "narratario" (ovvero un interlocutore immaginario, estraneo alla vicenda), intessendo con lui una sorta di dialogo. Quali sono le espressioni (in particolare le forme verbali) che evidenziando tale artificio narrativo?

_____ **12.** Per ciascuno dei seguenti passi, indica se si tratta di una descrizione (D), una narrazione (N), una riflessione (R) un monologo interiore (M), un dialogo reale (DR) o un dialogo immaginario (DI).

«Che fai?» […] «Niente, […] mi guardo qua, dentro il naso».

Vide forse mia moglie molto più addentro di me in quella mia stizza.

Le mogli? Fatte apposta per scoprire i difetti del marito.

Le gambe (no, storte no!), la destra, un pochino più arcuata dell'altra: verso il ginocchio, un pochino.

Ma anch'io, se permettete, di quei tempi ero fatto per sprofondare.

Ero rimasto così, fermo, ai primi passi di tante vie.

Possibile? Non conoscevo bene neppure il mio stesso corpo?

Cominciò da questo il mio male.

_____ **13.** Nel testo sono presenti alcune analessi e prolessi. Individua e sottolinea almeno un esempio per ciascuna di esse.

Riconoscere il registro linguistico

_____ **14.** Cerca nel testo e trascrivi una frase di registro alto. In generale, quale registro linguistico prevale?

Competenza lessicale

_____ **15.** *M'erano passati avanti, non si mette in dubbio, e tutti braveggiando come tanti cavallini; ma poi, in fondo alla via, avevano trovato un carro: il loro carro; vi erano stati attaccati con molta pazienza, e ora se lo tiravano dietro. Non tiravo nessun carro, io…* Che cosa significa, in generale, l'espressione figurata *tirare il carro*? Che cosa significa, nel contesto del brano?

Competenza grammaticale

_____ **16.** *Cominciò da questo il mio male* (r. 105). A che cosa si riferisce il pronome *questo*?

Unità 18
Il Neorealismo

T1 Cesare Pavese
Lavorare è un piacere

T2 Beppe Fenoglio
Vita grama

T3 Elio Vittorini
I morti di Largo Augusto
Saper fare

T4 Ignazio Silone
Il forestiero

ONLINE

- **W1** Alberto Moravia, da *Gli indifferenti*
- **W2** Vasco Pratolini, da *Cronache di poveri amanti*
- **W3** Renata Viganò, da *L'Agnese va a morire*
- **W4** Pier Paolo Pasolini, da *Ragazzi di vita*
- **W5** Elsa Morante, da *La storia*
- **W6 Approfondimento** Il cinema neorealista

PARTE 3 · Percorso di letteratura

I contesti

1 Gli scenari dell'epoca

I limiti cronologici La questione di quali siano i limiti cronologici del movimento culturale conosciuto con il nome di **Neorealismo** è ancora oggi dibattuta. Buona parte dei critici indica le date del 1943 e del 1949 come limiti certi entro i quali tale tendenza – che interessa la cultura italiana in molti suoi aspetti (letteratura, cinema, arti visive) – si è pienamente realizzata. Ma gli stessi critici concordano nel ritenere che i prodromi del movimento si possano riconoscere nell'impegno sociale e artistico manifestato da alcuni intellettuali già a partire dall'**inizio degli anni Trenta**, e che solo dopo la **metà degli anni Cinquanta** l'epoca storico-culturale del Neorealismo potrà dirsi definitivamente conclusa. Tale movimento culturale si situa pertanto in un'**epoca decisiva della storia italiana**: il ventennio fascista, la seconda guerra mondiale, il periodo della Resistenza e i primi difficili anni del dopoguerra.

Lo sfondo storico Negli anni Trenta, lo **Stato fascista** ha ormai consolidato le proprie istituzioni interne e raggiunto il controllo totale di ogni aspetto della vita italiana. Le forze politiche avverse al regime – in primo luogo il Partito Comunista Italiano – sono ormai costrette a proseguire la loro azione di opposizione al fascismo in forma clandestina, vista la totale assenza di spazi per la libera affermazione del proprio pensiero. La dittatura fascista si esercita infatti non solo a livello strettamente politico, ma anche nell'ambito culturale, che viene rigidamente controllato attraverso una severa censura.

L'ascesa politica internazionale del regime fascista culmina nel 1936, con la **guerra coloniale in Etiopia** e la conseguente proclamazione dell'Impero. Nel 1938 il regime di Mussolini inizia la promulgazione di una serie di **leggi razziali** che tolgono la quasi totalità dei diritti politici e civili agli ebrei, in imitazione della politica di persecuzione ebraica adottata dalla Germania nazista, che sfocerà nella tragedia dell'Olocausto. In questi anni la vicinanza con la Germania nazista si rafforza anche a livello politico-militare, attraverso la stipula di vari patti di alleanza: tale circostanza trascinerà anche l'Italia nel **secondo conflitto mondiale**, nonostante essa fosse assolutamente impreparata a un esito simile.

Dopo l'**armistizio** dell'8 settembre 1943, che sancisce la fine delle ostilità tra il Regno d'Italia e le Forze Alleate (Inghilterra, Francia, Stati Uniti, Unione Sovietica), lo Stato fascista si ricompone in Italia settentrionale nella **Repubblica Sociale Italiana**, anche nota come **Repubblica di Salò**. L'Italia, divisa in due – al Sud le Forze Alleate, al Nord il regime fascista – è interessata in questi due ultimi anni di conflitto da una vera e propria guerra civile, che vede le diverse forze antifasciste – unite nella **Resistenza partigiana** – impegnate in una lotta per la liberazione nazionale, che si concluderà nella primavera del 1945: la data simbolica del 25 aprile coincide con la liberazione delle città di Milano, Torino e Genova

610

Anna Magnani in una scena del film *Roma città aperta* di Roberto Rossellini, 1945.

dall'occupazione nazifascista.

Il 2 giugno 1946 un referendum popolare nazionale – la prima votazione a suffragio universale in Italia – sancisce la **nascita della Repubblica Italiana**. Nel giugno dello stesso anno, Enrico De Nicola viene eletto Presidente provvisorio della Repubblica. Contemporaneamente viene eletta anche l'**Assemblea Costituente**, con il compito di scrivere la nuova Carta costituzionale, frutto dei valori della Resistenza e dell'antifascismo, che entrerà in vigore il primo gennaio 1948. Il primo **governo repubblicano** della storia d'Italia è guidato da Alcide De Gasperi, che aveva assunto le funzioni di presidente del Consiglio già nel 1945, durante la monarchia, e che guiderà un governo di unità nazionale fino alle prime elezioni, svoltesi nel 1948.

2 Lo scenario culturale

I prodromi Il Neorealismo è stato un movimento culturale unicamente italiano, i cui risultati artistici avranno però grande influenza anche oltre i confini della nostra Penisola.
Se esso si sviluppa pienamente negli anni della Resistenza e della ricostruzione politica e civile dell'Italia alla fine della guerra, le sue origini remote si situano però in anni precedenti: in maniera particolare, nelle prime forme di opposizione ideologica al fascismo che, in ambito letterario, si possono riconoscere in alcune opere pubblicate tra la fine degli anni Venti e i primi anni Trenta: *Gli indifferenti* (1929), in cui **Alberto Moravia** rappresenta la crisi della borghesia italiana sotto il fascismo; la raccolta di racconti *Gente di Aspromonte* (1930), in cui **Corrado Alvaro** rappresenta con uno stile estremamente realistico le misere condizioni di vita delle popolazioni dell'Italia meridionale; infine, *Fontamara* (1933) di **Ignazio Silone**, prima autentica opera narrativa antifascista, emblematica nella sua denuncia dell'oppressione e delle ingiustizie perpetrate dal regime (▶ *Il forestiero*, p. 632).

La cultura del dopoguerra Un altro momento significativo nell'evoluzione storica del Neorealismo è rappresentato dai primi anni del dopoguerra, in cui la trasformazione epocale dell'Italia imprime una svolta anche a questo movimento culturale. La nascita della Repubblica e le elezioni democratiche del 1946 e del 1948 non possono che trasformare radicalmente la vita politica del Paese.
A livello culturale, in questi anni ha luogo una progressiva affermazione di una cultura di sinistra che, liberata ormai dai vincoli della censura fascista, intende far giungere la propria voce ben al di là dei ristretti limiti del mondo intellettuale. **Antonio Gramsci**, uno degli uomini di cultura più limpidi e coerenti della sinistra italiana, morto in carcere nel 1937, rappresenta un punto di riferimento per i rappresentanti del movimento

PARTE 3 · Percorso di letteratura

neorealista: egli invitava gli intellettuali a calarsi nella realtà del paese, a far nascere una letteratura e una cultura popolari, a promuovere una riforma intellettuale e civile della società italiana. Il Neorealismo, inizialmente caratterizzato da un semplice "bisogno di realtà", di rappresentazione spontanea del mondo sociale, si è dunque consapevolmente trasformato, nel corso degli anni, in un movimento ideologicamente orientato.

La fase matura del Neorealismo troverà in letteratura le sue espressioni più significative nelle opere dei "nuovi narratori della realtà italiana"; e raggiungerà vette artistiche ancora più alte nel cinema, grazie alle opere di registi come **Roberto Rossellini**, **Vittorio De Sica** e **Luchino Visconti**, che faranno conoscere il movimento neorealista in tutto il mondo. All'estero, ancora oggi, la fama del cinema italiano è legata indissolubilmente ai capolavori cinematografici di questi e altri registi italiani dell'epoca.

3 La poetica del Neorealismo

Autori «carichi di storie da raccontare»

Nella *Presentazione* all'edizione del 1964 del suo romanzo *Il sentiero dei nidi di ragno* (1947), uno dei capolavori del Neorealismo letterario, **Italo Calvino** ha scritto:

L'esplosione letteraria di quegli anni in Italia fu, prima che un fatto d'arte, un fatto fisiologico, esistenziale, collettivo. Avevamo vissuto la guerra, e noi più giovani – che avevamo fatto appena in tempo a fare il partigiano – non ce ne sentivamo schiacciati, vinti, "bruciati", ma vincitori, spinti dalla carica propulsiva della battaglia appena conclusa, depositari esclusivi d'una sua eredità. [...] L'essere usciti da un'esperienza – guerra, guerra civile – che non aveva risparmiato nessuno, ristabiliva un'immediatezza di comunicazione tra lo scrittore e il suo pubblico: si era faccia a faccia, alla pari, **carichi di storie da raccontare**, ognuno aveva avuto la sua, ognuno aveva vissuto vite irregolari drammatiche avventurose, ci strappava la parola di bocca. [...] Chi cominciò a scrivere allora si trovò così a trattare la medesima materia dell'anonimo narratore orale: alle storie che avevamo vissuto di persona e delle quali eravamo stati spettatori si aggiungevano quelle che ci

erano arrivate già come racconti, con una voce, una cadenza, un'espressione mimica. Durante la guerra partigiana le storie appena vissute si trasformavano e trasfiguravano in storie raccontate la notte attorno al fuoco, acquistavano già uno stile, un linguaggio, un umore come di bravata, una ricerca d'effetti angosciosi e truculenti.

Italo Calvino, *Il sentiero dei nidi di ragno*, Milano, Mondadori, 1993.

Un ritorno alla realtà In campo letterario, la stagione del Neorealismo si è aperta con l'esigenza di una rottura con la cultura dell'epoca, caratterizzata da opere artificiose, interessate più alla forma che ai contenuti, lontane dai veri problemi della gente. Alcuni scrittori italiani dell'epoca affermano invece la necessità di tornare a occuparsi di problemi di contenuto piuttosto che di stile, manifestando il bisogno di aderire alla realtà, di fare dell'arte un impegno civile e sociale. La materia da rappresentare diventa perciò la realtà contemporanea: la guerra, la Resistenza, la vita contadina, il lavoro operaio, gli scioperi, la miseria ecc.

Dal punto di vista stilistico, si predilige una letteratura il più possibile vicina alla **cronaca**, nella convinzione che debbano essere i fatti stessi a parlare, senza la mediazione della finzione letteraria. Per tale ragione, in questo periodo viene recuperata la lezione dei grandi scrittori realisti dell'Ottocento, interpretata però in chiave moderna, attraverso nuove forme di espressione narrativa e soprattutto l'utilizzo di un linguaggio non letterario, aderente alle forme e ai modi espressivi popolari, compresi il gergo e il dialetto.

4 Gli scrittori e le opere

Opere e stili diversi Il Neorealismo è un movimento molto vasto, che raccoglie sotto di sé opere e autori caratterizzati da tematiche e stili a volte molto differenti tra di loro, tutti però animati da una stessa volontà di tornare a raccontare la realtà in maniera viva e concreta.

Tra gli autori più significativi del Neorealismo abbiamo già ricordato **Alberto Moravia**, uno dei "pionieri" di questa tendenza letteraria con *Gli indifferenti* (1929), che continuerà negli anni successivi a scrivere opere di grande successo, a metà tra realismo ed esistenzialismo, come i celebri romanzi *Agostino* (1944), *Il conformista* (1949), *La ciociara* (1957) e molti altri.

Anche **Ignazio Silone** è stato già negli anni Trenta uno dei rappresentanti più importanti del Neorealismo, oltre che con il già citato *Fontamara*, anche con *Vino e pane* (1936), *Il seme sotto la neve* (1951) e *Una manciata di more* (1952), opere accomunate da un grande interesse per questioni politiche e sociali. **Carlo Levi**, in molte delle sue opere – come il suo celebre romanzo autobiografico *Cristo si è fermato a Eboli* (1945) – condivide con Silone un ideale di letteratura che denunci le misere condizioni socioeconomiche in cui è costretto il Sud del Paese.

Renato Guttuso, *Gott mit uns*, 1945.

La guerra, la Resistenza, l'Olocausto La tragica realtà del conflitto mondiale, in tutti i suoi aspetti più drammatici, fornisce gran parte del materiale su cui si costruirà l'edificio della letteratura neorealista del dopoguerra. Alcune tra le prime opere di **Italo Calvino** – *Il sentiero dei nidi di ragno* (1947), *Ultimo viene il corvo* (1949), *L'entrata in guerra* (1954) – hanno come clima storico e culturale proprio gli anni della guerra e della Resistenza. Lo stesso tema e la stessa ambientazione caratterizzano *L'Agnese va a morire* (1949) di **Renata Viganò**, una delle opere più intense mai scritte su tale argomento. Nel 1941 **Elio Vittorini** pubblica *Conversazione in Sicilia*, opera caratterizzata da un realismo scarno e al contempo da una profonda vena allegorica; insieme con *Uomini e no* (1945), resoconto della lotta partigiana nella Milano del 1944-1945 (▶ *I morti di Largo Augusto*, p. 626), esso rappresenta uno dei massimi capolavori non solo del Neorealismo, ma di tutta la letteratura italiana del Novecento.

Vasco Pratolini ambienta uno dei suoi romanzi più riusciti, l'autobiografico *Cronaca familiare* (1947), nella Firenze degli anni a cavallo della guerra, epoca dilaniata dalla lotta tra fascismo e comunismo. *Cronache di poveri amanti* (1947), invece, è ambientato negli anni Venti e affronta ancora il tema dell'affermarsi del potere fascista in Italia, sempre attraverso uno stile oggettivo e cronachistico.

Cesare Pavese (▶ *Lavorare è un piacere*, p. 615) e **Beppe Fenoglio** (▶ *Vita grama*, p. 621), con le loro opere ambientate nel basso Piemonte negli anni segnati dalla guerra e dalle sue terribili conseguenze, ci forniscono una descrizione molto efficace della vita contadina e della miseria che la caratterizza. In altri loro testi – come, per esempio, il romanzo di Pavese *La casa in collina* (1949) e quello di Fenoglio *Una questione privata* (1963) – essi si soffermano invece sulla realtà della lotta partigiana, affrontando tale tematica d'impegno politico senza mai rinunciare a uno sguardo e un tono molto personali, quasi intimistici.

Infine, non si può non inserire tra i nomi degli autori più importanti del Neorealismo letterario **Primo Levi**, che attraverso opere come *Se questo è un uomo* (1947; seconda edizione ampliata 1958), *La tregua* (1963), *I sommersi e i salvati* (1986) ha avuto la forza di raccontare l'esperienza indicibile dell'Olocausto, da lui vissuta in prima persona nel campo di concentramento di Auschwitz (▶ Unità 19).

PARTE 3 · Percorso di letteratura

Cesare Pavese

La vita e le opere

La formazione Cesare Pavese nasce nel 1908, in una famiglia piccolo-borghese d'estrazione contadina, a Santo Stefano Belbo, un paesino delle Langhe piemontesi in provincia di Cuneo. Per i paesaggi di questi luoghi, in cui trascorrerà lunghi periodi della sua vita, Pavese avrà sempre una predilezione, tanto da sceglierli spesso come ambientazione della sua produzione narrativa.
Rimasto orfano di padre a sei anni, la sua è un'infanzia difficile; la madre gli impartisce un'educazione severa e improntata all'austerità, dovuta non tanto a una situazione economica difficile quanto a una mentalità arcaica, legata ai valori del mondo contadino. S'iscrive alla facoltà di Lettere dell'università di Torino, dove si laurea nel 1930 con una tesi sul poeta americano Walt Whitman, espressione del suo forte interesse per la letteratura di lingua inglese, soprattutto quella statunitense.

L'antifascismo e la carriera letteraria Pavese inizia negli anni Trenta un'intensa attività di traduttore delle opere di importanti autori inglesi e statunitensi, fino ad allora sconosciuti in Italia. Sua, per esempio, è la prima traduzione italiana di *Moby Dick* di Hermann Melville, nel 1932.
Entrato nella redazione della neonata casa editrice Einaudi, a Torino, s'inserisce rapidamente nell'ambiente letterario della città, condividendo la scelta antifascista di gran parte dei suoi appartenenti. Arrestato e condannato al confino per ragioni politiche, trascorre un anno a Brancaleone Calabro, dove inizia a tenere un diario, *Il mestiere di vivere*, che sarà pubblicato postumo. Ritornato a Torino nel 1936, pubblica la raccolta di poesie *Lavorare stanca* (ripubblicata nel 1943), cui fanno seguito i suoi primi romanzi: *Il carcere* e *Paesi tuoi*, entrambi pubblicati nel 1941. Dopo l'esperienza della guerra, che egli vive lontano dal fronte, senza partecipare alla Resistenza, inizia per lui un periodo di fervida creatività, durante il quale scrive le sue opere migliori e più conosciute: le raccolte di racconti e prose *Feria d'agosto* (1946) e *Dialoghi con Leucò* (1947), le raccolte di romanzi brevi *Prima che il gallo canti* (1948) e *La bella estate* (1949), con cui vincerà il premio Strega; infine, i romanzi *Il compagno* (1947) e *La luna e i falò* (1950).

Nel 1950, al culmine della notorietà, Pavese si toglie la vita, in una camera d'albergo a Torino, ponendo così fine a un'esistenza vissuta con intenso struggimento interiore e difficoltà nei rapporti umani, condizionati dal suo carattere ombroso e introverso. Tra le opere pubblicate postume ricordiamo la raccolta di poesie *Verrà la morte e avrà i tuoi occhi* (1951) e i *Racconti* (1960).

Lavorare è un piacere

Il tema del racconto Pubblicato per la prima volta nel 1946 su un quotidiano romano («L'Ora del popolo»), *Lavorare è un piacere* verrà inserito nella raccolta *Racconti*, pubblicata postuma. Richeggiando ironicamente il titolo della sua raccolta poetica *Lavorare stanca*, in questo testo lo scrittore riprende alcuni temi cari a tutta la sua produzione: il paesaggio delle Langhe, i ricordi dell'adolescenza, il lavoro della campagna come unica possibilità di affermazione di sé e di sopravvivenza per chi da sempre abita queste terre.

La struttura L'esigenza di una scrittura fortemente personale emerge nella scelta stessa della struttura narrativa del racconto. Protagonista e io narrante è un adolescente che vive in città, a Torino, e trascorre in campagna l'intero periodo delle vacanze scolastiche. Ai suoi occhi ingenui, la vita libera dei contadini sembra ben preferibile a quella che egli conduce in quella grigia prigione che è per lui la città.
Il racconto è narrato dalla prospettiva del protagonista ormai adulto, che rivive le vicende e le impressioni di quegli anni della sua adolescenza, quando egli era pienamente convinto del fatto che il lavoro dei campi fosse puro piacere, in confronto con il triste lavoro degli operai e degli impiegati cittadini. Le sue convinzioni saranno però messe in crisi dal confronto con i *massari*, rappresentanti di quel lavoro contadino che egli considera una realtà privilegiata.
Il narratore-protagonista chiude il racconto con una considerazione amara e realista, di quel realismo tenace e autentico, malinconico e sofferente di cui Cesare Pavese è stato uno dei maggiori interpreti, non solo in Italia.

614

Il Neorealismo • UNITÀ 18

T1 Lavorare è un piacere

Per un ragazzo che studia in città e trascorre le vacanze in campagna, tra i contadini occupati nei campi, lavorare è un piacere e lamentarsene, dunque, non ha alcun senso. Ma crescendo, osservando meglio il mondo che lo circonda, egli finisce per cambiare idea. Si accorge infatti che la realtà è più complessa di quanto appaia: attorno al lavoro, in città come in campagna, si addensano grandi problematiche e profonde ingiustizie.

- **GENERE**
Racconto neorealista
- **LUOGO E TEMPO**
Piemonte; secondo dopoguerra
- **PERSONAGGI**
Un ragazzo; i genitori; i contadini

Io vissi sempre in campagna nella bella stagione, da giugno a ottobre, e ci venivo come a una festa. Ero un ragazzo, e i contadini mi portavano con loro ai raccolti – i più leggeri, far su il fieno[1], staccare la meliga[2], vendemmiare. Non a mietere il grano, per via del sole troppo forte; e a guardar l'aratura d'ottobre mi
5 annoiavo, perché come tutti i ragazzi preferivo, anche nel gioco e nella festa, le cose che rendono, le raccolte, le ceste piene; e solamente un contadino vede nei solchi appena aperti il grano dell'anno dopo. I giorni che non c'era raccolto, me ne stavo a girare per la casa, o per i beni[3] tutto solo, e cercavo la frutta o giocavo con altri ragazzi a pescare nel Belbo[4] – lì c'era dell'utile e mi pareva una gran cosa
10 tornare a casa con quella miseria, un pesciolino che poi il gatto si mangiava. In tutto quello che facevo mi davo importanza, e pagavo[5] così la mia parte di lavoro al prossimo, alla casa, e a me stesso.

Perché credevo di sapere che cosa fosse lavoro. Vedevo lavorare dappertutto, in quel modo tranquillo e intermittente che mi piaceva – certi giorni, dall'alba alla
15 notte senza nemmeno andare a pranzo, e sudati, scamiciati, contenti – altre volte, gli stessi se ne andavano a spasso in paese col cappello, o si sedevano sul trave[6] a discorrere, e mangiavamo, ridevamo e bevevamo. Per le strade incontravo un massaro[7] che andava sotto il sole a una fiera[8], a vedere e parlare, e godevo pensando che anche quello era lavoro, che quella vita era ben meglio della prigione cittadina
20 dove, quand'io dormivo ancora, una sirena raccoglieva impiegati e operai tutti i giorni tutti i giorni, e li mollava[9] solamente di notte.

A quel tempo ero convinto che ci fosse differenza tra uscire la mattina avanti giorno[10] in un campo davanti a colline pestando l'erba bagnata, e attraversare di corsa marciapiedi consunti[11], senza nemmeno il tempo di sbirciare la fetta di cielo
25 che fa capolino sulle case. Ero un ragazzo, e può anche darsi che non capissi la città dove raccolti e ceste piene non se ne fanno; e certo, se mi avessero chiesto, avrei risposto ch'era meglio, e più utile, magari andare a pescare o raccogliere more che non fondere il ferro nei forni o battere a macchina lettere e conti.

---

1. far su il fieno: raccogliere l'erba tagliata.
2. meliga: pannocchia di granturco.
3. i beni: le proprietà fondiarie.
4. Belbo: affluente del fiume Tanaro che scorre nella parte sud-

orientale del Piemonte.
5. pagavo: portavo, rendevo.
6. trave: tronco d'albero usato nelle costruzioni.
7. massaro: fattore, mezzadro.
8. fiera: mostra-mercato che si tiene periodicamente in una cer-

ta località.
9. li mollava: li metteva in libertà.
10. avanti giorno: prima dell'alba.
11. consunti: rovinati, consumati.

615

Francesco Menzio, *Paesaggio con case*, collezione privata.

    Ma in casa sentivo i miei parlare e arrabbiarsi, e ingiuriare proprio quegli operai di città come lavoratori, come gente che col pretesto che lavorava non aveva mai finito di pretendere e dar noia e far disordini. Quando un giorno si seppe che in città anche gli impiegati avevano chiesto qualcosa e dato noia, fu addirittura una cagnara. Nessuno in casa nostra capiva che cosa avessero da spartire o guadagnare gli impiegati – gli impiegati! – a mettersi coi lavoratori. «Possibile? Contro quelli che gli dan da mangiare[12]?» «Abbassarsi così?» «Sono pazzi o venduti». «Ignoranti».

    Il ragazzo ascoltava e taceva. Lavoro per lui voleva dire l'alba estiva e il solleone, la corba[13] sul collo, il sudore che cola, la zappa che rompe. Capiva che in città si lamentassero e non volessero saperne – le aveva viste quelle fabbriche tremende e quegli uffici soffocanti – starci dentro dal mattino alla sera. Non capiva che fosse un lavoro. «Lavorare è un piacere», diceva tra sé.

    – Lavorare è un piacere, – dissi un giorno al massaro, che mi riempiva il cesto d'uva da portare alla mamma.

    – Fosse vero, – rispose, – ma c'è chi non ne ha voglia.

    Quel massaro era un tipo severo, che il più del tempo stava zitto e sapeva tutti i trucchi della vita di campagna. Comandava anche a me qualche volta, ma per scherzo. Aveva terre sue, una cascina oltre Bembo e ci teneva dei massari.

    Questi massari la domenica gli venivano a portare la verdura o a dare una mano se il lavoro picchiava[14]. Lui era sempre dappertutto e lavorava a casa nostra, lavorava sul suo[15], girava le fiere. Quando i massari ci venivano e non c'era, si fermavano a discorrere con noi. Erano due, il vecchio e il giovane, e ridevano.

    – Lavorare è un piacere, – dissi anche a loro, quell'anno che i miei si arrabbiavano perché in città c'eran disordini[16].

    – Chi lo dice? – risposero. – Chi non fa niente, come te.

    – Lo dice il massaro.

    Allora risero più forte. – Si capisce, – mi dissero, – hai mai sentito dir dal parroco che andare in chiesa sia mal fatto[17]?

---

12. quelli... da mangiare: i loro datori di lavoro.
13. corba: cesta di vimini.
14. picchiava: fiaccava, affaticava.
15. sul suo: sul suo campo, sulle sue proprietà.
16. disordini: proteste popolari.
17. mal fatto: una cattiva azione.

Capii che il discorso diventava di quelli che si facevano in casa quell'anno.

– Se non vi piace lavorare, – dissi, – vi piace raccogliere i frutti.

60   Il giovane smise di ridere. – Ci sono i padroni, – disse adagio, – che dividono i frutti senza aver lavorato.

Lo guardai, rosso in faccia.

– Fate sciopero, – dissi, – se non siete contenti. A Torino si fa.

Allora il giovane guardò suo padre, mi strizzarono l'occhio, e tornarono a ri-
65   dere.

– Prima dobbiamo vendemmiare, – disse il vecchio, – poi vedremo –. Ma il giovane scosse la testa e rideva. – Non farete mai niente, papà, – disse adagio.

Difatti non fecero niente, e in casa mia si continuò a piantar baccano sui disordini d'impiegati e operai ch'eran stati guastati dalla facile vita degli anni di guer-
70   ra. Io ascoltavo e tacevo, e pensavo agli scioperi come a una festa che permetteva agli operai d'andare a spasso. Ma un'idea – da principio non fu che un sospetto – m'era entrata nel sangue: lavorare non era un piacere nemmeno in campagna. E stavolta sapevo che il bisogno di vedere il raccolto e portarselo a casa, era ciò che impediva ai villani[18] di fare qualcosa.

Cesare Pavese, *Racconti*, Torino, Einaudi, 1960

18. villani: contadini.

SCHEDA DI ANALISI

Il tema e il messaggio

● Un ragazzo di città si fa l'idea che il lavoro dei contadini nei campi sia qualcosa di piacevole, di cui, dunque, non ci si possa affatto lamentare. Un po' per volta, comprenderà che esso non è una realtà del tutto positiva: non solo perché è causa di fatica e sofferenza, ma soprattutto perché è un ambito in cui si subiscono quotidiane ingiustizie.

Il racconto descrive così un **breve percorso di crescita**, coincidente con l'abbandono di una visione ingenua e parziale del lavoro e una prima **presa di coscienza delle questioni sociali** a esso connesse. In questa nuova concezione entrano in gioco aspetti prima mai considerati, come il **valore della fatica**, che diventa ora il discrimine tra *villani* e *padroni*, tra quanti si sudano il pane e quanti lo ottengono senza nessuno sforzo. E sulla base di questa distinzione, riguardante l'ambito specifico della produzione, potrà nascere e svilupparsi un giudizio morale che coinvolge l'intera società.

● In secondo luogo, emerge nella narrazione il tema del **rapporto campagna-città**. Nel racconto viene raffigurato a grandi linee il sistema economico della **"mezzadria"**, in cui il proprietario affitta i suoi terreni a un coltivatore, detto "mezzadro", e divide a metà con lui i prodotti e gli utili del raccolto. Tale sistema caratterizza la campagna delle Langhe (in cui è ambientato il racconto) ancora nel secondo dopoguerra: ciò vuol dire che chi abita in queste terre mantiene uno **stile di vita e una mentalità piuttosto arcaici**, legati alle usanze tradizionali della vita contadina. La relativa vicinanza di una città industriale come Torino, tuttavia, comincia a mettere in contatto questa società rurale con una nuova realtà, caratterizzata da abitudini e concezioni della vita nettamente diverse. Nel brano, la **vita moderna di città** appare dominata dalla **frenesia** e dal **grigiore** (*attraversare di corsa marciapiedi consunti*), dai ritmi della fabbrica (*la sirena raccoglieva operai e impiegati*), ma anche, sempre più spesso, dalle **proteste** e dagli **scioperi**. Tutto ciò sembra suscitare nella gente di campagna, ancora immersa in una realtà che sembra immutabile, sensazioni contrastanti di attrazione e repulsione.

La caratterizzazione socio-economica dei personaggi

● Attorno al protagonista si muove un variegato mondo agrario. All'interno di esso vige una rigida struttura sociale: in alto si colloca il ***padrone*** (il proprietario terriero), sotto di lui il ***massaro*** (colui che prende

PARTE 3 · Percorso di letteratura

in affitto il terreno) e, ancora più in basso, il *villano* (il contadino che vi lavora). Questo brano mette in scena tale situazione sociale in maniera leggermente più complessa: il primo massaro è anche proprietario di un altro terreno, che a sua volta ha affittato a due massari, padre e figlio (*Aveva terre sue, una cascina oltre Bembo e ci teneva dei massari*). Questa circostanza rende il personaggio del primo massaro un'interessante figura intermedia, ambigua: metà *padrone*, metà *villano*.

● A prescindere dalla loro collocazione sociale, sembra che per tutti i personaggi il **lavoro** sia una **realtà eterna, immodificabile**, e a nulla può valere protestare o ribellarsi contro un sistema produttivo che non cambierà mai. Completamente diversa è la realtà del lavoro in città, caratterizzata da una viva conflittualità, dai disordini e dagli scioperi organizzati da operai e impiegati.

● Dall'alto della loro condizione sociale, mossi da orgoglio o interesse di classe, i **genitori** del protagonista approvano la sottomissione dei contadini e **condannano le proteste in città**. Il ragazzo, dal canto suo, con il passare del tempo vive con sempre maggior imbarazzo questa situazione, tanto da arrossire davanti all'affermazione del giovane massaro riguardante i *padroni* (coloro che *dividono i frutti senza aver lavorato*), classe a cui il ragazzo si accorge di appartenere.

La struttura e il punto di vista

● Il testo procede secondo uno schema temporale che, pur non seguendo una precisa cronologia, appare molto lineare. Ai due poli opposti della linea narrativa appaiono un prima e un dopo, un passato più remoto (*Ero un ragazzo*) e uno più prossimo (*stavolta…*). Nel mezzo, in una serie di **sequenze narrative e riflessive** (queste ultime spesso caratterizzate dalla tecnica del **monologo interiore**), possiamo seguire

la graduale maturazione di una nuova consapevolezza nel personaggio (*un'idea… m'era entrata nel sangue*).

● La **focalizzazione** del racconto è **interna**: la narrazione avviene perlopiù in prima persona, e laddove passa alla terza fa comunque riferimento al punto di vista soggettivo del personaggio. In particolare, nella prima parte del racconto, i capoversi si aprono tutti con una frase con verbo alla prima persona (*Io vissi…*; *Perché credevo…*; *A quel tempo ero convinto…*; *Ma in casa sentivo…*). Solo al quinto capoverso il racconto passa alla terza persona (*Il ragazzo ascoltava e taceva…*); ma di fatto la voce narrante non è cambiata: il narratore è ancora il ragazzo che, in questa fase, parla di sé in terza persona, come se si stesse guardando dall'esterno.

La lingua e lo stile

● La lingua di Pavese mescola qui un **registro linguistico popolare e gergale**, ricalcato sul modo di esprimersi dei suoi personaggi, con un registro di più **alta retorica**. Esempi di un procedere analogo a quello della lingua parlata sono le frasi incidentali (quelle poste fra trattini) e le iterazioni con funzione espressiva (*tutti i giorni tutti i giorni*). Ma ricorrono qua e là passaggi in cui, sempre in tono sommesso, il discorso prende un respiro più alto (*il tempo di sbirciare la fetta di cielo che fa capolino sulle case*). In tutto il testo risuona l'eco di una saggezza contadina che si avvale, per farsi intendere, di immagini solenni come sentenze (*solamente un contadino vede nei solchi appena aperti il grano dell'anno dopo*).

● La **scelta lessicale** è **molto varia**: pur adottando regionalismi (*li mollava, meliga*), modi gergali (*far su il fieno*) o colloquiali (*il lavoro picchiava*), essa risulta sempre precisa e accurata, talvolta addirittura colta (*discorrere* per "discutere"), in modo da conferire al testo un senso di generale compostezza, senza cadute di tono verso un registro più basso.

Laboratorio sul testo

● Comprendere

1. Dove e in che epoca è ambientato il racconto? Rispondi facendo opportuni riferimenti al testo.

2. In che cosa consiste la piccola *parte di lavoro* (r. 11) che il ragazzo svolge durante l'estate in campagna?

3. Come reagiscono i vari massari all'affermazione del ragazzo secondo cui *lavorare è un piacere* (r. 42)?

Il primo massaro: ....

Il massaro giovane: ....

Il massaro vecchio: ....

Il Neorealismo · UNITÀ 18

4. Da che cosa vengono segnalati, in città, l'inizio e la fine della giornata lavorativa di operai e impiegati?

5. Quale posizione sociale occupa il primo massaro, rispetto alla famiglia del protagonista e agli altri due massari?

6. A quali lavori ci si riferisce, quando si citano le due azioni del *fondere il ferro nei forni* (r. 28) e del *battere a macchina lettere e conti* (r. 28)?

7. Perché i genitori del protagonista si arrabbiano quando sentono parlare dei disordini che di tanto in tanto scoppiano in città?

Interpretare

8. Che cosa intende dire il narratore definendo le fabbriche e gli uffici, rispettivamente, *tremende* e *soffocanti* (rr. 39-40)?

9. *Ero un ragazzo, e può anche darsi che non capissi la città dove raccolti e ceste piene non se ne fanno* (rr. 25-26). Spiega il significato di tale affermazione.

10. Quali differenze tra la campagna e la città di quel tempo emergono dal testo?

11. *Il bisogno di vedere il raccolto e portarselo a casa, era ciò che impediva ai villani di fare qualcosa* (rr. 73-74). A che cosa si riferisce il narratore?

12. Che cosa fa credere al ragazzo che il lavoro sia un piacere? E che cosa gli fa cambiare idea?

Analizzare

Struttura

13. Indica quali tipologie di sequenza prevalgono, riportando alcuni esempi dal testo.

Punto di vista

14. Individua e sottolinea le parti del brano in cui viene utilizzata la tecnica del monologo interiore.

15. Individua e segnala i punti in cui il discorso passa dalla terza persona alla prima e viceversa.

16. Tali passaggi dalla terza alla prima persona determinano anche un cambiamento di focalizzazione? Motiva la tua risposta con riferimenti al testo.

Padroneggiare la lingua

Lessico

17. Individua e sottolinea i termini gergali che hanno a che fare con il mondo contadino.

18. *Sbirciare la fetta di cielo che fa capolino sulle case.* Cerca sul dizionario il verbo *sbirciare* e individua un sinonimo adatto a sostituirlo in questo contesto.

19. Cerca esempi che dimostrino la varietà delle scelte lessicali dell'autore (regionalismi, modi gergali, colloquiali, termini colti).

Grammatica

20. *Vedevo lavorare dappertutto, in quel modo tranquillo e intermittente che mi piaceva – certi giorni, dall'alba alla notte senza nemmeno andare a pranzo, e sudati, scamiciati, contenti – altre volte, gli stessi se ne andavano a spasso in paese col cappello, o si sedevano sul trave a discorrere, e mangiavamo, ridevamo e bevevamo.* In questo periodo prevale la coordinazione o la subordinazione? Quale effetto determina tale scelta stilistica sul ritmo narrativo?

Produrre

21. Ti pare che le conclusioni a cui il protagonista giunge siano condivisibili? O ritieni, in base alla tua esperienza, che sia più giusta l'asserzione che dà il titolo al racconto? Esprimi la tua opinione in un testo argomentativo di circa una pagina, facendo precisi riferimenti al testo.

619

Beppe Fenoglio

La vita e le opere

Il partigiano Nasce nel 1922 in Piemonte, ad Alba, città in cui abiterà per gran parte della sua vita. L'amore per le Langhe piemontesi – luogo che ispirerà buona parte della sua opera narrativa – è solo una delle tante cose che lo accomuna al suo conterraneo Cesare Pavese.
Nonostante la modesta estrazione sociale della sua famiglia, Giuseppe (detto Beppe) può frequentare il liceo, dove nasce la sua fortissima passione per la letteratura inglese (soprattutto per Shakespeare) e statunitense. Nel 1940 s'iscrive alla facoltà di Lettere di Torino, ma a causa della chiamata alle armi deve interrompere gli studi universitari, che non concluderà più. Dopo l'armistizio dell'8 settembre 1943, fa ritorno ad Alba e si arruola tra i partigiani, dapprima in un gruppo comunista, poi in formazioni monarchiche. Nel corso della lotta armata sulle colline delle Langhe, i suoi genitori vengono arrestati per rappresaglia dai fascisti. Dopo la liberazione ritornerà nella sua amatissima città di Alba. Uomo dal carattere difficile e introverso, soltanto in questa realtà a lui familiare egli si sente pienamente a suo agio e riesce a interagire con l'ambiente umano e culturale che lo circonda.

Lo scrittore Fenoglio inizia a dedicarsi alla narrativa all'indomani della guerra, quando conosce a Torino gli scrittori legati alla casa editrice Einaudi: **Elio Vittorini**, **Italo Calvino**, **Natalia Ginzburg**. I racconti e romanzi che scriverà avranno alterna fortuna; egli riuscirà comunque a mantenersi grazie alla sua ottima conoscenza della lingua inglese, lavorando come corrispondente estero per un'azienda vitivinicola di Alba.
Gli esordi della sua produzione letteraria sono travagliati: dopo alcuni rifiuti da parte degli editori, grazie a Vittorini pubblica nel 1952, presso Einaudi, la sua prima raccolta di racconti *I ventitré giorni della città di Alba*; due anni dopo è il turno del romanzo breve *La malora*, che ottiene però scarso successo. L'ultima sua opera pubblicata in vita è il romanzo *Primavera di bellezza* (1959).
Muore nel 1963, a causa di una malattia polmonare; lo stesso anno verranno pubblicati postumi i suoi romanzi *Un giorno di fuoco* e *Una questione privata*. Dai manoscritti del "Fondo Fenoglio", che raccoglie tutto il materiale rimasto incompiuto alla morte dell'autore, sono stati ricavati altri volumi pubblicati postumi: tra essi, ricordiamo *Il partigiano Johnny* (1968) e *La paga del sabato* (1969).

La malora

L'opera Quest'opera di Fenoglio è un **esempio emblematico** del Neorealismo italiano. Si tratta di un romanzo breve in cui si racconta la dura e faticosa vita dei Braida, una famiglia di **poveri contadini** delle Langhe. La loro vita segnata dalla miseria, dalla fame e dal dolore, vissuta però con grande dignità, è raccontata in prima persona da **Agostino**. Alle cattive condizioni economiche della famiglia si aggiungono ben presto altre disgrazie, che costringono i Braida a chiedere più volte denaro in prestito. Emilio, il secondogenito, deciderà così di farsi prete, non tanto per sincera vocazione, quanto per estinguere uno dei debiti contratti dalla famiglia. Allo stesso modo, Agostino dovrà andare "a servizio" da Tobia, presso una fattoria vicina, quando la terra della sua famiglia non sarà più abbastanza; lì il lavoro della terra lo impegnerà anche per più di dodici ore al giorno. L'improvvisa morte del padre; l'infelice amore tra Agostino e Fede, servetta con cui egli intende sposarsi, ma che diventerà invece moglie di un piccolo proprietario terriero della zona; l'incontro di altri miseri e disperati personaggi rappresentano gli altri punti focali attorno cui si sviluppa la trama.

Il tema Nella famiglia del protagonista l'autore ha voluto rappresentare quella popolazione rurale di cui egli si sente orgogliosamente figlio: attaccata alla terra, perseguitata dalla "malora", contro la quale il destino sembra cioè essersi accanito per condurre tutto alla rovina. L'unica legge sembra essere quella del lavoro, un lavoro duro e senza deroghe, che occupa tutta la giornata e ciononostante non è mai sufficiente a fornire il minimo per vivere.
Una storia vera, amara, dura, in cui il dramma della miseria è trattato senza alcuna retorica, attraverso immagini che rimangono scolpite nella memoria del lettore, espresse con un linguaggio e uno stile scarni ed essenziali, in continuo bilico tra lingua e dialetto.

Vita grama

Il brano rappresenta l'*incipit* del romanzo. La recente morte del padre dà avvio al racconto, fatto in prima persona da Agostino, in cui si delineano i primi scenari della sua vita *grama* e di quella di tutti i suoi familiari.

GENERE
Romanzo neorealista

LUOGO E TEMPO
Pavaglione, Piemonte; metà del XX secolo

PERSONAGGI
Agostino; la sua famiglia; Tobia, il padrone della fattoria

Pioveva su tutte le langhe, lassù a San Benedetto mio padre si pigliava la sua prima acqua sottoterra.

Era mancato nella notte di giovedì l'altro e lo seppellimmo domenica, tra le due messe. Fortuna che il mio padrone m'aveva anticipato tre marenghi[1], altri-
5 menti in tutta casa nostra non c'era di che pagare i preti e la cassa e il pranzo ai parenti. La pietra[2] gliel'avremmo messa più avanti, quando avessimo potuto tirare un po' su testa.

Io ero ripartito la mattina di mercoledì, mia madre voleva mettermi nel fagotto la mia parte dei vestiti di nostro padre, ma io le dissi di schivarmeli[3], che li avrei
10 presi alla prima licenza che mi ridava Tobia.

Ebbene, mentre facevo la mia strada a piedi, ero calmo, sfogato, mio fratello Emilio che studiava da prete sarebbe stato tranquillo e contento se m'avesse saputo così rassegnato dentro di me. Ma il momento che dall'alto di Benevello vidi sulla langa bassa la cascina di Tobia la rassegnazione mi scappò tutta. Avevo ap-
15 pena sotterrato mio padre e già andavo a ripigliare in tutto e per tutto la mia vita grama, neanche la morte di mio padre valeva a cambiarmi il destino. E allora potevo tagliare a destra, arrivare a Belbo[4] e cercarvi un gorgo profondo abbastanza[5].

Invece tirai dritto, perché m'era subito venuta in mente mia madre che non ha mai avuto nessuna fortuna, e mio fratello che se ne tornava in seminario con una
20 condanna come la mia.

Mi fermai all'osteria di Manera, non tanto per riposarmi che per non arrivare al Pavaglione ancora in tempo per vedermi dar del lavoro; perché avrei fatto qualche gesto dei più brutti.

Tobia e i suoi mi trattarono come un malato, ma solo per un giorno, l'indoma-
25 ni Tobia mi rimise sotto e arrivato a scuro[6] mi sembrava di non aver mai lavorata una giornata come quella. Mi fece bene. Un po' come fa bene, quando hai lavorato tutta notte nella guazza a incovonare[7], non andartene a dormire ma invece rimetterti a tagliare al rosso del sole.

---

1. marenghi: è il nome di una moneta coniata in epoca napoleonica e usata, in seguito, anche in Piemonte. Qui sta a significare il denaro equivalente al compenso di un mese di lavoro.
2. pietra: lapide sulla tomba.
3. schivarmeli: mettermeli da parte.
4. Belbo: fiume delle Langhe.
5. gorgo... abbastanza: un vortice (*gorgo*) d'acqua sufficiente per affogarmici.
6. a scuro: alla sera.
7. nella guazza a incovonare: nel campo umido a formare i covoni di paglia e fieno.

PARTE 3 · Percorso di letteratura

Come la mia famiglia sia scesa alla mira[8] di mandare un figlio, me, a servire
30 lontano da casa, è un fatto che forse io sono ancora troppo giovane per capirlo
da me solo. I nostri padre e madre ci spiegavano i loro affari non più di quanto
ci avrebbero spiegato il modo che ci aveva fatti nascere. Senza mai una parola ci
misero davanti il lavoro, il mangiare, i quattro soldi della domenica e infine, per
me, l'andare da servitore.
35 Non eravamo gli ultimi della nostra parentela e se la facevano tutti abbastanza
bene: chi aveva la censa[9], chi il macello gentile, chi un bel pezzo di terra propria.
L'abbiamo poi visto alla sepoltura di nostro padre, arrivarono ciascuno con la bestia, e non uno a piedi da poveretto.
Dovevamo sentirci piuttosto forti se, quando io ero sugli otto anni, i miei tira-
40 rono il colpo alla censa di san Benedetto. La presero invece i Canonica, coi soldi
che s'erano fatti imprestare da Norina della posta.
Nostro padre aveva troppa paura di far debiti, allora. [...]
Nostra madre raddoppiò la sua lavorazione di formaggio fermentato, ma non
ce ne lasciava toccare neanche le briciole sull'orlo della conca. E quando seppe
45 che a Niella[10] ne pagavano l'arbarella[11] un soldo di più che al nostro paese, andò
a venderlo a Niella, e saputo poi che a Murazzano lo pagavano qualcosa meglio, si
faceva due colline per andarla a vendere lassù. Dimodoché diventò in fretta come
la sorella maggiore di nostro padre, sempre col cuore in bocca, gli occhi o troppo
lustri o troppo smorti, mai giusti, in faccia tutta bianca con delle macchie rosse,
50 come se a ogni momento fosse appena arrivata dall'aver fatto di corsa l'erta[12] da
Belbo a casa. Quando noi eravamo via, lei pregava e si parlava ad alta voce: una
volta che tornai un momento dalla terra, la presi che cagliava[13] il latte e si diceva:
– Avessi adesso quella figlia! – Diceva di nostra sorella, nata dopo Stefano e morta
prima che nascessi io, d'un male nella testa. [...] Ci andava male: lo diceva la mi-
55 sura del mangiare e il risparmio che facevamo della legna, tanto che tutte le volte
che vedevo nostra madre tirar fuori dei soldi e contarli sulla mano per spenderli, io
tremavo, tremavo veramente, come se m'aspettassi di veder cascare la volta dopo
che le è stata tolta una pietra. Finì che nelle sere d'autunno e d'inverno manda-
vamo Emilio alla cascina più prossima a farsi accendere il lume, per avanzare lo
60 zolfino. Io ci andai una volta sola, una sera che Emilio aveva la febbre, e quelli del
Monastero m'accesero il lume, ma la vecchia mi disse: – Va', e di' ai tuoi che un'altra volta veniamo noi da voi col lume spento, e lo zolfino dovrete mettercelo voi.

Beppe Fenoglio, *La malora*, Torino, Einaudi, 1997

8. scesa alla mira: arrivata alla
decisione.
9. censa: piccolo negozio.
10. Niella: località delle Langhe

piemontesi, così come – poco oltre – Murazzano.
11. arbarella: contenitore.
12. erta: salita.

13. cagliava: faceva raggrumare
il latte per produrre il formaggio.

622

Il Neorealismo • UNITÀ 18

SCHEDA DI ANALISI

Il tema e il messaggio

● In questa sua opera Fenoglio è capace di rappresentare allo stesso tempo un **paesaggio naturale e morale**. Il primo aspetto è costituito da tutti gli elementi della sua amata terra: i fiumi, i luoghi, le colline, gli alberi, la terra così dura da coltivare. Il secondo è la rappresentazione di una vita fatta di sistematiche rinunce che, ciononostante, non rendono più certa la sopravvivenza.

● Tutti gli abitanti sono vittime della **"malora"**, un **destino di fame** a cui è impossibile scampare: il terreno è sterile, le condizioni atmosferiche sono inclementi, i lutti si susseguono sottraendo braccia utili al lavoro e la miseria non può che dilagare. In questa situazione, è soltanto la **resistenza alla fatica** che permette di sopravvivere: i contadini delle Langhe annullano la propria personalità nella disumanità del lavoro, divenuto ormai solo fatica. Anche il momento solenne della morte deve sottostare alle esigenze dell'economia di famiglia: il funerale è fatto in fretta (*tra una messa e l'altra*) e il "lusso" di una vera pietra tombale viene rimandato a un tempo futuro, che si spera – ma non ci si illude – sarà migliore del presente.

● Il merito di Fenoglio è quello di aver riportato sulla pagina le sofferenze di questo mondo, a lui ben familiare. Nato in una famiglia di umile estrazione sociale, egli conosce bene le difficoltà di chi vive alla giornata, sperando che quel poco che possiede non vada tutto in malora.

Il narratore e i personaggi

● Il racconto è affidato ad **Agostino**, **protagonista e io narrante**, interprete non soltanto della propria vicenda personale ma del modo di pensare, di vedere, di esistere di tutta la sua gente, di chi, come lui, vive una vita grama.

● La **narrazione è oggettiva** e **realistica**, ma sa allo stesso tempo scavare nella **psicologia dei personaggi**: come nel caso del protagonista Agostino che, mentre torna al Pavaglione presso il padrone Tobia, cova oscuri progetti di suicidio dai quali lo distoglie il fortissimo attaccamento verso i suoi cari; oppure la madre, che non si sottrae a un impegno di lavoro sempre più faticoso pur di guadagnare qualche soldo in più per la famiglia.

La lingua e lo stile

● Come scrisse Elio Vittorini, Fenoglio è «**un narratore crudo ma senza ostentazione, senza compiacenze di stile, asciutto ed esatto**». I suoi periodi sono brevi, essenziali; la lingua è semplice, precisa, concreta come le cose e gli uomini di cui parla. Nello stile di questo romanzo, le parole hanno rinunciato al superfluo per esprimere al massimo della loro espressività solo il necessario.

● Quella che Fenoglio usa in quest'opera è una lingua nazionale "media" che si mescola con **elementi del dialetto delle Langhe**. Ne risulta un efficacissimo impasto linguistico, vicino al parlato di tipo popolare.

Laboratorio sul testo

● Comprendere

1. Con quali risorse si riesce a celebrare il funerale del padre?
2. *Ci andava male* (r. 54), afferma il narratore. Con quali esempi lo dimostra?
3. Indica qual è l'atteggiamento interiore del protagonista mentre si avvia verso il Pavaglione.
4. Perché, a un certo punto, Agostino afferma: *la rassegnazione mi scappò tutta.* (r. 14)? Da che cosa è causata tale reazione?
5. Come si comporta con lui il padrone, dopo il suo ritorno in fattoria?
6. In quale tipo di occupazione è impegnata la madre?

Interpretare

7. *Pioveva su tutte le langhe, lassù a San Benedetto mio padre si pigliava la sua prima acqua sottoterra.* L'incipit del romanzo, secondo te, può assumere anche un certo significato simbolico?
8. *Mio fratello Emilio che studiava da prete sarebbe stato tranquillo e contento se m'avesse saputo così rassegnato dentro di me* (rr. 11-13). Che cosa significa, in questo caso, *rassegnato*? *Rassegnato* a che cosa?
9. *E allora potevo tagliare a destra, arrivare a Belbo e cercarvi un gorgo profondo abbastanza* (rr. 16-17). Quali intenzioni da parte di Agostino denota questa frase?

623

PARTE 3 · Percorso di letteratura

10. *I nostri padre e madre (…) senza mai una parola ci misero davanti il lavoro, il mangiare, i quattro soldi della domenica e infine, per me, l'andare da servitore.* (rr. 31-34). Qual è il significato di questa frase? Quale tipo di atteggiamento denota nei genitori di Agostino?

Analizzare

Narratore e punto di vista
11. Autore, narratore e io narrante coincidono in questo testo? Motiva la tua risposta.
12. Che tipo di focalizzazione emerge dal brano?

Personaggi
13. Quale tipo di caratterizzazione (fisica, psicologica, sociale, culturale) prevale? Motiva la tua risposta.
14. Chi o che cosa, in questo brano, può essere considerato come antagonista?

Stile
15. Caratteristica principale dello stile dell'autore è un impasto tra l'italiano standard e una lingua popolare-gergale, vicina al dialetto delle Langhe. Riconosci nel testo espressioni proprie di quest'ultimo registro linguistico, trascrivile e spiegane il significato e l'effetto stilistico da esse ottenuto.

Padroneggiare la lingua

Lessico
16. Spiega il significato delle seguenti espressioni tratte dal testo.

Tirare un po' su testa: ....

L'indomani Tobia mi rimise sotto: ....

Tirarono il colpo alla censa: ....

Non ce ne lasciava toccare neanche le briciole sull'orlo della conca: ....

....

Avanzare lo zolfino: ....

17. Spiega il significato del sostantivo *pietra* nelle frasi seguenti.

La pietra gliel'avremmo messa più avanti: ....

Veder cascare la volta dopo che le è stata tolta una pietra: ....

Grammatica
18. In molti punti del testo, lo stile espressivo adottato dall'io narrante è molto vicino alla lingua parlata (vedi, per esempio, questo brano: *Come la mia famiglia sia scesa alla mira di mandare un figlio, me, a servire lontano da casa, è un fatto che forse io sono ancora troppo giovane per capirlo da me solo*). Rintraccia e sottolinea nel testo altre frasi in cui emergono costruzioni sintattiche simili.
19. *Mi fermai all'osteria di Manera, non tanto per riposarmi <u>che</u> per non arrivare al Pavaglione ancora in tempo per vedermi dar del lavoro.* Sostituisci la congiunzione sottolineata con un'altra grammaticalmente più corretta.
20. *<u>Dimodoché</u> diventò in fretta come la sorella maggiore di nostro padre.* Indica quale tra le congiunzioni proposte è la più adatta a sostituire la congiunzione sottolineata.
    a) ☐ Poiché.   b) ☐ Dopo che.   c) ☐ Allorquando.   d) ☐ E così.

Produrre

21. Riscrivi la prima parte del testo (da *Pioveva* fino a *dentro di me,* rr. 1-13) adottando come io narrante il fratello Emilio.
22. Scrivi un breve commento al brano appena letto, non più lungo di una pagina, spiegando le ragioni per cui esso può essere considerato un testo esemplare del Neorealismo.

624

Elio Vittorini

La vita e le opere

La giovinezza e le prime opere Nasce a Siracusa nel 1908; figlio di un ferroviere, la sua infanzia è caratterizzata da continui spostamenti, dovuti al lavoro del padre. In Sicilia compie studi tecnici, con risultati modesti; il suo spirito ribelle lo porta a fuggire di casa più di una volta, fino a quando non abbandonerà definitivamente la Sicilia, a sedici anni, per trasferirsi in Venezia Giulia, dove lavorerà per alcuni anni in un'impresa edile.
In questi stessi anni Vittorini comincia a manifestare il suo talento per la scrittura; inizia a collaborare con diversi quotidiani e riviste, pubblicando articoli di carattere letterario e anche politico in cui manifesta un'attitudine fascista antiborghese, attestandosi su posizioni radicali, quasi anarchiche. Nel 1930 si stabilisce a Firenze, dove lavora come correttore di bozze presso il quotidiano «La Nazione», collaborando anche a importanti riviste letterarie. Anche lui, come Pavese e Fenoglio, è un grande ammiratore della letteratura angloamericana, di cui tradurrà opere dei suoi più importanti rappresentanti. La sua prima opera è una raccolta di racconti scritta in questi anni, *Piccola borghesia* (1931), pubblicata dalla rivista fiorentina «Solaria». Due anni dopo inizia la pubblicazione a puntate, per la stessa rivista, del romanzo *Il garofano rosso*.
Nel 1936, oppostosi all'intervento dell'Italia fascista nella guerra di Spagna al fianco delle milizie del dittatore Franco, viene espulso dal partito; in questi stessi anni si avvicinerà a gruppi comunisti clandestini. Intanto, nel 1936 viene pubblicato uno dei suoi romanzi più belli, *Conversazione in Sicilia*. Alla fine degli anni Trenta si trasferisce a Milano, dove continua la sua attività editoriale con la casa editrice Bompiani.

La guerra e il dopoguerra Durante il conflitto partecipa alla Resistenza, svolgendo attività clandestina per il Partito Comunista. La sua esperienza di partigiano sfocerà nel romanzo *Uomini e no*, pubblicato nel 1945.
Nel dopoguerra, il Partito Comunista gli affida la direzione dell'edizione milanese del quotidiano «Unità», finché profondi dissapori con i dirigenti politici lo porteranno a lasciare il PCI, nel 1951. Nel 1945, intanto, Vittorini aveva fondato «Il Politecnico», rivista che sarà una delle protagoniste della vita culturale e politica del dopoguerra (anche se per soli due anni), proponendo, in questi delicati anni di ricostruzione del Paese, un modello di letteratura basata su un forte ideale di impegno civile e intellettuale.
Negli anni Cinquanta, diventa direttore dei «Gettoni», collana dell'Einaudi in cui vengono pubblicate le prime opere di importanti autori italiani del Neorealismo, tra cui Fenoglio e Calvino. Insieme con quest'ultimo darà vita, alla fine degli anni Cinquanta, alla rivista «Il Menabò», importante luogo di dibattito letterario di questi anni.
Muore a Milano nel 1966, all'età di cinquantaquattro anni, a causa di una grave malattia.

Uomini e no

Il romanzo della Resistenza Per Vittorini *Uomini e no* è il romanzo della e sulla Resistenza. La vicenda è ambientata a Milano, durante l'inverno tra il 1944 e il 1945.
Il romanzo viene pubblicato già nel 1945 e rappresenta forse la prima opera in assoluto dedicata alla Resistenza. Basandosi sulla propria **esperienza autobiografica**, Vittorini intende rappresentare il mondo partigiano senza retorica, non accontentandosi di mostrare l'accadere degli eventi, ma interrogandosi sul loro significato profondo, attraverso quell'attitudine critica e ideologicamente libera che costituisce uno dei grandi pregi della sua scrittura e della sua stessa personalità.

La struttura e i temi L'opera è composta da più di cento brevi capitoli. Il narratore in prima persona è un giovane operaio che entra in contatto con gli ambienti della Resistenza, cercando di imparare le dure regole della lotta armata contro i nazifascisti. Protagonista di questa lotta clandestina è il partigiano **Enne 2**; come molti altri personaggi del romanzo, egli è identificato esclusivamente con il suo nome di battaglia. Enne 2 combatte il fascismo come dittatura politica e morale, opponendovi la propria resistenza nella speranza – che rimarrà infine delusa – di poter cancellare il fascismo che è "dentro di noi", quell'attitudine che nega l'universale fraternità tra gli uomini, mettendoli uno contro l'altro in una lotta senza significato.

PARTE 3 · Percorso di letteratura

T3 # I morti di Largo Augusto

Nel brano è proposta la scena centrale del libro, in cui è narrata
l'esposizione pubblica delle persone uccise dai tedeschi per
rappresaglia nei confronti dei partigiani, secondo l'atroce legge
numerica: dieci italiani per ogni tedesco ucciso. Nella scena
domina l'interrogativo sul perché della morte di tanti innocenti
(una bambina, due donne, due quindicenni, un vecchio…), che si
configura come una specie di *conversazione eterna*, che si svolge
prima tra i testimoni e i superstiti di questa ecatombe, poi tra vivi e
morti. La risposta è drammatica quanto la realtà che sta di fronte agli
occhi del narratore: per battere il *lupo* nazista anche questo enorme
sacrificio umano è necessario.

- **GENERE**
  Romanzo
  neorealista
- **LUOGO E TEMPO**
  Milano; 1944
- **PERSONAGGI**
  Il narratore; Enne 2 e
  gli altri partigiani; gli
  uomini e le donne in
  strada

I morti al Largo Augusto[1] non erano cinque soltanto; altri ve n'erano sul marciapiede dirimpetto; e quattro erano sul corso di Porta Vittoria; sette erano
nella piazza delle Cinque Giornate, ai piedi del monumento.

Cartelli dicevano dietro ogni fila di morti: *Passati per le armi*. Non dicevano al-
5 tro, anche i giornali non dicevano altro, e tra i morti erano due ragazzi di quindici
anni. C'era anche una bambina, c'erano due donne e un vecchio dalla barba bianca. La gente andava per il Largo Augusto e il corso di Porta Vittoria fino a piazza
delle Cinque Giornate, vedeva i morti al sole su un marciapiede, i morti all'ombra
su un altro marciapiede, poi i morti sul corso, i morti sotto il monumento, e non
10 aveva bisogno di saper altro. Guardava le facce morte, i piedi ignudi, i piedi nelle
scarpe, guardava le parole dei cartelli, guardava i teschi con le tibie incrociate sui
berretti degli uomini di guardia[2] e sembrava che comprendesse ogni cosa.

Come? Anche quei due ragazzi di quindici anni? Anche la bambina? Ogni cosa? Per questo, appunto, sembrava anzi che comprendesse ogni cosa. Nessuno si
15 stupiva di niente. Nessuno domandava spiegazioni. E nessuno si sbagliava.

C'era, tra la gente, il Gracco. C'erano Orazio e Metastasio; Scipione; Mambri-
no. Ognuno era per suo conto, come ogni uomo ch'era nella folla. C'era Barca
Tartaro. Passò, un momento, anche El Paso. C'era Figlio di Dio. E c'era Enne 2[3].
Essi, naturalmente, comprendevano ogni cosa; anche il perché delle donne, della
20 bambina, del vecchio, dei due ragazzi; ma ogni uomo ch'era nella folla sembrava
comprendere come ognuno di loro: ogni cosa.

Perché? il Gracco diceva.

Una delle due donne era avvolta nel tappeto di un tavolo. L'altra, sotto il monumento, sembrava che fosse cresciuta, dopo morta, dentro il suo vestito a pallini:
25 se lo era aperto lungo il ventre e le cosce, dal seno alle ginocchia; e ora lasciava
vedere il reggicalze rosa, sporco di vecchio sudore, con una delle giarrettiere che

---

1. Largo Augusto: questo e altri nomi propri che seguono indicano località nel centro di Milano.

2. i teschi… guardia: la divisa
fascista aveva come macabro ornamento la figura di un teschio
tra due ossa incrociate.

3. Gracco… Enne2: nomi di
battaglia di partigiani in azione
a Milano.

626

Anno 1943: Milano dopo un bombardamento.

pendeva attraverso la coscia dove avrebbe dovuto avere le mutandine. Perché quella donna nel tappeto? Perché quell'altra?

E perché la bambina? Il vecchio? I due ragazzi?

30 Il vecchio era ignudo, senz'altro che la lunga barba bianca a coprire qualcosa di lui, il colmo del petto; stava al centro dei sette allineati ai piedi del monumento, non segnato da proiettili, ma livido nel corpo ignudo, e le grandi dita dei piedi nere, le nocche alle mani nere, le ginocchia nere, come se lo avessero colpito, così nudo, con armi avvelenate di freddo.

35 I due ragazzi, sul marciapiede all'ombra di Largo Augusto, erano invece sotto una coperta. Una in due, e stavano insieme, nudi i piedi fuori della coperta, e in faccia serii, non come morti bambini, con paura, con tristezza, ma serii da grandi, come i morti grandi vicino ai quali si trovavano.

E perché, loro?

40 Il Gracco vide, dove lui era, Orazio e Metastasio. Con chi aveva parlato, nella vigilia nell'automobile[4], di loro due? Con l'uno o l'altro, egli aveva parlato tutta la sera, sempre conversava con chi si incontrava, e ora lo stesso parlava, conversava,

---

4. nell'automobile: mentre aspettava di realizzare un'azione di guerriglia armata contro il tribunale di Milano.

come tra un uomo e un uomo si fa, o come un uomo fa da solo, di cose che sappiamo e a cui pur cerchiamo una risposta nuova, una risposta strana, una svolta di parole che cambi il corso, in un modo o in un altro, della nostra consapevolezza.

Li guardò, dal lato suo dell'angolo che passava attraverso i morti, e una piccola ruga venne, rivolta a loro insieme allo sguardo, in mezzo alle labbra di quella sua faccia dalle tempie bianche.

Orazio e Metastasio gli risposero quasi nello stesso modo. Come se lui avesse chiesto: E perché loro? Mossero nello stesso modo la faccia, e gli rimandarono la domanda: E perché loro?

Ma c'era anche la bambina.

Più giù, tra i quattro del corso, dagli undici o dodici anni che aveva, mostrava anche lei la faccia adulta, non di morta bambina, come se nel breve tempo che l'avevano presa e messa al muro avesse di colpo fatta la strada che la separava dall'essere adulta. La sua testa era piegata verso l'uomo morto al suo fianco, quasi recisa nel collo dalla scarica dei mitragliatori e i suoi capelli stavano nel sangue raggrumati, la sua faccia guardava seria la seria faccia dell'uomo che pendeva un poco dalla parte di lei.

Perché lei anche?

Gracco vide passare un altro degli uomini che aveva conosciuto la sera prima, il piccolo Figlio-di-Dio, e fu un minuto con lui nella sua conversazione eterna. Rivolse a lui il movimento della sua faccia, quella ruga improvvisa in mezzo alle labbra, quel suo sguardo d'uomo dalle tempie bianche; e Figlio-di-Dio fece per avvicinarglisi. Ma poi restò dov'era. Perché lei? Il Gracco chiedeva. E Figlio-di-Dio rispose nello stesso modo, guardandolo. Gli rimandò lui pure la domanda: perché lei?

Perché? la bambina esclamò. Come perché? Perché sì! Tu lo sai e tutti lo sapete. Tutti lo sappiamo. E tu lo domandi?

Essa parlò con l'uomo morto che gli era accanto.

Lo domandano, gli disse. Non lo sanno?

Sì, sì, l'uomo rispose. Io lo so. Noi lo sappiamo.

Ed essi no? la bambina disse. Essi pure lo sanno.

Vero, disse il Gracco. Egli lo sapeva, e i morti glielo dicevano. Chi aveva colpito non poteva colpire di più nel segno. In una bambina e in un vecchio, in due ragazzi di quindici anni, in una donna, in un'altra donna: questo era il modo migliore di colpir l'uomo. Colpirlo dove l'uomo era più debole, dove aveva l'infanzia, dove aveva la vecchiaia, dove aveva la sua costola staccata[5] e il cuore scoperto: dov'era più uomo. Chi aveva colpito voleva essere il lupo, far paura all'uomo. Non voleva fargli paura? E questo modo di colpire è il migliore che credesse di avere il lupo per fargli paura.

Però nessuno, nella folla, sembrava aver paura.

Elio Vittorini, *Uomini e no*, Milano, Mondadori, 1990

5. costola staccata: riferimento al racconto biblico, secondo cui Eva venne formata da Dio con una costola di Adamo.

Il Neorealismo · UNITÀ 18

SCHEDA DI ANALISI

Il tema e il messaggio

Un avvenimento reale – la **fucilazione** di donne, vecchi e bambini come rappresaglia da parte dei nazisti – diventa in questo testo la testimonianza di una sopraffazione così disumana che non può avere alcuna giustificazione. Di fronte alla morte di tanti innocenti, tutti i testimoni del fatto sono spinti a una comune e silenziosa riflessione: **perché** quei ragazzi, **perché** quegli anziani, **perché** quella bambina? Tutti esseri incolpevoli e inermi di fronte alla violenza che l'uomo ha rivolto contro l'uomo. Qualche mano pietosa ha steso su di loro un tappeto o una coperta, ma ciò che s'intravvede è ugualmente agghiacciante e assurdo. Gli uomini e le donne sono consapevoli delle ragioni concrete e circostanziali di quell'uccisione di massa; ma ciò su cui tutti s'interrogano è se esista una ragione superiore, un *perché* che possa non giustificare quelle uccisioni, ma almeno dare consolazione ai sopravvissuti.

La spiegazione giunge nella seconda parte del testo, in cui si realizza una *conversazione eterna*, irreale, tra morti e vivi (*Essa parlò con l'uomo morto che gli era accanto*): il *lupo* nazista ha scelto con coscienza e decisione di ferire il suo simile proprio nel punto più vivo della sua umanità (*dove l'uomo era più debole,… dove era più uomo. Chi aveva colpito voleva essere il lupo, far paura all'uomo*).

Ora che tutti sono divenuti consapevoli del *perché*, nessuno sembra più aver paura. La consapevolezza ha messo in fuga i timori inespressi di ciascuno; la realtà si presenta ora in tutta la sua cruda verità. Ma proprio nel momento massimo della tragicità, la **paura scompare**, lasciando il posto non alla rassegnazione, ma alla **volontà di reagire**.

La struttura del testo

Il testo è articolato in **tre grandi macrosequenze**. La **prima** è di carattere essenzialmente **descrittivo**: il narratore presenta in maniera nuda e cruda la realtà dei morti che giacciono abbandonati sul selciato delle vie principali della città di Milano. Soltanto alla fine di questa prima macrosequenza i primi interrogativi cominciano ad affacciarsi (*Come? Anche quei due ragazzi di quindici anni? Anche la bambina? Ogni cosa?*).

La **seconda** parte ha come protagonisti i vivi, i sopravvissuti, i partigiani che si sono uniti alla gente comune come muti testimoni di ciò che è appena accaduto. Qui i *perché* si rincorrono di sguardo in sguardo, nella tragica evidenza di quei cadaveri malamente coperti che poche ore prima erano donne e uomini viventi.

La **terza** parte è caratterizzata dal propagarsi di una **conversazione che accomuna tutti**, partigiani e uomini della strada, vivi e morti: una conversazione universale eppure muta, resa possibile proprio da questo silenzioso scambio di interrogativi. Sono i morti che parlano con i vivi, ed è proprio la loro voce che ridà a questi consapevolezza e determinazione, la certezza della tragedia ma il coraggio per affrontarla (*Però nessuno, nella folla, sembrava aver paura*).

La lingua e lo stile

Lo **stile** di Vittorini è **secco** e lineare. Nelle prime due parti del testo domina addirittura uno **stile cronachistico**: le parole fotografano la realtà mettendone in evidenza anche i particolari più crudi (*il reggicalze rosa, sporco di vecchio sudore*; *il vecchio ignudo, senz'altro che la lunga barba bianca*; *le grandi dita dei piedi neri, le nocche alle mani nere* ecc.), necessari alla piena comprensione della tragicità dell'evento occorso.

I **periodi** sono **brevi**, spesso formati da una sola proposizione o, comunque, con la prevalenza di una **costruzione paratattica**. La ripetizione delle stesse domande costituisce un'**iterazione** il cui effetto stilistico è quello d'interrompere ritmicamente la narrazione, dando a essa la scansione di un penoso rintocco, quasi come di campane a morto.

Nella **terza parte** il **ritmo** è invece **più rapido** e incalzante. Proprio in questa ultima parte, infatti, le domande trovano risposta, in un crescendo di immagini fortemente emotive, in cui realtà e simbolo, vita e morte, si fondono in una verità superiore.

Laboratorio sul testo

Comprendere

1. Dove si svolge l'azione? Da quali elementi è possibile ricavare tale informazione?
2. Quali cadaveri sono descritti in maniera più dettagliata?
3. Chi, tra i partigiani, svolge nel testo un ruolo più importante?
4. Chi tra i morti, nella *conversazione eterna* (r. 62), parla con i vivi?

PARTE 3 · Percorso di letteratura

5. Che cosa "dicono" i morti a Gracco?

6. Quale consapevolezza riguardo agli eventi accaduti viene raggiunta dal narratore in conclusione del brano?

Interpretare

7. Perché i partigiani sono presentati ognuno con il rispettivo nome di battaglia?

8. Perché dei morti l'autore non dice il nome, ma soltanto l'età o la condizione?

9. La prima, istintiva reazione di Gracco a ciò che vede è una *piccola ruga* (rr. 46-47) che si disegna sul suo volto. Che cosa rappresenta, secondo te?

10. Perché tra i vivi non c'è autentica conversazione, ma soltanto uno scambio di sguardi pieni di interrogativi?

11. *Tu lo sai e tutti lo sapete. Tutti lo sappiamo* (rr. 68-69). A che cosa si riferisce quest'affermazione e quale ne è il significato profondo?

Analizzare le tecniche

Struttura

12. Individua le tre macrosequenze che caratterizzano il testo, scegliendo per ciascuna di esse un titolo-sintesi.

13. In ogni parte del testo sono presenti sequenze di tipo riflessivo (R), di conversazione tra vivi (VV) e di conversazione tra vivi e morti (VM). Rintraccia nel testo tali sequenze e contrassegnale a margine con la rispettiva sigla.

Stile

14. Cerca nel testo le domande che si ripetono con frequenza. Quale effetto produce nel lettore quest'iterazione delle medesime formule?

15. Porta alcuni esempi dello stile lineare ed estremamente realistico di Vittorini.

Padroneggiare la lingua

Lessico

16. Il testo è costruito secondo campi semantici contrapposti ma strettamente legati tra di loro: realtà e irrealtà, vita e morte, amore e odio. Completa lo schema trascrivendo i vocaboli che meglio indicano ciascuna coppia semantica.

Realtà-irrealtà	Vita-morte	Amore-odio
....	....	....
....	....	....
....	....	....
....	....	....

17. L'espressione *le facce morte* è stilisticamente più efficace di quella – più corretta – "le facce dei morti". Tale effetto è ottenuto grazie all'uso di una figura retorica. Quale?

18. Che cosa significa l'espressione *armi avvelenate di freddo* (r. 34)?

Grammatica

19. Sui cartelli accanto a ogni fila di morti compare la scritta: *Passati per le armi*. Indica quale complemento indiretto vi è presente.
    a) ☐ Causa.   b) ☐ Scopo.   c) ☐ Mezzo.   d) ☐ Luogo.

20. Qual è il soggetto sottinteso del periodo *Guardava le facce morte, i piedi ignudi, i piedi nelle scarpe, guardava le parole nei cartelli…* (rr. 10-11)?

Produrre

21. *Però nessuno, nella folla, sembrava avere paura*. In un testo espositivo non più lungo di una pagina, analizza la frase conclusiva del testo.

630

VERIFICA UNITÀ 18 Il Neorealismo

Sapere e Saper fare

PalestraInterattiva

1. Vero o falso?

a) Il Neorealismo è un movimento che predica un ritorno a un interesse primario per la realtà sociale concreta. V ☐ F ☐

b) Il Neorealismo è stata una corrente letteraria europea. V ☐ F ☐

c) I limiti cronologici del Neorealismo, pur non da tutti condivisi, possono essere posti fra gli anni Trenta e la metà degli anni Cinquanta. V ☐ F ☐

d) Alberto Moravia e Ignazio Silone sono stati tra i primi scrittori neorealisti italiani. V ☐ F ☐

e) Il cinema ha contribuito moltissimo alla diffusione della poetica neorealista. V ☐ F ☐

f) All'estero il Neorealismo è considerato l'epoca artisticamente più importante della produzione cinematografica italiana. V ☐ F ☐

g) Molte opere narrative di scrittori neorealisti hanno come sfondo le vicende della seconda guerra mondiale. V ☐ F ☐

h) Il Neorealismo non ripropone mai nelle sue opere gli ideali politici della Resistenza. V ☐ F ☐

i) La poetica del Neorealismo coincide con un interesse primario per i contenuti, oltre che per lo stile. V ☐ F ☐

l) La prosa neorealista si ispira a quella dei padri della lingua italiana. V ☐ F ☐

m) Contenuti e vicende degli scritti neorealisti sono spesso ambientati in un passato lontano e quasi fiabesco. V ☐ F ☐

n) Lo stile del Neorealismo letterario privilegia un registro espressivo formale e molto sorvegliato. V ☐ F ☐

o) Tra gli autori neorealisti italiano le cui opere sono ambientate negli anni della Resistenza vi sono Cesare Pavese, Beppe Fenoglio ed Elio Vittorini. V ☐ F ☐

2. Rispondi alle seguenti domande.

a) L'amore per la letteratura di quali Paesi accomuna Pavese, Vittorini e Fenoglio?

b) Quali sono le rispettive posizioni assunte da Pavese, Fenoglio e Vittorini durante la guerra?

c) A parte la scrittura di opere di prosa e poesia, quale altro tipo di attività letteraria impegna Cesare Pavese a partire dall'inizio degli anni Trenta?

d) Dove sono ambientate le opere principali di Pavese e Fenoglio? A che cosa è dovuta la scelta di tale ambientazione?

e) Qual è il nome della rivista fondata da Vittorini nel 1945? Quale ruolo essa svolge nel primo dopo-guerra?

VERIFICA UNITÀ 18

Sapere e Saper fare

Comprendere e interpretare un testo

Focus: la realtà contadina

Leggi il brano e poi rispondi ai quesiti.

 Ignazio Silone
Il forestiero

Il brano racconta l'arrivo di un misterioso individuo nel paese di Fontamara e le reazioni della popolazione locale, divisa tra la curiosità e una generale diffidenza.

Davanti alla cantina di Marietta, attorno al tavolo messo per strada, ci fermammo Michele Zompa ed io; e subito dopo sopravvenne Losurdo con l'asina che aveva portato alla monta; e dopo venne
5 anche Ponzio Pilato con la pompa per insolfare[1] sulla schiena; e dopo arrivarono Ranocchia e Sciarappa che erano stati a potare; e dopo arrivarono Barletta, Venerdì Santo, Ciro Zironda, Papasisto e altri che erano stati alla cava di sabbia. E tutti
10 insieme parlavano della luce elettrica, delle tasse nuove, delle tasse vecchie, delle tasse comunali, delle tasse statali, ripetendo sempre la stessa cosa, perché son cose che non mutano. E senza che noi ce ne accorgessimo, era giunto un forestiero. Un
15 forestiero con la bicicletta. Era difficile dire chi potesse essere, a quell'ora. Ci consultammo tra noi, con lo sguardo. Era veramente strano. Quello della luce non era. Quello del comune nemmeno. Quello della pretura nemmeno. D'aspetto era un
20 giovanotto elegantino. Aveva una faccia delicata, rasata, una boccuccia rosea, come un gatto. Con una mano teneva la bicicletta per il manubrio, e la mano era piccola, viscida, come la pancia delle lucertole, e su un dito portava un grande anello, da
25 monsignore. Sulle scarpe portava delle ghette bianche. Un'apparizione incomprensibile a quell'ora. Noi cessammo di parlare. Era evidente che quel fringuellino era arrivato con l'avviso di una nuova tassa. Su questo non c'era da avere dubbi. Nessun
30 dubbio ch'egli avesse fatto un viaggio inutile e che i suoi fogli avrebbero subito la stessa fine di quelli di Innocenzo La Legge[2]. Il punto da chiarire era un altro: su che cosa fosse ancora possibile mettere una nuova tassa. Ognuno di noi, per proprio
35 conto, pensava a questo e con lo sguardo interrogava gli altri. Ma nessuno sapeva. Forse sul chiaro di luna? [...]
La cantiniera sapeva trattare con le persone di riguardo. Fece perciò sedere il forestiero accanto al
40 tavolo. Il forestiero cacciò di tasca alcuni grandi fogli e li posò sul tavolo.
Quando vedemmo i fogli, ci guardammo tra noi e non avemmo più dubbi. I fogli erano lì (i fogli della nuova tassa). Rimaneva da sapere di che tas-
45 sa si trattasse.
Infatti il forestiero cominciò a parlare. Capimmo subito che era uno di città. Rare parole capivamo di tutto quello che diceva. Ma non riuscivamo a capire di che tassa si trattasse. Forse sul chiaro di luna?
50 Intanto si era fatto tardi. Noi eravamo lì, con gli strumenti di lavoro, con le zappe, i picconi, i bidenti[3], le pale, la pompa da insolfare e l'asina di Losurdo. Alcuni se ne andarono. Da lontano cominciarono a sentirsi le voci delle mogli che chia-
55 mavano. Venerdì Santo, Barletta e Papasisto se ne andarono. Sciarappa e Ranocchia ascoltarono ancora un po' la filastrocca del cittadino e poi se ne andarono anche loro. Losurdo voleva restare,

---

1. pompa per insolfare: strumento per spruzzare zolfo sulle piantagioni, allo scopo di preservarle da insetti e parassiti.

2. Innocenzo La Legge: il messo incaricato di comunicare le nuove disposizione di legge agli abitanti di Fontamara.

3. bidenti: attrezzo agricolo costituito da un manico di legno e due sporgenze metalliche arcuate.

ma l'asina, ch'era stanca, lo indusse a partire.

60 Assieme al cittadino, restammo in tre. Quello continuava a parlare. Ogni tanto ci guardavamo tra noi, ma nessuno capiva. Voglio dire, nessuno capiva su che cosa fosse stata impostata una nuova tassa. Alla fine il forestiero finì di parlare. Si rivolse a
65 me che gli ero più vicino, mi presentò un foglio bianco, mi porse un lapis e mi disse:

«Firma».

Perché firmare? Che c'entrava la firma? Di tutta la sua filastrocca non avevo capito dieci parole. Ma
70 anche se avessi capito tutto, perché firmare? Io lo guardai con indifferenza e neppure gli risposi. Quello si rivolse allora al cafone che era vicino a me, gli mise davanti il foglio, gli porse il lapis e disse:
75 «Firma. Ti renderai benemerito».

Nemmeno quello gli rispose e lo guardava con indifferenza assoluta, come un albero o un sasso. Il forestiero si rivolse al terzo cafone, gli mise davanti il foglio, gli porse il lapis e disse:
80 «Comincia tu. Dopo di te, vedrai, firmeranno anche gli altri».

Fu come se avesse parlato al muro. Nessuno fiatò. Ma se neppure sapevamo di che si trattasse, perché dovevamo firmare?
85 Noi stavamo dunque a guardare senza fiatare e quello andò su tutte le furie e, dal tono come parlava, pensavamo che dovesse dire degli improperi contro di noi. Noi aspettavamo che lui si decidesse a parlare della nuova tassa, ma lui parlava di al-
90 tro. A un certo punto, egli prese un frustino che aveva attaccato al telaio della bicicletta e si mise ad agitarlo contro di me, in modo da toccarmi quasi la faccia.

«Parla, parla – gridava – cane, verme, maledetto.
95 Perché non parli? Perché non vuoi firmare?»

Ci vuol altro con me, per farmi perdere la pazienza. Gli feci dunque capire che non eravamo idioti. Gli feci capire che avevamo compreso e che tutte le sue chiacchiere non potevano toglierci dalla testa
100 che si trattasse di una nuova tassa.

«Insomma, – gli dissi annoiato – sbrigati e spiegaci di che tassa si tratta».

Quello mi guardò come se avessi parlato ebraico.

«Parliamo e non ci capiamo», disse scoraggiato.
105 «Parliamo la stessa lingua, ma non parliamo la stessa lingua».

Questo era vero, e chi non lo sa? Un cittadino e un cafone difficilmente possono capirsi. Quando
110 lui parlava era un cittadino, non poteva cessare di essere un cittadino, non poteva parlare che da cittadino. Ma noi eravamo cafoni. Noi capivamo tutto da cafoni, cioè, a modo nostro […].

Non provai perciò meraviglia quando il forestiero ricominciò la filastrocca per spiegarci che egli non
115 aveva parlato di tasse, che egli non aveva nulla a che fare con le tasse, che egli era venuto a Fontamara per un altro motivo e che non c'era nulla da pagare, proprio nulla.

Poiché si era fatto tardi ed era buio, egli acce-
120 se dei fiammiferi. Ci mostrò, a uno a uno, i fogli di carta. I fogli di carta erano veramente bianchi. Non erano i fogli delle tasse che hanno sempre del nero sul bianco. Erano interamente bianchi. Solo in cima a un foglio c'era scritto qualche cosa. Il
125 cittadino accese due fiammiferi e ci mostrò quello che c'era scritto:

I sottoscritti, in sostegno di quanto sopra, rilasciano le loro firme spontaneamente, volontariamente e con entusiasmo al cav. Pelino.
130 Il cav. Pelino era lui, ci assicurò. […]

I fogli firmati sarebbero andati al Governo.

Il cav. Pelino aveva ricevuto quei fogli dai suoi superiori. Degli identici erano stati portati da altri suoi colleghi in altri comuni. Non era dunque una
135 invenzione speciale per Fontamara. Era per tutti i villaggi. In sostanza, era una petizione al Governo, ci disse. La petizione aveva bisogno di molte firme. La petizione vera e propria, lì, non c'era. Il cav. Pelino non la conosceva. La petizione sarebbe
140 stata scritta dai suoi superiori. Egli non aveva che il dovere di raccogliere le firme. E i cafoni il dovere di firmare. Ad ognuno il suo dovere.

«Capito?» ci spiegò. «È finito il tempo in cui i cafoni erano ignoranti e disprezzati. Ora ci sono
145 delle nuove autorità che hanno un gran rispetto per i cafoni e vogliono conoscere la loro opinione. Perciò, firmate. Apprezzate l'onore che le autorità vi han fatto, mandando qui un funzionario per raccogliere la vostra opinione».
150 Quest'argomento fece una certa impressione su Marietta, mentre noi eravamo ancora diffidenti. Ma intanto si era avvicinato il generale Baldissera, che aveva sentito le ultime spiegazioni e disse senz'altro (voi sapete come sono gli scarpari[4]):
155 «Se l'onorevole personaggio mi assicura che non si tratta di pagare, io firmo per primo».

---

4. scarpari: calzolai.

VERIFICA UNITÀ 18

Lui firmò per il primo. Poi io; ebbi però, adesso posso dirlo, l'accortezza di firmare col nome di mio padre, già morto, pensando: non si sa mai. Poi firmò Ponzio Pilato, che era vicino a me. Poi Zompa. Poi Marietta. E gli altri? Come interrogarli? Data l'ora tarda, era impossibile andare casa per casa. Il cav. Pelino trovò la soluzione. Noi avremmo dettato a lui i nomi di tutti i Fontamaresi e lui li avrebbe registrati. Così facemmo.

Ignazio Silone, *Fontamara*, Milano, Mondadori, 1949

Competenza testuale

Individuare e ricavare informazioni

_____ **1.** In quale luogo si svolge la vicenda?
_____ **2.** Che cosa stanno facendo gli abitanti prima dell'arrivo del forestiero?
_____ **3.** Quali particolari dell'abbigliamento del sopraggiunto lo indicano come un cittadino?
_____ **4.** Che cosa vuole da loro questo personaggio?
_____ **5.** Egli riesce a ottenere ciò che vuole?
_____ **6.** Indica il lavoro svolto dal cav. Pelino.
     a) ☐ Portalettere.   b) ☐ Sindaco.   c) ☐ Funzionario amministrativo.   d) ☐ Incaricato delle tasse.

Comprendere i significati

_____ **7.** Che cosa intende l'autore con l'espressione *la filastrocca del cittadino* (r. 57)?
_____ **8.** *Parliamo la stessa lingua, ma non parliamo la stessa lingua* (rr. 105-106). Che cosa significa questa affermazione?
_____ **9.** *Gli feci dunque capire che non eravamo idioti* (r. 97). Nel contesto in cui vengono pronunciate, quale sentimento esprimono queste parole?
     a) ☐ Ignoranza.   b) ☐ Testardaggine.   c) ☐ Incompetenza.   d) ☐ Orgoglio.

Interpretare e valutare

_____ **10.** *Un cittadino e un cafone difficilmente possono capirsi* (rr. 107-108). Che cosa, secondo te, impedisce loro di comprendersi a vicenda?
_____ **11.** Per quale ragione, secondo te, il testo della petizione non viene mostrato ai paesani?

Comprendere strutture e caratteristiche dei generi testuali

_____ **12.** Il narratore è interno o esterno?
_____ **13.** A chi appartiene il punto vista prevalente?
_____ **14.** Nel testo sono presenti molte sequenze dialogate. Quali effetti producono a livello narrativo e stilistico?
_____ **15.** Illustra brevemente quali caratteristiche del testo rispecchiano la poetica neorealista.

Riconoscere il registro linguistico

_____ **16.** Indica quale registro linguistico è prevalente nel testo.
     a) ☐ Formale.   b) ☐ Medio.   c) ☐ Informale.   d) ☐ Popolare.
_____ **17.** I personaggi adottano tutti il medesimo registro linguistico? Motiva la tua risposta.
_____ **18.** Ti sembra che tale scelta stilistica dell'autore sia caratteristica del Neorealismo letterario? Motiva la tua risposta.

Competenza lessicale

_____ **19.** Da che cosa può essere sostituito il vocabolo *cafoni* presente nel testo?
     a) ☐ Ignoranti.   b) ☐ Paesani.   c) ☐ Maleducati.   d) ☐ Contadini.
_____ **20.** Quale tra i significati elencati precedentemente ha oggi il vocabolo "cafone"? Sei in grado di ricostruire le ragioni di questo cambiamento di significato?
_____ **21.** *Se l'onorevole personaggio mi assicura che non si tratta di pagare, io firmo per primo.* Quale altro aggettivo può sostituire *onorevole*?
     a) ☐ Forestiero.   b) ☐ Illustre.   c) ☐ Onesto.   d) ☐ Istruito.

Competenza grammaticale

_____ **22.** Indica quali sono i tempi verbali maggiormente usati nel testo.
_____ **23.** *Perciò, firmate. Apprezzate l'onore che le autorità vi han fatto.* A quale modo verbale appartengono le forme sottolineate?
_____ **24.** *Egli non aveva che il dovere di raccogliere le firme.* Qual è la funzione grammaticale di *che*?
     a) ☐ Pronome relativo.   b) ☐ Congiunzione.   c) ☐ Avverbio.   d) ☐ Pronome indefinito.

Unità 19

Primo Levi: l'interrogazione della realtà

- T1 Il lager
- T2 La coppia conica

Saper fare
- T3 Zolfo

🔴 ONLINE
- W1 da *I sommersi e i salvati*
- W2 da *La tregua*
- W3 da *Il sistema periodico*

I contesti

1 Una lucida razionalità di fronte alla tragedia

Una doppia formazione esistenziale Due diverse esperienze di vita hanno influito sulla personalità e sulla produzione letteraria di Primo Levi, uno dei più importanti scrittori e intellettuali italiani di tutto il Novecento: l'**internamento in un lager nazista** e la sua **formazione scientifica** di chimico. Apparentemente, tra queste due realtà sembrano esservi pochi punti in comune. Sarà lo stesso scrittore ad affermare, in un'intervista con il critico letterario Giovanni Tesio: «Io credo che il mio destino profondo […] sia l'ibridismo, la spaccatura».

Dalla sua formazione scientifica Levi deriva il rigore, la concretezza, il desiderio di indagare la realtà senza fermarsi alle apparenze che caratterizzano la sua scrittura e la sua statura intellettuale. In un'intervista del 1973 a Marco Pennaccini, studente liceale (ripubblicata il 26 gennaio 2011 dall'«Unità»), a proposito del suo mestiere di chimico Primo Levi ha affermato: «Non si trattava solo di un mestiere esercitato, ma anche di una **formazione esistenziale**, di certe abitudini mentali e direi, prima tra tutte, quella della chiarezza. Un chimico che non sappia esprimersi è un povero chimico».

Il Levi chimico insegna dunque al Levi scrittore a essere preciso e a pesare le parole, con l'obbiettivo di togliere oscurità ai concetti e trasmettere le idee con limpidità e chiarezza. Ed è ciò che Levi fa nella sua produzione letteraria. Dopo aver conosciuto sulla sua persona la tragedia della **Shoah**, attraversando la crudeltà del lager nazista, egli ce ne ha lasciato una toccante e inestimabile testimonianza nella sua opera più celebre, *Se questo è un uomo*.

L'opera della ragione contro la disumanità

È anche grazie alla sua solida formazione scientifica e al profondo spirito razionale che essa richiede che Levi è riuscito ad affrontare la terribile esperienza dell'Olocausto. Il lager è stato, come egli ha scritto, «il più minaccioso dei mostri creati dal sonno della ragione». *Se questo è un uomo* ha il compito di "neutralizzarlo", proponendosi come «uno studio pacato di alcuni aspetti dell'animo umano», come egli scriverà nella prima pagina del libro. L'intento di Levi è dunque di utilizzare la ragione, qualità distintiva dell'uomo, per riflettere sull'assurda disumanità, sull'insensatezza della Shoah e della realtà da lui vissuta nel campo di concentramento. La difficile strada scelta da Levi attraverso la sua opera dimostra dunque la sua precisa volontà di compiere un tentativo per risolvevare la digni-

636

tà dell'uomo dopo la terribile degradazione che essa ha patito.

Il dolore della memoria La cultura di Levi, nutrita di valori improntati al rispetto della **dignità**, della **ragione** e della **libertà** umane, gli dà la forza necessaria per superare la terribile prova del campo di concentramento e la capacità di raccontarla, di comunicarne l'orrore.
Primo Levi si ritrova perciò a dover affrontare la terribile realtà della Shoah per ben due volte: durante la sua permanenza nel lager e nel trauma angoscioso del ricordo. La realtà quotidiana del campo di concentramento è stata un'esperienza talmente atroce da risultare, per molti che l'hanno vissuta, impossibile da raccontare: l'aver attraversato una tragedia umana così orribile ha infatti lasciato in chi è sopravvissuto dei traumi profondissimi. Primo Levi è stato uno dei pochi ad aver avuto la forza e il coraggio di affrontare entrambe queste prove: la tragedia dell'esperienza, l'angoscia del racconto. Se si pensa che questo doppio trauma caratterizzerà tutta l'esistenza successiva di Levi, tormentandolo ogni giorno fino al momento della sua morte, si comprende bene l'immenso valore che egli ha saputo dimostrare nella sua preziosa opera di testimonianza. Il messaggio più importante che egli ci ha trasmesso nella sua opera riguarda la necessità di educare le coscienze a un **ideale di civiltà**. La sua opera deve pertanto essere utile a far sviluppare una certa coscienza dell'orrore che ha caratterizzato **il passato recente** dell'umanità e la consapevolezza dell'eterno pericolo, dell'intrinseca **fragilità del destino umano**. Il rischio, però, è che tale testimonianza si trasformi troppo presto in un capitolo lontano della nostra storia. Come ha prefigurato lo stesso Levi, sempre nell'intervista a Marco Pennaccini, «…queste cose vengono sentite […] come passato remoto, un capitolo arcaico, come i garibaldini insomma, come la rivoluzione francese, una cosa molto, molto lontana. Infatti è abbastanza lontana nel tempo, ma… solo nel tempo è lontana».
Il nostro compito, dunque, è quello di **non dimenticare**: il genocidio commesso nei lager nazisti si allontanerà sempre più nel tempo, ma il disgusto per tale orrore deve rimanere vivo nella nostra coscienza, come un doloroso ma necessario monito.

APPROFONDIMENTO

L'antisemitismo

Il clima sociale e umano che grava su tutta l'Europa durante gli anni dei **regimi nazifascisti** è avvelenato dalla pubblica e generalizzata discriminazione verso gli ebrei e verso tutte quelle comunità che questi totalitarismi considerano disprezzabili "minoranze" senza alcun diritto, neppure quello all'esistenza. Queste aberranti concezioni saranno tradotte in precisi regolamenti, imposti in tutti i Paesi sottomessi alla Germania nazista o che hanno con essa rapporti di alleanza.
L'**antisemitismo**, l'odio e la persecuzione degli appartenenti alla religione e alla cultura ebraica, rappresenta purtroppo un'ideologia e una pratica molto antica, che da molti secoli caratterizza, con forme e caratteri diversi, la storia mondiale. Negli anni del nazismo, esso si è manifestato come un vero e proprio obiettivo politico, perseguito e attuato attraverso la promulgazione di **leggi razziali** e l'istituzione di **"campi di lavoro"** – in realtà, luoghi di tortura e sterminio – dove verranno deportati non solo gli ebrei, ma tutti gli oppositori del regime totalitario. Iniziata in Germania già nel 1933 (anno dell'avvento di Hitler al potere) attraverso il boicottaggio dei negozi, sopraffazioni e violenze organizzate di vario tipo, la persecuzione contro gli ebrei culminerà durante il secondo conflitto mondiale nella cosiddetta **"soluzione finale"**, un piano sistematico di sterminio totale (**Shoah**, in ebraico) di tutti gli ebrei dei territori occupati dai tedeschi tra il 1939 e il 1945.

PARTE 3 · Percorso di letteratura

Come studiare l'autore

Biografia	• La famiglia di origine • Gli studi e il primo lavoro • L'esperienza partigiana • La deportazione nel lager • Il suicidio
Aspetti più importanti del contesto storico-culturale	• Il dramma della Shoah • Il Neorealismo
Produzione letteraria	• Gli scritti di testimonianza • Gli scritti d'ispirazione tecnico-scientifica
Tematiche e poetica	• L'orrore dei campi di sterminio • Il valore della dignità personale • L'imbarbarimento dell'uomo • La negazione della solidarietà • La fiducia nel lavoro e nella libertà creativa • Il realismo e la chiarezza del racconto

2 La vita e le opere

La giovinezza Primo Levi nasce a Torino, nel 1919, in una famiglia ebrea benestante: il padre è ingegnere elettronico, la madre figlia di agiati mercanti. Dopo aver frequentato il prestigioso liceo classico D'Azeglio, s'iscrive alla facoltà scientifica dell'università di Torino. Nonostante la promulgazione delle **leggi razziali** (che limitano radicalmente il diritto allo studio e al lavoro per gli ebrei), Primo riuscirà a laurearsi in chimica, nel 1941, e a trovare rapidamente un lavoro (anche in ragione delle difficoltà economiche della sua famiglia, provocate dalla morte del padre, avvenuta nel 1942); dapprima a Lanzo, poco lontano da Torino, in una cava d'amianto, poi, a Milano, presso un'azienda farmaceutica svizzera.

Dopo l'armistizio dell'8 settembre 1943, Levi parteciperà attivamente alla **Resistenza** contro l'esercito nazifascista, unendosi a un gruppo partigiano in Valle d'Aosta. Nel dicembre dello stesso anno viene catturato dalle milizie fasciste; in quanto ebreo, viene dapprima mandato nel campo di concentramento di Fossoli (nei pressi di Modena), il 22 febbraio 1944, e di lì a pochi mesi viene deportato nel **lager di Monowitz** (sito nell'attuale Polonia), facente parte del sistema concentrazionario di **Auschwitz**.

La testimonianza Primo Levi è stato tra i pochi sopravvissuti alla disumana vita del lager, caratterizzata da lavori forzati, terribili stenti, crudeli violenze sia fisiche sia psicologiche e, quando tutto ciò non basta a togliere la vita ai prigionieri, dalla sistematica uccisione di quelli tra costoro considerati "non utili". Quando il campo sarà infine liberato dall'Armata rossa sovietica, nel gennaio del 1945, Levi effettuerà con alcuni compagni un massacrante viaggio di ritorno in Italia, durato circa nove mesi, attraversando – per lo più a piedi – la Polonia, la Russia occidentale, l'Ucraina, la Romania, l'Ungheria, l'Austria e la Germania (▶ carta p. 639).

Queste drammatiche esperienze segnano non solo la vita, ma anche l'inizio della sua produzione letteraria. Le sue prime opere saranno infatti *Se questo è un uomo*, testimonianza della vita all'interno del lager, la cui prima edizione esce già nel 1947; e *La tregua* (1963), resoconto del suo lungo viaggio di ritorno a casa.

La chimica e la narrativa La fine della guerra e il ritorno in Italia rappresentano per Primo Levi la possibilità di riprendere la sua attività di chimico, che praticherà fino al 1975. Nello stesso tempo, egli comincia a dedicarsi alla letteratura e al giornalismo, oltre che con scritti di testimonianza, anche con testi di altro genere. Alle opere sull'esperienza della prigionia seguiranno infatti diverse raccolte di racconti, incentrate principalmente sul rapporto dell'uomo con la scienza e il lavoro: *Storie naturali* (1966), *Il sistema periodico* (1975), *La chiave a stella* (1978), *L'altrui mestiere* (1985).

Ma il tema della *Shoah* non scomparirà mai del tutto dalla sua dimensione letteraria: nel 1982 Levi pubblica *Se non ora quando?*, romanzo in cui si narrano le vicende di un gruppo di partigiani polacchi e russi di origine ebrea in lotta contro i tedeschi sul fronte orientale. Nel 1986, un anno prima della morte, torna a riflettere sull'esperienza della deportazione e pubblica *I sommersi e i salvati*, intenso saggio autobiografico incentra-

638

to sull'analisi del sistema concentrazionario, sui dolorosi meccanismi della memoria, sui rapporti a volte ambigui tra oppressi e oppressori e, in generale, sulla natura della condizione umana. Un anno dopo, nel 1987, Primo Levi muore suicida nella sua casa di Torino.

3 Gli scritti di testimonianza e di ispirazione tecnico-scientifica

Se questo è un uomo L'opera, pubblicata per la prima volta nel 1947 dalla piccola casa editrice Da Silva, viene inizialmente ignorata dal pubblico e dalla critica. Solo quando la più prestigiosa Einaudi (che undici anni prima aveva "scartato" l'opera) deciderà di pubblicarne una nuova edizione, nel 1958, nascerà un vivo interesse attorno a *Se questo è un uomo*, dapprima in Italia e poi anche all'estero.

Il racconto si articola in diciassette capitoli, che ripercorrono gli eventi che vanno dal marzo 1944 (l'arrivo di Levi al campo di concentramento) al gennaio 1945 (la liberazione del lager per opera dell'esercito russo). Già in questi mesi il libro comincia a nascere, a poco a poco, a partire dai racconti orali che Levi fa ai suoi conoscenti, appena tornato a casa dopo il suo lungo viaggio. Ogni capitolo ha dunque un'origine e un tema a sé stanti; solo in un secondo momento l'autore ha deciso di riunire insieme il tutto a formare un libro. Primo Levi avverte immediatamente il bisogno di scrivere, di testimoniare, di raccontare; diverse parti del libro, addirittura, erano state scritte di nascosto già durante l'internamento, su alcuni pezzi di carta trafugati durante il lavoro nella fabbrica di gomma sintetica del lager.

Se questo è un uomo non è soltanto un libro sui campi di concentramento e sullo sterminio degli ebrei durante la seconda guerra mondiale. È anche e soprattutto una **riflessione generale sulla condizione umana**, sui suoi limiti e sulle sue straordinarie risorse, sul rapporto tra

bene e male, sulla **dignità**, intesa come valore supremo e inalienabile di ogni singolo individuo. Un'esperienza estremamente tragica, come quella del campo di concentramento, diventa l'occasione determinante per interrogarsi sul significato dell'esistenza dell'uomo, sul rapporto che egli è capace di creare con se stesso e con gli altri (▶ *Il lager*, p. 641). L'abisso di disumanità che la Storia ha raggiunto durante la Shoah viene ribaltato da Levi in un accorato appello al rispetto del sacro valore dell'umanità, affinché la sua dignità non venga più calpestata.

La tregua Scritto tra il 1961 e il 1962, pubblicato nel 1963, il romanzo riscuote un successo immediato di critica e di pubblico: vince la prima edizione del premio Campiello e contribuisce, con la sua fama, ad avvicinare altri lettori a *Se questo è un uomo*.

In quest'opera, Primo Levi racconta la storia del suo ritorno in Italia: un viaggio avventuroso durato quasi un anno attraverso l'Europa devastata dalla guerra.

A tale lunga odissea si accompagna, parallelo, un faticoso percorso interiore: il lento e doloroso cammino verso il ritorno a una vita normale, verso la ricostruzione di rapporti "positivi" con il prossimo, dopo un'esperienza talmente traumatica da rivelarsi incancellabile. Se pertanto, nel percorso autobiografico compiuto dalla scrittura di Levi *La tregua* può essere considerato come la "continuazione" di *Se questo è un uomo* (la liberazione del lager è la scena che li collega, chiudendo uno e aprendo l'altro romanzo), il tono e il contenuto stesso di questa seconda opera trasmettono al lettore una maggiore speranza, il vivo desiderio di un nuovo inizio.

Il sistema periodico Negli anni successivi, Levi scriverà numerose opere in cui mostra in maniera evidente il proposito di analizzare la realtà attraverso una duplice prospettiva, quella del **letterato** e quella dello **scienziato**. Questo sforzo è evidente nella raccolta di racconti *Il sistema periodico*, pubblicata nel 1975 e incentrata sulla sua vita di scienziato e di chimico. I racconti del *Sistema periodico*, alcuni dei quali già pubblicati con altri titoli su varie riviste, prendono il loro titolo dal nome degli elementi chimici e vengono disposti secondo l'ordine del "sistema periodico" (ossia la tavola periodica degli elementi di Mendeleev).

La chimica, negli scritti di Levi, non è solo una fonte di ispirazione per narrare episodi ed esperienze della sua vita privata e professionale, riproposti in forma di **apologo morale**. Il contenuto "scientifico" della narrazione diventa l'occasione per mettere in pratica una modalità di lettura della realtà fondata sull'**osservazione** e sulla **sperimentazione**, ovvero sui valori propri della metodologia scientifica (▶ *Zolfo*, p. 659).

La chiave a stella In questo romanzo, pubblicato nel 1978, Levi mette in scena l'incontro tra **un chimico** (narratore e alter ego dell'autore stesso) e **Faussone**, il protagonista, operaio specializzato ed esperto montatore di gru. Il romanzo si presenta come la trascrizione dei dialoghi tra la voce narrante e il personaggio, i quali danno origine a tanti brevi racconti incentrati sulle diverse esperienze che hanno segnato l'attività lavorativa del protagonista.

Anche qui la chimica e la tecnologia assumono un ruolo importante; ma il tema centrale del libro è piuttosto l'esaltazione dell'**etica del lavoro**, attività che, se svolta con impegno e passione, assicura all'individuo la **libertà** e la **realizzazione personale**. Ascoltando le parole del protagonista, il narratore afferma: «Il termine "libertà" ha notoriamente molti sensi, ma forse il tipo di libertà più accessibile, più goduto soggettivamente, e più utile al consorzio umano, coincide con l'essere competenti nel proprio lavoro, e quindi nel provare piacere a svolgerlo.» (▶ *La coppia conica*, p. 651).

Faussone è perciò un vero e proprio eroe: un **eroe del lavoro**. L'esperienza autobiografica ha fatto sì che Levi sperimentasse in maniera massima, all'interno del lager, l'insensata durezza di un lavoro massacrante, che toglie ogni senso alla quotidiana esistenza umana. In contrasto con tale esperienza alienante, Primo Levi rivendica il potere di emancipazione umana che il lavoro può e deve rappresentare per l'individuo: l'unica attività che riesca a dare dignità alla persona e un senso alla sua realtà.

Primo Levi: l'interrogazione della realtà · UNITÀ 19

T1 Il lager

Il testo che ti proponiamo è costituito da tre brani tratti da diversi capitoli di *Se questo è un uomo*. Il primo narra del viaggio e dell'arrivo al campo di concentramento di Auschwitz, dell'"iniziazione" dei deportati e della loro degradazione da esseri umani a oggetti privi di valore, semplici "numeri" (al prigioniero Levi sarà tatuato sul braccio il numero 174 517, che costituirà di lì in avanti la sua identità all'interno del campo).
Il secondo brano descrive una tipica giornata di lavoro alla Buna, la fabbrica di gomma sintetica che aveva finanziato la costruzione di Monowitz per disporre di manodopera gratuita.
Il terzo brano descrive come avvengono le "selezioni": chi deperisce, a causa del duro lavoro e della denutrizione (i funzionari dei lager avevano calcolato che la vita media di un deportato ai lavori forzati era di due mesi), viene trasferito dal campo di lavoro all'adiacente campo di sterminio di Birkenau. La selezione è del tutto irrazionale e disumana: in pochi secondi e senza un vero "esame" viene stabilito chi continuerà a lavorare e chi sarà invece destinato alle camere a gas.

• **GENERE**
Romanzo autobiografico
• **LUOGO E TEMPO**
Auschwitz; 1944
• **PERSONAGGI**
Primo Levi; i suoi compagni di prigionia; i soldati tedeschi

Gli sportelli erano stati chiusi subito, ma il treno non si mosse che a sera. Avevamo appreso con sollievo la nostra destinazione. Auschwitz: un nome privo di significato, allora e per noi; ma doveva pur corrispondere a un luogo di questa terra.

5 Il treno viaggiava lentamente, con lunghe soste snervanti. Dalla feritoia, vedemmo sfilare le alte rupi pallide della val d'Adige, gli ultimi nomi di città italiane. Passammo il Brennero alle dodici del secondo giorno, e tutti si alzarono in piedi, ma nessuno disse parola. Mi stava nel cuore il pensiero del ritorno, e crudelmente mi rappresentavo quale avrebbe potuto essere la inumana gioia di quell'altro pas-
10 saggio, a portiere aperte, ché nessuno avrebbe desiderato fuggire, e i primi nomi italiani..., e mi guardai intorno, e pensai quanti, fra quella povera polvere umana, sarebbero stati toccati dal destino.

Fra le quarantacinque persone del mio vagone, quattro soltanto hanno rivisto le loro case; e fu di gran lunga il vagone più fortunato.

15 Soffrivamo per la sete e il freddo: a tutte le fermate chiedevamo acqua a gran voce, o almeno un pugno di neve, ma raramente fummo uditi; i soldati della scorta allontanavano chi tentava di avvicinarsi al convoglio. Due giovani madri, coi figli ancora al seno, gemevano notte e giorno implorando acqua. Meno tormentose erano per tutti la fame, la fatica e l'insonnia, rese meno penose dalla tensione dei
20 nervi: ma le notti erano incubi senza fine.

Pochi sono gli uomini che sanno andare a morte con dignità, e spesso non quelli che ti aspetteresti. Pochi sanno tacere, e rispettare il silenzio altrui. Il nostro sonno inquieto era interrotto sovente da liti rumorose e futili, da imprecazioni, da calci e pugni vibrati alla cieca come difesa contro qualche contatto molesto e
25 inevitabile. Allora qualcuno accendeva la lugubre fiammella di una candela, e ri-

641

velava, prono[1] sul pavimento, un brulichio fosco, una materia umana confusa e continua, torpida e dolorosa, sollevata qua e là da convulsioni improvvise subito spente dalla stanchezza.

Dalla feritoia, nomi noti e ignoti di città austriache, Salisburgo, Vienna; poi cèche, infine polacche. Alla sera del quarto giorno, il freddo si fece intenso: il treno percorreva interminabili pinete nere, salendo in modo percettibile. La neve era alta. Doveva essere una linea secondaria, le stazioni erano piccole e quasi deserte. Nessuno tentava più, durante le soste, di comunicare col mondo esterno: ci sentivamo ormai «dall'altra parte». Vi fu una lunga sosta in aperta campagna, poi la marcia riprese con estrema lentezza, e il convoglio si arrestò definitivamente, a notte alta, in mezzo a una pianura buia e silenziosa.

Si vedevano, da entrambi i lati del binario, file di lumi bianchi e rossi, a perdita d'occhio; ma nulla di quel rumorio confuso che denunzia di lontano i luoghi abitati. Alla luce misera dell'ultima candela, spento il ritmo delle rotaie, spento ogni suono umano, attendemmo che qualcosa avvenisse.

Accanto a me, serrata come me fra corpo e corpo, era stata per tutto il viaggio una donna. Ci conoscevamo da molti anni, e la sventura ci aveva colti insieme, ma poco sapevamo l'uno dell'altra. Ci dicemmo allora, nell'ora della decisione, cose che non si dicono fra i vivi. Ci salutammo, e fu breve; ciascuno salutò nell'altro la vita. Non avevamo più paura.

Venne a un tratto lo scioglimento. La portiera fu aperta con fragore, il buio echeggiò di ordini stranieri, e di quei barbarici latrati dei tedeschi[2] quando comandano, che sembrano dar vento a una rabbia vecchia di secoli. Ci apparve una vasta banchina[3] illuminata da riflettori. Poco oltre, una fila di autocarri. Poi tutto tacque di nuovo. Qualcuno tradusse: bisognava scendere coi bagagli, e depositare questi lungo il treno. In un momento la banchina fu brulicante di ombre: ma avevamo paura di rompere quel silenzio, tutti si affaccendavano intorno ai bagagli, si cercavano, si chiamavano l'un l'altro, ma timidamente, a mezza voce.

Una decina di SS[4] stavano in disparte, l'aria indifferente, piantati a gambe larghe. A un certo momento, penetrarono fra di noi, e, con voce sommessa, con visi di pietra, presero a interrogarci rapidamente, uno per uno, in cattivo italiano. Non interrogavano tutti, solo qualcuno. «Quanti anni? Sano o malato?» e in base alla risposta ci indicavano due diverse direzioni.

Tutto era silenzioso come in un acquario, e come in certe scene di sogni. Ci saremmo attesi qualcosa di più apocalittico: sembravano semplici agenti d'ordine. Era sconcertante e disarmante. Qualcuno osò chiedere dei bagagli: risposero «bagagli dopo»; qualche altro non voleva lasciare la moglie: dissero «dopo di nuovo insieme»; molte madri non volevano separarsi dai figli: dissero «bene bene, stare con figlio». Sempre con la pacata sicurezza di chi non fa che il suo ufficio di ogni giorno; ma Renzo indugiò un istante di troppo a salutare Francesca, che era la

---

1. prono: disteso a pancia in giù.
2. barbarici... tedeschi: le parole in tedesco suonano aspre e secche ai loro orecchi, come latrati.

3. banchina: costruzione in muratura, simile a un grande marciapiede.

4. SS: sigla che indicava le Schultz Staffeln ("reparti di difesa"), corpo speciale dell'esercito nazista.

sua fidanzata, e allora con un solo colpo in pieno viso lo stesero a terra; era il loro ufficio[5] di ogni giorno.

In meno di dieci minuti tutti noi uomini validi fummo radunati in un gruppo. Quello che accadde degli altri, delle donne, dei bambini, dei vecchi, noi non po-
70 temmo stabilire allora né dopo: la notte li inghiottì, puramente e semplicemente. Oggi però sappiamo che in quella scelta rapida e sommaria, di ognuno di noi era stato giudicato se potesse o no lavorare utilmente per il Reich[6]; sappiamo che nei campi rispettivamente di Buna-Monowitz e Birkenau, non entrarono, del nostro convoglio, che novantasei uomini e ventinove donne, e che di tutti gli altri, in
75 numero di più di cinquecento, non uno era vivo due giorni più tardi. Sappiamo anche, che non sempre questo pur tenue principio di discriminazione in abili e inabili fu seguito, e che successivamente fu adottato spesso il sistema più semplice di aprire entrambe le portiere dei vagoni, senza avvertimenti né istruzioni ai nuovi arrivati. Entravano in campo quelli che il caso faceva scendere da un lato
80 del convoglio; andavano in gas[7] gli altri.

Così morì Emilia, che aveva tre anni; poiché ai tedeschi appariva palese[8] la necessità storica di mettere a morte i bambini degli ebrei. Emilia, figlia dell'ingegner Aldo Levi di Milano, che era una bambina curiosa, ambiziosa, allegra e intelligente; alla quale, durante il viaggio nel vagone gremito, il padre e la madre
85 erano riusciti a fare il bagno in un mastello[9] di zinco, in acqua tiepida che il degenere macchinista tedesco aveva acconsentito a spillare dalla locomotiva che ci trascinava tutti alla morte.

Scomparvero così, in un istante, a tradimento, le nostre donne, i nostri genitori, i nostri figli. Quasi nessuno ebbe modo di salutarli. Li vedemmo un po' di tempo
90 come una massa oscura all'altra estremità della banchina, poi non vedemmo più nulla [...].

Senza sapere come, mi trovai caricato su un autocarro con una trentina di altri; l'autocarro partì nella notte a tutta velocità; era coperto e non si poteva vedere fuori, ma dalle scosse si capiva che la strada aveva molte curve e cunette [...].
95 Il viaggio non durò che una ventina di minuti. Poi l'autocarro si è fermato, e si è vista una grande porta, e sopra una scritta vivamente illuminata (il suo ricordo ancora mi percuote nei sogni): ARBEIT MACHT FREI, il lavoro rende liberi.

[La giornata dei prigionieri è scandita da rigidi orari: essi devono lavorare per almeno otto ore, con qualunque condizione atmosferica, con l'intervallo di un'ora per il rancio. Si tratta sempre di lavori pesanti, resi massacranti dalle precarie condizioni di salute dei prigionieri e dall'assoluta scarsità di cibo. Anche durante i mesi invernali gli uomini sono condotti in un cantiere poco fuori del campo, dove devono caricare e scaricare merce varia, tra cui pesanti tubi di ferro e traversine di legno, intrise di pioggia e quindi ancor più pesanti.]

---

5. ufficio: incarico.
6. Reich: in tedesco, "regno", "impero". Il Terzo Reich identifica il regime nazista, successore del Sacro Romano Impero e dell'Impero tedesco (1871-1918).
7. in gas: nelle camere a gas, dove venivano immediatamente uccisi tramite inalazione di gas letale.
8. palese: del tutto evidente.
9. mastello: grande catino.

La traversina è incrostata di neve e di fango, a ogni passo mi batte contro l'orecchio e la neve mi scivola nel collo. Dopo una cinquantina di passi sono al limite di quanto si suole chiamare la normale sopportazione: le ginocchia si piegano, la spalla duole come stretta in una morsa, l'equilibrio è in pericolo. A ogni passo sento le scarpe succhiate dal fango avido, da questo fango polacco onnipresente il cui orrore monotono riempie le nostre giornate.

Mi mordo profondamente le labbra: a noi è noto che il procurarsi un piccolo dolore estraneo serve come stimolante per mobilitare le estreme riserve di energia. Anche i Kapos[10] lo sanno: alcuni ci percuotono per pura bestialità e violenza, ma ve ne sono altri che ci percuotono quando siamo sotto il carico, quasi amorevolmente, accompagnando le percosse con esortazioni e incoraggiamenti, come fanno i carrettieri coi cavalli volenterosi.

Arrivati al cilindro[11], scarichiamo a terra la traversina, e io resto impalato, cogli occhi vuoti, la bocca aperta e le braccia penzoloni, immerso nella estasi effimera e negativa della cessazione del dolore. In un crepuscolo di esaurimento, attendo lo spintone che mi costringerà a riprendere il lavoro, e cerco di profittare di ogni secondo dell'attesa per ricuperare qualche energia.

Ma lo spintone non viene; Resnyk[12] mi tocca il gomito, il più lentamente possibile ritorniamo alle traversine. Là si aggirano gli altri, a coppie, cercando tutti di indugiare quanto più possono prima di sottoporsi al carico.

10. Kapos: i prigionieri incaricati della sorveglianza degli altri prigionieri.
11. cilindro: un enorme cilindro di ghisa che avevano da poco scaricato da un camion.
12. Resnyk: il compagno di cuccetta e di lavoro di Levi; essendo polacco, per farsi capire gli parla in un francese piuttosto approssimativo.

«Allons, petit, attrape[13]». Questa traversina è asciutta e un po' più leggera, ma alla fine del secondo viaggio mi presento al Vorarbeiter[14] e chiedo di andare alla latrina.

Noi abbiamo il vantaggio che la nostra latrina è piuttosto lontana; questo ci autorizza, una volta al giorno, a una assenza un po' più lunga che di norma, e inoltre, poiché è proibito recarvisi da soli, ne è seguito che Wachsmann, il più debole e maldestro del Kommando[15], è stato investito della carica di Scheissbegleiter, «accompagnatore alle latrine»; Wachsmann, per virtù di tale nomina, è responsabile di un nostro ipotetico (risibile[16] ipotesi!) tentativo di fuga, e, più realisticamente, di ogni nostro ritardo.

Poiché la mia domanda è stata accettata, me ne parto nel fango, nella neve grigia e tra i rottami metallici, scortato dal piccolo Wachsmann […].

Quando ritorno al lavoro, si vedono passare gli autocarri del rancio, il che vuol dire che sono le dieci, e questa è già un'ora rispettabile, tale che la pausa di mezzogiorno già si profila nella nebbia del futuro remoto[17] e noi possiamo cominciare ad attingere energia dall'attesa.

Faccio con Resnyk ancora due o tre viaggi, cercando con ogni cura, anche spingendoci a cataste lontane, di trovare traversine più leggere, ma ormai tutte le migliori sono già state trasportate, e non restano che le altre, atroci, dagli spigoli vivi, pesanti di fango e ghiaccio, con inchiodate le piastre metalliche per adattarvi le rotaie.

[Di tanto in tanto, quando c'è bisogno di fare posto per nuovi detenuti in arrivo, i responsabili del campo procedono a una selezione dei prigionieri per stabilire chi è ancora in grado di lavorare e chi deve essere mandato alla morte. Prima della selezione tutti sono condotti nelle baracche dormitorio, che vengono chiuse e vigilate, affinché nessuno possa fuggire o nascondersi, né possa veder partire per i forni crematori i selezionati. È uno dei momenti più tragici della vita al campo: riemergono in esso gli istinti bestiali di sopravvivenza e ciascuno, come mostra Levi, abbandona la propria umanità per aggrapparsi a qualsiasi speranza di salvezza per la propria misera vita: «I giovani dicono ai giovani che saranno scelti tutti i vecchi. I sani dicono ai sani che saranno scelti solo i malati. Saranno esclusi gli specialisti. Saranno esclusi gli ebrei tedeschi. Sarai scelto tu. Sarò escluso io».]

Già molti sonnecchiano, quando uno scatenarsi di comandi, di bestemmie e di colpi indica che la commissione è in arrivo. Il Blockältester[18] e i suoi aiutanti, a pugni e a urli, a partire dal fondo del dormitorio, si cacciano davanti la turba dei nudi spaventati, e li stipano dentro il Tagesraum, che è la Direzione-Fureria[19]. Il Tagesraum è una cameretta di sette metri per quattro: quando la caccia è finita,

---

13. Allons... attrape: "Su, piccolo, afferra" (in francese).
14. Vorarbeiter: caposquadra, in tedesco.
15. Kommando: reparto.
16. risibile: ridicola.

17. remoto: lontano, perché ci sono ancora due ore di duro lavoro.
18. Blockältester: l'incaricato della chiusura delle porte del dormitorio e della sua sorve-

glianza.
19. Direzione-Fureria: nel gergo militare, è l'ufficio amministrativo in cui sono custoditi i documenti di una compagnia di soldati.

dentro il Tagesraum è compressa una compagine umana calda e compatta, che invade e riempie perfettamente tutti gli angoli ed esercita sulle pareti di legno una pressione tale da farle scricchiolare.

Ora siamo tutti nel Tagesraum, e, oltre che non esserci tempo, non c'è neppure posto per avere paura. La sensazione della carne calda che preme tutto intorno è singolare e non spiacevole. Bisogna aver cura di tener alto il naso per trovare aria, e di non spiegazzare o perdere la scheda che teniamo in mano.

Il Blockältester ha chiuso la porta Tagesraum-dormitorio e ha aperto le altre due che dal Tagesraum e dal dormitorio danno all'esterno. Qui, davanti alle due porte, sta l'arbitro del nostro destino, che è un sottufficiale delle SS. Ha a destra il Blockältester, a sinistra il furiere[20] della baracca. Ognuno di noi, che esce nudo dal Tagesraum nel freddo dell'aria di ottobre, deve fare di corsa i pochi passi fra le due porte davanti ai tre, consegnare la scheda alla SS e rientrare per la porta del dormitorio. La SS, nella frazione di secondo fra due passaggi successivi, con uno sguardo di faccia e di schiena giudica della sorte di ognuno, e consegna a sua volta la scheda all'uomo alla sua destra o all'uomo alla sua sinistra, e questo è la vita o la morte di ciascuno di noi. In tre o quattro minuti una baracca di duecento uomini è «fatta», e nel pomeriggio l'intero campo di dodicimila uomini.

Io confitto nel carnaio del Tagesraum ho sentito gradualmente allentarsi la pressione umana intorno a me, e in breve è stata la mia volta. Come tutti, sono passato con passo energico ed elastico, cercando di tenere la testa alta, il petto in fuori e i muscoli contratti e rilevati. Con la coda dell'occhio ho cercato di vedere alle mie spalle, e mi è parso che la mia scheda sia finita a destra.

A mano a mano che rientriamo nel dormitorio, possiamo rivestirci. Nessuno conosce ancora con sicurezza il proprio destino, bisogna anzitutto stabilire se le schede condannate sono quelle passate a destra o a sinistra. Ormai non è più il caso di risparmiarsi l'un l'altro e di avere scrupoli superstiziosi. Tutti si accalcano intorno ai più vecchi, ai più denutriti, ai più «mussulmani»[21]; se le loro schede sono andate a sinistra, la sinistra è certamente il lato dei condannati.

Prima ancora che la selezione sia terminata, tutti già sanno che la sinistra è stata effettivamente la «schlechte Seite», il lato infausto. Ci sono naturalmente delle irregolarità: René per esempio, così giovane e robusto, è finito a sinistra: forse perché ha gli occhiali, forse perché cammina un po' curvo come i miopi, ma più probabilmente per una semplice svista: René è passato davanti alla commissione immediatamente prima di me, e potrebbe essere avvenuto uno scambio di schede. Ci ripenso, ne parlo con Alberto, e conveniamo che l'ipotesi è verosimile: non so cosa ne penserò domani e poi; oggi essa non desta in me alcuna emozione precisa.

Parimenti di un errore deve essersi trattato per Sattler, un massiccio contadino transilvano[22] che venti giorni fa era ancora a casa sua; Sattler non capisce il tede-

---

20. furiere: l'impiegato addetto all'ufficio amministrativo di ogni baracca-dormitorio.
21. mussulmani: nell'universo del lager, l'appellativo *mus-*

sulmano identifica non coloro che professano la religione islamica, ma i prigionieri più denutriti, quelli che rischiano maggiormente di essere mandati a

morte.
22. transilvano: originario della Transilvania, regione della Romania.

sco, non ha compreso nulla di quel che è successo e sta in un angolo a rattopparsi la camicia. Devo andargli a dire che non gli servirà più la camicia?

185 Non c'è da stupirsi di queste sviste: l'esame è molto rapido e sommario, e d'altronde, per l'amministrazione del Lager, l'importante non è tanto che vengano eliminati proprio i più inutili, quanto che si rendano speditamente liberi posti in una certa percentuale prestabilita.

Nella nostra baracca la selezione è ormai finita, però continua nelle altre, per 190 cui siamo ancora sotto clausura[23]. Ma poiché frattanto i bidoni della zuppa sono arrivati, il Blockältester decide di procedere senz'altro alla distribuzione. Ai selezionati verrà distribuita doppia razione. Non ho mai saputo se questa fosse un'iniziativa assurdamente pietosa dei Blockältester od un'esplicita disposizione delle SS, ma di fatto, nell'intervallo di due o tre giorni (talora anche molto più 195 lungo) fra la selezione e la partenza, le vittime a Monowitz-Auschwitz godevano di questo privilegio.

23. sotto clausura: costretti a rimanere ancora chiusi nella baracca.

PARTE 3 · Percorso di letteratura

Ziegler presenta la gamella[24], riscuote la normale razione, poi resta lì in attesa. «Che vuoi ancora?» chiede il Blockältester: non gli risulta che a Ziegler spetti il supplemento, lo caccia via con una spinta, ma Ziegler ritorna e insiste umil-
200 mente: è stato proprio messo a sinistra, tutti l'hanno visto, vada il Blockältester a consultare le schede: ha diritto alla doppia razione. Quando l'ha ottenuta, se ne va quieto in cuccetta a mangiare.

Adesso ciascuno sta grattando attentamente col cucchiaio il fondo della gamella per ricavarne le ultime briciole di zuppa, e ne nasce un tramestio[25] metallico so-
205 noro il quale vuol dire che la giornata è finita. A poco a poco prevale il silenzio, e allora, dalla mia cuccetta che è al terzo piano, si vede e si sente che il vecchio Kuhn prega, ad alta voce, col berretto in testa e dondolando il busto con violenza. Kuhn ringrazia Dio perché non è stato scelto. Kuhn è un insensato. Non vede, nella cuccetta accanto, Beppo il greco che ha vent'anni, e dopodomani andrà
210 in gas, e lo sa, e se ne sta sdraiato e guarda fisso la lampadina senza dire niente e senza pensare più niente? Non sa Kuhn che la prossima volta sarà la sua volta? Non capisce Kuhn che è accaduto oggi un abominio che nessuna preghiera propiziatoria, nessun perdono, nessuna espiazione dei colpevoli, nulla insomma che sia in potere dell'uomo di fare, potrà risanare mai più?

Primo Levi, *Se questo è un uomo*, Torino, Einaudi, 1958

---

24. gamella: tazza, ciotola.   **25. tramestio:** rumore confuso.

SCHEDA DI ANALISI

Il tema e il messaggio

● In *Se questo è un uomo*, uno degli interrogativi che senza posa chiede di avere risposta è: «**Che cos'è, in che cosa consiste, la dignità dell'uomo?**». È la realtà del lager a imporre tale domanda: quella che Primo Levi definisce «una gigantesca esperienza sociale e biologica» riesce con la fame, l'umiliazione sistematica dei prigionieri, la precarietà della loro esistenza, a spogliare questi uomini di qualsiasi dignità.

● Nel secondo episodio narrato compare una concezione del lavoro radicalmente diversa da quello che incontreremo in altri testi di Levi. **È un lavoro privo di scopo**, che degrada **l'uomo al rango di bestia**, annientando la sua intelligenza e il suo fisico. I deportati sono trasformati in mera forza-lavoro da sfruttare fino al loro totale annientamento. La scritta **ARBEIT MACHT FREI**, "il lavoro rende liberi", posta all'ingresso del campo, si ribalta in un atto di accusa nei confronti della disumana insensatezza del genocidio nazista, che pretende di travestire la propria volontà di sterminio da raggiungimento di una presunta quanto beffarda libertà.

La struttura e il narratore

● Nei brani compaiono lunghe **sequenze narrativo-descrittive** del viaggio e della vita nel lager, intervallate dalle **riflessioni dell'io narrante**, che interroga se stesso e il lettore sulle ragioni di quanto sta avvenendo, nel tentativo di scorgere un senso in questo eccidio di migliaia di vite umane. Il Primo Levi personaggio cerca di **mettere ordine** nelle cose che vede, nel disperato tentativo di non smarrirsi in questo universo **vuoto di senso**. Per esempio, egli conta i deportati nel suo vagone (quarantacinque), le città attraverso cui passa il treno blindato, le persone destinate al lavoro forzato (novantasei uomini e ventinove donne) e quelle invece destinate alle camere a gas. Si accanisce nell'inutile tentativo di trovare, nel criterio di selezione dei prigionieri destinati alle camere a gas, un meccanismo diverso dalla bestiale logica dello sterminio.

● In questi brani è significativa l'assenza quasi totale di sequenze dialogate. Il **silenzio dei prigionieri** sottolinea lo sgomento di chi non sa quale sorte lo attende, di chi attende un destino di morte certo, ma a cui non riesce a rassegnarsi.

Primo Levi: l'interrogazione della realtà • UNITÀ 19

I personaggi

● Se talvolta emergono nel testo figure individuali di altissimo lirismo (come Renzo e la povera bambina Emilia, nel primo episodio, Resnyk, nel secondo, o Ziegler, nel terzo), non si tratta in realtà che di rare eccezioni in un unico e indistinto *carnaio*, come lo definisce lo stesso Levi. **La vera protagonista**, nel campo di concentramento, **è la massa indistinta dei miseri internati**, spersonalizzati e costretti, per sopravvivere, a calpestare la dignità dei loro stessi compagni di prigionia.

● Le figure di Kuhn, René, Alberto, Renzo, Emilia, anche se sono soltanto delle "comparse", sono però cariche di drammaticità: esse non sono semplici "personaggi", bensì **persone in carne e ossa** che hanno vissuto realmente le tragedie raccontate in quest'opera.

La lingua e lo stile

● Lo stile di Levi è **scarno, asciutto ed essenziale**. Aderendo all'ideale letterario del **Neorealismo**, Levi vuol fare del suo racconto **documento e testimonianza** di quanto è realmente accaduto: le cose e i fatti devono parlare direttamente al lettore, senza indugiare in ricercatezze stilistiche e retoriche. Tutto il libro è il frutto di un'attenta e meditata scelta lessicale: mai quanto in questo libro "le parole sono pietre", con un altissimo peso specifico. La **brevità della sintassi** e la **rapidità delle osservazioni** suggeriscono la fragilità e l'imprevedibilità dell'esistenza nel campo. La successione degli eventi, tappe di un processo di distruzione della dignità umana, sembra procedere per scatti, per sequenze staccate, come se la narrazione le stesse rappresentando in presa diretta.

● Benché nel testo si assista a un frequente cambio dei tempi verbali, il **presente (storico o diaristico)** prevale sul passato remoto, il tempo del ricordo per eccellenza. La scelta dei tempi verbali suggerisce dunque una **dimensione temporale sospesa**, corrispondente alla perdita di senso del tempo a cui sono soggetti non solo i prigionieri, ma anche i testimoni di quest'esperienza. L'uso del presente vuole riproporre la deportazione come un'esperienza non conclusa, **un evento senza tempo**, un drammatico monito che deve entrare a far parte della **memoria collettiva delle generazioni future**.

Laboratorio sul testo

Comprendere

1. Quali sono i luoghi che il treno attraversa prima di giungere a destinazione?
2. Qual è la privazione che arreca maggiore sofferenza ai deportati, durante il viaggio?
3. Che cosa avviene ai detenuti al loro arrivo al campo?
4. Chi è Emilia? Quale gesto di cura compiuto dai genitori, alla luce del suo imminente destino, appare tragicamente paradossale?
5. Che cosa vuole ottenere Levi mordendosi profondamente le labbra, durante il lavoro?
6. Con il passare delle ore, oltre alla stanchezza che cosa rende ancora più faticoso il lavoro?
7. Quale effetto produce l'enorme quantità di uomini nudi stipati nel *Tagesraum* per la selezione?
8. In che modo viene svolta la selezione? Per quale motivo sono possibili delle sviste?
9. Come si comporta il prigioniero Levi quando viene il suo turno?
10. Per quale motivo Ziegler protesta?

Interpretare

11. All'inizio del testo, Levi afferma che i prigionieri apprendono con sollievo il nome della loro destinazione: Auschwitz. E alla fine del viaggio, in uno scompartimento serrato di corpi umani, Levi afferma: *Non avevamo più paura* (r. 45). Come spieghi questi due stati d'animo?
12. Perché, riferendosi ai compagni del vagone su cui viaggia, Levi li definisce *povera polvere umana* (r. 11)?
13. *Ai tedeschi appariva palese la necessità storica di mettere a morte i bambini ebrei* (rr. 81-82). Per quale ragione?
    a) ☐ Perché i bambini non potevano lavorare.
    b) ☐ Perché i bambini rappresentavano la perpetuazione della "razza" ebraica nella storia.
    c) ☐ Perché i nazisti non avevano pietà verso nessuno.
    d) ☐ Perché non esisteva un campo di concentramento per i bambini.

649

PARTE 3 · Percorso di letteratura

14. Pensando al triste caso di René, che potrebbe essere finito per sbaglio nella lista dei selezionati per la camera a gas, il narratore osserva che in lui la cosa *non desta alcuna emozione precisa* (r. 180). Come lo spieghi?

15. Perché Kuhn, che si mette a pregare, viene definito *un insensato* (r. 208)?

Analizzare

Struttura
16. Nei tre episodi, il ritmo della narrazione varia a seconda delle circostanze. Cerca degli esempi a testimonianza di come talvolta il tempo del racconto sia superiore al tempo della storia.

17. Che tipo di sequenza riconosci nel finale del terzo episodio?

Narratore
18. Per quale motivo, secondo te, il narratore interno utilizza molto spesso la prima persona plurale?

19. In quali momenti la voce personale del narratore s'impone sulla cronaca degli eventi?

Personaggi
20. Quale atteggiamento prevale nel Levi personaggio?

21. Come vengono caratterizzati nel testo i soldati tedeschi?

Padroneggiare la lingua

Lessico
22. *Venne a un tratto lo scioglimento* (r. 46). Che cosa indica, in questo contesto, la parola *scioglimento*?
   a) ☐ L'effetto della mancanza d'acqua.
   c) ☐ La liberazione dei prigionieri.
   b) ☐ L'allentamento della tensione.
   d) ☐ La comprensione degli avvenimenti.

23. Nel riferire il ricordo della scritta ARBEIT MACHT FREI, Levi afferma che essa ancora lo *percuote nei sogni* (r. 97). Trova due sinonimi del verbo "percuotere" che rendano in modo altrettanto evidente l'idea.

24. *A ogni passo sento le scarpe succhiate dal fango avido, da questo fango polacco onnipresente il cui orrore monotono riempie le nostre giornate* (rr. 101-103). Spiega il significato dei termini sottolineati, nel contesto in cui sono usati.

Grammatica
25. *Crudelmente mi rappresentavo quale avrebbe potuto essere la inumana gioia di quell'altro passaggio, a portiere aperte, ché nessuno avrebbe desiderato fuggire.* Qual è la funzione della subordinata sottolineata? Da che cosa potrebbe essere sostituito *ché*?

26. *Con un solo colpo in pieno viso lo stesero a terra.* Che tipo di complemento è l'espressione sottolineata?

27. *Poiché la mia domanda è stata accettata, me ne parto nel fango.* Quale valore grammaticale ha *ne*?
   a) ☐ Congiunzione.
   b) ☐ Particella avverbiale.
   c) ☐ Pronome personale.
   d) ☐ Particella pronominale dimostrativa.

Produrre

28. Molte classi scolastiche si recano in visita d'istruzione in quel che resta dei campi di concentramento, trasformati in musei della memoria: credi che tali iniziative siano utili, o che visitare quei luoghi possa rivelarsi un'esperienza troppo traumatica? Discutine con i tuoi compagni.

29. Lo «studio pacato di alcuni aspetti dell'animo umano», ovvero l'obiettivo che Levi si propone scrivendo *Se questo è un uomo*, emerge particolarmente negli episodi del trasporto delle traversine e della selezione nelle baracche dormitorio per lasciare posto ai nuovi arrivati. Scrivi un testo argomentativo di circa una pagina in cui analizzi il modo in cui nei due episodi emergono, rispettivamente, la sopravvivenza di forme di solidarietà umana e l'emergere del puro istinto di sopravvivenza.

650

T2 La coppia conica

Nel romanzo *La chiave a stella*, biografia professionale di un operaio specializzato, Levi celebra l'amore per il lavoro ben fatto, l'orgoglio e il piacere di lavorare con passione.
Il protagonista, Tino Faussone, è un tecnico piemontese della fabbrica automobilistica Lancia che, a un certo punto, intuisce che rimanere sempre nello stesso posto – come egli stesso affermerà – *è un po' come succhiare un chiodo*. Allo scopo di sentirsi maggiormente realizzato dal suo lavoro, egli inizia allora a viaggiare per il mondo, montando strutture metalliche di vario tipo. In Russia, durante uno dei suoi lavori, Faussone incontra il narratore e gli racconta molti episodi legati al suo mestiere.
Nel brano proposto, Faussone rievoca le vicende legate al suo lavoro per la costruzione di una gru e al collaudo della stessa, episodio che avrà un esito per lui non del tutto previsto.

- **GENERE**
  Romanzo
- **LUOGO E TEMPO**
  Russia; anni Settanta
- **PERSONAGGI**
  Il narratore;
  Tino Faussone;
  il collaudatore;
  i diversi lavoratori del cantiere

«... perché lei non deve mica credere che certi truschini[1] si combinino solo a casa nostra, e che soltanto noialtri siamo bravi a imbrogliare la gente e a non farci imbrogliare noi. E poi, io non so quanto ha viaggiato lei, ma io ho viaggiato parecchio, e ho visto che non bisogna neanche credere che i paesi siano come ce
5 li hanno insegnati a scuola e come vengono fuori dalle storielle, sa bene, tutti gli inglesi distinti, i francesi blagueur[2], i tedeschi tutti d'un pezzo, e gli svizzeri onesti. Eh, ci vuol altro: tutto il mondo è paese».

In pochi giorni la stagione era precipitata; di fuori nevicava asciutto e duro: ogni tanto una folata di vento proiettava contro i vetri della mensa come una
10 manciata di minuscoli chicchi di grandine. Attraverso il velo del nevischio si intravvedeva tutto intorno l'assedio nero della foresta. Ho cercato senza successo di interrompere Faussone per protestare la mia innocenza: non ho viaggiato quanto lui, ma certamente quanto basta per distinguere la vanità dei luoghi comuni su cui si fonda la geografia popolare. Niente da fare: arrestare un racconto di Faus-
15 sone è come arrestare un'onda di marea. Ormai era lanciato, e non era difficile distinguere, dietro i panneggiamenti del prologo[3], la corpulenza[4] della storia che si andava delineando. Avevamo finito il caffè, che era detestabile, come in tutti i paesi (mi aveva precisato Faussone) dove l'accento della parola «caffè» cade sulla prima sillaba, e gli ho offerto una sigaretta, dimenticando che lui non è fumatore,
20 e che io stesso, la sera prima, mi ero accorto che stavo fumando troppo, e avevo fatto voto solenne di non fumare più; ma via, cosa vuoi fare dopo un caffè come quello, e in una sera come quella?

«Tutto il mondo è paese, come le stavo dicendo. Anche questo paese qui: perché è proprio qui che la storia mi è successa; no, non adesso, sei o sette anni fa.

---

1. **truschini:** inganni, trucchi.
2. **blagueur:** fanfarone, burlone (in francese).
3. **panneggiamenti del prologo:** il panneggio è la disposizione delle pieghe, in generale di un abito. In questo caso, s'intende la preparazione iniziale – molto elaborata – del racconto da parte di Faussone.
4. **corpulenza:** la sostanza della storia che Faussone si appresta a raccontare sembra considerevole.

651

PARTE 3 · Percorso di letteratura

25 Si ricorda del viaggio in vaporetto[5], di Differenza,[6] di quel vino, di quel lago che era quasi un mare, e della diga che le ho fatto vedere di lontano? Bisogna che una domenica ci andiamo, avrei caro di mostrargliela perché è un gran bel lavoro. Questi qui hanno la mano un po' pesante, ma per i lavori grossi sono più bravi di noi, poco da dire. Bene, la gru più grossa del cantiere sono io che l'ho montata:

30 voglio dire, sono io che ho organizzato il montaggio, perché è una di quelle che si montano da sole, vengono su da terra come un fungo, che è abbastanza un bello spettacolo. Mi scusi se ci torno ogni tanto, su questa faccenda del montare le gru; ormai lei lo sa bene, io sono uno di quelli che il suo mestiere gli piace. Anche se delle volte è scomodo: proprio quella volta lì, per esempio, che il montaggio

35 l'abbiamo fatto di gennaio, lavorando anche le domeniche, e gelava tutto, fino[7] il grasso dei cavi, che bisognava farlo venire molle col vapore. A un certo momento si era anche formato del ghiaccio sul traliccio, spesso due dita e duro come il ferro, e non si riusciva più a far scorrere uno dentro l'altro gli elementi della torre; cioè, per scorrere scorrevano, ma arrivati in cima non avevano più lo scodimento».

40 In generale, la parlata di Faussone mi riesce chiara, ma non sapevo che cosa fosse lo scodimento. Gliel'ho chiesto, e Faussone mi ha spiegato che manca lo scodimento quando un oggetto allungato passa sì in un condotto rettilineo, ma arrivato a una curva o ad un angolo si pianta, cioè non scode più. Quella volta, per ripristinare lo scodimento previsto dal manuale di montaggio, avevano dovuto

45 picconare[8] via il ghiaccio centimetro per centimetro: un lavoro da galline.

«Insomma, bene o male siamo arrivati al giorno del collaudo. Più male che bene, come le ho detto; ma sul lavoro, e mica solo sul lavoro, se non ci fossero delle difficoltà ci sarebbe poi meno gusto dopo a raccontare; e raccontare, lei lo sa, anzi, me lo ha perfino detto, è una delle gioie della vita. Io non sono nato ieri, e il

50 collaudo si capisce che me l'ero già fatto prima, pezzo per pezzo, per conto mio: tutti i movimenti andavano da dio, e anche la prova di carico[9], niente da dire. Il giorno del collaudo è sempre un po' come una festa: mi sono fatta la barba bella liscia, mi sono data la brillantina (beh sì, qui dietro: un pochi[10] mi sono rimasti), mi sono messa la giacca di velluto e mi sono trovato sul piazzale, bell'e pronto,

55 una buona mezz'ora prima dell'ora che avevamo combinato.

Arriva l'interprete, arriva l'ingegnere capo, arriva una di quelle loro vecchiette che non capisci mai cosa c'entrino, ficcano il naso dappertutto, ti fanno delle domande senza senso, si scarabocchiano il tuo nome su un pezzetto di carta, ti guardano con diffidenza, e poi si seggono in un angolo e si mettono a fare la calza.

60 Arriva anche l'ingegnere della diga, che era poi una ingegneressa: simpatica, brava come il sole, con due spalle così e il naso rotto come un boxeur. Ci eravamo trovati diverse volte alla mensa e avevamo perfino fatto un po' amicizia: aveva un marito buono a niente, tre figli che mi ha fatto vedere la fotografia, e lei, prima di prende-

---

5. vaporetto: imbarcazione adatta alla navigazione fluviale e lacustre.
6. Differenza: è il nome italianizzato di un russo che qualche tempo prima aveva offerto del vi-

no ai due, durante una gita sul Volga.
7. fino: persino.
8. picconare: lavorare con il piccone.
9. prova di carico: una delle ve-

rifiche del collaudo, consistente nel controllare la capacità della gru di sopportare un certo peso massimo stabilito.
10. un pochi: un po' di capelli.

652

re la laurea, guidava il trattore nei colcos[11]. A tavola faceva impressione: mangiava
come un leone, e prima di mangiare buttava giù cento grammi di vodca[12] senza fare
una piega. A me la gente così mi piace. Sono arrivati anche diversi pelandroni[13]
che non ho capito chi fossero: avevano già la piomba[14] alla mattina buonora, uno
aveva un pintone[15] di liquore, e continuavano a bere per conto loro.

Alla fine è arrivato il collaudatore. Era un ometto tutto nero, vestito di nero,
sulla quarantina, con una spalla più alta dell'altra e una faccia da non aver digerito. Non sembrava neanche un russo: sembrava un gatto ramito[16], sì uno di quei
gatti che prendono il vizio di mangiare le lucertole, e allora non crescono, vengono malinconici, non si lustrano più il pelo, e invece di miagolare fanno hhhh. Ma
sono quasi tutti così, i collaudatori: non è un mestiere allegro, se uno non ha un
po' di cattiveria non è un buon collaudatore, e se la cattiveria non ce l'ha gli viene
col tempo, perché quando tutti ti guardano male la vita non è facile. Eppure ci vogliono anche loro, lo capisco anch'io, alla stessa maniera che ci vogliono i purganti.

Allora lui arriva, tutti fanno silenzio, lui dà la corrente, si arrampica su su per
la scaletta e si chiude nella cabina, perché a quel tempo nelle gru tutti i comandi
erano ancora nella cabina. Adesso? Adesso sono a terra, per via dei fulmini. Si
chiude nella cabina, grida giù di fare largo, e tutti si allontanano. Prova la traslazione[17] e tutto va bene. Sposta il carrello sul braccio[18]: va via bello latino[19] come una
barca sul lago. Fa agganciare una tonnellata e tira su: perfetto, come se il pesantore[20] neanche lo sentisse. Poi prova la rotazione, e succede il finimondo: il braccio,
che è poi un bel braccio lungo più di trenta metri, gira tutto a scatti, con degli
stridori di ferro da far piangere il cuore. Sa bene, quando si sente il materiale che
lavora male[21], che punta, che gratta, e ti dà una pena che neanche un cristiano[22].
Fa tre o quattro scatti, e poi si ferma di colpo, e tutta la struttura trema, e oscilla
da destra a sinistra e da sinistra a destra come se dicesse che no, per carità, così
non si può andare.

Io ho fatto che prendere[23] la corsa su per la scaletta, e intanto gridavo a quello
lassù che per l'amor di Dio non si muovesse, non cercasse di fare altre manovre.
Arrivo in cima, e le giuro che sembrava di essere in un mare in tempesta; e vedo il
mio ometto tutto tranquillo, seduto sul seggiolino, che stava già scrivendo il suo
verbale sul libretto. Io il russo allora lo sapevo poco, e lui l'italiano non lo sapeva
niente; ci siamo arrangiati con un po' di inglese, ma lei capisce che fra la cabina
che continuava a ballare, lo sbordimento[24], e l'affare della lingua, ne è venuta fuori una discussione balorda. Lui continuava a dire niet, niet[25], che la macchina era
caput[26], e che lui il collaudo non me lo dava; io cercavo di spiegargli che prima di
mettere giù il verbale volevo rendermi conto con un po' di calma, a bocce ferme.

---

11. colcos: cooperative di contadini controllate dallo Stato, tipiche del regime comunista sovietico.
12. vodca: vodka.
13. pelandroni: fannulloni.
14. piomba: postumi di
un'ubriacatura, sbronza (dialettismo piemontese).
15. pintone: grossa bottiglia.

16. ramito: bizzarro (dialettismo).
17. traslazione: spostamento
del carrello della gru.
18. braccio: il braccio della gru.
19. bello latino: liscio come
l'olio.
20. pesantore: sensazione di
peso.
21. materiale... male: la mac-

china che non funziona a dovere.
22. cristiano: uomo.
23. Io ho fatto che prendere:
non ho fatto che prendere (sintassi dialettale).
24. sbordimento: soqquadro
(dialettismo).
25. niet: no (in russo).
26. caput: rotta (in tedesco, *ka-*
putt).

PARTE 3 · Percorso di letteratura

A questo punto io avevo già i miei sospetti: primo, perché gliel'ho già detto, il giorno prima avevo fatto le mie prove e tutto era andato bene; secondo, perché mi ero accorto da un pezzo che c'erano in giro certi francesi, che era aperto un appalto per altre tre gru uguali a quella, e sapevo che la gara per quella gru no-
105 ialtri l'avevamo vinta per un soffio, e che i secondi erano stati proprio i francesi.

Sa, non è per il padrone. A me del padrone non me ne fa mica tanto, basta che mi paghi quello ch'è giusto, e che coi montaggi mi lasci fare alla mia maniera. No, è per via del lavoro: mettere su una macchina come quella, lavorarci dietro con le mani e con la testa per dei giorni, vederla crescere così, alta e dritta, forte e sottile
110 come un albero, e che poi non cammini, è una pena: è come una donna incinta che le nasca un figlio storto o deficiente, non so se rendo l'idea».

La rendeva, l'idea. Nell'ascoltare Faussone, si andava coagulando dentro di me un abbozzo di ipotesi, che non ho ulteriormente elaborato e che sottopongo qui al lettore: il termine «libertà» ha notoriamente molti sensi, ma forse il tipo di li-
115 bertà più accessibile, più goduto soggettivamente, e più utile al consorzio umano, coincide con l'essere competenti nel proprio lavoro, e quindi nel provare piacere a svolgerlo.

«Ogni modo: io ho aspettato che lui calasse giù, e poi mi sono messo a guardare bene come stavano le cose. C'era sicuramente qualche cosa che non andava
120 nella coppia conica[27]... cos'ha da ridere?»

Non ridevo: sorridevo soltanto, senza rendermene conto. Non avevo più avuto niente a che fare con le coppie coniche fin da quando, a tredici anni, avevo smesso di giocare col Meccano[28], e il ricordo di quel giocolavoro solitario e intento, e di quella minuscola coppia conica di lucido ottone fresato, mi aveva intenerito per
125 un istante.

«Sa, sono una roba molto più delicata degli ingranaggi cilindrici. Anche più difficili da montare, e se uno sbaglia il tipo di grasso, grippano[29] che è una bellezza. Del resto, non so, a me non è mai successo, ma fare un lavoro senza niente di difficile, dove tutto vada sempre per diritto, dev'essere una bella noia, e alla lunga fa
130 diventare stupidi. Io credo che gli uomini siano fatti come i gatti, e scusi se torno sui gatti ma è per via della professione. Se non sanno cosa fare, se non hanno topi da prendere, si graffiano tra di loro, scappano sui tetti, oppure si arrampicano sugli alberi e magari poi gnaulano[30] perché non sono più buoni a scendere. Io credo proprio che per vivere contenti bisogna per forza avere qualche cosa da fare, ma
135 che non sia troppo facile; oppure qualche cosa da desiderare, ma non un desiderio così per aria, qualche cosa che uno abbia la speranza di arrivarci.

Ma torniamo alla coppia conica: cinque minuti e ho subito capito l'antifona[31]. L'allineamento, capisce? Proprio il punto più delicato, perché una coppia conica è come chi dicesse il cuore di una gru, e l'allineamento è... insomma, senza

---

27. coppia conica: ingranaggio che mette in comunicazione gli elementi verticali con quelli orizzontali della macchina (il cui malfunzionamento, in questo caso, impedisce i movimenti rotatori della gru).

28. Meccano: gioco per la costruzione di modellini e apparecchi meccanici, composto da barre metalliche perforate, viti, dadi e bulloni. Era assai diffuso negli anni Sessanta e Settanta.

29. grippano: s'inceppano (a causa dell'attrito).

30. gnaulano: miagolano (dialettismo).

31. capito l'antifona: capire il senso implicito di un discorso.

Primo Levi: l'interrogazione della realtà · **UNITÀ 19**

140 allineamento una coppia dopo due giri è da buttare a rottame. Non sto a fargliela tanto lunga: lì su c'era stato qualcuno, qualcuno del mestiere; e aveva riforato uno per uno tutti i pertugi del supporto, e aveva rimontato il basamento della coppia che sembrava dritto, e invece era sfalsato. Un lavoro da artista, che se non fosse del fatto che volevano fregarmi me gli avrei fino fatto i complimenti: ma invece ero

145 arrabbiato come una bestia. Si capisce che erano stati i francesi, non so se proprio con le loro mani oppure con l'aiuto di qualcuno, magari giusto il mio collaudatore, quello che aveva tutta quella fretta di fare il verbale.

...Ma sì, certo, la denuncia, i testimoni, la perizia, la querela: ma intanto resta sempre come un'ombra, come una macchia d'unto, che è difficile togliersela di

150 dosso. Adesso sono passati dei begli anni, ma la causa è ancora in cammino: ottanta pagine di perizia dell'Istituto Tecnologico di Sverdlovsk, con le deformazioni, le fotografie, le radiografie e tutto. Come crede che finirà, lei? Io lo so già, come finisce, quando le cose di ferro diventano cose di carta: storta, finisce».

Primo Levi, *La chiave a stella*, Torino, Einaudi, 1978

SCHEDA DI ANALISI

Il tema e il messaggio

■ L'intero racconto è un **elogio del lavoro**, dell'intelligenza che richiede e della gratificazione che è capace di offrire. L'entusiasmo con cui Faussone descrive i particolari tecnici della propria professione lasciano trasparire la sua etica del lavoro. L'operaio è orgoglioso dei risultati del suo lavoro, perché vede proiettate le proprie capacità umane nel prodotto materiale realizzato (*mettere su una macchina come quella, lavorarci dietro con le mani e con la testa per dei giorni, vederla crescere così, alta e dritta, forte e sottile come un albero*). Il brano è perciò un elogio dell'**intelligenza pratica**, della capacità di modificare la realtà attraverso il superamento delle difficoltà che di volta in volta s'incontrano (*Del resto, non so, a me non è mai successo, ma fare un lavoro senza niente di difficile, dove tutto vada sempre per diritto, dev'essere una bella noia, e alla lunga fa diventare stupidi.*)

■ L'importanza del lavoro, secondo Faussone, è motivata dal fatto che la vita ha senso di essere vissuta soltanto se si persegue un obiettivo reale, se esiste qualche **aspirazione o desiderio concreti** da raggiungere, che alimentino l'esistenza umana allontanando la monotonia quotidiana e il senso di inutilità che minacciano di renderla vuota.

La struttura del testo

■ Il brano presenta una **narrazione a incastro**, in quanto consiste nel resoconto, da parte del narratore, del suo dialogo con Faussone e della storia da lui raccontata. Gran parte del brano, dunque, è occupata dal racconto dell'operaio, presentato attraverso un **discorso diretto** che rielabora automaticamente i dati della storia attraverso il punto di vista del personaggio. **Il narratore-ascoltatore**, di tanto in tanto, arresta il discorso di Faussone per inserire le sue considerazioni e le sue riflessioni. In questo modo la personalità del chimico e dell'operaio specializzato vengono implicitamente accostate e messe a confronto.

I personaggi

■ Oltre ai due personaggi principali, nel testo vengono descritte diverse **comparse e personaggi secondari**: il collaudatore russo, la vecchietta impicciona (*una di quelle loro vecchiette che non capisci mai cosa c'entrino, ficcano il naso dappertutto…*), gli operai francesi, l'*ingegneressa*.

■ Gli **operai francesi** e il **collaudatore** (che hanno un ruolo attivo nello sviluppo della narrazione) hanno in comune con lo stesso Faussone una certa **scaltrezza**, appresa con la pratica quotidiana del lavoro. Per Faussone, la **furba malizia** che essi dimostrano sabotando la gru ha comunque qualcosa di ammirevole: essa è infatti, ad ogni modo, la manifestazione di una grande perizia tecnica (*Un lavoro da artista, che se non fosse del fatto che volevano fregarmi me gli avrei fino fatto i complimenti: ma invece ero arrabbiato come una bestia.*)

■ L'**ingegneressa**, con la sua dirompente **materialità** (*mangiava come un leone, e prima di mangiare buttava giù cento grammi di vodca senza fare una piega*), ben rappresenta la genuinità e la voglia

655

PARTE 3 · Percorso di letteratura

di godere dei piaceri della vita che, per Faussone, rappresentano dei valori assolutamente positivi (*A me la gente così mi piace*).

● Anche in questo testo, il nucleo tematico è ancora da ricercare nell'**indagine** che Primo Levi compie **sul carattere dell'uomo,** condotta attraverso un'attenta analisi del comportamento dei personaggi in situazioni di vita concreta. D'altronde, la volontà di **superare i luoghi comuni** allo scopo di conoscere più a fondo i caratteri concreti dell'uomo è il tema esplicitamente dichiarato nell'esordio del racconto: *E poi, io non so quanto ha viaggiato lei, ma io ho viaggiato parecchio, e ho visto che non bisogna neanche credere che i paesi siano come ce li hanno insegnati a scuola e come vengono fuori dalle storielle…*

Lingua e stile

● Le scelte stilistiche e lessicali da parte di Levi denotano un forte **realismo**. La maggior parte della narrazione è affidata a Faussone, il quale, poco scolarizzato, si esprime in un italiano fortemente influenzato dal **dialetto piemontese**, non solo dal punto di vista lessicale (*truschini, ramito, piomba, pintone, sbordimento*), ma anche per quanto riguarda la struttura sintattica dei periodi (*Io sono uno di quelli che il suo mestiere gli piace*; *Io ho fatto che prendere*).

● Oltre a una forte presenza di un registro dialettale, il vero e proprio sostrato sul quale Faussone costruisce la sua parlata, compaiono anche numerosi **termini tecnici**, talvolta piuttosto specialistici, derivati dal mondo dell'industria e dell'edilizia.

Laboratorio sul testo

Comprendere

1. In quale luogo si trovano Faussone e il narratore? Da quali dettagli si può inferirlo?
2. A proposito della vicenda che si accinge a raccontare, quali informazioni Faussone fornisce al narratore sulla natura del suo incarico professionale?
3. Quale difficoltà comporta il fatto che il lavoro sia stato effettuato nel mese di gennaio?
4. Qual è lo stato d'animo di Faussone il giorno del collaudo? E in quale modo si presenta sul piazzale in cui avverrà la verifica?
5. Oltre a Faussone e al collaudatore chi è presente alla verifica del corretto funzionamento della gru?
6. Che cosa succede al momento della prova di rotazione?
7. Che cosa rende difficile la comunicazione tra Faussone e il collaudatore?
8. Qual è la causa del cattivo funzionamento della struttura? Come si può risolvere?
9. Quale ipotesi si fa strada nella mente del montatore per spiegare l'accaduto?
10. In che modo Faussone motiva la sua scarsa fiducia nella giustizia? E quale rammarico gli ha lasciato questa vicenda?

Interpretare

11. *Ho cercato senza successo di interrompere Faussone per protestare la mia innocenza: non ho viaggiato quanto lui, ma certamente quanto basta per distinguere la vanità dei luoghi comuni su cui si fonda la geografia popolare* (rr. 11-14). Che cosa intende il narratore con tale affermazione?
12. L'operaio è convinto che, solo se presenta delle difficoltà, il lavoro sarà poi degno di essere raccontato: credi che il narratore-ascoltatore la pensi allo stesso modo? Rispondi con opportuni riferimenti al testo.
13. Nel suo appassionato racconto, Faussone non espone soltanto il suo rapporto con il lavoro ma manifesta anche la sua concezione della vita. Rifletti, a tal proposito, sulla descrizione dell'*ingegneressa* (rr. 60-66) e sui richiami alle abitudini dei gatti che talvolta compaiono nel testo.

Analizzare

Struttura

14. Nel testo sono presenti alcuni *flashback*. Trovali e sottolineali.

656

Primo Levi: l'interrogazione della realtà · UNITÀ 19

Narratore

15. Quanti narratori sono presenti in questo testo? Di che tipo sono e che tipo di focalizzazione adottano?

Personaggi

16. Come si può definire la caratterizzazione del collaudatore? C'è una relazione tra il suo aspetto fisico, il carattere e il lavoro che svolge?

Stile

17. Il linguaggio di Faussone è una mescolanza di gergo tecnico ed espressioni popolari: cerca nel testo almeno dieci parole appartenenti alle due categorie.

Parole tecniche	Espressioni popolari
....	....
....	....
....	....

18. Quali elementi linguistici esaltano lo stile realistico adottato da Levi?

Padroneggiare la lingua

Lessico

19. Considerato il contesto, nell'espressione *la vanità dei luoghi comuni* (r. 13) con quale termine è corretto sostituire il termine *vanità*?
    a) ☐ Orgoglio. b) ☐ Stupidità. c) ☐ Precarietà. d) ☐ Falsità.

20. Alla luce del significato figurato che emerge in questo testo, il modo di dire *bello latino* (r. 82) quali qualità dell'antica lingua sottolinea?
    a) ☐ La scorrevolezza e la chiarezza. c) ☐ L'eleganza e la sobrietà.
    b) ☐ La complessità e la difficoltà. d) ☐ La varietà e la flessibilità.

Grammatica

21. *Questi qui hanno la mano un po' pesante, ma* <u>per i lavori grossi</u> *sono più bravi di noi.* Che tipo di complemento è l'espressione sottolineata?

22. Uno degli "errori" grammaticali in cui incorre continuamente Faussone è l'uso polivalente del pronome relativo *che*. Analizza le frasi seguenti e riscrivile correttamente.
    Ormai lei lo sa bene, io sono uno di quelli che il suo mestiere gli piace.
    Aveva un marito buono a niente, tre figli che mi ha fatto vedere la fotografia.
    È come una donna incinta che le nasca un figlio storto.

23. *Il braccio [...] gira tutto a scatti, con degli stridori di ferro* <u>da far piangere il cuore</u>. Che cosa indica la proposizione sottolineata?
    a) ☐ Una causa. b) ☐ Una conseguenza. c) ☐ Un'eccezione. d) ☐ Una limitazione.

Produrre

24. *Tutti gli inglesi distinti, i francesi blagueur, i tedeschi tutti d'un pezzo, e gli svizzeri onesti.* Da dove nascono, secondo te, tali stereotipi popolari? Credi che tali pregiudizi riguardino anche aree geografiche più ristrette, come i quartieri di una città? Ritieni che essi condizionino il nostro modo di pensare e di agire? Discutine con i tuoi compagni.

25. *Nell'ascoltare Faussone, si andava coagulando dentro di me un abbozzo di ipotesi, che non ho ulteriormente elaborato e che sottopongo qui al lettore: il termine "libertà" ha notoriamente molti sensi, ma forse il tipo di libertà più accessibile, più goduto soggettivamente, e più utile al consorzio umano, coincide con l'essere competenti nel proprio lavoro, e quindi nel provare piacere a svolgerlo.* In un testo argomentativo di circa una pagina spiega quali sono, secondo te, il senso e il valore di tale affermazione.

657

VERIFICA UNITÀ 19 Primo Levi: l'interrogazione della realtà

Sapere e Saper fare

PalestraInterattiva

1. Vero o falso?

a) Primo Levi si è laureato in fisica. V☐ F☐

b) In *La tregua*, Levi narra la sua esperienza di prigionia nel lager. V☐ F☐

c) *Se questo è un uomo* riscosse immediatamente un grande successo. V☐ F☐

d) Con *I sommersi e i salvati* Levi ritorna a tematiche legate al campo di concentramento. V☐ F☐

e) I due nuclei della produzione letteraria di Levi sono l'esperienza del lager e la cultura tecnico-scientifica. V☐ F☐

f) La questione dell'Olocausto compare anche nel romanzo *Se non ora, quando?* V☐ F☐

g) I racconti del *Sistema periodico* sono ispirati agli elementi chimici della tavola periodica di Mendeleev. V☐ F☐

h) In *La chiave a stella*, Levi racconta le proprie esperienze di lavoro. V☐ F☐

i) Levi partecipò alla lotta partigiana. V☐ F☐

l) In tutti i romanzi e racconti di Levi il lavoro è una realtà positiva. V☐ F☐

m) All'insensatezza della vita nel lager Levi cerca di opporre l'osservazione razionale della realtà. V☐ F☐

n) L'operaio specializzato Faussone è il protagonista di *La chiave a stella*. V☐ F☐

o) Levi ritornò subito in Italia dopo essere stato liberato dal lager. V☐ F☐

2. Rispondi alle seguenti domande.

a) La formazione da chimico di Primo Levi quali qualità umane gli ha permesso di sviluppare?

b) In che modo tali qualità sono legate alla sua esperienza letteraria e alla sua personalità intellettuale?

c) In quali forme si manifestano la pratica e l'ideologia antisemita nell'Europa nazifascista?

d) Perché si può affermare che Primo Levi ha vissuto per due volte l'esperienza dell'Olocausto?

e) Quale messaggio generale è implicito nelle sue opere di testimonianza?

658

VERIFICA UNITÀ 19

Sapere e Saper fare

Comprendere e interpretare un testo

Focus: l'uomo e la macchina

Leggi il brano e poi rispondi ai quesiti.

VERIFICAlim

T3 Zolfo

Il racconto è tratto dalla raccolta Il sistema periodico *(1975). La vicenda si svolge all'interno di una fabbrica: il protagonista, Lanza, è a tu per tu con una caldaia che ha un guasto improvviso e minaccia di esplodere.*

Lanza agganciò la bicicletta al telaio, bollò la cartolina[1], andò alla caldaia, mise in marcia l'agitatore[2] e diede il fuoco. Il getto di nafta[3] polverizzata si accese con un tonfo violento e una perfida fiammata all'indietro (ma Lanza, conoscendo quel focolare, si era scansato a tempo); poi continuò a bruciare con un buon fragore teso e pieno, come un tuono continuato, che copriva il piccolo ronzio dei motori e delle trasmissioni[4]. Lanza era ancora pieno di sonno, e del freddo dei risvegli improvvisi; rimase accovacciato di fronte al focolare, la cui vampa rossa, in un succedersi di rapidi bagliori, faceva ballare la sua ombra enorme e stravolta sulla parete di dietro, come in un cinematografo primitivo.
Dopo una mezz'ora il termometro cominciò a muoversi, come doveva: la lancetta d'acciaio brunito[5], scivolando come una lumaca sul quadrante giallastro, andò a fermarsi sui 95°. Anche questo andava bene perché il termometro era falso di cinque gradi: Lanza fu soddisfatto, e oscuramente in pace con la caldaia, col termometro e insomma col mondo e con se stesso, perché tutte le cose che dovevano accadere accadevano, e perché in fabbrica c'era lui solo a sapere che quel termometro era falso: magari un altro avrebbe spento il fuoco, o si sarebbe messo lì a studiare chissà cosa per farlo salire fino a 100° come stava scritto sul buono di lavorazione[6].

Il termometro rimase dunque fermo a lungo sui 95°, e poi riprese a camminare. Lanza stava vicino al fuoco, e poiché, col tepore, il sonno ricominciava a premere, gli permise di invadere dolcemente qualcuna delle camere della sua coscienza. Non però quella che stava dietro gli occhi e sorvegliava il termometro: quella doveva restare sveglia.
Con un solfodiene[7] non si sa mai, ma per il momento tutto andava regolarmente. Lanza gustava il soave riposo, e si abbandonava alla danza di pensieri e d'immagini che prelude al sonno, pur evitando di lasciarsene sopraffare. Faceva caldo, e Lanza vedeva il suo paese: la moglie, il figlio, il suo campo, l'osteria. Il fiato caldo dell'osteria, il fiato pesante della stalla. Nella stalla filtrava acqua ad ogni temporale, acqua che veniva dal di sopra, dal fienile: forse da una crepa del muro, perché i tegoli[8] (a Pasqua li aveva controllati lui stesso) erano tutti sani. Il posto per un'altra mucca ci sarebbe, ma (e qui tutto si offuscò in una nebbia di cifre e di calcoli abbozzati e non conclusi). Ogni minuto di lavoro, dieci lire che gli venivano in tasca: adesso gli pareva che il fuoco strepitasse per lui, e che l'agitatore girasse per lui, come una macchina per fare quattrini.
In piedi, Lanza: siamo arrivati a 180°, bisogna sbullonare il boccaporto[9] e buttare dentro il B 41[a]; che

---

Nota dell'autore
a. B 41: in molte fabbriche, per ragioni sia di segretezza sia di meccanizzazione della contabilità, materie prime, prodotti intermedi e prodotti finiti vengono indicati con sigle.
1. bollò la cartolina: timbrò il cartellino che riporta l'orario di entrata e di uscita degli operai in fabbrica.

2. agitatore: strumento di laboratorio che mantiene in miscelazione un liquido.
3. nafta: derivato combustibile del petrolio.
4. trasmissioni: trasmissioni meccaniche.
5. acciaio brunito: acciaio trattato e reso più scuro.

6. buono di lavorazione: procedimento di lavorazione.
7. solfodiene: nome di fantasia di un composto chimico.
8. tegoli: tegole.
9. sbullonare il boccaporto: svitare i bulloni e aprire il portello situato nella parte anteriore della caldaia.

659

VERIFICA UNITÀ 19

è poi proprio una gran buffonata dover continuare a chiamarlo B 41 quando tutta la fabbrica sa che è zolfo, e in tempo di guerra, quando tutto mancava, parecchi se lo portavano a casa e lo vendevano in borsa nera ai contadini che lo spargevano sulle viti[10]. Ma insomma il dottore[11] è il dottore e bisogna accontentarlo.

Spense il fuoco, rallentò l'agitatore, sbullonò il boccaporto e mise la maschera di protezione, per il che si sentì un po' talpa e un po' cinghiale. Il B 41 era già pesato, in tre scatole di cartone: lo introdusse cautamente, e nonostante la maschera, che forse perdeva un poco, sentì subito l'odore sporco e triste che emanava dalla cottura, e pensò che magari poteva anche aver ragione il prete, quando diceva che nell'inferno c'è odore di zolfo: del resto, non piace neanche ai cani, tutti lo sanno. Quando ebbe finito, affrancò[12] di nuovo il boccaporto e rimise tutto in moto.

Alle tre di notte, il termometro era a 200°: bisognava dare il vuoto[13]. Alzò la manetta nera, e lo strepito alto ed aspro della pompa centrifuga si sovrappose al tuono profondo del bruciatore. L'ago del vuotometro[14], che stava verticale sullo zero, cominciò a declinare strisciando verso sinistra. Venti gradi, quaranta gradi: buono. A questo punto ci si può accendere una sigaretta e stare tranquilli per più di un'ora.

C'era chi aveva il destino di diventare milionario, e chi il destino di morire d'accidente. Lui Lanza, il suo destino (e sbadigliò rumorosamente, per tenersi un poco compagnia) era di fare di notte giorno. Neanche se l'avessero saputo, in tempo di guerra l'avevano subito sbattuto a fare quel bel mestiere di starsene di notte in cima ai tetti a tirare giù gli aeroplani dal cielo[15].

Di scatto fu in piedi, gli orecchi tesi e tutti i nervi in allarme. Il fracasso della pompa si era fatto di colpo più lento e più impastato, come sforzato: e infatti, l'ago del vuotometro, come un dito che minacci, risaliva sullo zero, ed ecco, grado dopo grado, cominciava a pendere sulla destra. Poco da fare, la caldaia stava andando in pressione.

«Spegni e scappa». «Spegni tutto e scappa». Ma

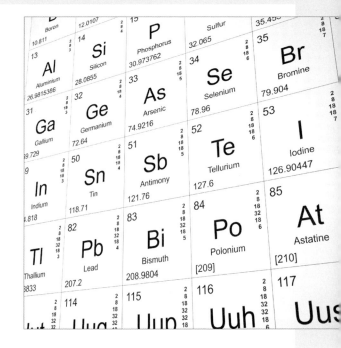

non scappò: acchiappò una chiave inglese, e menava colpi sul tubo del vuoto, per tutta la sua lunghezza: doveva essere ostruito, non c'era altra ragione possibile. Picchia e ripicchia: niente di fatto, la pompa continuava a macinare a vuoto, e la lancetta ballonzolava intorno a un terzo di atmosfera. Lanza si sentiva tutti i peli in piedi, come la coda di un gatto in collera: ed in collera era, in una rabbia sanguinaria e forsennata contro la caldaia, contro quella bestiaccia restia[16] seduta sul fuoco, che muggiva come un toro: arroventata, come un enorme riccio a spine dritte, che non sai da che parte toccarlo e prenderlo, e verrebbe voglia di volargli addosso a calci. A pugni stretti e a testa calda, Lanza andava farneticando di scoperchiare il boccaporto per lasciare sfogare la pressione; cominciò ad allentare i bulloni, ed ecco schizzare friggendo dalla fenditura una bava giallastra con soffi di fumo impestato: la caldaia doveva essere piena di schiuma. Lanza richiuse precipitosamente, con una tremenda voglia in corpo di attaccarsi al

---

10. borsa nera... viti: forma illegale di commercio con prezzi molto più alti rispetto a quelli del mercato ufficiale; è un fenomeno tipico dei periodi di guerra o di grave crisi economica. Nel caso specifico, lo zolfo veniva venduto ai contadini come antiparassitario per i vigneti.
11. dottore: il direttore.
12. affrancò: richiuse, risigillò.
13. dare il vuoto: togliere l'aria per creare un vuoto di pressione.
14. vuotometro: strumento per la misurazione del "vuoto", ovvero dell'assenza di pressione.
15. in cima... cielo: Lanza era stato arruolato nel reparto miliare antiaereo.
16. restia: diffidente, scontrosa.

VERIFICA UNITÀ 19

telefono e chiamare il dottore, chiamare i pompieri, chiamare lo spirito santo, che venissero fuori della notte a dargli una mano o un consiglio.

La caldaia non era fatta per la pressione, e poteva saltare da un momento all'altro: o almeno così pensava Lanza, e forse, se fosse stato giorno e non fosse stato solo, non l'avrebbe pensato. Ma la paura si era risolta in collera, e quando la collera sbollì gli lasciò la testa fredda e sgombra. E allora pensò alla cosa più ovvia: aprì la valvola della ventola d'aspirazione, mise questa in moto, chiuse il rompivuoto[17] e fermò la pompa. Con sollievo e con fierezza, perché l'aveva studiata giusta, vide l'ago risalire fino allo zero, come una pecora smarrita che ritorni all'ovile, e inclinarsi di nuovo docilmente dalla parte del vuoto.

Si guardò intorno, con un gran bisogno di ridere e di raccontarla, e con un senso di leggerezza in tutte le membra. Vide per terra la sua sigaretta ridotta ad un lungo cilindretto di cenere: si era fumata da sola. Erano le cinque e venti, spuntava l'alba dietro la tettoia dei fusti vuoti, il termometro segnava 210°. Prelevò un campione dalla caldaia, lo lasciò raffreddare e lo saggiò col reattivo[18]: la provetta rimase limpida qualche secondo, e poi diventò bianca come il latte. Lanza spense il fuoco, fermò l'agitazione e la ventola, ed aperse il rompivuoto: si sentì un lungo fischio rabbioso, che piano piano si andò placando in un fruscio, in un mormorio, e poi tacque. Avvitò il tubo pescante[19], mise in moto il compressore[20], e gloriosamente, in mezzo a fumi bianchi ed all'aspro odore consueto, il getto denso della resina[21] andò a placarsi nella bacinella di raccolta in un nero specchio lucente.

Lanza si avviò al cancello, ed incontrò Carmine che stava entrando. Gli disse che tutto andava bene, gli lasciò le consegne e si mise a gonfiare le gomme della bicicletta.

Primo Levi, *Il sistema periodico*, Torino, Einaudi, 1975

---

17. rompivuoto: valvola che serve per regolare la pressione.
18. reattivo: sostanza chimica che serve per verificare e identificare i componenti di una reazione.
19. tubo pescante: tubo che ha la funzione di "pescare" un liquido.
20. compressore: apparecchio che serve ad aumentare la pressione.
21. resina: sostanza vischiosa, in questo caso non naturale ma sintetica.

Competenza testuale

Individuare e ricavare informazioni

1. Qual è la professione di Lanza?
2. Per quale motivo Lanza non si preoccupa quando il termometro della caldaia si ferma a 95°, senza raggiungere 100° come era indicato nel procedimento di lavorazione?
3. Come intende investire i soldi guadagnati in fabbrica?
4. Elenca, nell'ordine in cui si succedono, le operazioni di Lanza per portare la pressione della caldaia a 200°.
5. Da quali segnali Lanza capisce che la caldaia sta andando in pressione?
6. Quali sono le sue reazioni alla minaccia dell'esplosione della caldaia?
7. In che modo trova la soluzione del problema?

Comprendere i significati del testo

8. Quali elementi descrittivi, all'inizio del racconto, concorrono a caratterizzare la situazione quasi come "infernale"? Quale riferimento esplicito, a tal proposito, compare successivamente?
9. Anche se crede di poter abbandonarsi a un rilassante torpore, Lanza sa che deve mantenersi vigile. Per quale motivo?
10. Che cosa significa l'espressione *fare di notte giorno* (r. 86)?
11. Perché, quando risale sullo zero, l'ago del vuotometro è paragonato a *un dito che minacci* (rr. 94-95)?
12. Oltre all'esperienza professionale, grazie a quale qualità Lanza riesce a trovare la soluzione del problema?
    a) ☐ Istinto.
    b) ☐ Coraggio.
    c) ☐ Calma.
    d) ☐ Inventiva.

661

VERIFICA UNITÀ 19

_____ **13.** *Vide per terra la sua sigaretta ridotta ad un lungo cilindretto di cenere: si era fumata da sola* (rr. 138-140). Che cosa intende il narratore con tale espressione?

Interpretare e valutare

_____ **14.** Perché Lanza, una volta risolto il problema, anche se dapprima sente un gran bisogno di raccontare l'accaduto, in seguito non dice nulla a Carmine?

_____ **15.** Quale relazione possiamo stabilire tra i numerosi richiami al mondo degli animali e l'origine sociale di Lanza?

_____ **16.** Credi che il racconto di Levi possa definirsi un apologo, cioè un racconto che si propone un fine morale? Nel caso, qual è il suo messaggio?

Comprendere strutture e caratteristiche dei generi testuali

_____ **17.** In quale momento del racconto riconosci il momento di massima tensione narrativa (*Spannung*)?

_____ **18.** Individua la presenza di *flashback* all'interno della narrazione.

_____ **19.** Di che tipo è il narratore? Quale tipo di focalizzazione adotta?

_____ **20.** *Venti gradi, quaranta gradi: buono. A questo punto ci si può accendere una sigaretta e stare tranquilli per più di un'ora* (rr. 79-82). Quale tecnica narrativa viene qui utilizzata?

    a) ☐ Discorso indiretto libero.

    b) ☐ Discorso indiretto.

    c) ☐ Discorso diretto.

    d) ☐ Monologo interiore.

_____ **21.** L'intero racconto è caratterizzato da frequenti riferimenti a percezioni sensoriali. Rintracciane alcuni, specificando a quale dei cinque sensi si riferisce.

Riconoscere il registro linguistico

_____ **22.** Il racconto è caratterizzato dalla presenza di espressioni e termini tecnici ma anche da parole e modi di dire tipici del linguaggio informale e colloquiale. Ricerca alcuni esempi per questo secondo registro linguistico.

Competenza lessicale

_____ **23.** *Il termometro rimase dunque fermo a lungo sui 95°, e poi riprese a <u>camminare</u>.* Sostituisci il verbo evidenziato con un sinonimo.

_____ **24.** *La lancetta d'acciaio brunito, scivolando come una lumaca sul quadrante giallastro, andò a fermarsi sui 95°.* Quale figura retorica è presente in questa frase?

_____ **25.** *Con sollievo e con fierezza, perché <u>l'aveva studiata giusta</u>, vide l'ago risalire fino allo zero.* Che cosa significa l'espressione sottolineata?

Competenza grammaticale

_____ **26.** *Lanza stava vicino al fuoco, e [...] <u>col tepore</u>, il sonno ricominciava a premere.* Che tipo di complemento è l'espressione evidenziata?

_____ **27.** *Faceva caldo, e Lanza vedeva il suo paese.* Nella frase è presente un verbo impersonale: quale?

_____ **28.** *Si abbandonava alla danza di pensieri e d'immagini che prelude al sonno, <u>pur evitando di lasciarsene sopraffare</u>.* Trasforma da implicita a esplicita la proposizione sottolineata.

_____ **29.** *Se fosse stato giorno e non fosse stato solo, non l'avrebbe pensato.* Si tratta di un periodo ipotetico della realtà, dell'irrealtà o della possibilità?

Unità 20

Italo Calvino: la realtà del molteplice

- **T1** Scontro tra due metà
- **T2** Ersilia, la città itinerante
- **T3** Il geco

Saper fare
- **T4** Ultimo viene il corvo

 ONLINE
- **W1** da *Se una notte d'inverno un viaggiatore*
- **W2** da *Marcovaldo*
- **W3** da *Gli amori difficili*

I contesti

1. La letteratura, mezzo per conoscere il mondo

Varietà e unità Italo Calvino è forse il narratore più rappresentativo del secondo Novecento italiano, in quanto ha partecipato a tutte le principali tendenze culturali, dal **Neorealismo** alla **letteratura postmoderna**, svolgendo in ciascuna di esse un originalissimo e coerente percorso di ricerca. Il vero significato e il valore universale della produzione letteraria di Calvino stanno proprio in questa sua varietà e unità.

La letteratura rappresenta, per lo scrittore, un mezzo per conoscere il mondo, per organizzare in termini razionali il senso di un universo che, con il passare del tempo, gli si è rivelato sempre più incontrollabile e incomprensibile. È stata dunque una profonda riflessione sulla realtà contemporanea, fortemente caotica e spaesante – spesso rappresentata nelle sue opere, in maniera emblematica, sotto forma di labirinto – a spingere Calvino alla sperimentazione di nuove strategie narrative attraverso le quali interpretare la realtà, cercare di trovare un significato e un ordine in ciò che sembra non averne.

La ricerca del molteplice L'opera di Italo Calvino, soprattutto quella della maturità, invita dunque il suo lettore ad assumere nuove prospettive nell'osservazione del mondo contemporaneo. Lo scrittore non si ritiene depositario di verità o certezze definitive: egli è un uomo alla ricerca, che attraverso la scrittura comunica agli altri la necessità di comprendere una realtà cangiante, che ogni volta si svincola da schemi di lettura predefiniti. Come ha scritto il critico letterario Giulio Ferroni, «nel suo rispondere ai più vari temi posti dalla realtà e dalla cultura contemporanee, ha manifestato nel modo più esemplare le possibilità e i limiti della letteratura in questa fine del millennio, in cui ogni sintesi è divenuta impossibile».

Da questo punto di vista, l'ultimo lavoro a cui Calvino si stava dedicando prima della morte, la stesura delle *Lezioni americane* (1988), rappresenta un perfetto esempio di questa sua concezione del mondo, una sorta di testamento spirituale. Questo percorso attraverso la letteratura mondiale di ogni epoca finisce per rivelarsi una perfetta sintesi anche della sua poetica personale, all'insegna dei valori della **leggerezza** (contro una letteratura grave e "seriosa", la complessità del mondo e il suo senso profondo possono essere espressi anche in opere lievi e divertenti) e della **rapidità**; dell'**esattezza** e della **visibilità** (il desiderio cioè di osservare in maniera scrupolosa la realtà circostante e di trasformarla in immagini letterarie) e, infine, della **molteplicità**: categoria che le contiene tutte, sintetizzando la capacità di Calvino di attraversare tanti stili e tanti modi diversi di raccontare la complessità del reale.

Come studiare l'autore

Biografia	• La famiglia di origine • Gli studi di agraria • L'esperienza partigiana • La scelta letteraria • La collaborazione con Einaudi • I soggiorni a L'Avana e a Parigi
Aspetti più importanti del contesto storico-culturale	• Il Neorealismo • Il *boom* economico • Il pensiero postmoderno
Produzione letteraria	• Gli scritti realistici • Gli scritti fantastici e fiabeschi • La fase "cosmicomica" • La letteratura "combinatoria" • Gli ultimi scritti
Tematiche e poetica	• La scissione dell'uomo e la complessità del reale • Il fantastico come interpretazione della realtà • L'interesse per la scienza • L'ottica straniante del comico • La letteratura come mezzo per indagare il mondo • La perplessità di fronte al reale
Stile	• Chiarezza • Complessità • Necessità di far vivere l'immagine • Ricerca dell'esattezza • Leggerezza

2 La vita e le opere

La giovinezza Italo Calvino nasce nel 1923 a Santiago de Las Vegas, a **Cuba**, dove il padre, un agronomo, dirige una scuola di agraria e un'azienda agricola sperimentale. Nel 1925, la famiglia rientra in Italia e si stabilisce nell'originaria **Sanremo**. Nella città ligure lo scrittore trascorre l'infanzia e frequenta le scuole fino al liceo. Seguendo le orme del padre, nel 1941 s'iscrive alla facoltà di agraria dell'università di Torino, che però abbandonerà ben presto. Dopo l'armistizio dell'8 settembre del 1943, partecipa alla **Resistenza** in Liguria, combattendo sulle Alpi Marittime nelle formazioni partigiane "Garibaldi", vicine alle posizioni del Partito Comunista.

Impegno politico e Neorealismo Nell'immediato dopoguerra, Calvino s'iscrive alla facoltà di Lettere di Torino, laureandosi nel 1947. Nel capoluogo piemontese, entra in contatto con scrittori e intellettuali (**Elio Vittorini**, **Cesare Pavese**, **Natalia Ginzburg**) legati alla casa editrice Einaudi e impegnati nel dibattito politico-culturale successivo alla caduta del fascismo e alla nascita della Repubblica. A quest'epoca risalgono anche le sue prime opere letterarie, vicine alla poetica del **Neorealismo**: il romanzo sulla Resistenza *Il sentiero dei nidi di ragno* (1947) e la raccolta di racconti *Ultimo viene il corvo* (1949), in cui la vena neorealista dell'autore già si mescola con quel tono più fiabesco che caratterizzerà la sua produzione successiva.

APPROFONDIMENTO

Il pensiero postmoderno

Il termine indica, in linea generale, i tratti caratteristici della cultura occidentale della fine del Novecento.

Anche se si tratta di una realtà molto vasta, spesso contraddittoria e pertanto impossibile da definire in maniera unitaria, si può affermare che il **postmodernismo** raccoglie dentro di sé una serie di tendenze culturali che cercano di **ripensare radicalmente le categorie** fondanti **dell'età moderna**. Se questa aveva attribuito una grande importanza agli ideali della **razionalità**, dell'**obiettività** e del **progresso** (sui quali il Positivismo e il Realismo ottocentesco avevano costruito il loro

sistema di valori), il postmodernismo, invece, s'interroga sull'effettiva validità di tali ideali, sulla loro capacità di descrivere un mondo fortemente diverso da quello dell'età moderna, in rapida e continua evoluzione.

In altri termini, essendo la **realtà contemporanea** sempre più **frammentaria e sfaccettata**, non è più possibile inquadrarla in sistemi rigidamente unitari; è necessario piuttosto costruire un altro tipo di **sapere**, **molteplice e variegato**, meno dogmatico e più aperto a una **pluralità di prospettive**. Solo in questo modo si può acquisire una maggiore capacità di analisi del reale e affrontare la sfida della conoscenza del mondo contemporaneo.

PARTE 3 · Percorso di letteratura

Negli stessi anni, Calvino inizia a collaborare con «L'Unità», giornale del Partito Comunista Italiano; nel 1950 verrà assunto dalla casa editrice Einaudi, unendosi così ai suoi amici letterati.

Crisi ideologica e filone fantastico Tra gli anni Cinquanta e Sessanta, pur restando vivo nelle sue opere l'interesse per le questioni sociali, lo scrittore si allontana gradualmente dalla partecipazione diretta alla vita politica, cercando altre strade per l'espressione della sua visione del mondo rispetto a quelle di una letteratura "militante", espressamente rivolta alla diffusione di un preciso messaggio politico. Tale svolta è dovuta anche a precise motivazioni storiche: la pubblica denuncia dei crimini compiuti dal regime stalinista in URSS e la repressione violenta, da parte delle truppe sovietiche, della Rivoluzione ungherese (1956) allontanano Calvino dalle posizioni del Partito Comunista, da cui egli si dimetterà nel 1957.

Parallelamente, in ambito letterario si consuma un suo definitivo **distacco dal Neorealismo**, per l'affermarsi di forme di narrazione in cui la realtà assume sempre più connotati fantastici e fiabeschi. A questi anni risale la pubblicazione di alcune delle sue opere più amate: la raccolta delle *Fiabe italiane* (1956), frutto di un lungo lavoro di ricerca e riscrittura delle fiabe appartenenti alla tradizione popolare di tutta Italia, le lacerazioni e l'inconsistenza dell'uomo contemporaneo rappresentano i temi dominanti della trilogia *I nostri antenati*, pubblicata nel 1960, che raccoglie romanzi di carattere fantastico pubblicati con grande successo nel decennio precedente; infine, il romanzo breve *La giornata di uno scrutatore* e i racconti surreali e malinconici di *Marcovaldo*, in cui si riflettono gli aspetti negativo del boom economico (il grigiore delle città, la cementificazione, il consumismo), entrambi pubblicati nel 1963.

Sperimentazioni letterarie In questi anni, l'attenzione dello scrittore si rivolge al mondo delle scienze, nella fase "cosmicomica" della sua narrativa, con la raccolta di racconti *Le Cosmicomiche* (1965, ripubblicata nel 1984 in una versione ampliata), e *Ti con zero* (1968). In queste opere il linguaggio e i temi della scienza contemporanea diventano un mezzo per indagare non solo la società moderna ma anche i temi esistenziali più importanti: la vita, la morte, il mistero della riproduzione.

Nel 1964, Calvino aveva sposato a L'Avana l'interprete-traduttrice argentina Esther Judith Singer e con essa si stabilisce a Parigi, dove intrattiene numerosi e proficui contatti con i più importanti filosofi e scrittori del periodo. Tale frequentazione con l'effervescente cultura francese dell'epoca gli fornisce ulteriori stimoli per la sua produzione letteraria. Calvino si dedica a una letteratura all'insegna della sperimentazione di nuove strutture narrative, sempre più complesse e articolate, frutto di un gioco combinatorio dei diversi elementi che le compongono. A questo periodo risalgono perciò alcune delle sue opere più impor-

APPROFONDIMENTO

Il *boom* economico

Il periodo della storia italiana compreso tra gli anni Cinquanta e Sessanta del Novecento è stato caratterizzato da una forte crescita economica ed è stato perciò definito "*boom*". Tale epoca coincide con uno straordinario **sviluppo industriale**, in particolare nel settore delle automobili, della meccanica di precisione, degli elettrodomestici. L'enorme espansione del mercato automobilistico darà anche un formidabile impulso ai **lavori pubblici**, e in primo luogo allo sviluppo delle infrastrutture della **rete stradale nazionale**.

Le grandi città industriali del Nord Italia (Torino, Milano, Genova), necessitano in questi anni di una numerosa manodopera per sviluppare le loro industrie, e diventano perciò meta di un'imponente **emigrazione interna**. Una delle conseguenze immediate della massiccia emigrazione interna e dell'abbandono delle terre sono state la **crescita della classe operaia** e l'espansione della **piccola borghesia**. Tale fenomeno contribuirà però anche ad aggravare gli squilibri socioeconomici del Paese, determinando una profonda **crisi dell'agricoltura nel Meridione** e un generale aumento del divario economico tra Nord e Sud.

tanti: *Il castello dei destini incrociati* (1969), *Le città invisibili* (1972) e *Se una notte d'inverno un viaggiatore* (1979).

Nel 1980 Calvino ritorna in Italia, a Roma, dove inizia una proficua collaborazione con il «Corriere della sera» e con «La Repubblica». Nel 1983 compone la sua ultima opera narrativa, *Palomar*. Lo scrittore morirà nel 1985, a Siena, colpito da un ictus cerebrale mentre sta preparando un ciclo di lezioni da tenere presso alcune prestigiose università statunitensi, pubblicate postume con il titolo *Lezioni americane. Sei proposte per il prossimo millennio* (1988).

3 Tante fasi creative

Il periodo neorealista e la propensione per il fiabesco
Per avvicinarsi alla produzione letteraria di Calvino, è bene sapere che ci troviamo di fronte a un autore quanto mai poliedrico e creativo, che ha attraversato numerose fasi, sperimentando per tutta la sua vita soluzioni narrative differenti.

Calvino esordisce nel 1947, a soli ventiquattro anni, con il romanzo *Il sentiero dei nidi di ragno*, ambientato sui monti liguri durante la **Resistenza**, un'esperienza vissuta in prima persona dallo scrittore. Il punto di vista con cui vengono narrati gli avvenimenti è lontano da qualsiasi intento "celebrativo" della lotta al nazifascismo: l'opera rappresenta perciò uno degli esempi più importanti di una scrittura d'ispirazione neorealista, focalizzata sul compito di una descrizione il più concreta e oggettiva possibile della realtà. Protagonista ne è un ragazzino, **Pin**, che si trova immerso in un mondo di adulti, sia partigiani sia fascisti, tragicamente condizionato dalla guerra. Il contatto con questa realtà non potrà che costringere il ragazzo a un rapido percorso di formazione personale.

L'adesione di Calvino alla poetica neorealista presenta tuttavia dei caratteri del tutto particolari; già in questa sua prima opera, infatti, emerge una descrizione della realtà che, filtrata dallo sguardo infantile e sognante di Pin, spesso assume una **dimensione fantastico-fiabesca**. Tale caratteristica riemergerà nella sua opera successiva, *Ultimo viene il corvo*, raccolta del 1949 che pren-

de il titolo da uno dei racconti in essa contenuti. In quest'opera ritornano ancora le vicende della guerra partigiana e, come nel romanzo precedente, la rappresentazione della materia realistica (le azioni di guerra, i rastrellamenti, le dure condizioni di vita) è stemperata dalla presenza di elementi fiabeschi e da uno stile dotato di una fresca e giovanile vitalità, che farà di Calvino uno dei giovani autori più promettenti del secondo dopoguerra (▶ *Ultimo viene il corvo*, p. 685).

Una letteratura favolosa e allegorica
Allontanandosi gradualmente dall'esperienza del Neorealismo, l'"inclinazione naturale" di Calvino al fiabesco si manifesta nella composizione del ciclo *I nostri antenati*, in cui si mette in scena un mondo favoloso e allegorico: la letteratura diventa qui un modo non solo per indagare il mondo, ma anche per affermare il valore letterario della leggerezza, qualità attraverso cui si possono affrontare i temi più profondi. Il ciclo comprende tre romanzi: *Il visconte dimezzato* (1952), *Il barone rampante* (1957) e *Il cavaliere inesistente* (1959), tutti ambientati in un passato storicamente reale, sul quale però Calvino innesta elementi fantastici che dimostrano tutta l'inventiva e la capacità immaginativa che caratterizzano il suo talento narrativo.

Il protagonista di *Il visconte dimezzato*, ambientato nell'Europa dei secoli XVII-XVIII, è il nobile **Medardo di Terralba** che, durante una battaglia di una crociata contro i Turchi, viene diviso a metà da una palla di cannone. Le due parti miracolosamente sopravvissute conducono vite autonome, radicalmente contrapposte. Il Gramo – la metà malvagia – semina il terrore nelle campagne di Terralba, mentre il Buono compie gesti nobili e generosi per ripararne i misfatti. Nella parte conclusiva del romanzo le due metà, entrambe manifestazioni di personalità e atteggiamenti morali estremi, si scontreranno in un duello in seguito al quale esse torneranno a ricongiungersi. L'artefice di tale miracolosa operazione è il medico del castello, il **dottor Trelawney**, che ricompone la scissione fra la parte buona e quella cattiva di ogni uomo, ristabilendone un equilibrio morale ed emotivo (▶ *Scontro tra due metà*, p. 670).

Il barone rampante, ambientato tra la fine del Settecento e gli anni della Restaurazione, narra la storia di **Cosimo Piovasco di Rondò**, che dall'età di dodici anni vive sulla cima di un albero. La sua scelta, manifestazione radicale del rifiuto dell'autorità paterna e dei valori tradizionali dell'aristocrazia, non gli impedisce di studiare e di partecipare alla vita sociale e politica di quegli anni, segnati dalla Rivoluzione francese, dall'ascesa e il declino dell'Impero napoleonico. Saltando di ramo in ramo, il protagonista del romanzo attraverserà così tutta l'Europa, senza mai scendere sulla terraferma, fino a quando, aggrappatosi a una mongolfiera, scomparirà definitivamente all'orizzonte. Tale personaggio sembra configurarsi come l'allegoria di una nuova figura intellettuale, che osservi il mondo e partecipi alla vita sociale senza lasciarsi però imprigionare da condizionamenti e schemi politici troppo rigidi. Ai tempi di Carlo Magno si svolgono invece le intricate vicende cavalleresche che costituiscono la trama di *Il cavaliere inesistente*. La vicenda è incentrata sulle imprese di Agilulfo, un cavaliere privo di corpo e pieno d'intelletto, di cui è visibile soltanto l'armatura. Tale singolare personaggio è la metafora dell'uomo prigioniero della sua astratta razionalità, incapace di agire, di comprendere e confrontarsi con la realtà circostante. In questi stessi anni, la disposizione di Calvino alle atmosfere fantastiche si manifesta anche nel suo scrupoloso lavoro di riscoperta della cultura popolare italiana, concretizzatosi nella raccolta delle *Fiabe italiane* (1956). In essa, Calvino recupera più di duecento fiabe tradizionali delle diverse regioni italiane, riscrivendole in italiano, pur rispettando le originarie caratteristiche linguistiche e la ricchezza espressiva dei diversi dialetti.

Il degrado ambientale e la città Negli ultimi anni Cinquanta, Calvino ritorna a una scrittura dallo stile più realistico nei racconti raccolti in *La speculazione edilizia* (1957) e *La nuvola di smog* (1958). In essi vengono affrontate le tematiche dell'urbanizzazione e dell'inquinamento provocati dalla progressiva industrializzazione dell'Italia, nell'epoca del *boom* economico che caratterizza il secondo dopoguerra. L'affermarsi di una serie di disagi legati alla comparsa di questa nuova realtà socioeconomica e ambientale è il tema conduttore anche di *Marcovaldo, ovvero Le*

stagioni in città (1963), una raccolta di venti racconti che hanno per protagonista un manovale emigrato con la famiglia dalla campagna in una metropoli del Nord. In quest'opera, una delle più amate dai lettori di Calvino, le surreali e stranianti "disavventure urbane" di **Marcovaldo** mettono in evidenza il suo senso di disagio e di smarrimento nei confronti di questo ambiente troppo inquinato e troppo poco naturale. Nello sguardo ingenuo e nostalgico del personaggio emerge perciò una critica nei confronti della società contemporanea, di una città non a misura d'uomo. Il tema della **città** è al centro di un'altra celebre opera di Calvino, una delle più importanti da lui scritte, che presenta in verità delle caratteristiche molto diverse da *Marcovaldo*. *Le città invisibili* (1972), infatti, è caratterizzata da una struttura narrativa molto particolare. Lo scrittore immagina che **Marco Polo** (il grande viaggiatore veneziano del XIII secolo e l'autore di *Il milione*), trovandosi alla corte del **Kublai Kan**, grande imperatore del Catai, venga pregato da questi di descrivergli tutte le città di cui è composto il suo sterminato Impero. Marco Polo – e Calvino – danno fondo a tutta la loro fantasia visionaria, descrivendo non luoghi reali, ma cinquantacinque città immaginarie, indicate con nomi femminili e suddivise nel testo in categorie tematiche (*Le città e la memoria, Le città e i segni, Le città e il desiderio, Le città sottili, Le città continue* ecc.). Collocate fuori del tempo e dello spazio, tali città invisibili sono realtà virtuali, mondi immaginari che incarnano i desideri, i timori, le fantasie e le ossessioni più profonde dell'essere umano. Il personaggio di Kublai Kan, rinchiuso nella sua reggia e sovrastato dalla sterminatezza del suo stesso Impero, diventa l'emblema dell'uomo contemporaneo, per cui il mondo è diventato un universo troppo vasto, impossibile da conoscere e da dominare nella sua complessità (▶ *Ersilia, la città itinerante*, p. 676).

Il mondo contemporaneo e il gioco combinatorio della letteratura Dalla metà degli anni Sessanta, durante il suo soggiorno parigino, Calvino frequenta i più importanti scrittori e pensatori dell'epoca, esponenti di tendenze letterarie d'avanguardia e di nuovi correnti filosofiche che propongono un nuovo approccio allo studio della

Maurits C. Escher, *Metamorfosi 2* (particolare), 1939-40.

realtà: come, per esempio, il teorico della letteratura **Roland Barthes** e gli scrittori **Raymond Queneau** e **Georges Perec**. Tali frequentazioni daranno nuovi stimoli alla ricerca letteraria di Calvino. La sua produzione di questi anni sarà caratterizzata dalla stesura di **romanzi sperimentali** basati su una costruzione molteplice dell'intreccio, svincolata dalla canonica disposizione delle fasi della *fabula* (situazione iniziale; esordio; peripezie; conclusione) e costruita piuttosto attorno ad articolati schemi combinatori. Calvino non si limita cioè a raccontare un'unica storia ma, seguendo un ordine rigoroso, combina tra loro i diversi elementi che la compongono, mostrando i vari possibili sviluppi che la caratterizzano potenzialmente.

Attraverso le sue opere, l'autore cerca dunque di creare dei modelli di comprensione della molteplicità del reale; la letteratura diventa così come un gioco di combinazioni, attraverso cui è possibile descrivere – o immaginare – tutta la complessità del mondo contemporaneo.

La prima opera in cui Calvino mette in pratica la sua idea di letteratura combinatoria è *Il castello dei destini incrociati* (1969). Con quest'opera si ritorna al racconto di un universo fantastico: protagonisti ne sono gli ospiti di un castello, dame e cavalieri medievali che, resi muti da un maleficio, si servono delle carte dei tarocchi per comunicare tra di loro e "intrecciare" i loro racconti. Le loro storie, infatti, scaturiscono proprio dalla successione e dalla disposizione delle carte e dalle figure che in esse vi sono rappresentate. Dopo *Le città invisibili*, che di questa fase combinatoria è l'esempio più importante, Calvino scriverà *Se una notte d'inverno un viaggiatore* (1979), romanzo ancora una volta costruito attorno a un sofisticato gioco di rimandi, in cui è la letteratura stessa ad analizzare i suoi meccanismi di costruzione e sviluppo. L'opera è infatti costituita da una cornice di dieci racconti, appartenenti a diversi generi, che per vari motivi risultano incompiuti, sprovvisti di una fine; saranno la Lettrice e il Lettore, i due protagonisti del romanzo, a dover cercare, passando di racconto in racconto, di dare una conclusione alla vicenda.

Nel 1983 Calvino pubblica la sua ultima opera narrativa, *Palomar* (1983), di nuovo dedicata al tema della molteplicità del reale e dell'impossibilità di conoscerlo fino in fondo. La presenza del personaggio del signor Palomar, attento e spietato osservatore della condizione umana, esprime il **crescente pessimismo** dello scrittore nei confronti di una realtà che gli sembra sempre più destinata a una deriva autodistruttiva. Nonostante si sforzi di osservare minuziosamente tutto ciò che lo circonda, il protagonista del libro non riesce a raggiungere una conoscenza definitiva del mondo, a decodificare i molteplici messaggi che provengono da essa, a dare una forma stabile a ciò che per sua natura è inafferrabile e mutevole (▶ *Il geco*, p. 679).

PARTE 3 • Percorso di letteratura

T1 Scontro tra due metà

- **GENERE**
  Romanzo fantastico
- **LUOGO E TEMPO**
  Terralba (Liguria);
  XVII-XVIII secolo
- **PERSONAGGI**
  Le due metà del
  visconte Medardo;
  il dottor Trelawney;
  Pamela; gli abitanti
  di Terralba

Il brano è la conclusione del romanzo *Il visconte dimezzato* (1952), prima opera della trilogia *I nostri antenati*. Entrambe le parti del visconte, il Gramo e il Buono, sono innamorate di Pamela, una giovane contadina. Nelle ultime pagine del romanzo viene annunciato il matrimonio della ragazza: resta però incerto chi tra le due metà del visconte sarà lo sposo. L'intero paese attende con ansia e curiosità lo scontro ormai inevitabile tra i due contendenti. Insieme al duello, però, giungerà anche un'imprevista quanto provvidenziale conclusione delle vicende.

Tutta Terralba fu sossopra[1], quando si seppe che Pamela si sposava. Chi diceva che sposava l'uno, chi diceva l'altro. I genitori di lei pareva facessero apposta per imbrogliar le idee. Certo, al castello stavano lustrando e ornando tutto come per una gran festa. E il visconte[2] s'era fatto fare un abito di velluto nero con
5 un grande sbuffo alla manica e un altro alla braca. Ma anche il vagabondo[3] aveva fatto strigliare il povero mulo e s'era fatto rattoppare il gomito e il ginocchio. A ogni buon conto, in chiesa lucidarono tutti i candelieri.

Pamela disse che non avrebbe lasciato il bosco che al momento del corteo nuziale. Io[4] facevo le commissioni per il corredo. Si cucì un vestito bianco con il velo
10 e lo strascico lunghissimo e si fece corona e cintura di spighe di lavanda. Poiché di velo le avanzava ancora qualche metro, fece una veste da sposa per la capra e una veste da sposa anche per l'anatra, e corse così per il bosco, seguita dalle bestie, finché il velo non si strappò tutto tra i rami, e lo strascico non raccolse tutti gli aghi di pino e i ricci di castagne che seccavano per i sentieri.

15 Ma la notte prima del matrimonio era pensierosa e un po' spaurita. Seduta in cima a una collinetta senz'alberi, con lo strascico avvolto attorno ai piedi, la coroncina di lavanda di sghimbescio[5], poggiava il mento su una mano e guardava i boschi intorno sospirando.

Io ero sempre con lei perché dovevo fare da paggetto, insieme a Esaù[6] che però
20 non si faceva mai vedere.

«Chi sposerai, Pamela?» le chiesi.

«Non so», lei disse, «non so proprio che succederà. Andrà bene? Andrà male?»

Dai boschi si levava ora una specie di grido gutturale, ora un sospiro. Erano i due pretendenti dimezzati, che in preda all'eccitazione della vigilia vagavano per
25 anfratti e dirupi del bosco, avvolti nei neri mantelli, l'uno sul suo magro cavallo, l'altro sul suo mulo spelacchiato, e mugghiavano[7] e sospiravano tutti presi nelle loro ansiose fantasticherie. E il cavallo saltava per balze e frane, il mulo s'arram-

---

1. sossopra: sottosopra, in uno stato di agitazione.
2. il visconte: si tratta della metà cattiva, il Gramo, che aveva preso pieno possesso del castello e del potere di Medardo.
3. il vagabondo: si tratta della metà buona, il Buono, che era stato curato da alcuni eremiti e, ritornato a Terralba, vi era rimasto in condizioni di povertà, sostenuto dalla carità degli abitanti.
4. Io: il narratore è il nipote del visconte Medardo, che all'epoca dei fatti ha circa sette anni.
5. di sghimbescio: storta, di traverso.
6. Esaù: un ragazzo dell'età del narratore.
7. mugghiavano: si lamentavano.

670

picava per pendii e versanti, senza che mai i due cavalieri s'incontrassero.

Finché, all'alba, il cavallo spinto al galoppo non si azzoppò giù per un burrone;
30 e il Gramo non poté arrivare in tempo alle nozze. Il mulo invece andava piano e
sano, e il Buono arrivò puntuale in chiesa, proprio mentre giungeva la sposa con
lo strascico sorretto da me e da Esaù che si faceva trascinare.

A veder arrivare come sposo soltanto il Buono che s'appoggiava alla sua stampella, la folla rimase un po' delusa. Ma il matrimonio fu regolarmente celebrato,
35 gli sposi dissero sì e si scambiarono l'anello, e il prete disse: «Medardo di Terralba
e Pamela Marcolfi, io vi congiungo in matrimonio».

In quella dal fondo della navata, sorreggendosi alla gruccia, entrò il visconte,
con l'abito nuovo di velluto a sbuffi zuppo d'acqua e lacero. E disse: «Medardo
di Terralba sono io e Pamela è mia moglie».
40 Il Buono arrancò di fronte a lui. «No, il Medardo che ha sposato Pamela sono
io».

Il Gramo buttò via la stampella e mise mano alla spada. Al Buono non restava
che fare altrettanto.

«In guardia!»
45 Il Gramo si lanciò in un a-fondo[8], il Buono si chiuse in difesa, ma erano già
rotolati per terra tutti e due.

Convennero che era impossibile battersi tenendosi in equilibrio su una gamba
sola. Bisognava rimandare il duello per poterlo preparare meglio.

«E io sapete cosa faccio?» disse Pamela «me ne torno al bosco». E prese la corsa
50 via dalla chiesa, senza più paggetti che le reggessero lo strascico. Sul ponte trovò
la capra e l'anatra che stavano aspettando e s'affiancarono a lei trotterellando.

Il duello fu fissato per l'indomani all'alba al Prato delle Monache. Mastro Pietrochiodo[9] inventò una specie di gamba di compasso, che fissata alla cintura dei
dimezzati permetteva loro di star ritti e di spostarsi e pure d'inclinare la persona
55 avanti e indietro, tenendo infissa la punta nel terreno per star fermi. Il lebbroso
Galateo, che da sano era stato un gentiluomo, fece da giudice d'armi; i padrini del
Gramo furono il padre di Pamela e il caposbirro; i padrini del Buono due ugonotti[10]. Il dottor Trelawney assicurò l'assistenza, e venne con una balla[11] di bende
e una damigiana di balsamo, come avesse da curare una battaglia. Buon per me,
60 che dovendo aiutarlo a portar tutta quella roba potei assistere allo scontro.

C'era l'alba verdastra; sul prato i due sottili duellanti neri erano fermi con le
spade sull'attenti. Il lebbroso soffiò il corno: era il segnale; il cielo vibrò come
una membrana tesa, i ghiri nelle tane affondarono le unghie nel terriccio, le gazze
senza togliere il capo di sotto l'ala si strapparono una penna dall'ascella facendosi
65 dolore, e la bocca del lombrico mangiò la propria coda, e la vipera si punse coi
suoi denti, e la vespa si ruppe l'aculeo sulla pietra, e ogni cosa si voltava contro

---

8. a-fondo: colpo di scherma tirato con slancio contro l'avversario.
9. Mastro Pietrochiodo: il falegname del paese.

10. ugonotti: nome dato a partire dal XVI secolo ai protestanti francesi; fino al XVIII secolo, la Francia fu interessata da gravi guerre di religione, ed è il motivo per cui i due personaggi in questione si sono rifugiati a Terralba.
11. balla: sacco di tela piuttosto grande.

se stessa, la brina delle pozze ghiacciava, i licheni diventavano pietra e le pietre lichene, la foglia secca diventava terra, e la gomma[12] spessa e dura uccideva senza scampo gli alberi. Così l'uomo s'avventava contro di sé, con entrambe le mani 70 armate d'una spada.

Ancora una volta Pietrochiodo aveva lavorato da maestro: i compassi disegnavano cerchi sul prato e gli schermidori si lanciavano in assalti scattanti e legnosi, in parate e in finte[13]. Ma non si toccavano. In ogni a-fondo, la punta della spada pareva dirigersi sicura verso il mantello svolazzante dell'avversario, ognuno sem-75 brava s'ostinasse a tirare dalla parte in cui non c'era nulla, cioè dalla parte dove avrebbe dovuto esser lui stesso. Certo, se invece di mezzi duellanti fossero stati duellanti interi, si sarebbero feriti chissà quante volte. Il Gramo si batteva con rabbiosa ferocia, eppure non riusciva mai a portare i suoi attacchi dove davvero era il suo nemico; il Buono aveva la corretta maestria[14] dei mancini, ma non faceva 80 che crivellare[15] il mantello del visconte.

A un certo punto si trovarono elsa contro elsa[16]: le punte di compasso erano infitte nel suolo come erpici[17]. Il Gramo si liberò di scatto e già stava perdendo l'equilibrio e rotolando al suolo, quando riuscì a menare un terribile fendente[18], non proprio addosso all'avversario, ma quasi: un fendente parallelo alla linea che 85 interrompeva il corpo del Buono, e tanto vicino a essa che non si capì subito se era più in qua o più in là. Ma presto vedemmo il corpo sotto il mantello imporporarsi[19] di sangue dalla testa all'attaccatura della gamba e non ci furono più dubbi. Il Buono s'accasciò, ma cadendo, in un'ultima movenza ampia e quasi pietosa, abbatté la spada anch'egli vicinissimo al rivale, dalla testa all'addome, tra il punto 90 in cui il corpo del Gramo non c'era e il punto in cui prendeva a esserci. Anche il corpo del Gramo ora buttava sangue per tutta l'enorme antica spaccatura: i fendenti dell'uno e dell'altro avevano rotto di nuovo tutte le vene e riaperto la ferita che li aveva divisi, nelle sue due facce. Ora giacevano riversi[20]; e i sangui che già erano stati uno solo ritornavano a mescolarsi per il prato.

95 Tutto preso da quest'orrenda vista non avevo badato a Trelawney, quando m'accorsi che il dottore stava spiccando salti di gioia con le sue gambe da grillo, battendo le mani e gridando: «È salvo! È salvo! Lasciate fare a me».

Dopo mezz'ora riportammo in barella al castello un unico ferito. Il Gramo e il Buono erano bendati strettamente assieme; il dottore aveva avuto cura di far 100 combaciare tutti i visceri e le arterie dell'una parte e dell'altra, e poi con un chilometro di bende li aveva legati così stretti che sembrava, più che un ferito, un antico morto imbalsamato.

Mio zio fu vegliato giorni e notti tra la morte e la vita. Un mattino, guardando quel viso che una linea rossa attraversava dalla fronte al mento, continuando poi

---

12. licheni... gomma: i licheni sono organismi vegetali che si sviluppano sulle rocce. La gomma è una sostanza gelatinosa che si forma sulla corteccia degli alberi a causa di una malattia.
13. parate... finte: particolari movimenti di scherma che si mettono in atto per ingannare l'avversario.
14. corretta maestria: precisa capacità.
15. crivellare: riempire di buchi.
16. elsa: impugnatura della spada.
17. erpici: strumenti agricoli appuntiti, utilizzati per la semina.
18. fendente: colpo di spada, sferrato di taglio e dall'alto verso il basso.
19. imporporarsi: colorarsi di rosso, diventare del colore della porpora.
20. riversi: accasciati a terra, distesi sulla schiena.

Italo Calvino: la realtà del molteplice · UNITÀ 20

105 giù per il collo, fu la balia Sebastiana a dire: «Ecco: s'è mosso».

Un sussulto di lineamenti stava infatti percorrendo il volto di mio zio, e il dottore pianse di gioia al vedere che si trasmetteva da una guancia all'altra.

Alla fine Medardo schiuse gli occhi, le labbra: dapprincipio la sua espressione era stravolta: aveva un occhio aggrottato e l'altro supplice, la fronte qua corruga-
110 ta là serena, la bocca sorrideva da un angolo e dall'altro digrignava i denti. Poi a poco a poco ritornò simmetrico.

Il dottor Trelawney disse: «Ora è guarito».

Ed esclamò Pamela: «Finalmente avrò uno sposo con tutti gli attributi».

Così mio zio Medardo ritornò uomo intero, né cattivo né buono, un miscuglio
115 di cattiveria e bontà, cioè apparentemente non dissimile da quello ch'era prima di esser dimezzato. Ma aveva l'esperienza dell'una e l'altra metà rifuse[21] insieme, perciò doveva essere ben saggio. Ebbe vita felice, molti figli e un giusto governo. Anche la nostra vita mutò in meglio. Forse ci s'aspettava che, tornato intero il visconte, s'aprisse un'epoca di felicità meravigliosa; ma è chiaro che non basta un
120 visconte completo perché diventi completo tutto il mondo.

Italo Calvino, *I nostri antenati*, Milano, Mondadori, 2000

21. rifuse: riunite.

SCHEDA DI ANALISI

Il tema e il messaggio

In un'intervista rilasciata pochi anni prima della sua morte, Calvino ha spiegato il motivo che lo ha ispirato nella scrittura della sua opera: «Quando ho comincia-to a scrivere il *Visconte dimezzato* volevo soprattutto scrivere una storia divertente per me stesso e possi-bilmente per divertire gli altri: avevo questa immagine di uomo tagliato in due e ho pensato che questo tema dell'uomo tagliato in due, dell'uomo dimezzato fosse un tema significativo, avesse un significato contempo-raneo: **tutti ci sentiamo in qualche modo incom-pleti, tutti realizziamo una parte di noi stessi e non l'altra**».

Medardo il Gramo e Medardo il Buono, con il loro comportamento radicalmente opposto, rappresenta-no **il bene e il male che abitano l'animo umano**. Ovviamente, non si può che condannare la malvagità e le nefandezze del Gramo; ma anche l'eccessivo altru-ismo e l'umiltà del Buono non sono sufficienti a fare di lui una persona completamente realizzata. Il nuovo Medardo, quello che nasce in seguito alle ferite del duello, ha appreso grazie alle esperienze delle due sue metà a **convivere con gli opposti che albergano inevitabilmente** dentro di lui, comprendendo che il vero male consiste nell'estremismo delle scelte morali e negli squilibri che esse producono.

Nelle ultime righe del brano, il visconte ritorna uo-mo intero e per la comunità di Terralba si apre una vita migliore. Anche se, aggiunge il narratore con una **vena di amarezza**, un solo uomo saggio non è suffi-ciente ad aprire un'epoca di felicità meravigliosa. Con queste parole Calvino sembra alludere al fatto che an-cora troppi uomini ignorano o non danno sufficiente spazio a una parte di sé stessi, e che la scissione della loro personalità impedisce che *diventi completo tut-to il mondo*.

I personaggi

Oltre ai protagonisti, nel brano compaiono **altri due personaggi importanti** per la comprensione del si-gnificato del romanzo, in particolare della sua conclu-sione.

Pamela appare inizialmente infantile e superficiale: veste da sposa una capra e un'anatra, strappa l'abito prima della cerimonia correndo nel bosco, non sa chi sposerà... Quando la cerimonia viene interrotta dal Gramo, essa si mostra del tutto disinteressata all'esito della contesa fra le due metà (*E io sapete cosa fac-cio?* [...] *me ne torno al bosco*). Quando, però, il me-dico annuncia la guarigione del visconte, è lei che **an-ticipa saggiamente il messaggio** insito nella storia, affermando di essere felice di avere *uno sposo con*

673

tutti gli attributi, ovvero né completamente buono o cattivo, ma un uomo equilibrato e completo.

● Altrettanto importante, per l'interpretazione delle vicende, è il personaggio del **dottor Trelawney**. La sua scomposta reazione all'esito cruento del duello (*stava spiccando salti di gioia con le sue gambe da grillo, battendo le mani e gridando*) è soltanto in apparenza ingiustificata. Il dottore è un'**allegoria della razionalità**, in quanto scorge nelle ferite delle due metà del visconte l'occasione per ristabilire l'armonia tra le realtà opposte della natura umana.

In conclusione, perciò, il visconte, metafora di un'umanità pericolosamente divisa tra bene e male, ritrova un equilibrio grazie al **concorso dei sentimenti** (l'amore di Pamela) **e della ragione** (la scienza del dottore).

Il narratore

● È invece scarsamente coinvolto nello svolgimento degli eventi il **narratore interno**, il giovanissimo nipote del visconte. Il bambino è un **testimone curioso**, che interpreta e commenta i fatti alla luce della propria **sensibilità infantile**: è orgoglioso di essere il paggetto designato della sposa ed è felice di essere presente quando inizia il duello, anche se poi si spaventa alla vista del sangue. Come gli altri personaggi, però, dopo il miracoloso ricongiungimento anche lui sembra acquisire una maggiore consapevolezza; tanto che l'autore gli conferisce la **maturità** e l'**esperienza umana** per una profonda riflessione sull'uomo e la sua storia nel mondo (*è chiaro che non basta un visconte completo perché diventi completo tutto il mondo*).

La lingua e lo stile

● Calvino ricrea l'atmosfera incantata e misurata delle **fiabe popolari** ricorrendo a una **prosa chiara ed essenziale**, di scarna ma efficace immediatezza comunicativa, sia nelle lunghe sequenze narrative sia nei dialoghi. La potenziale drammaticità degli eventi è continuamente alleggerita da uno **sguardo ironico**, che descrive divertito gli abiti improbabili dei due sposi e il corteo nuziale di Pamela, che capovolge in farsa prima i tormenti d'amore dei pretendenti e poi lo svolgimento del loro duello, ulteriormente sdrammatizzato dalle preoccupazioni esagerate del dottore (*venne con una balla di bende e una damigiana di balsamo, come avesse da curare una battaglia*).

● Soltanto nella descrizione dell'alba *verdastra* del **duello** il tono della narrazione si fa più **grave e inquietante**. L'autore sottolinea l'assurdità dell'odio tra le due metà del visconte attraverso la rappresentazione dei comportamenti autolesionistici degli animali del bosco e della rivolta contro se stessi degli elementi della natura, metafore dell'insensatezza della lotta dell'uomo contro se stesso (*ognuno sembrava s'ostinasse a tirare dalla parte in cui non c'era nulla, cioè dalla parte dove avrebbe dovuto esser lui stesso*).

Laboratorio sul testo

● Comprendere

1. Perché Terralba accoglie con agitazione la notizia che Pamela si sta per sposare?
2. Da quali pensieri e paure Pamela è assalita prima delle nozze?
3. In che modo le due metà del visconte esprimono la loro eccitazione in vista delle nozze?
4. Quale motivo impedisce a Medardo il Gramo di arrivare in tempo per il matrimonio?
5. Come reagisce Pamela allo scontro tra i due?
6. Come reagiscono le creature e gli elementi della natura all'imminenza del duello?
7. Quale mossa del Gramo dà una svolta allo scontro? E che cosa fa il Buono, cadendo?
8. Come reagisce il dottor Trelawney allo sviluppo degli avvenimenti?
9. Qual è l'esito finale dell'operazione? Quali sono i commenti finali di Pamela e del narratore?

● Interpretare

10. Quale idea viene rappresentata simbolicamente, attraverso gli strani comportamenti degli animali e degli elementi della natura che precedono il duello fra le due metà?
11. *Così l'uomo s'avventava contro di sé, con entrambe le mani armate di spada* (rr. 69-70) Quale idea universale viene espressa attraverso tale affermazione riguardante la scena finale del romanzo?

Italo Calvino: la realtà del molteplice · UNITÀ 20

12. In che cosa consiste l'ideale di saggezza esposto nella parte conclusiva del testo?

13. *È chiaro che non basta un visconte completo perché diventi completo tutto il mondo* (rr. 119-120). Quale giudizio sull'umanità è espresso in questa frase conclusiva?

Analizzare

Struttura

14. Quali tipi di sequenze compaiono nel brano? Quale tra esse è preponderante?

15. Individua nel brano il punto culminante delle peripezie (*Spannung*).

Narratore

16. Quali sono i caratteri del narratore e il ruolo che egli ha nello svolgimento delle vicende? Motiva la tua risposta con opportuni riferimenti al testo.

Personaggi

17. Per quale motivo possiamo affermare che nel sistema dei personaggi del romanzo il Buono e il Gramo sono contemporaneamente protagonista e antagonista?

18. Quale ruolo svolgono, nel sistema dei personaggi, Pamela e il dottore Trelawney? Perché è possibile affermare che le loro azioni sono complementari?

Stile

19. Nel brano sono evidenti sia la disposizione dell'autore per il fiabesco sia il suo gusto per l'ironia. Rintraccia almeno un esempio per ciascuno di questi aspetti.

Padroneggiare la lingua

Lessico

20. *Certo, al castello stavano* <u>lustrando</u> *e* <u>ornando</u> *tutto come per una gran festa*. Trova un sinonimo per i due termini sottolineati.

21. <u>*A ogni buon conto*</u>, *in chiesa lucidarono tutti i candelieri*. Da che cosa può essere sostituita l'espressione sottolineata?

a) ☐ A tutti i costi.   b) ☐ In ogni caso.   c) ☐ A un prezzo conveniente.   d) ☐ Con molto impegno.

Grammatica

22. *Alla fine Medardo schiuse gli occhi, le labbra: dapprincipio la sua espressione era stravolta: aveva un occhio aggrottato e l'altro supplice, la fronte qua corrugata là serena, la bocca sorrideva da un angolo e dall'altro digrignava i denti. Poi a poco a poco ritornò simmetrico.* Per quale ragione l'autore varia i tempi verbali, utilizzando sia l'imperfetto sia il passato remoto? Quale tipo di azioni essi indicano rispettivamente?

23. <u>*Tutto preso da quest'orrenda vista*</u> *non avevo badato a Trelawney*. Trasforma la subordinata sottolineata da implicita a esplicita.

24. *Corse così per il bosco, seguita dalle bestie,* <u>finché</u> *il velo non si strappò tutto tra i rami, e lo strascico non raccolse tutti gli aghi di pino e i ricci di castagne che seccavano per i sentieri*. Che tipo di proposizione è introdotta dalla congiunzione sottolineata?

a) ☐ Consecutiva.   b) ☐ Temporale.   c) ☐ Causale.   d) ☐ Modale.

Produrre

25. Che cosa pensi del sistema di valori espressi nel testo? Sei d'accordo con l'idea che l'estremizzazione di ciascun tipo di comportamento, anche di un atteggiamento generoso e altruista, non consente la giusta e piena realizzazione personale dell'individuo? Discutine con i tuoi compagni.

T2 Ersilia, la città itinerante

Il brano è tratto da *Le città invisibili* (1972). Nel libro, Marco Polo descrive al Kublai Kan le città che costituiscono il suo impero. Sebbene ambasciatori e funzionari gli riportino regolarmente notizie da tali luoghi, l'imperatore preferisce ascoltare i resoconti di questo visionario viaggiatore, nonostante non vi creda fino in fondo. Ersilia, catalogata sotto la sezione *Le città e gli scambi*, è una città itinerante: i suoi abitanti tendono dei fili da una casa all'altra per segnalare i loro rapporti, ma, quando la ragnatela delle relazioni si infittisce così da impedire la libera circolazione, abbandonano la città per ricostruirla altrove.

• **GENERE** Romanzo
• **LUOGO E TEMPO** Imprecisati
• **PERSONAGGI** Gli abitanti di Ersilia

A Ersilia, per stabilire i rapporti che reggono la vita della città, gli abitanti tendono dei fili tra gli spigoli delle case, bianchi o neri o grigi o bianco-e-neri a seconda se segnano le relazioni di parentela, scambio, autorità, rappresentanza. Quando i fili sono tanti che non ci si può più passare in mezzo, gli abitanti vanno
5 via: le case vengono smontate; restano solo i fili e i sostegni dei fili.

Dalla costa d'un monte, accampati con le masserizie[1], i profughi di Ersilia guardano l'intrico di fili tesi e pali che s'innalza nella pianura. È quello ancora la città di Ersilia, e loro sono niente.

Riedificano Ersilia altrove. Tessono con i fili una figura simile che vorrebbero
10 più complicata e insieme più regolare dell'altra. Poi l'abbandonano e trasportano ancora più lontano sé e le case.

Così viaggiando nel territorio di Ersilia incontri le rovine delle città abbandonate, senza le mura che non durano, senza le ossa dei morti che il vento fa rotolare: ragnatele di rapporti intricati che cercano una forma.

Italo Calvino, *Le città invisibili*, Torino, Einaudi, 1972

1. masserizie: mobili e oggetti della casa.

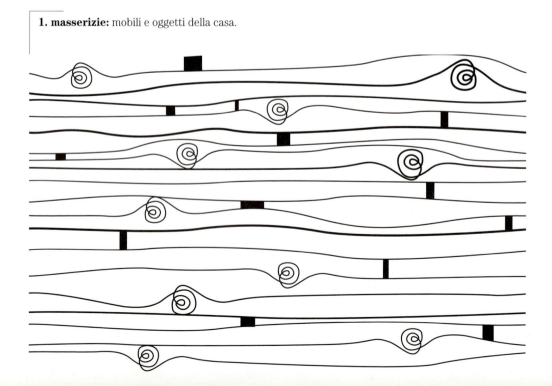

Italo Calvino: la realtà del molteplice · UNITÀ 20

SCHEDA DI ANALISI

Il tema e il messaggio

● A Ersilia la molteplicità dei rapporti esistenti all'interno della comunità (*relazioni di parentela, scambio, autorità, rappresentanza*) viene indicata con un sistema tanto complicato da sfociare nel caos.

● La singolare struttura di questa città immaginaria è la **metafora della eccessiva complessità e quantità dei rapporti astratti tra gli uomini**, destinati a diventare asfissianti, a limitare le libertà individuali (*non ci si può più passare in mezzo*). Gli abitanti di Ersilia, però, sono **incapaci di modificare il loro comportamento sociale**: preferiscono abbandonare la città per ricostruirla in un altro luogo. Smontano le case e lasciano dietro di sé soltanto fili e pali, una pianura deserta. Nella nuova città, essi ricreano le condizioni precedenti: tessono una nuova ragnatela, con l'ambizione frustrata di creare una struttura più complessa ma più organizzata (*una figura simile che vorrebbero più complicata e insieme più regolare dell'altra*).

● In questa realtà allegorica, in cui gli individui sono annullati (*loro sono niente*) dai rapporti che essi stessi allacciano tra di loro, sembra infine non esserci più spazio per una concreta vita in comune, ma soltanto i fantasmi di una città distrutta, ma senza macerie (*incontri le rovine delle città abbandonate, senza le mura che non durano, senza le ossa dei morti che il vento fa rotolare*).

La struttura del testo, lo spazio e il tempo

● La **voce esterna del narratore** (ovvero quella di Marco Polo che si rivolge al Kublai Kan) illustra dapprima le caratteristiche di Ersilia che spingono i suoi abitanti ad abbandonarla, mostrando in seguito gli aspetti che accomunano la nuova città a quella precedente. Infine, egli indugia malinconicamente sull'"invisibile" rovina della città. Nel testo, in cui prevalgono gli **elementi descrittivi**, la città è collocata in uno **spazio astratto**, che sembra estendersi all'infinito, e in un **tempo sospeso** tra presente e passato, che si ripete ciclicamente (*Poi l'abbandonano e trasportano ancora più lontano sé e le case*) e di cui si segnala il trascorrere con alcune ellissi narrative.

La lingua e lo stile

● Lo **stile** di Calvino è **chiaro ed essenziale**. Il fascino misterioso e allegorico di Ersilia è ulteriormente accentuato dalla semplicità lessicale e dalla linearità sintattica, che consentono una lettura scorrevole ma dietro cui si nascondono allusioni simboliche e immagini evocative; come, per esempio, le inquietanti descrizioni degli abitanti che dall'alto osservano l'intrico di fili e pali della città. Ciò fa sì che il significato del breve racconto si possa scorgere attraverso molteplici angolazioni: «Tutto questo libro è fatto a **poliedro**, e di conclusioni ne ha un po' ovunque», ha spiegato Calvino.

Laboratorio sul testo

Comprendere

1. In che modo gli abitanti di Ersilia regolano i rapporti in città e come distinguono le varie relazioni?
2. Che cosa portano via con sé gli abitanti di Ersilia quando decidono di abbandonarla? E che cosa rimane in città?
3. Che cosa vedono dalla costa di un monte i profughi di Ersilia?
4. Che cosa si incontra viaggiando nel territorio di Ersilia?

Interpretare

5. Che cosa simbolizza la ragnatela creata dall'intreccio dei fili che si estende a Ersilia?
6. Perché, quando decidono di lasciare la città, gli abitanti di Ersilia smontano le case e lasciano i fili e i loro sostegni?
7. *I profughi di Ersilia guardano l'intrico di fili tesi e pali che s'innalza nella pianura. È quello ancora la città di Ersilia, e loro sono niente* (rr. 6-8). Che cosa simboleggia tale situazione?

PARTE 3 · Percorso di letteratura

Analizzare

Struttura

8. Che tipo di sequenza prevale nel testo?

9. Indica le ellissi narrative che segnano le varie fasi del processo di allontanamento e ricostruzione di Ersilia.

10. Giustifica con opportuni riferimenti al testo l'affermazione secondo cui il narratore colloca Ersilia in una dimensione spaziale astratta.

Narratore

11. A chi appartiene la voce del narratore che descrive Ersilia? E a chi è destinato il suo racconto?

Padroneggiare la lingua

Lessico

12. A chi si riferisce il termine *profughi*?
- a) ☐ A chi odia la propria patria.
- b) ☐ A chi è costretto ad allontanarsi dalla propria patria.
- c) ☐ A chi si allontana dalla propria patria per migliorare le proprie condizioni.
- d) ☐ A chi è incapace di stabilirsi definitivamente in un luogo.

13. Utilizzando il vocabolario ricerca l'etimologia del termine *masserizie* e spiegane il legame semantico con l'espressione di uso più comune "massaia".

Grammatica

14. *Quando i fili sono tanti* <u>che non ci si può più passare in mezzo</u>, *gli abitanti vanno via.* Di che tipo è la proposizione sottolineata?
- a) ☐ Finale.
- b) ☐ Causale.
- c) ☐ Concessiva.
- d) ☐ Consecutiva.

15. Nella frase precedente, quale funzione grammaticale svolge *ci*?
- a) ☐ Pronome personale.
- b) ☐ Pronome dimostrativo.
- c) ☐ Avverbio di luogo.
- d) ☐ Avverbio di tempo.

16. *Così viaggiando nel territorio di Ersilia incontri le rovine delle città abbandonate, senza le mura che non durano, senza le ossa dei morti che il vento fa rotolare: ragnatele di rapporti intricati che cercano una forma.* Ricerca i pronomi relativi presenti nel periodo e indica quale funzione logica svolgono.

Produrre

17. Le città contemporanee sono un labirinto intricato di luoghi e relazioni. Perché vivere in città rappresenta un'opportunità, ma è talvolta faticoso? Discuti le tue opinioni con i tuoi compagni.

18. Scrivi un testo di circa una pagina in cui descrivi l'aspetto e il funzionamento di una città immaginaria, che possieda alcune caratteristiche della nostra esistenza quotidiana ancora assenti negli anni in cui Calvino scrisse la sua opera (per esempio internet e i *social network*, la telefonia mobile, la diffusione di centri commerciali di dimensioni sempre maggiori ecc.).

T3 Il geco

Palomar (1983) è l'ultima opera narrativa di Calvino. Il protagonista (che deve il suo nome all'osservatorio astronomico californiano di Mount Palomar) cerca la conoscenza attraverso l'osservazione e la descrizione dettagliata della realtà, convinto che vedere equivalga a comprendere. Tale sua convinzione è evidente nel brano riportato, che ci presenta il signor Palomar e la moglie catturati dallo "spettacolo" dell'immobilità – solo apparente – di un geco.

- **GENERE** Racconto
- **LUOGO E TEMPO** Epoca contemporanea
- **PERSONAGGI** Palomar; sua moglie; il geco

Sul terrazzo, come tutte le estati, è tornato il geco[1]. Un eccezionale punto d'osservazione permette al signor Palomar di vederlo non di schiena, come da sempre siamo abituati a vedere gechi, ramarri e lucertole, ma di pancia. Nella stanza di soggiorno di casa Palomar c'è una piccola finestra-vetrina che s'apre sul
5 terrazzo; sui ripiani di questa vetrina è allineata una collezione di vasi Art-Nouveau[2]; la sera una lampadina da 75 watt illumina gli oggetti; una pianta di plumbago[3] dal muro del terrazzo fa penzolare i suoi rami celesti sul vetro esterno; ogni sera, appena s'accende la luce, il geco che abita di sotto le foglie su quel muro, si sposta sul vetro, nel punto dove splende la lampadina, e resta immobile come una
10 lucertola al sole. Volano i moscerini anch'essi attirati dalla luce; il rettile, quando un moscerino gli capita a tiro, lo inghiotte.

Il signor Palomar e la signora Palomar finiscono ogni sera per spostare le loro poltrone dalla televisione e sistemarle accanto alla vetrina; dall'interno della stanza contemplano la sagoma biancastra del rettile sullo sfondo buio. La scelta
15 tra televisione e geco non avviene sempre senza incertezze; i due spettacoli hanno ognuno delle informazioni da dare che l'altro non dà: la televisione si muove per i continenti raccogliendo impulsi luminosi che descrivono la faccia visibile delle cose; il geco invece rappresenta la concentrazione immobile e l'aspetto nascosto, il rovescio di ciò che ci mostra la vista. La cosa più straordinaria sono le zampe,
20 vere e proprie mani dalle dita morbide, tutte polpastrelli, che premute contro il vetro vi aderiscono con le loro minuscole ventose: le cinque dita s'allargano come petali di fiorellini in un disegno infantile, e quando una zampa si muove, si raccolgono come un fiore che si chiude, per tornare poi a distendersi e a schiacciarsi contro il vetro, facendo apparire delle striature minutissime[4], simili a quelle delle
25 impronte digitali. Insieme delicate e forti, queste mani paiono contenere un'intelligenza potenziale, tale che basterebbe esse potessero liberarsi dal compito di restare lì appiccicate alla superficie verticale per acquistare le doti delle mani umane, che si dice siano divenute abili da quando non ebbero più da appendersi ai rami o da premere il suolo. Le zampe ripiegate sembrano, più che tutte ginocchio,

---

1. geco: rettile simile alla lucertola che, grazie alla particolare conformazione dei suoi arti, è in grado di muoversi agilmente su superfici verticali.

2. Art-Nouveau: stile figurativo e architettonico diffuso in Europa a cavallo tra l'Ottocento e il Novecento.

3. plumbago: pianta ornamentale che produce fiorellini di colore azzurro disposti a corolla.

4. minutissime: molto piccole.

PARTE 3 · Percorso di letteratura

30 tutte gomito, molleggiate a sollevare il corpo. La coda aderisce al vetro solo con una striscia centrale, dove prendono origine gli anelli che la fasciano da una parte all'altra e ne fanno uno strumento robusto e ben difeso; il più del tempo posata torpida e neghittosa[5], pare non abbia altro talento o ambizione che di sostegno sussidiario[6] (nulla a che vedere con l'agilità calligrafica[7] della coda delle lucertole),
35 ma all'occorrenza si dimostra reattiva e ben articolata e anche espressiva. Del capo sono visibili la coda capace e vibrante, e ai lati gli occhi sporgenti e senza palpebra. La gola è una superficie di sacco floscio che s'estende dalla punta del mento dura e tutta scaglie come quella d'un caimano[8], al ventre bianco che dove preme sul vetro presenta anch'esso una picchiettatura granulosa, forse adesiva. Quando
40 un moscerino passa vicino alla gola del geco, la lingua scatta e inghiotte, fulminea e duttile e prensile[9], priva di forma e capace d'assumere ogni forma. Comunque, Palomar non è mai sicuro se l'ha vista o non l'ha vista; ciò che certamente vede, adesso, è il moscerino dentro la gola del rettile: il ventre premuto contro il vetro illuminato è trasparente come ai raggi X; si può seguire l'ombra della preda nel suo
45 tragitto attraverso le viscere che l'assorbono. Se ogni materia fosse trasparente, il suolo che ci sostiene, l'involucro che fascia i nostri corpi, tutto apparirebbe non come un aleggiare di veli impalpabili ma come un inferno di stritolamenti e ingerimenti. Forse in questo momento un dio degli inferi situato al centro della terra col suo occhio che trapassa il granito sta guardandoci dal basso, seguendo il ciclo
50 del vivere e del morire, le vittime sbranate che si disfano nei ventri dei divoratori, finché alla loro volta un altro ventre non li inghiotte. Il geco resta immobile per ore; con una frustata di lingua deglutisce ogni tanto una zanzara o un moscerino; altri insetti, invece, identici ai primi, che pure si posano ignari a pochi millimetri dalla sua bocca, pare non li registri. È la pupilla verticale dei suoi occhi divaricati
55 ai lati del suo capo che non li scorge? O ha motivi di scelta o di rifiuto che noi non sappiamo? O agisce mosso dal caso o dal capriccio? La segmentazione ad anelli di zampe e coda, la picchiettatura di minute piastre granulose sul capo e sul ventre dànno al geco un'apparenza di congegno meccanico; una macchina elaboratissima, studiata in ogni microscopico dettaglio, tanto che viene da chiedersi se una
60 tale perfezione non sia sprecata, viste le operazioni limitate che compie. O forse è quello il suo segreto: soddisfatto d'essere, riduce il fare al minimo? Sarà questa la sua lezione, l'opposto della morale che in gioventù il signor Palomar aveva voluto far sua: cercare sempre di fare qualcosa un po' al di là dei propri mezzi? Ecco che gli capita a tiro una smarrita farfallina notturna. La trascura? No, acchiappa an-
65 che quella. La lingua si trasforma in rete per farfalle e la trascina dentro la bocca. Ci sta tutta? La sputa? Scoppia? No, la farfalla è là nella gola: palpita, malconcia ma ancora se stessa, non toccata dall'offesa dei denti masticatori, ecco che supera le angustie della strozza[10], è un'ombra che inizia il viaggio lento e combattuto giù per un gonfio esofago. Il geco, uscito dalla sua impassibilità, boccheggia, agita la

---

5. torpida e neghittosa: intorpidita e pigra.
6. sussidiario: di aiuto, di supporto.
7. agilità calligrafica: espres-

sione figurata con cui il narratore esprime la straordinaria capacità di movimento delle lucertole.
8. caimano: rettile di considerevoli dimensioni, simile al coc-

codrillo.
9. prensile: che ha la facoltà di afferrare.
10. strozza: termine popolare per "gola".

Italo Calvino: la realtà del molteplice · UNITÀ 20

70 gola convulsa[11], tentenna su gambe e coda, contorce il ventre sottoposto a dura prova. Ne avrà abbastanza, per stanotte? Se ne andrà? Era questo il culmine d'ogni desiderio che lui attendeva di soddisfare? Era questa la prova ai limiti del possibile con cui voleva misurarsi? No, resta. Forse s'è addormentato. Com'è il sonno per chi ha gli occhi senza palpebre? Neanche il signor Palomar sa staccarsi di lì. Resta a fissarlo. Non c'è tregua su cui possa contare. Anche a riaccendere la televisione, non si fa che estendere la contemplazione dei massacri. La farfalla, fragile Euridice[12], sprofonda lentamente nel suo Ade[13]. Ecco vola un moscerino, sta per posarsi sul vetro. E la lingua del geco si scaglia.

Italo Calvino, *Romanzi e racconti*, Milano, Mondadori, 2001

11. convulsa: caratterizzata da ripetuti movimenti bruschi.
12. Euridice: ninfa della mitologia classica; alla sua morte, il suo amato Orfeo discende negli Inferi e con il suo canto ottiene che le sia ridata la vita, a patto che, nel percorso di ritorno, non si volti indietro a guardarla. Il troppo amore tradisce Orfeo, che si volta e perde Euridice per sempre.
13. Ade: mondo degli Inferi, nella mitologia classica.

SCHEDA DI ANALISI

Il tema e il messaggio

● Così Calvino ha riassunto il significato della sua opera: «Rileggendo il tutto, m'accorgo che la storia di Palomar si può riassumere in due frasi: "**Un uomo si mette in marcia per raggiungere, passo a passo, la saggezza. Non è ancora arrivato**"».

● Il racconto è incentrato sui risultati dell'**attento esame** e sulla **minuziosa descrizione** di un geco da parte del signor Palomar e della moglie, ipnotizzati dai movimenti impercettibili del rettile e delle sue prede. Un insolito e privilegiato punto di osservazione consente ai coniugi Palomar di studiare il geco dal basso e in controluce e di coglierne *la concentrazione immobile e l'aspetto nascosto, il rovescio di ciò che si mostra alla vista*, mentre cattura e inghiotte le prede. Il racconto termina però senza che il personaggio abbia raggiunto una certezza che lo soddisfi; egli non sa allontanarsi dalla vista del geco, restando a fissarlo senza posa (*Non c'è tregua su cui possa contare*).

● Il signor Palomar, con la sua «**ossessione di chiarezza descrittiva**» (come la definirà Calvino stesso), manifesta la tensione conoscitiva nei confronti del mondo circostante, il proposito di trarne informazioni che possano indicarne il suo senso globale. Lo sforzo delle sue dettagliate indagini nasce dalla convinzione che anche gli oggetti o i processi apparentemente più irrilevanti sono strettamente connessi con il significato generale della realtà.

● L'analisi scrupolosa dei gesti fulminei del rettile e l'agonia di moscerini e farfalle ormai prigionieri del suo ventre, provocano una catena di **riflessioni**, **ipotesi e interrogativi sulle leggi della natura e dell'universo** (*del vivere e del morire*), fondate su un incessante processo di distruzione e trasformazione della materia, di **vita** e di **morte**, un inesauribile *inferno di stritolamenti e ingerimenti*. La contemplazione della televisione, che trasmette ininterrottamente immagini di massacri, mostra come ciò che regola la vita del geco sia inquietantemente vicino alle leggi che caratterizzano l'esistenza dell'uomo nel mondo contemporaneo.

La struttura del testo

● I racconti di *Palomar*, più che narrazioni, sono "**esercizi descrittivi**" in cui prevale il senso della vista e uno scrupolo quasi scientifico. In questo brano sono pertanto predominanti le **sequenze descrittive**, che si alternano però con sequenze **riflessive**, contrassegnate dalla presenza di proposizioni interrogative ed espressioni di dubbio, a testimonianza della difficoltà del personaggio a comprendere la realtà: ipotesi (*se ogni materia fosse trasparente*), domande (*Ne avrà abbastanza per stanotte? Se ne andrà?*) e dubbi (*Forse s'è addormentato*) scandiscono il definitivo allontanamento di Palomar dalla "soluzione finale dell'enigma".

● Infine, alcune brevi informazioni narrative hanno la funzione di indicare le varie fasi in cui si articola l'osservazione dei signori Palomar (*come tutte le estati è tornato il geco...; Finiscono ogni sera per spostare le loro poltrone dalla televisione e sistemarle accanto alla vetrina*).

PARTE 3 · Percorso di letteratura

Il narratore e il personaggio

● La voce del narratore esterno mostra nelle descrizioni un punto di vista oggettivo e impersonale (**focalizzazione esterna**), mentre nelle sequenze riflessive coincide con quella del personaggio, alter ego dell'autore, di cui riporta i pensieri e gli interrogativi (**focalizzazione interna**). Il signor Palomar è infatti la proiezione dello stesso Calvino e della sua ansia di guardare e descrivere il mondo, con spirito critico e senza la pretesa di poter giungere a una comprensione totale di esso.

La lingua e lo stile

● La **cura descrittiva** e l'**attenzione per il dettaglio** sono accentuate dalla ricchezza e dalla varietà del **lessico**, **a volte ricercato** (*torpida e neghittosa, aleggiare, intelligenza potenziale*), dalla presenza di riferimenti culturali (*Art Noveau, Euridice*) e dal ricorso a un registro tecnico proprio di varie discipline: fisico (*75 watt, raggi X*), zoologico (*ramarri, caimano*), botanico (*plumbago*).

● La sintassi procede quasi esclusivamente attraverso **periodi brevi e coordinati**, che con il loro ritmo incalzante accompagnano i movimenti dello sguardo di Palomar e conferiscono dinamicità alla sua osservazione del geco.

Secondo un metodo descrittivo tipico della prosa scientifica, nel testo compaiono numerose **similitudini** (*come petali...; simili a quelle delle impronte digitali*) e **analogie** (*la farfalla, fragile Euridice*) che nel contempo arricchiscono e vivacizzano la forza espressiva del racconto.

Laboratorio sul testo

Comprendere

1. Quali circostanze rendono eccezionale il punto di vista sul geco da parte del signor Palomar?
2. Perché le informazioni fornite dalla televisione e dal geco possono definirsi complementari?
3. Come si sposta ogni sera il geco? Che forma hanno le sue zampe? Quale funzione ha la coda? E che cosa c'è di insolito nei suoi occhi?
4. In che modo il geco inghiotte le sue prede? Quali funzioni svolgono la gola, gli occhi e la lingua?
5. Per quale motivo Palomar ritiene che il comportamento del geco possa essere per lui una lezione?
6. Come reagisce il geco alla difficoltà di ingerire la farfalla?

Interpretare

7. Più che esprimere un giudizio negativo nei confronti della televisione, il narratore condanna il modo in cui questo strumento di comunicazione viene utilizzato. Giustifica l'affermazione con opportuni riferimenti al testo.
8. Rileggi con attenzione il testo e riporta almeno un passaggio in cui Palomar prospetta la possibilità di conoscere più profondamente la realtà, avendo la possibilità di avvalersi di molteplici punti di osservazione.
9. *Anche a riaccendere la televisione, non si fa che estendere la contemplazione dei massacri* (rr. 75-76). Come interpreti, alla luce del brano, tale osservazione?

Analizzare

Struttura
10. Riporta almeno un esempio delle numerose sequenze riflessive che interrompono momentaneamente lo sviluppo descrittivo.
11. Anche se non possiamo parlare di vere e proprie sequenze narrative, il testo fornisce delle informazioni sul luogo e sul tempo in cui si svolge la scena. Sei in grado di indicarne qualcuna?

Italo Calvino: la realtà del molteplice · UNITÀ 20

Narratore

12. Fornisci degli esempi dei due tipi di focalizzazione adottati dal narratore. A quali tipologie di sequenze corrispondono rispettivamente?

13. In quali punti del brano ti pare che la voce del narratore diventi l'espressione del punto di vista dell'autore stesso?

Stile

14. Escluse quelle indicate nella scheda di analisi, riporta gli esempi di una similitudine e un'analogia di cui il narratore si serve per illustrare meglio l'aspetto e il comportamento del geco.

Padroneggiare la lingua

Lessico

15. Che cosa significa l'espressione *intelligenza potenziale*?
a) ☐ Scarsa intelligenza.
b) ☐ Intelligenza molto potente.
c) ☒ Intelligenza che, a determinate condizioni, potrebbe essere espressa.
d) ☐ Falsa intelligenza.

16. Rintraccia almeno tre parole utilizzate per illustrare aspetto e comportamento del geco che siano adatte anche a descrivere caratteristiche umane.

17. La lingua del geco è definita *fulminea*, *duttile* e *prensile*. Trova un sinonimo o una perifrasi per ciascuno di questi aggettivi.

Grammatica

18. *Insieme delicate e forti, queste mani paiono contenere un'intelligenza potenziale, <u>tale che</u> basterebbe esse potessero liberarsi dal compito di restare lì appiccicate alla superficie verticale per acquistare le doti delle mani umane.* Che cosa introduce la locuzione sottolineata?
a) ☐ Una causa.
b) ☐ Uno scopo.
c) ☐ Un'eccezione.
d) ☐ Una conseguenza.

19. *La fasciano da una parte all'altra e ne fanno uno strumento robusto* (rr. 31-32). Indica a quale termine, fra quelli proposti, si riferisce il pronome *ne*.
a) ☐ Geco.
b) ☐ Coda.
c) ☐ Vetro.
d) ☐ Anelli.

20. *Se ogni materia fosse trasparente […] tutto apparirebbe […] come un inferno di stritolamenti e ingerimenti.* Si tratta di un periodo ipotetico della realtà, della possibilità o dell'irrealtà?

Produrre

21. Nei racconti di cui è protagonista il signor Palomar osserva l'infinitamente grande e l'infinitamente piccolo con la stessa curiosità: si serve dei suoi sensi per capire la realtà e per rintracciare un ordine nel mondo. A quale conclusione giunge la sua ricerca? Discutine con i tuoi compagni.

22. Il testo evidenzia quanto anche gli aspetti minimi della realtà a un occhio attento possono fornire importanti chiavi di interpretazione dell'esistenza. Applicando il modello di Calvino, in cui ad ampie parti descrittive seguono riflessioni e interrogativi, scrivi un testo di circa una pagina in cui analizzi dettagliatamente (colore, forma, dimensioni, posizione ecc.) un oggetto "irrilevante" della tua quotidianità.

VERIFICA UNITÀ 20 Italo Calvino: la realtà del molteplice

Sapere e Saper fare

PalestraInterattiva

1. Vero o falso?

a) Prima di dedicarsi alla letteratura, Italo Calvino ha ottenuto la laurea in agraria. V ☐ F ☐

b) Le prime opere narrative di Calvino riprendono temi e atmosfere del Neorealismo. V ☐ F ☐

c) *Il castello dei destini incrociati* è l'ultimo romanzo del ciclo *I nostri antenati*. V ☐ F ☐

d) Il protagonista del *Visconte dimezzato* era stato ferito durante una guerra contro Napoleone . V ☐ F ☐

e) Il protagonista del *Barone rampante* vive su un albero per protesta contro i valori aristocratici. V ☐ F ☐

f) Nelle *Fiabe italiane* Calvino riporta le fiabe della tradizione regionale italiana nella loro versione originale. V ☐ F ☐

g) I racconti di *Marcovaldo* contengono una critica alla società industriale. V ☐ F ☐

h) Il narratore di *Le città invisibili* è Marco Polo. V ☐ F ☐

i) Le storie contenute in *Se una notte d'inverno un viaggiatore* sono ricavate dalle figure e dalla successione delle carte dei tarocchi. V ☐ F ☐

l) Il tema fondamentale di *Palomar* è l'impossibilità di raggiungere una conoscenza totale della realtà. V ☐ F ☐

m) Calvino partecipò alla Resistenza nelle fila delle brigate Garibaldi. V ☐ F ☐

n) Il protagonista del *Cavaliere inesistente* è una metafora dell'uomo ossessionato dalla razionalità. V ☐ F ☐

o) Nel romanzo *Il sentiero dei nidi di ragno*, l'intreccio è costruito attraverso un gioco combinatorio degli elementi della narrazione. V ☐ F ☐

p) Calvino visse a lungo a Parigi. V ☐ F ☐

2. Rispondi

a) Che cos'è il postmodernismo?

b) Che cosa rappresenta la letteratura per Italo Calvino?

c) Quali sono le caratteristiche principali della sua poetica, che emergono in *Lezioni americane*?

d) Quale concezione della realtà motiva Calvino a cercare nuove forme di conoscenza e rappresentazione?

VERIFICA UNITÀ 20

Sapere e Saper fare

PER LA CERTIFICAZIONE DELLE COMPETENZE

Comprendere e interpretare un testo

Focus: la Resistenza

Leggi il brano e poi rispondi ai quesiti.

VERIFICAlim

 Ultimo viene il corvo

Ultimo viene il corvo è il racconto che dà il titolo alla raccolta di racconti pubblicata nel 1949, appartenente al periodo giovanile e neorealista di Calvino. Ambientato durante la Resistenza, il brano narra di un giovane aspirante combattente, poco propenso alla disciplina, molto curioso e ingenuo, che disattende le indicazioni dei partigiani più esperti. Ma la sua cocciutaggine, invece che essere punita, dà luogo a risultati inattesi…

La corrente era una rete di increspature leggere e trasparenti, con in mezzo l'acqua che andava. Ogni tanto c'era come un battere d'ali d'argento a fior d'acqua: il lampeggiare del dorso di una trota che
5 riaffondava subito a zig-zag.
«C'è pieno di trote», disse uno degli uomini.
«Se buttiamo dentro una bomba vengono tutte a galla a pancia all'aria», disse l'altro; si levò una bomba dalla cintura e cominciò a svitare il fondello[1].
10 Allora s'avanzò il ragazzo che li stava a guardare, un ragazzotto montanaro, con la faccia a mela. «Mi dài», disse e prese il fucile a uno di quegli uomini. «Cosa vuole questo?» disse l'uomo e voleva togliergli il fucile. Ma il ragazzo puntava l'arma sull'acqua
15 come cercando un bersaglio. «Se spari in acqua spaventi i pesci e nient'altro», voleva dire l'uomo ma non finì neanche. Era affiorata una trota, con un guizzo, e il ragazzo le aveva sparato una botta addosso, come l'aspettasse proprio lì. Ora la tro-
20 ta galleggiava con la pancia bianca. «Cribbio[2]», dissero gli uomini.
Il ragazzo ricaricò l'arma e la girò intorno. L'aria era tersa e tesa: si distinguevano gli aghi sui pini dell'altra riva e la rete d'acqua della corrente. Una
25 increspatura saettò alla superficie: un'altra trota. Sparò: ora galleggiava morta. Gli uomini guardavano un po' la trota un po' lui. «Questo spara bene», dissero.
Il ragazzo muoveva ancora la bocca del fucile in
30 aria. Era strano, a pensarci, essere circondati così d'aria, separati da metri d'aria dalle altre cose. Se puntava il fucile invece, l'aria era una linea diritta ed invisibile, tesa dalla bocca del fucile alla cosa, al falchetto che si muoveva nel cielo con le ali che
35 sembravano ferme. A schiacciare il grilletto l'aria restava come prima trasparente e vuota, ma lassù all'altro capo della linea il falchetto chiudeva le ali e cadeva come una pietra. Dall'otturatore aperto usciva un buon odore di polvere.
40 Si fece dare altre cartucce. Erano in tanti ormai a guardarlo, dietro di lui in riva al fiumicello. Le pigne in cima agli alberi dell'altra riva perché si vedevano e non si potevano toccare? Perché quella distanza vuota tra lui e le cose? Perché le pigne
45 che erano una cosa con lui, nei suoi occhi, erano invece là, distanti? Però se puntava il fucile la distanza vuota si capiva che era un trucco; lui toccava il grilletto e nello stesso momento la pigna cascava, troncata al picciòlo. Era un senso di vuoto co-
50 me una carezza: quel vuoto della canna del fucile che continuava attraverso l'aria e si riempiva con lo sparo, fin laggiù alla pigna, allo scoiattolo, alla pietra bianca, al fiore di papavero. «Questo non ne sbaglia una,» dicevano gli uomini e nessuno
55 aveva il coraggio di ridere.
«Tu vieni con noi», disse il capo.
«E voi mi date il fucile», rispose il ragazzo.
«Ben. Si sa».
Andò con loro.
60 Partì con un tascapane[3] pieno di mele e due for-

---

1. fondello: la parte inferiore della bomba a mano, che si svita prima di lanciarla.
2. Cribbio: espressione dialettale di stupore e meraviglia.
3. tascapane: borsa, sacca di tessuto da portare a tracolla.

685

VERIFICA UNITÀ 20

me di cacio. Il paese era una macchia d'ardesia[4], paglia e sterco vaccino[5] in fondo alla valle. Andare via era bello perché a ogni svolta si vedevano cose nuove, alberi con pigne, uccelli che volavano dai rami, licheni sulle pietre, tutte cose nel raggio delle distanze finte, delle distanze che lo sparo riempiva inghiottendo l'aria in mezzo.

Non si poteva sparare però, glielo dissero: erano posti da passarci in silenzio e le cartucce servivano per la guerra. Ma a un certo punto un leprotto spaventato dai passi traversò il sentiero in mezzo al loro urlare e armeggiare. Stava già per scomparire nei cespugli quando lo fermò una botta del ragazzo. «Buon colpo, – disse anche il capo, – però qui non siamo a caccia. Vedessi anche un fagiano non devi più sparare».

Non era passata un'ora che nella fila si sentirono altri spari. «È il ragazzo di nuovo!» s'infuriò il capo e andò a raggiungerlo. Lui rideva, con la sua faccia bianca e rossa, a mela. «Pernici», disse, mostrandole. Se n'era alzato un volo da una siepe. «Pernici o grilli, te l'avevo detto. Dammi il fucile. E se mi fai imbestialire ancora torni al paese». Il ragazzo fece un po' il broncio; a camminare disarmato non c'era gusto, ma finché era con loro poteva sperare di riavere il fucile.

La notte dormirono in una baita da pastori. Il ragazzo si svegliò appena il cielo schiariva, mentre gli altri dormivano. Prese il loro fucile più bello, riempì il tascapane di caricatori e uscì. C'era un'aria timida e tersa, da mattina presto. Poco discosto dal casolare c'era un gelso. Era l'ora in cui arrivavano le ghiandaie[6]. Eccone una: sparò, corse a raccoglierla e la mise nel tascapane. Senza muoversi dal punto dove l'aveva raccolta cercò un altro bersaglio: un ghiro! Spaventato dallo sparo, correva a rintanarsi in cima ad un castagno. Morto era un grosso topo con la coda grigia che perdeva ciuffi di pelo a toccarla. Da sotto il castagno vide, in un prato più basso, un fungo, rosso coi punti bianchi, velenoso. Lo sbriciolò con una fucilata, poi andò a vedere se proprio l'aveva preso. Era un bel gioco andare così da un bersaglio all'altro: forse si poteva fare il giro del mondo. Vide una grossa lumaca su una pietra, mirò il guscio e raggiunto il luogo non vide che la pietra scheggiata, e un po'

di bava iridata[7]. Così s'era allontanato dalla baita, giù per prati sconosciuti.

Dalla pietra vide una lucertola su un muro, dal muro una pozzanghera e una rana, dalla pozzanghera un cartello sulla strada, bersaglio facile. Dal cartello si vedeva la strada che faceva zig-zag e sotto: sotto c'erano degli uomini in divisa che avanzavano ad armi spianate. All'apparire del ragazzo col fucile che sorrideva con quella faccia bianca e rossa, a mela, gridarono e gli puntarono le armi addosso. Ma il ragazzo aveva già visto dei bottoni d'oro sul petto di uno di quelli e fatto fuoco mirando a un bottone.

Sentì l'urlo dell'uomo e gli spari a raffiche o isolati che gli fischiavano sopra la testa: era già steso a terra dietro un mucchio di pietrame sul ciglio della strada, in un angolo morto[8]. Poteva anche muoversi, perché il mucchio era lungo, far capolino da una parte inaspettata, vedere i lampi alla bocca delle armi dei soldati, il grigio e il lustro delle loro divise, tirare a un gallone, a una mostrina[9]. Poi a terra e lesto a strisciare da un'altra parte a far fuoco. Dopo un po' sentì raffiche alle sue spalle, ma che lo sopravanzavano e colpivano i soldati: erano i compagni che venivano di rinforzo coi mitragliatori. «Se il ragazzo non ci svegliava coi suoi spari», dicevano.

Il ragazzo, coperto[10] dal tiro dei compagni, poteva mirare meglio. Ad un tratto un proiettile gli sfiorò una guancia. Si voltò: un soldato aveva raggiunto la strada sopra di lui. Si buttò in una cunetta, al riparo, ma intanto aveva fatto fuoco e colpito non il soldato ma di striscio il fucile, alla cassa. Sentì che il soldato non riusciva a ricaricare il fucile, e lo buttava in terra. Allora il ragazzo sbucò e sparò sul soldato che se la dava a gambe: gli fece saltare una spallina.

L'inseguì. Il soldato ora spariva nel bosco ora riappariva a tiro. Gli bruciò il cocuzzolo dell'elmo, poi un passante della cintura. Intanto inseguendosi erano arrivati in una valletta sconosciuta, dove non si sentiva più il rumore della battaglia. A un certo punto il soldato non trovò più bosco davanti a sé, ma una radura, con intorno dirupi fitti di cespugli. Ma il ragazzo stava già per uscire dal bosco: in mezzo alla radura c'era una grossa pietra; il sol-

---

4. era una macchia d'ardesia: sembrava una macchia grigiastra.
5. vaccino: di mucca.
6. ghiandaie: uccelli simili ai passeri.

7. iridata: luccicante, dai riflessi cangianti.
8. in un angolo morto: in un angolo protetto, al riparo dal tiro dei soldati.

9. gallone... mostrina: distintivi militari applicati sulle divise.
10. coperto: protetto, difeso.

VERIFICA UNITÀ 20

dato fece appena in tempo a rimpiattarcisi dietro, rannicchiato con la testa tra i ginocchi.

155 Là per ora si sentiva al sicuro: aveva delle bombe a mano con sé e il ragazzo non poteva avvicinarglisi ma solo fargli la guardia a tiro di fucile, che non scappasse. Certo, se avesse potuto con un salto raggiungere i cespugli, sarebbe stato sicuro, sci-

160 volando per il pendio fitto. Ma c'era quel tratto nudo da traversare: fin quando sarebbe rimasto lì il ragazzo? E non avrebbe mai smesso di tenere l'arma puntata? Il soldato decise di fare una prova: mise l'elmo sulla punta della baionetta e gli fece

165 far capolino fuori dalla pietra. Uno sparo, e l'elmo rotolò per terra, sforacchiato.

Il soldato non si perse d'animo; certo mirare lì intorno alla pietra era facile, ma se lui si muoveva rapidamente sarebbe stato impossibile prenderlo.

170 In quella un uccello traversò il cielo veloce, forse un galletto di marzo. Uno sparo e cadde. Il soldato si asciugò il sudore dal collo. Passò un altro uccello, una tordella: cadde anche quello. Il soldato inghiottiva saliva. Doveva essere un posto di passo[11],

175 quello: continuavano a volare uccelli, tutti diversi e quel ragazzo a sparare e farli cadere. Al soldato venne un'idea: «Se lui sta attento agli uccelli non sta attento a me. Appena tira io mi butto». Ma forse prima era meglio fare una prova. Raccattò l'elmo e

180 lo tenne pronto in cima alla baionetta. Passarono due uccelli insieme, stavolta: beccaccini. Al soldato rincresceva sprecare un'occasione così bella per la prova, ma non si azzardava ancora. Il ragazzo tirò a un beccaccino, allora il soldato sporse l'elmo,

185 sentì lo sparo e vide l'elmo saltare per aria. Ora il soldato sentiva un sapore di piombo in bocca; s'accorse appena che anche l'altro uccello cadeva a un nuovo sparo.

190 Pure non doveva fare gesti precipitosi: era sicuro dietro quel masso, con le sue bombe a mano. E perché non provava a raggiungere il ragazzo con una bomba, pur stando nascosto? Si sdraiò schiena a terra, allungò il braccio dietro a sé, badando a non scoprirsi, radunò le forze e lanciò la bomba.

195 Un bel tiro; sarebbe andata lontano; però a metà della parabola[12] una fucilata la fece esplodere in aria. Il soldato si buttò faccia a terra perché non gli arrivassero schegge.

Quando rialzò il capo era venuto il corvo. C'era

200 nel cielo sopra di lui un uccello nero che volava a giri lenti, un corvo forse. Adesso certo il ragazzo gli avrebbe sparato. Ma lo sparo tardava a farsi sentire. Forse il corvo era troppo alto? Eppure ne aveva colpito di più alti e veloci. Alla fine una

205 fucilata: adesso il corvo sarebbe caduto, no, continuava a girare lento, impassibile. Cadde una pigna, invece, da un pino lì vicino. Si metteva a tirare alle pigne, adesso? A una a una colpiva le pigne che cascavano con una botta secca.

210 A ogni sparo il soldato guardava il corvo: cadeva? No, l'uccello nero girava sempre più basso sopra di lui. Possibile che il ragazzo non lo vedesse? Forse il corvo non esisteva, era una sua allucinazione. Forse chi sta per morire vede passare tutti gli uc-

215 celli: quando vede il corvo vuol dire che è l'ora. Pure, bisognava avvertire il ragazzo che continuava a sparare alle pigne. Allora il soldato si alzò in piedi e indicando l'uccello nero col dito, «Là c'è il corvo!» gridò, nella sua lingua. Il proiettile lo

220 prese giusto in mezzo a un'aquila ad ali spiegate[13] che aveva ricamata sulla giubba.

Il corvo s'abbassava lentamente, a giri.

Italo Calvino, *Ultimo viene il corvo*, Milano, Garzanti, 1988

---

11. posto di passo: luogo di passaggio degli uccelli migratori.

12. parabola: traiettoria ad arco con cui era stata lanciata la bomba.

13. aquila ad ali spiegate: il distintivo dei militari dell'esercito tedesco.

Competenza testuale

Individuare e ricavare informazioni

_____ **1.** In quale circostanza avviene l'incontro tra il ragazzo montanaro e gli uomini della brigata partigiana?

_____ **2.** Grazie a quale abilità il protagonista ottiene la stima degli adulti? E quale proposta gli viene fatta?

_____ **3.** Perché il capo lo rimprovera quando colpisce un leprotto?

_____ **4.** Che cosa fa il ragazzo all'alba del giorno dopo?

_____ **5.** Quale effetto positivo ha involontariamente determinato il ragazzo con i suoi spari?

_____ **6.** Uno dei soldati scappa senza fucile fino ad arrivare a una radura: dove trova rifugio? Perché, nonostante abbia abbandonato l'arma, si sente al sicuro?

_____ **7.** Quale azione, tuttavia, si rivela difficile per lui? Perché?

VERIFICA UNITÀ 20

Comprendere i significati del testo

_____ **8.** Perché il narratore, quando il corvo compare in scena per la prima volta, invece di utilizzare l'articolo indeterminativo, come vorrebbe la regola grammaticale, usa l'articolo determinativo *il* (*Quando rialzò il capo era venuto il corvo*)?
   a) ☐ Perché la presenza dei corvi in montagna è un fatto consueto.
   b) ☐ Perché era l'uccello che guidava lo stormo.
   c) ☐ Per evidenziare il valore simbolico del corvo, presagio di morte.
   d) ☐ Perché si tratta di un corvo già avvistato in precedenza dal ragazzo.

_____ **9.** Perché il ragazzo ha deciso di risparmiare il corvo?
   a) ☐ Crede che ucciderlo sia un segno di malaugurio.
   b) ☐ Ha capito il piano del tedesco.
   c) ☐ Si è reso conto del fatto che sta partecipando a un'azione di guerra.
   d) ☐ L'uccello vola troppo alto.

Interpretare e valutare

_____ **10.** Qual è il sentimento dominante provato dal ragazzo nel corso del racconto?
   a) ☐ La volontà di contribuire alla lotta partigiana.   c) ☐ La voglia infantile di giocare.
   b) ☐ Il desiderio di mostrare la propria abilità.   d) ☐ La malvagità nei confronti di animali e uomini.

Comprendere strutture e caratteristiche dei generi testuali

_____ **11.** Il testo è strutturato in tre macrosequenze: individuale e assegna a ciascuna di esse un titolo che ne riassuma il contenuto.

_____ **12.** *Forse il corvo non esisteva, era una sua allucinazione. Forse chi sta per morire vede passare tutti gli uccelli: quando vede il corvo vuol dire che è l'ora.* Per quale ragione, secondo te, l'autore passa improvvisamente dall'imperfetto al presente indicativo?

_____ **13.** Quali tipi di focalizzazione sono adottati alternativamente dal narratore esterno?
   a) ☐ Zero ed esterna.   c) ☐ Zero e interna.
   b) ☐ Esterna e interna.   d) ☐ Palese ed esterna.

_____ **14.** Cerca nel brano e riporta almeno un esempio di discorso indiretto libero. In quali parti del brano il narratore ricorre con maggior insistenza a tale tecnica narrativa?

Riconoscere il registro linguistico

_____ **15.** Nel testo Calvino usa sia espressioni popolari sia formule espressive ricercate, di gusto poetico. Ricerca un esempio per ciascun registro linguistico.

_____ **16.** Il racconto è caratterizzato da uno stile decisamente realistico, ma in alcuni passaggi sfocia in un'atmosfera onirica, quando la realtà è trasfigurata attraverso gli occhi inconsapevoli del ragazzo. Rintraccia nel testo espressioni che testimonino l'abilità dell'autore a ritrarre sia la realtà concreta della vicenda sia lo sguardo fiabesco del suo protagonista.

Competenza lessicale

_____ **17.** Che cosa significa l'espressione *far capolino*?

_____ **18.** *Ma c'era quel tratto nudo da traversare.* Sostituisci *nudo* con un sinonimo adatto al contesto.

Competenza grammaticale

_____ **19.** *Il ragazzo, coperto dal tiro dei compagni, poteva mirare meglio.* Che funzione svolge la proposizione sottolineata?
   a) ☐ Finale.   c) ☐ Causale.
   b) ☐ Ipotetica.   d) ☐ Temporale.

_____ **20.** *Se avesse potuto con un salto raggiungere i cespugli, sarebbe stato sicuro, scivolando per il pendio fitto.* Si tratta di un periodo ipotetico della realtà, della possibilità o dell'irrealtà?

Unità 21

Il realismo magico

T1 **Günter Grass**
La Cantina delle Cipolle

T2 **José Saramago**
L'isola sconosciuta

T3 **Gabriel García Márquez**
Un signore molto vecchio
con certe ali enormi

Saper fare

T4 **Massimo Bontempelli**
Il buon vento

ONLINE

W1 Antonio Tabucchi, *Una finestra
sull'ignoto*
W2 Jorge Luis Borges, *La casa
di Asterione*

PARTE 3 · Percorso di letteratura

I contesti

1 Le origini e gli sviluppi

La storia del termine L'espressione "realismo magico" nasce intorno agli anni Venti del Novecento, in riferimento a una corrente pittorica – i cui maggiori esponenti italiani sono **Antonio Donghi** e **Felice Casorati** – la cui caratteristica principale è la raffigurazione di elementi sovrannaturali all'interno di un contesto realistico. Nel panorama artistico dell'epoca, dominato da uno stile fortemente antinaturalistico, il realismo magico intende riportare la pittura a una **rappresentazione** più **realistica della realtà**, ma inserirvi, allo stesso tempo, **elementi stranianti**, inquietanti, che sembrano quasi il frutto di allucinazioni. In tale maniera, essi intendono elaborare una forma originale per esprimere l'inquietudine che caratterizza l'epoca.

A partire dagli anni Sessanta, l'espressione "realismo magico" cambia destinazione: essa comincia a designare la produzione letteraria di alcuni **scrittori**, soprattutto **sudamericani**, impegnati in un progetto epocale di rifondazione culturale, in un'epoca caratterizzata da una vera e propria rinascita che coinvolge globalmente la società, la politica, l'economia.

Tra realtà e fantasia Come suggerisce l'espressione stessa, quella del realismo magico è una scelta artistica che si pone a metà strada tra realtà e fantasia, tra realismo e surrealismo. In altri termini, in questo tipo di narrativa l'autore indaga la realtà, ne descrive minuziosamente gli aspetti, focalizza la sua attenzione anche su gravi problemi sociali, ma lo fa adottando tecniche e strategie tipiche del fantastico, quali la presenza di elementi magici, di intrecci fiabeschi, di personaggi mitici, di luoghi misteriosi, di situazioni assurde o grottesche.

2 I temi e i caratteri stilistici

Lo "straniamento" In letteratura, il fenomeno dello "straniamento" si riferisce a un particolare effetto prodotto nel lettore attraverso l'utilizzo di una serie di elementi poetici e stilistici. Nel campo della narrativa, effetti di straniamento si ottengono quando una descrizione realistica viene impercettibilmente condotta sui binari del meraviglioso. È quello che avviene, per esempio, nelle opere di alcuni scrittori del XIX secolo considerati i maestri di tale tecnica narrativa: il tedesco **Ernst Theodor Amadeus Hoffmann** e lo statunitense **Edgar Allan Poe**, i cui racconti mettono spesso in scena, all'interno di un'ambientazione del tutto verosimile e "quotidiana", il graduale presentarsi di aspetti sempre più strani e inquietanti. Ed è proprio il fatto che la vicenda raccontata sia non del tutto realistica né del tutto irreale a lasciare il lettore in uno stato di confuso turbamento, d'inspiegabile inquietudine.

Gli effetti stilistici Gli scrittori aderenti alla tendenza del realismo magico, allo stesso modo, introducono all'interno di un mondo rappresentato in maniera realistica la presenza di elementi fantastici, meravigliosi, in modo da lasciare il lettore incantato e incredulo di fronte all'assurdità dei fenomeni descritti nelle loro opere.

Lo scrittore ottiene quest'effetto di disorientamento mediante precise tecniche e strategie narrative: l'introduzione di **distorsioni spaziali o temporali**, che determinano il carattere poco plausibile o del tutto impossibile della vicenda narrata; l'**eliminazione** o l'**inversione del rapporto di causa ed effetto** tra gli eventi, per cui lo svolgimento dei fatti risulta più o meno irrazionale, enigmatico o inspiegabile; la descrizione ricca, dettagliata, sovrabbondante, di elementi strani e insoliti.

Tali tecniche inducono nel lettore una percezione inedita della realtà, rivelandone aspetti nuovi e inconsueti o suggerendone significati alternativi. L'efficacia di tali tecniche nell'ambito del realismo magico è dovuta al fatto che, essendo inserite in un contesto narrativo del tutto realistico, il lettore è man mano condotto a credere realmente ai meravigliosi fenomeni rappresentati. O meglio, il carattere assurdo e impossibile delle vicende narrate viene posto in secondo piano dalla magia e dalla bellezza della narrazione, carica di un potere talmente forte da sospendere le leggi della logica del mondo reale e della razionalità del lettore.

3 Gli autori e le opere

In Sudamerica Come abbiamo accennato, il realismo magico in letteratura trova la sua patria nella narrativa sudamericana della seconda metà del XX secolo. Il colombiano **Gabriel García Márquez** è il più celebre esponente di questa tendenza letteraria, soprattutto con il suo romanzo capolavoro, *Cent'anni di solitudine* (1967), in cui si narra la storia della famiglia Buendia, residente a Macondo, mitico villaggio sperduto tra le paludi della foresta colombiana. García Márquez, tuttavia, ha ottenuto brillanti risultati anche nella misura breve della narrazione, come in *La incredibile e triste storia della candida*

Sopra, Paul Signac, *Ritratto di Félix Fénéon*, 1890.

A sinistra, Antonio Donghi, *Giocoliere*, 1936, Roma, collezione del Banco di Roma.

PARTE 3 • Percorso di letteratura

Remedios Varo, *Natura morta che resuscita*, 1963, Messico, collezione privata.

Eréndira e della sua nonna snaturata (1972), raccolta di sette racconti caratterizzati da storie e personaggi straordinari, rappresentanti di un mondo dall'incredibile poeticità (▶ *Un signore molto vecchio con certe ali enormi*, p. 707). Ancora prima di García Márquez, ascrivibile alla tendenza letteraria del realismo magico è **Jorge Luis Borges**, scrittore argentino dallo stile del tutto particolare, che tanto ha influenzato anche molti scrittori europei. Nei suoi racconti – i più celebri dei quali sono raccolti in *Finzioni* (1944) e *L'Aleph* (1952) – egli è stato capace di costruire uno straordinario universo letterario attraverso una scrittura allo stesso tempo rigorosamente razionale e fantastica, tanto che le sue storie spesso assumono la forma di un inestricabile labirinto mentale.

In Europa Anche nel nostro continente si è sviluppato, a partire dalla seconda metà del XX secolo, un tipo di letteratura sospesa tra realismo e fantastico, anche se con caratteri diversi rispetto a quella sudamericana. Uno dei primi rappresentanti ne è stato il tedesco **Günter Grass**; il suo primo e più celebre romanzo, *Il tamburo di latta* (1959), è un'opera dal contenuto fortemente allegorico (▶ *La cantina delle cipolle*, p. 694). Il realismo magico di Grass stupisce il lettore, nascondendo dietro a bizzarri personaggi e alle loro vicende fantastiche un messaggio politico duro e concreto; in questo caso specifico, egli rilegge la storia della seconda guerra mondiale e del dopoguerra, per cercare in questo tragico passato le cause di un disastroso presente.

Josè Saramago è stato uno dei più importanti uomini di cultura portoghesi del Novecento, sia per la sua produzione letteraria sia per il suo impegno politico. È l'autore di numerosissime opere di narrativa; in *Il racconto dell'isola sconosciuta* (1997) egli narra la storia di un difficile viaggio, il più difficile che si possa compiere, alla ricerca di quell'isola sconosciuta che ogni uomo è per se stesso: il viaggio della vita, alla ricerca del significato della propria esistenza (▶ *L'isola sconosciuta*, p. 701).

In Italia Anche la letteratura del nostro Paese ha spesso frequentato le atmosfere e i temi del realismo magico. Il primo grande rappresentante di questa tendenza letteraria è stato **Massimo Bontempelli**: non solo attraverso i suoi romanzi, ma anche negli scritti teorici egli è stato l'esplicito sostenitore di un «realismo magico» in Italia, cioè di una letteratura popolare e realistica, ben legata al mondo contemporaneo e ai suoi molteplici aspetti, ma anche capace di rappresentare le situazioni assurde e magiche della vita (▶ *Il buon vento*, p. 715).

Più recentemente, altri autori si sono cimentati con una scrittura in bilico tra realtà e sogno. Tra questi, ricordiamo **Antonio Tabucchi**, scrittore il cui più grande successo è legato alla pubblicazione del romanzo *Sostiene Pereira* (1994). In gran parte della sua produzione letteraria, come nei suoi recentissimi *Racconti con figure* (2011), Tabucchi è capace, partendo dalla complessità del reale, di costruire storie sospese in un'atmosfera particolare, quotidiane eppure quasi fuori dal tempo.

Günter Grass

La vita e le opere

Una gioventù controversa Nasce nel 1926 nella Libera Città di Danzica, città-stato sorta nel 1920 per decisione della Società delle Nazioni, successivamente annessa alla Germania nazista nel 1939 e passata infine alla Polonia nel 1950. La stessa storia personale di Günter Grass, figlio di padre tedesco e madre polacca, è caratterizzata da un'identità nazionale divisa a metà. Appena diciassettenne, viene arruolato nelle SS e partecipa alla seconda guerra mondiale; nel 1945, viene catturato e incarcerato in un campo di prigionia insieme ad altri soldati tedeschi. Nel primo dopoguerra, intraprende diversi mestieri, occupandosi anche di scultura.

In una recente intervista, risalente al 2006, Günter Grass ha dichiarato di essersi arruolato nelle SS come volontario, non come coscritto. La sua decisione, come egli ha dichiarato, è stata il frutto più di un'inquietudine adolescenziale che di una piena adesione politica agli ideali nazisti. Come si può immaginare, tale rivelazione ha causato uno scandalo immediato nell'ambiente culturale tedesco e in quello internazionale; essa ha dato vita a una serie di accesi dibattiti tra coloro che hanno accusato Grass di ipocrisia e d'immoralità e coloro che, pur disapprovando le sue scelte politiche giovanili, non intendono mettere in discussione il valore della sua opera letteraria successiva sulla base di un giudizio retrospettivo riguardante la sua giovinezza.

Una scrittura dal forte impegno sociale La vita letteraria di Grass ha inizio nell'immediato dopoguerra. Aderisce al **Gruppo 47**, associazione di giovani intellettuali e scrittori (che prende il nome dall'anno in cui viene fondata) che sostengono la necessità di una letteratura non tradizionale e maggiormente impegnata sul piano sociale. La pubblicazione del romanzo *Il tamburo di latta* (1959) ne consacra la fama come scrittore e suscita molte polemiche per la sua aperta critica verso la società contemporanea. Negli anni Sessanta si trasferisce a Berlino, prendendo parte con sempre maggiore interesse alle vicende politiche, schierandosi con il partito socialdemocratico. In questo periodo scrive drammi per il teatro e romanzi, tra cui *Diario di una lumaca* (1972) in cui critica aspramente sia la destra filonazista sia la sinistra estrema. Nel romanzo *Il rombo* (1977), l'autore si avvicina a tematiche femministe, mentre nel romanzo *La ratta* (1986) sostiene idee vicine al movimento ecologista. Nel 1989 Grass si schiera apertamente contro l'unificazione della Germania, dedicando a questo tema l'amplissimo romanzo *Un vasto campo* (1995), che viene accolto con opposti pareri della critica.

Nel 1999 ottiene il **premio Nobel per la letteratura**. Del 2002 è il romanzo *Il passo del gambero*, in cui si narra la storia del naufragio di un transatlantico tedesco, affondato da un sommergibile sovietico durante la seconda guerra mondiale. Nel 2006 esce la sua autobiografia, *Sbucciando la cipolla*.

Il tamburo di latta

L'opera Pubblicato nel 1959, il romanzo di esordio di Günter Grass è anche la sua opera più celebre e importante. Il valore letterario di questo libro è legato alle particolari scelte stilistiche e narrative che lo caratterizzano: *Il tamburo di latta* è un romanzo in cui sono sapientemente mescolati fatti reali, che si riferiscono ai tragici eventi della seconda guerra mondiale, ed elementi fantastici, tra il tragico e il comico. In questo modo l'autore riesce a **rielaborare una realtà storica drammatica**, ancora troppo vicina, emotivamente dolorosa, e trasporla in un universo simbolico che ne fa rivivere i significati più profondi e universali.

La trama Protagonista del romanzo è un individuo decisamente particolare, che dal manicomio in cui è stato rinchiuso racconta la sua vita passata. All'età di tre anni **Oskar**, disgustato dal comportamento degli adulti, decide di restare per sempre piccolo e, per raggiungere tale scopo, si butta volontariamente dalle scale procurandosi numerose e gravi fratture. Pur con le sue menomazioni fisiche, Oskar rivela da subito doti eccezionali: può spaccare i vetri con il tono della sua voce e suonare in modo eccezionale il tamburo di latta rosso e bianco (i colori della Polonia) da cui non si separa mai. Diventato adulto, il nano Oskar assiste all'ascesa del nazismo e alla seconda guerra mondiale. Le sue avventure si succedono in modo rocambolesco; dal basso della sua prospettiva, egli può svelare impietosamente come le bassezze più gravi siano commesse dagli uomini ritenuti "normali".

PARTE 3 • Percorso di letteratura

 La Cantina delle Cipolle

- **GENERE**
Romanzo allegorico
- **LUOGO E TEMPO**
La Cantina delle Cipolle, Germania; primi anni Cinquanta
- **PERSONAGGI**
Oskar; i clienti della "Cantina delle Cipolle"; il proprietario, Ferdinand Schmuh

Oskar, adulto, ricorda il periodo degli anni Cinquanta in cui era solito frequentare la "Cantina delle Cipolle", luogo di ritrovo di un'umanità varia che vi si riunisce per sfogare nel pianto i propri sensi di colpa. Ma quelle che sgorgano dagli occhi dei clienti non sono autentiche lacrime di pentimento, bensì la naturale reazione all'odore delle cipolle che sono distribuite in gran numero dal padrone del locale. Attraverso tale invenzione fantastica, Grass denuncia il gretto conformismo di parte della società tedesca a lui contemporanea, che ha dimenticato troppo presto gli orrori della guerra abbandonandosi al tranquillo benessere generato dal boom economico dell'immediato dopoguerra.

Vista dalla strada, la Cantina delle Cipolle assomigliava a molti di quei nuovi locali che si distinguono dai vecchi anche per il fatto che sono più cari. La ragione di questi prezzi poteva essere ricercata nella stravagante decorazione degli interni di quelli che erano definiti generalmente locali da artisti, e anche nei loro
5 nomi, che variano dal decente Il Raviolo al misteriosamente esistenzialista[1] Tabu al pepato, stuzzicante Paprika – e c'era anche la Cantina delle Cipolle.

Con mano coscientemente maldestra, era stata dipinta la parola *Zwiebelkeller*[2] e l'immagine ingenuamente suggestiva di una cipolla, su un'insegna di ferro smaltato che pendeva davanti alla facciata, secondo l'antica moda tedesca, da un
10 braccio ritorto di ferro battuto. L'antica finestra aveva vetri a fondo di bottiglia verdi come le bottiglie di birra. Davanti alla porta di ferro dipinta col minio[3], che in anni cattivi doveva aver chiuso una cantina-rifugio[4], stava il portiere rivestito di una rustica pelle di pecora. Non tutti potevano entrare nella Cantina delle Cipolle. Specialmente di venerdì, quando le paghe settimanali si trasformavano in birra,
15 bisognava tenere indietro i compari della città vecchia, per i quali la Cantina delle Cipolle sarebbe stata anche troppo cara. Ma chi vi era ammesso trovava dietro la porta al minio cinque gradini di cemento, scendeva, si trovava su un pianerottolo di un metro per un metro – il manifesto di un'esposizione di Picasso conferiva anche a questo pianerottolo un tono pregevole e originale –, scendeva altri scali-
20 ni, stavolta quattro, e arrivava davanti al guardaroba. "Si prega di pagare dopo!", comunicava un cartoncino, e il giovanotto incaricato della custodia dei vestiti – di solito un barbuto discepolo dell'accademia di Belle Arti – non accettava mai i soldi in anticipo, perché la Cantina delle Cipolle era cara sì, ma anche seria. Il proprietario riceveva personalmente tutti gli ospiti, con un mobilissimo gioco di sopracci-
25 glia e di gesti, come se si trattasse di avviare con ogni nuovo cliente una cerimonia di iniziazione. Il proprietario si chiamava, come sappiamo, Ferdinand Schmuh, ogni tanto tirava ai passeri e aveva capito perfettamente quella società che si era

1. **esistenzialista:** l'esistenzialismo è una corrente filosofica di grande successo nel secondo dopoguerra, talmente diffusa da diventare una "moda".
2. ***Zwiebelkeller:*** in tedesco, cantina delle cipolle.
3. **minio:** vernice antiruggine di colore rosso-arancio.
4. **in anni... cantina-rifugio:** negli anni della guerra il locale era servito da rifugio antiaereo.

694

George Grosz, *Il tavolo riservato*, Madrid, collezione Thyssen-Bornemisza.

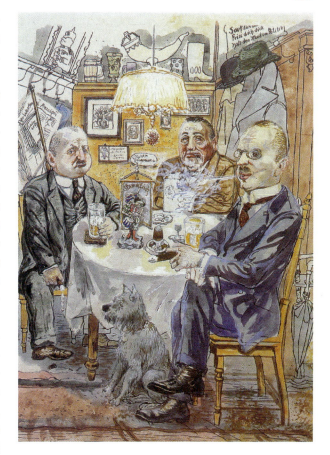

sviluppata dopo la riforma monetaria[5], abbastanza rapidamente a Düsseldorf e, sebbene più lentamente, anche altrove. [...]

Non appena la Cantina delle Cipolle era piena di clienti – piena a metà significava piena – Schmuh, il proprietario, cingeva la sciarpa. La sciarpa, di seta blu cobalto[6] era stampata, stampata con un apposito motivo, e viene citata anche perché il suo uso aveva un significato. Il motivo rappresentava cipolle giallo oro. Soltanto quando Schmuh cingeva questa sciarpa si poteva dire che la Cantina delle cipolle era aperta.

I clienti, uomini d'affari, medici, avvocati, artisti e anche teatranti, giornalisti, gente del cinema, dello sport, alti funzionari della provincia e del comune, in breve tutti quelli che al giorno d'oggi si chiamano intellettuali stavano seduti con mogli, amiche, segretarie, professioniste d'arte e anche con amichette maschili[7], sulle casse del rivestimento spelacchiato e conversavano, fino a che Schmuh non si metteva la sciarpa a cipolle giallo oro, sommessamente, piuttosto a fatica, quasi con imbarazzo [...]

Schmuh avanzava tra i suoi clienti con un panierino al braccio. Questo panierino era coperto da un panno a quadri blu e gialli. Sul panno c'erano delle tavolette di legno a forma di maiali e di pesci. Schmuh distribuiva tra i suoi clienti queste tavolette, ben strofinate e ripulite. Eseguiva nel contempo inchini, e faceva complimenti che facevano capire che aveva passato la sua giovinezza a Budapest e a Vienna: il sorriso di Schmuh assomigliava al sorriso di una copia dipinta secondo una copia della Monna Lisa supposta autentica.

Ma i clienti ricevevano in consegna le tavolette con serietà. Alcuni le scambiavano. Certi preferivano il profilo di maiale, altri o – se si trattava di signore – altre preferivano al volgare suino domestico il più misterioso pesce. Annusando le tavolette, le spingevano qua e là, e il padrone Schmuh aspettava, dopo aver servito anche i clienti della galleria, che tutte le tavolette fossero in riposo.

5. riforma monetaria: nel giugno 1948 la Germania applicò una riforma monetaria, in base alla quale dieci vecchi marchi corrispondevano a un nuovo marco.
6. blu cobalto: tonalità di blu molto intensa.
7. amichette maschili: espressione con cui l'autore si riferisce a uomini travestiti da donne che accompagnano gli intellettuali frequentatori del locale.

695

Allora – e tutti i cuori l'attendevano – allora egli tirava via, simile a un mago, il panno: un secondo panno copriva il paniere. Ma sopra questo erano posati, non riconoscibili al primo sguardo, i coltelli da cucina.

Come prima con le tavolette, ora Schmuh faceva il giro coi coltelli. Ma lo eseguiva più in fretta, acuiva quella tensione che gli permetteva di alzare i prezzi, non faceva più complimenti, non consentiva lo scambio dei coltelli da cucina, immetteva nei propri movimenti una certa fretta ben dosata; gridava: "Pronti, attenti, via!" strappava il panno dal paniere, affondava la mano nel paniere, distribuiva, ripartiva, spargeva tra il popolo, era il buon donatore, riforniva i suoi clienti, dava loro cipolle, come quelle giallo oro e lievemente stilizzate della sua sciarpa, cipolle di qualità comune, bulbi non di tulipani ma di cipolle, come quelle che compra la massaia, che vende la fruttivendola, cipolle come ne piantano e raccolgono il contadino o la contadina o la bracciante, cipolle come se ne vedono, dipinte più o meno fedelmente, nelle nature morte dei maestri fiamminghi[8] queste e simili cipolle distribuiva l'oste Schmuh tra i suoi clienti, finché tutti avevano le cipolle, finché si sentiva soltanto il ronfo delle stufe e il ronzio delle lampade a carburo[9]. Tale era il silenzio dopo la gran distribuzione di cipolle. E Ferdinand Schmuh gridava "Prego, signori" gettava sulla spalla sinistra un lembo della sua sciarpa, come gli sciatori prima della discesa, e così dava il segnale.

Si sbucciavano le cipolle. Si dice che abbiano sette pelli. Le signore e i signori sbucciavano le cipolle coi coltelli da cucina. Toglievano alle cipolle la prima pelle, la terza, la bionda, la dorata, la bruno ruggine, o meglio la pelle color cipolla, sbucciavano finché la cipolla diventava vitrea, verdina, biancastra, umida, acquosa e attaccaticcia, e puzzava, puzzava di cipolla; allora l'affettavano come si affettano le cipolle, affettavano con maggiore o minore perizia sulle tavolette che avevano la forma di maiali e di pesci, affettavano in un senso o nell'altro, facevano sprizzare il succo che si comunicava all'aria sopra le cipolle – i vecchi signori che non avevano confidenza coi coltelli da cucina dovevano stare attenti a non tagliarsi le dita; ma parecchi si tagliavano e non se ne accorgevano – in compenso le signore sfoggiavano una maggiore abilità, non tutte, ma quelle che in casa sbrigavano le loro faccende sapevano bene come si affettano le cipolle, magari per le patate fritte o per il fegato con le mele e gli anelli di cipolle; ma nella cantina di Schmuh non c'erano né le une né l'altro, non c'era niente da mangiare, e chi voleva mangiare qualcosa doveva andare altrove, al Pesciolino per esempio, e non nella Cantina delle Cipolle perché lì si affettavano soltanto cipolle. E perché? Perché la cantina si chiamava così ed era qualcosa di speciale, perché le cipolle, le cipolle affettate, a ben guardare... no, i clienti di Schmuh, o almeno alcuni di essi, non vedevano più niente, i loro occhi straripavano, e non perché avessero i cuori così gonfi; perché non è detto che gli occhi debbano straripare quando il cuore è gonfio: molti non ci arrivano mai, specialmente da qualche decennio in qua, e perciò il nostro secolo verrà chiamato in futuro il secolo senza lacrime, benché vi sia ovunque tanta

---

8. maestri fiamminghi: rappresentanti della scuola pittorica sviluppatasi nelle Fiandre – regione del Belgio – a partire dal XV secolo.
9. lampade a carburo: lampade che usano come combustibile l'acetilene, utilizzate in passato dai minatori.

sofferenza. E proprio per questa carenza di lacrime la gente che poteva permet-
110 terselo andava nella cantina di Schmuh, si faceva servire dal padrone una tavoletta – maiale o pesce – e un coltello da cucina per ottanta pfennig[10] e una volgare
cipolla da cucina di giardino o di campo per dodici marchi, la tagliava sempre
più piccola, finché il succo produceva il suo effetto. Quale effetto? Quello che il
mondo e il dolore del mondo non producevano più: la rotonda lacrima umana.
115 Allora si piangeva. Si tornava finalmente a piangere. Si piangeva con decenza, si
piangeva senza inibizioni, si piangeva sfrenatamente. Il flusso scorreva e dilagava.
Arrivava la pioggia. Cadeva la rugiada. A Oskar venivano in mente chiuse[11] che si
aprivano. Dighe infrante dall'alta marea. [...]

Günter Grass, *Il tamburo di latta*, Milano, Feltrinelli, 2004

10. pfennig: centesimi di marco tedesco.

11. chiuse: sistema di sbarramenti usato in canali o corsi d'acqua per favorirne la navigazione.

SCHEDA DI ANALISI

Il tema e il messaggio

In questo brano l'autore mostra eccezionale sarcasmo nel tratteggiare una **società priva di valori**, che nulla ha imparato dalla recente tragedia del conflitto mondiale, alla ricerca soltanto del miglioramento della propria condizione sociale ed economica.

Nella "Cantina delle Cipolle" si svolge ogni sera un **rituale grottesco**, cui sovraintende il padrone del locale: un'ambigua figura di nome **Ferdinand Schmuh** che, come annota sarcasticamente l'autore, *aveva capito perfettamente quella società che si era sviluppata dopo la riforma monetaria, abbastanza rapidamente*. Attraverso questo personaggio Grass rappresenta quei suoi connazionali che alla fine del conflitto mondiale avevano saputo cogliere al volo le opportunità di successo e di ricchezza offerte dalla ricostruzione e che ne avevano sfruttato tutte le possibilità, senza alcun freno morale o ideologico, assecondando gli interessi dei nuovi potenti.

La descrizione simbolica

I **clienti del locale** (*uomini d'affari, medici, avvocati, artisti e anche teatranti, giornalisti, gente del cinema, dello sport, alti funzionari della provincia e del comune*) frequentano la "Cantina" in compagnia di *mogli, amiche, segretarie, professioniste d'arte e anche con amichette maschili*, per partecipare a una sorta di rito collettivo, tra il magico e il ridicolo, in un **ambiente surreale** come i personaggi che vi si accalcano.

Dopo che Schmuh, il *gran donatore*, ha distribuito ai presenti cipolle in abbondanza e coltelli, nella sala si fa un gran silenzio e – come se si trattasse di un vero rito religioso – i presenti si raccolgono in preghiera. Dopo che centinaia di cipolle sono state tagliuzzate dalle mani più o meno esperte dei clienti, si giunge al momento culminante della cerimonia: lo scorrere senza ritegno delle **copiose lacrime** dei clienti, sarcasticamente paragonate alla pioggia, alla rugiada, al fluire delle acque quando si aprono le chiuse di un fiume. Un pianto che dovrebbe essere simbolo di purificazione ma che, in realtà, testimonia soltanto la **superficialità** della coscienza critica e l'**ipocrisia** di chi partecipa a questo rito.

Il narratore

Nel corso del romanzo, il racconto è generalmente affidato a **Oskar**, l'**io narrante** che riferisce, dal suo punto di vista, le scene di cui è stato testimone. In questo brano, però, a questi si sovrappone e sostituisce gradualmente un **narratore esterno**, che entra nel racconto con considerazioni personali, sempre pungenti e critiche. Tale voce esterna riesce a far emergere con chiarezza il **giudizio morale, storico, sociale e politico dell'autore**, soprattutto nella conclusione del brano, quando si fa notare la differenza tra il pianto causato dalle cipolle e quello che sarebbe dovuto sgorgare autentico dal cuore dei presenti. Ma, come afferma il narratore, *molti non ci arrivano mai, specialmente da qualche decennio in qua, e perciò il nostro secolo verrà chiamato in futuro il secolo senza lacrime, benché vi sia ovunque tanta sofferenza*.

PARTE 3 · Percorso di letteratura

La lingua e lo stile

● Le scelte stilistiche e lessicali di questo romanzo sono **originalissime e innovatrici**, rispetto alla tradizione narrativa non solo tedesca. La narrazione è svolta in maniera precisa e puntuale, ma lo stile è ben lontano da quello di una cronaca oggettiva. Grass infatti non si limita a registrare gli eventi, ma li giudica in modo implicito, grazie a un'**accuratissima scelta lessicale** che gli consente di mettere in ridicolo ciò che sta rappresentando.

● Ecco il segno del **realismo magico** di Grass: rappresentare la realtà in maniera dettagliata, con una precisione quasi maniacale, ma avvolgendola in un involucro narrativo surreale, al limite fra verità e fantasia, così che **gli oggetti e gli individui** diventino **la parodia di loro stessi**. Il padrone della locanda che armeggia misteriosamente tra tavolette e panieri nascosti sotto arabescati veli, mentre muove la sciarpa con la stessa solennità con cui il sacerdote veste i paramenti sacri, risulta un personaggio grottesco e assolutamente emblematico di quei tedeschi arrivisti e cinici di cui si popola il primo dopoguerra. Gli uomini e le donne che affollano la locanda, che accettano di prendere posto su sedili costituiti da scomode casse rivestite con sacchi che avevano contenuto cipolle, sono invece l'emblema di una popolazione che vive in maniera ipocrita e superficiale, più per forma che per reale partecipazione, il dolore e il pentimento per la tragedia storica vissuta dalla Germania.

Laboratorio sul testo

Comprendere

1. In che cosa la Cantina delle Cipolle si distingue da altri simili locali cittadini?
2. Quando e perché il locale è particolarmente affollato?
3. Chi sono i clienti abituali della Cantina?
4. Chi è Ferdinand Schmuh?
5. Come si comporta con i clienti del locale?
6. Descrivi il "rito" del taglio delle cipolle, distinguendone le diverse fasi temporali.
7. Che cosa è rappresentato sulla sciarpa del padrone del locale e qual è la sua funzione?
8. Che cosa è rappresentato sulle tavolette che i clienti ricevono?
9. Che cosa fanno i clienti con tali tavolette?
10. Che cosa viene distribuito in seguito a tutti i clienti del locale?
11. Qual è il momento culminante della cerimonia?

Interpretare

12. Le espressioni elencate rivelano l'intento satirico dell'autore. Spiegane i significati nascosti.
    A. *La Cantina delle Cipolle assomigliava a molti di quei nuovi locali che si distinguono dai vecchi anche per il fatto che sono più cari* (rr. 1-2).
    B. *La "Cantina delle Cipolle" era cara sì, ma anche seria* (r. 23).
    C. *I clienti, uomini d'affari, medici, avvocati, artisti e anche teatranti, giornalisti, gente del cinema, dello sport, alti funzionari della provincia e del comune, in breve tutti quelli che al giorno d'oggi si chiamano intellettuali* (rr. 45-48).
    D. *Ferdinand Schmuh ogni tanto tirava ai passeri* (rr. 26-27).
    E. *Il sorriso di Schmuh assomigliava al sorriso di una copia dipinta secondo una copia della Monna Lisa supposta autentica* (rr. 61-62).
    F. *I vecchi signori che non avevano confidenza coi coltelli da cucina dovevano stare attenti a non tagliarsi le dita; ma parecchi si tagliavano e non se ne accorgevano* (rr. 94-96).
    G. *I loro occhi straripavano, e non perché avessero i cuori così gonfi* (r. 105).
    H. *Quale effetto? Quello che il mondo e il dolore del mondo non producevano più: la rotonda lacrima umana. Allora si piangeva. Si tornava finalmente a piangere* (rr. 113-115).

Il realismo magico · U N I T À   2 1

Analizzare

Descrizione

13. Due sono i momenti in cui il narratore descrive la Cantina delle Cipolle: nel primo con una visione dall'esterno, nel secondo con una prospettiva interna. Riconosci tali due sequenze descrittive e evidenziale a margine.

14. Il luogo chiuso, ristretto, quasi soffocante della Cantina delle Cipolle acquista particolari significati alla luce delle azioni che vi si svolgono. Indica quali, secondo te.
- a) ☐ Invita al raccoglimento.
- b) ☐ Permette ai clienti di non essere riconosciuti.
- c) ☐ Aumenta l'atmosfera di mistero.
- d) ☐ Non consente l'ingresso a estranei.
- e) ☐ È un luogo protettivo.
- f) ☐ Permette al padrone un totale controllo sul locale e sui clienti.

Narratore e tecniche narrative

15. Quale punto di vista è assunto dal narratore? Motiva la tua risposta con riferimenti al testo.

16. Rintraccia un punto del brano in cui il narratore diventa palese.

Padroneggiare la lingua

Lessico

17. *Il proprietario cingeva la sciarpa. La sciarpa, di seta blu cobalto era stampata, stampata con un apposito motivo.* Quale figura retorica è presente in questo passo? Quali effetti stilistici produce?
- a) ☐ Iterazione.
- b) ☐ Anastrofe.
- c) ☐ Climax.
- d) ☐ Personificazione.

18. *Si piangeva con decenza, si piangeva senza inibizioni, si piangeva sfrenatamente.* In questo passo sono presenti due figure retoriche. Indica quali e chiarisci la loro funzione.
- a) ☐ Iterazione.   b) ☐ Anastrofe.   c) ☐ Climax.   d) ☐ Personificazione.

19. *Il proprietario riceveva personalmente tutti gli ospiti, con un <u>mobilissimo</u> gioco di sopracciglia e di gesti, come se si trattasse di <u>avviare</u> con ogni nuovo cliente una <u>cerimonia di iniziazione</u>.* Sostituisci con appropriati sinonimi le espressioni evidenziate nel passo.

20. *Schmuh avanzava tra i suoi clienti con un panierino al braccio.* Quale scopo ha l'uso del diminutivo in questa frase, secondo te?

Grammatica

21. Spiega la diversa funzione grammaticale del *si* nelle seguenti frasi.

Si sbucciavano le cipolle: ....

Si dice che abbiano sette pelli: ....

22. *Schmuh avanzava tra i suoi clienti con un panierino al braccio. Questo panierino era coperto da un panno a quadri blu e gialli. Sul panno c'erano delle tavolette di legno a forma di maiali e di pesci. Schmuh distribuiva tra i suoi clienti queste tavolette, ben strofinate e ripulite.* Inserendo dei connettivi adeguati, trasforma questo passo in un unico periodo caratterizzato da una costruzione ipotattica.

Produrre

23. Che cosa caratterizza l'atteggiamento morale dei clienti della Cantina? In un testo espositivo-argomentativo non più lungo di una pagina, sintetizza qual è, secondo te, il messaggio affidato al testo.

José Saramago

La vita e le opere

Narratore, poeta, drammaturgo, intellettuale politico José de Sousa Saramago è nato ad Azinhaga, in Portogallo nel 1922. Le difficili condizioni economiche in cui versa la sua famiglia lo costringono ad abbandonare gli studi universitari e ad accettare occupazioni precarie in vari settori, finché non trova un impiego stabile nel campo dell'editoria, a cui affianca il lavoro di **giornalista politico e letterario**.

Nel 1947 scrive il suo primo romanzo, *Terra del peccato*; il clima culturale del Portogallo di quegli anni, caratterizzato dal severo regime fascista del dittatore Salazar, non si mostra favorevole a questo astro nascente della letteratura. Il regime salazarista gli censurerà questo come molti altri dei suoi scritti successivi. Saramago, da parte sua, con il passare degli anni intensificherà sempre più il suo impegno politico, iscrivendosi nel 1959 al Partito Comunista, che opera in clandestinità contro il governo di Salazar.

Nel 1966 pubblica la sua prima raccolta di poesie, *I poemi possibili*; a questa seguiranno altre raccolte di poesie, testi teatrali – *Che farò con questo libro?* (1980) – e romanzi, tra cui *Memoriale del convento* (1982), *L'anno della morte di Ricardo Reis* (1984) e *La zattera di pietra* (1986), che in pochi anni renderanno la sua affascinante prosa celebre in tutto il mondo. Nel 1997 pubblica *Il racconto dell'isola sconosciuta*; l'anno seguente riceve il **premio Nobel** per la letteratura. Muore nel 2010, a Lanzarote, nella sua residenza nelle isole Canarie (Spagna), all'età di ottantotto anni.

Lo stile Se Saramago ha dimostrato per tutta la sua vita una coraggiosa libertà di pensiero, un'intransigente irriverenza nei confronti dell'autorità, anche il suo stile letterario dimostra la volontà di rompere le regole di una prosa tradizionale, proponendo schemi narrativi e soluzioni stilistiche audaci, improntate a una concezione della letteratura del tutto personale. Le sue opere sono spesso caratterizzate da un forte **contenuto allegorico**: in esse l'autore utilizza sempre focalizzazioni insolite, valorizzando una prospettiva che evidenzi il significato metaforico delle vicende narrate. Ciò che contraddistingue in maniera personalissima il linguaggio letterario di Saramago sono, però, soprattutto le sue scelte sintattiche: il suo stile è caratterizzato dalla costruzione di periodi molto lunghi e da un uso molto particolare della punteggiatura, ripensata in maniera originale per dare al testo un effetto ritmico fluido e "magmatico".

Il racconto dell'isola sconosciuta

Il tema Quest'opera, brevissima e meravigliosa, è un racconto scritto di getto, come ha dichiarato lo stesso Saramago in un'intervista: «Mi sono alzato dalla scrivania solo quando ho finito di scriverlo».

È la storia di un viaggio molto particolare: un viaggio alla ricerca di quel luogo ignoto, misterioso e, forse, definitivamente inconoscibile, che è per ogni uomo il proprio stesso essere, la propria vita, il senso della propria esistenza. Come afferma l'autore nel testo, per giungere a questo obiettivo, occorre «allontanarsi dall'isola per vedere l'isola»; in altri termini, occorre trovare la giusta distanza per potere vedere realmente chi siamo, qual è l'isola sconosciuta che noi stessi siamo, nell'oceano della vita. Il testo, ricco di **metafore** e **allegorie**, è scritto in uno stile particolarissimo: Saramago usa la punteggiatura e la sintassi in maniera del tutto personale, costruendo una prosa dal **ritmo fluttuante**, che riesce con il suo stesso andamento a rendere la suggestione della navigazione che vi si compie.

La trama Il racconto comincia presentandoci la figura di un **uomo**, che per tre giorni aspetta di essere ricevuto dal suo **re** allo scopo di chiedergli una barca con cui andare alla ricerca di un'isola sconosciuta. La perplessità del re, convinto dell'inesistenza di isole sconosciute, non fa desistere l'uomo, che infine ottiene ciò che vuole.

Poche sono le cose che egli porta con sé nel suo viaggio; non ha nemmeno equipaggio, se non la **donna delle pulizie della reggia**, bellissima, che ha deciso istintivamente di seguirlo. E quando ci si ritrova in due, uniti dallo stesso scopo nella vita, non serve nient'altro per salpare verso quell'isola che ognuno ha sempre desiderato raggiungere.

Il realismo magico • UNITÀ 21

 L'isola sconosciuta

La bizzarra storia di un uomo alla ricerca di un'isola sconosciuta, di un re dalla logica rigorosa, di una nave, del suo strano equipaggio e di una bellissima donna. Si tratta di un sogno o è la pura realtà?

- **GENERE**
  Racconto fantastico
- **LUOGO E TEMPO**
  Imprecisati
- **PERSONAGGI**
  Un uomo; il re; l'equipaggio della nave; la donna delle pulizie della casa del re

[Un uomo si reca dal re per chiedergli una barca. Il re gli chiede per quale scopo egli la vuole.]

Per andare alla ricerca dell'isola sconosciuta, rispose l'uomo, Che isola sconosciuta, domandò il re con un sorriso malcelato, quasi avesse davanti a sé un matto da legare, di quelli che hanno la mania delle navigazioni, e che non è bene contrariare fin da subito, L'isola sconosciuta, ripeté l'uomo, Sciocchezze,
5 isole sconosciute non ce ne sono più, Chi ve l'ha detto, re, che isole sconosciute non ce ne sono più, Sono tutte sulle carte, Sulle carte geografiche ci sono soltanto le isole conosciute, E qual è quest'isola sconosciuta di cui volete andare in cerca, Se ve lo potessi dire allora non sarebbe sconosciuta, Da chi ne avete sentito parlare, domandò il re, ora più serio, Da nessuno, In tal caso, perché vi ostinate ad
10 affermare che esiste, Semplicemente perché è impossibile che non esista un'isola sconosciuta.

[Ottenuta dal re un'imbarcazione, l'uomo cerca un equipaggio, ma tutti rifiutano d'imbarcarsi.]

Mi hanno detto che di isole sconosciute non ce ne sono più e che, anche se ci fossero, non hanno nessuna intenzione di lasciare la tranquillità delle loro case e la bella vita delle navi da crociera per imbarcarsi in avventure oceaniche, alla ricerca
15 dell'impossibile, come se fossimo ancora al tempo del mare tenebroso.

[Solo la donna delle pulizie della casa del re, una donna bellissima, decide di seguirlo e sale sulla barca con lui.]

Le aveva augurato sogni felici, ma fu lui che passò tutta la notte a sognare. Sognò che la sua caravella[2] procedeva in alto mare, con le tre vele triangolari gloriosamente spiegate, facendosi strada sulle onde, mentre lui manovrava la ruota del timone e l'equipaggio riposava all'ombra. Non capiva come potevano trovarsi
20 lì quei marinai che nel porto e in città si erano rifiutati di imbarcarsi con lui per andare alla ricerca dell'isola sconosciuta, probabilmente si erano pentiti della volgare ironia con cui l'avevano trattato. Vedeva bestiole qua e là in coperta[1], anatre,

---

1. in coperta: sul ponte della nave.

2. caravella: un tipo di imbarcazione a vela.

701

conigli, galline, i soliti animali domestici, che becchettavano il granturco o masticavano le foglie di cavolo che un marinaio lanciava loro, non ricordava quando li
25 aveva portati sulla barca, comunque era naturale che si trovassero lì, immaginiamo che l'isola sconosciuta sia, come lo è stata tante volte nel passato, un'isola deserta, è sempre meglio andare sul sicuro, sappiamo tutti che aprire uno sportello della conigliera e afferrare un coniglio per le orecchie è stato sempre più facile che inseguirlo per monti e valli. Dal fondo della stiva arriva adesso un coro di nitriti di
30 cavalli, di muggiti di buoi, di ragli d'asino, le voci dei nobili animali necessari al lavoro pesante, ma come ci sono arrivati, come possono trovarsi su una caravella dove a stento può starci l'equipaggio umano, e all'improvviso il vento girò, la vela principale sbatté e ondeggiò, e dietro c'era quello che prima non si vedeva, un gruppo di donne che, pur senza contarle, s'indovinava fossero tante quanti erano
35 i marinai, tutte intente alle loro faccende di donne, non è ancora il momento che si occupino d'altro, è chiaro che può essere soltanto un sogno, nella vita reale non s'è mai visto un viaggio così. L'uomo al timone ha cercato con gli occhi la donna delle pulizie e non l'ha vista, Forse è nella cabina a prua, a riposarsi dopo aver lavato il ponte, ha pensato, ma è stato un pensiero finto, perché lo sa bene, lui,
40 quantunque non sappia come fa a saperlo, che all'ultimo momento non è voluta venire, è balzata sul molo dicendo, Addio, addio, giacché non avete occhi che per l'isola sconosciuta io me ne vado, e non era vero, ancora adesso i suoi la stanno cercando e non la trovano. In quel momento il cielo si rannuvolò e cominciò a piovere, e, dopo la pioggia, iniziarono a germogliare le piante dagli innumerevoli
45 sacchi di terra allineati lungo la murata[3], sono lì non perché si sospetti che non vi sia terra abbastanza nell'isola sconosciuta, ma perché così si guadagna tempo, il giorno in cui ci arriveremo dovremo soltanto trapiantare gli alberi da frutto, seminare i chicchi delle piccole messi che poi matureranno, abbellire le aiuole con i fiori che sbocceranno da queste gemme. L'uomo al timone domanda ai marinai
50 che riposano in coperta se per caso hanno avvistato qualche isola disabitata, e loro rispondono che non hanno visto un bel niente, ma che stanno pensando di sbarcare sulla prima terra popolata che compaia loro davanti, purché vi sia un porto dove attraccare, un'osteria dove bere e un letto dove riposare, perché qui non si può, con tutta questa gente ammucchiata. E l'isola sconosciuta, domandò l'uomo
55 al timone, L'isola sconosciuta è qualcosa che non esiste, non è che un'idea della vostra mente, i geografi del re sono andati a controllare sulle carte geografiche e hanno dichiarato che isole da conoscere non ce ne sono più da un sacco di tempo, Dovevate restare in città, invece di venire a ostacolarmi la navigazione, Eravamo in cerca di un posto migliore dove vivere e abbiamo deciso di approfittare del vo-
60 stro viaggio, Non siete dei marinai, Non lo siamo mai stati, Da solo, non sarò in grado di governare[4] la barca, Avreste dovuto pensarci prima di chiederla al re, il mare non insegna a navigare. Allora l'uomo al timone vide una terra in lontananza e volle passarci davanti, fare finta che fosse il miraggio di un'altra terra, un'imma-

---

3. murata: il parapetto sulla fiancata della nave.   **4. governare:** guidare, manovrare.

gine giunta dall'altro capo del mondo attraverso lo spazio, ma gli uomini che non
erano mai stati dei marinai protestarono, dissero che volevano sbarcare proprio lì,
Questa è un'isola della carta, urlarono, vi ammazzeremo se non ci porterete fin là.
Allora, da sola, la caravella volse la prua in direzione della terra, entrò nel porto
e andò ad accostare al molo, Potete andarvene, disse l'uomo al timone, e subito
sbarcarono, prima le donne, poi gli uomini, ma non da soli, si portarono via le
anatre, i conigli e le galline, si portarono via i buoi, gli asini e i cavalli, e perfino i
gabbiani, uno dopo l'altro, spiccarono il volo e se ne andarono via trasportando
nel becco i loro piccoli, un'impresa che non era mai stata compiuta, ma c'è pur
sempre una prima volta. L'uomo al timone assistette alla grande fuga in silenzio,
non fece niente per trattenere coloro che lo abbandonavano, almeno gli avevano
lasciato le piante, il grano e i fiori, con i rampicanti che si avviticchiavano all'albero
maestro⁵ e pendevano dalla murata come festoni. Nella confusione della partenza
si erano rotti e rovesciati i sacchi di terra, sicché la coperta era diventata una specie di campo arato e seminato, ci vorrebbe soltanto un altro po' di pioggia perché sia una buona annata agricola. Da quando il viaggio verso l'isola sconosciuta
è cominciato non si è ancora visto l'uomo al timone mangiare, dev'essere perché
sta sognando, sta solo sognando, e se nel sogno gli venisse voglia di un pezzo di
pane o di una mela, sarebbe pura invenzione, niente di più. Le radici degli alberi
stanno già penetrando nell'ossatura dell'imbarcazione, fra poco non serviranno
più queste vele issate, basterà che il vento soffi fra le cime degli alberi e porti la
caravella verso la meta. È una foresta che naviga e si mantiene in equilibrio sopra le onde, una foresta dove, senza sapere come, hanno cominciato a cantare gli
uccelli, dovevano essere lì nascosti e all'improvviso hanno deciso di uscire allo
scoperto, forse perché le messi sono ormai mature e bisogna mieterle. L'uomo,
allora, bloccò la ruota del timone e scese nel campo con la falce in mano, e fu solo
dopo aver tagliato le prime spighe che vide un'ombra accanto alla propria ombra.
Si svegliò abbracciato alla donna delle pulizie, mentre lei lo abbracciava, confusi
i corpi, confuse le cabine, non si sa se a babordo o a tribordo⁶. Poi, poco dopo il
sorgere del sole, l'uomo e la donna andarono a dipingere sulla prua dell'imbarcazione, da un lato e dall'altro, a lettere bianche, il nome che ancora bisognava dare
alla caravella. Verso mezzogiorno, con la marea, L'Isola Sconosciuta prese infine
il mare, alla ricerca di se stessa.

José Saramago, *Il racconto dell'isola sconosciuta*, Torino, Einaudi, 1998

---

5. albero maestro: l'albero più
alto della nave.

6. babordo... tribordo: le fiancate di sinistra e di destra.

PARTE 3 · Percorso di letteratura

SCHEDA DI ANALISI

Il tema e il messaggio

● **Come in una fiaba**, in un **tempo** e in un **luogo imprecisati**, un uomo si presenta a un re con una richiesta insolita: una barca per trovare un'isola sconosciuta, che non è disegnata su nessuna carta geografica. Da questo punto di partenza scaturisce una storia complessa, in cui **sogno e veglia si confondono**; i personaggi – che non hanno un nome proprio – si ritrovano immersi in un'avventura misteriosa, senza punti di riferimento, con molti interrogativi che non trovano risposta: perché si trovano improvvisamente imbarcati sulla caravella uomini, donne, animali e piante? Perché l'equipaggio decide improvvisamente di abbandonare la nave, minacciando anche con la violenza l'uomo al timone? La donna delle pulizie ha infine deciso di salire a bordo o è restata a terra?

■ Il sogno opera un ribaltamento tra realtà e illusione, tra ciò che esiste e ciò che si desidera o che si teme. In tal senso, **la dimensione onirica aiuta a comprendere i fattori umani che stanno dietro gli eventi**: protagonista del sogno non è l'isola sconosciuta, la meta sognata, ma le persone comuni, che cercano cose semplici e rassicuranti, come *un posto migliore dove vivere*. E la caravella piega docile *la prua in direzione della terra* per accontentarli.

● Appena se ne vanno coloro che non credono nell'esi-

stenza dell'isola, gli alberi mettono radici e la caravella diventa *una foresta che naviga e si mantiene in equilibrio sopra le onde, una foresta dove, senza sapere come, hanno cominciato a cantare gli uccelli*. **La nave si trasforma in un'isola: l'Isola Sconosciuta.** È solo un sogno? Sì, ma diventa realtà quando l'uomo e la donna si svegliano, dipingono il nome della caravella a prua e *L'Isola Sconosciuta* prende *infine il mare, alla ricerca di se stessa*. Il significato dell'allegoria viene così svelato: la vita è un viaggio che ciascuno compie alla ricerca di una meta che troverà solo se sarà consapevole che essa non è disegnata su una carta geografica, ma che è dentro di lui; è la sua vita stessa.

La lingua e lo stile

● La scrittura di Saramago è particolarmente suggestiva, per l'uso originale che egli fa della **sintassi** e della **punteggiatura**. I **periodi** sono in genere **piuttosto lunghi**, con virgole dove normalmente si userebbero punti o punti e virgola. I dialoghi non sono contrassegnati con virgolette, né le frasi interrogative si chiudono con punti di domanda. Il lettore è "imbarcato" anch'esso su questo linguaggio che è come una nave in moto perpetuo, fluido e inarrestabile come un **ragionamento interiore** che non ha bisogno di interruzioni e pause per essere capito.

Laboratorio sul testo

● Comprendere

1. Che cosa chiede l'uomo al re?
2. Qual è, secondo l'uomo, la prova dell'esistenza dell'isola sconosciuta?
3. Qual è, invece, l'opinione del re?
4. Chi decide di seguirlo nel suo viaggio?
5. Nel sogno, chi è imbarcato sulla nave?
6. Come si comporta l'equipaggio?
7. In che modo si manifesta l'isola nel sogno?
8. Perché l'uomo e la donna chiamano la caravella L'Isola Sconosciuta?
9. Perché l'uomo ha portato con sé anche semi di varie piante commestibili, che germogliano nei sacchi, sotto la pioggia improvvisa?

● Interpretare

10. Secondo te, la parte centrale del testo è il resoconto di un sogno oppure della realtà di ciò che accade?
11. Il racconto ha un forte significato allegorico; spiegalo precisando a che cosa corrispondono i seguenti elementi.

Isola Sconosciuta: ....

Viaggio per mare: ....

Equipaggio: ....

704

Il realismo magico • U N I T À 2 1

12. Qual è la funzione del sogno in questo testo?
 a) ☐ Mostrare che tra razionale e irrazionale non c'è differenza.
 b) ☐ Giustificare alcuni aspetti irrazionali della vita.
 c) ☐ Creare una prospettiva diversa per capire gli eventi.
 d) ☐ Permettere di evadere dal grigiore della vita quotidiana.

Analizzare

Struttura
13. Il racconto può essere diviso in tre sequenze narrative. Individuale contrassegnandole a margine e dai a ciascuna di esse un titolo-sintesi.

Stile
14. Nel brano è presente una frequente alternanza di tempi verbali al presente e al passato. Individua alcuni punti in cui ciò è evidente. Dopo averli analizzati attentamente, spiega la funzione che hanno rispettivamente, nel contesto del brano, i tempi al presente e quelli al passato.

Padroneggiare la lingua

Lessico
15. *Che isola sconosciuta, domandò il re con un sorriso* _malcelato_. Sostituisci l'aggettivo sottolineato con un sinonimo.
16. *Quasi avesse davanti a sé un* _matto da legare_. Sostituisci con un sinonimo l'espressione sottolineata.
17. *Coperta, stiva, babordo, tribordo*: a quale linguaggio settoriale appartengono questi vocaboli? Rintracciane e sottolineane altri nel testo.

Grammatica
18. *Addio, addio, giacché non avete occhi che per l'isola sconosciuta io me ne vado*. Di quale tipo è la proposizione subordinata introdotta da *giacché*?
 a) ☐ Causale.
 b) ☐ Concessiva.
 c) ☐ Finale.
 d) ☐ Consecutiva.
19. Riscrivi il seguente passo, inserendo tutti i segni interpuntivi che tu useresti normalmente.
 Per andare alla ricerca dell'isola sconosciuta, rispose l'uomo, Che isola sconosciuta, domandò il re con un sorriso malcelato, quasi avesse davanti a sé un matto da legare, di quelli che hanno la mania delle navigazioni, e che non è bene contrariare fin da subito, L'isola sconosciuta, ripeté l'uomo, Sciocchezze, isole sconosciute non ce ne sono più, Chi ve l'ha detto, re, che isole sconosciute non ce ne sono più, Sono tutte sulle carte, Sulle carte geografiche ci sono soltanto le isole conosciute, E qual è quest'isola sconosciuta di cui volete andare in cerca, Se ve lo potessi dire allora non sarebbe sconosciuta, Da chi ne avete sentito parlare, domandò il re, ora più serio
20. *Mi hanno detto che di isole misteriose non ce ne sono più*. Che tipo di complemento è *di isole misteriose*?
21. *Non capiva come potevano trovarsi lì quei marinai che nel porto e in città si erano rifiutati di imbarcarsi con lui per andare alla ricerca dell'isola sconosciuta, probabilmente si erano pentiti della volgare ironia con cui l'avevano trattato*. Da quante proposizioni è composto il periodo? Quante e di che tipo sono le proposizioni subordinate?

Produrre

22. La storia termina con quello che potrebbe essere un nuovo inizio: a che cosa andranno incontro la caravella e il suo equipaggio? Prova a immaginare che cosa succederà, scrivendo un testo narrativo di circa una pagina che mantenga quanto più possibile lo stile di Saramago.

705

Gabriel García Márquez

La vita e le opere

La vita Gabriel José de la Concordia García Márquez nato ad Aracataca, in Colombia, nel 1928, è uno dei più famosi e importanti scrittori sudamericani del XX secolo, il più celebre esponente della tendenza letteraria del realismo magico. Primo di sedici fratelli, trascorre l'infanzia con i nonni materni: un colonnello in pensione e una chiaroveggente, grande narratrice di storie magiche e sorprendenti. Grazie a una borsa di studio si diploma nel 1946; l'anno successivo s'iscrive alla facoltà di Giurisprudenza presso l'Università di Bogotá. Gli anni successivi sono caratterizzati da una **profonda crisi politica** che sfocia in una vera e propria **guerra civile**, nota come "*La Violencia*". García Márquez abbandona gli studi e torna a vivere sulla costa, dedicandosi al giornalismo e collaborando con periodici locali. Tornato a Bogotá nel 1954, diventa redattore della rivista «El Espectador»: la sua attività di giornalista lo farà soggiornare per lunghi periodi in Italia, Francia, Inghilterra, Stati Uniti e Spagna. Il suo impegno politico lo avvicina alla **rivoluzione cubana** e a Fidel Castro e lo porta a prendere posizione contro la presa del potere in Cile da parte del generale Pinochet.
Nel 1982 riceve il **premio Nobel** per la letteratura. Attualmente vive a Città del Messico, dove prosegue la sua attività di scrittore e il suo impegno politico in difesa dei diritti umani delle popolazioni dell'America Latina.

Le opere Il suo esordio letterario avviene nel 1955, con il romanzo breve *Foglie morte*. La sua vena surreale e magica emerge già in *La mala ora* (1962); essa si manifesterà però in tutta la sua grandiosità nell'opera che gli ha dato fama internazionale, il romanzo *Cent'anni di solitudine* (1967). In questo affresco di un universo fantastico è narrata la storia della famiglia Buendia, seguita attraverso sei generazioni, nell'immaginario villaggio di Macondo, sospeso tra realtà e fantasia, ma denso di riferimenti agli avvenimenti politici del continente sudamericano. Altri suoi celebri romanzi, tutti caratterizzati da una narrazione in cui si mescolano realtà, mito ed elementi fantastici, sono *L'autunno del patriarca* (1975), *Cronaca di una morte annunciata* (1981), *L'amore ai tempi del colera* (1985), *Il generale nel suo labirinto* (1989), *Dell'amore e di altri demoni* (1994). Nel 2002 ha pubblicato un primo volume della sua autobiografia, *Vivere per raccontarla*, anch'essa caratterizzata da storie ai limiti del meraviglioso.

La incredibile e triste storia della candida Eréndira e della sua nonna snaturata

L'opera La raccolta, pubblicata nel 1972, comprende **sette racconti** scritti negli anni Sessanta e Settanta e prende il nome dal più lungo di essi. Com'è tipico della sua poetica, anche qui García Márquez sviluppa una narrazione sospesa **tra realismo e fantasia**, attraverso uno stile che lo ha affermato come uno degli scrittori più amati dal grande pubblico di tutto il mondo.

I temi Accostandosi a questi racconti, il lettore potrà scoprire piccoli villaggi bruciati dal sole, arsi dalla salsedine o infangati da una pioggia senza requie – misero retaggio di quello che furono le grandi città delle civiltà scomparse dell'America Latina – in cui agiscono personaggi e storie al limite dell'assurdo: un **angelo** troppo vecchio per volare che vive rinchiuso in un pollaio e soddisfa la curiosità dei visitatori; l'**uomo annegato** più bello che si sia mai visto; un **venditore di miracoli** che si scopre essere un truffatore; un ragazzo che riesce a vedere un vascello fantasma e a farlo riemergere dalle nebbie del tempo; **Tobia**, che sente l'odore di rose proveniente dal mare; l'innocente **Eréndira** costretta dalla nonna a prostituirsi. Da questo punto di vista, quest'opera rappresenta un inventario perfetto delle atmosfere e dei personaggi tipici della letteratura di García Márquez.

Il realismo magico • UNITÀ 21

T3 Un signore molto vecchio con certe ali enormi

L'arrivo di una strana figura sconvolge la vita di un piccolo villaggio e dei suoi abitanti. Un vecchio uomo con delle enormi ali viene ritrovato in un cortile, sporco e malandato. Si tratta di un angelo? La curiosità di tutti gli abitanti, poi dei rappresentanti della Chiesa, infine di numerosi curiosi e malati provenienti da paesi lontani in cerca di una grazia movimenta la vita del piccolo villaggio. Solo l'angelo – torturato più che venerato dai suoi visitatori – sembra non curarsi di ciò che avviene attorno a lui.

- **GENERE**
  Racconto fantastico
- **LUOGO E TEMPO**
  Caraibi; un'epoca passata e imprecisata
- **PERSONAGGI**
  Pelayo; Elisenda, sua moglie; il vecchio angelo; gli abitanti del villaggio e i diversi visitatori

Il terzo giorno di pioggia avevano ucciso così tanti granchi dentro casa che Pelayo dovette attraversare il cortile allagato e buttarli in mare, perché la notte il piccolo aveva avuto la febbre e si pensava fosse a causa del fetore. Il mondo era triste fin dal martedì. Il cielo e il mare erano un tutt'uno di cenere, e la sabbia
5 della spiaggia, che in marzo scintillava come polvere di fuoco, era diventata una brodaglia di fango e molluschi marci. A mezzogiorno la luce era talmente fioca che quando Pelayo tornò a casa dopo aver buttato via i granchi fece fatica a vedere cosa si muoveva e si lamentava in fondo al cortile. Dovette avvicinarsi un bel po' prima di rendersi conto che era un vecchio, sdraiato a faccia in giù nel pantano, che
10 malgrado i continui sforzi non riusciva ad alzarsi, impedito dalle sue enormi ali.

Spaventato da quell'incubo, Pelayo corse a cercare Elisenda, sua moglie, che stava facendo impacchi al bambino malato, e la portò in fondo al cortile. Tutti e due osservarono il corpo caduto con tacito stupore. Era vestito come uno straccivendolo[1]. Gli restava appena qualche filo sbiadito sul cranio pelato e pochissimi
15 denti in bocca, e la sua penosa condizione di bisnonno fradicio lo aveva privato di ogni grandezza. Le ali da grosso avvoltoio, spennacchiate e sporche, erano definitivamente incagliate nel pantano. Pelayo ed Elisenda l'osservarono talmente tanto, e con tale attenzione, che si ripresero ben presto dallo stupore e finirono per trovarlo familiare. Allora si azzardarono a parlargli e lui rispose in un dialetto
20 incomprensibile, ma con una bella voce da navigatore. Fu così che passarono sopra l'inconveniente delle ali e conclusero con molto buonsenso che era un naufrago solitario di qualche nave straniera affondata nella tempesta. In ogni modo decisero di chiamare una vicina che sapeva tutto della vita e della morte, e a lei bastò un'occhiata per disilluderli. «È un angelo» disse. «Veniva di sicuro a prendersi il
25 bambino, ma è talmente vecchio, poveretto, che la pioggia l'ha abbattuto.»

Il giorno dopo tutti sapevano che in casa di Pelayo era prigioniero un angelo in carne e ossa. Contro il parere della saggia vicina, per cui gli angeli di questi tempi erano fuggiaschi sopravvissuti a una cospirazione celestiale, non avevano avuto

---

1. straccivendolo: venditore ambulante di stracci e abiti usati.

707

cuore di ammazzarlo a bastonate. Pelayo lo aveva sorvegliato tutto il pomeriggio
30 dalla cucina, armato del suo randello di gendarme, e prima di andare a letto lo
aveva trascinato fuori dal pantano e chiuso con le galline nel pollaio. A mezzanotte, quando aveva smesso di piovere, Pelayo ed Elisenda stavano ancora ammaz-
zando granchi. Poco dopo il bambino si era svegliato senza febbre e con appetito.
A quel punto si erano sentiti magnanimi e avevano deciso di mettere l'angelo su
35 una zattera con acqua dolce e provviste per tre giorni, e di abbandonarlo alla sua
sorte in alto mare. Ma quando alle prime luci dell'alba erano usciti nel cortile,
avevano trovato tutti i vicini davanti al pollaio, a divertirsi con l'angelo senza la
minima devozione e a gettargli roba da mangiare attraverso la rete come se fosse
un animale da circo e non una creatura sovrannaturale.

40   Padre Gonzaga arrivò prima delle sette, allarmato da quella notizia spropo-
sitata. Allora erano già accorsi curiosi meno frivoli di quelli dell'alba e avevano
fatto ogni genere di congettura sul futuro del prigioniero. I più semplici pensavano che sarebbe stato nominato alcalde[2] del mondo. Altri, di spirito più rude,
supponevano che sarebbe stato promosso generale da cinque stellette per vincere
45 tutte le guerre. Alcuni visionari speravano che venisse tenuto come stallone[3] per
fondare sulla terra una stirpe di uomini alati e sapienti che reggessero l'universo.
Ma padre Gonzaga prima di diventare sacerdote era stato un robusto taglialegna.
Affacciato alla rete, ripassò un momento il suo catechismo e poi chiese che gli venisse aperta la porta per esaminare da vicino quel pover'uomo che sembrava piut-
50 tosto un'enorme gallina decrepita in mezzo alle altre galline assorte. L'angelo era
sdraiato in un angolo e si asciugava al sole le ali spiegate, tra le bucce di frutta e
gli avanzi di colazione che gli avevano buttato i più mattinieri. Insensibile alle im-
pertinenze del mondo, alzò a stento gli occhi da antiquario mormorando qualcosa
nel suo dialetto quando padre Gonzaga entrò nel pollaio e gli diede il buongiorno
55 in latino. Il parroco ebbe i primi sospetti sulla sua impostura appena si rese conto che non capiva la lingua di Dio né sapeva salutare i suoi ministri. Poi constatò
che visto da vicino appariva fin troppo umano: aveva un insopportabile odore di
intemperie, il rovescio delle ali coperto di alghe parassitarie, le penne più grandi
sciupate da venti terrestri, e niente nella sua miserabile natura era compatibile con
60 l'illustre dignità degli angeli. Allora uscì dal pollaio e con un breve sermone mise
in guardia i curiosi contro i rischi dell'ingenuità. Ricordò che il diavolo aveva la
brutta abitudine di ricorrere ad artifizi da carnevale per confondere gli incauti.
Argomentò che se le ali non erano l'elemento essenziale per stabilire le differenze
tra uno sparviero e un idroplano[4], tanto meno potevano esserlo per riconoscere
65 gli angeli. Ma promise di scrivere una lettera al suo vescovo, perché questi ne scri-
vesse un'altra al suo primate[5], e costui una terza al Sommo Pontefice, così che il
verdetto finale giungesse dai tribunali supremi.
        La sua prudenza cadde in cuori sterili. La notizia dell'angelo prigioniero si spar-

---

2. alcalde: nell'Impero coloniale spagnolo, era il capo dell'ammi-nistrazione comunale.
3. stallone: cavallo (o, per estensione, maschio di qualsiasi specie animale domestica) da ri-produzione.
4. idroplano: imbarcazione ca-pace, a una certa velocità, di sol-levarsi dall'acqua e di planare.
5. primate: superiore.

Yoryi Morrel, *Alla festa*, 1948, Santo Domingo, Museo Juan José Bellapart.

se con tale rapidità che in poche ore nel cortile c'era una baraonda da mercato, e dovettero portare la truppa con le baionette per disperdere la folla in tumulto che stava per buttar giù la casa. Elisenda, con la spina dorsale storta a forza di spazzare immondizia da fiera, ebbe allora la buona idea di recintare il cortile e far pagare cinque centavos[6] il biglietto per vedere l'angelo.

Arrivarono curiosi fin dalla Martinica. Arrivò una fiera girovaga con un acrobata volante che passò varie volte a razzo sopra la folla, ma nessuno gli badò perché le sue ali non erano d'angelo ma di pipistrello siderale. Arrivarono in cerca di guarigione i malati più disgraziati dei Caraibi: una povera donna che fin da bambina contava i battiti del proprio cuore e non le bastavano più i numeri, un giamaicano che non riusciva a dormire perché era tormentato dal rumore delle stelle, un sonnambulo che di notte si alzava a disfare quanto aveva fatto da sveglio, e molti altri meno gravi. In mezzo a quel disordine da naufragio che faceva tremare la terra, Pelayo ed Elisenda erano felici nella loro stanchezza, perché in meno di una settimana avevano riempito di soldi le camere da letto, e la fila di pellegrini che aspettava di entrare giungeva ancora fin oltre l'orizzonte.

L'angelo era l'unico che non partecipava al proprio evento. Passava il tempo a cercare di accomodarsi alla meglio nel suo nido prestato, stordito dal calore infernale delle lampade a olio e delle candele votive che mettevano vicino alla rete. All'inizio cercarono di fargli mangiare cristalli di canfora[7], che secondo la scienza della saggia vicina era l'alimento specifico degli angeli. Ma lui li disdegnava, come aveva disdegnato senza assaggiarli i pranzi papali che gli portavano i penitenti, e non si seppe mai se fu perché era un angelo o perché era vecchio che finì per mangiare soltanto pappette di melanzana. La sua unica virtù sovrannaturale sembrava

---

6. centavos: centesimi.
7. cristalli di canfora: la canfora è una sostanza usata in medicina. Essa si ritrova in natura in alcune conifere, da cui viene estratta sotto forma di cristalli.

709

la pazienza. Soprattutto nei primi tempi, quando le galline lo becchettavano in cerca dei parassiti stellari che proliferavano nelle sue ali, e gli storpi gli strappavano
95 le penne per passarsele sulle magagne[8], e persino i più misericordiosi gli tiravano sassi cercando di farlo alzare per vederlo a figura intera. L'unica volta che riuscirono a innervosirlo fu quando gli bruciarono il fianco con un ferro per marchiare i manzi, perché era rimasto immobile così tante ore che lo credevano morto. Si svegliò di soprassalto, strepitando nella sua lingua ermetica[9] con le lacrime agli occhi,
100 e sbatté un paio di volte le ali sollevando un vortice di sterco di gallina e polvere lunare, e un uragano di panico che non sembrava di questo mondo. Molti pensarono che la sua reazione non fosse di rabbia ma di dolore, però da quel momento si guardarono bene dall'infastidirlo, perché la maggior parte comprese che la sua non era una passività da eroe in ritiro, ma da cataclisma in riposo.

105 Padre Gonzaga affrontò la frivolezza della folla con formule di ispirazione domestica, in attesa di ricevere il verdetto definitivo sulla natura del prigioniero. Ma la posta da Roma aveva perso la nozione dell'urgenza. Passavano il tempo ad appurare se il reo aveva l'ombelico, se il suo dialetto era legato in qualche modo all'aramaico, se poteva stare più volte sulla punta di uno spillo o se non era sem-
110 plicemente un norvegese con le ali. […]

I padroni di casa non ebbero niente di cui lamentarsi. Grazie al denaro raccolto costruirono una villa a due piani, con balconi e giardini, e soglie molto alte perché non entrassero i granchi d'inverno, e sbarre di ferro alle finestre perché non entrassero gli angeli. Inoltre, Pelayo aprì un allevamento di conigli a un passo
115 dal paese e rinunciò per sempre al suo brutto lavoro di gendarme, ed Elisenda si comprò delle scarpette di raso a tacco alto e tanti vestiti in seta cangiante, di quelli che all'epoca indossavano la domenica le signore più invidiate. Il pollaio fu l'unica cosa a non ricevere attenzioni. Se qualche volta lo lavarono con creolina e vi bruciarono grani di mirra non fu in omaggio all'angelo ma per scacciare il fetore da
120 letamaio che ormai si aggirava ovunque come un fantasma e stava invecchiando la casa nuova. All'inizio, quando il piccolo imparò a camminare, badarono che non ci si avvicinasse troppo. Ma poi pian piano dimenticarono i loro timori e si abituarono alla puzza, e prima che il bambino cambiasse i denti si era già infilato a giocare dentro il pollaio, la cui recinzione marcita cadeva a pezzi. L'angelo non
125 fu meno scontroso con lui che con il resto dei mortali, ma sopportava le infamie ingegnose con una mansuetudine da cane senza illusioni. Contrassero la varicella insieme. Il medico che curò il bambino non seppe resistere alla tentazione di auscultare l'angelo, e sentì talmente tanti soffi al cuore e umori nelle reni da sembrargli incredibile che fosse ancora vivo. Ma fu la logica delle sue ali a stupirlo di
130 più. Apparivano così naturali in quell'organismo completamente umano che non riusciva a capire perché non le avessero anche gli altri uomini.

Quando il bambino andò a scuola, il sole e la pioggia avevano da tempo distrutto il pollaio. L'angelo si trascinava qua e là come un moribondo senza padrone. Lo scacciavano via da una camera a colpi di scopa e un momento dopo se lo ritrova-
135 vano in cucina. Sembrava essere in così tanti posti assieme da spingerli a pensare

---

8. magagne: malattie, deformità.   **9. ermetica:** incomprensibile.

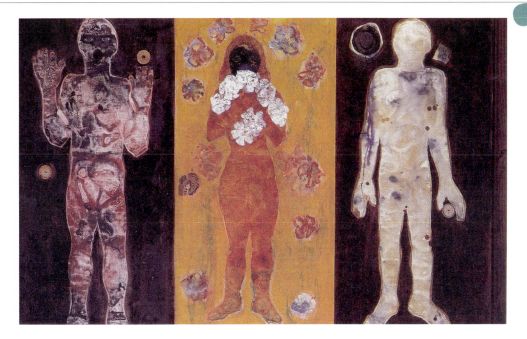

Fernando Peña Defillò, *L'offerente*, 1993, collezione privata.

che si sdoppiasse, che si moltiplicasse in tutta la casa, e l'esasperata Elisenda gridava fuori di sé che era una disgrazia vivere in quell'inferno pieno di angeli. Lui riusciva a stento a mangiare, i suoi occhi da antiquario erano così annebbiati che inciampava nei pilastri della casa, e non gli restavano che le cannucce pelate delle
140 ultime penne. Pelayo gli buttò addosso una coperta e gli fece la carità di lasciarlo dormire sotto la tettoia, e solo allora si accorsero che passava la notte a delirare per la febbre con scioglilingua da vecchio norvegese. Quella fu una delle poche volte in cui si allarmarono, perché pensavano che stesse per morire, e neppure la saggia vicina aveva saputo dire che cosa si faceva degli angeli morti.

145 Eppure non solo sopravvisse al suo peggiore inverno, ma parve riprendere le forze al primo sole. Rimase immobile per giorni e giorni nell'angolo più appartato del cortile, dove nessuno poteva vederlo, e agli inizi di dicembre cominciarono a spuntargli sulle ali penne grandi e dure, penne da uccellaccio decrepito che sembravano quasi un nuovo guaio della vecchiaia. Ma lui doveva conoscere
150 la ragione di quei cambiamenti, perché stava bene attento che nessuno li notasse, né sentisse le canzoni da marinaio che a volte cantava sotto le stelle. Una mattina Elisenda stava affettando una cipolla per il pranzo, quando entrò in cucina un vento che sembrava d'alto mare. Allora si affacciò alla finestra e sorprese l'angelo nei suoi primi tentativi di volo. Erano talmente goffi che aprì con le unghie un
155 solco d'aratro fra gli ortaggi e per poco non buttò giù la tettoia con quegli indegni colpi d'ala che scivolavano sulla luce e non trovavano appiglio in aria. Ma riuscì a guadagnare quota. Elisenda tirò un sospiro di sollievo, per lei e per lui, quando lo vide passare sopra le ultime case, tenendosi su in qualche modo con un incerto svolazzio da avvoltoio senile. Continuò a vederlo anche quando finì di tagliare la
160 cipolla, e continuò a vederlo anche quando non era possibile che potesse vederlo, perché ormai non era più una seccatura nella sua vita, ma un punto immaginario sull'orizzonte del mare.

Gabriel García Márquez, *La incredibile e triste storia della candida Eréndira e della sua nonna snaturata*, Milano, Mondadori, 2004

PARTE 3 · Percorso di letteratura

SCHEDA DI ANALISI

Il tema e il messaggio

● La straordinaria fantasia di García Márquez si esprime in questo racconto al massimo delle sue potenzialità, creando una **figura angelica sin troppo umana**. L'angelo in questione è un vecchio malandato, quasi incapace di reggersi in piedi, incomprensibile nel suo confuso farfugliare una lingua sconosciuta, disinteressato al mondo e a ciò che lo circonda. Solo le ali lo accomunano agli angeli della tradizione, ma anche queste sono l'opposto di quelle dei cherubini: spelacchiate, consunte, ricoperte di fango e di alghe, puzzolenti, ridotte a miseri monconi (*non gli restavano che le cannucce pelate delle ultime penne.*)

● Com'è giunto sulla Terra? Per quale scopo? Mandato da chi? García Márquez non risponde a queste domande; è solo l'anziana saggia del villaggio (*una vicina che sapeva tutto della vita e della morte*) ad affermare che si tratta di un angelo. A questo punto, la credenza popolare ne fa subito l'oggetto della sua curiosità morbosa, trattandolo con poca devozione, piuttosto come **un animale da circo dai poteri curativi**, a cui si rivolgono storpi e malati provenienti da tutti i Caraibi.

● L'unico che non mostra interesse verso ciò che sta accadendo è proprio l'angelo, che se ne sta in disparte. La sua presenza avrà comunque **effetti benefici**, perché chi lo ha ospitato – pur senza dedicargli molte attenzioni o cure – Pelayo ed Elisenda, ne ricava tanto denaro da potersi costruire una casa nuova e trovare una nuova occupazione.

In questa narrazione tra il tragico e l'ironico, tra il reale e il surreale, sta la finezza del realismo magico di García Márquez: in questo testo fantastico egli riesce a far emergere una **critica alle istituzioni** (ecclesiastiche e non), all'**egoismo dell'uomo**, alla sua grettezza, alla sua assoluta **mancanza di autentica solidarietà**.

● L'angelo infine scomparirà, misteriosamente come è arrivato, lasciando dietro di sé la vecchia aria stagnante, impregnata dell'odore di pioggia e di granchi morti.

La struttura

● Il testo è organizzato in **scene**, segnalate dal punto e a capo e dall'inizio di un nuovo capoverso. Nella prima scena sono presentati la situazione iniziale e l'avvenimento che rompe l'equilibrio iniziale. Ogni capoverso equivale a un episodio delle peripezie, e sin dall'inizio presenta il nome dei personaggi che vi sono coinvolti (*Spaventato da quell'incubo, Pelayo corse a cercare Elisenda...*; *Il giorno dopo tutti sapevano...*; *Padre Gonzaga...*; *Arrivarono curiosi fin dalla Martinica...*; *L'angelo era l'unico che non partecipava al proprio evento...*; *I padroni di casa non ebbero niente di cui lamentarsi...*; *Quando il bambino andò a scuola...*).

● L'ultima sequenza inizia con la congiunzione avversativa *Eppure* e conclude, con ritmo narrativo più accelerato, lo sviluppo degli eventi.

La lingua e lo stile

● Lo stile di García Márquez è inconfondibile: una perfetta e originalissima fusione di elementi realistici e fantastici in un testo che somiglia nella struttura a **una fiaba**, con precisi stacchi tra una scena e la successiva e con la continua introduzione di nuovi personaggi.

● La **sintassi** è **lineare** e il lessico è mediamente ricercato, con alternanza di **registri opposti: elevato e informale**.

Laboratorio sul testo

Comprendere

1. Ricerca nel testo le poche informazioni da cui ricavare l'ambientazione della vicenda.
2. Chi sono e che cosa fanno abitualmente Pelayo ed Elisenda?
3. Qual è, inizialmente, il comportamento dei due paesani nei confronti della strana creatura trovata in cortile?
4. Da quale personaggio la creatura è identificata come un angelo?
5. Quando l'atteggiamento di Pelayo ed Elisenda nei confronti dell'angelo si modifica sostanzialmente?
6. Che cosa dice padre Gonzaga a proposito dell'angelo?
7. Come si comportano con l'angelo gli abitanti del paese?
8. Perché vengono a fare visita all'angelo molte persone anche da lontano?
9. Da chi viene infine soccorso l'angelo?
10. Elisenda alla fine è contenta del fatto che l'angelo si sia allontanato spontaneamente. Perché?

Il realismo magico · UNITÀ 21

Interpretare

11. Il personaggio creato da García Márquez rovescia l'immagine di angelo a cui siamo abituati. Completa lo schema, mostrando le radicali differenze tra le due raffigurazioni.

Raffigurazione tradizionale	Raffigurazione di García Márquez
Giovane	....
Bello	....
Pulito/candido	....
Agile/lieve	....
Gentile	....
Disponibile verso gli altri	....
Non si ciba	....
Parla tutte le lingue	....
Effonde musica celestiale	....
Ispira serenità e dolcezza	....

12. Come giudichi il comportamento di Pelayo ed Elisenda nei confronti dell'angelo?

Analizzare

Struttura
13. Segnala nel testo il momento della rottura dell'equilibrio iniziale e quello della *Spannung*.
14. Quali caratteristiche tipiche della fiaba ritrovi nel testo?

Stile
15. Ricerca un'espressione che esemplifichi contemporaneamente la componente realistica e quella fantastica dello stile di García Márquez.

Padroneggiare la lingua

Lessico
16. *Allora erano già* <u>accorsi</u> *curiosi meno* <u>frivoli</u> *di quelli dell'alba e avevano fatto ogni genere di* <u>congettura</u> *sul futuro del prigioniero.* Sostituisci le parole sottolineate con altre di registro medio e di uguale significato.
17. Ricerca nel testo le espressioni figurate che ti sembrano particolarmente significative e spiegale.

Grammatica
18. *Il terzo giorno di pioggia avevano ucciso così tanti granchi dentro casa* <u>che Pelayo dovette attraversare il cortile allagato e buttarli in mare.</u> Di quale tipo è la proposizione subordinata sottolineata nel periodo?
19. Indica quale, tra le proposizioni evidenziate di seguito, ha la medesima funzione sintattica della precedente.
    a) ☐ *Il giorno dopo tutti sapevano che in casa di Pelayo era prigioniero un angelo in carne e ossa.*
    b) ☐ *Il parroco ebbe i primi sospetti sulla sua impostura appena si rese conto che non capiva la lingua di Dio.*
    c) ☐ *L'angelo era l'unico che non partecipasse al proprio avvenimento.*
    d) ☐ *Erano talmente goffi che aprì con le unghie un solco d'aratro fra gli ortaggi.*

Produrre

20. Scrivi un testo di circa una pagina immaginando la prosecuzione del racconto: in quale paese atterrerà il vecchio angelo? Che cosa accadrà a Pelayo ed Elisenda?

VERIFICA UNITÀ 21 Il realismo magico

Sapere e Saper fare

PalestraInterattiva

1. Vero o falso?

a) Neorealismo e realismo magico sono espressioni molto simili dell'esigenza
   di adesione alla realtà che caratterizza la letteratura italiana del Novecento. V ☐ F ☐

b) Buona parte delle opere riconducibili al realismo magico sono poetiche o teatrali. V ☐ F ☐

c) Le opere riconducibili al realismo magico presentano elementi sia reali sia fantastici. V ☐ F ☐

d) Il realismo magico si è diffuso soprattutto in Italia. V ☐ F ☐

e) Anche gli esponenti del Verismo possono essere ascritti al realismo magico. V ☐ F ☐

f) Le fiabe della tradizione letteraria per l'infanzia (*Cappuccetto rosso*, *Biancaneve* ecc.)
   appartengono alla tendenza del realismo magico. V ☐ F ☐

g) Obiettivo principale del realismo magico è di rappresentare in maniera realistica
   la vita quotidiana introducendo una visione distorta, sospesa, quasi allucinata di essa. V ☐ F ☐

h) Realismo magico è il nome di una corrente pittorica. V ☐ F ☐

i) I racconti del realismo magico vanno letti in chiave allegorica o simbolica. V ☐ F ☐

l) Uno dei maggiori esponenti del realismo magico è Gabriel García Márquez. V ☐ F ☐

2. Rispondi alle seguenti domande.

a) Quale evento riguardante la gioventù di Günter Grass, riscoperto di recente, ha suscitato grande
   scandalo nell'ambiente culturale tedesco e internazionale?

b) Che cosa caratterizza l'originalità dello stile di José Saramago?

c) Qual è il romanzo più celebre di Gabriel García Márquez? Di che cosa tratta?

VERIFICA UNITÀ 21

Sapere e **Saper fare**

Comprendere e interpretare un testo

Focus: il potere fantastico delle parole

Leggi il brano e poi rispondi ai quesiti.

VERIFICAlim

T4 Massimo Bontempelli
Il buon vento

> Un chimico si ritrova tra le mani, un giorno, un'invenzione straordinaria: una polverina magica dotata di un potere davvero eccezionale…

Circa dodici anni fa avevo messo su per mio divertimento una specie di gabinetto di chimica, ove mi appassionavo a tentare esperienze col secreto proposito di trovare la sostanza di contatto tra il mondo fisico e il mondo spirituale. Un giorno, d'improvviso, me la trovai tra mano, quella sostanza: fu, ognuno lo capisce, l'invenzione più miracolosa che possa immaginarsi. Era una polverina, che raccolta nel cavo della mano non seppi giudicare se fosse calda o fredda: era impalpabile e imponderabile[1], pure anche a occhi chiusi la mia mano la percepiva; era incolore e visibilissima.
Chiusa la polvere in una cartina, la misi nel portafogli. In questo atto m'accorsi che non avevo più danaro; ne cercai invano in tutte le mie tasche. Io non avevo ancora capito quali potessero essere gli effetti della virtù di quella polvere, immaginai rapidamente una serie d'esperienze costose per riconoscerli. Era mezzogiorno. Mi s'imponevano dunque due problemi di natura finanziaria: trovare il danaro per andare a pranzo, e quello per fare le esperienze. Il secondo assorbiva il primo. Uscii di casa, nel sole, con la mia polvere in tasca. Le strade erano vuote. I miei passi risonavano sui lastrici battuti dalla fiamma del cielo.
Pensavo. In paese conoscevo due uomini ricchi: Bartolo e Baldo. Sapevo che Bartolo andava qualche volta alla trattoria dello *Sperone ardente*, di cui Baldo era proprietario.
Vi andai. Il padrone non c'era, era andato alla sua vigna; ma, o fortuna, c'era Bartolo, con la moglie (una grassona) e la figlia (una magretta). Stava terminando di pranzare. Lo affrontai subito: «Cercavo lei, signor Bartolo, per associarla a una mia impresa. Ho scoperto una polvere prodigiosa. Non so ancora a che cosa serva, ma so che essa sta esattamente sul limite tra la vita fisica e la vita metafisica[2]. Ella intende l'importanza enorme della cosa. Mi occorre ch'ella mi somministri venticinquemila lire per le esperienze conclusive. Ci conto». (In cuor mio contavo pure di prelevar subito cinque lire di quelle venticinquemila, per pranzare.)
Bartolo s'affrettò a tranguggiare precipitosamente, quasi da ingozzarsi, la pesca che stava sbucciando. «Alzatevi, donne» ordinò alla moglie grassa e alla figlia magra. Esse s'alzarono, e lui pure. E avanzò verso me. Aveva un vestito di tela bianca, e in capo un panama[3]. Aveva gli occhiali d'oro e la barba bionda. Pareva una vespa nel latte.
«Signor Massimo», mi rispose, «lei non sa che io sono povero. Io non posso somministrarle nemmeno venticinque centesimi. Le giuro che nel farle questo rifiuto il cuore mi sanguina».
Sostò. Lo guardai. Mi guardava, onde una gran timidezza mi prese. E abbassai lo sguardo.

---

1. impalpabile e imponderabile: impossibile da toccare e senza peso.
2. vita fisica… metafisica: tra il mondo corporeo e quello incorporeo.
3. panama: cappello maschile, di colore bianco, intrecciato con fibre di una pregiatissima palma, tipica dei Paesi del Centro America.

VERIFICA UNITÀ 21

E scorsi che sul suo petto, dalla sua parte sinistra, sotto la tasca del fazzoletto, sulla tela bianca del vestito c'era una piccola macchia rossa. Pensavo d'insistere. Ma mi avvidi che la macchiolina era fresca, e s'allargava. Stavo allora per avvertirlo, quando egli riprese a parlare: «Il cuore mi sanguina», ripeté, «e io mi compiaccio di spiegarle...» Ma non sento più niente. Mi balena[4] un sospetto, una speranza, una spiegazione, una illuminazione, forse, certo, anzi certo certissimo, capivo ora gli effetti della mia scoperta. L'uomo parlava entro il raggio d'azione della mia polvere, la sostanza che segna il punto di contatto e passaggio tra il mondo reale e il mondo delle immagini: ed ecco, lui parlava, la mia polvere operava: la mia polvere SERVE A REALIZZARE LE IMMAGINI: le immagini di cui fanno uso gli uomini parlando. *Il cuore mi sanguina*, egli aveva detto, e ripetuto. E il disgraziato...

Io ero senza fiato. La macchia aveva cessato d'allargarsi. Lo guardai. Era pallido. Colsi ora le sue parole.

«... non ho più quattrini», stava ridicendo, in atto d'andarsene, con voce fioca, «e sa dove li ho buttati tutti? In un anno di cure, di cure per mia moglie e mia figlia».

Fece un cenno dietro le spalle. Perché le due donne, moglie grassa e figlia magra, s'erano ritirate in un angolo, un angolo quasi buio della sala, e là stavano, zitte.

«Ho fatto fare una gran cura dimagrante a mia moglie, e una gran cura ingrassante a mia figlia; e con questo bel risultato: mia moglie è una botte e mia figlia un'acciuga. Arrivederla, signor Massimo. Andiamo, donne».

Si voltò a loro, ma non c'erano più. Non si meravigliò. Brontolava: «Saranno andate a casa a prepararmi il caffè».

Uscì barcollando, senza più voltarsi scomparve. Io allibito ficcai lo sguardo in quell'angolo buio della sala. C'era una botte. Un brivido rapido mi scivolò dai piedi alla fronte. Osai fare due passi verso quella cosa, mi fermai, così da lontano mi chinai un poco guardando laggiù. E ai piedi della botte c'era una piccola acciuga miserevole, salata. Sua moglie, e sua figlia.

Arretrai. Caddi a sedere sulla sedia davanti al tavolino.

Il cameriere stava rientrando nella cucina e si piantò ritto in faccia a me. Ebbi la forza di mormorare: «Un pezzo di formaggio, un bicchiere di vino». Me li portò. Tacevo. E in breve ogni sgomento sgombrava dall'animo mio. Alla fine del formaggio, un immenso orgoglio m'invase. Lo scienziato aveva vinto in me l'uomo. Guardai con gioia l'opera mia nell'angolo buio. Anche il bicchiere di vino finì. M'accorsi che un gatto stava annusando l'acciuga, distolsi lo sguardo.

«Quando torna il vostro padrone? Debbo parlargli».

«È andato alla vigna: tornerà verso sera».

Dopo una sosta, con un sorriso ossequioso: «Il signore deve perdonarmi se senza volerlo ho sentito qualche parola della sua conversazione col signor Bartolo. Se al signore occorre danaro, mi permetta di dirle che fa male a rivolgersi a quei tipi lì. Le consiglierei piuttosto il commendatore».

«Quello che sta in fondo alla piazza? Come si chiama?»

«Appunto. Si chiama... oh non ricordo. Aspetti. Il nome ce l'ho sulla punta della lingua».

«Bravo. Mostratemi la lingua».

«Che dice?»

«Mostrate, subito».

Ero così imperioso, che lui ubbidì. Cacciò fuori la lingua. M'accostai, lessi forte:

«Com-men-da-tor Bar-ba».

«Appunto! Come lo sa?»

«L'avevate sulla punta della lingua».

«Il signore ha voglia di scherzare. Il commendatore ha fatto due o tre affari grossi, e ha la cassa ben fornita».

«Grazie del consiglio. Arrivederci».

Facevo l'atto d'alzarmi. Il cameriere mi interruppe: «Se il signore volesse regolare il conticino...» Additava la superstite crosta del formaggio.

Io ebbi un'idea grandiosa. Estraggo il portafogli, e impugnandolo, fisso con energia il cameriere. Egli aspettava. Io gli gridai: «Siete un asino».

Sostò un istante immobile, contemplandomi con gli occhi che gli diventavano immensi e tondi: e tosto intorno a essi sorse un pelame e avanti si spinse un muso carnoso e in alto scaturirono due vaste orecchie e tutto il corpo s'innalzò, ingrossò,

---

4. Mi balena: sorge all'improvviso alla mia mente.

setoloso ricadde con gli zoccoli avanti battendo il pavimento, che risonò.

Tutto scrollandosi frustò l'aria della sala con una coda superba, e il muso proteso a me di sopra al tavolino uscì in un raglio che parve un trombone. Compiutamente sicuro ormai della mia invenzione, uscii tranquillo, e per le deserte vie meridiane raggiunsi la piazza. Un momento ancora sentii da una via laterale echeggiare passando un trotto e un raglio, mentre bussavo alla porta della casa del commendator Barba. Mi presentai. Mi accolse, nel suo studio, con circospezione e cortesia:

«S'accomodi».

«Commendatore, io sono un chimico...»

Cercando le parole per continuare, guardavo intorno. D'un tratto gli domandai:

«Anche lei si occupa di chimica?»

«Io? Nemmeno per sogno. Perché?»

«Perché vedo scritto, là sui cartoni di quello scaffale in fondo: CARBURI».

Si mise a ridere:

«Lei s'inganna. Io non m'occupo che di affari. In quei cartoni tengo le mie azioni della Società dei Carburi, e altri documenti relativi a questo affare».

«Sta bene. Le dirò subito che per un'impresa, che in breve mi arricchirà, ho bisogno di una somma, piuttosto forte, per...»

«Basta!» m'interruppe. «Lei è giovane: faccia da sé. I giovani debbono fare da sé. Aiutarli è un delitto. Io oggi dirigo cento affari grossissimi: ebbene, ho fatto tutto da me, dal nulla. Nessuno mi ha mai aiutato. Io sono figlio delle mie azioni...»

S'interruppe, e con aria svagata d'un tratto s'alzò, andò verso lo scaffale, e guardando ai cartoni mormorava affettuosamente:

«Mamma, mamma...»

Io repressi il riso, e con aria innocente domandai:

«Perché dice "mamma, mamma" a quei cartoni?»

«Io dico "mamma, mamma" a quei cartoni?... Chi sa, qualche volta sono distratto. Lei non ha idea: troppi affari, ho troppi affari. La mia testa è un vulcano».

M'alzai e detti un balzo indietro spaventatissimo. Infatti un torbido pennacchio di fumo gli sgorgò

dalla testa. Avevo raggiunto l'uscio. Mi voltai un momento, a tempo per vedere un nugolo di faville e sputi di lava al soffitto con un rumore di pesce a friggere. Fuggii a precipizio, sbattei la porta, mi ritrovai sulla piazza deserta. Alla esaltazione si mescolava ora in me più d'una vena d'inquietudine. La mia invenzione era enorme. Ma occorre essere prudenti. Per essa in meno d'un'ora avevo già innocentemente sacrificato una due tre quattro cinque, sì cinque persone: Bartolo dissanguato, sua moglie e sua figlia rese inservibili, il cameriere inciuchito[5], il commendatore vulcanizzato. Meditai lungamente.

(Ogni grande impresa ha avuto i suoi martiri.) Elucubravo[6] le possibili applicazioni industriali della mia scoperta.

Il sole declinava. Ma non mi mossi; non a caso, pur nella mia agitazione, ero venuto proprio a quel viottolo: di là doveva venire Baldo, il ricco padrone dello *Sperone ardente*, tornando a vespero dalla sua vigna. Come gli esporrò la cosa?

Verso occidente, il cielo era tutto addobbato di nuvolette a festoni, di fiocchi rosei a ghirlande tra il raso azzurro dell'aria.

E da lontano vidi spuntare sul viottolo Baldo. Veniva a passi tranquilli, paffuto e raso, con una curva pancia soave. Fumava un avana[7], e s'avvicinava. Io trepidavo, e tentai di vincermi. Cercavo un bel saluto che lo disponesse a benignità.

S'avvicinava. Era a tre passi da me; come mi vide la sua bocca si schiuse a un sorriso sereno. Io mostrai di scorgerlo soltanto in quel momento.

«Oh», dissi, «oh, signor Baldo, qual buon vento vi porta?»

E un caro vento spirò dalla terra, un dolce zefiro portava lui sopra ai prati, sopra alle siepi, sopra alle cime degli alberi. Io alzando a mano a mano la faccia guardavo: Baldo elevavasi morbido sempre più in alto verso il placido etere; sopra le ali dello zefiro tepido lepido in panciolle se n'andava[8]; fin che il fumo del suo avana si confuse tra le nuvolette.

Massimo Bontempelli, *Racconti e romanzi*, Milano, Mondadori, 1961

---

5. inciuchito: trasformato in un asino ("ciuco").
6. Elucubravo: meditavo intensamente.

7. avana: sigaro cubano di gran pregio.
8. sopra... andava: se ne andava comodamente (*in panciolle*) sulle ali

del vento (*zefiro*) tiepido (*tepido*) e piacevole (*lepido*).

VERIFICA UNITÀ 21

Competenza testuale

Individuare e ricavare informazioni
_____1. Qual è il fatto paradossale e fantastico da cui prende avvio la narrazione?
_____2. Quali realtà intendono mettere in comunicazione i primi esperimenti di chimica del protagonista?
   a) ☐ Il mondo fisico e quello spirituale.   c) ☐ Il mondo animale e quello vegetale.
   b) ☐ La vita e la morte.   d) ☐ Il presente e il passato.
_____3. Quale problema affligge Massimo, il protagonista del racconto?
_____4. Chi è il signor Bartolo e quale rapporto ha con Massimo?
_____5. In quale modo Massimo scopre per la prima volta gli effetti della polverina?
_____6. In quali casi Massimo si serve intenzionalmente della polverina?
_____7. Che cosa accade al cameriere?
_____8. Che cosa accade, alla fine del racconto, a Baldo?

Comprendere i significati
_____9. _Lo scienziato aveva vinto in me l'uomo_ (rr. 110-111). Che cosa significa tale espressione?
   a) ☐ L'uomo ha perso una scommessa con lo scienziato.
   b) ☐ L'interesse per la scienza prevale su ogni altro suo sentimento.
   c) ☐ Uno scienziato lo aveva battuto.
   d) ☐ Lo scienziato è diventato un uomo molto importante.

Interpretare e valutare
_____10. Quali sensazioni si agitano nella testa di Massimo? Prevale l'eccitazione o la paura per la sua invenzione?
_____11. Baldo e il commendator Barba sono veramente intenzionati ad aiutare Massimo?

Comprendere strutture e caratteristiche dei generi testuali
_____12. Attraverso quali elementi l'autore suscita lo stupore del lettore, pur narrando una storia che si sviluppa in un contesto reale?

Riconoscere il registro linguistico
_____13. Indica qual è il registro prevalente nel testo.
   a) ☐ Elevato e ricercato.   b) ☐ Medio.   c) ☐ Comune.   d) ☐ Basso e popolare.

Competenza lessicale

_____14. _Compiutamente sicuro_ ormai della mia invenzione, uscii tranquillo. Che cosa significa l'espressione sottolineata?
_____15. Che cosa sono i _carburi_?
   a) ☐ Forme di carbone.   c) ☐ Titoli azionari.
   b) ☐ Composti chimici.   d) ☐ Strumenti per l'indagine scientifica.
_____16. Sostituisci le espressioni seguenti con sinonimi d'uso più comune.

Mi avvidi: ....   _Fuggii a precipizio:_ ....

Scaturirono: ....   _Il sole declinava:_ ....

Meditai lungamente: ....   _Trepidavo:_ ....

Competenza grammaticale

_____17. _La mia invenzione era enorme._ In quale grado è espresso l'aggettivo _enorme_: positivo, comparativo o superlativo?
_____18. _Sostò un istante immobile, contemplandomi con gli occhi_ che gli diventavano immensi e tondi. Quale tipo di proposizione subordinata esplicita può sostituire l'espressione sottolineata?
   a) ☐ Modale (come mi contemplava).   c) ☐ Causale (perché mi contemplava).
   b) ☐ Temporale (mentre mi contemplava).   d) ☐ Relativa (che mi contemplava).

718

Parte 4
Voci della realtà
I testi non letterari

PARTE 4 · Voci della realtà

I testi non letterari

1 Le principali tipologie

Stabilire una differenza netta e univoca tra **testi letterari** e **testi non lette-rari** non è sempre facile, vista la varietà di tipologie e di funzioni che caratterizzano entrambe le categorie. In linea generale si può affermare che un testo non lette-rario è caratterizzato non tanto da finalità "artistiche", quanto, piuttosto, da **scopi di utilità pratica** più immediata. Seppure anche la letteratura svolga una funzio-ne culturale fondamentale, e dunque non si possa negare che essa abbia una sua "utilità", i testi non letterari hanno come scopo principale e immediato il raggiun-gimento di un obiettivo più concreto e circoscritto di quelli letterari. Per esempio, un'inchiesta giornalistica che denunci una determinata situazione che si vuole far conoscere ai lettori; un articolo di cronaca che illustri una vicenda recentemente accaduta; un saggio scientifico in cui si espongano i risultati di una ricerca o in cui si argomentino le tesi dell'autore riguardo una certa questione ecc.
L'universo testuale è caratterizzato da una grande quantità e varietà di tipologie. Pertanto, ai fini di un'analisi specifica dei testi non letterari, può essere utile defi-nire le cinque tipologie principali in cui si è soliti suddividerle:

- i **testi descrittivi** rappresentano, rendono visibile una certa realtà (esseri viven-ti, oggetti, ambienti, situazioni), specificandone le caratteristiche in modo tale che il lettore possa ricreare nella propria mente le immagini proposte;

- i **testi narrativi** rappresentano il racconto dello svolgimento di un evento attra-verso le sue diverse fasi temporali. Tempo e azione sono gli elementi base perché un testo, anche di dimensioni minime, si trasformi in un atto narrativo, il cui sco-po è quello di descrivere il mutamento di fatti e situazioni da uno stato iniziale a un nuovo stato di cose;

- i **testi espositivi** comunicano e spiegano in modo chiaro e preciso informazioni, notizie, dati, eventi. Essi hanno pertanto la funzione essenziale di informare il de-stinatario: per questo motivo, tale tipologia di testo è anche detta **informativa**;

720

I testi non letterari

- i **testi argomentativi** affrontano una certa questione avanzando in merito opinioni sostenute attraverso ragionamenti, esempi, dati di fatto. Lo scopo è quello di ottenere il consenso del lettore convincendolo della validità di quanto affermato;

- i **testi regolativi** forniscono istruzioni, indicazioni, regole di vario genere e per scopi differenti.

Queste cinque grandi categorie rappresentano una descrizione generale dell'universo testuale, ma non riescono a catalogare in maniera precisa e univoca ogni singolo testo. Raramente, infatti, s'incontrano tipologie pure: per esempio, testi "solo" narrativi o "solo" descrittivi. Nella maggior parte dei casi, i testi sono **misti**: un reportage giornalistico, per esempio, può configurarsi come uno scritto prevalentemente narrativo con parti descrittive; un saggio scientifico può essere un testo espositivo e argomentativo che presenta, in alcune circostanze, parti descrittive; un discorso pubblico è un testo argomentativo da cui non sono quasi mai assenti aspetti espositivi o narrativi ecc.

2 Il testo descrittivo

I tipi di descrizione La descrizione è un particolare tipo di forma testuale in cui si presenta al lettore l'**immagine** di ciò che si osserva o che s'immagina. A seconda che il narratore proietti sulla realtà descritta sentimenti e impressioni soggettive o che realizzi invece una rappresentazione più "neutra" e realistica, si parla rispettivamente di **descrizione soggettiva o oggettiva** (▶ p. 36).

Caratteristiche e tratti linguistici L'organizzazione di un testo descrittivo si basa soprattutto su un **dinamismo spaziale**: in altri termini, la descrizione prevede degli spostamenti dello sguardo dal vicino al lontano, dall'insieme alle parti, dal centro alla periferia della realtà rappresentata. In tale successione di "inquadrature", non esiste un unico criterio possibile di sequenzialità: è importante però, per l'efficacia e la comprensibilità della descrizione, che il percorso scelto sia riconoscibile e adeguato. In tal senso, in tale tipo di testo è molto diffuso l'utilizzo di **indicatori spaziali** (*dietro, accanto, in fondo, al di là, davanti* ecc.).
I **verbi** sono usati di solito al **presente** o all'**imperfetto**: in entrambi i casi tali tempi verbali sono scelti perché nei testi descrittivi si attua una sospensione del tempo narrativo. Tra le tipologie di verbi usati, questi sono i più frequenti:

- i verbi di **stato** (*trovarsi, esserci, sorgere, stare* ecc.);
- i verbi di **percezione** (*udire, scorgere, sentire, vedere* ecc.);
- i verbi di **azione** (*rombare, sfrecciare, esondare, erodere* ecc.);
- i verbi di **relazione** (*mostrare, presentare, contenere, avere* ecc.).

Il **lessico** è **preciso** e **attento**, spesso settoriale, con un uso frequente di **aggettivi qualificativi**, atti a specificare le proprietà concrete o astratte di cose e persone.
La **sintassi** è invece variabile: essa si adegua a quella che l'autore ha scelto come funzionale al tipo di testo, al suo obiettivo e al destinatario.

721

PARTE 4 · Voci della realtà

Attività sul testo

Analizzare

Il primo esempio di descrizione è tratto da un articolo di Guido Ceronetti sui problemi dell'energia nucleare. Il secondo esempio, invece, è tratto da un articolo di Elena Comelli per un noto quotidiano italiano; leggili entrambi, confrontali, poi rispondi ai quesiti.

La centrale di Caorso

Sorge tra i campi di granturco e il fiume, a mezza strada tra Monticelli e Caorso, la misteriosa centrale, grande tempio bianco consacrato a Plutone, con la sua torre senza campana, la leggera torre di raffreddamento, e il suo dio interrato, dentro un santuario sotterraneo vigilato da cento porte e da preti e sacrestani che, a seconda delle porte che varcano, devono indossare certi speciali abiti di rito, per proteggersi dalle sue malefiche emanazioni, e uscendo di là spazzolarsi dalla testa ai piedi con un apparecchio detto Geiger, rivelatore della presenza dei segni del dio. L'escrezione micidiale del reattore, le scorie radioattive, i bianchi monatti dell'ENEL le seppelliscono nel Cimitero della centrale, che proprio come le antiche chiese è insieme santuario e sepolcreto, asilo di vivi e casa della morte.

Guido Ceronetti, *Uomini e veleni del Po nucleare*, «La Stampa», 2 dicembre 1981

La centrale di Fukushima

La centrale è un bestione composto da 8 unità per quasi 5 gigawatt di potenza: potrebbe soddisfare da sola un decimo del fabbisogno italiano di energia elettrica e rappresenta un quarto della produzione di energia nucleare in Giappone. Costruita nel '66, la centrale utilizza dei reattori Bwr (Boiling Water Reactor) costruiti da General Electric, Toshiba e Hitachi. Il nocciolo di un reattore Bwr può essere immaginato come la resistenza elettrica che scalda l'acqua in un comune bollitore da cucina: è immerso nell'acqua e diventa molto caldo. L'acqua lo raffredda e allo stesso tempo trasporta via il calore, di solito sotto forma di vapore, per far girare delle turbine che generano elettricità. Se l'acqua smette di fluire, abbiamo un problema. Il nocciolo si surriscalda e sempre più acqua si trasforma in vapore. Il vapore causa una forte pressione nella camera interna del reattore, un contenitore sigillato. Se il nocciolo – composto principalmente di metallo – diventa troppo caldo, tende a sciogliersi.

Elena Comelli, *Funziona come un bollitore, ma è una centrale nucleare. Cosa è accaduto a Fukushima*, «Il Sole 24 Ore», 11 marzo 2011

---

1. Qual è l'oggetto descritto in entrambi i testi?
2. Quale delle due descrizioni è soggettiva? Quale è oggettiva? Motiva la tua risposta.
3. Quale diversa funzione hanno le due descrizioni?
4. Quale messaggio veicola, secondo te, la descrizione di Ceronetti?
5. Quali tempi verbali sono usati nelle due descrizioni?
6. Individua alcuni indicatori spaziali presenti nella prima descrizione.
7. Individua alcuni termini tecnici presenti nella seconda descrizione.
8. In quale delle due descrizioni la sintassi è più elaborata? Essa è coerente con la scelta lessicale? Motiva le tue risposte.

Riordinare

I periodi del seguente testo descrittivo sono stati trascritti in disordine. Riscrivi nel quaderno il brano nel suo ordine corretto e sottolineane i più importanti elementi descrittivi.

All'interno, in posizione centrale, è disposto il gruppo formato dal motore, dalla frizione e dal cambio di velocità. Esso ha forma approssimativamente trapezoidale ed è costituito di tubi metallici saldati o di lamiera stampata. La struttura portante della motocicletta è il telaio. Al telaio sono incernierate, mediante forcelle munite di ammortizzatori le due ruote. La ruota anteriore, direttrice, è solidale con il manubrio; la posteriore, motrice, è collegata al motore da una catena o, nelle grosse cilindrate, da un albero di trasmissione. Al telaio sono anche fissati il sellino e, davanti a questo, il serbatoio del carburante.

3 Il testo narrativo

Testi narrativi letterari e non letterari I testi narrativi consistono nel **resoconto di fatti, azioni, eventi concatenati tra loro nel tempo**. Tale tipologia di testo non concerne solamente l'ambito specifico della narrativa letteraria nei suoi diversi generi (romanzo, novella, racconto, favola, fiaba ecc.). Esistono anche numerosi esempi di testi narrativi non letterari: per esempio, la **cronaca** e la **narrazione storica**. Molti altri testi narrativi, inoltre, a seconda dello scopo per cui sono scritti e i caratteri che assumono, possono essere classificati tra i testi letterari oppure tra quelli non letterari: per esempio, la **biografia**, l'**autobiografia**, il **resoconto di un viaggio**.

Caratteristiche e tratti linguistici Se la descrizione prevede un prevalente dinamismo nello spazio, la narrazione procede attraverso **spostamenti nel tempo**, che possono seguire una **progressione cronologica** oppure procedere attraverso *flashback* o anticipazioni. Per questa ragione, un ruolo essenziale all'interno dei testi narrativi è svolto dalle **connessioni temporali** (*quando, poco dopo, in quel momento, a un tratto, un anno più tardi* ecc.) e, in misura minore, da quelle **causali** (*così, a causa di ciò, ecco perché, dunque* ecc.).
In questa tipologia di testo sono diffusi i **verbi dinamici** (ovvero i verbi che indicano azioni continuate nel tempo) usati al **passato remoto** o al **passato prossimo**; in molti casi viene utilizzato il **presente narrativo**.
Da segnalare come caratteristica di questo tipo di testo è anche l'uso del **discorso riportato**, nelle sue varie forme (indiretta, diretta, indiretta libera). Il **registro linguistico** è estremamente variabile e dipende dagli scopi, dai destinatari, dagli argomenti trattati, nonché dallo stile personale di chi scrive.

Attività sul testo

Analizzare

Nelle prossime pagine potrai leggere una serie di testimonianze che documentano il delicato problema del bullismo (▶ *Noi, vittime del bullismo*, p. 751). Da una di esse abbiamo estratto alcuni paragrafi che sottoponiamo alla tua analisi.

"Duri" a scuola
Poco dopo l'inizio dell'anno scolastico, venne trasferito nella nostra classe un ragazzo, che da subito, forse per "atteggiarsi" a duro, iniziò a rompere le scatole agli altri e aveva il brutto vizio di mettere le

PARTE 4 · Voci della realtà

mani addosso, una cosa che non ho mai sopportato, questo era ben visibile e lui accorgendosi della mia insofferenza si concentrò su di me.

Divenni il suo bersaglio preferito. Iniziarono pugni, morsi, calci. Più reagivo in maniera anche nervosa e seccata più questo ci godeva e continuava, sembrava fatto di gomma, quando reagivo magari dandogli un pugno sulla spalla o spingendolo via non lo turbava minimamente. Davvero non sapevo cosa fare, il mio desiderio di andare a scuola diminuì notevolmente, la voglia di divertirmi, di stare bene con gli altri, sparirono del tutto. Se fino ad allora mi era anche piaciuto scherzare con i professori, dialogare con tutti, iniziai a diventare invisibile, in modo che lui non mi notasse.

Ogni giorno diventava un incubo, alzarmi la mattina con il pensiero di trovarlo lì ad aspettarmi, non saper cosa fare, professori che non badano troppo a queste cose e comunque la paura di parlare, per il timore di passare da "sfigato" erano tutte cose che mi facevano sentire in gabbia. Oltretutto quando sei preso di mira, vedi gli altri più sollevati, perché pensano "meno male che non tocca a me" e questa è una cosa che fa male, persone che dovrebbero esserti amiche in realtà si girano dall'altra parte o peggio, ti guardano senza muovere un dito in tua difesa. Ma la loro è solo omertà e vigliaccheria, perché quando è toccato a loro hanno abbassato la testa, facendosi sopraffare passivi.

www.bullismo.com

1. Che tipo di testo ti sembra?
   a) ☐ Biografia.
   b) ☐ Cronaca.
   c) ☐ Resoconto di viaggio.
   d) ☐ Autobiografia.

2. Si tratta, secondo te, di un testo narrativo letterario o non letterario?

3. Individua quali tempi verbali sono usati e con quale funzione.

4. Nel testo ci sono parti che appartengono a tipologie testuali non strettamente narrative. Individuale e specificale.

5. In quali punti l'autore diventa palese ed esprime commenti personali?

6. Individua esempi di discorso riportato all'interno del testo.

7. Fai alcune osservazioni sul registro linguistico adottato (livello, alternanza di registri, coerenza con il tema e la personalità dell'autore ecc.).

● Valutare

Questo passo è classificabile come testo narrativo letterario o non letterario? Discutine con i tuoi compagni, argomentando la tua opinione.

Il grillo del focolare

Non scherzavamo, né parlammo, la gola chiusa e il cuore stretto, la sera in cui, il 10 giugno 1940 in piazza Mameli, ascoltammo insieme il discorso del Duce che annunciava l'entrata in guerra dell'Italia. Non so se qualcuno l'ha scritto, certo non i giornali fascisti, ma io c'ero e posso raccontare lo scandalo, soffocato ma vero, che su quella piazza savonese si verificò quella sera. Mussolini aveva cominciato da poco a parlare che si alzò un fischio, di natura metallica, a intervalli regolari, continuo e ossessivo, sottile ma udibilissimo e capace di contrapporre il suo sia pur esile *"no"* al boato della folla radunata in piazza. Ci fu un ondeggiamento, da più parti schizzarono fuori dalla massa uomini in divisa nera, io ed Emilio ci spostammo seguendoli, e li vedemmo salire di corsa le scale nei portoni dei palazzi prospicienti piazza Mameli. Intanto il fischio continuava implacabile. Grazie a Dio il discorso finì tra le grida d'entusiasmo della folla e gli inni marziali trasmessi dai microfoni e quando a poco a poco la piazza andò svuotandosi, il rifiuto del buonsenso alla follia fascista non si udiva più. Temetti per il grillo del focolare che aveva detto il suo no, ma non se ne seppe più nulla.

Gina Lagorio, *Raccontiamoci com'è andata*, Milano, Viennepierre, 2003

I testi non letterari

4 Il testo espositivo

La funzione e i generi La funzione principale di un testo espositivo è quella di **trasmettere informazioni**, notizie o dati che danno al lettore l'occasione di arricchire o integrare le proprie conoscenze su un determinato argomento. È raro incontrare un testo espositivo "puro": all'interno di esso di solito intervengono altre modalità testuali, appartenenti a tipologie diverse: per esempio, è possibile incontrare paragrafi descrittivi, argomentativi, narrativi.

Appartengono a questa tipologia di testi la **relazione di esperienze** (attività di studio, lavoro, incontro culturale ecc.); il **saggio espositivo**, uno scritto in cui si presentano in modo organico le conoscenze relative a un argomento di natura culturale o scientifica, basandosi sulle proprie conoscenze e su informazioni tratte da fonti attendibili; il **reportage**, cioè un servizio giornalistico tematico (spesso dedicato a un'analisi attenta di problemi d'attualità); il **riassunto**, la **scheda** di lettura, il **verbale** ufficiale, la **voce enciclopedica**, i **manuali scolastici**, alcuni tipi di **articolo di giornale**.

Caratteristiche e tratti linguistici L'impalcatura organizzativa dei testi espositivi si basa su una suddivisione in **capoversi** (porzioni di testo autonome, delimitate graficamente dal punto e a capo), ognuno dei quali sviluppa un certo argomento. L'ordine e la successione dei capoversi obbediscono a criteri d'importanza concettuale e di relazione logica tra i vari argomenti esposti e di funzionalità complessiva del discorso. In un testo espositivo molto importanti sono i **connettivi logici** che mettono in risalto le relazioni tra le idee; essi possono essere di tipo additivo (*e, inoltre, per di più, in aggiunta* ecc.), avversativo (*mentre, però, d'altra parte, anche se* ecc.), temporale (*prima, dopo, in seguito* ecc.) o di ordine testuale (*in primo luogo, in secondo luogo, innanzitutto, in conclusione* ecc.).

La **sintassi** può essere **lineare**, composta da periodi brevi con prevalenza di frasi dichiarative (per esempio nei testi divulgativi), ma anche, in alcuni casi, più **elaborata**, soprattutto nei saggi espositivi di argomento culturale. Prevale l'uso del **presente indicativo**, che dà un tono di oggettività alle informazioni (sempre valide, indipendentemente dal contesto temporale).

Il **lessico** è **denotativo** e **oggettivo**; spesso **settoriale**, per esempio nei saggi relativi a discipline specialistiche (scienze, tecniche, attività industriali, commercio). Anche in questo caso, però, le scelte dell'autore variano in rapporto alla destinazione editoriale del testo: nel caso di una rivista scientifica, destinata a esperti della materia, il lessico è infatti più tecnico; nel caso di una rivista rivolta al grande pubblico o di un quotidiano, il lessico deve essere meno specialistico, per poter essere compreso dai lettori comuni interessati all'argomento.

Attività sul testo

Analizzare

Nelle prossime pagine incontrerai un testo molto interessante, che tratta il problema dello sfruttamento del lavoro (▶ *La lotta dei braccianti di Nardò*, p. 782). Da esso abbiamo estratto le battute iniziali, che sottoponiamo alla tua analisi.

PARTE 4 · Voci della realtà

Contro il lavoro nero

Un'antica masseria su cui campeggia la scritta "Ingaggiami contro il lavoro nero" e intorno tende, qualche albero, una cisterna che distribuisce acqua potabile. Entriamo percorrendo la strada sterrata, costeggiata da due muretti su cui asciuga il bucato appena fatto. Siamo alla masseria Boncuri, zona industriale di Nardò, provincia di Lecce, dove molti lavoratori africani e magrebini sono arrivati anche quest'anno per la raccolta di angurie e pomodori. Qui ha preso vita il primo sciopero auto-organizzato dai braccianti stagionali stranieri che non potevano e non volevano più sottostare ai soprusi dei caporali.

I braccianti hanno denunciato i caporali, mostrando i finti contratti di ingaggio, ma i controlli sul campo non sono arrivati. Allora davanti all'ennesimo sopruso hanno incrociato le braccia. L'hanno fatto tutti, compatti nel tornare in Masseria e nel riunirsi in assemblea la sera per mettere nero su bianco le loro rivendicazioni: il rispetto dei compensi definiti dal contratto provinciale –controlli nei campi da parte delle autorità competenti, l'incontro diretto tra domanda e offerta grazie anche all'eliminazione del caporalato.

Licia Lanza, *La lotta dei braccianti di Nardò*, «Altreconomia», www.altreconomia.it, 1 settembre 2011

---

1. A qual genere di testo argomentativo ti sembra che appartenga il brano appena letto?
   a) ☒ Reportage giornalistico.
   b) ☐ Manuale scolastico.
   c) ☐ Verbale.
   d) ☐ Relazione di esperienze.

2. In quanti capoversi è suddiviso il testo? 2

3. Qual è l'idea centrale del primo capoverso?
   a) ☐ I braccianti hanno denunciato i caporali di Nardò.
   b) ☐ I braccianti richiedono il rispetto dei contratti provinciali.
   c) ☒ I braccianti stagionali stranieri hanno scioperato a Nardò.
   d) ☐ I braccianti sono sottomessi ai soprusi dei caporali.

4. La sintassi ti sembra lineare o elaborata? Motiva la tua risposta. LINEARE, C'È MOLTA PARATASSI

5. Quali tempi verbali sono usati? PRESENTE, PASSATO PROSSIMO

6. Il connettivo *allora* nel secondo capoverso esprime una relazione di:
   a) ☐ Tempo.   c) ☐ Causa.
   b) ☒ Conseguenza.   d) ☐ Opposizione.

7. Sottolinea e spiega il significato dei termini appartenenti al lessico settoriale del mondo del lavoro presenti nel testo.

8. Qual è il significato dell'espressione *mettere nero su bianco*? SCRIVERE

9. Compaiono nel testo tipologie di scrittura non strettamente espositive? Quali? NO

Individuare relazioni

Analizza i seguenti brevi testi e indica a margine se la relazione tra le frasi avviene attraverso una successione causale (Ca), per esemplificazione (Es) o per concessione (Co).

A. In questa "rovente estate" molte regioni del Sud Italia sono state devastate da violenti incendi, tutti di natura dolosa, estesi per centinaia di ettari. Nella campagna alla periferia di Palermo, le fiamme sono giunte a lambire le prime costruzioni urbane e hanno devastato pascoli e fattorie agricole. ES

B. Come inviato speciale in Egitto, in questi giorni delicati, voglio stare in piazza, nonostante la polizia intimidisca i testimoni dei fatti. Co

C. L'inchiesta della procura ha accertato l'illegittimità delle opere demolitorie dello stabile. Infatti, vennero eseguiti lavori in difformità rispetto al piano di demolizione elaborato dall'Ufficio tecnico comunale. CA

5 Il testo argomentativo

La funzione e i generi Un testo argomentativo ha la funzione di **sostenere un'opinione** a proposito di una certa questione, allo scopo di **dimostrarne la validità** e **convincere il lettore**. L'opinione sostenuta nel testo viene detta **tesi** ed è accompagnata da **argomentazioni**, cioè ragionamenti e altri tipi di prove che ne sostengano la validità. Tra i vari generi di testi argomentativi, i principali sono:

- gli **articoli di opinione** dei quotidiani, in cui un giornalista o un esperto autorevole esprime il proprio punto di vista su un certo argomento. Essi possono essere a volte solo brevi commenti, spesso di carattere polemico (**corsivi**); i testi più lunghi in cui viene espressa l'opinione del direttore e dunque la linea editoriale seguita dal giornale sono detti **articoli di fondo**;
- i **saggi** di argomento scientifico, filosofico, storico o sociale;
- le **arringhe** degli avvocati durante i processi;
- i **discorsi** degli uomini politici;
- le **prediche** dei sacerdoti;
- alcuni tipi di **testi pubblicitari**, che illustrano i vantaggi dell'acquisto di un determinato prodotto.

La struttura dell'argomentazione Un testo argomentativo di solito segue una struttura "fissa", o perlomeno uno schema più rigoroso di quello di altre tipologie testuali. Essa è infatti articolata in diverse parti, ciascuna funzionale alla presentazione e alla dimostrazione della tesi:

- l'introduzione, che di solito contiene la formulazione di un **problema**;
- l'enunciazione di una **tesi**;
- l'elaborazione di **argomenti** a favore della tesi;
- l'eventuale introduzione di un'**antitesi** (una tesi contraria, sostenuta da altri);
- la **confutazione** dell'antitesi (cioè la dimostrazione della sua non validità);
- la conclusione, che tira le fila del discorso per affermare definitivamente la **validità della tesi** e a volte anche un suo **rafforzamento**.

Ecco un esempio in cui sono rappresentate schematicamente le varie fasi di un testo argomentativo.

Introduzione	Formulazione del problema	Qual è il governo migliore per uno Stato? Sono più sicuri i regimi autocratici o i sistemi democratici?
Sviluppo	Enunciazione della tesi	Il sistema democratico è preferibile a qualsiasi regime autocratico.
	Elaborazione di argomenti a favore della tesi	Una democrazia si fonda su una serie di procedimenti che garantiscono la sicurezza e il controllo delle decisioni. <u>Infatti</u>, mentre un tiranno o un dittatore dispone di un potere decisionale assoluto e <u>perciò</u> arbitrario, in una democrazia le proposte di legge devono essere avanzate dal Governo, <u>quindi</u> devono passare al vaglio del Parlamento. <u>Inoltre</u>, esiste il superiore organismo della Corte Costituzionale che vigila sul rispetto della Costituzione.
	Introduzione dell'antitesi	<u>Tuttavia</u>, non poche persone sostengono che il potere di uno solo sia preferibile. A loro avviso, se a decidere è uno solo, le deliberazioni sono più rapide, non nascondono compromessi né facili accomodamenti e perciò il sistema di governo ne guadagna in efficienza.

	Confutazione dell'antitesi	Tali argomenti, <u>evidentemente</u>, non sono condivisibili, <u>perché</u> in questo modo i cittadini non potrebbero difendersi da provvedimenti che risultassero sbagliati o lesivi delle libertà fondamentali: un regime che si dichiara assoluto e infallibile non accetta né indignazioni né proteste. I "dissidenti" sono emarginati, se non addirittura eliminati.
Conclusione	Affermazione finale e rafforzamento della tesi	<u>Certo</u>, può accadere che la selezione dei dirigenti nei regimi democratici non funzioni sempre bene; è preferibile <u>tuttavia</u> godere della libertà di scegliere e anche di sbagliare, per poi rimediare, piuttosto che subire senza rimedio le scelte fatte da altri.

Non tutti i testi argomentativi, ovviamente, seguono precisamente tale struttura: per esempio, la tesi può non essere espressa all'inizio del testo, oppure possono essere assenti riferimenti all'antitesi ecc. Ma la presenza di una tesi da sostenere e di argomenti con cui avvalorarla sono elementi imprescindibili di ogni testo di tipo argomentativo.

Caratteristiche e tratti linguistici
L'esempio mostra, in maniera ben evidente, come lo svolgimento dell'argomentazione sia "rafforzato" dalla struttura stessa del testo: per esempio, dall'ordinata suddivisione in **capoversi**, ognuno dei quali sviluppa autonomamente un'idea e la cui successione obbedisce a **criteri di tipo logico**: un fatto o un concetto è proposto come giustificazione, causa, conseguenza, esempio di un altro fatto o concetto.

Tale evidente nesso logico è espresso grazie all'utilizzo di **connettivi** (sottolineati nel testo) che mettono in risalto la coesione tra le frasi ed esprimono – nel caso specifico – prevalentemente relazioni di **motivazione** (*infatti, evidentemente, perché*). In generale, questi sono i connettivi logici più frequenti nei testi argomentativi:

- **collocazione testuale** (*innanzitutto, in primo luogo, in secondo luogo* ecc.);
- **motivazione** (*poiché, perché, siccome, infatti, causa ne è* ecc.);
- **consecuzione** (*dunque, di conseguenza, perciò, così, pertanto* ecc.);
- **contrapposizione** (*al contrario, viceversa, invece, d'altra parte* ecc.);
- **concessione** (*tuttavia, eppure, ciononostante, anche se, sebbene* ecc.);
- **esemplificazione** (*per esempio, esemplare a questo proposito è* ecc.).

In questa tipologia di testi, è molto frequente l'uso di **verbi di pensiero** (*credo, ritengo, dubito, suppongo* ecc.) e **perifrasi** con cui si esprime il grado di adesione a opinioni o fatti presentati (*è probabile che, non c'è dubbio che, si può ragionevolmente ritenere che, da ciò risulterebbe...*).

La **sintassi** è generalmente **elaborata** e presenta proposizioni subordinate di vario tipo (condizionali, causali, concessive ecc.). Il **lessico** è di solito **formale** e sostenuto, con presenza di termini settoriali e specifici, soprattutto nei saggi di discipline specialistiche.

Viceversa, lessico e sintassi possono essere più liberi in un testo orale, nel quale l'oratore può usare un **registro** più colloquiale per stabilire un contatto immediato con il pubblico. Soprattutto in questo caso è frequente il ricorso a un **linguaggio figurato** (iperboli, climax, ripetizioni, anafore ecc.) che intensifichi i significati trasmessi dalle parole e colpisca l'attenzione del pubblico.

I testi non letterari

Attività sul testo

Analizzare

Nelle prossime pagine potrai leggere un testo riguardante l'importanza della Costituzione e i diritti-doveri che essa impone al cittadino (▶ *Discorso agli studenti sulla Costituzione*, p. 734). Da esso abbiamo estratto alcuni paragrafi che sottoponiamo alla tua analisi.

> ### La Costituzione
> La libertà è come l'aria: ci si accorge di quanto vale quando comincia a mancare; sulla libertà bisogna vigilare, vigilare, dando il proprio contributo alla vita politica.
> La Costituzione, vedete, è l'affermazione scritta della solidarietà sociale, della solidarietà umana, della sorte comune. Della sorte comune: ché se va a fondo, va a fondo per tutti questo bastimento. È la carta della propria libertà, la carta per ciascuno di noi della propria dignità di uomo.
> Io mi ricordo le prime elezioni dopo la caduta del fascismo, il 2 giugno del 1946, questo popolo che da venticinque anni non aveva goduto le libertà civili e politiche, la prima volta che andò a votare dopo un periodo di orrori – il caos, la guerra civile, le lotte le guerre, gli incendi. Ricordo – io ero a Firenze, lo stesso è capitato qui – queste file di gente disciplinata davanti alle sezioni, disciplinata e lieta, perché avevano la sensazione di aver ritrovato la propria dignità, questo dare il voto, questo portare la propria opinione per contribuire a creare questa opinione della comunità, questo essere padroni di noi, del proprio Paese, del nostro Paese, della nostra patria, della nostra terra, disporre noi delle nostre sorti, delle sorti del nostro Paese.
> Quindi voi giovani, alla Costituzione dovete dare il vostro spirito, la vostra gioventù, farla vivere, sentirla come cosa vostra, metterci dentro il senso civico, la coscienza civica, rendersi conto (questa è una delle gioie della vita), rendersi conto che ognuno di noi nel mondo non è solo, che siamo in più, che siamo parte di un tutto, un tutto nei limiti dell'Italia e del mondo.
>
> Piero Calamandrei, *Discorso agli studenti sulla Costituzione*, www.youtube.com/watch?v=ZnOWxw9aHc8&feature=related

1. Quali elementi del testo ci fanno capire che esso è destinato a essere esposto oralmente?
2. Quale tesi viene sostenuta?
3. *Quindi voi giovani, alla Costituzione dovete dare il vostro spirito, la vostra gioventù*. Tale frase è introdotta da un connettivo esprimente quale tipo di relazione?
   a) ☐ Motivazione. b) ☐ Consecuzione. c) ☐ Opposizione. d) ☐ Esemplificazione.

Confutare

Leggi che cosa scrive Paolo Crepet, noto psichiatra e sociologo, a proposito della scuola italiana. Secondo te è vero che è un «inno alla mediocrità»? Trova almeno tre argomenti che possano confutare questa opinione.

> La scuola non è cambiata, forse non può cambiare perché molti (la maggioranza?) la vogliono proprio così: non ci investiamo risorse e non pretendiamo risultati. Le città sono invase da cartelloni pubblicitari sei metri per tre che promettono recuperi scolastici prodigiosi, esami indolori.
> Il messaggio educativo è tanto semplice quanto dissennato: tutto dev'essere facile, raggiungibile, al di là di merito e fatica. Così vogliono i genitori, per smettere di rinfacciare ai figli insuccessi e indolenza; così vogliono i figli, per rimandare all'infinito il confronto con la vita reale.
> Tutti condonati, tutti contenti, compresi gli insegnanti che l'anno dopo avranno meno sfaccendati da convincere a impegnarsi almeno un po'. Trionfa l'Italietta da sei meno meno: potessi essere per un giorno solo ministro dell'istruzione, per prima cosa abolirei quel voto pornografico. Perché il tragico è che con il sei meno meno ti promuovono: l'inno più pernicioso alla mediocrità.
>
> Paolo Crepet, *I figli non crescono più*, Torino, Einaudi, 2010

729

6 Il testo regolativo

La funzione del testo regolativo Un testo **regolativo** serve a fornire **istruzioni o norme** di qualsiasi tipo. Esempi di testi regolativi sono: la **ricetta**, l'**etichetta** che accompagna un prodotto, i **manuali** e le **istruzioni per l'uso**, i **regolamenti**, le **istruzioni per i giochi**, le **guide pratiche**.
Per comprendere l'aspetto tipico di un testo regolativo, prendiamo come esempio questo breve testo tratto dal *Manuale Utente iPhone*.

> **Personalizzare la schermata Home**
> Puoi personalizzare il layout delle icone presenti nella schermata Home, incluse le icone Dock nella parte inferiore dello schermo. Se lo desideri, disponi le icone su più schermate Home. Inoltre, puoi organizzare le app raggruppandole in cartelle.
>
> **Riorganizzare le icone:**
> Puoi organizzare le icone sulla schermata Home nell'ordine che preferisci.
>
> **Riorganizzare le icone:**
> 1 Tocca e tieni premuto su qualsiasi icona della schermata Home fino a quando l'icona non inizia a oscillare.
> 2 Trascina le icone per disporle nella posizione desiderata.
> 3 Premi il tasto Home per salvare le modifiche effettuate.
>
> Inoltre, puoi aggiungere link alle pagine web preferite nella schermata Home. Consulta "Clip web" a pagina 94. Quando iPhone è collegato al computer, puoi anche ridisporre le icone della schermata Home e l'ordine delle schermate. In iTunes, seleziona iPhone nell'elenco Dispositivi e fai clic su Applicazioni nella parte superiore dello schermo.

Caratteristiche e tratti linguistici Il testo regolativo si caratterizza per la **definizione diretta** e **immediata** del suo scopo, l'uso di un **linguaggio preciso** e specifico dell'argomento, uno **stile schematico** e lineare, caratterizzato da una **sintassi semplice** e chiara.
Talvolta il testo regolativo consiste in un'immagine o in uno **schema**, in cui le istruzioni sono direttamente espresse nel disegno, come nell'esempio qui proposto.

COME COSTRUIRE UN AEREO DI CARTA

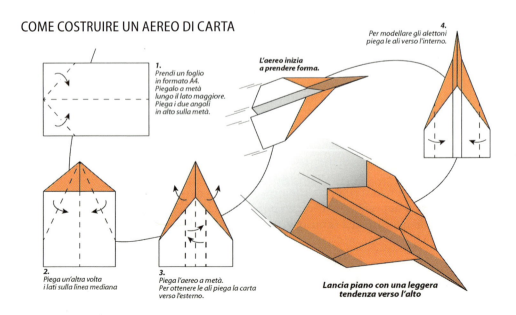

1. Prendi un foglio in formato A4. Piegalo a metà lungo il lato maggiore. Piega i due angoli in alto sulla metà.
2. Piega un'altra volta i lati sulla linea mediana.
3. Piega l'aereo a metà. Per ottenere le ali piega la carta verso l'esterno.
4. Per modellare gli alettoni piega le ali verso l'interno.

L'aereo inizia a prendere forma.

Lancia piano con una leggera tendenza verso l'alto

Unità 22

Cittadinanza consapevole

- **T1** Piero Calamandrei — Discorso agli studenti sulla Costituzione
- **T2** Matteo Zola — Quando un signor Rossi qualunque...
- **T3** Roberto Saviano — I soldatini della camorra
- **T4** AA. VV. — Noi, vittime del bullismo

Saper fare

- **T5** Gherardo Colombo — Legge e giustizia

ONLINE

- **W1** Gustavo Zagrebelsky, *I servi volontari*
- **W2** Gianrico Carofiglio, *Giustizia*
- **W3** Riccardo Venturi, *I perché del volontariato*
- **W4** Giuseppe Galasso, *Unità degli italiani, unità degli europei*
- **W5 Approfondimento** Mafia e antimafia

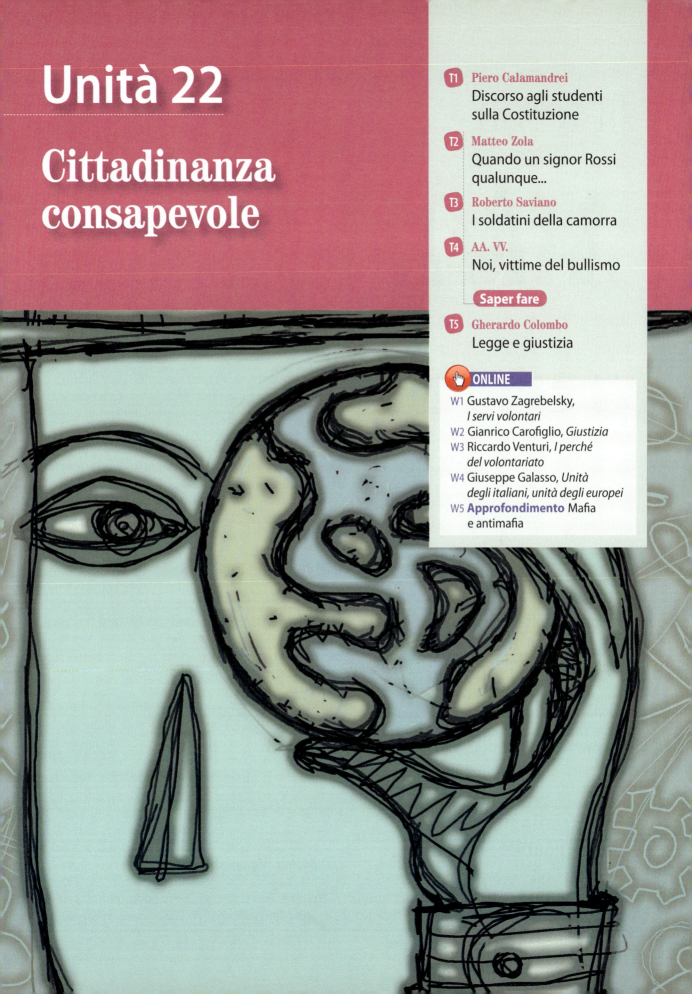

Il tema

1 Una scuola per diventare cittadini

Attivi e responsabili Diventare cittadini attivi, cioè in grado di esercitare i propri **diritti**, ma anche responsabili, cioè capaci di rispettare i propri **doveri** e dare risposte consapevoli ai problemi e alle questioni della vita pubblica, è un obiettivo importante per ciascun individuo appartenente alla comunità.

Il ruolo della scuola In questo contesto, l'istruzione può contribuire in maniera significativa a promuovere una cittadinanza attiva e responsabile. Oltre ai genitori e ai familiari, agli amici e alla comunità locale, la scuola è infatti il principale luogo di **socializzazione**, in cui si trascorre insieme agli altri una parte importante della propria giornata. Per questo motivo, è fondamentale che essa trasmetta agli alunni quelle competenze di base e quelle conoscenze che li preparino a partecipare alla vita della società contribuendo positivamente alla sua evoluzione.

2 La cittadinanza responsabile

Politiche educative europee Nel numero 24 dei *Quaderni di Eurydice* (collana curata dall'Unità italiana di Eurydice, in collaborazione con il Ministero dell'Istruzione, che pubblica studi a carattere comparativo su tematiche attuali e significative inerenti ai sistemi scolastici europei), da cui sono tratte le seguenti indicazioni, è presentata un'importante riflessione sulle **politiche educative** in Europa rispetto alla tematica della cittadinanza.

In particolare, si sostiene con piena convinzione il ruolo fondamentale della scuola per quanto riguarda il programma dell'educazione alla cittadinanza. Nel vasto campo concernente i suoi temi e obiettivi generali, si possono distinguere tre fondamentali fattori formativi che la scuola deve contribuire a far sviluppare negli studenti: una **cultura politica**, un **pensiero critico** fondato sul rispetto di alcune attitudini e valori condivisi, una **partecipazione** attiva alle questioni della cittadinanza.

Cultura politica Lo sviluppo di una cultura politica, ovvero della conoscenza e dell'interesse nei confronti di questioni civiche e sociali e, in generale, per gli avvenimenti che interessano il mondo che ci circonda, può essere incoraggiata, a scuola, insistendo sull'importanza di alcuni suoi aspetti specifici. Per esempio:
- l'acquisizione delle **competenze** necessarie alla partecipazione attiva alla vita pubblica come cittadino responsabile e critico;
- la preparazione dei giovani all'esercizio dei loro **diritti** e **doveri**, così come sono definiti nelle costituzioni nazionali (▶ *Discorso agli studen-*

ti sulla Costituzione, p. 734);
- la promozione e il riconoscimento dell'importanza dell'**eredità culturale** e storica del proprio Paese.

Pensiero critico L'obiettivo dello sviluppo di un pensiero critico (la capacità di formarsi, in maniera autonoma, delle opinioni sulle questioni più importanti riguardanti la vita pubblica), sulla base del rispetto di attitudini e valori condivisi, si può ottenere valorizzando i seguenti fattori:
- lo studio delle condizioni in cui gli individui possono **vivere in armonia** le questioni sociali di attualità, imparando a risolvere pacificamente i conflitti;
- la formazione di una **responsabilità** sociale e morale, attraverso la valorizzazione di ideali civici condivisi (▶ *Quando un signor Rossi qualunque…*, p. 741);
- l'acquisizione della **fiducia** in se stessi e il consolidamento di un **comportamento** attivo e **solidale** nei confronti degli altri (▶ *Noi, vittime del bullismo*, p. 751);
- la costruzione di valori che rispettino e tengano pienamente conto della **pluralità** dei punti di vista all'interno della società;
- la sensibilizzazione ai problemi della società e alla costruzione comune di un **ambiente sicuro** (▶ *I soldatini della camorra*, p. 745);
- l'educazione alla comprensione e la cultura del **rispetto delle regole** (▶ *Sulle regole*, p. 758);
- lo sviluppo di strategie per una lotta efficace **contro razzismo e xenofobia**.

Partecipazione attiva Infine, la partecipazione attiva degli studenti alla vita pubblica, condizione basilare per la formazione di un cittadino responsabile e interessato, può essere incoraggiata attraverso i seguenti mezzi:
- permettendo loro di essere maggiormente **coinvolti** nella vita della comunità (a livello internazionale, nazionale, locale e scolastico);
- offrendo loro la possibilità di sperimentare un'esperienza pratica di **democrazia** a scuola;
- promuovendo le capacità individuali di ciascuno e insegnando l'importanza della **collaborazione** e dell'impegno verso gli altri.

Analizza lo schema e insieme ai compagni discuti sui significati dei vari concetti in esso presenti.

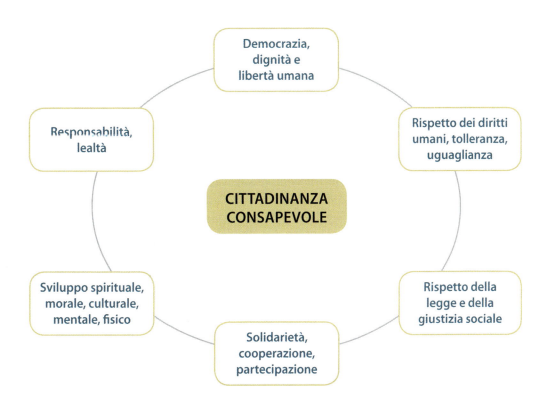

PARTE 4 · Voci della realtà

 Piero Calamandrei
Discorso agli studenti sulla Costituzione

- **TIPO DI TESTO**
  Argomentativo
- **GENERE**
  Discorso pubblico
- **TEMATICA**
  Lo spirito della Costituzione e i doveri che ci indica

Piero Calamandrei (1889-1956), fiorentino, professore di diritto e avvocato, è stato un tenace oppositore della dittatura fascista. Nel 1925 fonda con i fratelli Rosselli il periodico clandestino «Non mollare» e durante la guerra prende parte attiva alla Resistenza. Nel 1946 viene eletto come rappresentante del Partito d'Azione (di cui era stato uno dei fondatori quattro anni prima) all'Assemblea costituente ed entra a far parte della Commissione dei settantacinque incaricata di redigere il progetto della Costituzione.
Il discorso che riportiamo è stato da lui pronunciato a Milano il 16 gennaio 1955, in una sala stracolma di giovani, nell'ambito di un ciclo di conferenze sulla nostra Carta Costituzionale. Fondamentalmente rivolto a studenti medi e universitari, si tratta di un testo ormai classico, che, con linguaggio semplice ed eloquente, esorta a difendere la Costituzione e a realizzarne i valori e lo spirito.

L'articolo 34 dice: «I capaci e meritevoli, anche se privi di mezzi, hanno diritto di raggiungere i gradi più alti degli studi». Eh, e se non hanno mezzi? Allora nella nostra Costituzione c'è un articolo[1] che è il più importante, il più importante di tutta la Costituzione, il più impegnativo; impegnativo per noi che siamo al
5 declinare, ma soprattutto per voi giovani che avete l'avvenire davanti a voi. Dice così: «È compito della Repubblica rimuovere gli ostacoli di ordine economico e sociale che, limitando di fatto la libertà e l'eguaglianza dei cittadini, impediscono il pieno sviluppo della persona umana e l'effettiva partecipazione di tutti i lavoratori all'organizzazione politica, economica e sociale del Paese». È compito del-
10 la Repubblica di rimuovere gli ostacoli che impediscono il pieno sviluppo della persona umana. Quindi, dare lavoro a tutti, dare una giusta retribuzione a tutti, dare la scuola a tutti. Dare a tutti gli uomini dignità di uomo. Soltanto quando questo sarà raggiunto si potrà veramente dire che la formula contenuta nell'art. 1: «L'Italia è una Repubblica democratica, fondata sul lavoro», questa formula cor-
15 risponderà alla realtà. Perché fino a che non c'è questa possibilità per ogni uomo di lavorare e di studiare e di trarre con sicurezza dal proprio lavoro i mezzi per vivere da uomo, non solo la nostra Repubblica non si potrà chiamare fondata sul lavoro, ma non si potrà chiamare neanche democratica, perché una democrazia in cui non ci sia questa uguaglianza di fatto, in cui ci sia soltanto un'uguaglianza di
20 diritto[2], è una democrazia puramente formale. Non è una democrazia in cui tutti i cittadini veramente siano messi in grado di concorrere alla vita della società, di

1. un articolo: si tratta dell'articolo 3, secondo comma.

2. di diritto: soltanto dal punto di vista formale, non materiale.

734

portare il loro miglior contributo, in cui tutte le forze spirituali di tutti i cittadini siano messe a contribuire a questo cammino, a questo progresso continuo, di tutta la società; e allora voi capite da questo che la nostra Costituzione è in parte
25 una realtà, ma soltanto in parte è una realtà; in parte è ancora un programma, un ideale, una speranza, un impegno, un lavoro da compiere. Quanto lavoro avete da compiere! Quanto lavoro vi sta dinnanzi! [...]

Però, vedete, la Costituzione non è una macchina che una volta messa in moto va avanti da sé. La Costituzione è un pezzo di carta, la lascio cadere e non si muo-
30 ve; perché si muova bisogna ogni giorno rimetterci dentro il combustibile; bisogna metterci dentro l'impegno, lo spirito, la volontà di mantenere queste promesse, la propria responsabilità. Per questo una delle offese che si fanno alla Costituzione è l'indifferenza alla politica. L'indifferentismo, che è, non qui, per fortuna, in questo uditorio, ma spesso in larghi strati, in larghe categorie di giovani, un po'
35 una malattia dei giovani: l'indifferentismo. «La politica è una brutta cosa. Che me ne importa della politica?». Ed io, quando sento fare questo discorso, mi viene sempre in mente quella vecchia storiellina che qualcheduno di voi conoscerà: di quei due emigranti, due contadini che traversavano l'oceano su un piroscafo traballante. Uno di questi contadini dormiva nella stiva e l'altro stava sul ponte e si
40 accorgeva che c'era una gran burrasca con delle onde altissime, che il piroscafo oscillava. Allora questo contadino, impaurito, domanda a un marinaio: «Ma siamo in pericolo?» E questo dice: «Se continua questo mare tra mezz'ora il bastimento affonda». Allora lui corre nella stiva a svegliare il compagno e dice: «Beppe, Beppe, Beppe, se continua questo mare tra mezz'ora il bastimento affonda», e quello dice:
45 «Che me ne importa, non è mica mio!». Questo è l'indifferentismo alla politica.

È così bello, è così comodo! è vero? è così comodo! La libertà c'è, si vive in regime di libertà! C'è altre cose da fare che interessarsi di politica! Eh, lo so anch'io, ci sono... Il mondo è così bello, vero? Ci son tante belle cose da vedere, da godere, oltre che occuparsi di politica! E la politica non è una piacevole cosa. Però
50 la libertà è come l'aria: ci si accorge di quanto vale quando comincia a mancare, quando si sente quel senso di asfissia che gli uomini della mia generazione hanno sentito per vent'anni e che io auguro a voi giovani di non sentire mai. E vi auguro di non trovarvi mai a sentire questo senso di angoscia, in quanto vi auguro di riuscire a creare voi le condizioni perché questo senso di angoscia non lo dobbiate
55 provare mai, ricordandovi ogni giorno che sulla libertà bisogna vigilare, vigilare, dando il proprio contributo alla vita politica.

Dichiarazione universale dei diritti umani

Articolo 23

1. Ogni individuo ha diritto al lavoro, alla libera scelta dell'impiego, a giuste e soddisfacenti condizioni di lavoro ed alla protezione contro la disoccupazione.
2. Ogni individuo, senza discriminazione, ha diritto ad eguale retribuzione per eguale lavoro.
3. Ogni individuo che lavora ha diritto ad una rimunerazione equa e soddisfacente che assicuri a lui stesso e alla sua famiglia una esistenza conforme alla dignità umana ed integrata, se necessario, da altri mezzi di protezione sociale.
4. Ogni individuo ha diritto di fondare dei sindacati e di aderirvi per la difesa dei propri interessi.

PARTE 4 · Voci della realtà

La Costituzione, vedete, è l'affermazione scritta in questi articoli, che dal punto di vista letterario non sono belli, ma è l'affermazione solenne della solidarietà sociale, della solidarietà umana, della sorte comune. Della sorte comune: ché se
60   va a fondo, va a fondo per tutti questo bastimento. È la carta della propria libertà, la carta per ciascuno di noi della propria dignità di uomo.

Io mi ricordo le prime elezioni dopo la caduta del fascismo, il 2 giugno del 1946, questo popolo che da venticinque anni non aveva goduto le libertà civili e politiche, la prima volta che andò a votare dopo un periodo di orrori – il caos, la
65   guerra civile, le lotte, le guerre, gli incendi. Ricordo – io ero a Firenze, lo stesso è capitato qui – queste file di gente disciplinata davanti alle sezioni, disciplinata e lieta, perché avevano la sensazione di aver ritrovato la propria dignità, questo dare il voto, questo portare la propria opinione per contribuire a creare questa opinione della comunità, questo essere padroni di noi, del proprio Paese, del no-
70   stro Paese, della nostra patria, della nostra terra, disporre noi delle nostre sorti, delle sorti del nostro Paese.

Quindi voi giovani, alla Costituzione dovete dare il vostro spirito, la vostra gioventù, farla vivere, sentirla come cosa vostra, metterci dentro il senso civico, la coscienza civica, rendersi conto (questa è una delle gioie della vita), rendersi con-
75   to che ognuno di noi nel mondo non è solo, che siamo in più, che siamo parte di un tutto, un tutto nei limiti dell'Italia e del mondo.

Ora, vedete, io ho poco altro da dirvi. In questa Costituzione di cui sentirete fare il commento nelle prossime conferenze c'è dentro tutta la nostra storia, tutto il nostro passato, tutti i nostri dolori, le nostre sciagure, le nostre glorie. Sono
80   tutti sfociati qui, in questi articoli. E, a sapere intendere, dietro questi articoli ci si sentono delle voci lontane… Quando io leggo nell'articolo 2 «l'adempimento dei doveri inderogabili[3] di solidarietà politica, economica e sociale»; o quando leggo nell'articolo 11; «L'Italia ripudia[4] la guerra come strumento di offesa alla libertà degli altri popoli», la patria italiana in mezzo alle altre patrie… ma questo
85   è Mazzini[5]! Questa è la voce di Mazzini! O quando io leggo nell'articolo 8: «Tutte le confessioni religiose sono egualmente libere davanti alla legge», ma questo è Cavour[6]! O quando io leggo nell'articolo 5: «La Repubblica, una e indivisibile, riconosce e promuove le autonomie locali», ma questo è Cattaneo[7]! O quando nell'articolo 52 io leggo a proposito delle forze armate: «L'ordinamento delle For-
90   ze armate si informa allo spirito democratico della Repubblica», l'esercito di popolo; ma questo è Garibaldi[8]! E quando leggo all'articolo 27: «Non è ammessa la

3. l'adempimento dei doveri inderogabili: l'osservanza dei doveri tassativi.
4. ripudia: rifiuta, respinge.
5. Mazzini: Giuseppe Mazzini (1805-1872), il principale leader spirituale del Risorgimento italiano; fervido sostenitore del principio dell'autodeterminazione di tutti i popoli, nel suo scritto più famoso, *Dei doveri dell'uomo* (1860) ha sottolineato l'importanza del senso del dovere

civico e morale.
6. Cavour: Camillo Benso conte di Cavour (1810-1861) è stato artefice, come primo ministro del Regno di Sardegna, dell'unificazione dell'Italia, raggiunta l'anno stesso della sua morte. "Libera Chiesa in libero Stato" è la celebre formula che sintetizza la sua concezione del rapporto tra religione e potere politico, improntata alla separazione e all'autonomia degli specifici ambiti.

7. Cattaneo: Carlo Cattaneo (1801-1869), grande patriota, scrittore e uomo politico italiano; nelle sue opere ha sostenuto la necessità che l'Italia si dotasse di un assetto statale di tipo federale.
8. Garibaldi: Giuseppe Garibaldi (1807-1882), com'è ben noto, ha organizzato e condotto per tutta la vita truppe volontarie di combattenti per l'indipendenza dei popoli e la democrazia contribuendo all'unificazione dell'Italia.

736

pena di morte», ma questo, o studenti milanesi, è Beccaria[9]! Grandi voci lontane, grandi nomi lontani…

95 Ma ci sono anche umili nomi, voci recenti! Quanto sangue, quanto dolore per arrivare a questa Costituzione! Dietro ad ogni articolo di questa Costituzione, o giovani, voi dovete vedere giovani come voi caduti combattendo, fucilati, impiccati, torturati, morti di fame nei campi di concentramento, morti in Russia, morti in Africa, morti per le strade di Milano, per le strade di Firenze, che hanno dato la vita perché la libertà e la giustizia potessero essere scritte su questa carta. Quindi, 100 quando vi ho detto che questa è una carta morta, no, non è una carta morta, è un testamento, un testamento di centomila morti. Se voi volete andare in pellegrinaggio nel luogo dove è nata la nostra Costituzione, andate nelle montagne dove caddero i partigiani, nelle carceri dove furono imprigionati, nei campi dove furono impiccati, dovunque è morto un italiano per riscattare la libertà e la dignità, andate 105 lì, o giovani, col pensiero, perché lì è nata la nostra Costituzione.

Piero Calamandrei, *Discorso agli studenti sulla Costituzione*,
www.youtube.com/watch?v=ZnOWxw9aHc8&feature=related

---

9. Beccaria: Cesare Beccaria (1738-1794), illuminista milanese, ha propugnato nell'opera *Dei delitti e delle pene* (1764) l'abolizione della pena di morte e della tortura.

Costituzione

Articolo 4
La Repubblica riconosce a tutti i cittadini il diritto al lavoro e promuove le condizioni che rendano effettivo questo diritto.
Ogni cittadino ha il dovere di svolgere, secondo le proprie possibilità e la propria scelta, un'attività o una funzione che concorra al progresso materiale o spirituale della società.

Articolo 36
Il lavoratore ha diritto ad una retribuzione proporzionata alla quantità e qualità del suo lavoro e in ogni caso sufficiente ad assicurare a sé e alla famiglia una esistenza libera e dignitosa.
La durata massima della giornata lavorativa è stabilita dalla legge.
Il lavoratore ha diritto al riposo settimanale e a ferie annuali retribuite, e non può rinunziarvi.

Articolo 37
La donna lavoratrice ha gli stessi diritti e, a parità di lavoro, le stesse retribuzioni che spettano al lavoratore.

Le condizioni di lavoro devono consentire l'adempimento della sua essenziale funzione familiare e assicurare alla madre e al bambino una speciale adeguata protezione.
La legge stabilisce il limite minimo di età per il lavoro salariato.
La Repubblica tutela il lavoro dei minori con speciali norme e garantisce ad essi, a parità di lavoro, il diritto alla parità di retribuzione.

Articolo 38
Ogni cittadino inabile al lavoro e sprovvisto dei mezzi necessari per vivere ha diritto al mantenimento e all'assistenza sociale.
I lavoratori hanno diritto che siano preveduti ed assicurati mezzi adeguati alle loro esigenze di vita in caso di infortunio, malattia, invalidità e vecchiaia, disoccupazione involontaria.
Gli inabili ed i minorati hanno diritto all'educazione e all'avviamento professionale.
Ai compiti previsti in questo articolo provvedono organi ed istituti predisposti o integrati dallo Stato.
L'assistenza privata è libera.

PARTE 4 · Voci della realtà

SCHEDA DI ANALISI

Il tema e il messaggio

● Per Calamandrei **la Costituzione** è il compendio delle idee, delle lotte, delle aspirazioni degli italiani migliori di un passato antico e recente. È un testo collettivo, composto da molte voci, un documento che ha richiesto il contributo e il sacrificio di tanti. Ed è anche **un programma di azione**, che indica lucidamente come realizzare un'eguaglianza dei cittadini non soltanto formale, ma sostanziale. In tal senso, Calamandrei sottolinea **l'importanza centrale del lavoro**, che non a caso è individuato dall'articolo 1 della Costituzione come la base stessa della Repubblica democratica. Il lavoro è un diritto fondamentale: la sua mancanza impoverisce, demoralizza e umilia l'individuo, determinando una perdita per tutta la società. Svolgere un lavoro, purché regolare e retribuito in maniera equa, permette di vivere con dignità, di godere di un adeguato benessere, di costruirsi una famiglia, di assicurarsi una vecchiaia serena, di difendere i propri diritti attraverso l'azione sindacale, di far studiare i propri figli, di avere i mezzi e la disposizione d'animo per partecipare alla vita sociale e politica.

● Memore di ciò che è accaduto all'Italia durante il fascismo, Calamandrei afferma che **la libertà è come l'aria**: essa è uno di quei beni che diamo per scontati e di cui ci accorgiamo solo quando li stiamo perdendo o li abbiamo ormai perduti. Proprio per tale ragione è particolarmente importante impegnarsi concretamente, lottare contro l'indifferenza e vigilare sulla libertà, in modo da evitare che essa ci venga tolta.

● Rispetto agli anni in cui parlava Calamandrei, oggi in Italia l'indifferenza verso la politica sembra essere aumentata: ne sono prova la marcata diminuzione del numero di persone che fanno politica attiva e una certa crescita dell'astensione in occasione delle varie consultazioni elettorali. Indifferenza e astensionismo sono spesso giustificati da una sfiducia generalizzata nella politica. Ciò non basta, tuttavia, a giustificare un atteggiamento di chiusura e di rinuncia; a maggior ragione, anzi, esso dovrebbe spronare a impegnarsi nella vita pubblica, a cercare un'alternativa a ciò che non si accetta, a pretendere una classe politica migliore. Disinteressarsi della propria stessa condizione pubblica, come la storia ha dimostrato molte volte, può riservare amare sorprese. Tutti abbiamo il dovere d'**impedire che le istituzioni democratiche cadano in rovina**; tutti hanno il dovere di **dare il proprio contributo** alla comunità. *È una delle gioie della vita*, osserva con garbo e con piena ragione Calamandrei, *rendersi conto che ognuno di noi nel mondo non è solo, che siamo in più, che siamo parte di un tutto*.

La forma del testo

● Il brano è un tipico esempio di **discorso orale**: l'oratore ha senza dubbio una traccia scritta, ma anziché leggere parla "a braccio", esprimendosi cioè di volta in volta con le parole che l'ispirazione del momento gli detta. Ne risulta un **testo brillante e vivace**, nel quale Calamandrei spesso si rivolge direttamente ai destinatari (*Quindi voi giovani, alla Costituzione dovete dare il vostro spirito, la vostra gioventù*) e nel quale sono presenti altri tratti caratteristici del parlato: esclamazioni (*Eh, e se non hanno i mezzi?*; *È così bello, è così comodo! è vero?*; *Ma questo è Mazzini!*), ripetizioni di parole e accumulazioni di sinonimi (*questo essere padroni di noi, del proprio Paese, del nostro Paese, della nostra patria, della nostra terra, disporre noi delle nostre sorti, delle sorti del nostro Paese*), frasi incomplete (*Eh, lo so anch'io, ci sono…*) e anacoluti, cioè frasi composte da elementi che non si saldano sintatticamente fra di loro (*Ed io, quando sento fare questo discorso, mi viene sempre in mente quella vecchia storiellina*).

● Dal punto di vista della sua funzione, il discorso è un testo argomentativo, in quanto mira a dimostrare **l'importanza di amare la Costituzione**, di vigilare affinché non sia calpestata, di impegnarsi affinché sia effettivamente realizzata. In più punti emerge anche una funzione interpretativa del testo, quando viene spiegato il significato degli articoli della Costituzione e se ne illustra lo spirito generale.

Lo stile

● Un discorso persuasivo deve suscitare nell'ascoltatore piccole o grandi illuminazioni, mostrargli con chiarezza verità che da solo non era riuscito a riconoscere o mettere a fuoco. Come tutti i discorsi che lasciano un segno negli ascoltatori, anche questo testo è la dimostrazione che l'eloquenza deriva non solo dalla logicità dei ragionamenti e dalla profondità dei sentimenti, ma anche dalla **capacità di scegliere i mezzi più idonei** a comunicarli in maniera viva e immediata.

● Ecco allora, da parte di Calamandrei, l'uso spontaneo ed efficace di metafore (*la Costituzione non è una macchina che una volta messa in moto va avanti da sé*), similitudini (*la libertà è come l'aria: ci si accorge di quanto vale quando comincia a mancare*), digressioni narrative (la storiella dei due contadini sul piroscafo), ricordi personali (le prime elezioni dopo la dittatura). Fino alla bellissima **perorazione finale**, in cui l'oratore conduce idealmente i giovani che lo ascoltano nei luoghi dove tanti altri giovani come loro hanno perso la vita nell'ultima guerra, dalla Russia a Firenze, dalle montagne alle carceri.

738

Cittadinanza consapevole · UNITÀ 22

Laboratorio sul testo

Comprendere

1. Quali sono, secondo Calamandrei, i mezzi principali per dare effettiva applicazione all'articolo 3 della Costituzione, cioè per rimuovere gli ostacoli che impediscono l'eguaglianza di fatto di tutti i cittadini?

2. Chi sono per Calamandrei i "veri" autori della Costituzione italiana?

3. Perché è importante combattere l'*indifferentismo* (rr. 33-35)?

Interpretare

4. Spiega il significato della *storiellina* relativa ai due contadini sul piroscafo (rr. 37-45).

5. *Rendersi conto che ognuno di noi nel mondo non è solo, che siamo in più, che siamo parte di un tutto, un tutto nei limiti dell'Italia e del mondo* (rr. 74-76). Qual è il significato di questa frase?

Analizzare

6. *È compito della Repubblica rimuovere gli ostacoli di ordine economico e sociale che, limitando di fatto la libertà e l'eguaglianza dei cittadini, impediscono il pieno sviluppo della persona umana* (rr. 6-8). Indica qual è la tesi sostenuta nell'enunciato e gli argomenti che nel testo la sostengono.

Padroneggiare la lingua

Lessico

7. Associa ciascun concetto al suo contrario: *democrazia, dignità, diseguaglianza, dittatura, egoismo, eguaglianza, giustizia, indegnità, indifferentismo, iniquità, libertà, monarchia, repubblica, schiavitù, impegno, solidarietà.*

8. Segna nella tabella le figure retoriche di cui ciascuna frase è, o contiene, un esempio. Spiegane anche il significato. Fai attenzione: a buona parte delle frasi è associata più di una figura.

	Accumulazione di sinonimi	Anacoluto	Esclamazione	Metafora	Ripetizione di parole	Similitudine
Però la libertà è come l'aria: ci si accorge di quanto vale quando comincia a mancare.						
Se va a fondo, va a fondo per tutti questo bastimento.						
Quanto lavoro avete da compiere! Quanto lavoro vi sta dinnanzi!						

PARTE 4 · Voci della realtà

Quindi, quando vi ho detto che questa è una carta morta, no, non è una carta morta, è un testamento, un testamento di centomila morti.					
La nostra Costituzione è in parte una realtà, ma soltanto in parte è una realtà; in parte è ancora un programma, un ideale, una speranza, un impegno, un lavoro da compiere.					
La Costituzione è un pezzo di carta, la lascio cadere e non si muove.					

Grammatica

9. Ti proponiamo la trascrizione di un estratto da un discorso di Calamandrei sulla scuola, pronunciato l'11 febbraio 1950 a Roma, nella quale occorre ancora inserire la punteggiatura. Prova a farlo tu con i segni d'interpunzione che ritieni necessari.

> La scuola come la vedo io è un organo costituzionale ha la sua posizione la sua importanza al centro di quel complesso di organi che formano la Costituzione come voi sapete tutti voi avrete letto la nostra Costituzione nella seconda parte della Costituzione quella che si intitola l'ordinamento dello Stato sono descritti quegli organi attraverso i quali si esprime la volontà del popolo quegli organi attraverso i quali la politica si trasforma in diritto le vitali e sane lotte della politica si trasformano in leggi ora quando vi viene in mente di domandarvi quali sono gli organi costituzionali a tutti voi verrà naturale la risposta sono le Camere la Camera dei deputati il Senato il presidente della Repubblica la Magistratura ma non vi verrà in mente di considerare fra questi organi anche la scuola la quale invece è un organo vitale della democrazia come noi la concepiamo se si dovesse fare un paragone tra l'organismo costituzionale e l'organismo umano si dovrebbe dire che la scuola corrisponde a quegli organi che nell'organismo umano hanno la funzione di creare il sangue

Produrre

10. Anche alla luce delle considerazioni svolte da Calamandrei e dall'analisi del testo, in uno scritto di circa una pagina commenta le due seguenti riflessioni di don Lorenzo Milani (1923-1967), fondatore e maestro della scuola popolare di Barbiana.

«Su una parete della nostra scuola c'è scritto grande: "I CARE". È il motto intraducibile dei giovani americani migliori: "Me ne importa, mi sta a cuore". È il contrario esatto del motto fascista "me ne frego"».

«A cosa sarà servito avere le mani pulite se le abbiamo tenute in tasca?».

11. La Costituzione afferma all'articolo 48 che l'esercizio del voto è un dovere civico. È dunque essenziale che tutti i cittadini adempiano a questo dovere e lo facciano in maniera coscienziosa, cioè mirando al bene comune ed evitando di compiere scelte superficiali o di farsi manipolare. Quali sono, a tuo parere, gli strumenti più adeguati a garantire che ciò avvenga? Discutine in classe con i tuoi compagni.

Cittadinanza consapevole • UNITÀ 22

 Matteo Zola
Quando un signor Rossi qualunque…

• **TIPO DI TESTO**
Narrativo
• **GENERE**
Articolo-intervista
• **TEMATICA**
Corruzione nell'amministrazione pubblica

Il brano proposto racconta la vicenda di Raphael Rossi, un giovane amministratore di un'azienda pubblica che ha trovato il coraggio di denunciare e di aiutare a smascherare chi cercava di corromperlo. Le conseguenze di tale onesta e coraggiosa azione non sono state però gratificanti: tra i suoi colleghi lui solo, infatti, non è stato riconfermato nel consiglio di amministrazione dell'azienda. La sua storia ha avuto una vasta eco e Rossi è diventato, suo malgrado, un piccolo eroe. Solo quando gesti come il suo saranno la normalità, si potrà dire che l'Italia ha imboccato la strada per liberarsi della corruzione.

«Non è molto importante la mia storia, in quanto storia di Raphael Rossi. Quel che conta è che domani il signor Rossi di turno trovi più semplice e meno pericoloso denunciare sprechi e corruzione senza incorrere nelle difficoltà che ho dovuto sperimentare in questi anni». La vicenda di Raphael Rossi, oggi trentacinquenne, inizia nel 2007 quando era vicepresidente dell'Amiat (l'azienda municipalizzata torinese per la gestione dei rifiuti) e per questo sedeva nel consiglio di amministrazione[1] della società: tutti i membri erano nominati dai partiti ma lui [...] non era il solito politico da riciclare bensì un tecnico esperto del settore della gestione dei rifiuti urbani e più precisamente nella progettazione di sistemi di raccolta porta a porta[2]. Un tecnico, quindi, mentre «nei cda delle aziende pubbliche troppo spesso si assiste a una spartizione delle poltrone tra i partiti che nominano politici e non esperti».

Il tecnico Raphael Rossi si accorge di qualcosa che non va quando i dirigenti dell'azienda propongono al cda un progetto d'acquisto per un pressoestrusore[3]: «Un macchinario dai consumi elevati e dai costi anormalmente alti, ben quattro milioni di euro», spiega Rossi. «Non solo, ma per l'acquisto non era nemmeno stata indetta una regolare gara d'appalto[4]». Rossi non ci sta e fa verbalizzare[5] la sua posizione contraria: «Una prassi[6] prevista ma non abituale nei cda, in genere in questi casi si concerta e si cerca di prendere una decisione condivisa». Gli altri membri del cda, di fronte alle sue resistenze, non se la sentono di approvare

---

1. consiglio di amministrazione: è l'organo che governa una società privata o pubblica, prendendo tutte le decisioni più importanti che la riguardano. Nel seguito del testo è indicato con la sigla *cda*.
2. raccolta porta a porta: raccolta casa per casa dei rifiuti preventivamente differenziati da ciascuna famiglia o da ciascun condominio.
3. pressoestrusore: macchinario che serve a separare la parte umida dal residuo di parte secca dei rifiuti organici.
4. gara d'appalto: procedura governata da regole ben precise con la quale un'amministrazione pubblica che ha bisogno di un bene o di un servizio sceglie tra le offerte presentate da imprese concorrenti.
5. verbalizzare: inserire nel verbale, cioè nel resoconto scritto ufficiale di una riunione.
6. prassi: azione, comportamento.

In alto, una discarica di rifiuti.
A destra, Raphael Rossi.

a maggioranza e bloccano tutto. A quel punto, per Raphael, iniziano i problemi.

I problemi in questione hanno un volto e un nome: G. G., che da poco aveva smesso i panni di presidente dell'Amiat ma ancora era presidente di Confservizi, la confederazione delle aziende pubbliche. G. è uno che parla chiaro: «Cinquantamila euro è quello che prendo io, potresti avere lo stesso», questo è quanto riportano le intercettazioni. Già, perché Rossi non ci sta e denuncia il tentativo di corruzione alla Procura della Repubblica. «Scegliere di denunciare non è stato difficile, ma fingere di stare al gioco così che gli investigatori potessero raccogliere sufficienti prove, quello sì che è stato difficile, anche umanamente». Ora c'è un processo in corso a carico di G. G., del dirigente per gli acquisti, tuttora in carica, e altre cinque persone. Dunque Raphael ce l'ha fatta, le sue tribolazioni sono finite? Nient'affatto. Per ringraziamento ha perso il suo posto di consigliere ed è stato lasciato solo dalle istituzioni. «È normale che un consigliere non venga rinominato, anzi è salutare il turn-over[7], ma in questo caso sono stati riconfermati tutti i precedenti consiglieri tranne me». [...] «In molti mi hanno chiesto perché ho sollevato questo vespaio. Io rispondo che non si può far finta di nulla, se accetti il denaro sei a loro libro paga per tutta la vita. Se invece taci sei comunque complice. Il silenzio è sempre complice».

Matteo Zola, *Quando un signor Rossi qualunque...*, «Narcomafie», n. 11, novembre 2010

---

7. turn-over: avvicendamento, ricambio.

Cittadinanza consapevole · UNITÀ 22

Costituzione

Articolo 54
Tutti i cittadini hanno il dovere di essere fedeli alla Repubblica e di osservare la Costituzione e le leggi. I cittadini cui sono affidate funzioni pubbliche hanno il dovere di adempierle con disciplina ed onore, prestando giuramento nei casi stabiliti dalla legge.

Articolo 98, comma 1
I pubblici impiegati sono al servizio esclusivo della Nazione.

Codice penale

Articolo 318 Corruzione per un atto d'ufficio
Il pubblico ufficiale che, per compiere un atto del suo ufficio, riceve, per sé o per un terzo, in denaro o altra utilità, una retribuzione che non gli è dovuta, o ne accetta la promessa, è punito con la reclusione da sei mesi a tre anni.

Se il pubblico ufficiale riceve la retribuzione per un atto d'ufficio da lui già compiuto, la pena è della reclusione fino a un anno.

Articolo 319 Corruzione per un atto contrario ai doveri di ufficio
Il pubblico ufficiale che, per omettere o ritardare o per aver omesso o ritardato un atto del suo ufficio, ovvero per compiere o per aver compiuto un atto contrario ai doveri di ufficio, riceve, per sé o per un terzo, denaro od altra utilità, o ne accetta la promessa, è punito con la reclusione da due a cinque anni.

Articolo 319_bis_ Circostanze aggravanti
La pena è aumentata se il fatto di cui all'articolo 319 ha per oggetto il conferimento di pubblici impieghi o stipendi o pensioni o la stipulazione di contratti nei quali sia interessata l'amministrazione alla quale il pubblico ufficiale appartiene.

SCHEDA DI ANALISI

Il tema e il messaggio

● Il reato di corruzione consiste nell'indurre qualcuno a venir meno al proprio dovere, offrendogli denaro o altri vantaggi. Nel caso di **corruzione di pubblici ufficiali** (funzionari pubblici, giudici, rappresentanti eletti ecc.) la persona o l'impresa che mette in atto la corruzione lo fa per ottenere **vantaggi illeciti**, come l'assegnazione di un appalto, la concessione di una licenza edilizia, una sentenza o una legge favorevole ecc.

● L'**Italia** è uno dei Paesi occidentali in cui la corruzione è maggiormente diffusa. Le grandi inchieste giudiziarie (dette "Mani Pulite") condotte negli anni Novanta avevano portato a una temporanea diminuzione del fenomeno. Ma oggi, in forme talvolta nuove, esso è di nuovo dilagante.

● La corruzione è una **degenerazione sociale** da combattere con la massima determinazione, per diverse ragioni. Innanzitutto, essa fa sì che la fornitura di beni e servizi alle amministrazioni pubbliche sia assegnata non alle imprese più efficienti, ma a quelle con meno scrupoli, che ottengono illecitamente gli appalti. In secondo luogo, essa aumenta il costo per lo Stato di beni e servizi: le imprese corruttrici si fanno pagare un prezzo più alto, in modo da ricavare **il denaro per comprare il favore di funzionari e politici**. Non di rado, inoltre, esse riescono a ottenere contratti per opere di scarsa o nessuna utilità. In terzo luogo, dal momento che vìola i **princìpi di uguaglianza** e di **trasparenza**, la corruzione contribuisce fortemente alla sfiducia dei cittadini verso lo Stato. Infine, essa altera le competizioni elettorali, perché i politici corrotti hanno più fondi a disposizione per la propria campagna elettorale e ricevono "voti di scambio" da coloro a cui hanno promesso o concesso benefici illeciti.

La forma del testo

● Il testo proposto è un **articolo-intervista**: esso è costituito da una **fusione di testo narrativo e dichiarazioni** del protagonista della vicenda. Le parole di quest'ultimo servono sia a riferire i fatti sia a comunicare le sue sensazioni e reazioni soggettive, aiutando il lettore a immedesimarsi con il suo punto di vista. A tale scopo, il giornalista ha svolto **un'intervista**, ponendo all'amministratore delle domande su specifici aspetti della sua storia; ma, come talvolta avviene, tali domande non sono esplicitamente riportate all'interno del testo. Tale scelta permette di dare più risalto e continuità alle parole del protagonista della vicenda stessa.

743

PARTE 4 · Voci della realtà

Laboratorio sul testo

Comprendere

1. Dove lavorava Raphael Rossi? Quali erano le sue competenze?

2. Chi aveva effettuato il tentativo di corruzione di Rossi?

3. Che cosa è stato chiesto a Rossi dagli investigatori?

4. Quali sono state le conseguenze lavorative della scelta, da parte di Rossi, di denunciare la tentata corruzione?

Interpretare

5. *Il silenzio è sempre complice* (r. 38). Qual è il significato di tale affermazione di Rossi?

6. Bloccando l'acquisto del macchinario e denunciando il tentativo di corruzione quali benefici ha arrecato Rossi alla collettività?

7. Nell'articolo 54 della Costituzione sono richiamate le qualità morali della *disciplina* e dell'*onore*. Perché chi esercita funzioni pubbliche deve osservare tali princìpi? In che modo la vicenda riportata nel testo mette in luce l'importanza di tale articolo?

Analizzare

8. *Il tecnico Raphael Rossi si accorge di qualcosa che non va quando i dirigenti dell'azienda propongono al cda un progetto d'acquisto per un pressoestrusore* (rr. 13-14). Perché l'autore usa il tempo presente pur riferendosi a fatti avvenuti in passato? Di che tipo di presente si tratta? Quali effetti produce?

Padroneggiare la lingua

Lessico

9. *Una prassi prevista ma non abituale nei cda, in genere in questi casi si concerta e si cerca di prendere una decisione condivisa.* Spiega qual è il significato del verbo "concertare" e trovane un sinonimo.

10. Raphael Rossi *non era il solito politico da riciclare*. Qual è il significato di *riciclare*, in questo contesto?

   a) ☐ Sostituire.

   b) ☐ Sistemare.

   c) ☐ Accantonare.

   d) ☐ Corrompere.

Grammatica

11. Riscrivi l'ultimo capoverso dell'articolo trasformando tutti i discorsi diretti in indiretti, aggiungendo dei connettivi in modo che il testo scorra in maniera fluida.

Produrre

12. Quali vantaggi concreti ci sarebbero per il funzionamento della politica, dello Stato e della società, se non esistessero politici che concedono vantaggi e favori illegali in cambio di denaro? Se impieghi e incarichi non fossero mai assegnati a un candidato perché offre in cambio il proprio voto o altri favori, o perché è parente o amico di qualcuno? Se tutti gli appalti rispondessero a reali necessità e non esistessero appalti ottenuti grazie alla corruzione?

Rispondi a queste domande in un testo argomentativo non più lungo di una pagina. Poi, confronta e discuti le tue opinioni con i tuoi compagni.

Cittadinanza consapevole • UNITÀ 22

T3 **Roberto Saviano**
I soldatini della camorra

TIPO DI TESTO
Narrativo

GENERE
Romanzo-verità

TEMATICA
L'impiego criminale degli adolescenti da parte della camorra

Uno dei modi più preziosi di essere un cittadino attivo e consapevole consiste nello svolgere opera di informazione, di testimonianza, di denuncia. È ciò che ha fatto il giornalista e scrittore napoletano Roberto Saviano in *Gomorra*, libro da lui pubblicato nel 2006, a soli ventisette anni, che racconta con intenso coinvolgimento i mali e le sofferenze della sua terra. Per scriverlo, Saviano ha percorso giorno e notte le strade della periferia di Napoli, ha intervistato persone, raccolto storie; ha seguito le udienze dei processi, ha svolto mestieri – come lo scaricatore di porto e il muratore – che gli hanno permesso di osservare dall'interno il funzionamento delle attività economiche nelle quali la camorra investe i propri guadagni criminali.
Nel brano che segue l'autore, armato di un registratore e guidato da due ragazzini i cui soprannomi sono Pikachu e Kit Kat (il primo derivato dal nome di uno dei Pokemon, cartoni animati giapponesi, il secondo da quello di un comune snack), testimonia la condizione degli adolescenti assoldati e sfruttati dalla camorra; o, meglio, dal "Sistema", come la chiamano i suoi affiliati.

Io e Pikachu iniziammo a passeggiare e mi raccontò dei ragazzini del clan, la vera forza dei Di Lauro[1]. Gli chiesi dove si riunivano e lui si propose di accompagnarmi, lo conoscevano tutti e voleva dimostrarmelo. C'era una pizzeria dove la sera si incontravano. Prima di andarci passammo a prendere un amico di
5 Pikachu, uno di quelli che facevano da tempo parte del Sistema. Pikachu lo adorava, lo descriveva come una sorta di boss, era un riferimento tra i ragazzini di Sistema perché aveva avuto il compito di rifocillare i latitanti[2] e, a suo dire, fare la spesa direttamente alla famiglia Di Lauro. Si chiamava Tonino Kit Kat, perché divorava quintali di snack. Kit Kat si atteggiava a piccolo boss, ma io mi mostravo
10 scettico. Gli facevo domande a cui si scocciava di rispondere, e così alzò il maglione. Aveva tutto il torace pieno di lividi sferici. Al centro delle circonferenze viola apparivano grumi gialli e verdastri di capillari sfasciati.
«Ma che hai fatto?»
«Il giubbetto…»
15 «Giubbetto?»
«Sì, il giubbetto antiproiettili…»
«E mica il giubbetto fa questi lividi?»
«Ma le melanzane sono le botte che ho preso…»
I lividi, le melanzane, erano il frutto dei colpi di pistola che il giubbotto ferma-
20 va prima di arrivare a entrare nella carne. Per addestrare a non avere paura del-

---

1. Di Lauro: clan camorrista attivo a Secondigliano e in altre zone del Napoletano.

2. latitanti: persone che si sottraggono alla giustizia nascondendosi o fuggendo dal proprio Paese.

745

PARTE 4 · Voci della realtà

le armi facevano indossare il giubbotto ai ragazzini e poi gli sparavano addosso.
Un giubbotto da solo non bastava a spingere un individuo a non fuggire dinanzi
a un'arma. Un giubbotto non è il vaccino della paura. L'unico modo per aneste-
tizzare ogni timore era mostrare come le armi potevano essere neutralizzate. Mi
25 raccontavano che li portavano in campagna, appena fuori Secondigliano[3]. Gli facevano indossare i giubbotti antiproiettile sotto le magliette, e poi uno per volta
gli scaricavano contro mezzo caricatore di pistola. «Quando arriva la botta cadi
per terra e non respiri più, apri la bocca e tiri il fiato, ma non entra niente. Non
ce la fai proprio. Sono come cazzotti in petto, ti sembra di schiattare… ma poi ti
30 rialzi, è questo l'importante. Dopo la botta, ti rialzi.». Kit Kat era stato addestrato
insieme ad altri a prendere i colpi, un addestramento a morire, anzi a quasi morire.

Li arruolano appena diventano capaci di essere fedeli ai clan. Hanno dai dodici ai diciassette anni, molti sono figli o fratelli di affiliati, molti altri provengono
invece da famiglie di precari. Sono il nuovo esercito dei clan della camorra napo-
35 letana. Vengono dal centro storico, dal quartiere Sanità, da Forcella, da Secondigliano, dal rione San Gaetano, dai Quartieri Spagnoli, dal Pallonetto, vengono
reclutati attraverso affiliazioni strutturate in diversi clan. Per numero sono un vero e proprio esercito. I vantaggi per i clan sono molteplici, un ragazzino prende
meno della metà dello stipendio di un affiliato adulto di basso rango, raramente
40 deve mantenere i genitori, non ha le incombenze di una famiglia, non ha orari,
non ha necessità di un salario puntuale e soprattutto è disposto a essere perennemente per strada. Le mansioni sono diverse e di diversa responsabilità. Si inizia
con lo spaccio di droga leggera, hashish soprattutto. Quasi sempre i ragazzini si
posizionano nelle strade più affollate, col tempo iniziano a spacciare pasticche e
45 ricevono quasi sempre in dotazione un motorino. Infine la cocaina, che portano
direttamente nelle università, fuori dai locali, dinanzi agli alberghi, alle stazioni
della metropolitana. I gruppi di baby-spacciatori sono fondamentali nell'economia
flessibile dello spaccio perché danno meno nell'occhio, vendono droga tra un tiro
di pallone e una corsa in motorino e spesso vanno direttamente al domicilio del
50 cliente. Il clan in molti casi non costringe i ragazzini a lavorare di mattina, conti-
nuano infatti a frequentare la scuola dell'obbligo, anche perché se decidessero di
evaderla sarebbero più facilmente rintracciabili. Spesso i ragazzini affiliati dopo i
primi mesi di lavoro vanno in giro armati, un modo per difendersi e farsi valere,
una promozione sul campo che promette la possibilità di scalare i vertici del clan;
55 pistole automatiche e semiautomatiche che imparano a usare nelle discariche di
spazzatura della provincia o nelle caverne della Napoli sotterranea.

Quando diventano affidabili e ricevono la totale fiducia di un capozona, allora
possono rivestire un ruolo che va ben oltre quello di pusher[4], diventano "pali".
Controllano in una strada della città, a loro affidata, che i camion che accedono per
60 scaricare merce a supermarket, negozi o salumerie, siano quelli che il clan impone
oppure, in caso contrario, segnalano quando il distributore di un negozio non è

---

3. Secondigliano: quartiere situato alla periferia nord di Napoli.

4. pusher: spacciatore (inglese).

746

Ragazzini in moto a Scampia (Napoli).

quello "prescelto". Anche nella copertura dei cantieri è fondamentale la presenza dei "pali". Le ditte appaltatrici[5] spesso subappaltano[6] a imprese edili dei gruppi camorristici, ma a volte il lavoro è assegnato a ditte "non consigliate". I clan per scoprire se i cantieri subappaltano i lavori a ditte "esterne" hanno bisogno di un monitoraggio continuo e insospettabile. Il lavoro è affidato ai ragazzini che osservano, controllano, portano voce al capozona e da questi prendono ordini su come agire nel caso il cantiere abbia "sgarrato". […]

A Secondigliano questa nuova struttura di ragazzi era stata militarizzata. Li avevano convertiti in soldati. Pikachu e Kit Kat mi portarono da Nello, un pizzaiolo della zona che aveva l'incarico di dare da mangiare ai ragazzini del Sistema, quando finivano il loro turno. Entrò un gruppo appena misi piede nella pizzeria. Erano goffi, goffissimi, gonfi sotto i maglioni per i giubbotti antiproiettile. Lasciarono i motorini sui marciapiedi e poi entrarono senza salutare nessuno. Somigliavano nei movimenti e con i petti imbottiti a giocatori di football americano. Facce da ragazzini, qualcuno aveva anche la prima barba sulle guance, andavano dai tredici ai sedici anni. Pikachu e Kit Kat mi fecero sedere tra loro, a nessuno la cosa sembrò dispiacere. Mangiavano e soprattutto bevevano. Acqua, Coca Cola, Fanta. Una sete incredibile. Anche con la pizza volevano dissetarsi, si fecero portare una bottiglia d'olio, aggiunsero olio e ancora olio su ogni pizza perché sostenevano che erano troppo asciutte. Tutto nella loro bocca era stato seccato, dalla saliva alle parole. Mi accorsi subito che venivano dalle nottate di guardia e avevano preso pasticche. Gli davano le pasticche di MDMA[7]. Per non farli addormentare, per

5. ditte appaltatrici: ditte che hanno ottenuto un contratto, pubblico o privato, per compiere un'opera o un servizio (in questo caso, per costruire edifici o strade ecc.).
6. subappaltano: affidano l'esecuzione effettiva dei lavori.
7. MDMA: droga anfetaminica meglio nota come "ecstasy".

evitare che si fermino a mangiare due volte al giorno. Del resto la MDMA venne
brevettata dai laboratori Merck in Germania per essere somministrata ai soldati
in trincea nella Prima guerra, quei soldati tedeschi che venivano chiamati *Menschenmaterial*, materiale umano che così superava fame, gelo, e terrore. Poi fu
usata anche dagli americani per operazioni di spionaggio. Ora anche questi piccoli soldati avevano avuto il loro quantitativo di coraggio artificiale e resistenza
artefatta. Mangiavano succhiando gli spicchi di pizza che tagliavano. Dal tavolo
proveniva un rumore simile a quello dei vecchi che succhiano il brodo dal cucchiaio. I ragazzi ripresero la parola, continuarono a ordinare bottiglie d'acqua. E
lì feci un gesto che avrebbe potuto essere punito con violenza, ma sentivo che potevo farlo, sentivo che davanti avevo dei ragazzini. Imbottiti di lastre di piombo,
ma pur sempre ragazzini. Misi un registratore in tavola e mi rivolsi ad alta voce a
tutti, cercando di incrociare gli occhi di ognuno:

«Forza, parlate qua dentro, dite quello che volete...»

A nessuno parve strano il mio gesto, a nessuno venne in mente di stare davanti
a uno sbirro[8] o a un giornalista. Qualcuno iniziò a urlacchiare qualche insulto al
registratore, poi un ragazzino spinto da qualche mia domanda mi raccontò la sua
carriera. E pareva non vedesse l'ora di farlo.

«Prima lavoravo in un bar, prendevo duecento euro al mese; con le mance
arrivavo a duecentocinquanta e non mi piaceva come lavoro. Io volevo lavorare
nell'officina con mio fratello, ma non mi hanno preso. Nel Sistema prendo trecento euro a settimana, ma se vendo bene prendo anche una percentuale su ogni
mattone (il lingotto di hashish) e posso arrivare a trecentocinquanta-quattrocento
euro. Mi devo fare il mazzo, ma alla fine qualcosa in più me la danno sempre».

Dopo una mitragliata di rutti che due ragazzetti vollero registrare, il ragazzino
che veniva chiamato Satore, un nome a metà tra Sasà e Totore, continuò:

«Prima stavo sempre in mezzo alla strada, mi scocciava il fatto di non avere
il motorino e me la dovevo fare a piedi o con gli autobus. Mi piace come lavoro,
tutti mi rispettano e poi posso fare quello che voglio. Mo[9] però mi hanno dato il
ferro[10] e devo sempre stare qua. Terzo Mondo, Case dei Puffi[11]. Sempre chiuso
qua dentro, avanti e indietro. E non mi piace».

Satore mi sorrise e poi urlò ridendo nel registratore:

«Fatemi uscire da qua!... Diteglielo al masto[12]!»

Li avevano armati, gli avevano dato il ferro, la pistola, e un territorio limitatissimo in cui lavorare. Kit Kat poi continuò a parlare nel registratore poggiando le
labbra ai fori del microfono, registrando anche il suo fiato.

«Io voglio aprirmi una ditta per ristrutturare le case oppure un magazzino o un
negozio, il Sistema mi deve dare i soldi per aprire, poi al resto ci penso io, pure a
chi sposarmi. Mi devo sposare non una di qua, ma una modella, nera o tedesca».

Roberto Saviano, Gomorra, Milano, Mondadori, 2006

---

8. sbirro: poliziotto o carabiniere (spregiativo).
9. Mo: adesso (dialettale).
10. il ferro: la pistola (gergale).
11. Terzo Mondo, Case dei

Puffi: nomi popolari di rioni napoletani; il primo è situato a cavallo dei quartieri di Scampia e
Secondigliano, il secondo all'interno di Scampia.

12. masto: maestro (dialettale), qui usato con il significato
di "capo".

Cittadinanza consapevole · UNITÀ 22

SCHEDA DI ANALISI

Il tema e il messaggio

● La camorra ha bisogno di un **esercito di spaccia-tori** e di persone incaricate di verificare che le attività che si svolgono sul territorio siano conformi al proprio volere. Spesso **la scelta cade sui minorenni** perché, come sottolinea il brano, presentano una serie di vantaggi: costano meno, non danno nell'occhio, stanno volentieri tutto il giorno per strada.

● Descrivendo le giovani reclute di camorra che incontra in pizzeria, Saviano sottolinea il contrasto tra i loro atteggiamenti da "grandi" e la goffaggine dei loro corpi ancora acerbi imbottiti dai giubbotti antiproiettile. Il paragone tra i suoni che i ragazzini emettono mangiando la pizza e quelli degli anziani che succhiano il brodo suggerisce con triste evidenza la condizione in cui questi adolescenti sono ridotti da chi li sfrutta cinicamente: **dei ragazzi già vecchi**, a cui è stata rubata **la possibilità di un'esistenza normale**. Si tratta infatti di giovani delinquenti ma anche, prima di tutto, di **vittime**, la cui colpa maggiore è appartenere a una realtà sociale ed economica estremamente critica.

● Quasi un simbolo della volontà di documentare a qualunque prezzo la realtà, il registratore coraggiosamente acceso da Saviano riesce, letteralmente, a dare loro voce. Il grido di aiuto lanciato per scherzo da uno di essi (*Fatemi uscire da qua!... Diteglielo al masto!*) – imprigionato come gli altri in una realtà malvagia, chiuso in un giubbotto antiproiettile – assume un valore inconsapevolmente emblematico.

● L'analisi attenta delle strategie economiche e organizzative della camorra è una caratteristica tipica di *Gomorra*: Saviano mostra con chiarezza come questa **rete criminale** non sia una semplice associazione di feroci banditi, bensì **un impero** gestito secondo criteri di massima efficienza e pienamente integrato nel sistema economico italiano e internazionale. Oltre che al traffico e allo spaccio di droga, nonché al taglieggiamento, la camorra si dedica infatti allo smaltimen-

to illegale dei rifiuti pericolosi prodotti da industrie di ogni parte d'Italia, costruisce case e palazzi, controlla gli appalti pubblici, gestisce il commercio di abiti contraffatti, controlla la distribuzione dei prodotti alimentari e così via.

La forma del testo

● *Gomorra* è, secondo le parole stesse dell'autore, «**un romanzo di "non-fiction"**. Un romanzo con nomi e cognomi, dati e analisi, documenti della magistratura, interviste, intercettazioni». «Il montaggio, lo stile sono romanzeschi, i fatti raccontati sono tutti veri. I nomi non sono cambiati». Si tratta dunque, per così dire, di un "romanzo-non romanzo", di un romanzo-verità.

● Lo stile è quello dell'**inchiesta giornalistica**: non poche parti del libro derivano, in effetti, da **articoli precedentemente pubblicati** dall'autore. Si tratta di un'inchiesta svolta e raccontata **in prima persona**, nella quale la sua presenza diretta come **"personaggio"** permette a Saviano di creare due livelli di narrazione: il primo è la descrizione accurata del mondo della camorra e delle sue dinamiche, il secondo è la descrizione di come egli stesso esplora questo mondo, e delle riflessioni e dei sentimenti che suscita in lui.

● Saviano conosce a fondo la realtà delle zone di cui parla, non solo perché vi è nato, ma anche perché si è **deliberatamente immerso in essa**, svolgendo umili mestieri, mescolandosi con la gente della camorra, stringendo amicizie, osservando processi, scene di delitti, funerali: un po' come fanno gli antropologi che vivono per mesi o anni insieme alle popolazioni oggetto del loro studio. Questa **prospettiva interna, "dal basso"**, unita a una lucida visione generale del sistema della camorra e delle sue strette relazioni con il più vasto sistema economico italiano, ha permesso a Saviano di scrivere un'opera originale nella forma e accurata, dettagliatissima nei contenuti.

Laboratorio sul testo

Comprendere

1. Per ciascuna delle seguenti affermazioni, indica se è vera o falsa.

a) ☐ L'episodio raccontato da Saviano nel brano si svolge a Napoli. V ☐ F ☐

b) ☐ Un adulto viene pagato dalla camorra più del doppio di un ragazzino. V ☐ F ☐

c) ☐ I supermarket e i negozi sorvegliati dai ragazzini sono di proprietà della camorra. V ☐ F ☐

d) ☐ I ragazzini con cui parla Saviano nella pizzeria sono diffidenti nei suoi confronti. V ☐ F ☐

749

PARTE 4 · Voci della realtà

2. Completa le frasi scegliendo tra le parole elencate: *dotazione*; *indossano*; *latitanti*; *mansioni*; *pistola*; *pusher*; *rito*; *Sistema*; *sorvegliare*; *stupefacenti*; *turni*.

Leggendo il brano scopriamo molti particolari sui piccoli soldati del ....: sono costretti a una specie di .... di iniziazione consistente nel farsi sparare addosso mentre .... un giubbotto antiproiettile, hanno .... differenziate (per esempio possono agire da ...., o portare i pasti ai ...., o, ancora, ... un quartiere come "pali"), man mano che "fanno carriera" ricevono in .... prima un motorino e poi la ...., sono spesso costretti a pesanti .... di guardia per sopportare i quali vengono loro date sostanze ....

Interpretare

3. Perché, secondo te, Saviano invita i ragazzi a parlare al registratore? Lo fa semplicemente per poter trascrivere con esattezza ciò che dicono?

Analizzare

4. Suddividi il testo in sequenze e proponi un titolo per ciascuna di esse. Indica inoltre se ciascuna sequenza è prevalentemente narrativa o informativa.

5. Individua i due passi all'interno del testo in cui l'autore descrive direttamente, in prima persona, le proprie azioni e le proprie sensazioni. Ti sembrano passi significativi? Perché?

Padroneggiare la lingua

Lessico

6. *Hanno dai dodici ai diciassette anni, molti sono figli o fratelli di affiliati, molti altri provengono invece da famiglie di precari*. Che cosa significano i termini sottolineati, in questo contesto? Sei in grado di trovarne dei sinonimi?

7. Nel suo discorso il ragazzo il cui soprannome è Satore usa alcune espressioni informali, gergali e dialettali: individuale e sostituisci ciascuna di esse con espressioni appartenenti a un registro medio.

Grammatica

8. Nell'ultimo capoverso, Kit Kat usa una costruzione tipica dell'italiano regionale: quale? In che cosa consiste il suo "errore", dal punto di vista grammaticale?

9. Individua nel testo un periodo di tipo paratattico (cioè formato da frasi coordinate) e uno di tipo ipotattico (cioè formato da frasi subordinate). Quale forma di periodo è prevalente nel brano?

Produrre

10. Come accade spesso, nella scrittura di tipo giornalistico, i periodi delimitati da punti fermi sono mediamente assai brevi. Riscrivi il capoverso che inizia con *Li arruolano appena diventano capaci di essere fedeli ai clan* (rr. 32-56) utilizzando una punteggiatura "saggistica", ovvero sostituendo, dove opportuno, i punti fermi con i due punti, il punto e virgola o la virgola.

11. *Tutti mi rispettano*, dice Satore. Discuti con i tuoi compagni il valore di questa sua convinzione. Il rispetto può essere fondato sul timore della violenza?

12. A proposito della forza civile della letteratura e del giornalismo, Saviano ha dichiarato: «Penso che il solo svelare le dinamiche di potere le renda più fragili, sostituibili. Credo ancora che la "parola" possa essere forgiata come antidoto al potere». In un testo argomentativo di circa una pagina spiega che cosa, secondo te, intende dire Saviano con queste affermazioni. Per farlo utilizza, nell'ordine che preferisci, i seguenti termini chiave: verità; opinione pubblica; testimonianza; denuncia; potere; segreto; trasparenza.

13. Il traffico e lo spaccio di droga rappresentano enormi e fondamentali fonti di guadagno per la camorra e le mafie in genere. Chi consuma droga finanzia direttamente la criminalità organizzata e il suo sistema fondato sulla violenza, sullo sfruttamento, sulla sopraffazione. Basandoti sulle considerazioni appena fatte, prova a ideare una pubblicità (composta da uno slogan e una fotografia) per sensibilizzare le persone alla realtà di questo grave problema.

750

Cittadinanza consapevole • UNITÀ 22

T4

AA. VV.
Noi, vittime del bullismo

TIPO DI TESTO
Narrativo

GENERE
Autobiografico

TEMATICA
Il bullismo a scuola

Il bullismo è purtroppo un fenomeno assai diffuso tra i bambini e gli adolescenti, nell'ambiente scolastico ma anche al di fuori di esso. Si parla di bullismo quando uno o più persecutori (i "bulli") prendono di mira una o più vittime, compiendo nei loro confronti prepotenze di vario tipo, di solito ripetute nel tempo. Tali prepotenze possono essere fisiche (percosse, scherzi pesanti, furti, estorsioni, danneggiamento o distruzione di oggetti personali), verbali (prese in giro, minacce, insulti) o psicologiche (emarginazione, false dicerie): in tutti questi casi l'effetto ottenuto è una fortissima sofferenza da parte delle vittime, una sofferenza che non sempre chi sta loro intorno – genitori, insegnanti, compagni – riesce a cogliere e comprendere.
Ti proponiamo tre testimonianze di vittime di bullismo scolastico inviate a un sito che si occupa di questo problema e, nel riquadro, una breve relazione sul medesimo argomento scritta da due neuropsichiatri.

A distanza di 4 anni ancora ne soffro

Devo dire che mentre scrivo questa e-mail mi vergogno, però voglio raccontarvi la mia storia perché a distanza di 4 anni ancora ne soffro. Tutto è cominciato quando ho iniziato a frequentare il primo anno delle superiori, venivo presa in giro dalle mie compagne di classe per il mio carattere riservato, per il mio
5 peso (allora pesavo 67 kg sono alta 1,60 m) perché studiavo. Su dei fogli di carta mi disegnavano nuda e con la mia ciccia ero disperata mi vergognavo pensavo che tutto questo era colpa mia che io ero quella sbagliata non sapevo come comportarmi l'unico modo per tenerli buoni era quello di passare i compiti in classe e per casa. Tutto questo è andato avanti per 3 anni. Quando frequentavo il quarto
10 anno ho passato il compito di matematica e una di queste ragazze ha sbagliato a copiare dei dati e ha preso un brutto voto e per me è iniziato l'incubo più brutto della mia vita. Venivo derisa più del solito tornavo a casa piangendo tutti i giorni così ho raccontato ai miei quello che mi stava succedendo. Sono andati a scuola a parlare con i docenti: li hanno rassicurati che la cosa si sarebbe risolta invece
15 non è stato così. L'ultimo giorno che sono entrata in quella classe mi avevano già insultata di prima mattina mi hanno fatta sedere da sola io ero disperata piangevo […] alla fine dell'ora dopo che la prof è andata via mi hanno circondato di nuovo e hanno insultato. […] Io ho raccontato tutto ho pregato i miei di non mandarmi più a scuola preferivo rimanere senza un diploma ho perso un mese di scuola. Mi
20 sono dovuta trasferire in collegio non facevo che piangere sono stati i mesi più brutti della mia vita. Ora studio psicologia spero di potermi laureare al più presto in modo d'aiutare quei ragazzi che soffrono perché sia la scuola o il resto dei compagni li abbandonano.

751

Vivi e lascia vivere

I bulli non colpiscono solamente le persone con difetti fisici, spesso basta essere più timidi della media, più sensibili, avere poca autostima. A mio avviso questi tre fattori possono essere molto influenti sulla scelta del carnefice della potenziale vittima.

A me capitò così, non ero né grasso ne brutto, né avevo difetti nell'esprimermi, ero solamente un ragazzo timido e abbastanza sensibile (cosa che ho sempre ritenuta essere un pregio per il prossimo, ma sconveniente per se stessi, perché l'essere sensibili in questa società paga poco).

Avevo iniziato la seconda superiore, avevo grande voglia di fare, voglia di divertirmi e avevo preso la scuola con spirito positivo. Ma il mio desiderio di divertirmi non era basato sul fare del male agli altri, semplicemente sul ridere o scherzare insieme agli altri, in amicizia, che poi è il pensiero alla base del vero vivere bene.

Poco dopo l'inizio dell'anno scolastico, venne trasferito nella nostra classe un ragazzo, che da subito, forse per "atteggiarsi" a duro, iniziò a rompere le scatole agli altri e aveva il brutto vizio di mettere le mani addosso, una cosa che non ho mai sopportato, questo era ben visibile e lui accorgendosi della mia insofferenza si concentrò su di me. Divenni il suo bersaglio preferito. Iniziarono pugni, morsi, calci. [...] Più reagivo in maniera anche nervosa e seccata più questo ci godeva e continuava, sembrava fatto di gomma, quando reagivo magari dandogli un pugno sulla spalla o spingendolo via non lo turbava minimamente. Davvero non sapevo cosa fare, il mio desiderio di andare a scuola diminuì notevolmente, la voglia di divertirmi, di stare bene con gli altri, sparirono del tutto. Se fino ad allora mi era anche piaciuto scherzare con i professori, dialogare con tutti, iniziai a diventare invisibile, in modo che lui non mi notasse. Ogni giorno diventava un incubo, alzarmi la mattina con il pensiero di trovarlo lì ad aspettarmi, non saper cosa fare, professori che non badano troppo a queste cose e comunque la paura di parlare, per il timore di passare da "sfigato" erano tutte cose che mi facevano sentire in gabbia. Oltretutto quando sei preso di mira, vedi gli altri più sollevati, perché pensano "meno male che non tocca a me" e questa è una cosa che fa male, persone che dovrebbero esserti amiche in realtà si girano dall'altra parte o peggio, ti guardano senza muovere un dito in tua difesa. Ma la loro è solo omertà e vigliaccheria, perché quando è toccato a loro hanno abbassato la testa, facendosi sopraffare passivi.

Ho capito una cosa, spesso la vittima dei soprusi in realtà è la persona più coraggiosa, perché si ribella, perché alza la testa. Gli stessi bulli sono dei vigliacchi, perché si aggregano in gruppetti, per sentirsi forti, questo lo vedevo con i miei occhi, quando sono soli, spesso sono degli agnellini. È gente che ha problemi a socializzare, gente che cerca di farsi accettare con la prepotenza. Nella mia classe il gruppo di bulli era composto da 4 persone, di cui ovviamente ne faceva parte anche il mio aguzzino. Però ognuno di loro aveva un modo diverso di fare il bullo, questo ragazzo ad esempio sfotteva poco, ma in compenso usava sempre le mani, mentre gli altri usavano più l'insulto, la presa in giro e si concentravano sulle persone che avevano difetti fisici anche lievi (balbuzie ...) o su quelli che non avevano i canoni estetici richiesti [...].

Per chiudere il discorso, ho passato tutti i restanti anni delle superiori nell'anonimato completo e vivendoli male, anni che potevano essere molto belli. Verso la quarta superiore penso che si stancò di me, perché ero diventato passivo, indifferente, tanto che poi si concentrò su uno degli altri bulli, con il risultato che se le davano un giorno sì e l'altro anche. Ora ho 27 anni, mi sembrano cose così lontane e pure al pensiero mi sale ancora la rabbia, ricordo nitidamente tutti quei giorni in cui ho marinato la scuola di nascosto alla mia famiglia, per il timore di incontrarlo in classe.

Chi è vittima del bullismo deve rendersi conto che quelli con problemi non sono loro, ma i bulli stessi. È gente disturbata, con problemi psicologici che non sa relazionarsi con il prossimo, purtroppo però spesso dallo psicologo non ci finiscono questi personaggi, ma bensì le vittime.

Quelli che tengono gioco ai bulli sono in realtà dei vigliacchi.

Quelli che vivono nell'indifferenza e si voltano dall'altra parte, sono dei vigliacchi. [...]

Se non siete voi stessi le vittime, ma assistete ad azioni di bullismo, non voltatevi dall'altra parte, abbiate il coraggio di aiutare chi ha bisogno.

Se le persone rispettassero il motto "vivi e lascia vivere", vivremmo tutti certamente meglio.

Compagne o aguzzine?

Ho aspettato tanto a scrivere per questo sito perché qualcosa, dentro di me, si ostinava a ripetere che non sono stata vittima di un bel niente. So benissimo che si tratta di un modo per reagire, per proteggersi dai ricordi, un piccolo disperato strumento dell'orgoglio. E forse ho ragione: non dovrei lamentarmi, visto che la mia esperienza non è andata oltre una forma persistente di bullismo verbale. Niente pugni, niente schiaffi. Ma l'hanno già detto in tanti, le parole possono essere un'arma tagliente, un veleno che ti entra in circolo e non può più uscire. Scrivo per questo, dunque, tentando di sbrogliarmi dai miei blocchi.

Ho passato periodi considerevoli della mia vita, guardandomi in lacrime allo specchio: mi chiedevo il motivo dell'avversione degli altri nei miei confronti. Non sono mai stata brutta o goffa, mai una prevaricatrice o un tipo scontroso, e non ho fatto mai nulla per attirare su di me le cattiverie degli altri. Anzi, forse qualcosa l'ho fatto: studiavo, prendevo buoni voti. [...]

Sia chiaro, non esigo grandissime amicizie, non l'ho mai fatto: quello che ho chiesto agli altri è stato solo rispetto. Anche se molto spesso mi sono ritrovata a desiderare semplicemente di essere IGNORATA, di diventare invisibile agli occhi delle persone che mi deridevano. Mi guardavano in continuazione cercando il minimo difetto, ridendo a ogni mio passo. Non trovando qualcosa per cui deridermi, iniziavano a insultare pesantemente me e persino i miei genitori. Tutto questo, solo perché ero la prima della classe.

Sembra così stupido, ora, guardando tutto con lucidità dall'esterno. Ma ho davvero avuto, per anni, la certezza di essere SOLA, di non aver alcun amico che mi appoggiasse varcata la soglia della scuola. Avevo il terrore dei miei compagni, e insieme l'incontrollabile desiderio di diventare amica di qualcuno di loro. Sono giunta, per questo, persino a litigare con i miei, pensando di "non studiare più e

PARTE 4 · Voci della realtà

cominciare ad avere brutti voti" per farmi accettare da loro. "Loro", erano un'entità terribile. I loro insulti mi accompagnavano dovunque andassi, ero diventata impacciata e nervosa. Mi urlavano contro (e parlo di ragazze, la maggior parte di loro erano ragazze, dimostrazione del fatto che la violenza non è una prerogativa maschile) mi urlavano contro, dicevo, e io non riuscivo a trattenere le lacrime. Correvo in bagno, mi chiudevo dentro, battevo i pugni contro il vuoto finché non mi calmavo. Poi tornavo in classe, e tutto ricominciava di nuovo. [...]

APPROFONDIMENTO

Le vittime del bullismo

Non può essere definita una specifica tipologia della vittima del bullismo anche se, in generale, possiamo indicare delle caratteristiche che fanno di un bambino/ragazzo una potenziale vittima: ad esempio avere dei tratti somatici particolari (obesità o eccessiva magrezza, essere più alto o più basso rispetto ai coetanei), portare gli occhiali o un apparecchio per i denti, avere una diversa cultura, religione, etnia[1], avere preferenze o gusti diversi, vestire in modo "non omologato" (non griffato[2]), essere timido o creativo, essere poco propenso ad usare la forza per imporsi o difendersi e così via. Qualsiasi elemento distintivo può essere una buona scusa: la lista delle possibili ragioni per diventare una potenziale vittima di atti di bullismo è infinita, ma queste ragioni sono di per sé irrilevanti, perché sono solo un pretesto che consente al bullo di iniziare e proseguire le sue aggressioni. La vittima diventa allora il "bersaglio" che consente al bullo di agire[3] la sua rabbia, le sue frustrazioni, la sua aggressività. [...]

Non vi sono differenze di sesso: nelle ricerche epidemiologiche[4] bambini e bambine, ragazzi e ragazze, riportano in eguale misura di essere stati vittime di bullismo. La probabilità di essere oggetto di atti di bullismo decresce col passare degli anni: almeno il 30% delle vittime frequenta le elementari, mentre il 12% frequenta le superiori. I bambini più piccoli con più probabilità sono vittime di bambini più grandi, mentre gli adolescenti sono più facilmente vittimizzati da coetanei. [...]

Le conseguenze del bullismo sulla vittima non sono solo quelle immediate, derivanti dalle aggressioni fisiche subite, ma comprendono anche alterazioni dell'equilibrio psicofisico del bambino/ragazzo che è stato vittimizzato; tali alterazioni possono determinare patologie psichiatriche[5] e disturbi psicosomatici[6] che possono diventare cronici e irreversibili[7], anche al venir meno della condotta persecutoria[8] che li ha determinati.

Fra i disturbi psicosomatici si possono ricordare: cefalea[9], vertigini, dolori muscolari, astenia[10], inappetenza e rifiuto del cibo, dolori addominali, tachicardia[11], dispnea[12], tosse e crisi asmatiche[13], dermatiti[14], insonnia e alterazioni del ritmo sonno-veglia.

Per quanto riguarda i disturbi psichiatrici, i più frequenti sono: disturbi d'ansia (ansia generalizzata, attacchi di panico, fobie[15]); disturbi dell'umore (depressione con aumentato rischio di suicidio); disturbi del pensiero con fissazione ideativa[16].

Le vittime del bullismo presentano anche conseguenze sul piano sociale (insicurezza, scarsa autostima, scarsa motivazione all'autonomia, dipendenza dall'adulto, ritiro sociale[17]); inoltre col passare del tempo e il perdurare delle aggressioni, spesso si osservano problemi d'apprendimento scolastico, con cali di rendimento, determinati da difficoltà di concentrazione e da tutte le problematiche emotive e relazionali sopra menzionate.

Alberto Ottolini e Maura Rossi, *Le vittime del bullismo*, relazione tenuta al Seminario nazionale *L'educazione alla cittadinanza per la prevenzione del disagio e del bullismo*, organizzato dal Ministero dell'Istruzione, dell'Università e della Ricerca il 9-10 dicembre 2008

---

1. etnia: gruppo umano proveniente da una stessa stirpe, i cui membri hanno in comune gli stessi caratteri linguistici e culturali.
2. vestire... non griffato: indossare abiti non di marca e, per tale ragione, non omologarsi ai dettami della moda.
3. agire: trasformare in azione, mettere in pratica.
4. ricerche epidemiologiche: ricerche che studiano i meccanismi e la diffusione delle patologie.

5. patologie psichiatriche: malattie mentali.
6. disturbi psicosomatici: sintomi fisici di sofferenze psicologiche.
7. cronici e irreversibili: permanenti, non guaribili.
8. condotta persecutoria: comportamento di chi, come il bullo, perseguita qualcuno.
9. cefalea: mal di testa.
10. astenia: senso di debolezza, mancanza di forze.

11. tachicardia: battito anormalmente veloce del cuore.
12. dispnea: respiro breve e affannoso, con sensazione di mancanza d'aria.
13. crisi asmatiche: accessi caratterizzati da intense difficoltà di respirazione.
14. dermatiti: infiammazioni della pelle.
15. fobie: timori irrazionali.
16. fissazione ideativa: presenza di idee fisse, ossessive.
17. ritiro sociale: volontario allontanamento dalle relazioni sociali.

Cittadinanza consapevole · UNITÀ 22

Ma non è mai per sempre. Non ho schivato alcun colpo, non mi sono nascosta dietro false giustificazioni, e non so come ho resistito, fino al terzo anno del
120 liceo. Poi, non so cos'è successo, ma sono esplosa. Non so a chi l'ha detto, ma "è
meglio esplodere che implodere", questo è sicuro: ci si fa male in entrambi i casi,
ma nel secondo i danni sono interni e irreversibili. Ebbene, sono esplosa. Come?
Per un fatto banalissimo. Una ragazza che mi ha continuamente trattato come
uno straccio, dalle elementari fino ad ora, pretendeva che io le passassi una ver-
125 sione di latino. Solitamente lo permettevo, pur sentendo qualcosa dentro il mio
stomaco che si agitava.

Ma quella volta no. Quella volta, ho rifiutato: tradurre quella versione mi era
costato ore e ore di fatica, e quella ragazza trascorreva i propri pomeriggi uscendo
con le amiche. Era questo che volevo? Farmi mettere i piedi in faccia?

130 Lei ha cominciato a gridare, diceva che io "dovevo darle quella c… di versione". Dovevo? Qualcosa dentro di me si è ribellato, e ho cominciato a gridare
anch'io verso di lei. Ho scoperto di essere forte, ho scoperto che "loro" in realtà
non erano nessuno e i loro insulti valevano meno di una chewing-gum appiccicata
sotto un banco. Sì, per qualche minuto sono diventata come loro: ho urlato, ho
135 detto parolacce anche se la "me normale" non l'avrebbe fatto mai e poi mai, ma
ho stabilito la mia superiorità. Hanno avuto paura di me.

Quel giorno, metà classe non presentò la propria versione all'insegnante.

Da allora non mi hanno domandato più niente. Hanno continuato tuttavia,
seppur con minor frequenza, con le loro risate di scherno e i loro insulti; mi ca-
140 pita ancora di tremare di rabbia a causa delle loro parole di fiele. Ma so di essere
forte, so di esserlo. E questo mi aiuta a vivere, a sconfiggerle dentro la mia testa
giorno per giorno.

www.bullismo.com

SCHEDA DI ANALISI

Il tema e il messaggio

● Perché ci si comporta da bulli, cioè da prepotenti e
da persecutori? Per mettersi in mostra, cercando di apparire forti, superiori, agli occhi degli altri; perché si
crede che questo sia il modo migliore per demarcare e
caratterizzare il proprio gruppo; per intolleranza verso
chi, per qualsiasi ragione, appare diverso, "non conforme"; per invidia; perché i propri modelli di riferimento
(fratelli e sorelle maggiori, ragazzi più grandi) si comportano così; perché si è stati in passato o si è tuttora
a propria volta **vittime di bullismo**, di violenza o di
gravi problemi familiari; perché si è privi di interessi e
non si sa come riempire altrimenti la giornata; perché
si prova gusto a dominare e a fare soffrire qualcuno. E
tale elenco potrebbe continuare.
● Quali che siano le sue **motivazioni**, il bullo finisce

per trattare e considerare la sua vittima come un mezzo, un oggetto, anziché come una persona. Per la vittima, tale persecuzione si traduce in una **sofferenza
profonda**, che distrugge l'**autostima** e la sicurezza e
la isola dai coetanei, rovinando anni d'importanza decisiva per la formazione della personalità. L'aumento
di tale senso d'insicurezza e isolamento rende ancora
più facile infierire da parte dei bulli, in una spirale che
spesso non conosce fine; talvolta, essa porta addirittura la vittima all'**autocolpevolizzazione**, cioè alla convinzione che esistano delle motivazioni serie e giustifi-
cate per le aggressioni e le torture subite (*Ero disperata mi vergognavo pensavo che tutto questo era
colpa mia che io ero quella sbagliata*). Uno degli
elementi che restano più impressi, leggendo i racconti
delle vittime del bullismo, è la sensazione di **essere in
trappola**, di non avere vie di scampo (*Ogni cosa che*

755

PARTE 4 · Voci della realtà

facevo speravo che qualcuno mi avrebbe detto che andava bene, e invece, ogni volta mi sentivo deridere da tutti, eppure io ci provavo ogni volta pur avendo la certezza che sarebbe finita sempre come finiva sempre).

● Quando si diventa vittime di bullismo è importante **non restare soli**, avere la possibilità di confidare il proprio disagio agli amici e provare, se possibile, a reagire in modo calmo ma fermo. Se tuttavia ciò risultasse troppo difficile o rischioso, o se tali tentativi non producessero risultati, è fondamentale **parlare del problema** con gli insegnanti, con la propria famiglia, con lo psicologo della scuola, che nella maggioranza dei casi sapranno attivare le iniziative più adatte a risolvere la situazione.

● Quanto detto fin qui vale anche per chi è semplice testimone di atti di bullismo, perché, come spiega bene l'autore della seconda testimonianza, restare indifferenti, voltarsi dall'altra parte equivale in pratica a **essere complici**. Nel caso malaugurato in cui, nonostante il coinvolgimento e gli sforzi di tutti i soggetti, i soprusi continuassero e fossero gravi e dimostrabili, occorrerà denunciare la situazione alle autorità di pubblica sicurezza. È necessario infatti ricordare che molti atti tipici del bullismo – dalle percosse alle ingiurie, dalla diffamazione alle minacce, dagli atti persecutori al furto, dall'estorsione al danneggiamento – sono reati previsti dal Codice penale.

La forma del testo

● I brani riportati sono brevi testi di genere autobiografico: essi riferiscono **eventi vissuti dagli autori**, nonché i pensieri e i sentimenti che tali eventi hanno suscitato in loro. Contenendo sia narrazioni di fatti sia descrizioni di stati ed eventi psicologici personali, tali testimonianze sono allo stesso tempo **testi narrativi e riflessivi**. Leggendoli si coglie molto chiaramente da parte di chi scrive l'**urgenza di comunicare**, di condividere con altri le proprie esperienze.

● Alcuni dei brani appaiono **scritti di getto**, il che ne spiega la **scarsa attenzione** alla forma, compresa la **punteggiatura**, e la prevalenza di **frasi brevi** e di **periodi paratattici**. Tali testimonianze non sono dunque né pretendono di essere testi "letterari", eppure servono perfettamente agli scopi per cui sono state scritte – **sfogarsi**, sentire di non essere soli, essere compresi e incoraggiati, trasmettere agli altri consigli utili – dimostrando in maniera eloquente il valore comunicativo, comunitario, del linguaggio.

Laboratorio sul testo

Comprendere

1. Riporta sul quaderno una tabella come quella rappresentata e annota le informazioni essenziali di ogni testo in base ai seguenti criteri: "Chi" (i protagonisti della vicenda vittima e bulli), "Quando" (l'epoca scolare in cui sono avvenuti i fatti; quanto è durato lo stato di persecuzione), "Perché" (i motivi per cui la vittima era presa di mira); "Che cosa" (i soprusi e le violenze subite); "Come" (i sentimenti e le reazioni della vittima, l'eventuale risoluzione del problema).

	Testo1	Testo2	Testo 3
Chi	Una ragazza		
Quando	Primo anno di superiori; tre anni		
Perché	Carattere riservato; peso ritenuto eccessivo; impegno nello studio		
Che cosa	Derisione; insulti		
Come	Pianto; disagio; senso di emarginazione; trasferimento dalla scuola		

756

Cittadinanza consapevole · UNITÀ 22

Interpretare

2. *I bulli non colpiscono solamente le persone con difetti fisici, spesso basta essere più timidi della media, più sensibili, avere poca autostima. A mio avviso questi tre fattori possono essere molto influenti sulla scelta del carnefice della potenziale vittima* (rr. 24-27). Ti sembra condivisibile tale affermazione? Motiva la tua risposta.

3. *La loro è solo omertà e vigliaccheria* (r. 54). Quale è il significato dell'opinione espressa in tale frase?

4. *Se le persone rispettassero il motto "vivi e lascia vivere", vivremmo tutti certamente meglio* (rr. 84-85). Qual è il significato di quest'affermazione?

5. *È meglio esplodere che implodere* (rr. 120-121). Che cosa vuole affermare la ragazza con tale affermazione?

Analizzare

6. Quali sono le principali caratteristiche delle modalità narrative che ritrovi nei testi?

7. Autore, narratore e protagonista dei testi coincidono o sono figure diverse? Motiva la tua risposta.

Padroneggiare la lingua

Lessico

8. Individua nel brano i termini e le espressioni relative ai campi semantici della sopraffazione e dell'umiliazione e compila la tabella.

Sopraffazione	Umiliazione
....	....
....	....
....	....
....	....
....	....
....	....
....	....

Grammatica

9. *Mi capita ancora di tremare di rabbia*. Che tipo di complemento è l'espressione sottolineata?

10. *Venivo derisa più del solito, tornavo a casa piangendo tutti i giorni così ho raccontato ai miei quello che mi stava succedendo*. Quale tipo di relazione esprime il connettivo sottolineato?

   a) ☐ Motivazione.
   b) ☐ Opposizione.
   c) ☐ Esemplificazione.
   d) ☐ Consecuzione.

11. *Ma non è mai per sempre* (r. 118). Quale soggetto è sottinteso?

Produrre

12. Leggendo le testimonianze, quale aspetto ti ha colpito di più? Esponilo in un testo di circa una pagina.

13. Quali sono a tuo parere le cause più frequenti degli atti di bullismo? Discutine in classe con i compagni, utilizzando come spunto le testimonianze e la relazione dei due neuropsichiatri.

14. L'aggregazione in gruppi, più o meno ampi, più o meno aperti, è una caratteristica tipica, anche se certamente non indispensabile, dell'adolescenza. Quali sono, secondo te, le caratteristiche di un "gruppo ideale"? Come dovrebbero comportarsi i membri di tale gruppo nei confronti di chi non ne fa parte?

VERIFICA UNITÀ 22 Cittadinanza consapevole

Sapere e **Saper fare**

Comprendere e interpretare un testo

Focus: la giustizia

Leggi il brano e poi rispondi ai quesiti.

VERIFICAlim

 ### Gherardo Colombo
Legge e giustizia

Il racconto è tratto dal saggio *Sulle regole*, recentemente pubblicato da Gherardo Colombo, ex magistrato milanese, responsabile di importantissime inchieste e dunque grande esperto di questioni legate al tema della giustizia.

LEGGE E GIUSTIZIA
Sebbene ci sia chi pensa il contrario, delle regole non si può fare a meno perché non si può stare insieme senza applicarne, magari inconsapevolmente.
La regola è l'altra faccia della convivenza, sono due lati della stessa medaglia. Lo si può verificare empiricamente[1]: non possiamo incontrarci se non applichiamo regole comuni sulla misurazione del tempo; non possiamo comunicare se non applichiamo regole condivise di linguaggio; spesso, se non sempre, i contatti tra le persone hanno regole specifiche (per fare qualche esempio, stare a tavola, assistere a una conferenza, frequentare la scuola sono tutte attività che hanno le proprie regole).
Allo stesso modo si può constatare che qualsiasi tipo di associazione, comunità o consorteria[2] – un ordine religioso, una bocciofila[3], un cineclub, la mafia... si basa su regole.
Regola, legge, legalità sono le parole più usate quando ci si trova di fronte a fatti, drammi e contraddizioni relativi ai rapporti umani. Sono termini neutri, il cui significato può variare indefinitamente in base al contenuto che esprimono.
Per essere chiari: leggi erano quelle che prevedevano la schiavitù o quelle che discriminavano gli ebrei, e leggi sono quelle che prevedono, ancora in tanti stati, la pena di morte. Altrettanto, leggi sono quelle che prevedono la libertà e l'uguaglianza dei cittadini, e leggi sono quelle che escludono, oggi in gran parte degli stati, la pena capitale. Per dar senso concreto alle parole "regole", "legge" e "legalità" bisogna guardare al loro contenuto. Ma come si può valutare questo contenuto, e quindi sapere qual è il senso dell'osservanza delle leggi, generalmente definita con il termine "legalità"?

LEGGI DIVERSE NEL TEMPO E NELLO SPAZIO
La parola "legalità", da sola, indica esclusivamente l'atteggiamento dei cittadini nei confronti della legge. È un termine neutro che, per essere riempito di significato, ha bisogno di qualche ulteriore precisazione.
Le leggi, il diritto, le regole possono essere assai diversi e anche in contraddizione gli uni con le altre, a seconda del momento storico e dei paesi in cui vigono.
Non tanto tempo fa (era il 1938), l'Italia emanò alcune leggi, chiamate "razziali" perché distinguevano i cittadini in base all'appartenenza etnica e introducevano pesanti discriminazioni nei confronti degli ebrei (ed entro limiti assai più ristretti, nei confronti di altri gruppi). Tra l'altro vietavano che persone di origine ebraica svolgessero impieghi pubblici, in particolare che insegnassero, e proi-

---

1. **empiricamente:** in modo pratico.
2. **consorteria:** associazione, gruppo con lo scopo di difendere gli interessi dei propri appartenenti.
3. **bocciofila:** circolo in cui si pratica il gioco delle bocce.

VERIFICA UNITÀ 22

bivano ai bambini e ai ragazzi ebrei di frequentare le scuole. Caduto il fascismo, quelle leggi furono abrogate. Il sistema italiano era legale tanto prima quanto dopo la promulgazione e l'abolizione delle
60 leggi razziali, ma la differenza è evidente.
Meno di un secolo prima (nel 1865) occorse il Tredicesimo emendamento[4] alla Costituzione americana (entrata in vigore nel 1787), perché in quel paese venisse sancita la fine della schiavitù. Fino
65 ad allora, negli Stati Uniti d'America era legale che una persona fosse proprietà di un'altra. Dopo divenne legale il contrario. La legalità esisteva sia prima della modifica costituzionale sia dopo l'emendamento.
70 Allo stesso modo oggi è legale tanto il sistema nel quale vengono eseguite pene capitali perché sono previste dalla legge, quanto il sistema in cui esse non vengono eseguite perché tale sanzione è esclusa.
75 Il fatto che possano esistere "legalità" così diverse e contrastanti mostra che un incondizionato apprezzamento dell'osservanza delle leggi può essere il frutto di un equivoco o di un inespresso sottinteso. È mai possibile che sia indifferente come venga
80 organizzato lo stare insieme, che non abbia alcuna importanza il contenuto delle regole che lo disciplina, che prevedere la pena di morte o vietarla, che impedire ad alcune persone quel che è consentito ad altre, oppure escludere le discriminazioni
85 siano misure equivalenti e di pari dignità, perché comunque organizzano, e quindi consentono, di stare insieme?
È evidente che non è così.
Ma come si può valutare il diritto, il complesso
90 delle leggi che disciplinano una società? Qual è l'elemento esteriore che permette di dire che se ne condivide il contenuto, o di stabilire se una legge va conservata o cambiata, se bisogna osservarla o violarla?

95 **"GIUSTIZIA" È UNA PAROLA AMBIGUA**
La valenza[5] delle leggi è stata ed è valutata in riferimento al concetto di "giustizia".
Anche questo concetto, però, presenta forti ambiguità.
100 Per cominciare, il termine è utilizzato con significati diversi. Lo si usa indifferentemente per definire la giustizia e la sua amministrazione.
Nel primo senso la parola indica un punto di riferimento, un principio di fondo dello stare insieme;
105 o anche un'aspirazione, il fine cui tende la persona per se stessa o nelle relazioni con gli altri. Per questa accezione fioriscono le aggettivazioni (giustizia sociale, giustizia distributiva, giustizia retributiva...), ciascuna delle quali specifica il termine
110 dandogli un significato particolare in riferimento al campo in cui viene applicato.
Nel secondo significato, il termine "giustizia" definisce il modo di gestire quel meccanismo assai pratico che consiste nel sistema che gli esseri umani
115 – seppure in modi molto diversi – hanno messo in piedi per risolvere le controversie, per verificare chi ha ragione e chi ha torto in un rapporto tra privati (per esempio rispetto alla validità di un contratto o di un testamento), tra cittadini e pubblica
120 amministrazione (per esempio per stabilire se sia consentito negare una concessione per costruire un palazzo), tra lo stato e chi è sospettato di aver commesso un reato. Parlando degli avvocati, dei giudici, del pubblico ministero, delle udienze, del
125 carcere, del ministro, della mancanza di fotocopiatrici e così via, si usa il termine "giustizia" in questa seconda accezione.
Quando si dice che la giustizia non funziona, si allude alla sua amministrazione; invece quando si
130 dice che in un paese non c'è giustizia, ci si riferisce al principio fondamentale della convivenza. Si dice anche che le leggi (o i comportamenti) di un paese non sono conformi a giustizia[6].
Benché così specificato, questo termine è interpre-
135 tato in modi assai diversi.
Si è mai sentito di qualcuno, al di là di pazzi e provocatori, che abbia dichiarato pubblicamente di perseguire[7] l'ingiustizia?
Qualunque sia il fine, e al di là dei mezzi usati per
140 raggiungerlo, ciascuno si presenta come persona giusta che intende realizzare la giustizia.
In nome di questo principio sono scoppiate rivoluzioni, sono state represse sommosse, praticati genocidi, commessi crimini orrendi. Quanto male
145 è stato provocato sotto il vessillo[8] della giustizia!

Gherardo Colombo, *Sulle regole*, Milano, Feltrinelli, 2008

---

4. emendamento: modifica. La storia della Costituzione americana è caratterizzata da una lunga serie di emen-damenti.
5. valenza: valore, validità.
6. non sono conformi a giustizia: non seguono i criteri della giustizia.
7. perseguire: voler ottenere.
8. vessillo: bandiera.

759

VERIFICA UNITÀ 22

Competenza testuale

Individuare e ricavare informazioni

1. Perché, secondo l'autore, leggi e regole sono necessarie?

2. Tutte le leggi sono ugualmente "giuste" e "buone"? Quali esempi porta l'autore per dimostrare la sua opinione, a tal proposito?

3. *Il complesso delle leggi che disciplinano una società* (r. 89-90). Che cosa intende definire l'autore con tale espressione?
   a) ☐ La Costituzione.
   b) ☐ Il Codice civile.
   c) ☐ Il Codice penale.
   d) ☐ Il diritto.

4. Qual è il significato "generale" del termine *giustizia*? E quale, invece, il suo significato "amministrativo"?

Comprendere i significati del testo

5. *Il fatto che possano esistere legalità così diverse e contrastanti mostra che un incondizionato apprezzamento dell'osservanza delle leggi può essere il frutto di un equivoco o di un inespresso sottinteso* (rr. 75-78). Qual è il significato di tale affermazione?
   a) ☐ È fuorviante considerare il rispetto di qualunque legge come un valore assoluto.
   b) ☐ Nessuna legge ammette l'equivoco e i sottintesi.
   c) ☐ Ogni legge può nascondere un equivoco o un sottinteso.
   d) ☐ Se esistono legalità così diverse, significa che la legalità stessa non esiste.

Interpretare e valutare

6. *Delle regole non si può fare a meno* (rr. 2-3). Le argomentazioni che sostengono tale convinzione dell'autore sono corrette, secondo te? Per quali ragioni?

Comprendere strutture e caratteristiche dei generi testuali

7. Perché questo testo può essere definito di tipo argomentativo?

8. Spesso l'autore si riferisce nel suo testo a eventi o situazioni storiche precise, più o meno remote. Ricercali nel testo e spiega qual è la funzione che in generale tali riferimenti svolgono, nelle argomentazioni dell'autore.

Riconoscere il registro linguistico

9. Come definiresti il tipo di registro linguistico adottato dall'autore (alto, medio, tecnico, gergale)? Motiva la risposta con esempi tratti dal testo.

Competenza lessicale

10. Ricerca nel testo il maggior numero di termini ed espressioni riguardanti la giustizia, in tutte le sue diverse manifestazioni.

Competenza grammaticale

11. *Sebbene ci sia chi pensa il contrario, delle regole non si può fare a meno perché non si può stare insieme senza applicarne, magari inconsapevolmente.* Leggi attentamente la frase e rispondi alle seguenti domande.

   A. Da quale connettivo può essere sostituito *sebbene*? _____

   B. Da quale avverbio può essere sostituito *magari*? _____

   C. A chi o che cosa si riferisce il *ne*, nella parola *applicarne*? _____

Unità 23
Integralismi e integrazione

T1 Fabrizio Gatti
Io schiavo in Puglia

T2 Maria Adele Valperga Roggero
Musulmani in Italia o musulmani d'Italia?

T3 Francesco Guccini
Amerigo

Saper fare

T4 Licia Lanza
La lotta dei braccianti di Nardò

ONLINE

W1 Amos Luzzatto, *Integrazione e integralismo*
W2 Maria Laura Giovagnini, *Allenarsi alla pace*
W side Francesco Piazzi, *Capire l'"altro" con i classici*

PARTE 4 • Voci della realtà

Il tema

1 La vera integrazione

Il significato del termine La parola "integrazione" indica, in senso generale, un'azione di completamento, attraverso l'aggiunta di elementi mancanti, allo scopo di ricostituire un'entità unica.
Riferito all'ambito sociale, tale concetto assume il significato di **accoglienza**, all'interno di un gruppo sociale già costituito, di soggetti caratterizzati da un'identità specifica diversa da quella del gruppo di accoglienza.
Attualmente, uno degli esempi più rilevanti è costituito dalla massiccia e problematica **immigrazione** nei Paesi occidentali di persone provenienti per lo più dal Sud del mondo. Per realizzarne un'effettiva integrazione è necessario annullare ogni forma di discriminazione e, anzi, agevolare la mescolanza tra le etnie. Ciò, tuttavia, non deve implicare anche una "omologazione" dei soggetti coinvolti: in altri termini, chi entra a far parte di una nuova società non deve essere costretto ad annullare la propria identità culturale per adeguarsi passivamente a un nuovo modello. L'integrazione comporta, infatti, il rispetto del principio di **tolleranza**.

La tolleranza Storicamente, il concetto di tolleranza si è sviluppato – soprattutto durante l'Illuminismo – in riferimento all'ambito religioso, all'indomani di un lunghissimo periodo caratterizzato da sanguinose guerre di religione; l'idea di tolleranza predicava pertanto la necessità di convivere con fedi e confessioni diverse dalla propria. Oggi tale termine è usato in un senso più ampio, per indicare un atteggiamento di **rispetto** e di **ascolto** nei confronti dell'altro che deve caratterizzare ogni aspetto della vita politica e sociale. Nonostante il termine possa essere interpretato in chiave puramente passiva, cioè come un semplice "tollerare" la presenza dell'altro e delle sue opinioni, in realtà tale valore deve consistere in una disposizione attiva alla comprensione e all'interesse nei confronti di idee e comportamenti diversi dai propri. La tolleranza è fondata sulla consapevolezza che il **confronto** e il **dialogo** sono i mezzi più efficaci per consentire uno sviluppo generale della società, attraverso la conoscenza reciproca e la costruzione di una cultura condivisa.

2 Il confronto delle identità

Lo sfruttamento dei lavoratori stranieri
Uno dei grossi problemi che affliggono la nostra società è quello dello sfruttamento dei numerosi lavoratori stranieri che cercano accoglienza nella nostra patria. Non bisogna dimenticare che anche gli **italiani**, in un passato non troppo lontano, sono stati un **popolo di emigranti**. Si calcola che tra il 1871 e il 1986 circa venticinque milioni di nostri connazionali abbiano lasciato l'Italia per cercare lavoro negli Stati Uniti, in Argentina, in Germania, in Francia, in Belgio, in Svizzera e in

762

Integralismi e integrazione • UNITÀ 23

A sinistra: folla di emigranti pronti a partire gremisce il molo del porto di Lampedusa e le imbarcazioni ormeggiate (Franco Pinna, *L'imbarcadero*, 1960). A destra: alla stazione di Milano, 1950.

molti altri Paesi del mondo (▶ *Amerigo*, p. 779). Dopo il conseguimento dell'unità nazionale, inoltre, milioni di individui si sono spostati da una zona all'altra dell'Italia, soprattutto dal Sud al Nord, sempre alla ricerca di un lavoro per sfuggire alla miseria. Tale circostanza rende ancora più gravi gli episodi di sfruttamento o intolleranza di cui sono vittime le persone immigrate in Italia (▶ *Io schiavo in Puglia*, p. 764).

Incontro-scontro tra culture diverse L'incontro tra civiltà comporta spesso, inevitabilmente, uno **scontro tra mentalità**, concezioni di vita, usi e costumi che in alcuni casi faticano ad armonizzarsi. Per esempio, si stima che in Italia viva ormai oltre un milione di persone di religione musulmana, molte delle quali provenienti dai Paesi del Maghreb (Tunisia, Algeria, Marocco), che a volte incontrano difficoltà a integrarsi.

Da questo punto di vista è fondamentale l'indicazione che ci proviene da esperti di dialogo interculturale come Maria Adele Valperga Roggero (▶ *Musulmani in Italia o musulmani d'Italia?*, p. 771): è attraverso il confronto e la condivisione quotidiani che passa necessariamente la strada verso una migliore comprensione reciproca e verso un'effettiva integrazione.

PARTE 4 · Voci della realtà

T1 # Fabrizio Gatti
Io schiavo in Puglia

• **TIPO DI TESTO**
Espositivo

• **GENERE**
Reportage-inchiesta

• **TEMATICA**
Lo sfruttamento
nelle campagne
della manodopera
immigrata

Nel 2006 il giornalista Fabrizio Gatti, spacciandosi per un immigrato
sudafricano, ha lavorato per una settimana nelle campagne pugliesi,
raccogliendo pomodori fianco a fianco con braccianti stagionali
provenienti da ogni parte del mondo. Il brano è composto da alcuni
estratti del "diario" che ha scritto in quell'occasione, pubblicato
sul settimanale «l'Espresso». Il sommario originale dell'articolo
offre un'idea molto chiara della situazione, simile a quella di molte
altre zone del Meridione: «Sfruttati. Sottopagati. Alloggiati in luridi
tuguri. Massacrati di botte se protestano. Diario di una settimana
nell'inferno. Tra i braccianti stranieri nella provincia di Foggia».
Cinque anni dopo, un gruppo di braccianti immigrati, questa volta
in provincia di Lecce, ha trovato la forza di entrare in sciopero
per denunciare le proprie condizioni di vita e di lavoro e la piaga
dei "caporali", cioè di coloro che per conto dei padroni delle terre
reclutano, organizzano e "sorvegliano" i braccianti al di fuori di
qualunque regola (▶ *La lotta dei braccianti di Nardò*, p. 782).
La lotta dei lavoratori ha portato in breve tempo a un primo frutto:
la legge contro il caporalato, emanata il 13 agosto 2011 (▶ p.
768). Una legge che tuttavia da sola non può bastare: affinché la
situazione "sul campo" cambi realmente occorrerà infatti un'azione
tenace e determinata di tutti i soggetti in gioco, dalle istituzioni agli
agricoltori, dai sindacati ai consumatori.

Sono almeno cinquemila. Forse settemila. Nessuno ha mai fatto un censi-
mento preciso. Tutti stranieri. Tutti sfruttati in nero. Rumeni con e senza
permesso di soggiorno. Bulgari. Polacchi. E africani. Da Nigeria, Niger, Mali,
Burkina Faso, Uganda, Senegal, Sudan, Eritrea. Alcuni sono sbarcati da pochi
5   giorni. Sono partiti dalla Libia e sono venuti qui perché sapevano che qui d'estate
si trova lavoro. Inutile pattugliare le coste, se poi gli imprenditori se ne infischiano delle norme. Ma da queste parti se ne infischiano anche della Costituzione:
articoli uno, due e tre. E della Dichiarazione universale dei diritti dell'uomo. Per
proteggere i loro affari, agricoltori e proprietari terrieri hanno coltivato una rete
10 di caporali spietati: italiani, arabi, europei dell'Est. Alloggiano i loro braccianti in
tuguri[1] pericolanti, dove nemmeno i cani randagi vanno più a dormire. Senza acqua, né luce, né igiene. Li fanno lavorare dalle sei del mattino alle dieci di sera. E
li pagano, quando pagano, quindici, venti euro al giorno. Chi protesta viene zittito
a colpi di spranga. Qualcuno si è rivolto alla questura di Foggia. È stato arresta-
15 to o espulso perché non in regola con i permessi di lavoro. Altri sono scappati.
I caporali li hanno cercati tutta notte. Come nella caccia all'uomo raccontata da
Alan Parker nel film *Mississippi Burning*[2]. Qualcuno alla fine è stato raggiunto.

---

1. tuguri: abitazioni squallide e anguste, baracche,
catapecchie.
2. *Mississippi Burning*: film del 1988 in cui si
racconta dell'indagine che portò all'arresto dei

membri del famigerato gruppo razzista Ku Klux
Klan responsabili dell'assassinio, avvenuto nel
1964, di tre attivisti per i diritti civili degli afroa-
mericani.

764

Qualcun altro l'hanno ucciso.

Adesso è la stagione dell'oro rosso: la raccolta dei pomodori. La provincia di
20 Foggia è il serbatoio di quasi tutte le industrie della trasformazione[3] di Salerno,
Napoli e Caserta. I perini[4] cresciuti qui diventano pelati in scatola. Diventano passata. E, i meno maturi, pomodori da insalata. Partono dal triangolo degli schiavi
e finiscono nei piatti di tutta Italia e di mezza Europa. Poi ci sono i pomodori a
grappolo per la pizza. Gli altri ortaggi, come melanzane e peperoni. Tra poco la
25 vendemmia. Gli imprenditori fanno finta di non sapere. E a fine raccolto si mettono in coda per incassare le sovvenzioni da Bruxelles[5]. «L'Espresso» ha controllato decine di campi. Non ce n'è uno in regola con la manodopera stagionale. Ma
questa non è soltanto concorrenza sleale all'Unione europea. Dentro questi orizzonti di ulivi e campagne vengono tollerati i peggiori crimini contro i diritti umani.

30 Oggi dev'essere la giornata più torrida dell'estate. Quarantadue gradi, annunciavano i titoli all'edicola della stazione. Sperduta nei campi appare nell'aria bollente una stalla abbandonata. È abitata. Sono africani. Stanno riposando su un
vecchio divano sotto un albero. L'acqua che tirano su dal pozzo con taniche riciclate non la possono bere. È inquinata da liquami[6] e diserbanti. Il gabinetto è
35 uno sciame di mosche sopra una buca. Per dormire in due su materassi luridi
buttati a terra, devono pagare al caporale cinquanta euro al mese a testa. Ed è già
una tariffa scontata. Perché in altri tuguri i caporali trattengono dalla paga fino a
cinque euro a notte. Da aggiungere a cinquanta centesimi o un euro per ogni ora
lavorata. Più i cinque euro al giorno per il trasporto nei campi. Lo si vede subito
40 quanto è facile il guadagno per il caporale. Alle due e mezzo del pomeriggio arriva
con la sua Golf. «Davvero questo è africano?», chiede agli altri davanti all'unico

---

3. le industrie della trasformazione: le industrie che lavorano i raccolti, trasformandoli in prodotti come pasta, conserve, succhi ecc.

4. perini: varietà di pomodori di forma stretta e allungata.

5. le sovvenzioni da Bruxelles: i contributi economici che l'Unione Europea concede agli agricoltori.

6. liquami: acque di fogna e liquidi formati dalla decomposizione di letame o altri rifiuti organici.

Fabrizio Gatti al lavoro.

bianco[7]. Nessuno sa dare risposte sicure. «Io pago tre euro l'ora. Ti vanno bene? Se è così, Sali», offre l'uomo, calzoncini, canottiera e sul bicipite il tatuaggio di una donna in bikini ritratta di schiena.

Si parte. In nove sulla Golf. Tre davanti. Cinque sul sedile dietro. E un ragazzo raggomitolato come un peluche sul pianale posteriore. Solo per questo trasporto di dieci minuti il caporale incasserà quaranta euro. I ragazzi lo chiamano Giovanni. Loro hanno già lavorato dalle 6 alle 12.30. La pausa di due ore non è una cortesia. Oggi faceva troppo caldo anche per i padroni perché rinunciassero a una siesta. Giovanni si presenta subito dopo, guardando attraverso lo specchietto retrovisore: «Io John e tu?». Poi avverte: «John è bravo se tu bravo. Ma se tu cattivo...». Non capisce l'inglese né il francese. E questo basta a far cadere il discorso. Ma il pugnale da sub che tiene bene in vista sul cruscotto parla per lui.

La Golf stracarica corre e sbanda sulla stretta provinciale per Lavello. Il contachilometri segna 100 all'ora. Una follia. Alle prime aziende agricole del paese, Giovanni svolta a destra dentro una strada sterrata. Altri due chilometri e si è arrivati. Si prosegue a piedi, in fila indiana. Il campo è tra due vigneti. Questi pomodori vanno raccolti a mano. Quando il padrone vede arrivare il gruppo di africani, imita il verso delle scimmie. Poi dà gli ordini: «Forza bingo bongo». Nello stesso istante un furgone scarica nove rumeni. Tra loro tre ragazze, le uniche nella squadra. Si lavora a testa bassa. Guai ad alzare lo sguardo: «Che cazzo c'è da guardare? Giù e raccogli», urla il padrone avvicinandosi pericolosamente. Si chiama Leonardo, una trentina d'anni. È pugliese. Indossa bermuda, canottiera e

---

7. unico bianco: Gatti, per poter lavorare nel gruppo degli africani, ha detto di provenire dal Sudafrica, un Paese nel quale una percentuale significativa della popolazione è bianca.

Dichiarazione universale dei diritti umani

Articolo 4
Nessun individuo potrà essere tenuto in stato di schiavitù o di servitù; la schiavitù e la tratta degli schiavi saranno proibite sotto qualsiasi forma.

Articolo 23 (vedi p. 735)

Articolo 24
Ogni individuo ha diritto al riposo ed allo svago, comprendendo in ciò una ragionevole limitazione delle ore di lavoro e ferie periodiche retribuite.

occhiali da sole alla moda come se fosse appena rientrato dalla spiaggia. Da come
75 parla è il proprietario dell'azienda agricola. O forse è il figlio del proprietario. Si
occupa della manodopera. Una sorta di comandante dei caporali. Leonardo si fa
aiutare da un altro italiano, il caporale dei rumeni. Uno con la maglietta bianca,
i capelli lunghi e i baffetti curati. Il terzo italiano è probabilmente il compratore
del raccolto. Magro. Capelli biondi corti. Telefonino appeso al petto in fondo a
80 una catena d'oro. Parla con un forte accento napoletano. I tre italiani sudano. Ma
solo per il caldo. Oltre a sorvegliare i loro schiavi, non fanno assolutamente nulla.

Giovanni va a recapitare altri braccianti. Poi torna due volte con i rifornimenti d'acqua. Quattro bottiglie di plastica da un litro e mezzo da far bastare nelle
gole di 17 persone assetate. Sono bottiglie riempite chissà dove. Una zampilla da
85 un buco e arriva quasi vuota. L'acqua ha un cattivo odore. Ma almeno è fresca.
Comunque non basta. Due sorsi d'acqua in oltre quattro ore di lavoro a quaranta gradi sotto il sole non dissetano. La maggior parte dei ragazzi africani non ha
nemmeno pranzato né fatto colazione. Così ci si arrangia mangiando pomodori
verdi di nascosto dai caporali. Anche se sono pieni di pesticidi[8] e veleni. E forse
90 è proprio per questo che sulla pelle, per giorni, non comparirà più nemmeno una
puntura di zanzara.

8. pesticidi: sostanze chimiche usate in agricoltura contro gli organismi nocivi alle colture.

Codice penale

Articolo 603*bis* Intermediazione[1] illecita e sfruttamento del lavoro

Salvo che il fatto costituisca più grave reato, chiunque svolga un'attività organizzata di intermediazione, reclutando manodopera o organizzandone l'attività lavorativa, caratterizzata da sfruttamento, mediante violenza, minaccia, o intimidazione, approfittando dello stato di bisogno o di necessità dei lavoratori, è punito con la reclusione da cinque a otto anni e con la multa da 1.000 a 2.000 euro per ciascun lavoratore reclutato.

Ai fini del primo comma, costituisce indice di sfruttamento la sussistenza di una o più delle seguenti circostanze:

1) la sistematica retribuzione dei lavoratori in modo palesemente difforme dai contratti collettivi nazionali[2] o comunque sproporzionato rispetto alla quantità e qualità del lavoro prestato;

2) la sistematica violazione della normativa relativa all'orario di lavoro, al riposo settimanale, all'aspettativa obbligatoria[3], alle ferie;

3) la sussistenza di violazioni della normativa in materia di sicurezza e igiene nei luoghi di lavoro, tale da esporre il lavoratore a pericolo per la salute, la sicurezza o l'incolumità personale;

4) la sottoposizione del lavoratore a condizioni di lavoro, metodi di sorveglianza, o a situazioni alloggiative particolarmente degradanti.

Costituiscono aggravante specifica e comportano l'aumento della pena da un terzo alla metà:

1) il fatto che il numero di lavoratori reclutati sia superiore a tre;

2) il fatto che uno o più dei soggetti reclutati siano minori in età non lavorativa;

3) l'aver commesso il fatto esponendo i lavoratori intermediati a situazioni di grave pericolo, avuto riguardo alle caratteristiche delle prestazioni da svolgere e delle condizioni di lavoro.

1. Intermediazione: attività dell'intermediario, cioè di chi fa da tramite tra persone o gruppi di persone.
2. palesemente difforme dai con-

tratti collettivi nazionali: chiaramente differente da ciò che è previsto dai contratti ufficiali concordati a livello nazionale tra sindacati e datori di lavoro.

3. aspettativa obbligatoria: periodo prima e dopo il parto durante il quale una donna lavoratrice ha il diritto – e l'obbligo – di sospendere l'attività lavorativa.

PARTE 4 · Voci della realtà

L'incidente accade all'improvviso. Michele è il più anziano tra i rumeni. Ha una sessantina d'anni, i capelli grigi. Sta caricando cassette piene sul rimorchio del trattore. Il legno è troppo sottile, è secco. E una cassetta si sfonda rovescian-
95 do dodici chili di pomodori. Michele non fa in tempo ad abbassarsi a raccoglierli. Leonardo, con la mano chiusa a pugno, lo colpisce. Una sventola sulla testa. «Stai attento, coglione», urla, «credi che noi stiamo ad aspettare mentre tu butti le cassette?». Michele forse chiede scusa. È troppo stanco e offeso per parlare ad alta voce. «Scusa un cazzo», continua Leonardo, «devi stare più attento». Ci fermiamo
100 tutti a guardare. Una ragazza si alza in piedi per protesta. Quello con l'accento napoletano accorre come una furia: «Giù, non è successo niente. Giù o stasera non si va a casa finché non si finisce». Come se questi ragazzi avessero una casa.

«Domani mattina vengo a prendervi alle cinque», annuncia Giovanni dopo aver scaricato i suoi passeggeri. Sono quasi le dieci di sera ormai. Calcolando una
105 doccia improvvisata con l'acqua del pozzo e la misera cena, restano appena cinque ore di sonno. I ragazzi africani spiegano subito le sanzioni. Chi si presenta tardi, una volta al campo viene punito a pugni. Chi non va a lavorare deve versare al caporale la multa. Anche se si ammala. Sono venti euro, praticamente un giorno di lavoro gratis.
110 L'industria alimentare campana paga i pomodori pugliesi da 4 a 5 centesimi al chilo. Sulle bancarelle lungo le strade di Foggia i perini salgono già a 60 centesimi al chilo. A Milano 1,20 euro quelli maturi da salsa e 2,80 euro al chilo quelli ancora dorati. Al supermercato la passata prodotta in Campania costa da 86 centesimi a 1,91 euro al chilo. I pelati da 1,04 a 3 euro al chilo. Eppure, nel ghetto di
115 Stornara[9], nemmeno stasera che il mese è quasi finito ci sono i soldi per comprare un pezzo di carne. «Donald, non te ne andare», si fa avanti Amadou, «Giovanni è molto arrabbiato con te perché hai lasciato il gruppo. Ti sta cercando, vado a dirgli che sei qui». Nel fondo di questa miseria, Amadou sa già con chi stare. Tra tanti uomini costretti a inginocchiarsi, lui ha scelto i caporali. È il momento di
120 prendere la bici e scappare. Nel buio. Prima che Giovanni decida di chiamare i suoi sgherri. E di dare il via alla caccia nei campi.

Riduzione da Fabrizio Gatti, *Io schiavo in Puglia*, «l'Espresso», 7 settembre 2006

9. Stornara: il centro pugliese vicino a cui si trovano i campi dove Gatti ha lavorato.

SCHEDA DI ANALISI

Il tema e il messaggio

● Sistemazioni squallide e pericolanti, mancanza di assistenza sanitaria, di un contratto di lavoro, di contributi previdenziali, delle ferie, del riposo settimanale, dell'assicurazione contro gli infortuni; salari da fame, orari e condizioni di lavoro disumani, dipendenza assoluta da "**caporali**" **famelici e violenti** (il cui guadagno personale è stimato in circa centocinquantami-

la euro a stagione), che arrivano ad assassinare o ferire gravemente chi protesta, chi "sgarra" o chi cerca di fuggire. È questo il quadro allucinante delle condizioni di lavoro di questi **nuovi schiavi, braccianti agricoli stagionali** impiegati in buona parte del Sud Italia, tracciato da Fabrizio Gatti e confermato da molte altre fonti.
Grazie a denunce e inchieste come questa si è a poco a poco creato un clima di maggiore attenzione e consa-

pevolezza attorno a tale situazione; ciò ha reso infine possibile l'organizzazione dello **sciopero** a cui abbiamo accennato nell'introduzione al brano, indetto da un gruppo di braccianti stranieri a Nardò, in Puglia, per rivendicare i propri diritti minimi (▶ p. 782). Lo sciopero è stato proclamato il 31 luglio 2011; due settimane dopo, un decreto legge del Governo promulgava la **legge anti-caporalato** (riportata a p. 767). In tal modo, anche e soprattutto per merito di immigrati responsabili e coraggiosi, l'Italia si è dotata finalmente di una legge contro tale odioso fenomeno. Si tratta solo di un primo passo, a cui ne dovranno seguire molti altri. Viene in mente, a tal proposito, l'esemplare lezione fornita da Piero Calamandrei (▶ p. 734): in ciascuno dei singoli articoli della nostra **Costituzione** risuona la voce di **umili persone**, che con il loro sacrificio l'hanno resa possibile. Se nel caso della Costituzione quelle voci parlavano italiano, nel caso della legge in questione esse parlano molte lingue del mondo.

◼ Scrive Gatti: «Una settimana da infiltrato tra gli schiavi è un viaggio al di là di ogni disumana previsione. Ma non ci sono alternative per guardare da vicino l'orrore che gli immigrati devono sopportare». Quando le autorità e i cittadini voltano lo sguardo dall'altra parte, quando non vedono o fanno finta di non vedere, la **prepotenza** e l'**arbitrio** hanno campo libero e l'unica **legge** che trionfa è quella **del più forte**. In casi come questi la funzione del giornalismo è allora quella di metterci i fatti davanti agli occhi, di costrin-

gerci a vedere. Lo si può fare riportando e raccogliendo **notizie di cronaca**, **testimonianze**, **inchieste** della magistratura, **comunicati ufficiali**, **statistiche**. Ma talvolta ciò non è possibile, o non è sufficiente a chiarire i fatti e a renderne la drammaticità. Ecco allora la scelta di Fabrizio Gatti: vivere sulla propria pelle – senza sensazionalismi – la situazione da indagare e scriverne un resoconto che ne riveli tutti gli aspetti nascosti, non lasciando alibi ai lettori e all'opinione pubblica. Per fare ciò il giornalista deve agire in incognito ed essere disposto a correre rischi anche considerevoli (come emerge dalla chiusura dell'articolo).

La forma del testo

◼ *Io schiavo in Puglia* si può considerare tanto un **reportage** (poiché offre una **testimonianza diretta** della condizione dei lavoratori agricoli stagionali) quanto **un'inchiesta**, perché il suo obiettivo è denunciare un fenomeno grave e inaccettabile, com'è lo sfruttamento selvaggio di questi lavoratori. Il testo, che in quanto "diario" è scritto tutto al presente, è una **narrazione precisa e asciutta** di ciò che il giornalista ha visto e sentito, con l'aggiunta di qualche breve commento. Lo stile, com'è immediato constatare, è fortemente segmentato, cioè caratterizzato da **periodi brevi** o brevissimi (talvolta composti soltanto da sintagmi, anziché da proposizioni complete) e dalla prevalenza della coordinazione sulla subordinazione.

Laboratorio sul testo

Comprendere

1. Da dove provengono i braccianti impiegati nelle coltivazioni di pomodori?
2. Perché, come si legge nel testo, è inutile pattugliare le coste per impedire lo sbarco degli immigrati?
3. Chi sono i *caporali*?
   a) ☐ Intermediari tra braccianti e proprietari terrieri, che agiscono al di fuori delle leggi.
   b) ☐ Rappresentanti dei braccianti.
   c) ☐ I proprietari delle terre su cui lavorano i braccianti.
   d) ☐ Ex militari ingaggiati dai proprietari terrieri.
4. Perché è improbabile che i braccianti denuncino le violenze subite dai propri sfruttatori?

Interpretare

5. Che cosa significa essere *sfruttati in nero* (r. 2)?
6. *Gli imprenditori fanno finta di non sapere. E a fine raccolto si mettono in coda per incassare le sovvenzioni da Bruxelles* (rr. 25-26). Quale altro comportamento illecito viene implicitamente denunciato nell'inchiesta?
7. Indica i punti del racconto da cui emerge un atteggiamento razzistico nei confronti dei lavoratori stagionali.

PARTE 4 · Voci della realtà

Analizzare

8. Perché quest'inchiesta può essere catalogata nella tipologia dei testi espositivi?

9. Nel testo sono presenti anche parti narrative e descrittive. Che cosa riguardano?

10. Qual è lo scopo del testo?

11. Che tipo di registro linguistico ha adottato il giornalista? Ti sembra coerente con lo scopo e l'argomento del testo? Motiva le tue risposte.

12. Dopo aver letto attentamente i quattro punti numerati, che nella legge contro il caporalato (riportata nel riquadro) servono da criteri per riconoscere l'esistenza di sfruttamento a danno dei lavoratori, riporta per ogni punto uno o più esempi pertinenti ricavandoli dall'inchiesta di Fabrizio Gatti.

Indici di sfruttamento secondo la legge	Esempi
1) La sistematica retribuzione dei lavoratori in modo palesemente difforme dai contratti collettivi nazionali o comunque sproporzionato rispetto alla quantità e qualità del lavoro prestato.	
2) La sistematica violazione della normativa relativa all'orario di lavoro, al riposo settimanale, all'aspettativa obbligatoria, alle ferie.	
3) La sussistenza di violazioni della normativa in materia di sicurezza e igiene nei luoghi di lavoro, tale da esporre il lavoratore a pericolo per la salute, la sicurezza o l'incolumità personale.	
4) La sottoposizione del lavoratore a condizioni di lavoro, metodi di sorveglianza, o a situazioni alloggiative particolarmente degradanti.	

Padroneggiare la lingua

Lessico

13. *Prima che Giovanni decida di chiamare i suoi sgherri.* Qual è il significato della parola *sgherro*?

Grammatica

14. Nel testo sono presenti molte frasi nominali. Indicane alcune.

15. Nelle seguenti frasi del testo, individua di che tipo sono i complementi sottolineati.

Chi protesta viene zittito a colpi di spranga: ....

Vengono tollerati i peggiori crimini contro i diritti umani: ....

Una ragazza si alza in piedi per protesta: ....

16. *Lo si vede subito quanto è facile il guadagno per il caporale.* A chi o che cosa si riferisce il pronome *lo*?

Produrre

17. Con l'espressione "responsabilità sociale d'impresa" si indica una politica aziendale rispettosa dei diritti fondamentali dei lavoratori (sia di quelli impiegati direttamente dall'azienda sia di quelli che lavorano per le imprese che la riforniscono). Scrivi lo slogan e il testo (di dieci righe al massimo) secondo te più adatto a "lanciare" un marchio che produca un bene (passata di pomodoro, pomodori pelati, succo di arancia…) derivante da colture italiane e che obbedisca ai princìpi della responsabilità sociale d'impresa.

TIPO DI TESTO
Espositivo-argomentativo

GENERE
Discorso pubblico

TEMATICA
Islamici in Italia

T2 Maria Adele Valperga Roggero
Musulmani in Italia o musulmani d'Italia?

In Italia vive ormai oltre un milione di persone di religione musulmana, molte delle quali provenienti dai Paesi del Maghreb (Tunisia, Algeria, Marocco). Maria Adele Valperga Roggero conduce da anni a Torino laboratori di dialogo tra Islam e cristianesimo e corsi di alfabetizzazione e cittadinanza rivolti a donne immigrate. Riportiamo qui l'intervento che ha svolto il 27 ottobre 2008 ad Asti in occasione di un ciclo di incontri intitolato *Pluralità di culture e mondo nuovo*.

Un'immagine che mi piace sempre usare, suggeritami dall'amico Stefano Allievi, è che esiste un Islam di carne e un Islam di carta e che questi due mondi non si incontrano quasi mai: l'Islam di carne è fatto di quei 10/15 milioni di persone che vivono in Europa, lavorano, hanno famiglia, seguono le leggi, paga-
5 no le tasse; persone che in Europa progettano il loro futuro e quindi sono di fatto integrate. Persone che però non fanno notizia, mentre la rappresentazione che dell'Islam danno i giornali e i media è di tipo fortemente negativo e inquietante: ossessivamente vengono sottolineati gli aspetti di fondamentalismo[1] o di devianza[2] per cui, quando poi si incontrano gli islamici in carne e ossa li si evita, perché si
10 ha paura di loro. Paradossalmente poi, quando si conosce un musulmano e ci si fida di lui si dice, «vabbè, ma questo è diverso, i musulmani veri sono gli altri.» A me succede di tenere lezioni di educazione interculturale a scolaresche di Torino e sovente incontro ragazzi con un sacco di pregiudizi. Quando poi li faccio ragionare sui coetanei musulmani che sono nelle loro scuole e che conoscono perso-
15 nalmente, la loro risposta è: «sì, ma quelli sono nostri amici, quindi non contano.»
Per cui bisogna farsi forza da entrambe le parti per uscire dagli stereotipi, operazione estremamente difficile, ma anche estremamente necessaria in quanto ormai, che lo si voglia o no, l'Islam non è una realtà da cui si possa prescindere. Un milione di musulmani residenti stabilmente in Italia con le loro abitudini e i
20 loro abbigliamenti a volte simili, a volte differenti, con le loro sale di preghiera che in Italia si pensa siano circa 730, non si possono non prendere seriamente in considerazione. L'Islam è la seconda religione d'Europa e quindi da ex nemico

---

1. fondamentalismo: il fondamentalismo (o integralismo) islamico, basandosi su una lettura molto discutibile del Corano, rifiuta in blocco i valori occidentali, predica la distruzione degli "infedeli" e propugna la creazione di regimi politici rigidamente fondati sulla Sharia, la legge islamica tradizionale.

2. devianza: insieme di comportamenti che si allontanano da quelli considerati normali o da quelli tollerati dalla legge.

del nostro immaginario collettivo è diventato un coinquilino con cui dobbiamo e possiamo serenamente fare i conti e i confronti anche perché i temi che suscita, sempre molto animatamente, si incrociano spesso con nostri valori in crisi. [...]

Una cosa è certa: rispetto ad altri gruppi di migranti, quelli provenienti da società islamiche tendono maggiormente a non "ridursi", rifiutano un'assimilazione pura e semplice. L'Islam è una cultura fiera di sé, che chiede di essere rispettata e riconosciuta in quanto tale, che rivendica di poter esistere all'interno di un contesto europeo dove la laicità[3], intesa come rispetto di tutte le culture, è uno dei valori fondanti. E questo è certamente un grosso stimolo e una sfida: sarà possibile per la cultura islamica che fa fatica a scindere fra ciò che è vita civile e vita religiosa inserirsi serenamente all'interno di una società i cui valori di democrazia, laicità e libertà di coscienza hanno uno spessore storico su cui nessuno, almeno per ora, è disposto a tornare indietro? Questo è un nodo importante su cui tutti dovremo lavorare.

Una caratteristica dell'Islam europeo è di essere giunto ormai alla terza o quarta generazione di immigrati islamici. E qui bisogna legittimamente domandarsi: è possibile chiamare ancora "immigrati" delle persone quando i veri e soli immigrati erano i loro bisnonni? Questo dimostra che non abbiamo neppure il linguaggio adatto per affrontare la situazione: cosa significa "quarta generazione di immigrati"? Si tratta di persone i cui genitori sono già nati, cresciuti e scolarizzati in Europa; parlano la nostra lingua, condividono gran parte della nostra cultura. Hanno semplicemente una religione diversa, forse un cognome arabo, ma per noi restano ancora "immigrati".

Conosco personalmente molti studenti universitari di origine maghrebina, nati in Italia, che si sentono perfettamente italiani, anche se noi continuiamo a vederli diversamente. Questi ragazzi si sentono assolutamente offesi e depressi quando qualcuno dice loro: «tornatevene a casa vostra». Ma dov'è casa loro? Casa loro è qui e da nessun'altra parte, loro sono italiani.

Bisogna però anche rendersi conto di alcuni fattori:

– le prime generazioni islamiche immigrate [...] generalmente provengono dai paesi del Nord Africa, paesi che per la maggior parte pur dicendosi democratici sono retti da monarchie o da regimi presidenziali di tipo quasi dittatoriale, dove il discorso della democrazia così come si è sviluppato in Europa è qualcosa di non ben digerito e nemmeno ben accettato. Nazioni dove è ancora aperta la ferita della colonizzazione, che fa vedere l'Europa come un continente sicuramente attraente per la sua ricchezza e per il suo progresso, ma anche il continente da cui sono venuti i colonizzatori che hanno oppresso i loro paesi. Quindi ecco che c'è un atteggiamento duplice: da un lato il desiderio di venire a cogliere il benessere lì dove c'è, dall'altro la diffidenza verso quelli che sono stati considerati come regimi di oppressione.

– Inoltre sono tutte società che hanno ancora una struttura evidentemente patriarcale, da cui si fa difficoltà a staccarsi specie nelle zone rurali da cui provengono molti dei nostri immigrati. Società patriarcale non significa solo predominio dell'uomo sulla donna, ma soprattutto una cultura basata sul consenso e sull'ob-

---

3. laicità: netta distinzione tra la sfera della religione e quella della politica.

65 bedienza a norme e a schemi culturali trasmessi autoritariamente di padre in figlio. Anche le modalità educative familiari e scolastiche riflettono questo modello culturale e quindi l'Islam dei padri, di coloro che sono arrivati e non nati qui, è ancora immerso in questa cultura che effettivamente si nutre di valori diversi da quelli che noi consideriamo fondanti come la libertà di coscienza[4], la libertà di
70 pensiero, la laicità, la parità fra uomo e donna.

Tra le 130 donne che quest'anno hanno partecipato ai nostri corsi ne abbiamo circa la metà, di età tra i venti e i trent'anni praticamente analfabete non avendo mai frequentato la scuola. Questo perché la maggior parte di loro viene dal Marocco, uno splendido paese che io conosco e amo moltissimo, ma che ha grossi
75 problemi e uno di questi è l'analfabetismo nelle campagne. In certe zone del Marocco l'analfabetismo femminile è ancora dell'80/90%. E quindi pensate allo choc culturale di persone che arrivano da una simile realtà con valenze ancora antiche e vengono catapultate a vivere in grandi città.

Naturalmente bisogna tener conto che tra quelli che giungono qui ci sono i
80 contadini, ma ci sono anche persone istruite che hanno diplomi o lauree: mettere tutti dentro la stessa cornice fa comodo, ma non rende un buon servizio né a loro, né a noi. Bisogna stare molto attenti nel pronunciare giudizi e crearsi opinioni, perché se si ascoltano tre musulmani che esprimono un'opinione, non è che tutto l'Islam, composto da un miliardo e 200 milioni di persone ragioni come quei tre
85 signori: c'è una grandissima varietà di culture, di atteggiamenti e di visioni, esattamente come per noi.

– Un'altra differenza molto grande è quella di inserirsi in una società multiculturale e di scoprirsi minoranza. Per un musulmano proveniente dal Marocco o dalla Tunisia, questa è una situazione mai vissuta e nemmeno ipotizzata. Non c'è
90 abitudine al confronto culturale o religioso. In Italia anche la comunità islamica stessa è eterogenea al suo interno. Si parlano lingue diverse, si è tutti musulmani, ma si è senegalesi, marocchini, pachistani, albanesi e così via. [...]

Parlando invece della cosiddetta "seconda generazione", dei giovani sotto i 25 anni, troviamo dei ragazzi figli di genitori di impostazione ancora molto tradizio-

---

4. libertà di coscienza: diritto di scegliere e professare liberamente le proprie credenze.

Dichiarazione universale dei diritti umani

Articolo 18
Ogni individuo ha diritto alla libertà di pensiero, di coscienza e di religione; tale diritto include la libertà di cambiare di religione o di credo, e la libertà di manifestare, isolatamente o in comune, e sia in pubblico che in privato, la propria religione o il proprio credo nell'insegnamento, nelle pratiche, nel culto e nell'osservanza dei riti.

Articolo 26, comma 1
Ogni individuo ha diritto all'istruzione. L'istruzione deve essere gratuita almeno per quanto riguarda le classi elementari e fondamentali. L'istruzione elementare deve essere obbligatoria. L'istruzione tecnica e professionale deve essere messa alla portata di tutti e l'istruzione superiore deve essere egualmente accessibile a tutti sulla base del merito.

PARTE 4 · Voci della realtà

95 nale, i quali coltivano in alcuni casi il sogno di poter tornare nella loro terra. Magari hanno costruito una casetta là e curano ancora molto i rapporti con il paese di origine: se hanno delle figlie sognano di farle sposare con persone che vengono di là, se hanno dei figli vorrebbero farli sposare con ragazze provenienti dalla cerchia famigliare e trasmettono ai giovani messaggi che suonano come, «ricordati
100 che noi siamo diversi, siamo musulmani marocchini e tu non devi cambiare tanto, non devi perderti, ricordalo.»

Al contrario invece, noi ci ritroviamo spesso di fronte a ragazzi che essendo cresciuti qui, si sentono molto poco marocchini e molto italiani e che fanno difficoltà a parlare la lingua di origine e ad accogliere certi aspetti della cultura tradizionale.
105 Non conoscono più l'arabo per leggere il Corano in lingua originale, hanno amici italiani e sognano il loro futuro qui. Io conosco delle ragazze credenti, praticanti, che vedono la loro vita futura qui e si confidano dicendomi: «mia madre dice sempre di scegliere una facoltà universitaria che sia riconosciuta in Marocco, perché io dovrò sposare un marocchino e tornare là, ma io piuttosto di sposare un
110 marocchino scappo di casa. Però a mia mamma non lo dico perché la farei troppo soffrire.» Questo è un problema molto grosso, che hanno vissuto a suo tempo anche gli italiani migranti, è il *gap* generazionale[5], dove i genitori sono ancora legati alla realtà di partenza e i giovani camminano in avanti. [...]

Se smettiamo di parlare di Islam in generale e invece ci guardiamo negli occhi
115 e parliamo di uomini e donne, di mamme, di compagni di lavoro, di compagni di scuola, l'atteggiamento cambia, rintracciamo i tratti comuni: siamo tutti esseri umani e poi, all'interno di questa nostra grande appartenenza, siamo tutti lavoratori nella stessa fabbrica, compagni nella stessa scuola e così via. Dentro a queste esperienze comuni, il racconto di sé, il sostegno reciproco nelle difficoltà, il darsi
120 una mano tra vicini di casa, permette di creare quei ponti che veramente danno poi la possibilità di comunicazione di esperienze ricche e condivise. [...]

Quindi, ecco, mettiamoci nei panni gli uni degli altri, perché l'incontro con una persona, chiunque sia, è un arricchimento indicibile. Una società multicultu-

---

5. *gap* **generazionale:** divario, differenza di mentalità tra genitori e figli.

Costituzione

Articolo 3, comma 1
Tutti i cittadini hanno pari dignità sociale e sono eguali davanti alla legge, senza distinzione di sesso, di razza, di lingua, di religione, di opinioni politiche, di condizioni personali e sociali.

Articolo 8
Tutte le confessioni religiose sono egualmente libere davanti alla legge.
Le confessioni religiose diverse dalla cattolica hanno diritto di organizzarsi secondo i propri statuti, in quanto non contrastino con l'ordinamento giuridico italiano.
I loro rapporti con lo Stato sono regolati per legge sulla base di intese con le relative rappresentanze.

Articolo 19
Tutti hanno diritto di professare liberamente la propria fede religiosa in qualsiasi forma, individuale o associata, di farne propaganda e di esercitarne in privato o in pubblico il culto, purché non si tratti di riti contrari al buon costume.

PARTE 4 · Voci della realtà

Laboratorio sul testo

Comprendere

1. Dividi il testo in sequenze e indica per ciascuna un titolo, che può essere una frase, una singola parola o un sintagma che sintetizzi l'idea centrale.
2. A chi va attribuita, secondo l'autrice, la responsabilità principale dei pregiudizi verso gli immigrati musulmani?
3. L'immigrazione di persone provenienti da Paesi islamici è un fenomeno che è iniziato pochi anni fa? Indica il passo del testo che permette di rispondere a questa domanda.
4. Perché molti immigrati dal Nord Africa provano sentimenti ambivalenti verso i Paesi europei in cui si trasferiscono?
5. Quali sono gli atteggiamenti dei giovani figli di immigrati?

Interpretare

6. Qual è, a tuo giudizio, il significato del titolo del brano?
7. *Esiste un Islam di carne e un Islam di carta* (r. 2). Qual è il significato di tale affermazione?

Analizzare

8. Quali sono le modalità tipiche del testo espositivo che riscontri nel brano? Cita un capoverso esemplificativo ed evidenziane le caratteristiche.
9. Quali sono, invece, le modalità tipiche del testo argomentativo che riscontri nel brano? Cita un capoverso esemplificativo ed evidenziane le caratteristiche.

Padroneggiare la lingua

Lessico

10. *L'Islam è la seconda religione d'Europa e quindi da ex nemico del nostro immaginario collettivo è diventato un coinquilino con cui dobbiamo e possiamo serenamente fare i conti.* Qual è il significato dell'espressione sottolineata?
11. Quale di queste affermazioni sulla *società patriarcale* non è corretta?
    a) ☐ È fondata su una struttura famigliare autoritaria.
    b) ☐ Oggi è meno diffusa che in passato.
    c) ☐ Al suo interno, la donna è subordinata all'uomo.
    d) ☐ È particolarmente radicata nelle aree urbane.
12. *In Italia anche la comunità islamica stessa è eterogenea al suo interno.* Che cosa significa *eterogenea*, in questo contesto?
    a) ☐ Composita.   b) ☐ Conflittuale.   c) ☐ Compatta.   d) ☐ Indifferenziata.
13. L'autrice ricorre talvolta all'uso di metafore semplici ed efficaci. Individua quelle presenti nel primo, nel secondo e nell'ultimo capoverso.

Grammatica

14. *Bisogna farsi forza da entrambe le parti per uscire dagli stereotipi, operazione estremamente difficile, ma anche estremamente necessaria in quanto ormai, che lo si voglia o no, l'Islam non è una realtà da cui si possa prescindere.* Analizza il periodo e rispondi alle seguenti domande.
    A. A quale termine è riferita l'apposizione *operazione estremamente difficile*?
    B. Individua la proposizione finale. Che cosa auspica?
    C. Individua la proposizione causale, unita alla relativa che la segue, e chiarisci quale motivazione essa adduce.

776

Integralismi e integrazione · UNITÀ 23

Produrre

15. Intervista una persona italiana o straniera (un parente, un amico, un conoscente) che abbia vissuto in prima persona un'esperienza da migrante. Svolgi il compito seguendo i passaggi sotto elencati.

A. Chiedi esplicitamente alla persona che intendi intervistare l'autorizzazione a farlo, spiegandole chiaramente che il testo sarà letto da altre persone.

B. Registra la conversazione o annotala fedelmente su un taccuino.

C. Preparati in precedenza le domande che intendi porre ma sii pronto a cambiarle o a ridurne il numero a seconda di ciò che suggerisce l'andamento del colloquio.

D. Usa domande che sollecitino l'intervistato a raccontare le tappe, o alcune delle tappe, che considera le più significative della sua vita, in modo da indagare sia le vicende sia i sentimenti a esse associati; evita domande che possano violare il suo diritto alla riservatezza.

E. Trascrivi l'intervista, risistemando il testo con eventuali correzioni e tagli, in modo che il testo finale non sia più lungo di tre pagine.

F. Aggiungi un titolo che possa attrarre l'attenzione di un potenziale lettore.

APPROFONDIMENTO

L'Islam

Nato in Arabia grazie alla predicazione di Maometto (570-632 d.C.), l'Islam è una delle grandi religioni del mondo, diffusa su tutti e cinque i continenti. Come breve introduzione "d'autore" ai suoi princìpi fondamentali, ti proponiamo alcune voci tratte da una serie di articoli scritti in forma di "dizionario ragionato" dal giornalista Igor Man (1922-2009), grande conoscitore del mondo musulmano e per oltre quarant'anni prestigiosa firma del quotidiano «La Stampa».

Islam. Oggi l'Islam "è" un miliardo e 200 milioni di musulmani. Forma sul globo un grande semicerchio: da Dakar all'Insulindia[1], rammentando l'*hilal*, la falce della Luna nel suo primo quarto, divenuta nel tempo il simbolo dell'Islam. La sua diaspora[2] si spinge fino alla Cina, al vasto Sud dell'ex Unione Sovietica, fino ai poveri emigrati in Europa […]. All'origine di tutto questo c'è la Rivelazione. Maometto, forte cammelliere, uomo del deserto, al ritorno da ogni carovana si ritirava a meditare e a digiunare, «per disintossicare la mente e il corpo», in una grotta del monte Hira. Allo scoccare del tramonto, allorché il colore neutro delle dune diventa rame fuso, Maometto vede l'arcangelo Gabriele. E questi gli rivela il suo destino profetico. Quella in cui viveva l'allora quarantenne Maometto è la società preislamica, agnatica[3], fondata sui legami maschili del sangue, che praticava l'endogamia[4] così com'era praticata in tutta l'area mediterranea e del Vicino Oriente. Una società

che mescola la fierezza, il culto dell'onore (individuale e della tribù), ma che, al tempo stesso, è permeata di violenza, posseduta da una sensualità sfrenata. Era quello il «tempo dell'ignoranza», dominato da un dio supremo, al Ilal, assediato però da un'infinita schiera di idoli[5]. A codesta società, Maometto si rivolge perché cancelli gli idoli e veneri il Dio Unico: degli arabi, dei cristiani, degli ebrei. Irriso, minacciato, con pochi seguaci egli lascia la natia Mecca per emigrare alla Medina, compiendo l'Egira[6] (*higra*). Qui Maometto, poggiato al tronco di una palma, trasmetterà ai suoi la parola di Dio dettagli da Gabriele. La parola, ovvero il Corano.

Corano. […] La Parola (in arabo *Qur'an*: lettura ad alta voce) fu enunciata da Maometto oralmente, in versetti che «avevano il ritmo maestoso e il suono della poesia». Il Corano è composto di 114 capitoli o Sure. Per i musulmani non va discusso o analizzato come si fa con la

---

1. Insulindia: arcipelago malese, che comprende numerosissime isole e Stati, tra cui Indonesia, Filippine, Malaysia, Brunei e Singapore.
2. diaspora: dispersione o diffusione di una comunità fuori dai propri confini originari.

3. agnatica: come spiegato subito dopo nel testo, caratterizzata da legami di parentela basati sulla discendenza maschile.
4. endogamia: matrimoni contratti esclusivamente all'interno del proprio gruppo etnico o sociale.

5. idoli: oggetti, persone, animali ecc. adorati come divinità.
6. Egira: è l'emigrazione di Maometto dalla Mecca, la cui data (che segna l'inizio dell'era musulmana) è tradizionalmente fissata al 16 luglio del 622 d.C.

777

Bibbia, coi Vangeli, con la Torah[7] giacché «è opera di Dio». Allah lo ha infatti dettato a Maometto affinché questi lo diffondesse sulla Terra. È immutabile e riassume tutte le regole della corretta condotta musulmana (persino il galateo). Per l'Islam gli inviati di Dio sono quattro: Abramo, «l'amico di Dio». Mosè, «l'interlocutore di Dio». Gesù «che procede dalla Parola e dallo Spirito di Dio» e infine Maometto «il sigillo, colui che ha perfezionato la religione».

Allah. Dio. Assoluto e unico: per i cristiani, per gli ebrei e per i musulmani. I cristiani pregano il Signore Iddio e si rimettono alla sua volontà. Gli ebrei onorano Dio chiamandolo Yhwe, Yavé, i musulmani si arrendono all'incontestabile volere di Allah. Nel Corano, *al Qur'an*, la Parola, il Libro dei Musulmani dettato da Dio al Profeta Maometto per il tramite dell'Arcangelo Gabriele, nella settima Sura (o capitolo), il verso 180 dice: «Ad Allah appartengono i nomi più belli, invocatelo con quelli». E il Profeta Maometto afferma: «Allah ha novantanove nomi: cento meno uno; tutti coloro che li terranno a memoria entreranno in Paradiso». I nomi sempre ricorrenti sono: il Compassionevole e il Misericordioso. Ma Allah è soprattutto *al Muhyi, al Mumit*, Colui che dà la Vita, Colui che dà la Morte. È qui il "segreto" (forse) dell'accettazione paziente della morte da parte dei Musulmani. «Oh uomo che aneli al tuo Signore, ora lo incontrerai» (Corano, XCIV, 6). Il Dio dell'Islam rivela la sua parola, non se stesso. Egli resta mistero inaccessibile. Non esiste iconografia[8]: né di Dio, né di Maometto. La fede musulmana è testimonianza che viene resa, non è esperienza direttamente vissuta. Grande Padre, e insieme dolcissima Madre immensa dell'Islam, è Abul Quasim ibn Abdallah el Mohammed, vale a dire Maometto, il profeta, l'Inviato di Dio.

Cinque Pilastri. Sono i punti fondamentali dell'Islam, che è oggi in termini numerici la prima religione del pianeta (la praticano infatti un miliardo e 200 milioni di fedeli). I cosiddetti "Cinque Pilastri dell'Islam" sono la professione di fede, la preghiera (*salat*), l'elemosina (*zakat*), il digiuno, il pellegrinaggio (*hagg*). La professione di fede: testimoniare che non vi è altro Dio all'infuori di Allah e che Maometto è il suo inviato. La preghiera (*salat*, cioè la preghiera rituale) va recitata cinque volte in un giorno. Alba, mezzodì, metà del pomeriggio, tramonto e sera. Si prega con il capo rivolto verso la Mecca, dov'è la Kaaba, il santuario che custodisce la "pietra nera", probabilmente un meteorite. La tradizione vuole che sia stato Abramo a collocarla là e si vuole ancora che in origine la pietra fosse bianca e mutò colore per l'assommarsi dei peccati umani. L'elemosina o *zakat*, una tassa spontanea. Controllata non dal Fisco bensì da Dio. Serve per educare l'uomo a essere guidato dalla propria coscienza. È lui stesso che dà l'offerta ai poveri. Il digiuno: durante il mese di Ramadan (il nono del calendario lunare) è d'obbligo digiunare, e non fare sesso, dall'alba al tramonto. Il pellegrinaggio alla Mecca, o *hagg*, va eseguito almeno una volta nella vita, beninteso per chi ne abbia la possibilità.

Sharia. È la legge islamica che in teoria si ispira al Corano. Il Corano non è un libro di precetti religiosi, è soprattutto un libro di comportamenti e, voglio aggiungere, anche una straordinaria opera di poesia. I versetti coranici sono forse i più belli (in senso assoluto) che siano stati scritti, secondi solo alla *Commedia* di Dante. [...] La Sharia, invece, è quell'insieme di regole e disposizioni di legge in forza delle quali i vari Califfi[9] venuti dopo il Profeta Maometto hanno affermato e protetto il proprio potere. Spesso duro, reazionario se non addirittura crudele. Gli attuali epigoni[10] dei vecchi Califfi (certi leader arabi) l'hanno o alleggerita (i più onesti e lungimiranti) ovvero l'hanno inasprita (i più dispotici e oscurantisti). Attenzione, dunque, a non confondere la Sharia col Corano, con l'Islam ch'è religione che predica la tolleranza e in primo luogo il rispetto della donna, degli orfani, dei poveri.

Igor Man, *Islam. Fede, politica, personaggi. Un dizionario ragionato*, «La Stampa», 28 settembre – 1 ottobre 2001

---

7. la Torah: "la Legge" (ebraico), cioè gli insegnamenti dati da Dio all'uomo attraverso la rivelazione biblica; in senso più specifico la Torah indica il Pentateuco, cioè i primi cinque libri della Bibbia (secondo i titoli dati loro dai cristiani: Genesi, Esodo, Levitico, Numeri e Deuteronomio).
8. iconografia: complesso delle immagini riguardanti un determinato soggetto. La religione islamica proibisce la rappresentazione visiva di Allah e di Maometto.
9. Califfi: capi supremi della comunità islamica succeduti a Maometto.
10. epigoni: continuatori, imitatori.

T3 Francesco Guccini
Amerigo

TIPO DI TESTO	Narrativo, poetico
GENERE	Canzone
TEMATICA	L'emigrazione italiana negli Stati Uniti

L'esperienza dell'emigrazione è il tema di *Amerigo*, canzone in cui il cantautore Francesco Guccini narra la storia di un suo prozio (di nome Enrico, in dialetto "Merigo") partito ventenne per l'America dal paese di Pàvana, sull'Appenino toscoemiliano, per ribellione nei confronti del padre e per senso di avventura piuttosto che per stretta necessità, come lo stesso Guccini racconta nel libro *Cròniche epafániche* (1989). Tornerà al paese dopo molti anni, sposandosi e mandando avanti il mulino di famiglia. *Amerigo* è il primo brano dell'album omonimo, inciso da Guccini nel 1978.

Probabilmente uscì chiudendo dietro a sé la porta verde,
qualcuno si era alzato a preparargli in fretta un caffè d'orzo.
Non so se si girò, non era il tipo d'uomo che si perde
in nostalgie da ricchi, e andò per la sua strada senza sforzo.

5 Quand' io l'ho conosciuto, o inizio a ricordarlo, era già vecchio
o così a me sembrava, ma allora non andavo ancora a scuola.
Colpiva il cranio raso e un misterioso e strano suo apparecchio,
un cinto d'ernia[1] che sembrava una fondina per la pistola.

Ma quel mattino aveva il viso dei vent'anni senza rughe
10 e rabbia ed avventura e ancora vaghe idee di socialismo,
parole dure al padre e dietro tradizione di fame e fughe
e per il suo lavoro, quello che schianta e uccide: il fatalismo.

Ma quel mattino aveva quel sentimento nuovo per casa e madre
e per scacciarlo aveva in corpo il primo vino di una cantina
15 e già sentiva in faccia l'odore d'olio e mare che fa Le Havre[2],
e già sentiva in bocca l'odore della polvere della mina.

L'America era allora, per me i G.I. di Roosevelt, la Quinta armata[3],
l'America era Atlantide[4], l'America era il cuore, era il destino,
l'America era Life[5], sorrisi e denti bianchi su patinata[6],
20 l'America era il mondo sognante e misterioso di Paperino.

---

1. cinto d'ernia: cintura elastica che ha lo scopo di contenere un'ernia inguinale o ombelicale.
2. Le Havre: porto della Francia settentrionale, dal quale salpavano le navi dirette in America.
3. i G.I.... Quinta armata: i G.I. sono i soldati statunitensi; nel corso della seconda guerra mondiale la Quinta armata USA liberò l'Italia dai tedeschi.
4. Atlantide: isola mitica, di favolosa ricchezza, che secondo la leggenda era situata al di là delle colonne di Ercole (lo stretto di Gibilterra).
5. Life: celebre rivista illustrata americana fondata nel 1936.
6. patinata: carta lucida su cui sono stampate le riviste ricche di fotografie come «Life».

PARTE 4 · Voci della realtà

L'America era allora per me provincia dolce, mondo di pace,
perduto paradiso, malinconia sottile, nevrosi lenta,
e Gunga-Din[7] e Ringo[8], gli eroi di Casablanca[9] e di Fort Apache[10],
un sogno lungo il suono continuo ed ossessivo che fa il Limentra[11].

25 Non so come la vide quando la nave offrì New York vicino,
dei grattacieli il bosco, città di feci e strade, urla, castello
e Pàvana[12] un ricordo lasciato fra i castagni dell'Appennino,
l'inglese un suono strano che lo feriva al cuore come un coltello.

E fu lavoro e sangue e fu fatica uguale mattina e sera,
30 per anni da prigione, di birra e di puttane, di giorni duri,
di negri ed irlandesi, polacchi ed italiani nella miniera,
sudore d'antracite[13] in Pennsylvania, Arkansas, Texas, Missouri.

Tornò come fan molti, due soldi e giovinezza ormai finita,
l'America era un angolo, l'America era un'ombra, nebbia sottile,
35 l'America era un'ernia, un gioco di quei tanti che fa la vita,
e dire boss per capo e ton per tonnellata, "raif"[14] per fucile.

Quand'io l'ho conosciuto o inizio a ricordarlo era già vecchio,
sprezzante come i giovani, gli scivolavo accanto senza afferrarlo
e non capivo che quell' uomo era il mio volto, era il mio specchio
40 finché non verrà il tempo in faccia a tutto il mondo per rincontrarlo,
finché non verrà il tempo in faccia a tutto il mondo per rincontrarlo,
finché non verrà il tempo in faccia a tutto il mondo per rincontrarlo...

Francesco Guccini, *Amerigo*, 1978

7. Gunga-Din: film d'avventura statunitense (1939) ambientato in India.
8. Ringo: Johnny Ringo (1850-1882), leggendario fuorilegge del West.
9. Casablanca: celebre film (1942) con Humphrey Bogart e Ingrid Bergman.
10. Fort Apache: film western (1948) diretto da John Ford.
11. Limentra: fiume che scorre vicino a Pàvana (vedi nota 12).
12. Pàvana: paese in provincia di Pistoia, luogo di origine di Amerigo e della famiglia materna di Guccini.
13. antracite: tipo di carbone fossile.
14. "raif": pronuncia storpiata dell'inglese *rifle*, "fucile".

SCHEDA DI ANALISI

Il tema e il messaggio

● Il **viaggio**, la speranza, la forza della gioventù, il mito e la realtà dell'America. L'**incomprensione** tra i padri e i figli, tra i vecchi e i giovani; la **nostalgia** per il luogo di origine e il senso della continuità tra le generazioni. Il **rimpianto** per una persona che non abbiamo saputo o potuto amare in vita e la certezza di ritrovarla. La vita e i suoi tanti scherzi, le domande che ci poniamo sul suo significato. Sono temi profondi e universali, evocati in questa canzone con naturalezza, senza retorica, attraverso una storia personale, semplice e concreta.

La forma del testo

● Possiamo analizzare la canzone come se fosse una poesia: essa è composta, tranne la sestina finale, da strofe di quattro versi (quartine). Le **rime alternate** e le **cesure regolari** in ogni verso scandiscono il testo conferendogli un **ritmo lento** e **pausato**.

780

Laboratorio sul testo

Comprendere

1. Che mestiere ha fatto Amerigo in America?
2. Qual è la visione dell'America che ha il narratore da ragazzo e qual è quella maturata da Amerigo sulla base della propria esperienza diretta?

Interpretare

3. Perché la voce narrante della canzone *scivolava accanto* (v. 38) ad Amerigo senza comprenderlo?
4. Individua i punti del testo che esprimono il senso di nostalgia che Amerigo prova verso ciò che sta lasciando o ha lasciato.
5. Perché, secondo te, al termine della canzone il narratore afferma che *quell'uomo era il mio volto, era il mio specchio* (r. 39)?

Analizzare

6. Il racconto procede rispettando la sequenza temporale degli avvenimenti o vi è un intreccio tra due momenti cronologicamente separati? Motiva la tua risposta con riferimenti specifici al testo.
7. Chi è il narratore della canzone? È interno o esterno? È onnisciente oppure no?
8. L'ellissi è un procedimento retorico consistente nell'omissione di uno o più elementi della frase. Individua le tre strofe della canzone nelle quali Guccini si serve in modo evidente dell'ellissi del verbo.

Padroneggiare la lingua

Lessico

9. Guccini narra la storia di Amerigo utilizzando tutta la gamma dei sensi: l'olfatto, il gusto, la vista, l'udito, il tatto. Individua e trascrivi nella tabella i termini o le espressioni che si ricollegano a ciascuno di essi.

Olfatto	Gusto	Vista	Udito	Tatto
....	....	....	....	....
....	....	....	....	....
....	....	....	....	....

Grammatica

10. *L' America era allora per me provincia dolce, mondo di pace, / perduto paradiso, malinconia sottile, nevrosi lenta, / e Gunga-Din e Ringo, gli eroi di Casablanca e di Fort Apache, / un sogno lungo il suono continuo ed ossessivo che fa il Limentra.* Individua i predicati nominali presenti nei versi e spiegane il significato.

Produrre

11. Ti è piaciuta la canzone? Esprimi il tuo giudizio e discutine con i tuoi compagni.
12. Nella canzone sono presenti sia il contrasto e l'incomprensione fra le generazioni sia un forte senso di continuità fra di esse, sia la necessità e il desiderio di lasciare il proprio luogo di origine sia il bisogno di tornarvi. Riguardo a tali sentimenti puoi ascoltare anche una breve intervista che Guccini ha concesso su *Amerigo* e che è facilmente reperibile sul web (http://www.youtube.com/watch?v=X00zqBBu9g0).
   In un testo non più lungo di una pagina, esponi, riferendoti eventualmente a tue conoscenze personali o esperienze concrete, che cosa pensi di tali tematiche e quali sensazioni hanno suscitato in te, trasformate in musica da Guccini.

VERIFICA UNITÀ 23 — Integralismi e integrazione

Sapere e Saper fare

Comprendere e interpretare un testo

Focus: lo sciopero dei braccianti

Leggi il brano e poi rispondi ai quesiti.

VERIFICAlim

 Licia Lanza
La lotta dei braccianti di Nardò

Il seguente testo riporta il resoconto dei fatti riguardanti lo sciopero dei braccianti indetto nell'estate del 2011. In seguito a tale mobilitazione, il governo italiano promulgherà la legge "anti-caporalato".

Un'antica masseria[1] su cui campeggia la scritta "Ingaggiami contro il lavoro nero" e intorno tende, qualche albero, una cisterna che distribuisce acqua potabile. Entriamo percorrendo la strada
5 sterrata, costeggiata da due muretti su cui asciuga il bucato appena fatto. Siamo alla Masseria Boncuri, zona industriale di Nardò, provincia di Lecce, dove molti lavoratori africani e magrebini sono arrivati anche quest'anno per la raccolta di angurie
10 e pomodori. Qui ha preso vita il primo sciopero auto-organizzato dai braccianti stagionali stranieri che non potevano e non volevano più sottostare ai soprusi dei caporali. [...]
I braccianti hanno denunciato i caporali, mostran-
15 do i finti contratti di ingaggio, ma i controlli sul campo non sono arrivati. Allora davanti all'ennesimo sopruso hanno incrociato le braccia. L'hanno fatto tutti, compatti nel tornare in Masseria e nel riunirsi in assemblea la sera per mettere nero su
20 bianco le loro rivendicazioni: il rispetto dei compensi definiti dal contratto provinciale – € 6/10 a cassone a seconda della varietà di pomodoro – controlli nei campi da parte delle autorità competenti, l'incontro diretto tra domanda e offerta grazie
25 anche all'eliminazione del caporalato.
Lo sciopero è proseguito, ci sono stati incontri alla Prefettura di Lecce e poi in Regione a Bari. I braccianti hanno ottenuto il finanziamento del trasporto al campo da parte del Comune e l'istitu-
30 zione di liste di prenotazione per permettere alle aziende agricole di ingaggiare direttamente i lavoratori. Ivan[2] ci dice che alle liste per l'estate prossima si sono già iscritti circa 200 lavoratori. Ma tutto questo non servirà a nulla se continue-
35 ranno a esserci i caporali, se le aziende non decideranno di trattare direttamente con i lavoratori. E le aziende fino ad oggi non si sono fatte vedere, se non con rappresentanti che ignoravano – facevano finta di ignorare – la situazione
40 del caporalato. «Nel campo alla fine c'è stato un grande senso di scoraggiamento – racconta Ivan – c'è una totale mancanza di fiducia nelle istituzioni perché il caporalato continua ad esistere. Il nostro sciopero è stato importante, la nostra
45 auto-organizzazione è stata la nostra forza, ma i caporali si sentono potenti e se i datori di lavoro non intervengono i braccianti penseranno di aver scioperato per niente».
Scioperare non è stato semplice. In molti hanno
50 finito la stagione senza aver guadagnato nulla. C'è chi doveva inviare il denaro alla propria famiglia, chi deve affrontare le spese quotidiane di affitto, assicurazione della macchina, spesa, chi come Ivan deve pagare la retta dell'Università che frequenta a
55 Torino. C'è chi è arrivato da poco a Lampedusa e da lì è partito alla ricerca di un lavoro. Scioperare ha significato non avere denaro per la sopravvivenza quotidiana, per questo motivo i braccianti con il sostegno di Finis Terrae e le Brigate di Solidarietà
60 Attiva (BSA) – i due gruppi di volontari presenti

---

1. masseria: vasta azienda agricola composta da numerosi fabbricati. La masseria in questione è un'antica struttura in disuso.

2. Ivan: uno degli immigrati che hanno guidato la protesta.

782

VERIFICA UNITÀ 23

alla Masseria Boncuri – hanno istituito una cassa di resistenza che ha portato al campo un po' di cibo, distribuito durante lo sciopero.

Il 1 settembre il campo della Masseria Boncuri chiude. [...] «Quello che serve ora – ci dice Francesco Piobbichi delle BSA – è l'intervento delle imprese locali. Le aziende hanno legami con i poteri istituzionali che lo sciopero dei braccianti è riuscito a rompere. La loro lotta apre un processo, obbliga le strutture italiane a rivedere le loro azioni. Le imprese locali devono offrire un'accoglienza degna ai lavoratori, devono partecipare alla politica di accoglienza e non aspettare che siano altri a farlo, perché sono loro a guadagnare denaro dal lavoro dei braccianti».

Nardò è l'esempio di come la consapevolezza dei propri diritti e un supporto continuo e concreto possano portare i lavoratori a ribellarsi al sistema di schiavitù presente in gran parte dell'agricoltura italiana. Sapere di avere dei diritti, sapere che c'è qualcuno che ti sostiene nella rivendicazione ha portato i braccianti di Nardò ad auto-organizzarsi, a confrontarsi tra loro, a cercare un dialogo con le autorità, a decidere cosa non accettare della loro condizione di lavoratori sfruttati. I braccianti di Nardò con la loro lotta hanno contribuito con forza al decreto legge riguardante il caporalato, che introduce una reclusione da 5 a 8 anni e una multa pari a 1.000 o 2.000 euro per ciascun lavoratore reclutato. Come dice Francesco Piobbichi, «le lotte le vinci sul campo». A noi l'obbligo di non lasciarli soli.

Licia Lanza, *La lotta dei braccianti di Nardò*, «Altreconomia», 1 settembre 2011

Competenza testuale

Individuare e ricavare informazioni

1. In quali attività lavorative sono impegnati i lavoratori citati nel testo?

2. In quale regione d'Italia lavorano?

3. Di quali luoghi sono originari?

4. Qual è l'ennesimo sopruso a cui si sono ribellati indicendo uno sciopero?

5. Quali sono le loro richieste?

6. Da chi sono stati sostenuti i braccianti in sciopero?

7. Lo sciopero ha conseguito qualche risultato positivo? Motiva la tua risposta.

Comprendere i significati del testo

8. *Le imprese locali devono [...] partecipare alla* politica di accoglienza. Qual è il significato dell'espressione sottolineata?

9. *Le lotte le vinci sul campo* (r. 91). Spiega il significato di tale frase, dimostrando perché ben si adatta all'azione intrapresa dai lavoratori.

Interpretare e valutare

10. *A noi l'obbligo di non lasciarli soli* (rr. 91-92). Chi pronuncia la frase e a chi si riferisce? Perché viene usata la parola *obbligo*? A tuo avviso, che cosa si potrebbe fare per *non lasciarli soli*?

Comprendere strutture e caratteristiche dei generi testuali

11. A quale tipologia appartiene il testo?
- a) ☐ Descrittivo-narrativa.
- b) ☐ Descrittivo-argomentativa.
- c) ☐ Narrativo-espositiva.
- d) ☐ Narrativo-argomentativa.

12. Quale scopo si prefigge?

13. A quale genere di testo il brano riportato potrebbe appartenere?
- a) ☐ Un discorso pubblico.
- b) ☐ Un'intervista.
- c) ☐ Un'inchiesta.
- d) ☐ Un articolo di opinione.

VERIFICA UNITÀ 23

Riconoscere il registro linguistico

_____**14.** Il registro linguistico usato è formale, medio o del tutto informale? Motiva la rua risposta, esprimendo alcune considerazioni sul livello generale del lessico e sulla struttura sintattica.

Competenza lessicale

_____**15.** Quali termini appartenenti al lessico settoriale del mondo del lavoro ritrovi nel testo? Trascrivine almeno cinque e spiegane il significato.

Competenza grammaticale

_____**16.** _Scioperare ha significato non avere denaro per la sopravvivenza quotidiana._ Che tipo di complemento è quello sottolineato?

_____**17.** _Le aziende hanno legami con i poteri istituzionali che lo sciopero dei braccianti è riuscito a rompere._ A chi o che cosa si riferisce il _che_? Qual è la sua funzione logica (soggetto o complemento oggetto)?

Glossario di retorica e stilistica

Accumulazione Consiste nel porre in sequenza, ordinata o casuale, un numero variabile di termini (aggettivi, verbi, sostantivi) o di strutture (proposizioni):

> Dovete compatire: si è ragazze di campagna... fuor che <u>funzioni religiose, tridui, novene, lavori dei campi, trebbiature, vendemmie, fustigazioni di servi, incendi, impiccagioni</u>... noi non s'è visto niente (I. Calvino, Il cavaliere inesistente)

Adýnaton Secondo l'etimologia greca, significa "cosa impossibile" e consiste nel citare una situazione assolutamente irrealizzabile attraverso il confronto con un'altra:

> potrebbe dir parole che di pietà potrian <u>fermare il sole</u> (L. Ariosto, Orlando furioso I, 47)

Agnizione È un topos delle opere narrative o drammatiche. Consiste nell'improvviso e inaspettato riconoscimento dell'identità di un personaggio, che determina una svolta decisiva nella vicenda.

Allegoria Secondo l'etimologia greca, significa "parlare d'altro" e consiste nella rappresentazione di un concetto o di un fatto attraverso immagini che rimandano a una realtà diversa da quella espressa letteralmente.

Allitterazione Ripetizione di una lettera, di una sillaba o più in generale di un suono all'inizio o all'interno di parole successive:

> tra <u>fr</u>esco <u>mormor</u>io d'alber<u>i</u> e <u>fior</u>i (G. Carducci, Visione, v. 2)

Anacoluto Frattura della regolare sintassi di una frase o irregolarità nella strutturazione del discorso:

> <u>io</u>, la mia patria or è dove si vive (G. Pascoli, Romagna, v. 51)

Anafora Ripetizione di una parola all'inizio di due o più versi:

> <u>Per me si</u> va nella città dolente, / <u>Per me si</u> va ne l'etterno dolore, / <u>Per me si</u> va tra la perduta gente (Dante, Inferno III, vv. 1-3)

Analessi Detta anche retrospezione o flashback, significa letteralmente "racconto di un fatto già accaduto in precedenza" e consiste nell'evocazione di un evento anteriore al punto della storia in cui ci si trova.

Anastrofe Inversione dell'ordine abituale di un gruppo di termini successivi:

> fulmini nel ferir le spade sono (T. Tasso, Gerusalemme liberata VI, 48)

Antitesi Accostamento di due parole o concetti di senso opposto:

> Anche così è stato <u>breve</u> il nostro <u>lungo</u> viaggio (E. Montale, Xenia II, v. 5)

Antonomasia Sostituzione in un nome di una denominazione che lo caratterizza. Si può sostituire un nome comune a una perifrasi a un nome proprio, per personaggi celebri, o viceversa:

> Ercole o un Ercole per un uomo di grande forza

Apostrofe Consiste nel rivolgersi direttamente a una persona o a una cosa personificata, presente o assente, interrompendo lo sviluppo del discorso:

> Ahi, <u>serva Italia</u>, di dolore ostello, / nave senza nocchiere in gran tempesta, / non donna di provincie, ma bordello! (Dante, Purgatorio VI, vv. 76-78)

Arcaismo Forma lessicale o costrutto lessicale desueto:

> <u>ermo</u> colle (G. Leopardi, L'infinito, v. 1)

Asindeto Accostamento di proposizioni o loro membri senza l'uso di congiunzioni:

> Diverse lingue, orribili favelle, / parole di dolore, accenti d'ira, / voci alte e fioche, e suon di man con elle (Dante, Inferno III, vv. 25-27)

Campo semantico Insieme di parole che si riferiscono alla stessa area di significati.

Chiasmo Disposizione incrociata, secondo la forma della lettera greca chi (χ), di due termini o di due frasi:

> **rotto** <u>da gli anni</u> e <u>dal cammino</u> **stanco** (F. Petrarca, Canzoniere XVI, v. 8)

Climax Consiste nell'ordinare i concetti in modo che dall'uno si passi all'altro come per gradi:

> e pioggia e nevi e gelo / sopra la terra ottenebrata versa (G. Parini, La caduta, vv. 3-4)

Egloga Componimento della poesia bucolica in forma dialogica, con significato allegorico e celebrazione della vita agreste.

Ékfrasis Descrizione verbale di un'opera d'arte visiva, come ad esempio un quadro, una scultura, un'armatura, uno scudo.

Enallage Consiste nello scambiare una parte del discorso con un'altra per darle maggiore efficacia; può avvenire in diversi modi:

> e stridere odo l'arco / forte e sibilare lo strale (G. D'Annunzio, Il Gombo, vv. 47-48)

Endiadi Utilizzo di due o più parole per esprimere un unico concetto:

> O delli altri poeti <u>onore e lume</u> (Dante, Inferno I, v. 82)

Enjambement Consiste nell'alterazione tra l'unità del verso e l'unità sintattica ed è quindi una frattura, a fine verso, della sintassi o di un sintagma o anche di una parola causata dall'a capo:

> sol con un legno e con quella compagna / piccola dalla qual non fui diserto (Dante, Inferno XXVI, vv. 101-102)

Enumerazione ⁓ Accumulazione

Epiteto Sostantivo o aggettivo, o anche breve locuzione attributiva, che si aggiunge a un nome per dargli una particolare qualificazione:

> Pelide Achille

Eufemismo Sostituzione di espressioni di contenuto sgradevole o crudo con espressioni attenuate o perifrasi:

> Il caro nonno <u>non è più</u> tra noi (= è morto)

Fabula Sequenza dei fatti raccontati, disposti nell'ordine cronologico in cui si sono svolti e selezionati in base ai loro rapporti di causa-effetto.

Flashback ⁓ Analessi

Hýsteron-próteron Inversione dell'ordine logico-temporale di due elementi:

> Moriamo e lanciamoci in mezzo alle armi (Virgilio, Eneide II, v. 353)

Intreccio Modo in cui i fatti raccontati vengono disposti dal narratore, spesso alterando l'ordine cronologico della fabula mediante **⁓ analessi** o **⁓ prolessi**.

Ipallage Consiste nell'attribuire a un termine l'aggettivo che si riferisce a un altro all'interno di uno o due versi:

> E ora, in queste <u>mattine</u> / così <u>stanche</u> / che ho smesso di chiedere e di sperare (V. Cardarelli, Estiva, vv. 23-25)
> È il poeta a essere stanco, non le mattine.

Iperbato Consiste nel separare due parole che dovrebbero stare insieme, interponendovi altri elementi o rovesciando l'ordine sintattico della frase:

> e 'l vago lume oltra misura ardea / di quei begli occhi ch'or ne son sì scarsi (F. Petrarca, Canzoniere XC, vv. 3-4)

Iperbole Consiste nell'esagerare o ridurre, oltre i limiti normali, la qualità di una persona, animale, cosa o un'idea:

> Erano i capei d'oro a l'aura sparsi / che 'n mille dolci nodi gli avolgea (F. Petrarca, Canzoniere XC, vv. 1-2)

Ipotassi Strutturazione sintattica per cui il periodo è caratterizzato da diversi livelli di subordinazione:

> Né più mai toccherò le sacre sponde / <u>ove</u> il mio corpo fanciulletto giacque, / Zacinto mia, / <u>che</u> te specchi nell'onde / del greco mar <u>da cui</u> vergine nacque / Venere, e fea quelle isole feconde / col suo primo sorriso, <u>onde</u> non tacque / le tue limpide nubi e le tue fronde / l'inclito verso di colui <u>che</u> l'acque / cantò fatali, ed il diverso esiglio / per cui bello di fama e di sventura / baciò la sua petrosa Itaca Ulisse. (U. Foscolo, A Zacinto, vv. 1-11)

Litote Attenuazione o dissimulazione di un'idea o di un giudizio attraverso la negazione del suo opposto:

> Non era nato con un cuor di leone (A. Manzoni, I promessi sposi)

Metafora Consiste nel trasferire a un termine il significato di un altro termine con cui ha un rapporto di somiglianza. In breve, è una similitudine senza il termine di paragone:

> Piove senza rumore sul prato del mare (C. Pavese, Tolleranza)

Metonimia Sostituzione di un termine con un altro, con cui è in rapporto logico o di contiguità: la causa per l'effetto, l'effetto per la causa, la materia per l'oggetto, il contenente per il contenuto, lo strumento al posto della persona, l'astratto per il concreto, il concreto per l'astratto, il simbolo per la cosa simbolizzata:

> Oh, il <u>Sud</u> è stanco di trascinare morti / in riva alle paludi di malaria, / è stanco di solitudine, stanco di <u>catene</u> (S. Quasimodo, Lamento per il Sud, vv.14-16)
> Il termine astratto Sud sostituisce il più concreto "gente, abitanti del Sud"; la parola catene è simbolo che indica la cosa simbolizzata, cioè una condizione di asservimento e prigionia (o concreto per l'astratto).

Onomatopea Consiste nell'imitare un suono, un rumore, la voce degli animali, un'azione:

> E le galline cantavano. Un cocco! / ecco ecco un cocco un cocco per te! (G. Pascoli, Valentino, vv. 15-16)

Ossimoro Accostamento di due termini che hanno significato opposto:

> Sentìa nell'inno la <u>dolcezza amara</u> de' canti udìti da fanciullo (G. Giusti, Sant'Ambrogio)

Parallelismo Consiste nello sviluppare un'idea attraverso la successione simmetrica, in genere in coppia, di brevi concetti o elementi grammaticali:

Glossario di retorica e stilistica

Le mie parole / sono profonde / come la radici / terrene, / altre serene / come i firmamenti, / fervide come le vene / degli adolescenti, / ispide come i dumi, / confuse come i fumi / confusi, / nette come i cristalli / del monte (G. D'Annunzio, Le stirpi canore, vv. 7-19)

Paratassi Modo di costruire il periodo caratterizzato dall'accostamento di frasi dello stesso ordine, ossia coordinate tra loro:

Anche un uomo tornava al suo nido: / l'uccisero, disse: Perdono; / e restò negli aperti occhi un grido / portava due bambole in dono (G. Pascoli, X Agosto, vv. 16-19)

Paronomasia Accostamento di due parole che presentano suoni simili con un significato diverso, ma che a volte hanno anche un legame etimologico:

Trema un _ricordo_ nel _ricolmo_ secchio, / nel puro cerchio un'immagine ride (E. Montale, Cigola la carrucola del pozzo, vv. 3-4)

Personificazione Consiste nell'attribuire a cose e ad animali azioni o sentimenti umani:

Da un pezzo si tacquero i gridi: / là sola _una casa bisbiglia_ (G. Pascoli, Il gelsomino notturno, vv. 5-6)

Poliptoto Ripetizione a breve distanza del medesimo vocabolo con funzioni sintattiche differenti:

ahi! tanto _amò_ la non _amante amata_ (T. Tasso, Gerusalemme liberata II, 200)

Polisindeto Consiste nel collegare varie proposizioni o loro membri con numerose e ripetute congiunzioni:

è l'aura mia vital da me partita, / _e_ viva _e_ bella _e_ nuda al ciel salita (F. Petrarca, Canzoniere CCLXXVIII, vv. 4-5)

Prolessi Procedimento con cui l'autore sospende lo sviluppo regolare del racconto per anticipare un evento futuro.

Prosopopea → Personificazione

Reticenza Consiste nel sospendere una frase senza ultimarla, lasciando intendere al lettore la parte finale, normalmente reso in grafica con i tre puntini sospensivi:

E questo padre Cristoforo so da certi ragguagli che è un uomo che non ha tutta quella prudenza, tutti quei riguardi... (A. Manzoni, I promessi sposi)

Retrospezione → Analessi

Similitudine Consiste nel paragonare persone, animali, cose, sentimenti per associazione di idee; è introdotta da come, sembra, pare, è simile, somiglia:

come viva fiamma, o _come_ disco di nascente Sole / balenava il suo scudo (Iliade XXII, vv. 134-135)

Sineddoche Sostituzione di un termine con un altro, con cui è in rapporto di quantità: la parte per il tutto, il tutto per la parte, il genere per la specie, la specie per il genere, il singolare per il plurale, il plurale per il singolare:

E quando la fatal _prora_ d'Enea per tanto mar la foce tua cercò (G. Carducci, Agli amici della Valle Tiberina, vv. 44-45)

La parola _prora_ sostituisce "nave" (la parte per il tutto).

Sinestesia Accostamento di due termini appartenenti a due piani sensoriali diversi:

il divino del pian _silenzio verde_ (G. Carducci, Il bove, v. 14)

Topos Concetto diffuso o tema ricorrente in un genere letterario.

Vox media Espressione usata per indicare un vocabolo che non ha in sé significato positivo o negativo, ma può determinarsi in un senso o in un altro a seconda del contesto e dell'aggettivo che l'accompagna. Ad esempio, la parola _successo_ era in origine _vox media_ (come ora _evento_), e doveva determinarsi con aggettivo (_buon successo_ e _cattivo successo_); oggi invece si è stabilizzata con valore positivo.

Zeugma Consiste nell'usare una parola (di solito un verbo) riferita a due termini, mentre si adatta a uno solo dei due:

parlare e lagrimar vedrai insieme (Dante, Inferno XXXIII, v. 9)

Il verbo _vedrai_ si adatta a _lagrimar_ ma non a _parlare_.

Referenze fotografiche

p. 3: G. Pesce / Horse e Arquà / www.archimagazine.com; p. 6: © 2011 White Images / Scala, Firenze; p. 10: © 2012 The Bridgeman Art Library / Archivi Alinari; p. 14: © 2012 Shutterstock.com; p. 17: © 2011 Foto Scala, Firenze; p. 20: © 2012 Shutterstock.com; p. 22: 2001 Taschen GmbH, Koln / Gemeentemuseum, L'Aja; p. 24: Electa, 1983; p. 29: © Image Stane / Tips Images; p. 32: © Copyright Eredi Dino Buzzati. Tutti i diritti riservati trattati da Agenzia Letteraria Internazionale, Milano. Divieto di riproduzione; p. 34: © 2011 Foto Scala, Firenze; p. 38: © Elena Kislovskaja, «Arte Nascosta: Itinerario attraverso la pittura russa del primo '900» / Galleria d'arte, casa editrice Il Prisma, 1993; p. 43: Dagli Orti / La documentation francaise; p. 47: b. c. simmons/brusimm.com; p. 49: Phaidon / Salford Museum and Art Gallery; p. 55: Gribaudo 1995; p. 59: H. Tietze und E. Tietze-Conrat, «Kritisches Verzeichnis der Werke Albrecht Duerers», Band I, Holbein Verlag Ag, Basel und Leipzig 1937; p. 65: Berlino, Staatliche Museen Preussicher Kulturbesitz, Nationalgalerie; p. 66: Phaidon, 1996; p. 73: 2003 David Hockney / 2003 Thames & Hudson Ltd, London; p. 83: Galleria Civica d'Arte Moderna e Contemporanea di Torino; p. 87: © 2012 Russell-Cotes Art Gallery and Museum, Bournemouth, UK / The Bridgeman Art Library / Archivi Alinari; p. 97: © 2012 RMN (Institut de France) / Gérard Blot - Réunion des Musée Nationaux / distr. Alinari; p. 98: 2012 © Collection Centre Pompidou, Dist. RMN / Philippe Migeat - Réunion des Musée Nationaux / distr. Alinari; p. 101: © 2012 Shutterstock.com; p. 107: © 2012 Shutterstock.com; p. 108: New Line Cinema; p. 109: Franco Cristaldi, 1988; p. 111: xdetective-conanx.deviantart.com; p. 112: Phaidon Press, 1997; «Sugar», ottobre 2003; Road Movies Filmproduktion / Berlin Argos Films / Paris; tvscoop.tv; Angelo Novi / 1984 by Oreste De Fornari and Ubulibri; «Corriere della Sera Magazine», n. 49, 2007; p. 113: Gravier Productions, Mediapro/ Medusa Distribution, 2011; p.114: Warner Bros Entertainment 2004; p.115: 20th Century Fox, Giant Studios, Lightstorm Entertainment; Walt Disney Pictures, The Zanuck Company, Team Todd, Tim Burton Animation Co.; p.116: toutlecine. com; p.117-134: Melampo cinematografica / Cecchi Gori, 1997; p. 135: © 2012 shutterstock.com; p. 136: Hergé / Moulinsart 2010; p. 138: © 2012 shutterstock.com; p. 140: Roger-Viollet / Contrasto; p. 142: A. Langdom Coburn; p. 149: oldprint.com; p. 150: N.Vanier / «Specchio», n. 104, 1998; p. 157: donnamoderna.com; p. 162: Da: Hugo Pratt / «Corto Maltese», n. 2, 1984; cortomaltese.com; p. 163: cortomaltese.com; p. 164: cortomaltese.com; p. 165: cortomaltese.com; p. 166: cortomaltese.com; p. 167: 06live.it; p. 169: voto10.it; p. 173: © 2011 The Bridgeman Art Library / Archivi Alinari; p. 175: © 2012 Shutterstock; p. 176: © 2012 Shutterstock; p. 178: Altan Distr.Quipos; p. 180: Edward Lucie-Smith, ArToday, Phaidon 1995; p. 181: Forelake Ltd, 1997; p. 187: D.Hanson, Roma 2010; p. 188: maddmaths.simai.eu; p. 194: G.Giovannetti, 1991; p. 200: «Tu», La Presse, n. 45, 2009; p. 201: Taschen GmbH, 2004; p. 205: 3doms.com; p. 211: © 2012 Shutterstock; p. 212: © 2012 Shutterstock; p. 217: © DACS / © 2012 Museumslandschaft Hessen Kassel Gabriele Boessert / The Bridgeman Art Library / Archivi Alinari; p. 218: «Specchio», n. 77, 1997; p. 225: © 2012 Shutterstock; p. 229: © Baevskiy Dmitry / Shutterstock.com; p. 231: Sanjiro Minamikawa/G.Neri; p. 240: © 2012 shutterstock.com; p. 244: eschborner-stadtmagazin.de; p. 250: © ICPonline.it; p. 254: I. Morath / Magnum Photos; p. 262: «Corriere della Sera Magazine», n. 42, 2008; p. 271: © 2012 Shutterstock; p. 272: © 2012 Shutterstock; p. 274: © 2012 Shutterstock; p. 275: © 2012 Shutterstock; p. 276: © 2012 Shutterstock; p. 277: Editions Balland, 1982; p. 283: © 2012 Photoservice Electa / AKG Images; p. 285: faremilano.wordpress.com; p. 291: © 2010 ProLitteris, Zürich; p. 293: manoladobab.blogspot. com; p. 299: politicamentescorretto.com; p. 303: Da: «Cacciatori nelle tenebre», RCS Libri, Milano 2007; p. 304: Da: «Cacciatori nelle tenebre», RCS Libri, Milano 2007; p. 305: Da: «Cacciatori nelle tenebre», RCS Libri, Milano 2007; p. 306: escaledulivre.com; Da: «Cacciatori nelle tenebre», RCS Libri, Milano 2007; p. 313: © 2012 shutterstock.com; p. 314: © 2012 shutterstock.com; p. 324: National Portrait Gallery, London; p. 330: jodietdesign.wordpress.com; p. 331: © 2012 Archives Charmet / The Bridgeman Art Library / Archivi Alinari; p. 335: Da: «Dylan Dog», «Il ritorno di Killex», collezione book n. 129, Sergio Bonelli, Milano 2007; p. 336: Da: «Dylan Dog», «Il ritorno di Killex», collezione book n. 129, Sergio Bonelli, Milano 2007; p. 337: Da: «Dylan Dog», «Il ritorno di Killex», collezione book n. 129, Sergio Bonelli, Milano 2007; p. 338: Da: «Dylan Dog», «Il ritorno di Killex», collezione book n. 129, Sergio Bonelli, Milano 2007; S.Haenen / Effigie; p. 344: © 2012 RCS Libri, Bontempi, 2007 / Oslo, Munch-Museet; p. 345: Brescia, Galleria dell'incisione; p. 347: © 2012 Shutterstock.com; p. 348: © 2012 Shutterstock.com; p. 354: © 2012 J. Baylor Roberts / National Geographic / Getty Images; p. 355: © 2012 Getty Images / Curt Teich Postcard; p. 356: readers-bench.com; p. 370: © 2012 AKG / Photoservice Electa; p. 374: © 2012 Shutterstock; p. 378: articles.boston.com; p. 387: © 2012 Shutterstock; p. 388: © 2012 Shutterstock; p. 391: Leopold Museum, Vienna; p. 392: Adelphi, 1983; p. 399: Skirà 2005 / Milano, Coll. Privata; p. 400: Realy Easy Star; p. 403: M. Chagall / © by Siae, Roma 2012; San Pietroburgo, Museo dello Stato Russo / M. Chagall / © by Siae, Roma 2012; p. 406: Wayland Ltd, 1989; p. 413: U. Boccioni / MOMA, New York; p. 423: silenzio-in-sala.com; p. 425: © 2012 Shutterstock.com; p. 426: © 2012 Shutterstock.com; p. 432: © 2010 ICPonline; p. 436: Madrid, Thyssen Bornemisza Collection; Effigie; p. 443: © 2012 Foto Scala, Firenze; p. 446: Effigie; p. 451: O. Licini / © by Siae, Roma 2012; p. 463: Da: «Blankets», Rizzoli Lizard, Milano 2010; p. 464: Da: «Blankets», Rizzoli Lizard, Milano 2010; p. 473: © 2012 «La grande Storia dell'Arte», n. 2, Il Sole 24 ore, 2005 / 2005 Archivio Scala Firenze; p. 477: Minneapolis Institute of Arts, Minneapolis / Giulio Einaudi Editore, 1999; p. 478: Bibliothèque Nationale de France, Parigi; p. 480: Bibliothèque Nationale de France, Parigi; p. 485: Bibliothèque Nationale de France, Parigi; p. 489: Bibliothèque Nationale de France, Parigi; p. 499: © 2012 Shutterstock.com; p. 501: Milano, Museo Teatrale alla Scala; p. 502: ©2005 e-ducation.it / M.Jodice / Corbis / Gruppo Editoriale L'Espresso / Musée d'Art et Histoire, Ginevra; p. 503: Kunsthalle, Amburgo; p. 505: Musée du Louvre, Parigi; p. 506: National Portrait Gallery, Londra; p. 513: Pinacoteca di Brera, Milano; p. 515: Manzoni europeo, 1985, Milano; p. 517: Mondadori, 2006; p. 522: Tretyakov Gallery, Mosca; p. 531: Mondadori, 2006; p. 533: © 2012 Shutterstock.com; p. 535: Galleria d'Arte Moderna, Milano; p. 536: Editori Riuniti, 2001; p. 538: H. Watkins / National Portrait Gallery, Londra; p. 542: © 2012 Hulton Getty Picture Collection; p. 543: Musée du Château de Versailles; p. 544: Giraudon / Magnard, Parigi; p. 551: Ufficio Centrale per i Beni Librari, le Istituzioni Culturali e l'Editoria/Edizioni De Luca, 1999; p.555: Casa Museo Giovanni Verga, Catania/Assessorato Regionale BB.CC.AA. e PI-Soprintendenza per i beni culturali e ambientali di Catania, 2002; p. 560: UTET, 1998; p. 561: De Agostini Editore S.p.A.-RCS Quotidiani S.p.A., 2005; p. 573: T. Billman / © by Siae, 2012 / Macmillan, 1988; p. 575: © 2012 Shutterstock. com; p. 577: The Nelson-Atkins Museum of Art, Kansas City / Wikipaintings.org; p. 579: Foto G. C. Beresford / content.answcdn.com; p. 581: Estate of Vanessa Bell, courtesy Henrietta Garnett, Bryan Ferry Collection / artmarketmonitor.com; p. 585: Einaudi-Gruppo editoriale L'Espresso, 2007; p. 591: teos.fi; p. 598: Illustrazione italiana, n. 13, 1983; p. 607: U. Boccioni / Wikipaintings.org; p. 609: © 2012 Shutterstock.com; p. 611: Excelsa Film / Minerva Film, 1945; p. 613: R. Guttuso / © by Siae, Roma 2012 / altomarte.it; p. 614: RCS Quotidiani, 2005; p. 616: cambiaste.com; p. 620: 2. bp.blogspot.com; p. 625: angiecafiero.it; p. 627: Foto Alberto Albertini, 1943 / Wikimedia Commons; p. 635: E.Hartmann / Magnum / Contrasto; p. 637: Fabbri, 1990; p. 647: R. Depardon / Magnum, 1978; p. 660: © 2012 Shutterstock.com; p. 663: © 2012 Shutterstock.com; p. 664: Gribaudo 1995 / Archivio Garzanti; p. 669: © M. C. Escher Foundation; p. 676: © 2012 Shutterstock. com; p. 689: © 2012 Shutterstock.com; p. 691: Collezione del Banco di Roma, Roma; MOMA, New York; p. 692: R.Varo / © by Siae, Roma 2012; p. 695: © G. Grosz / © by Siae, Roma 2012; p. 706: Helmut Newton / Sygma; p. 709: Y. Morrel / Museo Juan José Bellapart, Santo Domingo; p. 711: F. Peña Defilló / M. Pou/ Phaidon, 1996; p. 731: Stock Illustration Service / Corbis; p. 732: © 2012 Shutterstock.com; p. 742: © 2010 Istockphoto.com; AMIAT; «Il Manifesto»; p. 747: Andrea Sabbadini / «Il Manifesto»; p. 761: © 2011 Shutterstock.com; p. 762: © 2010 Istockphoto.com; p. 763: Fabbri, 1982; p. 765: © Rocco De Benedictis / Today Press; p. 766: © Rocco De Benedictis / Today Press; p. 778: M. Stenzel / «National Geographic», dicembre 2001.